FRANCIA

Forschungen zur westeuropäischen Geschichte

Max Weber Stiftung

Deutsche Geisteswissenschaftliche Institute im Ausland

DHIP IHA

# FRANCIA

Forschungen zur westeuropäischen Geschichte

Herausgegeben vom
Deutschen Historischen Institut Paris
(Institut historique allemand)

Band 45 (2018)

Jan Thorbecke Verlag

Bibliografische Information der Deutschen Nationalbibliothek
Die Deutsche Nationalbibliothek verzeichnet diese Publikation in der Deutschen Nationalbibliografie; detaillierte bibliografische Daten sind im Internet über http://dnb.d-nd.de abrufbar.
ISSN 1867-6448 · ISBN 978-3-7995-8143-1 (Print)
ISBN 978-3-7995-8144-8 (E-Book)

FRANCIA – FORSCHUNGEN ZUR WESTEUROPÄISCHEN GESCHICHTE
Herausgeber: Prof. Dr. THOMAS MAISSEN
Redaktion: Prof. Dr. ROLF GROSSE (Redaktionsleitung; Mittelalter),
Prof. Dr. RAINER BABEL (Frühe Neuzeit, 1500–1815), Dr. STEFAN MARTENS (19.–21. Jh.)
Redaktionsassistenz: CHRISTIAN GRÜNDIG
Anschrift: Deutsches Historisches Institut Paris (Institut historique allemand),
Hôtel Duret-de-Chevry, 8 rue du Parc-Royal, F-75003 Paris
Francia@dhi-paris.fr

FRANCIA erscheint einmal jährlich in einem Band von ca. 500 Seiten in gedruckter Form und als E-Book. Die Zeitschrift enthält Beiträge in deutscher, französischer und englischer Sprache. Die Rezensionen werden seit Band 35 (2008) ausschließlich online veröffentlicht unter: http://www.francia-online.net. Unter dieser Adresse sind auch die seit 1973 erschienenen Bände der FRANCIA mit einer Moving Wall von einem Jahr kostenfrei zugänglich.

Aufsatzmanuskripte bitte an den Herausgeber adressieren, Rezensionsexemplare an Dagmar Aßmann. Über die Veröffentlichung der Beiträge entscheidet ein internationales Gutachtergremium. Die redaktionellen Richtlinien sind ebenso wie die Mitglieder des Gutachtergremiums verzeichnet unter: http://francia.dhi-paris.fr. Herausgeber und Redaktion übernehmen keine Verantwortung für den Inhalt der Beiträge.

Francia paraît une fois par an en un seul volume d'environ 500 pages en version papier et numérique. La revue comprend des articles en allemand, en français et en anglais. Depuis le n° 35 (2008), les comptes rendus sont uniquement publiés en ligne sur: http://www.francia-online.net. Les volumes de FRANCIA parus depuis 1973 sont accessibles gratuitement, avec une barrière mobile d'un an, sous cette même adresse.

Merci d'adresser les propositions d'articles au directeur de la publication, les ouvrages pour compte rendu à Mme Dagmar Aßmann. Tout article proposé ne pourra être publié qu'après l'avis favorable du comité de lecture. Les normes rédactionnelles ainsi que la liste des membres du comité de lecture sont consultables sur: http://francia.dhi-paris.fr. Les textes publiés n'engagent que leurs auteurs.

Dieses Buch ist aus alterungsbeständigem Papier nach DIN-ISO 9706 hergestellt.

Übersetzung der Resümees: Mathilde Ackermann (Bielefeld), Maria Kammerlander (Freiburg/Br.), Corentin Marion (Paris), Sandy Hämmerle (Galwey)

Einbandabbildung: Hans Burgkmair der Ältere, »Odopertus«
(siehe unten, nach S. 102, Abb. 3)

Institutslogo: Kupferschläger Grafikdesign, Aachen


www.thorbecke.de
Druck: Beltz Bad Langensalza GmbH, Bad Langensalza
Hergestellt in Deutschland

INHALTSVERZEICHNIS



AUFSÄTZE



ZUR FORSCHUNGSGESCHICHTE UND METHODENDISKUSSION

## MISZELLEN



## ATELIER

Quête de vérité, réparation, travail de mémoire:
l'internationalisation des usages politiques du passé après 1989

Colloque en l'honneur du Président fédéral Joachim Gauck,
organisé par l'Institut historique allemand le 23 janvier 2017

# VORWORT DES HERAUSGEBERS

Auf Anfang 2018 hat das Deutsche Historische Institut Paris seine wissenschaftlichen Abteilungen neu organisiert und die bisherigen Abteilungen 19. Jahrhundert (unter der Leitung von Dr. Mareike König) und 20. Jahrhundert/Zeitgeschichte (unter der Leitung von Dr. Stefan Martens) fusioniert. Die beiden Abteilungsleiter haben viele andere Funktionen im Institut inne und werden dadurch entlastet, dass Dr. Jürgen Finger, der bereits früher Gastwissenschaftler am Institut war und seit April 2017 als Forscher am DHIP wirkt, die fusionierte Abteilung »Neuere und Neueste Geschichte« leitet.

In der »Francia« lag die Zuständigkeit für das 19. und 20. Jahrhundert seit jeher in einer Hand, und seit 1988 war es diejenige von Dr. Stefan Martens, der auch stellvertretender Direktor des Instituts ist. An der Seite von Dr. Martin Heinzelmann und Prof. Dr. Jürgen Voss hat er als zuständiger Redakteur mit Band 16 die Aufteilung der seit den Anfängen 1973 einbändigen »Francia« in drei Bände erlebt und mit umgesetzt: Mittelalter, Frühe Neuzeit und eben 19./20. Jahrhundert. In dieser vom damaligen Direktor Prof. Dr. Horst Möller angeregten Form erschien »Francia« bis zu Band 34 im Jahr 2007, als die Direktorin Prof. Dr. Gudrun Gersmann mit einem zeitgemäßen Profil auf die neuen medialen Möglichkeiten des Internet reagierte. Während die Zeitschrift seither wieder in einem Band gedruckt erscheint, sind die Rezensionen als »Francia-Recensio« online über perspectivia.net und seit Kurzem auch über die Universitätsbibliothek Heidelberg greifbar: http//www.francia-online.net. Die Druckversion der Zeitschrift wird das DHIP in bewährter Partnerschaft mit dem Thorbecke-Verlag beibehalten und zugleich nach der Retrodigitalisierung aller älteren »Francia«-Bände dafür bürgen, dass die Artikel mit einer Moving Wall von einem Jahr ebenfalls über perspectivia.net und die Universitätsbibliothek Heidelberg kostenfrei zugänglich sind.

Die verschiedenen Veränderungen legten es nahe, die redaktionelle Zuständigkeit für die Neuere und Neueste Geschichte seit 1815 auch bei »Francia« dem neuen Abteilungsleiter Dr. Jürgen Finger zu überantworten. Mit ihm tritt ab Band 46 (2019) ein sehr engagierter und kreativer Forscher mit Schwerpunkten in der Wirtschafts- und Kulturgeschichte in die großen Fußstapfen von Dr. Stefan Martens, der neben seinem Hauptinteresse für den Zweiten Weltkrieg stets die gesamte jüngere Geschichte im Auge behielt. Diese hat es nicht immer leicht in einer Zeitschrift, die aufgrund ihrer Genese gerade in unserem Gastland oft vor allem mit der Mediävistik und auch mit der Vormoderne assoziiert wird. Das einmalige Profil der dreisprachigen »Francia« bietet sich aber auch für international eingebettete Artikel bis in die jüngste Gegenwart an, wie der vorliegende Band wieder zeigt. Für ihn wie für seine ganze Wirksamkeit zugunsten von »Francia« sei Stefan Martens herzlich gedankt und für deren Zukunft Jürgen Finger ebenso herzlich alles Gute gewünscht.

Paris, am 1. April 2018 — Thomas MAISSEN

# AVIS AU LECTEUR

Au début de l'année 2018, l'Institut historique allemand a réorganisé ses départements. Les départements d'histoire du XIX^e^ siècle (sous la direction de Mareike König) et d'histoire du XX^e^ siècle/histoire du temps présent (sous la direction de Stefan Martens) ont été regroupés sous le nom de département d'histoire contemporaine. Cette restructuration répond à un besoin d'allégement des charges de Mareike König et Stefan Martens. Jürgen Finger, ancien chercheur invité à l'institut et depuis avril 2017 chargé de recherche, prendra en charge ce nouveau département.

Chez »Francia«, depuis 1988, les XIX^e^ et XX^e^ siècles ont toujours été rassemblés sous la responsabilité de Stefan Martens, qui est également directeur adjoint de l'institut. Alors que la revue paraissait depuis sa fondation en 1973 en un seul volume, Stefan Martens, en tant que rédacteur et aux côtés de Martin Heinzelmann et Jürgen Voss, participa à l'évolution et la transformation de »Francia« vers une édition en trois volumes (dès le tome 16): Moyen Âge, période moderne et XIX^e^/XX^e^ siècles. »Francia« parut sous cette forme, introduite par l'ancien directeur Horst Möller, jusqu'au tome 34 en 2007, quand la nouvelle directrice Gudrun Gersmann initia la revue aux nouvelles possibilités du web. Tandis que la revue est depuis à nouveau publiée en un seul volume, les comptes rendus, eux, sont publiés en ligne sous le nom de »Francia-Recensio«, sur le site perspectivia.net et depuis peu également sur le site de la bibliothèque universitaire de Heidelberg: www.francia-online.net. L'IHA conserve son partenariat bien établi avec la maison d'édition Thorbecke pour la version papier de la revue et garantit l'accès gratuit aux articles parus depuis 1973, avec une barrière mobile d'un an, sur perspectivia.net et le site de la bibliothèque universitaire de Heidelberg.

Compte tenu des différents changements au sein de l'institut, la responsabilité rédactionnelle de »Francia« pour l'histoire contemporaine à partir de 1815 a également été confiée au nouveau directeur du département, Jürgen Finger. À partir du tome 46 (2019), ce chercheur très engagé et créatif, spécialisé dans l'histoire économique et culturelle, emboitera le pas à Stefan Martens, qui, lui, gardait constamment en vue l'histoire contemporaine dans son ensemble, à côté de son intérêt principal pour la Seconde Guerre mondiale.

Il n'est pas facile pour l'histoire contemporaine de trouver sa place dans une revue, qui du fait de sa genèse dans notre pays d'accueil est souvent associée au Moyen Âge et à l'époque moderne. Toutefois, comme le montre le présent numéro, le profil unique trilingue de »Francia« offre également une plateforme à des articles ancrés dans la recherche internationale et s'étendant jusqu'à l'histoire de notre temps. Pour ce dernier tome, comme pour toute son activité au service de »Francia«, nous remercions Stefan Martens, et nous adressons les meilleurs vœux de réussite à Jürgen Finger pour l'avenir.

Paris, le 1^er^ avril 2018 — Thomas MAISSEN

Martin Gabathuler – Maria Wittmer-Butsch

# DIE KAROLINGER UND DAS KANONIKERSTIFT AM GROSSMÜNSTER IN ZÜRICH

2015 erschien in dieser Zeitschrift ein Aufsatz von Julian Führer mit dem Titel: »Karl der Große und Zürich. Zum Nachleben eines Idealherrschers«[1]. Unser Zürcher Kollege hat zum Nachruhm des Frankenkaisers in der Limmatstadt umfassend recherchiert und auch die neuesten Forschungsbeiträge einbezogen[2]. Seine anregende Schilderung der lokalen Legendenbildung um diese Herrschergestalt bietet allerdings keine befriedigende Antwort auf die naheliegende Frage nach dem realen Gehalt dieses Sagenkreises. Alles was im Mittelalter und bis heute von Karl dem Großen als Stifter der Kirche und einer Klerikergemeinschaft rechts der Limmat erzählt wurde, geht im Kern auf den Zürcher Rotulus im Staatsarchiv Zürich (C II 1, Nr. 1) zurück. Dieser Quellentext wurde erstmals 1888 im Rahmen der damals begonnenen Reihe der Zürcher Urkundenbücher von Paul Schweizer in einer wissenschaftlichen Edition der Öffentlichkeit zugänglich gemacht[3]. In den 1950er Jahren konstruierte ein Freundeskreis um Eugen Egloff[4] wohl im Hinblick auf das 1953 bevorstehende 1100-Jahre Jubiläum der Fraumünster-Abtei eine neue Interpretation des Rotulusanfangs. Gemäß dieser Idee wäre der im Text genannte Kaiser Karl nicht mit dem berühmten Karl (dem Großen), sondern nur mit dessen Urenkel, Kaiser Karl III. (dem Dicken), zu identifizieren. Diese Verwechslungsthese, wonach die Chorherren in Zürich zu Beginn des 10. Jahrhunderts nicht zwischen Karl dem Großen und Karl dem Dicken hätten unterscheiden können, ist 1998 von Hannes Steiner in seiner Analyse des Zürcher Rotulus widerlegt worden[5]. Er hat zu Recht darauf hingewiesen, dass in diesem

1 Julian Führer, Karl der Große und Zürich, in: Francia 42 (2015), S. 27–49.

2 Bei Führer ausgeblendet, aber für die Wirkungsgeschichte ebenfalls wichtig ist der ikonografische Bereich; vgl. die Einführung der von Lieselotte Saurma-Jeltsch herausgegebenen Aufsatzsammlung: Karl der Große als vielberufener Vorfahr. Sein Bild in der Kunst der Fürsten, Kirchen und Städte, Sigmaringen 1994 (Schriften des Historischen Museums in Frankfurt am Main, 19), S. 9–21.

3 Urkundenbuch der Stadt und Landschaft Zürich, Bd. 1 (741–1234), ed. Jakob Escher, Paul Schweizer, Nr. 37, Zürich 1888, S. 8–12.

4 Eugen Egloff, Der Standort des Monasteriums Ludwigs des Deutschen in Zürich. Kritik der bisher geltenden Auffassung, Diss. phil. Zürich 1949. Er, sein Doktorvater Leo C. Mohlberg und der Zeitungsredaktor Eugen Fischer bestärkten sich gegenseitig in ihrem revisionistischen Ansatz, der vom Zeitgeist beeinflusst, herausragenden Persönlichkeiten skeptisch gegenüberstand. – Vgl. zum Zitationszirkel um Egloff die in der folgenden Anmerkung zitierte Dissertation von H. Steiner, S. 26–30, 256.

5 Hannes Steiner, Alte Rotuli neu aufgerollt. Quellenkritische und landesgeschichtliche Untersuchungen zum spätkarolingischen und ottonischen Zürich, Freiburg i. Br., München 1998 (Forschungen zur Oberrheinischen Landesgeschichte, 42), hier zur Forschungsgeschichte S. 18–33. Mit Neuedition der Quelle auf S. 279–311.

Text nicht nur Kaiser Karl eindeutig mit seinem Beinamen »der Große«[6] erkennbar gemacht wird, sondern auch darauf, dass im Text zusätzlich ein König mit demselben Vornamen eine zentrale Rolle spielt. Verdienstvollerweise hat Steiner im Anhang seiner Dissertation den Text des Rotulus neu herausgegeben. Die beiden hier interessierenden Anfangsabschnitte des Rotulus R1 und R2 finden sich im Anhang unseres Beitrags (unten, S. 25 f.) und werden im Folgenden danach zitiert.

Unsere erstmals 2004 veröffentlichte Studie[7] handelt von Karl dem Jüngeren, einem der Söhne Karls des Großen, und dessen Aufenthalt in Zürich, der im Zürcher Rotulus R1 seinen Niederschlag gefunden hätte. Führer hat unsere Interpretation dieser Eingangspassage zwar zur Kenntnis genommen[8], sie jedoch leider missverstanden[9]. Im ersten, textanalytischen Teil möchten wir die wichtigsten Punkte unserer These wiederholen und neu darauf aufmerksam machen, dass die im Zürcher Rotulus R1 in der ersten Hälfte des 10. Jahrhunderts zu einer mündlichen, aber trotzdem rechtsverbindlichen Verhandlung aufgezeichneten Informationen auf Erinnerungen an Besitzübertragung zugunsten des Stifts zurückgehen müssen. Im zweiten Teil resümieren wir die bisherige Forschung zum Verkehrssystem im inneren Alpenbogen mit den Passübergängen nach Italien, die für die karolingischen Herrscher zunehmend wichtig wurden, und zur Bedeutung des Fiskus Zürich im Zusammenhang mit den rätischen Routen.

## 1. Karl der Jüngere als Vertreter Karls des Großen

Karl der Jüngere war der älteste Sohn Karls des Großen aus dessen Ehe mit Hildegard, die aus dem alemannischen Hochadel stammte. Bekanntlich wurde der Frankenherrscher am Weihnachtstag des Jahres 800 in Rom zum Kaiser erhoben. An diesem Fest wurde sein gleichnamiger Sohn vom Papst zum König der Franken gesalbt und gekrönt[10]. Seither war Karl der Jüngere formal gesehen König der Franken und galt damit als designierter Nachfolger des Kaisers im karolingischen Kernreich.

6 Ibid., S. 53–55, 249, 256.

7 Maria Wittmer-Butsch, Martin Gabathuler, Karl der Große und Zürich – Zur Gründungsphase des ›Großmünsters‹, in: Andreas Meyer u. a. (Hg.), Päpste, Pilger, Pönitentiarie. Festschrift für Ludwig Schmugge zum 65. Geburtstag, Tübingen 2004, S. 211–224.

8 Julian Führer, Roland Zingg, Nachleben und Verehrung Karls des Großen in Zürich, in: Bernhard Pinsker, Annette Zeeb (Hg.), Karl der Große. 1200 Jahre Mythos und Wirklichkeit, Petersberg 2014, S. 207–220, bes. S. 210 f.

9 Führer, Karl der Große und Zürich (wie Anm. 1), S. 31, Zeile 5 f. – Wir behaupten nirgendwo, der in Zürich handelnde jüngere Karl werde im Zürcher Rotulus als Kaiser tituliert, das wäre in der Tat eine völlig falsche Aussage.

10 Als historische Person gewürdigt von Peter Classen, Karl der Große und die Thronfolge im Frankenreich, in: Festschrift Hermann Heimpel, Göttingen 1972 (Veröffentlichungen des Max-Planck-Instituts für Geschichte, 36/3), S. 109–134. Eine neue Fragestellung bei Matthias Hardt, *In orientalem partem Sala, ad locum qui vocatur Halla*. Wo ließ Karl der Jüngere den zum Jahr 806 im Chronicon von Moissac erwähnten Brückenkopf errichten?, in: Thomas Wozniak (Hg.), Königswege. Festschrift für Hans K. Schulze, Leipzig 2014, S. 67–75; ferner Régine Le Jan, Écriture de l'Histoire et compétition: l'échec du projet de mariage entre Charles le Jeune et la fille d'Offa de Mercie, in: Magali Coumert u. a. (Hg.), *Rerum gestarum scriptor.* Histoire et historiographie au Moyen Âge. Mélanges Michel Sot, Paris 2012, S. 453–464; zur Krönung des Sohnes in Rom vgl. Carl I. Hammer, Christmas Day 800: Charles the Younger, Alcuin and the Frankish

Beginnen wir die Analyse des wegen seiner verschachtelten grammatikalischen Struktur nicht leicht verständlichen Quellentextes mit der Invocatio zu Beginn des Rotulus (Rotulus 1 Zeile 1): *In nomine sanctę et indiuiduę trinitatis.* Diese Worte lassen den unter Karl dem Großen aktuellen Kampf seiner Theologen gegen die auf der Iberischen Halbinsel aufgekommene Irrlehre des Adoptianismus anklingen; so hat etwa Alkuin ein Werk »De fide sanctae et individuae trinitatis« verfasst und 802 dem Kaiser gewidmet[11]. Die Trinitätsformel, also die Anrufung der heiligen und unteilbaren Dreifaltigkeit Gottes am Anfang der Herrscherurkunden, wurde seit 833 in der Kanzlei König Ludwigs des Deutschen verwendet[12]. Mit dieser Feststellung soll aber nicht etwa der falschen »Annahme Vorschub«[13] geleistet werden, es handle sich bei R1 um die Umarbeitung eines Herrscherdiploms. Die Stellung am Kopf der Rolle und die Invocatio anstelle einer Inhaltsangabe signalisiert nach Steiners Meinung vielmehr die außerordentliche Bedeutung dieser Textpassage im Rahmen des ganzen Rotulus.

Die nächste Aussage lautet: *Karoli clementia christi imperatoris iussione haec descriptio facta est.* (R1 Z1–2): Gemäß dieser ältesten Überlieferung zur Geschichte Zürichs im Mittelalter wurde auf Befehl des Kaisers Karl eine Bestandsaufnahme der Landgüter der Zürcher Kirche veranstaltet. Sie umfasste vom Königsgut abgetrennte Lokalitäten in der Siedlung Zürich, die Grundherrschaft in Albisrieden und die entsprechenden Rechte für zweieinhalb Höfe in Höngg (R1 Z15–18). Die Festschreibung des Landbesitzes des Klerikerstifts war eine für die Sicherung der materiellen Basis der Institution unverzichtbare Rechtshandlung. Sie erfolgte gemäß unserer These im Rahmen einer öffentlichen Versammlung, die in Zürich unter dem Vorsitz König Karls des Jüngeren im Jahr 810 zusammentrat.

Die Institutionalisierung der Klerikergemeinschaft beim Grab von Felix und Regula in Zürich[14] als karolingische Stiftung wurde unter Einbezug der kaiserlichen Erstausstattung an diese Mutterkirche[15] durch König Karl auf Anordnung des Kaisers bestätigt und die Schenkungen auch für die Zukunft bekräftigt. Die Quelle drückt das mit den folgenden Worten aus: *Hoc ergo confirmando ipse rex imper[i]ali*

Royal Succession, in: English Historical Review 127 (2012), S. 1–23. Weitere Publikationen zu Karl dem Jüngeren werden referiert von Jennifer R. Davis, Charlemagne's Practise of Empire, Cambridge 2015, S. 359–361, 415–423.

11 MGH. Epp. IV, S. 414, Nr. 257.

12 Heinrich Fichtenau, Zur Geschichte der Invokationen und Devotionsformeln, in: ders. Beiträge zur Mediävistik. Ausgewählte Aufsätze, Bd. 2: Urkundenforschung, Stuttgart 1977, S. 37–61, bes. S. 43 f.

13 Steiner, Alte Rotuli (wie Anm. 5), S. 68 mit Anm. 304.

14 Zur religiösen Verankerung des Stifts durch die Märtyrerstätte vgl. ibid., S. 235 f.

15 Sebastian Grüninger, Pfarrorganisation und Kirchenwesen in den frühmittelalterlichen Bistümern Chur und Konstanz, in: Hans Rudolf Sennhauser u. a. (Hg.), Wandel und Konstanz zwischen Bodensee und Lombardei zur Zeit Karls des Großen. Kloster St. Johann in Müstair und Churrätien, Tagung 13.–16. Juni 2012 in Müstair, Zürich 2012 (Acta Müstair, Kloster St. Johann, 3), S. 125–142, bes. S. 128. Es gab im rätischen Raum fünf Gotteshäuser, die schon in karolingischer Zeit explizit als Plebankirchen angesprochen wurden, also vermutlich als Taufkirchen dienten. Im Fall von Nüziders (Kt. Graubünden) erscheint in den Quellen zusätzlich die hierarchische Bezeichnung *mater ecclesia*. Die analoge Beschreibung *ipsę matri ecclesię* in Zürich versteht Grüninger auf S. 138 als Hinweis für ein hohes Alter des dortigen Gotteshauses, das jedenfalls deutlich vor Karls Gründung des Chorherrenstifts errichtet worden sei.

*iussione praecepit dotales donationes ipsę matri ecclesię [...] ita sicut ex suis antiquis antecessoribus fuissent constitutae permaneant* (R1 Z12–15). Der Entscheid, einen am Ort bestehenden Heiligenkult nicht nur zu fördern, sondern ihn zum religiösen Mittelpunkt des königlichen Fiskus in Zürich und damit der ganzen Region zu machen, war demnach schon einige Zeit vor dem öffentlichen Auftritt Karls des Jüngeren im Jahr 810 gefallen. Die Gründung bzw. Einrichtung eines religiösen Instituts zog sich auch andernorts über mehrere Jahre hin[16]. Neue Bauten mussten erstellt bzw. bestehende Strukturen dem geänderten Verwendungszweck angepasst werden; schließlich galt es, geeignetes geistliches Personal zur Erweiterung der bestehenden Gruppe von Klerikern zu finden. Der eigentliche Stiftungsakt des Zürcher Chorherrenstifts wird im nächsten Abschnitt des Quellentextes ausdrücklich Karl dem Großen zugeschrieben, der hier zusammen mit seinem Bischof Theodor als Urheber der alten Stiftsverfassung genannt wird: *[...] de an[ti]qua constitutione magni KAROLI suique episcopi nomine Theodori [...]* (R2 Z41 f.). Warum es sich nach unserer Ansicht bei diesem Bischof um Theodulf von Orléans handeln muss, werden wir weiter unten erläutern[17].

Steiner hat in seiner Analyse der Textabschnitte R1 und R2 herausgearbeitet, dass hinter dem mehrfach vorkommenden Namen Karl zwar gleichnamige, aber doch verschiedene Personen stehen. Damit hat er die durch die ältere Forschung verursachte gröbste Konfusion überwunden und den Weg für weitergehende Erkenntnisse geebnet[18]. Zentral für das Verständnis des Textes von R1 scheint uns, dass darin ein König ausdrücklich auf Befehl des im Eingangssatz genannten Kaisers Karl handelte: *ipse rex imper[i]ali iussione praecepit [...]* (R1 Z12). Weil dieser Herrscher im zweiten Rotulusabschnitt (R2 Z41) mit dem Beinamen *magnus* als Karl der Große kenntlich gemacht wird, liegt es nahe, den in Zürich auftretenden König mit dem ältesten legitimen Sohn des Kaisers, Karl dem Jüngeren, zu identifizieren. Er wird seinerseits in R1 Z34 *ut cum precepto praefato domni regis Karoli* nochmals erwähnt und an dieser Stelle auch mit seinem Taufnamen genannt. Das Wort *ipse* in der Wendung *ipse rex* bei der ersten Erwähnung Karls in R1 Z12 hat im mittelalterlichen Latein ein weites Bedeutungsfeld: Es wird pronomisch als Äquivalent für *ille* oder *is* gebraucht, doch dann müsste das Bezugswort vorangehen. In unserem Fall folgt dieses Bezugswort unmittelbar danach, wodurch *ipse* eine emphatische Bedeutung annimmt. Es unterstreicht also die hervorgehobene Stellung der handelnden Person[19]. »Der König selbst« war es und nicht – wie in karolingischer Zeit üblich – irgendein Gesandter, der in Zürich auf kaiserlichen Befehl handelte.

16 Vgl. dazu Herbert Zielinski, Die Kloster- und Kirchengründungen der Karolinger, in: Irene Crusius (Hg.), Beiträge zur Geschichte und Struktur der mittelalterlichen Germania Sacra, Göttingen 1989 (Veröffentlichungen des Max-Planck-Instituts für Geschichte, 93), S. 95–134, bes. S. 103 mit Anm. 34; ferner Otto Meyer, Die Klostergründung in Bayern und ihre Quellen vornehmlich im Hochmittelalter, in: Zeitschrift der Savigny-Stiftung für Rechtsgeschichte. Kan. Abt. 20 (1931), S. 123–201, bes. S. 193 mit Nachweisen 2 u. 3.

17 Siehe unten, bei Anm. 64.

18 Steiner, Alte Rotuli (wie Anm. 5), S. 55. – Die Erwähnung eines weiteren Imperators namens Karl in R2 Z41 hat das Verständnis des Textes erschwert und Egloff zur Gleichsetzung aller drei Personen verführt.

19 Dictionary of Medieval Latin from British Sources, ed. Roland E. Latham, David Robert Howlett, Bd. 1: A–L, London 1975, S. 1473 hier die Artikel 1, 3 und 4.

Der Gründer des Chorherrenstifts am Grab der Märtyrer wird in R2 Z41 *[...] de an[t]iqua constitutione magni KAROLI* genannt und mittels Kapitalbuchstaben klar abgehoben[20] von den späteren Herrschern, nämlich von König Ludwig dem Deutschen und von einem Kaiser Karl (R2 Z40–41). Dieser wird üblicherweise mit Karl III. (881–888), also dem Dicken, identifiziert[21]. Durch den Beinamen *magnus* wird in diesem Satz aber ebenso der große bzw. ältere Karl (der Kaiser) vom jüngeren Karl (dem designierten Thronfolger und seit 800 König der Franken) unterschieden, wie dies damals bei gleichnamigen Vätern und Söhnen üblich war[22]. Wolfgang Eggert hat in seiner auf die Reichsannalen beschränkten Untersuchung[23] immerhin acht Belege für *magnus* als Beinamen für den Herrscher gezählt: der erste für 769, der zweite für 772. Um 772/773 wurde Karl der Jüngere geboren, das Wort *magnus* für dessen Vater machte für den etwa seit 787 schreibenden Chronisten im Rückblick durchaus Sinn. Diese Beobachtungen schließen das Mitschwingen einer zweiten, lobenden Bedeutung des Beinamens *magnus* im Sinne von politisch herausragend natürlich nicht aus. Seine Verwendung erfolgte aber auch im Zürcher Rotulus primär als Identifizierungsmerkmal für den ersten Frankenkaiser innerhalb der karolingischen Herrscherreihe.

Steiner hat in seiner Untersuchung des Rotulus verdienstvollerweise in den beiden ersten Abschnitten drei ineinander verflochtene Zeitstufen herausgearbeitet und unserer Interpretation damit den Boden bereitet[24]. Das Subjekt des Satzteils *ipse rex imper[i]ali iussione praecepit dotales donationes [...] ita sicut ex suis antiquis antecessoribus fuissent constitutae permaneant* (R1 Z15) bezieht sich grammatikalisch auf den in Zürich im Auftrag des Kaisers handelnden König Karl (den Jüngeren). Inhaltlich ist die Aussage auf die nachfolgenden Herrscher im dritten zeitlichen Horizont (R2 Z40–41) gemünzt, nämlich als Appell an König Ludwig den Deutschen, dem Förderer der mit dem Großmünsterstift konkurrierenden Fraumünsterabtei, sowie

20 Eine Kapitalisierung wichtiger Personennamen erfolgt auch im anschließenden Teil des Zürcher Rotulus, R3. Im Fürbittegebet für Ludwig den Deutschen wird der angerufene Heilige Nazarius bereits um 869/870 so ausgezeichnet. Vgl. dazu: Johannes FRIED u. a. (Hg.), Der Lorscher Rotulus, Faksimile und Interimskommentar, Hs. Barth, Stadt und Universitätsbibliothek Frankfurt am Main, Graz 1994–2001 (Codices selecti, 99).

21 STEINER, Alte Rotuli (wie Anm. 5), S. 54f., 203f. In Frage käme aber auch Karl der Kahle, der von 875 bis 877 die Kaiserwürde innehatte.

22 Walter KIENAST, Magnus – der Ältere, in: Historische Zeitschrift 205 (1967), S. 1–14. Was den ähnlich gelagerten Fall des Beinamens in der ottonischen Dynastie betrifft, kommt der Autor des nächsten Aufsatzes nicht zu einem schlüssigen Ergebnis. Vgl. Thomas WOZNIACK: Wie groß war Otto der Große? Zur Deutung des Cognomens *magnus,* in: DERS. u. a. (Hg.), Königswege, Festschrift für Hans K. Schulze, Leipzig 2014, S. 95–112.

23 Zum Fall von *Karolus magnus* vgl. Wolfgang EGGERT, Zu Inhalt, Form und politischer Terminologie der »Fränkischen Reichsannalen«, in: Franz-Reiner ERKENS (Hg.), Karl der Große und das Erbe der Kulturen. Akten des 8. Symposiums des Mediävistenverbandes, Leipzig 15.–18. März 1999, Berlin 2001, S. 122–134. Die Belege auf S. 128 in Anm. 47. – Das in solchen familiären Namenskonstellationen heute für den Vater übliche Beiwort *Senior* wurde im Mittelalter meist für den Lehensherrn, immer aber für Abhängigkeitsverhältnisse verwendet. Vgl. Philippe DEPREUX, *Dominus.* Marques de respect et expressions des rapports hiérarchiques dans la désignation des personnes d'autorité, in: François BOUGARD u. a. (Hg.), Théorie et pratiques des élites au Haut Moyen Âge. Conception, perception et réalisation sociale, Turnhout 2011 (Haut Moyen Âge, 13), S. 189–196.

24 STEINER, Alte Rotuli (wie Anm. 5), S. 52–66.

von dessen Sohn, dem späteren Kaiser Karl III. Sie und alle weiteren Nachfolger sollten, so die implizite Mahnung, die von ihren Vorfahren stammenden Rechte und Besitzungen achten, die den Chorherren für die Ewigkeit geschenkt worden seien (R1 Z13)[25]. Für diese Karolinger waren Kaiser Karl der Große und dessen Vater, König Pippin III. (der Kurze), tatsächlich alte, d.h. zeitlich entferntere Vorfahren, wie dies schon Josef Siegwart festgestellt hat[26]. Den beiden ersten Protagonisten der karolingischen Dynastie kommt also das Verdienst zu, das Grab der Heiligen in Zürich als Wallfahrtsstätte gefördert zu haben[27], dort ein Stift für Chorherren initiiert und diese Gründung mit einer ausreichenden materiellen Basis ausgestattet zu haben.

Grammatikalisch sind mit *ex suis antiquis antecessoribus [...]* (R1 Z14) die Vorfahren des 810 in Zürich handelnden Königs Karl gemeint, den wir mit seinem in der Mediävistik üblichen Beinamen als den Jüngeren identifiziert haben. Ältere Vorfahren machen aber, genau genommen, für einen Sohn Karls des Großen nicht wirklich Sinn. Hingegen waren schon aus der Sicht Karls II. (des Kahlen) Kaiser Karl der Große und König Pippin III. (der Kurze) zeitlich entferntere Vorfahren, nämlich Großvater bzw. Urgroßvater. Deshalb steht zu vermuten, dass die Chorherren den *domnus rex Karolus* (R1 Z12 u. Z34) irrtümlicherweise mit Karl, dem Sohn Kaiser Ludwigs, gleichsetzten und zwar aufgrund der Gleichnamigkeit der Könige und der in diesem Punkt lückenhaften, weil wohl nur mündlichen lokalen Überlieferung.

Die am Ort der Grabstätte der Märtyrer Felix und Regula auf dem Hügel rechts der Limmat wirkenden Kleriker lebten seit Beginn, d.h. seit der Konstituierung des Stifts oder spätestens seit dessen Bestätigung durch Karl den Jüngeren und während der ersten Wachstumsphase gemäß einer Regel, die sie hier Tag und Nacht unablässig

25 Ein Entfremdungsverbot erscheint nicht selten in karolingischen Schenkungsurkunden für geistliche Institutionen; vgl. Ludwig Falkenstein, Karl der Große und die Entstehung des Aachener Marienstiftes, Paderborn 1981 (Quellen und Forschungen aus dem Gebiet der Geschichte, NF 3), S. 84f.

26 Josef Siegwart, Chorherren- und Chorfrauengemeinschaften in der deutschsprachigen Schweiz vom 6. Jahrhundert bis 1160, Freiburg i.Ü. 1962 (Studia Friburgensia, NF 30), S. 173. Er bezog sich damit allerdings auf Karl III. (den Dicken), den er gemäß damaliger Forschungsmeinung mit dem in Zürich handelnden König Karl gleichsetzte. Eine andere Bedeutung erhalten die Worte *antiquis antecessoribus*, wenn man sie auf Karls des Jüngeren Vorfahren mütterlicherseits bezieht, die in Zürich begütert gewesen sein dürften. Vgl. Josef Siegwart Zur Frage des alemannischen Herzogsgutes um Zürich, in: Schweizerische Zeitschrift für Geschichte 8 (1958), S. 145–192, bes. S. 158–165. Erweiterte Fassung in Wolfgang Müller (Hg.), Zur Geschichte der Alemannen, Darmstadt 1975 (Wege der Forschung, 100), S. 223–287, mit Nachtrag S. 272–274. Herzog Odilo hatte nach der Meinung von Heidi Leuppi, Die Anfänge des Großmünsters in Zürich. Ein Versuch, in: Zürcher Taschenbuch 126 (2006), S. 395–416, bes. S. 402–404 zusammen mit dem hl. Pirmin eine Wallfahrtstätte an der Limmat gegründet oder jedenfalls materiell wesentlich unterstützt.

27 Sie dürfte u.a. im Auftrag bestanden haben, eine *passio* der Märtyrer zu verfassen. Zu diesem in der 2. Hälfte des 8. Jahrhunderts vermutlich im Kloster St. Gallen oder jedenfalls durch einen St. Galler Schreiber entstandenen Text vgl. Iso Müller, Die frühkarolingische *Passio* der Zürcher Heiligen, in: Zeitschrift für schweizerische Kirchengeschichte 65 (1971), S. 132–187 mit Edition auf S. 135–144. Eine Übersetzung bietet Silvan Mani, Die Leidensgeschichte der Heiligen Felix und Regula, in: Hansueli Etter u.a. (Hg.), Die Zürcher Stadtheiligen Felix und Regula. Legenden, Reliquien und Geschichte und ihre Botschaft im Licht moderner Forschung, Zürich 1988, S. 11–18. Vgl. auch Urs Baur, Die älteste Legende der Zürcher Stadtheiligen, ibid., S. 21–31, bes. S. 30f.

siebenmal täglich Gottes Lobpreisung vollziehen ließ: *[...] in primordio ad incrementum congregationis can[on]icorum ut ibidem regulari disciplina viventes die noctuque indeficiendo sepcies in die deo laudes implendo subsiste[rent]* (R1 Z10–12). Bekanntlich gehört die Zürcher »Passio« zum Legendenkreis der Thebäischen Legion[28]. Der Kult dieser Märtyrerschar um den Anführer Mauritius stand zur Zeit des ersten Frankenkaisers bereits in hoher Blüte. Karl der Große selbst besuchte die am Nordfuß der Passroute des Großen St. Bernhard gelegene Abtei Saint-Maurice wohl mehrfach; zuletzt im Sommer 801 auf dem Rückweg von seiner Krönung zum Kaiser in Rom[29]. Die Ausstrahlung des Kultzentrums der Thebäischen Legion im Wallis reichte damals bis nach Solothurn, wo die karolingischen Herrscher an ihrem wohl von Berta, der Gattin König Pippins III., gegründeten Kloster St. Ursus möglicherweise ebenfalls Chorherren zur Verehrung der dieser römischen Heeresabteilung zugerechneten Märtyrer Ursus und Victor installierten[30]. Der Legendenkreis um die Thebäer erreichte schon sehr früh den Hochrhein, wo in Zurzach im Aargau am Grab der hl. Verena um 830 eine Gemeinschaft von *fratres*, also Klerikern, in die Gebetsverbrüderung der Abtei Reichenau aufgenommen wurde. Sie betreuten die Pilger, die schon seit früher Zeit zur Kultstätte kamen, an der eine Saalkirche mit Querannexen und Apsis vom Ende des 5. Jahrhunderts nachgewiesen worden ist[31].

Auch die in Zürich verehrten Geschwister Felix und Regula galten als Angehörige der Thebäischen Legion. Gemäß der in der 2. Hälfte des 8. Jahrhunderts verfassten Legende erlitten sie das Martyrium am rechten Ufer der Limmat am Ort der heutigen Wasserkirche. Das Grab von Felix und Regula befand sich auf dem ansteigenden Gelände über dem Fluss, im Bereich einer römischen Nekropole[32]. Hier lebte seit unbestimmter Zeit eine Gruppe von Klerikern; diese Geistlichen unterstanden dem Bischof von Konstanz und nahmen in seinem Auftrag die Seelsorge für die lokale

28 Den aktuellen Forschungsstand diskutiert Beat Naef in seiner Monografie: Städte und ihre Märtyrer. Der Kult der Thebäischen Legion, Freiburg i. Ü. 2011 (Paradosis, 51). Weitere Materialien findet man auf http://passiones.textandbytes.com (23/03/2018).

29 Die Rückreisen Karls aus Italien von 781 und 787 sowie 801 dürften über den Großen St. Bernhard geführt und damit Besuche in Saint-Maurice ermöglicht haben. Siehe weiter unten, bei Anm. 106. Im Schatz von Saint-Maurice wird bekanntlich eine Goldkanne aufbewahrt, die als Geschenk des fränkischen Kaisers gilt. Zur Karlslegende vgl. Margrit Werder, Das Nachleben Karls des Großen im Wallis, in: Blätter aus der Walliser Geschichte 16 (1976/77), S. 301–492.

30 Berthe Widmer, Der Ursus- und Viktorkult in Solothurn, in: Benno Schubiger (Hg.), Solothurn. Beiträge zur Entwicklung der Stadt im Mittelalter. Kolloquium vom 13./14. Nov. 1987 in Solothurn, Zürich 1990 (Veröffentlichungen des Instituts für Denkmalpflege an der ETH Zürich, 9), S. 33–81. Für die Diskussion der schriftlichen Überlieferung zum sicher seit 870 belegten, aber gewiss älteren Monasterium vgl. Silvan Freddi, St. Ursus in Solothurn. Vom königlichen Chorherrenstift zum Stadtstift (870–1527), Köln 2014 (Zürcher Beiträge zur Geschichtswissenschaft, 2), S. 36–50.

31 Helmut Maurer, Zurzach und die Landschaft am Hochrhein vom 9. bis zum 13. Jahrhundert, in: Albert Sennhauser u. a. (Hg.), Die Geschichte des Fleckens Zurzach, Zurzach 2004, S. 121–140, bes. S. 123: *incipiunt nomine fratrum qui in Zuriaca sunt in congregatione.* Zur den Ausgrabungen vgl. Hans-Rudolf Sennhauser, Zurzach im Frühmittelalter, ibid., S. 113–120, bes. S. 118 f.

32 Daniel Gutscher, Das Großmünster in Zürich: Eine baugeschichtliche Monographie, Bern 1983 (Beiträge zur Kunstgeschichte der Schweiz, 5), S. 38 f.

Bevölkerung rechts der Limmat wahr, feierten die Gottesdienste und betreuten die Heilung und religiöse Erbauung suchenden Pilger[33].

Karl gründete in Zürich kein Mönchskloster, sondern ein Chorherrenstift, eine damals übliche Form des Zusammenlebens von Klerikern[34]. Gemäß der Zürcher Quelle lebten hier von Beginn an Geistliche, die sich den Regeln ihres Standes unterwarfen: *in primordio ad incrementum congregationis can(on)icorum ut ibidem regulari dis[-]ciplina uiuentes [...] subsis[-]te [rent]* (R1 Z10–11). Später heisst es nochmals *sub uita canonicorum ... seruiendo permanerent* (R2 Z42–46). Der mehrfach im Text verwendeten Begriff *fratres* (R1 Z19, 22, 23, 26, 27, 28, 30, 35) wurde damals nicht nur für Mönche, sondern für die Mitglieder aller geistlichen Gemeinschaften verwendet, ebenso der Begriff *monasterium*[35]. Mit der Einrichtung eines Stiftes durch den Herrscher war die Verpflichtung der Kleriker auf die Chorherrenregel des Bischofs Chrodegang von Metz verbunden. Diese Lebensordnung war gegenüber dem Mönchtum deutlich weniger asketisch[36] und ihre Einhaltung schien Karl wohl weniger problematisch.

Die Datierungszeile im Rotulustext *Actum In turego Anno imperii sui x ipsius Karoli imperatoris Indictione VII Anno domini DCCCX* (R1 Z38–39) ist von der älteren Forschung pauschal als Fiktion eingestuft worden[37]. Mit der nachträglich manipulierten, das heißt von der *VII* zur heute erkennbaren *XIII* umgeschriebenen, in jedem Fall aber falschen Indiktionszahl sowie der Umrechnung des zehnten Regierungsjahrs Karls als Kaiser auf das Inkarnationsjahr *Anno Domini DCCCX* mit einer langen Rasur nach der Ziffer *X* wirkt sie kaum vertrauenserweckend, ja verdächtig. Der Beginn der Datierungszeile mit der Angabe des Herrscherjahres entsprach aber durchaus den karolingischen Gewohnheiten. Die Indiktionsangabe, nämlich das aktuelle Jahr innerhalb des antiken römischen Steuerzyklus von jeweils 15 Jahren, bürgerte sich nach der Kaisererhebung Karls des Großen als zusätzliche

33 Heidi Leuppi, Das Großmünster und sein Grabheiligtum Felix und Regula in Zürich von seinen Anfängen bis in 13. Jahrhundert, in: dies., Der Liber Ordinarius des Konrad von Mure. Die Gottesdienstordnung am Großmünster in Zürich (Spicilegium Friburgense, 37), Freiburg i. Ü. 1995, S. 41–57. Zu dieser Konstellation vgl. Josef Semmler, Stift und Seelsorge im südwestdeutschen Raum (6.–9. Jh.), in: Sönke Lorenz, Oliver Auge (Hg.), Die Stiftskirche in Südwestdeutschland. Aufgaben und Perspektiven der Forschung. Fachtagung 17.–19. März 2000 in Weingarten, Leinfelden, Echterdingen 2003 (Schriften zur südwestdeutschen Landeskunde, 35), S. 85–106.

34 Vgl. Josef Semmler, Die Kanoniker und ihre Regel im 9. Jahrhundert, in: Irene Crusius (Hg.), Studien zum weltlichen Kollegiatstift in Deutschland, Göttingen 1995 (Veröffentlichungen des Max-Plank-Instituts für Geschichte, 114 = Studien zur Germania Sacra, 18), S. 62–109; ferner ders., Monachus – clericus – canonicus. Zur Ausdifferenzierung geistlicher Institutionen im Frankenreich bis ca. 900, in: Sönke Lorenz, Thomas Zotz (Hg.), Frühformen der Stiftskirchen in Europa, Tagung Schloß Goldrain/Südtirol 13.–16. Juni 2002, Festschrift für Dieter Mertens zum 65. Geburtstag, Leinfelden-Echterdingen 2005 (Schriften zur südwestdeutschen Landeskunde, 54), S. 1–18.

35 Den Fall von Schienen im Hegau diskutiert Helmut Maurer, Ländliche Klerikergemeinschaft und Stift in karolingischer Zeit. Vergleichende Beobachtungen an Beispielen aus der Diözese Konstanz, in: Lorenz, Zotz, Frühformen der Stiftskirchen (wie Anm. 34), S. 339–356.

36 Vgl. die Edition von Jerome Bertram, The Chrodegang Rules. The Rules for the Common Life of the Secular Clergy from the Eighth and Ninth Centuries, Aldershot 2005 (Church, Faith and Culture in the Medieval West, 10), S. 27–83. Hier bes. die Nummern 3, 20, 22, 29, 31.

37 Vgl. die Diskussion dieser Probleme durch Steiner, Alte Rotuli (wie Anm. 5), S. 53–57.

Kontrollzahl ein; sicher belegt ist der Gebrauch in seiner Kanzlei seit Ende 802[38]. Bei einer korrekten Datierung für das zehnte Jahr der Regierung Karls als Kaiser (810) wäre als Indiktion die Zahl *III* zu erwarten, im Rotulus wurde jedoch die falsche Zahl *VII* eingetragen. Diese *VII* bezog sich vielleicht auf das Todesjahr Karls des Großen, also 814; jenen so wichtigen Zeitpunkt hatte man sich vielerorts ins Gedächtnis eingeprägt. Bei der nachträglichen Veränderung der Zahl *VII* in *XIII* handelt es sich offensichtlich um eine computistische Korrektur eines spätmittelalterlichen Gelehrten, der die Indiktionszahl an das von ihm als *DCCCXX* gelesene Inkarnationsjahr anglich[39]. Der Bezug auf ein bestimmtes Jahr nach Christi Geburt stellte für die Zeit um 810 oder 820 zumindest in Urkunden eine ganz unübliche Form der Datierung dar; sie lässt sich aber gut mit der rund 120 Jahre späteren Abfassungszeit des Rotulus erklären.

Mit der *acta*-Formel ohne konkretes Tagesdatum wird ausdrücklich der Bezug auf eine vor Ort stattgefundene Besitzübergabe hergestellt. Bei einem solchen, durch eine rechtssymbolische Handlung untermauerten Vorgang vor möglichst vielen Zeugen wurde gemäß der juristischen Praxis im Frühmittelalter keine Urkunde benötigt; Häuser wurden durch das Überreichen einer Erdscholle dem neuen Besitzer übergeben und Ämter vom Lehensoberen mit Fahne oder Stab dem neuen Inhaber überantwortet[40]. Selbst für wichtige Gründungen der karolingischen Herrscher wie den Chorherrenstiften zu Aachen oder Frankfurt sind nach der Erkenntnis von Ludwig Falkenstein keine schriftlichen Belege überliefert; solche Dokumente haben nach seiner Ansicht wahrscheinlich gar nie existiert[41]. Dieses Vertrauen in die Gültigkeit mündlicher Setzungen prägte im deutschen Sprachraum den normalen Lauf von Rechtsgeschäften[42], obwohl Könige und Kaiser ihrerseits viele Diplome bei Güterschenkungen oder anderen Wohltaten zugunsten bereits bestehender geistlicher Institutionen ausfertigen ließen. Erst im Hochmittelalter wurde das Fehlen eines Herrscherdiploms für das Zürcher Stift offenbar zum Problem. Im Urbar aus dem 12./13. Jahrhundert findet sich nämlich ein Text, in dem die Aussagen von R1 auf

38 Das sah bereits Theodor von Sickel, Acta Regum et Imperatorum Karolinorum digesta et enarrata, Bd. 1: Lehre von den Urkunden der ersten Karolinger (751–840), Wien 1867, S. 253f., 262f.

39 Steiner, Alte Rotuli (wie Anm. 5), S. 57. Die Ziffern *DCCCXX* und die Indiktionsangabe *XIII* stehen ohne Spuren einer Rasur im Urbar des Großmünsters aus dem 12./13. Jahrhundert, geschrieben von einer Hand des 13. Jahrhunderts.

40 Wolfgang Sellert, Gewohnheit, Formalismus und Rechtsritual, in: Heinz Duchhardt, Gert Melville (Hg.), Im Spannungsfeld von Recht und Ritual. Soziale Kommunikation in Mittelalter und Früher Neuzeit, Köln 1977 (Norm und Struktur, 7), S. 29–48. Zur Übertragung von Grundstücken bes. S. 35. Zum Verhältnis von Schriftlichkeit und Ritual vgl. Hagen Keller, Schriftgebrauch und Symbolhandeln in der öffentlichen Kommunikation. Aspekte des gesellschaftlichen Wandels vom 5. bis zum 13. Jh., in: Frühmittelalterliche Studien 37 (2003), S. 1–24, bes. S. 7–15.

41 Falkenstein, Entstehung des Aachener Marienstiftes (wie Anm. 25), S. 87. Skeptisch bezüglich der Gründung des Marienstifts durch den Herrscher selber bleibt Rudolf Schieffer, Literaturbericht: Karl der Große nach 1200 Jahren, in: Deutsches Archiv 70 (2014), S. 637–665, bes. S. 645.

42 Reinhard Härtel, Notarielle und kirchliche Urkunden im frühen und hohen Mittelalter, Wien 2011 (Historische Hilfswissenschaften, 4), S. 107. Zum Niedergang der Einzelurkunden und zu den Traditionsbüchern in den geistlichen Instituten vgl. S. 105–116.

Karl den Großen als handelnde Person umformuliert worden sind[43]. Dies stellt aus heutiger Perspektive selbstverständlich eine Fälschung dar.

Der Tod von Augenzeugen der Geschehnisse von 810 in Zürich bzw. das hohe Alter derjenigen Stiftsangehörigen, die von diesen ersten Zeugen noch mündlich unterrichtet worden waren, mögen zur formlosen Niederschrift von wichtigen Informationen animiert haben. Einen fast schon zwingenden Anstoß für Erinnerungsnotizen, die offensichtlich in R1 und R2 verwertet werden, sehen wir zudem in der Gründung des Frauenklosters bzw. dessen Ausstattung mit einer umfangreichen Güterschenkung durch König Ludwig den Deutschen im Jahr 853. Die Übertragung der St. Peterskapelle mit ihren Einkünften an dieses Kloster einige Zeit vor dem Jahr 857 durch König Ludwig gestaltete die kirchlichen Verhältnisse in Zürich etwas komplexer[44]. St. Peter, gelegen links der Limmat auf einer Erhebung neben der Pfalz auf dem Lindenhofhügel, hatte anfänglich die Funktion einer Kirche für alle zum Königshof Zürich gehörenden Fiskalinen erfüllt[45]. Die im Rotulus mehrfach erwähnte Zehntausscheidung (R1 Z18, R2 Z42, R14 Z262 und Z273) fand zwischen diesen beiden alten Gotteshäusern St. Peter links und Felix- und Regula-Kirche rechts des Flusses statt, da diese für alle kirchlichen Einrichtungen wichtige Quelle von regelmäßigen Einkünften bei der Gründung des Großmünsterstifts zweifelsfrei dem einen oder dem anderen Gotteshaus zugeordnet werden musste[46]. Die ebenfalls unter königlichem Schutz stehende Fraumünsterabtei entwickelte sich je länger desto mehr zur ernsthaften Konkurrenz für das Großmünsterstift. So hat die Weihe der links der Limmat neu errichteten Kirche des Nonnenklosters durch Bischof Gebhard von Konstanz um das Jahr 874[47] für die Kanonikergemeinschaft rechts der Limmat offenbar nochmals Anlass zu Erinnerungsnotizen gegeben. In R2 Z40–41 wird nämlich mit den Worten: *in illis temporibus regum Ludouuici atque imperatoris Karoli* eine Liste von 17 Kanonikern überliefert. Diese Namen gehören jedenfalls in die – aus der Sicht des Schreibers im ersten oder zweiten Viertel des 10. Jahrhunderts[48] – schon vergangenen Zeiten unter König Ludwig und Kaiser Karl. Der Entschluss, lokales Erzählgut und lose Erinnerungsnotizen schriftlich zu fixieren und einen Rotulus zum Besitz des Stiftes anzulegen, hängt mit großer Wahrscheinlichkeit mit dem an der Wende zum 10. Jahrhundert ausgebrochenen Streit des Chorherrenstifts mit der

43 Der personalisierte und auf zwei Seiten aufgeteilte Text wurde in ein bereits im 12. Jahrhundert angelegtes Urbar nachträglich eingefügt. Ed. in MGH. D Karol. I, S. 417f. Nr. 280 (unecht).

44 Vgl. Steiner, Alte Rotuli (wie Anm. 5), S. 55 und ders., Die Fraumünsterstiftung von 853 im Kontext der frühen Kirchengeschichte Zürichs, in: Peter Niederhäuser (Hg.), Das Fraumünster in Zürich. Von der Königsabtei zur Stadtkirche, Zürich 2013 (Mitteilungen der Antiquarischen Gesellschaft in Zürich, 80 = Neujahrsblatt der Antiquarischen Gesellschaft in Zürich, 177), S. 31–43.

45 Ders., Fraumünsterstiftung (wie Anm. 44), S. 37 mit Anm. 48.

46 Die Zehntausscheidung wurde, allerdings in der irrigen Meinung, hinter St. Peter stünde bereits die Fraumünsterabtei, untersucht von Hedwig Wicker, St. Peter in Zürich. Beiträge zur Geschichte der Zürcher Pfarreien im frühen Mittelalter, Zürich 1955 (Wirtschaft – Gesellschaft – Staat: Zürcher Studien zur allgemeinen Geschichte, 12).

47 Steiner, Fraumünsterstiftung (wie Anm. 44), S. 33f. mit Anm. 24. Zu den Ausgrabungen vgl. zusammenfassend Regine Abegg, Christine Barraud Wiener, Die Kunstdenkmäler des Kantons Zürich, Stadt Zürich II,1: Die Altstadt links der Limmat – Sakralbauten, Bern 2002 (Kunstdenkmäler der Schweiz, 99), S. 24–137, bes. S. 29.

48 Vgl. die Erkenntnisse von Steiner, Alte Rotuli (wie Anm. 5), S. 99f. mit Anm. 398.

Fraumünsterabtei um die ihnen jeweils zustehenden Zehntrechte zusammen. Der Konflikt zwischen den beiden königlichen Instituten wurde im zehnten Regierungsjahr König Ottos I., also im Jahr 946, durch einen Beamten des Bischofs von Konstanz zugunsten des Stifts geschlichtet (R14 Z262 und Z273)[49].

Wie bereits erwähnt, bestätigte König Karl (R1 Z12) auf Befehl Kaiser Karls (R1 Z1) im Jahr 810 die Besitz- und Einkommensverhältnisse der Stiftskirche im Fiskus Zürich und den angrenzenden Gebieten: *Hoc ergo confirmando ipse rex imper[i]ali iussione praecepit dotales donationes ipsę matri ecclesię [...]* (R1 Z12–13). Der in Zürich handelnde Herrschersohn wird im Rotulus nochmals erwähnt und zwar als Garant der Besitzrechte der gegenwärtigen und künftigen Chorherren *ut cum precepto praefato domni regis Karoli [...] sine ullius persone obstaculo perpetualiter fruantur* (R1 Z34). Die Titulatur *dominus rex* wurde in den Reichsannalen hie und da für Karl den Großen selbst verwendet, und zwar bevor er die Kaiserwürde annahm. Der Gebrauch dieses Titels für König Karl den Jüngeren im Zürcher Rotulus war für den erstgeborenen legitimen Sohn des Kaisers im Jahr 810 also korrekt und darf als Indiz für eine zuverlässige lokale Überlieferung der Fakten gewertet werden. Die Anrede »Herr König« spiegelte ebenso den Respekt vor dem als Nachfolger des Herrschers geltenden Fürsten[50] wie dessen eigener Status als an Weihnachten des Jahres 800 in Rom gekrönter König der Franken. Auch der zweite regierende Sohn des Kaisers, der damals schon länger als Unterkönig in der Lombardei wirkende Pippin, wurde in Urkunden von 808 (Sulgen, Kt. St. Gallen) und 809 (Ottikon, Kt. Zürich) in der Datumszeile mit diesem Titel angeführt[51]. Beide Ausstellungsorte in der heutigen Nordostschweiz gehörten gemäß dem Vertrag von Diedenhofen/Thionville von 806, der *Divisio regnorum*[52], zu Pippins künftigem Erbteil.

Gemäß unserer These ließ also Karl der Jüngere in seiner Funktion als Unterkönig[53] in Zürich auf Befehl des Kaisers eine *descriptio* durchführen, eine Bestandsaufnahme der schon früher erfolgten – hauptsächlich aus Krongut stammenden – Güterschenkungen, den *dotales donationes*. In den Abschnitten R1 und R2 des Rotulus sind nicht weniger als drei verschiedene Zeitstufen angesprochen[54]. Dabei handelte es sich zunächst um die Gründung und materielle Erstausstattung des Stifts durch Karl den Großen (Zeitstufe 1) zu einem im Text nicht erwähnten Zeitpunkt. Von Josef Siegwart stammt die bedenkenswerte These, dass die in R1 Z16–17 erwähnten Orte Albisrieden und Höngg ursprünglich der Herkunftsfamilie von Karls Gattin Hildegard gehört hätten und das Großmünster folglich mit Teilen aus deren alemannischer Erbschaft ausgestattet worden sei[55]. Das wiederum konnte erst nach

49 Ibid., S. 233–235, 250 mit Anm. 1025.

50 Philippe Depreux, *Dominus*. Marques de respect (wie Anm. 23), S. 204f.

51 Karl Schmid, Zur historischen Bestimmung des ältesten Eintrags im St. Galler Verbrüderungsbuch, in: Alemannisches Jahrbuch 1973/75, S. 500–531, bes. S. 523–525.

52 MGH. Capit. I, Nr. 45, S. 126–130. Vgl. den grundlegenden Aufsatz mit Karten von Classen, Thronfolge (wie Anm. 10).

53 Zu dieser Form der Machtausübung vgl. das Werk von Brigitte Kasten, Königssöhne und Königsherrschaft. Untersuchungen zur Teilhabe am Reich in der Merowinger- und Karolingerzeit, Hannover 1997 (MGH. Schriften, 44).

54 Steiner, Alte Rotuli (wie Anm. 5), S. 55 spricht von einer fiktiven Synchronisierung dieser drei Zeithorizonte, also einer Glättung von widersprüchlichen Informationen.

55 Siegwart, Chorherren- und Chorfrauengemeinschaften (wie Anm. 26), S. 176; ders., Zur Frage

Hildegards Tod im Jahr 783 geschehen, also wahrscheinlich anlässlich der Reisen des Herrschers nach Italien 786 oder 800. Die Beteiligung Theodors, d.h. des Bischofs Theodulf von Orléans, an der Konstituierung des Stifts (R2 Z42) spricht für die zweite Datierungsvariante, denn der Geistliche erhielt den Rang eines Bischofs erst im Jahr 798. Wiederum einige Jahre später, nämlich im Jahr 810 (Zeitstufe 2), erfolgte die Bestätigung dieser *dotales donationes ipsę matri ecclesię* durch den König Karl, den ältesten Sohn des Kaisers und der schon verstorbenen Hildegard. Wohl vorwiegend in einer dritten Phase (Zeitstufe 3) kam es im Anschluss an die Stiftung der Herrscherfamilie zu Schenkungen durch Privatpersonen. *Karoli imperatoris iussione [...] suique memoriam eorumque miserantium populorum qui cum sua cupiebant licencia [...] ad ipsam ecclesiam et sepulchrum traderent* (R1 Z1–5). Namentlich erwähnt werden im Text (R1 Z21–29) sieben Donatoren, von denen drei Geistliche im nächsten Rotulusabschnitt (R2 Z48–50) in der Liste der 17 frühesten bekannten Zürcher Kanoniker nochmals aufgeführt sind. Die Güterübertragungen dieser Kanoniker lassen sich als die üblichen materiellen Leistungen beim Eintritt in ein geistliches Institut erklären, was im Fall des *clericus nomine Helfirich* sogar explizit angesprochen wird: *se in congregationem fratrum commendando donavit fratribus [...]* (R1 Z26f.).

Gemäß der Formulierung zu Beginn des ersten Rotulusabschnittes (R1 Z18) und im zweiten Abschnitt (R2 Z42) wurde eine *terminatio decimationum*, also eine Zehntausscheidung, vorgenommen und zwar im Jahr 810. Was diese Zehnteinkünfte betraf, so wurde von König Karl festgelegt, welcher Teil der Abgaben für die Ernährung der Kleriker, wörtlich *ad mensam* (R1 Z19), dienen sollte und welcher Teil für immer für die Bekleidung, wörtlich *ad vestituram* (R1 Z22), verwendet werden sollte. Die Zehntverpflichtung betraf die direkt der Stiftskirche unterstellte Pfarrei auf dem rechten Flussufer, den Stadelhof am See sowie die Zürcher Ortschaften Wipkingen, Äugst am Albis, Illingen bei Embrach, Fällanden, Maur, Hofstetten (bei Meilen?), Meilen und schließlich Boswil im Kanton Aargau (R 19–21). Die Reservationen für bestimmte Zwecke, nämlich die langfristige Versorgung der Chorherren mit Nahrung und Kleidung, erstaunt und man ist geneigt, sie für eine spätere Interpolation zu halten. Janet Nelson hat jedoch auf eine andere frühe Reservation für Kleidungszwecke hingewiesen, und, zwar in der großen Schenkung für Saint-Martin in Tours im Jahr 774 aus langobardischem Königsgut. Damals legten Karl der Große und seine Gattin Hildegard fest, dass die Insel Sirmione im Gardasee mit Burg und allem Zubehör *ad eundem sanctum locum vel eiusdem congregationi causa vestimentorum* gehören solle[56]. Dabei mochte der Gedanke mitschwingen, dass Chorherren, die ja im Gegensatz zu Mönchen nicht der Klausur unterworfen waren, beim individuellen Ausgang ihr Stift stets würdig repräsentieren sollten. Kleidung hat neben ihrer praktischen auch eine zeichenhafte Funktion; in früheren Zeiten spiegelte sie die gesellschaftliche Stellung ihres Trägers und machte unter Umständen seine Zuge-

des alemannischen Herzogsgutes (wie Anm. 26), Erweiterte Fassung S. 223–287, mit Nachtrag S. 272–274.

56 MGH. D Karol. I, Nr. 81, S. 116. Vgl. Janet L. Nelson, The settings of the gift in the reign of Charlemagne, in: Wendy Davies, Paul Fouracre (Hg.), The Languages of Gift in the Early Middle Ages, Cambridge 2010, S. 116–148, bes. S. 124 mit Anm. 25, wo auf Roland Barthes rekurriert wird, der als einer der ersten auf Kleidung als *social signifier* verwiesen habe.

hörigkeit zu einer bestimmten Gruppe sichtbar. Eine ähnliche Situation wie in der Stadt Tours bestand auch in der Siedlung Zürich, dem Zentrum des königlichen Fiskus im nördlichen Alpenvorland. Der Sohn des Kaisers, Karl der Jüngere, bekundete damit den Willen der Herrscherfamilie, die Mitglieder des von ihr gegründeten Chorherrenstifts nicht nur ausreichend zu ernähren, sondern auch angemessen einzukleiden und ihnen so einen repräsentativen Auftritt zu ermöglichen.

Ferner berichtet die Quelle (R1 Z15) von der an die Dotationsbestätigung anschließenden Einweihung der am Grab der Zürcher Märtyrer Felix und Regula neu errichteten Kirche[57]. Eine Kirchweihe durften Bischöfe seit den Bestimmungen des 4. Fränkischen Konzils von Orléans im Jahr 541 und der 2. Synode von Braga im Jahr 572 nur vornehmen, wenn sie vom Bauherrn den Nachweis einer ausreichenden Erstausstattung des Gotteshauses bzw. des Priesters erhalten hatten[58]. Dies geschah wohl in Anlehnung an eine Bestimmung im Codex Justiniani, in welchem sich der römische Kaiser 538 über jene ruhmsüchtigen Bauherren beklagte, die Gotteshäuser mit nichts als den nackten Mauern errichteten und sich dann nicht weiter um ihre Stiftungen kümmerten. Justinian bestimmte deshalb, dass kein Gotteshaus erbaut werden dürfe, bevor sich dessen Stifter gegenüber dem zuständigen Bischof zu einer für den Unterhalt der Priesterschaft ausreichenden Dotierung verpflichtet hatte[59]. Die im Zürcher Rotulus erwähnte d*escriptio* (R1 Z2) als Besitzbestätigung erfüllte also die Vorbedingung für die Weihe von Gotteshäusern. Dies entsprach dem allgemeinen Bemühen Karls des Großen, dem Kirchenrecht Geltung zu verschaffen. Tatsächlich sind solche Dokumente zuhanden des Diözesanbischofs bereits aus der ersten Hälfte des 9. Jahrhunderts überliefert, und zwar aus einer abgelegenen Gebirgsregion von Katalonien, das damals zum karolingischen Großreich gehörte[60].

Der liturgische Weiheakt[61], feierlicher Höhepunkt des Tages und vermutlich der Beginn des gemeinsamen Lebens der Chorherren im Zürcher Stift, wurde durch den Reisebegleiter Karls des Jüngeren vollzogen: *[...] et episcopus Theodorus ipsam ecclesiam dedicando percepit* (R1 Z15). Als Tag der Kirchweihe ist der 12. September überliefert, und zwar in einem Beda-Martyrolog aus St. Gallen, das bereits im 10. und

57 Auch die Ottonen maßen dem Akt der Kirchweihe hohe Bedeutung zu und nahmen wann immer möglich persönlich daran teil. Vgl. Karl Josef Benz, Untersuchungen zur politischen Bedeutung der Kirchweihe unter Teilnahme der deutschen Herrscher im hohen Mittelalter: Ein Beitrag zum Studium des Verhältnisses zwischen weltlicher Macht und kirchlicher Wirklichkeit unter Otto III. und Heinrich II., Kallmünz 1975 (Regensburger historische Forschungen, 4); ferner zur religiösen Legitimation von Macht die Studie von Ursula Swinarski, Herrschen mit den Heiligen. Kirchenbesuche, Pilgerfahrten und Heiligenverehrung früh- und hochmittelalterlicher Herrscher (ca. 500–1200), Bern 1991 (Geist und Werk der Zeiten, 78).

58 Wolfgang Schöller, Die rechtliche Organisation des Kirchenbaus im Mittelalter vornehmlich des Kathedralbaues. Baulast – Bauherrschaft – Baufinanzierung, Köln 1989, S. 9, 18, 34 f.

59 Justinian, Novelle 67 zitiert nach: Michael Borgolte, Paul Predatsch (Hg.), Enzyklopädie des Stiftungswesens in mittelalterlichen Gesellschaften, Bd. 1: Grundlagen, Berlin 2014, S. 100 mit Anm. 44. Auf diese rechtliche Vorbedingung für bauwillige Herren hat bereits Wicker, St. Peter (wie Anm. 46), S. 25, aufmerksam gemacht.

60 Cebrià Baraut (ed.), Les Actes de Consagracions d'Esglésies de l'antic Bisbat d'Urgell (segles IX–XII), La Seu d'Urgell 1986 (Societat Cultural Urgel-Litana), Nr. 1–3.

61 Zu diesem Thema vgl. die Aufsätze verschiedener Autoren im Sammelband: Didier Méhu (Hg.), Mises en scène et mémoires de la consécration de l'église dans l'Occident médiéval, Turnhout 2007 (Collection d'études médiévales de Nice, 7).

11. Jahrhundert in Zürich lag und in dieser Zeit erste Nekrologeinträge erhielt[62]. Dieser für die Entwicklung der städtischen Identität wichtige Termin hat sogar die Reformation überlebt[63] und wird heute noch in Form eines weltlichen Festes (Knabenschießen) gefeiert. Im Zürcher Rotulus wird der Bischof zwar mit dem im alemannischen Sprachraum viel geläufigeren Namen Theodorus bezeichnet; er ist aber mit Theodulf von Orléans zu identifizieren[64]. Der Geistliche war Berater von Karl dem Großen in allen theologischen und kirchlichen Fragen. Theodulf wetteiferte in dieser Funktion mit dem Gelehrten Alkuin, der sich aber krankheitshalber 801 vom Kaiserhof nach Tours zurückzog. Im Rotulus erscheint Theodor jedoch nicht nur als Begleiter des Unterkönigs Karl im Jahr 810, sondern ebenso als Mitbegründer des Zürcher Kanonikerstifts, das ja einige Zeit zuvor durch Karl den Großen geplant bzw. eingerichtet worden war. In dieser zweiten Erwähnung des Geistlichen wird zudem auf dessen persönliche und überaus enge Beziehung zum Frankenherrscher verwiesen: *de an[t]iqua constitutione magni KAROLI suique episcopi nomine Theodori* (R2 Z41–42). Dieses scheinbare Detail, das Wort *suique* hat die bisherige Forschung[65] übersehen! Einzig Paul Schweizer, der erste Editor des Rotulus, las 1888 das Schriftstück unvoreingenommen und dachte beim in Zürich auftretenden Bischof an Theodulf von Orléans[66]. Der ebenso kluge wie gelehrte Geistliche kam einige Zeit vor 791 an den Hof Karls des Großen; er gewann das Vertrauen des Königs und erhielt von diesem vor dem Sommer 798 das Bistum Orléans[67]. Im Spätsommer und Herbst des Jahres 800 reiste Theodulf mit dem Herrscher und dem Hofstaat von

62 Martin GABATHULER, Die Kanoniker am Großmünster und Fraumünster in Zürich: Eine Prosopographie von den Anfängen bis 1336, Bern 1998 (Europäische Hochschulschriften Reihe 3, 774). Zum Martyrolog ZBZ Ms Car C 176 allgemein S. 32–49; zum 12. September S. 94. Zu diesem Datum, den II. Iden, steht auf fol. 136r: *Dedicatio huius aecclesie*. Zu den III. Iden ist das Fest der Zürcher Märtyrer eingetragen, zu den IV. Iden die Vigilien vor diesem Feiertag.

63 Thomas MAISSEN, »Unser Herren Tag« zwischen Integrationsritual und Verbot: Die Zürcher Kirchweihe (Kilbi) im 16. Jahrhundert, in: Zürcher Taschenbuch NF 118 (1998), S. 191–236, bes. S. 195. – Der 11. Sept. soll der Tag der Weihe der Fraumünsterkirche im Jahr 874 sein, das ja unter demselben Felix und Regula-Patrozinium stand. Für dieses Datum gibt es freilich keinen Quellenbeleg; es handelt sich um ein Konstrukt der Lokalforschung. ZBZ Ms Car C 176 aus dem Großmünster notiert zu den XII. Kalenden des September: *Dedicatio aecclesie transflumen*, bezeichnet also den 21. August als Fest für die Weihe der Abteikirche auf der anderen Flussseite.

64 Der in Sitten/Sion seit der Karolingerzeit als Heiliger verehrte Bischof Theodor, der einst in Saint-Maurice d'Augune die Überreste der Märtyrer der thebäischen Legion entdeckt hatte, ist merkwürdigerweise ebenfalls unter zwei Namensformen, nämlich Theodor und Theodul, bekannt. Vgl. Patrick BRAUN u. a. (Hg.), Das Bistum Sitten/Le Diocèse de Sion. L'Archidiocèse de Tarentaise, Basel 2001 (Helvetia Sacra, Abt. I, 5), S. 129–133.

65 Nicht einmal STEINER, Alte Rotuli (wie Anm. 5) würdigt diese Anspielung auf das enge Verhältnis der beiden Gründer in der von ihm neu edierten Quelle. Steiner referiert in seiner Dissertation auf S. 22 und 55f. die Forschung, die in diesem Geistlichen den in den Reichenauer und St. Galler Verbrüderungslisten um 830–850 eingetragenen Weihbischof Theoto erkennen wollte. Vgl. dazu Helmut MAURER, Der ›Bischof‹ Theodor ›von Zürich‹. Über das Verhältnis von Bischof und Chorbischof im Bistum Konstanz der Karolingerzeit, in: Gerd ALTHOFF u. a. (Hg.), Person und Gemeinschaft im Mittelalter: Festschrift Karl Schmid zum 65. Geburtstag, Sigmaringen 1988, S. 199–210, bes. S. 203, 207.

66 Zürcher Urkundenbuch (wie Anm. 3), Bd. 1, Nr. 37, S. 8–12, Anm. 1.

67 Elisabeth DAHLHAUS-BERG, Nova antiquitas et antiqua novitas. Typologische Exegese und isidorianisches Geschichtsbild bei Theodulf von Orléans, Köln 1975 (Kölner historische Abhandlungen, 23), Köln 1975, S. 7–10 und 182f.

Aachen über Mainz und Ravenna bis nach Rom[68], wo Karl an Weihnachten zum Kaiser gekrönt wurde. Diese Fakten passen zeitlich gut zum Rotulusbericht über die Gründung einer Chorherrengemeinschaft in Zürich durch den Frankenherrscher und dessen geistlichen Berater; die beiden wurden hier offensichtlich auf ihrer Durchreise nach Italien aktiv.

Zehn Jahre später konnte Bischof Theodulf gemäß Rotulustext (R1 Z15) am selben Ort die in der Zwischenzeit erbaute Kirche einweihen: *[...] et episcopus Theodorus ipsam ecclesiam dedicando percepit*. Schweizer fragte sich in der von ihm geleisteten Edition von 1888 zu Recht, wie denn Theodulf als Bischof in Zürich eine Kirche hätte weihen können. Die Weihegewalt des Bischofs galt nach dem Territorialprinzip nur für die eigene Diözese. Es sind für die karolingische Zeit inzwischen jedoch mehrere Fälle bekannt geworden, in denen ein ortsfremder Bischof mit Einwilligung des zuständigen Ordinarius ein neu errichtetes Gotteshaus weihte[69]. Die Formulierung *suique episcopi* in R2 Z41 verweist auch darauf, dass der kirchenrechtliche Sonderfall den Zürcher Kanonikern bewusst war. Theodulf war der Bischof des Herrschers und als Bischof der weit entfernten Diözese Orléans eigentlich nicht für sie zuständig. Von Egino, dem Bischof von Konstanz, ist bekannt, dass er sicher seit 786 im Amt war und 811 verstarb[70]. Vermutlich war er 810 schon von Alter und Krankheit geschwächt und deshalb gerne bereit, Theodulf die Erlaubnis für die Weihehandlung zu erteilen.

Von der ersten Zürcher Stiftskirche sind leider kaum mehr als einige im Erdboden verborgene Fundamente erhalten; bei Renovierungsarbeiten in den 1930er Jahren wurde immerhin die Existenz eines fast ebenso großen Vorgängerbaus der heutigen romanischen Kirche nachgewiesen[71]. Der damals zuständige Kantonsbaumeister berichtete von bemalten Putzresten in der Längsrichtung des alten Hauptschiffes und erkannte auf diesen Fragmenten Feldereinteilungen, Bänder, Punkte und Blätter im Sinne einer ornamentalen Ausschmückung, aber leider keine Reste von figürlichen Darstellungen[72]. Die meisten dieser in ottonischen Farbtönen leuchtenden Putzfragmente weisen gemäß der späteren Begutachtung durch den Archäologen Daniel Gutscher eine ältere Malschicht mit Ocker- und Rottönen auf, weshalb er die Errichtung der Basilika schon in karolingischer Zeit für möglich hält. Dafür sprechen auch das Vorkragen des Mittelschiffs im Westteil sowie Reste einer vielleicht als Turmfundament anzusprechenden rechteckigen Struktur. Ähnliche Grundriss-Befunde sind gemäß Gutscher vom Münsterbau Bischof Haitos in Basel bekannt[73], der in den Jahren zwischen 805 und 823 errichtet wurde.

68 Sigurd Abel, Bernhard von Simson, Jahrbücher des Fränkischen Reichs unter Karl dem Großen, Bd. 2, Leipzig ²1888, S. 228 mit Anm. 4: die Anwesenheit Theodulfs in Rom wird durch einen Brief Alkuins bezeugt.

69 Vgl. Stefan Esders, Heike Johanna Mierau, Der althochdeutsche Klerikereid. Bischöfliche Diözesangewalt, kirchliches Benefizialwesen und volkssprachliche Rechtspraxis im frühmittelalterlichen Bayern, Hannover 2000 (MGH. Studien und Texte, 28), S. 104 f. mit Anm. 87.

70 Helmut Maurer, Das Bistum Konstanz 2: Die Konstanzer Bischöfe vom 6. Jahrhundert bis 1206, Berlin, New York 2003 (Germania Sacra NF 42,1), hier Egino (Agino), S. 54–60.

71 Hans Wiesmann, Das Großmünster in Zürich, Teil I: Die romanische Kirche, in: Mitteilungen der antiquarischen Gesellschaft 32 Heft 1 (1937) S. 1–92, Planskizze S. 29.

72 Ibid., S. 27 f.

73 Daniel Gutscher, Das Großmünster in Zürich (wie Anm. 32), S. 52–54 präsentiert aufgrund des

Mit dem Machtantritt Ludwigs des Frommen als Kaiser bestand in den Reichsannalen, dem höfischen Geschichtswerk, das Bedürfnis, dessen politische Auftritte im Kernreich der Franken auch schon vor seines Vaters Tod herauszustreichen. Rosamond McKitterick, die sich vertieft mit den Entstehungsphasen und der komplizierten Überlieferung der Reichsannalen beschäftigt hat, erkennt im Text über die Ereignisse zwischen 808 und 820 die Absicht, die Legitimität der Herrschaft Karls des Großen und seines rechtmäßigen Nachfolgers Ludwig des Frommen hervorzuheben[74]. Das Wirken von dessen Bruder, Karl dem Jüngeren, erwähnte der Annalist nur am Rande und er würdigte dessen Funktion als rechte Hand Karls des Großen kaum. Auch die Rolle des anderen Bruders von Ludwig, Pippin von Italien, wurde auf ähnliche Weise heruntergespielt[75]. Die Zürcher Kanoniker dürften also zur Zeit der Abfassung der Eingangspassage des Rotulus (R1 und R2) in der ersten Hälfte des 10. Jahrhunderts Karl den Jüngeren kaum als eigenständige historische Persönlichkeit wahrgenommen haben. Zur Gleichheit der Vornamen von Karl dem Jüngeren und Karl dem Kahlen kam noch die Ähnlichkeit der für die beiden Herrschersöhne verwendeten Beinamen: In den zeitgenössischen Quellen, die Karl den Jüngeren überhaupt erwähnen, wird meistens die Umschreibung *Carolus filius imperatoris* verwendet. Angilbert nennt ihn in einem in den Jahren 794 oder 795 entstandenen Gedicht *Carolus iuvenis*, während er den gleichnamigen Vater mit dem im Hofkreis benutzten Übernamen als seinen Herrn David anspricht[76]. In den Großen Salzburger Annalen findet sich zum Jahr 811 der Eintrag: *Carolus iunior obiit 2. Non. Decembris*[77]. Karl der Kahle ließ sich seinerseits von Zeitgenossen nicht ungern als *Carolus iunior* bezeichnen[78], offenbar in Unterscheidung von seinem schon länger verstorbenen, aber berühmten Großvater. Diese Beinamen waren damals keine festen Titel, sondern trugen dem biologischen Alter des Trägers und der aktuellen Namenskonstellation in der Herrscherfamilie Rechnung. In der ersten Hälfte des 10. Jahrhunderts konnten die Zürcher Chorherren die beiden Herrschersöhne namens Karl offenbar nicht mehr voneinander unterscheiden. Ihr aus den geschilderten Umstän-

fragmentarischen Grabungsbefundes von Wiesmann das Schaubild (Abb. 52) einer Basilika mit vorkragendem Mittelschiff, deren definitive Datierung er allerdings offen lässt. Der Ausgräber des Basler Münsters, Hans Rudolf Sennhauser, hat für 2018 die ausführliche Schlusspublikation angekündigt.

74 Rosamond McKitterick, History and Memory in the Carolingian World, Cambridge u.a. 2004, S. 18–21, 102–119, bes. S. 118. Zu den Entstehungsphasen der Reichsannalen äußert sich zudem Eggert, Inhalt, Form (wie Anm. 23), S. 124.

75 Wir übernehmen hier die prägnanten und gut zu unserer These passenden Formulierungen von Rosamond McKitterick, Karl der Große, Darmstadt 2008, S. 42, 61–63.

76 Peter Godman, Poetry of the Carolingian Renaissance, London 1985; vgl. S. 10 zur Datierung und die Verse in Nr. 6, S. 114f. Z 33–36: *Inclite, cur taceam, iuvenis te, Carle, camenis? Tu quoque magnorum sobolis condigna parentum.*

77 Annales Iuvavenses maiores , in: MGH. SS I, S. 87f.

78 Janet Nelson, Charles the Bald, London 1992, S. 84 » […] he seems to have approved this epithet.« Leider gibt sie keine Quellenbelege für diese Anrede. Unwahrscheinlich ist, dass er noch zu Lebzeiten »der Kahle« genannt wurde. Vgl. dazu Karl Heinz Jäschke, Die Karolingergenealogien aus Metz und Paulus Diaconus. Mit einem Exkurs über Karl den ›Kahlen‹ in: Rheinische Vierteljahrsblätter 34 (1970), S. 190–218, bes. S. 208–218. Den Bezug zum Großvater behandelt Eugen Boshof, Karl der Kahle – novus Karolus magnus?, in: Franz-Reiner Erkens (Hg.), Karl der Große und das Erbe der Kulturen (wie Anm. 23), S. 135–152.

den begreiflicher Irrtum bietet eine Erklärung, weshalb der Schreiber des Rotulusabschnittes R1 in der Datumszeile (Z39) das zehnte Regierungsjahr des Kaisers Karl in ein falsches Inkarnationsjahr *DCCCXX* oder sogar *DCCCXXX* umsetzte. Im Urbar des 12./13. Jahrhunderts steht das Jahr *DCCXX*, mit der dazu passenden Indiktion *XIII*. Ob im sogenannten Großen Stiftsurbar aus dem 14. Jahrhundert, also jedenfalls viel später, ein ursprünglich geschriebenes Inkarnationsjahr *DCCCXXX* durch Rasur in *DCCCX* korrigiert wurde, wie Hannes Steiner meint, scheint uns eher fraglich[79]. Gesichert ist jedenfalls, dass erst im Spätmittelalter im Rotulus, dem ältesten Textzeugnis, die nachträgliche Rasur der falschen und als überflüssig erkannten römischen Ziffer *X* bzw. einer Ziffernfolge *XX* erfolgte[80].

Inspiriert vom Befund eines ursprünglich in der Datumszeile von R1 eingetragenen Inkarnationsjahres deutlich nach 814, dem Todesjahr Karls des Großen, hat Hannes Steiner eine Gleichsetzung Karls II. (des Kahlen) mit dem in Zürich handelnden König in R1 vorgeschlagen[81]. In Anlehnung an die ältere Forschung möchte er im *rex Carolus* das jüngste Kind Ludwigs des Frommen und seiner zweiten Gattin Judith sehen. Der Karl genannte Knabe wird als Unterkönig bzw. Regent Alemanniens dreimal in der Datumszeile von St. Galler Urkunden erwähnt, und zwar im Zeitfenster 830–833[82]. Mit diesen Terminen wäre das Wirken eines zu Beginn der dreißiger Jahre des 9. Jahrhunderts in den Reichenauer und St. Galler Verbrüderungslisten eingetragenen Chorbischofs Theoto vereinbar, den Helmut Maurer mit dem Bischof Theodor aus R1 und R2 gleichsetzt[83]. Steiners darauf basierende These vermag uns nicht zu überzeugen, weil ein unmündiger, im Jahr 830 sogar erst siebenjähriger Knabe den abwesenden Kaiser kaum glaubhaft vor Ort in dessen Herrscherfunktion hätte vertreten können, wie das in Zürich geschehen ist. Außerdem müsste der im Rotulus (R1 Z1–2) als Auftraggeber genannte Kaiser in diesem Falle nicht Karl, sondern Ludwig heißen.

Die Stellung Karls des Jüngeren als vom Kaiser hauptsächlich mit militärischen Sonderaufträgen bedachten designierten Thronfolgers führte ihn mit größter Wahr-

79 Bei der Begutachtung des Originals im Staatsarchiv Zürich (G I 96, S. 219) mit der Lupe konnten wir eine solche Rasur nicht wahrnehmen, es dürfte sich um ein schattenhaftes Durchschlagen der Tinte von der Rückseite mit der Buchstabenfolge *iu* im Namen *Liutgard* handeln. Eine Änderung der Indiktionszahl von *VII* zu *XIII* ist im optischen Befund kaum zu erkennen. Nach Steiner, Alte Rotuli (wie Anm. 5), S. 15 Anm. 30 erfolgte sie von derselben Hand, was für uns wenig Sinn ergeben würde.

80 Vgl. dazu ibid., S. 56f., wo er in Anm. 251 schreibt: »Die Rasur ist 11 mm breit, 5 mm würden für die Rasur eines X vollauf genügen«. Hier können wir am Original nur die Rasur eines einzigen X erkennen und direkt danach auf der Höhe der Mittelzone der Buchstaben eine kleinere Rasur. Hier stand wohl ein abschließender Punkt, wie er bei allen anderen inhaltlichen Abschnitten im Rotulus deutlich zu sehen ist.

81 Ibid., S. 55 mit Anm. 243. Führer, Karl der Große und Zürich (wie Anm. 1) referiert zwar auf S. 31 Z. 27 die Idee, verschweigt jedoch deren Urheber. Steiner wiederholt seine These anlässlich der Ausstellung im Zürcher Nationalmuseum 2014: Hannes Steiner, Ein ferner Herrscher – nah erlebt, in: Markus Riek u. a. (Hg.), Die Zeit Karls des Großen in der Schweiz, Sulgen 2013, S. 18–29, bes. S. 29.

82 Urkundenbuch der Abtei St. Gallen, Bd. 1, bearb. von Hermann Wartmann, Zürich 1863, Nr. 330 (4. April 830: St. Gallen), Nr. 337 (10. Juni 831: Henau, Kt. St. Gallen), Nr. 343 (27. März 833: Steinmaur, Kt. Zürich).

83 Maurer, Bischof Theodor von Zürich (wie Anm. 65), zusammenfassend S. 207.

scheinlichkeit im Spätsommer des Jahres 810 nach Italien. Von dort erhielt Karl der Große nämlich die Nachricht vom frühen und gänzlich unerwarteten Tod seines zweiten legitimen Sohnes namens Pippin am 8. Juli[84]. Dieser hatte als Unterkönig das dortige Teilreich regiert und sich bereits zwischen 807 und 809 in fünf St. Galler Urkunden für die Großregion Ostalemannien/Bayern in den jeweiligen Datierungszeilen als Mitherrscher Karls des Großen eintragen lassen[85], obwohl der Reichsteilungsplan von 806, die *Divisio regnorum* von Diedenhofen/Thionville, erst nach dem Tod des Kaisers in Kraft treten sollte. Er hinterließ neben fünf Töchtern nur einen, zudem noch unmündigen Sohn namens Bernhard. Gemäß dem Teilungsvertrag von 806 wurde Karl der Jüngere beim vorzeitigen Tod Pippins zum Anwärter von dessen Reichsteil; dieses Erbe schien nun gefährdet. Er zog also für den Machterhalt der karolingischen Dynastie und im ureigenen Interesse nach Süden, wo er in Zürich den nördlichen Brückenkopf des von Pippin bereits beanspruchten italienischen Teilreichs betrat. Zeitlich passt die Reise König Karls und seines Begleiters Theodulf, obschon sie in den erzählenden Quellen der Zeit nirgendwo Erwähnung fand, sehr gut zum überlieferten Weihedatum der karolingischen Kirche in Zürich, die an einem 12. September, also auch im Spätsommer stattgefunden hatte.

Bekanntlich schilderte Einhard in seiner Kaiserbiografie, dass Karl der Große nach dem frühen Tod ihres Vaters Pippin dessen Töchter aus Italien an seinen Hof holen ließ[86]. Nicht nur Fürsorgepflicht und zärtliche Gefühle trieben den Großvaters zu diesem Entscheid, sondern auch die Befürchtung, dass aus dem Eheschluss der »italienischen« Enkelinnen deren Partner unerwünschte politische Forderungen stellen könnten[87]. Das Abholen der damals wohl in Obhut ihrer Mutter befindlichen Mädchen stellte einen ebenso dringenden wie heiklen Auftrag dar, wofür am ehesten deren Onkel, Karl der Jüngere, in Frage kam. Sein Reisebegleiter Bischof Theodulf von Orléans, als geistlicher Berater eine weitere Vertrauensperson des Kaisers, dürfte dann die Mädchen auf direktem Weg nach Aachen geführt haben. Etwas später, zu Beginn des Jahres 811, ist des Bischofs Anwesenheit am Hof sicher belegt[88].

## 2. Die karolingische Nutzung der Alpenpässe

In einem geografisch-topografischen Atlas mit Abbildungen der heutigen Schweiz erkennt man auf den ersten Blick die Ketten des Jura im Westen, die prominenten Gebirgszüge der Zentralalpen im Süden, die rhätischen Alpen und den Rhein im Norden. Diese natürlichen Schranken bildeten nicht nur für benachbarte Völker, die

84 Abel, von Simson, Jahrbücher (wie Anm. 68), Bd. 2, S. 430.

85 Schmid, Historische Bestimmung (wie Anm. 51), S. 523–525.

86 Einhard, Vita Karoli Magni, cap. 19, ed. Oswald Holder-Egger, Hannover 1911 (MGH. SS rer. Germ., 25), S. 24; ed. Michel Sot, Christiane Veyrard-Cosme, Paris 2014 (Les classiques de l'histoire de France au Moyen Âge, 53), S. 46.

87 Anton Scharer, Charlemagnes's Daughters, in: Stephen Baxter u.a. (Hg.), Early Medieval Studies in Memory of Patrick Wormald, Farnham 2009, S. 269–282, mit weiterer Literatur in Anm. 1.

88 Am Ende werden diejenigen 30 Vertrauensleute genannt, in deren Gegenwart Karl seine letzten Verfügungen traf. Einhard (wie Anm. 86), cap. 33, ed. Holder-Egger, S. 37–41; ed. Sot, Veyrard-Cosme, S. 76–86.

diese Grenzen überwinden wollten, Hindernisse, sondern prägten in ihrer naturräumlichen Anlage auch die Verkehrswege durch dieses Gebiet. Nur dort, wo die Geografie es gestattete, war an eine Überquerung des Gebirges zu denken. Es stellt sich also die Frage, welche Routen über die Alpen insbesondere von den Karolingern zu verschiedenen Gelegenheiten hauptsächlich benutzt wurden und welche Indizien sich für die Wahl eines Weges über Zürich finden lassen[89].

Zu Zeiten der Römer spielten die Pässe eine große Rolle zur Sicherstellung der Verwaltung ihrer Provinzen *Rhaetia prima* und *Rhaetia secunda* nördlich der Alpen. Man folgte dabei den bereits von Kaufleuten erkundeten Wegen[90]. Um 25 v. Chr. schaffte Kaiser Augustus mit der Unterjochung der Salasser die Voraussetzung für die Nutzung des Großen und Kleinen St. Bernhard. Mit der Unterwerfung der Völker im Hinterland von Como und Brescia 16. v. Chr. wurden römische Stützpunkte über den Splügen, Septimer oder Julier bis nach Sargans und Zürich angelegt und wahrscheinlich die Walenseeroute benutzt[91]. Unter Kaiser Claudius (41–54 n. Chr.) wurden zwei Hauptverkehrsachsen mit militärischer Bedeutung eingerichtet: einerseits im Westen für die Verbindung von Italien über den Großen St. Bernhard, Vidy, Orbe, den Jougne-Pass, Pontarlier nach Gallien und an den Ärmelkanal, andererseits im Osten durch die Via Augusta von Altinum (heute Altino) an der Adria über den östlich der Schweizergrenze gelegenen Reschenpass ins Inntal und an die Donau[92]. Die Bündnerpässe zwischen dem Großen St. Bernhard und dem Reschenpass behielten zwar ihre Transitfunktion, dienten aber fortan vorwiegend dem Regionalverkehr. Die Germanenzüge im 3. Jahrhundert verschonten die Provinz Rätien, was als Indiz für weniger bequem begehbare Transitrouten gelten kann[93]. Nach dem Itinerarium Antonini und der Tabula Peutingeriana existierten zwei Strecken über Chur nach Como und Mailand: Die eine führte wahrscheinlich über den Julier- und Malojapass, die andere über den Splügen. Was diese Pässe betrifft, hält Herzig ihre vorwiegende Nutzung in Nord-Süd-Richtung von Bregenz und Chur nach Mailand für wahrscheinlich[94]. Nach vorherrschender Forschungsmeinung haben die zu späterer Zeit Reisenden die römischen Verkehrswege weiterhin benutzt. Ein Grund dafür mag sein, dass die Franken offenbar nur über ein sehr beschränktes, aus antiken Quellen geschöpftes Wissen und ein entsprechend dürftiges Bild der Geografie verfügten[95]. Diese alten Routen wurden auf Grund ihrer relativen Bequemlichkeit unter

89 In der Regel können den Quellen genaue Angaben über benutzte Routen und Passübergänge nicht entnommen werden; ein Itinerar lässt sich nur indirekt aufgrund schriftlicher Ortsnennungen in etwa bestimmen.

90 Heinz E. Herzig, Die Erschließung der Schweiz durch die Römer, in: Klaus Aerni, Heinz E. Herzig (Hg.), Historische und aktuelle Verkehrsgeographie der Schweiz, Bern 1986 (Geographica Bernensia, Reihe G, 18), S. 6; ibid., S. 7 Abb. 1: Die Erschließung der Schweiz durch die Römer.

91 Ibid., S. 10.

92 Klaus Aerni, Art. Pässe, 3 Transportorganisation und Umbrüche im Verkehrssystem, in: Historisches Lexikon der Schweiz, Bd. 9, Basel 2010, S. 562–565. Auch online unter http://www.hls-dhs-dss.ch/textes/d/D7963.php (23/03/2018).

93 Herzig, Erschließung (wie Anm. 90), S. 12, 14.

94 Ders., Römerstrassen in der Schweiz, in: Helvetia Archaeologica 37 (2006), S. 42–114, bes. S. 110f.

95 Johannes Fried, Karl der Große: Gewalt und Glaube. Eine Biographie, München 2013, Kap. III/1: Grenzen der Wahrnehmung.

Berücksichtigung der Steilheit der Aufstiegsrampen und dem bereits durch die Römer getätigten Ausbau von Brücken und Stegen begangen[96].

In frühfränkischer Zeit führten Heereszüge 584/585 und 588 gegen die von Oberitalien über die Westalpen in den Rhôneraum ins fränkische Teilreich Burgund eingedrungenen Langobarden wahrscheinlich über die Bündner Pässe, ebenso wie der Zug gegen die Langobarden 590. Dabei zog eine Abteilung des Heeres wahrscheinlich über den Großen St. Bernhard oder den Simplon; das Hauptheer benutzte wohl die Verbindung Julier – Engadin – Münstertal – Etschtal nach Trient[97]. Nach der Unterwerfung des Langobardenreiches 771 und der Einsetzung Pippins, eines Sohnes Karls des Großen, als Unterkönig im karolingischen Italien 781 gewannen die Verkehrswege über die Alpen eine entscheidende Bedeutung für die Herrschaftssicherung[98]. Damit geriet auch Zürich mit seinem seit der Römerzeit im Wesentlichen unversehrten *castrum*[99], das so bekannt gewesen sein muss, dass es »den Autoren um 800 [...] als topographische Selbstverständlichkeit für ›Zürich‹ [galt]«[100], als Durchgangsstation zu den Bündner Pässen vermehrt in den Fokus[101]. Bereits zur Zeit Pippins III. war um 760 der Fiskus Zürich entstanden, der »offenbar die Kontrolle einer strategisch wichtigen Landschaft im alemannisch-rätischen Grenzraum bezweckte und in Zürich ein starkes Zentrum der Königsherrschaft ausbildete«[102]. Während der frühen Regierungsjahre Karls des Großen standen die Tiroler Pässe unter der Kontrolle seines bayerischen Vetters Tassilo III[103], der mit einer Langobardenprinzessin namens Liutbirg verheiratet war. Nachdem sich Karl der Große von seiner Gattin, der Tochter des herrschenden Langobardenkönigs Desiderius,

96 Aber mit Abstrichen bei der Reparatur von Straßen; vgl. Thomas Szabó, Antikes Erbe und karolingisch-ottonische Verkehrspolitik, in: Lutz Fenske, Werner Rösener, Thomas Zotz (Hg.), Institutionen, Kultur und Gesellschaft im Mittelalter. Festschrift für Josef Fleckenstein zu seinem 65. Geburtstag, Sigmaringen 1984, S. 125–146, bes. S. 129.

97 Reinhold Kaiser, Churrätien im frühen Mittelalter. Ende 5. bis Mitte 10. Jahrhundert, Basel 2008, S. 32f.

98 Heidi Leuppi, Die Klosterpfalz von Zürich, in: Pfalz – Kloster – Klosterpfalz St. Johann in Müstair. Historische und archäologische Fragen. Tagung 20.–22. September 2009 in Müstair. Berichte und Vorträge, Zürich 2009 (Acta Müstair, Kloster St. Johann, 2), S. 213–227, bes. S. 215 mit Anm. 9.

99 Reinhold Kaiser, Castrum und Pfalz in Zürich: ein Widerstreit des archäologischen Befundes und der schriftlichen Überlieferung?, in: Lutz Fenske (Hg.), Deutsche Königspfalzen, Bd. 4: Pfalzen – Reichsgut – Königshöfe, Göttingen 1996 (Veröffentlichungen des Max-Planck-Instituts für Geschichte 11/4), S. 84–109, bes. S. 100.

100 Ibid., S. 95.

101 Der Anschluss an die Bündnerpässe über die Rhein-Limmat-Walensee-Chur-Route von Zürich aus war durch dessen Lage gegeben; vgl. Hans Conrad Peyer, Zürich im Früh- und Hochmittelalter, in: Emil Vogt, Ernst Meyer (Hg.), Zürich von der Urzeit zum Mittelalter, Zürich 1971, S. 168, 170.

102 Michael Borgolte, Geschichte der Grafen Alemanniens in fränkischer Zeit, Sigmaringen 1984 (Vorträge und Forschungen. Sonderbd., 31), S. 117; neben den massiven Mauerfundamenten für ein größeres Gebäude ist der Fund eines karolingischen Pfeilerkapitells »als positives Indiz für die Existenz einer Pfalz des späten 8. bis 10. Jh. zu werten«. Der originale Standort des wiederverwendeten Kapitells bleibt allerdings unbekannt; vgl. Margrit Balmer u.a., Archäologie auf dem Zürcher Lindenhof, in: as. Archäologie der Schweiz 27, Heft 1 (2004), S. 22.

103 Irmtraut Heitmeier, Per Alpes Curiam – der rätische Straßenraum in der frühen Karolingerzeit – Annäherung an die Gründungsumstände des Klosters Müstair, in: Hans Rudolf Sennhauser u.a. (Hg.), Wandel und Konstanz (wie Anm. 15), S. 143–175, bes. S. 168–172.

getrennt hatte, heiratete er Hildegard aus dem alemannischen Herzogshaus. Es kam zum Krieg mit den Langobarden und das Verhältnis zu Tassilo trübte sich zunehmend ein. In diesem Zusammenhang gewann die verkehrsgeografische Lage Zürichs als Zwischenstation auf der Reiseroute nach Chur und Italien größere strategische Bedeutung.

Ernst Oehlmann hat in seiner viel beachteten, in Einzelheiten durchaus korrekturbedürftigen Dissertation bereits 1878/79 die Routen der mittelalterlichen Kaiser und Könige nach verschiedenen Quellen aus der Zeit vom 6. bis zum Ende des 13. Jahrhunderts zusammengestellt und analysiert nach belegbaren, wahrscheinlichen und nicht bestimmbaren Passübergängen[104]. Bald nach Erscheinen dieser Arbeit hat Wilhelm Gisi auf weitere Quellenbelege betreffend Besuche Karls des Großen im Kloster Disentis hingewiesen[105]. Oehlmann erkannte, dass der meistbenutzte Pass für die Karolinger der Große St. Bernhard war und dass für die Hin- und Rückreisen häufig verschiedene Routen benutzt wurden[106]. In seiner grundlegenden Untersuchung über die Verkehrsorganisation im rätischen Raum gelangte Clavadetscher zu dem Schluss, dass sich die Karolinger um 800 aktiv um zwei Routen kümmerten: 1. die Route zum Julier mit ihren Zufahrten von Zürich-Walensee und von Bregenz her und 2. um die Straße durch das Engadin mit ihrer Fortsetzung ins Münstertal[107]. Archäologische Forschungen und die Ergebnisse der dendrochronologischen Untersuchungen im Kloster Müstair, gebaut um 775, also kurz nach der Eroberung des Langobardenreichs, haben gezeigt, dass der Weg über diesen Alpenübergang für Karl den Großen von strategischer Bedeutung war[108]. Ein seltenes direktes Zeugnis für die Benutzung der rätischen Alpenpässe stellt der Brief Alkuins an den Bischof Remedius von Chur im letzten Dezennium des 8. Jahrhunderts dar. Darin bat er den Bischof als Herrscher Churrätiens um freies Geleit und Befreiung von Zöllen für einen seiner Kaufleute, den er von Tours aus auf die italienischen Märkte senden wollte[109].

Das verstärkte Interesse an den Übergängen in Rätien zeigt sich auch in der politischen Entwicklung nach 800. In der Erbregelung (*Divisio regnorum*) von 806 hat der Kaiser seinen drei legitimen Nachkommen je eine alpenquerende Verbindung für ihr Teilreich zugewiesen, damit jeder seinem Bruder notfalls auf direktem Weg zu Hilfe

104 Ernst Oehlmann, Die Alpenpässe im Mittelalter, in: Jahrbuch für Schweizerische Geschichte 3 (1878), S. 167–289 und 4 (1879), S. 165–323.

105 Wilhelm Gisi, Karl des Großen Alpenübergänge in den Jahren 776, 780 und 801. Zur Kritik der Chronik von Disentis, in: Anzeiger für Schweizerische Geschichte, Jg. 14 NF 4 (1883), S. 176–178.

106 Oehlmann, Alpenpässe (wie Anm. 104) 4 (1879) mit den tabellarischen Anhängen ab S. 282, bes. S. 317ff.

107 Otto Clavadetscher, Verkehrsorganisation in Rätien zur Karolingerzeit 1955, in: ders. Rätien im Mittelalter. Verfassung, Verkehr, Recht, Notariat. Ausgewählte Aufsätze. Festschrift zum 75. Geburtstag, hg. von Ursus Brunold, Lothar Deplazes, Disentis, Sigmaringen 1994, S. 270–299, bes. sein Fazit S. 298.

108 Irmtraut Heitmeier, Per Alpes Curiam (wie Anm. 103), S. 143–175; Hans Rudolf Sennhauser, Bemerkungen zur Gründung und zur Frühgeschichte des Kloster St. Johann in Müstair, in: ders. u.a. (Hg.), Wandel und Konstanz (wie Anm. 15), S. 83–109.

109 MGH. Epp. IV, Nr. 77 (datiert 791–796?), S. 118f. Alkuin leitete das Chorherrenstift in Tours 796–804.

eilen könne. Ludwig (der Fromme) sollte über den Mont Cenis nach Italien gelangen, Karl dem Jüngeren wurde der mittlere der großen Passwege, der Große St. Bernhard, zugedacht und Pippin von Italien sollte über die norischen Alpenpässe (Reschen, Brenner) nach Norden eilen und via Chur zurückkehren können: *[…] ita, ut Karolus et Hluduwicus viam habere possint in Italiam ad auxilium ferendum fratri suo, si ita necessitas extiterit, Karolus per vallem Augustanam, quae ad regnum eius pertinet, et Hluduwicus per vallem Segusianum, Pippinus vero et exitum et ingressum per Alpes Norica atque Curiam*[110]. Für unsere Fragestellung ist bemerkenswert, dass Pippin zwei verschiedene Wege zugewiesen wurden. Nach Norden führten sie über einen Tiroler Alpenpass und zurück nach Italien via Chur über einen der Bündner Alpenpässe.

Diese Entwicklung fand mit der Angliederung Rätiens und der Einführung der Grafschaftsverfassung um 806[111] sowie mit der Errichtung einer Grafschaft Zürichgau um 810–820 ihre Festigung[112]. Die Neuorganisation des rätischen Gebiets bewirkte, dass dieses nicht mehr der alleinigen Kontrolle des Bischofs unterstand, sondern dessen weltliche Verwaltung nun einem Grafen als Vertreter der karolingischen Herrscher anvertraut wurde[113]. Diese Gegend war als Verbindung nach Italien offensichtlich zu wichtig, als dass Kaiser Karl sie nur einem geistlichen Herrn überlassen wollte. Deshalb regelte er diese Angelegenheit noch, solange er auf dem Höhepunkt seiner Macht stand. Vermutlich kam er für die Regelung der Rätienfrage um 806 nochmals selber in den südalemannischen Raum. Kaiser Ludwigs des Frommen Urkunde für die Abtei Reichenau aus dem Jahr 829 zur Befreiung vom Königsdienst scheint eine solche Erinnerung zu bewahren. Dort wird zugesichert, dass das Kloster in Zukunft seine Lebensmittellieferungen und weiteren Dienste nur noch leisten müsse, falls der Herrscher oder seine Söhne über Konstanz nach Chur zögen[114]. Im Rahmen dieser größeren Entwicklungen gewann auch der Fiskus Zürich mit der Siedlung am Ausfluss des Zürichsees noch mehr Bedeutung. Die Nord-Süd-Ausrichtung des Sees und das Vorhandensein von weiteren Gewässern wie dem Walensee ermöglichten die Schifffahrt über eine beachtliche Distanz in Richtung Chur[115] bis fast nach Sargans. Auf der langen Reise nach Süden konnten der Herrscher und seine Begleitung ab Zürich also zweimal von Pferden auf Schiffe umsteigen und so die physischen Kräfte schonen. Bei einer Weiterreise über das Kloster Müstair bot es sich an, in Bozen wiederum das Schiff zu besteigen und so den Reitsattel mit einem

110 MGH. Capit. I, Nr. 45, S. 126–130, bes. S. 127.

111 Kaiser, Churrätien (wie Anm. 97), S. 53.

112 Borgolte, Grafen Alemanniens (wie Anm. 102), S. 93 ff.

113 Dieser Wandel ist mit der von Karl dem Großen angeordneten Herauslösung der Grafschaft aus der zuvor umfassenden Herrschaft der Churer Bischöfe spätestens 806/807 abgeschlossen worden. Vgl. Otto Clavadetscher, Die Einführung der Grafschaftsverfassung in Rätien und die Klageschriften Bischof Viktors III. von Chur, in: Zeitschrift der Savigny-Stiftung für Rechtsgeschichte. Kan. Abt. 39 (1953), S. 46–111 (ND in: ders., Rätien im Mittelalter, Disentis, Sigmaringen 1994, S. 44–109); Kaiser, Churrätien (wie Anm. 97), S. 53–55.

114 Die Deutschen Königspfalzen, Bd. 3.1: Baden-Württemberg 1, bearb. v. Helmut Maurer, Göttingen 2004, S. 290, die Edition in: MGH. D LdF, Nr. 280, S. 696–698.

115 Heitmeier, Per Alpes Curiam (wie Anm. 103), bes. S. 152 zur Begünstigung des Verkehrs durch schiffbare Gewässer im nördlichen und südlichen Vorland der Pässe.

bequemeren Verkehrsmittel zu vertauschen[116]. Die Etsch war nämlich von Bozen aus bis nach Verona, einer wichtigen Pfalz des karolingischen Reiches in Italien, durchgehend befahrbar. Wir wissen, dass Karl der Große Schiffe wo immer möglich benutzt hat[117]. Der eine Woche dauernde Aufenthalt in Ravenna im Spätherbst 799[118] bot dem Herrscher und seinen engsten Begleitern Gelegenheit, die byzantinische Bautradition in dieser Stadt zu studieren. Vielleicht diente diese mehrtägige Pause auch dazu, den zu Fuß marschierenden Tross wieder zum Herrscher aufschließen zu lassen.

Es wäre absurd, anzunehmen, dass Karl der Große den Weg über Chur, den sein Berater Alkuin als Route nach Italien einem Kaufmann vorschrieb und den der Kaiser als Teil eines Passsystems für Hin- und Rückreise seinem eigenen Sohn Pippin zudachte, nicht selber einmal oder sogar mehrmals begangen hätte. Außer für die Stadt Genf im Jahr 773[119] fehlen zwar direkte Quellenbelege für den Raum der heutigen Schweiz, für das Jahr 800 ist immerhin bekannt, dass die Reise des Herrschers nach Rom von Mainz her zunächst nach Ravenna an der Adriaküste führte. Bei einer möglichst direkten Routenwahl führte der Weg östlich des Schwarzwalds zum Bodensee und von dort über Zürich nach Chur zu den Bündner Alpenpässen. Bei seiner Rückkehr von Rom machte der Kaiser belegbare Zwischenhalte in Pavia, Vercelli und Ivrea[120]. Von diesem Ort führte der Weg üblicherweise nach Aosta und von dort im Alpentransit über den Großen St. Bernhard zum Kloster Saint-Maurice im Wallis und dann nach Solothurn[121] und weiter nach Basel an den schiffbaren Rhein.

Der geschilderte Rundkurs des Herrschers mit der Hofgesellschaft schonte die gerade im Alpenraum eher knappen materiellen Ressourcen und nahm Rücksicht auf die mehr oder minder ausgeprägte Steilheit der auf die Pässe zuführenden Rampen. Insbesondere der Große St. Bernhard war von Italien her bequem zugänglich und wurde deshalb auch von Päpsten bei ihren gelegentlichen Reisen in den Norden[122] benutzt. Der mit der Praxis des fränkischen Reisekönigtums gut zu vereinbarende Rundkurs erlaubte es Karl dem Großen, seine Herrschaft auch im Raum des mittleren Alpenbogens durch direkte Präsenz an verschiedenen Orten zu festigen. Seine Besuche in Bischofssitzen und Siedlungszentren wie Konstanz, Chur, Verona,

116 Stefan BRÖNNIMANN, Die schiff- und flößbaren Gewässer in den Alpen von 1500–1800. Ein Versuch eines Inventars, in: Geschichtsfreund der fünf Orte 150 (1997), S. 119–178, bes. S. 141, 147.

117 Ralf MOLKENTHIN, Straßen aus Wasser – technische, wirtschaftliche und militärische Aspekte der Binnenschiffahrt im Westeuropa des frühen und hohen Mittelalters, Berlin 2006, bes. das Quellenregister zur Binnenschifffahrt, S. 136–140; Dieter HÄGERMANN, Karl der Große und die Schiffahrt, in: Konrad ELMSHÄUSER, Detlev ELLMERS (Hg.), Häfen, Schiffe, Wasserwege. Zur Schiffahrt des Mittelalters, Hamburg 2002 (Schriften des Deutschen Schiffahrtsmuseums, 58), S. 11–21.

118 BÖHMER-MÜHLBACHER, Regesta Imperii I, n. 369b.

119 Ibid., n. 158a.

120 Ibid., n. 372a, 374a.

121 Eine Gründung durch König Pippins III. Gattin Bertrada und Etappenort für die von Einhard beschriebene Reliquientranslation; vgl. Silvan FREDDI, St. Ursus (wie Anm. 30), S. 40.

122 Papst Stephan II. reist im Herbst 753 nach Saint-Maurice und weiter zu Pippin III. nach Ponthion. BÖHMER-MÜHLBACHER, Regesta Imperii I, n. 73e. Auf Befehl des Kaisers empfängt Karl der Jüngere im Herbst 804 Papst Leo III. im Kloster Saint-Maurice; ibid., n. 407a. Papst Leo IX. reist Mitte September 1050 von Vercelli aus zum Kloster Saint-Maurice und weiter nach Gallien; BÖHMER-FRECH, Regesta Imperii III,5,2, n. 812.

Pavia, Vercelli, Ivrea und evtl. mit kleinen Umwegen auch in Sitten und Lausanne sowie schließlich in Basel ermöglichten ihm sowohl glanzvolle Auftritte in der Öffentlichkeit als auch vertrauliche Gespräche mit den regionalen Führern, also den Bischöfen und Grafen.

## 3. Conclusio

Bei einer abschließenden Gesamtbeurteilung ist zu bedenken, dass angesichts der Quellenarmut kein Einzelargument allein für sich genommen Beweiskraft beanspruchen kann. Ausschlaggebend ist unseres Erachtens die Vielzahl der Indizien, die sich gegenseitig stützen oder sinnvoll ergänzen. Deshalb führt die Betrachtung der günstigen Lage Zürichs im Alpentransit via Chur im 8. und 9. Jahrhundert zur Einsicht, dass die im Zürcher Rotulus im Zusammenhang mit der Stiftsgründung erwähnten Aufenthalte von Karl dem Großen und Karl dem Jüngeren historische Realitäten überliefern. Der Überlieferungsstrang ist zwar dünn, der untersuchte Text selbst erweist sich aber bis auf die Ungenauigkeit im Namen des an Stiftsgründung und Kirchenweihe beteiligten Bischofs Theodulf von Orléans und die falsche Umrechnung von Herrschaftsjahren in Inkarnationsjahre in allen Einzelheiten als zuverlässig. Damit haben wir gezeigt, dass der Nachruhm Karls des Großen als Gründer des Zürcher Chorherrenstifts auf einer soliden Basis beruht und nicht länger als rein fiktive Phantasie des späteren Mittelalters betrachtet werden sollte. Als Ergänzung der vorliegenden Untersuchung sollen 2019 in den »Schriften des Vereins für die Geschichte des Bodensees und Umgebung« zwei Bibliotheksbeheimatungen von Handschriften in der Textrevision des Theodulf von Orléans am Bischofssitz in Konstanz diskutiert werden. Damit kann auf andere Weise die Präsenz der drei im Zürcher Rotulus erwähnten Protagonisten am nördlichen Fuß der Alpen belegt werden, die auf ihren Reisen nach Italien zweimal die Route über Konstanz und Zürich benutzen.

# Anhang

## *Zürcher Rotulus (Staatsarchiv Zürich, C II 1, Nr. 1)*

*Text mit originalen Lesezeichen und Zeilenumbrüchen nach der Edition von Steiner, Alte Rotuli (wie Anm. 5), S. 287–289.*

**R 1 (fol 1ʳ)**

In nomine sanctę et indiuiduę trinitatis · Karoli clementia christi imperatoris
iussione · haec descriptio facta est · ob notitiam rerum turicinę ecclesiae · suique
memoriam eorumque miserantium populorum · qui cum sua cupiebant licencia · ut ani[-]
mas a criminibus alligatas redimendo · partem per loca diuersa · de propriis prędiis quesi[-]
tis et inquirendis ad ipsam ecclesiam et sepulchrum traderent · ubi sancti dei martyres de rip{a}
lindimagi fluminis quadraginta cubitis capita a decii feri tyrannis gladio amputata
usque ad sinum monticuli suis portando manibus · christo propitio praedestinante requi{esc}endis corpo{ri}[-]
bus in ęuum · deposuerunt · quod ita uero pro dei amore et dilectione passionis germanorum
ipsorum martyrum Felicis et Regulę · deuotis et caritatiuis perfecerunt uoluntatibus ·
in primordio ad incrementum congregationis can[on]icorum · ut ibidem regulari dis[-]
ciplina uiuentes · die noctuque indeficiendo · sepcies in die deo laudes implendo · subsis[-]
te{rent} · Hoc ergo confirmando · ipse rex imper[i]ali iussione praecepit dotales donationes
ipsę matri ecclesię sine ullius contradictione personę · in his locis iacentes in euum ·
ad seruitium · clericorum {quod} ita sicut ex suis antiquis antecessoribus fuissent constitutae
permaneant · et episcopus Theodorus ipsam ecclesiam dedicando percepit · Id est Uillula iuxta
montem Albîs nomine Rieda · cum familiis · et omnibus in montibus et uallibus ad illam
pertinentibus · atque insuper in Hoinga · duas mansas et dimidiam · et in turego segregata
loca · cum uineis et piscationibus et molendinis · atque terminationem decimationum ex
curtibus terrę sallicę ad mensam fratribus destinauit · Id est de stadilhoue · De vuibi[-]
chinga · De Ousta · De illinga · De fenichlanda · De Murę · De Houistete · De Meilana
De Bozuuila · Decimationem autem · quę ex subdita Parechia ipsę ecclesiae ueniet proposu[-]
it fratribus ad uestituram esse perpetuam · Tunc uero Picho filius Ertiloni · donauit pro suo
omniumque suorum parentum remedio ad alimoniam fratrum · quitquid In Svaamundinga · et
illa marcha uisus est in montibus et uallibus habere · ad incrementum ęternum · Isinpertus presbyter
suam ibi prouendam redimendo dedit In vuolasselda · I · mansam · Comolt presbyter donauit
ad eclęsiam fratribus quitquid in flobotisreine · et illa possedit marcha · Similiter et clericus
nomine Helfirich · se in congregationem fratrum commendando · donauit fratribus quicquit
Ad Riutin et illa marcha possedit · Insuper Frieso puer domnę Perichtę · dedit fratribus omnem
suam adquisitionem quam In meilana · et illa possedit marcha · Item uero Perinhart laicus
dedit ipsis fratribus In Fenichlanda · et illa quicquid habuit marcha · In Bozuuila autem vnus ex
illis fratribus unam dedit · mansam ecclesię {cum mancipiis} · Haec omnia uero donauerunt · cum mancipiis aedificiis ·
terris · agris · pratis · pascuis · siluis · in montibus et uallibus [·] aquis · aquarumque decursibus [·] cultis
et incultis quesitis · et inquirendis · cum ingressibus et exitibus et omnibus ad illa praedia et loca
pertinentibus [·] Ea rationis tenore ut cum precepto praefato domni regis Karoli · praesentes · et
qui futuri sint fratres · sine ullius persone obstaculo perpetualiter fruantur · et nemini sit

licentia · aliquid horum · ex potestate fratrum · abstrahere · aut in beneficium prestare neque ex his praedictis praediis ipsi fratres ullum faciant coactum seruicium · Actum In turego Anno imperii sui · x · ipsius Karoli imperatoris · Indictione · Vll · Anno domini DCCCX

**R 2 (fol 1r)**

Haec sunt nomina presbiterorum · qui in illis temporibus regum Ludou̯uici · atque imperatoris · Karoli · de an{ti}qua constitutione magni KAROLI · suique episcopi nomine Theodori · sub uita canonicorum · cum terminatione decimationum · a curtibus [·] in hac parechia eorum · supra scriptarum · aliorumque in montibus et uallibus habitantium · homi[-] num · sicut usque in ęuum dum mundus manet · mos est · ibidem populis catholicae fidei · et cristianitatis omni tempore · ministerium querere et habere · atque deo · et sanctis martyribus Felici · et germane eius · Regulę · seruiendo permanerent · atque alii post illos cum ipsis decimationibus et aliis possessionibus ecclesię illius consisterent semper · Primum · decani nomen · Leidiraht · Comolt · Hacco · Erchinhart · Hugifrid · Engilbert · Uuinipert · Helfirich · Isinpert · Lendine · Perhtilo · Liubolf · Liutfrid · Adilunch · Aliuuie · Pero · Vueringoz ·

Erik Goosmann

# ARISTOCRATIC EXPLOITATION OF ECCLESIASTICAL PROPERTY IN THE NINTH CENTURY

## The Case of the *villa* Gendt

## Introduction

Towards the end of the twelfth century the monks of Lorsch composed a property book known as the *Codex Laureshamensis*[1]. The compilers occasionally included older charter collections, if they encountered them in the monastery's archive. One such collection consisted of nineteen records and was added in the form of short *notitiae* under the collective heading »On Gendt« (*De Gannita*)[2]. This small collection had probably originated in the second half of the ninth century and its inclusion in the twelfth-century *Codex Laureshamensis* marked the final step of its evolution[3]. While there is ample reason to suspect that the content, order and form of the documents in this collection had been adapted, and sometimes manipulated, over time, it remains difficult to reconstruct the various stages of its development between its ninth-century inception and its current, twelfth-century state. However, because several of the documents in the collection relate, and occasionally refer, to documents situated elsewhere in the *Codex Laureshamensis*, it is worthwhile to study the Gendt dossier in its twelfth-century context[4]. Overall, this small dossier testifies to a series of property donations by men and women of mixed social rank, ranging from members of the local proprietary elite to the king and his leading

1 Karl Glöckner (ed.), Codex Laureshamensis, vol. 1–3, Darmstadt 1929–1936. Hereafter: CL. A digital facsimile can be accessed online: http://archivum-laureshamense-digital.de/view/saw_mainz72 (last accessed: 28–07–2017). – I would like to thank Mayke de Jong, Frans Theuws, Marco Mostert, Carine van Rhijn and Karl Heidecker for commenting on earlier versions of this article.

2 I distinguish between diplomas/charters, abbreviated charters and *notitiae*. The abbreviated charter and the *notitia* are both derived from the charter, but are much shorter in length. In addition, the *notitia* describes a transaction in the third person (objective mode), instead of the first (personal mode). Georges Declercq, Originals and Cartularies: The Organization of Archival Memory (Ninth–Eleventh Centuries), in Karl Heidecker (ed.), Charters and the Use of the Written Word in Medieval Society, Turnhout 2000 (Utrecht Studies in Medieval Literacy, 5), p. 156; Karl Heidecker, Charters as Texts and as Objects in Judicial Actions: The Example of the Carolingian Private Charters of St Gall, in: Marco Mostert, Paul Barnwell (ed.), Medieval Legal Process. Physical, Spoken and Written Performance in the Middle Ages, Turnhout 2011, p. 48.

3 CL I, nos. 97–118.

4 Erik Goosmann, Reconstructing the Carolingian record: the property of Lorsch in the Low Countries, in: Claire de Cazanove (ed.), Cartulaires: témoins et acteurs de »mises en ordre« (IXe–XIVe siècles), forthcoming.

courtiers. What they have in common is their focus on Gendt, a rural estate in the *pagus* Betuwe, eight kilometres east of Nijmegen on the opposite bank of the River Waal.

Between 793 and 866 the *villa* Gendt transformed from an ordinary rural estate into a regional administrative centre for the monastery of Lorsch, from which the monastery controlled a vast conglomeration of properties located in the central Dutch river area. Had it not been for the survival of the *Codex Laureshamensis*, Gendt's ninth-century prominence would have gone unnoticed. Archaeological settlement research has also yielded little evidence for Gendt's prominent status. While there is ample evidence that this site was inhabited during the early Middle Ages (including, but not limited to, the discovery of a Merovingian cemetery), it hardly stands out against other sites in the Betuwe, which by early medieval standards was a very densely populated region[5]. Excavations at the site of Gendt's former parish church have uncovered the remains of an older Romanesque building, but nothing specifically »Carolingian«[6]. The settlement's location on the bank of a mayor river might explain these material lacunae, as river banks were unstable and the region around it subject to occasional riverine floods[7]. Gendt's Carolingian history is therefore derived mostly from the records preserved in the *Codex Laureshamensis*. Within the Gendt dossier, the earliest reference to Gendt dates to 793. Property transactions ended in 866, when Lorsch gave the estate and everything associated with it as a benefice to Ansfrid, count of the Betuwe[8]. However, Gendt resurfaces in the *Codex* in 1024, when King Conrad II gave the monastery full jurisdiction over the *mancipia* of Gendt, which is now designated as a *curtis*[9].

It is not the aim of this article to study these transactions from the institutional perspective of the monastery, despite its role as the main beneficiary in practically all the extant documents. The focus shall be on the donor community instead, which, as I will argue, may have assigned their property rights to Lorsch, yet continued to exploit in various ways what had now technically become ecclesiastical property – thereby adding a very material dimension to Annette Weiner's famous dictum that

5 Pieter MODDERMAN, Het oudheidkundig onderzoek van de oude woongronden in de Over- en Neder Betuwe, in: Oudheidkundige mededelingen uit het Rijksmuseum van Oudheden te Leiden 30 (1949), p. 66–93; Willem WILLEMS, Romans and Batavians. A regional study in the Dutch Eastern River area, I, in: Berichten van de Rijksdienst voor het Oudheidkundig Bodemonderzoek 31 (1981), p. 7–217; ID., Romans and Batavians. A regional study in the Dutch Eastern River area, II, ibid. 34 (1984), p. 39–331. For a summary of the archaeological record up to 1983, see: Wim OTEMAN, Het geheim achter scherf en bot, in: Yvonne DE BOER-RAVESTEIN et al. (ed.), Gendt tussen stad en dorp, Amersfoort 2008, p. 33–40; Nico WILLEMSE, Ontstaan, bewoning en archeologie van Gendt en omgeving, in: Yvonne DE BOER-RAVESTEIN et al. (ed.), Gendt tussen Kraaijenbosch en Knienepol, Amersfoort 2013, p. 9–18.

6 Cf. Yvonne DE BOER-RAVESTEIN, De oudste kerk van Gendt, in: ID. et al. (ed.), Gendt tussen stad en dorp (as in n. 5), p. 49–54.

7 Aldo JANSSEN, Gendt, een rivierendorp, in: DE BOER-RAVESTEIN et al. (ed.), Gendt tussen stad en dorp (as in n.5), p. 13–26; ID., De Gendtse Waard opnieuw bekeken. De kaarten van Gorissen vergeleken met grondboringen, in: DE BOER-RAVESTEIN et al., Gendt tussen Kraaijenbosch en Knienepol (as in n. 5), p. 27–42.

8 CL I, no. 112 is an exception: a donation by Itda was recorded in Gendt in 891/2.

9 CL I, no. 96.

the ritual of gift exchange entailed a »paradox of keeping while giving«[10]. The written sources practically force the reader to situate Lorsch at the heart of these transactions, but this institutional perspective is merely one aspect of a more complex history in which the laity played a much more prominent role than the extant sources give them credit for.

In a gift economy not all deals are final. The act of giving did not end one's influence over the object of the transaction[11]. Moreover, gift-giving was of central importance in early medieval society, as is evident from the fact that the majority of the extant transaction records are concerned with property donations. However, there are numerous biases that have to be kept in mind. For example, charters and their derivatives were composed in a highly formulaic prose. Especially in the east of the Frankish world, charters were often composed by ecclesiastical institutions, which also preserved them and, over time, exposed them to various processes of selection and manipulation (i. e. restructurings, abridgments, rephrasing etc.)[12]. To study ecclesiastical property from the perspective of the local donor community therefore implies going against the grain of the sources. As a result, some aspects of this study will unavoidably remain conjectural. However, in choosing to focus not on a distant monolithic institution, but on the actual actors »on site«, at the very least forces us to think about the incentives and strategies that local proprietors developed in order to protect their interests in a world rife with political and social tension.

In what follows, I shall first briefly introduce the evidence, namely the *Codex Laureshamensis* and the Gendt dossier, followed by a reconstruction of how the *villa* Gendt developed into a regional centre for the monastery of Lorsch. I shall argue that Gendt's transformation was not a gradual process, but a concerted effort by a community of donors who can be identified collectively as the regional elite, though their individual social standing may have varied greatly. This community, moreover, revolved around a family that Reinhard Wenskus has identified as a sub-branch of the Immedings, whose leading members transcended local and regional politics and operated at the level of the Carolingian, and later Ottonian, courts[13]. Two men stand

10 Annette WEINER, Inalienable possessions: the paradox of keeping-while-giving, Berkely, CA 1992.

11 Ian WOOD, Review article: landscapes compared, in: Early Medieval Europe 15 (2007), p. 227–232; ID., Entrusting Western Europe to the Church, 400–750, in: Transactions of the Royal Historical Society, 6th series, 23 (2013), p. 37–74.

12 Rosamond MCKITTERICK, The Carolingians and the Written Word, Cambridge 1995, p. 77–126; Patrick GEARY, Phantoms of Remembrance: Memory and Oblivion at the End of the First Millennium, Princeton, NJ 1996, p. 81–115; Matthew INNES, Framing the Carolingian Economy, in: Journal of Agrarian Change 9 (2009), p. 42–58, at p. 53. On the use of documents by the laity, see the contributions in Warren BROWN et al. (ed.), Documentary culture and the laity in the early Middle Ages, Cambridge 2013; Patrick GEARY, From Charter to Cartulary: From Archival Practice to History, in: Robert MAXWELL (ed.), Representing history, 900–1300. Art, music, history, University Park, Pa 2010, p. 181–186, at p. 185; Alexandra WALSAM, The social history of the archive: record-keeping in early modern Europe, in: Past and Present, supplement 11 (2016), p. 9–48.

13 Gerd ALTHOFF, Immedinger, in: Lexikon des Mittelalters 5, Stuttgart 1999, cols 389–390; Reinhard WENSKUS, Sächsischer Stammesadel und fränkischer Reichsadel, Göttingen 1976, p. 115–155; Johanna VAN WINTER, Die Hamaländer Grafen als Angehörige der Reichsaristokratie im 10. Jahrhundert, in: Rheinische Vierteljahrsblätter 44 (1980), p. 16–46; EAD., Ansfried en Dirk, twee namen uit de Nederlandse geschiedenis van de 10e en 11e eeuw, in: Naamkunde 13 (1981).

out in particular: Gerward, a monk of Lorsch and formerly a court librarian under Louis the Pious, and Ansfrid, count of the palace and count of the Betuwe during the reigns of the two Lothars. Because a family's social status largely resulted from its access to (landed) resources, both men would have been hard pressed to secure, if not increase, their income, which was based on agricultural production.

## Lorsch, the *Codex Laureshamensis,* and the »Gendt Dossier«

Lorsch was founded in 764. In less than two decades, it became one of the leading monastic and intellectual centres of the Carolingian world[14]. The monastery owed its success to its mix of powerful secular and spiritual patrons: shortly after having been founded by the prominent Ruperting family, it acquired the prestigious relics of the Roman martyr Nazarius. In 772, the monastery came under royal protection, which further boosted its prestige. Across the realm, men and women with the means to participate in networks of gift exchange began donating properties to Lorsch's patron saint, thereby entering into the monastery's influential network of spiritual and secular patronage[15]. Lorsch was able to expand its patrimony at an exponential rate well into the second half of the ninth century, accumulating properties from the Frisian coast in the north to the Alps in the south. However, towards the end of the century this surge of donations ended. From the tenth century we know of only a handful of, for the most part local, donations [16]. A variety of factors, including political fragmentation, property alienation and mismanagement, caused Lorsch's golden age to end, ushering in a period of financial destitution[17]. In the centuries that followed, Lorsch's abbots searched for ways to reclaim their monastery's former wealth and grandeur. Perhaps the most outspoken expression of this restoration attempt was the composition of the *Codex Laureshamensis*.

The *Codex Laureshamensis* consists of 229 folios (measuring 46 x 33,5 cm), divided in 30 quires. It contains close to four thousand transaction records. The manuscript is divided into two sections: the first 35 folios (5 quires) form a chronicle cartulary, containing in chronological order the copies of the community's most prestigious

14 Bernhard BISCHOFF, Die Abtei Lorsch im Spiegel ihrer Handschriften, Munich 1989 (Geschichtsblätter für den Kreis Bergstraße. Sonderband, 10); Helmut REIMITZ, Transformations of Late Antiquity: the writing and re-writing of Church history at the monastery of Lorsch, *c.* 800, in: Clemens GANTNER, Rosamond MCKITTERICK, Sven MEEDER, The Resources of the Past in Early Medieval Europe, Cambridge 2015.

15 Marios COSTAMBEYS, Power and Patronage in Early Medieval Italy. Local Society, Italian Politics and the Abbey of Farfa, *c.* 700–900, Cambridge 2007, p. 48–55; Bert THISSEN, Die Besitz der Reichsabtei Lorsch in der *villa* Geizefurt, in: Franz-Josef HETJENS (ed.), Weeze und der Raum an Niers und Kendel im Mittelalter, Weeze 2008, p. 44–100, at p. 94; Matthew INNES, State and Society in the Early Middle Ages. The middle Rhine valley, 400–1000, Cambridge 2000 (Cambridge studies in medieval life and thought, 4/47), p. 18–34.

16 Heinrich BÜTTNER, Lorsch und St. Gallen, in: ID., Johannes DUFT, Lorsch und St. Gallen in der Frühzeit. Zwei Vorträge, Konstanz 1965, p. 5–20, at p. 9–11; Josef SEMMLER, Lorsch in der politischen und kirchlichen Welt der Karolinger, in: Hermann SCHEFFERS (ed.), Das Lorscher Evangeliar. Eine Zimelie der Buchkunst des abendländischen Frühmittelalters, Darmstadt 2000, p. 11–22.

17 An early sign of this can be seen in CL I, c. 75. More systematic decline appears to have set in in the eleventh century: CL I, c. 120.

benefactors (i. e. kings, prelates and aristocrats, who are addressed as *spectabiles viri*). These documents were supplemented with short historical notes that enhanced the cartulary's narrative structure, effectively turning it into an institutional history. The remainder of the manuscript consists mostly of abbreviated documents that record the (often much smaller) donations by Lorsch's less prominent patrons, to whom the manuscript refers as *fideles Dei*. Contrary to the acts in the cartulary section, these records were geographically organized, suggesting a more practical or administrative function[18].

The formation of the *Codex* probably ushered in the end of the monastery's original archive. But whereas contemporary monks may have considered their property book an adequate replacement for the original documents, social historians can only mourn the loss of all the contextual data that was filtered out through the processes of selection and copying. The twelfth-century compilers, on the contrary, were only interested in those documents that could confirm the monastery's legal claim to a certain property. Hence the *Codex* is predominantly made up of donation records. Other types of documents from which ownership could be deduced were only incorporated in situations where a straightforward donation charter was unavailable[19]. Moreover, the compilers only copied what they considered to be the »essentials« of a charter: those sections that could be used in a contemporary legal context to support the monastery's ownership claims. Royal diplomas were an exception, and were copied almost verbatim. This dramatic transformation in archival practice, as Georges Declercq explained, should be seen in connection with »a different attitude towards the nature of the document itself«[20]. It also resulted from the gradual transition from a gift economy to a market economy, which significantly altered society's understanding of concepts such as property and ownership. As mentioned, in a gift economy, the act of giving was not seen as a finite act, »but rather as one element in a series of negotiations«, which made ownership a very fluid concept[21]. In a market economy, however, this ongoing negotiation between two or more parties, by which social hierarchies were established, confirmed or altered, no longer stood at the forefront of a transaction. Instead, transactions came to revolve much more strenuously around the object(s) being exchanged, resulting in a much more absolute, or finite, understanding of ownership. Thus, while the context of the *Codex Laureshamensis* may have been »at least as much that of institutional identity and the preservation of memory as that of convenient consultation and the defence of property rights«, the

18 Geary, Phantoms (as in n. 12), c. 3; Declercq, Originals and Cartularies (as in n. 2). See also: Rosamond McKitterick, The Uses of Literacy in Carolingian and post-Carolingian Europe: Literate Conventions of Memory, in: Scrivere e leggere nell'alto medioevo, vol. 1, Spoleto 2012 (Settimane di studio della Fondazione Centro italiano di studi sull'alto medioevo, 59/1), p. 179–208, with discussion of the Werden cartulary at p. 189–198.

19 Innes, State and society (as in n. 15), p. 14. Compare for example with the wealth and variety of the transactions as preserved in tenth-century Cluny: Barbara Rosenwein, To be the Neighbor of Saint Peter: the social meaning of Cluny's property, 909–1049, Ithaca NY 1989.

20 Declercq, Originals and Cartularies (as in n. 2), p. 163.

21 Wood, Entrusting Western Europe (as in n. 11), p. 62. For an overview on the debate on gift-giving, see: Arnoud-Jan A. Bijsterveld, *Do ut des:* gift giving, memoria, and conflict management in the medieval Low Countries, Hilversum 2007, p. 17–62.

selection and manipulation criteria applied by the compilers of this property book above all served to facilitate the latter[22].

The Gendt dossier begins with the heading *De Gannita* (»On Gendt«), which is followed by a short introduction and twenty-two concise *notitiae*[23]. At first glance, its position within the manuscript is somewhat odd. Despite its modest format and the modest social status of most of the donors involved, this small collection of records had nonetheless been embedded in the prestigious chronicle cartulary, because it was intended to function as an appendix to the preceding diploma by King Conrad II (1024)[24]. According to this diploma, Conrad assigned the monastery full legal jurisdiction over the serfs associated with the *curtis* Gendt. Therefore, it was the primary function of the Gendt dossier to define the extent of this eleventh-century privilege, with the implicit claim that the properties listed all fell under Gendt's jurisdiction. What is less clear, however, is whether the extant composition of the Gendt dossier still resembles the situation in the ninth century, the early eleventh century, or whether it was a twelfth-century fiction designed to expand Lorsch's influence in the Lower Rhine region.

A close inspection of the dossier's content reveals that it has been manipulated over time. The extant *notitiae* in the dossier can be divided into three groups: a small group of documents that record the monastery's earliest acquisitions in the Lower Rhine area (772–813); a core group centred on the *villa* Gendt; and, lastly, a group centred on the *villa* Empel, now part of the city of 's-Hertogenbosch, at the confluence of the rivers Dommel and Meuse (see fig. 1)[25]. We might also identify a fourth group consisting of records that are not included in the Gendt dossier, but have been copied elsewhere in the *Codex*, yet closely match the dossier's geographical and chronological range.

Of these four groups, the ninth-century core group relating specifically to Gendt originally had been compiled as a supplement to a different charter, albeit for exactly the same purpose as that for which it was later reused in the context of Conrad's diploma. As I shall discuss in more detail below, in 866 Count Ansfrid received Gendt as a benefice »and all the things of the aforementioned martyr Nazarius in the places or lands that depend on [Gendt] and which have hitherto served said monastery«[26]. In all likelihood, the monks therefore compiled the original Gendt dossier to keep

22 DECLERCQ, Originals and cartularies (as in n. 2), p. 149.

23 Three of the *notitiae* in the dossier refer to transactions for which the chronicle cartulary also contains a verbatim copy of the original charter. Two *notitiae* record a transaction that can also be found in an abbreviated charter at the end of the copybook. Lastly, there are several abbreviated charters in the copybook that refer to property in the Netherlands, but are not present in the Gendt dossier. For an overview, see fig. 1.

24 CL I, no. 96. See also: ibid., c. 36.

25 The inclusion of a short reference to a tenth-century legal dispute between the abbot of Lorsch and the bishop of Liège, in whose diocese Empel was situated, suggests that the Empel material originally constituted a separate dossier. Today Empel is a district within the city of 's-Hertogenbosch. The »Empel dossier« may have been composed to strengthen the abbot's claim, as argued in GOOSMANN, Reconstructing (as in n. 4). Cf. THISSEN, Besitz der Reichsabtei Lorsch (as in n. 15), p. 95.

26 CL I, no. 33: *Seu in quibuscumque ibidem locis aut terries consistant res prefati mris. Christi, que hactenus servierunt prefato monasterio.*

track of the properties they had given out as a benefice[27]. This connection between the original Gendt dossier and Ansfrid's transaction with Lorsch is strengthened further by a note that the twelfth-century compiler of the *Codex* included after having transcribed the *prestaria* document confirming Ansfrid's benefice: »Regarding the donations in and around Gendt, because they have been bestowed under various kings and by various faithful of God, we have refrained from copying these at this time, so that under King Conrad II, whose donation in that place was the last, we may order all of them in one series[28].«

Together, these records enable us to track in considerable detail the transformation of a ninth-century rural estate in the Betuwe into a monastic administrative centre for Lorsch in the Lower Rhine region. That Gendt eventually came to function as a regional administrative centre is suggested by the fact that from 814 onwards almost all transactions in the region were conducted in Gendt. Also, an eleventh-century diploma identifies Gendt as a *curtis* and a surviving twelfth-century rent list states that the monastery's dependents in the region were expected to make their payment in Gendt[29].

| Edition | Date | Actor(s) | Transaction type | Context | Loc. of transaction |
|---|---|---|---|---|---|
| CL III, no. 3797[30] | 25.08.772 | Hohward | Donation | (Pre-)Empel | Lorsch |
| CL I, no. 98 (= CL III, no. 3801) | 31.08.772 | Gerrich and Ratgart | Donation | Coastal/unrelated | Lorsch |
| CL III, no. 3799 | 21.03.774 | Folcrad | Donation | Coastal/unrelated | ? |
| CL I, no. 97 (= CL III, no. 3798) | 16.08.776 | Godebert (et con.) | Donation | Coastal/unrelated | Lorsch |
| CL III, no. 3809[31] | *<815* | Gullint | Donation | (Pre-)Empel | |
| CL I, no. 99 | 793 | Walther and Richlint | Donation | (Pre-)Gendt | Lorsch |
| CL I, no. 100 | 800 | Ruthard, *vir illuster* | Exchange | Gendt | Lorsch |
| CL I, no. 101 | 814 | Gerward, *clericus* | Donation | Gendt | Aachen |
| CL I, no. 102 | 814 | Adalward | Donation | Gendt | Gendt |
| CL I, no. 103 | 814 | Lantward | Donation | Gendt | Gendt |
| CL I, no. 104 | 814 | Waldo | Donation | Gendt | ? |

27 For arguments, see: GOOSMANN, Reconstructing (as in n. 4).

28 CL I, c. 36: *Donationes vero in Gannita et quaquaversum illuc aspicientibus, quia sub diversis regibus et a diversus dei fidelibus co(n)latae sunt, interim transscribere supersedimus, ut postmodum sub rege Cuonrado IIo cuius extrema ibidem donatio fuit, omnes in unam seriem disponamus.* See also the introduction to the Gendt dossier (ibid., c. 97): *Locus exigit, ut deputum promissi nostri exsolventes, donations in Gannita cum suis appendentiis describamus.*

29 CL I, no. 96 and III, no. 3817 resp.

30 Ibid., no. 106 (815?) includes a donation of one manse in Hoenzadriel by Hoo. Ibid., no. 3797 (772) mentions a donation of one manse in the same settlement by Hohward. The similarity in name may well point to a family connection, making it more likely that these two donations records related to one and the same manse. See: E.J. HARENBERG, De *homines franci* uit de *Codex Laureshamensis*, in: Ad fontes. Opstellen, aangeboden aan Prof. Dr. C. van de Kieft ter gelegenheid van zijn afscheid als hoogleraar in de middeleeuwse geschiedenis aan de Universiteit van Amsterdam, Amsterdam 1984, p. 39–60, at p. 45.

31 Lorsch had given these properties *in precaria* to Alfger in 815 (CL I, no. 105).

| Edition | Date | Actor(s) | Transaction type | Context | Loc. of transaction |
|---|---|---|---|---|---|
| CL III, no. 3613[32] | 31.05.814 | Magofrid and Waltrat | Donation | Gendt? | Lorsch |
| CL I, no. 105 | 815 | Alfger | Donation | Empel | ? |
| CL I, no. 106 | 815 | *Homines Franci* | Donation | Empel | ? |
| CL I, no. 113 | <839 | Meginger and Irinfrid | Donation | Gendt | ? |
| CL I, no. 114 | <839 | Brunhild | Donation | Gendt | ? |
| CL I, no. 115 | 814–839 | Waldo | Donation | Gendt | ? |
| CL I, no. 116 | 814–839 | Lantward | Donation | Gendt | ? |
| CL I, no. 117 | 839 | Magofrid | Donation | Gendt | ? |
| CL I, no. 107 | 850 | Balderic | Donation | Empel[33] | ? |
| CL I, no. 109 (= CL I 24) | 13.09.860 | King Lothar II | Donation | Gendt | Aachen |
| CL I, no. 110 | 855 | Wicswint | Donation | Gendt | Gendt |
| CL I, no. 111 | 855 | Helmger and Witswint | Donation | Gendt | Gendt |
| CL I, no. 118 (= CL I, no. 33–35) | 866 | Ansfrid | Prestaria | Gendt | Lorsch |
| CL I, no. 112 | 11.891–11.892 | Itda | Donation | (Post-)Gendt | Gendt |
| CL I, no. 108 (=CL I, no. 75) | 969 | Bp. Eberkar of Liège | Legal verdict | (Post-)Empel | – |

Fig. 1: Lorsch's property in the Carolingian Netherlands (in chronological order)

## The Gendt estate

Despite being located almost four hundred kilometres upstream, Lorsch began to attract donations in the Lower Rhine region as soon as it became a royal monastery in 772. In late-August 772, it acquired two manses in the *pagus* Teisterbant, situated west of the Betuwe[34]. One week later, Lorsch received a string of properties along the coastline, from Texel down to the mouths of the Rhine and Meuse rivers[35]. Donations in 774 and 776 also gave the monastery a foothold in the Scheldt estuary[36]. These properties were significant for the monastery, because they were located along major commercial routes

32 If the identification of the donor and the property location is correct, the record appears to have been misplaced in the Codex Laureshamensis.

33 CL I, no. 107 is attributed to the Empel context, because it inserted between CL I, nos. 105–106 (the donations of Alfger and the *homines franci*) and CL I, no. 108 (a verdict from a tenth-century conciliar ruling in Liège).

34 CL III, no. 3797. Both manses were donated by Hohward and located in the *villae* Buren and Hoenzadriel. Hohward probably belonged to the Empel network. See n. 30.

35 CL III, no. 3797 and CL I, no. 98 (=CL III, no. 3801).

36 CL I, no. 97 (=CL III, no. 3798) and CL III, no. 3799, resp. CL III, no. 3809, may be another early donation of property located in the Kempen region (*pagus Texandria*), but the transaction is undated. Because the property is given out in benefice (CL I, no. 105) the *terminus ante quem* is 815.

and/or produced valuable commodities, such as salt. For example, CL I, no. 97 (776) records a donation by Godebert and his wife of a church (*basilica*) and one manse in the *villa* Maudaco, in the current province of Zeeland[37]. While this may not sound like much, the scribe added that this particular farmstead was occupied by a single unfree household that worked seventeen salt pans (*culinae ad sal faciendum*), indicating that this site specialized in salt production[38]. Such specialized production centres were nevertheless confined to regions with unique soil conditions, such as the salty peat lands in Zeeland or, in the case of iron production, the ore-rich deposits on the Veluwe[39].

While these records preserve the donors' names, they hardly inform us of their identities, their motives to give to Lorsch, or if their gifts were in some way connected[40]. Thus, we know nothing about the backgrounds of Walther and his wife Richlint, who in 793 donated seven manses (or parts thereof), occupied by fifty-nine unfree tenants, located in seven *villae* across four districts[41]. However, of these manses, one happened to be located in the *marca* of Gendt. Gendt was a strategically positioned settlement on the bank of the River Waal, a major trade route, and very close to Nijmegen, where Charlemagne had ordered the construction of a new palace. Lorsch's interest in the site is clear from a property exchange (*concambium*) with a *vir illuster* named Ruthard dating to 800, when it traded a manse in Teisterbant that it had acquired in 772 for a second manse in Gendt[42].

So far, all the property transactions in the Lower Rhine region had been drafted up in Lorsch. This changed in 814, when Gerward *clericus* donated five manses in Gendt, as well as an »island« between the village proper and the Waal that had a church on it[43]. In addition, Gerward also donated various other properties, including various woodlands in the *pagus* Veluwe, a region that was known, as mentioned above, for its rich iron ore deposits[44]. Gerward's donation is followed by two other donations dating to the same year, and that are similarly concerned with property located in or close to

37 For exact location, see: Cornelis Dekker, Zuid-Beveland. De historische geografie en de instellingen van een Zeeuws eiland in de Middeleeuwen, Assen 1971, p. 66–69.

38 Located on Schouwen-Duiveland, Zeeland Province. N. B. the transaction was also recorded in CL III, no. 3798 (an abbreviated charter), albeit with some alterations: a.) location: *in villa Wudarres ambachte* instead of *in lacu villa Maudaco, inter Scald et Sunnonmeri et Gusaha*, and b.) property description: CL III, no. 3798 only mentions the manse and the church, but not the seventeen salt pans.

39 On salt production: Jan Besteman, Frisian Salt and the Problem of Salt-Making in North Holland in the Carolingian Period, in: Berichten van de Rijksdienst voor het Oudheidkundig Bodemonderzoek 24 (1974), p. 171–174; Bas van Bavel, Manors and Markets. Economy and Society in the Low Countries. 500–1600, Oxford 2010, p. 149–150. For iron production on the Veluwe: Anthonie Heidinga, Medieval Settlement and Economy North of the Lower Rhine, Assen, Maastricht 1987, c. 10; Michel Groothedde, Charcoal and iron production at and around Zutphen, in: Medieval and Modern Matters. Archaeology and Material Culture in the Low Countries 4 (2013), p. 61–81.

40 Note, however, the debate as summarized in Harenberg, *Homines franci* (as in n. 30), p. 52–59, on the *homines franci*, as represented in CL I, no. 106, who formed a separate legal category.

41 CL I, no. 99.

42 CL I, no. 100 reads *Adelricheim*, which might be identified with Erichem, near Buren. See: Goosmann, Reconstructing (as in n. 4). If correctly identified, Abbot Richbod had exchanged the manse given to Lorsch by Hohward in 772 for a manse in Gendt.

43 CL I. no. 101.

44 See above, n. 38.

Gendt. Because of these similarities, and because the donors are named Adalward and Lantward, these men are generally assumed to have been close relatives of Gerward[45]. However, a significant distinction between these three transactions is that the transactions of Gerward's alleged kinsmen had been recorded in Gendt, whereas Gerward's transaction was recorded in Aachen. From 814 onwards, most of the extant transactions in the dossier, insofar as they provide this information, were recorded at Gendt, suggesting that from 814 onwards, Gendt functioned as an administrative centre overseeing Lorsch's interests in the Lower Rhine region (see fig. 1).

Lorsch continued to acquire more property in Gendt and the surrounding region. Exactly how much the monastery owned is difficult to reconstruct, since we cannot simply tally up the properties that are mentioned in the donation records. Since objects could be subject to multiple claims of ownership, they could also be the subject of more than one transaction[46]. The donations by Gerward, Adalward and Lantward are a case in point: they gave Lorsch the ownership rights to five, five and four manses in Gendt respectively. Instead of concluding that Lorsch had acquired a total of fourteen manses, we should allow for the possibility that each donor may have given up his individual claim to co-owned family property[47]. Something similar may also have been the case with Gendt's church, which features in three transactions (and assuming that a rural estate like Gendt only had a single church). First, Gerward gave in 814 »that foreland on which the church is constructed with all its appurtenances, which is located between the River Waal and Gendt«[48]. Then there is an undated record stating that Meginger and his wife Irminfrid[a] donated »a church in Gendt, dedicated to Saint Martin, and demesne land for sowing 100 *modii* [of grain]«[49]. Lastly, an equally undated donation states that Lantward purchased »a third share of the manse where that church is built, and 15 *iurnales* [of land], and everything she [Abarhild] had in that mark«[50]. In this specific case, *mansus* refers to a fixed size of land, to which had been added arable land of a size that would take a man fifteen days to plough. Early medieval measurement units are notoriously difficult to convert to modern units: although they were modelled after the Roman system, they lacked a common standard[51]. Nevertheless, Lantward/Abarhild's property is said to have been located in the mark of Gendt, as is the case in Gerward's transaction. It supports

45 CL I, nos. 101–103.

46 Rosenwein, Neighbor (as in n. 19), p. 110–115.

47 Compare with CL I, no. 110 (Wicswint) and CL I, no. 111 (Witswint and Helmger). See also below, n. 62.

48 CL I, no. 101: *ipsam insulam in qua ecclesia est constructa cum omnibus appenditiis quae sita est inter fluvium Wal et Gannita.*

49 CL I, no. 113: *dederunt aecclesiam in Gannita, constructam in honore sancti Martini, et de terra indominicata ad c modios sementis.* The church's dedication to Saint Martin may imply a link to Utrecht or, less likely, Elst. See: Kay van Vliet, In Kringen van Kanunniken. Munsters en kapittels in het bisdom Utrecht, 695–1227, Zutphen 2002, p. 89–90. Meginger and Irinfrid[a] also donated two farmsteads in Hattum, on the western bank of the River IJsel.

50 CL I, no. 116: *Lantwardus comparavit a quadam femina nomine Abarhild, in villa Ganneta terciam partem de manso ubi ipsa aecclesia aedificata est, et XV iurnales, et quicquid ipsa habuit in eadem marca, et dedit sancto Nazario.*

51 Jean-Pierre Devroey, Units of Measurement in the Early Medieval Economy: The Example of Carolingian Food Rations, in: French History 1 (1987), p. 68–92. Devroey focuses specifically on units of volume.

the idea that these transactions may, at least in part, have been concerned with the same object. Whether Gerward and Lantward were related to Meginger or Irminfrid[a] is unknown[52].

Another problem is that only a few of the *notitiae* are dated. Assuming that the original Gendt dossier was chronologically ordered, and that this order had remained more or less intact as the Gendt material was combined with the Empel material, than Meginger's and Lantward's donations can be dated between 814 and 839[53]. If we then also assume that the three transactions pertaining to Gendt's church date to the same moment in time, as is the case with the donations of Gerward, Adalward and Lantward, than all the transactions that occurred between Gerward's donation (CL I, no. 101) and Lantward's second donation (CL I, no. 116) must have been part of a massive collective transaction that took place in 814 (see fig. 1)[54].

Most of the donated properties in the Gendt dossier were located outside the *villa vel marca* Gendt, but rarely beyond the *pagi* Betuwe and Veluwe (see map 1). Not everyone in Gerward's network may have had property to donate in Gendt[55]. Waldo, who features prominently with two transaction records, gave properties located directly to the east of Gendt[56]. If he did not own property in the *villa* Gendt itself, he appears to have been well endowed in Gendt's immediate vicinity, with a concentration of property in the neighbouring *villa* Angeren. Brunhild was another member of this network. She gave a farmstead in Hattum (where Meginger and his wife had also donated two farmsteads), in addition to a church and farmstead in Vaast[57]. Magofrid, finally, gave half a farmstead in *Selebach* in 839. Although this sounds like a mi-

52 The copyist of the *Codex Laureshamensis* changed feminine names into masculine ones.

53 CL I, no. 113. CL I, no. 117 is the first dated record after CL I, nos. 112 and 113.

54 The collective donation consisted of CL I, nos. 101–104 and nos. 107–116.

55 These are Waldo (CL I, no. 104 and CL I, no. 115), Brunhild (CL I, no. 114) and Magofrid (CL I, no. 118). In 814 Magofrid donated properties in the same region. However, the record of this transaction appears misplaced in the *Codex Laureshamensis* (CL III, no. 3613). I excluded from this reconstruction the donation of Itda (CL I, no. 112), which occurred well after Lorsch had given its estates in Gendt in benefice to Ansfrid *comes palatii*, in 891/892.

56 CL I, no. 104: Waldo donates four farmsteads in *Stillinhahagamundi*. R. E. Künzel, Dirk Peter Blok, J. M. Verhoeff, Lexicon van Nederlandse toponiemen tot 1200, Amsterdam 1989, p. 333 offer two etymologies for the name *Stillinhahagamundi*: the name might combine *mundi* (mouth) with *aha* (water) and *stilli* (still, quiet). This interpretation finds much support, for example by Glöckner. Alternatively, it might consist of the elements *Stilli-a-hagamundi*, or »quiet-water-land of the lord«. Perhaps this *locus* was situated close to the church in the mark of Gendt, for which there are several arguments: 1.) Waldo's donation was recorded directly after those of Gerward, Adalward and Lantward. 2.) Gerward's donation mentions an »island« situated between the River Waal and Gendt, referring to the existence of a »dead« river arm, which could be characterized as »quiet« when compared to the »active« river. 3.) CL I, no. 113 and perhaps no. 116 refer to demesne land. This might in turn refer to the property mentioned in Gerward's donation record. *Hagamundi* also indicates »land of the lord«. In CL I, no. 115 Waldo donated property in various estates in the *pagus* Hamaland. These included a church and two farmsteads in Angeren, a half-manse in *Waganlose* (unidentified), Doornenburg and Leuven, and one third of a manse in Velp. (Note that CL I, no. 115 distinguishes between *huoba* and *mansus*. In general these concepts are treated as Germanic/Latin synonyms.) Hamaland is at this time identified as the territory east of the River IJssel and therefore included Velp and perhaps Leuven. Doornenburg, on the other hand, is situated in the Betuwe, directly east of Gendt. On the problematic localization of this *pagus*, see Heidinga, Medieval Settlement (as in n. 39), p. 182–191.

57 CL I, no. 114.

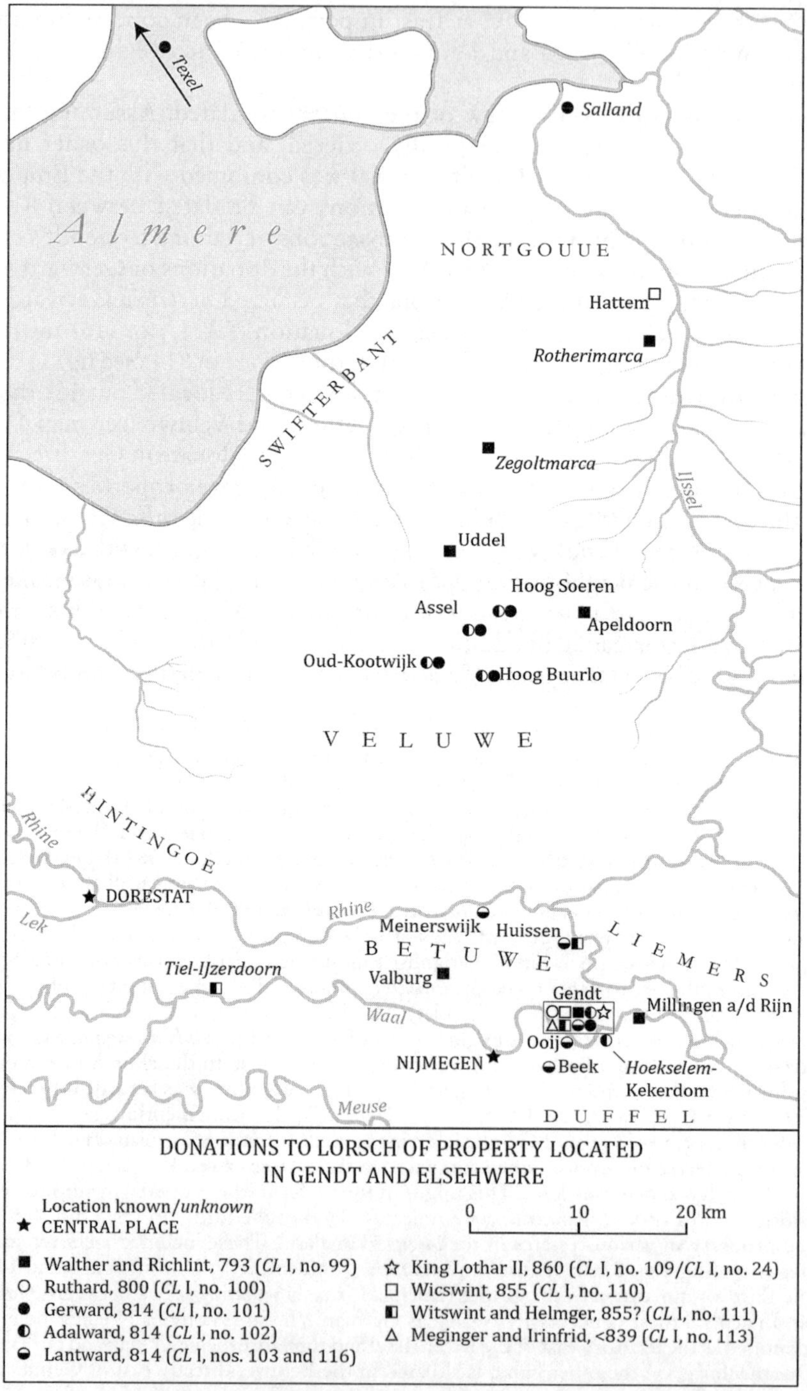


Map 1: Donations to Lorsch of property located in Gendt and elsewhere

nor donation, *Selebach* has been identified as »Zeelbeek«, a small stream on the Veluwezoom near Doorwerth, where in the late-ninth century a ring fortress was erected known as the Duno[58]. According to H. A. Heidinga, this site was strategically significant because it protected the southern entry route into the Veluwe with its rich iron ore deposits[59]. Lastly, it is worth mentioning that the *Codex* contains a second and seemingly misplaced donation by Magofrid, stating that on 31 May 814 he and his wife Waltrat[a] gave »in the woods of *Batero* 20 *iurnalis* of arable land and two dependants«[60]. If Glöckner's identification of *Batero* with Baal (*c.* 5 km north-west of Gendt) is correct, then the donor may be identical to the Magofrid who gave Lorsch its property in Zeelbeek[61]. Moreover, this transaction record might also provide us with the exact date on which this donor community collectively gave to Lorsch.

Despite these donations, Lorsch probably never became the sole proprietor in the *villa* Gendt. Regardless, from the mid-ninth century onwards, it would have been the dominant stakeholder in the estate[62]. In 855, Wicswint gave a lordly manor (*curtis dominicalis*) in Gendt to the monastery, followed by a second gift in which her father Helmger also participated[63]. Lorsch's final acquisition in the *villa* Gendt dates to 13 September 860, when Lothar II granted Lorsch the rights to the fiscal property in the estate[64]. The cartulary chronicle contains an almost verbatim transcription of the diploma. Although the diploma does not inform us of the size of these royal estates, it does state that the donation was mediated by Count Adalard and Lothar's vassal Tieto/Diedo[65]. And while the text does state why Lothar donated royal lands to an East Frankish monastery, the transaction took place around the same time that Lothar switched allegiance from the West Frankish king Charles the Bald to the East Frankish king Louis the German[66].

58 Hendrik Jacob MOERMANN, Nederlandse plaatsnamen. Een overzicht, Leiden 1956, p. 33; KÜNZEL, BLOK, VERHOEFF, Lexicon (as in n. 56), p. 415.

59 HEIDINGA, Medieval Settlement (as in n. 39), p. 203–206, argued that the two circular fortresses known as the Duno and the Hunneschans (near Uddel, Gelderland), were twins protecting the northern and southern access to this iron-rich region. Problematic is the lack of a viable access route from the north, due to the marshy peat lands bordering on the Almere. The strategic significance of the Hunerschans is therefore closely connected to Heidinga's theory on the navigability of the Leuvense beek (p. 220–222).

60 CL I, no. 3613: *Ego Magofrit et coniux mea Waltrat donamus (...) Batero xx iurnales de terra arabili et mancipia II.*

61 See CL I, no. 117, n. 1.

62 Cf. VAN VLIET, In Kringen van Kannuniken (as in n. 49), p. 119.

63 CL I, no. 110. Note, however, that CL I, no. 110 reads *Wicswint* and is dated to the fifteenth year of Louis the German's reign and during the abbacy of Samuel (837–856), whereas CL I, no. 111 reads *Witswint* and is dated to the twenty-fifth year of »the same king« and »under the same abbot«. However, because Abbot Samuel had been deceased by then, Glöckner assumes that the scribe made an error in dating the transaction, arguing for 855/856 as the correct date.

64 CL I, no. 24 (= MGH. D Lo II, n. 14). A reference to this diploma was included in the Gendt dossier (CL I, no. 109).

65 On Adalhard: THISSEN, Besitz der Reichsabtei Lorsch (as in n. 15), p. 89–90; Karl HEIDECKER, Kerk, huwelijk en politieke macht. De zaak Lotharius II (855–869) in zes taferelen, unpublished dissertation, Amsterdam 1997, p. 216–217. I have been unable to identify *Tieto vassalus noster.*

66 I thank Karl Heidecker for having brought this point to my attention.

## Danes in the Betuwe

A short digression is called for to address the issue of the Danish presence in the region. The *Annales regni Francorum* record encounters and diplomatic exchanges between Franks and Danes as early as 804 and again in 808 and 809. In 810, the Danish king Godofrid launched an attack on the Frisian islands. From 834 onwards, Viking raids began to target the Lower Rhine region (see fig. 2). These disruptive events therefore ran parallel to the events and processes that are the focus of the present article. But while there are many contemporary historiographical and hagiographical accounts that refer to these catastrophic events, it has proven very difficult for historians to gauge their social and economic impact in the affected regions. A good example is provided by the contemporary *Vita Liudgeri*, composed by the saint's nephew and successor Altfrid (†849), who recounted the following dream:

> »In a dream it looked as if the sun fled across the sea from the north and dark clouds were following it. On its flight it passed us by and, growing increasingly faint, withdrew so that it could no longer be seen by us. The gloom that had followed it enveloped the places along the coast. When after a long period of time the sun returned, it was lesser and paler than it had been before, yet it drove the darkness across the sea[67].«

When asked about its meaning, Liudger explained that the »dark clouds« represented Northmen, who would attack the Frisian coast, bring persecution and destruction, burn down churches and monasteries, and drive its inhabitants from their homes.

The Viking menace was not limited to the coastal regions. Capable of navigating their longboats over the main rivers, Danish pirates struck inland as well. Dorestad and the Betuwe were raided repeatedly, which probably also affected the Gendt community. Lothar II's diploma, in which he granted Lorsch the fiscal property in Gendt, also contains evidence that the Danish »presence« was felt in Gendt, stating that the property used to be part of a benefice granted to Rorik the Dane[68]. The late eighth-century Frankish expansion into Saxony had made the Danes their neighbours. The resulting interaction, which was not always peaceful, eventually resulted in the baptism of the Danish king Harald (d. 852) at Mainz or Ingelheim in 826[69]. To great Frankish dismay, the Christian triumph of Harald's baptism offered no pro-

67 Altfrid, Vita S. Liudgeri, l. 1, c. 27, ed. Wilhelm DIEKAMP, Die Vitae sancti Liudgeri, Münster 1881, p. 32: *Vidi per somnium quasi solem fugientem supra mare a partibus aquilonis et nubes teterrimas sequentes. Qui fugiens ac deficiens pertransivit nos, ita ut elongatus a nobis videri non posset et caligines, quae eum fuerant secutae, obtinuerunt omnia loca haec maritima. Post multum vero temporis reversus est sol minor et pallidior, quam fuisset prius, effugavitque caligines trans mare.*

68 CL I, no. 24 (= MGH. D Lo II, n. 14).

69 Annales regni Francorum, ed. Friedrich KURZE, Hanover 1895 (MGH. SS rer. Germ., 6), s. a. 826 (henceforth: ARF). See also: Ermoldus Nigellus, Carmen in honorem Ludovici Christianissimi Caesaris Augusti, ed. and trans. Edmond FARAL, Poéme sur Louis le Pieux et épîtres au roi Pépin, Paris 1932 (Les classiques de l'histoire de France au Moyen Âge, 14), l. 4.

tection against a coup that forced the converted king to seek refuge in northern Saxony[70]. Defying their Carolingian overlords, Danish pirates began to attack the wealthy emporium Dorestad in the years 834–837. Perhaps as an alternative strategy to augment Frankish coastal defences, Louis the Pious and his successors resorted to install Danish leaders as their vassals in the affected regions. One of these Carolingian vassals was Rorik, Harald's brother or cousin[71], whose fief was centred on Dorestad[72].

This strategy appears to have been a temporary success, for no further attacks were reported in the region until 847. In that year, Vikings pillaged as far up the Rhine as Meinerswijk, located roughly fourteen kilometres from Gendt. The attack probably resulted in Rorik's arrest on charges of treason, for which he was to appear at the court of Emperor Lothar I[73]. Rorik was able to escape and fled to Louis the German instead. He settled in northern Saxony and took up piracy. When he seized Dorestad in 850, Lothar felt he had no other option than to accept Rorik back as his vassal, on condition that he »would faithfully handle the taxes and other matters pertaining to the royal fisc, and would resist the piratical attacks of the Danes«[74]. His fief comprised of »Dorestad and other counties«, which apparently also included the Betuwe, since he also controlled the fisc in Gendt[75]. This time around, however, Rorik's protection proved ineffective, as raids are reported in 851, 852 and 854. In 855 Rorik returned to Denmark in an attempt to seize the throne, but he failed and returned to Frisia[76].

On 2 January 858 Lothar II gave the monastery of Berg on the River Roer (later known as St. Odiliënberg) to Bishop Hunger of Utrecht, »because the Church of Utrecht [...], facing an imminent threat from barbarous wickedness, has almost been destroyed and reduced to rubble«[77]. A particularly devastating campaign occurred in January of 863, when

> »Danes sailed up the Rhine towards Cologne by ship, depopulating the emporium called Dorestad and also a not so small *villa* where the Frisians had taken refuge, killing many Frisian merchants and taking captive large numbers of people. They went as far as a certain island near the fortress of Neuss. Lothar came up and advanced with his men along one bank of the Rhine and the Sax-

70 ARF, s. a. 827.

71 Annales Fuldenses, ed. Friedrich Kurze, Hanover 1891 (MGH. SS rer. Germ., 7), s. a. 850 (henceforth: AF) identify Roric as Harald/Heriold's *frater*; Annales Bertiniani, ed. Félix Grat, Jeanne Vielliard, Suzanne Clémencet, Annales de Saint-Bertin, Paris 1964, s. a. 850 (henceforth: *AB*) identifies him as his *nepos*.

72 AF, s. a. 850 offers a concise history of Roric's career.

73 Annales Xantenses, ed. Bernhard de Simson, Hanover, Leipzig 1909 (MGH. SS rer. Germ., 12), s. a. 847 (henceforth: AX); Roric's treason is mentioned in AF, s. a. 850.

74 AF, s. a. 850: *ut tributis ceterisque negotiis ad regis aerarium pertinentibus fideliter inserviret et piraticis Danorum incurionibus obviando resisteret.* Cf: AB, s. a. 850 and AX, s. a. 850.

75 AB, s. a. 850: *recepit eique Dorestadum et alios comitatus largitur*; Van Vliet, In Kringen van Kanunniken (as in n. 49), p. 136.

76 AB, s. a. 855. Cf. AF, s. a. 856.

77 Maurits Gysseling, Anton C. F. Koch (ed.), Diplomata Belgica ante annum millesium centesimum scripta, vol. 1, Brussels 1950, no. 186: *Quod Traiectensis aecclesia, quae in honore Xristi confessoris Martini constructa esse dinoscritur, barbarica inminente nequicia paene destructa et ad nihilum redacta sit.*

ons along the other and they encamped there until the beginning of April. On Rorik's advice, the Danes withdrew by the same way they had come[78]«.

The »Annals of Xanten« add that the pagans had killed many of the Frisian survivors[79]. Rorik's role in the affair is unclear: did he act as Lothar's agent, or had he been involved in the attack? According to the »Annals of St Bertin«, Lothar levied a tax of 4 *denarii* per manse to pay off the leader of the Danish expedition, which meant these attacks had significant financial repercussions for the entire region, and not just those who suffered from these Viking attacks directly. Moreover, the »Annals of Fulda« identify the Danish leader as Rodulf, a son of Harald, and therefore also a close relative of Rorik[80]. The latter's inability to put an end to these Danish raids was probably the reason why Lothar II began to redistribute parts of his benefice.

There may be no reason to doubt the veracity of these Danish attacks, but the question to what extent these raids or Danish lordship had an impact on the daily lives and actions of the region's inhabitants is exceedingly difficult to answer[81]. Not every settlement or manse would have fallen victim to pirate attacks, but the frequency of these attack no doubt were a major source of stress to those seeking to sustain themselves in the river area. Although the extant sources do not allow us qualitatively or quantitatively to assess the Viking impact on everyday life in the Lower Rhine region, we should at least be aware that these attacks formed the context in which many of the ninth-century transactions that are central to this study had taken place.

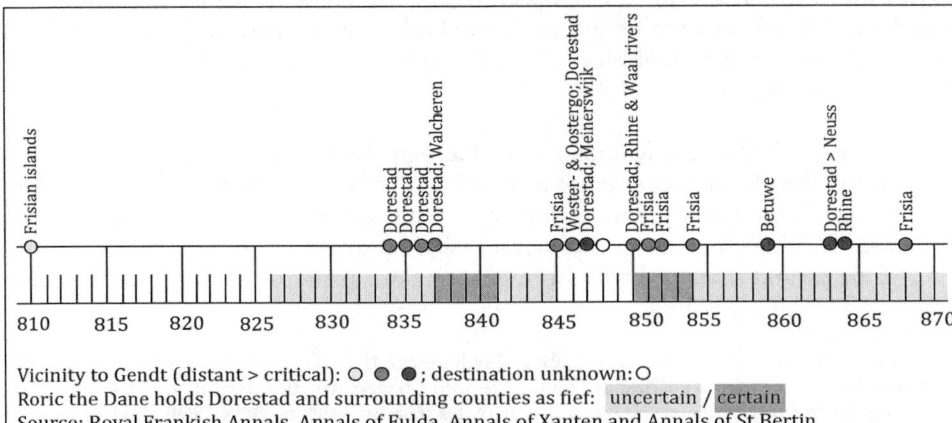


Fig. 2: Viking raids in the Northern Low Countries

78 AB, s. a. 863: *Dani mense Ianuario per Rhenum versus Coloniam navigio ascendunt, et depopulato emporio quod Dorestatus dicititur, sed et villam non modicam, ad quam Frisii confugerant, occisis multis Frisionorum negotiatoribus, et capta non modica populi multitudine, usque ad quandam insulam secus castellum Novesium perveniunt. Quibus Hlotharius ex una parte Rheni cum suis et Saxones ex alai parte adgrediuntur et usque circa Kalendas Aprilis consident. Unde idem Dani consilio Rorici, sicut accesserant, et recedunt.*

79 AX, s. a. 863.

80 AF, s. a. 864.

81 Thissen, Besitz der Reichsabtei Lorsch (as in n. 15), p. 91.

## Gerward *clericus*

Once the historian moves away from the vociferous men and women that occupied the royal court or controlled the shrines of powerful saints, he finds himself amongst strangers, for whom the extant documents occasionally provide a name or title, but rarely an identity. This is true for almost all the members that make up the »Gendt community«, with the notable exception of Gerward, of whom we know a great deal, precisely because he was both a monk of Lorsch and a valued member of the royal court[82].

Gerward's family background can be determined largely on the basis of two donation records, which have him donate property to the monastery of Lorsch and the Church of Utrecht. In the first of these, dating to 814, Gerward not only gave the aforementioned properties in Gendt to Lorsch, but also property in Texel (*Thesla*), on the Veluwe and a fish trap near the mouth of the River IJsel[83]. The second document, dating to February 828, has Gerward donate family property located east of the Betuwe to Utrecht. Although the charter does not specify the number or the type of properties that were given, it does inform us that these properties were divided among eight settlements and included forty named unfree dependants (*mancipia*), forming twenty households[84]. These two donations probably did not exhaust Gerward's landed wealth, and they seem to indicate that he was a member of a wealthy landowning family whose powerbase was situated in the eastern Netherlands, or what contemporaries would perhaps have identified as the Frankish-Saxon frontier (see map 2)[85].

Because the Utrecht charter identifies Gerward as *filius Lantwardi* (the son of Landward), he has been identified as the same Gerward who, fourteen years earlier, had given property to Lorsch. As discussed above, Gerward's donation record in the Gendt dossier is followed by two transactions that occurred that same year (and perhaps on the same date) by men named Adalward and Lantward. The clustering of these documents, the synchronicity of the transactions they record, the circumstance that each of these donors had owned property in the same settlement and, lastly, the shared element »*-ward*« in their names, have all led historians to conclude that these men must have been closely related[86]. It is unlikely that, one decade later and nine ki-

82 On Gerward, see: Philipe DEPREUX, Prosopographie de l'entourage de Louis le Pieux, Sigmaringen 1997, p. 214–215; Heinz LÖWE, Studien zu den *Annales Xantenses*, in: Deutsches Archiv 8 (1951), p. 59–99, at p. 87–99; Bernhard BISCHOFF, Die Hofbibliothek unter Ludwig dem Frommen, in: Jonathan ALEXANDER, Margaret GIBSON (ed.), Medieval Learning and Literature. Essays presented to Richard William Hunt, Oxford 1976, p. 6.

83 CL I, no. 101.

84 GYSSELING, KOCH (ed.), Diplomata Belgica (as in n. 77), no. 180.

85 Ibid., Diplomata Belgica (as in n. 77), no. 180 is attributed to Gerward because the donor is identified as *Gerouuardus filius Landuuardi*. CL I, no. 101, Gerward's donation to Lorsch, is succeeded by two contemporary donations: one by Adalward and the other by Lantward. They are believed to have been close relations of Gerward, although there is a risk of circular argumentation. Although these are unexceptional names, their temporal and geographical proximity is too significant to be considered a coincidence.

86 See: WENSKUS, Sächsischer Stammesadel (as in n. 13). But see also: Christof ROLKER, Me, Myself, and My Name: Naming and Identity in the Late Middle Ages, in: Franz-Josef ARLINGHAUS

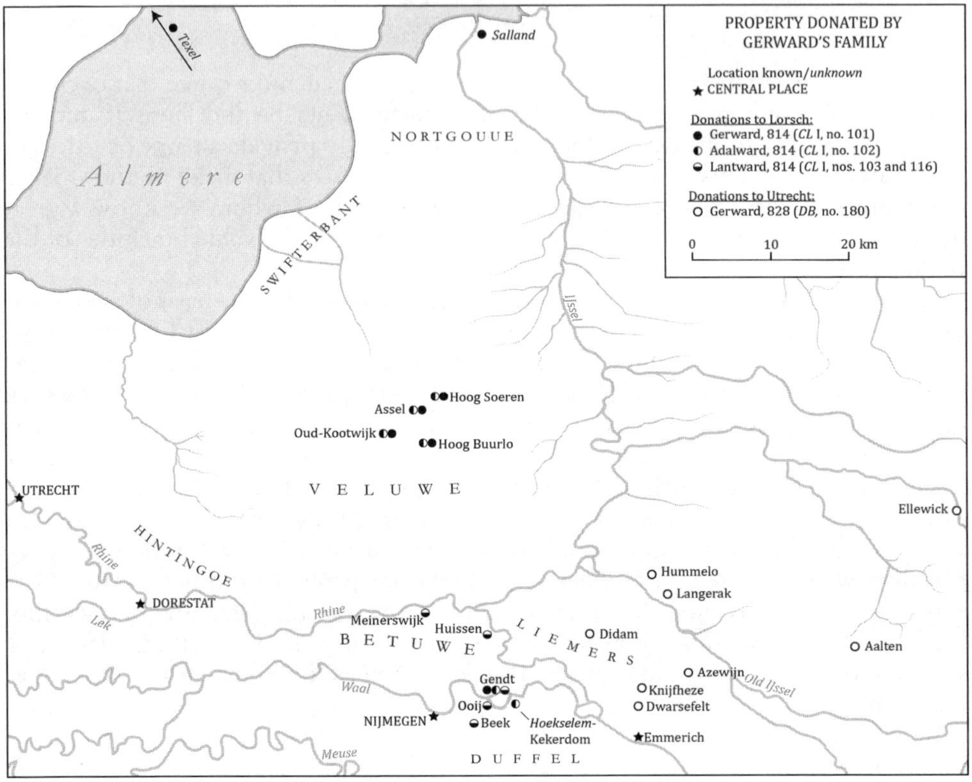


Map 2: Property donated by Gerward's Family

lometres east of Gendt, there would have lived another Gerward, whose father just happened to be called Lantward. While it is possible that the Lantward mentioned in the Utrecht charter is the same as the Lantward who we earlier encountered donating to Lorsch, Heinz Löwe has argued that the latter is more likely to have been Gerward's brother[87]. Together, these records not only offer an impression of Gerward's immediate family, but also reveal that his family's patronage was not limited to Lorsch alone.

Judging from his donations alone, it is difficult to imagine that Gerward was anything more than a (wealthy) member of the regional elite. Were it not for Einhard's writings, we would have been oblivious to Gerward's prominent position at the Carolingian court[88]. In the *Translatio sancti Marcellini et Petri*, Einhard introduces Gerward as a palace librarian, who was also charged with the construction and upkeep of

(ed.), Forms of individuality and literacy in the medieval and early modern periods, Turnhout 2015, p. 233–258.

87 Löwe, Studien (as in n. 82), p. 88.

88 Gerward composed a dedicatory poem for Louis the Pious in a copy of Einhard's »Vita Karoli«. See: Dirk P. Blok, De Franken in Nederland, Bussum 1974, p. 115. Einhard also wrote letters to Gerward (on these see below). They appear to have been well acquainted.

the royal palaces[89]. The story is situated in 828 and has Gerward travelling back from Nijmegen to Aachen. It finds some corroboration in the fact that this happened to be the same year that Gerward's donation to Utrecht was recorded in Emmerich, *c.* thirty-five kilometres upstream from Nijmegen. Having stopped for the night at the royal *villa* of Gangelt, Gerward learned of a miracle performed by the martyr Marcellinus, whose relics Einhard had recently acquired and hoped to promote through his writings. The next day, Gerward is said to have informed the emperor of this news. He was therefore not merely a member of the country gentry, but a seasoned court official with access to the emperor.

We do not know how Gerward came by his position at court. As court librarian, it must be assumed that he had enjoyed a solid education, probably at an intellectual centre in the empire. Gerward's career path may in fact have been very similar to that of Einhard, about whom Walahfrid Strabo wrote that he had been born into a wealthy family in the Maingau, from where he was sent to Fulda for his education. Proving himself an intelligent and highly talented student, Abbot Baugulf (779–802) sent his pupil on to work for Charlemagne at the royal palace[90]. Gerward, given his affiliation with Lorsch, may well have been an *alumnus* of that monastery[91].

That Einhard and Gerward were personally acquainted is clear from one, or possibly two, letters that survive in Einhard's letter collection. In the first, addressed to »a friend« and dated April 830, Einhard wrote at length of his physical ailments, which he used as an excuse for not having heeded the emperor's summons to come to Compiègne, where, as it turned out, Louis the Pious was stripped of his royal power by his rebellious sons Pippin and Lothar. Instead, Einhard asked Gerward/his friend to convey the message to the emperor and to send back word of what had transpired at the meeting[92]. The second letter, undated but addressed to »the monk Gerward«, can perhaps be read as a follow-up of the first, possibly written after Louis had been restored to the imperial dignity. The tone of the letter is markedly unfriendly, as Einhard, whose absence from the emperor's side in his hour of need may have been interpreted by some as a sign of wavering loyalty, wonders whether his previous letter to Gerward was misunderstood, or whether Gerward was simply unsympathetic about his ailments. Reluctantly, Einhard decided on the former, but it is clear from the letter that Gerward, whose loyalty to the emperor and empress does not appear

89 Einhard, Translatio et miracula sancti Marcellini et Petri, l. 4, c. 7, ed. Georg Waitz, in: MGH. SS 15/1, Hanover 1887, p. 258. Josef Fleckenstein, Die Hofkapelle der deutschen Könige, vol. 1, Stuttgart 1959 (MGH. Schriften, 16), p. 69, 235, considers Gerward to have been Einhard's successor as the court's architect. One might wonder what impact the 817 incident of a portico at Aachen collapsing atop the emperor and his retinue, as recorded in the ARF, might have had on his career.

90 See Walahfrid's preface in Einhard's »Vita Karoli«. Fleckenstein, Die Hofkapelle (as in n. 89), p. 68. In two extant letters from Einhard, composed early 830s, he asks Gerward for the situation at court. Einharti Epistolae, nos. 41 and 52, ed. Karl Hampe, Hanover 1898–1899 (MGH. Epp., 5).

91 McKitterick, The Carolingians and the Written Word (as in n. 12), p. 189–190. The See of Worms was closely connected to the monastery of Lorsch. Note that Einhard had also given extensively to Lorsch and was remembered as a patron of the monastery in a much more elaborate fashion than Gerward. See: CL I, cc. 19–22.

92 Einharti epistolae (as in n. 90), no. 41; AB, s. a. 830.

to have wavered, had warned Einhard not to stay away. Einhard would hear nothing of it, emphasizing yet again his weak bodily condition, the poor quality of the roads leading to Aachen, and his desire to spend his remaining days in the presence of his beloved martyrs, Marcellinus and Petrus[93].

Gerward's donation to Lorsch, which had been recorded in Aachen, establishes 814 as a *terminus ante quem* for his time at the royal court. He was still at the emperor's side during the difficult early 830s, but by 838 Gerward appears to have traded bustling Aachen for rural Gendt[94]. Based on his correspondence with Einhard, it would appear that Gerward's exit from court was not caused by the fallout of the crisis years 830–833, but perhaps it should not be ruled out entirely. Whatever the reason, Gerward's name appears in a witness list to a charter dated to 23 March 838, involving a *prestaria* agreement between Count Rodgar and Bishop Alberic II of Utrecht (838–844), which was recorded in Duiven, roughly ten kilometres northeast of Gendt[95]. It identifies Gerward as a *presbyter* which might suggest that, this time around, he did not visit the region on court-related business.

Gerward probably entered the clergy at an early age. In the Lorsch donation of 814, he is introduced as a *clericus*, denoting a lesser clerical ordination. By 838, he had been ordained a priest. At some point in his career, when he worked for the royal chapel, Gerward took the monastic vows at Lorsch[96]. In his second letter to Gerward, Einhard already addressed him as a *monachus*, which suggests that his vows did not mark his transition from the court to Gendt. Moreover, the name Gerward also appears in the Reichenau confraternity book, listed among the monks from Lorsch who had taken their vow during the abbacy of Adalung (804–837)[97]. His priestly ordination, on the other hand, may well have coincided with his return to Gendt, where, or so we may assume, he took up the administration of Lorsch's assets in the region and where he possibly performed pastoral work for the Gendt community.

From the palace library, Gerward had brought with him an impressive book collection that, after his death, found its way to Lorsch[98]. In an addendum later added to a Lorsch book catalogue compiled towards the end of Adelung's abbacy, the follow-

93 Einharti epistolae (as in n. 90), no. 52.

94 On courtly life in Aachen, see: Janet Nelson, Aachen as a place of power, in: Mayke de Jong, Frans Theuws, Carine van Rhijn (ed.) Topographies of power in the early Middle Ages, Leiden 2001 (Transformations of the Roman world, 6), p. 217–241; Matthew Innes, A place of discipline: Carolingian courts and aristocratic youths, in Catherine Cubitt (ed.), Court Culture in the early Middle Ages: The proceedings of the first Alcuin conference, Turnhout 2003, p. 59–76; Nelson, Was Charlemagne's court a courtly society?, ibid., p. 39–57.

95 Gysseling, Koch (ed.), Diplomata Belgica (as in n. 77), no. 182.

96 On Gerward's membership of the royal chapel see: Fleckenstein, Die Hofkapelle (as in n. 89), p. 66–69.

97 Das Verbrüderungsbuch der Abtei Reichenau, ed. Johanne Autenrieth, Dieter Geuenich, Karl Schmid, Hanover 1979 (MGH. Libri memoriales et necrologia, n.s., 1), p. 54. The same column also contains the names »Lantward« and »Adalward«. However, there is no way to verify whether these names belonged to Gerward's associates.

98 Cf. Paul Lehmann, Das älteste Bücherverzeichnis der Niederlande, in: id., Erforschung des Mittelalters, vol. 1, Stuttgart 1959, p. 209. Lehmann argued that Gerward's book collection was part of his 814 gift to Lorsch. McKitterick, The Carolingians and the Written Word (as in n. 12), p. 186–191.

ing is written: »[the monks] found these books in Gendt where Gerward had left them and brought them to [Lorsch]«. This is succeeded by a list of twenty-three volumes containing mostly patristic titles, of which three are still extant today[99]. One of the extant manuscripts, containing a collection of works by Augustine, even contains a colophon stating that this is »the book of Gerward that his *clericus* Flotbert copied for him«[100]. Gerward may also have composed a work of history. Löwe identified him as the author of the first section of the »Annals of Xanten« (640–863), mainly because these annals combine an intimate knowledge of life at court with a distinct interest in local events in Frisia and the Lower Rhine region, especially with regard to the recurring Viking attacks along the rivers Rhine and Waal. Löwe recognized in the stylistic break between the annals of 863 and 864 a change of authorship, which he linked to a particularly fierce Viking raid in 863, when the Vikings advanced as far up the Rhine as Neuss. Since this raid cannot have gone unnoticed in Gendt, Löwe suspected that the author of these annals had fled to Cologne, where he died. The annals must have remained in Cologne, where they were eventually continued in the 870s[101].

Because of his impressive book collection, Gerward's transition from Aachen to Gendt is all too often presented as an intellectual's retirement from the hustle and bustle of the court, in order to spend the remainder of his life contemplating theology in the countryside, much like Einhard had hoped to spend his old age in the presence of his beloved martyrs in Seligenstadt. However, considering the financial and political implications of Gerward's actions, other motives may have played a role as well. Gerward returned to manage the same estates that his family had held before they assigned the property rights to Lorsch. In fact, as an agent of Lorsch, Gerward controlled a much bigger territory: not just the properties he and his family had donated, but everything Lorsch had accumulated in the Netherlands (possibly with the exception of the properties centred on Empel). If family interests remained just below the surface, spiritual compensation may not have been the only motive behind the 814 donations. The problem with Gerward is that we simply do not know how much of the surplus was sent on to Lorsch, and how much ended up in the mouths and coffers of Gerward, his relatives and his clients. Gendt's history post-863, however, sheds some light on this matter.

99 MS Vatican, BAV, Pal. lat. 1877, f. 33v: *Hos libros repperimus in Gannettias, quos Gervvardus ibidem reliquit, et ab inde huc illos transtullimus*; Wilibrord Lampen, Nederlandse bibliophilen in de Karolingische tijd, in: Hermeneus. Maandblad voor de antieke cultuur 10 (1938), p. 19–20; Löwe, Studien (as in n. 82), p. 90; Rolf Bremmer, The Anglo-Saxon continental mission and the transfer of encyclopedic knowledge, in: id., Kees Dekker (ed.), Foundations of learning. The transfer of encyclopedic knowledge in the early Middle Ages, Paris, 2007, p. 19–50. Three manuscripts from Gerward's collection can be identified: Vatican, BAV, Pal. lat. 134, 210, and (possibly) 1631. See: Wallace M. Lindsay, The early Lorsch Scriptorium, in: Palaeographia Latina 3 (1924), p. 11. Bernhard Bischoff, Die Hofbibliothek unter Ludwig dem Frommen, in: id., Mittelalerliche Studien, vol. 3, Stuttgart 1981, p. 171–186; English version in id., trans. Michael Gorman, Manuscript and Libraries in the Age of Charlemagne, Cambridge 1994, p. 76–92, and id., Die Abtei Lorsch (as in n. 14), p. 64–65.

100 Vatican, BAV, Pal. lat. 134, f. 114v: *Codex de monasterio sancti Nazarii. Liber Gerwardi quem ei scripsit Flotbertus clericus suus.*

101 Löwe, Studien (as in n. 82), p. 75–81.

## Ansfrid *comes*

In 866 Abbot Thiotroch of Lorsch handed Gendt and everything that was associated with it in benefice to Count Ansfrid, about whom we are not nearly as well informed as we are about Gerward[102]. In fact, most of what we know about Ansfrid is derived from the four transaction records that were included in the chronicle cartulary of the *Codex Laureshamensis*[103]. These acts identify him as Lothar II's count of the palace (*comes palatii*), which meant he held a senior position at the royal court. As it happens, a contemporary charter from Werden (855) also mentions a count of the Betuwe by the same name[104]. It is certainly possible that Ansfrid combined the two positions. In a study on the transformation of the office of *comes palatii* in the ninth and tenth centuries, Martin Lintzel recognized a turning point around the mid-ninth century. Whereas in Charlemagne's day a single *comes palatii* was appointed to preside over the legal disputes presented at the royal court, by the time of Otto I this position was held by several men, each representing a different ethnic community within the empire. These later *comites palatii* also received a territorial *comitatus* in their native region to provide them with the resources necessary to execute their office[105]. While Lintzel was able to trace the earliest examples of this new system to the mid-ninth century, he appears to have been unaware of Ansfrid's existence. Ansfrid's case supports Lintzel's thesis perfectly.

The Lorsch charters present Ansfrid's benefice as part of a compensation for having donated the *villa* Geizefurt (near Weeze, Nordrhein-Westfalen, Germany). Ansfrid had originally obtained Geizefurt as a benefice from Emperor Lothar I, and was given full ownership over the estate by Lothar II, shortly after his royal accession in 855[106]. In exchange for transferring these rights to Lorsch, Ansfrid would retain the usufruct of both the *villa* Geizefurt and the cluster of properties associated with Gendt. In addition, he would also receive four carts of wine annually[107]. Ansfrid, in turn, compensated the monks with an annual rent of forty cow hides. As has been noted above, this complex transaction, involving a large benefice made up out of a scattered group of properties located across the central Low Countries, is what inspired the monks to compile the original Gendt dossier. Above all, these documents

102 CL I, no. 35. On Ansfrid »the Elder«, see: Ulrich NONN, *Pagus* und *Comitatus* in Niederlothringen. Untersuchungen zur politischen Raumgliederung im früheren Mittelalter, Bonn 1983, p. 62–64; WENSKUS, Stammesadel (as in n. 13), p. 132, n. 1133, believed Ansfrid may have been a direct ancestor of the Immedinger queen Mathilde (d. 968). See also Rolf GROSSE, Das Bistum Utrecht und seine Bischöfe im 10. und frühen 11. Jahrhundert, Cologne, Vienna 1987, p. 115–130.

103 CL I, nos. 23, 33–35. CL I, no. 118 refers to charters CL I, nos. 33–35.

104 In 855 Folcker donated property to the monastery of Werden. Some of his possessions were located in the Betuwe, *in comitatu Ansfridi*. Rudolf KÖTZSCHKE, Die Urbare der Abtei Werden an der Ruhr, vol. 2: Urbar A, § 2 (A 1), Bonn 1906–1917 (Publikationen der Gesellschaft für Rheinische Geschichtskunde, 20), p. 10. Because both transactions occurred at the same period and in the same region, they probably involve the same Ansfrid.

105 Martin LINTZEL, Der Ursprung der deutschen Pfalzgrafschaften, in: Zeitschrift der Savigny-Stiftung für Rechtsgeschichte. Germ. Abt. 49 (1929), p. 233–263.

106 CL I, no. 23.

107 Ibid., no. 33.

reveal how monastic, royal, and aristocratic interests could converge in what effectively had become a single, if complex, transaction. What nonetheless remains unclear is exactly what each party stood to gain by this transaction, or what motivated them to take part in it.

## Geizefurt: A gift from the king (855)

On 9 November 855, King Lothar II rewarded his faithful count of the palace by granting him ownership of the *villae* Geizefurt and Soye, which the latter had previously held as benefices from the king's illustrious predecessor, Emperor Lothar I[108]. Both estates were located near important royal sites: Soye in the Ardennes and Geizefurt *c.* 35 km south-east of Nijmegen[109]. The king's motivation was made explicit in the diploma's *arenga*: »it is appropriate that his royal highness should favour with great pleasure the petitions of his leading men and bring them to effect«, and in so doing commit these leading men to his reign[110]. In this case, a petition had been made by Hucbert. As *dux* of Trans-Jura, abbot of St Maurice d'Agaune and brother-in-law to King Lothar II, Hucbert was the most influential aristocrat in Lothar's realm. Unfortunately, the diploma does not specify Hucbert's motives. His presence as an intermediary in this transaction suggests that the two men knew each other and that Hucbert considered, or wished to consider, Ansfrid as his ally. However, it does not necessarily mean that the two magnates were very close, as Hucbert's presence in this royal, and therefore public, transaction may also have served to communicate his close personal standing to the king.

In 859, ostensibly as a result of a shifting balance of power, Lothar repudiated Teutberga, Hucbert's sister, ending the marriage alliance on which Hucbert's position of influence rested. As his properties and titles were confiscated and redistributed, Hucbert found refuge in west Francia, whence he mobilized political opposition to the divorce, which became one of the biggest scandals of Carolingian history. Militarily, Hugh fought tooth and nail to maintain his Trans-Juran estates, but ended up being killed in battle in 864[111]. But what effect did Hucbert's fall from grace have on the bonds between Lothar and those who, like Ansfrid, had benefited from Huc-

108 Ibid., no. 23: *ex rebus nostri quas ipse iure beneficiario detinet ad proprium*. The compiler of the chronicle cartulary in the *Codex Laureshamensis* mistook King Lothar II for Emperor Lothar I. While this may have been an honest mistake, it can also be interpreted as an attempt to mask the absence of any privileges or donations by Emperor Lothar I, which would have become apparent due to cartulary's chronological structure.

109 The *villa* Geizefurt was located on the eastern edge of a large forested area, locked in between the rivers Rhine and Meuse/Niers, and Nijmegen in the west. Bert THISSEN, Centrum en symbool van koninklijk gezag, in: Hendrik PETERSE e. a. (ed.), Het Valkhof. 2000 jaar geschiedenis, Nijmegen 2014, p. 98–99.

110 CL I, no. 23: *Dignum est ut regalis celsitudo procerum suorum petitionibus tanto libentius annuat et annuendo ad effectum perducat, quanto eos viderit ac noverit in suis obsequiis persistere efficaces.*

111 Karl HEIDECKER, The Divorce of Lothar II. Christian Marriage and Political Power in the Carolingian World, Ithaca, London 2010 (Conjunctions of Religion and Power in the Medieval Past); Rachel STONE, Charles WEST (ed.), The Divorce of King Lothar and Queen Theutberga. Hincmar of Rheim's *De Divortio*, Manchester 2016 (Manchester Medieval Sources Series), p. 2–10.

bert's patronage? Lothar's drawn-out divorce case had caused plenty of ink to flow, but little is known about the consequences for those who did not occupy the limelight. What does seem clear, however, is that aristocratic alliances tended to be short-term contracts based on (shared) opportunism rather than loyalty. Hucbert's public denouncement had probably caused many of his former allies to shift their allegiance. Perhaps, the fact that Ansfrid was able to stay on as *comes palatii* says enough.

## Geizefurt: A gift to the Church (866)

On 5 October 866, eleven years after Ansfrid had received the *villae* Geizefurt and Soye from King Lothar II and two years after Hucbert's demise, he donated both estates to Lorsch.[112] That the donation charter presents this transaction as a spiritual act should neither surprise us nor does it have to be questioned. To give to the Church was a spiritual act, but that does not rule out additional motives, for which the formulaic and highly stylized language of the charter left little room. Any ulterior motives will therefore have to be reconstructed from the political, social and economic context of the transaction.

Ansfrid's donation charter provides a detailed description of the *villa* Geizefurt. It was a lordly manse (*mansus indominicatum*) that comprised three independent farmsteads (*hobae*) and nineteen dependent farmsteads (*hobae serviles*). The estate came with a large forest that could sustain a thousand pigs. However, some objects were excluded from the donation: the farmsteads of Wolfbraht, Thudolf, and Sigeburg were not part of the gift, nor was the monastery to deny these men, or their dependants (*servi*), their rights of pasturage in the forest[113]. The document does not specify the nature of the bond between Ansfrid and these three men, nor does it explain why their farmsteads were excluded from the donation. Ansfrid's gift came with the following condition:

> »that he may have these goods for the remainder of his life and everything that belongs to the aforesaid monastery in the place or estate called Gendt, both present and future acquisitions (*tam de quesitis quam de inquesitis*), and the property of the aforesaid martyrs of Christ that may be located in any of the places or lands there, that have hitherto served said monastery. And also wine up to four cartloads[114]«.

For the duration of his life, Ansfrid therefore gained a lot more than he gave away in this transaction. In recognition of Lorsch's ownership and to compensate the monks for their loss of income, Ansfrid agreed to pay an annual rent on the feast day of Saint

112 CL I, no. 33 is devoted to the donation of Geizefurt; CL I, no. 34 to the donation of Soye. However, the compiler placed the emphasis on the first transaction.

113 Ibid., no. 33.

114 Ibid.: *quatinus has easdem res ad dies vitae meae habeam, et quicquid ad prefatum monasterium pertinent in loco vel villa que dicitur Gannida tam de quesitis quam de inquesitis, seu in quibuscumque ibidem locis aut terries consistant res prefati mris. Christi, que hactenus servierunt prefato monasterio; de vineis quoque ad carradas quatuor.*

Martin »of forty cow hides for the work of the brothers«[115]. These forty cow hides (*coria bovia*) were probably used for the production of parchment, since Lorsch was famous for its book production. Alternatively, instead of a compensation for the benefice, these hides may have been a payment for the cartloads of wine, which would make this a middle-long trade agreement[116].

From the perspective of the benefice holder, this type of transaction, known as a *precaria remuneratoria*, is generally thought to have been economically advantageous only in the short term, since ultimately the generated surplus would revert back to the proprietor of the estate[117]. In practice, however, such benefices rarely ended with the death of the donor, but were often extended to the benefice holder's next of kin. In this case, the *prestaria* document, written by the abbot of Lorsch to confirm this transaction, stated that Ansfrid's benefice would be passed on to his son Hildiward in the event of his death[118]. A careful reading of a lengthy provision in Ansfrid's charter shows that Ansfrid had been looking for rather more long-term sureties for his descendants. In the event of his death, the charter stated,

> »both these properties with everything that belongs to it should be returned to the aforesaid venerable monastery without any objection. They should remain in their power and control especially for the nourishment of the brethren, and they should not at any time be given in benefice. But if this were to happen, my heirs have licence to reclaim that [property] and divide it up between themselves, except if to acquire it by means of a *prestaria* can be of great use to the monastery[119]«.

Couched in a language that was deeply respectful of the needs and rights of the Church, Ansfrid nonetheless accomplished several important things: first of all, he linked Geizefurt to Gendt's extensive property complex. Secondly, he prevented third parties from benefiting from these estates. Should Lorsch give these estates to another in benefice, Ansfrid's successors were entitled to step in and reclaim the land. These estates were exclusively dedicated to support the Lorsch community, should these lands be needed »for the nourishment of the brethren«, or to his own descen-

115 Ibid.: *coria bovina ad opus fratrum quadraginta persolvere*. It was common for a proprietor to demand a small, symbolic rent for a property given out as a benefice, to remind the beneficiary that the property was a loan. To compensate Ansfrid for his donation of the *villa* Soye to Lorsch, he received the *villa Baldanis* as a benefice, for which he had to pay the monastery an annual rent of (only) three *denarii*. In comparison, the forty cowhides he owed Lorsch for the usufruct of Geizefurt and Gendt is more substantial, and certainly more than a mere »token rent«.

116 I thank Karl Heidecker for this suggestion.

117 Thissen, Besitz der Reichsabtei Lorsch (as in n. 15), p. 97.

118 CL I, no. 35.

119 Ibid., no. 33: *Post obitum vero meum, utraeque memoratae res cum omni integritate ad prenominatum venerabile monasterium absque ullius contradictione recipia[n]tur, et in eius potestate atque dominio permaneant, fratribus specialiter ad sustentaculum; et nulli umquam in beneficium de[n]tur. Quodsi factum fuerit, heredes mei illud inde abstrahere licentiam habeant, atque inter se dispertiri, excepto si maior utilitas eidem monasterio per prestariam acquire possit.* Note that this clause is absent in no. 35, the prestaria document of this transaction drawn up in Abbot Thiodroch's name.

dants in the form of a *precaria*, should such a thing be »of great use to the monastery«. In practice it meant that the income generated by these lands, minus the rent owed to Lorsch, would continue to support Ansfrid's family[120]. The only scenario that allowed the monks to take control of these estates was if Ansfrid's line died out or if the monastery came to rely on its produce for its sustenance. Although this may have become something of a reality by the twelfth century, in Ansfrid's time Lorsch was at its apex, which made Ansfrid's provision above all a respectful gesture. Finally, Lorsch's vast landed wealth, scattered across the Carolingian world, made it impossible for the monks to manage their lands directly. Whether they liked it or not, large monasteries were as dependent on *precaria*-arrangements as their donors were, for it was only through the aid of such benefice holders that they were able to manage their far-flung estates and collect rents.[121]

## Motives for giving

There were many reasons to give to the Church. The promise of a spiritual reward was important, but other, more mundane, motives may have played a role, too[122]. To give one's property to the Church and receive the usufruct back in *precaria*, made it possible to bequeath one's earthly possessions during life, since the donor retained the means to sustain him- or herself. The *precaria* system made vast amounts of landed property available to be (re-)invested in networks of gift exchange. It also made these networks highly dynamic, as it allowed even the poorest proprietors to invest their property without significantly having to injure the material basis from which they derived their income, making it possible, in other words, to have your cake and eat it. Soon, variations on this theme emerged. For example, donors could be compensated with the usufruct of a different property or, as in Ansfrid's case, the donor received the usufruct of other estates in addition to the one he donated. From a material point of view, Ansfrid's transaction was an extremely profitable one, even when we take into account his obligation to pay an annual rent of forty cowhides. What this shows is that not all of these transactions were done exclusively for the sake of spiritual welfare[123].

There were also disadvantages. Giving away one's property and accept land in *precaria* meant giving up one's property rights, which essentially formed the bedrock of the Frankish concept of legal status. By definition, the reception of a benefice created a bond of legal dependence between the proprietor and the benefice holder, which

120 Cf. Thissen, Besitz der Reichsabtei Lorsch (as in n. 15), p. 97 argues that the benefice would fall back to Lorsch after the death of Hildiward. But although CL I, no. 35 states that Hildiward would inherit his father's benefice, there is no reason that it ended with him.

121 Alexis Wilkin, Communautés bénédictines et environnement économique, IX$^{e}$–XII$^{e}$ siècles. Réflexions sur les tendances historiographiques de l'analyse du temporel monastique, in: Steven Vanderputten, Brigitte Meijns (ed.), *Ecclesia in medio nationis*, Louvain 2012, p. 101–150, esp. 104–110 and 144–145.

122 Costambeys, Power and Patronage (as in n. 15), p. 48–55.

123 On precaria see: Laurent Morelle, Les »actes de précaire«, instruments de transferts patrimoniaux (France du Nord et de l'Est, VIII$^{e}$–XI$^{e}$ siècle), in: Mélanges de l'École française de Rome. Moyen Âge 111 (1999), p. 607–647; Hans J. Hummer, Politics and power in early medieval Europe: Alsace and the Frankish Realm, 600–1000, Cambridge 2005, p. 76–130.

could be expressed in the form of certain conditions or restrictions and/or in the form of an annual rent, which could be either fairly substantial or merely symbolic. Above all, ties of dependence affected one's status and identity. These disadvantages, however, could easily be outweighed by the advantages of such a pact. In Ansfrid's case, there were substantial material gains, which, through lavish spending, could in turn be used to generate social status. Moreover, to give one's property to the Church could be an effective strategy to protect family property against fragmentation as a consequence of inheritance laws[124]. Those who held church property in *precaria* shared in the legal privileges of the institution that owned their land, ranging from various tax exemptions to immunity from royal agents. Lastly, the status of church property acted as a safeguard against property alienation or confiscation.

Threats to his social status may have been very real to someone of Ansfrid's stature, who had to contend with changing political climates, peer competition and ambitious monarchs, eager to invade and claim their ancestral legacy. Both Louis the German and Charles the Bald had made attempts to annex (parts of) Lotharingia during Lothar II's reign[125]. Moreover, through blood and marital ties, aristocratic kin groups and their interests were rarely confined to a single realm, or beholden to a single ruler. While this could result in conflicting interests, it also stimulated political stability and kept monarchical power in check, for rulers had to ensure that their most powerful magnates would not defect to the competition[126]. This might help us to understand why Ansfrid donated his Lotharingian estates to the East Frankish monastery of Lorsch, and why, according to the donation charter, he had done so »for the welfare of [his] soul and those of [his] Lords, through whom this property is known to have reached [him]«[127].

In the *prestaria* document attached to the donation charter, these »Lords« are identified as Lothar and Louis. Based on the transaction date, it has been assumed that this implied Lothar II and Louis the German[128]. That property of the royal monastery of Lorsch was involved might easily explain Louis's presence in the charter. However, if viewed from a political perspective, this transaction can also be seen as an attempt at appeasement between Lothar and Louis. Throughout his reign, Lothar II repeatedly shifted his allegiance between his uncles, hoping to prevent either one from invading his realm. A twelfth-century note in the *Codex Laureshamensis* stated that Ansfrid had received his estates from Louis, even though, as we have seen, the

124 Wolfgang HARTUNG, Adel, Erbrecht, Schenkung. Die strukturellen Ursachen der frühmittelalterlichen Besitzübertragungen an die Kirche, in: Ferdinand SEIBT (ed.), Gesellschaftsgeschichte. Festschrift für Karl Bosl zum 80. Geburtstag, vol. 1, München 1988, p. 417–438; HUMMER, Politics and power (as in n. 123), p. 65–66. Hummer spoke of church institutions as a means to establish and maintain »precarial kin-groups«. See also Barbara ROSENWEIN, Property transfer and the Church, eighth to eleventh centuries: an overview, in: Mélanges de l'École française de Rome. Moyen Âge 111 (1999), p. 563–575.

125 Janet NELSON, Charles the Bald, London 1992, p. 200; Eric J. GOLDBERG, Struggle for Empire: Kingship and Conflict under Louis the German, 817–876, Ithaca, NY 2006 (Conjunctions of religion and power in the medieval past), p. 233–234, 249; HEIDECKER, Divorce (as in n. 111), p. 141.

126 HEIDECKER, Divorce (as in n. 111), p. 143–144.

127 CL I, no. 35: *Pro elemosina tua et domnorum regum Lotharii et Ludouuici.*

128 THISSEN, Besitz der Reichsabtei Lorsch (as in n. 15), p. 98–99.

charter copied into the *Codex* identifies Lothar as Ansfrid's benefactor[129]. In an attempt to explain Louis's presence in these documents, Bert Thissen has pointed to Hucbert's involvement, speculating that Ansfrid may have been implicated in the former's rebellion after all. Lothar must have confiscated Ansfrid's property, which would then have been restored to him through the intercession of Louis the German, albeit on the condition that Ansfrid would donate both estates to Lorsch in exchange for a benefice[130]. Thissen's reconstruction connects the dots in a compelling way, but there is little evidence to support it.

A further obstacle is presented in the final *notitia* of the Gendt dossier, which refers back to Ansfrid's transaction as recorded almost verbatim elsewhere in the chronicle cartulary. The notice reads as follows:

> »The donation of Ansfrid, count of the palace, in the district *Hattuaria*, in the mark *Odeheimere*, in the *villa* Geizefurt, and in the district *Darnau*, in the *villa* Soye, and also his *prestaria*, which is copied next to the privilege of King Louis *tercius* and in whose time this was done[131].«

The final section of the notice is problematic for three reasons: First, Louis *tercius*, otherwise known to us as Louis the Younger, son of Louis the German, is never referred to as such in contemporary accounts. We are likely dealing with a twelfth-century interpolation. Secondly, Louis the Younger's reign formally began in 876, a decade after Ansfrid's transaction with Lorsch. Lastly, no privileges of Louis the Younger have been preserved in the *Codex Laureshamensis.* Various explanations are possible, the most likely being that the twelfth-century compiler confused Louis the German with Louis the Younger, just as he (intentionally or not) mistook King Lothar II for Emperor Lothar I[132].

If, on the other hand, we do take this attribution to Louis the Younger seriously, than the Louis mentioned in Ansfrid's charter might not refer to Lothar's uncle, but to his cousin instead. As it happened, early in 866 Louis the Younger had seized control of the northern part of the East Frankish kingdom, while his father was occupied in Bavaria[133]. To further bolster his claims, the younger Louis enlisted the support of powerful aristocrats, including that of the Lotharingian aristocrat Adalhard, whose daughter he had agreed to marry[134]. When Louis the German learned of his son's rebellion, he rushed north and negotiated a temporary truce. Come November, father and son had formally reconciled. The »Annals of Fulda« present the entire affair as a minor inconvenience for Louis the German. Apart from cancelling his son's engage-

129 CL I, c. 33.

130 Thissen, Besitz der Reichsabtei Lorsch (as in n. 15), p. 98–99.

131 CL I, no. 118: *Donatio etiam Ansfridi palatini comitis, in pago Hattuaria in Odeheimere marca, in uilla Geizefurt, et in pago Darnau, in uilla Sodoia, itemque prestaria eius, iuxta priuilegia Luodowici regis tercii descripta est, cuius etiam tempore facta est.*

132 Ibid., c. 23.

133 AF, s. a. 865–866; AB, s. a. 866; Goldberg, Struggle for Empire (as in n. 125), p. 275–277. In 865, Louis the German had made plans to divide his realm between his three heirs in the event of his death, assigning the northern part (which included the Wormsgau) to Louis the Younger.

134 AB, s. a. 865. On Adalhard: Heidecker, Divorce (as in n. 111), p. 60.

ment to Adalhard's daughter, Louis the German's response to his son's betrayal appears to have been rather forgiving[135].

How does Ansfrid fit in all this? His donation to Lorsch is dated to 5 October, when Louis the Younger allegedly claimed to rule the northern part of East Francia, including the Wormsgau, where Lorsch was located. Though formally allied to Louis the German, it is doubtful that Lothar would have objected too strongly to the destabilization of his uncle's kingdom. But had Ansfrid also supported Louis the Younger? Perhaps instead of searching for a link between Ansfrid and Louis, we ought to be looking for one between Ansfrid and Adalard, whom we know supported Louis the Younger's claims. Significant in this respect is that in 860, as noted above, Adalhard had acted as an intermediary in a transaction in which Lothar assigned the fiscal property in Gendt to Lorsch[136]. As count of the Betuwe, Ansfrid's involvement in the transaction is likely. The main purpose of this transaction undoubtedly was to strengthen Lothar's bond with Louis the German, but the deed itself directly benefitted Gerward, who at that time still acted as Lorsch's caretaker in Gendt. As I shall suggest below, Ansfrid was probably a member of Gerward's kin group.

## A family affair?

In the footnotes of his monumental »Stammesadel und fränkischer Reichsadel«, Reinhard Wenskus claimed that the men who held centre stage in the transactions involving Gendt – i.e. Ruthard, Gerward, Adalward, Lantward, Ansfrid and Hildiward – had all been related to one another and formed a sub-branch of the influential Saxon clan (*Sippe*) known to history as the Immedings[137]. Unfortunately, Wenskus did little to substantiate this claim, which apparently derived from his general thesis that aristocratic name giving was subject to a strict set of rules which the historian can use to reconstruct kinship ties[138]. Obviously, certain kin groups favoured certain names (or name elements), but the general consensus today is that there are simply too many exceptions to reconstruct kinship ties on onomastic grounds alone[139]. Still, if Wenskus is correct in identifying these men as members of one and the same family, it would add a new dimension to these transactions and the strategies that aristocratic families used to ensure their social and economic survival.

135 AF, s. a. 866, p. 55, n. 6.

136 See n. 65.

137 Wenskus, Stammesadel (as in n. 13), p. 130, n. 1118. For a critique of the notion that Frankish society was founded on the basis of clan structures, see: Alexander C. Murray, Germanic Kinship structure. Studies in Law and Society in Antiquity and the Early Middle Ages, Toronto 1983, p. 109.

138 Wenskus, Stammesadel (as in n. 13), c. 3.

139 There is much literature on the subject. See, for example: Karl F. Werner, Liens de parenté et noms de personne. Un problème historique et méthodologique, in: Georges Duby (ed.), Famille et parenté dans l'Occident médiéval. Actes du colloque de Paris (6–8 juin 1974), Rome 1977, p. 13–18, 25–34; Constance B. Bouchard, Conclusions, in: Steffen Patzold, Karl Ubl (ed.), Verwandtschaft, Name und soziale Ordnung (300–1000), Berlin, Boston 2014 (Ergänzungsbände zum Reallexikon der Germanischen Altertumskunde, 90), p. 307 (with reference to other articles in the same volume).

As explained above, historians have generally assumed that Gerward, Adalward and Lantward were related. The main argument for this assumption is that each of their names contains the element »-ward«. This also allows us to link these Lorsch transactions to the Utrecht donation charter of 828, which identifies Gerward as the son of Lant*ward*[140]. In addition to this onomastic argument, each of these three men had owned property in and around Gendt, which they then each donated to the same monastery, at the same time. Whether the *vir illuster* Ruthard should also be counted among the members of this family is unlikely: although he had owned a manse in Gendt, which he traded with Lorsch in 800, no other arguments substantiate this claim.

A more important question is whether Ansfrid can also be linked to this kin group. There is no hard proof, but three arguments support this claim. First, there is the onomastic argument: Ansfrid's son bore the name Hildi*ward*. Secondly, Ansfrid was active in the same region as the others. Apart from the *villae* Geizefurt and Soye, which originally came to him in the form of benefices given to him by Emperor Lothar I, presumably to support him in his office as count of the palace, we have no other records of Ansfrid's possessions, whether in the Betuwe region or elsewhere. Nevertheless, according to the *prestaria* document it had been Ansfrid who petitioned the monks to assign Gendt to him as a benefice[141]. Moreover, as argued above, the combination of his *honores*, namely count of the palace and count of the Betuwe, suggests he originated from the Betuwe region. The final argument relates to a possible connection between Ansfrid, Lantward and Hucbert. When Lantward donated his property to Lorsch in 814, it included a manse in the *villa* Beek, just east of Nijmegen[142]. In 826, Count Boso, Hucbert's father, exchanged eight manses and a small church (*cappella*) in the same settlement with Emperors Louis and Lothar, in exchange for extensive royal estates in Northern Italy[143]. Hucbert's connection with Ansfrid has already been discussed above. As members of the imperial aristocracy, moreover, Boso would have been acquainted with Gerward via the court. However, their shared holdings in the *villa* Beek may have resulted in a more intimate bond, which in turn might explain why Hucbert interceded on Ansfrid's behalf in 855 (see fig. 3)[144].

Individually these arguments do not carry much weight, but combined they begin to add up. At first glance, Ansfrid's acquisition of Gendt and its related properties seems unrelated to Gerward's role as caretaker of these same estates. After all, the former received these properties *in precaria*, while the latter, a monk of Lorsch, oversaw this vast conglomeration of estates as an agent of the monastery. Once we consider the possibility that these two men were related, and realize that, from the per-

140 Löwe, Studien (as in n. 82), p. 87–88.

141 CL I, no. 35.

142 Ibid., no. 103.

143 MGH. D LdF, no. 256; Böhmer-Mühlbacher, Regesta Imperii, vol. I, no. 1277a. Boso became a chief adviser of Emperor Louis II. Piet Leupen, De Karolingische villa Beek en de stamvader van de Bosoniden, in: Bijdragen en mededelingen betreffende de geschiedenis der Nederlanden 92 (1977), p. 373–393; id., Nogmaals Beek en de stamvader van de Bosoniden, ibid. 93 (1978), p. 446–449; Heidecker, Divorce (as in n. 111), p. 59–60.

144 Löwe, Studien (as in n. 82), p. 88.

spective of their family, the net outcome was the same, this transition can be understood as a creative solution to keep the resources generated by these estates within the family. If technically ecclesiastical property, of which Lorsch benefited in the form of annual rents, the situation on the ground was a very different one: these estates would continue to function as the economic basis from which this particular aristocratic family was able to extract the resources it needed to sustain itself and its clients.

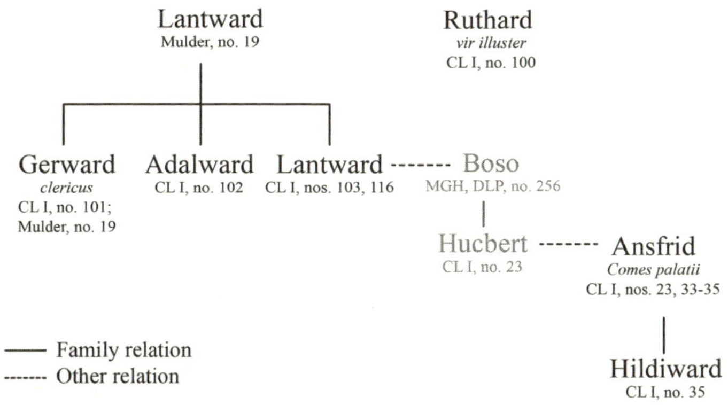


Fig. 3: Relations between Gerward's and Boso's family

## Conclusion

The collection of documents that are concerned with the *villa* Gendt, as preserved in the twelfth-century *Codex Laureshamensis*, presents a unique and rich source of information for one specific rural estate in the Carolingian Netherlands. These documents reveal Gendt's transformation from a seemingly ordinary rural settlement in the *pagus* Betuwe, characterized by a variety of proprietors, into a monolithic monastic estate centre from which Lorsch oversaw its holdings in the Lower Rhine region. Of course, the notion that Lorsch loomed large over Gendt and its affiliated property is precisely the image that the twelfth-century compilers of the *Codex Laureshamensis* had hoped to impress on their readership, for it was their intention to create a property book that would help the community reclaim its former wealth and status.

We have to be careful not to confuse estate ownership with estate exploitation. That we often seem to do just that, owes much to the character of the sources on which we rely for our information: the documents that predominantly recorded the transfer of property rights. Charters project an inherent bias on several accounts: for one, documents preserved in ecclesiastical archives had a much higher chance of survival than »lay« documents. Indeed, very few documents have survived that record transactions between members of the laity. Secondly, the language and form of the charter was dictated by formulaic conventions that above all served to communicate a transaction's religious character, but which left little to no room for any potential social, economic, or political motives. Thirdly, these documents were often composed and preserved by the ecclesiastical beneficiary, especially east of the Rhine. One implication of this is that it becomes very difficult *not* to identify the ecclesiastical beneficiary (acting as both author and record keeper) as the dominant party in the transaction. This effect becomes even stronger as the interests and economic mentalities of ecclesiastical institutions began to shift and archives were being reorganized, subjecting their contents to various processes of selection and manipulation, as has been the case in Lorsch[145].

This case study has been an exercise in reading the extant documents against the grain, by studying these transactions from the perspective of the men and women in the Lower Rhine region who donated property to a distant monastery in the Wormsgau. Some general observations can be made: First, while some may have donated property from their death beds, others donated while still in the prime of their lives. Having donated, these donors did not simply disappear, but continued to be involved in the properties that, in a modern legal sense, were no longer theirs. Gerward is a case in point, especially if we take into account that he was succeeded by Count Ansfrid, to whom he was probably related. Their continued involvement in the exploitation of the estates that they had given to the monastery of Lorsch, and their continued reliance on the material resources these lands yielded, suggests that these gifts had sprung from a combination of spiritual and material motives. Secondly, a core group of donors associated with Lorsch's property in and around Gendt appears to have acted collectively. Gendt's transformation into a monastic *curtis* (though the earliest explicit reference to this dates to 1024[146]) hardly was a gradual evolution, but came about rather suddenly in 814, when Gerward *clericus*, along with his siblings and a host of other proprietors from the region, donated substantial properties to Lorsch. Because of his background as a courtier, his status as a monk of Lorsch, and the prominent position of his donation among the Gendt documents, Gerward appears to have been the leader of this regional elite network. In all these recorded transactions Lorsch looms large, but it played a very modest role when it came to the exploitation of these estates. As long as the annual rents came in, the monks may not have given their property on the fringes of the Carolingian world a second thought.

That Ansfrid was able to succeed Gerward in Gendt serves as a reminder that family interests came first. Unfortunately, we do not know what Gerward was able to extract from the *villa* Gendt and its dependencies, or how much of its surplus found its way to Lorsch. If we assume that the 814 donations were a collective transaction, Gerward will probably have had to distribute a substantial part of the estate's revenues among his clients. Luckily we are better informed about Ansfrid's takeover. In return for the right to exploit Gendt and Geizefurt, and receive an annual shipment of four cartloads of wine, Lorsch merely demanded forty cow hides. If these payments are indeed to be understood as rents (rather than payment for the wine), it hardly constituted a symbolic reminder of ownership. At the same time, forty cowhides must have been a fraction of the total surplus generated by these estates, especially if we take into account the large-scale iron production on the Veluwe. While

145 See n. 12.
146 CL I, no. 96.

this industry is well attested archaeologically, there are no written sources to testify to its existence, let alone to inform us how iron production and distribution was organized, or by whom[147]. What is significant, however, is that Lorsch, though formally in possession of the woodlands that generated these vast amounts of iron ore (and charcoal), did not demand a rent in the form of iron ingots, but in cowhides. This, at least, might suggest that its exploitation was left to its aristocratic caretakers, that is to say to Gerward and his circle. The unequal distribution of the surplus and revenues between the exploiter of ecclesiastical property and its legal owner serves as a warning not to confuse the legal reality, as recorded in a charter, with the economic reality on the ground[148].

This study of the *villa* Gendt contributes to ongoing debates on the character of the Carolingian economy, agricultural production and distribution, and estate management. While this is not the place to present a nuanced overview of the many voices in these debates, a brief and highly generalized sketch of the dominant opinions can be provided. It has become commonplace to argue that the Carolingian economy was marked by growth, caused by technological and organizational advancements (e.g. crop rotation, new ploughing techniques and manorialization). The path to this new prosperity was lit by royal example, as expressed in the famous *Capitulare de villis*, and the model of this royal text was subsequently implemented by major ecclesiastical institutions, particularly those located in the Paris Basin, as evidenced in ninth-century polyptychs[149]. Over time, these techniques trickled down to even the smallest estates owned by local aristocrats (though by then we appear to have arrived in the tenth century). However, what the present case study has meant to show, is that while a successful Carolingian royal monastery like Lorsch dominates the written record, it in practice exerted little influence on the organization of agricultural production, surplus extraction and trade. In the case of Gendt, Lorsch's function resembled that of a trust in which Gerward *cum suis* could invest their property. Their pact with this royal monastery enabled them to gain access to other monastic lands in the region, benefit from the host institution's legal privileges, and protect their income against potential confiscation or alienation by their political rivals and superiors. Although they may have given up their property rights, Gerward and his successors nonetheless remained firmly in control of Gendt: initially through Gerward's affiliation with the monastery, but later through successive benefices. While the Church may have owned over a third of the Carolingian world, the bulk of the resources these lands generated probably never found its way to the coffers of the great ecclesiastical institutions, for which they both lacked the organizational capacity as well as the incentive. Instead, economic agency chiefly resided with ambitious local aristocrats, whose social and political standing hinged on their ability lavishly to consume and distribute wealth.

147 See n. 38.

148 Matthew J. Innes, Practices of property in the Carolingian Empire, in: Jennifer R. Davis, Michael McCormick (ed.), The long morning of medieval Europe: new directions in early medieval studies, Aldershot 2008, p. 247–266.

149 Darryl Campbell, The *Capitulare de Villis*, the *Brevium exempla*, and the Carolingian court at Aachen, in: Early medieval Europe 18 (2010), p. 243–264.

Jean-Baptiste Renault

# La rédaction de cartulaires et la réception des actes pontificaux en Provence (fin XI^e^–début XII^e^ siècle): quelles interactions?

La rédaction des premiers cartulaires et l'intensification des contacts avec la papauté se matérialisant par des actes pontificaux plus nombreux sont deux phénomènes qui touchent les églises méridionales à la fin du XI^e^ et au début du XII^e^ siècle. Les premiers efforts de valorisation des archives motivés par un souci de bonne gestion qui reflète parfois un esprit réformateur ont abouti dès la fin du XI^e^ siècle à la composition de cartulaires[1]. À la même époque, les contacts avec la curie romaine deviennent plus fréquents, d'abord pour les monastères, puis pour les églises cathédrales. Le souci de dresser un tableau domanial, presque toujours au principe de la mise en cartulaire, se retrouve dans les »mises en liste« opérées en vue d'une demande de confirmation pontificale. Celles-ci ont le plus souvent émané des moines, plus enclins à demander des privilèges de confirmations énumératives et n'hésitant pas à remployer les listes précédemment confirmées en les reproduisant, en les mettant à jour ou en demandant des confirmations d'accroissement[2]. Le parallélisme observé, en Provence, entre la chronologie du recours accru à l'autorité pontificale et celle de la mise en cartulaire, invite à une confrontation. Y aurait-il un rapport entre les deux phénomènes et si oui, comment expliquer un tel lien? Il s'agit de voir non seulement si les deux tendances procèdent de motivations communes, mais au-delà d'observer comment elles ont pu s'articuler et interagir.

Plusieurs parmi les premiers cartulaires provençaux ont fait l'objet d'enquêtes monographiques. Les études de Monique Zerner sur le cartulaire de Saint-Victor ont été suivies par celles de Germain Butaud sur Lérins et de Florian Mazel sur les recueils cathédraux d'Arles et d'Apt[3]. D'autres enquêtes ont éclairé les recueils produits un

1 Voir en dernier lieu Pierre Chastang, Réforme grégorienne et administration par l'écrit des patrimoines ecclésiastiques dans le Midi de la France (X^e^–XIII^e^ siècle), dans: Michelle Fournié, Daniel Le Blévec, Florian Mazel (dir.), La réforme »grégorienne« dans le Midi (milieu XI^e^–début XIII^e^ siècle), Toulouse 2013 (Cahiers de Fanjeaux, 48), p. 495–522. Je remercie Laurent Morelle pour sa lecture attentive et ses suggestions.

2 Dietrich Lorhmann, Formen der »Enumeratio bonorum« in Bischofs-, Papst- und Herrscherurkunden (9.–12. Jh.), dans: Archiv für Diplomatik 26 (1980), p. 281–311. Giles Constable, Les listes de propriétés dans les privilèges pour Baume-les-Messieurs aux XI^e^ et XII^e^ siècles, dans: Journal des Savants (1986), p. 97–131.

3 Monique Zerner, L'élaboration du grand cartulaire de Saint-Victor de Marseille, dans: Olivier Guyotjeannin, Laurent Morelle, Michel Parisse (dir.), Les Cartulaires, Paris 1993, p. 217–246. Ead., Cartulaire et historiographie à l'époque grégorienne: le cas de Saint-Victor de Marseille, dans: Provence historique 49, 1–2 (1999), p. 523–539. Ead., L'abbaye de Saint-Victor de Marseille et ses cartulaires: retour aux manuscrits, dans: Daniel Le Blévec (dir.), Les Cartulaires méridionaux, Paris 2006, p. 163–216. Ead., Le grand cartulaire de Saint-Victor de Marseille:

peu plus tard par les ordres militaires[4]. Publié en 2003, le »Répertoire des Cartulaires de France«, fruit des travaux de l'Institut de recherche et d'histoire des textes, inventorie précisément pour un large Sud-Est de la France les cartulaires existants ou perdus ainsi que toutes les copies et éditions qui ont pu en être tirées[5]. Si ces travaux pionniers facilitent l'approche du mouvement de rédaction de cartulaire dans sa globalité, il reste encore à l'envisager à l'échelle de l'espace régional provençal que nous définirons par les trois provinces ecclésiastiques d'Arles, Aix et Embrun.

Chaque projet rédactionnel était marqué par des contingences archivistiques (classement, accessibilité des documents parfois conservés en plusieurs lieux ...) et répondait à des buts pratiques. En dépit de l'unicité de chaque projet, une approche globale des cartulaires est légitime pour essayer de caractériser les objectifs des cartularistes, en comparant les éventuelles stratégies sélectives ou l'organisation des recueils. Mais il est encore difficile de savoir si les établissements ont, entre eux, échangé des informations en ce qui concerne la défense de leurs droits ou le travail des archives. En la matière, deux facteurs auraient pu jouer: d'une part la proximité géographique, d'autre part les liens entre établissements, qu'il s'agisse ou non de liens institutionnels. En ce qui concerne le premier facteur, malgré le foisonnement des travaux depuis environ un quart de siècle en France, il y a peu de régions pour lesquelles des études globales permettent de retracer l'histoire du passage au cartulaire comme diffusion d'une pratique[6]. Au sein des réseaux monastiques ou canoniaux qui s'organisent peu à peu au XIIe siècle, on commence seulement à saisir de possibles mouvements de rédaction de cartulaires, chaque institution conservant une certaine auto-

comparaison avec Cluny, crise grégorienne et pratique d'écriture, dans: Michel Fixot, Jean-Pierre Pelletier (dir.), Saint-Victor de Marseille, études archéologiques et historiques, Turnhout 2009, p. 295–322. Jean-Baptiste Renault, Saint-Victor de Marseille, des archives au cartulaire: sélection des actes, contingences archivistiques et objectifs d'une compilation (XIe siècle), dans: Eloisa Ramirez-Vaquero, Véronique Lamazou-Duplan (dir.), Los cartularios medievales. Escribir y conservar la memoria del poder, el poder de la memoria. Les cartulaires médiévaux. Écrire et conserver la mémoire du pouvoir, le pouvoir de la mémoire, Pau 2013 (Culture, Arts et Sociétés, 3), p. 173–183. Germain Butaud, Listes abbatiales, chartes et cartulaire de Lérins: problèmes de chronologie et de datation (XIe–XIIe siècles), dans: Yann Codou, Michel Lauwers (dir.), Lérins, une île sainte de l'Antiquité au Moyen Âge, Turnhout 2009, p. 365–444. Florian Mazel, Cartulaires cathédraux, réforme de l'Église et aristocratie: l'exemple des cartulaires d'Arles (v. 1093–1095) et d'Apt (v. 1122–1124), dans: Le Blévec (dir.), Les cartulaires méridionaux, p. 61–90.

4 Daniel Le Blévec, Alain Venturini, Cartulaires des ordres militaires XIIe-XIIIe siècles (Provence occidentale – Basse vallée du Rhône), dans: Guyotjeannin, Morelle, Parisse (dir.) Les Cartulaires (voir n. 3), p. 451–465. Damien Carraz, Le cartulaire du Temple de Saint-Gilles, outil de gestion et instrument de pouvoir, dans: Le Blévec (dir.), Les cartulaires méridionaux (voir n. 3), p. 145–162. Signalons également l'édition: Daniel Le Blévec, Alain Venturini, Cartulaire du prieuré de Saint-Gilles de l'Hôpital de Saint-Jean de Jérusalem (1129–1210), Turnhout, Paris 1997 (Documents, Études, Répertoires, 49).

5 Isabelle Vérité, Anne-Marie Legras, Caroline Bourlet, Annie Dufour, Répertoire des Cartulaires Français. Provinces ecclésiastiques d'Aix, Arles, Embrun, Vienne. Diocèse de Tarentaise, Paris 2003 (Documents, Études, Répertoires, 72) [désormais cité: RCF].

6 Deux exceptions notables pour la France: Pierre Chastang, Lire, écrire, transcrire; le travail des rédacteurs de cartulaire en Bas-Languedoc XIe–XIIIe siècle, Paris 2001 (CTHS Histoire, 2). Isabelle Rosé, Panorama de l'écrit diplomatique en Bourgogne: autour des cartulaires (XIe–XVIIIe siècles), dans: Bulletin du Centre d'études médiévales d'Auxerre 11 (2007) (http://cem.revues.org/1535, 23/03/2018).

nomie en la matière. En Provence et dans la basse vallée du Rhône, la pratique cartulariste contamine ainsi progressivement les établissements des ordres militaires, à la fin du XII^e^ et au début du XIII^e^ siècle[7]. Chez les Cisterciens, de semblables vagues pourraient être décelées à l'instar de celle qui touche le cœur bourguignon et champenois de l'ordre au milieu du XIII^e^ siècle[8]. La question se pose également pour les dépendances clunisiennes au sud des Pyrénées aux XII^e^ et XIII^e^ siècles[9]. On manque cependant bien souvent d'indices pour supposer une éventuelle émulation ou l'imitation des pratiques d'une institution par une autre, les principales attestations de contacts entre les églises concernant des litiges ou parfois des échanges.

L'enquête ciblera une période située entre 1079 et les années 1130, période au cours de laquelle on observe en Provence six projets rédactionnels: deux réalisés au sein de monastères et quatre issus d'églises cathédrales[10]. Par ailleurs, il convient de mentionner trois cas de transcriptions d'un ou plusieurs actes pontificaux dans des recueils non diplomatiques qui apparaissent pour des institutions qui n'ont pas transmis de cartulaire: l'abbaye de Montmajour[11], les églises cathédrales d'Aix-en-Provence[12] et d'Orange[13]. Nous n'avons pas retenu les pancartes du fonds de Saint-Victor de Marseille réalisées dans la seconde moitié du XI^e^ siècle et au début du XII^e^ siècle ni le

7 Le Blévec, Venturini, Cartulaires des ordres militaires (voir n. 4). Carraz, Le cartulaire du Temple de Saint-Gilles (voir n. 4), p. 155–157.

8 Marlène Hélias-Baron, Recherches sur la diplomatique cistercienne au xii^e^ siècle. La Ferté, Pontigny, Clairvaux, Morimond, thèse sous la direction de Michel Parisse, Paris I Panthéon-Sorbonne, 2005, p. 449–450. Rosé, Panorama (voir n. 6), p. 31, 35, 51–52. Voir aussi Arnaud Baudin, Laurent Morelle (dir.), Les pratiques de l'écrit dans les abbayes cisterciennes (XII^e^–milieu du XVI^e^ siècle). Produire, échanger, contrôler, conserver, Paris 2016, en particulier les conclusions de L. Morelle, aux p. 342–344 et l'exemple champenois: Arnaud Baudin, Conserver la mémoire dans la filiation de Clairvaux: usages et pratiques dans cinq abbayes de Champagne (XII^e^–XV^e^ siècle), aux p. 187–212.

9 Carlos M. Reglero de la Fuente, Cluny en España. Los prioratos de la provincia y sus redes sociales (1073-ca. 1270), León 2008 (Fuentes y estudios de historia leonesa, 122), p. 101–143. Miguel Calleja Puerta, The reception of pontifical documents in Castilian cartularies (11^th^–13^th^ centuries), dans: Jean-Baptiste Renault, Timothy Salemme (dir.), Conservation et réception des documents pontificaux par les ordres religieux (XI^e^–XV^e^ siècles), Turnhout, sous-presse.

10 Voir tableau ci-dessous.

11 Dossier de trois actes de Léon VIII, Grégoire V et Grégoire VII copiés, sans doute entre 1079 et 1081, dans un lectionnaire de Montmajour de la fin du XI^e^ siècle (Paris, BnF, ms. lat. 889. Philipp Jaffe, Regesta pontificum Romanorum ab condita Ecclesia ad annum post Christum natum MCXCVIII, éd. Samuel Loewenfeld, Friedrich Kaltenbrunner, Paul Ewald, 2 vol., Leipzig ^2^1885–1888 [désormais cité: JL], n°3702, 3886, 5122; Harald Zimmermann (éd.), Papsturkunden 846–1046, Wien 1984–1989, 3 vol., Vienne 1988–1989 (Österreichische Akademie der Wissenschaften, Phil.-Histor. Klasse, 117), t. 1, p. 294–296, n° 159. Edmond du Fournel baron du Roure (éd.), Histoire de l'abbaye de Montmajour, par dom Chantelou, dans: Revue d'Histoire de Provence 1 (1891), p. 195, Erich Caspar (éd.), Das Register Gregors VII., 2 vol., Berlin 1920–1923 (MGH. Epp. sel., 2), p. 444–445, VI, 31; Leo Santifaller (dir.), avec la collaboration de Helmut Feigl, Heinrich Schmidinger, Willy Szaivert, Harald Zimmermann, Quellen und Forschungen zum Urkunden- und Kanzleiwesen Papst Gregors VII. I. Teil. Quellen: Urkunden. Regesten. Facsimilia, Città del Vaticano 1957, p. 194–195, n° 169.

12 Copie d'un privilège de Pascal II dans un lectionnaire d'Aix-en-Provence (voir n. 54).

13 Copie mutilée d'un privilège de Pascal II, 18 octobre 1112 (Avignon, BM, ms. 1830, fol. 4–5^v^; RCF 432; fragment d'un ancien manuscrit liturgique: bifeuillet actuellement relié dans un recueil factice. Voir n. 55.

cartulaire rouleau du prieuré victorin catalan de Sant Miquel del Fai, sans doute rédigé peu après 1066, car ces petites compilations de dossiers topographiquement cohérents ne renferment pas d'actes pontificaux[14].

Pouvant correspondre à un moment d'effort envers le patrimoine, le cartulaire laisse parfois deviner une intention d'améliorer la gestion en facilitant l'accès à une documentation. Ce souci de bonne gestion peut certes procéder d'une tendance réformatrice, mais il convient de s'armer de prudence avant de relier les objectifs des cartularistes à des aspects précis du mouvement général de réforme de l'Église. Si certains cartulaires pourraient en effet refléter un moment d'engagement particulier au tournant des XIe et XIIe siècles, d'autres témoignent plutôt d'un aboutissement de certains processus réformateurs tels que les restitutions de dîmes, comme le premier cartulaire de l'Église d'Agde, un siècle plus tard[15]. Pour la Provence, la question du positionnement des établissements par rapport à la réforme s'est invitée dans l'approche des projets cartularistes, donnant lieu à des débats. Ainsi pour le grand cartulaire de Saint-Victor de Marseille, Monique Zerner a évoqué un projet des moines hostiles à l'engagement grégorien des abbés Bernard et Richard, notamment car les privilèges de Grégoire VII n'avaient pas été copiés[16]. Florian Mazel, au contraire, voit dans l'ordonnancement par diocèses l'un des signes que la rédaction s'inscrit bien dans l'engagement de l'abbé Bernard auprès du pape[17]. Indépendamment de ce qu'il peut révéler des attentes et représentations des commanditaires, le cartulaire, œuvre produite en interne, semble avoir avant tout rempli une fonction auto-référentielle. Néanmoins la comparaison des différents projets rédactionnels et de leurs objectifs s'avère nécessaire afin de préciser le reflet qu'ils pourraient livrer d'éventuels positionnements sociaux ou idéologiques spécifiques des institutions commanditaires. Au-delà de la seule question de l'intégration des documents pontificaux dans les compilations, une mise en relation de la rédaction des cartulaires avec le recours aux écrits pontificaux nous semble un des moyens possibles pour mener cette enquête.

L'obtention d'actes pontificaux n'est pas marquée par les mêmes contingences que la rédaction de cartulaires. Il convient de prendre en compte la typologie des actes pontificaux, de la typologie formelle à la nature du contenu juridique. Ainsi, alors que la réception des lettres pontificales ne répond pas toujours à une demande de l'institution, les privilèges de confirmations ont été demandés par des institutions qui dans certains cas auraient pu le faire dans une certaine émulation avec d'autres institutions voisines. Dans la Catalogne, caractérisée par une grande précocité des échanges avec la papauté, on voit ainsi, dès le milieu du Xe siècle, que plusieurs églises

14 Les seize pancartes réalisées pour des dépendances victorines seront étudiées dans la version remaniée de ma thèse de doctorat. Cartulaire de Sant Miquel del Fai: Marseille, ADBDR, 1 H 38 n° 179; Guérard, n° 1044–1050.

15 Chastang, Lire, écrire, transcrire (voir n. 6), p. 272–302 et id., Du *locus* au *territorium*. Quelques remarques sur l'évolution des catégories en usage dans le classement des cartulaires méridionaux au XIIe siècle, dans: Annales du Midi 119, n° 260 (2007), p. 457–474, spéc. aux p. 466–472.

16 Zerner, Cartulaire et historiographie (voir n. 3), p. 531; ead., Le grand cartulaire (voir n. 3), p. 297–298.

17 Florian Mazel, De l'emprise aristocratique à l'indépendance monastique: patrimoine et culte des saints à Saint-Victor de Marseille, dans: Fixot, Pelletier (dir.), Saint-Victor de Marseille (voir n. 3), p. 255–281, aux p. 259–260.

unissent leurs efforts pour préparer un voyage à Rome afin d'y obtenir des confirmations pontificales[18]. De telles mises en commun des moyens sont rares en Provence où un seul voyage commun a pu être repéré jusqu'à la fin du pontificat de Calixte II (deux privilèges donnés le même jour par Pascal II au Latran, pour les chanoines d'Apt et pour les chanoines de Saint-Ruf d'Avignon[19]).

Il convient aussi de distinguer le projet propre à chaque cartulaire. Il faut rappeler la grande différence qui existe entre les cartulaires monumentaux de Cluny ou de Saint-Victor de Marseille et les cartulaires cathédraux dont la première génération, de la fin du XI^e^ siècle au milieu du XII^e^ siècle, est constituée de petits recueils. En Provence, ces derniers sont souvent inférieurs à une centaine d'actes ou proches de ce chiffre. La différence tient à la structure du temporel et sans doute la taille des chartriers bien qu'il soit difficile d'estimer la représentativité de la documentation transcrite, en l'absence quasi-totale d'originaux dans la plupart des cas.

Nous présenterons d'abord les deux mouvements contemporains: rédaction de cartulaires et demande d'actes pontificaux, en interrogeant la possibilité d'échanges d'informations en la matière entre les institutions. Nous verrons ensuite si la composition des cartulaires entretient quelque lien avec la demande ou l'obtention d'actes pontificaux. Enfin, sera abordée la question de la place faite aux documents pontificaux dans les cartulaires, en fonction de leur typologie et en tenant compte des spécificités de chaque recueil.

## I. Deux mouvements contemporains: la mise en cartulaire et la demande de privilèges pontificaux

### *a. Un mouvement de rédaction de cartulaires?*

En Provence, à la fin du XI^e^ et dans le premier tiers du XII^e^ siècle, au moins six cartulaires ont été rédigés. Le premier d'entre eux, le cartulaire de Saint-Victor, compilé en 1079, ne semble pas avoir eu de répercussions sur les églises provençales. Le premier cartulaire de Lérins est rédigé une trentaine d'années après le recueil marseillais et s'en distingue fortement car il s'agit d'une compilation partielle limitée[20]. Après Saint-Victor, ce sont les églises cathédrales qui sont touchées. La première est l'Église d'Arles, avec son cartulaire qualifié d'Authentique du chapitre, probablement réalisé

18 Michel ZIMMERMANN, Écrire et lire en Catalogne du IX^e^ au XII^e^ siècle, 2 vol., Madrid 2003 (Bibliothèque de la Casa de Velazquez, 23), p. 780–782 (exemples de 951, 971, 1011, 1017). On peut mentionner les six privilèges de Serge IV pour les monastères Cuxa, Ripoll, Saint-Pierre-de-Fenouillet, Saint-Martin-du-Canigou, Arles-sur-Tech et pour le chapitre cathédral d'Urgell délivrés en novembre 1011 à l'occasion du voyage de l'abbé Oliba à Rome: ZIMMERMANN, Papsturkunden (voir n. 11), t. 2, p. 863–879, n° 454–459; JL 3973–3977; J [3]8598–8602. Sur les rapports des monastères catalans avec la papauté voir plus généralement Thomas DESWARTE, Rome et la spécificité catalane. La papauté et ses relations avec la Catalogne et Narbonne (850–1030), dans: Revue historique 294 (1995), p. 3–43, aux p. 31–34.

19 Pascal II pour Apt, 10 janvier 1114: JL 6370; Gallia Christiana in provincias ecclesiasticas distributa, t. 1, Paris 1715, Ecclesia Aptensis, n° XI, Instrumenta, p. 77. Pascal II pour Odolgerius, abbé de Saint-Ruf d'Avignon, 10 janvier 1114: JL 6369; Ulysse CHEVALIER, Codex diplomaticus ordinis Sancti Rufi Valentiae, Valence 1891, p. 18–19, n° 14.

20 BUTAUD, Listes abbatiales, chartes et cartulaire (voir n. 3), p. 400–403 et Annexe 2, p. 420–426.

vers 1093–1095[21]. D'autres sièges font ensuite rédiger des cartulaires: Vaison-la-Romaine vers 1108–1110, Apt vers 1122–1124, Avignon dans les années 1120 ou 1130 et peut-être Orange vers la même époque[22]. En Provence orientale, après la première compilation de Lérins, il faut attendre les années 1150 pour voir apparaître deux nouveaux projets rédactionnels, également à Lérins, puis au chapitre cathédral de Nice[23]. La chronologie de la rédaction des cartulaires en milieu cathédral pourrait être interprétée comme la diffusion d'une pratique de la métropole arlésienne vers deux de ses suffragants, Vaison et Avignon, mais aussi vers Apt, suffragant d'Aix (voir le tableau). Arles avait exercé, pendant la seconde moitié du Xe siècle, une influence sur toute la Provence occidentale, qui, en particulier à Apt, s'observe par l'itinéraire des clercs et la diffusion des formules diplomatiques[24]. À la fin du Xe siècle et jusqu'à la mort de l'archevêque Raimbaud de Reillane (ca. 1070), les serments de plusieurs évêques provençaux attestent la prééminence arlésienne, soutenue par l'appui des comtes[25].

| Datation | Établissement | Références des manuscrits et éditions |
|---|---|---|
| 1079 | Abbaye Saint-Victor de Marseille | Grand cartulaire: Marseille, AD Bouches-du-Rhône 1 H 629. RCF 353. Éd. Benjamin Guérard, Cartulaire de l'abbaye de Saint-Victor de Marseille, 2 vol., Paris 1857 (Documents inédits sur l'histoire de France. Collection des cartulaires de France, 8 et 9). |
| Ca. 1093–1095 | Église d'Arles | Authentique du chapitre, première partie: Arles, BM, ms. 1242, fol. 1–106[v]. RCF 99. Éd. partielle dans: Joseph Hyacinthe Albanès, Ulysse Chevalier, Gallia Christiana Novissima. Histoire des archevêchés, évêchés, et abbayes de France, 7 vol., Montbéliard, Valence 1899–1920, t. 1, Arles, Valence 1901. |

21 Mazel, Cartulaires cathédraux (voir n. 3), p. 62–63.

22 Vaison: voir RCF 501, p. 290–291, l'acte le plus récent étant de 1110. Apt: voir Mazel, Cartulaires cathédraux (voir n. 3), p. 72. Avignon: probable première campagne dans les années 1120 ou 1130 (fol. 1[r]-30[v]); la datation du recueil sera traitée dans le cadre d'un article sur les cartulaires provençaux.

23 Jean-Bernard Lacroix, Le cartulaire, témoin de la renaissance de l'abbaye de Lérins, dans: Nice historique 109 (2006), p. 251–275. Butaud, Listes abbatiales, chartes et cartulaire (voir n. 3), p. 407–412. Le cartulaire niçois est antérieur à 1166 étant mentionné dans une liste de mobilier et de manuscrit réalisé vers cette date (RCF 427).

24 Jean-Baptiste Renault, Scribal Activity and Diplomatic Forms in Provence (c. 950–c. 1010), dans: Sébastien Barret, Dominique Stutzmann, Georg Vogeler (dir.), Ruling the Script in the Middle Ages. Formal Aspects of Written Communication (Books, Chartes and Inscriptions), Turnhout 2016 (Utrecht Studies in Medieval Literacy, 35), p. 423–471.

25 Florian Mazel, Fondements et horizons d'une hégémonie archiépiscopale. L'Église d'Arles d'Ithier (961–985) à Raimbaud (1030–1069), dans: Simone Balossino, Gian Battista Garbarino (dir.), L'organizzazione ecclesiastica nel tempo di san Guido. Istituzioni e territorio nel secolo XI, Acqui Terme 2007, p. 105–138, aux p. 108–109. Livre Noir de l'Archevêque (Marseille, ADBDR, 3 G 16; RCF 35), fol. 14[v]–16[r]: neuf serments d'évêques (Venasque, Orange, Vence, Riez, Avignon, Fréjus, Aix) entre 992 et 1060 environ. Gallia Christiana (voir n. 19), t. 1, col. 203–204 et Joseph Hyacinthe Albanès, Ulysse Chevalier, Gallia Christiana Novissima. Histoire des archevêchés, évêchés, et abbayes de France, 7 vol., Montbéliard, Valence 1899–1920, t. 1, Arles, Valence 1901 [désormais cité: GCN Arles], n° 293, 294, 315, 327, 330, 354, 370, 383 et 408.

| Datation | Établissement | Références des manuscrits et éditions |
|---|---|---|
| Peu après 1108 (?) | Église de Vaison-la-Romaine | Cartulaire: manuscrit perdu (RCF 501). Copie XVIIe siècle: Extraits du Cartulaire de Vaison: *Donationes factae ecclesiae et capitulo Vasionensi* ..., 1675 (Avignon, AD Vaucluse, 25 J 923; RCF 502); inédit. |
| Ca. 1110 | Abbaye de Lérins | Premier cartulaire: Nice, AD Alpes Maritimes, H 10, fol. 154 à 162[v] (cahier unique mutilé d'un feuillet et relié dans le cartulaire du milieu du XIIe siècle, v. infra). |
| 1122–1124 | Église d'Apt | Cartulaire: manuscrit perdu (RCF 12), nombreuses copies modernes intégrales ou partielles (Voir RCF 13 à 21). Éd.: Jean Barruol, Noël Didier, Henri Dubled, Cartulaire de l'Église d'Apt, Paris 1967. |
| Ca. 1120–1130 | Église d'Avignon | Cartulaire dit *Liber Sorgiae C*, 1ère partie: Avignon, AD Vaucluse, 1 G 553, fol. 1-32. RCF 134. Eugène Duprat, Cartulaire du chapitre de Notre-Dame des Doms, t. 1 [seul], 960 à 1253, Avignon 1932, p. 1–106 (Académie de Vaucluse, Mémoires). |
| 1115–ca. 1130 (?) | Église d'Orange | Pancarte ou cartulaire-placard: Carpentras, BM Inguimbertine, ms. 1589. RCF 431. Éd.: Léopold Duhamel, Fragments d'anciens cartulaires de l'évêché d'Orange, dans: Mémoires de l'Académie de Vaucluse (1896), p. 383–396, aux p. 383–392, n° I–XI. |
| Ca. 1157 | Abbaye de Lérins | Cartulaire: Nice, AD Alpes Maritimes, H 10. RCF 346. Éd. Henri Moris, Edmond Blanc, Cartulaire de l'abbaye de Lérins, 2 vol., Paris 1883 (Société des lettres, sciences et arts des Alpes-Maritimes). |
| Milieu du XIIe siècle | Correns, prieuré de Montmajour | Cartulaire: Marseille, AD Bouches du Rhône, 2 H 347. RCF 222. Éd.: Jean-Claude Devos, Contribution à l'étude du cartulaire du prieuré de Correns (Var), dépendant de l'abbaye de Montmajour, D.E.S. Lettres, Paris 1953, dactylographié [consultable aux ADBDR: cote VIII F 39; un autre exemplaire est consultable à l'IRHT]. |
| Ca. 1160–1166 | Église de Nice | Cartulaire: Nice, Archives diocésaines, 1 D 3. RCF 427. Éd.: Eugène comte Cais de Pierlas, Cartulaire de l'ancienne cathédrale de Nice, Turin 1896. |

Tableau: La rédaction des cartulaires en Provence (fin XIe – première moitié du XIIe siècle)

Mais l'initiative cartulariste a peut-être été moins conditionnée par de supposés liens entre églises d'une même province ecclésiastique ou d'anciens rapports de sujétion que par une simple proximité géographique. En effet, de l'autre côté du Rhône, la précocité du cartulaire cathédral de Nîmes parmi les recueils des églises séculières du Languedoc (peu après 1117), est peut-être à mettre en relation avec l'influence arlésienne[26]. À leur tour, les moines de Saint-Gilles-du-Gard entreprennent une compilation, sans doute peu après 1132, et choisissent de la limiter aux actes pontificaux[27].

26 Nîmes, AD Gard, G 133. Chastang, Lire, écrire, transcrire (voir n. 6), p. 221–238. Id., Du *locus* au *territorium*. Quelques remarques sur l'évolution des catégories en usage dans le classement des cartulaires méridionaux au XIIe siècle, dans: Annales du Midi 119, n° 260 (2007), p. 457–474, aux p. 461–465 (datation). Alain Venturini, Cartulaires des anciens évêchés d'Uzès et de Nîmes, dans: Le Blévec (dir.), Les cartulaires méridionaux (voir n. 3), p. 21–31, aux p. 23–24. Mazel, Cartulaires cathédraux (voir n. 3), p. 80, n. 77.

27 Paris, BnF, lat. 11018, fol. 1–57. Abbé Étienne Goiffon, Bullaire de Saint-Gilles, Nîmes 1882.

L'enquête sur la chronologie des cartulaires cathédraux mériterait d'être étendue car, en élargissant un peu le regard, on observe à la même époque des projets rédactionnels comparables au-delà de la Provence. À Grenoble, l'évêque Hugues de Chateauneuf entreprend de constituer un important dossier de défense, peu après 1109, avec la rédaction du cartulaire A de Grenoble[28]. Ce projet aux objectifs bien spécifiques fait partie d'une initiative plus large comportant d'autres compilations: les cartulaires B et C étant entrepris sous son épiscopat, complétant le premier et se recoupant en partie[29].

Les cartulaires d'Arles et d'Apt reflètent probablement un esprit réformateur d'essence traditionnel de la part d'évêques soucieux de se montrer bons gestionnaires[30]. Leurs commanditaires, deux évêques issus de la haute aristocratie, ont plutôt mis en scène les efforts de l'aristocratie en faveur de la restauration de la vie canoniale, des sièges épiscopaux et de leur patrimoine, un mouvement initié à la fin du X^e^ siècle et au début du XI^e^ siècle. Pour les deux cités, on peut supposer une hostilité locale à la réforme pontificale soutenue par les moines et les légats, du fait de la crise qui touche Arles à cause du maintien sur le siège d'Aicard, prélat excommunié entre 1079 et 1110 ou des difficultés de Laugier avec le pape entre 1100 et 1110[31]. Ces cartulaires reflètent une situation où les chapitres ne disposaient pas encore d'une réelle autonomie.

### *b. Les contacts avec la curie*

Si on peut envisager une diffusion de la pratique cartulariste d'une église à l'autre, les indices en faveur d'éventuels échanges d'informations entre les institutions à propos de la demande d'actes pontificaux sont très ténus. Alors que les monastères de Montmajour et de Saint-Victor avaient eu des contacts assez anciens avec la curie, notamment parce qu'ils relevaient du *jus beati Petri* et étaient assujettis à l'acquittement d'un cens à Rome, les liens noués par les églises cathédrales avec la papauté ne s'intensifient qu'à la fin du XI^e^ siècle[32]. La Provence, par rapport à l'Empire, l'Italie ou la

Amy G. Remensnyder, Remembering Kings Past, Monastic Foundations Legends in Medieval Southern France, Ithaca NY e. a. 1995, p. 218–246, 322–324 (analyse du bullaire). Chastang, Lire, écrire, transcrire (voir n. 6), p. 234. A. Venturini, Cartulaires des anciens évêchés d'Uzès et de Nîmes (voir n. 26), p. 27–28. Eliana Magnani, Réseaux monastiques et réseaux de pouvoir. Saint-Gilles-du-Gard: du Languedoc à la Hongrie (IX^e^–début XIII^e^ siècles), dans: Provence historique 54, fasc 215 (2004), p. 3–26, à la p. 8.

28 Paris, BnF, lat. 13879. RCF 314. Laurent Ripart, Le cartulaire A de Grenoble. Écrit documentaire, archives et polémique savante au temps de la querelle des investitures, dans: Laure Verdon, Anne Mailloux (dir.), L'Enquête en questions. Des usages politiques de la procédure inquisitoire, Paris 2014, p. 147–157. Aurélien Le Coq, Hugues de Châteauneuf, évêque de Grenoble (1080–1132). Réforme grégorienne et pouvoir épiscopal entre Rhône et Alpes, thèse de doctorat en histoire médiévale, Université Paris-Est 2015. Français. <NNT: 2015PESC0020>. <tel-01304778>, p. 129–133 (en ligne: https://tel.archives-ouvertes.fr/tel-01304778/ [23/03/2018]).

29 Le Coq, Hugues de Châteauneuf (voir n. 28), p. 133–184.

30 Mazel, Cartulaires cathédraux (voir n. 3), p. 80–82.

31 Florian Mazel, La noblesse et l'Église en Provence fin X^e^–début XIV^e^ siècle. L'exemple des familles d'Agoult-Simiane, de Baux et de Marseille, Paris 2002 (CTHS Histoire, 4), p. 247–253; id., Cartulaires cathédraux (voir n. 3), p. 81. Stefan Weiss, Ein Bistum und zwei Bischöfe. Arles, die Provence, das Papsttum und der Erste Kreuzzug, dans: Francia 41 (2014), p. 75–99.

32 Eliana Magnani, Monastères et aristocratie en Provence, milieu X^e^–début XII^e^ siècle, Münster

Catalogne, ne présente qu'une faible tradition du recours au pape avant le milieu du XIe siècle, mais, en la matière, ne diffère guère du Languedoc voisin ou même de la Lombardie[33]. Placés encore étroitement sous la tutelle épiscopale, les chapitres provençaux n'ont que rarement dressé de listes de leurs biens pour les faire confirmer par le Saint-Siège.

L'intervention pontificale en faveur des sièges provençaux est quelque peu antérieure au pontificat de Grégoire VII et aux voyages de ses successeurs. Les chanoines de Sisteron avaient reçu deux lettres de Nicolas II (1059–1061) relatives à l'élection de leur évêque Géraud Chabrier qui s'était rendu à Rome recevoir la consécration par le pape[34]. Dans la foulée du synode de 1059, le pape intervenait pour la première fois au sujet d'une élection épiscopale provençale[35]. Peu après, la lutte contre la simonie pousse le pape Alexandre II à placer un moine vendômois, Arnoux, au siège de Gap où s'était maintenu Ripert, accusé de simonie[36]. Le pape n'intervient pas qu'à

1999 (Vita regularis, 10), p. 107–111 (Montmajour), 266–267 (Saint-Victor). Fabrice Délivré, Le domaine de l'apôtre. Droit de saint Pierre et cens de l'Église romaine dans les provinces d'Aix, Arles et Narbonne (milieu XIe–fin XIIe siècle), dans: Fournié, Le Blévec, Mazel (dir.), La réforme »grégorienne« dans le Midi (voir n. 1), p. 447–494, aux p. 454–456. À propos de l'exemption et de la protection apostolique voir en particulier Ludwig Falkenstein, La papauté et les abbayes françaises aux XIe et XIIe siècles. Exemption et protection apostolique, Paris 1997 (Bibliothèque de l'École des Hautes Études. Sciences historiques et philologiques, 336).

33 Jean-Hervé Foulon, Mariacristina Varano, Réforme et épiscopat en Provence: étude comparée des cas de Gap et de Sisteron au milieu du XIe siècle, dans: Fournié, Le Blévec, Mazel (dir.), La réforme »grégorienne« dans le Midi (voir n. 1), p. 311–342, aux p. 327–330. Voir le tableau général, Jochen Johrendt, Papsttum und Landeskirchen im Spiegel der päpstlichen Urkunden (896–1046), Hanovre 2004 et pour la Catalogne: Thomas Deswarte, Rome et la spécificité catalane. La papauté et ses relations avec la Catalogne et Narbonne (850–1030), dans: Revue historique 293–294 (1995), p. 4–45. Ursula Vones-Liebenstein, Zentrum und Peripherie? Das universale Papsttum und die Kirchenprovinz Narbonne im Hochmittelalter: 1050–1215, dans Jochen Johrendt, Harald Müller (dir.), Rom und die Regionen. Studien zur Homogenisierung der lateinischen Kirche im Hochmittelalter, Berlin 2012 (Abhandlungen der Akademie der Wissenschaften zu Göttingen, Neue Folge, 19), p. 209–248. Nicolangelo D'Acunto, Lombardos, qui utiles nobis extiterunt admodum et devoti non possumus non amare. Aspekte päpstlicher Zentralisierung in der Lombardei im 11. und 12. Jahrhundert, ibid., p. 249–279.

34 Lettre de Nicolas II aux clercs de Sisteron 1060, indiction 13 (JL 4442; Albanès, Gallia christiana novissima [voir tableau], t. 1: Aix, Apt, Fréjus, Gap, Riez et Sisteron, Montbéliard 1899 [désormais cité: GCN Aix], col. 445–446, n° VII). Lettre de Nicolas II pour Sisteron, (JL -; Louis-Anselme Boyer de Sainte-Marthe, Histoire de l'église cathédrale de Vaison, Avignon 1731, Livre II, p. 20–22, d'après Polycarpe de La Rivière; indiquée par Mariacristina Varano, Espace religieux et espace politique en pays provençal au Moyen Âge [IXe–XIIIe siècles]. L'exemple de Forcalquier et de sa région, thèse de doctorat, Université d'Aix-Marseille I, 2011, p. 265). Un peu plus tard, l'évêque Géraud reçut une lettre de Grégoire VII relative à la collégiale de Cruis, 1074, 21 mars. JL 4845; Caspar, Das Register Gregors VII. (voir n. 11), I, 67, p. 96–97. Santifaller et al., Quellen und Forschungen (voir n. 11), p. 49, n° 71; GCN Aix, col. 446–447, n° IX.

35 Jean-Pierre Poly, La Provence et la société féodale 879–1166. Contribution à l'étude des structures dites féodales dans le Midi, Paris 1976, p. 260. Varano, Espace religieux (voir n. 34), p. 265. Foulon, Varano, Réforme et épiscopat (voir n. 33).

36 Lettres d'Alexandre II aux clercs et au peuple de Gap d'une part, à Raimbaud, archevêque d'Arles, d'autre part, ca. 1063 (JL 4536, 4537; Samuel Loewenfeld, Epistolae Pontificum Romanorum ineditae, Leipzig 1885, p. 44, n. 85–86; GCN Aix, Instr., col. 277, n° X; GCN Arles,

propos de la dignité des évêques, mais aussi dans des litiges liés à la géographie ecclésiastique. Alexandre II confirme ainsi l'union des évêchés de Saint-Paul-Trois-Châteaux et d'Orange à l'évêque Giraud, contrant une initiative seigneuriale de création d'un évêché indépendant à Orange[37]. En Provence, le pontificat de Grégoire VII est marqué par des efforts contre l'archevêque Aicard d'Arles. Bien que déposé en 1079, Aicard n'avait pu être délogé de sa métropole, en faveur de son compétiteur Gibelin qui bénéficiait du soutien pontifical, manifesté ensuite à l'occasion du passage d'Urbain II en Provence[38].

Les voyages pontificaux représentent une nouvelle étape dans les rapports des églises locales avec la papauté[39]. À l'été 1095, Urbain II passe à Valence, Romans, Le Puy, La Chaise-Dieu, Chirac, Millau, Nîmes, Saint-Gilles puis remonte le couloir rhodanien par Tarascon, Avignon, Saint-Paul-Trois-Châteaux, Cruas et Vienne[40]. En juillet-août 1096, il vient à nouveau à Nîmes et Saint-Gilles puis se dirige vers la

col. 171, n° 415). Foulon, Varano, Réforme et épiscopat (voir n. 33), p. 321–323. Laurent Ripart, Les grégoriens et les élections épiscopales. L'exemple emblématique d'Hugues de Die, dans: Fournié, Le Blévec, Mazel (dir.), La réforme »grégorienne« dans le Midi (voir n. 1), p. 209–256, aux p. 228–229. Arnoux mourut entre 1074 et 1079 et fut canonisé. Poly, La Provence (voir n. 35), p. 261–263.

37 Deux actes d'Alexandre II sur le même sujet, l'une étant adressée aux clercs et au peuple d'Orange et de [Saint-Paul]-Trois-Châteaux, la seconde à Bertrand, fils de Raimbaud (s. d. 1064–1073, Giraud étant mentionné comme évêque à partir de 1064, JL 4551). JL 4710, 4711. Jacques de Font-Réaulx, Cartulaire de l'évêché de Saint-Paul-Trois-Châteaux, analyse et extraits, avec une notice sur le Tricastin au début du XIIIe siècle, Valence 1946 (Collection de cartulaires dauphinois), p. 38, n° 61, p. 38–39, n° 62. Gallia Christiana (voir n. 19), t. 1, Instr., p. 119, n° II, p. 120, n° III. Jean-Pierre Poly, Listes épiscopales de Provence X[e]–XIe siècles, annexe dactylographiée de la thèse de doctorat, université de Paris II-Assas, 1972, p. 27, évoque la présence de son prédécesseur Oudry II au concile d'Avignon de 1063. L'obtention de l'acte (donné à Rome) pourrait être de peu postérieure à ce concile. Florian Mazel, L'évêque et le territoire, l'invention médiévale de l'espace, Paris 2016, p. 146, 282, 430–431.

38 René Crozet, Le voyage d'Urbain II et ses négociations avec le clergé de France (1095–1096), dans: Revue historique 179 (1937), p. 271–310, aux p. 278–279. Mazel, La noblesse et l'Église (voir n. 31) p. 214–219. Weiss, Ein Bistum und zwei Bischöfe (voir n. 31).

39 D'une manière générale, voir Bernard Barbiche, Rolf Grosse (dir.), Aspects diplomatiques des voyages pontificaux, Paris 2009 (Études et documents pour une Gallia Pontificia, 6). Didier Méhu, Réflexions pour une analyse structurelle du voyage pontifical aux XIe et XIIe siècles, dans: Des sociétés en mouvement, Migrations et mobilité au Moyen Âge, Paris 2010, p. 267–281. Beate Schilling, Zur Reise Paschalis' II. nach Norditalien und Frankreich 1106/1107 (mit Itineraranhang und Karte), dans: Francia 28/1 (2001), p. 115–158. Rolf Grosse, *Ubi papa, ibi Roma*. Papstreisen nach Frankreich im 11. und 12. Jahrhundert, dans: Stefan Weinfurter (dir.), Päpstliche Herrschaft im Mittelalter. Funktionsweisen – Strategien – Darstellungsformen, Ostfildern 2012, p. 313–334. Pour le Midi, voir aussi: Délivré, Le domaine de l'apôtre (voir n. 32), p. 456–459.

40 Crozet, Le voyage d'Urbain II et ses négociations (voir n. 38), p. 274–279. Alfons Becker, Papst Urban II. (1088–1099), 3 vol., Stuttgart, Hanovre 1964–2012 (MGH Schriften, 19), t. 2, p. 435–455, t. 3, p. 716–717. Id., Le voyage d'Urbain II en France, dans: Le concile de Clermont de 1095 et l'appel à la croisade, Rome 1997, p. 127–140. Ursula Vones-Liebenstein, L'abbaye de Saint-Gilles et les comtes de Toulouse. L'impact des voyages pontificaux en France, dans: Barbiche, Grosse (dir.), Aspects diplomatiques des voyages pontificaux (voir n. 39), p. 97–116. Elisa Romani, Une diplomatique en voyage: les actes émis par le pape Urbain II durant son voyage en France (1095–1096), mémoire de master sous la direction de Laurent Morelle, Paris 2014. Weiss, Ein Bistum und zwei Bischöfe (voir n. 31), p. 85–91.

Haute-Provence par Villeneuve-lès-Avignon, Avignon, Cavaillon, Apt et Forcalquier[41]. Pascal II, en juillet 1107, ne fait que passer à proximité de la Provence, venant du Puy à Valence, Saint-Marcel puis Romans[42]. Gélase II, allant de Gênes arrive à Marseille le 23 octobre 1118, il se dirige ensuite vers le Languedoc via Saint-Gilles (7 novembre), puis par Uzès revient en direction du couloir rhodanien, avec Avignon (16 décembre), Orange (20 décembre) et Saint-Paul-Trois-Châteaux (21 décembre), avant de se rendre à Vienne via Le Puy et Valence[43]. À l'été 1119, l'ancien archevêque de Vienne, devenu Calixte II, passe à Avignon en venant de Béziers, puis se rend à Toulouse; puis en 1120, il se rend dans la partie sud de son ancienne province depuis Vienne, séjournant notamment à Romans (13 au 17 février), Valence (18 février), avant de gagner la Haute-Provence avec Gap (11 mars) et Embrun (15 mars)[44].

Si ces voyages ont permis aux papes de manifester leur autorité, cela s'est-il traduit par une demande accrue d'actes pontificaux par les églises locales? Il arrive que les voyages pontificaux encouragent une certaine activité, les moines procédant parfois à des forgeries destinées à être présentées au pape[45]. Il y a peu d'institutions provençales satisfaites lors du séjour du pape en leur localité. Seules les abbayes de Saint-Gilles et de Saint-André de Villeneuve-lès-Avignon ainsi que le chapitre cathédral d'Avignon ont ainsi obtenu un acte, en l'occurrence lors du passage d'Urbain II. De façon comparable, l'exemple de Lyon, où sont passés tous les papes venus en France entre 1095 et 1147, semble montrer que les bénéficiaires de la cité ou du diocèse ne profitent que modérément du séjour du pape pour demander lettres ou privilèges[46]. Toutefois, une prise de contact pouvait avoir eu lieu, car il arrive que les institutions reçoivent un privilège le lendemain ou quelques jours après le passage du pape, en un autre lieu[47]. Si la demande d'actes pontificaux par les églises provençales s'accroit sous le pontificat de Pascal II, cela ne semble pas être lié au voyage de 1106–1107. Quant aux passages de Gélase II puis de Calixte II dans le couloir rhodanien ou au

41 Crozet, Le voyage d'Urbain II et ses négociations (voir n. 38), p. 307. Becker, Papst Urban II. (voir n. 40), t. 2 (1988), p. 452–455. Weiss, Ein Bistum und zwei Bischöfe (voir n. 31), p. 89, récuse la possibilité d'un passage à Arles en juillet 1096 évoqué par Becker.

42 Schilling, Zur Reise Paschalis' II. (voir n. 39), p. 155–156.

43 Délivré, Le domaine de l'apôtre (voir n. 32), p. 457–458 ainsi que les références données à la note 87.

44 Beate Schilling, Guido von Vienne, Papst Calixt II., Hanovre 1998 (MGH. Schriften, 45), p. 407–409, 687–706, 724. Ulysse Robert (éd.), Bullaire du pape Calixte II (1119–1124). Essai de restitution, 2 vol., Paris 1891, t. 1, p. 40–43, n° 28–30, p. 196–231, n° 136–157.

45 Faux-privilège de Gélase II présenté à Calixte II par les moines de Psalmodi (JL -; Wilhelm Wiederhold, Papsturkunden in Frankreich 4: Provence mit Venaissin, Uzegeois, Alais, Nemosez und Nizza, dans: Nachrichten der Kgl. Gesellschaft der Wissenschaften zu Göttingen. Philologisch-Historische Klasse. Beiheft, Göttingen 1907, p. 38–172, aux p. 70–72, n° 11 ; repris dans: id., Papsturkunden in Frankreich. Reiseberichte zur Gallia pontificia, 2 vol., Cité du Vatican 1985 [Acta Romanorum pontificum, 7], t. 1, p. 316–317, n° 11). Ursula Vones-Liebenstein, Le faux privilège de Gélase II pour Psalmodi, ou Saint-Silvestre de Teillan, une église convoitée, dans: Rolf Grosse (dir.), L'acte pontifical et sa critique, Bonn 2007 (Études et documents pour servir à une Gallia Pontificia, 5), p. 87–110. Délivré, Le domaine de l'apôtre (voir n. 32), p. 459. Faux-privilège de Gélase II probablement réalisé par les moines de La Grasse pour être présentée à Toulouse au pape Calixte II (ibid.).

46 Denyse Riche, Michel Rubellin, Le passage des papes à Lyon (1095–1148), dans: Barbiche, Grosse (dir.), Aspects diplomatiques des voyages pontificaux (voir n. 39), p. 69–95.

47 Romani, Une diplomatique en voyage (voir n. 40), p. 42, 172–173.

nord de la Provence, ils ont été l'occasion de l'envoi de quelques lettres, mais non de demande de privilèges par les provençaux. Si les moines se déplacent parfois pour rejoindre le cortège papal, comme ceux de Saint-Victor ou de Montmajour, des monastères plus éloignés des lieux parcourus, comme Lérins, ne bénéficient pas des voyages pontificaux. L'impact des voyages sur la demande d'actes pontificaux n'est pas nul mais pour la Provence demeure limité et bien souvent indirect.

À partir du pontificat de Pascal II, la sphère cathédrale reçoit davantage d'actes pontificaux. On en trouve en effet pour Aix, Apt, Nice, Riez, Vaison, Saint-Paul-Trois-Châteaux et Orange, les cinq premiers sièges recevant leur premier acte pontifical connu[48]. Certains facteurs concourent à l'expliquer. Si la production de la chancellerie augmente et si les liens entre les églises locales et Rome s'intensifient, c'est notamment par le truchement des assemblées locales et l'action des légats pontificaux, comme Hugues de Die en Provence[49].

## II. Des liens entre mise en cartulaire et demande de confirmation pontificale?

La rédaction d'un cartulaire a parfois précédé ou accompagné une demande de confirmation pontificale. On connaît les exemples de cartulaires à Saint-Denis et Corbie dont la mise en œuvre, en 1065, était liée à la perspective de contacts avec l'auto-

48 **Aix:** Pascal II accorde à Pierre, archevêque d'Aix, le droit de porter le pallium, à l'occasion des solennités qu'il énumère, Latran, 1102, 28 mars (JL 5904. Gallia christiana [voir n. 19], t. 1, Eccl. Aquensis instrumenta, p. 66–67, n° XII; GCN Aix, Instr. col. 5–6, n° III, d'après la copie dans l'évangéliaire de Saint-Sauveur d'Aix, X^e^ siècle, Aix-en-Provence, BM Méjanes, ms. 7, p. 281–282). **Apt:** Pascal II s'adressant aux chanoines de l'Église d'Apt, Latran, 1114, 13 janvier (Gallia christiana, t. 1, Eccl. Aptensis instrumenta, p. 77, n° XI). **Nice:** Pascal II s'adressant à Pierre, évêque de Nice, confirme les biens de son église, Tivoli, 1114, 8 juin (Artem 4752; Nice, AD Alpes-Maritimes, 2 G 3; JL 6391; Julius von Pflugk-Harttung, Acta pontificum Romanorum inedita, 3 vol., Tübingen 1881–1888, t. 2, p. 207–208, n° 250, d'après copie). **Riez:** Pascal II s'adressant à Augier, évêque de Riez, confirme les biens de son église, Tivoli, 1114, 28 mai (JL 6389, GCN Aix, Instr., col. 372–373, n° XII, Migne, PL, t. 163, col. 353). **Vaison:** Pascal II confirme à l'Église de Vaison, la possession de la moitié de la cité et d'autres biens, Latran, 1108, 27 avril (JL 6194; Boyer de Sainte-Marthe, Histoire de l'église cathédrale de Vaison [voir n. 34], Livre II, p. 22–24 et traduction, Livre I, p. 94–96). **Saint-Paul-Trois-Châteaux:** Pascal II enjoint au peuple et aux clercs d'Orange d'obéir à l'Église de Saint-Paul-Trois-Châteaux et à son évêque, Latran, 1100, 11 avril (JL 5829; Gallia christiana, t. 1, Instr., col. 121. Font-Réaulx, Cartulaire de l'évêché de Saint-Paul-Trois-Châteaux [voir n. 37], p. 15, n° 11). Pascal II mande à Gibelin, archevêque d'Arles, de faire exécuter la décision d'Urbain II sur l'union de l'Église d'Orange à celle de Saint-Paul-Trois-Châteaux, Latran, [1100], JL 5830, Gallia christiana, t. 1, Instr., col. 771–772, n° 120. Font-Réaulx, Cartulaire de l'évêché de Saint-Paul-Trois-Châteaux, p. 15, n° 12. Pascal II réitère au clergé et au peuple d'Orange l'ordre d'obéir à l'évêque de Trois-Châteaux, Latran, 1100, 13 décembre (JL 5852; Gallia christiana, t. 1, Instr., col. 120b. Font-Réaulx, Cartulaire de l'évêché de Saint-Paul-Trois-Châteaux, p. 16, n° 13). **Orange:** Pascal II approuve la séparation des diocèses d'Orange de [Saint-Paul]-Trois-Châteaux, Latran, 1112, 18 octobre, (texte fragmentaire, voir n. 13; BM Avignon, ms. 1830, fol. 4^r^–5^v^. JL 6329. Gallia christiana, t. 1, Eccl. Arausicanae instrumenta, p. 132, n° III, Duhamel, Fragments d'anciens cartulaires de l'évêché d'Orange [voir tableau], p. 394–395, n° XIII).

49 Ripart, Les grégoriens et les élections épiscopales (voir n. 36).

rité apostolique[50]. D'un côté, un dossier de faux ou d'actes falsifiés était constitué, de l'autre, on possède des fragments de cartulaires qui sont probablement la copie a posteriori de dossiers présentés lors d'un synode romain à portée judiciaire. Les solliciteurs abordant la curie portaient au moins avec eux une *petitio* rédigée, mais auraient pu parfois se munir de documents. Ainsi, lorsqu'Hugues de Grenoble se rend auprès du pape à Romans, il s'en vient »les bras chargés de chartes«[51]. En revanche, les indices manquent pour proposer que certains cartulaires provençaux aient été présentés à la curie.

Dans d'autres cas, la rédaction d'un cartulaire aurait pu intervenir sitôt après l'obtention d'un document pontifical. Selon Laurent Ripart, le cartulaire A de Grenoble avait été rédigé à la suite d'un conflit, après que les dossiers réunis furent utilisés et qu'un acte de confirmation de l'arbitrage de 1107 fut délivré à l'Église de Grenoble par Pascal II, le 18 avril 1109. L'appellation de cartulaire-dossier correspond bien à ce genre de compilation étroitement lié au règlement d'une affaire et qui comprend la pièce intervenant pour le trancher (le privilège du 18 avril 1109 pour Grenoble). L'examen des six premiers cartulaires provençaux envisagés en regard avec la documentation pontificale contemporaine n'a pas permis d'observer de recours concrets aux compilations en vue d'obtenir une confirmation générale. Cependant, l'un d'eux a vraisemblablement été rédigé de front avec la préparation d'une confirmation générale, tandis qu'un autre aurait pu être utilisé lors de la préparation de la demande d'une confirmation partielle.

### *a. Une compilation aux objectifs limités en lien avec une demande de confirmation pontificale? Le premier cartulaire de Lérins*

En étudiant la composition du cartulaire de Lérins réalisé au milieu du XII^e^ siècle, Germain Butaud a identifié à la fin du recueil un premier recueil plus ancien, relié avec lui, qui daterait des années 1110. Présentant une certaine unité en ce qui concerne la mise en page et l'écriture, il contient la transcription de 33 actes[52]. Au verso du 1^er^ folio, le recueil s'ouvre par un dossier de quatre lettres pontificales: une d'Urbain II et trois de Pascal II[53]. Les lettres sont ici retenues alors que le privilège de confirmation générale d'Urbain II du 8 janvier 1094, a priori bien plus important, est exclu[54]. Vraisemblablement, sa teneur n'entrait pas en résonnance avec les objectifs du petit cartulaire-dossier.

50 Laurent Morelle, Moines de Corbie sous influence sandyonisienne? Les préparatifs corbéiens du synode romain de 1065, dans: Rolf Grosse (dir.), L'Église de France et la papauté (X$^{e}$–XIII$^{e}$ siècle), Bonn 1993 (Études et documents pou servir à une Gallia Pontificia, 1), p. 197–218. D'autres exemples des années 1160–1170 sont évoqués par Michel Parisse, Conclusions, dans: Guyotjeannin, Morelle, Parisse (dir.) Les Cartulaires (voir n. 3), p. 503–512, à la p. 507.

51 Ripart, Le cartulaire A de Grenoble (voir n. 28), p. 151.

52 Voir tableau ci-dessus. Henri Moris, Edmond Blanc, Cartulaire de l'abbaye de Lérins, 2 vol., Paris 1883 (Société des lettres, sciences et arts des Alpes-Maritimes) [désormais cité: CL], n° 331–364. Voir Butaud, Listes abbatiales, chartes et cartulaire (voir n. 3), p. 420–426, pour la reconstitution du pré-cartulaire.

53 Ibid., p. 420.

54 JL 5503, CL 291. Didier Méhu, Les privilèges pontificaux de Lérins, de l'élaboration du cartulaire à la nouvelle *Vita Honorati* (milieu XII$^{e}$–début XVI$^{e}$ siècle, dans: Lauwers, Codou (dir.), Lérins, une île sainte (voir n. 3), p. 457–543, aux p. 516–517, n° 2.

Parmi les quatre lettres se trouve une lettre de Pascal II à Richard d'Albano citant au concile l'évêque intrus d'Antibes[55]. Or, le dossier de lettres pontificales est immédiatement suivi de cinq actes relatifs au diocèse d'Antibes et concernant en particulier Arluc, Mougins et Vallauris[56]. Il y aurait donc un lien entre l'une des lettres du dossier pontifical et le dossier antibois qui le suit.

Par ailleurs, les biens au diocèse d'Antibes ont fait l'objet d'une confirmation spéciale par un privilège de Pascal II, adressé à l'abbé Pons, document que Didier Méhu a proposé de situer entre 1104 et 1110 mais pour lequel une datation un peu plus tardive ne serait pas à écarter[57]. Le privilège mentionne les églises du diocèse d'Antibes: Cannes, Vallauris, Arluc, Mougins et Sainte-Marie de Grasse puis évoque, sans les énumérer, les biens au diocèse d'Antibes et dans d'autres diocèses. Comme le propose Didier Méhu, la demande de cette confirmation pourrait constituer une riposte aux prétentions de l'évêque Mainfroi d'Antibes sur les revenus de ces églises. Grasse et Cannes qui apparaissent dans le privilège ne sont pas documentés dans le premier cartulaire. Mais Arluc, Mougins et Vallauris le sont bien.

L'un des objectifs de cette petite compilation aurait-il été de constituer un dossier à l'appui d'une demande de confirmation relative à des biens revendiqués par l'évêque d'Antibes? L'usage du dossier antibais en vue d'obtenir la confirmation de Pascal II serait une hypothèse séduisante, mais qui n'expliquerait pas, en revanche, le choix des autres actes qui ne sont pas liés aux biens en question. On pourrait supposer que les cartularistes aient réalisé une sélection d'actes relatifs à des propriétés qui faisaient alors l'objet de contestations. Pour le moins, on peut retenir que la compilation est sans doute contemporaine d'efforts des moines pour garantir la propriété de certaines églises contestées, effort qui s'est aussi manifesté par une demande de confirmation par le pape.

### *b. Le grand cartulaire de Saint-Victor de Marseille et le privilège de Grégoire VII du 4 juillet 1079: un projet à deux volets*

Le grand cartulaire de Saint-Victor comprend la copie de 814 documents, prenant place sur 24 cahiers et 187 feuillets. Il s'agit, de loin, du plus important des recueils provençaux antérieurs au XIII<sup>e</sup> siècle. L'abbé Bernard en est l'instigateur, son abbatiat étant marqué par d'autres projets rédactionnels comme la Vie de l'abbé Isarn,

55 CL 334. JL 6217. Pflugk-Harttung, Acta pontificum Romanorum inedita (voir n. 48), t. 1, p. 95, n° 105.

56 Dans l'ordre, les localités apparaissant sont les suivantes: Revest (CL 335), Arluc (CL 336 et 337), Avinionet (CL 338), Mougins (CL 339, serment de Raimbaud, fils de Fida à l'abbé Aldebert Ier pour Mougins et CL 341, donation de Mougins par Guillaume Gaucerran), Callian (CL 342) et Vallauris (accord au sujet de l'albergue de Vallauris, CL 343). Sur ces actes, qui sont entrecoupés d'actes relatifs à d'autres biens ne figurant pas dans le privilège de Pascal II, voir Butaud, Listes abbatiales, chartes et cartulaire (voir n. 3), p. 421–422.

57 JL 5932. CL, p. 295–297, n° 292. Méhu, Les privilèges pontificaux de Lérins (voir n. 54), p. 480, 518–519. Eliana Magnani, Réseau de dépendances et structure ecclésiale de Lérins (XIe–milieu XVe siècle), dans: Mireille Labrousse e. a., Histoire de l'abbaye de Lérins, Abbaye de Bellefontaine 2005, p. 181, 184, propose la date de 1113 (mais le privilège serait de toute façon antérieur à un accord entre l'évêque Mainfroi et l'abbé Pierre, daté de 1113, CL 129). Le notaire Rainier est connu de 1104 à 1113 et l'abbé Pons est mentionné entre 1103 et 1110.

composée dans les années 1070[58]. Légat de Grégoire VII dans l'Empire, Bernard y est retenu en captivité puis revient en Provence après un séjour à Hirsau puis à Cluny[59]. C'est, semble-t-il, à son retour à Marseille qu'il lance un double projet pour affermir la congrégation marseillaise en voie de constitution: faire rédiger un cartulaire et demander au pape une confirmation générale des dépendances et du temporel de son abbaye. On pourrait supposer quelque influence de son passage à Cluny dans cette double initiative: Bernard aurait pu y être informé des usages documentaires tels que la rédaction d'un cartulaire ou le recours fréquent aux confirmations pontificales. Un indice donne crédit à cette hypothèse. Ludwig Vones a relevé que le privilège de 1079 pour Bernard présente une formule identique à celle présente dans le privilège reçu par Cluny en 1075 et suggère que le privilège pour Cluny ait servi de modèle à la chancellerie pontificale[60].

L'*enumeratio* du grand privilège de confirmation générale du 4 juillet 1079 se divise en deux: la liste des monastères dépendants puis la liste des *cellae*[61]. Le cartulaire est quant à lui organisé en sections diocésaines suivant un ordre analogue à celui adopté pour énumérer les diocèses dans la liste des *cellae* au privilège[62]. Malgré quelques différences, on retrouve une progression concentrique, avec d'abord les gros diocèses de Marseille, Arles, Aix et Toulon, très riches en actes, puis les autres diocèses provençaux. Peut-être plus significatif que l'ordre des diocèses, l'ordre des propriétés au sein des sections diocésaines est similaire à celle de la seconde liste du privilège. Il se pourrait donc que la compilation ait été commencée aussitôt la liste prête, c'est-à-dire peut-être déjà entre mai et juillet 1079, ce qui expliquerait – en partie – que l'on n'ait pas copié le grand privilège au cartulaire. En manipulant les actes, il semblerait que les cartularistes se soient appuyés sur cette liste mais aient parfois choisi de s'affranchir d'une conformité à celle-ci.

L'organisation du grand cartulaire en sections diocésaines a été interprétée par Florian Mazel comme le signe d'une affirmation idéologique inspirée par l'abbé Bernard, connu pour son engagement dans la réforme pontificale sous Grégoire VII[63]. Le parallélisme structurel avec la liste confirmée par Grégoire VII tend d'ailleurs à valider cette approche. Mais le fait que le rédacteur de la liste n'ait pu s'aider d'une quelconque liste antérieure a dû l'inciter à adopter des catégories claires pour la liste

58 Vie d'Isarn, abbé de Saint-Victor de Marseille (XIe siècle), éd. Cécile Caby, Jean-François Cottier, Rosa Maria Dessi, Michel Lauwers, Jean-Pierre Weiss, Monique Zerner, Paris 2010, p. XXI-XXIX. Michel Lauwers, Cassien, le bienheureux Isarn et l'abbé Bernard, un moment charnière dans l'édification de l'église monastique provençale (1060–1080), dans: Fixot, Pelletier (dir.), Saint-Victor de Marseille (voir n. 3), p. 213–238, à la p. 232.

59 Ibid., p. 228–232. Zerner, L'abbaye de Saint-Victor (voir n. 3), p. 173–177.

60 Ludwig Vones, Päpstlicher Legat und päpstlicher Wille. Zu den Rahmenbedingungen der Legatengewalt um 1100 am Beispiel der Gesandtentätigkeit des Richard von Marseille, dans: Weinfurter (dir.), Päpstliche Herrschaft im Mittelalter (voir n. 39), p. 335–360, aux p. 338–339: *semper sub tutela et emunitate Romana soliusque Romani pontificis juditio consistentes.*

61 Artem 4277, Marseille, ADBDR, 1 H 54 n° 259. JL 5134. Benjamin Guérard (éd.), Cartulaire de l'abbaye de Saint-Victor de Marseille, 2 vol., Paris 1857 (Documents inédits sur l'histoire de France. Collection des cartulaires de France, 8 et 9) [désormais cité: Guérard], t. 2, p. 214–220, n° 843.

62 Voir ci-dessus n. 17.

63 Ibid.

des *cellae*. En comparaison, la liste des monastères semble bien moins cohérente car elle évoque tantôt le comté, tantôt le diocèse, la cité, ou des expressions géographiques vagues. L'examen des notes dorsales a d'ailleurs montré qu'elles ont pu être utilisées lors de la rédaction de cette liste[64].

La dichotomie des deux listes pouvait procéder d'intentions particulières: distinguer les monastères placés sous la tutelle de l'abbé de Marseille des propriétés du monastère. Une dichotomie comparable sous-tend, mais seulement en partie, la sélection des actes copiés au cartulaire. La restriction de la compilation aux biens provençaux excluait de fait la plupart des actes de transferts de monastères. En revanche, les actes relatifs aux monastères provençaux – qui apparaissent dans la première liste – ont bien été copiés au cartulaire qui a même accueilli la transcription de certains actes hérités de ces petits établissements (en particulier Saint-Genès-Saint-Honorat d'Arles et Esparron). En définitive, dans sa complexité, l'*enumeratio* figurant au privilège valorisait l'action réformatrice de l'abbé et légitimait la constitution de la congrégation marseillaise, tendance peu développée dans la compilation, notamment pour des raisons de contingences archivistiques, mais peut-être aussi car issus d'une même initiative, la confirmation pontificale et le cartulaire se voulaient complémentaires.

## III. La place des documents pontificaux dans les cartulaires

Parmi les cartulaires précoces réalisés au XI^e^ siècle, comme le cartulaire C de Cluny, apparaissent déjà ces »galeries d'autorités« (H. Müller) mettant particulièrement en valeur les documents pontificaux[65]. Cela s'observe également pour les cartulaires provençaux rédigés dans la seconde moitié du XII^e^ siècle et le début du XIII^e^ siècle. Ces recueils procèdent d'un autre mouvement, à l'époque où, comme en Languedoc, le recours aux notaires publics devient fréquent[66]. Dans les recueils du chapitre de Nice et de l'abbaye de Lérins, au milieu du XII^e^ siècle, s'épanouissent d'importantes sections d'actes pontificaux qui n'avaient pas d'équivalent auparavant. C'est aussi le

64 Cet aspect sera développé dans la version remaniée de ma thèse de doctorat pour la publication (L'écrit diplomatique à Saint-Victor de Marseille et en Provence [ca. 950–ca.1120], sous la direction de Benoît-Michel Tock, univ. de Strasbourg, thèse de doctorat soutenue le 23 septembre 2013).

65 Harald Müller, Überlieferungsformen franko-römischer Kontakte: Zur Position der Papsturkunden in französischen Chartularen, dans: Klaus Herbers, Ingo Fleisch (dir.), Erinnerung – Niederschrift – Nutzung. Das Papsttum und die Schriftlichkeit im westeuropäischen Mittelalter, Berlin 2011 (Abhandlungen der Akademie der Wissenschaften zu Göttingen. Neue Folge, 11), p. 195–217, aux p. 208–211. Sur les actes pontificaux dans les cartulaires, voir Franz Neiske, Papsttum und Klosterverband, dans: Hagen Keller, Franz Neiske (dir.), Vom Kloster zum Klosterverband. Das Werkzeug der Schriftlichkeit, München 1997, p. 252–276 et plusieurs études du volume Renault, Salemme (dir.), Réception et conservation des documents pontificaux (voir n. 9).

66 Les similitudes observées dans le contenu de plusieurs cartulaires rédigés par les ordres militaires dans la région du Bas-Rhône à la fin du XII^e^ et au début du XIII^e^ siècle – notamment l'intégration de nombreux *munimina* – me semblent être, au moins en partie, attribuables à leurs exécutants, sans doute des notaires publics (Carraz, Le cartulaire du Temple de Saint-Gilles [voir n. 4], p. 156–157). Plus qu'une collaboration réelle entre les deux ordres, voire même entre les commanderies, on peut invoquer une émulation facilitée par la proximité géographique.

cas, un siècle plus tard, avec le petit cartulaire de Saint-Victor de Marseille[67]. Si, d'une manière générale, les institutions préparant un cartulaire semblent avoir prêté une grande attention à leurs documents pontificaux lors de la sélection pratiquée, on a pu parfois écarter ces derniers en fonction d'objectifs spécifiques. La question de la présence des documents pontificaux dans les compilations est à traiter indépendamment du lien possible entre ces documents et la rédaction de cartulaire. En effet, nous l'avons vu pour Saint-Victor, un lien entre une demande de confirmation et un projet rédactionnel n'implique pas que ce dernier intègre le privilège obtenu.

Nous limiterons notre approche à l'intégration des actes pontificaux dans les compilations, laissant de côté les caractéristiques du transfert des informations, qu'il s'agisse de la fiabilité de la transcription ou la reproduction des signes graphiques qui ont fait l'objet d'études[68]. On évoquera tour à tour la question pour les privilèges et pour les lettres. Si les premiers avaient une vocation exclusive à être conservés soit par l'autorité émettrice, soit par le bénéficiaire, les secondes ont connu une transmission plus complexe, mais aussi plus aléatoire.

### *a. Intégrer ou exclure les privilèges pontificaux dans les cartulaires: les raisons d'un choix*

À Arles, le cartulaire rédigé à l'instigation de l'archevêque Aicard est marqué par des choix bien nets. La documentation pontificale n'y est représentée que par un privilège falsifié de Jean XIII de 970 mais les archevêques d'Arles n'ont pas reçu de privilèges avant le milieu du XII^e^ siècle[69]. En revanche, plusieurs lettres pontificales relatives au siège arlésien n'ont pas été copiées, nous le verrons.

Les chanoines d'Avignon ont réservé une place dans leur cartulaire au privilège d'Urbain II délivré lors de son passage dans cette cité en 1095[70]. Il s'agit d'un des premiers privilèges à être adressés non à l'évêque mais à la communauté canoniale à travers son prévôt. Obtenu après une crise au cours de laquelle une partie des chanoines était revenue à l'état laïc, ce privilège prévoyait que l'on attende la mort des

67 Marseille, ADBDR, 1 H 630, Petit Cartulaire de Saint-Victor de Marseille [RCF 369].

68 Laurent Morelle, De l'original à la copie: remarques sur l'évaluation des transcriptions dans les cartulaires médiévaux, dans: Guyotjeannin, Morelle, Parisse (dir.) Les Cartulaires (voir n. 3), p. 91–104. Sur la reproduction des signes graphiques, Hartmut Atsma, Jean Vezin, Originaux et copies: la reproduction des éléments graphiques des actes des X^e^–XI^e^ siècle dans le cartulaire de Cluny, dans: Adam J. Kosto, Anders Wintroth (dir.), Charters, Cartularics and Archives. The Preservation and Transmission of Documents in the Medieval West, Toronto 2002, p. 113–126. Eliana Magnani, Les moines et la mise en registre des transferts. Formules textuelles, formules visuelles, dans: Dominique Iogna-Prat, Michel Lauwers, Florian Mazel, Isabelle Rosé, Daniel Russo, Christian Sapin (dir.), Cluny: Les moines et la société au premier âge féodal, Rennes 2013, p. 299–314.

69 JL 3743; GCN Arles, n° 272. Zimmermann, Papsturkunden (voir n. 11), t. 1, p. 400–402, n° 203; Anastase IV confirme ses biens à Raimond, archevêque d'Arles, 26 décembre 1153 (JL 9790; GCN Arles n° 573).

70 Liber Sorgiae, fol. 13^v^–14^v^. Urbain II approuve la réforme du chapitre, confirme ses privilèges et possessions et reconnaît aux chanoines le droit d'élire l'évêque et le prévôt (JL 5578. Gallia christiana, [voir n. 19], t. 1, Instr., p. 141. Eugène Duprat (éd.), Cartulaire du chapitre de Notre-Dame des Doms, t. 1 [seul], 960 à 1253, Avignon 1932 (Académie de Vaucluse, Mémoires) [désormais cité: CNDD], p. 26–28, n° 26).

chanoines qui avaient quitté la vie commune pour recouvrer leurs biens[71]. La rubrique et la reproduction de la *rota* témoignent d'un net souci de mettre en valeur ce privilège. Mais d'autres cartulaires cathédraux se signalent en revanche par l'absence d'un privilège pontifical inaugural.

Le premier, le cartulaire de Vaison, n'est plus connu que par une copie du XVII^e^ siècle, recelant 42 actes des X^e^ et XI^e^ siècles et peut-être aussi du début du XII^e^ siècle[72]. Si la copie est complète, le cartulaire n'aurait pas intégré le privilège adressé par Pascal II à l'évêque Rostaing de Vaison, le 27 avril 1108[73]. On pourrait toutefois supposer que le projet du cartulaire soit quelque peu antérieur à la demande du privilège. Ce document évoque par ailleurs explicitement un acte des comtes Geoffroi et Bertrand portant donation de la moitié de la cité à l'évêque, se référant aux *terminis qui praedictorum comitum chirographo continentur.* Cet acte perdu n'a probablement pas non plus été copié au cartulaire. Il semble peu envisageable, en effet, que le notaire Morralis au XVII^e^ ait écarté deux des actes les plus importants. À l'antépénultième place, se trouve, en revanche, une notice non datée faisant état des acquisitions de l'évêque Rostaing (1108–1122). Si sa place dans la copie reflète bien celle que la notice occupait dans le cartulaire, on pourrait supposer qu'il s'agissait là d'un ajout à la rédaction initiale[74]. Or, l'ordre des localités mentionnées dans le privilège de Pascal II se retrouve dans la description des acquisitions de l'évêque[75]. Le privilège ne retient toutefois que les biens situés au diocèse de Vaison et ne mentionne donc qu'un petit nombre de localités par rapport au tableau offert par le cartulaire. Pour dresser cette liste d'acquisitions, il se peut donc que l'on ait utilisé un document qui avait servi à la préparation de la requête ou le privilège lui-même. L'ordre suivi dans le privilège ne correspond pas en revanche à l'ordre topographique adopté dans le cartulaire. La mise à l'écart du privilège signifierait-elle que l'on n'a pas retenu un document qui concernait les biens de l'évêque et non ceux du chapitre? Le fait que l'on ait en revanche copié la notice semble infirmer cette hypothèse. Mais la notice pouvant avoir été ajoutée, il demeure difficile de conclure, la possibilité d'une mise à l'écart en raison du statut particulier de l'écrit pontifical n'étant pas à exclure.

71 Yannick Veyrenche, Chanoines et réformes canoniales dans les pays rhodaniens, dans: Fournié, Le Blévec, Mazel (dir.), La réforme »grégorienne« dans le Midi (voir n. 1), p. 419–443, à la p. 425.

72 Voir tableau ci-dessus. La copie du cartulaire est intitulée: *Donationes factae ecclesiae et capitulo Vasionensi de annis [...] 911, 999, 1004, 1040 de extractae ex antiquissimo instrumento per D. illustris et r[everend]um episcopum exhibitum domino Thome Morralis notario Vasion. Ad aquisitionem. D. D. de capitulo anno 1675.* La chronologie des actes n'est pas facilitée par les longs épiscopats de deux homonymes: Pierre de Mirabel, mentionné entre 1009 et 1054, et Pierre Raimbaud, connu de 1056 à 1078 (Poly, Listes épiscopales [voir n. 37], p. 34–36). Le cartulaire est entièrement inédit sauf un acte.

73 JL 6194. Boyer de Sainte-Marthe, Histoire de l'église cathédrale de Vaison (voir n. 34), Livre II, p. 22–24 (et trad., Livre I, p. 94–96) d'après le privilège alors conservé dans les archives de l'évêque.

74 Ibid., Livre I, p. 97–99.

75 Pascal II approuve la donation faite par Geoffroy et Bertrand, comtes de Provence, de la moitié de la cité de Vaison et confirme l'abbaye de Saint-Quenin, le bourg de Bagnol, les *castra* de Rasteau et de Crest ainsi que la moitié d'Entrechaux. Ces localités figurent à plusieurs reprises dans le cartulaire (sauf Bagnol). A contrario, des biens aux comtés de Die, Uzès, Orange ou même proches de Vaison (Malaucène) n'apparaissent pas dans le privilège.

À Apt, l'absence d'un privilège de Pascal II dans le cartulaire semble plus nettement due à une omission volontaire. Le cartulaire a été lancé par l'évêque Laugier d'Agoult, vers 1122–1124 selon Florian Mazel; et on connaît un privilège du 10 janvier 1114 adressé aux chanoines de l'Église d'Apt[76]. Le cartulaire original est également perdu, mais grâce aux multiples copies, il a pu être édité en 1967. Le cartulaire concerne à la fois les biens du chapitre et ceux de l'évêque, l'autonomie du chapitre, scrutée par Florian Mazel à travers l'apparition des offices cathédraux, étant toute relative. Par le privilège adressé en 1114 aux chanoines d'Apt, Pascal II confirmait la propriété des *castra* de Saint-Martin et Saignon en rappelant le rôle de l'évêque Laugier dans leur récupération. Selon Florian Mazel, ce seraient les formules rappelant le principe de l'élection par le seul chapitre et condamnant l'intervention des laïcs qui auraient entrainé la mise à l'écart du privilège. Le cartulaire mettait en valeur la bonne gestion par l'évêque, comme dans une sorte de plaidoyer et, de fait, le privilège reçu par les chanoines semblait ne pas pouvoir correspondre à cet objectif. Ajoutons que pour obtenir ce privilège, les chanoines s'étaient très probablement organisés avec les chanoines de Saint-Ruf d'Avignon puisque ceux-ci en avaient reçu un, délivré au Latran trois jours auparavant[77]. Il se pourrait que les chanoines d'Apt ne se soient pas concertés avec leur évêque et qu'en retour leur initiative ait attiré quelque méfiance de Laugier.

Les exemples de Vaison et d'Apt invitent à ne pas trop vite considérer que l'absence des premiers privilèges reçus par une église soit toujours due à une prise de distance envers la politique romaine. La mise à l'écart de privilèges de confirmation pontificale peut être liée à la question de la distinction des menses canoniale et épiscopale, laquelle n'est que rarement documentée avec précision. Par ailleurs, le cas vaisonnais invite à prendre garde aux ajouts d'actes dans les années ou décennies suivant la rédaction d'un recueil. C'est peut-être ce qui s'est passé à Grenoble où les privilèges de 1107 et 1109 pourraient avoir été ajoutés après coup au début du cartulaire A[78].

La question des mobiles des ajouts réalisés après la rédaction initiale se pose de façon analogue dans les cartulaires monastiques. Les cartularistes de Saint-Victor n'avaient retenu que les deux privilèges de Jean XVIII et Léon IX, sans doute deux seuls privilèges pour l'abbaye disponibles au moment de la rédaction[79]. Le cartulaire ayant sans doute été commencé avant l'obtention du privilège de 1079, il ne semble pas que l'on puisse parler d'une mise à l'écart d'un document qui pouvait, en retour, lui servir de porte d'entrée, presque de table des matières[80]. Ce qui poserait question, c'est plutôt le fait que l'on n'ait pas jugé utile d'ajouter au cartulaire la copie du privi-

76 JL 6370; Gallia christiana (voir n. 19), t. 1, Ecclesia Aptensis, n° XI, Instrumenta, p. 77.
77 Voir n. 19.
78 Ripart, Le cartulaire A de Grenoble (voir n. 28), p. 148–149, une différence de rubrication permet de distinguer le premier cahier par rapport au reste du recueil et d'y reconnaître un probable ajout à la compilation d'origine.
79 Zerner, L'élaboration du grand cartulaire (voir n. 3), p. 227. Ead., Cartulaire et historiographie (voir n. 3), p. 531; Renault, Saint-Victor de Marseille, des archives au cartulaire (voir n. 3), p. 181–182.
80 Neiske, Papsttum und Klosterverband (voir n. 65), p. 265–268. Mazel, De l'emprise aristocratique (voir n. 17).

lège de 1079. En définitive, c'est peut-être sa complémentarité avec l'ensemble de la compilation qui lui a conféré une place à part. Dans les années 1080 et 1090, alors que des confirmations épiscopales et des actes de transferts d'églises et de monastères non provençaux ont été ajoutés au recueil, ni les privilèges de 1081, ni les privilèges d'Urbain II ne l'ont été[81]. Les ajouts ne sauraient, certes, être considérés de la même façon qu'un cartulaire soumis à certains principes lors de sa rédaction. Dans le cas victorin, il semblerait que l'on ait continué à considérer à part les privilèges reçus après 1079, ce qui correspondrait peut-être à une conservation séparée sous l'abbatiat de Richard (1079–1106). À Lérins, en revanche, c'est sans doute parce qu'il ne répondait pas aux objectifs bien spécifiques du premier cartulaire que le privilège d'Urbain II a été écarté avant d'être intégré au second projet, plus général, du milieu du XIIe siècle. Si les cartulaires provençaux ont souvent reçu des compléments par de multiples mains, ce ne sont jamais des privilèges qui ont été ajoutés mais à plusieurs reprises des lettres pontificales.

### *b. Des lettres pontificales dans les cartulaires: une transmission aléatoire?*

Les lettres pontificales, en particulier lorsqu'elles n'avaient qu'une valeur transitoire, semblent n'avoir pas été considérées de la même façon que les privilèges par les cartularistes provençaux. Ces lettres »mandement« n'étaient conservées ou copiées qu'en fonction des situations. Davantage que les destinataires, qui n'avaient pas toujours intérêt à le faire, ce sont souvent les bénéficiaires réels qui les conservaient. Bon nombre de lettres sont en effet connues par des copies réalisées par les institutions impliquées par la décision contenu par le document[82]. On peut donner pour exemple, les lettres adressées à l'évêque de Nîmes ou à l'archevêque de Narbonne et transmises par le bullaire de Saint-Gilles[83], ou les six lettres d'Urbain II à différents destinataires assemblés dans un mémoire copié au cartulaire A de Grenoble[84]. Ces transcriptions permettent de supposer qu'en amont les institutions concernées par ces lettres avaient le souci de s'en procurer le texte. Dans certains cas, ces institutions se sont

81 Zerner, L'élaboration du grand cartulaire (voir n. 3), p. 232–237.

82 Je remercie Laurent Morelle pour ses suggestions sur cette question. Jean-Charles Bédague, Le pape, le prévôt et les chanoines. Conservation et réception des actes pontificaux dans les collégiales séculières: l'exemple de l'espace flamand, dans: Renault, Salemme (dir.), Réception et conservation des documents pontificaux (voir n. 9), donne une série d'exemple. On a parfois copié des lettres pontificales dans des manuscrits liturgiques et dans certains cas – mais pas systématiquement – lorsque l'institution n'avait pas encore réalisé de cartulaire. C'est le cas du chapitre cathédral de Reims au cours du XIIe siècle. Par la suite, disposer d'un cartulaire n'aurait pas toujours mis fin à ces pratiques, comme cela a été observé pour la même institution par Ludwig Falkenstein, Les deux lettres pontificales du ms. 15 et la tradition manuscrite des lettres pontificales du chapitre de Reims (fin XIe–début XIIIe siècle), dans: Patrick Corbet, Patrick Demouy (dir.), Un homme, un livre au XIe siècle. Le prévôt Odalric et le manuscrit 15 de la Bibliothèque municipale de Reims, Reims 2015 (Travaux de l'Académie nationale de Reims, 182), p. 179–224.

83 Lettre de Grégoire VII à Frotier, évêque de Nîmes, donnée à Rome, le 22 mars 1074 (JL 4846, Pflugk-Harttung, Acta pontificum Romanorum inedita [voir n. 48], t. 1, p. 46, n° 47; Goiffon, Bullaire de Saint-Gilles [voir n. 27], p. 25). Lettre de Calixte II adressée à Atton, archevêque d'Arles, donnée à Vienne, le 3 février 1120 (JL 6810; Goiffon, Bullaire de Saint-Gilles, p. 59; Robert, Bullaire du pape Calixte II [voir n. 44], t. 1, p. 192–193, n° 132).

84 Ripart, Le cartulaire A de Grenoble (voir n. 28), p. 149.

peut-être chargées elles-mêmes du voyage auprès du pape, puis du transport de la lettre au destinataire. Dans ce cas, il ne serait pas exclu qu'elles aient réalisé au passage une copie pour leurs archives.

En Provence, le premier cartulaire de Lérins contenait quatre lettres. À Saint-Victor, ce que l'on reconnaît pour la rédaction initiale du cartulaire n'avait pas intégré de lettres pontificales. Il est cependant envisageable que l'abbaye ait alors conservé des lettres puisque l'on connaît par le registre de Grégoire VII trois lettres de 1079, deux lettres adressées aux moines et une à Richard, frère de Bernard et légat en Espagne[85]. Par la suite, entre 1079 et le milieu du XII^e siècle, les espaces laissés vierges ont reçu des actes variés (actes relatifs aux monastères dépendants de Languedoc ou de Catalogne, confirmations épiscopales relatives à l'ensemble des biens victorins dans des diocèses provençaux)[86]. Alors que les privilèges de Grégoire VII, Urbain II, Pascal II et Calixte II n'étaient pas ajoutés, quatre lettres pontificales ont été copiées formant comme un petit dossier (fol. 185^v et 186^r).

La première est une lettre de Gélase II et les trois suivantes, émanant de Calixte II, ont été délivrées aux cours de deux journées à Romans et Valence[87]. Les quatre lettres sont adressées à des évêques mais intéressent Saint-Victor. Trois comportent des rappels de la sujétion de monastères à Saint-Victor ou une injonction de restituer lesdits monastères à l'abbaye marseillaise. Le copiste a sans doute copié les quatre lettres peu après le 18 février 1120. Il a pu faire précéder les trois lettres de Calixte II d'une lettre de Gélase II ayant un objet comparable, à moins qu'il n'ait choisi cet emplacement parce que la lettre de Gélase II y était déjà copiée. En revanche, deux autres lettres de Calixte II n'ont pas été intégrées au cartulaire[88]. Comme elles ne possèdent

85 Lettre par laquelle Grégoire VII réconfortant les moines de Saint-Victor du fait de l'absence et de la captivité de leur abbé Bernard, leur annonce son souhait d'unir Saint-Victor à Saint-Paul-hors-les-murs (JL 5100; Caspar, Das Register Gregors VII. [voir n. 11], p. 419–420, VI, 15; Santifaller et al., Quellen und Forschungen [voir n. 11], p. 191, n° 163; indiqué: Vones, Päpstlicher Legat und päpstlicher Wille [voir n. 60], p. 338). Lettre de Grégoire VII à Richard, légat pontifical en Espagne, lui annonçant la mort de son frère Bernard et son élection comme abbé de Saint-Victor, 1079, 2 novembre (JL 5143; Caspar, Das Register Gregors VII., p. 468, VII, 7). Lettre de Grégoire VII aux moines de Saint-Victor, les consolant de la mort de leur abbé (Bernard) et les enjoignant à élire son frère Richard comme abbé, 1079, 2 novembre (JL 5144; Caspar, Das Register Gregors VII., p. 469, VII, 8).

86 Zerner, L'élaboration du grand cartulaire (voir n. 3), p. 232–237 et ead., Le grand cartulaire (voir n. 3), p. 304–305.

87 1) Lettre de Gélase II, du 20 décembre 1118 adressée à l'évêque d'Agde et rappelant que le monastère Saint-André d'Agde, contesté, dépend de Saint-Victor (fol. 185^v: JL 6672, Guérard, n° 808). 2) Lettre de Calixte II à l'archevêque, l'archidiacre et les clercs de Tolède ordonnant la restitution de Saint-Servand de Tolède à Saint-Victor, Romans, 17 février 1120 (fol. 186^r: JL 6818; Guérard, n° 810; Robert, Bullaire du pape Calixte II [voir n. 44], t. 1, p. 206, n° 140). 3) Lettre du même à Adhémar évêque de Rodez, lui ordonnant de faire établir la paix entre Saint-Victor et Vabres, monastère qui avait échappé à sa tutelle, et de lever l'interdit qui frappait l'église de Saint-Léons, Romans, 17 février 1120 (fol. 186^r: JL 6819; Guérard, n° 811; Robert, Bullaire du pape Calixte II, t. 1, p. 207, n° 141). 4) Lettre du même aux archevêques et évêques de Provence rappelant que Saint-Victor dépend directement de Rome et les invitant à laisser à cette abbaye la jouissance des biens acquis depuis trente années, Valence, 18 février 1120 (fol. 186^r: JL 6820, Guérard, n° 809; Robert, Bullaire du pape Calixte II, t. 1, p. 208, n° 142.).

88 Lettre de Calixte II à R[aoul], abbé de Marseille et ses frères confirmant l'acte d'Urbain II à Richard, archevêque de Narbonne, alors abbé de Marseille, confirmant la donation de la comtesse

pas la même unité temporelle que les trois lettres délivrées à Romans et Valence, on peut supposer que le traitement en bloc de ces dernières explique plus aisément leur intégration au cartulaire.

Nous l'avons dit, les lettres ont rarement été transmises par le chartrier de leur destinataire. Dans un cas, la présence d'une lettre au sein de l'institution où était actif le destinataire est à signaler. Une lettre de Pascal II, du 2 janvier 1111, adressée aux clercs et au peuple d'Arles, les invitant à procéder à une élection, a été copiée dans le cartulaire de l'Église d'Avignon[89]. Elle est suivie d'une lettre de 1110 émanant de Gibelin, archevêque d'Arles et compétiteur d'Aicard, prélat excommunié. Ces documents sont sans doute arrivés à Avignon par le truchement de Gibelin, qui y aurait résidé. Le copiste aurait cru bon de copier ces actes bien qu'ils ne concernassent pas Avignon. Ils figurent toutefois au fol. 33$^{r-v}$, soit peu après la première partie du recueil, parmi des actes qui semblent avoir été ajoutés a posteriori et où l'on trouve des actes hérités non adressés à l'Église d'Avignon.

Si la transmission atypique de la lettre de Pascal II de 1111 est compréhensible, il convient d'examiner une série de quatre lettres antérieures qui n'ont pas été copiées dans l'Authentique d'Arles rédigé à l'instigation de l'archevêque Aicard. C'est d'abord le cas de deux lettres d'Alexandre II adressées à Raimbaud, prédécesseur d'Aicard[90]. L'absence d'une lettre de Grégoire VII au peuple et aux clercs d'Arles de 1079, invitant à une nouvelle élection archiépiscopale, et l'absence d'une lettre d'Urbain II invitant à reconnaître Gibelin et non Aicard comme archevêque s'explique aisément[91]. Aicard, en conflit avec la papauté, n'a peut-être pas eu en main ces deux derniers documents et s'il les avait eus, on comprend bien qu'il n'ait pas souhaité les intégrer à son recueil. L'omission des deux lettres adressées à Raimbaud est plus curieuse: trahirait-elle un souci d'Aicard de mettre sous le boisseau les rapports antérieurs avec la papauté[92]? Cela demeure difficile à déterminer. Le cas bien spécifique de la lettre de Pascal II de 1111 permet d'envisager que Gibelin, archevêque éconduit qui n'était pas parvenu à s'imposer à Arles face à Aicard, ait pu conserver tout ou

Stéphanie à Tarascon pour construire une église, Béziers, 1er juillet [1119] (JL 6707; Robert, Bullaire du pape Calixte II [voir n. 44], t. 1, p. 40, n° 28). Lettre de Calixte II aux clercs et au peuple de Chorges, leur défendant de construire une église en leur ville contre la volonté des moines de Marseille, avril [1121–1124] (JL 7120; Guérard, n° 931; Robert, Bullaire du pape Calixte II, t. 2, p. 270, n° 458).

89 JL 6287; GCN Arles, col. 473, n° 473; CNDD, p. 65–66, n° 59.

90 Lettre d'Alexandre II à Raimbaud, archevêque d'Arles, au sujet de l'expulsion de Ripert, évêque de Gap, 1063 (JL 4537; Loewenfeld, Epistolae Pontificum Romanorum ineditae [voir n. 36], p. 44, n. 85 et 86; GCN Aix, Instr., col. 277, n° XI). Lettre d'Alexandre II à Raimbaud, archevêque d'Arles, et Bertrand, évêque de Fréjus, annonçant qu'il prend sous sa protection l'église de Barjols, 1067?, transmise par le Livre Noir de l'Archevêque, Marseille, ADBDR, 3 G 16, fol. 50 (JL 4712; Gallia christiana, [voir n. 19], t. 1, Instr., p. 96; GCN Arles, col. 173–174, n° 423).

91 Lettre de Grégoire VII aux clercs et au peuple d'Arles annonçant l'envoi d'Hugues de Die et Laugier, évêque de Gap, 1er mars 1079 (Caspar, Das Register Gregors VII. [voir n. 11], p. 432–434, VI, 21; GCN Arles, col. 179, n° 437; JL 5112). Lettre d'Urbain II aux *suffraganeos* d'Arles invitant à reconnaître Gibelin comme archevêque, non datée, vers 1089 (JL 5423; GCN Arles, col. 183, n° 451).

92 La seconde, relative à la collégiale de Barjols, a probablement été conservée à Arles, elle l'était en tout cas dans les années 1170 lorsqu'elle fut copiée dans le Livre noir (voir n. 90).

partie de ces lettres. Enfin, les cartularistes ont également laissé de côté des documents anciens tels que la lettre du pape Zosime à l'évêque d'Arles Patrocle (417)[93].

La réception réservée par les cartularistes aux lettres pontificales a donc beaucoup oscillé. Parfois copiées lors de la constitution d'un dossier aux objectifs bien spécifiques, comme à Lérins, elles ont pu également l'être après coup, comme à Saint-Victor ou à Avignon. Le sort réservé aux quatre lettres arlésiennes pose la question de leur localisation au moment de la rédaction du cartulaire (1093–1095). Il se pourrait qu'Aicard ait sciemment fait exclure de la compilation les lettres adressées à son prédécesseur eu égard à ses rapports conflictuels avec la papauté. Mais ailleurs, l'absence des lettres pontificales dans les compilations ne peut guère être interprétée, à elle seule, comme indice d'une hostilité envers la papauté ou sa politique réformatrice. À certains moments, il semble bien que l'on considère comme inutile d'intégrer les lettres aux recueils dans la mesure où elles ne peuvent s'inscrire dans la perspective du tableau domanial projeté. C'est sans doute le cas à Saint-Victor avec trois lettres de Grégoire VII. En revanche, il est loisible de deviner quelque intention derrière la façon dont les églises se sont procuré des copies des lettres qu'elles ont parfois ajoutées à leur recueil, comme avec le dossier de quatre lettres copié à la fin du cartulaire marseillais.

## Conclusion

Si la pénétration de l'écrit pontifical et la rédaction des premiers cartulaires sont des mouvements contemporains et en partie mus par des causes communes, on ne peut pas dire qu'ils sont nécessairement liés. On peut être bien pourvu en privilèges sans entreprendre de cartulaire, comme c'est le cas pour Montmajour. Par ailleurs, plusieurs compilations n'ont été aucunement sous-tendues par un projet de recours à l'autorité apostolique. Ce serait plutôt une sourde réponse aux difficultés avec la papauté qui aurait motivé les prélats d'Arles et d'Apt. En revanche, c'est bien un effort conjoint qui pousse les moines de Saint-Victor au printemps 1079 à préparer une liste de biens en vue de la demande d'un privilège et la rédaction d'un cartulaire. Ces deux outils ont pu être conçus comme complémentaires jusqu'à un certain point même si leur rédaction était soumise à des contingences bien différentes.

Ensuite, la mise en évidence des attitudes très variées des cartularistes provençaux face aux documents pontificaux semble inviter à une grande prudence dans l'interprétation de la réception de ces derniers. Le tableau ici présenté montre des situations croisées, des jeux de cache-cache entre les recueils et les documents pontificaux. La vocation propre des privilèges à Saint-Victor, mais aussi leur conservation, pourrait expliquer qu'ils n'aient pas été ajoutés à la compilation. Pour les églises cathédrales, l'absence de grandes confirmations générales énumératives est notable et explique en partie un certain isolement de l'écrit pontifical à une époque où les églises ne pos-

93 Philipp JAFFE, Regesta pontificum Romanorum ab condita Ecclesia ad annum post Christum natum MCXCVIII. 3e éd. par Klaus HERBERS, t. 1, Göttingen 2016, n° 732; Gallia Pontificia, t. III/1: Diocèse de Vienne, éd. Beate SCHILLING, Göttingen 2006 (Regesta pontificum Romanorum), p. 56, n° 9; GCN Arles, n° 37. La transmission de cette lettre et son utilisation demanderait une étude particulière.

sèdent pas encore de séries de confirmations du pape. Si la mise à l'écart d'un privilège, comme à Apt, peut parfois procéder de difficultés avec la papauté, les cartularistes n'ont pas toujours perçu comme nécessaire l'intégration d'une première confirmation générale inaugurale. La distinction des menses épiscopale et capitulaire constitue également un facteur déterminant à prendre en compte, même si elle est souvent mal connue. Avant la floraison des collections de privilèges au sein des recueils, à partir du milieu du XII$^{e}$ siècle, l'intégration de ceux-ci n'allait donc pas de soi. Enfin, la question de l'ajout des documents pontificaux aux recueils déjà rédigés s'avère intéressante. Les privilèges auraient en plusieurs cas pu être ajoutés aux recueils mais ils ne l'ont pas été. À plusieurs reprises, les lettres pontificales, quant à elles, ont fait l'objet d'un intérêt particulier, il est vrai jamais systématique, mais témoignant d'un souci de ne pas perdre l'information.

Volker Rödel

# KAISER MAXIMILIANS WESTREICH UND DER QUATERNIONEN-REICHSADLER

Kaum eine historische Ausstellung, die Themen der Geschichte des Alten Reiches zum Gegenstand hat, glaubt auf die Präsentation eines kolorierten Holzschnitts verzichten zu können, den Hans Burgkmair der Ältere 1510[1] geschaffen hat (Abb. 1) und der im Folgejahr von unbekannter Hand kopiert wurde[2]. Er zeigt einen Doppeladler, dessen beide Köpfe Bügelkronen tragen und von Nimben umgeben sind; der gekreuzigte Erlöser auf dem Leib des Adlers symbolisiert die Sakralität des Reiches. Auf den Spangen der geöffneten Flügel sind oben (vom Betrachter gesehen) links die Wappen der drei geistlichen Kurfürsten, aus Symmetriegründen ergänzt um das des *Pottestat zû Rom,* rechts die der vier weltlichen Kurfürsten wiedergegeben. Auf dem Gefieder sind beiderseits in je sechs Reihen nebeneinander Wappen dargestellt, je vier gemäß der Theorie der Quaternionen[3] untereinander angeordnet. Der für die Rezeption des Holzschnitts förderlichen Verständlichkeit dienen unten an den Federn jeweils anhängende Textstreifen mit der Nennung der Kategorie der betreffenden Vierergruppe, außerdem die Namensangabe des betreffenden Inhabers über jedem Wappen. Diese Informationsdichte und die hohe künstlerische Qualität dürften Burgkmairs Holzschnitt als Vorlage empfohlen haben für die Herstellung zahlreicher gläserner Reichsadlerhumpen[4], deren Eignung als Reichsallegorie sie für Trinkrituale

Unter dem Begriff Westreich/*Westrich* ist geografisch ein Raum westwärts der Vogesen und des Pfälzer Waldes zu verstehen; zu diesem Thema demnächst Volker Rödel, Westrich. Ein Mauerblümchen unter den deutschen Landen des Spätmittelalters, in: Blätter für deutsche Landesgeschichte 153 (2017).

1 Angabe unten rechts: · *h · Burgkmair zu augspurg · 1510* ·; einziges Exemplar (32 x 44 cm): Staatsarchiv Nürnberg, Reichsstadt Nürnberg, Handschriften 281 (Geschlechterchronik der Familie Holzschuher), fol. 2/3; ein zweiter Zustand, bei dem die Signatur bis auf die Jahreszahl fortgefallen ist: Universitätsbibliothek Erlangen, Graphische Sammlung, und Bayerische Staatsbibliothek München; 1473–1973 Hans Burgkmair, Das graphische Werk. Ausstellungskatalog, Redaktion: Isolde Hausberger, Rolf Biedermann, Stuttgart 1973, Nr. 42 und Abb. 52; Peter Fleischmann, Norenberc – Nürnberg 1050 bis 1806. Eine Ausstellung des Staatsarchivs Nürnberg zur Geschichte der Reichsstadt, 16. Sept. bis 12. Nov. 2000, München 2000 (Ausstellungskataloge der Staatlichen Archive Bayerns, 41), S. 74 f.

2 Exemplar: Germanisches Nationalmuseum Nürnberg H 1549, Kapsel 1452; Angabe nur noch: *H 1511*. Vermutlich den originalen Holzstock verwendete eine Fassung mit veränderten Typen mit der Adresse Jost de Negker, die dessen Sohn David, damals in Leipzig tätig, 1564 für eine neue Ausgabe verwendete; ibid.

3 Dazu maßgeblich: Ernst Schubert, Die Quaternionen. Entstehung, Sinngehalt und Folgen einer spätmittelalterlichen Deutung der Reichsverfassung, in: Zeitschrift für Historische Forschung 20 (1993), S. 1–63.

4 Gleichfalls beliebt als Exponate; vgl. zuletzt Katharina Heinemann (Hg.), Kaiser. Reich. Stadt. Die Kaiserburg Nürnberg, Begleitbuch zur Ausstellung Nürnberg 13. Juli bis 10. Nov. 2013,

vor allem in Reichsstädten qualifizierten; meist waren es Meisterstücke von böhmischen oder sächsischen Glasmachern. Entgegen dem Titel *Das hailig Römisch reich mit seinen gelidern* auf Burgkmairs Holzschnitt ist in Ausstellungslegenden stets etwas irreführend von Ständen bzw. ständischer Gliederung[5] des Reichs die Rede. Dass die Quaternionentheorie als abstrakte schematische Ordnungsvorstellung ursprünglich nicht die Verfassungswirklichkeit abzubilden gedachte, ergibt sich schon aus dem Fehlen aller nicht-kurfürstlichen geistlichen Reichsfürsten und z.B. auch aus der Präsenz des Wappens des längst untergegangenen schwäbischen Herzogtums (neben denen von Braunschweig, Bayern und Lothringen) in der hier *iiii seull* genannten Gruppe der Herzöge. Vollends irritiert die Gruppe *Brabanndt*, *n·Sachssen*, *Westerreich* und *Schlessi*, wobei das Wappen *Westerreich* – siebenmal schräg von Gold und Blau geteilt – die meisten Rätsel aufgibt.

Einen Lösungsansatz bietet nicht in erster Linie die Bezeichnung *Westerreich*, sondern das Heroldsbild der Schrägteilung von Gold und Blau, das – meist nur fünfmal geteilt und mit roter Bordüre – das Wappen der 1361 ausgestorbenen Herzöge von Burgund[6] bildete. Ihre Nachfolger aus dem Königshaus Valois führten einen gevierten Schild; schließlich kamen im Wappen Herzog Karls des Kühnen (1433–1477) die angestammten Farben des Herzogtums nur noch in den Plätzen 2 und 3 jeweils vorne im gespaltenen Schild vor[7]. Daher trifft man dafür auch die differenzierende, aber sachlich eigentlich unzutreffende[8] Bezeichnung »Alt-Burgund« an.

Das hier zu behandelnde Thema ordnet sich in den größeren Zusammenhang des Ausgreifens des Hauses Österreich nach Westen dank Maximilians 1477 geschlossener Ehe mit Maria von Burgund ein, bereits 1500 durch die Anwartschaft für deren Sohn Philipp den Schönen auf die Nachfolge in Spanien um eine ungeahnte Dimension erweitert, was freilich in der Rückschau seit dem 19. Jahrhundert den Erwerb des burgundisch-niederländischen Erbes aus dem historischen Bewusstsein etwas verdrängte. So fand auch der durch diesen Erwerb ausgelöste und von Maximilians persönlichen Neigungen begünstigte kulturelle Transfer in die Erblande und in den

Petersberg 2013, Nr. 3.23; gezeigt wurde das Exemplar GL 402 des Germanischen Nationalmuseums von 1644.

5 Aus vielen Beispielen herausgegriffen: Matthias Puhle, Claus-Peter Hasse (Hg.), Heiliges Römisches Reich Deutscher Nation 962 bis 1806. [Ausstellungskatalog] I. Von Otto dem Großen bis zum Ausgang des Mittelalters, Landesausstellung Sachsen-Anhalt vom 28. August bis zum 10. Dezember 2006, Dresden 2006, Nr. VI.57 (Volker Henn); gezeigt wurde dort eine 1571 in Leipzig – vgl. Anm. 2 – gedruckte Kopie von Burgkmairs Quaternionen-Reichsadler.

6 *Bandé d'azur et d'argent de six* (bzw. *huit*) *pièces;* Charles Ségoing, Trésor héraldique ou Mercure armorial, Paris 1657, S. 83 f. Dort wird dieses Wappen auch für *Austrasie, ancien Royaume*, in Anspruch genommen; für das Herzogtum Burgund galt zusätzlich: à la *bordure de gueules*. Vgl. neuerdings Andreas Cornaro, Burgund, in: Harald Huber (Hg.), Wappen. Ein Spiegel von Geschichte und Politik, gesehen im Wappen eines vorderösterreichischen Regenten, Karlsruhe 1990, S. 118–122.

7 Susan Marti, Till-Holger Borchert, Gabriele Keck (Hg.), Karl der Kühne (1433–1477). Kunst, Krieg und Hofkultur. Ausstellungskatalog Bern und Brügge, Stuttgart 2008, S. 23 f.; vgl. unten, S. 95 f.

8 Jonathan Dacre Boulton D'Arcy, The Order of the Golden Fleece and the Creation of Burgundian National Identity, in: ders., Jan. R. Veenstra (Hg.), The Ideology of Burgundy. The Promotion of National Consciousness, 1364–1565, Leiden, Boston, Tokyo 2006 (Brill's Studies in Intellectual History, 145), S. 21–97, hier S. 44.

Südteil des Binnenreichs zu wenig Beachtung. In ihm verbanden sich mittelalterliche dynastische Ausgangsvorstellungen mit Gedankengut und Forschungsmethoden des Humanismus zur Propagierung einer neuartigen Herrschaftsauffassung, begünstigt durch die verbesserten medialen Möglichkeiten der Zeit.

Maximilian I. war seit 1493 endlich unbestritten Landesherr jedenfalls des größeren Teils der territorialen burgundischen Erbmasse Karls des Kühnen. Dass er daran angeknüpft haben könnte, indem er ein (König-)Reich im Westen zu errichten gedächte, um seinem Haus eine auf zwei Territorialkomplexen beruhende Königswürde zu verschaffen, darauf hat schon 1950 Anna Coreth hingewiesen[9]. Unerachtet der nur mäßigen Rezeption dieses Aufsatzes haben sowohl die monumentale Biografie Hermann Wiesfleckers[10], das damit einhergehende und derzeit bis zum Jahr 1504 gediehene Regestenwerk[11], aber auch zahlreiche Ausstellungskataloge[12] seither weitere Erkenntnismöglichkeiten eröffnet. Die Berücksichtigung der von Maximilian zu Propagandazwecken persönlich angeregten und überwachten druckgrafischen Produktion soll im Verein mit der Heraldik – sowohl der im Druck verbreiteten als auch der im öffentlichen Raum gezeigten – und der Kartografie zusätzlich Lösungswege erschließen. In diese Erwägungen einzubeziehen ist die Zuarbeit durch den Kreis der von Maximilian dazu berufenen Humanisten, denen auch Stammbäume und Kartenbilder zu verdanken sind, meist ohne dass die zugrunde liegenden Erörterungen und Theorien textlich fassbar wären[13]. So entstandene illustrative Quellen vermochten seinerzeit geradezu eine Bildrhetorik zu entfalten, also beim Betrachter Bewusstsein zu bilden, gleichsam optisch zu artikulieren. Mithin liegt es nahe, den zugrunde liegenden Absichten und möglichen Wirkungen nachzuspüren, nämlich unter Einbeziehung der Heraldik als nicht nur formal zuarbeitender Hilfswissenschaft und auch der Kartografie.

Im Folgenden wird (I.) Maximilians Politik vor allem in bzw. gegenüber den burgundischen Niederlanden darzustellen, sodann (II.) die von ihm betriebene ideologisch-propagandistische Festigung des dabei bis 1493 Erreichten mit den Mitteln der Heraldik, genealogischer Entwürfe und auch der Kartografie zu dokumentieren sein;

9 Anna Coreth, Dynastisch-politische Ideen Kaiser Maximilians I., in: Mitteilungen des Österreichischen Staatsarchivs 3 (1950), S. 81–105.

10 Hermann Wiesflecker, Kaiser Maximilian I. Das Reich, Österreich und Europa an der Wende zur Neuzeit, 5 Bde., München 1971–1986. Zu Maximilian jetzt Adolf Laufs, Maximilian I., in: Handwörterbuch zur deutschen Rechtsgeschichte, Bd. 2, Berlin ²2015, Sp. 1379–1382.

11 Regesta Imperii XIV. Ausgewählte Regesten des Kaiserreiches unter Maximilian I. 1493–1519, bearb. von Herrmann Wiesflecker, Inge Wiesflecker-Friedhuber, Manfred Hollegger u. a., bisher 4 Bde. in 7 Teilen, Wien, Köln, Weimar 1990–2004. Für die Phase vor Maximilians Königszeit ergänzen es in willkommener Weise die Regesten Kaiser Friedrichs III. (1440–1493), Supplemente Kaiser und Reich in der Regierungszeit Friedrichs III. I: Claudia Rotthoff-Kraus (Bearb.), Regesten zur burgundisch-niederländischen Geschichte unter Maximilian I. bis zum Tode Friedrichs III. (1477–1493) aus den Archives générales du Royaume/dem Algemeen Rijksarchief in Bruxelles/Brussel, Bestand: Manuscrits divers, Wien, Weimar, Köln 2008.

12 Zuletzt Eva Michel, Maria Luise Sternath (Hg.), Kaiser Maximilian I. und die Kunst der Dürerzeit, Wien, Albertina, 14.9.2012–6.1.2013, München, London, New York 2012.

13 Harald Kleinschmidt, Kaiser Maximilians I. Theorie der internationalen Beziehungen, in: Heinz Noflatscher, Michael A. Chisholm, Bertrand Schnerb (Hg.), Maximilian I. 1459–1519. Wahrnehmung – Übersetzungen – Gender, Innsbruck u. a. 2011 (Innsbrucker Studien; 27), S. 305–319, hier S. 313.

weiterhin soll (III.) dem Projekt einer Königswürde für Österreich und etwa auch für ein »Westreich« nachgegangen werden; schließlich bleibt (IV.) zu klären, wie dies auf die Gestaltung von Burgkmairs Quaternionen-Reichsadler eingewirkt haben dürfte, sowie ein Fazit (V.) zu ziehen.

## I. Maximilians Politik gegenüber den burgundischen Niederlanden

Zum ersten Mal konnte Maximilian mit Burgund als einem politisch-kulturellen Phänomen im Alter von 14 Jahren in Kontakt treten, als er im Herbst 1473 seinen Vater Kaiser Friedrich III. zu dessen Verhandlungen mit Herzog Karl dem Kühnen in Trier[14] begleitete[15]. Am burgundischen Hof hatte man schon seit den 1460er Jahren Pläne für ein linksrheinisches Reichsvikariat[16], auf das eine regionale Königswürde gegründet werden könnte, entwickelt. Nun erhoffte sich der Herzog sogar die Nachfolge im römischen Königtum, wenn seine einzige Tochter Maria und der Kaisersohn Maximilian die Ehe eingingen[17]. Friedrich III., seine Prärogative als Kaiser behauptend, beendete abrupt das daher ergebnislos gebliebene Treffen.

Nur drei Wochen nach Karls des Kühnen überraschendem Schlachtentod am 5. Januar 1477 vor Nancy musste Maria den Generalständen im »Großen Privileg« die Rücknahme der durch ihren Vater zum Missvergnügen vor allem der Städte eingeführten Zentralstaatseinrichtungen zugestehen. Gleichwohl kam es in Gent zu einem Aufstand, bei dem im April führende burgundische Staatsmänner hingerichtet wurden. Angesichts der rechtlich kaum bemäntelten Machtpolitik des französischen Königs Ludwig XI. wurde die schon lange geplante Ehe zwischen Maria und Maximilian am 21. April 1477 *per procuram* in Brügge geschlossen[18]. Maximilian wurde dabei von Herzog Ludwig von Pfalz-Veldenz vertreten; die eigentliche Vermählung folgte am 19. August. Auch ein anderer Reichsfürst, der mit den politischen Verhältnissen im *Westrich* gut vertraut war, verwendete sich für Maximilian: Markgraf

14 Petra Ehm-Schnocks, Der Tag von Trier 1473 und die Grenzen des Reiches: Karl der Kühne, Friedrich III. und die Kurfürsten, in: Sonja Dünnebeil, Christine Ottner (Hg.), Außenpolitisches Handeln im ausgehenden Mittelalter. Akteure und Ziele, Wien, Köln, Weimar 2007 (Forschungen zur Kaiser- und Papstgeschichte des Mittelalters. Beihefte zu J.F. Böhmers Regesta Imperii, 27), S. 143–157, hier S. 149f.

15 Wiesflecker, Maximilian I. (wie Anm. 10), Bd. 1, S. 96–104.

16 Dieses hätte in für Friedrich III. willkommener Weise die Machtfülle seines Widersachers Pfalzgraf Friedrichs des Siegreichen beschnitten, war aber wegen des unterdessen zwischen Burgund und Pfalz hergestellten Einvernehmens hinfällig geworden; vgl. Volker Rödel, Friedrichs des Siegreichen Stellung im Reich, in: Franz Fuchs, Pirmin Spiess (Hg.), Friedrich der Siegreiche (1425–1476). Beiträge zur Erforschung eines spätmittelalterlichen Landesfürsten, Neustadt an der Weinstraße 2016 (Abhandlungen zur Geschichte der Pfalz, B 17), S. 49–72, hier S. 66.

17 Henny Grüneisen, Die westlichen Reichsstände in der Auseinandersetzung zwischen dem Reich, Burgund und Frankreich bis 1473, in: Rheinische Vierteljahrsblätter 26 (1961), S. 22–77, hier S. 55f.; Sonja Dünnebeil, Handelsobjekt Erbtochter – zu den Verhandlungen um die Verehelichung Marias von Burgund, in: dies., Ottner, Außenpolitisches Handeln (wie Anm. 14), S. 159–184, hier S. 163f.; Sonja Dünnebeil, Die Rolle Burgunds: Karl der Kühne – Friedrich III., in: Michael Embach (Hg.), Der Trierer Reichstag von 1512 in seinem historischen Kontext, Trier 2012 (Kurtrierisches Jahrbuch, Sonderbd.), S. 69–82, hier S. 72–75.

18 Wiesflecker, Maximilian I. (wie Anm. 10), Bd. 1, Kap. IV, S. 113–126; zum Weiteren ibid., S. 126–227 sowie Regesten Friedrichs III. Supplement (wie Anm. 11), Einleitung, S. 15–21.

Georg von Baden[19], von 1461 bis 1484 Bischof von Metz; sein in der Markgrafschaft regierender Bruder Karl war mit einer Schwester Kaiser Friedrichs III. verheiratet. Der Bischof hatte den Ehevertrag ausgehandelt und zusammen mit seinen Brüdern und seinem Neffen Christoph[20] Maximilian nach Brügge begleitet. Nach der Hochzeit blieb er vor allem Maria eng verbunden und gehörte zu den Verfassern des kurz vor ihrem Tod am 27. März 1482 ausgefertigten Testaments.

Angesichts des Vorrückens französischer Truppen hatten die flämischen Städte Maximilian bald akzeptieren müssen und die Armee König Ludwigs XI. konnte 1479 bei Guinegate besiegt werden. Marias früher Tod ließ jedoch die einheimische Gegnerschaft wieder aufleben, obwohl seit der Geburt Philipps (des Schönen), die Maximilian 1478 die Anerkennung als Herzog von Burgund verschafft hatte, ein legitimer Erbe der burgundischen Herrschaftsrechte vorhanden war. Die Stadt Gent bemächtigte sich Philipps und seiner Schwester Margarete; auch der Adel begehrte gegen Maximilian auf, der einen Regentschaftsrat akzeptieren musste, ebenso den Ende 1482 von diesem mit Frankreich geschlossenen Frieden von Arras. Dieser Friedensvertrag sah die Ehe des Dauphins Karl mit Maximilians Tochter Margarete (1480–1530) vor, die sogleich an den französischen Hof überstellt wurde; als Mitgift galten das Herzogtum und die Freigrafschaft Burgund sowie weitere Besitzungen. Bezeichnenderweise wurde Maximilian 1484 seine Würde als Oberhaupt des Ordens vom Goldenen Vlies aberkannt und er durfte lediglich die Geschäfte bis zur Volljährigkeit Philipps 1494 weiterführen[21].

Obzwar am 16. Februar 1486 in Frankfurt zum Römischen König gewählt und am 9. April in Aachen gekrönt, vermochte sich Maximilian in den Niederlanden noch nicht durchzusetzen, obwohl er seit 1485 die Vormundschaft über Philipp zurückgewonnen hatte und eine Art Mitregentschaft ausüben konnte. Von Februar bis Mai 1488 wurde er sogar von der Stadt Brügge festgesetzt und kam erst nach Ausrufung

19 Fridolin Weber-Krebs, Die Markgrafen von Baden im Herzogtum Luxemburg (1487–1797), Trier 2007 (Beiträge zur Landes- und Kulturgeschichte, 6), S. 50–57; weitere Belege zu Georgs Aktivitäten in den Regesten Friedrichs III., Supplement (wie Anm. 11), Nr. 8, 9, 15, 20, 53, 139.

20 Zu Christophs Aktivitäten, der schon für Karl den Kühnen tätig gewesen war und dessen Bruder Albrecht 1488 vor Damme fiel, siehe Weber-Krebs, Markgrafen von Baden (wie Anm. 19), S. 168–186. 1492 übertrugen ihm Maximilian und Philipp Rodemachern/Rodemack und vier weitere Herrschaften; Regesten Friedrichs III., Supplement (wie Anm. 11), Nr. 335.

21 Hermann Wiesflecker, Maximilien Ier, troisième chef et souverain, in: Raphaël de Smedt (Hg.), Les Chevaliers de l'Ordre de la Toison d'or au XVe siècle, Frankfurt am Main 2000 (Kieler Werkstücke, D 3), S. 185–190; vgl. Regesten Friedrichs III., Supplement (wie Anm. 11), Nr. 213. Maximilian wurde erst nach der Geburt seines Sohnes 1478 zum Ritter geschlagen und zum Ordenssouverän erhoben; ibid. Vgl. die Miniatur in der Chronik von Flandern mit einem großen österreichisch-burgundischen Allianzwappen; Hispania – Austria. Kunst um 1492. Die Katholischen Könige, Maximilian I. und die Anfänge der Casa de Austria in Spanien, Katalog zur Sonderausstellung des Kunsthistorischen Museums Wien im Schloss Ambras, Innsbruck, 3. Juli bis 20. Sept. 1992, Mailand 1992, Nr. 95. Daraufhin hatte er dem Orden ein großes Privileg ausgestellt; Regesten Friedrichs III., Supplement, Nr. 53. Auch nach 1494 behielt Maximilian einen großen Einfluss auf den Orden; seinen Plan, in Freiburg im Breisgau einen unabhängigen Zweig für die österreichischen Länder einzurichten, vermochte er 1497 jedoch nicht durchzusetzen; vgl. auch Heinz Noflatscher, Maximilian im Kreis der Habsburger, in: Ausstellungskatalog Maximilian I. Bewahrer und Reformer, Reichskammergerichtsmuseum Wetzlar, hg. von Georg Schmidt-von Rhein, Ramstein 2002, S. 31–50, hier S. 41.

eines Reichsfeldzugs frei, jedoch um den Preis eines erneuten Verzichts auf Vormundschafts- und Herrschaftsrechte. Auch dieser Feldzug, zu dem sich sein greiser Vater, unterstützt durch zahlreiche Reichsfürsten und beraten von Konrad Peutinger, aufgerafft hatte, scheiterte im Grunde an der Hartnäckigkeit der mit Frankreich verbündeten flandrischen Städte.

Aufgrund der Ende 1490 *per procuram* geschlossenen Ehe Maximilians mit Anna, Erbtochter des Herzogtums Bretagne, kam es erneut zum Krieg mit Frankreich, als König Karl VIII. die Bretagne eroberte, Anna kurzerhand heiratete und die ihm 1482 von den niederländischen Ständen verlobte Braut Margarete unter Einbehaltung der vereinbarten Mitgift zurückschickte. Diesen Konflikt beendete der am 23. Mai 1493 in Senlis geschlossene Friedensvertrag, mit dem hauptsächlich das Artois und die Freigrafschaft Burgund zurückgewonnen werden konnten, jedoch eben nicht das Herzogtum Burgund. Im Ergebnis hatte dieser »15jährige burgundische Erbfolgekrieg«[22] den Zusammenhalt wenigstens der niederburgundischen Territorien gewahrt, jedoch um den Preis einer weitgehenden Verwüstung und wirtschaftlichen Schwächung des reichen Landes.

Nach dem Tod Friedrichs III. am 19. August 1493 trat Maximilian im Reich dessen Nachfolge an. Sein Sohn Philipp, 1494 für volljährig erklärt und in seine Regierungsfunktionen eingeführt, verfolgte zum Missvergnügen seines Vaters anfangs eher eine unabhängige Politik. Seine 1495 verabredete und im Oktober 1496 in Lier vollzogene Eheschließung mit Johanna, Tochter der Katholischen Könige, gewann für das ganze Haus Österreich-Burgund, wie man es seit 1477 eigentlich zu bezeichnen hätte[23], im Juli 1500 eine unabsehbar hohe Bedeutung, als feststand, dass den Abkömmlingen aus dieser Ehe die Krone der vereinigten Königreiche Kastilien und Aragón zufallen würde. Nach dem Tod seiner Schwiegermutter Isabella von Kastilien 1504 erwarb Philipp den spanischen Königstitel. Diese Anwartschaft auf eine inzwischen erdumspannende Herrschaftsdimension nach dem frühen Tod Philipps im September 1506 gegen den Widerstand König Ferdinands von Aragón aufrechtzuerhalten, erforderte erneut große Anstrengungen. Maximilian wurde dabei von seiner Tochter Margarete – nach kurzen Ehen zweimal verwitwet – unterstützt, die er 1507 auf Vorschlag der Generalstände als Vormund ihres Neffen, des siebenjährigen Karl, zur Statthalterin mit Sitz in Mecheln berief. Mit der Ausrufung zum »erwählten Römischen Kaiser« am 4. Februar 1508 in Trient schwang sich Maximilian gleichsam selbst zum Inhaber der höchsten Herrschaftswürde auf. Im November 1491 schon hatte ihm der Friede von Pressburg die Führung des Titels eines Königs von Ungarn zugestanden.

Wichtig für den räumlichen Zusammenhalt der habsburgischen Territorien war 1490 der Verzicht des erbenlosen Erzherzogs Sigmund des Münzreichen († 1496),

22 Manfred Hollegger, Maximilian I. (1459–1519). Herrscher und Mensch einer Zeitenwende, Stuttgart 2005, S. 59.

23 Sporadisch waren zwischen 1497 und 1532 dynastieintern Bezeichnungen wie *maisons d'Autriche et de Bourgoigne* bzw. *Casas de Austria y de Borgoña* in Gebrauch; Heinz Noflatscher, »Die heuser Österreich und Burgund«. Zu den Quellen der Habsburgerhöfe um 1500 oder zu einem historiografischen Streßsyndrom, in: Frühneuzeit-Info 12/2 (2001), S. 32–48, hier S. 32. Ebenso gut könnte man mit Wiesflecker, Maximilian I. (wie Anm. 10), Bd. 1, S. 239, vom »Haus Burgund-Österreich« sprechen; vgl. auch unten, Anm. 86.

eines Vetters Kaiser Friedrichs III., auf die Ausübung seiner Herrschaftsrechte gewesen. Er hatte die Grafschaft Tirol und die Vorlande, später gewöhnlich als Vorderösterreich[24] bezeichnet, regiert. Maximilian verfügte dank der habsburgischen Besitzungen im Oberelsass fortan über eine Landbrücke zur Freigrafschaft Burgund[25] und über die Stadt Innsbruck als ein gern aufgesuchtes Verwaltungszentrum. Der südliche Oberrheinraum wurde nun für die Ausübung der habsburgischen Macht zu einer »Gelenkstelle zwischen den großen Flanken im Süden und Westen des Reiches«[26]. Für den elsässischen Adel und auch für die humanistisch Gebildeten eröffneten sich gute Aussichten, zumal die Niederlage Kurfürst Philipps von der Pfalz im Landshuter Erbfolgekrieg 1505 Österreich auch im Unterelsass zur dominierenden politischen Kraft machte[27]. In diesem Zusammenhang wichtig war auch die diesen Raum durchziehende und den Nordvogesenkamm überquerende alte Verkehrsverbindung von Norditalien nach Nordwesteuropa, deren Geleitsrechte vom Elsass bis an die Saar, ein Reichslehen, Maximilian 1494 als König dem Grafen von Zweibrücken-Bitsch verlieh; diese Straße führe, so hieß es nun, »durch Öster- und Westerreich und das Herzogtum Luxemburg nach Brabant«[28].

Für die Würdigung von Maximilians Politik in den burgundischen Niederlanden bestand für die deutsche und österreichische Geschichtsschreibung das Hemmnis der schwereren Erreichbarkeit der nordwesteuropäischen Schriftquellen[29]. Demzufolge liest man zum Ertrag dieser burgundischen Phase, die ja als die erste in Regierungsverantwortung eine prägende gewesen sein dürfte, oft nur von Übernahmen fortgeschrittener burgundischer Verwaltungstechniken und Herrschaftsstilelementen[30]. Dabei wird leicht übersehen, dass Maximilian sich trotz sprachlicher und kultureller Schranken stark mit seiner Rolle als Herzog dieses überdies sehr heterogenen Landes identifizierte, sodass er im »Weisskunig« geradezu von dessen

24 Die Kanzlei Maximilians musste nach der Übernahme aller Erblande durch ihn zu einer Normung finden, sodass ab 1497 oberösterreichische (später: Vorderösterreich) und niederösterreichische Lande (unterhalb des Inn gelegene) unterschieden wurden, was zur Unterscheidung von den Niederlanden erforderlich war; Heinz Noflatscher, Räte und Herrscher. Politische Eliten an den Habsburgerhöfen der österreichischen Länder 1480–1530, Mainz 1999 (Veröffentlichungen des Instituts für Europäische Geschichte Mainz, Abt. Universalgeschichte, 161), S. 132 f.; Hollegger, Maximilian I. (wie Anm. 22), S. 84.

25 Ibid., S. 72.

26 Thomas Zotz, Zentren und Peripherien des habsburgischen Imperiums im Mittelalter, in: Jeanette Rauschert, Simon Teuscher, ders. (Hg.), Habsburger Herrschaft vor Ort – weltweit (1300–1600), Ostfildern 2014, S. 19–33, hier S. 28.

27 Georges Bischoff, Une enquête: la noblesse austro-bourguignonne sous le règne de Maximilien Ier, in: Les pays de l'entre-deux au Moyen Âge. Questions d'histoire des territoires d'Empire entre Meuse, Rhône et Rhin, Paris 1990, S. 123–138, hier S. 124.

28 Regesta Imperii XIV (wie Anm. 11), 1 Nr. 857.

29 Auf offen eingestandene Defizite in Wiesfleckers großer Biografie weist Noflatscher, heuser (wie Anm. 23), S. 33, hin, wo auch vermerkt wird, dass die Regesta Imperii für die Zeit vor 1493 natürlich nichts beibringen können. Dies hat sich 2008 dank des Supplements zu den Regesten Friedrichs III. (Anm. 11), das wenigstens einen wichtigen Bestand bearbeiten konnte, verbessert.

30 So Malte Prietzel, Imitation, Inspiration und Desinteresse. Die Auseinandersetzung Maximilians I. mit den politischen Traditionen Burgunds, in: Klaus Herbers, Nikolas Jaspert (Hg.), »Das kommt mir spanisch vor«. Eigenes und Fremdes in den deutsch-spanischen Beziehungen des späten Mittelalters, Münster 2004 (Geschichte und Kultur der Iberischen Welt, 1), S. 87–106, hier S. 104.

Herzögen als seinen Vorfahren spricht[31]. Jedenfalls war sein Handeln ab 1494 von einem politisch-kulturellen Transfer von den Niederlanden in seine Erblande und deren süddeutsches Umfeld geprägt[32].

Angesichts der im vorangehenden Abriss des Geschehens manifest gewordenen Dichte genealogischer Wechselfälle, mithin der bei Befolgung einer dynastischen Politik auftretenden Unberechenbarkeit der Faktoren Fertilität, Sterilität und Mortalität, dürfte dieser Aspekt, den man nicht auf die politisch beschönigende Formel *Tu felix Austria nube* reduzieren sollte[33], für Maximilian eine große Rolle gespielt haben; denn seine Ehe mit Maria und die seines Sohnes Philipp mit Johanna waren zwar kurz, aber glücklich und mit Nachwuchs reich gesegnet. Die eigenen dynastischen Belange deswegen zu verabsolutieren, führte zu jahrelangen harten Auseinandersetzungen, vor allem auch mit dem flandrischen Stadtbürgertum. Missbilligung darüber formulierte denn auch 1515 Erasmus von Rotterdam in seinem Fürstenspiegel für die Brüder Karl und Ferdinand, als er aus der Erfahrung des 1493 (vorläufig) beendeten Burgundischen Erbfolgekriegs heraus fürstliche Ehen, eine persönliche Angelegenheit, als dem allgemeinen Wohl nicht unbedingt zuträglich erachtete; denn es könne dann gehen, »wie es den Griechen und Trojanern mit Helena erging«[34]. Es waren also im neu gewonnenen Machtbereich nicht nur Doppeladler als äußere Zeichen der Reichszugehörigkeit anzubringen[35] oder die Einverleibung im Sinne einer dynastischen Programmatik heraldisch zu dokumentieren, sondern es galt auch, den Rang der Dynastie hervorzukehren und die durch sie beherrschten Räume zu veranschaulichen, um sich selbst und der in jener Zeit zunehmend wissbegierigen Öffentlichkeit gegenüber den Machtzuwachs zu rechtfertigen. Davon soll im Folgenden die Rede sein.

31 Aus der letzten Textfassung für den dritten Teil (Hs E): *dann dasselbig lanndt was vormalen von des jungen weißen kunigs vorfarn auch mit dem swert erobert, als sy dann des ain gotliche gerechtigkhait haben*; Rudolf Buchner, Kaiser Maximilian als geschichtliche Erscheinung, in: Theodor Musper (Hg.), Kaiser Maximilians Weißkunig, Bd. 1, Stuttgart 1956, S. 149–191, hier S. 159.

32 »Daß über den Burgunder M. zahlr. niederländ. Strukturen und Elemente v. a. in die polit. und kulturelle Praxis an seinem Hof und in den österr. Erbländern (wie auch im Binnenreich) gelangten, wurde in den jüngeren Forschungen in den Grundzügen plausibel bestätigt, wenn dazu auch genauere Studien noch fehlen.« Heinz Noflatscher, Maximilian I. (1486/93–1519), in: Werner Paravicini, Jan Hirschbiegel, Jörg Wettlaufer (Hg.), Höfe und Residenzen im spätmittelalterlichen Reich. Ein dynastisch-topographisches Handbuch, Teilbd. 1: Dynastien und Höfe, Ostfildern 2003 (Residenzenforschung, 15/1), S. 351–360, hier S. 352.

33 Alfred Kohler, »Tu felix Austria nube ...«. Vom Klischee zur Neubewertung dynastischer Politik in der neueren Geschichte Europas, in: Zeitschrift für Historische Forschung 21 (1994), S. 461–482, hier S. 464. In den noch weitergehenden Zusammenhang der Heraufbeschwörung national aufgefasster Kriege stellt diese Vorgänge Paul-Joachim Heinig, Kaiser, Reich und Burgund. Habsburgs »neue Westpolitik« im 15. Jahrhundert, in: Zeitschrift des Aachener Geschichtsvereins 106 (2004), S. 54–76, hier S. 56.

34 Kohler, Vom Klischee (wie Anm. 33), S. 463.

35 Ernst Schubert, König und Reich. Studien zur spätmittelalterlichen deutschen Verfassungsgeschichte, Göttingen 1979 (Veröffentlichungen des Max-Planck-Instituts für Geschichte, 63), Exkurs VI. König und Reich in der heraldischen Farbensprache, S. 358–366, hier S. 365.

## II. Ideologisch-propagandistische Festigung des bis 1493 Erreichten

Zur Befriedigung seiner Wissbegier und zur Umsetzung seiner programmatischen Vorstellungen – man könnte gar von Kulturpolitik[36] sprechen – versicherte sich Maximilian in noch nie dagewesener Weise der Mitarbeit von gelehrten, humanistisch gebildeten Männern und der Verbreitung der von diesen unter seiner ständigen Kontrolle erarbeiteten Ergebnisse durch die Druckgrafik. Der sich hier entfaltende Gelehrtentyp[37] war noch ein ganzheitlicher; zugewiesene Funktionen und Aufgaben veranlassten erst Spezialisierungen auf bestimmten Wissensgebieten; Amtliches und Wissenschaftliches gingen oft miteinander einher. So wirkte Konrad Celtis (1459–1508)[38], Gründer eines Dichterkollegiums an der Universität Wien, zugleich als Literat und als Historiograf[39]. Als landesgeschichtlich anzusehende Forschungen unternahmen Ladislaus Sunthaym (ca. 1440–1513)[40], der auf Reisen und in Archiven viele Informationen für eine von Celtis geplante »Germania illustrata« sammelte, sowie der universal gelehrte Johannes Stabius (1460–1522)[41]. Solche Vorarbeiten nutzte Johannes Cuspinian (1453–1529), zeitweise als Diplomat und kaiserlicher Rat tätig[42], für eine unvollständig gebliebene Landeskunde von Niederösterreich. Auf den Stoffsammlungen und Forschungen der Genannten, aber auch des in Fälschungsverdacht geratenen Benediktinerabts Johannes Trithemius (1462–1516)[43] konnte der Hofhistoriograf Jakob Mennel[44] aufbauen. Er war als kaiserlicher Rat mit Maximilians dynastischen und politischen Plänen gut vertraut und vermochte diesen so eine historische Legitimationsbasis zu verschaffen. Seit 1505 damit beauftragt und von einem Stab deutscher und wallonischer Mitarbeiter unterstützt, konnte er 1518 seine fünfbändige »Fürstliche Chronik Kaiser Maximilians Geburtsspiegel«[45] vorlegen, im

36 WIESFLECKER, Maximilian I. (wie Anm. 10), Bd. 5, S. 321–323, 340–362.

37 Jan-Dirk MÜLLER, Gedechtnus. Literatur und Hofgesellschaft um Maximilian I., München 1982 (Forschungen zur Geschichte der älteren deutschen Literatur, 2), S. 54 f.

38 Ibid. sowie Arno MENTZEL-REUTERS, Serielle Chronographie und historische Unschärfe. Das historiographische Spätwerk des Johannes Trithemius, in: Markus FRANKL, Martina HARTMANN (Hg.), Herbipolis. Studien zu Stadt und Hochstift Würzburg in Spätmittelalter und Früher Neuzeit, Würzburg 2015 (Publikationen aus dem Kolleg ›Mittelalter und Frühe Neuzeit‹, 1), S. 376.

39 Peter LUH, Kaiser Maximilian gewidmet: Die unvollendete Werkausgabe des Conrad Celtis und ihre Holzschnitte, Frankfurt am Main 2001, S. 270–275.

40 Winfried STELZER, Sunthaym (Sunthaim, Suntheim[er]), Ladislaus, in: Die deutsche Literatur des Mittelalters. Verfasserlexikon. 2. Aufl. hg. von Burghart WACHINGER u. a., Bd. 9, Berlin, New York 1995, Sp. 537–542; Fritz EHEIM, Ladislaus Sunthaym. Ein Historiker aus dem Gelehrtenkreis von Maximilian I., in: Mitteilungen des Instituts für Österreichische Geschichtsforschung 67 (1959), S. 53–91.

41 Er entwarf zusammen mit Willibald Pirkheimer das allegorische Programm zum Triumphzug und zur Ehrenpforte und war mit einer Beschreibung und Kartierung der österreichischen Länder beauftragt; MÜLLER, Gedechtnus (wie Anm. 37), S. 59 und Helmut GRÖSSING, Stabius (Stöberer), Johannes, in: Deutscher Humanismus 1480–1529. Verfasserlexikon, hg. von Franz Josef WORSTBROCK, Bd. 2, Berlin, New York 2013, Sp. 948–957.

42 Winfried STELZER, Cuspinianus, Johannes, ibid., Bd. 1, 2008, Sp. 519–537.

43 Klaus ARNOLD, Johannes Trithemius (1462–1516), Würzburg 1971 (Quellen und Forschungen zur Geschichte des Bistums und Hochstifts Würzburg; 23), S. 161–181.

44 Karl Heinz BURMEISTER, Mennel (Manlius), Jakob (1460–1526), in: Verfasserlexikon (wie Anm. 40), Bd. 6, 1986, Sp. 389–395.

45 Dieter MERTENS, Geschichte und Dynastie – zu Methode und Ziel der ›Fürstlichen Chronik‹

gleichen Jahr auch eine reich illustrierte Kurzfassung davon, den »Zaiger«. Mit dieser Forschungsaufgabe war 1497/98 schon Ladislaus Sunthaym betraut gewesen, aber nicht zurechtgekommen[46].

Als Schlüsselfigur dieses humanistischen Gelehrtenkreises hat jedoch der Augsburger Stadtschreiber und kaiserliche Rat Konrad Peutinger (1465–1547)[47] zu gelten. Seine umfassende Gelehrsamkeit machte ihn für Maximilian »in einem hohen und freien Zusammenklang von Geist und Politik«[48] – wohl seit 1506 – zum unentbehrlichen Ratgeber, auch bei juristischen, numismatischen und genealogischen Fragen; folglich gehörte er zu dem Beraterkreis, der Werke wie das Mennels zu prüfen hatte.

Wichtiger noch als die Billigung der Inhalte war die Beauftragung, Koordination und Kontrolle der künstlerischen Umsetzung: Peutinger beschäftigte einen ganzen Stab von Augsburger und auch auswärtigen Künstlern und gewährleistete so die Illustration der Werke zur Verherrlichung des Kaisers und seines Hauses im Sinne des Auftraggebers. Die engste Zusammenarbeit bestand mit Hans Burgkmair dem Älteren (1473–1531)[49], der ungeachtet seiner hohen grafischen Kunstfertigkeit von

Jakob Mennels, in: Kurt Andermann (Hg.), Historiographie am Oberrhein im späten Mittelalter und in der frühen Neuzeit, Sigmaringen 1988 (Oberrheinische Studien, 7), S. 121–153; Beate Kellner, Formen des Kulturtransfers am Hof Kaiser Maximilians I. Muster genealogischer Herrschaftslegitimation, in: Udo Friedrich, Karl-Heinz Spiess, Matthias Müller (Hg.), Kulturtransfer am Fürstenhof. Höfische Austauschprozesse und ihre Medien im Zeitalter Kaiser Maximilians I., Berlin 2013 (Schriften zur Residenzkultur, 9), S. 52–103, hier S. 53–62; Simon Laschitzer, Die Genealogie des Kaisers Maximilian I., in: Jahrbuch der Kunsthistorischen Sammlungen des Allerhöchsten Kaiserhauses 7 (1888), S. 1–200, hier S. 1–39.

46 Peter Kathol, Alles Erdreich ist Habsburg untertan. Studien zu den genealogischen Konzepten Maximilians I. unter besonderer Berücksichtigung der »Fürstlichen Chronik« Jakob Mennels, in: Mitteilungen des Instituts für Österreichische Geschichtsforschung 106 (1998), S. 365–376, hier S. 365; Müller, Gedechtnus (wie Anm. 37), S. 59; vgl. unten, S. 100.

47 Franz-Josef Worstbrock, Peutinger (Bei-, Peitinger), Konrad, in: Deutscher Humanismus (wie Anm. 41), Bd. 3, 2015, Sp. 1–32; neuerdings Reinhard Laube, Helmut Zäh (Hg.), Gesammeltes Gedächtnis. Konrad Peutinger und die kulturelle Überlieferung im 16. Jahrhundert. Begleitpublikation zur Ausstellung der Staats- und Stadtbibliothek Augsburg anlässlich des 550. Geburtstags Konrad Peutingers, Luzern 2016.

48 Heinrich Lutz, Konrad Peutinger. Beiträge zu einer politischen Biographie, Augsburg 1958 (Abhandlungen zur Geschichte der Stadt Augsburg, 9), S. 42, 128.

49 Theodor Herberger, Conrad Peutinger in seinem Verhältnisse zum Kaiser Maximilian I. Ein Beitrag zur Geschichte ihrer Zeit, mit besonderer Berücksichtigung der literarisch-artistischen Bestrebungen Peutingers und des Kaisers, in: 15. und 16. Jahresbericht des historischen Kreis-Vereins von Schwaben und Neuburg 1849/50 (1851), S. 29–72, hier S. 50–59; Caspar Hirschi, Höflinge der Bürgerschaft – Bürger des Hofes. Zur Beziehung von Humanismus und städtischer Gesellschaft, in: Gernot Michael Müller (Hg.), Humanismus und Renaissance in Augsburg: Kulturgeschichte einer Stadt zwischen Spätmittelalter und Dreißigjährigem Krieg, Berlin 2010, S. 31–60, hier S. 53 f.; ferner: Peter Strieder, Burgkmair, Hans d. Ä., Maler, Holzschneider, Radierer, in: Neue Deutsche Biographie, Bd. 3, Berlin 1957, S. 47–49; Arthur Burkhard, Hans Burgkmair d. Ae., Leipzig [1934], S. 90; Josef Bellot, Konrad Peutinger und die literarisch-künstlerischen Unternehmungen Kaiser Maximilians, in: Philobiblion 11 (1967), S. 171–190, hier S. 176; Frank Jakupski, Der Maler Hans Burgkmair d. Ä., Diss. phil., Bochum 1984, S. 119–121; Karl Schütz, Maximilian I. und die Kunst, in: Ausstellungskatalog Hispania – Austria (wie Anm. 21), S. 155–181, hier S. 157–159; Larry Silver, Der Papier-Kaiser. Burgkmair, Augsburg und das Bild des Kaisers, in: Ausstellungskatalog Maximilian I. 2012 (wie Anm. 12), S. 91 f.; Ashley D. West, Conrad Peutinger and the visual arts: Collaborating with Hans Burgkmair the Elder, in: Ausstellungskatalog Peutinger (wie Anm. 47), S. 62–73.

Peutinger geradezu abhängig war, sowohl bei der inhaltlichen Gestaltung seiner Holzschnitte als auch hinsichtlich der Bezahlung[50]. Diese enge Interaktion zwischen Maximilian, seinen Gelehrten und Peutinger bezog auch andere Künstler wie Adolf Altdorfer oder Albrecht Dürer ein. Die Inhalte der so entstandenen Werke – insbesondere des »Triumphzugs« und der »Ehrenpforte« – entsprachen mit Sicherheit den Vorstellungen des Auftraggebers; das galt auch für von Maximilian zu seinen Lebzeiten in Auftrag gegebene Malerei oder Skulptur im höfischen Umfeld und im öffentlichen sakralen bzw. weltlichen Raum.

Dabei sind stets auch die Wappen als Indikatoren von Herrschaftsverhältnissen bzw. -ansprüchen zu beachten. Dass die dank der Ehe Maximilians mit Maria von Burgund gestiftete Allianz der Häuser Österreich und Burgund mindestens in der nächsten Generation auch heraldisch zum Ausdruck kommen würde, formulierte 1515 aus der Rückschau ein Kommentar der Ehrenpforte[51]: *Die Wappen zogen schon tzusam / Sein erben als tzu nutz vnd eer.* Als pfiffig nimmt sich in diesem Zusammenhang ein Vorschlag aus, den 1479 Erzherzog Sigmund der Münzreiche – damals noch auf Nachkommen hoffend – Friedrich III. und Maximilian unterbreitete: Alle Herrschaften des Hauses sollten untereinander aufgeteilt, das österreichisch-burgundische Wappen aber gemeinsam geführt werden[52]. Dass eine Anhäufung heraldischer Zeichen dem ursprünglichen Zweck der Wappen, nämlich der leichten Erkennbarkeit einer ranghohen Person als deren Zeichen, zuwiderlaufen würde, war angesichts der inzwischen eingetretenen Vielgliedrigkeit des Wappens zu befürchten. Gewiss galt Vielfalt, mindestens die Quadrierung, damals beim europäischen Hochadel als Zeichen dynastischer Rangsteigerung[53], aber das Wappen Karls des Kühnen war ohne Vereinfachung mit dem österreichischen in einem Schild nicht gleichgewichtig zu vereinen. Denn das von Herzog Philipp dem Kühnen geführte quadrierte Wappen mit goldenen Lilien in Blau mit rot-weiß gestückelter Bordüre in den Plätzen 1 und 4 hatten seine Nachfolger um einen Herzschild mit dem flandrischen aufrechten Löwen (schwarz in Gold) sowie um einen goldenen Löwen in Schwarz hinten im nun gespaltenen 2. Platz sowie um einen roten Löwen in Silber hinten im ebenfalls gespaltenen 3. Platz als Zeichen der Herzogtümer Brabant bzw. Limburg angereichert; die beiden Spaltungen waren zu Lasten der alt-burgundischen Schrägteilung von Gold

50 Larry SILVER, Marketing Maximilian. The visual ideology of a Holy Roman Emperor, Princeton 2008, S. 17; DERS., Shining armor: Maximilian I as Holy Roman Emperor, in: The Art Institute of Chicago Museum Studies 12 (1985/86), S. 9–29, hier S. 24.

51 Thomas Ulrich SCHAUERTE, Die Ehrenpforte für Kaiser Maximilian I., Dürer und Altdorfer im Dienst des Herrschers, München 2001 (Kunstwissenschaftliche Studien, 95), S. 332 und Abb. S. 395.

52 *… daz wir unns alle drei mit unnsern lannden vererbten, wie wir Herren vor von Osterreich vererbt sein, Wappen, Schillt und Clainat Osterreich und Burgundi gleich fürten, doch yeder erbt, … was er von Rechtens wegen erben soll*; Joseph CHMEL, Actenstücke und Briefe zur Geschichte des Hauses Habsburg im Zeitalter Maximilians I., Bd. 3, Wien 1858 (Monumenta Habsburgica, 1/3), S. 192f. Nr. LXXXI; vgl. Wilhelm BAUM, Sigmund der Münzreiche. Zur Geschichte Tirols und der habsburgischen Länder im Spätmittelalter, Bozen 1987, S. 397.

53 Laurent HABLOT, Les armoiries, un marqueur du rang dans les sociétés médiévales?, in: Jörg PELTZER (Hg.), Rank and Order. The Formation of Aristocratic Elites in Western and Central Europa, 500–1500, Ostfildern 2015 (Rank, 4), S. 245–270, hier S. 262f.

und Blau gegangen[54]. Der kluge Einfall, im Triumphzug von 1516/1518[55] durch je eine Bannerträger-Parade sowohl die angestammten österreichischen wie auch die neu erworbenen burgundischen Länder vor den Augen der Betrachter heraldisch Revue passieren zu lassen, trägt der Unmöglichkeit Rechnung, alle beherrschten bzw. beanspruchten Territorien in einem Wappenschild zu dokumentieren; umgekehrt folgt daraus das Erfordernis einer einfachen, einprägsamen heraldischen Lösung zur Symbolisierung des neu zusammengesetzten Herrschaftsbereichs. Gefunden wurde sie durch die Vereinigung des rot-weiß-roten (neu-)österreichischen und des von Gold und Blau schräggeteilten (alt-)burgundischen Wappens im gespaltenen Schild; das Rot des Bindenschilds konnte noch dazu mit der roten Bordüre um die burgundischen Farben verschmelzen.

Den österreichischen Bindenschild, obwohl von seinen erbländischen Fürstentümern nur das Herzogtum Österreich (sowohl ob als auch unter der Enns) repräsentierend, hatte schon Friedrich III. seit seiner Kaiserkrönung dem Doppeladler als Herzschild aufgelegt. Daran knüpfte Maximilian nun an; mit der Beifügung der burgundischen Farben bezog er zwar mit dem Herzogtum Burgund ein nicht dem Reichslehensverband angehörendes Territorium ein, bekräftigte aber – zunächst nur bezogen auf die reichslehnbare Freigrafschaft Burgund als namengebende Grundlage – auf diese Weise seinen Anspruch auf das gesamte burgundische Erbe.

Dieser gespaltene Schild ist z. B. in der Darstellung der »spanischen Heirat« der Ehrenpforte[56] Maximilians Doppeladlerwappen aufgelegt, ebenso aber auch, mit einer Krone geschmückt, seinem Sohn Philipp dem Schönen beigegeben, dem seine spanische Braut Johanna ihre Länder übergibt, nämlich in Gestalt des von den Wappen der Königreiche Kastilien (geviert von einer goldenen dreitürmigen Burg in Rot und einem purpurnen Löwen) und Aragón (geviert von roten Pfählen in Gold und schräggeviert von denselben Pfählen und schwarzem Adler) gevierten Schildes, dem unten der rote Granatapfel in Silber für das Königreich Granada eingepfropft ist. Das Wappen des Königreichs Spanien[57] sollte der Einbeziehung aller zugehörigen Territorien bis zur völligen Unübersichtlichkeit verhaftet bleiben.

Im Binnenreich wurde der von Österreich und Burgund gespaltene Schild fortan weithin zur Geltung gebracht. Als Beispiel diene das früheste ermittelte Vorkommen, der Wappendreipass im 1490 bis 1494 geschaffenen Schnitzwerk des Überlinger

54 Ausstellungskatalog Karl der Kühne (wie Anm. 7) sowie Boulton, The Order (wie Anm. 8), S. 44f.

55 Im kolorierten Exemplar auf Pergament der Albertina in Wien (Inv. Nr. 25205) auf einem Banner (Abb.: Ausstellungskatalog Maximilian I. 2012 [wie Anm. 12], S. 227 Nr. 49), auf den Holzschnitten stehend auf einem Prunkwagen; Abb.: Triumphzug Kaiser Maximilians I. 1516–1518. 147 Holzschnitte von Albrecht Altdorfer, Hans Burgkmair, Albrecht Dürer u. a. Mit dem von Kaiser Maximilian diktierten Nachwort, von Horst Appuhn, Dortmund 1979 (Die bibliophilen Taschenbücher), Abb. 89/90.

56 Dürer, um 1515; Wien, Albertina (Inv. Nr. 1935/978/10); Ausstellungskatalog Hispania – Austria (wie Anm. 21), Nr. 146.

57 Miguel Angel Ladero Quesada, Spanien in der Zeit der Katholischen Könige, ibid., S. 27–58, hier S. 34f.; F. Menendez Pidal de Navascués, Symbolique d'État et armoiries des Royaumes Espagnols, in: Staaten, Wappen, Dynastien. XVIII. Internationaler Kongreß für Genealogie und Heraldik in Innsbruck vom 5. bis 9. September 1988, Innsbruck 1988 (Veröffentlichungen des Innsbrucker Stadtarchivs. Neue Folge, 18), S. 417–429, hier S. 421–426.

Rathaussaals[58] im Schild, der dessen Doppeladlerwappen aufgelegt ist. Dieser kann erst nach dem Tod Friedrichs III., dem die Stadt ihre Reichsfreiheit verdankte, im August 1493 so tingiert worden sein[59], in dieser Weise Maximilians Kaiserwürde vorgreifend. Weitere Fälle ließen sich anführen, zu schweigen von der Hofkunst, in deren Werken der Schild Österreich-Burgund durchweg wahrzunehmen ist. Das Sandsteinrelief vom Goldenen Dachl in Innsbruck[60], das Maximilian mit seinen beiden Gattinnen als Halbfiguren zeigt, weist zwei Wappen auf: für Maria das burgundische[61] und für Maximilian und seine zweite Ehefrau Bianca Maria Sforza einen dem Adler aufgelegten Herzschild mit dem Allianzwappen Österreich-Sforza. Dessen ungeachtet blieb der von Österreich und Burgund gespaltene Schild als Symbol der beiden beherrschten Ländergruppen in der von Maximilian bevorzugt aufgesuchten Grafschaft Tirol in Geltung[62].

Die im Umkreis des Innsbrucker Hofes und des von Konrad Peutinger dirigierten Humanistenkreises entstandenen vorwiegend grafischen Kunstwerke weisen in ihren Maximilian geltenden Wappen durchweg[63] den von Österreich und Burgund gespaltenen Herzschild auf. Als Beispiel mag die Rhapsodie dienen, die Conrad Celtis 1505 auf den im Vorjahr im Landshuter Erbfolgekrieg bei Regensburg durch Maximilian erfochtenen Sieg dichtete, um sich als Historiograf zu empfehlen, und die Hans Burgkmair mit Holzschnitten schmückte. Die farbige Tuschzeichnung auf dem Spiegelblatt dürfte von Burgkmairs Hand stammen (Abb. 2)[64]. Es liegt nahe, dass dieser gespaltene Schild mindestens zu Lebzeiten Maximilians sozusagen offiziell zu verwenden war. Um so mehr fällt auf, dass das Titelblatt der 1519 gedruckten Wahlkapitulation Karls V.[65], ein Holzschnitt, als Wappen des jungen Königs im dem Adler aufgelegten Schild die Spaltung von Österreich und Burgund beibehält, sozusagen kanonisiert. Dass der Schild auf Albrecht Dürers beiden bekannten Porträtgemälden[66], auf denen links neben Maximilian das Doppeladlerwappen erscheint,

58 Der Überlinger Rathaussaal. Ein Kunstwerk aus dem Herbst des Mittelalters. Beiträge von Guntram Brunner, Georg Poensgen, Peter Pulzer, Friedrichshafen $^{2}$2001, Abb. auf dem Umschlag und S. 82.

59 Poensgen, ibid., S. 17, formulierte forsch: »…, dass die Ausstattung des Saales erst 1494 vollendet wurde, also nach der Thronbesteigung des Kaisers [!] Maximilian, durch dessen Heirat mit der Tochter Karls des Kühnen Burgund an das Reich fiel.«

60 Gefertigt zwischen 1497 und 1500 von Niklas Türing, jetzt im Tiroler Landesmuseum Ferdinandeum Innsbruck, Inv. Nr. P 991; Franz-Heinz Hye, Die heraldischen Denkmale Maximilians I. in Tirol. Versuch einer maximilianeischen Heraldik, in: Der Schlern 43 (1969) S. 56–77, hier S. 63 f. und Abb. 10; Ausstellungskatalog Maximilian I. 2012 (wie Anm. 12), Nr. 9.

61 Auch auf dem später im 16. Jahrhundert entstandenen Stammbaum in der Brixener Hofburg ist Maria mit diesem Wappen selbständig vertreten, daneben Maximilian mit dem gespaltenen Schild; Abb. im Themenheft 2/3 »Kaiser Maximilian I.« des Schlern 43 (1969).

62 Beispiele am Südportal der Pfarrkirche in Sterzing, im Kreuzgang des Franziskanerklosters in Schwaz und in der Georgs-Kapelle der Burg Hasegg in Hall in Tirol.

63 Es wurden insgesamt 22 Beispiele ermittelt, die hier alle zu belegen sich verbietet.

64 Universitätsbibliothek Freiburg im Breisgau, D 8338g; Das Dedikationsexemplar der Rhapsodie des Conrad Celtes für König Maximilian I., von Josef Rest (†), zum Druck gebracht von Clemens Joos, in: Zeitschrift für die Geschichte des Oberrheins 158 (2010), S. 159–173, hier S. 171 f.

65 München, Bayerische Staatsbibliothek, Res/4 J.publ.g. 1235,2; Ausstellungskatalog Kaiser. Reich. Stadt (wie Anm. 4), Nr. 3.44.

66 Die vorläufige von 1518/19: Nürnberg, Germanisches Nationalmuseum Gm 169, die endgültige auf grünem Grund von 1519 oder danach: Wien, Kunsthistorisches Museum.

jedoch nur die österreichischen Farben zeigt, dürfte darstellerische Gründe gehabt haben. Das Vorkommen des österreichisch-burgundischen Schildes bis weit ins 16. Jahrhundert hinein verwundert nicht; Beispiele lassen sich nicht nur aus den Erblanden[67], sondern auch aus Reichsstädten[68] beibringen.

Wie allgemein gebräuchlich der von Maximilian in frühen Jahren angenommene österreichisch-burgundische Schild um die Jahrhundertmitte geworden war, bezeugt anschaulich das 1545 in Frankfurt von Cyriacus Jacob herausgebrachte Buch »Wapen Des heyligen Römischen Reichs Teutscher nation ... «[69], das entgegen dem Titel Fahnen, von Landsknechten geschwungen, zeigt. Sein Vorspann weist auf zweierlei Reichsfahnen hin: Die eine sei *ein schwartzer Adler in gelbem feld mit gelber Kron vnd diadema,* die andere habe ein *schiltlein mitten / macht mann noch eins yden Kaisers wapen / zur selben zeit lebende oder regirende*. Die andere, wiedergegeben auf der ersten Abbildung, zeigt einen nimbierten und jeweils bekrönten sowie rot bezungten Doppeladler; ihm ist der gespaltene Schild aus der Zeit Maximilians aufgelegt. Da auch die Gruppe der *Vicarii*[70] berücksichtigt ist, gibt es auch eine *Westerreich* betitelte Fahne, mehrfach geteilt von Gold und Blau.

Offenbar war es dem Kaiser durch die Verwendung der ursprünglichen Farben des Herzogtums Burgund gelungen, das Bewusstsein über die Erweiterung der erbländischen Machtbasis seines Hauses um einen sich westwärts der Vogesen erstreckenden Bereich öffentlich dauerhaft zu verankern. Gleichsam als Kommentar dazu dienen können Verse, die Sebastian Brant in einem Unterstützungsaufruf für Maximilian dichtete[71]: *Ich für dich recht, o Adler milt / Erlich sint wapen in dim schilt / ... / Sig, seld und heyl von Osterich / Bürgundisch hertz von dir nit wich.* Daraus spricht auch eine Auffassung von schicksalhafter Bezogenheit von Land und Herrscher. Dass diese transpersonal sei, also ein Land eine tüchtige Dynastie verdiene, mögen neben den Feststellungen zur Heraldik nun auch Beobachtungen zur Abstammungstheorie bestätigen.

Bereits im 13. Jahrhundert verfasste Genealogien der brabantischen Herzöge postulierten als ursprünglichen Machtbereich für diese den Raum zwischen Schelde und Rhein, mithin etwa das alte Niederlothringen, firmierend als *Austria*[72]. Als es nach dem erblichen Erwerb Brabants und Limburgs durch Philipp den Guten im Jahr 1430 den

67 Freiburger Münster, sog. Kaiserfenster von 1528 und Wiener Neustadt, St. Georgs-Kapelle.

68 Augsburg, Ehrentafel in der ehem. Dominikanerkirche; Wappendreipässe in Nürnberg, ein weiterer auf der Wappenscheibe der Reutlinger Metzgerzunft.

69 Holzschnitte von Jacob Kallenberg (tätig ca. 1535 bis 1565 in Bern), Text von Jacob KÖBEL (1462 Heidelberg – 1533 Oppenheim); Ein Faksimile des Exemplars der Bayerischen Staatsbibliothek München (Rar 2155) brachte der Schwäbische Albverein heraus, Balingen 2011; es gibt keine Seiten- oder Blattzählung.

70 Freilich ganz am Ende nach der Abfolge der herkömmlichen zehn Quaternionen gemäß deren Rang. Folglich ist diese (wohl) erste Erweiterung, die auch dem Quaternionenadler Burgkmairs zugrunde liegt, sozusagen nur der Vollständigkeit halber vollzogen, aber wohl nicht verstanden worden.

71 Sebastian BRANT, Kleine Texte, hg. von Thomas WILHELMI, 2 Bde., Stuttgart, Bad Cannstatt 1998, Bd. 1, S. 91 Nr. 80.

72 *Austria dicta fuit, que nunc Brabancia fertur, terra iacens inter Scaldi Renique fluenta*; Genealogia ducum Brabantiae heredum Franciae, ed. Johann HELLER, in: MGH SS 25, Hannover 1880, S. 385–391, hier S. 387; Robert STEIN, Recht und Territorium. Die lothringischen Ambitionen Philipps des Guten, in: Zeitschrift für Historische Forschung 24 (1997), S. 481–508, hier S. 498.

Status des wachsenden burgundischen Länderkonglomerats abzusichern galt, ließ der Herzog durch Gutachten eine eher lokale zu einer landesherrlichen Erbrechtsregelung verallgemeinern und mit Quellen untermauern und dieses Erbrecht auf ein legendäres Königreich Lotharingien zurückführen[73]. Auf diese Weise wurde eine Unabhängigkeit des Landes vom Römisch-deutschen Reich und eine Ebenbürtigkeit mit dessen königsfähigen Häusern beansprucht[74]. Das setzt die Auffassung voraus, dass eine solche Dynastie für die Regierung des betreffenden Landes in besonderer Weise geeignet, in diesem Raum geradezu verwurzelt sein müsse[75].

Das Bestreben, den Ursprung des das Land regierenden Hauses zur Festigung von dessen Legitimationsgrundlage möglichst weit zurückzuverfolgen, musste sich nach Eintritt der Volljährigkeit Philipps des Schönen, der wenigstens von Mutterseite her in eine brabantische Abstammungslinie gestellt werden konnte, verstärken, zugleich aber auf Schwierigkeiten stoßen. Für ihn – in diesem Zusammenhang stets als Herzog Philipp III. von Brabant bezeichnet – wurde daher aus brabantischer Sicht nach Art einer Weltchronik eine Chronik verfasst, die ihn in möglichst gerader, daher auch zwischen den beiden Geschlechtern springender Ahnenlinie in die höchstmögliche Rangstufe von Abkommenschaft einreiht, nämlich diejenige der aus Troja stammenden Franken[76]. Auf Priamus und Hektor folgt ein *Francio*, sechs Stufen weiter ist man bereits in Nordwesteuropa angelangt; denn ein *Torgotus* gründet Tongern[77], den ältesten Zentralort Brabants. Das Herzogtum dieser Tungerer erhält bald den Namen *Brabancia* und ein im Jahr 479 an die Macht gelangter *Austrasius* macht sich um die Ausbreitung des Christentums verdient. Die über *Austrasia* bzw. *Austria inferior* gebietende Dynastie geht dann in den pippinidisch-karolingischen Hausmeiern auf und die letzte in der genealogischen Reihe ist Philipps Mutter Maria[78]. Eine solche Herleitung war für die brabantisch-burgundische Eigenständigkeit – daher übrigens im späteren 19. Jahrhundert dann auch für das Selbstverständnis des

73 Stein, Recht und Territorium (wie Anm. 72), S. 507; Heribert Müller, Der Griff nach der Krone. Karl der Kühne zwischen Frankreich und Burgund, in: Klaus Oschema, Rainer C. Schwinges (Hg.), Karl der Kühne und Burgund. Fürst zwischen europäischem Adel und der Eidgenossenschaft, Zürich 2010, S. 153–169, hier S. 157.

74 Wim Blockmans, Maximilian und die burgundischen Niederlande, in: Ausstellungskatalog Maximilian I. Wetzlar (wie Anm. 21), S. 51–67, hier S. 55.

75 Tobias Tanneberger, Land und Genealogie. Das Identifikations- und Legitimationspotential des Raumes in der Genealogia principum Tungro-Brabantinorum, in: Cristina Andenna, Gert Melville (Hg.), Idoneität – Genealogie – Legitimation. Begründung und Akzeptanz von dynastischer Herrschaft im Mittelalter, Köln, Weimar, Wien 2015 (Norm und Struktur, 43), S. 423–439, hier S. 423.

76 Mertens, Fürstliche Chronik (wie Anm. 45), S. 132f., leider nicht beachtet von Tanneberger, Land und Genealogie (wie Anm. 75). Von einer »spezifisch burgundischen Synthese aus antikem legitimatorischem Vorbild und zeitgenössischem spätmittelalterlichem Ritterbild« spricht Petra Ehm-Schnocks, »Très invaincu César« – Antikenrezeption am burgundischen Hof unter Philipp dem Guten und Karl dem Kühnen, in: Rudolf Suntrup, Jan R. Veenstra, Anne Bollmann (Hg.), The Mediation of Symbol in Late Medieval and Early Modern Times, Frankfurt am Main 2005 (Medieval to early modern culture, 5), S. 275–295, hier S. 289.

77 Die Forschung hat der unbetitelten Chronik (Cod. Reg. lat. 957 der Vatikanischen Bibliothek) daher den Namen »Genealogia principum Tungro-Brabantinorum« gegeben. Dass Tongern, wo damals wohl noch mehr antike Baureste zu sehen waren als heute, als Bezugsort gewählt wurde, beweist ein humanistisch-antiquarisches Interesse des Verfassers.

78 Tanneberger, Land und Genealogie (wie Anm. 75), S. 431–437.

jungen Königreichs Belgien[79] – konstitutiv; die Bilderchronik Philipps des Schönen[80] belegt dies zusätzlich. Dem Haus Österreich indessen hätten solche Bemühungen aber noch keine zureichende Legitimationsgrundlage für die Beherrschung der vordem burgundischen Niederlande als Nebenland verschafft.

Maximilian musste daher um eine direkte Anbindung seiner Vorfahrenschaft an die Geschichte Burgunds bemüht sein. Eine resignierende briefliche Äußerung Sunthayms von 1503, er sei bisher darin erfolglos gewesen[81], bezeugt dies. Die brabantische Chronistik, namentlich die Genealogie der Herzöge von Brabant, dürfte Maximilians Forschergruppe bekannt gewesen sein; denn anders wäre die Herleitung des Landesnamens *Austria* aus dem für das größere Vorgängerreich von Brabant-(Nieder-)Lothringen dort gebräuchlichen Namengut nicht denkbar[82]. Denn die aus dem burgundischen Raum kommenden Vorfahren hätten den Namen sozusagen über die Vogesen herüber transferiert. In modern zu nennender Weise ergänzten sich so Herkunftsforschung und Namenkunde. Lange vor der Fertigstellung der geplanten Genealogie des Hauses Österreich, eben der »Fürstlichen Chronik« Jakob Mennels, wurde Burgkmair dafür mit einem Auftrag bedacht, nämlich Holzschnitte mit Porträts der ermittelten Ahnen herzustellen. Bis 1512 entstanden, beginnend mit Maximilian und endend mit Hektor, 77 ganzfigurige Herrscherbilder für dieses Werk, dessen Text noch mehrfach geändert werden und das nie zum Druck gelangen sollte[83]. Der Gelehrtenstreit um die Richtigkeit des Lösungswegs für die von Maximilian gestellte Aufgabe muss hier auf sich beruhen[84]. Indessen ist die von Mennel

79 Am nördlichen Seitenflügel des Stadhuis von Mechelen längs der Befferstraat, der im 16. Jahrhundert von Rombout Keldermans geplant, aber nach diesem Plan erst um 1900 erbaut wurde, ist wohl nach den hier erörterten genealogischen Vorgaben eine lange Reihe von steinernen Medaillons mit Herscherhäuptern seit der Merowingerzeit und endend bei Philipp und seiner Gattin Johanna angebracht.

80 London, The British Library, Yates Thompson MS 32; Faksimile-Edition Luzern 2015.

81 *Item ich vind in kainer bewerten cronika, dass die herrn von Habspurg in dem kunigreich Burgundj, herzogtumb oder grafschaft Burgundj geregiert haben;* zit. nach Gerd ALTHOFF, Studien zur habsburgischen Merowingersage, in: Mitteilungen des Instituts für Österreichische Geschichtsforschung 87 (1979), S. 71–100, hier S. 88; Inge WIESFLECKER-FRIEDHUBER, Kaiser Maximilian I. und seine Hofhistoriographie, in: Helmut BRÄUER, Gerhard JARITZ, Käthe SONNLEITHNER (Hg.), »Viatori per urbes castraque«. Festschrift für Herwig Ebner, Graz 2003, S. 707–729, hier S. 719; vgl. oben, S. 94.

82 ALTHOFF, Studien, S. 96 f. Allgemein zum hybriden Landesname Austria: Paul KRETSCHMER, Austria und Neustria. Eine Studie über spätlateinische Ländernamen, in: Glotta. Zeitschrift für griechische und lateinische Sprache 26 (1938), S. 207–240, bes. S. 222, 229. Zur Gleichsetzung von Lothringen/*Austria superior*/Oberösterreich bzw. Brabant/*Austria inferior*/Niederösterreich ein langes Zitat aus der »Fürstlichen Chronik« bei LHOTSKY, Ostarrîchi, in: DERS., Europäisches Mittelalter. Das Land Österreich, Aufsätze und Vorträge, hg. von Heinrich KOLLER, Bd. 1, München 1970, S. 221–244, hier S. 234.

83 Das primär heranzuziehende Exemplar: Wien, Österreichische Nationalbibliothek Cod. 8048; Eva IRBLICH (Hg.), Thesaurus Austriacus. Europas Glanz im Spiegel der Buchkunst, Handschriften und Kunstalben von 800–1600, Wien 1996 (Katalog der Ausstellung der Österreichischen Nationalbibliothek vom 14.6. bis 3.11.1996), Nr. 27 und 28; Ausstellungskatalog Maximilian I. 2012 (wie Anm. 12), Nr. 20.

84 MERTENS, Fürstliche Chronik (wie Anm. 45), S. 130; Evemarie CLEMENS, Luxemburg-Böhmen, Wittelsbach-Bayern, Habsburg-Österreich und ihre genealogischen Mythen im Vergleich, Trier 2001, S. 280–290; MENTZEL-REUTERS, Chronographie (wie Anm. 38), S. 397–403; KELLNER, For-

erfundene Schlüsselfigur, der »erste Habsburger« Odpert/Odopertus[85], hier von Belang; als Wappen gab ihm Burgkmair das habsburgische Familienwappen, den roten Löwen, bei[86] (Abb. 3). Als zweiter Sohn des Merowinger(für Mennel: Burgunder-)königs Theudebert (586–612) habe Odpert sich mit dem Grafenrang begnügen müssen; die diesem zugewiesenen Lande wären somit östliche Außenposten der merowingischen Reiche Burgund und Austrasien gewesen. Später habe man den Landesnamen *Austr(as)ia* einfach auf die weiter östlich hinzugewonnenen Gebiete übertragen. Demnach hätte Maximilians Heirat die uralte Beziehung zwischen den beiden Herrscherhäusern und den beiden Ländern wieder aufleben lassen. Die Scharnierfunktion der österreichischen Vorlande am südlichen Oberrhein gewann nun zusätzlich eine Dimension für das dynastische Selbstverständnis. Mennel hatte sogar wissen wollen, dass die Ur-Habsburg in Remiremont gelegen war, nämlich in *Ober Osterreich*, also in der oberen, südlichen Hälfte des fränkischen Teilreichs *Austr(as)ia*. Diese Fiktion half überdies den Verlust der realen Habsburg an die Eidgenossen zu verwinden, mit denen man ja inzwischen im Einvernehmen lebte.

Aufschlussreich für das Verständnis der dynastischen Dynamik, die in Maximilians burgundischer Ehe und nun der erstmals in seinem Hause erblich gewordenen Kaiserwürde gipfelte, ist der »Zaiger« [87]. Dort veranschaulichen drei Miniaturen die Auserwähltheit des Hauses durch Rangleitern. Zwei davon stellen geistliche Familienmitglieder dar, die erste (Abb. 4) weltliche adlige Personen, die auf der in diesem Fall zum Mond hinaufführenden Silberleiter kniend aufgereiht sind, durch das ihnen beigegebene Wappen in absteigender Linie jeweils rangmäßig qualifiziert vom Kaiser bis zum Grafen. Die nächste Person unter dem Kaiser trägt eine Königskrone und führt das in diesem Fall schräglinksgeteilte burgundische Wappen, erst die dritte – mit dem Erzherzogshut – führt den Bindenschild; es folgen ein Herzog, ein Pfalzgraf, ein Markgraf, ein Landgraf und ein Graf[88]. Mithin liegt eine an die der Quater-

men (wie Anm. 45), S. 54; WIESFLECKER-FRIEDHUBER, Hofhistoriographie (wie Anm. 81), S. 722; vgl. auch oben, S. 93.

85 MERTENS, Fürstliche Chronik (wie Anm. 45), S. 129, 134; CORETH, Ideen (wie Anm. 9), S. 86; SILVER, Marketing Maximilian (wie Anm. 50), S. 57. Nachträglich wurde dieser Herrschername übrigens durch Aufnahme in den Triumphzug als *Odobert, König zu Provence* aufgewertet (deutbar auch als Substitution des realen Theudebert), eingereiht in eine der Vierergruppen herrscherlicher Vorfahren; KELLNER, Formen (wie Anm. 45), S. 57 und Abb. 13. In Maximilians 1512 diktiertem Programmtext hatte diese Folge noch gefehlt; APPUHN, Triumphzug (wie Anm. 55), S. 189f.

86 Wie Anm. 83, fol. XXXVIII$^v$; Abb.: Ausstellungskatalog Hispania – Austria (wie Anm. 21), S. 316. Die Frage, ob sich (erst bzw. erstmals) hier im Binnenverständnis des Hofes von einem Haus Habsburg sprechen lässt, wäre andernorts weiter zu verfolgen. Geläufig war Haus Österreich, seit Albrecht II. 1439 diesen Ausdruck als kurze Formel zur Bezeichnung seines Machtkomplexes eingeführt hatte; Heinrich KOLLER, Das »Königreich Österreich«, Graz 1972 (Kleine Arbeitsreihe des Instituts für Europäische und vergleichende Rechtsgeschichte an der Rechts- und Staatswissenschaftlichen Fakultät der Universität Graz, 4), S. 8. *Domus Austriae* interpretierte Alphons LHOTSKY, Was heißt »Haus Österreich«?, in: DERS., Aufsätze und Vorträge (wie Anm. 82), S. 344–364, hier S. 360 als »so etwas wie eine aus den Bedürfnissen des Tages wild entstandene subsidiäre Staatsbezeichnung«.

87 Vgl. oben, bei Anm. 45; Wien, Österreichische Nationalbibliothek Cod. 7892 fol. 23; Ausstellungskatalog Hispania – Austria (wie Anm. 21), Nr. 128.

88 Es kann sich bei den weiteren Personen nicht, wie seither zu lesen, nur um Mitglieder des Hauses Habsburg handeln; denn diese werden durch ihr Wappen als ein Herzog von Schwaben

nionen angelehnte hochadlige Rangfolge vor, diachron verkörpert durch Habsburger bzw. ihnen politisch Nahestehende. Sinnfälliger könnte man sich Maximilians Ordnungsvorstellung – selbstverständlich ohne einen Kurfürsten! – nicht denken. Der zweite, nämlich königliche Rang kommt abstrakt derjenigen Herrschergestalt zu, die in Maximilians Weltbild für das Raumphänomen Burgund im Sinne eines Westreiches stand. Weit intensiver als es eine herkömmliche Abstammungstheorie vermocht hätte, präsentiert sich Maximilians genealogische Gedankenwelt als mit den medialen Möglichkeiten der Zeit operierende Legitimationsstrategie, erarbeitet auf hochstehenden diskursiv-methodischen Grundlagen und mit auch aus heutiger Sicht vertretbaren Hypothesen. Sie diente einmal der herrscherlichen Selbstvergewisserung, zielte dann aber auch auf die Beeindruckung des europäischen Hochadels ab, nicht ohne auch Wirkung in den humanistisch gebildeten Kreisen zumal der Reichsstädte zu entfalten.

Die *Westrich*-Burgund-Thematik hat auch kartografisch einen Niederschlag gefunden. Als Landesname ohne territorial-herrschaftlichen Bezug erscheint *Westerania* als Eintrag westwärts der Vogesen über die obere Mosel hinweg bereits auf der ältesten bekannten Karte des Rheingebiets, dem sog. Koblenzer Fragment von 1437[89]. Als *WESTRICHIA* begegnet ein solcher Eintrag, nunmehr schräg über die obere Saar verlaufend, wieder in der Germania-Karte des Nikolaus von Kues, die erst nach 1500 gedruckt wurde[90]. Eine 1520 in Venedig gedruckte Karte von Mitteleuropa weist die Raumangabe *Uuestrichia* auf[91].

Den politisch stärksten Machtfaktor dieses Raumes bildete das Herzogtum Lothringen mit Bar. Herzog René II. (reg. 1473–1508) hatte die seinem Land durch Burgund drohende Gefahr 1477 erfolgreich abgewendet. Schon die anschließende Rivalität zwischen den Häusern Österreich und Valois schloss indirekt eine Bestandsgarantie für sein Land ein. Gleichwohl gab er, begeisterter Förderer der in seiner Stadt Saint-Dié durch ihn angesiedelten Kartografiewerkstatt, noch vor seinem Tod eine großmaßstäbliche (gesüdete) Karte des Raumes zwischen Trier und der Moselquelle sowie den Vogesen und der Maas[92] in Auftrag (Abb. 5). Sie ging als letzte in die 1513 in Straßburg gedruckte Ptolemäus-Ausgabe ein; Autor war Martin Waldseemüller,

(erloschen, vgl. unten, Anm. 149), ein Pfalzgraf von Tübingen (ebenso), ein Markgraf von Baden (zu denken ist an Christoph, vgl. oben, S. 89), ein Landgraf des (Ober-)Elsass und ein Graf von Habsburg (beide anachronistisch) ausgewiesen.

89 Koblenz, Landeshauptarchiv 117 Nr. 621; Fritz HELLWIG, Wolfgang REINIGER, Klaus STOPP, Landkarten der Pfalz am Rhein 1513–1803. Katalog der gedruckten Karten mit einer kartenhistorischen Einführung, Bad Kreuznach 1984, S. 10f.

90 Werner KREUER, Monumenta Cartographica 1490–1525. Kartographische Denkmäler, ein Triumph über die Zeit. Essener Bearbeitung von sechs Tafeln aus der Frühzeit der Kartographie mit sechs Vollfacsimilierungen, Essen 1996, Tafel Nr. 5.

91 Heinz MUSALL, Joachim NEUMANN (Bearb.), Rhenus superior et Germania. Die Oberrheinlande in bedeutenden Deutschland- und Regionalkarten aus der Collection Niewodniczanski. Katalog zur Ausstellung in der Badischen Beamtenbank eG vom 4.11. bis 3.12.1999, Karlsruhe 2000 (Karlsruher Geowissenschaftliche Schriften, 12), S. 24f.

92 Holzschnitt, dreifarbig (schwarz, rot und blaugrün, dies inzwischen zu braun verändert) gedruckt; Landesarchiv Saarbrücken, K Hellwig Nr. 528; MUSALL, NEUMANN, Rhenus Superior (wie Anm. 91), S. 22f.; Ludwig LINSMAYER (Hg.), 500 Jahre Saar-Lor-Lux. Die Kartensammlung Fritz Hellwig im Saarländischen Landesarchiv, Saarbrücken 2010 (Historische Beiträge des Landesarchivs Saarbrücken. Quellen und Inventare, 2), S. 294; vgl. allgemein: Albert EISELÉ, À la

Abb. 1: Hans Burgkmair d. Ä., Quaternionen-Reichsadler, 1510
(Staatsarchiv Nürnberg, Reichsstadt Nürnberg, Handschriften 281 fol. 2/3).

Abb. 2: Tuschzeichnung im Widmungsexemplar der »Rhapsodie« des Conrad Celtis, 1505 (Universitätsbibliothek Freiburg im Breisgau D 8338g).

Abb. 3: Hans Burgkmair der Ältere, »Odopertus« für Jakob Mennels »Fürstliche Chronik« (Österreichische Nationalbibliothek Wien, Cod. 8084 fol. 38ᵛ).

Abb. 4: »Silberleiter« aus Jakob Mennels »Zaiger«, 1518
(Österreichische Nationalbibliothek Wien, Cod. 7892 fol. 23).

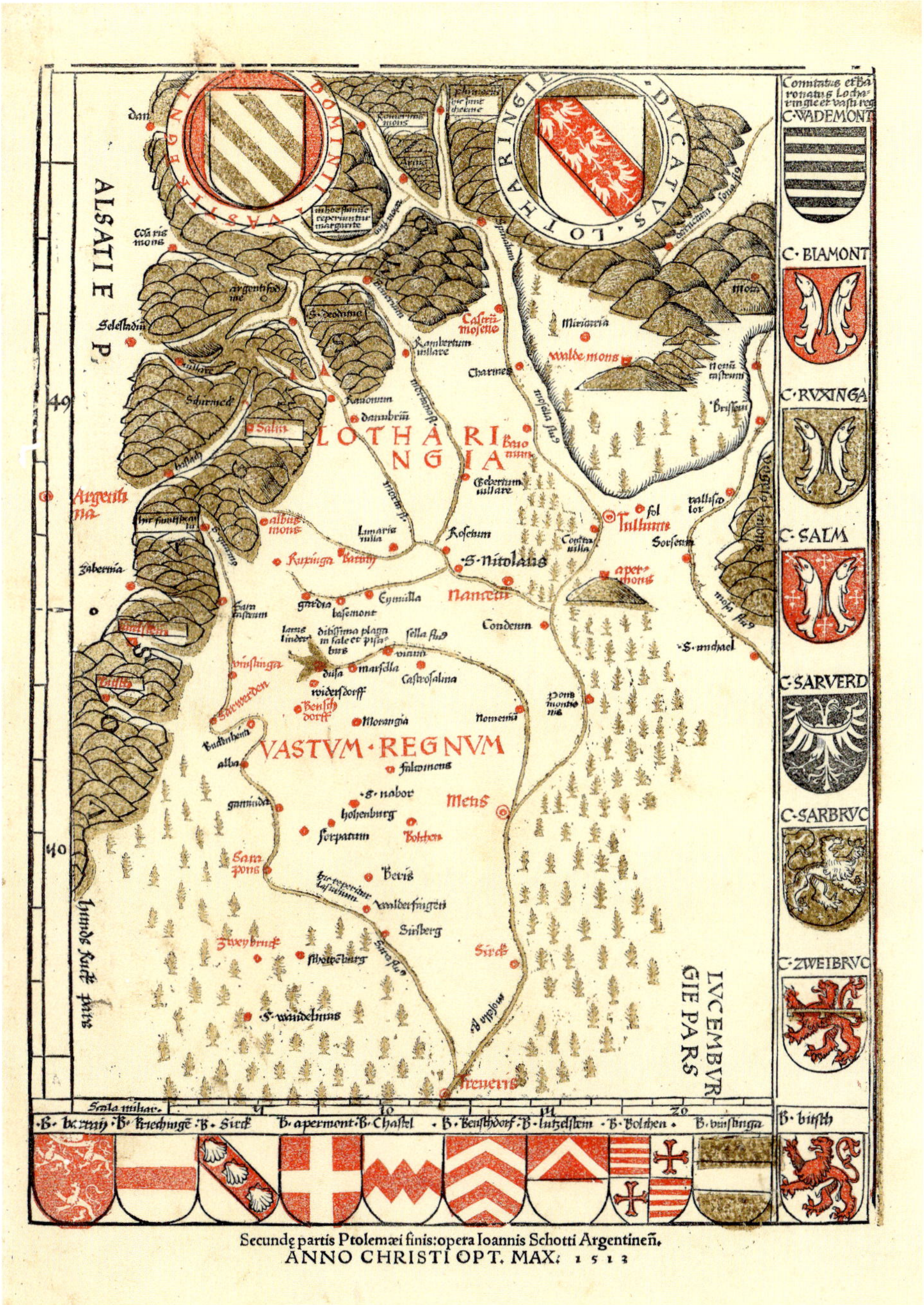


Abb. 5: Martin Waldseemüller, Karte des *Westrichs* und Lothringens, ca. 1508 (Landesarchiv Saarbrücken, K Hellwig Nr. 528).

Abb. 6: Germania-Karte nach Ptolemäus, 1522
(Bayerische Staatsbibliothek München, ESlg/2 A.gr.b. 988, Tafel 23).

wohl unterstützt durch Martin Ringmann. Beide waren, z. B. über den Freiburger Kartäuserprior Gregor Reisch, Zuarbeiter für Jakob Mennel, gut vernetzt mit den oberrheinischen Humanisten[93]. Im Kartenbild fallen die beiden Benennungen *LOTHARINGIA* – südwärts der Meurthe – und *VASTUM REGNUM* – zwischen oberer Saar und Seille – ins Auge. Oben auf dem Blatt prangen in Kreisbändern zwei Wappen, das des Herzogtums mit der Umschrift *DUCATVS LOTHARINGIE* und ein zweites, siebenmal schräggeteilt, mit der Umschrift *DOMINII VASTI REGNI*. Das für den nun kartografisch erstmals als geografischen Raum dargestellten *Westrich* gewählte Wappen muss den Beteiligten bekannt gewesen sein[94]. Es wurde hier dem lothringischen Oberherrschaftsanspruch über den gesamten dargestellten Raum an die Seite gestellt, einen eigenen Herrschaftsanspruch dokumentierend. Die gewiss in Kenntnis von Maximilians Raumvorstellungen symbolisch eingesetzten burgundischen Farben waren freilich im eigentlichen *Westrich* ohne Herrschaftssubstrat, betrafen im Kartenbild lediglich unten auf dem Blatt das zu einem kleinen Teil einbezogene Herzogtum Luxemburg und oben den Nordrand der Freigrafschaft. Diesem Wappen wurde nun in humanistischer Manier eine vulgarisierende Relatinisierung des *Westrich*-Namens beigelegt. So ist jeder terminologische Zusammenhang mit Maximilians Burgund-Vorstellungen vermieden.

Indessen drang auch der durch humanistische Gelehrsamkeit wieder in die Diskussion eingeführte Austrasien-Name bald in die Kartografie vor – so auf einer Germania-Karte nach Ptolemäus von 1522 [95] (Abb. 6) – und wurde in der Folge konstitutiv für ein großlothringisches Raumverständnis[96]. Die Kombination des Wappens

recherche d'un pays fantôme. Le Westrich (Au pays de Sarrebourg, Chroniques historiques, 2), Sarrebourg 1988.

93 Reisch gilt als Mentor Waldseemüllers, Ringmann stand mit ihm sowie mit Peutinger in Kontakt; Hermann BAUMEISTER, Gauthier Lud, Martin Waldseemüller und Matthias Ringmann, die Urheber der ersten modernen Ptolemäusausgabe mit einem Weltatlas und Taufpaten Amerikas, in: Zeitschrift für die Geschichte des Oberrheins 158 (2010), S. 175–191, hier S. 177–180. 1518 beglaubigte Reisch die Reinschriften von Mennels »Fürstlicher Chronik«; MERTENS, Fürstliche Chronik (wie Anm. 45), S. 126.

94 Es erscheint schon auf der Randleiste einer 1511 von Waldseemüller herausgebrachten *Carta Itineraria Europae*; Peter H. KÖHL, Martin Waldseemüllers Karte von Lothringen-Westrich als Dokument der Territorialpolitik, in: Speculum orbis 4 (1993), S. 75–83, hier S. 79. Zudem hatten Waldseemüller und Ringmann ihre 1507 erschienene Schrift »Cosmographiae introductio …« Maximilian gewidmet und waren es auch gewohnt, Phantasiewappen zu schaffen, z. B. für die spanischen Überseebesitzungen, sodass die Verwendung des burgundischen Wappenbilds nicht als leichtfertig oder zufällig anzusehen ist; KLEINSCHMIDT, Theorie (wie Anm. 13), S. 308. Ebenso behandelt ihn Ladislaus Sunthaym in seiner zwischen 1489 und 1510 entstandenen landeskundlichen Stoffsammlung: … *an das vnnder Elsass stossen hinten das Westerreich vnnd vnten das Waskey*; Stuttgart, Württembergische Landesbibliothek Cod. hist. 2° 250 fol. 2v. Auch Hans Burgkmair müsste der Begriff seit seinen bei Martin Schongauer in Colmar verbrachten Lehrjahren (1488–1490) geläufig gewesen sein; WEST, Peutinger (wie Anm. 49), S. 64.

95 Burghart SCHMIDT, Mappae Germaniae. Das Alte Reich in der kartographischen Überlieferung der Frühen Neuzeit, in: Matthias SCHNETTGER (Hg.), Imperium Romanum – irregulare corpus – Teutscher Reichs-Staat. Das Alte Reich im Verständnis der Zeitgenossen und der Historiographie, Mainz 2002, S. 3–24, Tafel 2.

96 Rainer BABEL, Zwischen Frankreich und Deutschland: Historiographie und regionales Bewusstsein in Lothringen vom 16. bis zum 18. Jahrhundert, in: Sönke LORENZ, Sabine HOLTZ, Jürgen Michael SCHMIDT (Hg.), Historiographie – Traditionsbildung, Identitätsstiftung und Raum. Südwestdeutschland als europäische Region, Ostfildern 2011 (Schriften zur südwestdeutschen

mit dem Landschaftsnamen *Westrich*, öfter auch noch dazu *Vastvm Regnvm* und sogar *Avstrasia* fand in der Folge vor allem auf Rheinlaufkarten Verwendung[97]. Die nach 1580 in den Niederlanden aufblühende Kartografie mied den *Westrich*-Landesnamen; dennoch sind 52 Karten mit *Westrich*-Einträgen nachweisbar. Auf die Frage der Stichhaltigkeit nicht nur solcher Eintragungen auf Karten, sondern der entsprechenden Symbolik im Wappenwesen soll nun eine Antwort gegeben werden. Kein Zweifel, dass die Kartografie, die damals noch wissensbasierte Realität und projekthafte Vorstellungen zu vereinbaren vermochte, hier der Konzipierung eines politischen Raums dienstbar gemacht wurde.

## III. Projekte zur Schaffung einer Königswürde

Ob die Hoffnungen Karls des Kühnen auf den Erwerb einer Königswürde auch auf die Wiedererrichtung des Königreichs Lothringen gerichtet waren oder nicht[98], kann hier auf sich beruhen. Ein auch historisch begründetes Ansinnen, die Territorien Brabant, Limburg, Namur, Hennegau, Geldern, Holland, Seeland, Friesland, Lüttich, Cambrai und Utrecht zu einem Königreich zu erheben, hätte auf Friedrich III. 1473 in Trier aber wohl Eindruck gemacht. Auch die Zeitgenossen hätten sich ein Königreich *Loterick* bzw. *Lottrice* als Ordnungsrahmen für die burgundischen Niederlande gut vorstellen können, und diese Vorstellung lebte noch vierzig Jahre später in Maximilians Triumphzug fort; denn im Defilee der Bannerträger der burgundischen Lande folgt auf *Burgundt* gleich *Lottarich*, dann erst *Brabannt.* Dass nun aber im von Maximilian selbst diktierten Programm des Triumphzugs unter den sechs neuen österreichischen und burgundischen Königreichen sowohl *Austrasy* als auch *Loterick*, ja sogar *New Austrasy* vorkommen[99], belegt einmal mehr die Verschwommenheit seiner geschichtlichen Vorstellungen[100], mögen sie auch noch so humanistisch gelehrt erarbeitet worden sein. Vorrangig war offenbar die Propagierung von Rang und Ansprüchen; das Bedürfnis, zu den europäischen Königshäusern nachhaltig aufzuschließen[101], ist unabweisbar. Ob man zu diesem Zweck Königreiche

Landeskunde, 71), S. 21–30; Régine Le Jan, Austrasien. Versuch einer Begriffsdefinition, in: Die Franken. Wegbereiter Europas. Vor 1500 Jahren: König Chlodwig und seine Erben, Ausstellungskatalog Reiss-Museum Mannheim, Mainz 1996, Bd. 1. S. 222–226; Art. ›Austrasien‹, in: Das Reichsland Elsaß-Lothringen, 3. Teil, Straßburg 1901–1903, S. 41.

97 Schon die der Ptolemäus-Ausgabe von 1513 beigegebene Oberrhein-Karte Waldseemüllers enthielt beidseits der oberen Saar die Bezeichnung *Vasti Regni Pars.* Am dichtesten und zugleich verwirrendsten erscheint dieses Phänomen auf der 1555 in Köln erschienenen Rheinkarte des Caspar Vopel(ius), einem Holzschnitt von fünf Platten: dort finden sich *Austrasia, Vastum Regnum, Westerreich* und *Westerrichi* sowie das Wappen; Koblenz, Landesbibliothekszentrum Rheinland-Pfalz K 20128 SOM.

98 Stein, Recht und Territorium (wie Anm. 73), S. 505.

99 Triumphzug (wie Anm. 55), S. 188.

100 Coreth, Ideen (wie Anm. 9), S. 97.

101 »… richtig ist, dass Maximilian das kaiserliche Haus fest in der ›Familie der Könige‹ verankerte, falsch wäre es, einen Gegensatz zwischen dem Monarchen als höchstem staatlichen Funktionär und ›privatem Familienoberhaupt‹ zu sehen …«; Heinrich Fichtenau, Reich und Dynastie im politischen Denken Maximilians I., in: Österreich und Europa: Festgabe für Hugo Hantsch zum 70. Geburtstag, Graz 1965, S. 39–48, hier S. 46.

wieder auferstehen ließe oder gleich neu erfände[102], war dabei unerheblich. Die zahlreichen Kronen über Wappen, die eben noch keine eigentlichen Königreiche repräsentierten, oder auf den Stichen der Ehrenpforte sprechen für sich. Dort präsentieren sich Maximilians Tochter Margarete – wiewohl nur kurz Gattin des spanischen Kronprinzen – ebenso wie ihre Schwägerin Johanna, durch ihre Ehe mit Philipp dem Schönen Vermittlerin der spanischen Thronrechte, mit Kronen[103], ohne je Königinnen gewesen zu sein.

Maximilian hatte 1494 davon Abstand nehmen müssen, die Herrschaftsgebiete im Westen – wie z.B. in der Kurpfalz hinsichtlich der Oberpfalz üblich – durch den Thronfolger verwalten zu lassen. Dass, wie von ihm vorgegeben, Philipp der Schöne als sein Stellvertreter regierte und dessen Hof sowie eine Regimentsordnung die Einheit der burgundischen Länder garantieren würden[104], vereitelten die Generalstände. Zudem stand das Haus Österreich-Burgund zwischen 1493 und 1500 auf gerade einmal vier Augen. So wäre auch für eine Art Vizekönigtum Philipps keine Veranlassung gegeben gewesen, zu schweigen von der Verkomplizierung dieser dynastischen Konstellation durch dessen spanische Heirat. Rangmäßig warf diese ihrerseits aber wieder das Problem der Ebenbürtigkeit auf; denn die Würde des Römischen Königs war anders als die des spanischen nicht erblich, sodass Philipp der Schöne, wäre er alt geworden, auch als Erzherzog hätte enden können. Dies hätte aber auch im Blick auf die angestammten Erblande gegolten, näherhin das Herzogtum Österreich, für das seine Landesherren schon seit dem Hochmittelalter ab und an um eine Aufwertung zum Königreich bemüht gewesen waren. Es genügt hier, diese Etappen, Ende des 12. Jahrhunderts[105], 1245[106], dann wieder 1438[107] und schließlich unter Friedrich III.[108], kurz anzuführen. Die Zögerlichkeit, mit der sein Vater Friedrich III. solche Pläne verfolgte, war Maximilian gewiss fremd; indessen bedurfte es ja der Kaiserwürde, um Könige schaffen zu können. Zwischen den 1496 gehegten Romzugsplänen und der Annahme des Kaisertitels 1508 war somit nur ein Darauf-Hinarbeiten denkbar. Dies lässt sich fassen bei den Verhandlungen um die spanisch-österreichische Doppelheirat des noch im Jahr der Eheschließung verstorbenen Infanten Johann mit

102 Graeme SMALL, Of Burgundian Dukes, Counts, Saints and Kings (14 C.E.–c. 1520), in: BOULTON, VEENSTRA, Ideology (wie Anm. 8), S. 151–194, hier S. 184; siehe dort auch S. 185: »Burgundy's crown was more obviously and more legitimately part of the ideological arsenal of the Habsburgs.«

103 Jedoch wurde Maria nur der Erzherzogshut zugebilligt, da sie vor Maximilians Erhebung zum Römischen König starb; SCHAUERTE, Ehrenpforte (wie Anm. 51), Abb. S. 379 und Text S. 231, wo freilich die Krone Margaretes unerwähnt bleibt.

104 WIESFLECKER, Maximilian I. (wie Anm. 10), Bd. 2, S. 188f.

105 Erich ZÖLLNER, Der Österreichbegriff. Aspekte seiner historischen Formen und Wandlungen, in: Richard G. PLASCHKA, Gerald STOURZH, Jan Paul NIEDERKORN, Was heißt Österreich?, Wien 1995, S. 19–33, hier S. 22.

106 KOLLER, Königreich (wie Anm. 86), S. 10; Hermann WIESFLECKER, Neue Beiträge zu Kaiser Maximilians I. Plänen eines ›Königreiches Österreich‹, in: Herwig EBNER u.a. (Hg.), Neue Forschungen zur Landes- und Kirchengeschichte. Festschrift für Helmut J. Mezler-Andelberg zum 65. Geburtstag, Graz 1988, S. 529–542, hier S. 530.

107 KOLLER, Königreich (wie Anm. 86), S. 7f.

108 Georg WAGNER, Pläne und Versuche der Erhebung Österreichs zum Königreich, in: DERS. (Hg.), Österreich. Von der Staatsidee zum Nationalbewußtsein, Wien 1982, S. 394–432, hier S. 411; WIESFLECKER, Neue Beiträge (wie Anm. 106), S. 531.

Margarete (3.4.1497) bzw. Philipps des Schönen mit Johanna (20.10.1496), nach dem Tod ihres Bruders Erbin der spanischen Königreiche. Denn nicht etwa die spanische Seite legte Wert auf Ebenbürtigkeit, sondern Maximilian verlangte, dass Johann noch zu Lebzeiten seines Vaters Ferdinand von Aragón den Königstitel führen dürfe; umgekehrt stellte er für Philipp den Erwerb des Titels eines Königs von Ungarn, den er seit 1491 selbst führen durfte, in Aussicht[109].

Ins Jahr 1508 fallen dann die ersten aus Schriftquellen nachweisbaren Aktivitäten Maximilians, mit denen er seinem Haus eine auf eigenen Herrschaftsgebieten beruhende Königswürde geschaffen hätte. Die dazu in der österreichischen Forschung gemachten Angaben stützen sich offenbar lediglich auf eine ältere Arbeit zur burgundischen Verwaltungsgeschichte[110] und bleiben daher recht unpräzise[111]. Der kritische Blick, den dazu 1936 Maurice A. Arnould, ein Schüler von Paul Bonenfant, in die Quellen geworfen hatte[112], blieb dabei unberücksichtigt. Er ermittelte Folgendes: 1. Mit Schreiben vom 21.1.1508 berichtete Gattinara, Rat Margaretes, seiner Herrin – als verwitwete Herzogin von Savoyen auf Erweiterung ihrer Herrschaft bedacht – von einer Verhandlung mit Maximilian in Bozen wegen ihres Wunsches auf Unterstellung der Freigrafschaft Burgund; die Ablehnung sei damit begründet worden, dass Maximilian nach seiner Kaiserkrönung daraus zusammen mit Pfirt und dem Elsass ein Königreich zu machen gedächte[113]. 2. Beim Ordenskapitel in Mecheln am 22.11.1508 erklärte Maximilian den Ordensrittern außerhalb der Tagesordnung, mithin informell, er beabsichtige zur besseren Abwehr der angewachsenen feindlichen Bedrohungen, Österreich und Burgund staatlich zu vereinigen *et de les ériger en un royaume, sous le nom d'Autriche et de Bourgogne*[114]. 3. Im Zuge eines Schriftwechsels mit seinen Räten über den niederländischen Hofstaat seines zehnjährigen Enkels Karl ließ Maximilian in einem auf Ende Dezember 1510/Anfang Januar 1511

109 Ibid., S. 532.

110 Genannt bei Oswald Redlich, Die Pläne einer Erhebung Österreichs zum Königreich, in: Zeitschrift des Historischen Vereins für Steiermark 26 (1931), S. 87–99, hier S. 93 Anm. 14: »Andreas Walther, Die burgundischen Zentralbehörden unter Maximilian I. und Karl V. (1909), S. 93« und bei Coreth, Ideen (wie Anm. 9), S. 96. Auch Ursula Flossmann, Regnum Austriae, in: Zeitschrift der Savigny-Stiftung für Rechtsgeschichte, Germ. Abt. 89 (1972) S. 78–117, hier S. 103, stützt sich nur auf Walther.

111 Coreth, Ideen (wie Anm. 9), S. 97 lässt Maximilian dem »Kapitel des Toisonordens« am 22.5. verkündigen, »er werde Österreich und Burgund zu einem Königreich vereinigen«; Wiesflecker, Neue Beiträge (wie Anm. 106), S. 533 lässt die Eröffnung der Absicht, Österreich und Burgund zu einem Königreich Austrasien zu vereinigen, im September 1508 geschehen. Für die auf Schriftquellen gestützte Behauptung der Forderung Maximilians nach einem »Königreich Burgund-Österreich« – so Heinz Noflatscher, Von Maximilian zu Karl V.: der Fall »Burgund-Österreich«, in: Werner Paravicini (Hg.), La cour de Bourgogne et l'Europe. Le rayonnement et les limites d'un modèle culturel, Ostfildern 2012 (Beihefte der Francia, 73), S. 721–743, hier S. 727 – müssten daher noch weitere Schriftquellenbelege beigebracht werden; hinsichtlich grafischer Belege besteht kein Zweifel.

112 Maurice A. Arnould, L'Empereur Maximilien songea-t-il à ériger les Pays-Bas en royaume?, in: Revue de l'Université de Bruxelles 41 (1935–1936), S. 263–285.

113 Ibid., S. 266f. Dazu passt, dass Maximilian am 1.4.1506 den Grafen Sigmund von Lupfen sowie die Herren Wilhelm von Vergy und Simon von Pfirt zu Statthaltern in Burgund ernannt hatte; Karlsruhe, Generallandesarchiv D 1104a.

114 Arnould, L'Empereur Maximilien (wie Anm. 112), S. 268–270. Am 17.2.1509 gestand Maximilian übrigens Margarete die Herrschaft über die Freigrafschaft etc. zu.

zu datierenden Schreiben inmitten einer Aufzählung erforderlicher Hofchargeninhaber beiläufig einfließen, er habe die Absicht, Karl zum *roy d'Austrazie* zu machen[115].

Alle drei Projekte erwecken den Eindruck von Zufälligkeit, ja Planlosigkeit. 1508 wäre als Inhaber einer neuen Königswürde im Grunde nur Maximilian selbst infrage gekommen, was bei der Formulierung zu dem ersten der Projekte, als er sich noch eine Kaiserkrönung erhofft haben mag, im Bereich des Denkbaren gelegen hätte. Freilich wäre er mit einer nur auf die Freigrafschaft, Pfirt und das Elsass gegründeten Königswürde, die aus erbländischer Perspektive noch am ehesten einem Westreich entsprochen hätte, weit unter seinen Ambitionen geblieben. Diesen hätte das zweite Projekt zwar genügt, aber Ort, Gelegenheit und Umstände seiner Verlautbarung schlossen es nahezu aus, dass man sich im Binnenreich mit dem Gedanken an ein – neben Böhmen – weiteres, aber weit stärkeres und die Reichsgrenze übergreifendes Königtum würde vertraut machen können, geschweige denn, es billigen würde. Von einer Kenntnisnahme mit nachfolgendem Widerstand der Generalstände wie seinerzeit bei den Zentralisierungsmaßnahmen Karls des Kühnen kann ebenso wenig die Rede sein. Trotz des sagenumwobenen Königstitels hätte das dritte Projekt für den Enkel Karl am meisten Plausibilität und Zukunftsfähigkeit besessen; indessen gibt es keinen einzigen Fingerzeig für seine Umsetzung. Mit Austrasien dürften nur die burgundischen Niederlande gemeint gewesen sein und nicht etwa auch die inzwischen Margarete überlassene Freigrafschaft oder die österreichischen Erblande. Diese Würde hätte Karls Stellung vor allem als Thronfolger in Spanien stärken können; denn dort war der Widerstand seines Großvaters Ferdinand zu überwinden. Aber offenbar sollten mit dieser Bemerkung nur noch mehr adlige Diener in den Hofstaat des Zehnjährigen gelockt werden.

Karls jüngerer Bruder Ferdinand wäre – damals in Spanien – 1510 leer ausgegangen. Dass nun ihm 1515[116] ein Königreich aus den Erblanden gebildet werden sollte, entbehrt nicht der inneren Logik, war aber gegen Karl V. nicht durchzusetzen[117]. Wie schon 1496/97 war die Ranggleichheit mit einer Königstochter erwünscht. Denn Maximilian führte beim Wiener Kongress 1515 die ungarische Prinzessin Anna stellvertretend zum Traualtar, und sie wurde dabei auch gekrönt, ohne dass schon feststand, ob sie dereinst mit Karl oder mit Ferdinand die Ehe eingehen würde; jedenfalls musste ihr Gatte auf väterlichen Wunsch König sein[118]. Für die Erhebung Ferdinands zum König wurde daher der Entwurf einer Urkunde erarbeitet[119], woran

115 Ibid., S. 271–275 nach sorgfältiger Kritik der nur in einer Kopie von 1530 überlieferten Quelle.

116 Nicht erst 1516/1517, wie die ältere Literatur angab: Erich König, Zur Hauspolitik Kaiser Maximilians I. in den Jahren 1516 und 1517, in: Max Jansen (Hg.), Festgabe Hermann Grauert zur Vollendung des 60. Lebensjahres, Freiburg/Br. 1910, S. 191–204; Wagner, Pläne (wie Anm. 108), S. 405.

117 Wiesflecker, Neue Beiträge (wie Anm. 106), S. 535–541. Zu Karls Aversion gegen seinen Großvater: Royall Tyler, Kaiser Karl V., Stuttgart 1959, S. 30, 35.

118 Noflatscher, Maximilian im Kreis (wie Anm. 21), S. 39.

119 Wiesflecker, Neue Beiträge (wie Anm. 106), S. 542 druckt eines der Konzepte ab. Zu einem Königreich zu erheben war vorgesehen *archiducatum Austrie cum universis et singulis principatibus, ducatibus, comitatibus, dominiis, provinciis, terris, civitatibus, oppidis, castris, arcibus ac quibuscunque aliis locis tam in continenti tam in aqua sitis.*

auch Konrad Peutinger beteiligt war[120]. Die so geschaffene zukunftsträchtige Konstellation sollte weit später in die k. u. k. Monarchie münden, keineswegs mehr in ein Westreich wie 1510/11. Die erfolglosen Bestrebungen zu dessen Gründung fanden indessen in der gebildeten Öffentlichkeit bis hin nach Italien Widerhall. In seinem »Orlando Furioso«, gedichtet zwischen 1505 und 1515, wusste Ludovico Ariosto einen Fürsten aus österreichisch-spanischem Blut zu prophezeien, der den Thron für ein links des Rheins wieder erstehendes Königreich *Astrea* besteigen würde[121]. In der politischen Wirklichkeit hingegen hatte der betriebene propagandistische Aufwand keine Chance auf Umsetzung seiner Inhalte, was nicht nur dem unsteten Wesen Maximilians, sondern auch den realen Machtverhältnissen geschuldet war.

## IV. Auswirkungen auf die Gestaltung des Quaternionen-Reichsadlers

Wie ist aber nun in diese Zusammenhänge das *Westerreich* auf Burgkmairs Quaternionen-Reichsadler (Abb. 1) einzuordnen? Dieses Meisterwerk der Grafik fand in der seinem Schöpfer gewidmeten kunsthistorischen Forschung recht wenig Beachtung[122]. Auch die Literatur über Konrad Peutinger[123] bietet keine Nachweise über die Beauftragung Burgkmairs mutmaßlich durch ihn. Ebenso ist die historische Literatur wenig ergiebig: Ernst Schubert erwähnt den Holzschnitt nur kurz unter den »Amplifikationen« des Quaternionensystems[124] und Eduard Ziehen entging er leider in seinem ebenfalls verdienstvollen Aufsatz zum Thema[125].

120 Lutz, Peutinger (wie Anm. 48), S. 123.

121 Ariosto, Orlando furioso XV, 25: *Del sangue d'Austria e d'Aragon io veggio / Nascer sul Reno alla sinistra riva / Un principe, al valor del qual pareggio / Nessun valor, di cui si parli o scriva / Astrea veggio per lui riposta in seggio / Anzi di morta ritornata viva*; zit. nach Luigi Borgia, Atti imperiali di grazia a favore di famiglie italiane, sucessivamente al 1400, in: Staaten, Wappen, Dynastien (wie Anm. 57), S. 247–268, hier S. 255; der Verfasser sieht eine Parallele zur freudigen Begrüßung Heinrichs VII. durch Dante, mithin eine Art Neo-Ghibellinismus, der nun auf Karl V. als künftigen Weltherrscher gerichtet sei.

122 Nicht einmal das Nachweiswerk The Illustrated Bartsch verzeichnet den Holzschnitt in Bd. 11: Sixteenth Century German Artists. Hans Burgkmair, the Elder, Hans Schäufelein, Lucas Cranach, the Elder, hg. von Tilman Falk, New York 1980. Campbell Dodgson, Catalogue of early German and Flemish woodcuts, London 1911, Bd. 2, S. 106 kannte nur die Ausgabe Jost de Negkers (vgl. Anm. 2). Max Geisberg, Der deutsche Einblatt-Holzschnitt in der ersten Hälfte des XVI. Jahrhunderts. 1600 verkleinerte Wiedergaben, München 1930, präsentierte unter Nr. 520 nur den II. Zustand des Originals; Paul Hoffmann, Die bildlichen Darstellungen des Kurfürstenkollegiums von den Anfängen bis zum Ende des Hl. Römischen Reiches (13.–18. Jh.). Bonn 1982 (Bonner Historische Forschungen, 47) führt unter Nr. 67 den II. Zustand auf (unter Zuschreibung an Hans Burgkmair) und ohne Querverweis unter Nr. 71 (mit Abb. 36) die Kopie von 1511 (»Meister H«). Die Ausstellung Hans Burgkmair 1473–1531. Holzschnitte, Zeichnungen, Holzstöcke der Staatlichen Museen zu Berlin, Kupferstichkabinett und Sammlung der Zeichnungen im Alten Museum 1974 präsentierte als Nr. 14 ein beschnittenes Exemplar aus einer Lutherbibel von 1541, wohl die Kopie Jost de Negkers. Unerwähnt blieb der Holzschnitt bei Tilman Falk, Hans Burgkmair. Studien zu Leben und Werk des Augsburger Malers, München 1968; Burkhard, Burgkmair (wie Anm. 49).

123 Fehlanzeige zuletzt bei West, Peutinger (wie Anm. 49), wo nur Burgkmairs Beauftragung bei »at least eight imperial-related enterprises« erwähnt wird (S. 66), wie auch sonst in diesem Ausstellungskatalog.

124 Schubert, Quaternionen (wie Anm. 3), S. 112 Anm. 58 und S. 17.

125 Eduard Ziehen, bearb. v. Herta Ziehen, Das Heilige Römische Reich in seinen Gliedern. Sinn-

Franz-Heinz Hye kommt das Verdienst zu, auf einen weiteren Quaternionenadler in Innsbruck hingewiesen zu haben[126]. Dessen heraldisches Darstellungsprogramm gleicht dem Burgkmairschen genau[127]. Lediglich die Anordnung der Wappen unterscheidet sich darin, dass die jeweils äußerste Quaternionenreihe etwas höher hinaufragt, sodass deren oberstes Wappen unterhalb neben das jeweils äußere Kurfürstenwappen auf der Flügelspange rückt, während auf dem Holzschnitt den jeweils vier oberen Wappen die jeweils sechs Quaternionenwappenreihen grafisch genau untergeordnet sind; zudem halten die Fänge des Doppeladlers in Innsbruck zwei gesenkte, sich überkreuzende Schwerter[128]. Auf der gegenüberliegenden Gewölbeseite ist ein Reichsadler-Wappen mit den Farben von Österreich und Burgund im gespaltenen Schild zu sehen. Die Datierung des Innsbrucker Quaternionenadlers durch Hye auf 1495/96, die nur auf genealogisch-dynastischen Konstellationen von Inhabern anderer in diesem Ausmalungsprogramm vertretener Wappen beruht[129], vermag nicht zu überzeugen, zumal er dafür nur zwei Änderungen benennt, einmal den für Maximilian als Kaiser 1508 gemalten bzw. geänderten Doppeladler mit dem österreichisch-burgundischen Herzschild und eine weitere als Folge der Ergebnisse des Wiener Kongresses von 1515. Die programmatische Bedeutung dieses Quaternionenadlers ließe sich zunächst gut als ein Ergebnis der Verhandlungen beim Reichstag in Worms denken, wo sich Maximilian von März bis November 1495 fast durchweg aufhielt[130]. Auf seine Veranlassung hin wäre ihm bei einem anschließenden Aufenthalt in Innsbruck bzw. Tirol symbolisch Ausdruck verliehen worden; infrage kommen dafür die Zeiträume Juni/Juli 1496, als erstmals Romzugspläne gehegt wurden, oder die Winter 1496/97 und 1497/98.

bilder des körperschaftlichen Reichsgedankens 1400–1800, in: Archiv für Frankfurts Geschichte und Kunst 48 (1962), S. 5–44. Ziehen, S. 37 kannte nur den »Holzschnitt des Meisters H. aus dem Jahre 1511« als Vorlage für die Reichsadlerhumpen, nicht die erste, mit dem vollen Namen versehene Auflage.

126 Es handelt sich um ein Deckenfresko in den Lauben des Kohlegger-Oschlinger-Hauses, Herzog-Friedrich-Str. 35, vergesellschaftet mit weiteren Wappendarstellungen; Franz-Heinz Hye, *Pluriumque europae provinciarum rex et princeps potentissimus.* Kaiser Maximilians I. genealogisch-heraldische Denkmäler in und um Innsbruck, in: Staaten, Wappen, Dynastien (wie Anm. 57), S. 35–63, hier S. 40 f. mit Abb. 6, S. 41, vom Verfasser zuvor schon genauer beschrieben: Hye, heraldische Denkmale (wie Anm. 60), S. 58–61; Johanna Felmayer, Die profanen Kunstdenkmäler der Stadt Innsbruck, Wien 1972 (Österreichische Kunsttopographie, 38,1), S. 154–157 Nr. 35.

127 Sogar die aus Gründen der heraldischen Courteoisie in ihrer Richtung geänderten, nämlich auf den Gekreuzigten in der Mitte ausgerichteten Schrägbalken der Wappen von Lothringen und Baden sowie auch der Wecken im Wappen Bayerns, entsprechen sich.

128 Man hat das – den Adler als »Blutbannadler« überinterpretierend – mit dem Stadtrichteramt des Hausbesitzers Walther Zeller in Verbindung bringen wollen, das diesem mit Urkunde vom März 1495 übertragen worden war; Hye, heraldische Denkmale (wie Anm. 60), S. 59, 60.

129 Neben dem Blutbannadler-Argument wird von Hye nur das Vorhandensein zweier Wappen geltend gemacht, einmal des ungarischen, also wegen der seit 1491 bestehenden Titularkönigswürde ein älterer Terminus post quem, und zum andern des Wappens des Herzogshauses Sachsen, dem Katharina, die zweite Gattin Sigmunds des Münzreichen, angehörte, die nach dessen Tod 1496 noch im gleichen Jahr den Herzog von Braunschweig heiratete. Hye bezog Burgkmair in seine Erwägungen nicht mit ein.

130 Das Itinerar ermittelbar aus Regesta Imperii XIV (vgl. Anm. 11), Bd. 1 und 2.

Da aber der Innsbrucker und Burgkmairs Quaternionenadler nicht nur im heraldischen Programm übereinstimmen, sondern künstlerisch große Ähnlichkeit aufweisen – man vergleiche nur die beiden nimbierten Adlerköpfe mit ihren Bügelkronen oder die Figur des Gekreuzigten – müsste eine genaue kunsthistorische Untersuchung klären können, ob das Innsbrucker Deckenfresko gar von der Hand Burgkmairs selbst stammt oder ob dessen Holzschnitt dafür kopiert wurde. Burgkmair könnte zwar schon 1500 oder wieder 1504 mit Maximilian in Kontakt getreten sein; gewiss war dies dank Peutinger der Fall im Jahr 1508, das somit als Entstehungszeit in erster Linie infrage kommt[131]. Anders als beim grafischen Blatt bestimmen beim Innsbrucker Deckenfresko vier großformatige Wappen der Königreiche Frankreich, England, Sizilien und Schottland, alle mit Königskronen darüber, den optischen Eindruck gebieterisch mit, wobei das englische und sizilische links bzw. rechts von den Adlerköpfen diese geradezu einengt. Schon bei der ersten bildlichen Quaternionendarstellung von 1414/15 im Frankfurter Römer[132] waren vier Königreiche mit ihren Wappen vertreten. Die ältesten original überlieferten Quaternionenadler in der »Agrippina« des Heinrich von Beeck[133], eines Chronisten der Stadt Köln, deren Reichsstadtqualität erst 1475 ähnlich wie bei Überlingen durch Friedrich III. definitiv beurkundet wurde[134], tragen auf den Flügeln vier Kronen[135]. Schon der Titel *Des hilligen Roymschen Rychs Corpus* gibt die darstellerische Absicht zu erkennen, das Reich organologisch als körperschaftliches Phänomen sinnfällig zu machen. Die darauf durch ihre Wappen Vertretenen sollte man daher besser als Glieder und nicht als Stände des Reichs bezeichnen, da ja nicht etwa die Reichsstandschaft veranschaulicht werden sollte[136]. Das 1499 gedruckte Exemplar in der gleichfalls Kölner Koelhoff-Chronik[137] zeigt statt der Kronen auf den Flügelspangen wie das Innsbrucker Fresko oberhalb die Wappen der vier Königreiche. Da sich in Konrad Peutingers Bibliothek ein Exemplar der Koelhoff-Chronik befand[138], liegt eine formale Einwirkung auf die Entstehung des Innsbrucker Freskos nahe. Wie beim »Agrippina«-Exemplar sind die Wappen der zehn Quaternionen den Adlerflügeln

131 Falk, Burgkmair (wie Anm. 122), S. 46 bzw. 69. Für eine Datierung des Freskos in die Zeit um 1510 sprach sich auch Dr. Harald Drös (Heidelberg) nach einem Besuch vor Ort aus (freundliche Mitteilung vom 29.10.2013).

132 Sie ist nur aus zweiter Hand bekannt; Ziehen, Heiliges Römisches Reich (wie Anm. 124), S. 11–23; Schubert, Quaternionen (wie Anm. 3), S. 19; Hoffmann, Bildliche Darstellungen (wie Anm. 122), S. 53.

133 Entstanden zwischen 1469 und 1472; Historisches Archiv der Stadt Köln, Chroniken und Darstellungen 20, Bl. 90v und 48 (defekter Adler): Volker Henn, Das Bildprogramm der »Agrippina« des Kölner Chronisten Heinrich von Beeck, in: Rheinische Vierteljahrsblätter 60 (1996), S. 121–152, hier S. 135–140; vgl. auch im Ausstellungskatalog Heiliges Römisches Reich 2006 (wie Anm. 5), Nr. VI.55. Die Legende benennt bei der Aufzählung der vier Herzöge falsch den dritten als »Schwaben« statt richtig Österreich (rot-weiß-rot).

134 Henn, »Agrippina« (wie Anm. 133), S. 130.

135 Ibid., S. 139 und Abb. 3, S. 135, sowie 4 (der defekte), S. 140, hier in anderer Reihenfolge als in Innsbruck mit Frankreich, Sizilien, Schottland und England namentlich bezeichnet.

136 So schon Albert Werminghoff, Die Quaternionen der deutschen Reichsverfassung, in: Archiv für Kulturgeschichte 3 (1905), S. 288–300, hier S. 288 f.; vgl. auch Anm. 5.

137 Albert Schramm, Der Bilderschmuck der Frühdrucke, Bd. 8 (Erscheinungsort Köln), Leipzig 1924, Tafel 174; Hoffmann, Bildliche Darstellungen (wie Anm. 122), S. 72 und Nr. 53.

138 Burgkmair, Das graphische Werk (wie Anm. 1), Nr. 42.

ungeachtet einer Rangfolge auch hier noch einfach nacheinander aufgelegt, links mit den vier Herzögen beginnend, gefolgt von den Markgrafen, Landgrafen, Burggrafen, Grafen, Edelfreien, Rittern, Städten sowie Dörfern und rechts mit den vier Bauern endend, wobei freilich dem Wappen von Köln, den ersten Bauern vertretend, rechts oben eine optisch günstige Position zukommt. Burgkmairs Reichsadler dagegen integriert nicht nur die Wappen der sieben Kurfürsten und des *Pottestat* von Rom – oben auf den Flügelspangen gleichsam das tragende Gerüst bildend –, sondern er ordnet die Quaternionen gemäß der Rangfolge strukturell dem Leib des Adlers zu, d. h. ihm am nächsten sind die ranghöchsten Gruppen, am weitesten außen die geringsten angeordnet, mithin alterniert die auf dem Gefieder des rechten Flügels innen mit den Herzögen, hier als *seull*[139] bezeichnet, beginnende Abfolge zwischen den beiden Flügeln. Man gewinnt den Eindruck, als hätten die Wappen derjenigen Glieder des Reichs, denen die größte Mitverantwortung für sein Funktionieren zukommt, am nächsten an seinem Leib, mithin am besten Platz unter seinen Fittichen angeordnet werden sollen. Die Vermutung einer sich hinter dieser Darstellung verbergenden – modern gesprochen – verfassungspolitischen Absicht drängt sich auf. Zumal die Wappen der sieben Kurfürsten, seit 1495 in die Struktur der Reichstage integriert, bleiben fortan Bestandteile des Quaternionensystems und fördern mithin dessen Verbreitung[140]. Auch realpolitisch wirkte sich das Quaternionenschema in jener Zeit schon aus. Denn beim Reichstag von Konstanz 1507 berief sich bei einem Rangfolgestreit der Herzog von Braunschweig-Lüneburg darauf, um seinen Vorrang vor den Markgrafen zu betonen[141].

In einem solchen Zusammenhang ist auch hinter die Subsumierung schon von Burgkmairs Reichsadler unter die formal ausufernden Erweiterungen des Quaternionensystems als Ausdruck von heraldischer Spielerei oder überhaupt manieristischer Beliebigkeit ein Fragezeichen zu setzen[142]. Die Erweiterung von zehn auf zwölf

139 Die in diesem Zusammenhang sogar üblichere Bezeichnung Säulen begegnet im Schriftquellenfundus zu den Quaternionen erstmals 1450 in einer Murbacher Handschrift; Peter von Andlau sprach 1460 dann von *quatuor generosi principes*; Joseph HÜRBIN, Peter von Andlau, der Verfasser des ersten deutschen Reichsstaatsrechts, Straßburg 1897, Exkurs II: Zur Quaternionentheorie, S. 223–248, hier S. 230, 232. Das Bild der Säulen des Reiches hatte die Goldene Bulle freilich für die Königswähler gebraucht; SCHUBERT, Quaternionen (wie Anm. 3), S. 54. Ob in den vier Säulen (Pfalz, Braunschweig, Lothringen und Schwaben) die vier alten Stammesherzogtümer zu vermuten sind, kann hier nicht weiter verfolgt werden. 1510 lautete die Abfolge: Braunschweig, Bayern (wohl statt der unter den Kurfürsten vertretenen Pfalzgrafschaft), Schwaben und Lothringen.

140 HOFFMANN, Bildliche Darstellungen (wie Anm. 122), S. 73.

141 Es sollte zu diesem Zweck die Goldene Bulle ergänzt werden, und der Kaiser würde eine *declaration tun … Und ladt sich Brunswig … horn, es wird sich daraus ervolgen mussen, wie die vir herzoge, der er einer sey, vor den vir markgraffen gestelt sollen sein*; Dietmar HEIL (Bearb.), Deutsche Reichstagsakten unter Maximilian I., Mittlere Reihe, Bd. 9: Der Reichstag zu Konstanz 1507, München 2014, 2. Teil, Nr. 580 [8.].

142 SCHUBERT, Quaternionen (wie Anm. 3), S. 6, 14. Hingewiesen sei hier nur auf den Quaternionenadler des Matthias Quadt von 1587 und die Quaternionentraube des Daniel Manasser (zwischen 1619 und 1637), beide behandelt von Rainer A. MÜLLER, »Quaternionenlehre« und Reichsstädte, in: Reichsstädte in Franken, Ausstellungskatalog Rothenburg/T. 1987, München 1987 (Veröffentlichungen zur bayerischen Geschichte und Kultur, 15/1), S. 78–97, hier S. 88 f., ferner auf den Quaternionenadler des Wilhelm Peter Zimmermann von 1620, quasi schon ein heraldisches Monstrum; Abb. bei Heinz SCHILLING, Das Reich als Verteidigungs- und Friedensorganisation,

Quaternionen bereicherte das Schema um *iiii birg* – vier Burgen – und *iiii vicarii*, beide auf der rechten Seite, also auf dem linken Adlerflügel, eingefügt. Die vier ganz außen erscheinenden Burgen (*Magdaburg, Luczelburg, Rottenburg* und *Oldenburg*) weisen als Kategorie lediglich die Grundworte ihres Namens auf und dürften der Symmetrie halber beliebig hinzugefügt worden sein. Indessen erhöhen sie die Anzahl der zuvor schon wegen der Vertretung der Gruppen der Dörfer und Bauern mit acht ohnehin stark vertretenen Städtewappen auf zwölf – wohl ein Hinweis auf die reichsstädtische Zielgruppe. Die nächst dem Adlerleib platzierte, ebenfalls neu eingeführte Gruppe der vier Vikare *Brabanndt, n.Sachsen, Westerreich* und *Schlessi* verlangt dagegen nach einer anderen Erklärung. Was die geografische Streuung anlangt, fallen diese vier als Vikare bezeichneten Territorien bzw. Raumeinheiten nicht aus dem Rahmen; denn bei der Auswahl der Beispiele für die einzelnen Quaternionen lässt sich eine Tendenz zur Bevorzugung der Ränder des Reiches erkennen – wie um dessen große Ausdehnung zu veranschaulichen. Diese Bedingung erfüllen Brabant im Westen und Schlesien im Osten, beide territorial zu verorten, ebenso wie Niedersachsen im Norden und eben das *Weserreich,* die beide für ein nicht genau umschreibbares Land stehen.

Das Amt des Vikars als Vertreter eines Königs war der Öffentlichkeit geläufig; schon das 14. Jahrhundert kannte noch vor den Bestimmungen der Goldenen Bulle über die Vertreterbefugnisse des pfälzischen bzw. sächsischen Kurfürsten hinaus zahlreiche regionale Beauftragungen dieser Art; denn Karl IV. hoffte noch, auf diese Weise in Konkurrenz zur territorialen Verdichtung Reichsverwaltungsbefugnisse in Randbereichen zur Geltung bringen zu können[143]. Die Reformatio Sigismundi[144] enthält denn auch eine programmatische Aussage hierzu: Nach dem Tod dieses Kaisers sollten vier Vikare als ständige Statthalter in den vier Außenbereichen, darunter Burgund, zur Wahrung von Friede und Recht amtieren[145]. Mit dieser Vorstellung konform geht sowohl die Vierzahl der in Burgkmairs Quaternionenadler aufgenommenen Vikare als auch eine für sie denkbare Funktion in den Grenzregionen des Reichs zu dessen Verteidigung. Dass das traditionsreiche, nunmehr dem Haus Österreich zugehörende Herzogtum Brabant diesen Bedingungen genügen würde, wurde oben[146] schon dargelegt. Hier gleichrangig mit dem *Westerreich* als mit einer Vikariatswürde ausgestattet aufgeführt, kann es diesem jedenfalls nicht untergeordnet vorgestellt werden[147]. Das wäre auch nicht der Fall bei einem gedanklichen An-

in: Ausstellungskatalog Heiliges Römisches Reich (vgl. Anm. 5), Bd. 2: Altes Reich und neue Staaten, hg. v. Hans OTTOMEYER, Jutta GÖTZMANN, Ansgar REISS, S. 119–133, hier S. 120.

143 Ferdinand SEIBT, Zum Reichsvikariat für den Dauphin 1378, in: Zeitschrift für Historische Forschung 8 (1981), S. 129–158, hier die Aufstellung S. 133f.

144 *Man sol verordiniren, das man habe vier vicarien, dye eins keysers vicarien sein und rechte stathalter zwischen dem mere ...; dye sollen sein an vier enden, als ob einer wer zü Österreich, der ander zu Meylant, der dryt zü Bürgundt, der vierd zü Savoi*; Heinrich KOLLER (Hg.), Reformation Kaiser Siegmunds, Stuttgart 1964 (MGH. Staatsschriften, 6), S. 308.

145 SCHUBERT, König und Reich (wie Anm. 35), S. 359, von ihm leider nicht berücksichtigt in seinem Aufsatz über die Quaternionen (wie Anm. 3), S. 12 mit Anm. 58.

146 Siehe oben, S. 98f.

147 Als ehrenhaftes Moment könnte die Verleihung des Schwertträgeramts des Reichs im Jahr 1356 an den Herzog von Brabant *occasione ducatus Lotharingiae* hinzugetreten sein; SCHUBERT, Quaternionen (wie Anm. 3), S. 31.

knüpfen an das seinerzeit von Karl dem Kühnen, den Maximilian hoch schätzte, angestrebte Reichsvikariat[148]; denn dieses hätte Karl ja seiner brabantischen Herzogswürde hinzugefügt.

Das für den Norden stehende Wappenbild des Sachsenrosses symbolisiert unter der Bezeichnung Nieder-Sachsen ebenso wie das *Westerreich* und übrigens auch Schwaben[149], eines der vier Herzogtümer, einen Raumbegriff ohne territoriale Entsprechung, der gleichwohl im öffentlichen Bewusstsein verankert war. Da Braunschweig unter den Herzogtümern vertreten ist und Sachsen als Kurfürstentum, mag man dabei an das bei der Zusprechung der Kurwürde leer ausgegangene Herzogtum Sachsen-Lauenburg denken; indessen kannten alle drei welfischen Häuser seit 1361 dieses Ross, jedoch bis 1670 nur als Helmzier[150]. Dass für den Grenzraum an der Unterelbe gegen Dänemark ein Vikariat unter der seit 1354 bekannten Bezeichnung Niedersachsen[151] konstruiert wurde, darf als Ansatz für eine Einflussnahme interpretiert werden. Übrigens nahm man 1946 bei der Entscheidung des neuen Landes Niedersachsen für dieses Symbol[152] auf den Quaternionenadler nicht Bezug. Konkreter noch waren die Einflussnahmebedürfnisse wohl bei dem für Schlesien postulierten Vikariat. Der hier präsentierte schlesische Adler hatte ebenfalls ein Land zu vertreten, und zwar ein ursprünglich polnisches Nebenland der Krone Böhmens, jedoch mit mehreren territorialen Einsprengseln. Die Zugehörigkeit Schlesiens zum Reich war auch wegen seiner Randlage[153] ungeklärt, nicht jedoch die zum Machtbereich des Jagiellonenhauses, mit dem man 1515 eine Doppelheirat arrangieren würde. In diese Vierergruppe ließ sich ein Wappen *Westerreich* mit der burgundischen Schrägteilung, jedoch ohne die den Deutschen kaum bekannte rote Bordüre, gut als Symbol eines Anspruchs einfügen, ohne dass dieser im Umfeld der Quaternionen genauer hätte definiert werden müssen.

148 Vgl. oben, S. 88.

149 Zur Charakterisierung dieses bereits ausführlich behandelten Komplexes, auf den hier nicht weiter eingegangen werden kann, mag ein Zitat genügen: »Das Herzogtum Schwaben existierte seit dem Ende der Staufer als ein Herzogtum in der Gewere des Reiches – es gab es also und es gab es nicht«; Dieter Mertens, Spätmittelalterliches Landesbewusstsein im Gebiet des alten Schwaben, in: Matthias Werner (Hg.), Spätmittelalterliches Landesbewusstsein in Deutschland, Ostfildern 2005 (Vorträge und Forschungen, 61), S. 93–156, hier S. 105.

150 Georg Schnath, Das Sachsenross. Entstehung und Bedeutung des niedersächsischen Landeswappens, Hannover 1958, S. 45–48.

151 Ibid., S. 68.

152 Nach Auseinandersetzungen schließlich 1952 per Gesetz geregelt: »… ein nach rechtsgewendetes springendes weißes Ross im roten Felde« (freundliche Mitteilung von Dr. Thomas Franke, Niedersächsisches Landesarchiv Hannover, vom 6.11.2013). Ein Unterschied besteht lediglich beim aufgereckten Schweif, der jedoch 1946 in den Wappen des Landes Braunschweig sowie Westfalens noch erschien, im Landeswappen Niedersachsens aber nicht mehr; vgl. Abb. 92 bei Schnath, Sachsenross (wie Anm. 150).

153 Mathias Weber, Zur Bedeutung der Quaternionen des Heiligen Römischen Reiches. Regionalstudie Schlesien, in: Martin Kintzinger u. a. (Hg.), Das andere Wahrnehmen. Beiträge zur europäischen Geschichte. August Nitschke zum 65. Geburtstag gewidmet, Köln, Weimar, Wien 1991, S. 467–483, hier S. 470; jedoch werden irrtümlich die Wappen der Vikare Niedersachsen dem Kurfürstentum Sachsen und »Westreich« der Kurpfalz zugewiesen (S. 474).

## V. Fazit

Welche Bedeutung wurde aber nun von Maximilian und seinem Umkreis, mutmaßlich vor allem von Konrad Peutinger, dem *Westerreich* im Sinne eines Raumbegriffs zugemessen? Das im Volksmund *Westrich* genannte Gebiet hatte der Kaiser öfter und mindestens einmal auch Peutinger[154] durchquert. Der herrscherlichen Kanzlei muss der Begriff ebenfalls geläufig gewesen sein, da er als organisatorischer Bezugsrahmen z.B. für die Ritterschaft 1495[155] gebraucht wurde. 1503 wandte sich Maximilian selbst aus Molsheim an die Stadt Straßburg wegen Hilfe gegen eine Reitertruppe aus dem *Westerreich*, die ihn verfolge[156], und 1513 bestätigte er dem Grafen von Zweibrücken-Bitsch dessen Geleitrechte an der Straße, die von Straßburg über Ingweiler durch das *Westerreich* und das Herzogtum Luxemburg nach Brabant führt[157]. Auch der für Maximilian tätigen Forschergruppe müsste der Begriff *Westerreich* geläufig gewesen sein, da ihn z.B. Johannes Cuspinian in seiner »Austria«[158] gebraucht.

Dem sich schon länger abzeichnenden Regionalismus trug zwar das *Westerreich* im Quaternionen-Reichsadler Rechnung; indessen wurden dafür die zur Verbesserung des Friedensschutzes und Gerichtswesens geschaffenen Reichskreise maßgeblich. Schon als 1500 die Mitgliedschaft im Oberrheinischen Reichskreis zu bestimmen war, galt das *Westrich* als Teil davon[159], ebenso fand es 1501 im Rahmen der Verkündigung von Abschieden des Reichsregiments Erwähnung[160]. Als beim Reichstag in Konstanz 1507 Bezirke für die Präsentation von Assessoren am Reichskammergericht festzulegen waren, sollten vom König zwei Beisitzer, je einer für Österreich und Burgund, sechs weitere von den Kurfürsten und acht von den seit 1500 bestehenden sechs Reichskreisen benannt werden[161]; wiederum wurde das *Westrich* nur als Teil des Oberrheinischen Reichskreises erwähnt[162]. Als fünf Jahre später beim

154 Als ihn Maximilian 1505 von Köln aus über Metz in die Freigrafschaft schickte; HERBERGER, Peutinger (wie Anm. 49), S. 37.

155 *Ritterschaft umb Metz und Westerreich*; Heinz ANGERMAIER (Bearb.), Deutsche Reichstagsakten unter Maximilian I., Mittlere Reihe, Bd. 5: Reichstag von Worms, Göttingen 1981, I,2, S. 1149.

156 Regesta Imperii XIV (wie Anm. 11), 4,1 Nr. 17346.

157 Freundlich mitgeteilt von Dr. Manfred Hollegger, Österreichische Akademie der Wissenschaften, Arbeitsstelle Regesten Maximilians I., Graz, provisorisches Zettelregister; man vgl. den Wortlaut der Straßenverlaufsbeschreibung bei der Belehnung mit diesen Geleitsrechten 1494 (wie Anm. 28).

158 Ausgabe Frankfurt am Main 1601, S. 8; LHOTSKY, Ostarrîchi (wie Anm. 82), S. 201 Anm. 69.

159 *Der vierd kreise begreift … Lottringen, Westerych …*; Inge WIESFLECKER-FRIEDHUBER (Hg.), Quellen zur Geschichte Maximilians I., Darmstadt 1996, S. 264 Nr. 59; Regesta Imperii XIV (wie Anm. 11), 3, Nr. 10445.

160 Johann Schenk von Schweinsberg vertrat dabei die Mitglieder des Oberrheinischen Reichskreises, darunter Lothringen und das *Westerreich*; Regesta Imperii XIV (wie Anm. 11), 3,2, Nr. 14993, 15171.

161 Adolf LAUFS, Der Schwäbische Kreis. Studien über Einungswesen und Reichsverfassung im deutschen Südwesten zu Beginn der Neuzeit, Aalen 1971 (Untersuchungen zur deutschen Staats- und Rechtsgeschichte. Neue Folge, 16), S. 46; Winfried DOTZAUER Die deutschen Reichskreise (1383–1806). Geschichte und Aktenedition, Stuttgart 1998, S. 51 f.

162 *Lutring, Westerreich;* Reichstagsakten, Mittlere Reihe IX (wie Anm. 141), Nr. 207 Anm.

Reichstag von Trier und Köln im Interesse einer flächendeckenden Exekutionsordnung das gesamte Reichsgebiet in nunmehr zehn Kreise aufzuteilen war, verstand sich Maximilian als Territorialherr zur Teilhabe an dieser Ordnung in Gestalt des Österreichischen und Burgundischen Reichskreises[163]. Des letzteren Benennung dürfte auf ihn selbst zurückgehen[164]; ihr programmatischer Charakter bekräftigt die Legitimität der Nachfolge des Hauses Österreich im größten Teil des burgundischen Erbes. Zu einem »Westreich« sollte dieses nun offenkundig nicht mehr hochstilisiert werden. Folglich wurden, als dem Reichskreis ein Wappen als körperschaftliches Symbol gegeben werden sollte, die Farben des untergegangenen Herzogtums Burgund gewählt, wie das z. B. beim Schwäbischen Reichskreis mit dem Wappen des untergegangenen Herzogtums Schwaben der Fall war. Ersichtlich ist dies aus der freilich weit jüngeren Darstellung einer Audienz beim Reichskammergericht[165], die den Vertretern der Reichskreise Wappen beigibt. Auch das für den Schwäbischen Reichskreis gewählte Wappen – die drei schreitenden schwarzen Löwen – entsprach dem in Burgkmairs Quaternionen-Reichsadler. Dieser darf somit als bildliches Ursprungsdokument für die Auffassung des Alten Reichs als eines Symbolzusammenhangs gelten. Die an das dort verwendete schräg geteilte Wappenbild geknüpften Westreich-Vorstellungen der geistigen Urheber dürften von vornherein recht unbestimmt gewesen und dann auch geblieben sein. Ein früheres Königreich, gleichviel ob Burgund oder Austrasien, wird aus einer Anspruchshaltung heraus den Inspirationshorizont dafür gebildet haben. Es wieder aufleben zu lassen, blieb wohl ein bei Verhandlungen argumentativ eingesetztes Gedankenspiel jenseits jeder Realisierungsabsicht. Es lag wohl auch ein Reiz in dem Wortspiel Österreich – *Westerreich*, das sich aus dem wissenschaftlichen Bemühen um die Ermittlung einer hochmögenden Vergangenheit sowohl des Hauses Österreich als auch seiner Länder plausibel zu ergeben schien. Zustatten kam auch die Mehrdeutigkeit des Grundworts »-reich«, mit dem sowohl groß- als kleinräumige Gebiete ungeachtet einer politischen Verfasstheit benannt werden konnten[166].

Das älteste bekannte und für das ursprüngliche Königreich in Anspruch genommene Wappen errang so eine hohe Bedeutsamkeit und ging im gespaltenen Schild mit dem angestammten österreichischen eine Verbindung ein, die Maximilian überdauern sollte und die dank Heirat gelungene Wiederzusammenführung vermeintlicher früherer dynastischer und Landesstrukturen dokumentiert. Ein Kaiser vermochte in dem seinerzeit allgemein und auch auf Landkarten als *Westrich* bezeichneten realen Raum allenfalls Lehensrechte über einige gräfliche Reichsvasallen auszuüben; Maximilian musste um Sicherung der nun auch strategisch wichtigen Geleitstraße vom Elsass über Luxemburg in die Niederlande bemüht sein und örtliche Gewalten

163 Im Reichstagsabschied an erster Stelle genannt (§ 11): *Nemlich sollen Wir mit Unseren Erblanden zu Oesterreich und Tyrol einen, und Burgund mit seinen Landen auch einen Circkel haben*; Laufs, Schwäbischer Kreis (wie Anm. 161), S. 47.

164 Dotzauer, Reichskreise (wie Anm. 161), S. 393 f.

165 Kupferstich, Frontispiz über eine Doppelseite des Werks von Wilhelm Roding, Pandecta iuris cameralis, Speyer [3]1668; Speyer, Pfälzische Landesbibliothek 30.264 Rara.

166 Anna Hedwig Benna, Kaiser und Reich, Staat und Nation in der Geschichte Österreichs. Ein Versuch zur Klärung der Begriffe, in: Wagner, Österreich (wie Anm. 108), S. 377–393, hier S. 378.

in sein Herrschaftssystem einbinden[167]. Der programmatischen Aufladung dieses Raumes als österreichisch-burgundisches Ursprungsland zu Zeiten des Königs Odpert konnte das nur Nachdruck verleihen.

Im Quaternionen-Reichsadler scheint die Bedeutung der burgundischen Farben etwas geschmälert zu sein, da sie statt eines Königreichs nur noch ein Reichsvikariat repräsentieren, freilich aufgewertet durch einen geografisch-räumlich aktuell zwar gleichsam ausgeborgten, jedoch auf ein früheres Herrschaftsgebiet mit Königreichsrang zurückzubeziehenden Raum. Den ehrwürdigen burgundischen Kontext, in den dies alles einzuordnen ist, dokumentieren freilich die bisher offenbar unbeachtet gebliebenen Feuereisen, die oben links und rechts die Flügel des Reichsadlers schützend umspielen und deren Flammen bis herüber zu den Adlerköpfen züngeln. Diese vom Ordensgründer Herzog Philipp dem Guten entwickelte und von Maximilian hoch geachtete Goldene-Vlies-Symbolik gipfelte in den Feuereisen als imperial konnotierten Zeichen[168]. Auf diese Weise ist der Kaiser auf dem Holzschnitt als Schutzherr des Reiches virtuell präsent. Ob die doppelte Krönung jedes der beiden Köpfe in diesem Zusammenhang als Zeichen der angestrebten Inhaberschaft des abend- und des morgenländischen Kaisertums zu verstehen sein könnte, wäre zu prüfen, war doch die Rückeroberung des von den Osmanen usurpierten Ostreichs eine Konstante im Denken Maximilians[169]. Jedenfalls weisen die älteren doppelköpfigen Reichsadler – so der in der Kölner Agrippina – und auch später nur eine Krone in der Mitte zwischen den beiden Köpfen auf.

Burgkmairs Quaternionen-Reichsadler, den man wohl besser als denjenigen Maximilians bezeichnen sollte, wird so zu einem Denkmal des Verhältnisses allgemein zwischen Kaiser und Reich und insbesondere auch des Verhältnisses des endlich zu dieser Würde aufgestiegenen Maximilian zum Reich, bald nachdem der Wormser Reichstag dessen dualistischer Struktur den Weg bereitet hatte. Ein »Westreich« für sich und sein Haus als eine Art staatsrechtlichen Gesamttitel für das burgundische Erbe zu begründen und mit einer gesamterbländischen Königswürde zu bestätigen, war Maximilian nicht beschieden. Indessen ist die Beschäftigung mit dem aus diesem Bestreben herrührenden sinnbildlichen Argumentationspotential von großem Reiz.

167 Dazu sind bisher wenigstens Ansätze erkennbar; denn Maximilian übertrug schon 1479 dem Grafen Friedrich von Zweibrücken-Bitsch die Herrschaft Pettingen im Herzogtum Luxemburg; Regesten Friedrichs III., Supplement (wie Anm. 11), Nr. 85.

168 Herbert Karner (Hg.), Die Wiener Hofburg 1521–1705. Baugeschichte, Funktion und Etablierung als Kaiserresidenz, Wien 2014 (Denkschriften der philosophisch-historischen Klasse der Österreichischen Akademie der Wissenschaften, 444), S. 537f. Feuereisen finden sich z.B. auch auf dem Innsbrucker Deckenfresko (Felmayer, Kunstdenkmäler [wie Anm. 128], S. 156), auf dem Sockel der Bühne mit den vier vornehmsten imperialen Vorgängern Karl der Große, Chlodwig I., Stephan von Ungarn und Rudolf I. im Triumphzug (Kellner, Formen [wie Anm. 45], S. 74) und schon 1496 als Schmuck auf Einblattdrucken Sebastian Brants mit Verkündigungscharakter (Ausstellungskatalog Peutinger 2016 [wie Anm. 47], S. 213, 215).

169 Anna Coreth, Ein Wappenbuch Kaiser Maximilians I., in: Leo Santifaller (Hg.), Festschrift zur Feier des zweihundertjährigen Bestandes des Haus-, Hof- und Staatsarchives, Wien 1949 (Mitteilungen des Österreichischen Staatsarchivs, Erg.Bd. 2), Bd. 1, S. 291–303, hier S. 294.

Jonas Bechtold

# Die Elsassverhandlungen in den Zeitungsberichten zum Westfälischen Friedenskongress zwischen Information und Interpretation

## I

Nach der Vereinbarung des kaiserlich-schwedischen Friedensvertrages in Osnabrück Anfang August 1648 schrieb die in Hamburg verlegte »Wochentliche Zeitung«: *DIe vberaußgewuenschte Zeitung von dem endlichen Schluß der Friedens=Tractaten zu Oßnabrueck ist allhier eine sonderliche Frewde zuvernehmen gewesen / wolte Gott, daß auch die Sache mit dem Kaeyser vnd der Cron Franckreich so nahe zum Schluß were*[1].

Was hier mit klagendem Ton vermisst wurde, sollte im Oktober berichtet werden: der Frieden zwischen Frankreich und dem Kaiser. Vorausgegangen waren vier Jahre des Verhandelns – und Berichtens. In den gedruckten Zeitungen war der Westfälische Friedenskongress »Dauerthema«[2] und laut gängiger Forschungsmeinung unterrichteten die Nachrichtenblätter wie »Verhandlungschronik[en]«[3] laufend vom Kongress. Allerdings fehlt bislang eine analytische Untersuchung der Zeitungsberichte zum Westfälischen Frieden[4]. Die Zeitungen auf ihre Inhalte hin zu analysieren, ist dabei schon heuristisch durch die bemerkenswert geringe Überlieferung erschwert[5],

1 Wochentliche Zeitung/Hamburg (künftig: WZ/H) 36-1/1648, S. 1, Stockholm 1648 VIII 17. Der Autor dankt Privatdozent Dr. Dr. Guido Braun (Bonn) für seine Hinweise bei der Erarbeitung des Artikels.

2 Ulrich Rosseaux, Friedensverhandlungen und Öffentlichkeit. Der Westfälische Friedenskongress in den zeitgenössischen gedruckten Zeitungen, in: Maria-Elisabeth Brunert, Maximilian Lanzinner (Hg.), Diplomatie, Medien, Rezeption. Aus der editorischen Arbeit an den Acta Pacis Westphalicae, Münster 2010 (Schriftenreihe der Vereinigung zur Erforschung der Neueren Geschichte, 32), S. 21–45, hier S. 30.

3 Konrad Repgen, Der Westfälische Friede und die zeitgenössische Öffentlichkeit, in: Historisches Jahrbuch 117 (1997), S. 38–83, hier S. 49.

4 Die zutreffendste Darstellung der Kongressberichterstattung bietet Rosseaux, Friedensverhandlungen (wie Anm. 2). Stephan Mayer-Gürr, »Die Hoffnung zum Frieden wird täglich besser«. Der Westfälische Friedenskongress in den Medien seiner Zeit, Bonn 2007, untersucht die Darstellung des Kongresses in den zeitgenössischen Medien. Jedoch verharrt er in seinen Feststellungen für die Zeitungen im Allgemeinen und eine Gesamtdarstellung des Quellenkorpus gelingt nicht. Für eine Untersuchung der Berichterstattung in der französischen Zeitung: Stéphane Haffemayer, L'information dans la France du XVII$^{e}$ siècle. La Gazette de Renaudot de 1647 à 1663, Paris 2002 (Bibliothèque d'histoire moderne et contemporaine, 6), S. 591–597. Auch hier erfolgt keine analytische Einordnung der Meldungen in das Kongressgeschehen.

5 Vgl. Andreas Würgler, Medien in der Frühen Neuzeit, München 2009 (Enzyklopädie Deutscher Geschichte, 85), S. 104–105.

und jeder Ansatz sieht sich vor die Schwierigkeit gestellt, dass sehr wenig über die Entstehungsgeschichte der Zeitungsberichte und die Informationsgrundlage der Zeitungskorrespondenten bekannt ist. Die folgenden Ausführungen knüpfen an das 1998 von Konrad Repgen formulierte Desiderat an, dass die inhaltliche Untersuchung »wichtig und interessant«[6] wäre, indem die Berichtqualität über die Verhandlungen anhand inhaltlicher Kriterien der Plausibilität, Aktualität, Präzision und Vollständigkeit gemessen wird. Die Analyse will die Zeitungsberichte aus dem Kongressgeschehen heraus verstehen und diplomatiegeschichtliche mit pressegeschichtlichen Ansätzen verbinden. So ergeben sich neue Erkenntnisse sowohl über den Verhandlungsrahmen und die Wahrnehmung des Kongresses wie auch über Genese und Funktion der Zeitungsberichte über den Friedenskongress.

Die kaiserlich-französischen Verhandlungen um die Territorialsatisfaktion, kurz »Elsassverhandlungen« genannt, bieten sich für eine auf einen Verhandlungspunkt konzentrierte Analyse besonders an, weil sie über die entscheidenden Verhandlungsjahre zwischen 1646 und 1648 sowohl bilateral über die Mediatoren[7] als auch unter Einbeziehung der Reichsstände geführt wurden – beides hat, wie zu zeigen sein wird, konkrete Auswirkungen auf die Berichterstattung. Zudem liegt für die Elsassverhandlungen, die »most heavily contested and thoroughly analyzed question of the Peace of Westphalia«, ein exzellenter Forschungsstand vor[8].

Um herauszuarbeiten, welche Informationen der geheimen und bilateral über die Mediatoren geführten Verhandlungen in den Zeitungen öffentlich wurden, wann sie öffentlich wurden und von welcher Qualität sie waren, soll nach einer grundlegenden quantitativen Einordnung in das Quellenkorpus (II) die Berichterstattung der Zeitungen auf ihre Informationsqualität zum Verhandlungsstand (III) und ihre Kommentarelemente (IV) hin befragt werden. Anschließend werden aus den Beobachtungen Schlüsse für die Informationsprovenienz (V) der Berichte gezogen.

6 Repgen, Öffentlichkeit (wie Anm. 3), S. 42. Repgen selbst geht in seinem maßgebenden Aufsatz nur partiell auf die Zeitungen ein.

7 Der venezianische Botschafter Alvise Contarini und der päpstliche Nuntius Fabio Chigi.

8 Derek Croxton, Peacemaking in Early Modern Europe. Cardinal Mazarin and the Congress of Westphalia, 1643–1648, Cranbury/London/Mississauga 1999, S. 238. In Auswahl: Konrad Repgen, Über den Zusammenhang von Verhandlungstechnik und Vertragsbegriffen. Die kaiserlichen Elsaß-Angebote vom 18. März und 14. April 1646 an Frankreich. Ein Versuch, in: Edith Ennen, Werner Besch (Hg.), Die Stadt in der europäischen Geschichte, Bonn 1972, S. 638–666; ders., Die kaiserlich-französischen Satisfaktionsartikel vom 13. September 1646. Ein befristetes Agreement, in: Heinz Duchhardt (Hg.), Der Westfälische Friede. Diplomatie, politische Zäsur, kulturelles Umfeld, Rezeptionsgeschichte, München 1998 (Historische Zeitschrift, Beiheft, 26), S. 175–216; Anuschka Tischer, Französische Diplomatie und Diplomaten auf dem Westfälischen Friedenskongress. Außenpolitik unter Richelieu und Mazarin, Münster 1999 (Schriftenreihe der Vereinigung zur Erforschung der Neueren Geschichte, 29); Karsten Ruppert, Die kaiserliche Politik auf dem Westfälischen Friedenskongress (1643–1648), Münster 1979 (Schriftenreihe der Vereinigung zur Erforschung der Neueren Geschichte, 10); Guido Braun, La rédaction des articles du traité de Münster concernant la cession des Trois-évêchés et de l'Alsace à la France, in: Olivier Poncet (Hg.), Diplomatique et Diplomatie. Les traités (Moyen Âge – début du XIX^e^ siècle, Paris 2015 (Études et rencontres de l'École des Chartes, 45), S. 105–137; sowie die Einleitungen der entsprechenden Bände der Acta Pacis Westphalicae, hrsg. v. der Nordrhein-Westfälischen Akademie der Wissenschaften in Verbindung mit der Vereinigung zur Erforschung der Neueren Geschichte e.V. durch Max Braubach (†), Konrad Repgen (†) und Maximilian Lanzinner, Münster 1962–2015, 49 Bde.

## II

Die geringe Überlieferungsrate setzt jeder inhaltlichen Untersuchung zu Zeitungsberichten im 17. Jahrhundert *a priori* enge Grenzen. In der Quellensammlung des Bonner »Zentrum für Historische Friedensforschung« (ZHF) sind 1496 Berichte bekannt, was einer Überlieferungsquote von etwa 19 % entspricht. Deutlich erkennbar ist das steigende Berichtsaufkommen im Laufe der Verhandlungen: Für das Jahr 1645 gibt es 167 Berichte, 1646 sind es schon 289 und für 1648 liegen 569 Zeitungsberichte vor[9].

Zu den Elsassverhandlungen sind 195 Berichte während der Verhandlungsphasen über die französische Territorialsatisfaktion (Januar–September 1646, Juni–November 1647, Juli–Oktober 1648) erschienen. Für das Jahr 1646 betreffen 101 Berichte die Elsassverhandlungen, wohingegen deren Anzahl in den Jahren 1647 und 1648 auf 34 respektive 52 Meldungen sinkt[10]. Vor dem Hintergrund der während des Kongresses eklatant ansteigenden Berichtzahl und der verbesserten Überlieferungslage 1648 erscheint dieses ungleiche Ergebnis zunächst wenig nachvollziehbar. Dass hier aber nicht ein Überlieferungsmangel den mikroskopischen Einblick verfälscht, zeigen genauere Betrachtungen zu Überlieferungsstand und Berichtshäufigkeit: Die in Hamburg gedruckte »Wöchentliche Zeitung« beispielsweise ist für 1647 fast vollständig und für 1648 lückenlos überliefert[11]. Ihre Werte sind darum aussagekräftig und der Vergleich zum Jahrgang 1646 dieser Zeitung bestätigt den ersten Befund. Für 1646 sind zwar nur zwei Drittel des Jahrgangs erhalten, diese enthalten aber die doppelte Berichtanzahl im Vergleich zu den Jahrgängen 1647 und 1648[12]. Als ebenso kongruent mit dem Gesamtbefund erweisen sich die Zahlen der »Post/Hamburger und Reichszeitung« aus Stettin: Hier sind alle Jahrgänge vollzählig bewahrt und bilden in den Berichtszahlen das gleiche Bild ab.

Im Jahr 1646 kam es mit Abstand zu den meisten Meldungen über die kaiserlich-französischen Satisfaktionsverhandlungen. Die schwache Überlieferungslage muss einer tiefgehenden Analyse folglich nicht entgegenstehen. Vielmehr entspricht der Befund ganz und gar dem Verhandlungsverlauf, der bei der Frage der französischen Territorialsatisfaktion 1646 seinen Schwerpunkt fand – gerade hier erweist sich die Berichterstattung als »Fieberkurve« des Kongresses[13].

9 Vgl. dazu Rosseaux, Friedensverhandlungen (wie Anm. 2), S. 24, 27. Jedoch wurde die Quellensammlung vor 1990 angelegt und wird noch um Bestände aus Sammlungen in der ehemaligen DDR und den Ostblockstaaten zu ergänzen sein.

10 Die restlichen acht Berichte fallen in den Zeitraum Januar/Februar 1649.

11 Zur Überlieferung aller Zeitungen siehe Else Bogel, Elger Blühm, Die deutschen Zeitungen des 17. Jahrhunderts. Ein Bestandsverzeichnis mit historischen und bibliographischen Angaben, Bd. I: Text, München 1971 (Studien zur Publizistik, Bremer Reihe, 17).

12 1646 sind 30 Berichte in 106 Ausgaben überliefert, wohingegen in den Jahrgängen 1647 und 1648 nur 15 bzw. 18 Berichte erschienen.

13 Diese Beobachtung differenziert das Urteil von Rosseaux, Friedensverhandlungen (wie Anm. 2), S. 27.

## III

Auch wenn die Zeitungen kontinuierlich über die gesamte Dauer des Kongresses hinweg berichteten, wurde dem Leser einer einzigen Zeitung das Nachvollziehen der Verhandlungen erschwert, da die Meldungen in ihrer »punktuelle[n] Einzelberichterstattung«[14] selten Zusammenhänge knüpften. Die folgende Untersuchung nimmt daher nicht eine einzelne Zeitung, sondern das Gesamtkorpus der Berichte in den Blick, um deren Qualität anhand inhaltlicher Kriterien im Kontext des Kongressgeschehens zu erfassen. Die Berichterstattung über die Elsassverhandlungen wird inhaltlich zunächst an vier Verhandlungsetappen vorgestellt.

(1) Von der ersten Phase der Verhandlungen über die französische Satisfaktion[15] im Frühjahr 1646 wurde in zahlreichen Meldungen berichtet, jedoch wird hier die Diskrepanz zwischen Quantität und Qualität der Berichterstattung offenbar: Nach ihrem ersten Angebot vom 28. März, das nur die Reichslandvogtei im Unterelsass enthielt und von den Franzosen unmittelbar abgelehnt wurde, unterbreiteten die kaiserlichen Vertreter, allen voran der Prinzipalgesandte Graf Trauttmansdorff, am 14. April das zentrale kaiserliche Elsass-Angebot, dessen Fassung vom 16. April die Grundlage der folgenden Verhandlungen bildete[16]. In ihrer 16. Ausgabe berichtete erstmals die Züricher »Wochentliche Ordinari Zeitung« von einem kaiserlichen Angebot des *halbe*[n] *Elsaß*[17]. Noch Anfang April hatte die Hamburger Zeitung verlautbart, die *Kaeyserlichen* [wollten] *zu Muenster der Cron Franckreich noch zur Zeit nichts verwilligen*[18], und bewies damit wenig Kenntnis vom Verhandlungsstand. Die Hamburger Postzeitung hingegen unterrichtete ihr Publikum in derselben Woche sachkundiger[19]. Jedoch erst in einer auf den 16. April zu datierenden Korrespondenz aus Köln, also zum Zeitpunkt des zweiten, umfassenderen Angebotes der Kaiserlichen, erfuhr man von der französischen Ablehnung der ersten Offerte[20]. In all diesen Meldungen wurde die Verhandlungsmasse weder als habsburgischer Besitz im Elsass

14 Thomas SCHRÖDER, Die ersten Zeitungen. Textgestaltung und Nachrichtenauswahl, Tübingen 1995, S. 215.

15 Über die französische Replik vom 7. Januar 1646 hatten die Zeitungen berichtet, dass Frankreich *loco satisfactionis* Ober- und Unterelsass, ganz Lothringen, Breisgau, Sundgau, die Vier Waldstädte und die Festungen Breisach und Philippsburg *begehre* (WZ/H 3-II/1646, S. 2–3, Münster 1646 I 3/13). Die gleiche Ausgabe druckte auch eine nicht überlieferte Zusammenfassung der französischen und schwedischen Repliken, ibid., S. 4.

16 Zu den drei Fassungen des kaiserlichen Angebots siehe Wolfgang BOSBACH, Acta Pacis Westphalicae (APW) II B 3/1, Münster 1999, S. LIV–LVII; TISCHER, Französische Diplomatie (wie Anm. 8), S. 255–259. Angeboten wurden die habsburgischen Besitzungen im Elsass unter dem Titel der Landgrafschaft Ober- und Unterelsass, der Sundgau und die Reichslandvogtei.

17 Wochentliche Ordinari Zeitung/Zürich (künftig: WOZ/Z) 16/1646, S. 3, Hinterhessen 1646 IV 1/11.

18 WZ/H 15-II/1646, S. 3, Osnabrück 1646 III 29 (*stilus vetus*).

19 Ordentliche Postzeitung/Hamburg (künftig: OP/H) 15-II/1646, S. 3–4, Osnabrück 1646 IV 2 (*stilus vetus*); vgl. auch ähnlich Post/ Hamburger und Reichszeitung/Stettin (künftig: PHR/S) 16/1646, S. 1, Leipzig 1646 IV 11.

20 WOZ/Z 16/1646, S. 1–2, Köln 1646 IV 6/16. Ebenso Wochentliche Ordinar-Post-Zeitungen/o. O. (künftig: WOPZ) 16/1646, S. 2–3, Köln 1646 IV 15.

präzisiert noch auf die von Frankreich gewünschte Lehensnahme verwiesen[21]. Wie schon die Replik gebrauchten die Zeitungen nur geographische Begriffe.

In den wenigen Berichten konnten die Korrespondenten nur unzutreffend, zumeist im Rekurs auf Dritte oder mündliches Wissen und mit beträchtlicher Verzögerung über die Verhandlungen berichten. Lediglich in groben Schattierungen wurden die Verhandlungen beobachtet, inhaltliche Berichte über die Verhandlungssubstanz bildeten die Ausnahme.

(2) Anders stellt sich die Berichterstattung über die erste – nicht unterzeichnete – Übereinkunft, die Septemberartikel 1646 dar. Dieses *agreement* diente nur der Fixierung der bis dato erzielten Konzessionen in der Satisfaktionsfrage und war auf 17 Tage befristet[22].

In den Zeitungen jedoch wurden die Septemberartikel vielfach als endgültiger Friedensschluss verstanden: Aus Minden berichtete die »Wochentliche Zeitung« (Hamburg) schon vom 11. September von einem *zeither starck herumb gangenen Geruecht / daß nemblich die Tractaten zwischen dem Kaeyser vnd Franckreich* [...] *so viel als geschlossen / vnd die wichtig= und vornembste Puncten acordirt vnd verglichen seyn sollen*[23]. Wiederum konnte zwar von Verhandlungen berichtet werden[24], bezüglich der Inhalte wurde aber zunächst nur konstatiert, dass die *Sachen aber* [...] *in grosser geheimb gehalten* werden[25]. Trotz dieser anfänglichen Überinterpretationen wurde – wenn auch verspätet – von den Inhalten berichtet. Seit Ende September ging man nicht mehr von einem allgemeinen Friedensschluss aus, sondern gab korrekt wieder, dass die Parteien *in puncto propriae Satisfactionis* [...] *richtig unnd verglichen* seien[26]. Als durch die Zeitungen aber die Bedingungen bekannt wurden, war die Befristung des Dokuments bereits abgelaufen.

Wenn auch beide Seiten ein großes Interesse an der Vertraulichkeit der Artikel hatten, waren doch zahlreiche andere Kongressteilnehmer rasch über deren Inhalte informiert[27]. Auch die Zeitungen konnten trotz der häufigen Überinterpretationen

21 Eine Ausnahme bildet PHR/S 19/1646, S. 3, Osnabrück 1646 IV 18.

22 Repgen, Satisfaktionsartikel (wie Anm. 8); Clivia Kelch-Rade, Anuschka Tischer, APW II B 4, Münster 1999, S. LIV; Tischer, Französische Diplomatie (wie Anm. 8), S. 286–288.

23 WZ/H 37 App./1646, S. 3, Minden 1646 IX 1.

24 PHR/S 37/1646, S. 1, Hamburg 1646 IX 2, und Particular-Zeitung/Danzig (künftig: PZ/D) 39/1646, S. 1–2, Stettin 1646 IX 9/19.

25 WZ/H 37-I/1646, S. 3, Münster 1646 IX 1/11; ebenfalls auf die Geheimhaltung der Ergebnisse der Verhandlungen verweisen ibid. 37 App./1646, S. 3, Minden 1646 IX 1 und Z 108/1646, S. 3–4, Osnabrück 1646 IX 9.

26 Ibid. Weitere Beispiele: WZ/H 39-II/1646, S. 2–3, Minden 1646 IX 12; WOZ/Z 38/1646, S. 1–2, Köln 1646 IX 3/13; Z 108/1646, S. 4–5, Köln 1646 IX 16; PHR/S 39/1646, S. 4, Osnabrück 1646 IX 17; PZ/D 39/1646, S. 1–2, Stettin 1646 IX 9/19; OP/H 41-I/1646, S. 3–4, Osnabrück 1646 X 5; WZ/H 43-I, S. 2–3, Münster 1646 X 8.

27 Repgen, Satisfaktionsartikel (wie Anm. 8), S. 175–178, hat gezeigt, dass entscheidende Partner, wie Spanien und Bayern, nicht vollständig informiert waren, andere hingegen schon. Über Repgens Studie hinaus ist auch zu vermerken, dass der Gesandte der Stadt Straßburg und der Vertreter der Reichsritterschaft über die Einigung berichten konnten (Karl Jacob, Die Erwerbung des Elsass durch Frankreich im Westfälischen Frieden, Straßburg 1897, S. 222–223), ebenso Johann Balthasar Schneider, Bevollmächtigter der elsässischen Dekapolis (vgl. Christian Ohler, Zwischen Frankreich und dem Reich. Die elsässische Dekapolis nach dem Westfälischen Frieden,

ein zwar verspätetes, aber dennoch gesichertes Bild der Einigung vermitteln – die Septemberartikel waren somit »öffentlicher« als bislang angenommen.

(3) Hatte die Berichterstattung ihren quantitativen Höhepunkt 1646 gefunden, brach sie in den entscheidenden Verhandlungsphasen 1647 geradezu ein. Als mit dem *Trauttmansdorffianum*, dem ersten vollständigen Vertragsentwurf, die Zessionsbestimmungen für das Elsass erstmals öffentlich gedruckt wurden und in den folgenden Wochen heftig darüber gestritten wurde, erschien kaum ein einschlägiger Bericht in den Zeitungen. Trotz der Streitigkeiten wurden bereits am 14. November 1647 die Satisfaktionsartikel erneut abgefasst und nun auch verbindlich unterzeichnet[28]. Die Verhandlungen dazu hatten am 2. November begonnen, nachdem die französische Gesandtschaft immer stärker kongresspolitisch isoliert war[29]. Im Gegensatz zu den Septemberartikeln ist die Publizität dieses Novembervertrags bislang nicht untersucht worden. Ein zeitgenössischer Druck des Vertrags ist nicht bekannt[30] und nur schwerlich lässt sich rekonstruieren, wer an den Kongressorten von der kaiserlich-französischen Übereinkunft vom November 1647 wusste. Auch in diesem Fall berichteten die Zeitungen lediglich von der Tatsache einer Einigung[31]. So wurde in zwei Zeitungen am 18. und 20. November die Ankunft Volmars in Osnabrück gemeldet, *nachdem daselbst* [i. e. Münster, JB] *der Punctus Frantzoesischer Satisfaction zu voelliger Richtigkeit gekommen*[32]. Im selben Bericht heißt es auch: *Fuer gewiß wird sonst ausgegeben / daß der Schluß mit dem Keyser vnd Franckreich richtig*, und ebenso, dass die evangelischen Reichsstände die Nachricht hätten, dass die *Frembde vnd Außlaendische Catholische Cronen unter sich vnd mit Keyserl. Majest. verglichen*.

Frankfurt a. M. 2002 [Mainzer Studien zur Neueren Geschichte, 9], S. 53, allerdings ohne hinreichenden Beleg). Trauttmansdorff beschwerte sich gegenüber dem Kaiser am 18. September, dass *Galli ubique publicant pacem nobiscum conclusam* (APW II A 5, Nr. 5, S. 15, Z. 3).

28 Im »Novembervertrag« schrieben beide Seiten die Abtretung der habsburgischen Besitzungen und Rechte in der Landgrafschaft Ober- und Unterelsass, Breisachs, der drei Bistümer Metz, Toul und Verdun zum souveränen Besitz des französischen Königs sowie das Garnisonsrecht für Philippsburg fest. Seit den Septemberartikeln war man, mit Ausnahme einer nun ergänzten *Ne-varietur*-Klausel, nur redaktionell von den Ergebnissen abgewichen. Allgemein zu diesem Vorvertrag Repgen, Zessionsbestimmungen (wie Anm. 8), S. 574–581; Fritz Dickmann, Der Westfälische Frieden, Münster [7]1998, S. 446–449.

29 Siehe Repgen, Die Hauptprobleme der westfälischen Friedensverhandlungen von 1648 und ihre Lösungen, in: Zeitschrift für bayerische Landesgeschichte 62 (1999), S. 399–438, hier S. 432–433; Michael Rohrschneider, APW II B 6, Münster 2004, S. CIII–CIV; anders Dickmann, Westfälischer Frieden (wie Anm. 28), S. 419–421.

30 Der Wortlaut findet sich bei Johann Gottfried von Meiern, Acta Pacis Westphalicae publica oder Westphälische Friedens-Handlungen und Geschichte, Bd. V, Hannover 1734–1736, S. 161–166. Warum diese Fassung auf einem »zeitgenössische[n] Druck« basieren soll, wie Repgen, Zessionsbestimmungen (wie Anm. 8), S. 551–552 bzw. 587–588, angibt, ist nicht nachvollziehbar.

31 Vgl. PHR/S 45/1647, S. 1, Osnabrück 1647 XI 1. In seinen Ausführungen bietet der Korrespondent, obwohl falsch datiert, einen detaillierten Einblick in die Folge der Schriftdokumente zwischen dem 2. und dem 11. November, ohne auf die Inhalte der Verhandlungen und Schriftstücke einzugehen.

32 Ibid. 46/1647, S. 1, Osnabrück 1647 XI 8 (teilweise identisch: WZ/H 47 App./1647, S. 4, Aus Westfalen 1647 XI 10) auch für das Folgende. Da Volmar erst am 14. November in Osnabrück ankam (APW III C 2/2, S. 904), sind die Berichte nach altem Stil datiert.

Ende November erschien – wie schon bei den Septemberartikeln – eine Überinterpretation des Vorabkommens. Darin hieß es, *das gantze Werck* [!] *mit Franckreich* [sei] *verglichen*[33].

Die Berichte transportierten weder Informationen über die Unterschiede und Ergänzungen zum bekannten Vertragsentwurf vom Juli 1647, dem *Trauttmansdorffianum*, noch über die endgültige und am Kongress lange umstrittene Fixierung des vertragsrechtlichen Oxymoron, das in §187 IPM die immediaten Reichsstände im Elsass *expressis verbis* von der Zession ausnahm, zugleich aber die Souveränität des französischen Königs im Elsass festschrieb.

Der Novembervertrag war in den Zeitungen bekannt, inhaltliche Informationen und Einordnungen wurden jedoch nicht vermittelt, auch wenn die Vereinbarung den Reichsständen »nicht verborgen [blieb]«[34].

(4) Als letztes Beispiel für die Informationsqualität der Zeitungsberichte sei die Berichterstattung über den Friedensschluss 1648 angeführt. Mehrfach kündigten die Zeitungen die Unterzeichnung des Friedens als bevorstehend oder vollzogen an, wenn auch retardierende Momente die gute Nachricht immer wieder verzögerten[35].

Für die Bewertung des Westfälischen Friedens in Forschung und Politik nahm die Abtretung des Elsass und die im Friedensvertrag angelegte, aber nicht präjudizierte Übernahme des gesamten Elsass in französische Herrschaft eine besondere, negativ konnotierte Rolle ein. Dieser forschungsprägenden Rezeption steht die zeitgenössische entgegen. Schon in der letzten Kongressphase hatte sich das Assistenzverbot für die beiden Habsburger Linien als das größere Problem erwiesen; die französische Satisfaktion konnte im Wesentlichen bereits im September 1646 – wenn auch nicht endgültig – geklärt werden; ein Eindruck, den insbesondere die Berichterstattung der »Gazette« über den Friedensschluss erhärtet[36]. In den deutschsprachigen Zeitungen zeigte sich ein anderes Bild: In keinem der überlieferten Berichte findet sich eine Wiedergabe von Friedensinhalten, hingegen wurde ausführlich über den Vorgang der Unterzeichnung berichtet. Es lässt sich noch ein weiterer Unterschied zur

33 PHR/S 48/1647, S. 4, Osnabrück 1647 XI 20/30.

34 Zitat: Maria-Elisabeth Brunert, APW III A 3/7, Münster 2013, S. XLIX. In Oschmann, APW III B 1/1, Münster 1998, S. XLIII–XLIV heißt es hingegen nur, der Vorvertrag wurde der »Kongressöffentlichkeit weitgehend vorenthalten«. Zu den Andeutungen in den Protokollen des Jahres 1648 der Osnabrücker Reichsstände siehe das Verhandlungsaktenregister bei Brunert, APW III A 3/7 (s. o.), S. 475.

35 Zu den Hindernissen insgesamt siehe Dorothée Goetze, APW II A 10, Münster 2015, S. LXV–LXXIII. WZ/H 42-I/1648, S. 2–3, Münster 1648 IX 30; Wochentliche Zeitung/Leipzig (künftig: WZ/L) 163/1648, S. 3–4, Münster 1648 IX 22. Beispiele für die Ankündigungen des Friedensschlusses: WZ/H 41 App./1648, S. 4, Münster 1648 X 6 (identisch: PHR/S 42/1648, S. 4, Münster 1648 X 6); WZ/L 168/1648, S. 3–4, Münster 1648 X 9.

36 Der Bericht der »Gazette de France« bot den Lesern zunächst eine summarische Wiedergabe der Friedensbestimmungen und hob dabei einzig die Durchsetzung des Assistenzverbots heraus. Eine Übersetzung des Friedens wurde angefügt. Zur Berichterstattung der »Gazette« über den Friedensschluss und zu den Gründen der Hervorhebung des Assistenzverbots siehe Haffemayer, L'information (wie Anm. 4), S. 596–597, 600–602; Guido Braun, Die ›Gazette de France‹ als Quelle zur Rezeptionsgeschichte des Westfälischen Friedens und des Reichsstaatsrechts in Frankreich, in: Historisches Jahrbuch 119 (1999), S. 283–294, hier S. 285 f.; ders., Les traductions françaises des traités de Westphalie, in: XVII$^{e}$ siècle 90 (1996), S. 131–155, hier S. 131–135.

Berichterstattung der regierungstreuen »Gazette« ausmachen: Die »Gazette« veröffentlichte die Friedensbestimmungen zwar nicht vollständig, aber unmittelbar[37]. Damit wurden die Leser durch die Zeitung über die Friedensinhalte informiert. Die deutschsprachigen Zeitungen boten diese Informationen nicht. Anders als bei anderen Verhandlungsakten, lässt sich kein Abdruck des Friedens als Zeitungsbeilage nachweisen[38]. Hingegen lagen teilweise schon 1648 mehrere vollständige Drucke des Friedensvertrags vor – für den Wortlaut des Friedens konnte auf diese zurückgegriffen werden[39]. Inhaltliche Bestimmungen standen für die Zeitungsberichterstattung nicht im Vordergrund, vielmehr war der Dank für den endlich erreichten Frieden Bestandteil jeder Meldung. Dies kann – im Gegensatz zur »Gazette« – auf die kontinuierliche Berichterstattung von den Verhandlungen zurückzuführen sein, die ein prozessuales Bild der Friedensentwicklung prägte[40].

Diese vier Beispiele zeigen, dass die Berichterstattung den Verhandlungsstand trotz der in einigen Fällen durchaus guten Informationsgrundlage nicht vollständig und präzise wiedergeben konnte. Die wesentliche Begründung dieses Informationsmangels geben die Meldungen selbst, wenn sie auf die Geheimhaltung der Verhandlungen und die Unzugänglichkeit der Informationen verweisen. So meinte beispielsweise schon am 12. April 1646 der Korrespondent der Hamburger »Ordentlichen Postzeitung« in Osnabrück, dass der *Punctus Satisfactionis richtiger sey alß man vermuthet, was gestalt aber ist nicht zu erkuendigen*[41]. Berichte, die zuverlässig die Verhandlungsschritte dokumentieren, waren selten, häufiger finden sich hingegen Beobachtungen des Verhandlungsgeschehens[42]. Oft konnten die Korrespondenten nur feststellen, dass es Verhandlungen gegeben hatte, ohne aber berichten zu können, worüber beraten wurde. Über die Inhalte wurden daher häufig nur Gerüchte und Vermutungen kommuniziert. Konkrete Ergebnisse standen meist auf unsicheren Füßen, kamen erst mit langer Verzögerung an die Zeitungen oder wurden anders als bislang angenommen[43] durch Falsch- oder Fehlmeldungen desavouiert.

37 Braun, Gazette (wie Anm. 36), S. 286 mit Anm. 20, hat gezeigt, dass zahlreiche der wichtigen Paragraphen nicht summarisch, sondern vollständig übersetzt wurden.

38 Das mundierte IPO wurde in der Hamburger und der Stettiner Postzeitung veröffentlicht: OP/H 37-I/1648, S. 4, Hamburg 1648 IX o.T.; vgl. auch ibid. 37-II/1648, S. 4, Hamburg 1648 IX o.T., und PHR/S 40/1648, S. 4, Stettin 1648 IX o.T. Letztere kündigt auch eine baldige deutsche Übersetzung an.

39 Vgl. Guido Braun, Antje Oschmann, Konrad Repgen, APW III B 1/2, Münster 2007, Nr. 53–75, S. 93–125, 669f.

40 Anders Haffemayer, L'information (wie Anm. 4), S. 591–597, der auch für die »Gazette« eine kontinuierliche Kongressberichterstattung reklamiert. Richtiger bemerkt hingegen Hélène Duccini, Abel Servien à Münster. L'écho des négociations de Westphalie dans la Gazette de Renaudot en 1648, in: Temps et médias 20 (2013), S. 22–31, bes. 26–27, 30, dass die »Gazette« kaum über die Verhandlungen berichtete, hingegen militärische Entwicklungen deutlich hervorhob.

41 OP/H 15-II/1646, S. 3–4, Osnabrück 1646 IV 2.

42 Als weitere Beispiele seien ergänzend genannt: WOZ/Z 13/1646, S. 2–3, Köln 1646 III 16/26; WZ/H 16-II/1646, S. 2, Von der Weser 1646 IV 7; ibid. 17-I/1646, S. 3–4, Osnabrück 1646 IV 14.

43 Mayer-Gürr, Friede in den Medien (wie Anm. 4), S. 25, 124, behandelt die Frage der Falschmeldungen sehr oberflächlich und erhebt dabei eine Ausnahme zum Regelfall. Rosseaux, Friedensverhandlungen (wie Anm. 2), S. 30, nennt das Beispiel der vermeintlichen Lösung der Pfalz-

Im vorliegenden Quellenbestand fällt eine ganze »Serie« von Falschmeldungen im Frühjahr und Frühsommer 1646 parallel zu den ersten Elsassverhandlungen auf. Den falschen Friedensnachrichten aus Osnabrück und Münster zufolge soll am 16. April 1646 in den beiden Kongressstädten der Friede zwischen Schweden, Frankreich und dem Reich geschlossen worden sein[44]. Zahlreiche Meldungen dokumentieren die rasche Verbreitung der Friedensnachricht über das gesamte Reichsgebiet hinweg[45]. Die falschen Friedensnachrichten meldeten als französische Satisfaktion die Zession des Elsass und der drei Stifter Metz, Toul und Verdun, im Gegenzug sollten die Innsbrucker Erzherzöge für den Verlust entschädigt werden[46]. Sieht man von der unpräzisen Formulierung ab, handelt es sich dabei um die Inhalte des kaiserlichen Angebotes vom 14. und 16. April, also genau dem Tag, an dem der vermeintliche Friede nach einstimmigen Berichten geschlossen worden sein soll. Wurde über dieses Angebot in den Zeitungen nur wenig kenntnisreich berichtet, zeigt sich nun paradoxerweise, dass die Falschmeldungen richtige Informationen transportierten, diese aber fehlerhaft darstellten. Ein weiteres Beispiel aus der Falschmeldungsserie kann dies verdeutlichen: Anfang Mai berichtete man aus Köln, dass ein französischer Sekretär eingetroffen sei, der die französische Ratifikation des Friedens bringe[47]. Am 14. Mai 1646 sollte – laut einem Bericht aus Linz vom Folgetag, 15. Mai – ein Schreiben Trauttmansdorffs eingegangen sein, dass eben dieser Kurier aus Frankreich eingetroffen sei und *alles annehmliches mit sich gebracht / das nunmehr Gott lob vnd danck an den lieben Frieden nicht zuzweifeln*[48]. Um die Ratifikation des Friedens handelte es sich dabei keineswegs, dennoch sind die Korrespondenzangaben in der Zeitungsmeldung sehr präzise. Nachdem die Kaiserlichen den Franzosen ihr zweites Angebot gemacht hatten, übersandten diese das Dokument mit ihren Kommentierungen an den französischen Hof. Die Antwort Ludwigs XIV. vom 26. April überbrachte d'Avaux Sekretär Préfontaine am 4. Mai[49]. Ludwig XIV. begrüßte darin das Angebot, beharrte aber weiterhin auf der Zession der Festung Breisach. Als das Schreiben am 4. Mai eintraf, hatte für die kaiserlichen Gesandten ein langes Warten ein Ende gefunden[50] und sie berichteten Ferdinand III., dass der Mediator Contarini

frage 1643. Repgen, Öffentlichkeit (wie Anm. 3), S. 49, Anm. 43, zieht für das hier behandelte Beispiel eine einzelne Meldung als »Ausnahme« heran.

44 Die drei ersten Friedensmeldungen sind: Z 50/1646, S. 3–4, Osnabrück 1646 IV 17, in der die Bedingungen des vermeintlichen Friedens nur unvollständig genannt werden. WOZ/Z 17/1646, S. 2–3, Münster 1646 IV 10/20 (identisch: WOPZ 17/1646, S. 2, Münster 1646 IV 20).

45 Siehe Z 50/1646, S. 5–6, Leipzig 1646 IV 23; WZ/H 19-II/1646, S. 2, Prag 1646 IV 18/28; Newe Wochentliche Zeitung auß Breßlau/Danzig (künftig: NWZB/D) 23/1646, S. 2, Linz 1646 V 15; WOZ/Z 20/1646, S. 3, Elsaß 1646 V 8/18.

46 Vgl. ibid. 17/1646, S. 2–3, Münster 1646 IV 10/20, und WOPZ 17/1646, S. 2, Münster 1646 IV 20. Auch ibid. 16/1646, S. 4, Linz 1646 IV 20, hebt hervor, dass das Elsass an die Franzosen abgetreten werde. WOZ/Z 17/1646, S. 2–3, Münster 1646 IV 10/20 1646 IV 17, nennt zwar nur das *halbe Elsaß*, erhebt aber in der Aufzählung keinen Anspruch auf Vollständigkeit.

47 WZ/H 20-I/1646, S. 3–4, Köln 1646 V 7. Verspätet berichtete dies auch WOZ/Z 20/1646, S. 3, Elsaß 1646 V 8/18.

48 NWZB/D 23/1646, S. 2, Linz 1646 V 15.

49 APW II B 3/2, Nr. 241, S. 823–835. Die Datierung ergibt sich aus der kaiserlichen Korrespondenz APW II A 4, Nr. 72, S. 135, Z. 24–34.

50 Volmar berichtete am 20. April, dass *inner 10 tagen ein endtliche resolution, in der sachen zu schliessen, zu empfangen verhoffen* (ibid., Nr. 18, S. 51, Z. 18–21). Dieser Optimismus zu einem

sie auf die Resolution hingewiesen habe, *welche versechenlich zu unsrer consolation sein werde*[51]. Weiter meinten sie, dass *dannhero wir in hoffnung seint, es solle noch zu gutem schluss gelangen.* Dieses von optimistischer Überzeugung getragene Schreiben erreichte den Kaiserhof am 14. Mai 1646[52]. Es liegt also nahe, darin das Schreiben zu sehen, auf das sich der Zeitungsbericht vom 15. Mai aus Linz so explizit berufen hat. Auch wenn der Streit um Breisach und die Überlegungen um die Lehensnahme der Besitzungen den greifbaren Schluss im weiteren Verhandlungsverlauf wieder in die Ferne rückten, hatten die Kaiserlichen bis Anfang Mai doch Hoffnung, mit den Franzosen zeitnah Frieden schließen zu können.

Die Frage, wie diese Falschmeldungen zustande kamen – ob sie eine der häufigen Überinterpretationen, eine Prognose auf Grundlage des wahrgenommenen Verhandlungsgeschehens, ein Gerücht[53] oder gar eine bewusste Lancierung einer Falschmeldung[54] waren, kann aus den Verhandlungsakten heraus nicht nachvollzogen werden.

## IV

Wie die Ausführungen über die Informationsqualität der Berichte zeigen konnten, bildeten gesicherte Informationen die Ausnahme und nicht selten bewegten sich die Berichte auf dem Spannungsgrat zwischen Information und Interpretation. Wenn auch informative Elemente, sei es verspätet oder zeitnah, den Meldungen nicht abzusprechen sind, waren Kommentierungen als über die reine Nachrichtenmitteilung

Friedensschluss mit Frankreich nach Ankunft der französischen Resolution hielt an: Vgl. ibid., Nr. 47, S. 104, Z. 14–16; ibid., Nr. 52, S. 110, Z. 19–21; ibid., Nr. 71, S. 134, Z. 4–10.

51 Ibid., Nr. 72, S. 135, Z. 24–34. Diese Stelle ist dem Schreiben der Dringlichkeit wegen als *Post Scriptum* angefügt.

52 Ibid., S. 134, Z. 19: *praes.* 1646 Mai 14.

53 Volmar notierte Ende April 1646 in das Diarium der kaiserlichen Gesandtschaft, dass er über die Mediatoren von einer allgemeinen Zuversicht auf den baldigen Frieden erfahren habe, wenn auch Chigi diese Auffassung nicht teilte (vgl. APW III C 2/1, S. 607; Chigis Einschätzung zitiert bei Repgen, Öffentlichkeit [wie Anm. 3], S. 49, Anm. 43). Sowohl der Osnabrücker Bischof Wartenberg (APW III C 3/1, S. 435–436; dazu Croxton, Peacemaking [wie Anm. 8], S. 216) als auch der kurbrandenburgische Gesandte von Löben äußerten sich zuversichtlich über den baldigen Abschluss mit Frankreich (APW II A 3, Nr. 257, S. 485, Z. 27–40). Das Gerücht um den kaiserlich-französischen Frieden schien sich seit Beginn der Satisfaktionsverhandlungen lange zu halten, berichtete doch der schwedische Gesandte Johann Adler Salvius noch im Juni: *Vergangene woche undt vorher war ein gerücht, ob sollte zwischen den Keyßerlichen undt Französischen gesandten man dem vergleich gar nahe sein* (APW II C 2, Nr. 126a, S. 320, Z. 39–S. 321, Z. 2).

54 Die Zeitungsberichte selbst räumten die Möglichkeit ein, dass *zu Erweckung Mißtrawens* ein *spargiment* erfunden werde (*WZ/H* 37 App./1646, S. 3, Minden 1646 IX 1 [*stilus vetus*]). Im vorliegenden Fall läge der Nutzen auf Seiten der kaiserlichen Partei, da die Meldungen Bedingungen nennen, die weit hinter den Forderungen der Kronen zurückbleiben. Für den Kaiser ergaben sich aber nur die Abtretungen, die er Mitte April ohnehin schon eingestanden hatte. Welchen Nutzen das Lancieren solcher Falschmeldungen hätte, reflektierten die französischen Gesandten im September 1646: *[…] et nous scavons d'ailleurs que les Impériaux et les Espagnols publient dans ceste assemblée et en divers autres lieux qu'ilz sont entièrement d'accord avec nous. Nous essayerons de reconnoistre à quel dessein ils font courre ces bruicts, sy c'est pour contenter leurs peuples et rejetter sur nous le blasme de la rupture si on en vient là, ou si c'est pour nous rendre suspectz à noz alliez* (APW II B 4, Nr. 139, S. 407, Z. 21–30).

hinausgehende, einordnende und bewertende Elemente ebenfalls prägend für die Berichterstattung. Zwar hat die pressehistorische Forschung diesen lange Zeit verkannten Aspekt bereits herausgestellt[55], doch hält sich das Diktum der nüchtern Fakten paraphrasierenden Zeitungsberichte für den Westfälischen Friedenskongress. So konstatierte Ulrich Rosseaux in seiner Untersuchung eine »Öffentlichkeit der Information, keine der Kritik«, die gekennzeichnet gewesen sei vom »bewusste[n] Verzicht auf bewertende Kommentierungen«[56].

Kommentierende Elemente, die freilich nicht eigenständig erschienen, sondern in die Nachrichtenübermittlung eingebunden waren, treten in verschiedenen Spielarten auf: Am häufigsten findet sich die Prognose. Geradezu topisch wirkt dabei der Wunsch nach, die Bitte um oder die Äußerung der konkreten Aussicht auf Frieden. Insbesondere in der Wahrnehmung tatsächlicher Verhandlungsergebnisse wurden sehr rasch überzeugte Friedensprognosen gestellt. Diese müssen aber nicht immer den Frieden herbeisehnen, sondern können im Gegenteil dessen Ferne beklagen[57]. Besonders deutlich werden kommentierende Elemente bei der Kontextualisierung einer Nachricht im Kongresszusammenhang, etwa der Gewichtung eines bestimmten Verhandlungspunktes[58] oder dem Fällen eines allgemeinen Urteils aufgrund der Nachrichtenlage[59]. Davon zu unterscheiden sind wiederum Interpretationen oder Mutmaßungen über Taktik und Motive auf Basis eines nicht immer sicheren Informationsstands[60].

Auch Kritik und wertende Formulierungen waren Teil der Kommentierungen. Diese Urteile fielen in der Regel negativ aus, obgleich die Zeitungen nicht den Fleiß der Diplomaten in Frage stellten, sondern deren Verhandlungstaktik[61]. Zweimal wurde den Kaiserlichen nach ihren ersten Verhandlungen mit den Franzosen im Frühling

55 Siehe Frauke Adrians, Journalismus im 30jährigen Krieg. Kommentierung und „Parteylichkeit" in Zeitungen des 17. Jahrhunderts, Konstanz 1999 (Journalismus und Geschichte, 2), S. 184–186; ähnlich auch Schröder, Erste Zeitungen (wie Anm. 14), S. 305–306.

56 Rosseaux, Friedensverhandlungen (wie Anm. 2), beide Zitate S. 54. Weit dahinter zurück bleibt Mayer-Gürr, Friede in den Medien (wie Anm. 4), S. 109–115. Implizit vertritt auch Repgen, Öffentlichkeit (wie Anm. 3), S. 48–49, die These der Kommentarlosigkeit, wenn er die sachliche Berichterstattung hervorhebt. Jüngst griff auch Heinz Duchhardt, 1648 – Das Jahr der Schlagzeilen. Europa zwischen Krise und Aufbruch, Köln 2015, S. 172, das Diktum der Kommentarlosigkeit der Zeitungen auf.

57 WZ/H 30-II/1647, S. 3, Münster 1647 VII 6; PHR/S 19/1647, S. 2, Köln 1647 V 2; NWZB/D 24/1646, S. 1–3, Breslau 1646 VI 4.

58 Beispielhaft ist die Formulierung, man habe in den Satisfaktionsverhandlungen den *groeßten Stein* gefunden: WZ/L 140/1648, S. 1–2, Osnabrück 1648 VIII 12; PHR/S 36/1648, S. 1, Osnabrück 1648 VIII 12; siehe auch die Beispiele in WZ/L 140/1648, S. 1–2, Osnabrück 1648 VIII 12; PHR/S 35/1648, S. 2, Osnabrück 1648 VIII 12.

59 Siehe die Feststellung, die Kaiserlichen seien aufgrund der Kongresslage *disgustiret* (OP/H 37-II/1648, S. 1, Osnabrück 1648 IX 8); oder auf Grundlage der Wahrnehmung der Septemberartikel und des allgemeinen Verhandlungsfortschritts der Bericht der Z 110/1646, S. 5, Amsterdam 1646 IX 18; WZ/H 33-I/1646, S. 2, Osnabrück 1646 VII 26/VIII 5; WZ/H 25 App./1646, S. 1, Münster 1646 VI 2.

60 Vgl. WZ/H 24 App./1646, S. 2–3, Osnabrück 1646 VI 2/12; PHR/S 31/1646, S. 3–4, Hessen 1646 VII 13/23; ibid. 20/1647, S. 1, Minden 1647 V 10; Ordentliche Wochentliche PostZeitungen/Erfurt (künftig: OWPZ/E) 74/1647, S. 2, Osnabrück 1647 VIII 28; PHR/S 45/1647, S. 1, Osnabrück 1647 XI 1.

61 Siehe exemplarisch WZ/H 27-I/1647, S. 3, Münster 1647 VI 16/26. Das Jahres-Vorwort der

1646 in der Danziger Zeitung vorgeworfen, zwar das Elsass anzubieten, allerdings *hangen sie doch dabey solche Conditiones an daß es scheinet / was sie mit einer Hand geben / mit der andern wieder nehmen wollen*[62]. Ähnlich kritisch, wenn auch gegen die katholischen Stände gerichtet, wirkt ein Bericht der Stettiner Zeitung vom Juli 1646[63]. Besonders deutlich wird die kritische Wertung des Kongresses in einem Pasquill, das im Kontext der Septemberartikel 1646 erschien:

*Concludo Ludo, Compono Impono sit inde,*
*Conclusum, Lusum, Compositum impositum.*
*Finis principio similis, sic ordo vagatur,*
*Nam damus & dedimus, nolumus & volumus*[64].

Geradezu paradigmatisch ist dieses Spottgedicht über den zyklischen Verhandlungsverlauf für zwei allgemeine Feststellungen zu kommentierenden Elementen in der Berichterstattung. Erstens war die geäußerte Kritik zwar oft gegen eine Partei gerichtet, aber nicht insofern parteiisch, als die Interessen der Gegenpartei damit explizit vertreten würden. Vielmehr fällt auf, dass kritische, prognostische, interpretative und auch bewertende Elemente wie das Gedicht eher auf dem überparteiischen Standpunkt des Friedens stehen, dessen Schluss sie rasch herbeisehnen, ohne sich darin gegen einen expliziten Kongressteilnehmer zu positionieren. Diese überparteiliche Position, die Friedenshindernisse anprangerte, nicht aber grundsätzlich einseitig berichtete, scheint für die frühneuzeitlichen Zeitungen geradezu charakteristisch[65].

Hamburger Zeitung hebt 1646 hervor, dass in Westfalen *ein guter Anfang gemacht worden* sei (ibid. 1-I/1646, S. 1, Hamburg 1646 I o.T.).

62 NWZB/D 23/1646, S. 4, Hinterhessen 1646 IV 28. In einem zweiten Bericht vom Juni desselben Jahres wird diese Kritik nicht konkret auf ein Elsassangebot bezogen, allerdings mit der Aussage verknüpft, dass es *Zu Muenster* […] *mit den FriedensTractaten gantz zuruecke gehen* [will] (NWZB/D 24/1646, S. 1–3, Breslau 1646 VI 4). Ein weiterer kaiserkritischer Zeitungsbericht findet sich bislang unberücksichtigt als edierte Beilage zu APW II A 2, Nr. 171, S. 333, Z. 23–S. 334, Z. 10.

63 PHR/S 32/1646, S. 1, Osnabrück 1646 VII 30. Auch an Frankreich und anderen Reichsständen wurde Kritik geübt WZ/H 21-II/1647, S. 3–4, Bremen 1647 V 16; OWPZ/E 62/1647, S. 3–4, Münster 1657 VII 16/26; WZ/L 140/1648, S. 1–2, Osnabrück 1648 VIII 12; PHR/S 35/1648, S. 2, Osnabrück 1648 VIII 12; ibid. 36/1648, S. 1, Osnabrück 1648 VIII 12.

64 PHR/S 40/1646, S. 3, Osnabrück 1646 IX 19. Die Spottverse über das Kongressgeschehen sind bislang nicht bekannt. Es handelt es sich jedoch um den frühesten auffindbaren Beleg eines geradezu topischen Pasquill auf diplomatische Anlässe, das sich in verschiedenen Versionen in den Akten der Kongresse von Utrecht, Cambrai und Soisson finden lässt und in der Publizistik Gottfried Zenners, Guillaume de Lambertys, Sinold von Schütz (Herkommannus Magnus) und des sächsischen Historikers Christian Juncker (1698; dort dem Kongress von Rijswijk [1697] zugeschrieben) erscheint. Lateinische Gedichte vom Charakter »zwischen Feuilleton und Leserbrief« tauchten im 18. Jahrhundert vermehrt in der Kommentierung politischer Ereignisse auf (Andreas Gestrich, Absolutismus und Öffentlichkeit. Politische Kommunikation in Deutschland zu Beginn des 18. Jahrhunderts, Göttingen 1994, S. 179). Für die hier vorliegende Textversion aus dem Zeitungsbericht erscheint es anhand der anderen Versionen naheliegend, das grammatikalisch sonderbare *sit inde* als *quid inde* zu verstehen und *ludo/lusum* durch *illudo/illusum* zu ersetzen. Wie sich die Verse weiter zurückverfolgen lassen oder ob es poetische Vorbilder dieser Verse gibt, konnte hier nicht weiter ermittelt werden.

65 Unter anderen kommt Schröder, Erste Zeitungen (wie Anm. 14), S. 165 an anderen Untersuchungsfällen zu dieser Feststellung.

Zweitens ist zu konstatieren, dass Gegenstand von Kommentierungen und Bewertungen selten die Verhandlungsinhalte und -ergebnisse oder die Zessionsbestimmungen waren, sondern wie im Fall des versierten Spotts des hier zitierten Pasquills Verlauf und Strategien der Verhandlungen selbst[66].

Die Aussagekraft dieser Feststellung für die Berichterstattung über den Kongress zeigt sich an mehreren entscheidenden Stellen der Berichterstattung, in denen die Analyse der Kommentarelemente subtile Hinweise auf die Wahrnehmung der Verhandlungsfort- und -rückschritte geben kann.

(1) Mit zunehmender Kenntnis über die Inhalte der Septemberartikel zeigt sich ein Wandel in deren Bewertung. Insbesondere die 17-tägige Befristung relativierte die zunächst überschwänglichen Berichte über einen vermeintlichen Friedensschluss. Am 29. September 1646 konnte die Stettiner Zeitung die Bedingungen nennen, an die die Gültigkeit der Übereinkunft gebunden war: die Regelung der Gravamina und Reichsfragen sowie der schwedischen und der hessen-kasselischen Satisfaktion[67]. Nach Bekanntwerden der binnen Monatsfrist zu erfüllenden Konditionen wurde die Verhandlungslage wesentlich pessimistischer beurteilt: [...] *als ist solches alles wiederumb auffgehoben / vnd die sache in den vorigen standt / als wan nichts gehandelt wehre / gesetzet worden / dannhero das Negotium weit aussiehet / vnd das der ausgang so bald / wie man gemeinet / nicht zuvermuthen*[68]. Diese negative Einschätzung der Friedensperspektive nach den Septemberartikeln wird auch im oben genannten Bericht der Stettiner Zeitung deutlich. Zwar folgert der Korrespondent einen baldigen Frieden aus seiner Nachricht von der Einigung und den Bedingungen, gibt aber ebenso die Gegenmeinung, das bereits zitierte lateinische Spottgedicht über den Verhandlungsgang, wieder.

Als die zu erfüllenden Bedingungen für die Septemberartikel bekannt wurden, führte gerade diese Erkenntnis zu einem Bewertungswandel der kaiserlich-französischen Übereinkunft. Waren die Beobachtungen und das spärliche Wissen um die Inhalte zunächst Ausgangspunkt für heftige Überinterpretationen oder Friedensprognosen, kombinierten die Korrespondenten die gegebenen Informationen mit ihrer Wahrnehmung des aktuellen Verhandlungsstands und erkannten und kommentierten die Unverbindlichkeit der Septemberartikel.

(2) Ein zweites Beispiel verdeutlicht die Aussagekraft der Analyse dieser Kommentierungen: Im Sommer 1648, nachdem der kaiserlich-schwedische Friede am 6. August stipuliert worden war, hielten einzig die noch laufenden kaiserlich-französischen Verhandlungen den Friedensschluss auf. Hauptstreitpunkt war das Assistenzverbot der beiden habsburgischen Linien Spanien und Österreich, was gleichbedeutend mit

66 Konkrete Wertungen von Verhandlungsinhalten und Angeboten finden sich äußerst selten: PHR/S 19/1646, S. 1, Hamburg 1646 IV 28; ibid. 37/1646, S. 1, Hamburg 1646 IX.

67 Ibid., 40/1646, S. 3, Osnabrück 1646 IX 19.

68 PZ/D 43/1646, S. 3, Osnabrück 1646 X 2. Auf diesen Bericht verweist schon Repgen, Satisfaktionsartikel (wie Anm. 8), S. 175–176, 202–203. Den Artikel der Stettiner Zeitung (s. Anm. 67) hat er nicht berücksichtigt. Der Danziger Bericht übergeht das vereinbarte Garnisonsrecht in Philippsburg und betitelt die Entschädigungssumme für die Innsbrucker Erzherzöge auf vier Millionen Florin statt der vereinbarten drei Millionen Livre.

einem bündnispolitischen Bruch war[69]. Diese Forderung war für die Franzosen militärstrategisch und innenpolitisch essentiell, in der öffentlichen Wirkung aber nicht unproblematisch, verzögerte sie doch den Friedensschluss. Die Zeitungsberichte forderten nach dem 6. August vielfach einen Abschluss der französischen Verhandlungen[70], die letzten französischen Forderungen aber wurden dabei als Problem auf dem Weg zum Frieden identifiziert[71].

Als nach dem ständisch-französischen Schluss im September 1648, den die Zeitungen als letztes Hindernis angesehen hatten, die Entscheidung über den Frieden wieder in den Händen des Kaisers lag, wird ein Wandel der Kommentierung des Assistenzverbots deutlich: Hielt man Anfang August noch die französische Forderung an sich für das friedenshindernde Problem, so konstatierte man Anfang September resigniert, dass das *teutsche Friedenswerck* wohl nur zustande käme, *wann die Keyserlichen nicht allzu sehr Spanien anhangen theten*, setzte aber die Hoffnung darauf, dass *die ReichStaende sie* [die Einbeziehung Spaniens in den Frieden, JB] *herbey zu bringen / nichts unterlassen* werden[72]. Das Assistenzverbot wurde zunehmend nicht mehr als Friedenshindernis, sondern im französischen Sinn als Friedensbedingung verstanden; die Entscheidung über den Friedensschluss wurde dem Kaiser zugeschoben.

## V

Die bisher vorgestellte Berichterstattung erwies sich als wenig informativ und vermittelte kaum tragfähiges Wissen über die Elsassverhandlungen. Die Informationsquellen der Zeitungen und ihrer nicht weiter bekannten Korrespondenten schienen dabei äußerst begrenzt, aber eine genaue kongresspolitische Einordnung derjenigen Berichte, in denen sehr informativ und zeitnah berichtet werden konnte, kann Gründe für diese Qualitätsunterschiede herausstellen.

(1) Nachdem die Zeitungen von den ersten Verhandlungen und Elsass-Angeboten im April 1646 unzureichend und gespickt mit Falschmeldungen berichtet hatten, gewann die Berichterstattung ab Juni 1646 an Präzision und Inhalt. Deutlich wird der Wandel von einer verhandlungsbeobachtenden hin zur inhaltsbezogenen Berichterstattung nach der Übergabe der kaiserlichen Duplik am 5. Mai 1646[73]. Diese fasste den Verhandlungsstand seit den Elsassangeboten und dem Angebot zur souveränen Übernahme der Besitzungen zusammen. Ihr folgten rasch weitere Schrift-

69 Diesen prägenden Eindruck belegen WZ/H 36-I/1648, S. 1, Stockholm 1648 VIII 17 und OP/H 36-I/1648, S. 1, Osnabrück 1648 VIII 30.

70 WZ/L 127/1648, S. 1, Osnabrück 1648 VII 22 (identisch: PHR/S 33/1648, S. 1, Osnabrück VII 23).

71 WZ/H 31 App./1648, S. 4, Osnabrück 1648 VII 24; OP/H 30-II/1648, S. 4, Köln 1648 VII 30; WZ/H 34-II/1648, S. 3–4, Osnabrück 1648 VIII 7; ibid., S. 3, Osnabrück 1648 VIII 7.

72 WZ/L 143/1648, S. 4, Osnabrück 1648 VIII 23.

73 Die Bedeutung der Duplik in den kaiserlich-französischen Verhandlungen ist nicht hoch einzuschätzen, da der direkte Gesprächsverlauf zwischen den beiden Parteien den Stand des Schriftsatzes schon überholt hatte (Hubert SALM, Brigitte WÜBBEKE-PFLÜGER, APW II A 4, Münster 2001, S. LIII). Entsprechend hat das Dokument auch in der Forschung nur wenig Aufmerksamkeit erhalten.

sätze: die *postrema declaratio* (29. Mai), die französische Antwort (1. Juni) und die *declaratio ulterior* (5. Juni)[74].

Dieser verdichtete Schriftaustausch spiegelt sich in der Zeitungsberichterstattung wider: Ab Mai 1646 wurden die Meldungen nicht nur ausführlicher, sondern auch umfassender in der Ergebnisdarstellung. Zunehmend wurden Details zu den französischen Forderungen, Bedingungen der kaiserlichen Partei und der tatsächlichen Verhandlungsmasse bekannt[75]. Über die *postrema declaratio* vom 29. Mai konnten die Zeitungen ausführlich und zeitnah berichten. Vom 7. Juni wurde aus Münster gemeldet, dass Breisach nun zediert worden sei und dass die Kaiserlichen von den Franzosen verschiedene Bedingungen verlangten, darunter eine Entschädigung für die Innsbrucker Erzherzöge und eine Mäßigung der schwedischen Satisfaktionsforderungen[76]. Teilweise wurden in den Berichten bis Mitte Juni 1646 die bisherigen Ergebnisse ausführlich dargelegt[77], zumindest aber wurde die Verdichtung der *starck subjucundè* stehenden Verhandlungen und des intensivierten Schriftsatzwechsels nachverfolgt[78]. Diese deutliche Veränderung der Informationsbasis hatte auch Folgen für die Kommentierungen, da die Zeitungen Anfang und Mitte Juni von den Verhandlungen offenbar ein genaueres Bild gewonnen hatten, als sie es zunächst vermittelt hatten. Auf dieser Grundlage revidierten sie ihre Einschätzung zum Fortschritt der Verhandlungen. Meldete man im April, als man nur von wenigen Verhandlungsinhalten Kenntnis hatte, jedoch die deutlich gestiegene Verhandlungsaktivität wahrnahm, dass der *Punctus Satisfactionis richtiger sey alß man vermuthet*, fielen die Kommentare nach Bekanntwerden der Verhandlungsabläufe pessimistischer aus[79].

Für eine Erklärung, wie es zu diesem Wandel hin zur plausiblen, inhaltsbezogenen Berichterstattung kam, führt ein Blick in die Publikationsgeschichte der entsprechenden Verhandlungsakten weiter: Die Duplik der Kaiserlichen wurde kurz nach der Übergabe an die Mediatoren als summarischer Druck publiziert, der der Öffent-

74 Zur Bedeutung des Dokuments siehe RUPPERT, Kaiserliche Politik (wie Anm. 8), S. 175–183; TISCHER, Französische Diplomatie (wie Anm. 8), S. 260–261. Zur *declaratio ulterior* siehe ibid., S. 281–282.

75 Etwa OP/H 18-II/1646, S. 4, Münster 1646 V 2; WOZ/Z 19/1646, S. 1–2, Köln 1646 IV 26/V 6; aber auch Falschmeldungen wie NWZB/D 23/1646, S. 4, Köln 1646 V 4, von der Zession des Sundgau und den Vier Waldstädten.

76 WZ/H 24 App./1646, S. 1–2, Münster 1646 V 28; ähnlich, aber etwas später OP/H 24-I/1646, S. 4, Osnabrück 1646 VI 11.

77 OP/H 24-II/1646, S. 3–4, Osnabrück 1646 VI 15.

78 WZ/H 24 App./1646, S. 1–2, Münster 1646 V 28 (hier das Zitat), auch ibid. 24/1646, S. 3, Münster 1646 V 29 (identisch: PHR/S 25/1646, S. 1, Münster 1646 VI 8), und WZ/H 25 App./1646, S. 1, Münster 1646 VI 2.

79 Erstes Zitat: OP/H 15-II/1646, S. 3–4, Osnabrück 1646 IV 2; ähnlich WOZ/Z 13/1646, S. 2–3, Köln 1646 III 16/26, und WZ/L 65/1646, S. 4, Frankfurt 1646 IV 10/20. Resigniert und eine bisher gegenläufige Erwartungshaltung eingestehend, schrieb ein Korrespondent aus Münster: *DJe bißher circa punctum Satisfactionis Galliae allhier vorgangene Tractaten haben noch zur zeit vnnd vor dißmahl jhre verhoffte endliche Richtigkeit so gar keines weges erlanget* (WZ/H 24/1646, S. 3, Münster 1646 V 29). Aus Osnabrück hieß es: *Zu Muenster ließ es newlich sich ansehen / ob were das Werck mit den Franzoesischen Gesandten / bevorab in puncto Satisfactionis, merentheils richtig / in effectu aber befindet sichs / daß man daselbst so wol als allhier* [Osnabrück, JB] / *noch weit gnug voneinander ist* (ibid. 24 App./1646, S. 2–3, Osnabrück 1646 VI 2/12).

lichkeit die kaiserlichen Angebote vermittelte[80]. Damit definierte die Duplik den Kenntnisstand der Zeitungen neu, die bis April 1646 weitgehend von der ersten kaiserlichen Offerte, die nur die Vogtei des Unterelsass umfasste, ausgegangen waren. Noch deutlicher wird die Gleichzeitigkeit von fundierter Berichterstattung und Aktenpublikation am Beispiel der *postrema declaratio* und der französischen Antwort darauf. Am 31. Mai berichteten die kaiserlichen Gesandten in Osnabrück, dass sie durch den Gesandten Hessen-Darmstadts von der Übergabe der *postrema declaratio* durch den französischen Residenten Jean de la Barde an die protestantischen Reichsstände erfahren hätten.[81] Nicht nur hatten die Franzosen somit das jüngste Aktenstück, das bald darauf auch in deutscher Übersetzung erschien, einer breiten Kongressöffentlichkeit zugeführt, auch gaben sie ihre am 1. Juni erfolgte Antwort darauf in die Reichsdiktatur[82]. Als den Kaiserlichen wenig später bewusst wurde, dass die Texte ohne ihr Wissen durch die Franzosen in Osnabrück öffentlich gemacht worden waren, entschlossen sie sich, diese auch in Münster diktieren zu lassen[83]. Spätestens seit dem 8. Juni waren somit alle maßgeblichen Aktenstücke für die erste kaiserlich-französische Verhandlungsphase publiziert. Dass die Zeitungen seit Anfang Juni breiter und zutreffender über die Verhandlungen informierten, kann vor diesem Hintergrund nicht überraschen und zeigt, dass periodische Zeitungsberichterstattung im Zusammenspiel mit akzidentieller Publizistik betrachtet werden muss. Dass publizierte Verhandlungsakten am Kongress ein wichtiges und ebenso breit wie vielfältig genutztes Informationsmedium darstellten[84], verdeutlicht die Notwendigkeit, die Zeitungsberichte als einen Bestandteil der frühneuzeitlichen Medienlandschaft zu sehen. Weitere Beispiele aus den Elsassverhandlungen für die intermediale Informationsgewinnung der Korrespondenten lassen sich anführen: So konnte nicht vollständig über die Septemberartikel und den Novembervertrag berichtet werden, eben weil es zu keiner kongressöffentlichen Publikation kam. Auch im Fall der kaiserlichen Vertragsentwürfe vom Sommer 1647, dem *Trauttmansdorffianum*,

80 Den Druck der kaiserlichen Duplik erwähnt Bosbach, APW II B 3/1 (wie Anm. 16), S. LXI, Anm. 141. Für zwei lateinische Ausgaben in München und Stockholm: Mayer-Gürr, Friede in den Medien (wie Anm. 5), S. 69, 220–221. Meiern, Acta Pacis (wie Anm. 30), Bd. III, S. 13–17, erwähnt keinen Diktaturvermerk, doch kann angesichts des im Vergleich zum Wortlaut fortgeschrittenen Verhandlungsgangs ohnehin angenommen werden, dass die Duplik nur der Kongressöffentlichkeit diente (Salm, Wübbeke-Pflüger, APW II A 4 [wie Anm. 78], S. LIII).

81 APW II A 4, Nr. 142, S. 259, Z. 34–S. 260, Z. 5.

82 Vgl. Meiern, Acta Pacis (wie Anm. 30), Bd. III, S. 47. Vgl. auch den Diktaturvermerk ibid., S. 37.

83 Vgl. APW II A 4, Nr. 165, S. 288 Z. 29–35; wie auch ibid., Nr. 170, S. 293. In der Edition wird das Dokument fälschlich als die *declaratio ulterior* vom 5. Juni 1646 identifiziert, es heißt aber ausdrücklich *penultima declaratio*. Die *declaratio ulterior* sollte geheim bleiben, da sie die Klausel enthielt, den schwedischen Forderungen entgegenzutreten (Tischer, Französische Diplomatie [wie Anm. 8], S. 282).

84 Siehe Franz Bosbach, Gedruckte Informationen für Gesandte auf dem Westfälischen Friedenskongress – Eine Dokumentation des Angebots, der Preise und der Verwendung, in: Rainer Babel (Hg.), Le diplomate au travail. Entscheidungsprozesse, Information und Kommunikation im Umkreise des Westfälischen Friedenskongresses, München 2005 (Pariser Historische Studien, 65), S. 59–137. Bosbach hebt in seiner Untersuchung der gedruckten Verhandlungsakten und Streitschriften die Elsassverhandlungen als einen Verhandlungsstrang hervor, dessen Ergebnisse »nicht oder nur unzulänglich im Druck bekannt gemacht wurden« (ibid., S. 82).

zeigt sich die Bedeutung der Intermedialität für die Zeitungsberichte. Sowohl das kaiserliche als auch das französische Projekt wurde unmittelbar vielfach im lateinischen Original wie in deutscher Übersetzung gedruckt[85]. Die Zeitungen verwiesen darauf und in einem Fall wurde das *Trauttmansdorffianum* der Zeitung als siebenblättrige Beilage angehängt[86]. Auch der Vorgang der Veröffentlichung wurde beobachtet[87], eine Berichterstattung der Inhalte der Friedensvertragsentwürfe durch die Zeitungen erfolgte im Sommer 1647 jedoch nicht.

Des Weiteren zeigt sich an diesem Ausschnitt, dass die Korrespondenten auf die kongressöffentliche Bekanntgabe von Ergebnissen und Fortschritten angewiesen waren. Auf deren Grundlage konnten sie das bereits Veröffentlichte verbreiten und in den Zusammenhang einordnen oder kommentieren – ein weiteres Beispiel kann diesen Aspekt noch verdeutlichen.

(2) Die diplomatiegeschichtliche Einordnung der Berichte lässt erkennen, dass Berichtaufkommen und -qualität dann stiegen, wenn die Reichsstände unmittelbar an den Verhandlungen beteiligt waren. Für die Elsassverhandlungen betrifft dies neben den anfänglichen Beratungen der Kurien im Februar und März 1646 vor allem den Sommer 1648, als der französische Gesandte Abel Servien seit dem 9. August 1648 entgegen dem Willen der Kaiserlichen und wider die Bestimmungen des Hamburger Präliminarfriedens mit reichsständischen Vertretern in Osnabrück verhandelte.

Die Reichsstände hatten ein Interesse daran, festzustellen, dass es sich bei den abgetretenen Gebieten um habsburgischen Besitz handelte. Ihr Ziel war es, in den Verhandlungen mit Servien eine französische Versicherung über die eigene Vertragsinterpretation zu erreichen. Die Satisfaktionsbestimmungen des Vorabkommens vom November 1647 ließen aber einen dissimulierenden Interpretationsspielraum, der nicht eindeutig zwischen reichsständischer Landeshoheit und französischer Souveränität unterschied und den Reichsständen die Gefahr vor Augen führte, dass die französische Krone auf Grundlage dieser Verträge mehr einfordern konnte, als ihr abgetreten werden sollte.

Die Positionen schienen unvereinbar: Auf den anhaltenden reichsständischen Protest gegen den Novembervertrag reagierte Servien laut Zeitungsberichten mit dem

85 Zur Publikation des *Trauttmansdorffianum* siehe Mayer-Gürr, Friede in den Medien (wie Anm. 4), S. 231–232; Repgen, Zessionsbestimmungen (wie Anm. 8), S. 574–575. Zur Publikation von Verhandlungsakten siehe Repgen, Öffentlichkeit (wie Anm. 3), S. 61–67; Bosbach, Gedruckte Informationen (wie Anm. 84). Zur Publikation des französischen Entwurfs siehe den Gegenentwurf der Franzosen am 11. Juli 1647 (Übergabe am 20. Juli) bei Meiern, Acta Pacis (wie Anm. 30), Bd. V, S. 141–160. Die Franzosen gaben am 11. Juli zunächst nur die Satisfaktionsartikel heraus (Antje Oschmann, Magnus Ulrich Ferber, APW II A 6/1, Münster 2011, S. CXXIX). Vollständige Vertragsentwürfe legten sie erst am 19. und 20. Juli vor (ibid., S. CXXX). Schon am 29. Juli wurde ein Druck des Entwurfs nach Paris übersandt (APW II B 6, Nr. 77, Beilage 1, S. 216; ebenso ibid., Nr. 89, S. 245, Z. 10–13). Zur verzögerten Veröffentlichung des französischen Entwurfs vgl. Rohrschneider, APW II B 6 (wie Anm. 29), S. C.

86 So in WZ/H 28-II/1647, S. 4, Hamburg 1647 VI o. T. Vgl. die Ankündigung in ibid. 27-II/1647, S. 2, Hamburg 1647 VI o. T. Die Entwürfe für das IPO wurden wesentlich häufiger in den Zeitungen beigelegt.

87 PHR/S 25/1647, S. 1, Hochstift Münster 1647 VI 21 (identisch: WZ/H 26-II/1647, S. 3–4, Hochstift Münster 1647 VI 11/21); Z 72/1647, S. 3–5, Hochstift Münster 1647 VI 21.

Verweis, dass *alle ReichStaende mit ihrem Sill<sch>weigen solches approbiret* hätten[88]. Die Reichsstände hingegen wollten von dieser mutmaßlichen Zustimmung nichts wissen und beharrten auf ihrem Einspruch gegen die Unrechtmäßigkeit einer Abtretung von Reichsständen in französische Souveränität, dass *die Keyserl. vorm Jahr mit allzugrosser Libertät gewilligt haben*[89].

Von diesen Verhandlungen in Osnabrück berichteten die Zeitungen ausführlich. Sie sahen das Problem richtigerweise darin, dass die Reichsstände eine Festlegung der Abtretungen auf habsburgischen Besitz forderten, wohingegen Frankreich *solche generaliter und ohne dergleichen Restriction verstanden haben will*[90]. Die im Novembervertrag unklare Passage über den Rechtsstatus der reichsunmittelbaren Stände des Elsass lehnten die Reichsstände ab, *weil der Keyser den freyen ReichStaenden nichts vergeben koente*[91]. Das Problem schien lösbar, als Servien die Lehensnahme der elsässischen Besitzungen anbot. Zwar vermutete man dahinter punktuell zu Recht ein taktisches Angebot[92], nahm dieses aber als Schritt zum baldigen Friedensschluss auf[93].

Die intensiven Verhandlungen zwischen den Reichsständen und Servien[94] in der zweiten Augusthälfte 1648 hatten *den groesten Stein in der Frantzosen Satisfaction gefunden*[95] und betrafen vor allem den reichsständischen Rechtsvorbehalt gegen die Zessionsbestimmungen des kaiserlich-französischen Vergleichs. Letztlich konnten die Reichsstände nur akzeptieren, was Kaiser und Frankreich vereinbart hatten, und ihren Protest in einem separaten Schreiben zum Ausdruck bringen[96].

Die Gründe für die höhere Dichte und Aussagekraft der Berichterstattung in dieser Verhandlungsphase finden sich in der erneuten Verhandlungsintensivierung, vor allem aber in der Einbeziehung einer breiteren Kongressöffentlichkeit. Die gestiegene Zahl der Verhandlungsteilnehmer und die dadurch schneller geschaffene Kongressöffentlichkeit ermöglichten den Korrespondenten die Informationen überzeugter und aktueller zu vermitteln und weniger Vermutungen und Fremdmeinungen zu gebrauchen. Zudem gaben sie wie im Beispiel der Diskussion um die fehlende reichsständische Beteiligung beim Novembervertrag auch zutreffend Argumentationsstränge der Verhandlungen wieder. Auch erfolgten nicht mehr nur inhaltlose Berichte

88 PHR/S 35/1648, S. 1, Osnabrück 1648 VIII 9.

89 WZ/L 139/1648, S. 2, Osnabrück 1648 VIII 11. Zur Argumentation der Reichsstände siehe Brunert, APW III A 3/7 (wie Anm. 36), S. XLVI–LVI. Zu Serviens Positionen in den Verhandlungen mit den Reichsständen siehe Tischer, Französische Diplomatie (wie Anm. 8), S. 290–291.

90 WZ/L 139/1648, S. 2, Osnabrück 1648 VIII 11.

91 PHR/S 35/1648, S. 1, Osnabrück 1648 VIII 9.

92 Siehe dazu Goetze, APW II A 10 (wie Anm. 37), S. LIX; APW III A 3/7, Nr. 222, S. 229, Anm. 2. Die Erklärung Serviens wurde am Folgetag diktiert. Vgl. WZ/L 139/1648, S. 2, Osnabrück 1648 VIII 11.

93 Ibid. 140/1648, S. 1–2, Osnabrück 1648 VIII 12; OP/H 33-I/1648, S. 4, Osnabrück 1648 VIII 21, worin die Nachricht mit einer zuversichtlichen Prognose verknüpft wird; ebenso ibid. 143/1648, S. 3, Osnabrück 1648 VIII 21.

94 Dazu APW III A 3/7, Nr. 215–237, S. 128–463.

95 WZ/L 140/1648, S. 1–2, Osnabrück 1648 VIII 12; PHR/S 36/1648, S. 1, Osnabrück 1648 VIII 12.

96 Von dieser separaten Verschriftlichung der reichsständischen Erklärung sprechen auch einige Zeitungsberichte: WZ/L 147/1648, S. 4, Osnabrück 1648 VIII 25; WZ/H 38-I/1648, S. 2–3, Köln 1648 IX 4.

von den Verhandlungen, sondern Leser konnten jeder Meldung auch substantielle Verhandlungspunkte oder -schwierigkeiten entnehmen. Somit war für die Korrespondenten mit Beginn der reichsständischen Verhandlungen die Informationsbasis und -zugänglichkeit eindeutig verbessert.

## VI

In der Gesamtberichterstattung zum Kongress waren die Elsassverhandlungen mit 195 Berichten zwar nicht bloß marginal vertreten, standen aber nicht im Zentrum der Aufmerksamkeit. Dass dies nicht zwangsläufig aus fehlendem Interesse, sondern vielmehr durch mangelnde Information über die ohnehin unter dem Siegel der Geheimhaltung geführten Elsassverhandlungen zu erklären ist, legt eine kongresspolitische Einordnung des Zeitungsmaterials nahe. Der Informationsmangel drückte sich in unvollständigen, interpretativen und teilweise auch falschen Meldungen in den Zeitungen aus. Klagen der Korrespondenten über die Geheimhaltung der Verhandlungsfortschritte kommen hinzu.

Damit zeigt die hier nur in Auswahl vorgestellte Berichterstattung über die Elsassverhandlungen, dass die Zeitungsberichte vom Kongress differenzierter betrachtet werden müssen, als es bislang geschehen ist. Denn die Zeitungen berichteten zwar umfassend, aber nicht vollständig über die kaiserlich-französischen Verhandlungen. Umfassend waren sie in dem Sinne, dass alle Verhandlungsschritte wahrgenommen und im Ergebnis zutreffend übermittelt wurden. Vollständig in dem Sinne, dass alle für das Verständnis des Verhandlungsverlaufs relevanten Informationen dargeboten wurden, war die Berichterstattung aber nicht. Offensichtliche Falschmeldungen und die Dominanz einer rein verhandlungsbeobachtenden Berichterstattung verstärken diesen Eindruck.

Ein weiterer Indikator für den Informationsmangel und zugleich ein Argument für eine Differenzierung des bisherigen Urteils sind Kommentierungen, die ein konsequent genutztes Element der Berichte darstellen. Kommentierungen, insbesondere Prognosen und (Über-)Interpretationen begleiteten die Nachrichten insbesondere dann, wenn tatsächliche Fakten der Geheimhaltung wegen unzugänglich waren. Bewertungen verurteilten häufig den mangelnden Friedenswillen der Kongressteilnehmer, richteten sich aber selten auf die Verhandlungsergebnisse und -inhalte. Kommentiert und bewertet wurden eher der Verlauf und Fortgang der Verhandlungen.

Der Informationsmangel der Zeitungen erklärt sich auch aus der schweren Zugänglichkeit von Informationen. Zwar bleiben die Korrespondenten, die die Meldungen schrieben, auch im Falle des Westfälischen Friedenskongresses unbekannt, doch erlaubt der methodische Zugang an die Berichte über deren kongresspolitischen Kontext Rückschlüsse auf die Informationsprovenienzen. Zugänglich waren den Zeitungen die Informationen dann, wenn auf bereits anderweitig – beispielweise über die Reichsdiktatur[97] – publizierte Verhandlungsergebnisse zurückgegriffen wer-

97 Für andere Kongressen wurden ähnliche Beobachtungen getroffen: Sonja SCHULTHEISS-HEINZ, Zur öffentlichen Wahrnehmung von Friedensverhandlungen und Friedenskongressen. Eine Studie anhand der Zeitungsberichterstattung des 17. Jahrhunderts, in: Christoph KAMPMANN, Maximilian LANZINNER, Guido BRAUN, Michael ROHRSCHNEIDER (Hg.), L'art de la paix. Kon-

den konnte. Neben diesem intermedialen Aspekt von Zeitungen als einem möglichen Informationsmedium in der frühneuzeitlichen Medienlandschaft macht gerade die Verbindung von diplomatie- und pressegeschichtlichen Ansätzen deutlich, dass die Informationsgrundlage der Zeitungen zunahm, wenn durch die Beteiligung der Reichsstände eine breitere Kongressöffentlichkeit bestand. Diese konsekutive Verknüpfung von reichsständischer Information und öffentlicher Berichterstattung verdeutlicht, dass die Berichterstattung der Zeitungen vom Westfälischen Friedenskongress selten exklusiv war[98].

Als Quellenbestand zur Wahrnehmung des Kongresses und seiner Verhandlungen außerhalb des Kreises der Verhandler bleiben die Zeitungsberichte jedoch von hoher Bedeutung und ihre Analyse kann zu ertragreichen Ergebnissen führen, wobei die Herangehensweise nicht weniger kritisch als für diplomatische Korrespondenzen und andere Quellen zur Kongressgeschichte sein muss.

gresswesen und Friedenstiftung im Zeitalter des Westfälischen Friedens, Münster 2011 (Schriftenreihe der Vereinigung zur Erforschung der Neueren Geschichte, 34), S. 167–194, hier S. 190. Zur Reichsdiktatur konnte schon Susanne FRIEDRICH, Beobachten und beobachtet werden. Zum wechselseitigen Verhältnis von gedruckter Zeitung und Immerwährendem Reichstag, in: Volker BAUER, Holger BÖNING (Hg.), Die Entstehung des Zeitungswesens im 17. Jahrhundert. Ein neues Medium und seine Folgen für das Kommunikationssystem der Frühen Neuzeit, Bremen 2007 (Presse und Geschichte – Neue Beiträge, 54), S. 159–178, hier S. 159, 173, für den Immerwährenden Reichstag feststellen, welche zentrale Funktion das »kongressinterne Veröffentlichen« (Konrad Repgen) in der Nachrichtenzirkulation einnahm und dass die Reichsdiktatur nicht mehr als auf die Stände begrenztes, sondern als allgemeines Publikationsorgan verstanden wurde. Im Ansatz sind auch die Studien von REPGEN, Öffentlichkeit (wie Anm. 3), und MAYER-GÜRR, Friede in den Medien (wie Anm. 4), intermedial. Repgen nutzt Zeitungen aber nicht als Untersuchungsobjekt, sondern nur zur Argumentation für die Prämisse seiner Publizistik-Untersuchung und Mayer-Gürr vergleicht die verschiedenen Medien nicht inhaltlich und erzielt somit keine Ergebnisse zum intermedialen Ansatz.

98 Eine gezielte Informationspolitik durch Verhandlungsparteien in Zeitungen, wie es die französische Gesandtschaft bei der »Gazette de France« praktizierte (siehe Peter Arnold HEUSER, Französische Korrespondenzen beim Westfälischen Friedenskongress als Quellen zur politischen Publizistik, in: BRUNERT, LANZINNER (Hg.), Diplomatie (wie Anm. 2), S. 55–140), lässt sich hingegen an den Kongressakten nicht absehen, wenn auch eine Analyse deutschsprachiger Zeitungen, insbesondere der »Wochentliche Zeitung« des Hamburger Verlegers Martin Schumacher und der »Post/Hamburger und Reichszeitung« aus dem schwedisch besetzten Stettin, einen Verdacht auf die schwedische Gesandtschaft werfen.

Ulrich Niggemann

# »UNE AFFAIRE LA PLUS INNOCENTE«?

## Französische Wahrnehmungen und Deutungen der *Glorious Revolution* von 1688/89*

Mit der Landung Wilhelms III. von Oranien in England am 5. November 1688 setzte eine umfangreiche mediale Kampagne ein, die teilweise von Wilhelm und seinen direkten Unterstützern ausging, zugleich aber auch zahlreiche Reaktionen hervorrief, auf Seiten der Regierung Jakobs II. und der dem Hof verbundenen Presseorgane ebenso wie auch generell des breit gefächerten Londoner Druckgewerbes[1]. Aus dem Umfeld Wilhelms stammten die sogenannte »Declaration of Reasons« und die kurz darauf verbreitete »Additional Declaration«[2], während auf Jakobs Seite die offizielle

* Die Recherchen für diesen Beitrag konnte ich dank eines Karl-Ferdinand-Werner-Fellowships am Deutschen Historischen Institut Paris im Februar 2015 durchführen. Teilergebnisse habe ich in meiner Antrittsvorlesung als Privatdozent am 4. November 2015 an der Philipps-Universität Marburg vorgestellt.

1 Grundlegend Eveline Cruickshanks, The Glorious Revolution, Ndr. Basingstoke 2000 (British History in Perspective); Tim Harris, Revolution. The Great Crisis of the British Monarchy, 1685–1720, London 2006, S. 239–363; sowie die Sammelbände Lois G. Schwoerer (Hg.), The Revolution of 1688–1689. Changing Perspectives, Cambridge 1992; und Jonathan I. Israel (Hg.), The Anglo-Dutch Moment. Essays on the Glorious Revolution and Its World Impact, Cambridge 1991. Einblick in die Sicht der französischen Forschung gibt Bernard Cottret, La Glorieuse Révolution d'Angleterre, Paris 2013. Zur medialen Debatte schon Lois G. Schwoerer, Press and Parliament in the Revolution of 1689, in: The Historical Journal 20 (1977), S. 545–567; dies., Propaganda in the Revolution of 1688/89, in: The American Historical Review 82 (1977), S. 843–874; sowie Mark Goldie, The Revolution of 1689 and the Structure of Political Argument. An Essay and an Annotated Bibliography of Pamphlets in the Allegiance Controversy, in: Bulletin of Research in the Humanities 83 (1980), S. 473–564; Jonathan I. Israel, Propaganda in the Making of the Glorious Revolution, in: Susan Roach (Hg.), Across the Narrow Seas: Studies in the History and Bibliography of Britain and the Low Countries presented to Anna E. C. Simoni, London 1991, S. 167–177; Kai Nürnberger, Die Kunst der Information. König Wilhelm III. und die Medien seiner Zeit, Heidelberg 2003 (Britannica et Americana. Folge 3, 21); Wolfgang Cillessen, Glorious Revolution, in: ders. (Hg.), Krieg der Bilder. Druckgraphik als Medium politischer Auseinandersetzung im Europa des Absolutismus, Berlin 1997, S. 251–315; Craig Rose, England in the 1690s. Revolution, Religion and War, Oxford 1999; Kevin Sharpe, Rebranding Rule. The Restoration and Revolution Monarchy, 1660–1714, New Haven 2013, S. 341–506.

2 The Declaration of His Highnes William Henry, By the Grace of God Prince of Orange, &c. Of the Reasons inducing him, to appear in Armes in the Kingdome of England, Den Haag 1688 [Wing (2nd ed. 1994) W2328C]. Zu den Texten und ihrer Verbreitung vgl. Schwoerer, Propaganda (wie Anm. 1), S. 854 f.; Jonathan I. Israel, The Dutch Role in the Glorious Revolution, in: ders. (Hg.), Anglo-Dutch Moment (wie Anm. 1), S. 105–162, hier S. 121 f.; ders., Propaganda (wie Anm. 1), S. 167; Tony Claydon, William III's Declaration of Reasons and the Glorious Revolution, in: The Historical Journal 39 (1996), S. 87–108, hier S. 89 f.

»London Gazette« und zwei königliche Proklamationen Stellungnahmen zum Einmarsch Wilhelms veröffentlichten[3]. Die mediale Debatte endete jedoch nicht mit Jakobs Flucht am 23. Dezember 1688[4], sondern eine wachsende Zahl von Medienerzeugnissen bot dem Publikum Deutungen und Interpretationen der Ereignisse. Insbesondere wurde es mit Nachrichten über den Verlauf der *Convention* versorgt, also jenes von Wilhelm einberufenen irregulären Parlaments, das über die Situation nach Jakobs Flucht zu beraten hatte. Und nach Wilhelms und Marias Krönung wurde in den Medien intensiv über die Legitimität der neuen Treueide debattiert[5]. Dadurch formten sich Narrative aus, die wiederum langfristig ins kollektive Gedächtnis eingingen und somit die Erinnerung an die *Glorious Revolution* wesentlich prägten[6].

Insgesamt kann die englische mediale Debatte um die *Glorious Revolution* als gut erforscht gelten. Was indes bislang kaum Gegenstand systematischer Untersuchungen war, ist die transnationale Verflechtung der Wahrnehmungen, Deutungen und Narrativierungen der Ereignisse von 1688/89. Georges Ascoli hat 1930 in einer Studie zur französischen Wahrnehmung Englands auch einige Beobachtungen zur Rezeption der *Glorious Revolution* angeführt, sich dabei aber auf die ganz knappe deskriptive Wiedergabe von Textzeugnissen beschränkt[7]. Eine weitergehende Analyse hat Paul Hazard 1935 in seinem längst zum Klassiker avancierten »La crise de la conscience européenne« geliefert. Hazard hat besonders auf die Rolle der Exilhugenotten als Vermittler zwischen englischem und französischem Gedankengut hingewiesen und aus den daraus entstandenen neuen Kommunikationsbedingungen eine Zäsur der Jahre um 1700 hergeleitet[8]. Auch Hans-Christof Kraus hat in seiner umfangreichen Studie über die Rezeption der englischen Verfassung in Deutschland und Frankreich die Verflechtung zwischen englischen, französischen und deutschen Diskussionen betont, hier allerdings weniger mit Fokus auf den Ereigniskomplex

3 By the King, A Proclamation, London 1688 [Wing (CD-ROM 1996) J260]; By the King, A Declaration, London 1688 [Wing J161]; sowie z.B. London Gazette, Nr. 2390, 15. Oktober 1688; ebd., Nr. 2391, 18. Oktober 1688; ebd., Nr. 2394, 29. Oktober 1688; ebd., Nr. 2396, 5. November 1688; ebd., Nr. 2397, 8. November 1688, u.ö.; zugänglich über URL: https://www.thegazette.co.uk (Zugriff 6.1.2017).

4 Jakob hatte sich bereits am 18. Dezember auf Anordnung Wilhelms III. nach Rochester begeben. Von dort floh er am 23. Dezember nach Frankreich; vgl. Harris, Revolution (wie Anm. 1), S. 303–305; John Miller, James II, New Haven 2000 (Yale English Monarchs), S. 208f.

5 Goldie, Revolution (wie Anm. 1).

6 Zur Erinnerungskultur der *Glorious Revolution* vgl. Lois G. Schwoerer, Celebrating the Glorious Revolution, 1689–1989, in: Albion 22 (1990), S. 1–20; Kathleen Wilson, A Dissident Legacy: Eighteenth-Century Popular Politics and the Glorious Revolution, in: James R. Jones (Hg.), Liberty Secured? Britain before and after 1688 (The Making of Modern Freedom), Stanford 1992, S. 299–334; Gabriel Glickman, Political Conflict and the Memory of the Glorious Revolution in England 1689 – c. 1750, in: Tim Harris, Stephen Taylor (Hg.), The Final Crisis of the Stuart Monarchy. The Revolutions of 1688–1691 in their British, Atlantic and European Contexts (Studies in Early Modern Cultural, Political and Social History, 16), Woodbridge 2013, S. 243–271; sowie ausführlich Ulrich Niggemann, Revolutionserinnerung in der Frühen Neuzeit. Refigurationen der *Glorious Revolution* in Großbritannien (1688–1760), Berlin/Boston 2017 (Veröffentlichungen des Deutschen Historischen Instituts London, 79).

7 Georges Ascoli, La Grande-Bretagne devant l'opinion publique français au XVIIe siècle, 2 Bde., Paris 1930, hier Bd. 1, S. 160–172.

8 Paul Hazard, La crise de la conscience européenne, 1680–1715, Paris 1978 [erstmals 1935].

*Glorious Revolution* als vielmehr auf die Diskussionen um die englische Verfassung bis ins 19. Jahrhundert hinein[9]. Aus einer anderen Perspektive, nämlich derjenigen der Begriffsgeschichte und historischen Semantik, ist ebenfalls auf die französischen Debatten um die *Glorious Revolution* aufmerksam gemacht worden. Bereits seit den Forschungen von Karl Griewank gilt als sicher, dass die *Glorious Revolution* in Frankreich zu einer folgenreichen Veränderung im Gebrauch des Revolutionsbegriffs geführt habe. Auf dieser Grundlage sei dann mit der Französischen Revolution von 1789 die moderne Verwendung zum Durchbruch gekommen[10]. Rolf Reichardt geht so weit zu behaupten, dass der Revolutionsbegriff 1688/89 in England selbst eine marginale Rolle gespielt habe, während er in Frankreich in den Folgejahren zum zentralen Begriff geworden sei[11]. Das ist so nicht haltbar. Der Revolutionsbegriff war in England sofort präsent und wurde schon bald zur wichtigsten Vokabel, um die Ereignisse von 1688/89 auf den Punkt zu bringen[12].

Dennoch ist damit die Frage nach dem Verhältnis zwischen englischen und französischen medialen Debatten und ihrer prinzipiellen Relevanz aufgeworfen. Trotz der vorhandenen Erkenntnisse über die Rolle der Hugenotten als Mittler und die – auch kontroversen – Wahrnehmungen in Frankreich kann der Vergleich der Diskussionen, der Deutungsmuster und der erzeugten Narrative noch weitergehende Einsichten gewähren im Hinblick auf die Rolle Englands als Impulsgeber für kontinentaleuropäische Debatten, aber auch auf die transnationale Wahrnehmung von Zäsuren und Brüchen, die wiederum Einfluss hatten auf die Art und Weise, wie europaweit im 18. Jahrhundert Revolution und Innovation verhandelt wurden. Am Ende des Jahrhunderts waren nämlich bereits Diskurse etabliert, die das Denken und Sprechen über Revolution vorstrukturierten und in festgefügten Narrativen Handlungsmuster vorgaben[13]. Diese entstanden keineswegs erst 1688/89, erhielten aber neue Impulse. Ferner zeigt sich an der englischen wie auch der transnationalen Debatte die im ausgehenden 17. und beginnenden 18. Jahrhundert festzustellende Persistenz religiös-konfessioneller Deutungsmuster. Die Hugenottenverfolgung in Frankreich und ihre Wahrnehmung zumindest im protestantischen Europa auf der einen und die Ereignisse der *Glorious Revolution* auf der anderen Seite wurden zu festen Bausteinen einer protestantischen Identität und Selbstverortung, die durchaus Wirk-

9 Hans-Christof KRAUS, Englische Verfassung und politisches Denken im Ancien Régime, 1689 bis 1789, München 2006 (Veröffentlichungen des Deutschen Historischen Instituts London, 60).

10 Karl GRIEWANK, Der neuzeitliche Revolutionsbegriff. Entstehung und Entwicklung, Frankfurt a. M. [3]1992 [erstmals 1955]; Reinhart KOSELLECK, Der neuzeitliche Revolutionsbegriff als geschichtliche Kategorie, in: Helmut REINALTER (Hg.), Revolution und Gesellschaft. Zur Entwicklung des neuzeitlichen Revolutionsbegriffs, Innsbruck 1980 (Vergleichende Gesellschaftsgeschichte und politische Ideengeschichte der Neuzeit, 1), S. 23–33; DERS., Revolution IV: Von der Frühen Neuzeit bis zur Französischen Revolution, in: Otto BRUNNER, Werner CONZE, Reinhart KOSELLECK (Hg.), Geschichtliche Grundbegriffe. Historisches Lexikon zur politisch-sozialen Sprache in Deutschland Bd. 5, Stuttgart 1994, S. 689–788.

11 Rolf REICHARDT, Revolution, in: Enzyklopädie der Neuzeit Bd. 11, Stuttgart 2010, Sp. 152–175.

12 Ulrich NIGGEMANN, »Revolution« – Zur Karriere eines Begriffs in Großbritannien, 1688–1714, in: Historische Zeitschrift 304 (2017), S. 631–654.

13 Zur Bedeutung des Erzählens in revolutionären Situationen vgl. Eric SELBIN, Gerücht und Revolution. Von der Macht des Weitererzählens, Darmstadt 2010; Noel PARKER, Revolutions and History. An Essay in Interpretation, Cambridge 1999.

macht entfalten konnten, gerade auch in ihrer Komplementarität[14]. Und in Frankreich – so wird zu zeigen sein – konnte die *Glorious Revolution* zu einem Argument innerhalb der nach der Aufhebung des Edikts von Nantes intensivierten konfessionellen Auseinandersetzung werden.

Im Folgenden soll daher die französischsprachige mediale Debatte um die *Glorious Revolution* und ihre Einbettung in politische Standpunkte, religiöse Deutungsmuster und Gruppenidentitäten thematisiert werden. Dafür ist im ersten Schritt zunächst einmal die Medienvielfalt zu thematisieren, wobei auch die transnationale Kommunikation zu beachten ist (I). Sodann sind die narrativen Muster innerhalb der französischsprachigen Medien vor dem Hintergrund der englischen Darstellungen zu beleuchten (II), bevor dann die kontroversen Deutungen der Revolutionsbefürworter und ihrer Gegner in den Blick genommen und die Argumentationsmuster auf beiden Seiten herausgearbeitet werden (III).

## I. Die Plurimedialität der Debatte

Die Debatte um die *Glorious Revolution* zeichnet sich durch eine enorme mediale Vielfalt aus. In einer Vielzahl von Flugschriften, politischen Traktaten und Predigten wurden unterschiedliche, zum Teil konkurrierende Deutungen der Revolution ausgebreitet und verhandelt[15]. Dabei stellten Predigten nicht nur einen beträchtlichen Teil des gedruckten Materials dar, sondern sie verweisen auch auf das Zusammenspiel von gesprochenem Wort und gedrucktem Text[16]. Sie wirkten als mündliche Reden in einer konkreten Situation, wurden aber anschließend auch gedruckt verbreitet und somit von der Sprechsituation gelöst. Gilbert Burnets Predigt im *St. James's Palace* vom 23. Dezember 1688, die in ihrer mündlichen Form nur ein begrenztes höfisches Publikum erreichte, entfaltete in gedruckter Form enorme Breitenwirkung, gerade auch weil sie zum Vorbild zahlreicher weiterer klerikaler Äußerungen wurde[17]. Die Entscheidung des *House of Lords*, für den 31. Januar bzw. 14. Februar 1689 einen allgemeinen Danktag auszurufen[18], schuf eine wichtige Plattform für

14 Vgl. Bernard COTTRET, Glorreiche Revolution, schändliche Revokation? Französische Protestanten und Protestanten Englands, in: Rudolf von THADDEN, Michelle MAGDELAINE (Hg), Die Hugenotten 1685–1985, München 1985, S. 73–84. Mit Blick auf die in den Jahren um 1700 intensivierte Debatte um den Religionskrieg jüngst Christian MÜHLING, Die europäische Debatte über den Religionskrieg (1679–1714). Konfessionelle Memoria und internationale Politik im Zeitalter Ludwigs XIV., Diss. phil. Marburg/Paris 2016.

15 Insbesondere GOLDIE, Revolution (wie Anm. 1), S. 486-489. Außerdem SHARPE, Rebranding Rule (wie Anm. 1), S. 353–408; NIGGEMANN, Revolutionserinnerung (wie Anm. 6), S. 72–106.

16 Zur Bedeutung der Predigt als Kommunikationsmedium vgl. die Beiträge bei Lori A. FERRELL, Peter E. MCCULLOUGH (Hg.), The English Sermon Revised. Religion, Literature and History 1600–1750, Manchester 2000; sowie Arnold HUNT, The Art of Hearing. English Preachers and their Audiences, 1590–1640, Cambridge 2010 (Cambridge Studies in Early Modern British History).

17 Gilbert BURNET, A Sermon Preached In the Chappel of St. James's, Before His Highness the Prince of Orange, 23d of December 1688, London 1689 [Wing B5884]. Vgl. Tony CLAYDON, William III and the Godly Revolution, Cambridge 1996 (Cambridge Studies in Early Modern British History), S. 28–52.

18 Vgl. zum Thanksgiving CLAYDON, William III (wie Anm. 17), S. 58–60; SHARPE, Rebranding Rule (wie Anm. 1), S. 369; NIGGEMANN, Revolutionserinnerung (wie Anm. 6), S. 101 f.

ideologische Äußerungen in Form von Predigten, wobei der *Form of Prayer*, der zu diesem Zweck ausgearbeitet wurde, bereits die entscheidenden Deutungsmuster der Revolution vorgab[19].

Über die rein textlichen Medien hinaus spielte ein breites Spektrum visueller Medien eine wichtige Rolle in der revolutionären Massenkommunikation. Relativ einfach gehaltene Drucke, darunter auch Kartenspielsets, konnten rasch und kostengünstig verbreitet werden[20]. Daneben kamen aufwendige Flugblätter mit Kupferstichen sowie Medaillen auf den Markt. Diese wurden oft auf dem europäischen Kontinent hergestellt, insbesondere in den Niederlanden, aber auch in Frankreich[21]. Aus der Werkstatt von Romeyn de Hooghe stammen zahlreiche kunstvolle Kupferstiche mit satirischem Inhalt, die geeignet waren, die Sache Wilhelms III. kommunikativ zu unterstützen[22]. Von den Niederlanden aus verbreitete auch der Franzose Gérard de Lairesse seine Kupferstiche[23]. Überdies hatte die Medaillenproduktion, etwa eines Jan Smeltzing, ihr Zentrum in den Niederlanden, aber auch deutsche, französische und dänische Provenienzen sind nachweisbar[24]. Zweifellos handelte es sich um Medailleure, die für einen europäischen Markt produzierten und die nicht primär ihren eigenen politischen Standpunkt einbrachten, sondern marktorientiert arbeiteten[25]. In Frankreich war die *Glorious Revolution* ebenfalls Gegenstand bildmedialer Produktion. Als Beispiele seien nur zwei großformatige Almanachdrucke genannt, die sich mit der Thronbesteigung Wilhelms III. von Oranien auseinandersetzten[26]. Generell wird man also davon ausgehen können, dass die Ereignisse in

19 A Form of Prayer and Thanksgiving to Almighty God, For having made His Highness the Prince of Orange The Glorious Instrument of the Great Deliverance of this Kingdom from Popery and Arbitrary Power, [London] 1689 [Wing C4125].

20 Vgl. Schwoerer, Propaganda (wie Anm. 1); Cillessen, Glorious Revolution (wie Anm. 1); Sharpe, Rebranding Rule (wie Anm. 1), S. 341–501; Niggemann, Revolutionserinnerung (wie Anm. 6), S. 72–86.

21 Vgl. Schwoerer, Propaganda (wie Anm. 1), S. 860; Wolfgang Cillessen, Vorboten des Krieges, in: ders. (Hg.), Krieg der Bilder (wie Anm. 1), S. 11–35, hier S. 11; Raingard Esser, »Constantinus Redivivus«. Wilhelm III. in der englischen Geschichtsschreibung seiner Zeit, in: Christoph Kampmann u. a. (Hg.), Bourbon – Habsburg – Oranien. Konkurrierende Modelle im dynastischen Europa um 1700, Köln/Weimar/Wien 2008, S. 58–73, hier S. 62; Sharpe, Rebranding Rule (wie Anm. 1), S. 312.

22 Zu Romeyn de Hooghe vgl. die Beiträge bei Henk van Nierop u. a. (Hg.), Romeyn de Hooghe. De verbeelding van de late Gouden Eeuw. Gepresenteerd tijdens de opening op 9 december 2008 van den gelijknamige tentoonstelling bij de Bijzondere Colleties van de Universiteit van Amsterdam, Zwolle 2008.

23 Etwa Gérard de Lairesse, Britannia oppressa per Arausionensium Principem liberata et restaurata, o. O. 1688 [London, British Museum (im Folgenden: BM) History 1688 Portfolio (1871,1209.4856)].

24 Überblick bei Noel Woolf, The Medallic Record of the Jacobite Movement, London 1988, S. 10–32; Sharpe, Rebranding Rule (wie Anm. 1), S. 434–443.

25 Niggemann, Revolutionserinnerung (wie Anm. 6), S. 86.

26 L'Angleterre Desolée Par la ruine entiere de son Commerce, et le Renversement de ses Loix Sous la Tyrannie du Prince d'Orange Vsurpateur de sa Couronne en l'Année 1689. Almanach pour l'an de grace M.DC.XC, Paris 1690 [Paris, Bibliothèque nationale de France (im Folgenden: BnF) QB-5 (1690)-FT-5]; Le Couronnement du Prince d'Orange, fondé sur les Pernicieux Maximes de Machiavel, et appuyé des exemples des plus detestables Tirans d'Antiquité. Almanach pour l'an de grace M.DC.XC, Paris 1689 [BnF QB-5 (1689)-FT 5].

England eine transnationale Medienproduktion auslösten, die auch nach England zurückwirkte.

In den Niederlanden, aber auch im römisch-deutschen Reich gab es offenkundig einen Markt für Medienerzeugnisse, die die Revolution zum Thema hatten. Gerade angesichts der politischen und militärischen Lage in Europa und des 1689 ausbrechenden Neunjährigen Kriegs vermag dies auch kaum zu verwundern, waren doch Nachrichten und Debatten über die außenpolitische Lage stets ein wichtiger Teilaspekt des Medienmarkts[27]. Die Ereignisse in England – das war abzusehen – hatten einen Einfluss auf die militärische Lage und waren schon deshalb von Interesse. Daneben spielte auch der Konfessionskonflikt eine wichtige Rolle. Das gilt gerade für Frankreich, das in den Jahren zuvor seine restriktive Politik gegenüber der protestantischen Minderheit im Land noch einmal verschärft und ihr im Edikt von Fontainebleau die legale Existenz entzogen hatte[28] und das zudem von den Ereignissen in England außenpolitisch unmittelbar betroffen war. Französischsprachige Medien setzten sich dementsprechend intensiv mit der *Glorious Revolution* auseinander. Die in Paris erscheinende »Gazette«[29] berichtete ausführlich über die Ereignisse, und auch die von dem hugenottischen Emigranten, Pierre Jurieu, produzierten »Lettres Pastorales«, die sich von Rotterdam aus an die in Frankreich ausharrenden Protestanten richteten, thematisierte die Ereignisse in England über mehrere Ausgaben hinweg[30]. Zahlreiche Flugschriften und umfangreichere historische Darstellungen, wie die »Histoire des Revolutions d'Angleterre« des Jesuitenpaters Pierre-Joseph d'Orléans[31], nahmen das Thema auf. Dabei etablierten sich relativ festgefügte Narrative, deren Muster zunächst einmal zu betrachten sind.

27 Vgl. Sonja SCHULTHEISS-HEINZ, Politik in der europäischen Publizistik. Eine historische Inhaltsanalyse von Zeitungen des 17. Jahrhunderts, Stuttgart 2004 (Beiträge zur Kommunikationsgeschichte, 16), S. 121. Zum Krieg vgl. Klaus MALETTKE, Hegemonie – multipolares System – Gleichgewicht. Internationale Beziehungen 1648/1659–1713/1714, Paderborn u. a. 2012 (Handbuch der Geschichte der Internationalen Beziehungen, 3), S. 419–447.

28 Vgl. dazu Elisabeth LABROUSSE, »Une foi, une loi, un roi«. Essai sur la révocation de l'édit de Nantes, Genf/Paris 1985 (Histoire et société, 7), S. 167–195; Didier BOISSON, Hugues DAUSSY, Les protestants dans la France moderne, Paris 2006, S. 205–220; und Ulrich NIGGEMANN, Hugenotten, Köln/Weimar/Wien 2011 (UTB Profile), S. 25–30.

29 Zur »Gazette« vgl. Eugène HATIN, Histoire Politique et Littéraire de la Presse en France. Avec une introduction historique sur les origines du journal et bibliographie générale des journaux depuis leur origine, Paris 1859, Bd. 1, S. 63–186; sowie Joseph KLAITS, Printed Propaganda Under Louis XIV. Absolute Monarchy and Public Opinion, Princeton/NJ 1976, S. 58–67; SCHULTHEISS-HEINZ, Politik (wie Anm. 27), S. 52–58.

30 Pierre JURIEU, Lettres Pastorales adressees aux fideles de France qui gemissent sous la captivite de Babylon, hg. v. Robin Howells, Hildesheim 1988 (Pierre Bayle: Œuvres diverses. Volumes supplementaires, 2). Vgl. zu Jurieus Wirken Erich HAASE, Einführung in die Literatur des Refuge. Der Beitrag der französischen Protestanten zur Entwicklung analytischer Denkformen am Ende des 17. Jahrhunderts, Berlin 1959, S. 113–126; Frederik R. J. KNETSCH, Pierre Jurieu: theoloog en politikus der refuge, Kampen 1967, S. 278–319; Guy H. DODGE, The Political Theory of the Huguenots of the Dispersion. With Special Reference to the Thought and Influence of Pierre Jurieu, New York 1972, S. 34–93; KRAUS, Englische Verfassung (wie Anm. 9), S. 72–77.

31 Der erste Band zum Mittelalter erschien bereits 1689; in den Jahren 1693 bis 1695 folgten dann alle drei Bände; Pierre-Joseph D'ORLÉANS, Histoire des Revolutions d'Angleterre Depuis le commencement de la Monarchie, 3 Bde., Paris 1693–1695 [BnF 4-H-4870 (1–3)], zur *Glorious Revolution* ibid. Bd. 3, S. 381–457. Vgl. zum Verfasser Walter TROXLER, Orléans, Pierre-Joseph d',

## II. Die Darstellung der Revolution in französischsprachigen Medien: Narrative Strukturen und ihre Bedeutungen

Schon für die englischen Medien konnte festgestellt werden, dass sich sehr schnell bestimmte Erzählmuster verfestigten, auf die in der Folgezeit immer wieder zurückgegriffen wurde. Das daraus entstandene Narrativ war so wirkmächtig, dass selbst revolutionsfeindliche jakobitische Medien sich ihm kaum entziehen konnten. Entscheidend war, dass sich diese etablierte Erzählung aus Episoden zusammensetzte, die selbst bereits ein hohes Maß an medialer Aufmerksamkeit erhalten hatten und sich auf diese Weise im kollektiven Gedächtnis hatten festsetzen können[32]. Zudem bildeten sie in der Eigenlogik von Erzählungen einen Spannungsbogen mit Höhepunkten und retardierenden Momenten sowie einer überraschenden und glücklichen Wendung. Die Erzählung gewann dadurch an Eingängigkeit, folgte aber auch den Erwartungen des Publikums.

So verwundert es nicht, dass dieselben medial verfügbaren Episoden auch zur Grundlage außerenglischer Darstellungen der Revolution und ihrer Vorgeschichte wurden. Nicht zuletzt die in mehreren Sprachen, darunter Niederländisch, Deutsch und Französisch, verbreitete *Declaration of Reasons*, die Wilhelm III. im Vorfeld der Intervention in England, publizieren ließ[33], rekurrierte auf die meisten dieser Episoden und trug somit wesentlich zu deren Kanonisierung bei[34] – und zwar in England selbst wie auch in der breiteren europäischen Diskussion. Sie war eine wichtige und gut verfügbare Grundlage auch für französischsprachige Darstellungen der Ereignisse. Gerade die in England ansässigen Hugenotten hatten zudem Zugriff auf weitere Quellen, aus denen sie schöpfen konnten. Darüber hinaus wäre es reizvoll, den Nachrichtenstrom einer genaueren Untersuchung zu unterziehen. So berichtete die offizielle »Gazette« seit dem Beginn der Expedition Wilhelms III. regelmäßig über die Ereignisse in England. Die nur leicht verzögerte Berichterstattung bildete zweifellos sowohl für antirevolutionäre als auch prorevolutionäre Medien innerhalb und außerhalb Frankreichs ein wichtiges chronologisches Raster, das Anknüpfungspunkte für weitere Verarbeitungen bot[35].

Zwar handelt es sich beim Großteil der vorliegenden Medien nicht im eigentlichen Sinne um erzählende Texte, sondern um agitatorische, argumentative Äußerungen, doch sie enthalten gleichwohl in unterschiedlichem Umfang Rekurse auf ganz bestimmte, immer wiederkehrende narrative Elemente oder Episoden, und zwar unabhängig vom jeweiligen Standpunkt des Sprechers. Zu diesen Episoden gehörten die

in: Friedrich Wilhelm Bautz, Traugott Bautz (Hg.), Biographisch-Bibliographisches Kirchenlexikon, Herzberg 1975–2015, Bd. 6, Sp. 1274–1276.

32 Niggemann, Revolutionserinnerung (wie Anm. 6), S. 115–119.

33 Vgl. Schwoerer, Propaganda (wie Anm. 1), S. 851–856; Israel, Dutch (wie Anm. 2), S. 105–162; ders., Propaganda (wie Anm. 1); Claydon, William III's Declaration (wie Anm. 2).

34 Vgl. Niggemann, Revolutionserinnerung (wie Anm. 6), S. 119.

35 Zu Zeitungen als primärer Informationsquelle für verarbeitende Medien vgl. Nürnberger, Kunst der Information (wie Anm. 1), S. 103 f. Dem widerspricht nicht, dass die »Gazette« selbstverständlich keine »objektive« Berichterstattung darstellte, sondern durch Selektion und implizite Wertungen eine Vorstrukturierung vornahm. Hinsichtlich der Zeitverzögerung ist die Differenz von zehn Tagen zu beachten, die zwischen dem in England gültigen julianischen Kalender und dem in Frankreich üblichen gregorianischen Kalender herrschte.

1685 ausgebrochene Rebellion des Herzogs von Monmouth[36] ebenso wie die darauf folgenden Maßnahmen der Regierung Jakobs II., namentlich seine angebliche Allianz mit Frankreich[37], die Etablierung von Jesuiten in England[38], die Wiedereinführung der katholischen Messe[39] oder die Vergabe von Staatsämtern an Katholiken[40]. In den gleichen Zusammenhang gehörten auch die Aufnahme diplomatischer Beziehungen zur römischen Kurie[41] und die Bemühungen, über die Beanspruchung von Dispensrechten parlamentarisch verabschiedete Gesetze auszuhebeln und eine weitreichende Toleranz für Katholiken zu etablieren[42]. Ferner wurden vielfach die Einrichtung einer *Ecclesiastical Commission*, eines kirchlichen Gerichtshofes, thematisiert[43], sowie der

36 Jurieu, Lettres Pastorales (wie Anm. 30), IIIe année, Nr. VI, 15. November 1688, S. 47; Histoire des Revolutions d'Angleterre sous le Regne de Jacques II jusqu'au Couronnement de Guillaume III, Amsterdam 1689 [BnF 8-NC-1364], S. 39–77; P. B. P. A., Remarques Politiques sur les Revolutions d'Angleterre. Avec Les Merveilles que Dieu a fait pour sa Délivrance, Ville-Franche [fingiert] 1690 [BnF 8-NC-1531], S. 31 f.; [Pierre Bayle] Avis important aux Refugiez Sur leur prochain retour en France, Amsterdam 1690 [BnF NUMM-82284], S. 394 f.; Methode facile pour apprendre l'histoire d'Angleterre. Dedicé à son Altesse Monseigneur le Prince d'Elbeuf, Paris 1697 [BnF 8-NA-66], S. 255 f.; Guillaume de Lamberty, Mémoires de la dernière Révolution d'Angleterre, contenant L'Abdication de Jacques I, l'avenement de S. M. le Roi Guillaume III à la Couronne, & plusieurs choses arrivées soûs son Régne, 2 Bde., Den Haag 1702 [BnF 8-H-16196 (1-2)], hier Bd. 1, S. 12–41; und bildlich Couronnement (wie Anm. 26).

37 Jurieu, Lettres Pastorales (wie Anm. 30), IIIe année, Nr. VI, 15. November 1688, S. 47; ibid., Nr. IX, 1. Januar 1689, S. 71.

38 Histoire des Revolutions (wie Anm. 36), S. 150–153; Les Larmes de l'Angleterre, ou la Source des malheurs qui ont affligé ce Royaume sous le regne de Jaques I. & de son Fils, Et qui ont cause La guerre civile, la mort de Charles I. & enfin l'abdication de Jaques II., Köln 1692 [BnF 8-NB-109], S. 278; Jacques Abbadie, Défense de la Nation Britannique, ou Les droits de Dieu, de la Nature, & de la Société clairement établis au sujet de la revolution d'Angleterre, contre l'Auteur de l'Avis important aux Refugiés, Den Haag 1693 [BnF 8-H-16464], S. 374 f.; Lamberty, Mémoires (wie Anm. 36), Bd. 1, S. 225–227.

39 Histoire des Revolutions (wie Anm. 36), S. 94; Jurieu, Lettres Pastorales (wie Anm. 30), IIIe année, Nr. IX, 1. Januar 1689, S. 71; Lettre d'un Amy. Touchant les Cruautés exercées dans l'Angleterre, par le Prince d'Orange, faisant souffrir le Martyre à plusieurs Prêtres, Religieux & autres Catholiques: renversant les Eglises, les Autels, les Tabernacles, & foulant aux pieds les Saintes Hosties, o. O. 1679 [i. e. 1689] [BnF 4-NC-1530]; [Pierre Jurieu] Examen d'un Libelle Contre la Religion, contre l'Etat & contre la revolution d'Angleterre. Intitulé Avis Important aux Refugiés sur leur prochain retour en France, Den Haag 1691 [BnF NUMM-82285], S. 246 f.; Abbadie, Défense (wie Anm. 38), S. 372 f. Zu Übergriffen von Jesuiten und anderen Katholiken in England [Jurieu] Examen (wie Anm. 39), S. 246 f.; Abbadie, Défense (wie Anm. 38), S. 372 f.

40 Jurieu, Lettres Pastorales (wie Anm. 30), IIIe année, Nr. IX, 1. Januar 1689, S. 71; Reproche extravagant, ou l'on fait voir, Qu'on ne peut sans folie reprocher au Pape la ruïne de la Religion Catholique en Angleterre, Köln 1689 [BnF 8-BL-31636 (2)], S. 22 f.; Larmes de l'Angleterre (wie Anm. 38), S. 278 f., 285 f.; Abbadie, Défense (wie Anm. 38), S. 374 f.; Methode facile (wie Anm. 36), S. 257; Lamberty, Mémoires (wie Anm. 36), Bd. 1, S. 257 f.

41 Histoire des Revolutions (wie Anm. 36), S. 148–150; Reproche extravagant (wie Anm. 40), S. 22; P. B. P. A., Remarques Politiques (wie Anm. 36), S. 38 f.; [Jurieu] Examen (wie Anm. 39), S. 246 f.; Abbadie, Défense (wie Anm. 38), S. 373 f.; Lamberty, Mémoires (wie Anm. 36), Bd. 1, S. 95–97.

42 Reproche extravagant (wie Anm. 40), S. 23 f.; Histoire des Revolutions (wie Anm. 36), S. 96 f.; [Jurieu] Examen (wie Anm. 39), S. 246 f.; Larmes de l'Angleterre (wie Anm. 38), S. 279 f.; Abbadie, Défense (wie Anm. 38), S. 372 f., 375 f.; Lamberty, Mémoires (wie Anm. 36), Bd. 1, S. 54–56.

43 Histoire des Revolutions (wie Anm. 36), S. 97–99; P. B. P. A., Remarques Politiques (wie Anm. 36), S. 36; Abbadie, Défense (wie Anm. 38), S. 377 f.; Lamberty, Mémoires (wie Anm. 36), Bd. 1, S. 56–64.

Konflikt mit den Universitäten Oxford und Cambridge[44] und die Suspendierung des Bischofs von London[45]. Seine dramatische Zuspitzung erhielt dieses Narrativ mit dem Prozess gegen die sieben Bischöfe, die sich geweigert hatten, die als verfassungswidrig empfundene *Declaration of Indulgence* Jakobs in ihren Diözesen verlesen zu lassen[46], sowie schließlich mit der Geburt des *Prince of Wales*[47]. Die Überfahrt Wilhelms und die Landung der Interventionsarmee in Torbay wurden natürlich thematisiert[48], ebenso die Auflösungserscheinungen in Jakobs Armee und seine Flucht nach Frankreich[49]. Die Unruhen in London nach der Flucht des Königs[50] sowie die

44 Histoire des Revolutions (wie Anm. 36), S. 138–142, 165–167; P.B.P.A., Remarques Politiques (wie Anm. 36), S. 46; Larmes de l'Angleterre (wie Anm. 38), S. 279f.; ABBADIE, Défense (wie Anm. 38), S. 372–374; LAMBERTY, Mémoires (wie Anm. 36), Bd. 1, S. 72–75.

45 Histoire des Revolutions (wie Anm. 36), S. 99–103; P.B.P.A., Remarques Politiques (wie Anm. 36), S. 37; Larmes de l'Angleterre (wie Anm. 38), S. 289f.; ABBADIE, Défense (wie Anm. 38), S. 372f.; Methode facile (wie Anm. 36), S. 257f.; LAMBERTY, Mémoires (wie Anm. 36), Bd. 1, S. 64–71.

46 Lettre Du Pere la Chaise, Confesseur du Roy de France; Au Pere Peters, Confesseur du Roy d'Angleterre; Comprenant Une felicitation, sur le bon succés qu'il a eu à inventer & faire le jeune Prince de Galles, avec quelques remarques politiques sur l'Origine, & Naissance d'iceluy, o.O. 1688 [BnF G-16616 (2)], S. 9f.; Histoire des Revolutions (wie Anm. 36), S. 219–232, 243–246; JURIEU, Lettres Pastorales (wie Anm. 30), III^e année, Nr. IX, 1. Januar 1689, S. 71; Larmes de l'Angleterre (wie Anm. 38), S. 292–295; ABBADIE, Défense (wie Anm. 38), S. 374f.; Methode facile (wie Anm. 36), S. 261; LAMBERTY, Mémoires (wie Anm. 36), Bd. 1, S. 263–268, 272–277.

47 Lettre du Pere la Chaise (wie Anm. 46), S. 3f., 9f.; Histoire des Revolutions (wie Anm. 36), S. 161–165, 236–242; Reproche extravagant (wie Anm. 40), S. 24f.; Lettre des Catholiques Anglois A N.S.P. le Pape Innocent XI, Chartres 1689 [BnF 4-NC-1494]; [Antoine ARNAULD] Le veritable portrait de Guillaume-Henry de Nassau, nouvel Absalon, nouvel Hérode, nouveau Cromwell, nouveau Néron, o.O. 1689 [BnF 8-H-16198 (1)], S. 23–25; P.B.P.A., Remarques Politiques (wie Anm. 36), S. 51–55; Larmes de l'Angleterre (wie Anm. 38), S. 279, 313–317; Methode facile (wie Anm. 36), S. 260; LAMBERTY, Mémoires (wie Anm. 36), Bd. 1, S. 227f., 268–272.

48 JURIEU, Lettres Pastorales (wie Anm. 30), III^e année, Nr. XII, 15. Februar 1689, S. 96; Histoire des Revolutions (wie Anm. 36), S. 290f., 363f.; L'Accomplissement de la Grande Prophetie de Messire Michel Nostradamus, Qui a predit la mort du Prince d'Orange, et le rétablissement de Iacques II. Avec Toutes les Particularitez des Revolutions presentes en Angleterre, Aachen 1690 [BnF 4-NC-1527], S. 3; P.B.P.A., Remarques Politiques (wie Anm. 36), S. 62–70; Methode facile (wie Anm. 36), S. 263; LAMBERTY, Mémoires (wie Anm. 36), Bd. 1, S. 564f.

49 JURIEU, Lettres Pastorales (wie Anm. 30), III^e année, Nr. XII, 15. Februar 1689, S. 96; Suite de ce qui est arrivé de plus considerable en Angleterre depuis le 20 Decembre 1688 jusqu'au 8 de Janvier 1889 [sic!], o.O. [1689] [BnF 4-NC-1451], S. 1; Histoire des Révolutions (wie Anm. 36), S. 373–375, 382–385; P.B.P.A., Remarques Politiques (wie Anm. 36), S. 81f.; Larmes d'Angleterre (wie Anm. 38), S. 320; Methode facile (wie Anm. 36), S. 264–268; LAMBERTY, Mémoires (wie Anm. 36), Bd. 1, S. 578–583, 599f., 611–613, 646–649, 653–655, 689–691. Zur Flucht Jakobs und seiner Familie sowie ihrer Ankunft in Frankreich Lettre contenant ce qui s'est passé depuis le départ du Roy & de la Reine d'Angleterre de Londres, jusques à leur arrivé en France, o.O. [1688?] [BnF 4-NC-1451]; La Favorable et Svrprenante Retraite du Roy d'Angleterre en France, De la Reyne son Spouse, & du Prince de Galles, leur Fils unique; Qui se sont refugiez sous la protection de nôtre invincible Monarque Louis le Grand, Rouen 1689 [BnF 4-NC-1447]; L'Heureuse Arrivee du Roy d'Angleterre en France: avec la mangnifique reception que le Roy accompagné de Mongseigneur le Dauphin a faite à la Reyne & au Prince de Galle son fils, Paris 1689 [BnF 4-NC-1448].

50 Histoire des Revolutions (wie Anm. 36), S. 359f.; Favorable et Svrprenante Retraite (wie Anm. 49), S. 3f., Suite de ce qui est arrive (wie Anm. 49), S. 2f.

*Convention* und die Krönung Wilhelms und Marias waren ebenfalls vielfach Bestandteil narrativer Darstellungen[51].

Die Ähnlichkeit der Erzählmuster zwischen den Parteien stellte freilich nur den gemeinsamen Referenzrahmen für fundamental unterschiedliche und umstrittene Deutungen und Wertungen dar. Wohl noch stärker als die englische mediale Verarbeitung der Ereignisse von 1688/89 zeichnete sich die französischsprachige Debatte durch Polarisierung und Widerstreit aus. Während es in England größtenteils um unterschiedliche Deutungen bei prinzipiell affirmativer Haltung zur Revolution ging und die jakobitische Gegenposition weitgehend marginalisiert war[52], standen sich in Frankreich Ablehnung und Zustimmung konfrontativ gegenüber.

## III. Kontroverse Deutungen

### *1. Konkurrierende Lager*

Grundsätzlich spielte in der französischsprachigen Debatte die englische Diskussion eine wichtige Rolle, wobei einige in London ansässige Hugenotten als Übersetzer und Vermittler fungierten, standen sie doch mit einem Bein innerhalb der englischen Debatten und mit dem anderen auf dem Kontinent[53]. Sie übertrugen nicht nur französisches Gedankengut nach England, sondern ihre Beteiligung an den englischen Debatten bedingte geradezu, dass sie sich der politischen Sprache, der Argumentationsstruktur und dem Erfahrungs- und Erinnerungshorizont ihrer Verbündeten und Gegner in England anpassten, dass sie sich in die konkurrierenden Diskurse einschrieben. Pierre Allix veröffentlichte eine Flugschrift zu dem in der englischen Publizistik vielfach unterstellten Bündnis zwischen Jakob II. und Ludwig XIV.[54] Allix bediente sich nicht nur der in England üblichen Erzählelemente der Regierungszeit Jakobs, sondern er argumentierte auch mit dem Recht und der Verfassung Englands. Vor allem aber unterstellte er Jakob und Ludwig ein gemeinsames Vorgehen mit dem Ziel der endgültigen Ausrottung des Protestantismus[55]. In einem weiteren Text schaltete Allix sich in die umfangreiche Debatte um die Leistung der Treueide gegenüber Wilhelm und Maria ein, der sogenannten *Allegiance Controversy*[56]. Auch diese Flugschrift zeugt nicht nur von der profunden Kenntnis der laufenden publizistischen

51 Suite de ce qui est arrive (wie Anm. 49), S. 2 f.; Histoire des Revolutions (wie Anm. 36), S. 391–425; P.B.P.A., Remarques Politiques (wie Anm. 36), S. 88 f.; Methode facile (wie Anm. 36), S. 268 f.; Lamberty, Mémoires (wie Anm. 36), Bd. 1, S. 691–702; ibid., Bd. 2, S. 23 f., 66–109; und bildlich Couronnement (wie Anm. 26).

52 Vgl. Niggemann, Revolutionserinnerung (wie Anm. 6), S. 125–220.

53 Zu den Hugenotten in England Robin Gwynn, Huguenot Heritage. The History and Contribution of the Huguenots in Britain, Brighton ²2001; Bernard Cottret, The Huguenots in England. Immigration and Settlement, c. 1550–1700, Cambridge 1991.

54 [Pierre Allix] An Account of the Private League betwixt The Late King James the Second, and the French King, London 1689 [Wing A 344].

55 Ibid., S. 14.

56 [Ders.] An Examination of the Scruples of Those who Refuse to Take the Oath of Allegiance, London 1689 [Wing A1222]. Zur *Allegiance Controversy* vgl. John P. Kenyon, Revolution Principles. The Politics of Part 1689–1720 (Cambridge Studies in the History and Theory of Politics), Cambridge 1977, S. 21–60; William Gibson, The Church of England 1688–1832. Unity and Accord, London/New York 2001, S. 36–39; Rose, England (wie Anm. 1), S. 152–160; sowie als umfassende Untersuchung der Publizistik Goldie, Revolution (wie Anm. 1).

Debatten, sondern auch von der Fähigkeit, aktiv daran teilzunehmen. Auch Jacques Abbadie griff Argumentationsstrukturen und Vokabeln aus den englischen Debatten auf und übersetzte sie ins Französische[57].

Gleichwohl wäre es zu kurz gegriffen, wollte man die von Exilhugenotten in England produzierten Medien allein auf ihre Übersetzerrolle beschränken. Obwohl die englische Debatte ohne sie auskam und auf lange vor 1688 etablierten Diskursen aufruhte, sprachen die französischen Immigranten doch in den Diskussionen auf der Insel mit. Sie veröffentlichten Texte in englischer Sprache oder ließen ihre französischen Texte ins Englische übersetzen. Schon vor der Revolution hatten Flugschriften und Predigten hugenottischer Provenienz nach England hineingewirkt[58], und es ist sicher richtig, dass die Darstellungen der Hugenottenverfolgung Anteil an den sich steigernden Ängsten englischer Protestanten unter der Regierung Jakobs II. hatten, dass sie also ein Bedrohungsszenario mitprägten, das letztlich in die Revolution von 1688/89 mündete[59]. Sowohl für die englischen Protestanten als auch für die Hugenotten gab es ein gemeinsames reformiertes Anliegen, eine gemeinsame Sorge um den Erhalt ihrer Konfession, eine gemeinsame Furcht vor dem Katholizismus und vor der als tyrannisch apostrophierten Herrschaft Ludwigs XIV. Diese Nähe ergab sich aus der Position der Hugenotten als Flüchtlinge in England. Sie nahmen nicht nur an den in England laufenden Debatten teil, sondern sie identifizierten sich auch mit ihnen sowie mit ihren in England wirkenden (zumeist klerikalen) Kollegen. Wenn Jacques Abbadie in einer Verteidigung der Revolution gegenüber dem *Avis important aux Refugiez* die Gefahren unter Jakob II. heraufbeschwor, dann sprach er von Jakobs Absicht *pour detruire <u>nôtre</u> liberté & <u>nôtre</u> Religion* sowie davon, dass Jakobs *pretendu liberté de conscience* der Beginn *de <u>nôtre</u> esclavage* gewesen sei[60].

Schon ein erster Blick auf die Publikationsorte verdeutlicht, dass frankophone prorevolutionäre Texte und Bilder ausschließlich außerhalb der französischen Grenzen, und zwar mit klarem Schwerpunkt in den Niederlanden, produziert wurden. Neben der Produktion in niederländischer Sprache waren es also auch französische Äußerungen, die von Amsterdam, Rotterdam, Leiden und anderen Zentren des Buchdrucks aus den europäischen Markt mit Propaganda zugunsten der *Glorious Revolution* bedienten[61]. Auch hier stammten diejenigen französischen Texte, die sich

57 Abbadie, Défense (wie Anm. 38); ders., Panegyrique de Marie Reine D'Angleterre, d'Ecosse, de France, & d'Irlande, de glorieuse & immortelle memoire, o. O. 1695 [BnF 8-NC-1599]; [ders.] Histoire de la Derniere Conspiration d'Angleterre. Avec le detail des diverses entreprises contre le Roy et la Nation, Qui ont precedé ce dernier attentat, London 1696 [BnF 8-H-16213].

58 Etwa die unter Jakob II. vom Henker öffentlich verbrannte Schrift [Jean Claude] An Account of the Persecutions and Oppressions of the Protestants in France, o. O. 1686 [Wing C4588], im Original ders., Les Plaintes des Protestants cruellement opprimez dans le royaume de France, Köln 1686 [London, British Library 1482.aa.16]. Vgl. zu den Hugenottenflugschriften in England Cottret, Huguenots (wie Anm. 53), S. 188–190.

59 Vgl. dazu Cottret, Glorreiche Revolution (wie Anm. 14), S. 76; ders., Glorieuse Révolution (wie Anm. 1), 241–247.

60 Abbadie, Défense (wie Anm. 38), S. 374 f. [Hervorhebungen U. N.]. Ähnlich auch Larmes de l'Angleterre (wie Anm. 38), S. 0 [Vorwort].

61 Zur Rolle der Niederlande vgl. Otto Lankhorst, Newspapers in the Netherlands in the Seventeenth Century, in: Brendan Dooley, Sabrina A. Baron (Hg.), The Politics of Information in

in affirmativer Weise mit den Ereignissen in England auseinandersetzten, zumeist aus dem Kreis der Exilhugenotten[62]. Sie eigneten sich diskursive Modi der in den Niederlanden rezipierten englischen Debatten an und übertrugen sie ins Französische und damit in die Sprache, die europaweit verstanden wurde. Sie nahmen somit eine ganz zentrale Vermittlerrolle wahr[63].

Die mediale Repräsentation der englischen Ereignisse war hingegen in Frankreich selbst wesentlich durch Negativdarstellungen charakterisiert. Es war zum einen die Zensur, die prorevolutionäre Äußerungen erheblich erschwerte[64]. Zum anderen waren die mediale Produktion und die Kommunikationsprozesse aber auch von den Logiken des Pariser Medienmarkts geprägt. Es war nicht nur die Berichterstattung der »Gazette«, die die Rezeption der *Glorious Revolution* in Frankreich prägte. Dennoch hatte die regierungsnahe Zeitung zweifellos erheblichen Einfluss und stellte eine zentrale Informationsquelle auch für die weitere mediale Verarbeitung der Ereignisse dar. Im Zuge der Diskussion kamen dann andere Informationsquellen hinzu, nicht zuletzt englische Darstellungen aus der Hand jakobitischer Exilanten oder durch die Einfuhr englischer prorevolutionärer Medien. Dass letztere durchaus eine Rolle spielten, zeigt die Tatsache, dass einige davon – etwa die Krönungspredigt für Wilhelm und Maria aus der Feder von Gilbert Burnet – ins Französische übersetzt wurden[65]. Englische protestantische Revolutionsdeutungen waren somit der französischen Debatte nicht fremd, und da sich gerade die prorevolutionären französisch-sprachigen Medien eng an die englische Debatte um die *Glorious Revolution* anlehnten, bedeuteten mediale Reaktionen darauf zwangsläufig eine Auseinandersetzung mit Ideen und Diskursen, die von England ausgingen[66].

Early Modern Europe, London/New York 2001 (Routledge Studies in Cultural History, 1), S. 151–159; Femke Deen, David Onnekink, Michel Reinders, Pamphlets and Politics: Introduction, in: dies. (Hg.), Pamphlets and Politics in the Dutch Republic, Leiden/Boston 2011 (Library of the Written Word, 12), S. 3–30.

62 Zum niederländischen Exil Hans Bots, G. H. Posthumus Meyjes, F. Wieringa (Hg.), Vlucht naar de Vrijheid. De Hugenoten en de Nederlanden, Amsterdam 1985; Hans Bots, G.H. Posthumus Meyjes (Hg.), La Révocation de l'édit de Nantes et les Provinces-Unies 1685. Actes de Colloque international du tricentenaire, 1–3 avril 1985, Amsterdam 1986; David van der Linden, Experiencing Exile. Huguenot Refugees in the Dutch Republic, 1680–1700, Farnham 2015 (Politics and Culture in Europe, 1650–1750).

63 Vgl. zur Vermittlerrolle der hugenottischen Publizisten Ascoli, Grande Bretagne (wie Anm. 7), Bd. 2, S. 22f.; Hazard, Crise (wie Anm. 8), S. 62–71; Kraus, Verfassung (wie Anm. 9), S. 71–87.

64 Zur Zensur Klaits, Printed Propaganda (wie Anm. 29), 35–57.

65 Gilbert Burnet, Sermon Prononcé au Couronnement de Guillaume III. et de Marie II. Roy et Reine d'Angleterre, d'Ecosse, de France, & d'Irlande, Deffenseurs de la Foy, London 1689 [Wing (2nd ed.) B5910A]; sowie eingebunden in einen satirischen Bericht bei Eustache Le Noble, Le Couronnement de Guillemot et de Guillemette, avec le sermon du grand docteur Burnet, troisième dialogue entre Pasquin et Marforio sur les affaires du temps, London 1689 [BnF 8-LC2-53 (A,3)]. In französischer Übersetzung lag zudem vor: Gilbert Burnet, Sermon Prononcé devant la Chambre des Communes Le trente unième de Janvier, 1688/9. Jour d'Action de Graces pour La delivrance de ce Royaume de la Papauté & du Pouvoir Absolu, Par le moyen de Son Altesse Monseigneur le Prince d'Orange, London 1689 [Wing (2nd ed.) B5911].

66 So bereits Hazard, Crise (wie Anm. 8), S. 74–77.

## 2. *Argumentationsmuster und Erzählstrukturen der Revolutionsgegner*

Im Herbst und Winter 1688/89 berichtete die »Gazette« regelmäßig über die Ereignisse in England. Zwar war der Stil – den Zeitungen der Frühen Neuzeit entsprechend – nüchtern und berichtsmäßig, jedoch waren die Darstellungen der Vorgänge damit keineswegs neutral. Schon durch die aus den Nachrichtenbriefen der Informanten übernommene Perspektive ergab sich eine kritische Distanz zu den oppositionellen Kreisen in England. Desgleichen wurde durch die ausführliche Wiedergabe der Deklarationen Jakobs II. der Standpunkt der englischen Regierung vor der Flucht des Königs wiedergegeben, während die wilhelmitische Sichtweise eindeutig unterbelichtet blieb[67]. Typisch für diese Darstellungsweise sind beispielsweise die Berichte über den Einmarsch Wilhelms in Exeter. Während englische Medien den Glanz des Einzugs und die überwiegend positive Haltung der Bevölkerung wiedergaben und den überstürzten Abzug des Bischofs aus der Stadt nur knapp und deutlich pejorativ andeuteten[68], stellte die »Gazette« die Vorgänge aus der Sicht dieser der Regierung in London gegenüber loyalen Akteure dar. Der Bischof und der Magistrat hätten die Bürger der Stadt versammelt, ihnen die Situation erläutert und ihre Loyalität erklärt[69]. Sie hätten auch die königliche Deklaration mit viel Zustimmung verlesen lassen und die *Declaration of Reasons* öffentlich verbrannt, *sans avoir égard au péril prochain dont ils estoient ménaçez*[70]. Auch mit der Schilderung, Wilhelm III. habe, als er von der Flucht des Bischofs gehört habe, dessen Sohn einkerkern lassen, stellte die »Gazette« das Handeln des Bischofs als korrekt und integer dar, dasjenige Wilhelms hingegen als ungerecht und willkürlich[71].

Die Darstellung der Einnahme Exeters wie auch die Hervorhebung in der folgenden Ausgabe, dass zunächst keine Angehörigen der regionalen *Gentry* zu Wilhelm übergelaufen seien[72], dienten offenbar dazu, die allgemeine Zustimmung für die Invasion herunterzuspielen. Dementsprechend seien es nur die *canaille & quelques païsans* gewesen, die Wilhelm zur Unterstützung seiner Truppen habe gewinnen können[73]. Dass die Verteidigung dennoch so schnell zusammengebrochen sei, sei einerseits dem unglücklichen Umstand zu verdanken gewesen, dass Jakob wegen gesundheitlicher Probleme seine Armee in Salisbury wieder habe verlassen müssen[74] und andererseits der Rebellion einiger Hochadliger[75].

67 Gazette, Nr. 51, 27. November 1688, hier und im Folgenden zitiert nach Recüeil des Nouvelles Ordinaires et Extraordinaires: Relations et Recits des Choses Avenues tant en ce Royaume qu'ailleurs, pendant l'année mil six cens quatre-vingt huit, Paris 1689 [BnF 4-LC2-1], S. 641 f.; ibid. Nr. 55, 24. Dezember 1688, S. 688 f.

68 Robert Fleming, Britain's Jubilee. A Congratulatory Poem on the Descent of His Highness the Prince of Orange into England, London 1689 [Wing F1262], S. 4; [Edmund Bohun] The History of the Desertion, or An Account of all the Publick Affairs in England, From the beginning of September 1688 to the Twelfth of February following, London 1689 [Wing B3456], S. 41.

69 Gazette, Nr. 52, 4. Dezember 1688, S. 651.

70 Ibid.

71 Ibid.

72 Ibid. Nr. 53, 11. Dezember 1688, S. 663.

73 Ibid.

74 Ibid., S. 676.

75 Ibid., S. 678 f.

Die »Gazette« vom 24. Dezember 1688 berichtete, wie Jakob die Einberufung eines Parlaments vorbereitet habe und die vollkommene Wiederherstellung der alten Privilegien und Freiheiten der Städte angekündigt habe[76]. Auch hier ist der Bericht der Zeitung nicht neutral, sondern die Maßnahmen Jakobs erscheinen als ernstgemeinter Versuch, der Bevölkerung entgegenzukommen und die Gravamina der Korporationen zu beseitigen. Etwaige Anlässe für ein widerständiges Verhalten seien somit fortgefallen.

Ab der Ausgabe vom 31. Dezember 1688 erfolgte die Berichterstattung über die Ereignisse in England für zwei Ausgaben allein über Den Haag – anscheinend war der Nachrichtenfluss von London aus zeitweilig ins Stocken geraten. Am 8. Januar berichtete die »Gazette« über die Verhandlungen zwischen Wilhelm und Jakobs Gesandten in Hungerford. Wilhelms Forderungen erschienen dabei als überzogen und respektlos[77]. Geschildert wurden auch die Unruhen in London, die sich gegen Katholiken gerichtet hätten. Dabei seien sogar das Haus und die Privatkapelle des spanischen Botschafters verwüstet worden[78]. Die nächtliche Besetzung des *Whitehall Palace* durch niederländische Truppen und die Aufforderung an Jakob, der nach seinem ersten Fluchtversuch nach Westminster zurückgekehrt war, seinen Palast und die Stadt zu verlassen, wurde ebenso thematisiert wie der Einzug Wilhelms III. in London am Abend des 28. Dezember (n. St.)[79]. Schließlich wurde auch über die Flucht der königlichen Familie und ihre Ankunft in Frankreich berichtet[80].

Auffällig ist, dass die Berichte der »Gazette« die Maßnahmen nach der Ankunft Wilhelms und der Flucht Jakobs deutlich als Zäsur und politischen Umsturz präsentierten. Wilhelm und die in London arbeitende Übergangsregierung hätten sich sofort an die Entwaffnung und teilweise auch Verhaftung von Katholiken gemacht. Zahlreiche Richter seien ihrer Ämter enthoben worden, und man habe Kommissare eingesetzt, die die Aufgaben des *Lord Chancellor* übernehmen sollten[81]. Zudem habe Wilhelm III. damit begonnen, Truppen in England auszuheben[82]. Hinsichtlich der Einberufung der *Convention* zum 22. Januar (a. St.) bzw. zum 1. Februar 1689 (n. St.) betonte die »Gazette« die Uneinigkeit im Land: *Plusieurs & entre autres les villes de Carlile & de Newcastle on refusé d'en nommer: & n'ont point eu d'égard aux lettres circulaires du Prince d'Orange, pretendant qu'il n'avoit aucune autorité pour faire vne semblable convocation*[83]. Uneinigkeit herrsche zudem an zahlreichen Orten bei den Wahlen, und die Kleriker der anglikanischen Kirche fürchteten sich davor, dass Nonkonformisten sie aus ihren Ämtern verdrängen könnten[84]. Es herrsche zudem Streit darüber, ob man die Monarchie in eine republikanische Staatsform umwandeln,

76 Ibid. Nr. 55, 24. Dezember 1688, S. 688f.

77 Gazette, Nr. 1, 8. Januar 1689, hier und im Folgenden zitiert nach Recüeil des Nouvelles Ordinaires et Extraordinaires: Relations et Recits des Choses Avenues tant en ce Royaume qu'ailleurs, pendant l'année mil six cens quatre-vingt neuf, Paris 1690 [BnF 4-LC2-1], S. 8.

78 Ibid. Nr. 2, 15. Januar 1689, S. 21.

79 Ibid., S. 22.

80 So schon ibid. Nr. 1, 8. Januar 1689, S. 11f.; sowie ibid. Nr. 2, 15. Januar 1689, S. 19f., 24.

81 Z.B. ibid. Nr. 3, 22. Januar 1689, S. 34f.

82 Ibid. Nr. 4, 29. Januar 1689, S. 46f.

83 Ibid. Nr. 5, 5. Februar 1689, S. 54f.

84 Ibid., S. 55.

Abb. 1: Couronnement d'un Vsurpateur fondée sur les pernicieuses Maximes de Machiavel, et appuyé des exemples des plus detestables Tirans de l'Antiquité. Almanach pour l'an de grace M.CF.LXXXIX, Paris: Chez Pierre Landry 1689, BnF QB- 5 (1689) –FT 5. © Bibliothèque nationale de France, Paris.

Abb. 2: L'Angleterre Desolée Par la ruine entiere de son Commerce, et le Renversement de ses Loix Sous la Tyrannie du Prince d'Orange Vsurpateur de sa Couronne en l'Anné 1689. Almanach pour l'an de grace M.DC.XC, Paris: Chez Gerard Jollain 1690, BnF QB- 5 (1690) –FT 5. © Bibliothèque nationale de France, Paris.

den Fürsten von Oranien zum König wählen solle oder ob man nicht vielmehr Maria, die Fürstin von Oranien, zur Königin krönen müsse. In einigen Fällen eskaliere der Konflikt bereits in Gewaltakten[85]. Möglicherweise stand in diesen Darstellungen auch die Erwartungshaltung im Hintergrund, die vermutlich bereits im Kalkül der französischen Regierung eine Rolle gespielt hatte, nämlich dass England durch die Intervention Wilhelms III. in einen jahrelangen Bürgerkrieg stürzen könne[86]. In diese Richtung weisen auch Berichte über Streitigkeiten zwischen englischen Truppen und den von Wilhelm mitgebrachten ausländischen Einheiten[87].

Auch die Berichte über die *Convention* betonten vor allem die Uneinigkeit der Parteien. Gleich zu Beginn wurde gemeldet, dass der Erzbischof von Canterbury sich der Versammlung fernhalte[88]. Insgesamt fiel die Berichterstattung über die Vorgänge der *Convention* recht ausführlich aus, wobei zahlreiche Einzelprobleme geschildert wurden[89]. Sie endete mit dem Beschluss über die Krönung von Wilhelm und Maria. Kommentierend und in auffälliger Weise deutlich wertend heißt es dazu:

> *C'est ainsi que des particuliers assemblez sans autorité, & qui par conséquent, ne peuvent représenter tout le Corps de la Nation, foulant aux pieds toutes les loix divines & humaines, & violant le serment qu'ils ont fait au Roy, ont entrepris par vn attentat sans example, d'établir vn vsurpateur sur le thrône*[90].

Trotz ihres scheinbar neutralen Stils setzte die Berichterstattung der »Gazette« also deutliche Akzente und betonte nicht nur den Unrechtscharakter der Intervention, sondern hob auch die Uneinigkeit in England selbst deutlich hervor.

Im Gegensatz zum fortlaufenden Bericht der »Gazette« setzten Wertungen und Deutungen der Revolution in anderen Medien zumeist bereits bei der Betrachtung der Regierungszeit Jakobs II. an, denn aus dieser begründeten die englischen und internationalen Befürworter der Revolution die Ereignisse vom Herbst und Winter 1688/89. Allerdings erschien die Regierungszeit Jakobs in der französischen Presse in einem sehr positiven Licht. Einige Medien betonten dabei recht offen die Freude und Hoffnungen der englischen Katholiken und lobten zugleich Jakobs Konversion zum Katholizismus[91]. Pierre-Joseph d'Orléans entwickelte in seiner ausführlichen historischen Darstellung ein Narrativ, das sich deutlich an die auch in den englischen

85 Ibid.

86 Vgl. John A. Lynn, The Wars of Louis XIV 1667–1714, Harlow 1999 (Modern Wars in Perspective), S. 193.

87 Gazette, Nr. 5, 5. Februar 1689, S. 56.

88 Ibid. Nr. 6, 12. Februar 1689, S. 67.

89 Ibid., S. 67–71; ibid. Nr. 7, 19. Februar 1689, S. 80–84; ibid. Nr. 8, 26. Februar 1689, S. 92–96.

90 Ibid. Nr. 8, 26. Februar 1689, S. 96.

91 Lettre des Catholiques (wie Anm. 47); Lettre d'un Amy (wie Anm. 39); d'Orléans, Histoire (wie Anm. 31), Bd. 3, S. 321–324; Méthode facile (wie Anm. 36), S. 254–260; und so auch noch anlässlich des Todes Jakobs II.: Discours du Pape aux Cardinaux, Sur la mort du Roy de la Grande Bretagne, & sur la reconnaissance que le Roy Tres-Chrestien a faite du Prince de Galles, pour Roy d'Angleterre, d'Ecosse, & d'Irlande, o. O. [1701] [BnF 4-NC-1700], S. 2; sowie Histoire abregée de Tres-Haut, Tres-Puissant et Tres-Vertueux Prince Jacques II. Roy d'Angleterre, d'Ecosse et d'Irlande Décedé à S. Germaine n Laye le Vendredy 16. Septembre 1701, Paris [1701] [BnF 4-NC-1367 (1701/09)], S. 3–18.

Medien üblichen Erzählmuster hielt, zugleich aber die Legitimität und Verfassungskonformität aller Maßnahmen Jakobs II. betonte[92]. Eben deshalb erschien das »englische Volk« als rebellisch, als geradezu antimonarchisch: *ils sont perpetuellement inquiets, jamais d'accord avec eux mêmes.*[93] D'Orléans versuchte diese rebellische Gesamttendenz im Verlauf der Geschichte zu erweisen, wobei die Kontroverspredigten, die Opposition der Sieben Bischöfe gegen Jakobs Toleranzgesetzgebung sowie die Desertionen in der Armee als jüngste Beispiele für die *malignité* der Engländer dienten[94]. Jakobs Flucht nach Frankreich sei dementsprechend die einzige Möglichkeit gewesen, sich und seine Familie zu retten, die Aufnahme in Frankreich ein Akt der Großzügigkeit Ludwigs XIV.[95]

Interessanterweise deutete aber eher ein kleinerer Teil der französischen Publizistik die Revolution konsequent als Handeln des englischen »Volkes« gegenüber der Regierung Jakobs. Der weitaus größere Teil der Medien tendierte dazu, Wilhelm III. als den Hauptakteur auszumachen, und dementsprechend richtete sich gegen ihn die schärfste Kritik. Schon die »Gazette« sprach mit offenkundiger Sympathie von denjenigen, *qui veulent la conservation des Loix, & qui se souviennent de la dure servitude dans laquelle l'Angleterre se trouva engagée sous le dernier vsurpateur.*[96] Zugleich wurde Wilhelm mit dem *dernier vsurpateur*, Oliver Cromwell, parallelisiert. Die frühere Rebellion wurde mit den aktuellen Ereignissen in Beziehung gesetzt, indem auf die *prétextes semblables* verwiesen wurde[97]. Als Usurpator erschien Wilhelm zudem bildlich auf einem Almanachdruck für das Jahr 1690 mit dem Titel *Couronnement d'un Vsurpateur fondée sur les pernicieuses Maximes de Machiavel* (Abb. 1)[98]. Hier wurden alle Register gezogen, um die Thronbesteigung zu brandmarken. Die Krone wird Wilhelm von dämonischen Lasterallegorien auf das Haupt gesetzt, um ihn herum versammeln sich Allegorien der Ambition, der Tyrannei, der Arglist und des Undanks. Eine weibliche Figur wird von Wilhelms Füßen zu Boden getreten, die Beschriftung lautet: *La Nature foulé au pieds du Prince d'Orange* – ein Hinweis auf die Widernatürlichkeit im Sturz des eigenen Schwiegervaters. Zwei männliche Gestalten verweisen mit ihren Schilden auf die Hinrichtung des Herzogs von Monmouth und die Zerstückelung der Leiche Cromwells[99]. Ein weiterer Almanach für dasselbe Jahr erschien unter dem Titel *L'Angleterre Desolée Par la ruine entiere de son Commerce, et le Renversement de ses Loix Sous la Tyrannie du Prince d'Orange Vsurpateur* (Abb. 2)[100]. Der Thron wird hier besetzt von einer medusenhäuptigen Allegorie der *Discorde*, die wiederum ein Medaillon in der Hand hält, das Wilhelms Porträt zeigt mit der Umschrift *Guillaume le Tiran Violateur des Loix divines*. Auch

92 D'Orléans, Histoire (wie Anm. 31), Bd. 3, S. 381–457.

93 Méthode facile (wie Anm. 36), S. 0; und ähnlich Favorable et Svrprenante Retraite (wie Anm. 49), S. 1 f.; sowie noch 1713 Réflexions sur l'Humeur de la Nation Angloise. En matières de Religion & de Politique, London 1713 [BnF 8-NK-4 (1)], S. 9 f., 35 f.

94 D'Orléans, Histoire (wie Anm. 31), Bd. 3, S. 394, 396 f., 401–403, 416–419, 432–435 u. ö.

95 Ibid., S. 437–442; und knapper Heureuse Arrivee (wie Anm. 49).

96 Gazette, Nr. 5, 5. Februar 1689, S. 55 f.

97 Ibid.

98 Couronnement (wie Anm. 26).

99 Vgl. dazu auch Cillessen, Glorious Revolution (wie Anm. 1), S. 298 f.

100 Angleterre Desolée (wie Anm. 26).

dieser Stich prangert die Verletzung des göttlichen Rechts durch das Vorgehen gegen Jakob II. an und kennzeichnet Wilhelm zugleich als Usurpator und Tyrann.

Diese Zuschreibung war auch sonst geläufig[101]. Ludwig XIV. nannte Wilhelm III. in seiner Kriegserklärung vom 25. Juni 1689 den *Usurpateur des Royaumes d'Angleterre & d'Ecosse*[102], und auch Jakob II. selbst verwendete in einem in der Folge des Friedens von Rijswijk veröffentlichten Protest die Bezeichnung *usurpateur de nos Royaumes*, um sich gegen den Friedensschluss unter Anerkennung Wilhelms III. als König von England zu verwahren[103]. Als Tyrann und Usurpator, als neuer Nero und neuer Cromwell wurde Wilhelm in einem Pamphlet von Antoine Arnauld präsentiert[104]. Hier wurden zugleich seine Hinterlist und sein von Ambitionen geprägtes Handeln hervorgehoben[105]. Als *Prince dénaturé* habe er sich gegen seinen eigenen Schwiegervater gewandt, wobei vor allem seine gegen Frankreich gerichteten außenpolitischen Ziele, sein *dessein sanguinaire de donne une bataill*e, ihn geleitet hätten[106]. Eben diese Merkmale der Usurpation, der Ambition, die sich gegen das Gemeinwohl richtete, sowie die kriegerischen Absichten machten Wilhelm in den Augen seiner Kritiker zum Tyrannen – Tyrannei und Usurpation gingen somit Hand in Hand[107]. Darauf verwies indirekt auch eine Flugschrift, die sich als Brief des osmanischen Sultans an Wilhelm III. mit einem Angebot künftiger Zusammenarbeit ausgab, denn die Thronbesteigung Wilhelms entspreche den Methoden der Hohen Pforte und laufe letztlich auf die Zerstörung der Christenheit hinaus[108]. Damit war nicht nur der sonst in der europäischen Publizistik geläufige Vorwurf der Zusammenarbeit mit den Osmanen an Ludwig XIV. umgekehrt, sondern auch erneut der usurpatorische Charakter von Wilhelms Herrschaft in England hervorgehoben. Jakob II. hingegen sei der *veritable & legitime Roy* Englands[109].

Vielfach findet sich die Tendenz, die in der englischen Revolutionsbegründung zu findende *Necessity*-Argumentation, die das Vorgehen gegen Jakob als nicht mehr zu vermeidende Notmaßnahme, als Rettung vor einem unmittelbar bevorstehenden Untergang des Protestantismus darstellte[110], zu untergraben, indem die Gefahren als

101 Accomplissement (wie Anm. 48), S. 2; Le Parnasse déclaré contre le Prince d'Orange, Lyon 1689 [BnF NUMM-5725122], S. 3.

102 Ordonnance du Roy, Portant Declaration de Guerre contre l'Usurpateur des Royaumes d'Angleterre & d'Ecosse, & contre ses Fauteurs & Adherans, Paris 1689 [BnF F-21289 (103)], Titel, 3f.

103 [Protestation de Jacques II, roi d'Angleterre, auprès de tous les rois et princes, contre les actes diplomatiques qui consacreraient l'usurpation], Saint-Germains-en-Laye, 8. Juni 1697 [BnF Fol-NC-1676 (2)].

104 [Arnauld] Veritable portrait (wie Anm. 47), S. 43, 109; sowie Vergleich mit Cromwell ibid., S. 43–104.

105 Ibid., S. 5, 7, 23f.

106 Ibid., S. 7f., 23. Der Vorwurf konnte sogar verschärft gegen Maria II. gerichtet werden, die ihren eigenen Vater vom Thron gestürzt habe; [Saint-Marthe] Entretiens touchant l'Entreprise du Prince d'Orange sur l'Angleterre, Paris 1689 [BnF 8-NC-1480], 14f.

107 Dazu auch Parnasse (wie Anm. 101), S. 4; Pleurés heretiques pleurés, o.O. 1690 [BNF M-FILM M-156654-156724].

108 [Jean de Préchac] Lettre intereceptée du sultan Soliman Kann, empereur des Turcs. A Guillaume, Prince d'Orange, o.O. [1690] [BnF 4-NC-1539].

109 Lettre d'un Amy (wie Anm. 39); Lettre des Catholiques (wie Anm. 47); Accomplissement (wie Anm. 48), S. 2; Méthode facile (wie Anm. 36), S. 264.

110 Vgl. Niggemann, Revolutionserinnerung (wie Anm. 6), S. 136–144.

eingebildet präsentiert wurden. Antoine Arnauld schrieb: *Mais en quoi pouroit consister cette opression? L'Eglise Anglicane est dans le même état sous ce Roi Catholique, qu'elle étoit sous les Rois Protestans.*[111] Ähnlich argumentierten auch andere Publikationen. So wies die wahrscheinlich von dem Hugenotten Pierre Bayle stammende, jedoch die Sicht eines moderaten Katholiken einnehmende Flugschrift *Avis important aux Refugiez* in diese Richtung, wenn sie in direkter Antwort auf Pierre Jurieu argumentierte, *que vous ne sauriez donne la moindre preuve de ce pretendu dessein d'exterminer les Protestans, & d'introduire le pouvoir arbitraire.*[112] Hier wie auch andernorts klingt der Vorwurf an, dass die Revolution eigentlich Resultat der Intoleranz der Anglikaner sei. Es seien die englischen Protestanten, *qui oppriment les Catholiques, & qui ne veulent pas que le Roy leur accorde quelque sorte de liberté de conscience.*[113] Eine wichtige Rolle in der französischen Publizistik spielten dementsprechend Klagen über die schlechte Behandlung der Katholiken in England. Kaum habe Wilhelm III. die Macht übernommen, seien die neu errichteten katholischen Kirchen zerstört und die Hostien geschändet worden[114]. Die Priester würden verfolgt und misshandelt, und zahlreiche eifrige Katholiken müssten den Märtyrertod erleiden[115]. Die Engländer erschienen in dieser Darstellung als Feinde des Katholizismus[116], und Jakob sei ausschließlich aufgrund seiner Religion gestürzt worden[117]. Eine Reihe von Medien ging sogar so weit, den Sturz Jakobs II. als Intrige einer europaweit agierenden protestantischen Partei zu interpretieren, die sich gegen den Katholizismus insgesamt richte[118]. Damit aber konnte die *Glorious Revolution* als antikatholischer Religionskrieg erscheinen. So argumentierte eine Flugschrift, die als an Papst Innozenz XI. adressierter Brief englischer Katholiken verfasst worden war: *C'est donc icy une querelle de Religion.*[119] Folglich wurde auch die Situation der eng-

111 [Arnauld], Veritable portrait (wie Anm. 47), S. 80.

112 [Bayle], Avis important (wie Anm. 36), S. 397f. Zur Autorschaft Bayles vgl. Dodge, Political Thought (wie Anm. 30), S. 94f.; Elisabeth Labrousse, Bayle und Jurieu, in: Tilo Schabert (Hrsg.), Aufbruch zur Moderne. Politisches Denken im Frankreich des 17. Jahrhunderts, München 1974 (Geschichte des politischen Denkens), S. 114–151, hier S. 143f.; dies., Pierre Bayle, Bd. 1: Du pays de Foix à la cité d'Erasme, Dordrecht ²1985 (Archives internationales d'histoire des idees, 1), S. 219–224.

113 [Sainte-Marthe] Entretiens (wie Anm. 106), S. 30. Ganz ähnlich d'Orléans, Histoire (wie Anm. 31), Bd. 3, S. 396–403.

114 Lettre d'un Amy (wie Anm. 39); Relation des Cruautez que le Prince d'Orange a éxercées contre les Catholiques, après avoir envahi le Royaume d'Angleterre, o.O. [1689] [BnF 4-NC-1529], S. 2; Suite de ce qui est arrive (wie Anm. 49), S. 2f. Vgl. mit weiteren Quellen Mühling, Debatte (wie Anm. 14), S. 253.

115 Lettre d'un Amy (wie Anm. 39); Lettre des Catholiques (wie Anm. 47); Relation des Cruautez (wie Anm. 114), S. 1f.; [Sainte-Marthe] Entretiens (wie Anm. 106), S. 49f.

116 So Lettre d'un Amy (wie Anm. 39).

117 [Bayle] Avis important (wie Anm. 36), S. 397f.; [Sainte-Marthe] Entretiens (wie Anm. 106), [Widmung] fol. a ij'. Vgl. auch Mühling, Debatte (wie Anm. 14), 255f.

118 Accomplissement (wie Anm. 48), S. 2; Pleurés heretiques (wie Anm. 107). In ähnlicher Weise argumentierte auch [Bayle] Avis important (wie Anm. 36), S. 138f.

119 Lettre des Catholiques (wie Anm. 47); und ähnlich [Sainte-Marthe] Entretiens (wie Anm. 106), S. 29f., der sogar von einem Kreuzzug zur Wiederherstellung des Protestantismus in Frankreich spricht; ebd., S. 31. Auch die jesuitische *Histoire des Revolutions d'Angleterre* unterstellte, dass Jakob um seiner Religion willen gestürzt worden sei; d'Orléans, Histoire (wie Anm. 31), Bd. 1, S. 0. Zum Vorwurf des Religionskriegs, der auch im diplomatischen Verkehr vor Wilhelms Inter-

lischen Katholiken nach der Revolution bitter beklagt und auf diese Weise die Argumentation der protestantischen Seite umgekehrt: Nicht die Protestanten seien von der Ausrottung bedroht, sondern die Katholiken, die unter der Regierung Wilhelms III. brutal unterdrückt würden[120].

Freilich konnte die in der englischen protestantischen Publizistik vielfach behauptete Zielsetzung der Ausrottung des Protestantismus von katholisch-französischer Seite durchaus auch offensiv und mit positiver Konnotation formuliert werden. In einer Flugschrift mit dem Titel *L'Accomplissement de la Grande Prophetie de Messire Michel Nostradamus*, die den baldigen Tod Wilhelms III. vorhersagte, heißt es in Rechtfertigung Jakobs II.: *Jacques II. qui estit porté de même zele que le Roy de France à extirper dans son Royaume cette même Religion, également injurieuse à Dieu, & prejudiciable à l'estat.*[121] Jakob konnte als guter Katholik dargestellt werden, der das Wohl seiner Religion im Sinn gehabt habe und konsequent gegen die Häresie vorgegangen sei[122]. Gott jedenfalls sei stets auf Jakobs Seite gewesen und habe ihn auf den englischen Thron gesetzt[123].

### *3. Argumentationsmuster und Erzählstrukturen der Revolutionsbefürworter*

Die angesprochene Nähe der französischen prorevolutionären Texte zu englischen Äußerungen spiegelt sich in dem Nebeneinander verschiedener Deutungsmuster, wie es zugleich in England feststellbar ist[124]. Grob lassen sich providentialistische Sprechweisen von solchen unterscheiden, die die Revolution als Bewahrung der althergebrachten englischen Verfassung deuten. Beide Modi neigten dazu, einen aktiven Widerstand der englischen Untertanen gegenüber ihrem Herrscher herunterzuspielen und den restaurativen Charakter der Revolution zu betonen, auch wenn der Providentialismus durchaus in einigen Fällen eine durch die Revolution hervorgerufene Zäsur betonen konnte[125]. Daneben konnte die Revolution auch als Eroberung Englands durch Wilhelm im Zuge eines gerechten Kriegs thematisiert werden, eine Sprechweise, die freilich schnell desavouiert wurde durch ihre Nähe zu jakobitischen Argumentationsmustern[126]. Schließlich kam – zunächst noch eher marginal – ein »radikaler«, an Widerstandstheorien angelehnter Diskurs zum Tragen[127]. Es ist

vention von katholischer Seite geäußert wurde, vgl. Christoph KAMPMANN, Das »Westfälische System«, die Glorreiche Revolution und die Interventionsproblematik, in: Historisches Jahrbuch 1313 (2011), S. 65–92, hier S. 83 f.; und MÜHLING, Debatte (wie Anm. 14), S. 250–259.

120 Lettre d'un Amy (wie Anm. 39); Reproche extravagant (wie Anm. 40), S. 6 f.; Lettre des Catholiques (wie Anm. 47); Relation des Cruautez (wie Anm. 114), S. 1 f.; [ARNAULD], Veritable portrait (wie Anm. 47), S. 109 f. Bei [BAYLE] Avis important (wie Anm. 36), S. 55 f., heißt es, *que les Catholiques ont été mal traittez en Angleterre.*

121 Accomplissement (wie Anm. 48), S. 2.

122 Lettre des Catholiques (wie Anm. 47).

123 Favorable et Svprenante Retraite (wie Anm. 49), S. 1; Lettre des Catholiques (wie Anm. 47).

124 Vgl. NIGGEMANN, Revolutionserinnerung (wie Anm. 6), S. 211–217.

125 Vgl. dazu ibid., S. 231. Ansätze auch bei Gerald M. STRAKA, Anglican Reaction to the Revolution of 1688, Madison 1962; DERS., The Final Phase of the Divine Right Theory in England 1688–1702, in: The English Historical Review 77 (1962), S. 638–658.

126 Vgl. KENYON, Revolution Principles (wie Anm. 58), S. 29–34; NIGGEMANN, Revolutionserinnerung (wie Anm. 6), S. 188–195.

127 Vgl. GOLDIE, Revolution (wie Anm. 1), S. 486 f.; KENYON, Revolution Principles (wie Anm. 56), S. 5–7; NIGGEMANN, Revolutionserinnerung (wie Anm. 6), S. 195–211.

ein Kennzeichen dieser Debatten, dass verschiedene Modi nebeneinanderstanden, dass sie unterschiedliche Deutungen vermittelten und somit die Vielfalt der Perzeptionen, aber auch der Argumentationsstrategien widerspiegelten. Es wäre falsch, sie allein als Ausdruck konträrer Kalküle zu lesen, sondern sie standen zweifellos in einem engen Zusammenhang mit heterogenen Standpunkten, Überzeugungen und Weltdeutungen, deren Abgrenzungen keineswegs identisch waren mit den Grenzen zwischen unterschiedlichen Gruppen – politischen ebenso wenig wie kirchlich-konfessionellen. In der Tendenz lässt sich aber sicher sagen, dass radikalere, widerstandstheoretische Sprechweisen ausschließlich im Lager der Whigs zu finden waren, doch artikulierten sich führende Whigs durchaus auch im Sinne providentialistischer oder konstitutionalistischer Diskurse, innerhalb derer sich auch gemäßigte Tories verorteten[128].

Ein Merkmal der englischen Debatten um die *Glorious Revolution* war indes ihre starke konfessionelle Ausrichtung. Gilbert Burnet, der sich einige Jahre vor 1688 im niederländischen Exil aufgehalten hatte und als Kaplan Wilhelms III. nach England zurückgekehrt war, predigte am 23. Dezember 1688 in der Kapelle des St. James-Palastes. Burnet deutete die Revolution als unmittelbaren Eingriff Gottes in die Geschichte Englands. So wie Gott einst Saul verworfen und durch David ersetzt hatte, so hatte er Jakob II. vom Thron gestoßen und mit Wilhelm III. sein Instrument auserwählt. Eingebettet war dieser Vorgang in eine Geschichte Englands als erwähltem Volk, das in kritischen Situationen unter dem besonderen Schutz der Vorsehung stehe[129]. Hier wie in zahlreichen anderen Predigten verbanden sich Narrative göttlicher Errettung und Erwählung mit antikatholischen Invektiven und endzeitlichen Vorstellungen. Der Katholizismus wurde mit dem Reich des Antichristen identifiziert, dessen Ende nahe sei. Die *Glorious Revolution* erschien als Meilenstein in Gottes Heilsplan[130].

Doch nicht nur für die englische Debatte waren diese ausgeprägt antikatholischen und providentialistischen, ja millenarischen Muster von großer Wirkmacht. Auch die hugenottischen Medien wiesen seit Beginn der 1680er Jahre eine deutliche Tendenz in diese Richtung auf. Das muss indes nicht heißen, dass die transnationale Debatte um die *Glorious Revolution* wesentlich von den Hugenotten geprägt war. Im Gegenteil: Es scheint naheliegend zu sein, dass providentialistisch-apokalyptisch-millenarisch argumentierende Medien auf beiden Seiten des Kanals eigene Dynamiken entfalteten, die zwar aufgrund der relativ dichten protestantischen Netzwerke sich ständig gegenseitig beeinflussten, die aber eben doch aus unterschiedlichen Erfahrungshorizonten gespeist wurden. War es für die Hugenotten die Situation einer sich seit den 1660er Jahren steigernden Marginalisierung und zunehmend offenen Verfolgung, die zudem aufgeladen wurde durch die kollektive Erinnerung an die Religionskriege des 16. Jahrhunderts[131], so waren es in England die Revolution der

128 Zu diesem ideologischen »middleground« GOLDIE, Revolution (wie Anm. 1), S. 509.

129 BURNET, Sermon. Vgl. dazu CLAYDON, William III (wie Anm. 17), S. 28–52.

130 Vgl. SHARPE, Rebranding Rule (wie Anm. 1), S. 387–392; und ausführlich NIGGEMANN, Revolutionserinnerung (wie Anm. 6), S. 128–163.

131 Dazu David VAN DER LINDEN, Histories of Martyrdom and Suffering in the Huguenot Diaspora, in: Raymond A. MENTZER, Bertrand VAN RUYMBEKE (Hg.), A Companion to the Huguenots, Leiden/Boston 2016 (Brill's Companions to the Christian Tradition, 68), S. 348–370; und gene-

1640er Jahre und die puritanische Herrschaft der 1650er Jahre, die wesentlichen Einfluss hatten[132]. Und das in zweierlei Hinsicht: Zum einen standen die Revolution und der Regizid von 1649 als zumeist negative Bezugspunkte, als kollektiver Sündenfall bei fast allen theologischen und politischen Debatten im Hintergrund, und zum anderen wurde die Revolution von 1688/89 verbunden mit einer »moral revolution«[133].

Für die französischen Befürworter der *Glorious Revolution* ging es zunächst einmal darum, das Ereignis in ein positives Licht zu rücken und gegen Angriffe und Anschuldigungen zu verteidigen. Die Revolution konnte in diesem Sinne als *plus innocente* dargestellt werden, als ein Ereignis, das keine Schuld auf die Akteure lud[134]. Zugleich war sie aber auch eine Affäre, *la plus glorieuse, & la plus grande.*[135] Wie im Englischen wurde sie als Errettung, als *delivrance* dargestellt[136]. Andere Medien bezeichneten sie als Wunder[137]. Gott oder seine Vorsehung hätten die Revolution bewirkt. Gott habe Wilhelms Intervention Erfolg gewährt[138], und er habe sich selbst *à la tête de ses troupes* gestellt[139]. Gott sei es auch gewesen, der der englischen Nation die Augen geöffnet und der ganzen Welt den Betrug angesichts der Geburt des *Prince of Wales* offenbart habe[140], und schließlich habe er sogar den Wind so gelenkt, dass Wilhelms Flotte ungehindert in Torbay habe landen können[141]. Dementsprechend konnte die Revolution als Gottes Werk betrachtet werden, als himmlische Unterstützung für die protestantische Sache[142], und Wilhelm III. erschien in diesem Sinne als Instrument und Werkzeug der göttlichen Vorsehung[143]. Wie in den englischen Medien wurde das Attribut »glorieuse« mit providentialistischen Vorstellungen verknüpft[144]. Schließlich verband sich gerade auch für die Exilhugenotten damit die

rell zum Millenarismus der Hugenotten Philippe JOUTARD, 1685 – Ende und neue Chance für den französischen Protestantismus, in: THADDEN, MAGDELAINE (Hg.), Hugenotten (wie Anm. 14), S. 11–25, hier S. 14.

132 Andrew LACEY, The Cult of King Charles the Martyr, Woodbridge 2003 (Studies in Modern British Religious History, 7); Matthew NEUFELD, The Civil Wars after 1660. Public Remembering in Late Stuart England, Woodbridge 2013 (Studies in Early Modern Cultural, Political and Social History).

133 Begriff nach Dudley W.R. BAHLMAN, The Moral Revolution of 1688, New Haven 1957 (The Wallace Notestein Essays, 2).

134 So insbesondere JURIEU, Lettres Pastorales (wie Anm. 30), III^e année, Nr. IX, 1. Januar 1689, S. 70.

135 Ibid.

136 P.B.P.A., Remarques Politiques (wie Anm. 36), S. 3f., 58, 62, 90; Larmes de l'Angleterre (wie Anm. 38), S. 0, 6; ABBADIE, Défence (wie Anm. 38), S. 91; DERS., Panegyrique (wie Anm. 57), S. 32f., 35.

137 JURIEU, Lettres Pastorales (wie Anm. 30), III^e année, Nr. XII, 15. Februar 1689, S. 94f.; Larmes de l'Angleterre (wie Anm. 38), S. 0.

138 JURIEU, Lettres Pastorales (wie Anm. 30), III^e année, Nr. IX, 1. Januar 1689, S. 72.

139 Histoire des Revolutions (wie Anm. 36), S. 365.

140 Larmes de l'Angleterre (wie Anm. 38), S. 317. Zum providentiellen Charakter der Ereignisse ibid., S. 0; [JURIEU], Examen (wie Anm. 39), S. 362f.; ABBADIE, Défense (wie Anm. 38), S. 395f.

141 P.B.P.A., Remarques Politiques (wie Anm. 36), S. 62, 67–69.

142 JURIEU, Lettres Pastorales (wie Anm. 30), III^e année, Nr. XII, 15. Februar 1689, S. 93f., 96.

143 ABBADIE, Défense (wie Anm. 38), S. 395f.

144 Vgl. zur Verbindung von »glorious« zum Providentialismus Ulrich NIGGEMANN, Some Remarks on the Origins of the Term ›Glorious Revolution‹, in: The Seventeenth Century 27 (2012), S. 477–487.

Hoffnung, dass *Cette grande & surprenante revolution en attirera sans doute d'autres qui ne seront pas moins considerables*. Insbesondere der Fall des *Empire de l'Antechrist* zeichne sich nun ab[145].

Doch auch jenseits solcher Deutungsmuster wurden die positiven Folgen der Revolution hervorgehoben, die England von den Übeln, unter denen es lange zu leiden gehabt habe, befreit habe[146]. Im Mittelpunkt stand dabei einerseits die Bewahrung der althergebrachten Verfassung und der dadurch garantierten Freiheiten[147] und andererseits die Rettung des Protestantismus[148]. Dahinter stand notwendigerweise eine ausgeprägte Bedrohungskommunikation mit Bezug auf die Regierung Jakobs II. Am deutlichsten wird dies vielleicht in einem fingierten Brief des Père la Chaise, Beichtvater Ludwigs XIV., an Pater Petre, Beichtvater Jakobs II. Hier wurde offen das Ziel der Ausrottung der »Ketzerei« angesprochen; so berichtete die Figur des Père la Chaise: *Les Heretiques sont presque extirpé de nôtre païs*; dagegen seien England, die Niederlande und die Schweiz stets *plus forts Boulevards & le seul azile des Heretiques* gewesen, doch nun wolle Ludwig XIV. sie in der Schweiz und in den Niederlanden ausrotten[149]. Der Weg, dies auch in England zu erreichen, führe allein über einen katholischen *Prince of Wales*, und der Brief gab vor, die Pläne für die vorgetäuschte Geburt zu enthüllen, die als Teil eines Plans zur endgültigen Vernichtung des Protestantismus vorgestellt wurde[150]. Auch sonst wurde vielfach betont, dass sich der englische Protestantismus, mit dem die Interessen der französischen Protestanten eng verbunden seien, in größter Gefahr befunden habe[151]. Gleiches gilt auch für die freiheitliche Verfassung Englands, die Jakob vielfach gebrochen habe[152]. Jakobs Thronbesteigung im Jahr 1685 selbst wurde vor dem Hintergrund der Debatten der *Exclusion Crisis* als verfassungswidrig dargestellt[153]. Die Intervention Wilhelms war somit notwendig zur Rettung Englands vor einer tyrannischen und katholischen Herrschaft, sie rechtfertigte sich aus der Notsituation heraus. Dementsprechend

145 Jurieu, Lettres Pastorales (wie Anm. 30), III^e^ année, Nr. IX, 1. Januar 1689, S. 72; und ibid., Nr. XII, 15. Februar 1689, S. 94. Jurieu hatte bereits in einer früheren Schrift den Fall der römischen Kirche prophezeit; [Ders.], L'Accomplissement des propheties ou la Delivrance prochaine de l'Eglise, Rotterdam 1686 [BnF D2-3822].

146 *Qui par ce moyen a delivré nôtre nation de maux dont elle avoit été si longtems travaillée*; Larmes de l'Angleterre (wie Anm. 38), S. 0.

147 Ibid.; [Jurieu], Examen (wie Anm. 39), S. 247 f.

148 Jurieu, Lettres Pastorales (wie Anm. 30), III^e^ année, Nr. XII, 15. Februar 1689, S. 93 f., 96.

149 Lettre du Père la Chaise (wie Anm. 46), S. 5–8.

150 Ibid., S. 3 f., 9 f.; sowie der Kommentar des anonymen Herausgebers ibid., S. 35 f. Zur Geburt des *Prince of Wales* Pierre Jurieu, Apologie Pour leurs Serenissimes Majestés Britanniques, Contre un Infame Libelle Intitulé Le vray portrait de Guillaume Henry de Nassau, novel Absçalom, nouvel Herode, nouveau Cromwel, nouveau Neron, Den Haag 1689 [BnF 8-H-16198 (2)], S. 53–58; [Pierre Boyer], La Couronne Usurpée et le Prince Supposé, London 1688 [BnF 8-NC-1432], S. 64–70.

151 [Boyer], Couronne Usurpée (wie Anm. 150), S. 18; Jurieu, Apologie (wie Anm. 150), S. 103 f.; [Ders.] Lettres Pastorales (wie Anm. 30), III^e^ année, Nr. IX, 1. Januar 1689, S. 71; [Ders.] Examen (wie Anm. 39), Teil 2, S. 116–120; Abbadie, Défense (wie Anm. 38), S. 374 f.

152 Jurieu, Apologie (wie Anm. 150), S. 34 f.; [Ders.], Lettres Pastorales (wie Anm. 30), III^e^ année, Nr. IX, 1. Januar 1689, S. 71; [Boyer], Couronne Usurpée (wie Anm. 150), S. 34 f.

153 [Boyer], Couronne Usurpée (wie Anm. 150), S. 8–23; und ähnlich P. B. P. A., Remarques Politiques (wie Anm. 36), S. 29 f.

konnte Wilhelm auch kein unrechtes Handeln vorgeworfen werden, denn – wie Jurieu betonte – es sei durchaus das Recht des legitimen Erben, sich einzumischen, wenn das Erbe selbst auf dem Spiel stehe[154]. Zudem gebe es höhere Verpflichtungen als diejenigen der Familie – ein deutliches Argument gegenüber dem Vorwurf der Widernatürlichkeit des Vorgehens gegen den Vater und Schwiegervater[155]. Vielmehr habe Wilhelms Eingriff neben der Verteidigung der Rechte seiner Frau nicht zuletzt aus seiner *compassion pour une nation dont il étoit originaire du côté de sa mere* resultiert[156], ja, er sei von führenden Persönlichkeiten in England eingeladen worden[157]. Er habe also aufgrund seiner persönlichen Verbundenheit zu England sowie aus selbstlosen Motiven gehandelt. Von einer auf Ambition beruhenden Vertreibung des eigenen Schwiegervaters könne daher keine Rede sein. Jakobs Flucht habe schließlich zur Vakanz des Throns und zur Thronbesteigung seiner Tochter und seines Schwiegersohns geführt[158].

Entscheidend an dieser Darstellung ist der passive Charakter der Revolution, die als defensives Notstandshandeln legitimiert wurde. Wie in der englischen so erscheint auch in der französischen prorevolutionären Publizistik das Narrativ eines aktiven Widerstands sehr randständig. Vor allem in der Auseinandersetzung mit Pierre Bayles *Avis important*, der jeglichen Widerstand gegen die weltlichen Obrigkeiten verworfen hatte, wohl auch um die Hugenotten vom Vorwurf der Rebellion reinzuwaschen[159], tauchte das Argument eines Widerstandsrechts in extremis auf. So argumentierte Jacques Abbadie, dass es Situationen gebe, in denen Beten allein nicht ausreiche, sondern ein Handeln in der Welt notwendig sei[160]. Auch Jurieu sprach sich in der Auseinandersetzung mit Bayle für ein Widerstandsrecht aus[161].

Insgesamt spiegeln sich hier also die unterschiedlichen Narrative und Deutungen, die sich auch in der englischen Publizistik finden lassen. Das belegt noch einmal nachdrücklich die Nähe der französischen, bzw. vor allem hugenottischen, Revolutionsdeutung zu den englischen Debatten und Deutungskontroversen.

154 Jurieu, Apologie (wie Anm. 150), S. 29f.
155 Jurieu, Lettres Pastorales (wie Anm. 30), III^e^ année, Nr. IX, 1. Januar 1689, S. 71.
156 Larmes de l'Angleterre (wie Anm. 38), S. 319.
157 Ibid., S. 317f.
158 Jurieu, Apologie (wie Anm. 150), S. 37.
159 [Bayle], Avis important (wie Anm. 36), S. 212f., 402. Vgl. Labrousse, Bayle und Jurieu (wie Anm. 112), S. 143–146; dies., Pierre Bayle (wie Anm. 112), S. 224; Hubert Bost, Pierre Bayle Historien, Critique et Moraliste, Turnhout 2006 (Bibliothèque de l'École des Hautes Études, Sciences religieuses, 129), S. 177–185, 217–228.
160 Abbadie, Défence (wie Anm. 38), S. 357f. Moderat widerstandsrechtliche Position auch bei [Antoine Coulan], La Defense des Refugiez, Contre un Livre intitulé, Avis important aux Refugiez sur leur prochaine retour en France, Deventer 1691 [BnF 8-T-10199].
161 Jurieu, Examen (wie Anm. 39), Teil 2, S. 72; aber auch ders., Lettres Pastorales (wie Anm. 30), III^e^ année, Nr. IX, 1. Januar 1689, S. 67. Zu Jurieus Haltung Knetsch, Pierre Jurieu (wie Anm. 30), S. 278–303; Labrousse, Bayle und Jurieu (wie Anm. 112), 137–140; dies., Pierre Bayle (wie Anm. 112), S. 225–234; Cottret, Glorieuse Révolution (wie Anm. 1), S. 224–226, 237–240; und zum Widerstandsrecht Timothy J. Hochstrasser, The Claims of Conscience: Natural Law Theory, Obligation, and Resistance in the Huguenot Diaspora, in: John C. Laursen (Hg.), New Essays on the Political Thought of the Huguenots of the Refuge, Leiden u.a. 1995 (Brill's Studies in Intellectual History, 60), S. 15–51.

## IV. Fazit

Deutlich wird, dass die *Glorious Revolution* eine vielfältige mediale Debatte hervorrief, die klar über die britischen Inseln hinausreichte und einen transnationalen Charakter hatte. Dass insbesondere in französischsprachigen Medien die Ereignisse in England eine so wichtige Rolle spielten, hat seine Ursache in der Hugenottenverfolgung seit 1679 und in der Aufhebung des Edikts von Nantes 1685. Damit wurden die Voraussetzungen geschaffen für eine exilhugenottische Pamphletistik, die die Revolution als Rettung des Protestantismus in England stilisieren und damit eine Auseinandersetzung mit dem französischen Katholizismus einleiten konnte. Eben deshalb wurde die Debatte um die *Glorious Revolution* in den französischsprachigen Medien weit mehr als in England zu einer Debatte zwischen Katholiken und Protestanten, und eben deshalb war sie viel stärker polarisiert als in England.

Will man also einige Grundtendenzen in der Wertung der *Glorious Revolution* in der französischen loyalen Publizistik formulieren, so lassen sich diese vielleicht am ehesten in drei Punkten festmachen: Erstens rückt Wilhelm in einer großen Zahl von Medien als Akteur in den Vordergrund, und er wird deutlich als Usurpator verurteilt. Diese Darstellung richtet sich zugleich gegen den wichtigsten außenpolitischen Gegner Frankreichs am Beginn des Neunjährigen Krieges, dessen Handeln diskreditiert wird. Zweitens wird die englische Nation als generell rebellisch präsentiert. Die innenpolitischen Verhältnisse in England erscheinen somit – insbesondere im Vergleich mit Frankreich – als instabil, jegliche Vorbildlichkeit wird ihnen abgesprochen, eine deutliche Antwort sicher auch auf hugenottische Darstellungen, die im Verdacht standen, republikanische Ideen zu verbreiten. Zugleich drückte die Betonung der Uneinigkeit in England vielleicht auch eine Erwartungshaltung aus, die auf einen Bürgerkrieg in England hoffte. Und schließlich wird drittens der konfessionelle Charakter der französischen Medien deutlich, indem der Protestantismus als rebellisch diffamiert wurde. Während der *High-Church*-Anglikanismus noch recht positiv dargestellt wurde, geriet der Calvinismus der Hugenotten wie auch der englischen *Dissenters* in den Verdacht, Rebellionen zu fördern, seine Bekämpfung in Frankreich erschien somit gerechtfertigt. Die französischen Medien zur *Glorious Revolution* sind somit als Teil einer andauernden medialen Auseinandersetzung mit den Hugenotten zu lesen, die durch die Flucht zahlreicher – gerade auch intellektueller – Protestanten und deren publizistischer Aktivität nach 1685 an Intensität gewann.[162] In diesem Sinne waren viele katholische französische Schriften Antworten auf die Argumente und Narrative der Exilhugenotten.

Diese wiederum übersetzten und vermittelten Narrative und Argumentationsmuster aus der englischen Publizistik in die transnationale französischsprachige Debatte, waren aber zugleich aktiv in die englischen Diskussionen involviert. In ihrer politischen Ausrichtung standen sie zweifellos den whiggistischen Positionen in England näher als den toryistischen, doch im Kern knüpften sie vor allem an das in England in den ersten Jahren nach 1688 etablierte moderate Konsensnarrativ an. Insbesondere providentialistische Deutungsmuster wurden bevorzugt.

162 Vgl. Knetsch, Pierre Jurieu (wie Anm. 30), S. 222–225, 231 f.

Wie in England wurden in der Darstellung der Revolution unabhängig von der jeweiligen Wertung bestimmte narrative Elemente reproduziert und kanonisiert, die somit ein mehr oder weniger konstantes Erzählmuster etablierten. Auch wenn es erhebliche Abweichungen gab, was etwa die Bedeutung von Widerstand in der Revolution angeht, einige Grundzüge und Episoden wurden fester Bestandteil der Revolutionserzählung auf beiden Seiten des Kanals, und diese hatten durchaus Einfluss darauf, wie vor 1789 über Revolution in Europa gedacht und gesprochen wurde. Revolution hatte etwas mit tatsächlicher oder vermeintlicher Entartung von Herrschaft zu tun und mit wahrgenommenen Bedrohungen. Während indes die prorevolutionäre Publizistik die Realität dieser Bedrohungen betonte und damit auch die Notwendigkeit des Handelns, so sprach die gegenrevolutionäre Publizistik eher von eingebildeten Gefahren und machte einen perfiden und ambitionierten Usurpator für den Umsturz verantwortlich. Gemeinsam war beiden Seiten, dass sie ihre Helden und Schurken stilisierte, dass benennbare Einzelakteure die Revolution ermöglichten.

Auffällig ist freilich, dass der Begriff »Revolution«, der in England bis weit ins 18. Jahrhundert hinein ein positiv besetzter Gegenbegriff zu »Rebellion« war, im Französischen sowohl positive als auch negative Konnotationen annehmen konnte. Gerade darin spiegelte sich die Polarisierung der Parteien, wie sie durch die Aufhebung des Edikts von Nantes im Oktober 1685 erst eröffnet wurde.

Kaori Yasukata

# L'INVESTITURE DE L'ÉVÊQUE DE STRASBOURG À LA COUR DE VIENNE EN 1723

## Introduction

L'histoire politique et diplomatique, qui a dominé les sciences historiques jusqu'au milieu du XX^e siècle, est en train de se renouveler, après sa déchéance et sa longue stagnation. Autrefois, on considérait les relations extérieures exclusivement comme des relations entre les États. Cependant, les travaux de ces dernières années, ceux de Hillard von Thiessen et de Christian Windler par exemple, les traitent en se focalisant sur différents acteurs, chargés des négociations. Le mot *Außenbeziehungen* (relations extérieures) est consciemment utilisé, à la place de *internationale* ou *transnationale Beziehungen*. Le négociateur est ainsi considéré comme un acteur, qui a son propre statut social, sa manière de penser, son rôle rituel, son réseau personnel, etc., et non plus comme un simple serviteur du chef de l'État. L'intérêt est de mettre au jour, en tenant compte de ces aspects, des facettes informelles des relations extérieures, qui peuvent jouer un rôle important à l'époque moderne, et donc qui caractériseraient la société européenne de cette époque[1].

Ce point de vue semble efficace surtout pour une région confrontée quotidiennement aux relations extérieures, comme l'Alsace. Très récemment encore, on considérait l'Alsace de l'époque moderne comme une région fortement influencée par la relation entre la France et l'Allemagne, annexée à la France par voie politique et

1 Hillard von Thiessen, Christian Windler (dir.), Nähe in der Ferne. Personale Verflechtung in den Außenbeziehungen der Frühen Neuzeit, Berlin 2005 (Zeitschrift für historische Forschung, 36); Ralph Kauz, Giorgio Rota, Jan Paul Niederkorn (dir.), Diplomatisches Zeremoniell in Europa und im mittleren Osten in der frühen Neuzeit, Wien 2009 (Sitzungsberichte. Österreichische Akademie der Wissenschaften. Philosophisch-historischen Klasse, 796; Archiv für österreichische Geschichte, 141; Veröffentlichungen zur Iranistik, 52); Hillard von Thiessen, Christian Windler (dir.), Akteure der Außenbeziehungen. Netzwerke und Interkulturalität im historischen Wandel, Köln, Weimar, Wien 2010 (externa, 1); Heinz Duchhardt, Der Westfälische Friede. Neue Ansätze der Forschung im kritischen Rückblick, dans: Inken Schmidt-Voges, Siegrid Westphal, Volker Arnke, Tobias Bartke (dir.), Pax perpetua. Neuere Forschungen zum Frieden in der Frühen Neuzeit, München 2010 (Bibliothek Altes Reich, 8), p. 21–27; Christoph Kampmann, Maximilian Lanzinner, Guido Braun, Michael Rohrschneider (dir.), L'art de la paix. Kongresswesen und Friedensstiftung im Zeitalter des Westfälischen Friedens, Münster 2011 (Schriftenreihe der Vereinigung zur Erforschung der Neueren Geschichte e.V., 34); Hillard von Thiessen, Diplomaten und Diplomatie im frühen 18. Jahrhundert, dans: Heinz Duchhard, Martin Espenhorst (dir.), Utrecht – Rastatt – Baden 1712–1714. Ein europäisches Friedenswerk am Ende des Zeitalters Ludwigs XIV., Göttingen 2013 (Veröffentlichungen des Instituts für Europäische Geschichte Mainz, 98), p. 13–34; Christian Windler (dir.), Kongressorte der Frühen Neuzeit im europäischen Vergleich. Der Friede von Baden (1714), Köln, Weimar, Wien 2016.

militaire, et enfin qui devait être graduellement francisée. Même si les études de ce point de vue soulignaient la particularité de l'Alsace dans le Royaume et ses difficultés d'intégration, elles négligeaient d'étudier ses puissances régionales[2]. On peut cependant supposer que ces puissances avaient toujours besoin de négociations avec différents acteurs aux congrès européens, à la cour de Versailles ou de Vienne, au sein des institutions royales et impériales, voire en Alsace et dans ses alentours, pour la sécurité territoriale, la conservation des privilèges, ou bien pour l'acquisition des bénéfices. Par conséquent, elles agissaient sans doute activement en France aussi bien que dans le Saint Empire romain germanique.

Dans cette optique, les ouvrages de Louis Châtellier sont pionniers[3]. Même si son but était avant tout la description du diocèse et de l'évêché de Strasbourg, situés chacun d'un côté du Rhin, il a fourni une nouvelle vue sur les puissances régionales de l'Alsace en France et dans l'Empire. Dans ce contexte, Claude Muller examine les relations entre l'évêque de Strasbourg et les évêques voisins[4], Christian Ohler traite les conflits entre les dix villes impériales et le roi de France ainsi que leurs médiations dans l'Empire[5], et enfin Erich Pelzer témoigne de la conduite habile de part et d'autre du Rhin entre les Habsbourg et les Bourbons[6]. Désormais, il faudra décrire l'ensemble de l'histoire alsacienne de l'époque moderne du point de vue des relations extérieures en se focalisant sur les puissances régionales.

En considération de ladite situation, cette étude analysera l'investiture de l'évêché de Strasbourg de 1723 et la négociation à la cour impériale, en tenant compte de différents acteurs dans les relations de cet évêque qui était aussi un prince, possédant des

2 Deux siècles d'Alsace française, Strasbourg, Paris 1948; Georges Livet, L'intendance d'Alsace sous Louis XVI, 1648–1715, Paris 1956 (Publications de la faculté des lettres de l'université de Strasbourg, 128); id., La guerre de Trente Ans et les traités de Westphalie. La formation de la province d'Alsace (1648–1715), dans: Philippe Dollinger (dir.), Histoire de l'Alsace, Strasbourg 1970, p. 259–303.

3 Louis Châtellier, Frontière politique et frontière religieuse. L'exemple du diocèse de Strasbourg (1648–1790), dans: Annales de l'Est, numéro spécial (2003), p. 103–125 (sa première version, dans: Études européennes. Mélanges offerts à Victor-Lucien Tapié, Paris 1973, p. 149–170); id., Les évêques de Strasbourg et la Cour de Vienne au XVIIIème siècle, dans: Annales de l'Est, numéro spécial (2003), p. 127–139 (sa première version, dans: L'Europe, l'Alsace et la France. Problèmes intérieurs et relations internationales à l'époque moderne. Études réunies en l'honneur du doyen Georges Livet pour son 70e anniversaire, Colmar 1986, p. 282–289).

4 Claude Muller, La croix et la frontière. Les relations entre les évêchés de Spire, Strasbourg, Bâle et Metz au XVIIIe siècle, dans: François Roth (dir.), La Lorraine et les pays de la rive gauche du Rhin (Sarre, Palatinat, pays de Trèves) du XVIIIe siècle à nos jours, 2011, p. 13–31; id., Les relations entre les princes évêques de Bâle et Strasbourg au XVIIIe siècle, dans: Actes de la Société jurassienne d'émulation (2011), p. 169–193.

5 Christian Ohler, Zwischen Frankreich und dem Reich. Die elsässische Dekapolis nach dem Westfälischen Frieden, Frankfurt am Main 2002; Kaori Yasukata, Compte rendu: Christian Ohler, Zwischen Frankreich und dem Reich. Die elsässische Dekapolis nach dem Westfälischen Frieden, Frankfurt am Main 2002, dans: L'Étude de l'histoire occidentale 43 (2014), p. 188–197 (article original uniquement en langue japonaise).

6 Erich Pelzer, Zwischen Habsburg und Bourbon. Der elsässisch-breisgauische Adel nach dem Übergang an Frankreich 1648, dans: Martin Wrede, Horst Carl (dir.), Zwischen Schande und Ehre. Erinnerungsbrüche und die Kontinuität des Hauses. Legitimationsmuster und Traditionsverständnis des frühneuzeitlichen Adels in Umbruch und Krise, Mainz 2007 (Veröffentlichungen des Instituts für europäische Geschichte Mainz, 73), p. 299–313.

territoires parmi les plus grands en Alsace. De ce fait, on pourra le situer au centre de cette région. En dépit des nombreuses études réalisées par Louis Châtellier et Claude Muller au sujet de ce personnage, on déplore une carence quant à son investiture, qui marque un tournant dans les relations extérieures de cet évêque.

## Évêque et évêché de Strasbourg

En 1648, conséquemment aux traités de Westphalie, l'empereur, l'Empire et la maison d'Autriche ont cédé à Louis XIV les territoires et les droits autrichiens situés sur la rive gauche du Rhin en échange de la restitution de la rive droite et d'une indemnité pour la maison d'Autriche[7]. Après 1648, les états impériaux (*Reichsstände*) et les chevaliers impériaux (*Reichsritter*) se sont laissés embarquer dans différents conflits avec le roi de France[8]. En conséquence, celui-ci a occupé dix villes impériales en 1673, fait prêter serment aux états et aux chevaliers en 1680, puis forcé la ville libre de Strasbourg à la capitulation en 1681. L'empereur a reconnu l'acquisition par Louis XIV de ces dix villes et de Strasbourg par la trêve de Ratisbonne, en 1684, mais pour une période de vingt ans seulement. Finalement, l'intégration de l'Alsace à la France a été accordée par le traité de Ryswick en 1697, avec quelques restrictions.

Le poste d'évêque de Strasbourg, occupé par l'archiduc d'Autriche jusqu'en 1662, est passé aux mains de François Egon de Furstenberg. Puis son frère cadet, Guillaume Egon, lui a succédé en 1682. On les qualifie souvent de »serviteurs fidèles« de la politique française dans l'Empire[9]. Certes, ils ont pratiqué une politique amicale avec le roi en tant que conseillers du prince-électeur de Cologne, et c'est pourquoi l'empereur a mis Guillaume Egon au ban de l'Empire en 1674 et a confisqué tous les biens de sa famille, incluant des territoires de l'évêque de Strasbourg, situés du côté droit du Rhin, mais il faut aussi signaler qu'ils ont essayé d'agir comme états impériaux, en voulant maintenir la supériorité territoriale dans leur évêché[10]. Puis Guillaume Egon a œuvré auprès de l'empereur et du roi lors du congrès de Ryswick pour le rétablissement des terres et des droits dans l'Empire, que l'article 44 du traité de Ryswick lui avait promis en 1697[11]. Mais il meurt en 1704, avant que ce rétablissement

7 Kaori YASUKATA, Le problème de la cession d'Alsace au congrès de Westphalie (1643–1648). L'étude de négociations et de clauses de Münster, dans: Le Journal de l'association historique de l'université de Hokkaido 56 (2016), p. 1–25 (article original uniquement en langue japonaise).

8 Le premier conflit entre les états impériaux et le roi de France était concernant les droits du grand-bailliage de Haguenau, donnés au roi par les traités de Westphalie. Pour savoir le détail de ce conflit et sa médiation, cf. OHLER, Zwischen Frankreich und dem Reich (voir n. 5); Kaori YASUKATA, Les états impériaux et le monarque français en Alsace à l'époque moderne: le cas de conflits et médiations sur dix villes impériales, dans: L'Étude de l'histoire occidentale 45 (2016), p. 25–47 (article original uniquement en langue japonaise).

9 Gabriel LE BRAS, Préface, dans: René METZ, La monarchie française et la Provision des bénéfices ecclésiastiques en Alsace de la paix de Westphalie à la fin de l'Ancien Régime (1648–1789), Strasbourg/Paris, 1947, p. III; René METZ, Les Furstenberg et les Rohan princes-évêques de Strasbourg au service de la cause française en Alsace, dans: Deux siècles (voir n. 2), p. 65, 67–68.

10 CHÂTELLIER, Frontière politique et frontière religieuse (voir n. 3), p. 109–110.

11 *Dominus Cardinalis de Furstenberg restitur in omnia jura, bona feudalia ac allodiala, beneficia, honores et paraerogativas, quae Sacri Imperii Principibus et Membris competunt, tam ratione Episcopatus Argentoratensis a dextra parte Rheni, quam Abbatia Staveloensis*, Henri VAST, Les grands traités du règne de Louis XIV, t. 2 (1668–1697), Paris 1898, p. 246.

s'opère. C'est donc l'évêque suivant, Armand Gaston Maximilien de Rohan-Soubise, qui le poursuivit et le réalisa.

La maison de Rohan était l'une des plus puissantes maisons de Bretagne et même de France. Armand Gaston Maximilien de Rohan-Soubise (1674–1749), dorénavant appelé Rohan, est le deuxième fils de François de Rohan et d'Anne Julie de Rohan-Chabot. Rohan est entré au grand chapitre de Strasbourg à l'âge de 16 ans, en 1690. Il a étudié auprès de l'oratoire, puis il a obtenu un grade en théologie à la Sorbonne en 1701. Par l'intention du roi de France, avec permission du pape et en accord avec l'évêque et les chanoines, il est devenu, en 1701, coadjuteur de l'évêque de Strasbourg, à qui il succède, à la mort de ce dernier, en 1704. Il a été élu membre de l'Académie française en 1703. En outre, il est devenu cardinal en 1712 et grand aumônier de France l'année suivante.

Avant d'examiner la négociation sur l'investiture de l'évêché de Strasbourg, il faut d'abord expliquer le mot »évêché«. En allemand, il y a deux mots qui définissent bien différemment le spirituel et le temporel de l'évêque. Le premier est *Bistum,* qui désigne une circonscription ecclésiastique placée sous la juridiction d'un évêque, et le second *Hochstift,* un territoire placé sous sa juridiction temporelle. Dans l'Empire, l'évêque obtient le statut de *Fürstbischof* (prince-évêque) en recevant de l'empereur le temporel comme droit régalien[12]. En revanche, les mots français »diocèse« et »évêché« ne se distinguent pas clairement. Bien que la signification du premier soit identique à celle de *Bistum,* le sens du second est plus vaste. Dans le royaume de France, il est utilisé comme équivalent du diocèse. Dans l'Empire, cependant, il comprend, outre le spirituel, la seigneurie et le revenu provenant de cette seigneurie[13]. Malgré cela, on utilisera ici pour le moment »évêché« comme mot traduit de *Hochstift.*

L'évêché de Strasbourg est un territoire relativement grand. Deux tiers se situent sur la rive gauche, en Alsace, et un tiers est constitué des bailliages d'Oberkirch et d'Ettenheim, sur la rive droite et objets de cette étude. Ces deux bailliages avaient été confisqués par l'empereur en 1674 et n'étaient toujours pas accordés à l'évêque en tant que fiefs d'Empire.

## Négociation au sujet de l'investiture à la cour impériale

Pour mettre fin à la guerre de la Succession d'Espagne (1701–1714), l'empereur et le roi de France ont conclu le traité de Baden, dont l'article 12 prévoit le rétablissement de l'évêque de Strasbourg, déjà prescrit dans le traité de Ryswick[14].

Avant même la conclusion du traité de Baden, l'empereur avait pris l'investiture de l'évêché en considération. Le 6 mars 1705, le Conseil aulique impérial (*Reichshofrat*)

12 Fumihiko Yamamoto, les problèmes de l'élection épiscopale en Allemagne du XII^e^ au XV^e^ siècle. Étude préliminaire sur les princes écclésiastiques en Allemagne à l'époque moderne, dans: Revue de l'histoire européenne 3 (2000), p. 31–49 (article original uniquement en langue japonaise).

13 Louis Châtellier, Tradition chrétienne et renouveau catholique dans l'ancien diocèse de Strasbourg, Paris 1981, p. 37–59; id., Frontière politique et frontière religieuse (voir n. 3), p. 105–107.

14 *Vicissim Sacra Caesarea Majestas et Imperium promittunt omnes conditiones et clausulas Pacis Ryswicensis, quae ad istas restitutiones ex eadem Pace faciendas, nominatim ad Dominum Cardinalem de Rohan ratione Episcopatus Argentoratensis spectant impletum iri.* Henri Vasr, Les grands traités du règne de Louis XIV, t. 3 (1713–1714), Paris 1899, p. 188.

a décidé d'investir l'évêque de Strasbourg de son évêché comme fief d'empire[15]. Cependant il n'en fut rien. On n'en trouve pas la raison dans les documents utilisés cette fois-ci, mais il se peut que les relations extérieures de cette époque aient eu quelque influence. Pour Rohan, il était probablement difficile de prêter serment à l'empereur, alors que ce dernier et le roi de France se livraient la guerre pour la Succession d'Espagne.

Le 6 septembre 1715, l'évêque de Rohan sollicite l'empereur Charles VI. Il lui demande de l'investir de son évêché de Strasbourg par l'intermédiaire de son envoyé à la cour impériale, Jean Maurice de Manderscheid-Blankenheim (1676–1763)[16]. Cependant, on ne connaît pas les travaux de cet envoyé dans cette affaire avant 1719, année où il reçoit une procuration[17]. À partir de 1720, il entretient une correspondance en français, soit avec l'évêque de Rohan, soit avec son conseiller Riccius, où il rapporte le détail de la négociation. Selon son rapport, l'empereur n'investira pas Rohan de l'évêché avant que le roi de France ne mette les traités de Ryswick et de Baden à exécution[18].

Au début de 1720, l'empereur confie cette affaire à sa conférence secrète. En juillet, l'envoyé Jean Maurice informe Rohan de la décision de cette conférence:

> *par considération pour V[otre] A[ltesse] et par l'intérêt de cadets des maisons d'Allemagne et surtout pour marquer que S[a] M[ajesté] I[mpériale] veut exécuter la paix* [=le traité de Baden] *dans tous les points, son ministère avoit passé sur toutes les difficultés dans l'espérance, que la France en exécutera le traité de son coté avec la même exactitude*[19].

Cette conférence laisse le soin de l'accomplissement de cette affaire au Conseil aulique imperial. L'empereur, pour sa part, reconnaît cette décision en septembre 1720[20]. On devra toutefois attendre sa proclamation officielle jusqu'en mai 1721[21].

L'un des sujets importants de la négociation est celui des frais de l'investiture. On peut les classer en trois catégories: le droit de mutation de l'empereur, la dépense de la cour, et l'indult. Tout d'abord, le droit de l'empereur est de 1081 florins par mutation. Avant le cas de l'évêque de Strasbourg, il y avait eu quatre occasions de supplier l'empereur de l'investir de l'évêché depuis l'investiture de François Egon par l'empereur Léopold Ier en 1663: l'intronisation de l'évêque Guillaume Egon en 1682, celle de Rohan en 1704, le couronnement de l'empereur Joseph Ier en 1705 et celui de Charles VI en 1711. En conséquence, Rohan doit payer pour quatre mutations, soit

15 Archives départementales du Bas-Rhin (ADBR) G. 210 (Investitures ou reprises temporelles de l'évêché de Strasbourg en Empire entre 1705 et 1720), 3 mars 1705: Extractus Protocolli rerum exhibitarum in Consilio Imperiali Aulico.
16 Ibid., Luna 19 mai 1721.
17 Ibid., 25 mars 1719: Procuratorium für Ihre Hochgräf[liche] Ex[ce][llenz] herrn Johann Mauritz Gustav Grafen zu Manderscheidt undt Blankhenheimb.
18 Ibid., 28 juin [1720], à Vienne; 27 juillet 1720, à Vienne.
19 Ibid., 27 juillet 1720, à Vienne.
20 Ibid., 2 septembre [1720], à Vienne.
21 Ibid., 5 août 1721.

4324 florins[22]. Ensuite, la somme de 1410 florins, pour *les domestiques de la cour* ou *les officiers de l'Empereur et autres seigneurs de la Cour*[23]. L'envoyé paie ces frais avec ledit droit de l'empereur au Conseil aulique avant l'investiture. Enfin, l'indult[24] est une sorte de rémission pour les vassaux qui n'ont pas accompli l'investiture lors des mutations. Dans le cas de Strasbourg, la Chancellerie impériale (*Reichskanzlei*) réclame 15 florins par mois à compter de la mort de François Egon, en 1682, jusqu'au jour de l'investiture[25]. Du coup, la somme due s'élève à plus de 7000 florins.

Alors que Jean Maurice ne remet en question ni le droit de l'empereur ni la dépense de la cour, il fait remarquer que les frais de l'indult sont injustes. D'après lui, si l'investiture avait eu lieu si tard, ce n'était nullement dû à une négligence de l'évêque mais bien parce que les circonstances ne lui avaient pas permis de la solliciter plus tôt[26]. De fait, malgré la supplication de Guillaume Egon, l'empereur ne l'avait pas admise. En ce qui concerne Rohan, on était en pleine guerre. L'envoyé demande donc l'allègement des frais auprès du vice-chancelier impérial (*Reichsvizekanzler*), Frédéric-Charles de Schönborn-Buchheim, qui, même s'il comprend l'argument de Jean Maurice, le dirige vers son oncle Lothaire François de Schönborn. Ce dernier est l'archichancelier de l'Empire (*Reichserzkanzler*), en tant qu'archevêque et prince-électeur de Mayence, et c'est lui qui a le pouvoir de décision en ce qui concerne des frais de l'indult[27]. Le 2 juin 1723, après deux ans de négociation, l'envoyé obtient la modération. L'évêque doit payer 15 florins par mois seulement après que l'empereur a accordé l'investiture et non plus depuis la mort de François Egon, en 1682[28]. Une semaine plus tard, le 10 juin 1723, la cérémonie de l'investiture a enfin lieu. Par conséquent, on peut affirmer que c'est le problème de l'indult qui a différé l'achèvement de l'investiture. L'évêque paie finalement 1000 florins à la Chancellerie impériale en mai 1724.

En plus des frais d'investiture, l'évêque de Rohan est tenu à *naturalisatio seu adoptio in nationem germanicem* (la naturalisation ou l'adoption dans la nation germanique)[29]. Malgré l'objection de l'envoyé, la partie impériale persiste, en expliquant le motif de cette obligation:

> *Le cas étant different nous ne pourrions courrir aucun risque sur ce sujet; qu'on avoit laissé jouir votre Altesse du revenus des baillages en deça du Rhin tres librement, de même que les chanoines alleman[d]s juissent sous la dommination de France de leurs canonicats, mais qu'à présent qu'elle doit avoir par son investiture part au gouvernement et dans les déliberations de l'état, et être regardé com[m]e pair de l'Empire*[30].

22 Ibid.: Memoire de la depense necessaire pour l'investiture imperiale du Grand Chapitre de Strasbourg.
23 Ibid.; 5 juillet [1721], à Vienne; ADBR G. 211 (Investitures ou reprises temporelles de l'évêché de Strasbourg en Empire en 1722 et 1723), 1723: Memoire des frais qui ont été à faire a l'occasion de l'investiture que S. A. E. Mr le Cardinal a pris du Cour de Vienne du l'anné 1723.
24 L'origine de ce mot: privilège accordé par le pape en dérogation du droit commun.
25 ADBR G. 210, 28 juin [1721].
26 Ibid., 10 janvier 1721.
27 Ibid., 10 janvier 1721.
28 ADBR G. 211, 2 juin 1723.
29 ADBR G. 210, 20 mai [1721].
30 Ibid., 20 mai [1720], à Vienne.

Il faut effectuer la naturalisation. Les frais s'élèvent à 2000 florins, que l'envoyé paie au Conseil aulique le 25 avril 1721[31]. C'est le 9 mai 1721, deux semaines après ce paiement, que l'empereur déclare officiellement sa décision d'investir Rohan de son évêché[32].

Quant au statut du prince-évêque de Strasbourg dans l'Empire, Jean Maurice déclare le 12 juin 1723:

> *Les expeditions pour la diéte et les cercles de l'Empire, dans lesquels vôtre altesse aura voix et session à l'avenir seront retardées un peu, parce qu'elles ne pouvont pas être achevées avant le départ de S. M. I. pour la Boheme*[33].

De ce fait, on peut supposer qu'il doit continuer la négociation, malgré l'investiture, au sujet du siège et de la voix à la diète impériale de Ratisbonne et au cercle du Haut-Rhin. Selon Johann Jacob Moser, ce sera en 1724 que l'évêque de Strasbourg les obtiendra de nouveau[34].

## Rôle de l'envoyé au cours de la négociation

Malgré le grand pouvoir de Rohan en France, ses moyens d'agir dans l'Empire sont limités, du moins au début de la négociation[35]. Cela ne signifie pas pour autant qu'il n'y ait personne sur qui compter. Et puisqu'il appartient au grand chapitre de Strasbourg depuis 1690, il peut recourir aux membres de cette institution. Parmi eux, c'est son chanoine, Jean Maurice de Manderscheid-Blankenheim, envoyé à la cour impériale, qui lui apportera la plus forte contribution. Jean Maurice est le deuxième fils de Salentin Ernest et de sa deuxième femme, Christine Elisabeth. Il avance bien dans la carrière du clergé depuis son enfance. Il entre au grand chapitre de Cologne à l'âge de neuf ans, en 1685, étudie la théologie à l'université de cette même ville en 1692, et cumule le canonicat de grand chapitre de Strasbourg en 1695. Il devient évêque

31 Ibid., 25 avril 1721.
32 Ibid., 8 mai 1721.
33 ADBR G. 211, 12 juin 1723.
34 Johann Jacob Moser, Von denen teutschen Reichs-Ständen, der Reichs-Ritterschafft, auch denen übrigen unmittelbaren Reichs-Glidern, (version originaire: Frankfurt am Main 1767) Osnabrück 1967, p. 557. D'après É. Hassler, l'évêque de Strasbourg n'obtient qu'un suffrage collectif des prélats du Rhin dans le Collège des Princes à la diète impériale, au lieu de la voix individuelle dont il jouissait autrefois. Éric Hassler, Frontière, identité, parenté. Le cas des chanoines »allemands« du grand chapitre de la cathédrale de Strasbourg après l'annexion française de 1681, dans: Francia 40 (2013), p. 95–112, ici 97–99. Quant au statut de cet évêque à la diète et au cercle, il nous reste à le vérifier en utilisant différentes archives.
35 L. Châtellier a dit, »...sie [=la famille Rohan] durch manche Bande mit dem deutschen Adel verbunden war.« Toutefois, il n'a pas indiqué quelle sorte de lien elle a dans l'Empire. Louis Châtellier, Rohan Prince de Soubise, Armand Gaston Maximilien de (1674–1749), dans: Erwin Gatz (dir.), Die Bischöfe des Heiligen Römischen Reiches 1648 bis 1803, Ein biographisches Lexikon, Berlin 1996, p. 394–396. Pour le lien, on ne peut donner en ce moment qu'un exemple: le mariage en 1604 entre Catherine de Rohan, sœur cadette du duc Henri II de Rohan, et le duc Jean Palatinat-Deux-Ponts. Éric Mension-Rigau, Les Rohan. Histoire d'une grande famille, Paris 2017.

de Wiener Neustadt en 1721, et jouira de plusieurs bénéfices auprès de l'empereur Charles VI[36].

En suivant le type de ses relations personnelles adopté par H. v. Thiessen et Ch. Windler, on peut les classifier en quatre catégories: *Verwandtschaft* (parenté), *Landsmannschaft* (compatriote), *Freundschaft* (amitié) et *Patronage*[37]. Dans le cas de Jean Maurice, le compatriote et l'amitié s'unissent, au moins dans les documents utilisés pour cette étude. On peut ainsi les examiner ensemble.

Premièrement, la parenté. La maison Manderscheid occupe une position importante dans le grand chapitre de Strasbourg. Au début de XVIIIe siècle, six des vingt-quatre chanoines qui y siègent sont issus de cette même maison. Parmi eux, Jean Frédéric, frère cadet de Jean Maurice, est remarquable. Il est chanoine de Strasbourg et de Cologne et occupe même un poste important à la cour du prince-électeur de Cologne[38]. Il contribue indirectement à la réalisation de l'investiture de l'évêché de Strasbourg, en incitant Rohan à payer les frais de l'investiture et en prêtant l'argent à son frère[39]. Rohan a d'ailleurs proposé à Jean Maurice, en rétribution de sa mission à la cour impériale, la nouvelle dignité ecclésiastique d'écolâtre pour Jean Frédéric[40].

Deuxièmement, le compatriote et l'amitié. Le long séjour de Jean Maurice à la cour impériale cause non seulement son éloignement de ses compatriotes et de ses amis, mais aussi leurs doutes et leurs critiques envers lui, ce qu'il apprend par Riccius, auprès de qui l'envoyé se justifie dans une correspondance datée du 20 octobre 1721:

> *Les apparences sont contre moy, le peu de connoissance qu'on a de cette Cour, et de la manière dont les affaires s'y traitent, doit m'exposer à ces sortes de soubçons.* [...], *il est vray que je ne suis pas haït icy, ny méprisé, qu'au contraire grands et petits m'aiment assez, et que tout le monde me dit qu'avec des favorables dispositions il ne me seroit pas impossible d'y faire fortune. Mais je pense differement et je crois qu'en me mettant en prétention, j'exciteray l'envie des ambitieux, et que je me ferois autant d'ennémis, que mon désintéressement m'y a fait trouver d'amis jusqu'à présent*[41].

Dans ses explications, il y a deux points notables. D'abord, Jean Maurice a bien compris la règle, soit formelle, soit informelle, de la cour impériale, et il se conduit suivant cette règle. Ensuite, plus il se familiarise avec cette cour, plus il lui devient

36 Il devient archevêque de Palerme en 1730 et celui de Prague en 1733. Après 1730, il est aussi conseiller impérial. Pourtant, cette promotion finit par la mort de l'empereur Charles VI en 1740 et sa trahison contre la maison d'Autriche dans la première guerre de Silésie de 1740 à 1742. Manderscheid, Johann Graf von M.-Blankenheim, dans: Neue Deutsche Biographie 16 (1990), p. 13–14.

37 Hillard von THIESSEN, Christian WINDLER, Einleitung, dans: ID., Nähe in der Ferne (voir n. 1), p. 9.

38 Peter NEU, Die Grafen von Manderscheid. Ein historischer Überblick, dans: Die Manderscheider. Eine Eifeler Adelsfamilie. Herrschaft, Wirtschaft, Kultur, Köln 1990, p. 25–26.

39 ADBR G. 210, 6 septembre 1720; 25 août [1722].

40 Ibid., 6 novembre 1722.

41 Ibid., 20 octobre [1721].

difficile d'entretenir ses relations en Alsace. Il essaie malgré tout de les maintenir en rappelant son désir de retourner en Alsace et d'y revoir ses amis[42].

Troisièmement, le patronage. On peut énumérer quatre des personnages les plus importants dans cette catégorie: le prince-électeur de Cologne, Joseph Clément de Bavière, le vice-chancelier, Frédéric Charles de Schönborn, l'empereur Charles VI, et enfin l'évêque et cardinal de Rohan.

En fait, Jean Maurice s'occupe de la négociation lors des investitures de l'archevêché de Cologne et des évêchés de Hildesheim et de Ratisbonne en tant qu'envoyé du prince-électeur de Cologne[43]. Comme dans le cas de Strasbourg, ces investitures n'ont pas été effectuées depuis longtemps. On ignore quand cette négociation a commencé, mais les deux premières investitures étaient déjà achevées le 20 avril 1717[44]. Il se peut que Rohan ait délégué ses pleins pouvoirs à l'envoyé du prince-électeur de Cologne. En juin 1721, Jean Maurice a déjà investi lui-même des capitaux, 20 000 florins, dans la négociation de l'affaire de Strasbourg. Selon lui, il les a *tiré de Cologne*[45]. On peut donc considérer le patronage du prince-électeur de Cologne comme essentiel pour la réalisation de l'investiture de l'évêché de Strasbourg.

Dans la négociation à la cour impériale, l'envoyé accorde une grande importance à l'instauration d'une relation solide avec le vice-chancelier impérial, Frédéric Charles de Schönborn. Le vice-chancelier, *c'est le seul qui ait eu à travailler dans toute l'affaire puisqu'elle étoit de son département*, selon Jean Maurice[46]. En effet, c'est lui qui informe secrètement l'envoyé de la décision de l'empereur d'investir Rohan de son évêché, qui arrange le contenu du serment de fidélité pour la cérémonie d'investiture, et qui lui fournit son carrosse et son cortège lors de cette cérémonie. En outre, il propose que, quand l'évêque de Strasbourg reprend le siège et la voix à la diète impériale, Rohan y délèguera aussi le comte de Karg, le représentant de l'évêque de Bamberg à cette diète. À ce moment, c'est le prince-électeur de Mayence, l'oncle du vice-chancelier, qui occupe l'épiscopat de Bamberg. Jean Maurice y trouve une bonne occasion pour que Rohan noue des liens avec ce prince-électeur[47]. Favorisé par le vice-chancelier, Jean Maurice demande plusieurs fois à Rohan d'envoyer des lettres de remerciements et aussi des cadeaux à ce personnage important, d'autant qu'il est l'usage de lui faire un présent lors des reprises de fiefs. Pourtant, Rohan dépose une plainte contre le vice-chancelier auprès du prince-électeur de Mayence, l'accusant de lui avoir demandé surtout de l'argent comme cadeau et d'avoir l'intention de suspendre cette affaire jusqu'à ce qu'il soit satisfait sur ce point-là. Informé de ce fait par le vice-chancelier en janvier 1722, Jean Maurice essaie de dissiper le malentendu en expliquant comme suit:

42 Ibid., 20 octobre [1721].
43 Ibid., 22 octobre 1720; 5 juillet [1721].
44 Jean-François Nöel, Zur Geschichte der Reichsbelehnungen im 18. Jahrhundert, dans: Mitteilungen des Österreichischen Staatsarchivs 21 (1968), p. 106–122, ici 121.
45 ADBR, G. 210, 5 juillet [1721].
46 Ibid., 21 juillet 1720; 6 septembre 1720; 20 mai 1721.
47 Ibid., 20 mai 1721.

> *Il n'a jamais été question d'en faire* [d'un present] *une condition sans laquelle l'investiture ne seroit pas accordée, qui auroit toujours été son train indépandamment du présent.*

Il a aussi souligné de nouveau l'importance de ce personnage:

> *c'est un abus de regarder le vice-chancelier com[m]e un simple substitut de l'Electeur de Mayance, quoy qu'il en ait le nom, il est en effet le ministre de l'Empereur pour toutes les affaires de l'Empire, sans dépendance de l'Electeur quant à son ministère*[48].

C'est l'attitude opposée de Rohan, au moins jusqu'au début de l'année 1722, qui empêche l'amiable concours du vice-chancelier pour l'affaire de l'indult, et donc, peut-on considérer, qui entraîne l'allongement de la négociation.

Ensuite, Jean Maurice peut aussi être placé sous le patronage de l'empereur Charles VI. Le 28 juin 1721, l'empereur le nomme évêque de Wiener Neustadt. Selon L. Châtellier et C. Muller, cet envoyé profite de l'occasion pour servir Rohan et pour acquérir l'évêché de Neustadt, mêlant des intérêts particuliers à ceux du souverain. Ils estiment en outre que c'est l'une des raisons principales de la lenteur de la négociation[49]. Cependant, du point de vue des relations extérieures se focalisant sur l'acteur, leur estimation négative pourra se modifier. Comme ils l'ont fait remarquer, Jean Maurice ne distingue pas clairement ses intérêts de ceux du souverain. C'est, semble-t-il, une caractéristique bien présente dans la diplomatie de l'époque moderne. Dans la société de cette époque, qui attache plus d'importance au lien personnel, établir des relations avec des personnages importants sur place peut servir non seulement au développement de la carrière de l'envoyé mais également à l'avancement de la négociation confiée par son souverain. Sous cet aspect, on peut considérer que la nomination de Jean Maurice comme évêque de Neustadt est un effet de son établissement du patronage à la cour impériale. Il s'agit donc d'un élément plutôt en faveur de l'avancement de la négociation que responsable de sa lenteur.

On doit aussi signaler que c'est surtout son problème financier qui amène Jean Maurice à acquérir le bénéfice de l'évêché de Neustadt. Comme on l'a déjà mentionné, il se charge lui-même des frais de la négociation, incluant le coût de la vie à la cour impériale. Mais il ne peut pas espérer que Rohan les lui rembourse immédiatement. En effet, le 12 octobre 1720, Rohan décide de percevoir de ses sujets de bailliages d'Oberkirch et d'Ettenheim 5000 florins, une partie des frais d'investiture, sur une période de deux ans[50]. Néanmoins, cette levée ne commence qu'au milieu de l'année 1721 et rencontre le refus des communes contre ce paiement[51]. Jean Maurice a ainsi besoin de pouvoir assurer les fonds pour continuer la négociation et ne pas se ruiner à cause de la dette[52].

48 Ibid., 18 janvier 1722.

49 Châtellier, Les évêques de Strasbourg (voir n. 3), p. 128–129; Claude Muller, Le siècle des Rohan. Une dynastie de cardinaux en Alsace au XVIII^e siècle, Strasbourg 2006, p. 74.

50 ADBR G. 210, 12 octobre 1720.

51 Ibid., 3 juin 1721; 7 juillet 1722.

52 Ibid., 12 octobre 1720; 3 juin 1721; 28 juin 1721; 5 juillet 1721; 7 juillet 1722.

En dernier lieu, la relation entre l'évêque de Strasbourg et son envoyé est très compliquée. Rohan ayant peu de lien personnel dans l'Empire, Jean Maurice représente un personnage indispensable pour y négocier. En revanche, on ne peut pas dire que ce cardinal lui confie la mission avec une confiance absolue. Par exemple, à la fin de 1722, il l'oblige à transmettre tous les originaux des documents et des lettres concernant cette affaire à sa régence de Saverne, alors que l'envoyé les gardait auparavant. En outre, quant aux frais d'investiture, Rohan ordonne à Riccius de ne les donner que très peu de temps avant la cérémonie afin que Jean Maurice et Zimmermann, son conseiller, ne fraudent pas[53]. Quoique ces attitudes de Rohan suggèrent une sorte de méfiance à l'encontre de son envoyé, il accepte la demande de Jean Maurice au sujet de son intronisation d'un évêque de Neustadt. Rohan se rend au Saint-Siège pour recevoir la bulle nécessaire pour cette intronisation[54]. Dans ce processus, le lien personnel de Rohan en sa qualité de cardinal a servi, comme a servi son lien avec le cardinal d'Althann, envoyé de l'empereur auprès de la papauté[55]. On peut ainsi considérer que la relation entre Rohan et Jean Maurice se fonde sur leur intérêts mutuels plutôt que sur la fidélité.

Le 10 juin 1723, après plusieurs années de négociation, l'investiture de l'évêché de Strasbourg par l'empereur a enfin lieu au palais de Laxenbourg, situé au sud de la ville de Vienne[56]. Dans cette cérémonie, c'est encore Jean Maurice qui est investi de fiefs en tant que représentant de l'évêque de Strasbourg. À cette époque-là, il était déjà évêque de Wiener Neustadt (1721–1733). Sur la base du rapport concernant cette cérémonie[57], elle s'est déroulée comme suit:

Jean Maurice arrive à la ville de Laxenbourg vers 9 heures. Peu après 11 heures, il monte dans le carrosse attelé de six chevaux du vice-chancelier et est mené vers le palais, accompagné par la grande suite. Les gardes du corps, les archers et satellites se mettent en rangs jusqu'à l'entré de l'antichambre du palais. L'envoyé entre dans la première antichambre, où il n'attend qu'un très court moment.

L'empereur se présente de son appartement et entre dans une deuxième antichambre. Il envoie le grand maître de chambre, comte de Sinzendorf, vers Jean Maurice. Ce dernier est conduit dans ladite antichambre, où l'empereur est assis sur son trône orné de velours rouge et brodé d'or. À sa droite se trouve le grand maréchal, comte de Cobenzl, tenant en sa main l'épée nue, le grand maître d'hôtel, prince de Trautson, et d'autres officiers de la cour. À sa gauche, le président du Conseil aulique, prince Eugène, d'autres conseillers intimes, gentilshommes et personnes de distinction. Jean Maurice fait une première révérence à son entrée et se met à genoux une deuxième fois au milieu de la pièce. Il fait une troisième révérence et s'agenouille près

53 ADBR G. 211, 28 décembre 1722.
54 ADBR G. 210, 6 août [1721]; 10 janvier 1722.
55 Ibid., 24 mai 1721; 10 juillet [1721]; Andreas Pečar, Die Ökonomie der Ehre. Höfischer Adel am Kaiserhof Karls VI. (Symbolische Kommunikation in der Vormoderne), Darmstadt 2003, p. 49.
56 La cour impériale se constitue de trois châteaux: Hofbourg pour l'hiver, Laxenbourg pour l'été, et Favorita de Wiesen pour les cas particuliers. Pečar, Die Ökonomie der Ehre (voir n. 55), p. 15–16.
57 ADBR G. 213 (Investitures ou reprises temporelles de l'évêché de Strasbourg en Empire en 1749), sans date.

du tapis du trône, où il prononce la harangue. L'empereur fait approcher le vice-chancelier, auquel il dit à l'oreille sa réponse à la demande de Jean Maurice, à savoir qu'il juge les excuses de l'évêque de Strasbourg légitimes, qu'il considère les documents fournis au Conseil aulique comme suffisants, et qu'ainsi il confère et accorde les droits régaliens à l'évêque de Strasbourg. Au signe de l'empereur, Jean Maurice, après avoir fait une révérence, monte et se met à genoux aux pieds de l'empereur sur la troisième marche du trône. Le grand maître d'hôtel reçoit le livre des Évangiles du plus ancien valet de chambre et le place sur les genoux de l'empereur. Celui-ci, tenant un pan de ce livre, l'autre étant tenu par le grand maître de chambre, fait signe à l'envoyé de mettre les deux doigts sur l'évangile de saint Jean. Après qu'ils répètent le serment de fidélité, le vice-chancelier le prononce à son tour. Puis l'empereur reçoit l'épée nue du grand maréchal, la tient des deux mains et fait baiser ce pommeau à Jean Maurice. Ce dernier se lève, fait une profonde révérence et va s'agenouiller à l'extrémité du tapis. Après avoir fait ses très humbles remerciements de sa grâce, il se lève, fait encore trois révérences, s'agenouillant comme lors de son entrée, et enfin se retire dans la première antichambre, où les ministres et les personnes de la cour l'accueillent et le félicitent. Il repart enfin en carrosse et est conduit chez lui accompagné du même cortège.

Ce processus est le même que d'ordinaire. C'est-à-dire, se rendre à la cour avec le cortège, effectuer trois révérences à son entrée et une harangue en s'agenouillant; une fois la demande accordée par l'empereur, prêter serment sur la Bible, et enfin baiser l'épée de l'empereur. Le fait que Rohan ne participe pas lui-même à cette cérémonie n'est pas non plus si particulier, si on tient compte de l'usage des grands états impériaux, qui y délèguent leurs représentants depuis le XVI^e^ siècle[58]. Toutefois, cette investiture, d'après le rapport de l'envoyé, *attire la curiosité de tout Vienne pour n'avoir pas été renouvelë[e] depuis près de soixante ans*[59]. Elle signifie non seulement le rétablissement de l'honneur du prédécesseur, Guillaume Egon, mis au ban, et la confirmation du statut de l'évêque dans l'Empire, mais également la réception, au moins formellement, de Rohan comme membre de l'Empire. C'est ainsi que la cérémonie solennelle de l'investiture à la cour impériale de 1723 reflète clairement la relation féodale entre l'empereur et l'évêque.

## Conclusion

L'investiture de l'évêché de Strasbourg de 1723 signifie, au niveau des relations extérieures européennes, l'exécution des traités de Ryswick et de Baden. Le fait que ces traités obligent l'empereur à cette investiture suggère qu'elle est l'intention du roi de France, ou du moins qu'elle n'est pas contraire à sa volonté. En effet, la tentation d'avoir des fiefs d'Empire et d'obtenir le siège et la voix dans la diète impériale marque la politique extérieure de la France du milieu du XVII^e^ siècle[60]. En revanche,

58 Christine ROLL, Archaische Rechtsordnung oder politisches Instrument? Überlegungen zur Bedeutung des Lehnswesens im frühneuzeitlichen Reich, dans: Zeitblicke 6/1 (2007), p. 19.
59 ADBR G. 211, 12 juin 1723.
60 YASUKATA, Le problème de la cession d'Alsace (voir n. 7).

l'empereur, en mettant la main au rétablissement de cet évêque, fait pression à son tour sur le roi pour qu'il exécute les traités.

Bien que ces traités stipulent ce rétablissement, il est à la disposition de l'empereur, qui décide du moment et des conditions dans lesquelles il investit l'évêque et le réintègre parmi les membres de l'Empire. Cela (l'affaire de l'investiture est à la disposition de l'empereur) se manifeste dans sa demande de la naturalisation, l'exigence de la forte somme pour l'indult et son attitude négative (ou passive) au sujet du siège et de la voix à la diète impériale. L'investiture a donc des effets rituels et politiques, montrant ici que l'empereur est le plus haut suzerain dans l'Empire, non seulement à Rohan, mais probablement aussi à d'autres états impériaux.

Cependant, il faut signaler que cette investiture peut aussi apporter à l'évêque deux avantages majeurs. Premièrement, l'établissement de son statut dans le Saint Empire et dans le royaume de France. L'investiture lui offre avant tout le statut de prince-évêque d'empire et l'occasion de participer au système impérial, comme la diète impériale ou le cercle du Haut-Rhin. Elle peut en même temps lui donner un statut particulier en France, que d'autres maisons françaises ne peuvent avoir. Comme L. Châtellier l'indique, à Versailles les Rohan sont peu à peu considérés comme »intermédiaires privilégiés entre la France et l'Empire«[61]. Deuxièmement, le rétablissement de son autorité dans l'évêché de Strasbourg. L'administration de cet évêché devra encore être examinée, mais le refus de payer des charges pour l'investiture auquel il est confronté suggère d'ores et déjà l'instabilité de son autorité dans les bailliages d'Oberkirch et d'Ettenheim. La reconnaissance de son autorité par l'empereur peut donc être nécessaire pour justifier sa domination. De ce fait, cette étude de cas montre le rôle primordial de l'investiture quant au statut dans l'Empire et à l'autorité exercée sur son propre territoire dans le premier tiers du XVIII^e^ siècle.

Enfin, pour Jean Maurice, l'activité à la cour impériale est importante, notamment concernant les deux points suivants: d'une part le service pour l'église de Strasbourg. Certes, sa mission est avant tout d'achever l'investiture pour Rohan, mais elle correspond exactement à son intérêt en tant que chanoine de cette église. À cette époque, les deux tiers de cet évêché sont placés sous l'autorité du roi de France et un tiers des postes de chanoines est distribué à des maisons françaises. En 1704, un de ces chanoines devient évêque de Strasbourg. Il est fort probable que l'envoyé continue la négociation malgré la dette et les soupçons de la part de ses compatriotes et de ses amis afin de préserver le lien entre cette église et l'Empire; d'autre part l'établissement du patronage dans la cour impériale. Comme on l'a déjà indiqué, il fut utile à la fois à la négociation et à la carrière de Jean Maurice. L'envoyé doit comprendre la constellation personnelle de la cour, suivre sa règle, et recevoir l'aide des grands personnages. Sa nomination à Neustadt par l'empereur laisse entendre qu'il excelle dans les relations extérieures de l'époque moderne.

En 1749, l'évêque de Strasbourg envoie de nouveau un représentant à la cour impériale. Cette fois-ci, il n'aura besoin que de deux mois de négociation pour obtenir l'investiture par l'empereur François I^er^, au lieu de huit ans précédemment. Il est facile d'attribuer cette différence au fait qu'il s'agit d'une deuxième fois. Cependant, il faut prendre en considération différents aspects: réception fondamentale de l'évêque

61 Châtellier, Frontière politique et frontière religieuse (voir n. 3), p. 123.

dans l'Empire[62], changement des réseaux personnels autour de cet évêque[63], ou bien changement de la signification de l'investiture au cours de XVIIIe siècle[64]. Désormais, en comparant l'investiture de 1723 avec celle de 1749, on pourra décrire des changements des relations extérieures de l'évêque de Strasbourg dans la première moitié du XVIIIe siècle.

Il reste encore à examiner l'organisation administrative de l'évêché de Strasbourg. Comment les bailliages d'Oberkirch et d'Ettenheim ont-ils été administrés après la confiscation de 1674, quels changements ont eu lieu au sein de ses organisations avant et après l'investiture de 1723, voire quelles différences peut-on trouver dans l'évêché entre la rive droite et la rive gauche du Rhin? Ce sont là des sujets possibles à aborder.

62 Par exemple, la participation à la diète impériale et au cercle du Haut-Rhin. Pour les documents historiques, ADBR 12J.1582 (Rapport des envoyés de l'évêque de Strasbourg aux diètes impériales de Ratisbonne et de Francfort et aux diètes et cercles de Francfort 1718–1748); Landesarchiv Baden-Württemberg, Generallandesarchiv Karlsruhe, Bestand 138, Bestellnummer 68 (Reichskreise 1724–1727, Die Beziehungen des Bistums Strassburg zum oberreinischen Kreis wegen seiner Ämter Ettenheim und Oberkirch).

63 Au cours du XVIIIe siècle, les canonicats du grand chapitre sont dominés par les fils cadets de maisons dont les membres occupent des rangs importants à la cour impériale. Cf. Hassler, Frontière, identité, parenté (voir n. 34).

64 Dans l'Empire, la tradition de l'investiture est interrompue sous le règne de l'empereur Charles VII de la maison de Wittelsbach (1742–1745). Son successeur ainsi que l'empereur François Ier et l'impératrice Marie-Thérèse essaient de rétablir cette tradition. Dans ce contexte, l'investiture est sans doute plus importante pour eux qu'elle ne l'était pour Rohan. Cf. Roll, Archaische Rechtsordnung (voir n. 58).

Hélène Miard-Delacroix

# L'IMPENSABLE CONVERGENCE

## La France et l'Allemagne face au monde depuis 1945[1]

Le dictionnaire Larousse définit la convergence comme »une ressemblance acquise entre des animaux ou des plantes vivant dans un même milieu, ayant le même mode de locomotion ou le même régime alimentaire, alors que leurs ancêtres étaient beaucoup plus différents«. Il s'agit là de biologie, tandis qu'en neurologie la convergence est »l'intégration par une cellule nerveuse des signaux venus d'endroits différents qui convergent sur elle«[2]. Ces deux propositions proviennent de disciplines des sciences dites exactes, loin de la prétendue approximation de nos sciences humaines qui mêlent observation et interprétation – en se laissant parfois inspirer, dans leur cheminement heuristique, par des étincelles comme les proposent ici la biologie et la neurologie.

Il va être question ici, comme d'animaux ou de plantes vivant dans un même milieu, ayant le même régime alimentaire etc. et comme de cellules intégrant des signaux venus d'endroits différents, de la France et l'Allemagne face au monde depuis 1945, avec un titre en forme de verdict, sans point d'interrogation: l'impensable convergence.

Ce choix a à voir avec l'histoire franco-allemande qui est devenue au fil des travaux un sous-domaine à part entière de l'histoire des relations internationales. Mais, en raison du voisinage géographique, des points nombreux de contact et d'un lourd passif qui a contraint à une meilleure intelligence de l'autre, c'est aussi et surtout une histoire faite de comparaison, de recherche de contrastes, des circulations, des influences, des transferts, ou, pour résumer, des effets réciproques de l'existence de l'autre. Et c'est une histoire de ressemblance croissante.

Le défi est ici d'appréhender une telle histoire par un domaine où une différence profonde persiste entre les deux pays depuis la seconde partie du XXe siècle, où l'on ne peut attendre le grand récit d'un rapprochement, d'une similitude croissante. Les travaux d'Hartmut Kaelble ont mis en évidence cette convergence franco-allemande, mesurable en histoire sociale, véritable caractéristique de l'histoire du second XXe siècle, et faisant partie du processus de rapprochement des pays européen[3]. Ce fut largement un processus volontaire, tant dans le domaine politique qu'économique, mais aussi

1 Texte remanié de la Conférence annuelle de l'Institut historique allemand de Paris du 13 octobre 2017.

2 Dictionnaire Larousse en ligne, URL: http://www.larousse.fr/dictionnaires/francais/convergence/18988 (19.2.2018).

3 Hartmut Kaelble (dir.), Der Boom 1948–1973. Gesellschaftliche und wirtschaftliche Folgen in der Bundesrepublik Deutschland und in Europa, Opladen 1992, p. 219–227; id., Les relations franco-allemandes de 1945 à nos jours. Défis, acquis, options nouvelles, Ostfildern 2004; id., Nachbarn am Rhein. Entfremdung und Annäherung der französischen und deutschen Ge-

une évolution se réalisant indépendamment d'une démarche volontariste, avec une similitude croissante des modes de vie, des systèmes de valeurs, des structures familiales – n'en déplaise à ceux qui subsument de structures familiales anciennes des comportements immuables et pétrifiés dans le présent.

Or il y a un domaine où similitude et rapprochement sont perçus comme impensables, échappant en quelque sorte à cette tendance lourde: c'est la présence des deux pays sur la scène internationale, leur place et leurs moyens d'exercer une influence dans le monde. Cette convergence est d'abord impensable au sens commun et exclamatif, pour qualifier une chose impossible selon des données structurelles, selon les moyens à disposition, selon les intérêts respectifs. Elle est impensable aussi parce que tellement difficile à penser. Il y a à cela des raisons historiques qui semblent évidentes après la fureur de l'Allemagne nazie conquérante et criminelle et après la rupture de 1945. Mais n'est-ce pas l'occasion d'interroger la pérennité et la transmission de modèles d'action de l'État? D'observer des schémas d'appréhension de l'espace monde? D'examiner les représentations de soi et des autres? Jusqu'à se hasarder vers l'idée d'une construction communicative de la réalité, selon le terme des constructivistes, en questionnant la notion de rayonnement, entre autoperception et hétéroperception? L'alternative, qui n'en est une qu'en apparence, serait de rester fidèle à une approche classique réaliste, où les États ont avant tout des intérêts qu'ils servent dans des constellations en mouvement.

Par rapport à une histoire franco-allemande bilatérale, l'effort est fait ici de sortir d'une approche d'entre-soi, de regard en tête à tête, pour l'ouvrir sur le monde, sur les deux pays face au monde. Avant même que la globalisation soit devenue le cadre et un déterminant des actions politiques, économiques et financières, pour la France, et pour l'Allemagne différemment, le monde comme horizon a bien été là au siècle précédent, et d'une manière aiguë, dans les décennies depuis 1945[4].

sellschaft seit 1880, Munich 1991; ID., Sozialgeschichte Europas 1945 bis zur Gegenwart, Munich 2007.

4 Sur l'histoire de la politique étrangère des deux pays, les titres sont nombreux. Notamment Frédéric BOZO, La politique étrangère de la France depuis 1945, Paris 2012; Wilfried VON BREDOW, Die Außenpolitik der Bundesrepublik Deutschland: Eine Einführung, Wiesbaden 2006; Jacques DALLOZ, La France et le monde depuis 1945, Paris 1993; Christian HACKE, Weltmacht wider Willen. Die Außenpolitik der Bundesrepublik Deutschland, Francfort-sur-le-Main, 1993; Christian Hacke, Die Außenpolitik der Bundesrepublik Deutschland: von Konrad Adenauer bis Gerhard Schröder. Mit einem Vorwort von Gordon A. CRAIG, Munich 2003; Helga HAFTENDORN, Deutsche Außenpolitik zwischen Selbstbeschränkung und Selbstbehauptung: 1945–2000, Stuttgart 2001; Helga HAFTENDORN, Georges-Henri SOUTOU et al., The strategic triangle: France, Germany, and the United States in the shaping of the new Europe, Washington 2006; Ulrich LAPPENKÜPER, Die Außenpolitik der Bundesrepublik Deutschland 1949 bis 1990, Munich 2008; Reinhard MEIER-WALSER, Alexander WOLF (dir.), Die Außenpolitik der Bundesrepublik Deutschland: Anspruch, Realität, Perspektiven, Munich 2012; Frank R. PFETSCH, Die Außenpolitik der Bundesrepublik Deutschland: von Adenauer zu Merkel. Eine Einführung, Schwalbach/Ts 2012; Andreas RÖDDER, Wolfgang ELZ (dir.), Deutschland in der Welt: Weichenstellungen in der Geschichte der Bundesrepublik, Göttingen 2010; Gregor SCHÖLLGEN, Die Außenpolitik der Bundesrepublik Deutschland: von den Anfängen bis zur Gegenwart, Munich 2013; Hans STARK, La politique internationale de l'Allemagne. Une puissance malgré elle, Villeneuve d'Ascq 2011; Maurice VAÏSSE, La Grandeur: la politique étrangère du général de Gaulle (1958–1969), Paris 1998; ID., La puissance ou l'influence? La France dans le monde depuis 1958, Paris 2009.

En observant France et Allemagne *face* au monde dans l'espace réduit de ce propos, il est impossible de prendre en considération tous les acteurs en action et il faut résoudre à n'évoquer que marginalement les forces profondes de cette histoire des relations internationales. Il n'est pas non plus question de faire une présentation encyclopédique qui convoquerait tous les pays du monde. Ce texte sera plutôt une promenade globale, une réflexion qui suivra le cours du temps mais sans la gageure de l'exhaustivité, plutôt en touches impressionnistes. Avec trois moments, articulés sur la période de reconstruction après 1945, sur les décennies de la guerre froide et, enfin, sur la sortie du monde bipolaire qui conduit jusqu'au temps présent.

On s'efforcera de garder à l'esprit, dans cette promenade, trois acceptions différentes du terme de convergence, qui sont plus connues de nous que celles de la biologie ou de la neurologie.

- une acception plutôt géométrique, qui qualifie le fait de converger, de tendre vers un même point, de deux lignes qui concourent à se rejoindre en *une seule* ligne commune:
- le fait de tendre vers un même *but* ou un même résultat, ainsi que les *efforts* déployés dans cette entreprise
- et une acception plus banale, pour le fait de présenter des *analogies*, voire des points communs.

C'est à cette aune que pourra être évaluée, en confrontation, la position respective de la France et de l'Allemagne face au monde, en mutation depuis 1945.

Pour tâcher de penser l'impensable, il faut essayer de penser le jeu entre les moyens matériels et les projections ou représentations de l'action extérieure, mais également l'impact de l'injonction extérieure sur l'image de soi. Cela entre deux approches apparemment inconciliables de l'influence, entre une France qui a conservé l'ambition, ou la prétention, de tenir un rang mondial avec les attributs de la puissance et l'Allemagne qui a préféré la poursuite discrète d'intérêts dans une politique de retenue.

Cette promenade débute en 1945, à l'heure de la libération après la catastrophe et l'effondrement.

## 1

Si tout semble les opposer, les deux pays partagent en 1945 le destin commun de l'après conflit et, certes de façon différente, ils sont tous deux déchus de leur statut antérieur. Mais avec des différences notables: l'Allemagne est vaincue et défaite alors que la France de de Gaulle, qui a connu l'humiliation de 1940, s'est attachée dès 1944 à gagner le statut de vainqueur. Elle l'obtient miraculeusement des trois grands (États-Unis, Union soviétique et Royaume-Uni), ce qui lui donne notamment une capacité d'action, comme puissance d'occupation, sur et en Allemagne[5]. Après 1945, ce qui reste de l'Allemagne est mis sous tutelle en tant qu'État, et se plie aux restrictions imposées par les vainqueurs: »l'Allemagne« n'est plus une puissance du tout, tandis que la France aimerait bien en redevenir une.

5 Voir Bozo, ibid., p. 9.

Face au monde, l'Allemagne n'existe plus, son seul nom est associé à l'infamie. On y voit peu au-delà d'un horizon de ruines, tant les ruines matérielles que celles de sa renommée, c'est un paria entouré d'anciens ennemis. Occupée, divisée, sa non-existence internationale se manifeste dans l'absence de souveraineté dans ses relations avec l'extérieur. Pour les zones de l'Ouest, la tutelle des puissances d'occupation se poursuit après la création de la République fédérale d'Allemagne en 1949. C'est sous contrôle allié qu'est créé en 1952 un très modeste appareil diplomatique qui, du prestigieux *Auswärtiges Amt*, n'a à peu près plus que le nom. Le contrôle que la France co-exerce sur le potentiel agresseur récidiviste devient progressivement plus bienveillant à la faveur de la guerre froide qui redistribue les rôles et modifie la partition confiée à l'Allemagne de l'Ouest dans le nouveau concert[6]. Mais pour cette République fédérale vertueuse qui accepte la décence de l'effacement, l'horizon n'est pas le monde. Il s'arrête à l'Est soviétique menaçant et à l'Ouest américain protecteur, avec, entre les deux, l'espace ouest-européen où se présente la chance d'une construction apaisée. Pour la France de la première décennie d'après-guerre, le cadre est le même, mais la conséquence tirée en est inverse. Elle est résumée par un mot postérieur de de Gaulle, formulé à la fin de sa présidence, un précepte dont la durée de la validité est laissée à notre appréciation: »C'est parce que nous ne sommes plus une grande puissance qu'il nous faut une grande politique, parce que, si nous n'avons pas une grande politique, comme nous ne sommes plus une grande puissance, nous ne serons plus rien.«[7]

Or le grand monde existe encore pour la puissance coloniale – sauf que la IV^e^ République connaît surtout des frustrations. La politique de coercition envers l'Allemagne, qui faisait partie de la stratégie de reconquête d'un statut en même temps que de la sécurité, a dû être révisée dans un projet collectif de redressement de l'Allemagne. Sous la pression ferme des États-Unis, l'issue en est l'heureuse solution de la construction européenne permettant de combiner l'encadrement de l'ancien ennemi, l'affirmation de la France et la mise en place de dispositifs vertueux susceptibles de servir l'émancipation par rapport au grand protecteur américain.

Le gouvernement d'Adenauer n'a alors ni les moyens, ni l'aspiration d'une politique dans le monde, mais il espère retrouver la confiance de partenaires et la dignité d'être un allié sûr en Europe. Se plier et renoncer à de la souveraineté que l'on n'a pas encore comme moyen de reconquérir une marge d'action constitue une dialectique très particulière. Être reconnu, mais à l'échelle mondiale, voilà plutôt alors le souci de la France. Le 9 mai 1950, Paris saisit l'opportunité d'être une force de proposition en lançant le Plan Schuman, grande initiative dans le secteur clé du charbon et l'acier qui permet de faire la guerre mais peut aussi assurer la paix. À l'échelle régionale, France et Allemagne découvrent les atouts qu'ont la mise en commun des ressources, les abandons de souveraineté et des nouveaux dispositifs de décision[8].

6 Georges-Henri Soutou, La guerre de Cinquante Ans. Les relations Est-Ouest 1943–1990, Paris 2001; Heinrich-August Winkler, Geschichte des Westens, vol. 3: Vom Kalten Krieg zum Mauerfall, Munich 2014

7 Entretien de de Gaulle avec Philippe de Saint-Robert en avril 1969, Le secret des jours. Une chronique sous la V^e^ République, Paris 1995, p. 131.

8 Stefan Seidendorf (dir.), Le modèle franco-allemand: les clés d'une paix perpétuelle? Analyse des mécanismes de coopération, Villeneuve d'Ascq 2013.

L'autre grande frustration pour la France, qu'il faut transformer en force, est sa marginalisation après la perte de l'Indochine et l'humiliation lors de la crise de Suez en 1956 qui confirme l'organisation bipolaire du monde et révèle l'irruption du Tiers-Monde face aux puissances coloniales. L'Allemagne n'a pas ces soucis, elle a perdu ses colonies dans la Grande guerre. Pour la République fédérale ne se pose pas la question de l'alignement – car dans le monde bipolaire elle ne se pense qu'alignée sur les États-Unis – au moment où Paris entre en compétition avec le grand allié dans la zone traditionnelle d'influence des Européens au Moyen-Orient[9].

Les différences et les contrastes entre les deux pays sont frappants. Dans les années 1950 et 1960, l'Allemagne voit sa politique contrainte dans un double carcan, celui de la guerre froide et celui de la culpabilité historique, et surtout elle n'aspire pas à s'en affranchir, avec la conviction que la discrétion et le retrait sont la seule alternative à l'hybris funeste du passé. Aussi, en dehors de l'entreprise de réalisation du Marché commun qui doit apporter la croissance et la prospérité, sa ligne ne converge pas avec celle de la France de la 5e République. Alors qu'à Bonn reste prioritaire l'objectif de rétablir l'unité nationale dans la subordination à l'indispensable protecteur américain, tandis que l'esprit y est à l'efficacité dans le profil bas, de Gaulle défend »une certaine idée de la France« et une politique de grandeur dans les blocs tout en tentant de les transcender, pour dépasser le »système de Yalta«. À côté de l'Allemagne docile, la France est perçue à l'extérieur, en particulier aux États-Unis, comme un partenaire ambivalent et agité, potentiellement déloyal[10]. Vu de Moscou la France de de Gaulle, qui parle de l'Europe de l'Atlantique à l'Oural, est peu ou prou une dictature militaire, à la fois un perturbateur et un interlocuteur à prendre en considération, au moment où elle développe la force nucléaire, pierre angulaire de la défense de la France indépendante, et qu'elle liquide le fardeau des colonies, avec un succès comme on le sait très inégal[11].

La nouvelle politique africaine de la France, largement considérée comme d'inspiration néocoloniale avec la mise en place de la Françafrique, est fondée sur un idéal universaliste mais est centrée sur le maintien des régimes et sur le rayonnement de l'ancienne métropole dans l'Afrique francophone[12]. La coopération culturelle, technique et militaire dans l'aire d'influence française qu'est la zone franc n'a pas d'équivalent allemand.

Ainsi domine entre les deux pays un contraste fondamental dans l'intention. La France de de Gaulle mène une politique planétaire, c'est-à-dire qu'elle renoue avec les présences anciennes qu'elle a eues par le passé au Levant, en Afrique, mais aussi en Asie, dans l'Océan indien et le Pacifique: elle réactive aussi les liens privilégiés avec les Américains francophones au Québec et elle joue sur la pérennité de son aura intellectuelle en Amérique latine. Face à une RFA discrète qui s'émeut surtout des avancées de la RDA, de Gaulle s'active en Extrême Orient, reconnaît la Chine populaire en 1964, attaque la politique américaine au Vietnam dans le discours de Phnom

9 Pierre Mélandri, Serge Ricard (dir.), Les relations franco-américaines au XXe siècle, Paris 2003. Sur ce passage, aussi Bozo, Politique étrangère de la France (voir n.4), p. 52s.

10 Johannes Grossmann, Hélène Miard-Delacroix (dir.), Deutschland, Frankreich und die USA in den »langen« sechziger Jahren. Ein transatlantisches Dreiecksverhältnis, Stuttgart 2018.

11 Bozo, Politique étrangère de la France (voir n. 4), p. 68.

12 Yves Gounin, La France en Afrique. Le Combat des Anciens et des Modernes, Bruxelles 2009.

Penh de 1966. Il parle avec Moscou la même année où il annonce le retrait du commandement intégré de l'OTAN[13]. Sa ligne est d'ébranler l'ordre établi en se faisant le promoteur de la détente.

Les contacts que renoue l'Allemagne fédérale, au Proche et au Moyen Orient, se font sous le double signe de la culpabilité et de la division allemande. À l'occasion de la guerre des Six jours de 1967, la France ancienne puissance mandataire choisit de sortir de l'exclusivité franco-israélienne pour rééquilibrer ses relations avec les pays arabes[14]. L'Allemagne fédérale ne peut pas se le permettre. Certes elle a aussi des relations très anciennes avec l'Empire ottoman et au Levant mais la rupture civilisationnelle de la Shoah a forgé l'engagement pour la sécurité d'Israël en »raison d'État«, comme le dira en 2008 Angela Merkel en visite à Jérusalem[15]. L'accord de Luxembourg de 1953 a fixé la tentative, si faire se peut, d'une »normalisation« de relations conservant toutefois un »caractère spécial«, comme l'a dit Willy Brandt devant le Bundestag dès son élection en octobre 1969[16]. La politique de *Wiedergutmachung*, de »dédommagement« comporta, dès 1955/56, la livraison de matériel militaire. Quant aux relations diplomatiques établies en 1965, elles ont conduit 10 États arabes à rompre leurs relations avec Bonn. Un revers pour les efforts visant à bloquer la reconnaissance de la RDA dans le monde arabe: Ulbricht en visite au Caire en 1965 fut un pied de nez à la doctrine Hallstein.

Ce sont donc une France voulant remettre en cause le *statu quo* et une Allemagne ne pouvant objectivement pas se le permettre qui se rapprochent en 1963 à la faveur de la fermeté française dans la crise de Berlin et de projets américains de défense jugés discriminatoires pour l'Europe. Le Traité de l'Élysée du 22 janvier 1963 ne fut pas ce que dit le mythe de la soudaine réconciliation franco-allemande[17] mais il cristallisa l'idée d'une complémentarité et de la possibilité d'agir ensemble – quand l'Allemagne y serait prête.

Quelles convergences à la fin de ce premier moment de notre histoire? En fait, très peu d'analogies et un style très différent. Quelques points communs de taille, tel l'Occident comme lieu d'appartenance. Et puis la convergence *a minima* comprise au sens de tendre vers un même but: la paix et la détente, la défense des intérêts communs dans l'existence de l'Europe, face à la tendance américaine à la traiter, selon le mot de Michel Jobert, comme une »non-personne«[18].

Mais le positionnement de Bonn face au monde continue à se faire au sein de trois cercles et de leurs interactions, l'Alliance atlantique, la communauté européenne et les relations avec l'URSS[19].

13 Frédéric Bozo, La France et l'OTAN. De la guerre froide au nouvel ordre européen, Paris 1991; Philip H. Gordon, A Certain Idea of France: French Security Policy and the Gaullist Legacy, Princeton 1993.

14 Jacques Frémeaux, Le Monde arabe et la sécurité de la France, Paris 1995.

15 Markus Kaim, Israels Sicherheit als deutsche Staatsräson: Was bedeutet das konkret?, dans: APUZ 6 (2015): Israel und Deutschland, p. 8–13, ici p. 8.

16 Willy Brandt, déclaration de politique générale, 28 octobre 1969, Deutscher Bundestag, 6e législature, Stenographische Berichte, vol. 71, 5. Sitzung, p. 21.

17 Corine Defrance, Ulrich Pfeil (dir.), Le Traité de l'Élysée et les relations franco-allemandes (1945–1963–2003), Paris 2005.

18 Vaïsse, La puissance ou l'influence (voir n. 4), p. 193.

19 Andreas Wirsching, Abschied vom Provisorium. Geschichte der Bundesrepublik Deutschland 1982–1990, Munich 2006, p. 499.

## 2

Cela perdure dans les décennies suivantes où, dans le face à face des Grands, l'Allemagne fédérale devient une »puissance malgré elle«[20]. Le double carcan demeure, l'Allemagne restant, comme l'a dit plus tard en 1998 le ministre des affaires étrangères Joschka Fischer, un »État doublement lié«[21] – par une histoire funeste et par son enfermement structurel dans le conflit Est-Ouest. Structurel avec la division de l'Allemagne et de Berlin et structurant pour la perception du monde et de soi dans le monde. Car ne pas s'aventurer bruyamment sur cette scène est devenu un élément de la culture politique ouest-allemande où l'on a très bien intégré l'injonction de modestie et de mesure formulée par les vainqueurs. Commence alors une période d'oscillation entre l'autorestriction et l'affirmation de soi[22].

En comparaison avec la France, l'ouverture ouest-allemande à la Chine est tardive, en 1972. Elle se fait par rapport à Moscou et parce que la Chine offre de futurs débouchés commerciaux. C'est aussi plus tard que sont nouées des relations avec l'Europe orientale, avec l'Ostpolitik de Willy Brandt[23]. Mais il y a là un passé autrement plus lourd à gérer avec les voisins immédiats que ce ne l'est pour la France! L'affirmation de soi, différente dans les motifs, fait converger pourtant les politiques française et ouest-allemande dans l'objectif général, qui est d'introduire du jeu dans le *statu quo* pétrifié. Les deux pays partagent l'idée que les échanges économiques sont des facteurs de la détente qui culmine avec la CSCE en 1975[24]. Une idée qu'ils sont prêts à opposer ensemble aux présidents Carter puis Reagan quand revient la tension à la fin de la décennie. Mais quand Bonn voit avant tout la dimension régionale dans ses effets directs sur la question allemande et la sécurité, Paris envisage un cadre plus large pour les équilibres stratégiques.

Et l'Europe, dans tout cela? C'est un objectif commun avec des différences d'approche. Si Pompidou voit dans l'Europe une condition de la puissance de la France, Giscard d'Estaing et Schmidt partagent un intérêt immédiat à la concertation, en créant en 1974 un cadre pour trouver, après accord en bilatéral, des solutions de concertation et de convergence dans les domaines économique et monétaire[25]. C'est la période où le couple franco-allemand devient, selon la formule d'Andreas Wir-

20 Le terme a été forgé par Christian HACKE, Weltmacht wider Willen (voir n. 4).

21 Cité dans HAFTENDORN, Außenpolitik zwischen Selbstbeschränkung und Selbstbehauptung (voir n. 4).

22 Comme Helga Haftendorn l'a formulé en allemand, ibid.

23 Stefan CREUZBERGER, Westintegration und neue Ostpolitik: die Außenpolitik der Bonner Republik, Berlin 2009; Peter BENDER, Die »Neue Ostpolitik« und ihre Folgen. Vom Mauerbau bis zur Vereinigung, Munich 1995.

24 Sur la CSCE voir notamment Helmut ALTRICHER, Hermann WENTKER (dir.), Der KSZE-Prozess. Vom Kalten Krieg zu einem neuen Europa 1975 bis 1990, Munich, 2011; Matthias PETER, »Sicherheit und Entspannung. Die KSZE-Politik der Bundesregierung in den Krisenjahren 1978–1981, dans: Matthias PETER, Hermann WENTKER (dir.), Die KSZE im Ost-West-Konflikt. Internationale Politik und gesellschaftliche Transformation 1975–1990, Munich 2012, p. 59–82.

25 Hélène MIARD-DELACROIX, Le défi européen. Histoire franco-allemande de 1963 à nos jours, Villeneuve d'Ascq 2011.

sching, un »système de rouages mobilisant des intérêts complémentaires«[26] et faisant avancer l'ensemble du projet, avec l'idée que l'Europe peut devenir un acteur international, comme dans le dialogue euro-arabe. Le multilatéralisme permet à Bonn d'oser des positions et de s'exprimer plus clairement en Afrique. Un exemple en est donné par une conversation entre Helmut Kohl et le président tanzanien Julius Nyerere, en visite en Allemagne au mois de mai 1985. C'est en se référant à des interrogations lors du G7 de Bonn en 1985 que le puissant Helmut Kohl s'émeut auprès de Nyerere du fait que l'aide au développement »n'arrive pas toujours là où elle devrait«. L'expérience de la CEE est selon Kohl »qu'on s'aide réciproquement pour apprendre à s'aider soi-même«. Le message n'est pas reçu et la réponse du président tanzanien est claire, selon le PV de la conversation: »il veut juste plus d'argent«[27].

Mais il reste exclu à Bonn de penser sa position en termes de sphères d'influence en dehors de l'Europe. Moscou renforce sa présence partout dans le Tiers Monde, ce qui conduit à des confrontations avec la France, par locaux interposés. Le parachutage de la Légion sur Kolwezi en mai 1978 pour protéger et évacuer les quelque 3000 Européens sur place répond à l'attaque de rebelles poussés par Cuba et Moscou, contre le Zaïre. L'intention de Paris est censée, comme le dit Giscard d'Estaing, »protéger l'Afrique vis-à-vis des non-Africains qui la déstabilisent« dans la ligne gaullienne d'une troisième voie pour le Tiers Monde[28]. C'est autrement que la question se pose pour l'Allemagne. La crise des approvisionnements en hydrocarbures, surtout après la guerre du Kippour de 1973, rend moins flous les contours de pays sur la carte allemande du monde. Les réserves de pétrole font réactiver d'anciennes relations, remontant à Weimar dans le cas de l'Arabie saoudite, avec laquelle Bonn a des relations diplomatiques depuis 1954[29]. Pour la France et l'Allemagne l'attention se déplace vers les monarchies du Golfe avec, dans la région, une priorité accordée par Bonn à l'Iran et par Paris à l'Irak. Et la Libye, jusqu'alors dans le viseur de la France, devient un des plus importants partenaires commerciaux de l'Allemagne fédérale dans la région. Bonn s'y investit dans la formation de policiers. Mais reste en retrait lors des actions menées par la France, par des interventions militaires, comme pour bloquer l'agression libyenne au Tchad, et par l'intensification des relations avec le Maghreb, avec des contrats mirifiques d'achat français de gaz algérien[30].

Une convergence se dessine toutefois dans l'approche néoréaliste du commerce des armes avec le Moyen Orient – en même temps que perdurent des crispations allemandes. Lorsqu'en 1978 sont vendus à la Syrie des missiles anti-chars Milan de production franco-allemande, l'ambassadeur d'Israël à Bonn, Meroz, proteste. Genscher défend bien l'action de la France dans la région comme »un élément stabilisateur«, mais en bilatéral Bonn réclame à Paris d'être informée très amont des projets de vente

26 Wirsching, Abschied vom Provisorium (voir n. 19), p. 519.

27 Compte-rendu de l'échange du Chancelier Helmut Kohl avec le Président Nyerere, 22.5.1985, à Bonn, AAPD 1985, Dok. 132, p. 676–682, ici p. 679.

28 Valéry Giscard d'Estaing cité notamment par »Le Devoir«, Montréal 23.5.1978 et »L'Express«, 15.12.1979.

29 Rolf Steininger, Deutschland und der Nahe Osten. Von Kaiser Wilhelms Orientreise 1898 bis zur Gegenwart, Munich 2015.

30 Vaïsse, La puissance ou l'influence (voir n. 4), p. 402.

d'armes communes[31]. Le Quai répond que les hésitations allemandes retardent les affaires et augmentent le risque de perdre les marchés face à la concurrence britannique. Sauf que Bonn est confronté à la semonce israélienne évoquant les implications psychologiques si des armes allemandes touchaient des colonies israéliennes et tuaient des juifs. Lors de la vente de chars allemands Léopard à l'Arabie Saoudite la même année, Helmut Schmidt subit des attaques très violentes de Menachem Begin l'accusant publiquement d'avoir été un nazi, peut-être même un criminel de guerre[32]. Cet exemple illustre la contrainte combinée du poids du passé et de l'injonction extérieure (hétéroperception), puis l'intégration de ce complexe dans l'élaboration de la politique étrangère (autoperception). Une équation que ne connaît pas la France dans l'approche réaliste du rapport au monde, dont les ventes d'armes sont l'expression la plus crue.

Avec la livraison d'installations industrielles, l'Allemagne poursuit discrètement, en bon esprit de compétition avec la France, son approche pragmatique du commerce international. En 1976 est signé avec l'Iran un contrat de livraison de deux centrales nucléaires allemandes pour un montant de 8 milliards de Mark, le plus gros contrat jamais signé par le pays. Avec le Shah d'Iran, les relations sont étroites, même si, en raison de l'émoi suscité par la visite du Shah à Berlin en 1967, la circonspection est de rigueur. Lors de la célébration grandiose du 2500e anniversaire de la fondation de l'empire perse à Persépolis en 1971, le président fédéral Heinemann préfère se faire représenter. Mais l'Iran occupe une place centrale dans le dispositif ouest-allemand[33] – et ce jusqu'à la révolution islamique en 1979 qui porte l'ayatollah Khomeiny au pouvoir. Là, Bonn joue les intermédiaires pour la libération des otages américains à Téhéran. Et le pays va rester un partenaire commercial de premier plan pour l'industrie allemande.

La France n'est pas en reste en Iran avec de grands contrats civils et la participation iranienne à Eurodif, tout en livrant à l'Irak, en 1980, un réacteur nucléaire baptisé Osirak. Quand les deux voisins du Golfe entament en 1980 une guerre qui va durer huit ans, la France donne son appui militaire à Bagdad contre l'Iran, allant jusqu'à prêter à Saddam Hussein des avions français équipés de missiles – ce qui vaut à la France la colère de l'Iran et de la Syrie, des prises d'otages et une vague d'attentats en France dans la seconde partie des années 1980. Dans ce conflit Iran-Irak, en revanche, Bonn s'abstient, conformément à sa politique d'autorestriction ou de retenue. Toutefois, sa situation de fournisseur d'usines de production chimique à l'Irak (de firmes

31 Note de l'ambassadeur Herbst (Paris) sur l'échange de vues de Hans Dietrich Genscher et Louis de Guiringaud à Paris le 6.2.1978, Genscher informe Guiringaud de la démarche de l'ambassadeur d'Israël à Bonn, AAPD 1978, Dok. 33, p. 196–199, ici p. 198, note 11. Aussi Dok. 47: visite de l'ambassadeur Meroz au ministre Genscher à Bonn, 13.2.1978, p. 254–256.

32 Sous le signe de la stabilité et de la sécurité: quelle stratégie pour l'Allemagne fédérale en Europe dans les années 1980? Dossier sous la dir. de Hélène Miard-Delacroix dans: Allemagne d'aujourd'hui, 215 (2016), p. 114–216. Notamment la contribution de Dominique Trimbur, »Des relations normales au caractère particulier«: la RFA, Israël et le Moyen-Orient dans les années 1980, ibid., p. 205–216.

33 La moitié des exportations de la CEE en Iran étaient alors *Made in Germany*. Sur les relations Allemagne fédérale – Iran, voir Frank Bösch, Zwischen Schah und Khomeini. Die Bundesrepublik Deutschland und die islamische Revolution im Iran, dans: Vierteljahrshefte für Zeitgeschichte 63 (2015), p. 319–349.

privées) la met en porte-à-faux vis à vis d'Israël qui dénonce la possibilité de fabriquer des gaz – allemands de surcroît – en vue de les utiliser contre des Juifs. L'Allemagne fédérale livre des masques à gaz à Israël et voit confirmée l'immense difficulté de faire accepter qu'elle ait dans la région une politique d'équidistance similaire à celle de la France. Alors qu'au fond, les deux positions sont similaires sur la question palestinienne.

Donc toujours pas de convergence franco-allemande? Malgré des analogies dans une approche de Realpolitik, pour des relations avec tout le monde, y compris les dictatures d'Amérique du Sud? Et n'y a-t-il pas de nuance partisane? La différence est peut-être dans le ton, le chancelier Brandt s'émouvant comme plus tard le président Mitterrand des atteintes aux droits de l'Homme. Mais les deux pays s'en accommodent au fond. L'Allemagne reste attachée à ce qu'on a appelé la politique du carnet de chèque, quand la politique française en reste à celle de la présence visible. Pourtant Schmidt et Giscard ont encouragé ensemble une autre approche, celle du multilatéralisme qui permet à l'Allemagne de ne surtout jamais agir seule – et de trouver des espaces de concertation comme dans les sommets du G7 initiés à Rambouillet en 1975[34].

Trois traits spécifiques caractérisent la façon ouest-allemande de se présenter dans le monde. C'est d'abord le choix du *soft power*, les efforts étant mis sur l'action culturelle, les Instituts Goethe opérant en similitude avec l'Alliance française, la tradition civilisatrice messianique en moins, et sans les infrastructures de la francophonie. C'est ensuite le rôle joué par la technique dans la présentation de soi à l'étranger avec des normes de comportement alliant, comme pour les produits, qualité et efficacité. Enfin c'est la diplomatie parallèle menée par la Bavière et Franz Josef Strauss en particulier, avec la réactivation de réseaux dans les anciennes colonies (Namibie, Togo) et dans l'Afrique du Sud de l'apartheid. Parallèle est aussi l'action des fondations politiques allemandes, proches des partis, qui soutiennent l'opposition aux sandinistes au Nicaragua avec, à partir de 1979, des sommes à 7 chiffres[35].

Beaucoup plus proche, en Europe, domine une grande proximité franco-allemande avec l'engagement commun de Kohl et Mitterrand pour la construction européenne, allant du front commun face à Thatcher avec la solution du chèque britannique en 1984 à l'approfondissement de la coopération bilatérale en matière de défense, allant des efforts contre l'eurosclérose à la signature de l'acte unique et à l'UEM à Maastricht[36]. Déjà en juin 1974, le premier ministre Chirac avait posé le principe que »la politique européenne ne fait plus partie de notre politique étrangère«, passée de

34 Sur les années Schmidt, voir Wolfgang Jäger, Werner Link, Republik im Wandel 1974–1982. Die Ära Schmidt. Deutsche Geschichte der Bundesrepublik Deutschland, Munich 1987, p. 275 à 445; Hélène Miard-Delacroix, Partenaires de choix? Le Chancelier Schmidt et la France 1974–1982, Berne 1993; Matthias Waechter, Helmut Schmidt und Valéry Giscard d'Estaing. Auf der Suche nach Stabilität in der Krise der 70er Jahre, Brême 2011; Ulrich Lappenküper, Mitterrand und Deutschland. Die enträtselte Sphinx, Munich 2011.

35 Frank Bösch, »Mehr Diktatur wagen«? Der bundesdeutsche Umgang mit undemokratischen Staaten in den 1970/80er Jahren, communication au colloque »Wir wollen mehr Demokratie wagen«. Antriebskräfte, Realität und Mythos eines Versprechens, Bundeskanzler Willy Brandt Stiftung, Berlin 19.–20.9.2017, à paraître en 2019.

36 Hans Stark, Kohl, l'Allemagne et l'Europe. La politique d'intégration européenne de la République fédérale: 1982 à 1998. Paris 2004.

l'horizon à l'espace commun[37]. Pour Bonn, l'intégration européenne sur base franco-allemande se confirme comme étant durablement, avec les relations germano-américaines, l'ossature de sa politique étrangère. »Nous n'errons pas entre l'Est et l'Ouest. Réunification et intégration européenne, Deutschlandpolitik et Europapolitik sont les deux faces d'une même médaille«[38]: ces mots qui combinent une formule de Brandt et une plus ancienne d'Adenauer sont ceux de Helmut Kohl au Bundestag, la veille de la chute du Mur de Berlin[39].

Quand s'annonce la »fin de Yalta« au tournant de 1990, les défis ne sont pas les mêmes. La France doit renoncer au confort de contester l'ordre établi tout en profitant de la protection collective[40]. Elle choisit la prudence et donne d'elle l'image d'un pays voulant à tout prix préserver le *statu quo*. L'Allemagne est au contraire en plein mouvement, mais l'allégresse de la réunification se couple à de nouveaux défis, comme celui de repenser son rapport au monde en dehors du cadre bipolaire. Ce sera notre troisième moment, de la fin de la guerre froide à nos jours où la convergence devient pensable dans la complémentarité.

## 3

Avant le bouleversement des équilibres suite au virage gorbatchévien, à la réunification allemande et à l'effondrement de l'Union soviétique, le thème d'un nouvel ordre économique international (NOEI) avait été porté par la France de Giscard avec une première Conférence Nord-Sud en décembre 1975, mais aussi par l'ancien Chancelier Brandt promoteur d'un dialogue dans la conscience d'un monde plus large[41]. Cette nouvelle perception du global est une compréhension plus aiguë de l'interdépendance des régions du monde au moment où s'intensifient les flux et échanges.

Mais dans l'approche mondiale similaire des problèmes économiques est demeurée une différence nette dans les motifs d'action. Dans les années 1980 et 1990, les avancées allemandes en Afrique ont été plus sélectives que celles d'une France vue, selon la perspective, comme jalouse de son pré-carré ou comme garante de la stabilité régionale, et ce de plus en plus au-delà des anciennes colonies francophones. Après deux décennies de fort développement des exportations allemandes, ce fut une baisse massive des contacts commerciaux allemands avec l'Afrique subsaharienne, révélant

37 Jacques Chirac, déclaration de politique générale, à l'Assemblée nationale, 5.6.1974, URL: http://discours.vie-publique.fr/notices/103002575.html (21.2.2018).
38 Développement et citation in Barbara Kunz, Stephan Martens, Hans Stark, L'Allemagne sur la scène internationale. En quête de stabilité dans un monde qui change, Villeneuve d'Ascq 2017, p. 11.
39 On se reportera utilement à la documentation Deutsche Einheit. Sonderedition aus den Akten des Bundeskanzleramtes 1989/90. Dokumente zur Deutschlandpolitik, Munich 1998. Pour la période précédente des relations interallemandes, Heinrich Potthoff (dir.), Die »Koalition der Vernunft«. Deutschlandpolitik in den 80er Jahren, Munich 1995.
40 Bozo, Politique étrangère de la France (voir n. 4), p. 191.
41 Marie-Claude Smouts, Valéry Giscard d'Estaing et le nouvel ordre économique international, dans: Samy Cohen, Marie-Claude Smouts (dir.), La politique extérieure de Valéry Giscard d'Estaing, Paris 1985. Sur Brandt et la commission Nord-Sud, Bernd Rother, Wolfgang Schmidt, Einleitung – Über Europa hinaus. »Dritte Welt« und Sozialistische Internationale, Willy Brandt, Berliner Ausgabe, vol. 8, Bonn 2006, p. 15–109, en particulier p. 64–109.

un désintérêt politique, relatif à la faible importance économique des partenaires. Le rapport respectif à l'Afrique montre en lumière crue deux paradigmes d'appréhension du monde, brutalement résumables dans l'opposition: mission universaliste *versus* business. Une conséquence: d'Allemagne, le regard reste empathique mais lointain quand la France est de très près impliquée dans la guerre civile au Ruanda. Paris est même mis en cause dans le génocide, accusée d'avoir soutenu le régime hutu au lieu de protéger les tutsi attaqués[42].

Est-ce à dire que depuis 1945, rien, ou si peu, a changé? Ce serait ignorer des changements résultant autant de mutations internes que de la pression extérieure.

Après l'impression qu'une seule hyperpuissance, américaine, dominait le nouvel ordre mondial après 1991, le poids croissant de puissances émergentes a fait advenir un monde multipolaire. Sous le président néogaulliste Chirac au début du XXIe siècle, la France tenta de s'adapter à la nouvelle donne par une mondialisation maîtrisée, où elle tiendrait son rang en privilégiant le dialogue des cultures (l'Asie en particulier) entre des grands ensembles d'acteurs régionaux[43]. En même temps, le *made in Germany* achève d'installer une image positive en faisant reculer les raisons de l'opprobre antérieur. L'Allemagne redevient une puissance, pour ainsi dire, par la porte de derrière, privilégiant toujours le multilatéralisme et préférant ne participer qu'en second rang à des actions collectives. À côté de cette Allemagne qui a, de fait, gagné en rayonnement et prestige tout en continuant à refuser de se doter des moyens de la puissance militaire, la France, qui possède toujours le deuxième réseau diplomatique au monde après celui des États-Unis et les atouts de la puissance militaire, voit son image se dégrader en raison de sa moins bonne santé économique, y compris dans ses zones traditionnelles d'influence[44]. Conservant une aspiration malgré des moyens moindres, elle accentue le choix de la politique européenne comme prolongement de l'action nationale. C'est ce que suggère le lancement du partenariat Euromed en 1995 entre les deux rives de la Méditerranée, dit processus de Barcelone.

Pourtant, alors que les deux lignes de la renommée semblent converger, entre les deux pays ont perduré, ces dernières années, de fortes divergences dans l'attitude ou dans la motivation. La guerre du Golfe après l'invasion du Koweït par l'Irak le 2 août 1990, a contraint la France à choisir entre la solidarité dans l'ONU et son soutien habituel à l'Irak. C'est la solidarité atlantique qui l'emporta et elle participa à la coalition Tempête du désert[45]. L'Allemagne, fidèle à sa loi d'airain de la politique de retenue, s'abstint d'envoyer des soldats en plus du matériel de toute sorte d'une valeur de 3,3 milliards de Mark. Dans les reproches américains, elle sentit plus fortement la pression de George Bush père qui dès mai 1989 qualifia l'Allemagne fédérale de *partner in leadership*. Les seuls 49 soldats allemands envoyés pour être stationnés en Turquie, potentiel champ de bataille, suffirent à provoquer un émoi immense en Allemagne et à faire monter en flèche le nombre des objecteurs de conscience[46]. La crise yougoslave éclatant à l'été 1991 montra un autre décalage, et même un désaccord

42 Vaïsse, La puissance ou l'influence (voir n.4), p. 331.
43 Christian Lequesne, Maurice Vaïsse (dir.), La politique étrangère du président Jacques Chirac, Paris 2013.
44 Vaïsse, La puissance ou l'influence (voir n. 4), p. 52.
45 Ibid., p. 308s.
46 Steininger, Deutschland und der Nahe Osten (voir n. 29).

franco-allemand sur la reconnaissance de la Croatie, jugée ›prématurée‹ en France, mais ›conséquente‹ en l'Allemagne. En bref, après des mois d'atermoiement, il y eut des casques bleus français et allemands sur le terrain – et à la fin il fallut l'aide des États-Unis pour résoudre le premier conflit d'après-guerre en Europe même. Au Kosovo en 1999, c'est la notion d'aide humanitaire qui rendit possible la première intervention de la Luftwaffe depuis la Seconde Guerre mondiale dans le cadre d'un conflit, alors que, à la lettre, la constitution ne l'autorisait pas.

Après le 11 septembre 2001 et face au défi terroriste, la crise irakienne en 2003 révéla soudain un front commun *contre* les États-Unis de George W. Bush, on assista à une nette convergence franco-allemande – mais pour des raisons différentes. Certes les deux pays s'appuyèrent l'un sur l'autre et refusèrent de soutenir l'intervention américaine en Irak, pareillement au nom de la défense du droit contre une action unilatérale sans mandat de l'ONU, mais ce sont deux ambitions quasiment inverses qui s'exprimèrent dans le discours du ministre Villepin aux Nations-Unies et dans le refus du chancelier Schröder. Le premier a voulu faire porter la voix de la France quand le second, en campagne, s'adressait à son opinion publique demeurée profondément non- interventionniste. En raison de cette permanence de la retenue allemande, l'Allemagne répugne à approuver les interventions armées – mais voit se modifier l'image qu'elle renvoie à l'extérieur. En mars 2011, lorsque la France a pris avec le Royaume-Uni la tête d'une intervention en Libye avec mandat de l'ONU, l'abstention de l'Allemagne au conseil de sécurité a produit plus d'agacement que de respect chez ses partenaires[47]. L'injonction extérieure vis à vis de l'Allemagne a changé. Son refus systématique de recourir à la force armée finit par saper la crédibilité de l'attachement aux valeurs occidentales si l'on ne se montre pas prêt à les défendre.

Cet écart ne masque pas de nombreuses convergences. Ce sont d'abord des défis: Celui de l'Allemagne, c'est se penser dans le monde en répondant à la demande croissante qui lui est adressée, l'injonction extérieure contraignant au changement de l'image de soi. Celui de la France, c'est penser la poursuite de l'influence en reconsidérant ses positions, par exemple par le retour dans les structures intégrées de l'OTAN initié par Chirac et achevé par Sarkozy[48]. Ce sont ensuite des hantises: pour la France, c'est celle du déclin, de ne cesser de marquer le pas devant la puissance exportatrice de l'Allemagne qui a trouvé en la Chine, en 2016, son premier partenaire commercial, devant les États-Unis et la France. Pour l'Allemagne, c'est la hantise de la paralysie, toujours en raison du passé. En novembre 2012 encore, elle s'est abstenue lors du vote de l'ONU sur l'accord à la Palestine du statut d'observateur non membre. Ce sont encore des prises de conscience: longues et lentes, quand la France commence à comprendre l'importance de l'Ukraine et l'Allemagne celle du Mali.

Les convergences, ce sont enfin des intérêts et des impératifs: coopérer dans des actions multilatérales, renforcer l'Europe à ses marges et, car c'est devenu logique, dans ses moyens internes de lutter contre les agressions extérieures. Cela n'est possible qu'en alliant les atouts des deux pays. Alors que l'Union européenne a progressé, radicalement mais aussi péniblement, avec des divisions internes dans la ligne à

47 Kunz, La dimension militaire dans la politique de sécurité allemande, dans: Kunz, Martens, Stark (dir.), L'Allemagne sur la scène internationale (voir n. 38), p. 203–217.

48 Frédéric Charillon, La politique étrangère de la France, Paris 2011, p. 146.

tenir face aux États-Unis et avec des crises financières, institutionnelles et organisationnelles, est partagée aussi la prise de conscience de la provincialisation de l'Union européenne à l'échelle globale. Et en même temps la conscience de ses atouts comme possible Europe puissance, à la fois acteur et protecteur, capable de tenir tête au président Poutine et de redéfinir ses relations avec les États-Unis de Donald Trump, selon la formule qu'avait forgée Hubert Védrine pour la France: »amis, alliés, pas (toujours) alignés«[49].

À mesure que l'environnement s'est montré plus hostile – la Russie en tension avec l'Allemagne, la Turquie au ton menaçant, la défection du Royaume-Uni avec le Brexit, la crise majeure en Méditerranée et la guerre au Moyen Orient – et maintenant la révolte catalane! – ont convergé les efforts pour être ensemble ce que l'Allemagne voit comme sa mission première, être un facilitateur discret et modeste aux marges de l'Europe. Sous Angela Merkel et François Hollande, le couple franco-allemand a tenté, en addition des forces mais sans succès éclatant, d'aider à trouver un accord pragmatique à Minsk, Paris et Berlin négociant avec la Russie et l'Ukraine au nom de la partie occidentale. Le couple souhaite être passé en quelque sorte d'un système de rouages complexes à un moteur électrique franco-allemand. Mais alors il fallait aussi agir ensemble dans le dossier du nucléaire iranien et aussi sur le terrain africain où l'intérêt immédiat de l'Europe est d'empêcher les progrès de l'islamisme et les déstabilisations régionales pour se protéger soi-même du terrorisme: trouver une possibilité d'engagement technique allemand compatible avec la retenue, car le réalisme impose de combiner les traditions de la France et de l'Allemagne, si longues à bouger dans les opinions. Cette promenade nous a finalement conduits de Minsk au Mali, une acception plus sérieuse de l'acronyme M'n'M devenu en vogue avec les noms de Angela Merkel et d'Emmanuel Macron. L'élection de ce dernier au printemps 2017 et les nouvelles initiatives proposées, avec passion, pourraient faire imaginer que, de moteur, le couple franco-allemand soit devenu une sorte de *plug-in*, ce petit logiciel qui se greffe à un programme principal pour lui conférer de nouvelles fonctionnalités. Qui sait?

Au terme de ces réflexions, nous retenons la résistance de l'acquis, la dépendance du chemin parcouru qui se retrouve dans les dilemmes et contradictions de deux puissances moyennes. Pour l'Allemagne, trouver l'équilibre entre retenue et influence, une attention accrue aux valeurs, et surtout ne pas donner l'impression de revendiquer un leadership[50]. Pour la France, trouver l'équilibre entre la permanence d'un projet national, une ambition européenne mais aussi globale, avec des idéaux universalistes conservés. Avec, comme l'a suggéré le président Macron dans son discours aux ambassadeurs le 29 août 2017, la »voix« que la France veut faire entendre désormais aussi pour les Européens dans le monde. Comme en 1950, le temps pourrait être venu de reprendre la main, dans une convergence franco-allemande qui n'est pas impensable. Comme le rappelle la biologie, la convergence qualifie »une ressemblance acquise entre des animaux ou des plantes vivant dans un même milieu, ayant le même mode de locomotion ou le même régime alimentaire, alors que leurs ancêtres étaient

49 Hubert Védrine, Les mondes de François Mitterrand, Paris 1996, p. 131.
50 Kunz, Martens, Stark (dir.) (voir. n. 38), p. 13–14.

beaucoup plus différents«. Si, comme le comprend la neurologie, la convergence est »l'intégration par une cellule nerveuse des signaux venus d'endroits différents qui convergent sur elle«, il semble bien que des signaux très intenses convergent sur la France et l'Allemagne en Europe. Reste à savoir, mais cela ce n'est plus le travail de l'historien, reste à savoir si les deux pays sauront décrypter ensemble ces signaux.

# Zur Forschungsgeschichte und Methodendiskussion

ALAIN J. STOCLET

## SAINT DENIS, SAINT-DENIS ET LES PREMIERS CAROLINGIENS

### À propos d'une nouvelle édition des Passions d'Hilduin et de plusieurs textes apparentés ou satellites[1]

Hilduin de Saint-Denis est l'une des figures maîtresses de l'empire carolingien dans la première moitié du IX^e siècle: haut dignitaire, il a laissé une œuvre assez substantielle pour lui valoir, en 2010, une longue notice dans la »Clavis Galliae«. Si l'on en juge par l'état des éditions dressé par Cécile Lanéry dans ces pages[2], la recherche semble s'être largement désintéressée de cette production, peut-être en raison de l'exécrable réputation de Saint-Denis, repaire notoire de faussaires. Fort heureusement, Michael Lapidge, un philologue chevronné, a entrepris de dépoussiérer ce volumineux dossier, ce dont on lui sait gré. Commencés en 1987, ses travaux sur Hilduin sont ici réunis et considérablement augmentés en une somme appelée à faire date. Outre la passion en prose composée par Hilduin (*Post beatam ac salutiferam*, Bibliotheca Hagiographica Latina [BHL] 2175, HILDU 2.4[3]) et celle, en vers, que Lapidge lui attribue (*Post crucis insignes*, HILDU 10), toutes deux au centre du propos (p. 124–188, 229–447 et 470–608), nombre de textes connexes sont également présentés, édités – d'après les meilleurs témoins, nous assure-t-on –, traduits et commentés: plusieurs font fréquemment escorte, dans les manuscrits, à la »Passion en prose« (lettre de Louis le Pieux à Hilduin [BHL 2172, HILDU 2.1], réponse [BHL 2173, HILDU 2.2], lettre de Hilduin aux fidèles [BHL 2174, HILDU 2.3], *Revelatio ostensa papae Stephano* [BHL 2176, HILDU 2.5]), d'autres lui ont servi de sources (»Passion ancienne« ou *Gloriosae* [BHL 2171], »Passion anonyme« ou *Post beatam*

1 Michael LAPIDGE, Hilduin of Saint-Denis. The *Passio S. Dionysii* in Prose and Verse, Leiden (Brill Academic Publishers) 2017, XIII–897 p. (Mittellateinische Studien und Texte, 51), ISBN 978-90-04-34165-4, EUR 173,00.

2 Cécile LANÉRY, Hilduinus Sancti Dionysii abb., dans: Marie-Hélène JULLIEN (dir.), Clavis Scriptorum Latinorum Medii Aevi. Auctores Galliae. 735-987 / Clavis des auteurs latins du Moyen Âge. Territoire français. 735–987, t. 3, Faof Cabillonensis – Hilduinus Sancti Dionysii, Turnhout 2010 (Corpus Christianorum. Continuatio Mediaeualis. Claues), p. 482–546.

3 Ce dernier identifiant ainsi que les autres de même type sont ceux du répertoire de Lanéry cité à la note précédente, où l'on trouvera quantité d'indications utiles sur chacun des textes concernés (bibliographie, liste des témoins manuscrits, etc.).

*et gloriosam* [BHL 2178], *Epistola Aristarchi ad Onesiphorum*, *Epistola [Dionysii] ad Apollophanium*, *Conscriptio Visbii*), d'autres encore relèvent de la liturgie et peuvent ou non être identiques à ceux qui font l'objet d'une mention dans la correspondance de l'abbé et de l'empereur (hymnes attribués par Hilduin à Eugène de Tolède [Initia carminum Latinorum, éd. Dieter Schaller, Ewald Könsgen, Göttingen 1977, n° 1789] et Venance Fortunat [ibid., n° 5307]; messes pour la fête de saint Denis; offices de nuit pour Denis et ses compagnons).

La commodité d'avoir désormais, réunis sous une même couverture, la majorité des textes qui composaient ce que Lapidge appelle à juste titre les *Dionysielli*, voilà indubitablement l'un des principaux mérites de ce travail. Un autre, et non des moindres, est l'expertise philologique que Lapidge y apporte. On appréciera en particulier l'étonnante érudition déployée dans l'analyse stylistique et littéraire de la »Passion métrique« (p. 149–187), tout en regrettant vivement l'absence, en fin de volume, d'un *index locorum*, qui eût permis d'embrasser d'un coup d'œil l'ensemble des emprunts ou réminiscences présents dans les œuvres éditées et de retrouver facilement chacune de ces occurrences. Appliqués à la *Revelatio*, ces mêmes outils, maniés avec la même dextérité, conduisent à en retirer la paternité à Hilduin (p. 853–855) – malheureusement, ce nom n'est remplacé par aucun autre, nul jalon n'est posé dans ce sens et l'argumentation n'est pas uniformément des plus convaincantes[4].

## I. Du choix et de la description des manuscrits

L'édition de textes se prépare, comme chacun sait, par la recherche des manuscrits, aussi scrupuleuse que faire se peut, et par leur examen minutieux. La méthode suivie dans »Hilduin of Saint-Denis« consiste à présenter les résultats de ces investigations séparément pour chacun des textes édités, ce qui a pour principal inconvénient de multiplier les catalogues de témoins et de répéter plusieurs fois les mêmes notices, parfois assez longues. À telle enseigne qu'on se demande s'il n'eût pas mieux valu leur consacrer un chapitre propre, à la suite de ceux sur la carrière d'Hilduin (1), sur sa traduction du *Corpus Dionysiacum* (2) et sur les premiers temps de l'hagiographie à Saint-Denis (3) et avant d'aborder la présentation des grands textes (*Epistolae* [actuel

4 Le fait que, dans sa vision, le pape Étienne ne nomme pas le prêtre et le diacre qui lui sont apparus en même temps que Denis et à ses côtés (p. 855) s'accorde assez bien avec le contexte. Étienne est à des milliers de lieues de chez lui. Il reconnaît facilement les saints Pierre et Paul grâce aux images – innombrables, certainement – qu'il en a vues à Rome. Il déduit l'identité de Denis de son apparence et de son costume, minutieusement décrits, ainsi que du lieu où se produit le miracle. Mais il n'a aucun moyen d'identifier Éleuthère et Rustique, qui lui sont parfaitement étrangers. L'omission de leurs noms est donc bien dans la logique du récit et ne constitue en aucun cas un indice défavorable à Hilduin en tant qu'auteur de ces lignes. D'autre part, il ne fait guère de doute que le style consistant à situer Saint-Denis dans la circonscription de Paris, *in pago Parisiaco*, était bien connu d'Hilduin par le truchement des diplômes entrés en quantité aux archives du monastère, de son temps comme avant (p. 15, 854–855, n. 21). Il confère à la *Revelatio* un parfum de vraisemblance historique – Étienne est contemporain de Pépin, auteur de plusieurs de ces actes. En revanche, son utilisation par Hilduin dans les récits relatifs à saint Denis, censés se dérouler au début de l'ère chrétienne, eût été un anachronisme aisément dénoncé comme tel. Affirmer que »nulle part, l'expression n'est utilisée« par l'abbé (p. 854) n'a donc qu'un sens très relatif.

c. 4], »Passion« d'Hilduin en prose [actuel c. 5], »Passion« d'Hilduin en vers [actuel c. 6]). La place économisée grâce à l'élimination des redites dans les listes de manuscrits pouvait être utilement consacrée à ce qui demeure un desideratum majeur de l'hagiologie de saint Denis: l'étude des groupes de textes engendrés par son culte, au point de vue de leur composition – le terme *Dionysiellus* imaginé par Lapidge par analogie avec celui de *Martinellus*, implique-t-il ou non une certaine stabilité? – et de leur diffusion. On verra plus loin que c'est faute de s'être livré à une enquête de ce type que Lapidge peut affirmer que la *Revelatio ostensa papae Stephano* était normalement suivie des *Gesta Dagoberti regis*.

Le filet de Lapidge a-t-il attrapé tous les témoins? C'est peu probable. Voici, par exemple, un gros poisson qui est passé entre ses mailles: Vatican, BAV, Arch. Cap. S. Pietro, A4, de la fin du XI^e^ s., plus tardif, donc, mais de peu, que les plus jeunes des manuscrits retenus p. 116–118 et 855. Ce volume, qui forme avec A2 et A5 du même fonds le »Légendier« de Saint-Pierre, renferme aux fols. 230–238v et I–IIv (le dernier cahier ayant été relié par mégarde à l'avant) la *Revelatio* suivie des *Epistolae* I, II et III. Textuellement, l'apport du *Vaticanus* est modeste: *surcariis* (même leçon que Paris, BNF, lat. 3851A [X^e^ s.] mais *surtariis*, *Revelatio*, p. 858, l. 11); *et respexit* (*respexitque*, 858:17); *sanatus* (même leçon que BNF, lat. 3851A, mais *sanus*, 858:27); om. DE DEDICATIONE ALTARIS (858:28), comme BNF, lat. 3851A; *eo*, sur grattage, par un correcteur (*hoc*, 858:30); *Qui* (*Quoniam*, 858:31); *Karolum mannum* (*Karlomannum*, 860:2); *deo* (même leçon que BNF, lat. 3851A, mais *nostro*, 860:5); om. *nostri* (860:10), comme BNF, lat. 3851A; *sacratissimis* avec -s- suscrit par le même correcteur (*sacratissimum*, 860:12). La place accordée à la *Revelatio* est intéressante et montre à quel point le choix et l'ordre des textes étaient susceptibles de varier en fonction du contexte de copie: à Rome, on privilégie la pièce qui met en scène un pape. Mais ce qui retient surtout l'attention, ce sont les suppléments qui ne se lisent qu'ici: chacune des trois lettres est précédée de ce que l'on appellerait aujourd'hui une analyse, plutôt banale, à dire vrai (fol. 231vb, l. 17–28; fol. 233ra, 11 dern. lignes; fol. Ira, 8 dernières lignes et fol. Iva, 10 premières lignes), tandis que la *Revelatio* est suivie, fol. 231v, d'une sorte de colophon (ou Additamentum, BHL 2176b) expliquant que »ce *libellus* fut envoyé au pape Léon par Otfred, pécheur, prêtre du monastère du bienheureux martyr Denis« et qu'il était destiné au monastère Saint-Denis fondé à Rome par Étienne II (comme le rapporte la dernière partie de la *Revelatio*), »afin que l'*ordo passionis ipsius* soit connu et récité publiquement chaque année aux fidèles le 9 octobre, jour de sa fête[5]«. Sauf que la *passio eius* n'a *pas* été recopiée!

5 Imprimé dans Albert PONCELET, Catalogus codicum hagiographicorum Latinorum bibliothecarum Romanarum praeter quam Vaticanae, Bruxelles 1909, p. 15, n° 60. Le manuscrit est consultable sur Digital Vatican Library (digi.vatlib.it). La *Revelatio* parvint à Rome dès le X^e^ s. au plus tard: Raymond J. LOENERTZ, Un prétendu sanctuaire romain de s. Denys de Paris, dans: Analecta Bollandiana 66 (1968), p. 118–133, ici p. 132–133, citant un extrait de la »Chronique de Benoît«, moine de Saint-André au pied du Mont Soracte (où Carloman, le frère de Pépin, s'était provisoirement retiré après son abdication en 747), ainsi que quelques lignes de la »Translation des saintes Digne et Merita«, par un prêtre homonyme, »un Romain de Rome« (sur ce texte et son auteur, voir Pierluigi LICCIARDELLO, Agiografia latina dell'Italia centrale, 950–1130, dans: Guy PHILIPPART [dir.], Hagiographies. Histoire internationale de la littérature hagiographique latine et vernaculaire en Occident des origines à 1550, t. 5, Turnhout 2010 [Corpus Christianorum], p. 447–729, ici p. 577–579).

C'était sans doute celle qu'avait composée Hilduin (*Post beatam ac salutiferam*) et elle devait, dans l'exemplaire-source, précéder la *Revelatio*. Quant au prêtre Otfred, serait-il identique à Otfrid de Wissembourg, qui fut selon Lapidge, p. 18–20, l'élève d'Hilduin et revêtit le même titre? Le pape Léon ne serait autre, alors, que Léon IV (847–855).

Ces manuscrits dont le philologue fait son miel, il convient qu'il les décrive avec le plus grand soin. Or, à cet égard, il y a un certain flottement dans »Hilduin of Saint-Denis«, qu'illustre bien le cas de Paris, BNF, lat. 2873A. Sa date, énoncée à cinq reprises, prend quatre valeurs différentes, parfois à quelques lignes d'écart seulement: »tenth century« (p. 116, l. 2), »s. $x^2$« (p. 855, sigle A), »eleventh century« (p. 133), »s. $xi^1$« (p. 116, l. 1, d'après Bischoff relayé par Dolbeau; p. 133; p. 714, n° 90). Sous cet angle aussi, les avantages d'un catalogue unique sont clairs. Les notices de deux autres manuscrits du même fonds, 10846 et 10847 (p. 116–117, 134–135, 715 et 855) ne tiennent aucun compte de celles que leur consacra Poulin dans son étude sur les *libelli* hagiographiques[6] – un mémoire important au-delà même des précisions qu'il apporte sur ce point précis, mais que Lapidge ne parait pas avoir consulté.

## II. Sur la date de la première »Passion« de saint Denis et la composition du recueil commandé par Louis le Pieux

À l'heure actuelle, l'hagiologie accorde aux aspects littéraires des textes étudiés, trop longtemps négligés, toute l'importance qui leur revient de droit. Cela se fait parfois au détriment des aspects historiques, comme Fournier le constatait récemment à propos d'une enquête collective sur la *Passio sanctae Salsae*[7] et comme c'est le cas ici. Excellent philologue et bon connaisseur de l'histoire des îles dites Britanniques, Lapidge est moins à l'aise dans le domaine franc. Sa maîtrise des sources et de la bibliographie continentales est très imparfaite, ainsi qu'on va le voir. Deux exemples illustreront ce propos, que l'on complètera ensuite par une série de remarques plus ponctuelles.

La passion dite *Gloriosae* revêt une importance particulière, puisqu'elle est la plus ancienne des passions de saint Denis et qu'elle se situe donc à l'origine même de la tradition hagiographique relative à ce saint. Lapidge lui consacre l'Appendix I, p. 611–659. La question de sa date est traitée p. 612–623. Après avoir démontré que le passage de la *Vita Genovefae* qui s'y réfère est probablement une interpolation du VIII^e^ s. (p. 612–617) et que l'attribution à Venance Fortunat provient d'une erreur manifeste de Pierre de Marca († 1662) (p. 617–622)[8], Lapidge en vient, p. 622–623, aux rares indications fiables, dont, pour le *terminus post quem*, celle que contient le diplôme de Thierry IV en date du 1^er^ mars 723 ou 724: c'est dans ce document que,

6 Joseph-Claude Poulin, Les *libelli* dans l'édition hagiographique avant le xii^e^ siècle, dans: Martin Heinzelmann (dir.), Livrets, collections et textes. Études sur la tradition hagiographique latine, Ostfildern 2006 (Beihefte der Francia, 63), p. 15–193, ici p. 84–85.

7 Éric Fournier, compte-rendu de: Sabine Fialon, Jean Meyers (dir.), La *Passio sanctae Salsae* (BHL 7467). Recherches sur une passion tardive d'Afrique du Nord, Bordeaux 2015 (Scripta Antiqua, 72), dans: Antiquité Tardive 24 (2016), p. 530–534, ici p. 533–534.

8 Qui pourrait, je pense, avoir été délibérée et répondu aux aspirations d'un siège récemment promu à la dignité d'archevêché (1622, Marca en serait le troisième et très éphémère titulaire).

pour la première fois, le pape Clément est mentionné comme promoteur de la mission de Denis et que le saint et ses deux compagnons le sont dans l'ordre désormais canonique (Denis, Rustique, Éleuthère). Ici, comme dans son article de 2014[9], qu'il ne fait que reproduire (voir p. 612, n. 7), Lapidge renvoie pour cet acte à l'édition – ancienne et exécrable – de Pertz fils, alors que dans l'Appendix XI, p. 854, n. 21, c'est l'édition de Brühl, Kölzer et al.[10] – récente et remarquable – qu'il utilise (dans cette même note, il cite deux actes de Louis le Pieux d'après l'édition Migne, alors qu'au Chapitre I, c'est celle de 2016 qui est constamment invoquée). »Hilduin of Saint-Denis« est une somme, ainsi qu'on l'a dit: que n'a-t-on accordé ses parties, préparées ou rédigées, parfois, à plusieurs dizaines d'années d'intervalle; que n'a-t-on corrigé, ce faisant, les erreurs les plus flagrantes! Selon Brühl, Kölzer et al., le diplôme de Thierry IV (DM 185) serait un faux que sa confirmation par Pépin en 768 (DK1 25[11]) rendit obsolète – Brühl le situe juste avant cette date, tandis que Kölzer en fait le produit des liens privilégiés tissés avec Saint-Denis par Charles Martel, sur la fin, comme par son fils puîné (v. 741–v. 768, donc). Une étude plus récente, restée inédite, rejette également la sincérité de cette confirmation, qui n'aurait vu le jour qu'au IX$^{e}$ siècle[12].

La lettre par laquelle Louis le Pieux invite Hilduin à constituer un nouveau corpus d'écrits sur et par saint Denis (p. 194–199) marque elle aussi une étape déterminante dans l'évolution des assises documentaires de son culte. L'empereur conclut en priant l'abbé de bien vouloir joindre à ce recueil, dont il vient d'énumérer les principales composantes, *reuelationem ostensam beato papae Stephano in ecclesia eiusdem sanctissimi Dionysii, sicut ab eo dictata est, et gesta quae eidem subnexa sunt* (p. 198, l. 6–8), »la vision révélée au pape Étienne en l'église de ce même Denis, très saint, ainsi qu'elle fut dictée par lui, et les *gesta* qui y sont joints«. Lapidge traduit *gesta* par »récits« (angl. »narratives«, p. 199), mais, surtout, il identifie cette œuvre, n. 22, p. 456, à la »Geste du roi Dagobert [Ier]« ou *Gesta Dagoberti regis* (HILDU 5 Spur., ed. Krusch, MGH SS rer. Merov., 2:396–425), alors que, depuis toujours et certainement depuis Waitz (MGH SS 15/1, p. 2, l. 3–9), la recherche, unanime, y reconnaît la »Geste du pape Étienne [II]« ou *Gesta Stephani papae*, qui forme la deuxième partie de la *Revelatio ostensa papae Stephano* (BHL 2176, HILDU 2.5)[13]. Certes, comme Lapidge le soutient, le titre *Gesta Stephani papae* n'est guère de ceux qu'atteste la tradition

9 Michael LAPIDGE, The ›ancient *passio*‹ of Dionysius (BHL 2171), dans: Analecta Bollandiana 132 (2014), p. 241–285.

10 Die Urkunden der Merowinger, nach Vorarbeiten von Carlrichard BRÜHL (†) herausgegeben von Theo KÖLZER unter Mitwirkung von Martina HARTMANN, Andrea STIELDORF, Hanovre 2001 (MGH. DD Merov.).

11 Die Urkunden Pippins, Karlmanns und Karls des Großen, unter Mitwirkung von Alfons DOPSCH, Johann LECHNER, Michael TANGL bearbeitet von Engelbert MÜHLBACHER, Hanovre 1906 (MGH. DD Karol., 1), p. 34–35.

12 CLAUSEN, Studien, à paraître, cité dans: Ergänzungen zu den MGH Diplomata, fiche »Pip.025«. Consultable sur http://www.mgh.de/datenbanken/diplomata/diplomata-ergaenzungen/ (28/03/2018), cette précieuse base, dirigée par Theo Kölzer (et malheureusement »figée«, faute de subsides, depuis sa mise en ligne, il y a quelques années [communic. pers.]) résume les progrès de la recherche depuis 1906, date de parution de l'édition MGH des diplômes de Pépin, Carloman et Charlemagne.

13 Par ex., parmi les auteurs consultés pour »Hilduin of Saint-Denis«: LOENERTZ, Un prétendu sanctuaire (voir n. 5), p. 129, ou Elizabeth A. R. BROWN, *Gloriosae*, Hilduin, and the Early Liturgical Celebration of St. Denis, dans: Stephanie HAYES-HEALY (dir.), Medieval Paradigms.

manuscrite[14], mais ce critère, attribué à tort à Levison[15], ne peut suffire à disqualifier la communis opinio: car ce n'est pas à un titre, mais à un incipit (ou »incipit vrai«[16]) que renvoie le mot *gesta* de la lettre de Louis le Pieux, celui, précisément, de la deuxième partie de BHL 2176, *Gesta sunt autem haec in beato Stephano papa* (Waitz, p. 3, l. 2), »Ces faits sont advenus au bienheureux pape Étienne«. Bien plus, les copistes sont nombreux à rehausser cette articulation du texte en jouant sur la taille et/ou la couleur du G de *Gesta*: à la quinzaine de témoins parisiens déjà recensés[17] on ajoutera Reims, BM, 1403 (XI^e s.), fol. 268va, 3^e ligne à partir du bas, et Vatican, BAV, Arch. Cap. S. Pietro, A4 (fin du XI^e s.), fol.231a, l. 18, tandis que dans Saint-Omer, BM, 342bis (fin du X^e s.), fol. 102v, 5^e ligne à partir du bas, l'espace prévu pour l'initiale, de deux lignes de hauteur, est resté vide, son contenu indiqué en marge par la lettre -g- en attente. Pour finir sur ce point, il convient de retourner contre son auteur l'argument de la tradition manuscrite. En effet, ces *gesta* qu'il tient à voir incorporés au recueil commandé à Hilduin, Louis le Pieux précise, et c'est important, qu'ils sont *eidem subnexa*, joints au texte qu'il vient de mentionner et qui n'est autre que la *Revelatio ostensa papae Stephano*: or si, dans les faits, *Gesta Stephani* et *Revelatio* sont inséparables, l'ensemble qu'ils forment n'est qu'exceptionnellement suivi (ou précédé, pour peu que l'on n'investisse pas le préfixe *sub-* d'une valeur par trop littérale) des *Gesta Dagoberti* ou de l'*Inventio* (BHL 2193), beaucoup plus courte, qui s'y apparente[18].

Essays in Honor of Jeremy Duquesnay Adams, t. 2, New York, Houndmills 2005 (The New Middle Ages), p. 39–82, ici p. 39.

14 Sur cette pluralité, inconnue de l'auteur, p. 850 et n. 6 ibid., voir Alain J. Stoclet, La *Clausula de unctione Pippini regis*, vingt ans après, dans: Revue belge de philologie et d'histoire 78 (2000), 719–771, ici p. 720–721, spéc. p. 720, n. 5.

15 Lapidge, p. 850, n. 6. Levison, Zu Hildvin von St. Denis, p. 518, ne prend pas du tout position sur cette question et ce qu'il écrit semblerait plutôt contredire Lapidge: »À la requête de l'empereur, [Hilduin] a joint à cette *Passio Dionysii* un petit texte, qui fait l'objet de l'étude de Max Buchner: [il s'agit] d'une lettre supposée du pape Étienne II, de 754 (›Revelatio‹) et d'un récit à la troisième personne, qui s'y rattache, édités tous deux par Waitz, *SS*. XV, p. 2 et suiv. et imprimés par Buchner, p. 250 et suiv.« On se permettra à ce propos une remarque d'ordre bibliographique. La référence de l'article de Levison est explicitée p. 875 comme suit: »Levison, W., ›Zu Hildvin von St. Denis‹, *Zeitschrift der Savigny-Stiftung für Rechtsgeschichte* 49 (1929) [*Kanonistische Abteilung* 18], 578–590 [repr. in his *Aus rheinischer und fränkischer Frühzeit* (Düsseldorf, 1948), pp. 517–529].« Elle devrait l'être comme suit: »Levison, W., review of Max Buchner, *Vizepapsttum*, in: *Zeitschrift der Savigny-Stiftung für Rechtsgeschichte*, *Kanonistische Abteilung* 18 (1929), 578–590 [repr. under the title ›Zu Hildvin von St. Denis‹ in his *Aus rheinischer und fränkischer Frühzeit* (Düsseldorf, 1948), pp. 517–529].« La tomaison 49 est celle du volume de la »Germanistische Abteilung« de cette même année 1929 (la ZRG comporte comme on sait trois séries ou sections : Germ., Kan., et Romanistische Abt.).

16 Voir Denis Muzerelle, Vocabulaire codicologique, consulté sur codicologia.irht.cnrs.fr.

17 Stoclet, Clausula (voir n. 14), p. 720, n. 5.

18 Le lecteur pourra procéder à une première vérification approximative en comparant les listes de manuscrits p. 505–506 et 527–528 de la »Clavis Galliae«, sachant que les informations qu'il y trouvera ne valent que ce que valent les catalogues dépouillés par Lanéry. Ainsi, par exemple, Paris, BNF, lat. 12710 (XIII^e s.) contiendrait les *Gesta Dagoberti* (*GD*) (Clavis, p. 528, l. 2), fol. 65 à 68v, mais pas *Revelatio* et *Gesta Stephani* (*R* et *G*) ce qui est inexact: BHL 2176 y figure bien, fol. 64va à 65ra, mais dépourvu de son long incipit (p. 2, l. 17–20 de l'édition Waitz). Ce manuscrit, historique, n'est guère représentatif d'une tradition à dominante hagiographique. Les statistiques pour la période antérieure à 1100 s'établissent comme suit: 1) *R* et *G* sans *GD* ni *Inventio:*

## III. De l'importance des mots

Restons avec les *Gesta Stephani*, dont la traduction nous permet d'aborder un problème récurrent, celui du traitement des termes latins qui sont moins techniques que spécifiques à leur époque et à leur milieu, tel, ici, celui de *proceres* (*Revelatio ostensa papae Stephano*, p. 860, l. 4). Parmi les plus courants du vocabulaire politique et social sous les Mérovingiens et les Carolingiens[19], il désigne les »grands«. Traduire »rulers« (p. 861, l. 4) est une grave erreur, qui en entraîne d'autres (*obtestatus est* ne signifie pas »swore«, mais »entreated« – le pape ne jure pas quelque chose, il conjure quelqu'un – et il n'y a pas, dans l'expression *ex eorum progenie*, d'équivalent de l'anglais »own« [»from their own stock«]) et aboutit à faire dire à ce passage entier tout autre chose que ce qu'il ne dit: ce ne sont pas les princes – Pépin et ses deux fils, auxquels il vient d'administrer l'onction – que le pape avertit solennellement d'être fidèles à leur propre lignée (l'absurdité d'un tel énoncé saute aux yeux), mais les grands, qui n'éliront plus désormais de roi en dehors de la descendance de ceux que Dieu a choisis pour défendre le Saint-Siège.

Ailleurs, c'est la nomenclature liturgique qui fait difficulté, rendant fort obscure ou confuse par endroits la traduction de trois des 16 chapitres de la lettre d'Hilduin à Louis le Pieux (p. 207 et 209 [p. 206, l. 24, à 208, l. 21, du texte latin]): *ordo missae* (p. 206, l. 25–26 et p. 208, l. 18) est rendu tantôt, littéralement, par »order of mass« (p. 207, c. 5), tantôt par »nature of the mass« (p. 209, c. 7); *tenor*, dans *tenor Romanus* (p. 206, l. 27), par »rite« (»Roman rite«, c. 5, p. 207), mais par »aspect« (»aspect of the mass«, p. 209, c. 6) dans *tenor missae* (p. 208, l. 11); *auctoritas ecclesiastica* (p. 208, l. 10), de manière surprenante, par »ecclesiastical celebration« (p. 209, c. 6). On croit comprendre que les monuments de la défunte liturgie gallicane sont invoqués pour démontrer l'ancienneté du culte rendu à saint Denis comme à ses compagnons (c. 5–6, un »argument« à mettre en rapport, peut-être, avec l'introduction de leurs noms parmi ceux des premiers papes dans des litanies modelées sur le canon de la messe et transmises »par plusieurs sacramentaires grégoriens du IX$^{e}$ s. exécutés pour Saint-Denis ou dans un milieu proche de ce monastère«[20]), ce qui oblige ensuite (c. 7) Hilduin à rassurer son correspondant sur le caractère irréprochable de la filiation apostolique, nécessairement romaine, de son héros – il demeura toujours, ainsi que

14 et 2 fragments sans contexte; 2) *R* et *G* précédé de *GD*, c. 1–19: 1 (Saint-Omer, 342bis [abbaye Saint-Bertin, fin x$^{e}$]); 3) *R* et *G* suivi de *Inventio* = BHL 2193: 1 (Paris, BNF, lat. 11751 [Saint-Germain-des-Prés, milieu du XI$^{e}$ s.]); 4) *GD* sans *R* et *G*: 1 (Paris, BNF, lat. 5569 [X$^{e}$ s.]) et 2 fragments sans contexte. Et pour la période postérieure à 1100: 1) *R* et *G* sans *GD* ni *Inventio*: 22; 2) *R* et *G* précédé de *GD*: 0; 2bis) *R* et *G* précédé de *Inventio*: 9 et 3 avec *De dedicatione ecclesiae* (ed. Charles J. Liebman dans: Le Moyen Âge 45 [1935], p. 252–264) intercalé; 3) *R* et *G* suivi de *GD*: 2; 3bis) *R* et *G* suivi de *Inventio*: 2; 4) *GD* sans *R* et *G*: 7; 4bis) *Inventio* sans *R* et *G*: 8.

19 Nombreux exemples, notamment, dans les diplômes des descendants de Clovis, voir l'édition Urkunden der Merowinger (voir n. 10), index des mots p. 851b. Sur la notion, voir Régine Le Jan, Famille et pouvoir dans le monde franc (VII$^{e}$–X$^{e}$ siècle). Essai d'anthropologie sociale, Paris 1995 (Histoire ancienne et médiévale, 33), passim, spéc. p. 130 et ss.; Karl Ferdinand Werner, Naissance de la noblesse, Paris 1998, p. 291–292; etc.

20 Alain [J.] Stoclet, Autour de Fulrad de Saint-Denis (v.710–784), Genève, Paris 1993 (École Pratique des Hautes Études. Sciences historiques et philologiques. V. Hautes études médiévales et modernes, 72), p. 308, n. 1.

ses successeurs, fidèle à l'esprit (*sensus*) des apôtres et de la ville de Rome, même s'ils se conformèrent, pour la liturgie, à la coutume locale, gallicane[21].

Des erreurs plus circonscrites sont également à signaler: »wrote« pour *recognovi* (p.51–52, n. 214, souscriptions de chancellerie des actes de Lothaire I^er^), un terme technique de diplomatique, qui a un sens bien précis[22]; et »slaves« pour *captiui*, p. 508, n. 241, l. 8 (mais »captives«, même note [!], l. 2–3 ainsi que p. 277 [= p. 276, l. 22] et p. 767 [= p. 766, l. 12]), d'où le curieux commentaire selon lequel, si, dans la *Conscriptio Visbii* et le passage correspondant du *Post beatam ac salutiferam*, un cimetière est réservé aux esclaves, c'est peut-être parce que Hilduin »avait conscience de ce que la société chrétienne primitive était majoritairement composée d'esclaves et [d'individus issus] des ordres inférieurs de la société« – en réalité, c'est le devoir chrétien d'assistance aux prisonniers[23] qui est ici évoqué.

Il est aussi des mots ou des expressions qui mériteraient un commentaire plus approfondi ou un commentaire tout court. Parmi les textes que recense Louis le Pieux dans sa lettre à Hilduin, certains furent trouvés *in tomo cartis uetustissimis armario Parisiacae ecclesiae*, »dans un volume de chartes anciennes dans le coffre à livres de votre église [corriger: »de l'église«] de Paris« (p. 196, l. 28–29 et 197, c. 3). Giry[24] signalait déjà que »les termes employés pendant le haut moyen âge pour désigner le papyrus étaient *charta*, *tomus*, <u>*chartarum tomi*</u>, *tomus chartaceus*, *chartiniacus*, etc.« (soulignage ajouté). Sachant le rôle que jouèrent dans la confection de faux – à une date un peu plus basse, il est vrai – les versos vierges d'originaux mérovingiens sur papyrus des archives de Saint-Denis[25], il est permis de se demander si tel ne fut pas aussi le support choisi par Hilduin pour la fausse *Conscriptio Visbii* – car c'est d'elle qu'il s'agit selon Lapidge, p. 455, n. 20. Dans la suscription de ses deux lettres (p. 200, l. 3–4 et 222, l. 2), l'abbé se qualifie »humble serviteur (*famulus*, *servus*) de Dieu et *matricularius* de [s]on précieux seigneur Denis et de ses compagnons« – à l'imitation d'Alcuin[26], très probablement, car on ne trouve guère d'autre exemple d'un tel usage

21 Peut-être, du reste, reprochera-t-on moins à Lapidge de n'avoir pas surmonté cet écueil que de ne l'avoir pas balisé en renvoyant éventuellement à des tentatives antérieures, par ex. Brown, *Gloriosae* (voir n. 13), p. 79, n. 103 (»The meaning of the final statement is not perfectly clear to me«) et 104 (»Robertson suggested a different interpretation of these passages«).

22 Voir Peter Worm, Karolingische Rekognitionszeichen: die Kanzlerzeile und ihre graphische Ausgestaltung auf den Herrscherurkunden des achten und neunten Jahrhunderts, Marburg 2004 (Elementa diplomatica, 10).

23 Voir par ex. Martin Veber, »In carcere eram et venistis ad me«: les secours aux prisonniers en Occident pendant l'Antiquité tardive du règne de Marc Aurèle au pontificat de Grégoire le Grand (fin II^e^–VI^e^ siècle), Thèse de doctorat en Histoire, Paris 4, 2014.

24 Arthur Giry, Manuel de diplomatique, Paris 1894, p. 495, citant, note 3, le diplôme de Chilpéric II pour Corbie du 29 avril 716, MGH D Merov. 171, p. 425, l. 16: *carta tomi L* (avec le commentaire p. 424, l. 37–39).

25 Hartmut Atsma, Jean Vezin, Les faux sur papyrus de l'abbaye de Saint-Denis, dans: Jean Kerhervé, Alain Rigaudière (dir.), Finances, pouvoirs et mémoire: mélanges offerts à Jean Favier, Paris 1999, p. 674–699.

26 Alcuin, Epp. 220, 221, 222, 229, 231, 242, 248, 249, 253, 254 et 308 (ed. Ernst Dümmler, MGH Epp. 4, p. 364, 365, 372, 375, 387, 401, 408, 410, 471). La formulation de la lettre 242 (*matricularius Sancti Martini*) est comparable à celle d'Hilduin: *domini mei Dionysii pretiosi ac sociorum* [ou *sociorumque*] *eius matricularius*. Dans toutes les autres pièces, la formule se réduit à *matricularius* ou *humilis matricularius*.

de *matricularius*[27]. Dans son commentaire, p. 468, n. 82[28], muet sur ce point, Lapidge renvoie à Lehmann, qui semble traiter ce vocable non comme un titre mais comme une affectation d'humilité, analogue à *servus servorum Dei*: Alcuin et Hilduin s'assimileraient aux pauvres inscrits sur la liste officielle ou matricule des personnes auxquelles l'abbaye versait une aumône[29]. Toutefois, en traduisant »custodian«, Lapidge paraît s'aligner sur le »Dictionary of Medieval Latin from British Sources«[30], dont la notice n'est pas des plus sûres: les exemples allégués à l'appui du premier sens, »(eccl. & mon.) keeper of church register, churchwarden, sacrist«, sont soit tardifs (Domesday Book, Hermann de Bury St. Edmunds, etc.), soit peu ou guère probants (Winfrid-Boniface[31] et Alcuin). Du reste, si, dans sa belle étude sur la matricule des pauvres, Michel Rouche évoque des administrateurs ecclésiastiques chargés, dès l'époque mérovingienne, de ce service et du registre correspondant, il les appelle *martyrarii* (Angers) ou *praepositi* (Autun), conformément aux sources, jamais *matricularii*[32]. Le mot *surtaria* ne serait attesté que par la *Revelatio Stephani* (p. 858, l. 11) et par les textes qui en dérivent, p. 863, n. 7, ce qui est inexact puisqu'on le rencontre également dans une lettre de Grégoire le Grand remaniée au VIII^e^ s.[33] et présentée, sous cette forme,

27 Voir Cross Database Searchtool (www.brepolis.net) interrogé à *matricularius*, avec, dans le filtre »Century«, toutes les cases cochées jusqu'au IX^e^ s. inclus.

28 Relatif à la deuxième occurrence (la première n'étant pas même citée).

29 Paul LEHMANN, Ein neuentdecktes Werk eines angelsächsischen Grammatikers vorkarolingischer Zeit, dans: Historische Vierteljahrsschrift 26 (1931), p. 738–756, consulté dans: ID., Erforschung des Mittelalters. Ausgewählte Abhandlungen und Aufsätze, t. 4, Stuttgart 1961, p. 148–171, ici p. 150–151.

30 Dictionary of Medieval Latin from British Sources, prepared by Roland E. LATHAM, Londres 1975–2013.

31 Dans l'épître dédicatoire de son *Ars grammaticalis*, il se présente comme *indignus universalis ecclesiae matricularius*, »indigne matriculaire de l'église universelle«, ce qui ne saurait correspondre à une fonction réelle, voir déjà LEHMANN, Ein neuentdecktes Werk (voir n. 29), p. 150–151.

32 Michel ROUCHE, La matricule des pauvres. Évolution d'une institution de charité du Bas Empire jusqu'à la fin du Haut Moyen Âge, dans: Michel MOLLAT (dir.), Études sur l'histoire de la pauvreté, Paris 1974 (Publications de la Sorbonne. Études, 8), p. 83–100. Mais Rouche ne dit mot d'Alcuin ou Hilduin – leur style illustrerait-il, d'une manière qui reste à préciser, la crise supposée de l'institution sous les premiers Carolingiens et sa »restauration … purement formelle« (p. 109) sous Louis le Pieux? Il est vrai toutefois que la fonction de *matrikoularios* existait à Byzance dans l'administration civile, celle, en particulier, du tribunal du préfet du prétoire à Constantinople: Jean le Lydien (VI^e^ s.), qui l'avait peu-être exercée, explique qu'il s'agit du »conservateur des rôles« – le chef du personnel, dirions-nous aujourd'hui, chargé de tenir à jour les registres le concernant (Jean le Lydien, Des magistratures de l'État romain, 3.66.4 et 3.67.4 [ed. Jacques SCHAMP (Collection des Universités de France, série grecque, 452), Paris 2006, p. 126 et 127]). La première de ces deux occurrences est citée par le Thesaurus Linguae Latinae, 8:475:45–54, *s. v. matricularius*. La matricule de ce service est encore mentionnée en 3.35.3 (p. 86 [texte] et 87 [trad.]). En revanche, le contexte de celle en 3.2.2 (p. 43) est militaire. À condition, bien entendu, qu'il soit légitime d'envisager pour *matricularius* un sens plus institutionnel que symbolique, tant dans le chef d'Alcuin que dans celui d'Hilduin, ne serait-il pas à mettre en rapport avec les tensions analogues qui secouent les deux communautés autour de la juste répartition des revenus entre l'abbé et les frères, tensions qui se résoudront, à Saint-Martin, par l'adoption du mode de vie canonial, et à Saint-Denis par l'adhésion contestée à la Règle de saint Benoît?

33 Grégoire le Grand, Ep. IX 147, mai 599, ed. Paul EWALD, Ludwig HARTMANN, MGH. Epp. 2, p. 142–149, ici p. 149, l. 7 = Appendix X, même date, ed. Dag NORBERG, Turnhout 1982 (Corpus Christianorum. Series Latina, 140A), p. 1104–1111, ici p. 1111, l. 185.

au synode romain de 769 sur les images par l'évêque Hariulf de Langres[34]. Le passage interpolé est cité par Hadrien Ier en 791 dans une lettre à Charlemagne favorable aux décisions iconodules de Nicée II[35] puis, de là, à deux reprises, dans le *Libellus synodalis* du concile de Paris de 825[36], également consacré aux images. Or 1) il est très probable que Hilduin participa à ce colloque en sa qualité d'archichapelain et qu'il fut l'un des auteurs du *Libellus* (Lapidge, p. 33–34); 2) dans la *Revelatio Stephani* comme dans le *Libellus*, le mot *surtaria* est lié à la représentation et/ou à l'identification visuelle des saints Pierre et Paul[37]. Pour le sens, un rapprochement avec *sudarium* semble prometteur: les »Actes des Apôtres« racontent (19,12) que les infirmes guérissaient en touchant des mouchoirs ou des linges, *sudaria et semicinctia*, que Paul avait tenus ou portés, récit qui trouva un écho chez nombre d'auteurs chrétiens (Origène, Augustin, Cassiodore, Arator, Bède, un exégète irlandais anonyme du VIIIe s., etc.[38]); en 594, Grégoire le Grand refuse d'envoyer à l'impératrice Constantina une relique de l'apôtre, de même que »le *sudarium* qui est avec son corps«, *sudarium quod cum corpore eius est*[39]; et l'évêque homonyme de Tours attribuait le tremblement de terre de 589 qui avait détruit la moitié d'Antioche – la ville de Paul, pourrait-on dire – à »un ange du Seigneur«, un homme vêtu de blanc apparu avec deux

34 Hans Georg Thümmel, Die Stellung des Westens zum byzantinischen Bilderstreit des 8./9. Jahrhunderts, dans: Olivier Christin, Dario Gamboni (dir.), Crises de l'image religieuse. Krisen religiöser Kunst, Paris 1999, p. 55–74, ici p. 59–62; d'où id., Die Konzilien zur Bilderfrage im 8. und 9. Jahrhundert. Das 7. ökumenische Konzil in Nikaia 787, Paderborn e. a. 2005 (Konziliengeschichte. Reihe A: Darstellungen), p. 85. Hariulf est évêque de Langres, non de Lyon comme le veut cet auteur.

35 Hadrien Ier, Ep. 2, ed. Karl Hampe, MGH Epp. 5, p. 5–57, ici p. 20, l. 5–13.

36 Libellus synodalis Parisiensis, ed. Albert Werminghoff, MGH Conc. 2/2, p. 480–532, ici p. 189, l. 13 et p. 528, l. 30.

37 Ibid., p. 489, l. 13–14 et p. 528, l. 30–31: *Ideoque direximus tibi surtarias duas et imaginem salvatoris et sanctae Mariae Dei genitricis, beati Petri et Pauli apostolorum […]* (on remarque, et c'est important, que le premier *et* de cet extrait n'est ni dans l'original au nom de Grégoire le Grand (voir n. 33) [Ewald, Hartmann, 2:149:8: *Ideoque direximus tibi surtarias duas, imaginem Salvatoris* etc.; Norberg, 1111:185–186] ni dans la lettre d'Hadrien (voir n. 35) [Hampe, 20:10, *Ideoque direximus tibi sirtaria dua, imaginem salvatoris*, etc.]). *Revelatio* (Lapidge, p. 858, l. 8–11): *Quo cum iam me medici desperarent, fui sicut in oratione in ecclesia eiusdem beati martyris subtus campanas, et uidi ante altare bonum pastorem domnum Petrum, et ›magister gentium‹ domnum Paulum; et nota mente illos recognoui de illorum surtariis.*

38 Voir Cross Database Searchtool interrogé à *sudari**, avec dans le filtre »Period«, la case »Aetas Patrum – (ca. 200–735)« cochée. Saint Memmie de Châlons-sur-Marne ressuscite l'un de ses compagnons grâce au »vêtement« que saint Pierre lui a confié, Damien Kempf, Klaus Krönert, La Vie de saint Memmie de Châlons et les légendes apostoliques des diocèses de Gaule au début du IXe siècle, dans: Revue d'histoire de l'Église de France 103 (2017), p. 5–25, ici p. 15, 18, d'après AA SS, Aug., t. 2, p. 11E (*vestimentum meum*, c. 2, *v. beati Pontificis*, c. 3). Dans les parallèles identifiés par Joseph Van Der Straeten, Vie inédite de saint Memmie, premier évêque de Châlons-sur-Marne, dans: Analecta Bollandiana 92 (1974), p. 297–319, ici p. 303–304, l'instrument du pouvoir thaumaturgique est le bâton (*baculum*) de saint Pierre.

39 Grégoire le Grand, Ep. IV 30, juin 594 (voir n. 33) (Ewald, Hartmann, 1:266:14; Norberg, 250:77–78). À propos de *sudarium*, John Martyn affirme, sans fournir de justification: »Ce mot désignait normalement un ›mouchoir‹ [angl. »sweat rag«, lit. »chiffon à sueur«] ou une ›serviette‹, mais ici (comme dans Jn 11,44 et 20,7, à propos de Lazare et du Christ, respectivement) c'est d'un ›suaire‹ qu'il s'agit: la requête de la reine était donc spectaculaire, mais impossible« (The Letters of Gregory the Great, trad. et comm. John R. C. Martyn, Toronto 2004 [Medieval Sources in Translation, 40], p. 312, n. 102).

compagnons à un pieux habitant, modèle de charité – d'un geste de sa main, agitant un *sudarium*, il avait déclenché la catastrophe et aurait parachevé son œuvre destructrice, n'était-ce les supplications de ses acolytes et le désir d'épargner son vertueux interlocuteur, ses biens et sa famille[40].

En de rares occasions, il semble que Lapidge ait donné trop vite sa langue au chat. L'hapax *agigerulus* (*Epistola Aristarchi ad Onesiphorum*) auquel deux des cinq manuscrits de référence substituent *gerulus* – à tort, sans doute, comme Lapidge le concède, p. 730, n. 19 – est sans doute une cacographie pour *apigerulus*, de *apex*, *-icis* et *gerulus*, littéralement le »porteur de lettres«. Pour ce qui est des noms propres, celui du préfet Fescenninus Sisinnius, chef des persécuteurs de Denis (*Post beatam ac salutiferam*, c. 24 et 25; *Post crucis insignes*, livre 4, c. 24 et 25; *Conscriptio Visbii*) pourrait être rapproché, quant à son premier terme, de celui de Pescenni[n]us Niger (ou Caius Pescennius Niger Justus), qui fut préfet pour six heures en 185[41] et empereur pour un an (193-194). Pour Sisinnius, Hilduin s'est probablement inspiré, comme le suggère Lapidge, n. 256, p. 513, d'un »Romain de ce nom, acteur de la persécution dans plusieurs *passiones* tardo-antiques«. Un pape Sisinnius régna pour trois semaines en 708: peut-être la brièveté des mandats fut-elle, par association d'idées, à l'origine de la combinaison hilduinienne.

## IV. Le diable dans les détails

Le manque de familiarité avec les réalités continentales se manifeste constamment par de petites erreurs ou des approximations regrettables. En voici quelques exemples: p. 3, Saint-Denis n'est pas »à« Paris, mais »près de« Paris, autrefois plus encore qu'aujourd'hui; p. 5, 6, etc. Gerold est dit »comte du Vinzgau«, une circonscription qui n'existe, semble-t-il, que dans une certaine littérature généalogique[42], le plus souvent sous la forme »Vintzgau«, dérivée peut-être de celle, authentique, de »Linzgau« (au nord du Lac de Constance), plutôt que de celle de »Vinschgau« (ou Val Venosta, Tyrol méridional) – Borgolte, que Lapidge connaît pourtant, situe le comté de Gerold »dans la région du Bertoldsbaar«[43], à l'ouest, donc, du Neckar; par l'effet d'une sorte d'hypergermanisme déplacé, le nom de l'abbaye saxonne de Corvey est épelé »Korvey« (p. 17, 30, 45, 161 et trois fois, p. 759); invoquer Salonnes au même titre que Saint-Germain-des-Prés comme exemple d'»acquisitions d'abbayes« par Hilduin, p. 24, revient à mettre sur le même pied un prieuré mosellan dépendant depuis plusieurs dizaines d'années de Saint-Denis (et donc, d'Hilduin depuis le début de son

40 Grégoire de Tours, Libri historiarum decem, 10.24, ed. Bruno Krusch, Wilhelm Levison, MGH. SS rer. Merov. 1, p. 516–517, spéc. 516, l. 16 et 517, l. 1.

41 Historia Augusta, Commode, 6.6 (Histoire auguste. Les empereurs romains des IIe et IIIe siècles, ed. Ernst Hohl, trad. Jacqueline et André Chastagnol, comm. André Chastagnol, Paris 1994, p. 228 et 229), avec le commentaire de Chastagnol, p. 344.

42 Mais aussi, étonnamment, dans Christian Settipani, Patrick Van Kerrebrouck, La préhistoire des Capétiens (481–987). Première partie. Mérovingiens, Carolingiens et Robertiens, Villeneuve d'Ascq 1993 (Nouvelle histoire généalogique de l'auguste Maison de France, 1/1), p. 199, l. 5.

43 Michael Borgolte, Die Grafen Alemanniens in merowingischer und karolingischer Zeit: eine Prosopographie, Sigmaringen 1986 (Archäologie und Geschichte. Freiburger Forschungen zum ersten Jahrtausend in Südwestdeutschland, 2), p. 119. Le Vin[t]zgau ne figure pas à l'index des noms de lieux, p. 333–341.

abbatiat, soit 814 – non 821) et le plus prestigieux des monastères parisiens; p. 28, il eût été plus exact de dire, en parlant de la naissance, en 823, de Charles, fils de Louis le Pieux et de Judith, qu'il deviendrait roi (840–875), puis empereur (875–877), plutôt que de le présenter comme »the future emperor Charles the Bald (840–875)«; de même, l'expression »king of Lombard Italy« pour désigner Louis II, fils de Lothaire I$^{er}$, p. 51, n'est pas des plus heureuses; si l'on veut à tout prix localiser Spire, mieux vaut le faire par rapport à Worms ou Mayence, que par rapport à Ludwigshafen, p. 54, d'après »Wikipedia« certainement, car cette ville n'existe que depuis le XIX$^{e}$ siècle; p. 120, n. 17, Leuven (fr. Louvain), site de la célèbre université, devient Leuwen; le monastère de Hohenbourg / Mont Sainte-Odile n'est certainement pas en Bavière, mais en Alsace, et la Bavière ne se confond pas avec l'Alémanie (p. 136, le manuscrit 577 de Saint-Gall renferme »lesVies d'un nombre étonnant de saints *d'Alémanie*, dont Odile, abbesse de Hohenburg [*Bavière*]« [italiques ajoutés!]); …; p. 532, le site de la célèbre victoire de Constantin est le pont Milvius, non le pont Mulvius (»his great victory at the Mulvian Bridge«); englober l'Aquitaine, la Suisse et le sud de l'Allemagne dans une même entité géographique appelée »Europe méridionale«, p. 625, est pour le moins original; l'ennemi, à Roncevaux (778), est basque, pas gascon, la Gascogne n'est pas la Catalogne et »dukedoms« ne correspond pas au français »comtés« (p. 664); Noblat, pas Noblac, est le nom de la localité associée à saint Léonard (p. 672); p. 862, ce n'est pas à proprement parler »la papauté« (»the papacy«) que le roi lombard Aistulf chercha à soumettre au *regnum Langobardorum* avec le reste de l'Italie, p. 862, mais le duché byzantin de Rome.

## V. De la bibliographie

Une faiblesse majeure de »Hilduin of Saint-Denis« réside dans sa bibliographie, fréquemment inadéquate – vieillie, insuffisante ou inexistante – et ce lors même que l'on dispose, en ligne, de ressources de très grande qualité (par ex. »RI-Opac: Die Literaturdatenbank zum Mittelalter« [opac.regesta-imperii.de]). La liste en fin de volume est symptomatique de ce déficit, avec son titre énigmatique qui semble formuler, lapidairement, un principe de sélection (»Secondary Sources Cited throughout the Edition«, p. 868) … démenti par les faits observables, tant sont nombreuses les références omises quoiqu'invoquées dans le corps de l'ouvrage ou celles, retenues, quoiqu'absentes ou largement absentes jusqu'alors. Sur Saint-Denis, l'utilisation qui est faite de l'important »Atlas historique« dirigé par Michaël Wyss[44] est sporadique, arbitraire et parcimonieuse, ainsi qu'on le verra. Plusieurs aspects de l'histoire du monastère sont abordés dans l'ignorance des travaux antérieurs ou de certains d'entre eux, souvent les plus récents: à propos d'un passage des *Miracula sancti Dionysii*, 1.6, où l'on apprend que »pendant longtemps, la coutume voulait que cette église eût ses propres évêques«, Lapidge juge, p. 95, n. 28, qu'il »soulève des problèmes intéressants«, puis cite un bref commentaire par Mabillon, mais ignore l'excellente mise au

44 Michaël Wyss (dir.), Atlas historique de Saint-Denis, Paris 1996 (Documents d'archéologie française, 59).

point de Große[45]; parmi les dépendances de l'abbaye, le prieuré de Salonnes a droit à quelques lignes (p. 24 et n. 150, p. 37) et une longue note (97, p. 24–25), où sont invoqués les travaux de Cottineau (1937), Haubrichs (1995) et Parisse (1989), mais pas Stoclet (1993)[46]; le bon aperçu de la réforme entreprise par Hilduin pour accorder les ressources de la maison à son statut – monastique plutôt que canonial –, p. 40–41, fondé en grande partie sur la toute nouvelle édition des diplômes de Louis le Pieux, aurait pu signaler les études de Guadagnin et Brunterc'h[47]; sur Waldo, prédécesseur de Hilduin, outre Munding (1924), Bullough (1962) et Zettler (1997), on consultera Vogler (1993/2000)[48]. Sur l'abbatiale, Lapidge, passim et spéc. p. 12–14, 451–453 et 523–524, en est resté à Formigé (1960) et Crosby (1987), tandis que les fouilles et prospections menées par l'Unité d'archéologie ainsi que les nombreuses publications de Wyss et Périn, entre autres, sont passées sous silence[49]. Ce manque de rigueur bibliographique affecte aussi les textes, et particulièrement les textes mineurs ou satellites – à l'exclusion, donc, des deux »Passions« d'Hilduin. Ce n'est pas Bernhard Bischoff, mais Johann Joseph Morper, qui »découvrit«, en 1948, la description de la basilique, datée 799 (p. 14), avant que je ne la »découvre« à mon tour, trente ans plus tard[50]. Les commentaires ne se réduisent pas, loin s'en faut, à ceux de Bischoff (1981) et Vezin (1986) (ce dernier cité p. 22, n. 85): ainsi, par ex., le Document 7 de l'»Atlas historique de Saint-Denis«, p. 35, y est-il consacré (présentation, texte latin, traductions Bischoff et Stoclet, notes textuelles), de même qu'un article de Wyss[51]. L'»Atlas

45 Rolf Grosse, Papsturkunden in Frankreich, Neue Folge, t. 9, Diözese Paris II, Abtei Saint-Denis, Göttingen 1998 (Abhandlungen der Akademie der Wissenschaften in Göttingen. Philologisch-historische Klasse. Dritte Folge, 225), n[os] 8a et 8b, p. 82–88.

46 Stoclet, Autour de Fulrad (voir n. 20), p. 75–86.

47 Rémy Guadagnin, Jean-Pierre Brunterc'h, dans: Joël Cuisenier, Rémi Guadagnin (dir.), Un village au temps de Charlemagne. Moines et paysans de l'abbaye de Saint-Denis du VIIe s. à l'An Mil, Paris 1988, p. 124–128, 131–135.

48 Werner Vogler, L'abbé Waldo de Saint-Denis, scribe et archiviste à Saint-Gall, dans: Carol Heitz, Werner Vogler, François Héber-Suffrin (dir.), Le rayonnement spirituel et culturel de l'abbaye de Saint-Gall, Paris 2000 (Cahier. Centre de recherches sur l'Antiquité tardive et le Haut Moyen Âge, 9), p. 59–71.

49 Citons, notamment et par ordre chronologique: Patrick Périn, Saint-Denis, église Saint-Denis, dans: Noël Duval (dir.), Les premiers monuments chrétiens de la France, t. 3: Ouest, Nord et Est, Paris 1998 (Atlas archéologiques de la France. Série typologique), p. 209–218; Miljenko Jukovic, Quelques réflexions sur la basilique carolingienne de Saint-Denis: une œuvre d'esprit paléochrétien, dans: Dominique Poirel (dir.), L'abbé Suger, le manifeste gothique de Saint-Denis et la pensée victorine, Turnhout 2001 (Rencontres médiévales européennes. 1), p. 37–57; Judson J. Emerick, Building *More Romano* in Francia During the Third Quarter of the Eighth Century: the Abbey Church of Saint-Denis and its Model, dans: Claudia Bolgia et al. (dir.), Rome Across Time and Space. Cultural Transmission and the Exchange of Ideas, c. 500–1400, Cambridge 2011, p. 127–150; et Michaël Wyss, Saint-Denis, de l'hypothétique mausolée antique à l'ensemble monumental du premier Moyen Âge, dans: Marie-Laure Pain (dir.), Groupes cathédraux et complexes monastiques. Le phénomène de la pluralité des sanctuaires à l'époque carolingienne, Rennes 2016 (Archéologie et culture), p. 11–26.

50 Alain J. Stoclet, La *Descriptio basilicae sancti Dyonisii*, premiers commentaires, dans: Journal des Savants (1980), p. 103–117, ici p. 103.

51 Michaël Wyss, La description de la basilique Saint-Denis en 799, dans: id., Nicole Meyer Rodrigues (dir.), Saint-Denis, de Ste Geneviève à Suger: les découvertes archéologiques et les témoignages historiques, dans: Dossiers d'archéologie 297 (octobre 2004), p. 54–55 (avec fac-similé et bibliographie).

historique de Saint-Denis« – encore lui – renferme, aux p. 38–40, une étude sur les *Miracula sancti Dionysii*[52] suivie, p. 40–43, d'une traduction d'une quinzaine de chapitres des deux premiers livres, ignorées l'une et l'autre de Lapidge (p. 18 et 92–103) – peut-être dépend-il trop étroitement, en l'occurrence, de la notice de la »Clavis Galliae« consacrée à Hilduin (sa dette à son endroit est exprimée p. VIII, l. 5–6), qui présentait aussi cette lacune[53]. On ne reviendra ici sur la *Revelatio ostensa papae Stephano* (voir supra) qu'à propos d'une remarque, p. 136, au sujet du manuscrit 577 de Saint-Gall (IX^e^/X^e^ s.), à savoir que le *Post beatam ac salutiferam* d'Hilduin »y était probablement suivi, autrefois, de [ce texte]«: telle est, précisément, l'hypothèse que je développai, voici près de quarante ans[54], la mettant au cœur de ma démonstration sur les rapports entre *Revelatio* et *Clausula* – ce dont Lapidge ne tient pas davantage compte qu'il ne le fait, dans sa notice de ce manuscrit (p. 136, répétée, pour l'essentiel, p. 670) et dans celle de l'Augiensis 233 de Karlsruhe (p. 670–671), des pages que je leur consacrai au même endroit[55]. La *Clausula*, évoquée p. 454, n. 15 et surtout p. 850–853, est un texte d'une extraordinaire complexité sur lequel les classifications simplistes de type vrai/faux n'ont qu'une prise très imparfaite sinon nulle, quoiqu'en pense Lapidge: »Bien que des doutes aient été exprimés au sujet de [son] authenticité et que d'aucuns (notamment Maximilian Buchner et Alain Stoclet) aient proposé d'y voir un faux de la fin du IX^e^ s., voire même du X^e^ s., c'est à bon droit qu'un consensus s'est dégagé en faveur de sa sincérité« (p. 851). Sont invoquées à l'appui de ce jugement les opinions de Baudot, Levillain, Schulz et Levison, qui s'échelonnent de 1927 à 1980 et sont donc antérieures à la parution de mon premier article sur la *Clausula*, ainsi que celle de Noble, de trois ans plus récente, mais qui n'y réagit pas – et pour cause, son auteur ne le connaît pas! Ce qui ne signifie pas que mes conclusions n'aient point été contestées, mais que, pour l'établir avec la »justesse« dont il se réclame, il eût été préférable que Lapidge alignât des références postérieures à 1981 – encore fallait-il les trouver, en consultant, par ex., les volumes de »Medioevo Latino«, où elles sont recensées *sub verbo*. Sur la *Clausula*, donc, la »synthèse« de Lapidge est inutilisable, car la suite, p. 851–853, est à l'avenant. Sur le papyrus grec de Saint-Denis, enfin (p. 50, n. 207), McCormick[56] est désormais incontournable. Paris tardo-antique et mérovingien est logé à la même enseigne, bibliographiquement parlant, que Saint-Denis: l'information (p. 505-509, n. 229, 232, 239, 241, 243, 303 et p. 647, n. 113 et 114) provient, majoritairement, d'ouvrages du début du siècle dernier: Mortet (1888), Pachtere (1912), Levillain (1925), Leclercq (1925), Leclercq (1938), etc., la »Topographie chrétienne« (1992) et Duval (1993) étant les exceptions qui confirment la règle. Principal oublié: Périn et son monumental »Catalogue«[57]. L'histoire des princes accuse également des

52 Alain [J.] Stoclet, Les *Miracula sancti Dionysii*, commentaire et données topographiques.

53 Voir mon compte-rendu dans la Revue d'histoire ecclésiastique 107 (2012), p. 1101–1103.

54 Alain J. Stoclet, La *Clausula de unctione Pippini regis*: mises au point et nouvelles hypothèses, dans: Francia 8 (1981), p. 1–42, ici p. 16–17, 34, 36 d'où Lanéry, Hilduinus (voir n. 2), p. 506.

55 Stoclet, *Clausula* (voir n. 54), respectivement p. 5–10, 15–17, 34; p. 15, n. 101 et p. 19–20.

56 Michael McCormick, La lettre diplomatique byzantine du premier millénaire vue de l'Occident et l'énigme du papyrus de Paris, dans: Paule Pagès et al. (dir.), Byzance et le monde extérieur. Contacts, relations, échanges, Paris 2005 (Byzantina Sorbonensia, 21), p. 135–149.

57 Patrick Périn, Catalogues d'art et d'histoire du musée Carnavalet, t. 2: Collections mérovingiennes, Paris 1985, à compléter par quelques articles plus récents, tels Paris, merowingische Me-

faiblesses de même nature. Sur Charles Martel, p. 453, n. 8, Lapidge ne remonte pas au-delà de 1991 alors que les publications consacrées au maire du palais se sont multipliées par la suite: actes du colloque »Karl Martell in seiner Zeit« (1994) et biographies par Fouracre (2000) ou Fischer (2012), notamment[58]. Le mince dossier des témoignages anciens relatifs à la tombe de Pépin (p. 454, n. 16) s'est récemment enrichi d'une pièce inédite[59]. Et les troubles des années trente du IX<sup>e</sup> s. (p. 36) ont trouvé en Gravel un scrutateur perspicace[60]. Enfin, les sujets les plus divers sont susceptibles de rectificatifs analogues: la querelle des images, p. 32, n. 124[61]; l'identification de personnalités byzantines telles Theodoros Krithinos, ambassadeur de Michel II à la cour de Louis le Pieux, p. 33, n. 127, ou Theodora, épouse de l'empereur Théophile et mère de Michel III, p. 50[62]; les aspects royaux du culte de saint Denis à l'époque franque, p. 451, n. 4[63]; le *cingulum militare*, qui est bien plus qu'un »symbole de la vie militaire en général«, p. 454, n. 17[64]; le *credo*, p. 480, n. 56, p. 514, n. 260, etc.[65].

## VI. Coquilles

On ne fera pas ici l'inventaire systématique des coquilles – quelques exemples, parmi tant d'autres, suffiront. En latin: »Orosius, *Historiae aduersum paganos*«, p. 130, l. 1–2, pour »O., *H. aduersus p.*«; »*Conscriptio Visbius*«, p. 507, l. 14, pour »*C. Visbii*«; p. 533, à propos de *Vita metrica*, i.139, »the famous line of Vergil's *Aeneid*, ›timeo Danaos et *dona ferentis*‹«, pour *dona ferentes*. En anglais: »she when to various

tropole, dans: Alfried WIECZOREK, Patrick PÉRIN, Karin V. WELCK, Wilfried MENGHIN (dir.), Die Franken – Wegbereiter Europas, Mannheim, Mayence 1997, t. 1, p. 121–128, ou, avec Alain DIERKENS, Les *sedes regiae* mérovingiennes entre Seine et Rhin, dans: Gisela RIPOLL et al. (dir.), Sedes regiae (ann. 400–800), Barcelone 2000 (Memorias de la Real Academia de Buenas Letras de Barcelona, 25. Series maior, 6), p. 267–304, ici p. 270–277. Pour la période antérieure: Didier BUSSON, avec la collab. de Nicole ALIX, Paris ville antique, Paris 2001 (Guides archéologiques de la France).

58 Jörg JARNUT et al. (dir.), Karl Martell in seiner Zeit, Sigmaringen 1994 (Beihefte der Francia, 37); Paul FOURACRE, The Age of Charles Martel, Harlow, New York 2000 (Medieval World); Andreas FISCHER, Karl Martell. Der Beginn karolingischer Herrschaft, Stuttgart 2012 (Kohlhammer Urban Taschenbücher, 648).

59 Alain J. STOCLET, Fils du Martel. La naissance, l'éducation et la jeunesse de Pépin dit »le Bref« (v. 714–v. 741), Turnhout 2013 (Histoires de familles, 13), p. 50–51, avec mention de la lettre de Louis le Pieux à Hilduin (Epistola I).

60 Martin GRAVEL, De la crise du règne de Louis le Pieux. Essai d'historiographie, dans: Revue historique 658 (2011), p. 357–389.

61 THÜMMEL, Die Konzilien (voir n. 34); Thomas F. X. NOBLE, Images, Iconoclasm and the Carolingians, Philadelphie 2009 (The Middle Ages Series); etc.

62 Prosopographie der mittelbyzantinischen Zeit. Erste Abteilung (641–867), t. 4, Platon (#6266)–Theophylaktos (#8345), nach Vorarbeiten von F. WINKELMANNS erstellt von Ralph-Johannes LILIE et al., Berlin, New York 2001, n<sup>os</sup> 7675, p. 463–464, et 7286, p. 344–350.

63 Frantiçek GRAUSS, Volk, Herrscher und Heiliger im Reich der Merowinger. Studien zur Hagiographie der Merowingerzeit, Prague 1965; Alan t. THACKER, Peculiaris Patronus Noster. The Saint as Patron of the State in the Early Middle Ages, dans: David Michael PALLISER, John Robert MADDICOTT (dir.), The Medieval State. Essays presented to James Campbell, Londres, Rio Grande (OH, USA) 2000, p. 1–24.

64 WERNER, Naissance (voir n. 19), p. 189–191.

65 Creeds and Confessions of Faith in the Christian Tradition, ed. Jaroslav PELIKAN, Valerie HOTCHKISS, New Haven (CON, USA) 2003; Explanationes symboli aevi Carolini, ed. Susan KEEFE, Turnhout 2012 (Corpus Christianorum. Continuatio Mediaeualis, 254).

churches«, p. 101, l. 8, pour »s. went t. v. c.«; »othe manuscripts«, p. 122, l. 1–2, pour »other m.« (les pertes en bout de ligne sont probablement imputables à l'éditeur ou à l'imprimeur et à leurs systèmes informatiques plutôt qu'à l'auteur); »how difficult it is be certain«, p. 144, à mi-hauteur, pour »h. d. i. i. to b. c.«; »did make greater use diminutives«, p. 169, l. 1–2, pour »d. m. g. u. of d.«; »the sound which immediately proceeds the strong, or penthemimeral, caesura«, p. 173–174, pour »t. s. w. i. precedes t. s. etc.«; »the Greeks call Silvanus Pan, and Fauns [...] Panitae«, p. 237, l. 10, pour »t. G. c. S. P., and Faunos [...] P.«; p. 291, dern. ligne, un des deux »were« est de trop; »but it would reasonable«, p. 628, notice D, ligne 8, pour »b. i. w. be r.«; »which was probably written Reichenau«, p. 726, 3e ligne après la liste des témoins, pour »w. w. p. w. at R.«; »Louis the Pious commissioned the abbot compose«, p. 848, l. 1–2, pour »L. t. p. c. t. a. to c.« (l'omission de mots courts [to, of, be, at] se produit donc avec une certaine fréquence). Pour ce qui est du français, presque toutes les erreurs se trouvent dans les références – avec lesquelles les auteurs anglophones éprouvent souvent quelque difficulté –, par ex.: »Bulletin monumentale«, p. 41, n. 170; »Le texte intégrale«, p. 72, n. 27 et 881; p. 868, *s. v.* Andia, »Colloque Internationale«; p. 875, »Levillain, L., ›Redevances due etc.‹«; p. 878, »Parisot, R., Le Haute-Lorraine« et *s. v.* Parisse, »Recueil des mélanges«; p. 880, *s. v.* Stoclet, »première commentaire« (pour »premiers commentaires«) et, deux titres plus bas, »sous le premiers carolingiens« (pour »s. les p. Carolingiens«). p. 103, n. 48, on ne dit pas »Bibliothèque de la Mazarine«, mais »Bibliothèque Mazarine« et p. 635, n. 91, un -f- dans le texte de Félibien (1706) a été pris pour un -s- long, »un MS. fort ancien de feu Mr Joly« devenant »un MS. fort ancien de seu Mr Joly«. Les autres langues ne sont pas davantage épargnées: en allemand, »Verdienst« devient »Verdient« (p. 879, *s. v.* Semmler) et en néerlandais »voltooing« »voltooling« (p. 459, n. 36, l. 11 et p. 876, *s. v.* Malingrey).

Je conçois ce que peut avoir de rébarbatif, pour le lecteur, un tel catalogue de scories. Si je le lui soumets néanmoins, de même que celui de la section IV., ci-dessus, qui n'est guère plus exhaustif, ce n'est pas pour assouvir quelque plaisir pervers de coupeur-de-cheveux-en-quatre, mais – notamment – pour déplorer, une fois de plus, le recul des dispositifs de toilettage qui, naguère encore, assuraient au produit fini une certaine tenue. Aujourd'hui, les maisons d'édition – les grandes, comme Oxford University Press, ou les moyennes, comme Brill, davantage que les petites, comme le Pontifical Institute of Mediaeval Studies (Toronto), où la satisfaction du travail bien fait compte encore – et les directeurs de collections, qui sont leurs auxiliaires scientifiques, ont très largement abdiqué toute fonction dans ce domaine. Lapidge se dit pourtant profondément reconnaissant envers les siens, p. viii–ix, comme envers leur lecteur anonyme, pour avoir »encadré la production du livre avec une efficacité merveilleuse à chacune de ses étapes« et »fait de nombreuses observations fort précises sur tous les aspects du livre et particulièrement sur les textes qui en sont l'objet ainsi que sur leur transmission«. Il est vrai qu'il oublie ensuite – ou s'abstient – de s'attribuer, comme cela se fait d'ordinaire, l'entière responsabilité du reliquat d'erreurs.

## VII. L'angle mort

Pour conclure, on regrettera qu'en concevant trop étroitement sa tâche, Lapidge ait complètement éludé la question fondamentale qu'est la motivation d'Hilduin hagiographe. On comprend sa réticence à s'engager dans des eaux si troubles et de rouvrir le débat stérile qu'avait engendré la thèse très controversée de Max Buchner sur la vice-papauté supposée de l'abbé de Saint-Denis. On n'attendait pas nécessairement des réponses: des hypothèses prudentes, sans doute, un état des lieux, probablement. Par moments, Lapidge semble effleurer le sujet, ainsi lorsqu'il commente les titres donnés à Denis – évêque, archevêque, apôtre de toute la Gaule –, p. 466, n. 70, p. 467, n. 74 et p. 503, n. 218. Mais on ne saurait le suivre lorsqu'il suppose que c'est pour »impressionner [Louis le Pieux] par l'étendue de sa science« (p. 463, n. 52) qu'Hilduin multiplie les références aux anciennes décrétales dans le contexte d'un argument sur l'apostolicité de son héros. Pour ma part, j'inclinerais à voir sa production littéraire sous l'angle de celle de Pseudo-Isidore, son contemporain, dont les faux esquissaient une refonte radicale de la haute hiérarchie de l'Église – papes, archevêques, métropolitains, évêques. Par ailleurs, il conviendrait peut-être, pour réfléchir correctement à cette problématique, de déplacer l'accent de la tombe supposée du premier évêque vers son siège, de Saint-Denis vers Paris: Que sait-on des archevêques de Sens ou des évêques de Paris, leurs suffragants, de leurs rapports avec Hilduin et de leur sort dans la tourmente des années trente? Est-ce un hasard si Sens se préoccupe de promouvoir l'apostolicité de Savinien à l'époque où Hilduin exalte celle de Denis[66]? Et si la promotion de Paris était à l'ordre du jour, plutôt que celle de Saint-Denis, pourquoi?

66 Kempf, Krönert, La Vie de saint Memmie (voir n. 38), p. 15, 17–18 (Savinien) ainsi que p. 23 (Hilduin).

Jens Schneider

# LES MONASTÈRES ET LEURS PAYSAGES

## La notion des »Klosterlandschaften« dans la recherche allemande

Les monastères sont un objet d'étude apprécié de la recherche allemande et germanophone du XXI$^{e}$ siècle. Bon nombre d'ouvrages scientifiques et grand public sont consacrés aux établissements religieux sous tous leurs aspects, y compris patrimoniaux et touristiques, et de préférence par classement régional. S'inspirant des grandes entreprises de la »Helvetia Sacra« (aboutie) et de la »Germania Sacra« (prolongée)[1], de plus en plus de répertoires (*Klosterbücher*) sont disponibles en ligne ou sur support papier[2]. Les colloques et ateliers organisés dans le cadre de ces recherches ont servi ou de travail préliminaire, ou d'invitation à aller plus loin dans l'exploitation des données et analyses mises à disposition. Mentionnons, comme exemple parmi d'autres, les rencontres pluridisciplinaires (*Klostersymposion*) coordonnées régulièrement depuis 2009 par l'Institut d'histoire et d'ethnologie du Palatinat et par les historiens de l'art de l'université de Heidelberg[3]. Un volume paru il y a déjà quelques années[4] peut être considéré comme représentatif dans ce sens car il rend compte de réflexions autour d'une question actuelle, celle du paysage. On le sait, le concept de paysage a occupé une place importante dans les recherches régionales (*Geschichtliche*

1 Germania Sacra. Die Kirche des Alten Reiches und ihre Institutionen, 3$^{e}$ série, 14 vol. parus depuis 2008, http://www.germania-sacra.de; Helvetia sacra. Neue Folge, sous la dir. d'Albert Bruckner et al., 28 vol., Bern 1972–2007, http://www.helvetiasacra.ch. Pour la France et le Luxembourg, mentionnons le projet COL&MON. Collégiales et monastères (816–1563), sous la dir. de Noëlle Deflou-Leca et al., https://colemon.huma-num.fr (03/10/17 pour tous les sites web).

2 Dernières publications: Franz Felten et al. (dir.), Klöster und Stifte in Rheinland-Pfalz. Auf dem Weg zu einem rheinland-pfälzischen Klosterlexikon, Mayence, http://www.klosterlexikon-rlp.de/startseite.html (en ligne depuis le 01/12/10); Manfred Groten et al. (dir.), Nordrheinisches Klosterbuch. Lexikon der Stifte und Klöster bis 1815, Siegburg, depuis 2009 (2 vol. parus); Heinz-Dieter Heimann et al. (dir.), Brandenburgisches Klosterbuch. Handbuch der Klöster, Stifte und Kommenden bis zur Mitte des 16. Jahrhunderts, 2 vol., Berlin 2007, réimprimé 2010; Wolfgang Huschner et al. (dir.), Mecklenburgisches Klosterbuch. Handbuch der Klöster, Stifte, Kommenden und Prioreien (10.–16. Jahrhundert), 2 vol., Rostock 2016; Jürgen Keddigkeit et al. (dir.), Pfälzisches Klosterlexikon. Handbuch der pfälzischen Klöster, Stifte und Kommenden, Kaiserslautern, depuis 2014 (4 vol. parus). Les ouvrages plus anciens sont indiqués chez Peter Riedel, Brandenburgisches Klosterbuch – Traditionen und Perspektiven der Forschung, dans: Jens Schneider (dir.), Klosterforschung. Befunde, Projekte, Perspektiven, Munich 2006 (MittelalterStudien, 10), p. 97–108. Pour les »paysages monastiques«, voir la liste dressée par Gert Melville dans ce volume p. 207, n. 65.

3 http://www.pfalzgeschichte.de (03/10/17).

4 Franz J. Felten, Harald Müller, Heidrun Ochs (dir.), Landschaft(en). Begriffe – Formen – Implikationen, Stuttgart 2013 (Geschichtliche Landeskunde, 68).

*Landeskunde*) et dans l'histoire constitutionnelle[5], mais aussi en histoire de l'art[6], en archéologie[7], en ethnologie (*Volkskunde* ou *Europäische Ethnologie*)[8], et, enfin, en géographie[9]. Si la notion d'un »paysage monastique« n'est pas très répandue dans la recherche française, un projet ibérique intitulé *Paisatjes Espirituals* peut démontrer l'intérêt et les perspectives de ce concept à l'exemple des monastères de femmes[10].

La conception traditionnelle de »paysage« a été mise en question dernièrement par une histoire régionale (*Regionalgeschichte*), approche chargée d'implications idéologiques comme celle d'une »histoire d'en bas»[11]. D'un autre côté, le souci d'une valorisation du patrimoine monastique pour le tourisme (voire pour un »tourisme spirituel«) a suscité des démarches politiques visant le classement en tant que patrimoine mondial par l'Unesco, suivant le modèle irlandais de Clonmacnoise[12]. L'Allemagne a obtenu l'inscription sur cette liste pour l'ensemble des sites de la vallée du Haut-Rhin moyen (*Kulturlandschaft Oberes Mittelrheintal*), classés en 2002, et pour le Westwerk carolingien et la *civitas* issue du monastère de Corvey (*Karolingisches Westwerk und Civitas Corvey*), classés en 2014[13]. Dans leur souci de documenter et de protéger l'interaction entre l'homme et la nature, les Nations unies ont arrêté en plusieurs occasions des conventions et consignes qui mettent à disposition un outillage théorique autour des termes de »patrimoine« et de »paysage«. Une première étape a été marquée par la Convention concernant la protection du patrimoine mondial, culturel et naturel de 1972 (*World heritage convention*), actée par l'ONU en

5 Joachim Schneider, Der Begriff der Landschaft in historischer Perspektive, ibid., p. 9–24.

6 Ute Engel, Kunstlandschaft und Kunstgeschichte. Methodische Probleme und neuere Perspektiven, ibid., p. 87–114.

7 Rainer Schreg, Landschaft im Wandel – Fallstudien der Archäologie des Mittelalters, ibid., p. 63–86. Cf. id., Interaktion und Kommunikation im Raum. Methoden und Modelle der Sozialarchäologie, dans: Sebastian Brather, Jürgen Dendorfer (dir.), Grenzen, Räume und Identitäten. Der Oberrhein und seine Nachbarregionen von der Antike bis zum Hochmittelalter, Ostfildern, 2017 (Archäologie und Geschichte, 22), p. 455–492.

8 Michael Simon, Ist der Begriff der Landschaft ein tragfähiges Fundament für aktuelle Forschungen im Fach Kulturanthropologie/Volkskunde?, dans: Felten (dir.), Landschaft(en) (voir n. 4), p. 51–62.

9 Thorsten Pohlert, Wolfgang Wilcke, Landschaftskonzepte in der Physischen Geographie, ibid., p. 39–50. Cf. Winfried Schenk, Zisterzienser im Fokus historisch-geographischer Forschungen. Ein Literaturbericht, dans: Cistercienser Chronik 111 (2004), p. 79–84.

10 Paisatjes Espirituals/Spiritual Landscapes. Models of spatial analysis of the transformation of women's medieval religiosity in the Iberian kingdoms (12th–16th c.), http://www.ub.edu/proyectopaisajes/ (29/11/17). Pour l'Europe centrale, cf. Hedwig Röckelein, József Laszlovszky, Medieval Monastic Regions in Central Europe – The Spiritual and Physical Landscape Setting of Monastic Orders and Religious Houses, dans: Annual of Medieval Studies at CEU 17 (2011), p. 296–308.

11 Cf. Frank Göttmann, Historie und Raum – Raum in der Historie, dans: Erwägen – Wissen – Ethik. Forum für Erwägungskultur 24/1, p. 34–37.

12 Jürgen Römer, Klöster in Waldeck. Aspekte von Forschung, Präsentation und Tourismus, dans: Schneider (dir.), Klosterforschung (voir n. 2), p. 195–206; Barbara Seifen, Matthias Wemhoff, Kloster Corvey – Stichworte zu einer Klosterlandschaft, dans: Roman Czaja, Heinz-Dieter Heimann, Matthias Wemhoff (dir.), Klosterlandschaften. Methodisch-exemplarische Annäherungen, Munich 2008 (MittelalterStudien, 16), p. 33–51; Annette Kehnel, Klosterlandschaftsschutzgebiete? Das irische Beispiel, ibid., p. 113–126; Franz J. Felten, Klosterlandschaften, dans: Felten (dir.), Landschaft(en) (voir n. 4), p. 172–173.

13 http://www.unesco.de/fr/kultur/welterbe/welterbestaetten/ (03/10/17).

1977: »œuvres de l'homme ou œuvres conjuguées de l'homme et de la nature, ainsi que les zones, y compris les sites archéologiques, qui ont une valeur universelle exceptionnelle du point de vue historique, esthétique, ethnologique ou anthropologique«[14]. Cette définition a été élargie et précisée en 2003 par l'ajout du patrimoine immatériel (*intangible heritage*) et en 2008 par la distinction de trois types de paysages culturels: paysage au premier degré (jardins et parcs), paysage évolutif, et paysage associatif[15]. Ces orientations ont servi de calque à trois ateliers organisés en 2004 et 2005 à Paderborn (Rhénanie du Nord-Westphalie) et à Potsdam (Brandebourg), lors desquels on a essayé d'appliquer les définitions de l'Unesco à la problématique des paysages monastiques[16]. En dépit de l'hétérogénéité épistémologique et des différentes traditions nationales constatées, notamment allemandes, britanniques et polonaises, les intervenants sont plus ou moins convenu de la validité de deux critères d'un paysage culturel formulés par l'Unesco, celui d'une valeur exceptionnelle pour l'humanité (*universal value*) et celui de la représentativité géographique et/ou culturelle. À la question »Qu'est-ce qu'un paysage monastique?«, la catégorie du paysage associatif, c'est-à-dire l'association de phénomènes matériels et immatériels (artistiques, religieux, ...) semblait appropriée dans la plupart des cas étudiés et discutés.

À la même période, deux colloques ont eu lieu à Alzey et à Mayence (deux villes situées dans le Land de Rhénanie-Palatinat), et dont les actes rassemblés constituent la deuxième partie du présent volume. La rencontre d'Alzey du mois d'avril 2004 constitue probablement la première circonstance où le terme problématique de *Klosterlandschaften* (paysages monastiques) fut publiquement discuté. Sous le titre de »Frauen.Kloster.Landschaften« ont été présentés des exemples provenant de la Rhénanie moyenne, du Palatinat, de Cologne et de la Lotharingie, de la Thuringe, de la Saxe, du Brandebourg, du Wurtemberg et enfin de la Lombardie; sept des douze communications ont été retenues. Dans un article bien pourvu en références de toute sorte, intitulé simplement »Klosterlandschaft«, Gert Melville analyse le vocabulaire employé dans la recherche et dans la bonne vulgarisation autour des mots »paysage« et »monastère«. Il retrace les origines sémantiques du mot allemand *Landschaft* jusqu'au vieux haut-allemand *lantscaf*, mot utilisé comme synonyme pour *terra*, *regio*, *provincia* au IX$^{e}$ siècle[17]. Il cherche à déconnecter l'expression »paysage monastique« de la signification d'une »agglomération de monastères« ou bien de »décor esthétique d'une région« (p. 203). Pour proposer une autre définition de *Klosterlandschaft*, plus nette et plus restreinte, lui aussi adopte le concept du paysage culturel qu'il comprend comme la forme acculturée donnée à un espace par l'homme, ici par une communauté religieuse qui s'est ainsi appropriée sa vallée ou l'ensemble de ses terres. Notons que cette définition semble correspondre plutôt à la notion de territoire, plus ou moins convenue dans la recherche française: »un espace approprié

14 http://portal.unesco.org/fr/ev.php-URL_ID=13055&URL_DO=DO_TOPIC&URL_SECTION=201.html, article 1 (03/10/17).

15 http://whc.unesco.org/fr/PaysagesCulturels/ (03/10/17).

16 Czaja (dir.), Klosterlandschaften (voir n. 12), voir en particulier l'introduction par Heinz-Dieter Heimann, Jens Schneider, Kloster – Landschaft – Klosterlandschaft? Annäherungen und Ausblick, p. 9–22.

17 Pour plus de précisions, voir Elisabeth Karg-Gasterstädt et al. (dir.), Althochdeutsches Wörterbuch, vol. 5, Berlin 2009, p. 636–638.

par une communauté, à travers l'exercice d'un pouvoir, à la différence de *l'espace*, indéfini et illimité«[18]. Les premiers exemples avancés par l'auteur, Heisterbach, en Rhénanie, et St. Michael de Bamberg, en Franconie, permettent effectivement de suivre une délimitation assez précise; d'autres exemples provenant du bas Moyen Âge présentent le monastère comme agent de la territorialisation, dominant un territoire quasi constitutionnel. Le cas de Cluny, autre exemple qu'il évoque, montre les difficultés liées au concept du paysage dominé par un seul monastère. Melville se prononce contre des expressions comme »paysage clunisien« ou »paysage cistercien« pour un ensemble de maisons de la même congrégation. S'il insiste bien sur le fait que les moines contemporains étaient conscients du »paysage« autour de leur monastère – qui n'est pas l'espace sacralisé du monastère et de l'église, décrit par Michel Lauwers[19] et d'autres –, les sources qu'il cite ne datent pas d'avant le XIIe siècle. Pour la période allant jusqu'au XIe siècle, cette perception spatiale restera donc hypothétique.

L'autre texte programmateur du volume est celui de Franz Felten, dont le titre se distingue du titre choisi par Gerd Melville par les seules deux lettres indiquant le pluriel: »Klosterlandschaften«[20]. L'article marque le passage entre les deux moitiés du livre: il clôt la première partie consacrée de façon plus générale au concept du paysage, tout en annonçant le thème de la deuxième, les monastères de femmes. La première partie rassemble les actes de la rencontre de 2008, intitulée »Der Begriff der Landschaft in der landeshistorischen Forschung«. Comme il a été évoqué plus haut, les dix contributions représentent un bouquet d'approches pluridisciplinaires plus que bienvenu pour tout chercheur en sciences humaines et sociales, et l'introduction rédigée par les trois éditeurs nous fournit bien plus que les simples résumés des articles, à savoir un état de la recherche à jour, qui évoque les problèmes rencontrés relativement aux définitions et usages divergents du paysage en tant que terme technique. Le texte de Franz Felten représente un essai au meilleur sens du terme (avec toutefois des notes qui occupent une large moitié de la page), suivi d'une annexe de deux pages proposant des aspects pour l'étude des paysages monastiques, organisés en cinq sections (classement des cartes, répertoires, etc.; l'espace à étudier; le créneau chronologique; genèse – acteurs – fonctions – réseaux; le paysage saturé). Il constate, comme Melville, un manque de définition ou plutôt des significations divergentes de »paysage monastique« en fonction de la discipline scientifique. À la différence de Melville, il plaide pour maintenir l'emploi dans le sens de »paysage d'une ville« ou »paysage d'un pays« qui s'est imposé et qui représente une base commune pour le débat. Si cette conception du terme reste floue, elle représenterait, en tant que »connotation appellative«, tout de même une »plus-value scientifique« (p. 187). Au passage, Felten évoque l'existence de paysages urbains organisés autour d'une abbaye ou d'une collégiale. Il cite Echternach, Fulda, Prüm, Siegburg, Saint-Mihiel ou Wissembourg. Notons bien qu'il entend par là la ville qui doit tout à la communauté domi-

18 Piroska NAGY, La notion de *christianitas* et la spatialisation du sacré au Xe siècle: un sermon d'Abbon de Saint-Germain, dans: Médiévales 49 (2005), p. 121–140, ici p. 121.

19 Michel LAUWERS, Naissance du cimetière. Lieux sacrés et terre des morts dans l'Occident médiéval, Paris 2005. Cf. Martin HEINZELMANN, Sainteté, hagiographie et reliques en Gaule dans leurs contextes ecclésiologique et social (Antiquité tardive et haut Moyen Âge), dans: Lalies 24 (2004), p. 37–62.

20 Franz J. FELTEN, Klosterlandschaften, dans: IDEM (dir.), Landschaft(en) (voir n. 4), p. 157–191.

nante. Le cas contraire serait l'ensemble de monastères et collégiales d'une ville, lui donnant un caractère particulier par leur densité et leur pluralisme; mentionnons au hasard Cologne ou Esslingen am Neckar[21]. C'est dans ce sens qu'on peut lire la notion du paysage urbain proposée par l'Unesco[22]. Plus concrètement, Felten présente un survol de la terminologie et sa répartition au niveau européen, pour ensuite discuter les approches principales à la problématique publiées récemment. Il propose, à la base de toute étude, de procéder à un état des lieux sans a priori territorial ou autre, c'est-à-dire d'exploiter des répertoires et de dresser des listes. Cet instrument heuristique permettrait d'observer des phénomènes de densité d'établissements religieux et de les classer par phases chronologiques, par observance, par réformes ou par monastère d'hommes et de femmes. Il rejoint par là les travaux actuels de Hedwig Röckelein[23]: l'attention prêtée à l'évolution chronologique et le procédé appliqué sans tenir compte des délimitations établies, régionales ou nationales, peuvent paraître banals; cependant les exemples évoqués par les auteurs montrent à quel point cela a pu être une barrière pour la recherche. Felten insiste bien sur l'analyse comparative comme moyen du choix, déjà réalisée avec succès par d'autres auteurs[24]. Les niveaux de définition proposés par Melville lui paraissent en revanche trop contraignants pour la recherche: en les appliquant, on risquerait de ne rien trouver (p. 185–186).

Comparer et distinguer les types d'établissements, leur répartition et leur évolution, sans oublier l'influence exercée par les familles nobles: ceci est la recommandation de Felten. En même temps, ce sont à peu près les catégories qu'on retrouve dans les travaux de Hedwig Röckelein sur le monachisme féminin dans l'espace saxon, bavarois-franconien et alémanique. Ainsi voit-on, par exemple, qu'il est trop facile de répéter les motivations traditionnelles pour la fondation des monastères de femmes en Saxe (créer un lieu approprié pour placer les filles nobles; entretenir la *memoria* de leur familles); pour Röckelein, ces communautés ne sont pas plus ottoniennes ni saxonnes que les exemples bavarois qu'elle a étudiés également[25]. Dans une autre étude de cas, elle se prononce contre l'expression d'un »paysage monastique de l'Allemagne du sud-ouest« (*südwestdeutsche Klosterlandschaft*) pour avancer plutôt celle

21 En attendant le troisième volume du Nordrheinisches Klosterbuch (voir n. 2), voir le tome IX/2 du Geschichtlicher Atlas der Rheinlande par Odilo Engels, Klöster und Stifte von der Merowingerzeit bis um 1200, Bonn 2006, qui indique dix-huit communautés à Cologne avant l'an 1200. Pour Esslingen, voir le beau catalogue d'exposition: Kirsten Fast, Joachim J. Halbekann (dir.), Zwischen Himmel und Erde. Klöster und Pfleghöfe in Esslingen, Petersberg 2009.

22 Recommandation concernant le paysage urbain historique, adoptée par l'Unesco en 2011, http://whc.unesco.org/fr/activites/638/ (03/10/17).

23 Hedwig Röckelein, Frauen im Umkreis der benediktinischen Reformen des 10. bis 12. Jahrhunderts. Gorze, Cluny, Hirsau, St. Blasien und Siegburg, dans: Gert Melville, Anne Müller (dir.), Female *vita religiosa* between Late Antiquity and the High Middle Ages. Structures, developments, and spatial contexts, Berlin 2011 (Vita religiosa, 47), p. 1–53; ead., Schriftlandschaften, Bildungslandschaften und religiöse Landschaften des Mittelalters in Norddeutschland, Wiesbaden 2015 (Wolfenbütteler Hefte, 33).

24 Heimann, Schneider, Kloster – Landschaft – Klosterlandschaft? (voir n. 16); Hedwig Röckelein, Bairische, sächsische und mainfränkische Klostergründungen im Vergleich (8. Jahrhundert bis 1100), dans: Eva Schlotheuber, Helmut Flachenecker, Ingrid Gardill (dir.), Nonnen, Kanonissen und Mystikerinnen. Religiöse Frauengemeinschaften in Süddeutschland, Göttingen 2008, p. 23–54.

25 Röckelein, ibid.

du »paysage alémanique de monastères de femmes« (*alemannische Frauenkloster-landschaft*), terme plus précis et à la fois plus adapté car il dépasse le cadre national en incluant la Suisse et l'Alsace[26]. En détaillant ses critères utilisés pour distinguer différentes phases (fondation, influences politiques, réformes), Röckelein démontre à travers ces établissements alémaniques le phénomène connu dans la recherche allemande sous le terme technique de *Verdichtung*. Traditionnellement, on entend par là une densification qui se traduit par plusieurs facteurs du pouvoir (royal) et d'ancrage territorial, phénomène observé par exemple en Souabe et en Alsace avec la »province royale« (*Königslandschaft*) des Staufen, des deux côtés du Rhin, pour les règnes de Conrad III († 1152) et de Frédéric I^er^ Barberousse († 1190)[27]. De la même manière, Röckelein analyse le nord de l'actuelle Allemagne pour distinguer des paysages spirituels, d'écriture et d'éducation, qui sont pour une bonne partie constitués par les monastères de femmes dont la fondation et l'évolution ne se laissent pas réduire à la prière pour les fondateurs et leur mémoire[28]. Ces paysages peuvent être marqués par les conséquences de la réforme, entre le XI^e^ et le XIII^e^ siècle; pour la période du bas Moyen Âge, elle observe une première concentration de la *Devotia moderna* en Rhénanie et dans le sud de l'Allemagne. De façon générale, Röckelein constate une circulation des réservoirs de savoir facilitée par les grandes congrégations très hiérarchisées (cisterciens, prémontrés, mendiants)[29].

Pour terminer, nous avons pu comparer les approches méthodologiques de trois éminents spécialistes de la recherche sur les monastères. Il serait trop simple d'expliquer les perspectives différentes et nuancées par l'orientation des chercheurs sur le haut ou le bas Moyen Âge. Toujours est-il que le raisonnement de Gerd Melville se lit aisément dans une perspective territoriale, avec une attention particulière prêtée aux délimitations qui ne sont peut-être pas la catégorie la plus importante d'un paysage. On ne peut cependant concevoir le paysage sans s'interroger sur le rôle du pouvoir dans sa genèse: le territoire est là où est exercé le pouvoir[30]. Hedwig Röckelein et Franz Felten représentent une approche plus ouverte qui appelle à (ré-)introduire d'autres paramètres: l'essai de définir des phases correspondant à différentes étapes d'évolution en est un. Il n'est pas inutile de rappeler qu'un paysage n'est pas une entité pérenne mais qu'il se définit dans le temps: un principe crucial, délibérément oublié par la *Kulturraumforschung* de l'école rhénane dans sa démarche de justifier la prise de pouvoir »germanique« des terres belges et polonaises ayant été germanophones ou sous domination allemande durant une période du passé. La tentative de

26 Hedwig Röckelein, Religiöse Frauengemeinschaften des früheren Mittelalters im alemannischen Raum, dans: Rottenburger Jahrbuch für Kirchengeschichte 27 (2008), p. 27–49.

27 Thomas Zotz, Der Südwesten des Reiches auf dem Weg zur staufischen Königslandschaft, dans: Caspar Ehlers (dir.), Orte der Herrschaft. Mittelalterliche Königspfalzen, Göttingen 2002, p. 85–105.

28 Röckelein, Schriftlandschaften, Bildungslandschaften und religiöse Landschaften des Mittelalters in Norddeutschland (voir n. 23), p. 91.

29 Röckelein, Frauen im Umkreis (voir n. 23), p. 36, avec les exemples de Cluny et de Siegburg.

30 Franco Farinelli, Im Anfang war die Karte, dans: Marion Picker, Véronique Maleval, Florent Gabaude (dir.), Die Zukunft der Kartographie. Neue und nicht so neue epistemologische Krisen, Bielefeld 2013, p. 257–275, citation p. 275: »Das Territorium ist dort, wo Macht ausgeübt wird.«

rattrapage par autocritique, formulée par Edith Ennen en 1970, ne disculpe pas les aberrations commises par Franz Petri et d'autres[31]. Les pratiques de la mémoire assurée dans les monastères[32] et les différentes démarches de réforme[33] constituent d'autres paramètres possibles pour la description de paysages monastiques. Enfin, le croisement de nos informations sur l'organisation spatiale et sur la hiérarchie institutionnelle du réseau d'établissements issu de Cîteaux fait apparaître une cohérence d'observation, de vocable (Marie), de *consuetudines* et de juridiction. Cette cohérence permet peut-être l'emploi du terme »espace juridique«, pour citer un concept récent[34]. Certes, ces provinces ne correspondent pas à d'autres entités territoriales établies et étudiées comme souligné par Felten[35], mais n'est-ce pas là l'intérêt de concepts différents pour adresser différentes cohérences spatiales?

Force est de constater que le concept de paysage (*Landschaft*) n'est pas épuisé sur le plan méthodologique. Les publications revues ici ont démontré différentes approches de la recherche médiévale au phénomène de paysage, en particulier du paysage monastique. Ajoutons une dernière perspective récente qui conçoit le lien entre paysage et travail. Pour Ludwig Fischer, on ne peut expliquer la genèse d'un paysage par la seule cultivation humaine; au-délà des processus d'appropriation par l'homme, il faudrait plutôt prendre en compte l'évolution de l'organisation sociale du travail[36]. Les ateliers et recueils d'articles discutés ici[37] semblent confirmer le résumé de Felten, pour qui les approches transpériodes et pluridisciplinaires, voire transnationales, paraissent plus fructueuses que le débat de mots-concepts.

31 Edith Ennen, Hermann Aubin und die geschichtliche Landeskunde der Rheinlande, dans: Rheinische Vierteljahrsblätter 34 (1970), p. 9–42, ici p. 26–27 avec n. 39a. Cf. Marlene Nikolay-Panter, Geschichtliche Landeskunde – Kulturgeschichte – Kulturraumforschung, dans: Czaja (dir.), Klosterlandschaften (voir n. 12), p. 23–31; Peter Schöttler, La Westforschung allemande: de la défensive à l'offensive territoriale, dans: Christian Baechler, François Igersheim, Pierre Racine (dir.), Les Reichsuniversitäten de Strasbourg et de Poznan et les résistances universitaires 1941–1944, Strasbourg 2005, p. 35–46.

32 Hedwig Röckelein, Altfrid, Gründer des Stifts Essen und international agierender Kirchenmann? dans: Thomas Schilp (dir.), Frauen bauen Europa. Internationale Verflechtungen des Frauenstifts Essen, Essen 2011 (Essener Forschungen zum Frauenstift, 9), p. 27–64. Cf. Jens Schneider, Punkte im Raum. Zur Bedeutung von Orten für die Ausbildung von Herrschaft, dans: Territorium, portail en ligne du projet ANR-DFG, université de Tübingen, http://nbn-resolving.de/urn:nbn:de:bsz:21-opus-67066 (03/10/17); Christofer Zwanzig, Gründungsmythen fränkischer Klöster im Früh- und Hochmittelalter, Stuttgart 2010 (Beiträge zur Hagiographie, 9).

33 Röckelein, Frauen im Umkreis (voir n. 23), et ead., Die Auswirkung der Kanonikerreform des 12. Jahrhunderts auf Kanonissen, Augustinerchorfrauen und Benediktinerinnen, dans: Franz Felten, Annette Kehnel, Stefan Weinfurter (dir.), Institution und Charisma. Festschrift für Gert Melville, Cologne, Weimar, Vienne 2009, p. 55–72; Kehnel, Klosterlandschaftsschutzgebiete (voir n. 12). Cf. Michèle Gaillard, D'une réforme à l'autre (816–934): les communautés religieuses en Lorraine à l'époque carolingienne, Paris 2006 (Histoire ancienne et médiévale, 82).

34 »Rechtsräume/Legal spaces«, axe de recherche dirigé par Caspar Ehlers à l'Institut Max-Planck pour l'histoire européenne du droit, http://www.rg.mpg.de/forschung/rechtsraeume (03/10/17). Cf. Caspar Ehlers, Rechtsräume. Ordnungsmuster im Europa des frühen Mittelalters, Berlin, Boston 2016 (methodica, 3).

35 Felten, Klosterlandschaften (voir n. 12), p. 177.

36 Ibid., p. 54.

37 Czaja (dir.), Klosterlandschaften (voir n. 12); Felten (dir.), Landschaft(en) (voir n. 4). Citons comme dernier exemple la région de la haute Rhénanie (»Oberrhein«): Brather (dir.), Grenzen, Räume und Identitäten (voir n. 7).

Eric Burkart

# DIE ERFORSCHUNG SPÄTMITTELALTERLICHER KAMPFBÜCHER

## Vier Buchbesprechungen zu einem neuen Forschungsfeld[1]

Seit einigen Jahren erfreuen sich spätmittelalterliche Kampfbücher einer wachsenden Aufmerksamkeit. Es handelt sich dabei um eine erstmals Anfang des 14. Jahrhunderts auftretende Quellengattung, in der explizit Körpertechniken des Kämpfens thematisiert und in zumeist illustrierten Handschriften aufgezeichnet werden[2]. Die vereinheitlichende Bezeichnung als Fecht- oder Kampfbücher darf jedoch nicht darüber hinwegtäuschen, dass es sich um eine äußerst heterogene Gruppe von Zeugnissen handelt. Für die Zeit vom 14. bis zum 17. Jahrhundert sind derzeit 82 handschriftliche Kampfbücher bekannt, wobei das älteste Manuskript auf ca. 1300 datiert wird und der große Teil der Kodizes aus dem 15. Jahrhundert stammt[3]. Mit der Verbreitung des Buchdrucks fand dieses spezifische Textgenre bereits Ende des 15. Jahrhunderts seinen Weg auch in den Druck und es sind für die Zeit bis 1700 weitere 32 Werke in zum Teil mehreren Auflagen und Ausgaben bekannt[4].

1 Sergio Boffa, Les manuels de combat. »Fechtbücher« et »Ringbücher«, Turnhout (Brepols) 2014, 93 p., 10 ill. (Typologie des sources du Moyen Âge occidental, 87), ISBN 978-2-503-54938-5, EUR 25,00; Rainer Welle, »… vnd mit der rechten faust ein mordstuck«. Baumanns Fecht- und Ringkampfhandschrift. Edition und Kommentierung der anonymen Fecht- und Ringkampfhandschrift Cod. I.6.4° 2 der UB Augsburg aus den Beständen der ehemaligen Öttingen-Wallersteinschen Bibliothek. Kommentarband und Tafelband, München (Herbert Utz Verlag) 2014, 240 u. 230 S., zahlr. Taf., ISBN 978-3-8316-4377-6, EUR 74,00; The Art of Swordsmanship by Hans Lecküchner. Translated by Jeffrey L. Forgeng, Woodbridge (The Boydell Press) 2015, XXVI–453 p. (Armour and Weapons), ISBN 978-1-78327-028-6, GBP 60,00; Daniel Jaquet, Nicolas Baptiste (éd./Hg.), Expérimenter le maniement des armes à la fin du Moyen Âge/ Experimente zur Waffenhandhabung im Spätmittelalter, Basel (Schwabe Verlag) 2015, 192 S., 34 Abb. (Itinera. Beiheft zur SZG/Supplément de la RSH, 39), ISBN 978-3-7965-3467-6, CHF 48,00.

2 Rainer Leng, Fecht- und Ringbücher, München 2008 (Katalog der deutschsprachigen illustrierten Handschriften des Mittelalters, Bd. 4/2, Lfg. 1/2, Stoffgr. 38).

3 Daniel Jaquet, Karin Verelst, Timothy Dawson (Hg.), Late Medieval and Early Modern Fight Books. Transmission and Tradition of Martial Arts in Europe (14th–17th Centuries), Leiden 2016 (History of Warfare, 112), S. 603–608.

4 Ibid., S. 608–610. Das Verfassen spezialisierter Fachschriften zur Kampfkunst reißt aber keineswegs mit dem Beginn des 18. Jahrhunderts ab, sondern dauert mit der modernen Ratgeberliteratur zu Sport, Kampfkunst und Selbstverteidigung bis zum heutigen Tage an. Vgl. Eric Burkart, Den Kampf anhalten. Bildliche Bewegungsdidaktiken in moderner Ratgeberliteratur und in europäischen Handschriften des 14. und 15. Jahrhunderts, in: Günter Burkart, Nikolaus Meyer (Hg.), »Die Welt anhalten«. Von Bildern, Fotografie und Wissenschaft, Weinheim, Basel 2016, S. 174–201.

Die wissenschaftliche Auseinandersetzung mit Kampfbüchern hat in den letzten zehn Jahren erheblich an Fahrt aufgenommen[5]. Deshalb soll dieses im Entstehen begriffene Forschungsfeld im vorliegenden Beitrag kurz vorgestellt und anhand von vier aktuellen Arbeiten diskutiert werden. Die Gründe für diese gestiegene Aufmerksamkeit sind vielfältig. Zu nennen ist zum einen die Anschlussfähigkeit der entstehenden Untersuchungen an aktuelle Fragestellungen der neuen Kulturgeschichte und der Körpergeschichte[6] und zum anderen die stetig fortschreitende Digitalisierung des Quellenmaterials[7] sowie die Publikation von populärwissenschaftlichen Faksimileausgaben[8] und kodikologischen Analysen[9] zentraler Werke.

5 Zu nennen ist hier unter anderem die Arbeit des von Uwe Israel (Dresden) geleiteten DFG-Projekts »Der mittelalterliche Zweikampf als agonale Praktik zwischen Recht, Ritual und Leibesübung« (2011–2015): Uwe ISRAEL, Christian JASER (Hg.), Zweikämpfer. Fechtmeister – Kämpen – Samurai, Berlin 2014 (Das Mittelalter. Perspektiven mediävistischer Forschung, 19/2); Uwe ISRAEL, Christian JASER (Hg.), Agon und Distinktion. Soziale Räume des Zweikampfs zwischen Mittelalter und Neuzeit, Berlin, Münster 2016 (Geschichte, Forschung und Wissenschaft, 47). Wichtige Initiativen gehen zudem auf Daniel Jaquet zurück, der neben seiner bislang unpublizierten Dissertation eine Reihe von Sammelbänden zum Thema herausgegeben hat: Daniel JAQUET, Combattre en armure à la fin du Moyen Âge et au début de la Renaissance d'après les livres du combat, Thèse de doctorat, Genève 2013; DERS. (Hg.), L'art chevaleresque du combat. Le maniement des armes à travers les livres de combat (XIVe–XVIe siècles), Neuchâtel 2013; DERS., BAPTISTE (éd.), Expérimenter le maniement des armes (wie Anm. 1). Darüber hinaus erscheint seit 2013 die Zeitschrift »Acta Periodica Duellatorum«, die sich dezidiert mit dem Phänomen europäischer Kampfkünste beschäftigt: https://www.degruyter.com/view/j/apd (21.9.2017). Seit 2009 finden zudem vermehrt Tagungen und Ausstellungen zu mittelalterlicher Kampfkunst und verwandten Themen statt: Lisa DEUTSCHER, Mirjam KAISER, Sixt WETZLER (Hg.), Das Schwert – Symbol und Waffe. Beiträge zur geisteswissenschaftlichen Nachwuchstagung vom 19.–20. Oktober 2012 in Freiburg/Breisgau, Rahden, Westf. 2014 (Freiburger archäologische Studien, 7); Barbara GROTKAMP-SCHEPERS u. a. (Hg.), Das Schwert. Gestalt und Gedanke, Ausstellung am Deutschen Klingenmuseum Solingen (26. September 2015–28. Februar 2016), Solingen 2015; Elisabeth VAVRA, Matthias Johannes BAUER (Hg.), Die Kunst des Fechtens, Heidelberg 2017 (Interdisziplinäre Beiträge zu Mittelalter und Früher Neuzeit, 7); Uwe FIEDLER, Thore WILKENS (Hg.), »Kunst dye dich zyret«. Fechten als Mittel persönlicher und institutioneller Repräsentation, Dresden 2017.

6 Für einen Überblick vgl. Maren LORENZ, Leibhaftige Vergangenheit. Einführung in die Körpergeschichte, Tübingen 2000 (Historische Einführungen, 4). Vormoderne Kampfbücher sind das Thema mehrerer Beiträge der folgenden Sammelbände: Rebekka von MALLINCKRODT (Hg.), Bewegtes Leben. Körpertechniken in der Frühen Neuzeit, Wiesbaden 2008 (Ausstellungskataloge der Herzog-August-Bibliothek, 89); Jörg ROGGE (Hg.), Killing and Being Killed: Bodies in Battle. Perspectives on Fighters in the Middle Ages, Bielefeld 2017 (Mainz Historical Cultural Sciences, 38).

7 Vgl. u. a. die Bestände der Bayerischen Staatsbibliothek München und die Kampfbücher aus der Oettingen-Wallersteinschen Bibliothek in der Universitätsbibliothek Augsburg, beides zugänglich über: http://digital.bib-bvb.de (21.9.2017).

8 Jeffrey L. FORGENG, The Medieval Art of Swordsmanship. A Facsimile & Translation of Europe's Oldest Personal Combat Treatise, Royal Armouries MS I.33, Union City 2003; Johannes zu KÖNIGSEGG-AULENDORF, André SCHULZE (Hg.), Der Königsegger Codex. Die Fechthandschrift des Hauses Königsegg (HS XIX, 17-3), Bd. 2, Darmstadt 2010.

9 Ute BERGNER, Johannes GIESSAUF, Würgegriff und Mordschlag. Die Fecht- und Ringlehre des Hans Czynner (1538) Universitätsbibliothek Graz MS. 963, Graz 2006; Matthias Johannes BAUER, Langes Schwert und Schweinespiess. Die anonyme Fechthandschrift aus den verschütteten Beständen des Historischen Archivs der Stadt Köln, Graz 2009; Franck CINATO, André SURPRENANT, Le livre de l'art du combat. Liber de arte dimicatoria, Édition critique du Royal

Das verstärkte Interesse an dieser seit Langem bekannten Quellengruppe lenkt zugleich den Blick auf außerwissenschaftliche Diskurse, die wesentlichen Anteil an der Etablierung von Kampfpraktiken und Kampfkunst als Gegenstand der historischen Forschung haben. Nachdem Kampfbücher zunächst Ende des 19. und Anfang des 20. Jahrhunderts für kurze Zeit im Fokus einer breiteren Öffentlichkeit von Forschern und praktizierenden Fechtern standen[10], sind die wissenschaftlichen Untersuchungen zum Thema im Verlauf des 20. Jahrhunderts vereinzelt und lassen noch keinen kohärenten Forschungsdiskurs erkennen[11]. Einen Wendepunkt markiert hier die übergreifende Studie von Sydney Anglo aus dem Jahr 2000, in der das Thema erstmals übergreifend als »The Martial Arts of Renaissance Europe« angesprochen wird[12].

Die Verwendung des Begriffs *Martial Arts* im Titel verweist in diesem Zusammenhang auf den Einfluss des wesentlich durch das Hong Kong-Kino der 1970er Jahre geprägten *(Asian) Martial Arts*-Diskurses, der im Westen eine seitdem andauernde Popularisierung von Kampfkunst und Kampfsport ausgelöst hat. Als erster medialer Superstar dieses Phänomens muss der Schauspieler und Kampfkünstler Bruce Lee gelten, der besonders im Umfeld der *cultural studies* Gegenstand der Untersuchung ist[13]. Das durch diese Entwicklung verstärkte Interesse an vornehmlich asiatischen Kampfsystemen und die Verbreitung von Jiu Jitsu, Judo, Karate, Kung Fu, Aikido, Kendo und anderen Kampfkünsten im Westen legte zugleich die Grundlage für ein vermehrtes Interesse an der Geschichte der »eigenen« Kampfkunsttradition. Im 20. Jahrhundert wurden mit (olympischem) Ringen, Boxen und Fechten fast ausschließlich stark versportlichte Disziplinen praktiziert, die deutliche Unterschiede zu den immer populärer werdenden asiatischen Kampfsystemen aufwiesen[14]. Anglos Thematisierung der spätmittelalterlichen Kampfbücher unter dem allgemeinen Überbegriff der

armouries MS. I.33, Paris 2009 (Sources d'histoire médiévale, 39); WELLE, … vnd mit der rechten faust ein mordstuck (wie Anm. 1); Matthias Johannes BAUER, »Der Allten Fechter gründtliche Kunst« – das Frankfurter oder Egenolffsche Fechtbuch. Untersuchung und Edition, München 2016 (Geschichtswissenschaften, 37).

10 Karin VERELST, Timothy DAWSON, Daniel JAQUET, Introduction, in: JAQUET, VERELST, DAWSON (Hg.), Late Medieval and Early Modern Fight Books (wie Anm. 3), S. 7–27, hier S. 12–18.

11 Zu nennen sind hier in erster Linie die folgenden Arbeiten: Martin WIERSCHIN, Meister Johann Liechtenauers Kunst des Fechtens, München 1965 (Münchener Texte und Untersuchungen zur deutschen Literatur des Mittelalters, 13); Hans-Peter HILS, Meister Johann Liechtenauers Kunst des langen Schwertes, Frankfurt am Main u. a. 1985 (Europäische Hochschulschriften. Reihe 3: Geschichte und ihre Hilfswissenschaften, 257); Jan-Dirk MÜLLER, Bild – Vers – Prosakommentar am Beispiel von Fechtbüchern. Probleme der Verschriftlichung einer schriftlosen Praxis, in: Hagen KELLER, Klaus GRUBMÜLLER, Nikolaus STAUBACH (Hg.), Pragmatische Schriftlichkeit im Mittelalter. Erscheinungsformen und Entwicklungsstufen, München 1992, (Münstersche Mittelalter-Schriften, 65), S. 251–282; Rainer WELLE, »… und wisse das alle höbischeit kompt von deme ringen«. Der Ringkampf als adelige Kunst im 15. und 16. Jahrhundert, Eine sozialhistorische und bewegungsbiographische Interpretation aufgrund der handschriftlichen und gedruckten Ringlehren des Spätmittelalters, Pfaffenweiler 1993 (Forum Sozialgeschichte, 4).

12 Sydney ANGLO, The Martial Arts of Renaissance Europe, New Haven, CT 2000.

13 Paul BOWMAN, Theorizing Bruce Lee. Film-Fantasy-Fighting-Philosophy, Amsterdam, New York 2010 (Contemporary Cinema, 5). Verwiesen sei an dieser Stelle auch auf das Martial Arts Studies Research Network mit dem zugehörigen Martial Arts Studies Journal: http://masjournal.org.uk/ (21.9.2017).

14 Für weiterführende Informationen vgl. die Publikationen der 2011 im Rahmen der Deutschen

*Martial Arts* verweist in diesem Kontext auf den Einfluss des *Martial Arts*-Diskurses und auf die Übernahme einer Perspektive, die zumindest implizit die Parallelisierung einer europäischen Kampfkunstgeschichte mit den im Westen inzwischen weit verbreiteten asiatischen Kampfsystemen nahelegt[15].

Als zusätzlicher außerwissenschaftlicher Faktor für die Etablierung eines auf Kampfbücher ausgerichteten Forschungsfeldes muss auch die popkulturelle Wiederentdeckung des Mittelalters gelten. Dieser Trend lässt sich an der steigenden Anzahl und zunehmenden Kommerzialisierung von mittelalterlichen Märkten, Darbietungen sowie *Living History*- und *Reenactment*-Veranstaltungen ablesen[16]. Ihre mediale Entsprechung finden diese populären Mediävismen[17] in mittelalterlich inspirierten Fantasy-Kinofilmen und Serienproduktionen, etwa den beiden auf J. R. R. Tolkiens Werken basierenden Trilogien von Peter Jackson und der auf den Romanen George R. R. Martins aufbauenden HBO-Serie »*Game of Thrones*«. Hier trifft man auf zahlreiche zu Ikonen stilisierte und glorifizierte Schwertkämpferinnen und Schwertkämpfer[18], die im Wesentlichen auf einer Vermischung von der Romantik entlehnten Ritterbildern mit den auf Essentialisierung basierenden Archetypen des Fantasy-Genres basieren. Gleichzeitig wird das heroisch inszenierte Kämpfen und Töten dieser Helden durch eine Bewegungsästhetik und eine filmische Erzählweise geprägt, die maßgeblich auf Einflüssen des *Martial Arts*-Kinos der 1970er Jahre beruht.

Einen weiteren wichtigen Faktor bildet zudem die sich seit dem Ende der 1990er Jahre formierende Szene der »Historischen Fechterinnen und Fechter«, in der auf Grundlage der Kampfbücher Schwertkampf auch praktisch betrieben wird. Auf sportlicher Ebene konvergiert hier die Wiederentdeckung des Mittelalters mit der steigenden gesellschaftlichen Begeisterung für (asiatische) Kampfkünste und der Suche nach einer genuin eigenen, »europäischen« Kampfkunst in einer *invention of tradition*[19]. Die zunehmende Verfügbarkeit von Scans oder Reproduktionen mittelalterlicher Kampfbücher ermöglichte die Etablierung dieses von historisch interes-

Vereinigung für Sportwissenschaft (dvs) gegründeten Kommission Kampfkunst und Kampfsport: http://www.sportwissenschaft.de/index.php?id=kkk (21.9.2017).

15 Paul Bowman arbeitet derzeit an einer diskursanalytischen Untersuchung zum Auftreten und zur Verwendung des Begriffs *Martial Arts* im anglophonen Diskurs, die hier weitere Erkenntnisse verspricht.

16 Inzwischen werden diese Veranstaltungen auch zum Forschungsgegenstand der Soziologie; vgl. Audrey Tuaillon-Demésy, L'histoire vivante médiévale. Approche socio-anthropologique, Thèse de doctorat en Sociologie, Besançon 2011, https://tel.archives-ouvertes.fr/tel-01062398 (21.9.2017).

17 Valentin Groebner, Das Mittelalter hört nicht auf. Über historisches Erzählen, München 2008.

18 Kämpfen stellt vermutlich eine der am stärksten mit *gender*-Aspekten verknüpften menschlichen Praktiken überhaupt dar. Bis auf wenige Ausnahmen (wie etwa die Darstellungen von Gerichtskämpfen zwischen Mann und Frau oder die schwer zu deutende Abbildung einer als Walpurgis bezeichneten Fechterin im derzeit ältesten Kampfbuch aus den Royal Armouries) sind alle Kämpfenden in mittelalterlichen Kampfbüchern durch Darstellungsweise und Attribute dem männlichen Geschlecht zugeordnet. Im Gegensatz hierzu existiert heute eine große Anzahl von aktiven Kampfkünstlerinnen und Fechterinnen, was sich auch in aktuellen filmischen und literarischen Kampfdarstellungen niederschlägt. Obgleich es in der historischen Forschung bislang kaum berücksichtigt wurde, stellt das soziale Geschlecht daher eine zentrale Dimension für die Erforschung von Kampfbüchern dar.

19 Eric John Hobsbawm, Terence Ranger (Hg.), The Invention of Tradition, Cambridge 1983.

sierten Amateuren und Praktizierenden verschiedener Kampfkünste getragenen Projekts der »Wiederbelebung« einer mittelalterlichen Kampfkunsttradition. Diese Mischung aus historisch inspirierter Kampfkunst und modernem Kampfsport hat im Verlauf des letzten Jahrzehnts unter der Bezeichnung *Historical European Martial Arts* (HEMA) eine starke Institutionalisierung in Vereinen und nationalen wie internationalen Verbänden erfahren[20].

Mit diesen Ausführungen soll nicht der Eindruck erweckt werden, Historikerinnen und Historiker, die sich wissenschaftlich mit spätmittelalterlichen Kampfbüchern auseinandersetzen, hätten zwangsläufig Anteil an einem dieser drei Phänomene. Die im vorliegenden Beitrag besprochenen Publikationen zeigen jedoch, dass zumindest in Sachen praktischer Expertise ein hohes Maß an Überschneidung besteht. Kämpfen und Kampfkunst können mithin als Paradebeispiele für eine in erster Linie körperliche und mit dem Körper erfahrene Praxis gelten und es kann davon ausgegangen werden, dass viele der historisch auf dem Gebiet der Kampfbücher Forschenden auch mit HEMA und/oder einer Form von Kampfkunst oder Kampfsport vertraut sind. Hier zeigt sich auch eine interessante Parallele zur Erforschung von mittelalterlichen Aufzeichnungen zur Musik, bei der es ebenfalls schwierig erscheint, sich dem Gegenstand rein theoretisch und ohne praktische Erfahrungen zu nähern. Bereits Ende des 19. Jahrhunderts bildeten sich dementsprechend die Vorläufer des heute als »Historische Aufführungspraxis« bezeichneten Ansatzes heraus, bei dem Nachbauten mittelalterlicher Instrumente verwendet werden, um überlieferte Notationssysteme praktisch zu interpretieren und sich so dem Klang mittelalterlicher Musik anzunähern[21]. Diese auch für die Erforschung mittelalterlicher Kampfsysteme zu konstatierende Einbeziehung praktischer Ansätze erweitert dabei einerseits den Horizont einer wissenschaftlichen Bearbeitung des Gegenstandes, sie zeitigt mit unreflektierten oder apologetischen Veröffentlichungen jedoch auch zuweilen problematische Effekte.

## Kampfbücher als Quellengattung

Anzeichen für ein gesteigertes wissenschaftliches Interesse an Kampfbüchern ist die Aufnahme eines dieser Quellengattung gewidmeten Bandes in die Reihe »Typologie des sources du Moyen Âge occidental«[22]. Sergio Boffa, leitender Konservator am Musée communal im belgischen Nivelles und selbst Lehrer für japanisches Schwertfechten (Kendo)[23], widmet sich in Band 87 dieser traditionsreichen Reihe einer inhalt-

20 Daniel Jaquet, Claus Frederik Sørensen, Historical European Martial Art – A Crossroad between Academic Research, Martial Heritage Re-creation and Martial Sport Practices, in: Acta Periodica Duellatorum (2015), S. 5–35.

21 Annette Kreutziger-Herr, Ein Traum vom Mittelalter. Die Wiederentdeckung mittelalterlicher Musik in der Neuzeit, Köln 2003; zu den Grenzen dieser (Re-)Konstruktionen und den Parallelen zur Erforschung mittelalterlicher Kampfkunst vgl. Eric Burkart, Limits of Understanding in the Study of Lost Martial Arts. Epistemological Reflections on the Mediality of Historical Records of Technique and the Status of Modern (Re-)Constructions, in: Acta Periodica Duellatorum 4 (2016), S. 5–30, hier S. 21–23.

22 Boffa, Les manuels de combat (wie Anm. 1).

23 Ein körpergebundenes Fachwissen, das er an mehreren Stellen durch Vergleiche der von ihm

lichen und quellenkritischen Bestimmung dessen, was er in Ermangelung einer bislang allgemein akzeptierten französischen Terminologie als »manuels de combat« anspricht. In Abgrenzung zu Kriegs-, Turnier- und Feuerwerksbüchern bezeichnet er hiermit Werke, die Ratschläge und/oder Techniken enthalten, die den Anwendern im bewaffneten oder unbewaffneten Kampf gegen einen oder mehrere Gegner zum Sieg verhelfen sollen (S. 23 f.). Boffa bezieht sich bei seiner Begriffsfindung auf die in der deutschen Forschung relativ weit verbreitete Bezeichnung der Quellen als Fecht- und Ringbücher, entscheidet sich jedoch bei der Übersetzung von Fechten bewusst gegen »escrimer« und für die weitere Bedeutung als »combattre«. Im Zuge der zunehmenden Versportlichung europäischer Kampfkünste seit der zweiten Hälfte des 19. Jahrhunderts haben sowohl »escrimer« als auch »fechten«, das sich etymologisch auf die gleiche Wortwurzel wie das englische »to fight« zurückführen lässt, eine Bedeutungsverschiebung erfahren. Während die weite Bedeutung noch immer auf einen (in der Regel bewaffneten) Kampf verweist, bezieht man das Verb inzwischen zunehmend auf den (Wett-)Kampf mit den olympischen Waffen Florett, Degen und Säbel. Boffa reflektiert diesen Sachverhalt durch die Bezeichnung der Quellengruppe als »manuels de combat«, die auch nahe an der im englischsprachigen Diskurs etablierten Bezeichnung als »fight books«[24] und der inzwischen immer häufigeren Verwendung des deutschen Begriffs »Kampfbücher« bleibt.

Gemäß den Vorgaben und der Zielsetzung der Reihe beginnt der Band mit einer thematischen Bibliografie, die Boffa in fünf Abschnitte gliedert. Nach der Auflistung von Repertorien, Katalogen und Bibliografien erfolgt eine Zusammenstellung von edierten, transkribierten oder als Faksimile herausgegebenen Kampfbüchern. Unverständlich ist in diesem Zusammenhang, warum hier Originalausgaben von im 15. und 16. Jahrhundert gedruckten Werken gleichberechtigt neben modernen Transkriptionen aufgeführt werden, die zum Teil noch nicht einmal wissenschaftlichen Standards genügen. Boffa verweist zwar an mehreren Stellen (S. 9, 67–69) auf die stark variierende Qualität sowohl der verfügbaren Transkriptionen und Übersetzungen als auch mancher thematischer Arbeiten, was er zutreffend auf die große Anzahl von Publikationen zurückführt, die von primär an der Kampfpraxis interessierten Amateuren aus der HEMA-Szene verfasst werden. Dennoch zieht der Autor aus dieser Beobachtung nur unzureichende Konsequenzen[25] und sorgt (zumindest in der Bibliografie) nicht in ausreichendem Maß für die dringend benötigte Orientierung einer an wissenschaftlicher Qualität interessierten Leserschaft. Die Aufnahme von Publikationen zur praktischen Rekonstruktion mittelalterlicher Kampftechniken in einem eigenen Abschnitt der Bibliografie erscheint ebenfalls fragwürdig, in Verbindung mit einer prominenteren Diskussion von deren Grenzen und Schwächen hätte sich diese Entscheidung aber noch rechtfertigen lassen.

unterrichteten japanischen mit der europäischen Kampfkunst in den Band einfließen lässt. Vgl. u. a. S. 30 f., 43, 58, 64.

24 Jaquet, Verelst, Dawson (Hg.), Late Medieval and Early Modern Fight Books (wie Anm. 3).

25 Vgl. u. a. das Lob von Boffa, Les manuels de combat (wie Anm. 1), S. 69 für den inhaltlich aufgrund der enthaltenen Mutmaßungen und Fehlinterpretationen problematischen Begleitband zum Faksimile des Königsegger Codex: Königsegg-Aulendorf, Schulze (Hg.), Der Königsegger Codex (wie Anm. 8).

Im ersten Kapitel widmet sich der Band dann einer Definition und genaueren Bestimmung des Quellengenres. Boffa orientiert sich dabei in erster Linie an den inhaltlichen Dimensionen der Kampfbücher und unterscheidet die behandelten Waffengattungen sowie die Situationen des Harnischfechtens, Bloßfechtens und Rossfechtens. Des Weiteren geht er auf theoretische Konzepte der Kampfsysteme ein und widmet sich mit der Unterscheidung zwischen ernsten Kämpfen, Wettkämpfen und Übungskämpfen den äußeren Umständen der behandelten Kampfszenarien. Der Abschnitt ist insgesamt informativ, zu kritisieren sind jedoch einige thematische Verkürzungen, etwa, dass eine Darstellung von Kämpfern in Alltagskleidung automatisch einen Selbstverteidigungskontext der Techniken nahelegen würde (S. 29).

Die Entwicklung der Kampfbücher als literarisches Genre steht im Mittelpunkt des zweiten Kapitels. Boffa spannt den Bogen jedoch zu weit, wenn er sowohl in den ägyptischen Fresken von Beni Hasan als auch im Werk des römischen Militärtheoretikers Vegetius frühe Vorläufer der Kampfbücher sieht (S. 38f.). Auch wenn beide Beispiele Körpertechniken des Kämpfens thematisieren, unterscheiden sich die Medien und die Darstellungsabsichten doch völlig von der Kommunikationsstruktur und den Entstehungskontexten der spätmittelalterlichen Kampfbücher. An dieser Stelle wird auch deutlich, worin die Schwäche der von Boffa gewählten Bezeichnung der Quellen als »manuels de combat« im Unterschied zum neutraleren »livres de combat« liegt. Wie auch Daniel Jaquet in seiner Rezension[26] anmerkt, impliziert die Bezeichnung »manuel« einen didaktischen Charakter des Werks, der nicht für alle Kampfbücher gleichermaßen gegeben ist. Tatsächlich besteht in der Forschung bislang lediglich Einigkeit darüber, dass es einer Vielzahl detaillierter Einzelstudien bedarf, um die jeweilige auktoriale Intention und den Kommunikationszusammenhang der einzelnen Kampfbücher zu bestimmen[27]. Was an Boffas Ansatz dementsprechend zu kritisieren wäre, ist eine fehlende Sensibilität für die Heterogenität des Genres und für die zahlreichen offenen Fragen, die in der Forschung derzeit noch kontrovers diskutiert werden. Gleiches gilt für die von Boffa angeführten »Traditionslinien« (S. 43–50), die er an geografischen bzw. sprachlichen Zuordnungen der einzelnen Bücher sowie an einzelnen Lehrautoritäten festmacht. Abgesehen von der relativ dichten Überlieferung deutschsprachiger Kampfbücher haben die von Boffa gebildeten Kategorien (schweizerische, italienische, englische, französische und iberische Kampfbücher) jeweils nur sehr wenige Einzelzeugnisse zum Inhalt, die eine Zusammenfassung zu einer »Tradition« nicht rechtfertigen.

In den folgenden zwei Kapiteln widmet sich der Band dann quellenkritischen Spezifika des Genres sowie der mit Kampfbüchern verbundenen Editionsproblematik, um im letzten Kapitel auf die Relevanz der Quellengattung für historische Fragestellungen einzugehen. Positiv hervorzuheben ist hier besonders die im dritten Kapitel erfolgende klare Positionierung Boffas im Hinblick auf die Grenzen einer möglichen

26 Erscheint in: Archives Internationales d'Histoire des Sciences 66, n. 179 (2018).

27 Als Beispiel kann etwa das Nürnberger Hausbuch gelten, dessen Textaufbau und kodikologische Struktur eben nicht für ein Handbuch oder Lehrwerk sprechen, sondern das die Aufzeichnungen eines gelehrten Studenten der Kampfkunst enthält. Vgl. Eric Burkart, The Autograph of an Erudite Martial Artist. A Close Reading of Nuremberg, Germanisches Nationalmuseum, Hs. 3227a, in: Jaquet, Verelst, Dawson (Hg.), Late Medieval and Early Modern Fight Books (wie Anm. 3), S. 451–480.

praktischen Rekonstruktion der in den Kampfbüchern referenzierten Techniken. Während in der Bibliografie die Abgrenzung von Veröffentlichungen aus dem Umkreis fechtbegeisterter Amateure nicht deutlich genug ausfällt, erfolgt hier eine klare Auseinandersetzung mit modernen Rekonstruktionsversuchen. Auf Basis seiner eigenen Expertise als Kendoka verweist Boffa auf die Komplexität fechterischer Techniken und die verhältnismäßig geringe Informationsdichte sowie eine bewusste Codierung der Quellen zum Zweck einer Geheimhaltung der Lehre. Zudem führt er die Diskrepanz zwischen Methoden der experimentellen Archäologie und den von historischen Fechterinnen und Fechtern unternommenen Versuchen der Rekonstruktion an, die als körperlicher Nachvollzug der Beschreibungen und Abbildungen aus den Kampfbüchern keinem hypothesenprüfenden Versuchsaufbau folgen. Abschließend betont Boffa zwar die Wichtigkeit eines praktischen Bezuges zur Kampfkunst, der als körperliche Erfahrung ein besseres Verständnis der mittelalterlichen Diskurse ermögliche, zugleich warnt er jedoch davor, dass dieses Vorwissen und die eigene körperliche Vorbildung bei einer Interpretation der Kampfbücher auch in die Irre führen könne[28]. Dieser Zusammenhang zwischen einer Interpretation der mittelalterlichen Kampfkunst-Diskurse und dem Körperwissen der modernen Forscherinnen und Forscher, das eine Annäherung an die mittelalterlichen Aufzeichnungen zu Körpertechniken des Kämpfens einerseits ermöglicht, ihr aber zugleich auch im Sinn einer hermeneutischen Zirkularität enge Grenzen setzt, wird die Erforschung der Kampfbücher noch in Zukunft beschäftigen.

Insgesamt bietet der von Sergio Boffa vorgelegte Band eine erste Orientierung und einen Überblick über die Quellengattung der Kampfbücher. Es zeigt sich jedoch an kleineren Ungenauigkeiten und einigen fragwürdigen Setzungen des Autors, dass es sich noch um ein relativ junges Forschungsfeld handelt und dass es für die Abfassung von umfassend angelegten Überblickswerken noch zu früh ist. Eine denkbare Lösung – gerade für die von Boffa angesprochene Problematik des Fehlens eines wissenschaftlichen Quellenverzeichnisses (S. 54) – könnte hier die Arbeit an einer kooperativen Online-Datenbank im Stile des Handschriftencensus[29] sein, in der die Ergebnisse der laufenden Forschung gebündelt und stetig aktualisiert werden könnten.

28 »Dans ces associations, nous rencontrons souvent des pratiquants d'arts martiaux tant orientaux qu'occidentaux. Ceux-ci possèdent de nombreux atouts très utiles dans ces tentatives de reconstitution. En effet, ils ont acquis une base théorique et pratique du maniement des armes ainsi qu'une certaine expérience du combat. Tout ce savoir leur permet de comprendre plus facilement le discours des anciens. L'artiste martial doit cependant faire très attention à ce que ces connaissances ne dirigent pas leur lecture et n'influencent pas leur interprétation des manuels de combat occidentaux. La reconstitution historique – que l'on se gardera de confondre avec les méthodes scientifiques de l'archéologie expérimentale – doit donc être utilisée avec un maximum de prudence et les conclusions que l'on en tire doivent être utilisées avec une extrême précaution« (Boffa, Les manuels de combat [wie Anm. 1], S. 65 f.).

29 http://www.handschriftencensus.de (21.9.2017).

## Eng an der Handschrift – kodikologische Analyse und Transkription eines Kampfbuches

Während Sergio Boffa die geringe Anzahl an wissenschaftlichen Editionen von Kampfbüchern bedauert, hat Rainer Welle im gleichen Erscheinungsjahr eine solche vorgelegt[30]. Welle, Autor einer 1993 erschienenen Dissertation zum Ringkampf im späten Mittelalter[31], von Haus aus mediävistischer Germanist, Sportwissenschaftler und ehemaliger Bundestrainer des Deutschen Ringer-Bundes (DRB), widmet sich darin einer Bearbeitung des Cod. I.6.4°2 aus der Universitätsbibliothek Augsburg. Die zweibändige Veröffentlichung besteht aus einem umfangreichen Kommentarband von 240 Seiten und einer farbigen und maßstabsgetreuen Faksimile-Edition der Handschrift, wobei hochauflösende Scans der Handschrift auch online frei zugänglich sind[32]. Bei der herausgegebenen Handschrift handelt es sich um ein Mitte des 16. Jahrhunderts zu einem Kodex zusammengebundenes Konvolut, das aus einem zwischen 1465 und 1470 entstandenen jüngeren Teil (»Fecht- und Ringbuch«, Lagen 1–5, fol. $1^r$–$74^v$) und einem um das Jahr 1420 angefertigten älteren Teil (»Vermischtes Kampfbuch«, Lage 6, fol. $75^r$–$108^v$) besteht. Der jüngere Teil hat in der Forschung bislang vor allem deshalb eine gewisse Bekanntheit erlangt, weil er als Vorlage für ein Albrecht Dürer zugeschriebenes Kampfbuch diente[33]. Die beiden Teile behandeln ein sehr breites Spektrum an Kampfformen und Techniken. Während im jüngeren Teil Kampftechniken mit dem zweihändig geführten Schwert und dem einhändig geführten langen Messer sowie der Kampf mit dem Dolch und das Ringen dargestellt werden, widmet sich der ältere Teil neben Schwertkampf und Ringen auch verschiedenen Varianten des Kampfes im Harnisch sowie dem gerichtlichen Zweikampf mit Stechschilden.

Nach einem Überblick über den Forschungsstand und frühere Bearbeitungen der Handschrift widmet sich Welle einer umfassenden kodikologischen Analyse des Konvoluts (S. 20–107). Neben einer Aufarbeitung der Provenienzgeschichte erfolgt eine detaillierte Beschreibung von Einband, Beschreibstoff, Wasserzeichen, Seiteneinrichtung, Foliierung sowie eine genaue Lagenbestimmung. Welle korrigiert hierbei in der Forschung kursierende Irrtümer und erhärtet durch seine Analyse der Wasserzeichen die oben genannte Datierung der beiden Teile. Im Anschluss widmet er sich sowohl einer dialektalen Bestimmung, die den Text eindeutig als von der bairischen Mundart geprägt ausweist, als auch einer genauen und mit zahlreichen farbigen Abbildungen belegten Scheidung der zwei Schreiberhände sowie der fünf beteiligten Zeichner. Welles außerordentlich sorgfältige Arbeit eignet sich aufgrund ihrer Anschaulichkeit durch die eingefügten Details aus der Handschrift und die Verfügbarkeit des Faksimiles ausgezeichnet als Anschauungsmaterial für Lehrveranstaltungen der Paläografie und Kodikologie.

30 Welle, »… vnd mit der rechten faust ein mordstuck« (wie Anm. 1).
31 Ders., »… und wisse das alle höbischeit kompt von deme ringen« (wie Anm. 11).
32 http://nbn-resolving.de/urn:nbn:de:bvb:384-uba002009-1 (21.9.2017).
33 Zu dieser Zuschreibung zuletzt kritisch: Heinz Widauer, Das Ring- und Fechtbuch der Albertina. Eine Handschrift mit vielen Rätseln, in: Vavra, Bauer (Hg.), Die Kunst des Fechtens (wie Anm. 5), S. 235–250.

Ebenfalls von der Sorgfalt der Arbeit zeugen die exakte Transkription des gesamten Textbestandes (S. 184–221) sowie eine Tabelle, in der Marginalien und Markierungen späterer Bearbeiter aufgeführt werden (S. 224). Welle liefert zudem eine mit verkleinerten Abbildungen illustrierte Bildkonkordanz (S. 132–183), welche die Abbildungen der Handschrift den auf ihr beruhenden späteren Kampfbüchern (darunter auch die bislang Albrecht Dürer zugeschriebene Handschrift der Albertina) gegenüberstellt. Abgerundet wird die Publikation durch einen instruktiven Aufsatz mit dem Titel »Bild und Text – Zur Kommunikationsstruktur zweier Medien im (zweikampf-)motorischen Bereich« (S. 108–131). An dieser Stelle kommt auch das praktische (Körper-)Wissen des olympischen Ringers zum Tragen, wenn der Autor sich theoretisch mit der Medialität von Kampfbüchern und den Möglichkeiten (und Grenzen) einer Vermittlung von Bewegungswissen mithilfe von Texten und Bildern auseinandersetzt. Abschließend bleibt nur anzumerken, dass Welle mit der sorgfältigen Analyse der Augsburger Handschrift Maßstäbe für zukünftige Bearbeitungen von Kampfbüchern gesetzt hat.

## Eine problematische Übersetzung für Praktizierende

Ein weiteres Kampfbuch steht im Mittelpunkt der Veröffentlichung von Jeffrey L. Forgeng, Kurator für Waffen und Rüstungen am Higgins Armory Museum in Worcester, Massachusetts und zugleich Adjunct Associate Professor für Geschichte am Worcester Polytechnic Institute[34]. Im Unterschied zu der Arbeit von Rainer Welle widmet Forgeng sich jedoch nicht der Edition, sondern der englischen Übersetzung eines frühneuhochdeutschen Textes zur Kampflehre des Klerikers Johannes Lecküchner. Im Zentrum der in zwei Handschriften überlieferten Lehre Lecküchners steht der Umgang mit einer als »langes Messer« bezeichneten einschneidigen Hiebwaffe. Gewidmet ist das in einer ersten Fassung im Jahre 1478 fertiggestellte Kampfbuch Kurfürst Philipp dem Aufrichtigen von der Pfalz, dem sich Lecküchner in einem in der älteren Heidelberger Handschrift überlieferten lateinischen Widmungsbrief auch als Fechtlehrer empfiehlt (Appendix A, S. 444 f.). Forgengs Übersetzung des Textes basiert jedoch weitgehend auf der jüngeren Münchner Handschrift aus dem Jahre 1482, die im Vergleich zur früheren Version eine Erweiterung und eine über 400 kolorierte Federzeichnungen umfassende Bebilderung erfahren hat. Auch in diesem Fall sind hochauflösende Scans der beiden Handschriften frei online zugänglich, was die Entscheidung gegen eine kostspieligere Faksimileausgabe dieses umfangreichen Werkes erklären könnte[35]. Stattdessen sind Detailausschnitte, welche die Kämpferpaare aus der illustrierten Münchner Handschrift zeigen, in einem leider blassen Schwarz-Weiß-Druck in den Text der Übersetzung eingefügt worden.

Eingeleitet wird die Übersetzung durch einen recht kurzen einführenden Aufsatz (S. ix–xxv), in dem Forgeng auf den Autor Lecküchner eingeht, die in dessen Fechtlehre behandelte Waffe erläutert und die beiden der Übersetzung zugrundeliegenden

34 The Art of Swordsmanship (wie Anm. 1).

35 Es handelt sich um: München, Bayerische Staatsbibliothek, Cgm 582, http://nbn-resolving.de/urn:nbn:de:bvb:12-bsb00002184-3 (21.9.2017); Heidelberg, Universitätsbibliothek, Cod. Pal. germ. 430, http://digi.ub.uni-heidelberg.de/diglit/cpg430/0015 (21.9.2017).

Handschriften vorstellt. Es ist jedoch nicht klar, ob der Autor beide Manuskripte tatsächlich selbst in Augenschein nehmen konnte oder ob er sich lediglich auf die zitierte kodikologische Beschreibung aus dem Katalog von Rainer Leng stützt[36]. Das Fehlen einer detaillierteren kodikologischen Analyse sowie kleinere Inkonsistenzen[37] sprechen eher für die letztere Möglichkeit. Dennoch fließen in den Text Forgengs Kenntnisse zur Überlieferung der Kampfbücher ebenso ein wie sein Wissen als Kurator für mittelalterliche Waffen und Rüstungen. Ebenfalls behandelt werden spätere Kampfbücher, die Leckückners Werk oder Auszüge daraus weiter tradieren, und die Besonderheiten von dessen Lehrsystem. Hervorzuheben ist hier besonders die Mischung von auf den Einsatz im ernsten Kampf ausgelegten Techniken mit für das »Schulfechten« bestimmten Anwendungen, die einen spektakulären, aber zugleich nicht potenziell tödlichen Ausgang nehmen. Forgeng rückt die Lehre des Klerikers Leckückner daher in die Nähe des studentischen Fechtens, zumal dieser 1478 auch für kurze Zeit im Umfeld der Heidelberger Universität belegt ist, die bereits seit Beginn des 14. Jahrhunderts als Hochburg des Fechtens gilt.

Es folgt eine über 400 Seiten umfassende Übersetzung von Leckückners Lehre ins Englische, die aus Merkversen und deren Erläuterungen in Prosa besteht. Die Übersetzung basiert auf der jüngeren Münchner Handschrift von 1482, aus der auch die abgedruckten Illustrationen stammen. Varianten der Heidelberger Handschrift werden in Fußnoten (ebenfalls bereits in Übersetzung) angegeben. Der Aufbau der Lehre als gereimte Merkverse und auslegende Prosaglossen verweist auf den Einfluss der älteren Lehre des Johannes Liechtenauer, die erstmals Ende des 14. Jahrhunderts greifbar wird und als am breitesten rezipierte Kampfkunst des späten Mittelalters gelten muss[38]. Interessant ist im Falle Leckückners, dass sowohl die Verse als auch deren Auslegung vom gleichen Autor stammen. Die Texte in der Liechtenauer-Tradition kopieren normalerweise die dem Fechtmeister zugeschriebenen, aber durch bewusste Verkürzung und Verschlüsselung für Uneingeweihte unverständlichen Verse und überführen sie in den von zumeist anonym bleibenden Kommentatoren verfassten Prosaglossen in explizite Beschreibungen von Bewegungsabläufen. Der sich daraus ergebende Textaufbau hatte zur Zeit Leckückners augenscheinlich für Traktate zur Kampfkunst bereits einen quasi-kanonischen Status, sodass er zur Aufzeichnung seiner eigenen Lehre Verse und Erläuterungen im Stil der Liechtenauer-Tradition selbst entwarf und diese zusätzlich mit Illustrationen versehen ließ.

Trotz dieses erheblichen Aufwandes sind Versuche der Kommunikation eines an die subjektive Körpererfahrung gebundenen Bewegungswissens immer mit einer Vielzahl von Schwierigkeiten verbunden. Gleiches gilt für die Versuche, eine solche Beschreibung ins moderne Englisch zu übersetzen und damit notwendig auch zu interpretieren. Forgeng begegnet der Problematik, indem er ein technisches Glossar anlegt (S. 433–440), das den Fachtermini der Handschrift ein bestimmtes Verständnis

36 Leng, Fecht- und Ringbücher (wie Anm. 2), S. 73–77.

37 Die Münchner Handschrift wird zunächst richtig als Papier-, im folgenden Absatz dann aber als Pergamenthandschrift bezeichnet (S. xvii, xviii).

38 Jan-Dirk Müller, Hans Leckückners Messerfechtlehre und die Tradition. Schriftliche Anweisungen für eine praktische Disziplin, in: Jan-Dirk Müller (Hg.), Wissen für den Hof. Der spätmittelalterliche Verschriftungsprozeß am Beispiel Heidelberg im 15. Jahrhundert, München 1994 (Münstersche Mittelalter-Schriften, 67), S. 355–384.

der zugehörigen Technik zuordnet. Problematisch ist an dieser Stelle, dass die Genese dieser modernen Interpretation auf Basis von zuweilen spärlichen Angaben in Text und Bild nicht methodisch hinterfragt und transparent gemacht wird. Sie basiert zweifellos auf den Erfahrungen und der Praxis aus der modernen HEMA-Szene und fließt an zahlreichen Stellen in Forgengs Übersetzung ein. Wie aber bereits von Sergio Boffa in seinem oben besprochenen Band angemerkt wurde, stellt es ein Problem dar, vom eigenen durch verschiedene moderne Praktiken geprägten Körperwissen zu einer Interpretation vergangener Technikbeschreibungen zu gelangen. In Ermangelung einer Transkription des originalen Textbestands der Handschrift fehlt beim Lesen zudem jede Möglichkeit, die zahlreichen Setzungen und Interpretationen im Zuge von Forgengs Übersetzung direkt nachzuvollziehen. Der Aufbau des Buches und die Entscheidung gegen eine Transkription zugunsten einer Übersetzung erscheinen insgesamt auch nur verständlich, wenn man nicht ein wissenschaftliches Publikum, sondern in erster Linie Fechterinnen und Fechter aus der HEMA-Szene und an den Beschreibungen der Techniken interessierte Praktizierende verschiedener Kampfkünste als Zielgruppe des Buches annimmt. Für eine wissenschaftliche Bearbeitung, sei es aus allgemein historischer oder aus germanistischer Perspektive mit einem Interesse an Fachsprachlichkeit und pragmatischer Schriftlichkeit, ist die Übersetzung in der vorliegenden Form nicht verwendbar. Das ist äußerst bedauerlich, da Forgeng sich ohne Zweifel intensiv mit den Handschriften auseinandergesetzt hat und die Veröffentlichung mit einem gewissen Mehraufwand auch für eine wissenschaftliche Bearbeitung der Quelle hätte nutzbar gemacht werden können[39].

## Experimentelle Ansätze in der Kampfbuchforschung

Die praktische Interpretation der in den Kampfbüchern referenzierten Techniken wurde bereits in Zusammenhang mit den Arbeiten von Sergio Boffa und Jeffrey L. Forgeng angerissen. In der letzten zu besprechenden Publikation steht dieses Unterfangen nun im Zentrum[40]. Der von Daniel Jaquet und Nicolas Baptiste herausgegebene Sammelband vereint eine Auswahl von zehn Aufsätzen, die aus einer im Oktober 2013 an der Universität Genf veranstalteten Tagung hervorgegangen sind. Die interdisziplinäre Veranstaltung mit dem Thema »L'expérimentation du geste: méthode d'investigation des arts de grâce et de guerre du Moyen Âge à l'époque moderne« brachte Forschende verschiedener Fächer zusammen, die sich alle auf experimentelle Weise mit den Themen Tanz, Musik, Kampfkunst sowie der Praxis des Schreibens und der materiellen Kultur des Krieges beschäftigen. Der durch zwei Geleitworte von Jean-Claude Schmitt und Claus Frederik Sørensen eröffnete Band vereint vor diesem Hintergrund jedoch ausschließlich die Aufsätze zu Kampfkunst und Kriegstechnik. Die Beiträge befassen sich mit einer Vielzahl von Spezialthemen, die eingehend zu besprechen den Rahmen dieser Miszelle sprengen würde. Sie untersuchen hochmittelalterliche Infanterieformationen (Gilles Martinez), die Kommuni-

39 Bei Forgengs früherer Bearbeitung des derzeit ältesten Kampfbuches aus den Royal Armouries in Leeds wurde der Übersetzung jeweils eine sorgfältige Transkription der Passagen vorangestellt. Vgl. Forgeng, The Medieval Art of Swordsmanship (wie Anm. 8).

40 Jaquet, Baptiste (éd.), Expérimenter le maniement (wie Anm. 1).

kationsstruktur frühneuzeitlicher Kampfbücher (Pierre-Henry Bas), das militärische Reiten im Mittelalter (Loïs Forster), die Stellung des Experiments in der geisteswissenschaftlichen Forschung in Bezug auf mittelalterliche Rüstungen (Nicolas Baptiste), die Herstellung und den Gebrauch einer Brigantine (Antoine Selosse) sowie die praktische Rekonstruktion eines spätmittelalterlichen Artilleriegeschützes (Simon Delachaux). Statt auf alle diese Themen gesondert einzugehen, werde ich im Folgenden anhand von vier ausgewählten Beiträgen die Möglichkeiten und Grenzen einer Annäherung an das technische Wissen der Kampfbücher diskutieren.

Bereits das Geleitwort von Jean-Claude Schmitt liefert hierfür wichtige Anknüpfungspunkte (S. 5–7). Schmitt verweist auf die Unkenntnis der meisten Historikerinnen und Historiker in praktischen Angelegenheiten der Waffenhandhabung und des Kämpfens. Gleichzeitig bringt er in Anbetracht der letztlich nicht zu überwindenden Distanz zwischen einer mittelalterlichen und einer modernen Körperlichkeit eine gewisse Skepsis gegenüber experimentellen Ansätzen zum Ausdruck, zeigt sich aber angesichts der versammelten Beiträge doch von diesem Zugang überzeugt. Er verweist zugleich auf den Status der so erzielten Ergebnisse, die eben kein *Reenactment* sondern Versuche der Rekonstruktion seien, und führt Vorreiter experimenteller Ansätze in der Mediävistik an. Für die weitere Diskussion sind besonders die Beispiele für experimentelle Zugänge zur Geschichte des Mittelalters entscheidend, die Schmitt an dieser Stelle nennt (S. 6). Er bezieht sich einerseits auf musikwissenschaftliche Ansätze, die mittelalterliche Notationssysteme praktisch interpretieren, um den Klang mittelalterlicher Musik zu rekonstruieren. Zum anderen führt er Versuche an, mittelalterliche Kochrezepte ganz konkret am Herd umzusetzen, wobei die Resultate zwar interessant, jedoch nicht immer auch schmackhaft seien. Des Weiteren bezieht Schmitt sich auf das Langzeitprojekt des Burgenbaus in Guédelon, der ausschließlich mit mittelalterlichen Werkzeugen und Handwerkstechniken in Angriff genommen wird. Diese Formen des Experimentierens beruhen jedoch auf zwei unterschiedlichen Ausgangsvoraussetzungen, die es besonders im Hinblick auf die Experimente zur Waffenhandhabung im hier besprochenen Band zu unterscheiden gilt. Im Falle Guédelons geht es letztlich um die menschliche Manipulation von Materie, bei der eine durch zeitgenössische Techniken strukturierte menschliche Praxis auf eine als relativ konstant zu denkende materielle Welt einwirkt. Um eine mathematische Metapher zu benutzen, handelt es sich um eine Gleichung mit nur einer Unbekannten, nämlich der durch das Experiment zu ergründenden Technik und der mit ihr verwobenen historischen Körperlichkeit. Diese Ansätze bewegen sich weitgehend im Rahmen dessen, was seit geraumer Zeit als experimentelle Archäologie in der Forschung diskutiert wird.

Beim Kochen und bei der Musik handelt es sich hingegen um Rezeptionsphänomene, bei denen das Ergebnis der Praxis auf (im Vorgang des Experimentierens notwendigerweise moderne) Rezipienten trifft. Dieser Sachverhalt wurde in der Musikwissenschaft im Zuge der seit den 1980er Jahren intensiv geführten epistemologischen Debatte hinsichtlich der Möglichkeit einer »authentischen« Rekonstruktion des Klangs vergangener Musik diskutiert[41]. Unter Bezug auf eine Arbeit von Peter Kivy

41 Für einen kurzen Überblick mit Bezügen zur mittelalterlichen Kampfkunst und weiterführender Literatur vgl. Burkart, Limits of Understanding in the Study of Lost Martial Arts (wie Anm. 21), S. 21–23.

verweist John Butt im Hinblick auf den Ansatz der historischen Aufführungspraxis (früher *historical performance*, heute bescheidener *historically informed performance*) darauf, dass selbst wenn die Reproduktion des originalen Klangs mittelalterlicher Musik (*sonic authenticity*) gelänge, dieser Klang bei modernen Hörerinnen und Hörern aufgrund von deren Sozialisation und Hörgewohnheiten niemals die gleiche Erfahrung (*sensible authenticity*) auslösen könne wie bei den mittelalterlichen Zeitgenossen[42]. Das gleiche Argument kann auch auf die Anwendung mittelalterlicher Kochrezepte und unsere moderne Reaktion auf den Geschmack der so entstandenen Gerichte übertragen werden. Gleichzeitig hat Daniel Leech-Wilkinson mit Blick auf die Rekonstruktion von Musik auf Grundlage defizitärer mittelalterlicher Notationssysteme gezeigt, dass es in erster Linie die Prämissen der Interpretation und die jeweils dominanten musikalischen Moden sind, die das Ergebnis dieser Versuche bedingen[43]. Aufgrund einer sehr ähnlichen Ausgangssituation hinsichtlich der erhaltenen Dokumente liest sich die musikwissenschaftliche Debatte um die historische Aufführungspraxis daher wie eine Vorwegnahme der epistemologischen Fragen, die derzeit in Bezug auf die Rekonstruktion mittelalterlicher Kampftechniken verhandelt werden.

Bei Praktiken des Kämpfens handelt es sich zwar im Gegensatz zu Musik und Kochkunst nicht um eine auf Rezeption angelegte Praxis, hier stehen jedoch die ebenfalls durch verkörperte Techniken geprägten Reaktionen eines Gegenübers im Zentrum. Selbst wenn es also gelänge, die exakte Bewegungsabfolge einer Ringkampftechnik aus einem mittelalterlichen Kampfbuch im Hier und Jetzt umzusetzen, bedeutet das nicht, dass diese Technik bezogen auf ein modernes Gegenüber auch zwangsläufig gleichermaßen funktional wäre. Hinzu kommt, dass die Ergebnisse dieser Rekonstruktionsbemühungen experimentell ausschließlich in Relation zu einem modern sozialisierten Gegenüber überprüft werden können. Bezogen auf die eingangs bemühte mathematische Metapher haben wir es also mit einer Gleichung mit zwei Unbekannten zu tun. Es gilt daher, bei der Beschäftigung mit den experimentellen Ansätzen im vorliegenden Band zwischen solchen zu unterscheiden, die sich mit der Interaktion eines einzelnen Körpers mit zeitgenössischen oder nachgebildeten Artefakten beschäftigen (Daniel Jaquet, S. 87–98), und solchen, die wie beim Ringkampf die Interaktion von zwei aufeinander reagierenden Körpern in den Mittelpunkt stellen (Thore Wilkens, S. 35–55).

Fragen nach der Stellung des Experiments in der historischen Forschung werden in dem Band bereits in der thematischen Einleitung von Daniel Jaquet aufgeworfen (S. 11–18). Unter Verweis auf den französischen Soziologen Marcel Mauss umreißt Jaquet das Thema der Techniken des Körpers und verweist auf das Fehlen wissenschaftlicher Studien, die sich mit verkörpertem Wissen (*embodied knowledge*) der Vergangenheit befassen. Bezogen auf Kampftechniken existieren zwar Spuren dieses Wissens in Gestalt der Kampfbücher, diese zu interpretieren gestalte sich aber aufgrund der Unterschiede zwischen der Körperlichkeit der Zeitgenossen und der mo-

42 John Butt, Playing with History. The Historical Approach to Musical Performance, Cambridge 2004 (Musical Performance and Reception), S. 27.

43 Daniel Leech-Wilkinson, The Modern Invention of Medieval Music. Scholarship, Ideology, Performance, Cambridge 2002 (Musical Performance and Reception).

dernen Historikerinnen und Historiker sowie aufgrund des divergierenden sensomotorischen Wissens schwierig. Zur Überbrückung dieser Lücke schlägt Jaquet darum experimentelle Verfahren vor, die mittels konkreter Erfahrungen der Forschenden zumindest eine Annäherung an bestimmte Aspekte einer mittelalterlichen Körperlichkeit und damit ein besseres Verständnis der Quellen ermöglichen sollen. Besonderes Gewicht legt Jaquet hier auf die materielle Kultur, über deren Artefakte Rückschlüsse auf vergangene Techniken gewonnen werden könnten. Hier kommt es ihm bei der Verwendung von Reproduktionen besonders auf die mechanischen Eigenschaften der Objekte an, die in der Praxis dem Verhalten der mittelalterlichen Originale so nahe wie möglich kommen müssten. Mit seiner Bezugnahme auf Methoden der experimentellen Archäologie formuliert Jaquet damit ein anspruchsvolles Forschungsprogramm, das darauf abzielt, das praktische Know-how von Mitgliedern der *living history*-Szene an akademische Diskurse anschlussfähig zu machen. Wie ambitioniert dieses Vorhaben ist und dass letztlich nur wenige Beiträge die von Jaquet formulierten Ansprüche erfüllen können, zeigen jedoch zahlreiche Texte des Bandes.

Bezüglich der von Jaquet angerissenen Methodendiskussion lässt der erstplatzierte Beitrag von Audrey Tuaillon-Demésy mit dem Titel »Réflexions épistémologiques autour de la (re)création du geste technique« (S. 21–33) etwas anderes erwarten, als er letztlich liefert. Er basiert im Wesentlichen auf einer soziologischen Beschreibung der französischen HEMA-Bewegung und ihres Umgangs mit historischem Material sowie der Analyse des Stellenwertes, den das praktische Experimentieren innerhalb dieser sozialen Gemeinschaft einnimmt. Der Beitrag stützt sich auf mehrere Phasen der ethnographischen Feldforschung sowie auf eine Reihe von Interviews, welche die Autorin im Rahmen ihrer 2011 verteidigten Dissertation[44] durchgeführt hat. Obwohl der Beitrag nicht intensiv auf die von Jaquet aufgeworfene epistemologische Problematik einer Annäherung an historische Körperlichkeit(en) eingeht, liefert er doch sehr interessante Rückschlüsse auf die Interpretations- und Trainingspraktiken sowie das Geschichtsverständnis innerhalb der HEMA-Szene. Tuaillon-Demésy charakterisiert diese als Teil der *living history*-Bewegung, deren Ziel in der Rekonstruktion von Kampftechniken der Vergangenheit bestehe. Das Experimentieren im Sinne eines körperlichen Ausprobierens der aus dem Studium der Kampfbücher abgeleiteten Interpretationen (die in der Regel in Form von Übersetzungen vorliegen, siehe die Publikation von Forgeng) sei dabei als Praxis das zentrale Moment, das die verschiedenen Ansätze innerhalb der HEMA-Gemeinschaft verbinden würde.

Zentral ist zudem die Beobachtung der Autorin, dass in weiten Teilen der Szene ein essentialistisches Körperverständnis vorherrscht, das als eine die Rekonstruktion von Kampftechniken ermöglichende Voraussetzung verstanden wird: »Les mises en situation motrice qui découlent de l'expérimentation font appel à une corporéité moderne. Le corps est pensé par les pratiquants rencontrés lors de stage, par exemple, en fonction d'une permanence biomécanique qui autorise la re-création de gestes temporellement situés.« (S. 27) Genau dieses Verständnis des menschlichen Körpers als »biomechanische« Konstante liegt implizit zahlreichen Arbeiten zugrunde, die auf eine Rekonstruktion vergangener Techniken abzielen. Bezogen auf den Status der im Prozess der Interpretation und des Experimentierens entstandenen Techniken ver-

44 Tuaillon-Demésy, L'histoire vivante médiévale (wie Anm. 16).

weist Tuaillon-Demésy – ähnlich wie auch Sergio Boffa – auf die Defizite der in den Kampfbüchern enthaltenen Informationen, auf die Vorprägung der Interpretierenden durch moderne Kampfkünste sowie generell auf die Unterschiede zwischen einer modernen und mittelalterlichen Körperlichkeit. Sie kommt daher zu dem Schluss, dass die Rekonstruktion der untersuchten Techniken nur innerhalb bestimmter Grenzen möglich sei, zumal diese im Gegensatz zum Umfeld ihres Entstehens als Teil einer modernen Freizeitkultur wiederbelebt würden (S. 31, 33).

Inhaltlich näher an den in der Einleitung von Jaquet aufgeworfenen Fragen ist der einzige deutschsprachige Beitrag des Bandes. Wilkens plädiert darin für eine »praktisch perspektivierte« Untersuchung der Kampfbücher, die deren funktionaler Komponente einen höheren Stellenwert einräumt und auf eine detaillierte Rekonstruktion der darin beschriebenen Kampftechniken abzielt (S. 35–55). Wilkens nennt in einem ersten Teil des Aufsatzes wichtige Gründe, warum fehlendes Wissen über die technischen Aspekte der Kampfbücher zu Fehldeutungen in der historischen und germanistischen Forschung führen kann. Auf diese Beobachtungen gründet sich sein Plädoyer für eine praktische Rekonstruktion der Kampftechniken, die aus Gründen der Kritisierbarkeit detailliert dokumentiert und zusammen mit den Quellen veröffentlicht werden sollen. Exemplarisch widmet sich der Aufsatz dann in einem zweiten Teil der Rekonstruktion einer Ringkampftechnik aus dem Cod. I.6.4°2 der Universitätsbibliothek Augsburg (siehe die Edition von Welle). Der aus einer Zeichnung und einem erläuternden Text bestehende Eintrag im Kampfbuch wird hierfür zunächst in Form einer technischen Verlaufsbeschreibung als Ablauf von Aktion und Reaktion der Gegner interpretiert, es folgt eine Erörterung der praktischen Interpretationsprämissen sowie eine Diskussion der »essentiellen Kriterien der technischen Fertigkeit«, die mit einer Serie von vier den rekonstruierten Bewegungsablauf verdeutlichenden Fotografien illustriert wird. Interessanterweise spiegelt sich in dieser Vorgehensweise auf einer Meta-Ebene der spätmittelalterliche Umgang mit den kryptischen Merkversen des Johannes Liechtenauer wider. Das überlieferte Kampfbuch nimmt hier die Stelle der kanonischen, aber aus sich selbst heraus unverständlichen Merkverse ein, um die herum sich eine auf dem praktischen Fachwissen des Glossators in seiner Funktion als Kampfkünstler basierende Kommentierung als Exegese der mittelalterlichen Autorität organisiert. Da die Dokumentation der Rekonstruktionsbemühungen aber auch darauf angewiesen ist, mit Text und Bild über körperliche Vorgänge zu berichten, stößt sie an die gleichen medialen Grenzen wie die Kampfbücher selbst[45].

Dem von Wilkens formulierten Ziel der Schaffung von Transparenz im Interpretationsprozess und der Dokumentation der erzielten Ergebnisse (S. 46 f.) kann grundsätzlich nur zugestimmt werden. Allerdings werden im Zuge des Plädoyers für die Wichtigkeit der »praktischen Funktion« der Handschriften andere, ebenso wichtige Darstellungsabsichten und Rezeptionskontexte der Kampfbücher nicht ausreichend beleuchtet. Der Aussage, dass »alle Ebenen des Fechtbuches mit der praktischen

45 Thore Wilkens, Untersuchungen zur Relevanz praktisch perspektivierter Analysen in der Fechtbuchforschung, in: Jaquet, Baptiste (éd.), Expérimenter le maniement des armes (wie Anm. 1), S. 54 empfiehlt daher künftig die Verwendung digitaler Editionstechniken für Kampfbücher, um so Videos der praktischen Interpretationen direkt einbetten zu können.

Funktion verknüpft« (S. 35) seien, ist angesichts von Aspekten der Selbstrepräsentation der Fechtmeister, der höfischen Repräsentation adeliger Adressaten und der Existenz von Aufzeichnungen, die als eine subjektive Trainingsdokumentation interpretiert werden können[46], so pauschal nicht zuzustimmen. Am jeweiligen Einzelzeugnis wäre zudem zu klären, welcher Bezug zu den referenzierten Bewegungen hergestellt wird (»codification, inscription, description«, S. 87 im Beitrag von Jaquet) und ob es sich um ein Kampfbuch handelt, das auf eine Kommunikation unter Abwesenden *durch* das Medium ausgelegt ist (wovon Wilkens auszugehen scheint) oder ob das Medium eher als Hilfsmittel für eine Kommunikation unter Anwesenden über das Buch konzipiert ist[47]. Die pauschale Annahme, dass den Schriften das Ziel einer Umsetzung der referenzierten Techniken durch die Rezipienten zugrunde liegt, halte ich daher für eine zu starke Setzung. Statt automatisch einen praktisch-funktionalen Realitätsbezug als wichtigste Funktion anzunehmen, ließe sich untersuchen, wie die Kampfbücher dazu beitragen, »Kämpfen« überhaupt erst als diskursives Objekt hervorzubringen.

Ein weiteres Problem, das sich angesichts der Interpretation von Kampftechniken stellt, ist das der hermeneutischen Zirkularität[48]. Der Schluss vom Medium auf die darin referenzierte Technik kann nur unter Rekurs auf das Technikrepertoire und die Bewegungsvorstellung der modernen Rezipientinnen und Rezipienten und damit vor dem Hintergrund moderner Körperlichkeiten erfolgen[49]. Einen positiven Ausweg aus dieser Zirkularität ermöglichen letztlich nur Annahmen, die von Körperlichkeit im Kampf als »biomechanischer« Konstante ausgehen und sie damit essentialistisch konzipieren[50]. Verbunden hiermit sind Auffassungen, die Praktiken des Kämpfens nicht als reziproke soziale Phänomene verstehen, die historischer Entwicklung und kultureller Varianz unterworfen sind, sondern sie ebenfalls überhistorisch mit Blick auf eine invariable Grundstruktur des Kämpfens essentialisieren. Hier schließt sich auch der Kreis zu unserer modernen Konstruktion von »Kämpfen« als diskursives Objekt, wenn nämlich im heutigen Sprechen über »realistische Selbstverteidigung« dieses »echte« Kämpfen im »Ernstfall« von ästhetisierten Formen der Kampfkunst oder dem durch Regeln normierten Kampfsport abgegrenzt wird[51].

46 Burkart, The Autograph of an Erudite Martial Artist (wie Anm. 27).

47 Ders., Die Aufzeichnung des Nicht-Sagbaren. Annäherung an die kommunikative Funktion der Bilder in den Fechtbüchern des Hans Talhofer, in: Israel, Jaser (Hg.), Zweikämpfer (wie Anm. 5), S. 253–301, hier S. 263–265.

48 Jean Grondin, The Hermeneutical Circle, in: Niall Keane, Chris Lawn (Hg.), The Blackwell Companion to Hermeneutics, Chichester, West Sussex, UK, Malden, MA 2016 (Blackwell Companions to Philosophy, 60), S. 299–305.

49 Burkart, Limits of Understanding in the Study of Lost Martial Arts (wie Anm. 21), S. 17–21.

50 Zur Gegenüberstellung essentialistischer und sozialkonstruktivistischer Ansätze auf dem Gebiet der Körpergeschichte, wenn auch auf dem Stand der theoretischen Debatte von 2000, vgl. Lorenz, Leibhaftige Vergangenheit (wie Anm. 6), S. 15–31.

51 Paul Bowman, Instituting Reality in Martial Arts Practice, in: JOMEC Journal 5 (2014), https://publications.cardiffuniversitypress.org/index.php/JOMEC/article/view/285/295 (19.9.2017); Neil Gong, How to Fight Without Rules. On Civilized Violence in »De-Civilized« Spaces, in: Social Problems 62 (2015), S. 605–622.

Das von Wilkens gewählte Beispiel der Technik eines Armbruchs (S. 49–54), den er wegen der zu erzielenden Verletzung nicht dem geselligen Wettkampf, sondern dem ernsten »Kriegsringen« zuordnet, stellt mit der expliziten Nennung aller wesentlichen der Interpretation zugrunde liegenden taktischen Prämissen und des angenommenen Anwendungskontextes zweifellos eine vorbildliche Dokumentation einer ringerischen Rekonstruktion dar. Zugleich macht es aber auch sehr deutlich, wie viele Setzungen nötig sind, um von der kurzen, nahezu kontextlosen Beschreibung des Kampfbuches zu einer Umsetzung als moderne Technik zu gelangen. Des Weiteren ließe sich anführen, dass das Kriterium der Funktionalität einer Technik sich mit Blick auf den ursprünglichen Kontext der mittelalterlichen Aufzeichnung gar nicht überprüfen lässt. Das auf Grundlage einer modernen Körperlichkeit erzielte Ergebnis der Rekonstruktion lässt sich beim Ringen schließlich nur bezogen auf andere ebenfalls modern geprägte Körper testen. Um die eingangs erwähnte mathematische Metapher wieder aufzugreifen, lässt sich diese Gleichung mit zwei Unbekannten schlicht nicht auflösen, es sei denn, man setzt ein essentialistisches Verständnis von Körperlichkeit und Kampf als anthropologische Konstanten ein. Zugleich wird mit dem Kriterium der technischen Funktionalität aber noch eine weitere Setzung der Rekonstruktion deutlich, für die es keine Möglichkeit der historischen Überprüfung gibt. Es wird nämlich stillschweigend angenommen, dass es sich bei den Kampfbüchern immer um Aufzeichnungen von »guten« und damit funktionalen mittelalterlichen Techniken handelt[52]. So wie ein fähiger Koch aber imstande ist, ausgehend von einem vage gehaltenen schlechten Rezept dennoch ein essbares Gericht zuzubereiten, so kann ein guter Kampfkünstler auf Basis einer defizitären und möglicherweise dysfunktionalen Technikbeschreibung des Mittelalters auch mittels seines verkörperten Wissens eine dennoch funktionierende Technik konstruieren. Die (heutige) Funktionalität einer (re)konstruierten mittelalterlichen Technik verliert damit aber jedwede Aussagekraft in Bezug auf die zu rekonstruierende Vergangenheit.

Ist der Weg zu einem besseren Verständnis mittelalterlicher Techniken und Körperlichkeiten damit gänzlich verstellt? Nicht völlig, wie das von Daniel Jaquet vorgestellte Projekt zu den körperlichen Auswirkungen des Tragens eines gotischen Harnisches illustriert (S. 87–98). Im Gegensatz zum andernorts von ihm unternommenen Versuch der Rekonstruktion einer komplexen Schwertkampftechnik[53] steht hier nämlich nicht die Interaktion zweier Körper, sondern das Verhältnis zwischen Körper, Artefakt und Technik im Mittelpunkt der Untersuchung. Mithilfe eines nach Methoden der experimentellen Archäologie angefertigten und den Körpermaßen des Autors angepassten Nachbaus einer vollständigen Plattenrüstung aus der Mitte des 15. Jahrhunderts widmet sich Jaquet den Auswirkungen dieses Gegenstandes auf seinen Bewegungsapparat. Als Verfahren kommen hierbei Methoden aus der Medizin und Bewegungswissenschaft zum Einsatz, mit deren Hilfe Bewegungsradius und Energiehaushalt gemessen und einer weiterführenden Analyse unterzogen wur-

52 Vergegenwärtigt man sich die aktuell auf dem Buchmarkt zirkulierenden Publikationen zu Kampfkunst und Kampfsport, dann zeigt sich jedoch, dass nicht jedes Buch auch zwangsläufig von den kompetentesten Praktizierenden der jeweiligen Disziplin geschrieben wird.

53 Daniel Jaquet, Experimenting Historical European Martial Arts, a Scientific Method?, in: Jaquet, Verelst, Dawson (Hg.), Late Medieval and Early Modern Fight Books (wie Anm. 3), S. 216–243, hier S. 234–240.

den[54]. Jaquet kommt zu dem Ergebnis, dass sich das Tragen der Rüstung aufgrund der gleichmäßigen Gewichtsverteilung nicht so stark auf den Energieverbrauch auswirkt, wie man es zunächst vermuten könnte. Zudem ist die Beweglichkeit im direkten Vergleich zu den Messungen ohne Rüstung nur minimal eingeschränkt (beim Gehen etwa insgesamt nur um 2,48 %). Hinter den wenigen signifikanten Bewegungseinschränkungen lässt sich zudem eine taktische Absicht vermuten, da sie verhindern, dass ungeschützte Stellen im Kampf exponiert bzw. Gelenke des Trägers durch Hebel geschädigt werden können (S. 95–97). Zentral für ein Nachdenken über die Annäherung an mittelalterliche Körperlichkeiten erscheinen jedoch die beinahe beiläufigen Angaben des Autors, dass die maßgefertigte Rüstung über einen längeren Zeitraum wiederholt getragen worden sei, damit sich der Körper auf motorischer Ebene an das Artefakt gewöhnen könne. Jaquet bezieht sich hierbei auf das körperliche Training durch das zusätzliche Gewicht, auf die Gewöhnung an den veränderten Körperschwerpunkt und die zusätzliche Masse der einzelnen Gliedmaßen, auf den veränderten Bewegungsradius sowie auf die Herausbildung einer für bestimmte Bewegungen nötigen Muskulatur (S. 91 f.). In der Interaktion mit Jaquets moderner Körperlichkeit hat das Tragen der rekonstruierten Rüstung damit eine Transformation ausgelöst. Moderne Techniken des Gehens, Stehens, Sitzens mussten sich verändern, um in Relation zum Artefakt wieder funktional zu sein. Gleichzeitig hat sich durch Muskelwachstum und gesteigerte Ausdauer auch eine ganz konkrete physische Transformation vollzogen, die in direkter Relation zu der im Artefakt verdinglichten Technik steht.

Obwohl diese Ebene im Aufsatz nicht reflektiert wird, ermöglicht der Ansatz von Jaquet daher eine Annäherung an bestimmte Aspekte historischer Körperlichkeiten, ohne hierzu auf ein essentialistisches Körperverständnis zurückgreifen zu müssen. Bezieht man in diese Beobachtung theoretische Angebote aus dem Umfeld des *new materialism* mit ein, so ergeben sich interessante Ansätze für weiterführende Fragestellungen[55]. Statt Körperlichkeit entweder biologistisch und damit ahistorisch und statisch aufzufassen oder sie auf ein rein diskursives Phänomen zu reduzieren, ist es möglich, sie als kontinuierlichen Prozess des Werdens[56] zu denken. Körperlichkeiten werden dann im Zuge einer durch verkörperte Techniken strukturierten Praxis[57] und im Wechselverhältnis mit Artefakten als Ding gewordene Praktiken[58] ständig neu

54 Vgl. weiterführend Daniel Jaquet u. a., Range of Motion and Energy Cost of Locomotion of the Late Medieval Armoured Fighter. A Proof of Concept of Confronting the Medieval Technical Literature with Modern Movement Analysis, in: Historical Methods. A Journal of Quantitative and Interdisciplinary History 49 (2016), S. 169–186.

55 Diana H. Coole, Samantha Frost (Hg.), New Materialisms. Ontology, Agency, and Politics, Durham, NC 2010. Für einen Überblick vgl. Andreas Folkers, Was ist neu am neuen Materialismus? Von der Praxis zum Ereignis, in: Tobias Goll, Daniel Keil, Thomas Telios (Hg.), Critical Matter. Diskussionen eines neuen Materialismus, Münster 2013 (kritik_praxis, 2), S. 16–33.

56 Eva Bischoff, The Cannibal and the Caterpillar. Violence, Pain, and Becoming-Man in Early Twentieth Century Germany, in: Body Politics 1 (2013), S. 199–229, hier S. 202–206.

57 Unter Bezug auf die Arbeiten von Ben Spatz verstehe ich verkörperte Technik hier als »transmissible and repeatable knowledge of relatively reliable possibilities afforded by human embodiment«. Ben Spatz, What a Body Can Do. Technique as Knowledge, Practice as Research, Abingdon 2015, S. 16.

58 Folkers, Was ist neu am neuen Materialismus? (wie Anm. 55), S. 20–23.

hervorgebracht und verändert. Verkörperte Technik muss dabei als »negotiation between socially defined or symbolic meaning and the concrete possibilities offered by the material world«[59] verstanden werden und sie bildet einen zentralen Ort, an dem die Eigengesetzlichkeit des Materiellen in Momenten der Praxis zum Tragen kommt.

Insbesondere die aktuell zu beobachtende Vielfalt moderner Körperlichkeiten[60] verweist auf die Tragfähigkeit eines derart offenen Konzeptes. Bodybuilderinnen, Kraftsportler, Praktizierende verschiedener Kampfkünste, Akrobatinnen, Gedächtniskünstler usw. transformieren heutzutage mittels bestimmter Techniken beständig ihre Körper und überschreiten dabei regelmäßig die Grenzen dessen, was man auf Grundlage eines unreflektierten Alltagsverständnisses für körperlich möglich erachtet hätte. Die Rekonstruktion mittelalterlicher Kampftechniken wird unter Berufung auf diesen theoretischen Ansatz jedoch nicht möglich. Sie ist letztlich nur über den Preis eines essentialistischen Körperverständnisses zu erkaufen. Auch wenn derart argumentierende Ansätze daher auf den ersten Blick plausible Ergebnisse zu liefern scheinen, begibt man sich mit ihnen epistemologisch doch in eine Sackgasse. Denn was die durch die zeitgenössischen Lebensbedingungen, Diskurse, Techniken und Artefakte strukturierten mittelalterlichen Körper zu tun vermochten, muss in keiner Weise deckungsgleich mit dem sein, was moderne Körper tun können.

## Ein sich formierendes Forschungsfeld

Nicht alle Untersuchungen des von Jaquet und Baptiste herausgegebenen Bandes, die sich mit der Interaktion von Artefakten und verkörperter Technik beschäftigen, leisten auch einen sinnvollen Beitrag zur Annäherung an das sensomotorische Wissen mittelalterlicher Körperlichkeiten. Ein negatives Beispiel liefert der Aufsatz von Olivier Gourdon, der sich unter dem Titel »La pratique de la coupe: un apport à l'étude et à l'interprétation des arts martiaux historiques européens« einer Untersuchung der Waffenwirkung einhändig geführter Schwerter widmet (S. 99–114). Nachdem der Autor sich in der ersten Fußnote (wohl ohne besseres Wissen) ausgerechnet auf Oswald Spengler als Autorität für die Klassifizierung von Körpertechniken beruft, lautet die grob heruntergebrochene Fragestellung des Beitrags schlicht: Waren mittelalterliche Schwerter scharf und wenn ja, konnte man durch einen Schnitt aus bestimmten Fechtpositionen heraus damit schwere Verletzungen hervorrufen? Als experimentelle Methode hat der Autor daher mit der geschärften Replik eines mittelalterlichen Schwertes zweiundvierzigmal aus verschiedenen Kampfhaltungen auf ein nicht geräuchertes Stück Schweinebauch eingewirkt, wobei das Ziel abwechselnd unbedeckt und durch ein Stück Stoff oder Leder geschützt war. Polemisch verkürzt lautet das wenig überraschende Ergebnis, dass man aus den in den Kampfbüchern dargestellten Ausgangspositionen mit einer scharfen Klinge durchaus Verletzungen an nicht geräucherten Schweinebäuchen hervorrufen kann und dies daher vermut-

59 Spatz, What a Body Can Do (wie Anm. 57), S. 31.

60 Netzwerk Körper (Hg.), What Can a Body Do? Praktiken und Figurationen des Körpers in den Kulturwissenschaften, Frankfurt am Main 2012. In historischer Perspektive müssen hier natürlich auch Faktoren wie Ernährung, Gesundheitszustand und medizinische Versorgung, variierende Körpergröße usw. sowie die hiermit zusammenhängenden Praktiken berücksichtigt werden.

lich auch im Mittelalter konnte. Damit belegt der Aufsatz in erster Linie, wie wichtig eine genaue Differenzierung zwischen den einzelnen praktisch ausgerichteten oder experimentellen Ansätzen ist. Durch die Darstellung der außerwissenschaftlichen Entwicklungen und Diskurse, die eine wissenschaftliche Bearbeitung der Kampfbücher berühren, sollte in dieser Miszelle daher vor allem ein Beitrag zur Orientierung der mediävistisch arbeitenden Forscherinnen und Forscher geleistet werden. Die Berücksichtigung praktischer und materieller Aspekte ist zweifellos zentral für eine Erforschung von Kampfbüchern. Gerade bei Publikationen aus dem Umfeld der praktizierenden Fechterinnen und Fechter ist jedoch besondere Aufmerksamkeit geboten, da die Anzahl der unkritischen, epistemologisch unreflektierten oder apologetischen Publikationen hier verhältnismäßig hoch ist.

Bezogen auf die Erforschung der europäischen Kampfbücher ergibt sich aus diesem relativ breiten Interesse aber auch die einmalige Gelegenheit, eine Erforschung des historischen Gegenstandes mit der Erforschung seiner aktuellen gesellschaftlichen Aneignung und diskursiven Rahmung zu verbinden. Das Beispiel des Schweinebauch-Experiments zeigt jedoch, dass ein wichtiger Faktor auf diesem Gebiet bislang noch zu wenig Beachtung erfährt: das Verhältnis zwischen Kampfkunst und Gewalt (im Sinne von *violentia*, nicht *vis* oder *potestas*). Kampfkunst und Kampfsport sind im Westen in den meisten Milieus als Teil einer Freizeitkultur positiv besetzt und haben häufig keinen direkten Bezug zu Gewalttätigkeit. Als Folge dessen wird der Aspekt der Gewalttätigkeit bei einer Erforschung mittelalterlicher Kampfkünste derzeit noch weitgehend ausgeklammert[61]. Es erstaunt jedoch, dass auf Grundlage einer Begeisterung für Kampftechniken, Waffen und Rüstungen – wobei die eingangs angeführten Filme von Peter Jackson und die auf noch explizitere Gewaltdarstellungen setzende Serie *Game of Thrones* zu dieser Popularität von Gewalt im Kampf als Faszinosum beitragen – von Fechtern die Wirkung von Schwerthieben auf Fleischstücke untersucht werden kann (die letztlich menschliche Körper symbolisieren!), ohne dass dabei auch nur ein einziger Gedanke an Gewalt verloren wird. Diese Lücke zwischen den zahlreichen existierenden Studien zu Gewalt im Mittelalter[62] und einer Erforschung der Kampfbücher gilt es so schnell wie möglich zu schließen.

Ebenso relevant ist die Frage nach den mit einer modernen Rezeption der Kampfbücher verknüpften populären Mittelalterbildern. In Bezug auf die HEMA-Szene und die in der Einleitung angesprochenen *Martial Arts*-Diskurse lässt sich etwa in der Kombination aus mediävistischen und soziologischen Zugängen untersuchen, wie hier Anschluss an das mittelalterliche »Erbe« der europäischen Fechtmeister ge-

61 Auf dieses Phänomen im Rahmen des sich derzeit formierenden Feldes der *Martial Arts Studies* hat Sixt Wetzler in seiner Keynote auf der *Martial Arts Studies Conference* am 12. Juli 2017 in Cardiff hingewiesen.

62 Vgl. u. a. und ohne Anspruch auf Vollständigkeit: Christoph MAUNTEL, Gewalt in Wort und Tat. Praktiken und Narrative im spätmittelalterlichen Frankreich, Ostfildern 2014 (Mittelalter-Forschungen, 46); Gerhard JARITZ, Ana MARINKOVIĆ (Hg.), Violence and the Medieval Clergy, Budapest 2011 (CEU Medievalia, 16); Manuel BRAUN, Cornelia HERBERICHS (Hg.), Gewalt im Mittelalter. Realitäten, Imaginationen, München 2005; Valentin GROEBNER, Ungestalten. Die visuelle Kultur der Gewalt im Mittelalter, München 2003; Richard W. KAEUPER, Chivalry and Violence in Medieval Europe, Oxford 1999; siehe auch: Valentin GROEBNER, Schock, Abscheu, schickes Thema. Die Kulturwissenschaften und die Gewalt, in: Zeitschrift für Ideengeschichte 1/3 (2007), S. 70–83.

sucht wird und welche Identifikationsentwürfe hiermit verbunden sind. Mitunter fühlt man sich angesichts der aktuellen Mittelalterbegeisterung auch an die musikwissenschaftliche Debatte um die historische Aufführungspraxis erinnert, zu der Hartmut Möller 1999 bissig kommentierte: »Was für die Amerikaner der Wilde Westen, scheint für manche Mitteleuropäer das Mittelalter zu sein: eine Projektionsfläche für verwegene intellektuelle Träume und suggestive Identifikationsentwürfe.«[63] Die Nutzung von Kampfkünsten für die Konstruktion gruppenspezifischer, aber auch nationaler Identitäten stellt auf dem Gebiet der kulturalistisch ausgerichteten *Martial Arts Studies* zugleich einen zentralen Gegenstand dar, der bislang besonders in Bezug auf Japan, China und kürzlich auch Mexiko untersucht wurde. Mexiko ist in diesem Zusammenhang ein besonders interessanter Fall, da hier mehrere moderne Kampfkünste ins Leben gerufen wurden, die ihre Praxis ebenfalls historisch unter Bezugnahme auf die Kulturen der Maya und Azteken legitimieren, um auf dieser Grundlage eine genuin mexikanische Kampfkunst-Identität zu formulieren[64]. Unter dem Aspekt einer *invention of tradition* ließe sich dieser Geschichtsbezug fruchtbar mit der europäischen und amerikanischen Aneignung der Kampfbücher in der HEMA-Szene vergleichen.

Insgesamt bietet das im vorliegenden Beitrag skizzierte Forschungsfeld damit außergewöhnliche Möglichkeiten, um die Erforschung mittelalterlicher Praktiken des Kämpfens mit kulturwissenschaftlicher Theoriebildung zu verbinden. Der über die aktive Gemeinschaft der Praktizierenden von Kampfkunst und HEMA hergestellte Bezug zur Gegenwart ermöglicht zudem eine Beschäftigung mit modernen Mittelalterrezeptionen und sozialwissenschaftlichen Problemstellungen, woraus sich für die Zukunft ein vielfältiges, innovatives und spannendes Forschungsprogramm ergibt.

63 Hartmut Möller, Geschichtsbilder mittelalterlicher Musik, in: Neue Zeitschrift für Musik 160 (1999), S. 8–13, hier S. 9f.

64 George Jennings, Ancient Wisdom, Modern Warriors. The (Re)Invention of a Mesoamerican Warrior Tradition in Xilam, in: Martial Arts Studies 2 (2016), S. 59–70.

Adelheid Krah

# »NATIO«, NICHT NATION?

## Von der Wurzel zur Vielfalt

Dieser Text möchte auf die Schnittstelle zweier Begriffe aufmerksam machen, die in der aus der neuzeitlichen Perspektive agierenden, modernen Geschichtswissenschaft bisher wenig Beachtung fand. Dabei werden einige Gedanken vertieft und zur Diskussion gestellt, die ich in meinem Artikel »Natio«, der 2016 in der neuen Auflage des »Handwörterbuchs zur deutschen Rechtsgeschichte« erschienen ist, nur kurz streifen konnte[1]. Da jüngst in der Wissenschaft sogar das Konstrukt der *translatio imperii*, worauf sich die Errichtung des mittelalterlichen abendländischen Kaisertums ideologisch stützte, als hilfreicher Wegbereiter für den Nationalismus bezeichnet wurde, erscheint ein sorgfältiger Umgang mit der Terminologie wohl angebracht[2]. Auch sollte eine ideengeschichtliche Darstellung der brisanten Verbindung von Nation und Nationalismus auf einer gründlichen Quellenanalyse und Differenzierungen beruhen, die die soziokulturellen Entwicklungslinien von Gemeinschaftsbildung und Integrationsmechanismen behandeln.

Freilich wurden die Fragen nach den mittelalterlichen Nationsbildungsprozessen bereits seit 1978 in einem langjährig geförderten Forschungsprojekt unter dem Titel »Nationes« zur Entstehung, Ausformung und Abgrenzung der beiden Reiche Deutschland und Frankreich für den gesamten Zeitraum des Mittelalters bearbeitet, wobei auch die politischen Entwicklungen nach dem Zerfall des karolingischen Großreiches detailreiche Untersuchungsgegenstände waren[3]. In den Geschichtsquellen des Früh-, Hoch- und Spätmittelalters dominiert zur Selbstbezeichnung der neu entstandenen Reiche nach spätantiker Tradition das Wort *regnum* (auch synonym für *imperium*), sodass sich die mediävistische Forschung nicht nur in diesem Projekt,

1 Adelheid Krah, Natio, in: Handwörterbuch zur deutschen Rechtsgeschichte, Bd. 3, Lieferung 24, Berlin ²2016, Sp. 1782–1787.

2 So Caspar Hirschi, The Origins of Nationalism. An Alternative History from Ancient Rome to Early Modern Germany, Cambridge 2012, S. 41. Vgl. dazu auch die kritische Rezension des Buches aus der profunden Feder von Dieter Langewiesche in: Historische Zeitschrift 296 (2013) S. 439f.

3 Es kann hier nur auf einige Bände hingewiesen werden, etwa Helmut Beumann, Werner Schröder (Hg.), Aspekte der Nationsbildung im Mittelalter, Sigmaringen 1978 (Nationes, 1); Joachim Ehlers (Hg.), Ansätze und Diskontinuität deutscher Nationsbildung im Mittelalter, Sigmaringen 1989 (Nationes, 8), darin: ders., Die deutsche Nation des Mittelalters als Gegenstand der Forschung, S. 11–58 und Reinhard Schneider, Das Königtum als Integrationsfaktor im Reich, S. 59–82; vgl. ferner Almut Bues, Rex Rexheuser (Hg.), Mittelalterliche Nationes – neuzeitliche Nationen: Probleme der Nationenbildung in Europa, Wiesbaden 1995, darin etwas zeitlich sehr breit angelegt: Joachim Ehlers, Was sind und wie bilden sich *nationes* im mittelalterlichen Europa (10.–15. Jahrhundert)? Begriff und allgemeine Konturen, S. 7–26.

sondern insgesamt über längere Zeit auf die Untersuchung des verfassungspolitischen Begriffs *regnum* im Mittelalter konzentrierte. Für das fränkische Reich hat hierzu beispielsweise Karl Ferdinand Werner schon früh eine komplexe Darstellung publiziert[4]. Auf die Arbeiten von Helmut Beumann, Walter Schlesinger und Joachim Ehlers und ihren Schülern wird später noch zurückzukommen sein[5]. Natürlich bedarf auch die Schnittstelle der Begriffe *natio* und Nation einer korrekten Trennung, die in der einschlägigen mediävistischen Forschung bisher nicht explizit aufgenommen wurde. In der oben erwähnten Forschung wurde aber allgemein akzeptiert, dass die Parameter gemeinsame Herkunft – *natio* – und gemeinsame Sprache die entscheidende Basis für den Zusammenschluss von Menschen und die Ausbildung politischer Gemeinwesen sind, häufig auch in ihrer Selbstabgrenzung gegenüber den Anderen; sie wurden natürlich auch instrumentalisiert und später opponieren mit dieser Motivation ganze Reiche gegeneinander, der Westen gegen den Osten und umgekehrt. Es sollen daher in dieser Miszelle eine schärfere begriffliche Trennung und Perspektiven quellenkritisch angedacht werden zur Annäherung an einen bewussteren Umgang mit dieser komplexen Terminologie.

## I. *Natio* und *religio*: einige Aspekte

Mit der Geburt beginnt das Leben in der Gemeinschaft, die von ihrer Geschichte und ihren Traditionen geprägt ist, und in den meisten Fällen auch die Eingliederung in die Religionszugehörigkeit der Familie. Die Entrée in die familiäre und öffentliche Gemeinschaft geschieht mittels Aufnahme in die Religionsgemeinschaft, im Zeremoniell spirituell ritualisiert durch Initialriten und instrumentalisiert etwa durch Zuweisung von Paten und Eintragung in Taufregister[6]. Nicht nur die Familien und das soziale und politische Umfeld bestimmen also die Richtung der Lebensbahn, sondern seit jeher auch die Religionszugehörigkeit; vielfach wird der gesamte Lebenslauf von der Religion gelenkt[7]. Auf den Punkt brachte dies mehrfach der hl. Paulus in seinem Schrifttum aus griechisch-jüdischer Perspektive, indem er die Wettkampfmetaphorik für volkstümliche Erklärungen seiner Religionsphilosophie mit Blick auf das Jenseits verwendete, speziell im 1. Korintherbrief, wo er dem Sieger nach gelungenem Lebenslauf eine Krone im Jenseits in Aussicht stellt: *[…] 24 nescitis quod*

4 Karl Ferdinand Werner, Fränkisches Reich, Imperium Frankreich, in: Lexikon des Mittelalters, Bd. 1, München u. a. 1980, Sp. 118–128 und ders., Regnum, ibid., Bd. 7, München 1995, Sp. 587–596.

5 Wie Anm. 3; vgl. auch unten bei Anm. 22 und 29.

6 Aus der umfangreichen Literatur sei hier hingewiesen auf Markus Öhler, Taufe, Tübingen 2012, zum Initialritus S. 68 ff.; die Institutionalisierung der Taufe auch als Vertrag bei Tertullian, Quintus Septimus Florens, De baptismo, übersetzt und hg. von Johannes Schleyer, Turnhout 2006 (Fontes christiani, 76), bes. Kap. 5 zur heidnischen Tradition des Taufrituals und Kap. 6.1 und 2, S. 176 f. zum spirituellen, besiegelten Taufvertrag: *ita et angelus baptismi arbiter superventuro spiritui sancto vias dirigit abolitione delictorum, quam fides impetrat obsignata in patre et filio et spiritu sancto. Nam si in tribus testibus stabit omne verbum dei, quanto magis donum? Habemus [de] benedictione eosdem arbitros fidei quos et sponsores salutis […].* Zu den bei Tertullian erwähnten heidnisch-kultischen Taufritualen vgl. auch in der Einleitung von Schleyer S. 104 ff.

7 Zentral bei Pierre Bourdieu in seinen Werken und sozialkritisch zu der damit verbundenen Ungleichheit, ähnlich der Lebenslauf-Soziologie, etwa in seinem Werk: Die feinen Unterschiede. Kritik der gesellschaftlichen Urteilskraft, Frankfurt am Main 1984, S. 277.

*hii qui in stadio currunt omnes quidem currunt sed unus accipit bravium sic currite ut conprehendatis 25 omnis autem qui in agone contendit ab omnibus se abstinet et illi quidem ut corruptibilem coronam accipiant nos autem incorruptam*[8].

Ferner einte soziale Gemeinschaften immer die Kommunikation in der gleichen Sprache, in der man sich verständigte und in welcher die der sozialen Gruppe gemeinsamen Rituale und religiösen Formeln gesprochen wurden. Die Chance der Benützung einer etablierten Amtssprache als Klammer des Zusammenhalts der Vielvölkergemeinschaften im römischen Imperium dürfte ein wesentliches Element für den Erfolg und die rasche Verbreitung der christlichen Religion gewesen sein. Deutlich zeichnen sich dann bei den Reichsteilungen des römischen Imperiums die Schwierigkeiten zur Überbrückung von Sprachdifferenzen ab und damit einhergehend zeitversetzt Uneinigkeit, Veränderungen und der Weg zur Spaltung im Bereich der christlichen Religion. Die Bemühungen um Einigkeit und Einheit vor allem in der Gesetzgebung der Spätantike prägten diese Übergangszeit, in der das Imperium trotz beginnenden Zerfalls als eine große Gemeinschaft und Familie etwa von Cassiodor verstanden wurde in der Hoffnung, dass die gemeinsame Sprache und Religion auch die neuen *nationes* des Reiches einen würden[9].

### *1. Die einende Sprache der Religion*

Diesen Traum, dass alle Völker dieselbe Sprache sprechen und den gleichen Glauben haben, wollte auch Bischof Isidor von Sevilla neu beleben. Denn er begann das neunte Buch seiner Etymologien, in dem er die verschiedenen Formen menschlicher Gemeinschaftsbildungen erklärten wollte, mit einer Umdeutung des biblischen Bildes der Einheit aller Nationen durch die Gemeinsamkeit einer Sprache, die vor dem Desaster des Turmbaus von Babylon das Hebräische gewesen sei: *[...] una omnium nationum lingua fuit, quae Hebraea vocatur* (Lib. IX, 1)[10]. In dieser hätten die Patriarchen und Propheten nicht nur gepredigt, sondern auch die heiligen Schriften (des Alten Bundes) verfasst. Isidor interpretiert hier also Genesis 11, wonach die Einheit aller ethnischen Gemeinschaften durch den Verlust der gemeinsamen Sprache durch Gottes Eingreifen beim Turmbau im später feindlichen Babylon ein Ende fand, eigenwillig und mit Fokus auf die Sprache Gottes, das Hebräische, also die Sprache der Religion, die seitdem nur noch dem auserwählten Volk Gottes und seinen Propheten vorbehalten gewesen sei und ausschließlich von diesen verstanden wurde[11]. Den Kontext und den weiteren Inhalt von Genesis Kap. 11, das eine Geschichtsgenealogie vermittelt, lässt er beiseite. Denn diese mythologische Rechtfertigung der ethnischen Elite am Jordan im Völkergemisch der ägyptischen und babylonischen Groß-

8 Zitiert nach der Biblia Sacra Vulgata, Editio quinta hg. von Robert WEBER, Roger GRYSON, Stuttgart 2007, 1. Korintherbrief, Kapitel 9, 24–25; zur Interpretation vgl. zuletzt Alois KOCH, Paulus und die Wettkampfmetaphorik, in: Trierer Theologische Zeitschrift 1 (2008), S. 39–55, S. 41 ff. und Otto ZWIERLEIN, Petrus und Paulus in Jerusalem und Rom, Berlin 2013, S. 138.

9 Vgl. unten bei Anm. 78.

10 Isidori Hispalensis episcopi etymologiarum sive originum lib. XX, hrsg. von Wallace Martin LINDSAY, Oxford 1911, liber IX, 1–3.

11 Zum Begriff vgl. KRAH, Natio (wie Anm. 1), Sp. 1782 f. – Im Text von Gen. 11 der Biblia Sacra Vulgata, wie auch in der Version der Lutherbibel begegnet das Wort »Hebräisch« nicht. Isidor interpretiert diese Stelle aus seiner intellektuell-historischen Perspektive.

reiche – in diesen Kontext gehört auch das Buch des Schreibers Ezra und dessen Verbreitung im Frühmittelalter[12] – war für Isidor eine zeitgeschichtliche Metapher. Als er zu Beginn des 7. Jahrhunderts im westgotischen Spanien als Bischof lehrte und antikes Wissen in seinem Lehrbuch für die Zukunft zusammentrug, war die Einheit von Sprache und Glaube im römischen Reich und den neu entstandenen *regna* der eingewanderten Gentes für ihn zwar bereits flächendeckend wiederhergestellt, aber dennoch als Programm der augustinischen *Civitas Dei* visionär.[13] Die große Herausforderung bestand bekanntlich darin, im Sprachgemisch germanischer Volkssprachen das Lateinische wie das Griechische (und teilweise auch das Hebräische) als elitäre Sprachen der christlichen Religion und der Verwaltung in dem neuen Gefüge des römischen Reiches aller Volksgemeinschaften – *omnium nationum* – auf Dauer zu etablieren, um durch die Kontinuität römischer Institutionen Einfluss auf die neuen politischen Eliten zu nehmen.

Der Pluralbegriff *nationes* war also sowohl im alttestamentarischen Sinn zu verstehen als auch mit Blick auf Isidors eigene Zeitgeschichte und zwar als Bezeichnung für unterschiedliche Volksgruppen und Reiche, in denen Menschen von gemeinsamer Herkunft und Geburt – *natio* – damals lebten. Aufgrund des Wechsels zum christlichen Glauben im römischen Großreich waren Glaubenslehre und Kirchensprache die rombezogenen Pfeiler der Ecclesia des Neuen Bundes, deren Interesse auf die Glaubensverbreitung in den Länder und Räume beherrschenden Großreichen abzielte. Deren Bewohner sollte seit Konstantin dem Großen das apostolische Glaubensbekenntnis einen. Dieses geniale Konzept zum Aufbau einer okzidentalen Religions- und Völkergemeinschaft, das alle *nationes* im neuen System der christlichen Glaubensgemeinschaft wie die Besatzung eines Schiffes einem gemeinsamen Ziel verpflichten und zusammenschweißen sollte[14], wurde durch die zweite große Migrationswelle der Völkerwanderung – von Musset treffend als »le second assaut contre l'Europe« bezeichnet –, nämlich durch das Vordringen des Islam und der slawischen Völker im 8. Jahrhundert, deutlich eingebremst[15]. Als Reaktionen hierauf setzten Glaubensverteidigung und der Siegeszug der christlichen Religion der fol-

12 Vgl. etwa die Freisinger Handschrift der Bayerischen Staatsbibliothek Clm 6225, eine Kollektion der alttestamentarischen Bücher Job, Tobias, Ezra und Ester aus dem 1. Drittel des 9. Jahrhunderts, zum Teil palimpsestiert auf einer Handschrift des 5. Jahrhunderts; Beschreibung bei Katharina BIERBRAUER, Die vorkarolingischen und karolingischen Handschriften der bayerischen Staatsbibliothek, Wiesbaden 1990, Textband, nr. 34.

13 Zuletzt Walter POHL, Philipp DÖRLER, Isidor and the gens Gothorum, in: Antiquité tardive 23 (2015), S. 133–142.

14 Zur Schiffsmetapher in fränkischer Zeit vgl. im Proömium des Textes der Synode von Coulaines von 843: *Sancta ecclesia navis more, ut de prioribus saeculis tacemus, ab initio suae institutionis pelagus saeculi huius diversa qualitate actenus domino moderante transegit […].* Text, Übersetzung und Interpretation bei Adelheid KRAH, Die Entstehung der »potestas regia« im Westfrankenreich während der ersten Regierungsjahre Kaiser Karls II. (840–877), Berlin 2000, Kapitel 3. 4: Die Ordnung der Kräfte im Vertrag von Coulaines, S. 205–225, hier S. 209–217.

15 Vor allem für die zweite Phase (9.–11. Jahrhundert) brillant erfasst von Lucien MUSSET, Les invasions. Le second assaut contre l'Europe chrétienne (VII$^{e}$–XI$^{e}$ siècle), Paris 1965 (Nouvelle Clio, 12bis) sowie mit Bezug auf die mittel- und osteuropäischen Länder Karol MODZELEWSKI, Das barbarische Europa. Zur sozialen Ordnung von Germanen und Slawen im frühen Mittelalter, Osnabrück 2011 (Klio in Polen, 13); vgl. aber auch František GRAUS (Hg.), Die Nationenbildung der Westslawen im Mittelalter, Sigmaringen 1980 (Nationes, 3).

genden Jahrhunderte freilich bereits bei der Abwehr des Islam durch den fränkischen Hausmeier Karl Martell ein; es wurde aber vor allem durch den Aufbau einer Kette von Bistümern und Klöstern auf dem westlichen Gebirgsrücken der Pyrenäen seit dem Ende des 8. Jahrhunderts ein Schutzschild aufgebaut. Ferner stabilisierte letztlich Karl der Große durch seine Feldzüge gegen die Nachbarn des Frankenreiches die in *regna* und in festen Siedlungsräumen östlich und südlich in Italien seit der Völkerwanderungszeit verwurzelten *gentes* und *nationes* der ersten Völkerwanderungswelle und gliederte sie in sein expandierendes Reich ein[16]. Hierbei bediente er sich der Autorität des römischen Papsttums, das nicht nur das Königtum der pippinidisch-karolingischen Dynastie mehrfach legitimiert hatte, sondern ihm auch den Vorrang vor den anderen christlichen Reichen zubilligte. Erneut sollte die gleiche Sprache in der Verwaltung, der Religion und der Gesetzgebung die Völker einen.

Durch Karls Kaiserkrönung in Rom war das Ziel, einen abendländischen »Gottesstaat« im gesamten Frankenreich zu errichten, erreicht worden. Zuvor waren zwei christliche *regna*, das der Langobarden und der bayerische Dukat, von ihm dem Frankenreich inkorporiert worden, ebenso weite Teile der vormals heidnischen, sächsischen Siedlungsgebiete. Dem Universalherrscher wurde die Verpflichtung zu weiterer Missionierung und zukünftigen Expansionsfeldzügen nach den Vorstellungen Papst Leos III. und der Karl nahe stehenden Aachener Hofgelehrten auferlegt[17]. Teil dieses Vorhabens waren auch die Pläne Bischof Arns von Salzburg hinsichtlich der Erhebung seines Bistums zu einem weiteren Erzbistum des Reiches, mit der Flusszone der in West-Ost-Richtung fließenden Drau als südlicher Begrenzung eines nach Osten offenen slawischen Missionsraums[18]. Auffällig ist, dass dann im

16 Vgl. Odilo Engels, Die »Autonomie« der Pyrenäengrafschaften Pallars und Ribagorza und das karolingische System der Schutzprivilegierung, in: ders., Reconquista und Landesherrschaft. Studien zur Rechts- und Verfassungsgeschichte Spaniens im Mittelalter, Paderborn u.a.1989 (Rechts- und staatswissenschaftliche Veröffentlichungen der Görres-Gesellschaft. Neue Folge, 53), S. 51–78. – Beispielhaft sei hier auf die Kriege Karls des Großen gegen die Sachsen in den Jahren 779/780 vom Aufmarschgebiet der damaligen Marken am Mittelrhein aus verwiesen und auf die von ihm damals abgehaltene Synode in Lippspringe zur Verwaltungsstrukturierung der eroberten sächsischen Gebiete und deren Missionierung; diese Synode lässt aber auch die Vernetzung des Karl getreuen Personenverbandes bis nach Oberitalien erkennen, die er zur Erreichung seiner Ziele in Sachsen zu nutzen wusste; zuletzt dazu Adelheid Krah, Die Herkunft des Fürstenhauses zu Leiningen. Zur Nachhaltigkeit eines Leitnamens und einer karolingischen Raumkonzeption, in: Zeitschrift für bayerische Landesgeschichte 80 (2017), bei Anm. 28 (im Druck), und Karl Schmid, Anselm von Nonantula. Olim dux militum – nunc dux monachorum, in: Quellen und Forschungen aus italienischen Archiven und Bibliotheken 47 (1967), S. 1–122, hier S. 114f.

17 Vgl. Klaus Herbers, Papst Leo III. (795–816), der Koronator Karls des Großen. Möglichkeiten päpstlicher Politik an der Schwelle des 9. Jahrhunderts, in: ders. u. a.(Hg.), Pilger, Päpste, Heilige. Ausgewählte Aufsätze zur europäischen Geschichte des Mittelalters, Tübingen 2011, S. 295–312.

18 Vgl. Fritz Lošek (Hg.), Die »Conversio Bagoariorum et Carantanorum« und der Brief des Erzbischofs Theotmar von Salzburg, Hannover 1997 (MGH. Studien und Texte, 15), S. 90–135, hier cap. 6–8; Manfred Hellmann, Der Begriff *populus* in der Conversio Bagoariorum et Carantanorum Cyrillo-Methodian, in: ders. (Hg.), Beiträge zur Geschichte des östlichen Europa im Mittelalter. Gesammelte Aufsätze, Amsterdam 1988, S. 293–299; Herwig Wolfram, Arn von Salzburg und Karl der Große, in: Heinz Dopsch u. a. (Hg.), 1200 Jahre Erzbistum Salzburg, Salzburg 1999, S. 21–32.

Salzburger Weißbuch zur Slawenmissionierung immer von *populus* im Sinne von Christenheit nach der liturgischen Wortbedeutung für das christliche Volk der Heilsgeschichte die Rede ist und die slawischen Bevölkerungsgruppen der Karantanen und des mährischen Raums nicht in der üblichen Bezeichnung für heidnische Nachbarn als *gentes* oder *nationes* von diesem unterschieden werden; aufgrund ihrer räumlichen Zugehörigkeit zur Erzdiözese werden sie in die Christenheit einbezogen und scheinen im Text als christliche Völker auf. Zu bedenken ist freilich, dass diese Quelle einerseits in der Tradition des spätantiken Christentums im Patriarchat von Aquileja steht, andererseits die Ereignisse retrospektiv aus der Zeit um 870 darstellt, als die Gesellschaft in den benachbarten slawischen Fürstentümern durch den Einfluss der Salzburger Missionierung bereits stark verändert war. Gleichzeitig wurde von Salzburg aus der Versuch einer nicht von Rom gesteuerten, griechisch beeinflussten Slawenmissionierung des Slawenapostels Methodius und Alphabetisierung in Unterpannonien um Moosburg-Zalavár nach Kräften verhindert, damit die lateinische Sprache, die römische Lehre und die authentische, lateinische Liturgie nicht herabgesetzt werde – so der Text in der Salzburger »Conversio«[19]. Diese Textstelle meint hier vor allem ein politisches Gegensteuern von Salzburg aus, wodurch die erfolgreiche slawische Reichsbildung Priwinas und seines Nachfolgers in Unterpannonien geschwächt wurde[20].

Die Schwachpunkte des lateinischen Kirchen- und Staatssystems lagen in der Folgezeit sowohl in der Notwendigkeit ständiger Aktualisierung und Anpassung der Strukturen der Religionsgemeinschaft an die gesellschaftlichen Veränderungen durch Reformen als auch in der im 9. und 10. Jahrhundert in politischen Verträgen erkennbaren Sprachdifferenzierung zwischen Volks- und Amtssprache. In den Straßburger Eiden von 842 wurde dann erstmals ein Rechtstext in den beiden vorherrschenden Volkssprachen des Frankenreiches verfasst und gesprochen. Dies indizierte den Beginn von eigenständigen Nationsbildungen im Westen wie im Osten des Frankenreiches[21].

## *2. Regna und Religio*

Die Entwicklung Deutschlands und Frankreichs zu Nationen wird heute in der Mediävistik als ein Prozess über mehrere Generationen verstanden. Untersucht wurden vor allem die Veränderungen der politischen Strukturen, die Ansippung des Spitzenadels an die karolingische Herrscherdynastie und die politische Entwicklung in den karolingischen Teilreichen, die um den Vorrang im Gefüge neuer Machtkonstellatio-

19 Vgl. Lošek, Conversio (wie Anm. 18), c. 12, S. 128–130 und das Excerptum de Karantanis, c. 1, S. 136.

20 Hierzu ausführlich Herwig Wolfram, Salzburg, Bayern. Österreich. Die Conversio Bagoariorum et Carantanorum und die Quellen ihrer Zeit, Wien, München 1995 (MIÖG. Erg. Bd. 31), S. 290–334.

21 Krah, Entstehung (wie Anm. 14), hier S. 131–141; anschließend an die bekannten Untersuchungen der Königstreffen dieser Zeit vgl. Bernd Schneidmüller, Die Begegnung der Könige und die erste Nationalisierung Europas (9.–11. Jahrhundert), in: Le relazioni internazionali nell'alto medioevo, Spoleto 2011 (Settimane di studio del Centro italiano di studi sull'alto medioevo, 58), S. 561–594.

nen im ehemals fränkischen Großreich wetteiferten[22]. Weniger relevant war dabei der Blick auf das Spektrum kultureller Differenzierungen während des Prozesses der Nationsbildungen. Die Entwicklung zu »nationalen Kulturen« förderte jedoch den Weg Frankreichs und Deutschlands im 10. Jahrhundert zu eigenständiger Staatenbildung und hatte auch südlich der Alpen die Voraussetzungen für ein kurzes »nationalitalienisches Königtum« geschaffen; dessen Fortdauer wurde durch das Kaisertum der Ottonen und deren Herrschaft in den italischen Gebieten bis südlich von Rom verhindert[23]. Migration und Umsiedlung fränkischer Magnaten aus den Regionen nördlich der Alpen nach Oberitalien war schon ein Erfolgskonzept Karls des Großen beim Aufbau seiner imperialen Herrschaft, das auch die ottonisch-salischen Kaiser praktizierten, um Italien an das Reich zu binden. Doch erwies sich dabei die Amtssprache Latein und die Fortwirkung der spätantiken Verwaltungspraxis in Oberitalien als ein nachhaltiges Hindernis, denn die Reichsverwaltung nördlich der Alpen war der in Italien praktizierten Verwaltung etwa im Bereich des Vertragswesens und der Notariate nicht gewachsen[24]. Die Fiktion der *translatio imperii* war daher ein Denkmodell zur Umsetzung militärisch-strategischer Vorstellungen und kirchenpolitischer. Zum Bild dieser fiktiven Staatsvorstellung gehören beispielsweise die fingierte, lange in der Forschung für authentisch gehaltene Rede Ottos III. an die Römer in der Vita seines Beraters Bernward von Hildesheim und die Darstellung in Frauengestalten der huldigenden, gekrönten *nationes* des von ihm beherrschten Erdkreises gleicher Religion, aber verschiedener Sprachgemeinschaften[25].

Die nächste Etappe auf dem Weg der mittelalterlichen Staatenwelt zu weiterer nationaler Eigenständigkeit ist am Ende des Investiturstreits, der Auseinandersetzung zwischen weltlicher und geistlicher Gewalt, festzustellen, aus dem das französische Königtum gestärkt hervorging, während das deutsche seine führende Rolle in Eu-

22 Vgl. Walter Schlesinger, Die Entstehung der Nationen. Gedanken zu einem Forschungsprogramm, in: Beumann, Schröder (Hg.), Aspekte der Nationsbildung (wie Anm. 3), S. 11–62. Anders im gleichen Band aus rechtshistorisch-germanistischer Perspektive auf die kulturelle Entwicklung des 9. Jahrhunderts der Beitrag von Ruth Schmidt-Wiegand, Stammesrecht und Volkssprache in karolingischer Zeit, S. 171–204. Vgl. aber auch Karl Ferdinand Werner, Enquêtes sur les premiers temps du principat français (IX$^{e}$–X$^{e}$ siècles). Untersuchungen zur Frühzeit des französischen Fürstentums (9.–10. Jahrhundert), Ostfildern 2004 (Instrumenta, 14) (Nachdruck aus: Die Welt als Geschichte 18–20 [1958–1960]), ferner ders., Die Nachkommen Karls des Großen bis um das Jahr 1000, in: Helmut Beumann (Hg.), Karl der Große, Bd. 4, Düsseldorf 1968, S. 403–483.

23 Grundlegend noch immer Gina Fasoli, I re d'Italia (888–962), Firenze 1949 (Biblioteca storica Sansoni, NF 15); sehr aufschlussreich für die Endphase sind Le Gesta di Berengario Imperatore – Gesta Berengarii Imperatoris, X sec., bearb. von Mauro Ronzani, hg. von Matteo Taddei, Pisa 2013; vgl ferner die Artikel Berengario I, duca-marchese del Friuli, re d'Italia, imperatore von Girolamo Arnaldi, S. 1–26 und Berengario II, marchese d'Ivrea, re d'Italia, von Paolo Delogu, S. 26–34, in: Dizionario biografico degli Italiani, Bd. 9, Rom 1967.

24 Vgl. hierzu etwa die umfangreichen und im Ergebnis wichtigen Studien zu einem Desiderat der hilfs- wie der rechtshistorischen Wissenschaften von Andreas Meyer, Felix et inclitus notarius. Studien zum italienischen Notariat vom 7. bis zum 13. Jahrhundert, Tübingen 2000 (Bibliothek des Deutschen Historischen Instituts in Rom, 92).

25 Vgl. die berühmte bildliche Gegenüberstellung der Huldigung der *nationes* und des Thronbildes Ottos III. in seinem um das Jahr 1000 auf der Insel Reichenau angefertigten Evangeliar München, Bayerische Staatsbibliothek Clm 4453, p. 23–24, http://daten.digitale-sammlungen.de/~db/0009/bsb00096593/image_21 (7.1.2018).

ropa verlor. Damals kam bekanntlich der Begriff *Regnum Teutonicorum* auf[26]. Gleichzeitig gelang jedoch der lateinischen Glaubensgemeinschaft des Papsttums im *orbis romanus* der Aufschwung zur Weltmacht, weil es möglich war, die europäischen Könige und Fürsten für die von Klerikern und Mönchen im Auftrag des Papsttums gepredigten und spirituell gelenkten Kreuzzüge gegen den Islam zu gewinnen und ideell zu einen, mit dem Ziel der Expansion der römischen Christenheit im griechisch-kleinasiatischen Raum[27]. Damals wurden die Ausrichtung der europäischen Reiche und Fürstentümer nach Jerusalem als neuem Zentrum der christlich-lateinischen Völkergemeinschaft strategisch umgesetzt und theologische Vorstellungen realisiert, welche die frühen abendländischen Weltkarten des Mittelalters überliefern und visualisieren[28]. Doch konnte die Idee einer universalen *christianitas* nicht die Entwicklung eines Sonderbewusstseins der europäischen Reiche während des Hochmittelalters einebnen oder verhindern. Im französischen Westen sprach damals etwa Ivo von Chartres von einem *regnum gallicum* und betonte dabei die Herkunft und Abstammung der im *regnum* lebenden »französischen Nation« gentil nach den Galliern der römischen und vorrömischen Zeit[29].

### *3. Gemeinschaftsbildungen versus Religion*

Die höfische Literatur in Aquitanien, Frankreich oder an den Höfen des deutschen Reiches der Stauferzeit in den inzwischen salonfähig gewordenen Volkssprachen muss man wohl als eine Gegenreaktion national-kultureller Empfindungen und als Entwicklungsläufe aufgrund der zunehmenden psychischen und physischen Zwänge der lateinischen Religionskultur und des Ablasswesens verstehen. Dies wird besonders deutlich in den Gedichten Walthers von der Vogelweide, seinem Stolz auf die Sprache, die *tiuschiu zunge*, und das Land und seine Menschen, etwa in seinem berühmten Gedicht *Ir sult sprechen willekomen* (56,14), sowie in einem Lied, mit

26 Vgl. Eckhard Müller-Mertens, Regnum Teutonicorum. Aufkommen und Verbreitung der deutschen Reichs- und Königsauffassung im frühen Mittelalter, Berlin 1970 (Forschungen zur mittelalterlichen Geschichte, 15) sowie ders., Nationale Frage, deutscher Staat, Ermittlungsmethoden: Bemerkungen zu Forschungen an der Humboldt-Universität über das mittlere Reich, in: Michael Borgolte (Hg.), Mittelalterforschung nach der Wende 1989, München 1995 (Historische Zeitschrift. Beiheft, NF 20), S. 27–42 und ders., Romanum imperium und Regnum Teutonicorum, in: ders., Ausgewählte Schriften, Bd. 1, Leipzig 2014, S. 155–162.

27 Die Vielfalt der Sprachen der Teilnehmer des 1. Kreuzzugs und innerhalb der fremden Länder, in der sich die nordfranzösischen Kreuzfahren zu bewähren hatten, sieht Abt Guibert von Nogent am Beginn seiner »Gesta Dei per Francos« analog zur Textstelle des Alten Testaments, aber auch ähnlich moralisierend, wie bereits Regino von Prüm in seinem berühmten Brief an Erzbischof Hatto von Mainz; vgl. Historia quae dicitur Gesta Dei per Francos, ed. P. Meyer, Paris 1879 (Recueil des historiens des croisades. Historiens occidentaux, 4), S. 117–263, hier I, 1, S. 124 f.; Regino von Prüm, Epistula ad Hathonem archiepiscopum, Hannover 1890 (MGH. SS rer. Germ., 50), S. XIX–XXI.

28 Anna-Dorothea von den Brincken, Europa in der Kartographie des Mittelalters, in: Archiv für Kulturgeschichte 55 (1973), S. 289–304, hier S. 294, sowie zuletzt Mario Neve, Il disegno dell'Europa. Constuzioni cartografiche dell'identità europea, Milano 2016, S. 138 ff.

29 Vgl. Bernd Schneidmüller, Französisches Sonderbewußtsein in der politisch-geographischen Terminologie des 10. Jahrhunderts, in: Helmut Beumann (Hg.), Beiträge zur Bildung der französischen Nation im Früh- und Hochmittelalter, Sigmaringen 1983 (Nationes, 4), S. 49–91, hier S. 89.

dem er seiner Wut auf Papst Innozenz III. Ausdruck verlieh, der zu Ostern 1213 im deutschen Reich Opferstöcke anbringen ließ, um den Kreuzzug zu finanzieren. Er entwirft ein Zerrbild und lässt den Papst die Verse sprechen: *ir tiuschez silber vert in mînen welschen schrîn. Ir pfaffen, ezzent hüenr und trinket wîn, und lânt die tiutschen leien magern unde vasten*[30]. Die Gegenläufigkeit der hier nur kurz gestreiften unterschiedlichen Interessen und Weltbilder der rombezogenen, lateinischen Religion und der nationalen Gemeinschaftsbildungen des Hochmittelalters hatte, um nur zwei gewichtige Beispiele hier anzuführen, das vom Papsttum unabhängige Kaisertum Ludwigs des Bayern und später die Abspaltung der anglikanischen Kirche zur Folge[31]. Jedoch bereits in der ersten Fortsetzung der Kaiserchronik, die in der zweiten Hälfte des 13. Jahrhunderts in Bayern entstand und die Zeit ab der Königserhebung Friedrich Barbarossas behandelt, wird die Bezeichnung *tiusche rîche*, synonym für *tiuschiu lant* verwendet und erhält eine eigene, nationale und heroisierende Qualität bei der Darstellung des Konfliktes Kaiser Friedrichs II. mit seinem Sohn Heinrich (VII.)[32].

Ein Lübecker Chronist vermerkt zum Jahr 1309, dass Papst Clemens V. vergeblich *per regiones* den Kreuzzug predigen ließ, weshalb eine große Menge Volkes verschiedenster Nationen das Kreuz genommen habe – *propter quod diversarum nationum populus infinitus utriusque sexus, cruce signatus*; da sich jedoch kein Führer der Menge fand, ließ der Papst die Teilnehmer wieder heimgehen – *mandavit [...] redire ad propria*[33]. Gemeint dürften hier die Nationen der französischsprachigen Gebiete sein, da der Papst 1309 seinen Sitz nach Avignon verlegt hatte. Ferner bringt diese Lübecker Chronik zum Jahr 1308 auch den interessanten Hinweis, dass die *Francigenae* die Titulatur des deutschen Königs Heinrichs VII. *rex Romanorum* als lachhaft empfanden, also noch vor seinem Italienzug, auf dem er in Mailand vom Erzbischof der Stadt die *corona imperii* – gemeint ist die Krone des Langobardenreiches – empfing und in Rom 1312 zum Kaiser gekrönt wurde. Die Neuerungen am Beginn des

30 Vgl. Heinrich DE WALL, Ablass, in: Handwörterbuch zur deutschen Rechtsgeschichte, Bd. 2, Berlin ²2012, Sp. 19f. sowie Danielle BUSCHINGER, Einige Bemerkungen zum Begriffsfeld »Nation« im Mittelalter. Von der *natio* zur Nation, in: Übersprungene Identität. Von Proto-Nationen und Post-Existenzen, in: IABLIS =Jahrbuch für europäische Prozesse (2005), https://themen.iablis.de/2005/buschinger05.html (7.1.2018) mit den Zitaten aus den Liedern Walthers; Uta GOERLITZ, Literarische Konstruktion (vor-)nationaler Identität seit dem ›Annolied‹. Analysen und Interpretationen zur deutschen Literatur des Mittelalters (11.–16. Jahrhundert), Berlin, New York 2007 (Quellen und Forschungen zur Literatur- und Kulturgeschichte, 45 [279]), hier S. 212–216, sowie Heinz THOMAS, Sprache und Nation. Zur Geschichte des Wortes ›deutsch‹ vom Ende des 11. bis zur Mitte des 15. Jahrhunderts, in: Andreas GARDT (Hg.), Nation und Sprache. Die Diskussion ihres Verhältnisses in Geschichte und Gegenwart, New York 2000, S. 47–101, hier S. 71–73.

31 Vgl. Reinhard HEYDENREUTER, Ludwig der Bayer (1282–1347), in: Handwörterbuch zur deutschen Rechtsgeschichte, Bd. 2, Berlin ²2012, Sp. 1085–1089; Hans-Jürgen BECKER, Das Kaisertum Ludwigs des Bayern, in: Hans-Georg HERMANN, Hermann NEHLSEN (Hg.), Kaiser Ludwig der Bayer. Konflikte, Weichenstellungen und Wahrnehmung seiner Herrschaft, Paderborn 2002, S. 119–138, darin auch Jürgen MIETHKE, Der Kampf Ludwigs des Bayern mit Papst und avignonesischer Kurie in seiner Bedeutung für die deutsche Geschichte, S. 39–74.

32 Vgl. bei THOMAS, Sprache und Nation (wie Anm. 30), S. 73–75.

33 Annales Lubicenses, ed. Johann Martin LAPPENBERG, in: MGH. SS 16, Hannover 1859, S. 411–429, hier ad a. 1309, S.421.

14. Jahrhunderts brachten das überkommene, rombezogene System des deutschen Reiches völlig ins Wanken. In den deutschsprachigen Quellen ist von *tiusche rîche* und *tiuschiu lant* die Rede, nur in den lateinischen Quellen scheinen die klerikalen Autoren am Rombezug von König und Reich traditionell festzuhalten.

### *4. Ein Fremdwort auf Erfolgskurs?*

Auch kam der große Rahmen der abendländischen Historiografie, nämlich die Aufzeichnung des Heilsgeschehens seit Erschaffung der Erde, zugunsten deutscher Identifikationskonstruktionen und national wie regional bezogener Geschichtsschreibung mehr und mehr außer Mode. Fokussiert wurde um 1400 zunehmend das Kaisertum des deutschen Reiches im Anschluss an die Kaiserchroniken. Gleichzeitig fand das Wort »Nation« als Fremdwort zur Bezeichnung von Sprachgemeinschaften Eingang in die deutsche Sprache, und zwar zunächst im Zuge der Gründungswelle der Universitäten, sowie zur Bezeichnung und Unterscheidung der Gesandten auf dem Konzil von Konstanz. Man kann durchaus hierin die Ausbildung eines Instituts nach verschiedenen Gruppen sehen. Auf dem Konzil wurde nach der *natio principalis* – einem Zusammenschluss von Gesandten mehrerer Sprachen zu einer Nation, so etwa der *natio Teutonicorum*, ab 1448 dann *natio Germanica* – unterschieden und der *natio particularis*, also anderen Gesandten, die unter einer Sprachgruppe summiert wurden, etwa für die Gesandten der *natio Gallicana* aus französisch-sprachigen Regionen[34]. Der Begriff »Nation« wurde als Herkunftsbezeichnung für die Vertreter der auf dem Konzil führenden Nation gebraucht, aber auch für den Zusammenschluss von einheitlichen Personengruppen verschiedener oder ähnlicher Sprachen, so bei der Gruppenbildung der Professoren und Studenten zu vier Nationen an der Artistenfakultät der Pariser Universität. Dabei wurden die Mitglieder einer »Nation« großflächig europaweit als landsmannschaftliche Korporationen erfasst und unter dem Begriff *nationalités regionales* im System der Nationsmatrikeln etwa in Paris namentlich eingetragen[35]. Ein Bündnis der polnischen und böhmischen Ketzer von 1432 richte sich gegen die *natio* der deutschen Zungen (im Plural für die unterschied-

34 Dezidierte Berichterstattung erfolgte durch Ulrich von Richental, Das Konzil zu Konstanz 1414–1418, Faksimileausgabe bearb. von Otto Feger, Starnberg, Konstanz 1964; vgl. Walter Brandmüller, Das Konzil von Konstanz 1414–1418, Bd. 2, Paderborn u. a. 1997, zur Wahl nach Nationen S. 322–370. – Zur Entwicklung nationaler Identitäten in literarischen Texten grundlegend Goerlitz, Literarische Konstruktion (vor-)nationaler Identität, Teil IV: Transformationen, S. 203–282 sowie Thomas, Sprache und Nation (wie Anm. 30), S. 92 ff. Vgl. ferner Hirschi, The origins (wie Anm. 2), S. 81–88, der auf die monumentale humanistische Geschichtsdarstellung des Konstanzer Konzils in 6 Bänden von Heinrich von der Hardt, Magnum oecumenicum Constantiense concilium, Frankfurt am Main, Leipzig 1696–1700 zurückgreift und nicht auf das Faksimile des Originals.

35 Trésor de la langue française, Bd. 12, Paris 1986, S. 2. Vgl. z. B. die Matrikel der ungarischen Nation oder der Rheinischen Nation im Artistenregister der Wiener Universität: www.ub.univie.ac.at/archiv/artistenregister.html (7.1.2018). Nach dem Modell der Pariser Universität war auch die Universität in Prag organisiert, konfliktreich diskutiert auf dem Konstanzer Konzil. Zur Überbetonung der Zugehörigkeit zur Natio an der Pariser Universität in der Zeit des großen Schismas zwischen römischer Obödienz und Clementisten siehe Frank Rexroth, »... damit die ganze Schule Ruf und Ruhm gewinne«, in: Joachim Ehlers (Hg.), Deutschland und der Westen Europas im Mittelalter, Stuttgart 2002 (Vorträge und Forschungen, 56), S. 507–532, hier S. 520 f. mit Anm. 57.

lichen Dialekte der deutschen Sprache im Reich), die im Konkordat von 1448 dann als *natio Alamanica* bezeichnet wurde, der der König vorstehe. Denn die Bezeichnung *natio Germanica* wurde für die geistlichen Legaten verwendet[36].

## II. Sakralisierung und Mythen im Wandel

Das Zeitalter der kirchlichen Reformen brachte mit der Reformation endgültig die Abkehr vom Latein als einende Glaubenssprache der gesamten abendländischen Christenheit in den deutschen Territorien, in Böhmen sowie in den Kantonen der Schweiz und in den skandinavischen Ländern des Ostseeraumes. In Böhmen und der Schweiz wirkten die Volkssprachen als Katalysatoren für nationale Bewegungen und Separation, während das deutsche Reich durch die territoriale Zersplitterung in lutheranisch-deutschsprachige und römisch-katholische Glaubensregionen des lateinischen Ritus bekanntlich zunehmend seine politisch-nationale Einheit verlor[37]. Freilich wurden die Bewohner des französischen Königreichs und die des deutschen Kaiserreichs bis zur Wiederentdeckung der »Germania« des Tacitus durch die Humanisten und ihrem Erstdruck von 1472 sowie der von ihnen betriebenen Latinisierung der Namen der Völkergemeinschaften schon Jahrhunderte früher nach der sie einenden Sprache oder auch als Nachfahren der germanisch-stämmigen Bevölkerung bezeichnet; so unterschied bereits im 11. Jahrhundert der kompilatorisch arbeitende Geschichtsschreiber Frutolf vom Bamberger Michelsberg rückblickend auf die fränkische Geschichte zwischen *francigenae*, Franzosen, und *teutonici*, Deutschen[38]. Frutolf und die Rezipienten seiner Chronik – Burchard von Ursberg und Ekkehard von Aura – meinten damit die ethnische Zugehörigkeit zur Volksgemeinschaft aller Franzosen oder Deutschen von Geburt an.

Über lange Zeit hinweg hatte in beiden Reichen während des Hoch- und Spätmittelalters die Sakralkraft des Königtums als identifikationsstiftende und mythische Kraft konform mit der Religion Wirkung entfaltet, vor allem aufgrund der rituellen

36 Vgl. die sehr genaue Distinktion bei Thomas, Sprache und Nation (wie Anm. 30), S. 94f. nach den Reichstagsakten.

37 Für Böhmen umfassend erarbeitet von František Šmahel, Die Hussitische Revolution (Husitská revoluce), Bd. 1–3, aus dem Tschechischen übersetzt von Thomas Krzenck, redigiert von Alexander Patschovsky, Hannover 2002 (MGH. Schriften, 43).

38 Frutolfs Chronik ist inseriert in Ekkehards Chronicon universale; Zur Textstelle vgl. Ekkehardi Chronicon Universale, ed. Gerhard Waitz, in: MGH. SS 6, Hannover 1844, S. 1–267, S. 115ff. *De origine Francorum* hier S. 116 zur Fortentwicklung der Franken aus der Sicht des 11. Jahrhunderts: *Et hi quidem qui Teutonicis commixti sunt, proprio vocabulo Franci, qui autem per connubia a Gallis sunt progeniti, Francigenae sunt appellati.* Dennoch wird zu Beginn des Abschitts traditionell an der Abstammung der Franken von den Trojanern festgehalten, gemeint ist natürlich die Königssippe. Vgl. dazu auch Jean-Marie Moeglin, Die historiographische Konstruktion der Nation – »französische Nation« und »deutsche Nation« im Vergleich, in: Ehlers (Hg.), Deutschland und der Westen Europas (wie Anm. 35), S. 353–377, hier S. 366. Beispielhaft zur Umdeutung der Selbstbezeichnung eines politischen Gemeinwesens durch die Humanisten sei hier folgender Artikel angeführt: Thomas Maissen, Weshalb die Eidgenossen Helvetier wurden. Die humanistische Definition einer *natio*, in: Johannes Helmrath, Ulrich Muhlack, Gerrit Walther (Hg.), Diffusion des Humanismus, Göttingen 2002, S. 210–249 sowie Heribert Müller, Der französische Frühhumanismus um 1400. Patriotismus, Propaganda und Historiographie, ibid., S. 319–376.

Sakralisierung ihrer Herrscher in der Königsweihe und mittels einer Herrschersymbolik, die im deutschen Reich die Reichsinsignien materiell verkörperten. Die emotionalen Verluste an »deutschem« Bewusstsein in Böhmen führten seit König Sigismund dann zur Zurschaustellung der Reichsinsignien an einem zentralen Ort, nämlich im eigens angefertigten »Heiltumsschrein« der Reichsstadt Nürnberg; ferner hatten die schmerzlichen territorialen Verluste in Burgund und Oberitalien Veränderungen und eine Beschränkung auf die Kerngebiete des Heiligen Römischen Reiches zur Folge, woraus sich zunehmend eine nationale Fokussierung auf die »deutsche Nation« entwickelte[39].

Zur Inszenierung der eigenen Nation verfügte man im Mittelalter über ein großes Repertoire; es hat sich mental in der nationalen Geschichtsschreibung der Neuzeit erhalten und wurde im 19. Jahrhundert instrumentalisiert und verzerrt. Dieses Repertoire ist heute primär gegenständlich in der Erinnerungskultur Deutschlands und Frankreichs präsent und Teil eines modernen Geschichtsbewusstseins an Erinnerungsorten. Man denke nur an das Ensemble des mittelalterlichen Teils des Kölner Doms mit dem Dreikönigenschrein oder die Sainte-Chapelle Ludwigs IX., des Heiligen, in Paris, in der die Dornenkrone Christi als damals vorrangige, königliche Reliquie der Kreuzfahrerzeit bis zur Revolution aufbewahrt wurde[40]. Weiters formten in der Historiografie die historisierenden, prunkvollen Illuminationen der »Grandes Chroniques de France« seit der zweiten Hälfte des 13. Jahrhunderts sowie zeitversetzt die »Deutschen Kaiserchroniken« die Herrscher Deutschlands und Frankreichs zu nationalen Identifikationsfiguren und Idolen ihrer Völker; die Historiografie überhöhte visuell und narrativ nun auch in der jeweiligen Volkssprache die ohnehin seit Jahrhunderten wirkmächtigen Herkunftsmythen der Königsdynastien[41].

39 Zuerst zu dieser Problematik auf Frankreich bezogen Marc Bloch, Les rois thaumaturges. Étude sur le caractère surnaturel attribué à la puissance royale, particulièrement en France et en Angleterre, Straßburg, Paris 1924 (Publications de la Faculté des lettres de l'Université de Strasbourg, 19); deutsch: Die wundertätigen Könige, München 1998. In diesen Kontext gehört auch die Translation der Reichsinsignien durch König Sigismund von Böhmen in den vom Nürnberger Rat eigens hierfür in Auftrag gegebenen Heiltumsschrein, datiert auf 1438–1440, der fortan die Identität des Heiligen Römischen Reiches Deutscher Nation verkörperte. – Vgl. die Habilitationsschrift von Utz Schliesky, Souveränität und Legitimität von Herrschaftsgewalt, Tübingen 2004 (Ius publicum, 112), S. 17ff., 59ff.; ferner zur Reichskreiseinteilung auf dem Kölner Reichstag von 1512 Helmut Neuhaus, Reichsständische Repräsentationsformen im 16. Jahrhundert, Berlin 1982, S. 262f. sowie Hagen Schulze, Deutschland in der Neuzeit, in: Bues, Rexheuser (Hg.), Mittelalterliche Nationes (wie Anm. 3), S. 103–120.

40 Rolf Lauer, Dreikönigenschrein, in: Lexikon des Mittelalters, Bd. 3, München u.a. 1986, Sp. 1389f., Lisa Victoria Ciresi, Manifestations of the holy as instruments of propaganda: The Cologne Dreikönigenschrein and the Aachen Karlsschrein and Marienschrein in late medieval ritual, New Jersey, New Brunswick 2003; Colette Beaune, Les sanctuaires royaux, in: Pierre Nora (Hg.), Les lieux de mémoire, Bd. 2: La Nation, 1, Paris 1986, S. 57–87 und Jacques Le Goff, Reims, ville du sacre, ibid., S. 89–184; Brigitte Stark, Die Dornenkrone für den König von Frankreich. Quellen zur *translatio* von Passionsreliquien aus Konstantinopel: Zwei Texte aus den Grandes Chroniques de France und eine Predigt aus der Zeit Ludwigs IX., in: Andreas Speer, David Wirmer (Hg.), Knotenpunkt Byzanz. Wissensformen und kulturelle Wechselbeziehungen, Berlin 2012, S. 679–712.

41 Grandes Chroniques de France, éd. Jules Viard, Bd. 1–10, Paris 1920–1953; vgl. dazu die Ausführungen von Bernard Guenée, Les grandes Chroniques de France, in: Nora (Hg.), Les lieux de mémoire (wie Anm. 40), Bd. 2, S. 189–214; Mathias Herweg, Deutsche Kaiserchronik. Eine

### *1. Mythos und Fiktion*

Die besondere Herkunft, *natio* , zurückgeführt auf die Trojaner und in vertikaler Linie von Generation zu Generation gespielt bis zum jeweils amtierenden Herrscher, war das überkommene Modell der Herrschaftslegitimation mittels einer fiktiven, genealogischen Ansippung an die mythisch-griechische Vergangenheit seit den Merowingern; dieses Modell hatte in Frankreich dazu geführt, dass sich die Nation über Jahrhunderte mit einem vermeintlich in antiker Tradition stehenden Königtum identifizierte. Colette Beaune hat in ihrer grundlegenden Publikation »Naissance de la nation France« allerdings auch auf einen gallo-hebräischen Traditionsstrang hingewiesen, der um 1500 von Jean Lemaire de Belge in seinem Karl VIII. gewidmeten Werk »Illustrations de Gaulle et singularité de Troie« aufgegriffen wurde[42]. Er bezeichnete die Gallier, die damals als die Vorfahren der Franzosen galten, als Nachkommen Noahs und brachte somit metaphorisch eine »Ansippung« der gesamten, nationalen Gemeinschaft an die hebräisch-sprachige und monotheistische Elite des Alten Testaments zustande[43]. Dieses Ausnahmebeispiel hebt sich erfreulich von der ansonsten nachrangigen Bewertung sprachlich-kultureller Bindungen in der Historiografie der Nationsbildung in Frankreich ab[44]. Spannend ist dabei die ambivalente Rolle der Religion, die bei dieser Metapher einerseits als Komponente für ethnische Kontinuität eingesetzt wurde und andererseits die Herrschaft Karls VIII. im Heilsplan seit Erschaffung der Welt ohne einen Rombezug legitimieren sollte.

Derlei fiktionale mythische Herkunftsmodelle gehörten zur höfischen Kultur des Mittelalters; sie waren erfunden worden zur Abgrenzung der Königsdynastien von den Übrigen und den anderen Schichten der Gesellschaft oder ihren Nachbarn. Weil volksfern, waren sie für die Nationsbildung Deutschlands und Frankreichs unbedeutend. Auch gehört die von Alexander von Roes Ende des 13. Jahrhunderts ganz im Stil der Kreuzfahrerzeit überlieferte Verschmelzung der nach dem Fall von Troja an den Unterrhein migrierten Gefolgsleute des jungen Priamos mit den Töchtern des Riesen Teuto zu den Gründungssagen der Stadt Xanten. Beabsichtigt war sicher, die christliche Namensgebung der vormals gigantischen römischen Stadt mit Militärlager *Colonia Ulpia Traiana*, die nach dem Religionswechsel in *ad sanctos* umbenannt wurde, woraus sich der Name Xanten ableitet, mit einer Herkunftsfabel zu überlagern, die den Ort auf das Niveau und das Alter des antiken Rom einstuften sollte[45].

Auswahl, Stuttgart 2014. Die Texte der Chronik in Versform wurden zum Teil auch als Einleitungen zur Legitimierung der Rechtsspiegel verwendet, so etwa für den »Spiegel deutscher Leute«; siehe Repertorium Geschichtsquellen des deutschen Mittelalters, http://www.geschichtsquellen.de/repOpus_00724.html (7.1.2018).

42 Detailliert bei Colette Beaune, Naissance de la nation France, Paris 1985, S. 21 ff.: *Trojani aut Galli*?; vgl. auch die Rezension von Michel Sot, in: Annales 41 (1986), S. 999–1003.

43 Vgl. Beaune, Naissance (wie Anm. 42), S. 20, 29–32.

44 Joachim Ehlers, Mittelalterliche Nationsbildung, in: Historische Zeitschrift 231 (1980), S. 565–587, hier S. 571, sieht in den politisch-staatlichen Faktoren die stärkeren Bindungen im französischen Nationsbildungsprozess gegenüber den sprachlich-kulturellen; der politische Einfluss der Religion als mentale Komponente ist jedoch nicht zu unterschätzen, worauf bereits Friedrich Meinecke hingewiesen hat; vgl. unten bei Anm. 53.

45 Vgl. auch Jean-Marie Moeglin, De la »Nation Allemande« au Moyen Âge, in: Revue Française d'Histoire des Idées Politiques 14 (2001/2), S. 229–260, hier S. 239 f.

Mit Blick auf die Rezeption solcher Mythen in der deutsch-sprachigen Historiografie des 14. und 15. Jahrhunderts zieht daher Moeglin das Fazit: »L'idée d'un peuple ›teutonicus‹ homogène restait ainsi malgré tout difficile à établir[46].«

### *2. Gemeinsame Herkunft und Gemeinschaftsbildungen*

Bekanntlich setzt die Realität fiktiven Modellen Grenzen. So war Herrschaftsausübung im Mittelalter im deutschen wie im französischen Königreich nur möglich, indem regionale Diversitäten durch Verwaltungsstrukturen gebündelt und systematisiert wurden. Auch bei Königserhebungen am Beginn neuer Dynastien, den neuralgischen Schnittstellen der mittelalterlichen Gemeinschafts- und Nationsbildungen, ging es darum, einerseits großflächig regionale Kräfte zu bündeln und andererseits ihnen Zugeständnisse zu machen. Die großen Anstrengungen der Auseinandersetzungen und Kompromisse seit dem Beginn der Dynastie der Liudolfinger im Ostfrankenreich im Jahr 919, um die wichtigsten Herzogtümer des deutschen Reiches im Nord-Süd-Gefälle – Sachsen, Franken, Bayern und Schwaben, dann auch Lothringen – zu einen, mündeten immer in das mentale »Wir- und Zusammengehörigkeitsgefühl« der Gefolgschaft. Auch im Spätmittelalter wurde es als eine wichtige Aufgabe angesehen, diesen Zusammenhalt zu bewahren. Zur Bildung der Kurfürsten sollte nämlich die Beherrschung der slawischen Sprachen sowie des Ungarischen und des Italienischen gehören, weshalb die Goldene Bulle von 1356 in Kapitel 31 ein Unterrichtsmodell festlegte, welches das Erlernen dieser Sprachen für die Söhne von Kurfürsten über sieben Jahre vorsah[47]. Man könnte daher den in der Goldenen Bulle verwendeten Titel des Reiches, *sacri Romani celsitudo imperii diversarum nacionum*, auch als Imperativ verstehen für die Bewahrung einer Vielvölkerstaatlichkeit, wobei die Zugehörigkeit zu den im Reich lebenden, herkunftsbedingt verschiedenen Sprachgemeinschaften hier angesprochen wurde, nicht die Verschiedenheit aufgrund von Bildung und des Erlernens der anderen Sprachen. Solche Sprachkenntnisse erleichterten die Kommunikation mit dem böhmischen und italienischen Adel, sie dienten nicht primär der Integration. Der Geburtsadel definierte sich über die Sippe und die Sprache und bildete eine »Familie nach dem Geburtsstand«, die sich zunehmend die Macht im Reich und in Europa teilte[48].

Frankreich ging im Nationsbildungsprozess des Mittelalters einen anderen Weg, den Jean-Marie Moeglin in seinen zahlreichen, hierzu einschlägigen Studien erforscht hat. Es soll an dieser Stelle ein Beispiel aus der Historiografie des 10. und 11. Jahrhunderts angeführt werden, das die Verschiedenheit beider Länder zeigt: Während nämlich bei den Königserhebungen die ottonisch-salische Historiografie um die

46 Ibid. Vgl. Friedrich Kluge, Etymologisches Wörterbuch der deutschen Sprache. 23. Aufl., bearb. von Elmar Seebold, Berlin, New York 1995, S. 382 zu gr. *homogenēs* = von gleicher Herkunft.

47 Die Goldene Bulle von 1356, hg. von Dietmar Lutz, Lübeck 2006; Die goldene Bulle Kaiser Karls IV. vom Jahre 1356, bearb. von Wolfgang Fritz, Weimar 1972 (MGH. Fontes iuris, 11), c. 31, S. 90. Der Sprachenunterricht sollte vom 7. bis 14. Lebensjahr kontinuierlich durchgeführt werden.

48 Aus der Fülle der einschlägigen genealogischen Literatur sei hier beispielhaft hingewiesen auf Eduard Hlawitschka, Die Ahnen der hochmittelalterlichen deutschen Könige, Kaiser und ihrer Gemahlinnen. Ein kommentiertes Tafelwerk, Bd. 2: 1138–1197, Hannover 2009 (MGH. Hilfsmittel, 26).

Darstellung der Einhelligkeit der Spitzenmagnaten – der rheinischen Erzbischöfe und der Herzöge – bemüht war, ging Richer von Saint-Remi bei der Königserhebung Hugo Capets von 987 von einer großräumigen, gentil getragenen Akzeptanz aus, als er schrieb: *[...] Gallis, Britannis, Danis, Aquitanis, Gothis, Hispanis, Uuasconibus rex Kal. Jun. prerogatur.* Aus seiner Sicht herrschte Hugo Capet über gentil verschiedene *nationes* und einte Personen- und Gefolgschaftsverbände des Westfrankenreiches unterschiedlicher Herkunfts- und Sprachgemeinschaften[49].

### *3. Nationale Emotionen, Konstrukte und die Frage der Akkulturation*

In seinen zahlreichen Arbeiten hat Karl Ferdinand Werner die Strukturen des Karolingerreiches herausgearbeitet sowie deren Fortwirkung bei der französischen Nationsbildung. Sein letztes Buch »Naissance de la noblesse« ist der Entstehung des Adels im Mittelalter gewidmet und dessen Verfestigung zu einer bis in die Zeit der französischen Revolution dominierenden, sozialen Oberschicht. In der Sippe Karls des Großen durch Geburt und Abstammung verwurzelt zu sein, war über Jahrhunderte das bevorzugte »Gütezeichen« für Adels- und Königsherrschaft; dies förderte im Gegenzug den Karlskult in Europa und führte zum Streit um Lothringen, aber auch zu der skurrilen Frage nach seiner Herkunft und Nationszugehörigkeit, nämlich ob Karl der Große Franzose oder Deutscher gewesen sei[50]. Besser inszenieren ließ sich die Person Friedrich Barbarossas zu nationalen Propagandazwecken, weil er ausschließlich Kaiser des Heiligen Reiches gewesen war. Nationale Emotionen entstehen demnach auch mithilfe von heldenhaften, nationalen Königsgestalten eines Volkes, deren historische Persönlichkeit aus der Perspektive nationaler Historik narrativ verfälscht und verzerrt wurde; diese wirken dann als Katalysatoren eines überschäumenden, nationalen »Wir-Gefühls«, das regionale Verschiedenheit und alle Unterschiede einebnete, mit dem Ziel der Expansion des eigenen Territoriums. Aber auch der Adler im Banner und die kaiserliche Krone waren Symbole des Reiches und identitätsstiftend für die *t[d]eutsche Nation*.

Diese Bezeichnung wurde wohl zuerst als militärischer Begriff verwendet. Ernst Schubert führt hierzu in seinen Studien zur spätmittelalterlichen deutschen Verfassungsgeschichte ein Zitat aus einem Gedicht von Johann Knebel aus dessen Tagebuch zum Reichskrieg gegen Burgund (1473–1476) als Quelle an, in dem es heißt: *Gott helff allem gerechten/Des heiligen richs Tutzschen nacion/Zu handhabung der keyserlichen Kron*[51]. Die Begriffsbildung *t[d]eutsche Nation* war demnach gegen Ende des 15. Jahrhunderts durchaus von einem emotionalen »Wir-Gefühl« und der

49 Richer von Saint-Remi, Historiae, hg. von Hartmut HOFFMANN, Hannover 2000 (MGH. SS 38), IV, 12, S. 239. Die moderne Sicht bringt der Band von Jacques DUPÂQUIER, Histoire de la population française, Bd. 1: Des origines à la Renaissance, Paris 1988, Bd. 2: De la Renaissance à 1789, Paris 1995.

50 Karl Ferdinand WERNER, Naissance de la noblesse: l'essor des élites politiques en Europe, Paris [2]1999; DERS., Nachkommen (wie Anm. 22), S. 403–482 (sowie seine genealogischen Tafeln am Textende) und DERS., Der fränkische Königs- und Lehnsstaat bei Heinrich Mitteis. Eine kritische Würdigung (1889–1989), in: Heinrich Mitteis nach hundert Jahren 1889–1989, hg. von Peter LANDAU u. a., München 1991 (Bayerische Akademie der Wissenschaften, phil.-hist. Kl. Abhandlungen. Neue Folge, 106), S. 23–46, hier S. 24 f.

51 Ernst SCHUBERT, König und Reich. Studien zur spätmittelalterlichen deutschen Verfassungsgeschichte, Göttingen 1979, S. 241, Anm. 93.

Abgrenzung gegen den Westen getragen und somit konform mit der Politik des Habsburgerkaisers Friedrich III. – und dies nahezu zeitgleich mit dem Erscheinen der »Germania« des Tacitus im Druck. Textstellen aus der »Germania«wurden ein Jahr zuvor bereits von italienischen Legaten auf dem »Großen Christentag« zu Regensburg in ihren Reden verwendet, um einen Kreuzzug gegen die osmanische Gefahr in Bewegung zu setzen[52].

## III. Die Loslösung von der Religion und ein neuer Mythos

Die Lektüre der »Germania« des Tacitus förderte in humanistischen Kreisen das Nationalbewusstsein, weil man sich als »Kulturnation« – ein Begriff, den Friedrich Meinecke geprägt hat [53] – den romanischen Völkern nun ebenbürtig fühlte, ja diese noch aufgrund der von Tacitus beschriebenen, imaginierten Tugenden und seiner Typisierung der germanischen Volksstämme übertraf. Wie Dieter Mertens gezeigt hat, ließ sich dieses Bild des heidnischen, elitären Germanentums von Rom aus instrumentalisieren und für Propagandazwecke benützen, noch bevor die Schrift im Druck publiziert worden war[54]. Auch war längst die Scheu vor den »weißen Flecken«, unbekannte Regionen Europas betreffend, die man aus Unkenntnis der Regionen nicht kartieren konnte, auf den *mappae mundi* überwunden worden. Ihre Ausrichtung auf Jerusalem – nur aufgrund einer angenommenen Bevölkerungsdichte, nicht geografisch – war um die Mitte des 15. Jahrhunderts zwar noch einmal propagandistisch dem Camaldulensermönch Fra Mauro von der Insel Murano vor Venedig in seiner ungemein detailreichen, berühmten Weltkarte gelungen, die jedoch bereits viele Neuerungen der portugiesischen Seefahrer entlang der Westküste von Afrika visualisierte[55]. Im Zeitalter der Entdeckung Amerikas nahm jedoch die Separatkartografie in Europa ihren Aufschwung und die religionsbezogene wurde nicht mehr praktiziert. So stehen die Namen der beiden Humanisten und Kartografen Matthäus Merian und Philipp Apian für die erste Topografie des deutschen Reiches

52 Vgl. unten bei Anm. 54.

53 Friedrich Meinecke, Weltbürgertum und Nationalstaat, Bd. 5, 3. Aufl., ND München 2016, 1. Kapitel: »Allgemeines über Nation, Nationalstaat und Weltbürgertum«, S. 9–26, hier S.10: »Gemeinsprache, gemeinsame Literatur und gemeinsame Religion sind die wichtigsten und wirksamsten Kulturgüter, die eine Kulturnation schaffen und zusammenhalten«, und stark religionsbezogen S. 11: »… daß die Kulturnation zugleich Staatsnation sein kann, so daß man oft nicht weiß, was sie stärker zusammenhält, ob das politische, ob das religiöse Band.« Zum Begriff zuletzt Georg Schmidt, Friedrich Meineckes Kulturnation. Zum historischen Kontext nationaler Ideen in Weimar-Jena um 1800, in: Historische Zeitschrift 284 (2007), S. 597–622. Vgl. auch Hans Kloft, Die Germania des Tacitus und das Problem eines deutschen Nationalbewusstseins, in: Archiv für Kulturgeschichte 72 (1990), S. 93–114.

54 Dazu umfassend die zahlreichen Arbeiten von Dieter Timpe, zuletzt: Die »Germania« des Tacitus. Germanische Ethnographie und römische Zeitgeschichte, in: Helmuth Schneider (Hg.), Feindliche Nachbarn: Rom und die Germanen, Köln u. a. 2008, S. 167–200 und die feinsinnige, sehr genaue Studie von Dieter Mertens, Die Instrumentalisierung der »Germania« des Tacitus durch die deutschen Humanisten, in: Heinrich Beck (Hg.), Zur Geschichte der Gleichung germanisch = deutsch. Sprachen und Namen, Geschichte und Institutionen, Berlin 2004, S. 37–102, bes. S. 63 f.

55 Dazu jetzt Nikolaus Egel, Die Welt am Übergang. Der diskursive, subjektive und skeptische Charakter der Mappamondo des Fra Mauro, Heidelberg 2014.

und die erste Landesvermessung Bayerns im Auftrag des bayerischen Kurfürsten Albrecht V.[56].

### *1. Nationale Identität und Kulturnation*

Diese hier nur beispielhaft für zwei Bereiche angeführten Veränderungen des 16. Jahrhunderts, betreffend zum einen die nationale Identität, volksbezogen auf die im Zeitgeist als prestigeträchtig angesehene Abstammung von germanischen Volksgruppen, die das deutsche Reich einst besiedelt hatten, und zum anderen der Blick auf Landschaften und Regionen des Reiches, lassen neue Inhalte nationaler Emotionen erkennen sowie den Beginn des Ablösungsprozesses der von der Religion vorgegebenen, sakralen Herrschaftsform durch Partizipation. Die dabei vermeintlich verlorenen Mythen waren neu zu gestalten. Dies erforderte schon die Sprache der Geschichtsschreibung des Spätmittelalters und der Frühen Neuzeit, die narrativ blieb. Durch den veränderten Einsatz der Stilmittel in den Erzählungen und Veränderungen des Kontextes wurden traditionelle Inhalte und Motive aktualisiert, das heißt selektiv dem Geschmack und den Vorgaben der neuen Auftraggeber und Rezipienten angepasst. Es verwundert daher nicht, dass vor dem Hintergrund eines neuen, allgemein auf das gesamte Volk bezogenen und politisch instrumentalisierbaren Herkunftsbewusstseins neue mythische Erzählungen gefragt waren und erfunden wurden, die sich um die germanische Herkunft der deutschen Nation als Thema rankten. Schritt für Schritt wurde aus diesen neuen Mythen ein nationaler Mythos konstruiert, mit dem politisch breit argumentiert werden konnte. Und die germanische Herkunft der deutschen Nation berechtigte dann offenbar auch dazu, den Nachbarn im Westen als okzidentalen Erzfeind zu betrachten und zu bekriegen, aber auch um gegen Rom zu polemisieren, wie Konrad Celtis und Ulrich Hutten es taten[57].

Die traditionellen religionsbezogenen Themen der Gründungsmythen sind jedoch weiterhin in der Literatur der Klöster und Stifte zu finden und erhielten in der barocken Klostergeschichtsschreibung sowie im barocken Theater eine neue Blüte und einen deutlich akzentuierten Rom- und Märtyrerbezug. Zur Historik der süddeutschen Klöster gehörte es damals auch, ihren Gründungsmythos wieder metaphorisch an die Idylle des Gartens Eden anzuschließen und als dessen Abbild in der räumlichen Beschreibung der Klosterlandschaft sich darstellen zu wollen. Ein schönes Beispiel hierfür aus der ersten Hälfte des 18. Jahrhunderts steht am Beginn der deutschen Chronik des kleinen Prämonstratenserklosters St. Salvator im Steinkart, Diözese Passau, von Franz Anton Obersteiner[58]. Die politische Loslösung vom jahrhundertelang praktizierten Einfluss der Religion auf den Nationsbildungsprozess

56 Vgl. von den Brincken, Europa (wie Anm. 28), S. 303 f.; die »Topographia Germaniae« von Matthäus Merian und seinem Sohn ist in Bänden nach Regionen aufgebaut, darunter auch je ein Band für Böhmen und die Schweiz.

57 Klaus von See, Vom ›edlen Wilden‹ zum ›Volk der Dichter und Denker‹. Die Anfänge der Germanen-Ideologie, in: ders., Barbar, Germane, Arier. Die Suche nach der Identität der Deutschen, Heidelberg 1994, hier S. 61–82.

58 Vgl. zum Text Adelheid Krah, Die geistlichen Urkundenbestände der heutigen Diözese Passau, in: dies., Herbert Wurster (Hg.), Die virtuelle Urkundenlandschaft der Diözese Passau, Passau 2011 (Veröffentlichungen des Instituts für Kulturraumforschung, 62), S. 65–104, hier S. 67.

gelangt in Deutschland erst durch die geistige Annäherung der intellektuellen Oberschicht an Frankreich, das mit dem Gallikanismus und der Staatswerdung im 18. Jahrhundert andere Wege gegangen war. Sehr aufschlussreich zum Verständnis dieses intellektuellen Prozesses ist ein Blick in die Darstellungen der eigenen, nationalen Rechtsgeschichten in den entstehenden europäischen Ländern ab dem 17. Jahrhundert. So lehnte in Deutschland Hermann Conring, der als Begründer der deutschen Rechtsgeschichte gilt, in seinem 1643 gedruckten Werk »De origine iuris germanici« den humanistischen Ansatz ab; er schrieb vielmehr »die Geschichte des Rechts in Deutschland in den Grenzen des damaligen Reiches« und somit »plurale europäische Rechtsgeschichte«[59]. Auch Christian Thomasius habe in seiner Programmschrift von 1687 »Von der Nachahmung der Franzosen«, womit er für Rechtsvorlesungen in deutscher Sprache plädierte, das Wort »Nation« neutral verwendet, wie Joachim Rückert betonte, und die Praxis der französischen Rechtsgelehrten empfohlen *[weil sie] heut zu tage die geschicktesten Leute [seien]*[60]. Dies könnte eine Anspielung auf die damals in Frankreich kursierenden jurististen Traktate sein, zu welchen auch der 1678 erschienene »Traité de droit public en France« des Claude (Abbé) Fleury zählte, der mit seiner »Histoire du droit françois« die erste, 1674 veröffentlichte Rechtsgeschichte Frankreichs in narrativer, chronologisch angeordneter Form von den Römern bis in 17. Jahrhundert schrieb[61]. Er begann seinen Text mit einer bemerkenswert neutralen Sicht auf die Entstehung der gallischen Nation: *Avant que les Franc entrassent dans les Gaules on y vivoit suivant les Loix Romaines; qui continuerent d'y estre observées sous les Rois de la premiere race, mais avec quelque mélange de loix barbares; et les Rois de la seconde race n'y ajoûterent que leurs Capitulaires. Les desordres du dixième siècle confondirent toutes ces loix: ensorte qu'au commencement de la troisième race de nos Rois il n'y avoit point d'autre droit qu'un usage fort incertain*[62]. Berühmtheit erlangte Claude Fleury mit seiner 20-bändigen »Histoire ecclesiastique«, die er bis zum Jahr 1414, also in die Zeit des Spätmittelalters führte[63].

Auch sieht Bernd Roeck parallel zum Untergang des »Heiligen Reiches« in der Säkularisierung des »Gottesstaates« der frühen Neuzeit die Voraussetzungen späterer nationaler, deutscher Identitätsbildung. Er stellt resümierend fest: »Während im 18. Jh. immer deutlicher wurde, dass das Reichssystem sich nicht mehr zu einem zentral organisierten Staat umgestalten ließ, gewann ein Bewusstsein für die kulturelle Bedeutung der deutschen Nation an Gewicht[64].« Schritt für Schritt wurde jedoch ein

59 Dazu im Einzelnen demnächst detailreich bei Joachim Rückert, The Invention of National Legal History, in: Handbook of European Legal History, London 2018. Ich zitiere nach dem Manuskript der deutschen Textfassung von Joachim Rückert, Die Erfindung nationaler Rechtsgeschichten in Deutschland, S. 1–53, hier S. 15, 19, und bedanke mich herzlich für die freundliche Erlaubnis, den Text für meinen Aufsatz benützen zu dürfen.

60 Ibid., S. 18 Anm. 75.

61 Ibid., S. 30–32. Claude Fleury, Histoire du droit françois, Paris 1674.

62 Fleury, Histoire du droit, S. 1–2.

63 Claude Fleury, Histoire ecclesiastique, Bd. 1–20, Paris 1741–1773; das Unternehmen wurde später von Jean Claude Fabre fortgesetzt bis zum Jahr 1595, t. 21–36.

64 Bernd Roeck, Der Untergang des Heiligen Reiches, in: Rainer Babel, Jean-Marie Moeglin (Hg.), Identité régionale et conscience nationale en France et en Allemagne du Moyen Âge à l'époque moderne, Sigmaringen 1997 (Beihefte der Francia, 39), S. 177–192.

kulturelles, deutsch-nationales Bewusstsein zu einer politischen Strategielinie verfestigt, das im 19. Jahrhundert ideologisch und kartografisch ausbaufähig war, sehr früh schon für ein »Volk ohne Raum«, wie Petra Svatek in ihren Analysen zur Kartografie Mitteleuropas zeigen konnte[65].

### 2. *Nationsbildungsprozesse und Ausgrenzung*

Von Nationalismus soll hier aber nicht die Rede sein[66]; denn die Problematik der Ideologisierung des Mythos der »deutschen Nation«, die sich auf eine germanische Herkunft berief, und die in diesem Zusammenhang aufgekommenen, nationalstaatlichen Mythen in Europa hat Patrick Geary bereits 2002 in seiner grundlegenden und nachhaltigen Korrektur der historischen Identität Europas umfassend analysiert[67]. Er verweist dabei explizit auf die gemeinsame Geschichte Frankreichs und Deutschlands und auf die lange Kontinuität der Phase der Gemeinschaftsbildung von West- und Mitteleuropa während der fränkischen Epoche des Früh- und beginnenden Hochmittelalters. Freilich führte der Nationsbildungsprozess des Hochmittelalters dann ab dem Ende des 15. Jahrhunderts zu einem verstärkten, mentalen Abgrenzungsprozess gegenüber den Nachbarn, die durch die Sprachdifferenz und ihre Zugehörigkeit zum Nachbarreich zu Fremden geworden waren. Mit dieser offenbar mental vordringenden Abwertung des Fremden und Anderen ging einmal mehr die Abwertung von Menschen anderer Herkunft und Religion einher, nicht um sie zu missionieren wie Jahrhunderte früher die Slawen, sondern primär um sie als Arbeitskräfte zu versklaven. Denn erstmals wurde damals bekanntlich durch die Religion die Versklavung von Menschen im Zuge der Eroberung von heidnischen Territorien besonders Westafrikas durch päpstliche Dekrete legalisiert, und zwar durch Papst Nikolaus V. in seinen Bullen von 1452 und 1455 für König Alfons von Portugal[68].

Im Gegensatz zu den Veränderungen der römischen Welt im Zuge der Völkerwanderung, in der es eine lange Phase des Pluralismus der heidnischen und christlichen

65 Petra Svatek, ›Mitteleuropa‹ auf Karten vom 16. bis ins frühe 20. Jahrhundert. In: Johann P. Arnason, Petr Hlaváček, Stefan Troebst (Hg.), Mitteleuropa? Zwischen Realität, Chimäre und Konzept, Prag 2015 (Europaeana Pragensia, 7), S. 9–25 sowie dies., Das ›Konstrukt‹ Mitteleuropa. Geographisch-kartographische Konzepte in der deutschsprachigen Geographie des 19. und frühen 20. Jahrhunderts. Eine Bestandsaufnahme. Blogpublikation in: Adelheid Krah (Hg.), En route to a shared identity. Sources on the history of Central Europe in the Digital Age, vom 22. Juli 2016, https://dighist.hypotheses.org/902 (7.1.2018).

66 Dazu umfassend John Breuilly, The Oxford Handbook of the History of Nationalism, Oxford 2013 und bezogen auf die Humanisten Hirschi, The origins (wie Anm. 2) sowie ders., Wettkampf der Nationen. Konstruktionen einer deutschen Ehrgemeinschaft an der Wende vom Mittelalter zur Neuzeit, Göttingen 2005. Nationalismus im historisch-chronologischen Kontext behandelt der Artikel von Karl Ferdinand Werner, Volk, Nation, Nationalismus, Masse, in: Otto Brunner, Werner Conze, Reinhard Koselleck (Hg.), Geschichtliche Grundbegriffe, Bd. 7, Stuttgart 1992, S. 171–186.

67 Patrick Geary, The Myth of Nations, Princeton, Oxford 2002.

68 Nicole Priesching, Die Verurteilung der Sklaverei unter Gregor XVI. im Jahr 1839. Ein Traditionsbruch?, in: Saeculum 59/1 (2008), S. 143–162, hier S. 146 mit Anm. 15 und S. 161 im Fazit, kann nachweisen, dass die päpstlichen Lehrschreiben von Nikolaus V. ausdrücklich die Erlaubnis zur Versklavung der Ungläubigen sowie von Paul III. zur Sklavenhaltung im Kirchenstaat (Galeerensklaven) enthielten und propagierten; Rom hat sich von dieser Praxis bis ins 19. Jahrhundert nicht distanziert.

Kulte und Religionen gab, wodurch sich in einem langsamen Prozess der Akkulturation und Integration neue soziale Strukturen herausbilden konnten, wurde am Beginn der Neuzeit eine Integration der Andersgläubigen von der christlich-rombezogenen Religion verhindert, die diese Menschen zunächst sozial abwertete und den Verlust ihrer Freiheit nach kanonischem Recht sanktionierte. Die Diskriminierung von Volksgruppen aufgrund ihrer Herkunft, ihres fremdartigen Aussehens und ihres »Heidentums« – gemeint sind der Islam als konkurrierende monotheistische Religion wie auch die Naturreligionen der entdeckten Völker – wurde zu einer selbst auferlegten Last der europäischen Kulturnationen; sie war für Frankreich und Deutschland bis ins 19. und 20. Jahrhunderts schwer überwindbar[69].

Als sich beispielsweise Alexander von Humboldt, Abenteurer, Naturwissenschaftler und Bruder des Sprachenforschers Wilhelm von Humboldt, in die damalige Gelehrtendiskussion über die angebliche Schwachheit der indianischen Ureinwohner Nord- und Südamerikas einmischte, indem er das gängige Indiobild widerlegte und in seinen Tagebuchaufzeichnungen von der *indianischen Nation* sprach, meinte er die Vielfalt indianischer Stämme auf dem amerikanischen Kontinent. Er sah diese *indianische Nation* (wie alle anderen Nationen) als einen Teil der Menschheit an, der jedoch bisher von den Errungenschaften der Zivilisation ausgeschlossen war. Durch die Missionierung wäre ihr natürlicher Charakter verwischt worden[70]. Die am Orinoco, noch unberührt vom Missionseinfluss lebenden indianischen Volksgruppen veranlassten Humboldt dann bei seiner Reise entlang des Orinoco zu ethnologischen Überlegungen und Reflektionen über die Nationsbildungsprozesse in Europa; dazu schrieb er im Mai 1800 skizzenhaft in sein Tagebuch: *Wie man Kulturzustand des »Wilden Mannes« beurtheilen soll? Fehlt an Prinzipien. Man hängt am détail, glaubt eine Nazion sehr kultivirt, wenn sie Zeuge flicht [*gemeint ist: Stoff herstellt*], sich kleidet, beschreibt Tanz, Gebräuche. Südamerikaner beweisen, daß eine Nazion elend, nakd, unbekleidet und unästhetisch wie Neuholländer sein und auch schon akkerbautreibend sein kann*[71]. Zu einer solchen Bewertung war Humboldt nur deshalb fähig, weil er Kolonialismus und Zwangsmissionierungen und die christliche Religion als Parameter für eine höherwertige kulturelle Entwicklungsstufe der Indios ablehnte und vor allem deshalb, weil er den Begriff Nation auf die Kategorien gemeinsame Herkunft, Sprachgemeinschaft, gemeinsamer Lebensraum, gemeinsame Traditionen reduzierte. Warum war ihm dies möglich?

*Nation* war in der französischen Revolution während der Jahre 1789/90 zu einem sozialen Integrationsbegriff für alle Schichten der Bevölkerung geworden, den Kö-

69 Beispielhaft seien hier zwei einschlägige Arbeiten angeführt: Sven KUTTNER, Handel, Religion und Herrschaft. Kulturkontakt und Ureinwohnerpolitik in Neufrankreich im frühen 17. Jahrhundert, Frankfurt am Main 1998 und Urs BITTERLI, Die ›Wilden‹ und die ›Zivilisierten‹. Grundzüge einer Geistes- und Kulturgeschichte der europäisch-überseeischen Begegnung, München $^{2}$2004.

70 Vgl. Alexander VON HUMBOLDT, Lateinamerika am Vorabend der Unabhängigkeitsrevolution. Eine Anthropologie von Impressionen und Urteilen aus seinen Reisetagebüchern, hg. v. Margot FAAK, Berlin $^{2}$2003 (Beiträge zur Alexander-von-Humboldt-Forschung, 5), etwa Nr. 74, 80, 111, und Jürgen OSTERHAMMEL, Alexander von Humboldt. Historiker der Gesellschaft, Historiker der Natur, in: Archiv für Kulturgeschichte 81 (1999), S. 105–131, bes. S. 121–125.

71 HUMBOLDT, Lateinamerika (wie Anm. 70), Nr. 125.

nig ausgenommen, mit dem Postulat nationaler Souveränität. *Laicité* und die Wertschätzung der *petit peuple* führten zur radikalen Wende und Andersartigkeit der Etymologie der historischen Bezeichnungen »Nation« und »national«; sie waren jedenfalls nicht mehr Begriffe, die Unfreie ausschlossen, sondern alle im Staatsgebilde der *République* einen sollten aufgrund ihrer gemeinsamen Herkunft – *natio* – und ihrer Zugehörigkeit zur Volksgemeinschaft, zur Nation. *Laicité* war und ist bis heute die politische Forderung zur Abkehr des Staates von der Religion und der von der Religion geprägten mittelalterlichen, französischen Kulturnation[72]. Alexander von Humboldt übernahm wie sein Bruder, der Sprachforscher Wilhelm von Humboldt, bei seinen Aufenthalten in Paris die Hermeneutik des neuen Begriffs *La Nation* aus der Staatstheorie des Abbé Sieyès, der damals maßgeblich die politische Begriffsbildung steuerte. Dieser verwendete ihn so in seinen kulturhistorischen und sprachwissenschaftlichen Schriften, in denen er den Einfluss der Sprachen auf die kulturhistorische Entwicklung der Menschen und ihrer Gemeinschaftsbildungen – ihrer Nationen – erforschte[73]. Er schloss damit zwölf Jahrhunderten nach Bischof Isidor von Sevilla an das biblische Modell von der Verschiedenheit der Sprachen und Nationen in der Geschichte der Menschheit an, indem er global die Auswirkungen der Sprachdifferenzen auf die Bildung der Menschen und ihre sozialen und politischen Gemeinschaften aus Sicht des 19. Jahrhunderts beschrieb und erforschte, was durch das biblische Bild der Sprachverwirrung vereinfacht, symbolhaft und metaphorisch schon früh erkannt und ausgedrückt worden war[74].

## IV. Ausblick und Resümee

Anders als Alexander von Humboldt, der in seinen Reisetagebüchern aufgrund seiner Erfahrungen im Umgang mit den Ureinwohnern Amerikas neutral und wertefrei von der *indianische[n] Nation* sprach und sie neutral mit den europäischen in die menschliche Gemeinschaft aller Nationen der Erde einreihte, nahm Generationen später der Ethnologe Claude Lévi-Strauss eine kulturelle Differenzierung und Wertung vor mit einem Fokus auf die ethnologische Rassendifferenzierung. Auch er war aufgrund seiner früheren Brasilienaufenthalte und seiner Lehrtätigkeit an der Universität São Paulo während der 1930er Jahre ein ausgewiesener Kenner der indianischen Bevölkerung. Als er dann seine Schrift »Race et histoire« verfasste, die 1952 prominent in der Reihe der Vereinten Nationen »The Race question in modern

72 Elisabeth FEHRENBACH, Nation, in: DIES., Anette HÖFER, Rolf REICHARD (Hg.), Handbuch politisch-sozialer Grundbegriffe in Frankreich 1680–1820, Heft 7, München 1986 (Ancien Régime, Aufklärung und Revolution, 10/7), S. 75–107 (S. 1–33). Emmanuel Joseph SIEYÈS, Was ist der Dritte Stand? Ausgewählte Schriften, Berlin 2010 (Schriften zur europäischen Ideengeschichte, 3). Aus der modernen Diskussion sei hier der Kürze halber nur das aktuelle Werk von Jean-Louis HAROUEL, Revenir à la Nation, Paris 2014 angeführt, vgl. besonders Kapitel 2: »La dimension majeure de l'hérédité dans l'existence des nations«, S. 89ff.

73 Wilhelm VON HUMBOLDT, Ueber die Verschiedenheiten des menschlichen Sprachbaues und ihres Einfluß auf die geistige Entwicklung der Menschheitsgeschichte, in: DERS., Werke in fünf Bänden, Bd. 3: Schriften zur Sprachphilosophie, hg. v. Andreas FLITNER, Klaus GIEL, Darmstadt 1963, Kapitel 3: »Von der Sprache in Beziehung auf die Vertheilung des Menschengeschlechts in Nationen«, S. 368–758.

74 Vgl. oben bei Anm. 10.

science« auch auf Englisch veröffentlicht wurde, sprach er, seine Forschungen resümierend, vom Vorrang der okzidentalen Kultur vor allen anderen: *[...] c'est la marche même des cultures humaines qui, depuis les vastes masses de l'Asie jusqu'aux tribus perdues dans la jungle brésilienne ou africaine, prouve, par une adhésion unanime sans précédent dans l'histoire, qu'une des formes de la civilisation humaine est supérieure à toutes les autres: ce que les pays »insuffisamment développé« reprochent aux autres dans les assemblées internationales n'est pas de les occidentaliser, mais de ne pas leur donner assez vite les moyens de s'occidentaliser*[75]. Er räumte im Folgenden allerdings ein, hier den heikelsten Punkt seines Themas angesprochen zu haben, und stellte daher Fragen hinsichtlich einer möglichen künftigen Balance der Weltmächte im Wettstreit um den Vorrang auf den globalen Kapitalmärkten; dabei wies er gleichermaßen auch auf die Möglichkeit der Entstehung neuer Formen von Synkretismus hin; nationale Interessen sprach er in diesem Zusammenhang nicht an[76]. Eine solche Argumentation der globalen Entwicklung nach der Rassendifferenzierung war damals noch möglich. Heute ist sie tabu und die Bezeichnungen »Drittländer« und »Schwellenländer« meinen nationale Gemeinschaften, die ein westliches Niveau noch nicht voll erreicht haben[77].

Mit Blick auf das breite Spektrum der modernen und historischen Hermeneutik der Begriffe *natio* und Nation, das in diesem Text vor allem anhand der mittelalterlichen Geschichtsschreibung für Frankreich und Deutschland behandelt wurde, wäre heute letztendlich eine wertneutrale Begriffsverwendung angemessen, die der Grundbedeutung der Begriffe Herkunft, soziale Gemeinschaft, Gemeinwesen gerecht werden würde. Auf diese Paradigmen und Wurzeln haben sich die Gelehrten jahrhundertelang immer wieder besonnen und Ratschläge erteilt. So war doch schon für Cassiodor zu Beginn des 6. Jahrhunderts die Gemeinschaft aller freien Menschen des römischen Imperiums eine *universa natio*. *Gentes* und *romani* sollten im politischen Vielvölkergemisch des römischen Reiches eine große Familie bilden, für die er folgende Richtlinie in Rechtsfragen zur Landleihe schrieb: *Beneficium tale non habuerunt in patria sua, sed hic omnes sub hac condicione parentes sunt: universa natio, quantum ad successionis beneficium, una familia est*[78].

75 Claude Lévi-Strauss, Race et histoire, Paris 1987 (Nachdruck der Ausgabe der Unesco 1952 von Jean Pouillon), Kapitel 7: »Place de la civilisation occidentale«, S. 51–56, hier S. 51 f.

76 Ibid., S. 53: »S'achèvera-t-il par une occidentalisation intégrale de la planète avec des variante, russe ou américaine? Des formes syncrétiques apparaîtront-elles, comme on en aperçoit la possibilité pour le monde islamique, l'Inde et la Chine?«

77 Vgl. hierzu aus journalistischer Perspektive Paul-François Paoli, Pour en finir avec l'idéologie antiraciste, Paris 2012.

78 Cassiodori senatoris Variae, hg. von Theodor Mommsen, Berlin 1894 (MGH. Auct. ant., 12), XII, 12, 9, S. 367.

Bettina Severin-Barboutie

# GESCHICHTSERZÄHLUNGEN IN COMICFORM

## Ein Forschungsbericht[1]

2014 veröffentlichte Barbara Yelin ihre Comicerzählung »Irmina«[2]. Darin erzählt sie die Geschichte einer ehrgeizigen jungen Frau in Deutschland, die auf der Suche nach Freiheit und sozialem Aufstieg Mitte der 1930er Jahre nach Großbritannien aufbricht, um dort ihr Glück zu versuchen. Nachdem sie in London eine Ausbildung zur Fremdsprachensekretärin begonnen hat, lernt sie Howard, einen aus der Karibik stammenden Studenten aus Oxford, kennen; die beiden verlieben sich. Die Freundschaft bricht jäh ab, als sie einige Zeit später in das nationalsozialistische Deutschland zurückkehrt. In Deutschland heiratet sie einen SS-Mann, wird Mutter und arrangiert sich mit dem Dritten Reich und seiner Ideologie, wird zur Mitläuferin. An eine Rückkehr nach London denkt sie nicht mehr. Ihre Träume von einst scheinen begraben. Howard wird derweil Generalgouverneur auf Barbados.

In der Bundesrepublik wurde »Irmina« mit Begeisterung aufgenommen. »Ein Frauenleben im Nationalsozialismus: Barbara Yelin legt das Comic-Glanzstück ›Irmina‹ vor«, rühmte Christian Schlüter in der »Frankfurter Rundschau«[3]. Ein Meisterwerk, mit dem die Autorin Yelin alle Erwartungen übertroffen habe, die man in sie setze, lobte Andreas Platthaus in der »Frankfurter Allgemeinen Zeitung«[4], »nicht nur eine Graphic Novel über ein außergewöhnliches, unbequemes Thema, sondern auch über eine starke Frau von einer der wichtigsten Comic-Künstlerinnen ihrer Generation«, meinte Thomas Steinaecker in der »Süddeutschen Zeitung«[5]. Auch von staatlicher Seite wurde »Irmina« Außergewöhnlichkeit attestiert. 2015 erhielt Barbara Yelin den Bayerischen Kunstförderpreis in der Sparte Literatur, der damit erstmals für einen Comic verliehen wurde. Die Jury habe, so das Bayerische Staatsministerium für Bildung und Kultus, Wissenschaft und Kunst in seiner Pressemitteilung vom 22. Juli 2015, die »überaus gelungene, zwanglose Verbindung von individuellem Schicksal und historischem Hintergrund« gewürdigt. Die umfangreiche

1 Der vorliegende Beitrag wurde zunächst in polnischer Sprache veröffentlicht: Bettina Severin-Barboutie, Opowiadanie historii przez komiks. Sprawozdanie z badań, übers. v. Izabela Drozdowska-Broering, in: Miloš Řezník, Magdalena Saryusz-Wolska, Sabine Stach, Katrin Stoll (Hg.), Historia w kulturze ponowoczesnej. Koncepcje – metody – perspektywy badawcze, Kraków 2017, S. 191–208.

2 Barbara Yelin, Irmina, Berlin 2014.

3 Christian Schlüter, Die ganze Welt stand ihr offen. Ein Frauenleben im Nationalsozialismus: Barbara Yelin legt das Comic-Glanzstück »Irmina« vor, in: Frankfurter Rundschau, 17. Oktober 2014.

4 Andreas Platthaus, Drei Erfahrungen für ein ganzes Leben, in: Frankfurter Allgemeine Zeitung, 16. Dezember 2014, S. 10.

5 Thomas Steinaecker, Das Nazifräulein, in: Süddeutsche Zeitung, 10. Oktober 2014, S. 14.

Graphic Novel besteche auch durch »die differenzierte, ebenso einfühlsame wie kritische Darstellung der Hauptfigur«[6].

Während sich die Kritiker über die literarische Qualität des Buches einig waren, gingen ihre Meinungen über dessen literarische Gattung auseinander. Die einen bezeichneten das Buch als Graphic Novel[7] und ordneten es damit jener Kategorie von Comicerzählungen zu, denen in Verlagswelt und Medien besondere Eigenschaften zugesprochen werden. Sie gelten als ernsthafte, komplexe, künstlerisch anspruchsvolle Geschichten, die sich vorrangig an Erwachsene richten, ohne dass es bislang eine Definition des erstmals von dem Comiczeichner Will Eisner in den 1970er Jahren verwendeten Begriffs gäbe[8]. Andere sträubten sich gegen diese Zuordnung. Christian Schlüter etwa meinte, Barbara Yelin sei »etwas geglückt, das sehr viel einfacher und passender als Comicroman bezeichnet werden« könne[9]. Mit »Comicroman« verwendete der Journalist dabei nicht nur eine Bezeichnung, die die Autorin selbst für ihre Erzählung im Vorspann ihres Buches benutzte. Er rekurrierte damit ebenfalls auf einen Ausdruck, der in der deutschsprachigen Geschichtswissenschaft einen Typus von Comicerzählungen benennt, die international als spezifisch angesehen werden: Erzählungen, die in der Vergangenheit angesiedelt sind. In der englischsprachigen Forschung werden diese Erzählungen als *historical comic books* bezeichnet. Die deutschsprachige Forschung fasst sie als »Geschichtscomics« zusammen[10]. Die französischsprachige Forschung unterscheidet zwischen *bande dessinée historienne*, *bande dessinée historique* und *fiction à costumes*[11].

Um diese Comicerzählungen soll es im vorliegenden Beitrag gehen, genauer: um die Frage, wie es um ihre historische Erforschung bestellt ist. Der Schwerpunkt liegt dabei auf der deutsch- und französischsprachigen[12] Geschichtsforschung, die sich zwar beide seit den 1970er Jahren mit diesen Erzählungen beschäftigen, bis heute aber eher neben- statt miteinander arbeiten, wie bereits ein kurzer Ausflug in einschlägige

6 Pressemitteilung vom 22. Juli 2015. URL: https://www.km.bayern.de/pressemitteilung/9666/nr-294-vom-22-07-2015.html (14.11.2016).

7 Etwa Steinaecker, Naziträulein (wie Anm. 5), ferner das Bayerische Staatsministerium für Bildung und Kultus, Wissenschaft und Kunst.

8 Will Eisner bezeichnete 1978 sein vier Kurzgeschichten umfassendes Buch A Contract with God and Other Tenement Stories als Graphic Novel. Zur Diskussion über den Begriff und seine Brauchbarkeit als Analysekategorie siehe u. a.: Thomas Hausmanninger, Die Hochkultur-Spaltung. »Graphic Novels« aus sozial- und kulturwissenschaftlicher Perspektive, in: Dietrich Grünewald (Hg.), Der Dokumentarische Comic. Reportage und Biographie, Essen 2013, S. 17–30; Lars von Törne, Graphic Novels: Vom Türöffner zur Streitaxt, in: Der Tagesspiegel, 4. Juli 2014, URL: http://www.tagesspiegel.de/kultur/comics/graphic-novels-vom-tueroeffner-zur-streitaxt/10144890.html (22.10.2016). Siehe ferner die Einwände von Kees Ribbens, Die Darstellung des Zweiten Weltkriegs in europäischen Comics: Eine Fallstudie populärer Geschichtskultur, in: Barbara Korte, Sylvia Paletschek (Hg.), History Goes Pop: Zur Repräsentation von Geschichte in populären Medien und Genres, Bielefeld 2009, S. 121–145, hier S. 122.

9 Schlüter, Die ganze Welt (wie Anm. 3).

10 Sylvia Kesper-Biermann, Bettina Severin-Barboutie, Verflochtene Vergangenheiten. Geschichtscomics in Europa, Asien und Amerika. Perspektiven auf ein Forschungsfeld, in: Comparativ. Zeitschrift für Globalgeschichte und vergleichende Gesellschaftsforschung 27/3 (2014), S. 7–28, hier S. 17.

11 Pascal Ory, Préface, in: Adrien Genoudet, Dessiner l'histoire. Pour une histoire visuelle, Paris 2015, S. 13–16, hier S. 14.

12 Mit »französischsprachig« sind Frankreich, Belgien und die Schweiz gemeint.

Literaturverzeichnisse deutlich macht[13]. Um die implizite Übernahme von Semantiken der einen wie der anderen Wissenschaftssprache zu vermeiden, wird anstelle der in der deutsch- bzw. französischsprachigen Forschung geläufigen Termini eine Formulierung verwendet, die Bernd Dolle-Weinkauff vor einiger Zeit für die hier zur Debatte stehenden Erzählungen benutzte. Er sprach von »Geschichtserzählungen in Comicform« und subsumierte darunter Erzählungen unterschiedlicher Provenienz und Form, so auch *bandes dessinées* und Manga[14]. Bevor es um die Erkundung dieser Erzählungen in der Forschung selbst geht, werden einige Besonderheiten skizziert, die diese Erzählungen kennzeichnen.

## I. Besonderheiten

Geschichtserzählungen in Comicform erzählen Geschichten, die in der Vergangenheit spielen, sind also historische Erzählmedien. Das Besondere an ihnen ist, dass sie Geschichten in einer ihnen eigenen Form und Ästhetik erzählen, in Comicform eben[15]. In Comicform bedeutet erstens, dass in räumlich aufeinanderfolgenden sogenannten »Panels« (frz. *vignette*[16]) erzählt wird. Das dem Film verwandte Erzählen in Sequenzen kann dabei entweder in einer Kombination aus Bild und Schrift oder auch nur in Bildern erfolgen, sodass Geschichtserzählungen in Comicform stets eine ikonografische Dimension besitzen, aber nicht literarisch sein müssen. In Comicform heißt zweitens, dass in Unterbrechungen erzählt wird und diese Unterbrechungen in dem Raum Gestalt annehmen, der die einzelnen Panels voneinander trennt. Diese inhaltlichen Leerstellen, auch »Hiatus« genannt, sind für die Lesenden nicht nur mit dem Auge erkennbar. Sie müssen von ihnen ebenfalls gedanklich überbrückt oder genauer: gefüllt werden. Geschichtserzählungen in Comicform können daher auf verschiedene Weise gelesen werden. In Comicform meint drittens, dass die erzählten Geschichten ihr »Gemachtsein […] offen zur Schau« tragen, wie Thomas Steinaecker es vor einigen Jahren formulierte[17]. Darin unterscheiden sie sich grundsätzlich von Erzählungen, in denen Dargestelltes »als nicht Dargestelltes«[18] wird. Zur Schau getragen wird das Gemachtsein dabei allein schon durch die Zeichnungen. Zur Schau getragen wird es ebenfalls durch spezifische Erzähl- und Zeichnungstechniken wie Rückblenden, unterschiedliche Farben für verschiedene Zeitebenen (Erzählzeit, erzählte Zeit) und/oder das Auftreten des/r Erzählenden. Paco Rocas »Los surcos de azar« ist dafür exemplarisch. In dieser Geschichte, in der es ausgehend von den Erinnerungen eines Kriegsveteranen um den Werdegang spanischer Soldaten

13 Jüngstes Beispiel in der französischsprachigen Forschung: Genoudet, Dessiner (wie Anm. 11).

14 Bernd Dolle-Weinkauff, Was ist ein »Geschichtscomic«? Über historisches Erzählen in Comic, Manga und Graphic Novel, in: Comparativ. Zeitschrift für Globalgeschichte und vergleichende Gesellschaftsforschung 24/3 (2014), S. 29–46, hier S. 38–41, Zitat S. 33.

15 Zum Folgenden siehe u.a. Christine Gundermann, Jenseits von Asterix, Comics im Geschichtsunterricht, Schwalbach/Ts. 2007, S. 68–70.

16 Yves Frémion, Case. Icône et vignette: La case n'existe pas, in: Odette Mitterrand (Hg.), L'Histoire par la bande. Bande dessinée, Histoire et pédagogie, Paris 1993, S. 35–40, hier S. 35.

17 Steinaecker, Nazifräulein (wie Anm. 5).

18 Armin Saupe, Authentizität, in: Frank Bösch, Jürgen Danyel (Hg.), Zeitgeschichte – Konzepte und Methoden, Göttingen 2012, S. 144–164, hier S. 160.

geht, die im Spanischen Bürgerkrieg nach Frankreich flüchteten und unter französischer Führung im August 1944 an der Befreiung von Paris teilnahmen, zeichnet sich der Autor nicht nur selbst als interviewende Person in die Erzählung hinein. Durch den Wechsel der Farben (von bunt nach schwarz/grau-weiß nach bunt usw.) markiert er ebenfalls den Wechsel von der Erzählzeit zu der von dem Veteranen erinnerten bzw. erzählten Zeit und umgekehrt[19]. Beides – das Sich-Hinein-Zeichnen wie der Farbwechsel – hat zur Folge, dass unterschiedliche Zeitebenen neben- statt – wie in rein schriftlichen Erzählungen – nacheinander präsentiert werden. »In Comicform« meint deshalb viertens auch noch, dass Ungleichzeitiges gleichzeitig visualisiert werden kann.

Einige Autoren und Autorinnen gehen bei der Präsentation des Dargestellten als Dargestelltem noch weiter und thematisieren die Konstruktion des von ihnen Erzählten explizit in Form geschriebener Vor- oder Nachspanne außerhalb der eigentlichen Geschichte, wie man es etwa auch von Schriftstellern und Schriftstellerinnen kennt[20]. Barbara Yelin beispielsweise erklärt, im Nachlass ihrer Großmutter »einen Karton mit Tagebüchern und Briefen« gefunden zu haben und durch diesen Fund zu »Irmina« inspiriert worden sei[21]. Emmanuel Guibert beschreibt, wie er den ehemaligen US-amerikanischen Soldaten Alan Cope, den Protagonisten seiner Erzählung »La Guerre d'Alan. D'après les souvernirs d'Alan Ingram Cope«, im Sommer 1994 zufällig auf der Insel Ré kennenlernte. »Einige Tage nach unserem Treffen«, fährt er fort, »fing er an, mir Geschichten aus dem Krieg zu erzählen. Wir gingen am Strand auf und ab, immer am Meer entlang. Er sprach, ich hörte zu. [...] Ich konnte buchstäblich sehen, was er erzählte. Als er seine Erzählung unterbrach, schlug ich ihm vor: ›Machen wir Bücher daraus. Sie erzählen, ich zeichne‹[22].« John Maker erläutert im Nachspann zu »Deadly skies«, einem 2016 erschienenen Comic, der eine Ausstellung des Canadian War Museums zum Luftkrieg im Ersten Weltkrieg begleitete, die sechs dargestellten Lebensgeschichten seien »all true. By presenting them in vivid colour, the Canadian War Museum team brought the day-to-day realities of the air war to life. How did we do it? We researched the stories by visiting archives, libraries and museums across Canada, Australia and the United Kingdom, and walking the grounds where these events took place. Working with the illustrators from storyboard to final display, we reviewed drawings, provided feedback and searched for photographs and colour references to evoke the experiences, people and places depicted[23].«

19 Paco Roca, Los surcos de azar, Bilbao 2013.

20 Siehe Sabine Mainberger, Von der Liste zum Text – vom Text zur Liste. Zu Werk und Genese in moderner Literatur. Mit einem Blick in Perecs *Cahier de Charges* zu *La Vie mode d'emploi*, in: Gundel Mattenklott, Friedrich Weltzien, Entwerfen und Entwurf. Praxis und Theorie des künstlerischen Schaffensprozesses, Berlin 2003, S. 265–283, hier S. 265–267.

21 Yelin, Irmina (wie Anm. 2), S. 4.

22 »Quelques jour après notre rencontre [...] il a commencé à me raconter des épisodes de la guerre. Nous faisions des allées et venues sur une plage, le long de l'océan. Il parlait bien, j'écoutais bien. [...] Je voyais littéralement ce qu'il disait. Quand il a interrompu son récit, je lui ai proposé: ›Faisons des livres. Vous raconterez, je dessinerai.‹« Emmanuel Guibert, La Guerre d'Alan. D'après les souvernirs d'Alan Ingram Cope, Paris 2012, S. 3–4.

23 John Maker, Deadly Skies. Air War 1914–1918, Ottawa 2016, Zitat S. 107.

Mit ihrem Vor- oder Nachspann verfolgen Yelin, Guibert und Maker je eigene Ziele. Yelin geht es darum, bei aller Sorgfalt in den Recherchearbeiten auf ihre kreative Rolle als Erzählerin hinzuweisen. Die historischen Hintergründe seien zwar »sorgfältig recherchiert«, erläutert sie. Für die Handlung habe sie sich jedoch »alle erzählerische Freiheit genommen: Die auftretenden Personen, ihre biografischen Zusammenhänge und viele der Schauplätze [seien] zugunsten der Dramaturgie frei gestaltet«[24]. Guibert stellt »La Guerre d'Alan« als Spiegel persönlicher Erinnerungen Alans dar, genauer: als Spiegel jener Erinnerungen, die ihm dieser mitteilte. »Ich habe dieses Buch bewusst ›Alans Krieg‹ genannt«, so Guibert, »um zu zeigen, dass man darin keine Abhandlung über das Leben des US-amerikanischen Soldaten im Zweiten Weltkrieg findet. Es geht um einen einzelnen Mann, Alan Cope, um das, was er gesehen, erlebt und gefühlt hat, und was er mir fünfzig Jahre später zu erzählen bereit war.«[25] Maker wiederum bezweckt mit seinem Blick »behind the scenes«, die erzählten Geschichten zu beglaubigen.

Einige Geschichtserzählungen in Comicform enthalten statt solcher Vor- oder Nachspanne oder auch zusätzlich dazu Begleitmaterial. Joe Saccos »Gaza 1956. En marge de l'Histoire« beispielsweise umfasst neben einem Vorwort über die Entstehung der Erzählung mehrere Anhänge mit Briefen, Zeitungsausschnitten, Protokollauszügen und transkribierten Interviews[26]. Eddi Campbells und Alan Moores »From Hell« wird von einem Appendix begleitet, in dem die historische Überlieferung zu den einzelnen Kapiteln – geschichtswissenschaftlichen Arbeitspraktiken durchaus ähnlich – kritisch reflektiert wird[27]. »La Guerre d'Alan« beinhaltet einen Anhang mit Schwarz-Weiß-Fotografien, auf denen zum einen der Protagonist der Erzählung in unterschiedlichen Kontexten und Posen, zum anderen weitere Personen, Landschaften usw. zu sehen sind. Jeweils mit einer Fotografie Alans als Zivilperson beginnend und endend, vermittelt dieser »Photographic Memories« betitelte Anhang den Eindruck eines persönlichen, sorgsam geführten Fotoalbums[28].

Abgesehen von diesem Begleitmaterial oder alternativ dazu umfassen einige Erzählungen Vor- oder Nachworte, die nicht immer von den Erzählenden selbst stammen und eine Art Rahmenerzählung darstellen. Auch darin gibt es eine Parallele zu anderen historischen Darstellungsformen. »Irmina« etwa ist ein Nachwort des Historikers Alexander Korb, mit dem Yelin kooperiert hatte, beigefügt. Darin bettet Korb die Protagonistin in die Zeit des Nationalsozialismus ein und gibt darüber hinaus Einblicke in dessen geschichtswissenschaftliche Erforschung[29]. An Jacques Tardis

24 Yelin, Irmina (wie Anm. 2), S. 4.

25 »Si j'ai voulu appeler ce livre La Guerre d'Alan, c'est bien pour signifier qu'on trouvera pas ici un essai sur la condition du G.I. dans la seconde guerre mondiale. Il s'agit uniquement d'un homme, Alan Cope, de ce qu'il a vu, traversé, ressenti et de ce qu'il a bien voulu me dire, cinquante ans après.« Guibert, Guerre (wie Anm. 22), S. 3–4.

26 Joe Sacco, Gaza 1956. En marge de l'Histoire, Zürich 2009, S. 390–412.

27 Eddi Campbell, Alan Moore, From Hell. Being a Melodrama in Sixteen Parts, Marietta, GA, [6]2006, Appendix I.

28 Ibid., o. S..

29 Alexander Korb, Irmina. Leben in der Zeitgeschichte. Ein Nachwort, in: Yelin, Irmina (wie Anm. 2), S. 275–283. Weitere Beispiele bei Ivan Jablonka, Histoire et bande dessinée, in: La vie des idées (2014), S. 1–10, hier S. 5–9, URL: http://www.laviedesidees.fr/Histoire-et-bande-dessinee.html (23.11.2016).

Erzählung »Putain de Guerre« schließt sich eine Darstellung von Tardis »Berater« Jean-Pierre Verney an[30], worin dieser das von Tardi in Form von »Kriegsannalen« Erzählte zugleich kontextualisiert und dokumentiert. Paco Rocas »Los surcos de azur« wird begleitet von einem Nachwort des Geschichtswissenschaftlers Robert S. Coale[31], in dem dieser erzählt, wie er selbst zu dem Thema kam, und darüber hinaus auf den Stellenwert der von Roca erzählten Geschichte sowie die historische Verbürgtheit der darin vorkommenden Figuren hinweist[32]. Nicht anders als in anderen Darstellungsformen finden sich einige dieser Vor- oder Nachworte ausschließlich in übersetzten Fassungen[33]. »La Nueve. Les républicains espagnols qui ont libéré Paris« beispielsweise, die französischsprachige Version von »Los surcos de azur«, enthält im Gegensatz zur spanischsprachigen Originalversion ein Vorwort der Pariser Bürgermeisterin Anne Hidalgo[34], »Insel der Männer«, die deutschsprachige Ausgabe von »In Italia sono tutti maschi. Una graphic novel sul confino degli omosessuali durante il fascismo«[35], in welcher Luca de Santis und Sara Colaone schildern, wie Antonio Angelicola, ein Homosexueller, zusammen mit anderen homosexuellen Männern im faschistischen Italien auf eine Insel »verbannt« wurde, wird von einem mehrseitigen Nachwort Andreas Knigges begleitet. Wie Kolb in seinem Nachwort zu »Irmina« bettet Knigge darin Angelicolas Werdegang in die jahrhundertealte Verfolgung homosexueller Männer in Europa ein und wirft zugleich Licht auf die in den 1980er Jahren einsetzende historische Aufarbeitung der Verfolgungsgeschichte unter Mussolini[36].

Über die mit diesem Zusatzmaterial verbundenen Intentionen liegen keine expliziten Absichtserklärungen vor. Das Material selbst deutet aber darauf hin, dass es entweder darum geht, Dargestelltes oder Dargestellte als historisch verbürgt zu präsentieren, oder aber die historische Welt, in welcher dieses bzw. diese zeit-räumlich verortet sind, zu beglaubigen. Das ist insofern bemerkenswert, als sich die Lesenden diese Geschichten eigentlich selbst aneignen sollen, mit diesem Material jedoch Vor-Wissen für die Lektüre an die Hand bekommen. »Authentizitätsbeteuerungen« hat Hans-Jürgen Pandel diese Vorgehensweise genannt und darin eine Gemeinsamkeit mit der Geschichtsschreibung gesehen. Die Geschichtsschreibung erhebe Wahrheitsansprüche, so Pandel, »die sie dadurch abzusichern sucht, daß sie Authentizitätsbeteuerungen macht. In der gleichen Weise verfahren manche der historischen Comics, indem sie selbst die Realitätsgrundlage definieren. […] Sie geben sich als Autobiographen einer empirisch belegbaren Person oder beschreiben die Entstehungsbedin-

30 Jean-Pierre Verney, in: Jacques Tardi, Jean-Pierre Verney, Putain de Guerre 1914–1915–1916, Brüssel 2008, S. 49–67.

31 Coale beriet Roca wie Jean-Pierre Verney Jacques Tardi und Alexander Korb Barbara Yelin.

32 Robert S. Coale, in: Roca, Surcos (wie Anm. 19), S. 322–323. In der französischsprachigen Ausgabe ist Coales Text ins Französische übersetzt.

33 Beispielhaft dafür: Julia Schoch, Doppelt unsichtbar – Daniel Anselme und sein Roman »Adieu Paris«. Ein Nachwort, in: Daniel Anselme, Adieu Paris, Zürich, Hamburg 2015, S. 189–206.

34 Anne Hidalgo, in: Roca, La Nueve. Les républicains espagnols qui ont libéré Paris, Paris 2014, o. S.

35 Luca de Santis, Sara Colaone, In Italia sono tutti maschi. Una graphic novel sul confino degli omosessuali durante il fascismo, Bologna 2010.

36 Andreas Knigge, Erinnern? Eine notwendige Anmerkung, in: ibid., S. 167–175. Knigge verweist darauf, dass der Originaltitel auf einen Ausspruch Benito Mussolinis aus dem Jahr 1930 zurückgeht, wonach Italien nur »echte Männer« kenne (S. 170).

gungen der dargestellten Geschichte. [...]. Sie demonstrieren historische Dokumente, aus denen sie die Geschichte erzählen.«[37] Parallelen ließen sich aber ebenso gut zu Medien wie dem Fernsehen ziehen, das bei der Beschäftigung mit der Vergangenheit nicht nur mit vergleichbaren Beglaubigungspraktiken arbeitet wie Comics, sondern ebenso wie diese mit der Geschichtswissenschaft kooperiert[38].

## II. Entstehung und Entwicklung

Es ist bereits darauf hingewiesen worden, dass sich die deutsch- und französischsprachige Forschung seit den 1970er Jahren mit Geschichtserzählungen in Comicform beschäftigt[39]. Einzig für Deutschland (BRD und DDR) liegt jedoch bislang eine Studie vor, die Einblicke in qualitative wie quantitative Entwicklungen bietet[40], sieht man einmal von kursorischen Überblicken zu französischsprachigen *bandes dessinées* ab[41]. Diese von René Mounajed stammende Studie umfasst zunächst eine mit der Veröffentlichung von »Prince Valiant« in deutscher Sprache im Jahr 1951 (Prinz Eisenherz) beginnende chronologische Darstellung der »Geschichtscomic-Geschichte« in Deutschland bis zum Jahr 2008[42]. Darüber hinaus enthält sie eine Bestandsaufnahme all jener Comics, die zwischen 1950 und 2008 entweder in Serienform oder als Einzelprodukte in Deutschland neu erschienen und einen Plot oder zumindest einen wesentlichen Handlungsstrang besaßen, der in einer vergangenen Epoche spielte[43]. Insgesamt 361 Einzeltitel enthält diese »Geschichtscomigrafie«

37 Hans-Jürgen Pandel, Comicliteratur und Geschichte. Gezeichnete Narrativität, gedeutete Geschichte und die Ästhetik des Geschichtsbewußtseins, in: Geschichte lernen 37 (1994), S. 18–26, hier S. 20. Pandel lässt allerdings offen, was er unter Authentizität versteht.

38 Siehe die Ausführungen von Eva Maria Gajek, Neue Wege? Fernsehdokumentationen über den Holocaust nach der Jahrtausendwende, in: Linda Erker, Klaus Kienesberger, Erich Vogel (Hg.), Gedächtnis-Verlust? Geschichtsvermittlung und -didaktik in der Mediengesellschaft, Köln 2012, S. 193–211, hier S. 206–207; Frank Bösch, Der Nationalsozialismus im Dokumentarfilm: Geschichtsschreibung im Fernsehen, 1950–1990, in: id., Constantin Goschler (Hg.), Public History. Darstellungen des Nationalsozialismus jenseits der Geschichtswissenschaft, Frankfurt a. M. et al. 2009, S. 52–76; id., Journalisten als Historiker: Die Medialisierung der Zeitgeschichte, in: Vadim Oswalt, Hans-Jürgen Pandel (Hg.), Geschichtskultur. Die Anwesenheit von Vergangenheit in der Gegenwart, Schwachbach 2009, S. 47–62.

39 Beispielhaft dafür sind folgende Veröffentlichungen: Dieter Riesenberger, Geschichte in Comics, in: Geschichte in Wissenschaft und Unterricht 25 (1974), S. 162–173; Histoire et bande dessinée. Actes du deuxième colloque international éducation et bande dessinée, La Roque d'Anthéron 1979.

40 René Mounajed, Geschichte in Sequenzen. Über den Einsatz von Geschichtscomics im Geschichtsunterricht, Frankfurt a. M. et al. 2009; siehe ferner den Überblick von Andreas Platthaus, Geschichtserzählungen in Comics. Möglichkeiten und Grenzen eines Mediums, in: Raphael Gross, Erik Raphael (Hg.), Superman und Golem. Der Comic als Medium jüdischer Erinnerung, Frankfurt a. M. 2008, S. 38–41.

41 Pascal Ory, L'histoire par la bande?, in: Le Débat 177/5 (2013), S. 90–95; Michel Porret, La bande dessinée éprouve l'histoire, in: id., (Hg.), Objectif bulles. Bandes dessinées & histoire, Genève 2009, S. 11–41, hier S. 23–36.

42 Mounajed, Geschichte (wie Anm. 40), S. 50–77. Mounajed verschweigt allerdings nicht, dass Teile der Erzählung bereits Ende der 1930er Jahre unter dem Titel »Prinz Waldemar« in der Zeitschrift »Der Papagei« als Comicstrips veröffentlicht worden waren (S. 50, Anm. 154).

43 Ibid., S. 77–80, 201–274.

genannte Aufstellung, wobei Mounajed davon ausgeht, dass der von ihm ermittelte Bestand »mitnichten als vollständig betrachtet werden« kann[44].

Die Mehrzahl der von Mounajed ermittelten Neuerscheinungen stammt aus den letzten drei Jahrzehnten des Untersuchungszeitraums mit einem geradezu sprunghaften Anstieg in den 1980er Jahren. Diese Zunahme wurde damals bereits von Zeitgenossen beobachtet. So fiel Andreas Knigge 1988 die große Zahl von Titeln mit historischen Themen auf. Den Anstieg erklärte er dabei in erster Linie mit Angeboten aus Frankreich wie »Reisende im Wind« (frz. »Les Passagers du Vent«)[45]. Aus dem Angebot ließen sich seiner Meinung nach aber noch lange keine Schlüsse auf die Nachfrage und erst recht nicht auf Geschichte als Trend ziehen, zumal er »das Geschichtsbewußtsein der Franzosen [für] wesentlich ausgeprägter« hielt »als das des deutschen Publikums«[46].

Fast drei Viertel der von Mounajed ermittelten Neuerscheinungen (ca. 73 %) spielen in der Neuzeit, mehr als die Hälfte (ca. 56 %) davon in der Zeit nach 1800. In den Erzählungen der 1950er bis 1970er Jahre dominierten eher weiter zurückliegende Zeiten wie die Alte Geschichte oder das Mittelalter. Die Zeitgeschichte nahm dagegen nur einen marginalen Stellenwert ein. Mit der eigenen, insbesondere jüngsten Geschichte wollte man sich offenbar in den ersten Jahrzehnten nach dem Zweiten Weltkrieg weder in der Bundesrepublik noch in der DDR auseinandersetzen. Darin unterscheiden sich Geschichtserzählungen in Comicform grundsätzlich von anderen Medien wie dem Fernsehen, die sich zunächst vor allem mit der jüngsten Zeitgeschichte beschäftigten[47].

Seit den 1980er Jahren nimmt das Interesse an der Zeitgeschichte zu. Waren in den 1970er Jahren nur knapp zehn Prozent aller historischen Erzählungen der Zeitgeschichte gewidmet, lag ihr Anteil in den 1980er Jahren bereits bei 25 Prozent, in den 1990er Jahren bei 34 Prozent und nach der Jahrtausendwende bei 40 Prozent. Der Anstieg von Geschichtserzählungen in Comicform korreliert also unübersehbar mit einem Bedeutungszuwachs der jüngsten Vergangenheit gegenüber weiter zurückliegenden Zeiten[48].

44 Ibid., S. 201. Ermittlungen von Sylvia Kesper-Biermann und Bettina Severin-Barboutie zufolge stieg die Zahl der Neuerscheinungen bis 2010 auf über 500 an. Siehe Kesper-Biermann, Severin-Barboutie, Vergangenheiten (wie Anm. 10), S. 25.

45 Herausgeber war das Verlagshaus Glénat; das Magazin wurde 1995 eingestellt. Gerald Munier, Geschichte im Comic: Können ernsthafte historische Themen auch in Form von Bildergeschichten behandelt werden?, in: Traverse. Zeitschrift für Geschichte – Revue d'histoire 11 (2004), S. 110–118, hier S. 113; Mounajed, Geschichte (wie Anm 40.), S. 56–58.

46 Andreas Knigge, Trendthema Geschichte?, in: id., (Hg.), Comic Jahrbuch 1988, Frankfurt a. M., Berlin 1988, S. 280–282, Zitat S. 282. Einer Studie des ZDF aus den 1980er Jahre zufolge fühlten sich demgegenüber 40 % der Zuschauerinnen und Zuschauer vom Thema Geschichte angesprochen. Siehe Klaus Arnold, Geschichtsjournalismus – ein Schwellenressort? Arbeitsweisen, Themen und Selbstverständnis von Geschichtsjournalisten in Deutschland, in: id., Walter Hömberg, Susanne Kinnebrock (Hg.), Geschichtsjournalismus. Zwischen Information und Inszenierung, Berlin 2010, S. 87–107, hier S. 87.

47 Siehe Frank Bösch, Getrennte Sphären? Zum Verhältnis von Geschichtswissenschaft und Geschichte in den Medien seit 1945, in: Hömberg, Kinnebrock, ibid, S. 45–62.

48 In Anlehnung an Kesper-Biermann, Severin-Barboutie, Vergangenheiten (wie Anm. 10), S. 25–27; sowie an Mounajed, Geschichte (wie Anm. 40), S. 79–80.

## III. Korpus- und Begriffsbildungen

Sowohl in der deutsch- wie in der französischsprachigen Geschichtsforschung werden Geschichtserzählungen in Comicform seit den 1990er Jahren von anderen Comicerzählungen abgegrenzt. Der »historische Comic«, schrieb Pandel im Jahr 1994, »ist in der literarisch und ästhetisch ausgerichteten Comicforschung zwar kein Gattungsbegriff, ein solcher läßt sich geschichtsdidaktisch aber dennoch begründen.«[49] »Geschichtscomics sind ein Subgenre der Kunstgattung Comics«, erklärte Mounajed fünfzehn Jahre später[50].

Unterschiede gibt es jedoch in der Korpus- und Begriffsbildung. Die deutschsprachige Forschung versteht Geschichtserzählungen in Comicform als ein gemeinsames Textkorpus. Während sie diese anfangs als »historische«, »historisierende« bzw. »Historien-Comics« bezeichnete[51], subsumiert sie sie mittlerweile unter den Sammelbegriff »Geschichtscomics«[52]. Eine einheitliche Definition dessen, was denn überhaupt »zum Genre der historisierenden Comics zu zählen« bzw. ein »Geschichtscomic«[53] sei, fehlt allerdings bis heute. Christine Gundermann bezeichnete 2007 jene Comics als Geschichtscomics, »die historische Inhalte aufweisen«. Dabei verstand sie jene Comics als Comics, die explizit unter diesem Namen veröffentlicht wurden[54]. Sylvia Kesper-Biermann und Bettina Severin-Barboutie haben dagegen vor einigen Jahren vorgeschlagen, als Geschichtscomics »solche Comic-Alben (unter Ausschluss von kurzen Strips)« zu verstehen, »deren Handlung zum Abfassungszeitpunkt in der Vergangenheit angesiedelt ist und die gleichermaßen durch die Verflechtung von Fakten und Fiktion, die Verflechtung unterschiedlicher Zeitebenen sowie transnationalen Verflechtungen gekennzeichnet sind«. Dabei ging es ihnen auch darum, ein »möglichst breites Spektrum visueller Geschichtserzählungen« zu erfassen, »ohne von vornherein bestimmte Formate entweder – wie Heftserien – auszuklammern oder – wie *Graphic Novels* – zu privilegieren«[55].

Flankierend zur Korpus- und Begriffsbildung sind in der deutschsprachigen Forschung Vorschläge zur Binnendifferenzierung des Textkorpus gemacht worden, die auf der Funktionalität beruhen, die der Vergangenheit in den Erzählungen jeweils zugeschrieben wird. Den Anfang machte dabei Pandel mit seiner »Typologie visuellen Erzählens« im Jahr 1994. Darin unterschied er zwischen fünf Erzählkategorien[56]: erstens dem »Quellencomic«, dessen Herkunft und Entstehungszeit, nicht aber dessen dargestellte Wirklichkeit historisch verbürgt sein mussten, zweitens der »Comicromance«, in welcher die Historie nur als Hintergrund bzw. Bühne diente, drittens

49 Pandel, Comicliteratur (wie Anm. 37), S. 18–26.
50 Mounajed, Geschichte (wie Anm. 40), S. 46.
51 Von »historischen Comics« spricht etwa Pandel, Comicliteratur (wie Anm. 37), S. 18; während Gerald Munier, Bildergeschichten (wie Anm. 45), hier S. 110, die Begriffe Historien-Comic bzw. historisierender Comic verwendet.
52 Knigge, Trendthema (wie Anm. 46), S. 280, sprach 1988 bereits von »Geschichts-Comic«.
53 Munier, Bildergeschichten (wie Anm. 45), S. 110; Dolle-Weinkauff, Geschichtscomic (wie Anm. 14).
54 Gundermann, Geschichte, Asterix (wie Anm. 15), S. 9–10.
55 Kesper-Biermann, Severin-Barboutie, Vergangenheiten (wie Anm. 10), S. 17–18.
56 Pandel, Comicliteratur (wie Anm. 37), S. 22.

dem »Comicroman«, dessen Geschichte in einem erkennbaren Ausschnitt der Geschichte spielte, viertens dem »Epochencomic« mit frei erfundenen Figuren und Ereignissen sowie fünftens der »Comic-Historie«, die im engeren Sinne Historiografie bieten sollte[57]. Pandels Typologie wurde in den Folgejahren durch zusätzliche Kategorien wie die »Comic-Groteske«, die »Geschichtsreportage« und den »Comic-Journalismus« erweitert, wodurch sich auch das Spektrum an Erzählungen des Textkorpus »Geschichtscomics« sukzessive vergrößerte[58]. Jenseits dieser Erweiterungen ist sie jedoch bis heute in der Geschichtsdidaktik Grundlage für die Binnendifferenzierung von Geschichtserzählungen in Comicform geblieben.

Bernd Dolle-Weinkauff hat vor einigen Jahren eine Typologisierung vorgestellt, in welcher er Geschichtscomics als Gattung der grafischen Literatur begreift. Sie hat den Vorteil, dass sie neben dem historischen Stoff und der Bildlichkeit zusätzlich dem literarischen Erzählen bzw. der Gesamtnarration Rechnung trägt[59]. Fünf Erzähltypen werden von ihm darin unterschieden. Es sind dies:

- erstens der zur Sachliteratur zählende »geschichtserzählende Sachcomic«, dessen Erzählung eine faktuale bzw. dokumentarische Prägung besitzt, wobei Dolle-Weinkauff mit »faktual« meint, dass sich die Gesamtnarration darauf richtet, historisches Faktenmaterial oder nach dem aktuellen Stand der Geschichtsschreibung als gesichert anzusehende Vorstellungen und Zusammenhänge zu präsentieren. Anders als in der Wissenschaft geht es in diesem Erzähltypus, dessen Entstehung Dolle-Weinkauff zeitlich nach 1945 und räumlich in den USA, später dann auch in Frankreich und Belgien verortet, nicht um die Erarbeitung neuen, sondern um die Popularisierung bereits vorhandenen historischen Wissens[60];
- zweitens der zur Gattung des historischen Romans gehörende »eigentliche historische Comic-Roman«. Seine Besonderheit sieht Dolle-Weinkauff darin, dass die Figuren wie im historischen Roman im Sinne Umberto Ecos zwar erfunden, ihr Denken und Handeln aber »durch die zu ihrer Zeit mögliche Gesellschafts- und Geschichtserfahrung bestimmt«[61] sind und deshalb anders als in Pandels »Comic-

57 Ibid.

58 Unter anderem von Stefan Wolfinger, Von Karl Marx bis Carl Barks, Comics und Geschichte, Wien 1999, S. 75; Tomas Lochman, Neue Geschichten zur Alten Geschichte, in: Id. (Hg.), »Antico-mix«. Antike in Comics, Basel 1999, S. 95; Gerald Munier, Geschichte im Comic: Aufklärung durch Fiktion? Über Möglichkeiten und Grenzen des historisierenden Autorencomic der Gegenwart, Hannover 2000, S. 45–47; Gundermann, Asterix (wie Anm. 15), S. 87–96; zu den Entwicklungen in der Geschichtswissenschaft siehe ebenfalls die kursorischen Bemerkungen von Dolle-Weinkauff, Geschichtscomic (wie Anm. 14), S. 30–32, ferner demnächst Christine Gundermann, Geschichte in Comics, in: Vadim Oswalt, Hans-Jürgen Pandel (Hg.), Handbuch der Geschichtskultur, Schwalbach/Ts. (im Druck). Ich danke der Autorin für die freundliche Bereitstellung ihres Manuskripts.

59 Dolle-Weinkauff, Geschichtscomic (wie Anm. 14), S. 32–46; siehe auch Dolle-Weinkauffs früheren Überlegungen zum historischen Erzählen in Bildgeschichte und Comic: Bernd Dolle-Weinkauff, Geschichte zwischen Grandiosität und Gag. Historisches Erzählen in Bildgeschichte und Comic, in: GeschichtsBilder. Historische Jugendbücher aus vier Jahrhunderten, Katalog zur Ausstellung in der Staatsbibliothek zu Berlin – Preußischer Kulturbesitz, bearb. von Carola Pohlmann und Rüdiger Steinlein, Berlin 2000, S. 301–316.

60 Dolle-Weinkauff, Geschichtscomic (wie Anm. 14), S. 33–36.

61 Ibid., S. 38.

roman« auch nicht in einem anderen historischen Kontext denkbar wären. Alles, was die Figuren sagen, wäre in der dargestellten historischen Epoche sagbar gewesen, ohne tatsächlich gesagt worden zu sein[62];

- drittens der »historische Abenteuerroman in Comicform« als zweite Variante des historischen Romans. Dolle-Weinkauff zufolge ist er in einer geschichtlichen Epoche angesiedelt, folgt aber einem von dem zeitlichen Kontext unabhängigen Erzählschema und könnte im Unterschied zum »eigentlichen historischen Comicroman« deshalb zu jeder beliebigen Zeit spielen[63];
- viertens die »Pseudohistorie« oder »Romanze«, eine der Literaturgattung »Romanze« zugeordnete Erzählung, in welcher die Vergangenheit als »Anderswelt« lediglich die Funktion eines Bühnenbildes oder einer Kulisse erfüllt und die deshalb nicht wirklich eine historische Erzählung ist;
- fünftens schließlich fiktionale Varianten wie der »komisch-groteske Geschichtscomic«, in welchem die Vergangenheit allein zu Unterhaltungszwecken parodistisch genutzt wird. Dolle-Weinkauff sieht darin eine Spielart der komischen Literatur[64].

In der französischsprachigen Forschung verhält es sich insofern anders, als Geschichtserzählungen in Comicform stets als Fiktion betrachtet werden. Darüber hinaus werden sie drei unterschiedlichen Korpora zugeordnet. Als *bande dessinée historienne* werden jene Geschichtserzählungen in Comicform bezeichnet, die eine Wahrheit in der Vergangenheit verorten. Zur *bande dessinée historique* zählen jene, die historisch Wahrscheinliches präsentieren. Die Kategorie *fiction à costumes* konstituieren jene, die die Vergangenheit lediglich als Dekor benutzen[65].

## IV. Probleme, Schwerpunkte und Perspektiven der Forschung

Geschichtserzählungen in Comicform zu erforschen, war und ist ein schwieriges Unterfangen. Die Probleme fangen schon bei der Suche nach ihnen an. Internetportale[66] und Bibliografien[67] informieren zwar über Comic-Neuerscheinungen in einzelnen Sprachräumen. In der Vergangenheit angesiedelte Erzählungen lassen sich

62 Ibid.; Pandel, Comicliteratur (wie Anm. 37), S. 22.

63 Dolle-Weinkauff, Geschichtscomic (wie Anm. 14), S. 41–44.

64 Ibid., S. 36–38.

65 Pascal Ory, Historique ou historienne?, in: Mitterrand, Histoire, S. 93–96. Seit 2004 wird während der jährlich stattfindenden »Rendez-vous de l'Histoire de Blois« für die *bande dessinée historique* ein eigener Preis verliehen, der »Prix Château de Cheverny de la bande dessinée historique«. URL: http://www.rdv-histoire.com/le-festival/les-prix/prix-chateau-de-cheverny-de-la-bande-dessinee-historique (29.11.2016); siehe ferner Ory, L'Histoire par la bande (wie Anm. 41), S. 90. Darüber hinaus fanden in einigen Kommunen Frankreichs in der Vergangenheit Festivals statt, die eigens der *bande dessinée historique* gewidmet waren, so etwa in Senlis und in Braine-le-Château. URL: http://www.leparisien.fr/bulles-60130/premier-festival-de-la-bd-historique-02-12-2010-1173826.php (29.11.2016); http://www.association-braine-culture.be/nos-evenements/festival-de-la-bd-historique (29.11.2016).

66 URL: http://www.bdtheque.com/ (22.11.2016); http://www.actuabd.com/ (22.11.2016); http://www.comicguide.de/ (22.11.2016).

67 Zum Beispiel der seit 1979 veröffentlichte »Guide de la Bande Dessinée«, der später in »Trésors de la Bande Dessinée« umbenannt wurde. Porret, bande dessinée, S. 13.

jedoch über sie nicht systematisch ermitteln[68]. Wenn man bedenkt, dass allein im frankobelgischen Raum in den 1980er und 1990er Jahren jährlich mehr als 1000 Alben, im Jahr 2007 sogar über 3300 Alben publiziert wurden[69], erhält man eine Vorstellung davon, wie mühsam es ist, aus der Fülle an Neuerscheinungen Geschichtserzählungen in Comicform zu erschließen. Übersetzungen lassen sich mit Hilfe der Portale und Bibliografien ohnehin kaum finden. Das ist nicht nur deshalb bedauerlich, weil sie Aufschluss über Rezeptionsformen und -wege geben. Es ist es auch deshalb, weil unterschiedliche Sprachversionen, wie bereits erläutert, mitunter je eigenes Begleitmaterial enthalten, das in anderen Sprachversionen nicht existiert. Die Unterschiede zwischen der spanisch- und französischsprachigen Fassung von Paco Rocas »Los surcos de azar« sind bereits erwähnt worden. Ein weiteres Beispiel wären die italienisch- und die deutschsprachige Version von Luca de Santis' und Sara Colaones »In Italia sono tutti maschi«. Die italienischsprachige Version enthält einen Vorspann von Tommaso Giartosio und Gianfranco Goretti sowie die Schriftfassung eines mündlich geführten Interviews mit einem Mann, der 1939 verhaftet und wegen des Verstoßes »contro la razza« auf eine der Tremiti-Inseln verbannt wurde[70]. Dagegen wird die deutschsprachige Version, wie gesagt, von einem Nachwort Andreas Knigges eingerahmt.

Die Schwierigkeiten bei der Ermittlung von Geschichtserzählungen in Comicform setzen sich beim physischen Zugang zu ihnen fort, sieht man einmal ab von den leichter zugänglichen Webcomics. Gewiss, Einrichtungen wie die Bibliothek La Contemporaine in Nanterre[71], die Bibliothèque nationale de France in Paris (BnF)[72], das Institut für Jugendbuchforschung in Frankfurt[73] sowie die Bibliothek für Primär- und Sekundärliteratur zum Thema graphische Literatur in Hamburg (Bédéthek)[74] sammeln Comics systematisch und verfügen deshalb über umfangreiche Bestände an Geschichtserzählungen in Comicform[75]. In vielen Bibliotheken fehlen diese jedoch bis heute[76]. Wer sie erforschen will, muss daher mitunter selbst in die Tasche greifen.

68 Zugänglich unter folgendem Link: URL: http://labojrsd.hypotheses.org/ressources/bibliographie (15.11.2016).

69 40 % der 2007 erschienenen Produkte sollen Manga gewesen sein. Siehe Pascal Lefèvre, Gert Meesters, Aperçu général de la bande dessinée francophone actuelle, in: Relief 2/3 (2008), S. 290–308, hier S. 292.

70 Tommaso Giartosio, Gianfranco Gorette, Una storia da raccontare, in: de Santis, Colaone, Italia (wie Anm. 35), S. 5–7; »Ci furono femmenelle che piangevano quando venimmo via dalle Tremiti!«, in: Ibid., S. 169–173, Zitat S. 169.

71 URL: http://www.lacontemporaine.fr/ (14.03.2018). Dabei handelt es sich um die frühere Bibliothèque de documentation internationale contemporaine (BDIC).

72 URL: http://www.bnf.fr/fr/acc/x.accueil.html (28.11.2016).

73 URL: https://www.uni-frankfurt.de/54085409/Comic-Archiv (28.11.2016).

74 URL: https://www.slm.uni-hamburg.de/bibliothek/teilbibliotheken/graphische-literatur.html (22.11.2016).

75 Siehe ferner das Archiv *Africa Comics* in Sasso Marconi (Bologna): URL: http://www.africacomics.net (19.05.2018).

76 Für die Situation in der Bundesrepublik siehe die Ausführungen von Matthias Harbeck, Das Massenmedium Comic als Marginalbestand im deutschen Bibliothekssystem? Analyse der Sammlungsstrategien und -absprachen in wissenschaftlichen und öffentlichen Bibliotheken, Berlin 2009, URL: https://edoc.hu-berlin.de/bitstream/handle/18452/2647/253.pdf?sequence=1&isAllowed=y (14.03.2018).

Als schwierig erweist sich schließlich ebenfalls die Suche nach und der Zugang zu einschlägiger Fachliteratur, obwohl inzwischen allgemeine oder thematische Bibliografien als Rechercheinstrumente zur Verfügung stehen[77].

Ungeachtet dieser Hürden bei der Erforschung von Geschichtserzählungen in Comicform liegt eine Vielzahl an Untersuchungen vor, die sich mit ihnen beschäftigen[78]. Man kann diese Studien nach historischen Themen, Epochen, Räumen usw. bündeln; und in den vorliegenden Bibliografien wurde dieser Weg bereits beschritten. Man kann sie aber auch in Hinblick auf die Funktion systematisieren, welche Geschichte darin besitzt. Wenn man das tut, lassen sich zwei Arten von Studien ausmachen: solche, die explizit nach der Funktion von Geschichte fragen[79], und solche, die diese implizit untersuchen. Letztere lassen sich wiederum in drei Kategorien unterscheiden: erstens in Studien, die Geschichtserzählungen in Comicform als konstruierte bzw. vermittelnde Instanzen von Erinnerungen untersuchen, zweitens in Studien, die diese als Konstruktionen oder Repräsentationen historischer Wirklichkeiten (Epochen, Ereignisse, Themen oder Personen, aber auch Geschlechter[80] oder Gefühle[81]) analysieren, und drittens in Studien, die sie als Gebrauchsgegenstände in den Blick nehmen und dabei so unterschiedliche Aspekte untersuchen wie öffentliche Inszenierungen[82] oder Verwendungsweisen in der politisch-historischen Bildung[83]. In allen drei Kate-

77 Allgemeine Bibliografien: Bonner Online-Bibliographie zur Comicforschung, URL: http://www.comicforschung.uni-bonn.de/ (5.6.2016); Bibliographie générale, URL: http://labojrsd.hypotheses.org/ressources/bibliographie (15.11.2016). Thematische Bibliographien liegen in erster Linie in französischer Sprache für die beiden Weltkriege vor: Philippe Tomblaine, La Seconde Guerre mondiale dans la bande dessinée, Montrouge 2015; Viviane Alary, Benoît Mitaine, Lignes de Front. Bande dessinée et totalitarisme, Chêne-Bourg 2011; Vincent Marie, La Grande Guerre dans la bande dessinée: de 1914 à aujourd'hui, Historial de la Grande Guerre, Chêne-Bourg 2009; Bruno Denéchère, Luc Révillon, 14–18 dans la bande dessinée. Images de la Grande Guerre de Forton à Tardi, Paris 2008.

78 Unberücksichtigt bleiben an dieser Stelle all jene Studien, die sich allgemein mit der Geschichte des Comics bzw. Comics in der Geschichte beschäftigen.

79 Siehe etwa die Arbeiten von Pandel, Gundermann und Dolle-Weinkauff; ferner Sylvia Kesper-Biermann, »Globalizing Comic Books from Below«. Comics und Friedensbewegungen in den 1970er und 1980er Jahren, in: Bernd Dolle-Weinkauff (Hg.), Geschichte im Comic. Befunde – Theorien – Erzählwissen. 10. Wissenschaftstagung der Gesellschaft für Comicforschung (ComFor), Berlin 2017, S. 307–324, hier S. 317–321; Christophe Granger, Voir l'événement. Roman graphique et narration historique, in: Sociétés et Représentation 32/2 (2011), S. 155–166.

80 Sylvia Kesper-Biermann, Ein kompromissloser Blick aus der weiblichen Perspektive? Geschlechterkonstruktionen im Geschichtscomic am Beispiel von *Gift*, in: Elisabeth Cheauré, Sylvia Paletschek, Nina Reusch (Hg.), Geschlecht und Geschichte in populären Medien, Bielefeld 2013, S. 153–172.

81 Beispielsweise Kenji Kajiya, How Emotions Work: The Politics of Vision in Nakazawa Keiji's Barefoot Gen, in: Jacqueline Berndt (Hg), Comic Worlds and the World of Comics: Towards Scholarship on a Global Scale, Kyoto 2010, S. 245–261.

82 Siehe u. a.: Sylvia Kesper-Biermann, Bettina Severin-Barboutie, Reader zur Ausstellung »Tout le monde kaputt« – Der Erste Weltkrieg im Comic. Ausleihhalle der Universitätsbibliothek der LMU München, 15. Januar–11. April 2014 (20.2.2014), URL: http://www.ngzg.geschichte.uni-muenchen.de/personen/ls_siemann/kesper_biermann/reader/index.html (14.11.2016); ferner Bettina Severin-Barboutie, Kriegskrankenschwestern und Geschlechterrollen in einer Ausstellung, in: Münchner Ärztliche Anzeigen 102/6, 2014, S. 13, URL: http://www.zuckschwerdtverlag.de/uploads/tx_oezsvzeitschrift/pdfs/MAEA_2014_07.pdf (14.11.2016).

83 Für den Einsatz im Schulunterricht in Frankreich siehe statt einzelner Titel die unter folgendem

gorien nehmen zeithistorische Themen wie die beiden Weltkriege[84] und der Holocaust einen hohen Stellenwert ein[85], aber auch Themen wie Migration[86] und Berg-

Link zugängliche, fortlaufend erweiterte Bibliographie: URL: https://labojrsd.hypotheses.org/ressources/bibliographies-thematiques/bibliographie-bd-et-enseignement (15.11.2016); einschlägig für die deutschsprachige Forschung: Mounajed, Geschichte (wie Anm. 40), S. 122–161; Gundermann, Asterix (wie Anm. 15), S. 97–175; Stefan Semel, Comics im problemorientierten Geschichtsunterricht: Die spinnen, die Comicer, in: Uwe Uffelmann (Hg.), Neue Beiträge zum Problemorientierten Geschichtsunterricht, Idstein 1999, S. 205–220; ferner Geschichte lernen 37 (1994): Geschichte im Comic; Geschichte lernen 153/154 (2013): Comics und Graphics novels.

84 Zum Ersten Weltkrieg u. a.: Vincent Bernière, La Grande Guerre en Bande dessinée, Beaux-Arts, 2014; Susanne Brandt, »Der Krieg sind wir« – eine vielschichte Debatte um den Ersten Weltkrieg in Notre Mère la Guerre, in: Kesper-Biermann, Severin-Barboutie, Vergangenheiten (wie Anm. 10), S. 59–79; Dies. (Hg.), Der Erste Welkrieg. Geschichte in Comics, Alpen 2012; Hans Grote, Rhythmen des Luftkampfs. Zur Darstellung des Richthofen-Mythos in historischen Comics, in: Sylvia Paletschek, Wolfgang Hochbruck (Hg.), Der Erste Weltkrieg in der populären Erinnerungskultur, Essen 2008, S. 99–117; La Grande Guerre au miroir de la bande dessinée, in: 14–18. Mission centenaire, URL: http://centenaire.org/fr/print/886 (25.1.2017); Esther MacCallum-Stewart, The First World War and British Comics, in: University of Sussex Journal of Contemporary History 6 (2003), S. 1–18; Aviel Roshwald, Richard Stites (Hg.), European Culture in the Great War. The Arts, Entertainment and Propaganda 1914–1918, Cambridge 1999. Zum Zweiten Weltkrieg siehe u. a.: Traits résistants: la Résistance dans la bande dessinée de 1944 à nos jours (catalogue d'exposition), Lyon 2011; José Joaquin Rodriguez Moreno, Los comics ede la Segunda Guerra Mundial: produccion y mensaje en la Editorial Timely: 1939–1945, Cadix 2010; Pascal Lefèvre, The Unresolved Past, Repercussions of World War II in Belgian Comics, in: International Journal of Comic Art 9/1 (2007), S. 296–310; Pierre Thoma, L'image de la Seconde Guerre mondiale dans les albums de bande dessinée, Paris 2000 (Mémoire de maîtrise); Cyril Azouvi, Le souvenir de la Seconde Guerre mondiale dans la bande dessinée francophone (1945–1990), Paris 1997 (Mémoire de maîtrise). Zur historischen Entwicklung der Darstellung von Krieg im Comic allgemein: Bettina Severin-Barboutie, Mathieu Jestin, Bande dessinée et guerre, in: Encyclopédie pour une Histoire Nouvelle de l'Europe, URL: http://ehne.fr/notice/guerres-et-traces-de-guerre/representations-de-la-guerre/guerre-et-bande-dessinee (5.6.2016).

85 Tanja Zimmermann, Der Comic im Aufstand: Der Holocaust in Joe Kuberts *Yossel.* April 19, 1943, in: Kalina Kupczynska, Renata Makarska (Hg.), Comic in Polen. Polen im Comic, Berlin 2016, S. 91–106; Martin Frenzel, Der Holocaust im Comic, in: APUZ 64, 33–34 (2014), S. 30–34; Sylvia Kesper-Biermann, Holocaust und Hiroshima. Das Tagebuch der Anne Frank im japanischen Manga, in: Peter Seibert, Jana Pieper, Alfonso Meoli (Hg.), Anne Frank. Mediengeschichten, Berlin 2014, S. 99–116; Kees Ribbens, War Comics Beyond the Battlefield. Anne Frank's Transnational Representation in Sequential Art, in: Berndt, Worlds (wie Anm. 80), S. 219–233; Michael Bachmann, Der abwesende Zeuge, Autorisierungsstrategien in Darstellungen der Shoah, Tübingen 2010; Marco Behringer, Der Holocaust in Sprechblasen: Erinnerung im Comic, Marburg 2009; Martine Gabison-Cretenet, La représentation de l'Holocauste dans les arts visuels et du spectacle et esthétisation de l'horreur, Thèse de Doctorat, Bordeaux 2009; Jonathan Haudot, Shoah et bande dessinée, Paris 2010; Ole Frahm, Genealogie des Holocaust. Art Spiegelmans MAUS - A Survivor`s Tale, Paderborn 2006; Deborah R. Geis, Considering Maus: Approaches to Art Spielgman's »Survivor's tale« of the Holocaust, Tuscaloosa, Ala. 2003; Pierre-Alban Delannoy, »Maus« d'Art Spiegelman: bande dessinée et Shoah, Paris 2003; Oliver Napel, Auschwitz im Comic – Die Abbildung unvorstellbarer Zeitgeschichte, Münster 1998. Siehe ferner das an der Justus-Liebig-Universität angesiedelte Forschungsprojekt von Markus Streb, Comic – Holocaust – Gender. Geschlechterkonstruktionen in sequenziellen Darstellungen des Holocaust.

86 Beispielsweise Barbara Eder, Bewegte Erinnerung. Zur ›autofiktionalen‹ Erinnerungskonstruk-

bau[87] kommen darin vor, ferner die Darstellung anderer historischer Epochen wie das Mittelalter oder die Antike[88].

Darüber hinaus sind in der deutsch- und französischsprachigen Forschung in den vergangenen Jahren neue Perspektiven für die Erforschung von Geschichtserzählungen in Comicform eröffnet worden. So haben Kesper-Biermann und Severin-Barboutie vorgeschlagen, diese Erzählungen in ihren Verflechtungen in den Blick zu nehmen[89]. Demgegenüber hat Adrien Goudet dafür plädiert, statt der Erzählungen selbst die Zeichnungen oder genauer: das Zeichnen »en tant qu'émanation graphique – et donc scriptuaire ; autrement dit dans toute sa dimension *d'écriture*« in den Mittelpunkt zu rücken[90]. Dabei ging es ihm auch darum, Zeichnen und Zeichnung als Handlung und Produkt konzeptionell in das zu integrieren, was im Französischen »écriture de l'histoire« genannt wird und mit dem Begriff »Geschichtsschreibung« nicht hinlänglich ins Deutsche übersetzt werden kann, weil »Geschichtsschreibung« in der akademischen Welt in Deutschland bis heute oftmals mit »Geschichtswissenschaft« gleichgesetzt wird[91].

Zusätzliche Erkenntnismöglichkeiten ergeben sich, wenn man Geschichtserzählungen in Comicform in doppeltem Sinn als konstruiert betrachtet: als durch die schreibende bzw. zeichnende Hand des Autors oder der Autorin geschaffene Wirklichkeit ebenso wie als durch Lesende bzw. Rezipierende konstruierte Wirklichkeiten. Aus dieser Perspektive kommen nicht nur Erzählen und Lesen/Verwenden als kreative Handlungen zum Vorschein[92]. Es verschiebt sich zugleich der Blick von der Frage nach Authentizität bzw. Repräsentationen auf die Konstruktion und Ästhetisierung des Erzählten sowie die Nutzung und Deutung des Gelesenen bzw. Be-

tion in den Comics emigrierter Graphic-Novel-Autorinnen, in: Comparativ. Zeitschrift für Globalgeschichte und vergleichende Gesellschaftsforschung 24/3 (2014), S. 97–111.

87 Siehe Sylvia Kesper-Biermann, »Unearthing a buried past«. Bergbau im Comic, in: LWL-Industriemuseum (Hg.), Bergbaukulturen in internationaler Perspektive. Diskurse und Imaginationen, Essen 2018, S. 125–138.

88 U. a.: Julie Gallego (Hg.), La bande dessinée historique. Premier cycle: l'antiquité, Pau 2015; Lochman, »Antico-mix« (wie Anm. 58); Hubert Mittler, Prinz Eisenherz oder das Mittelalter der Sprechblase. Das Bild von Ritter und Rittertum zwischen 1000 und 1200 in ausgewählten historisierenden Comics, Frankfurt a. M. 2008.

89 Kesper-Biermann, Severin-Barboutie, Verflochtene Vergangenheiten (wie Anm. 10), S. 24–28.

90 Genoudet, Dessiner (wie Anm. 11), S. 24. In der Ausstellung »Tout le monde kaputt« – Der Erste Weltkrieg im Comic, die 2012 zunächst in Düsseldorf, später dann unter anderem in Gießen (2013) und München (2014) zu sehen war, ging es just auch um diese Frage. URL: http://www.geschichte.hhu.de/lehrstuehle/neuere-geschichte/unsere-forschung/tagungen/tout-le-monde-kaputt-der-erste-weltkrieg-im-comic.html (29.11.2016); https://www.uni-giessen.de/ub/archivakt/2013/ausstellungtoutlemondekaputt (29.11.2016); http://www.ub.uni-muenchen.de/aktuelles/archiv/tout-le-monde-kaputt/index.html (29.11.2016).

91 Exemplarisch dafür ist der Titel des folgenden Aufsatzes: Dirk van Laak, Erzählen, Erklären oder Erbsenzählen. Über das Verhältnis von Literatur und Geschichtsschreibung, in: Geschichte in Wissenschaft und Unterricht 66 (2015), S. 365–383.

92 Zum kreativen Akt des Lesens siehe u. a. die geschichtswissenschaftlichen Arbeiten von Roger Chartier, Guglielmo Cavallo (Hg.), Histoire de la lecture dans le monde occidental, Paris 1997; ferner Michel de Certau, Kunst des Handelns, Berlin 1988, S. 293–311; sowie Umberto Eco, Im Labyrinth der Vernunft. Texte über Kunst und Zeichen, hrsg. von Michael Franz, Stefan Richter, Leipzig [3]1995, S. 190–203.

trachteten. Mit anderen Worten weicht die statische Lesart der Erzählung einer dynamischen Herangehensweise. Darüber hinaus rücken die Kontexte und Verflechtungszusammenhänge in den Vordergrund, in denen Geschichtserzählungen in Comicform produziert, gelesen, verwendet werden, ferner die Beziehungen, die sie zu anderen Varianten historischer Wirklichkeitskonstruktionen[93] unterhalten, zu Film und Literatur[94] etwa, aber auch zu geschichtswissenschaftlichen Arbeiten. Und es eröffnen sich Möglichkeiten zum Nachdenken über das Schreiben und Rezipieren von Geschichte insgesamt und damit auch über die Rolle der Geschichtswissenschaft in der gesellschaftlichen Auseinandersetzung mit und Darstellung bzw. Deutung von Vergangenem[95].

93 Zur narrativen Konstruktion von Wirklichkeit allgemein: Hayden White, Postmodernism and Textual Anxieties, in: id., The Fiction of Narrative. Essays on History, Literature, and Theory 1957–2007, hrsg. von Robert Doran, Baltimore 2010, S. 304–317, vor allem S. 308–313.

94 In Studien, die das Verhältnis zwischen Literatur und Geschichtsschreibung untersuchen, sind sie bislang nicht berücksichtigt worden. Siehe beispielsweise van Laak, Erzählen (wie Anm. 90); ferner id., Literatur und Geschichte. Eine Beziehungsanalyse, Berlin 2012.

95 Siehe die Ausführungen von Genoudet, Dessiner (wie Anm. 11), vor allem S. 37–58; sowie folgendes Themenheft: Le Débat 177/5 (2013): La culture du passé.

Frédéric Quéguineur

# LES ARCHIVES ALLEMANDES DANS LES FONDS DES SERVICES SPÉCIAUX AUX ARCHIVES DU SERVICE HISTORIQUE DE LA DÉFENSE

Depuis 2013, le Service historique de la Défense (SHD) a engagé un important chantier de classement des archives des services spéciaux français de la Seconde Guerre mondiale. Cette opération a permis de découvrir de nombreuses archives allemandes, jusqu'alors inconnues, récupérées par les services de contre-espionnage français à la fin de la guerre. Cette découverte, bien qu'inattendue, n'est pas une surprise. Elle confirme les écrits d'anciens responsables des services spéciaux, comme le colonel Paul Paillole, responsable du service de contre-espionnage de 1940 à 1945, qui indiquait en 1975 dans un de ses ouvrages la »saisie énorme d'archives des services spéciaux ennemis«[1]. Quelques années plus tard, Alexandre de Marenches, ancien directeur du service de documentation extérieure et du contre-espionnage (SDECE) révélait qu'il avait découvert dans les locaux du SDECE des archives de la Gestapo saisies à la Libération[2]. Si l'existence d'archives allemandes conservées par les services français est donc attestée depuis longtemps, ce n'est qu'aujourd'hui que ces fonds apparaissent et deviennent accessibles à la communauté des chercheurs.

## Une source d'information pour les services spéciaux

Conservées au château de Vincennes, les archives des services spéciaux représentent un volume d'environ 500 mètres linéaires versé par la Direction générale de la sécurité extérieure (DGSE) au Service historique de l'armée de terre (SHAT) en 2000. Cet ensemble est un agrégat de différents fonds d'archives des services de contre-espionnage français ayant existé pendant les années 1940. On y trouve des documents du Bureau central de renseignements et d'action[3] (BCRA), créé par le général de Gaulle à Londres fin 1941, ceux de la direction de la sécurité militaire (DSM), constituée à Alger fin 1942 et placée sous l'autorité du colonel Paillole, ainsi que l'ensemble de la production de la direction générale des services spéciaux (DGSS), créée par la fusion, en 1943, de la DSM d'Alger et du BCRA de Londres. La DGSS, qui s'installe à Paris en août 1944, change d'appellation en novembre 1944 pour devenir la direction générale des études et recherches (DGER). En décembre 1945, le SDECE remplace le DGER et hérite des archives produites durant la guerre. La plupart des documents

1 Paul Paillole, Services spéciaux (1935–1945), Paris 1975, p. 557–558.
2 Alexandre de Marenches, Christine Ockrent, Dans le secret des princes, Paris 1986.
3 Une partie des archives du BCRA, rapatriée de Londres, est versée aux Archives nationales après la guerre. Celles que nous conservons à Vincennes ont été récupérées par les services spéciaux en 1945. Il s'agit notamment de tous les dossiers relatifs au contre-espionnage ainsi que l'ensemble des dossiers individuels.

allemands conservés dans ces archives résultent des saisies opérées par les services de contre-espionnage français et alliés de l'été 1944 à 1945 à la fois en France, en Allemagne et en Autriche.

La recherche et l'exploitation des archives allemandes s'inscrivaient en effet dans la mission de répression conduite par ces services à la fin de la Seconde Guerre mondiale. Leurs objectifs étaient d'accumuler le maximum d'informations permettant d'identifier puis d'arrêter les agents des puissances ennemies. Le repérage de ces sujets avait d'ailleurs commencé bien avant la Libération à Alger et Londres grâce notamment aux informations communiquées par les réseaux de Résistance. La section du contre-espionnage du BCRA était chargée de centraliser l'ensemble des informations collectées et de fournir des listes d'individus considérés comme »dangereux« et suspects. Ce travail se poursuivit après la Libération puisqu'en octobre 1944, au sein de la DGSS, un Bureau interallié de contre-espionnage (BICE) fut créé et chargé de préparer le travail à entreprendre en Allemagne, à savoir »la poursuite inlassable et complète de toutes les affaires d'espionnage entreprises actuellement en France par le service [et] la recherche des renseignements complémentaires concernant l'action allemande en France pendant les années 1940 à 1944«[4]. Les résultats furent au rendez-vous: Paul Paillole estime que, de juin 1944 à mai 1945, le travail de contre-espionnage permit l'arrestation de plus de 4500 agents ou collaborateurs[5] en France et en Allemagne.

Dans le cadre de cette »traque«, certains documents allemands saisis représentaient une source d'informations non négligeable, l'intérêt des services de contre-espionnage français se portant en priorité sur tout ce qui concernait l'activité des services répressifs allemands. Cette orientation se reflète d'ailleurs aujourd'hui dans les fonds d'archives puisque les documents allemands qui y sont conservés proviennent à la fois de l'administration militaire allemande (Militärbefehlshaber in Frankreich, MBF), de la représentation diplomatique en France (ambassade allemande et consulat), des services de renseignements (Abwehr) et de la police de sûreté de l'État et des services de sécurité du parti nazi (SIPO-SD). Tous les documents allemands saisis furent étudiés à la loupe par les Français, certains sont d'ailleurs annotés et traduits. Si leur exploitation apporta des informations précieuses sur l'activité des services allemands, elle permit aussi d'en savoir un peu plus sur les auteurs de la répression allemande en France et de confondre certains individus. Certaines pièces allemandes prouvent notamment l'implication de Français ayant collaboré avec l'ennemi et des notes conservées dans le fonds montrent que ces pièces furent reproduites et transmises aux services chargés d'enquêter et de juger les personnes suspectées d'intelligence avec l'ennemi. L'utilisation des archives allemandes dépassa donc largement le cadre des services spéciaux, elles servirent aussi la justice française.

4 Note du colonel Paillole aux postes de sécurité militaire aux armées, 12 octobre 1944 (SHD GR 28 P 7 30). Le BICE changea d'appellation le 20 décembre 1944 pour devenir la Section spéciale Allemagne (SSA), formant la 5e section du 2e bureau de la direction des services de documentation de la DGER.

5 Paillole, Services spéciaux (voir n. 1), p. 558

## Les tribulations des archives

Si l'exploitation des archives allemandes est bien documentée, leurs parcours demeurent mystérieux, tant les informations concernant les circonstances de leur saisie sont lacunaires. Il apparaît cependant très clairement qu'une partie a été saisie en France après la Libération et une autre en Allemagne en 1945.

En France, un certain nombre de documents témoignent ainsi d'une collecte particulièrement fructueuse de documents allemands dans trois villes principalement: Paris, Marseille et Strasbourg. C'est le cas des archives de la section consulaire de l'ambassade. Elles ont été saisies à Paris par les Américains puis remises aux autorités françaises: une note de la DGER indique que »les Américains ont pu saisir une partie des archives de la section consulaire de l'ambassade d'Allemagne, rue Huysmans, et notamment toutes les demandes de visas pour l'Allemagne, soit au profit des Français, soit au profit des Allemands«[6] et un document mentionne la remise, le 4 novembre 1944, par les autorités américaines (OSS) de documents de la Gestapo d'Orléans »trouvés dans les services consulaires de l'Ambassade d'Allemagne à Paris«[7]. Les Français ont aussi récupérés dans la capitale les dossiers individuels des agents de l'Abwehr de Paris, section III F (service en charge du contre-espionnage). Dans un de ces dossiers, il est indiqué que les documents »ont été trouvés dans les archives des services spéciaux allemands fixés à l'hôtel Lutétia, pendant l'occupation. Ces archives ont été saisies par les autorités militaires françaises lors de la débâcle allemande«.[8] À Marseille, la sécurité militaire française découvrit dans les locaux du SIPO-SD, rue du Paradis, des dossiers que les Allemands avaient tenté d'incinérer mais dont une partie avait échappée aux flammes. Un rapport de l'antenne de la DGER de Marseille revient sur cette découverte et précise que ces archives »furent manipulées avec le plus grand soin et certaines qui étaient pratiquement calcinées et qui s'effritaient à la moindre manipulation furent recopiées sur place«[9]. Conservées dans les fonds, certains papiers, présentant des traces de brûlures, témoignent de cet épisode. Enfin, les Allemands ont aussi abandonné des archives à Strasbourg, sans doute en nombre, car le gouverneur de la ville mentionne dans un courrier adressé au 2e bureau de l'état-major »des quantités considérables de documents [allemands] contenant des renseignements d'ordre militaire, politique et économique, ont été abandonnées et sont susceptibles d'être récupérées par [mes] services, en vue de leur exploitation«[10]. Plusieurs notes, datées de décembre 1944, font état des perquisitions opérées dans cette ville, notamment dans les caves du siège du Befehlshaber der Sicherheitspolizei (BdS), la direction centrale des polices allemandes en France), avenue d'Alsace.

6 Lettre du Colonel Chrétien, directeur des services de documentation, au directeur général des études et recherches datée du 18 avril 1945 (SHD GR 28 P 9 1477).

7 Note adressée au commandant Thomas, chef du 2e bureau, 15 novembre 1944 (SHD P 246182, cote provisoire)

8 Dossier de Camille ABRASSART, agent de l'Abwehr (SHD GR 28 P 9 11501).

9 Rapport du chef du Bureau régional de documentation de Marseille daté du 10 novembre 1945 (SHD GR 28 P 6 265).

10 Lettre du Général Schwartz, gouverneur de Strasbourg, au 2e bureau de l'EMGG datée du 7 décembre 1944, SHD GR 7 P 120 (dossier 2).

Des documents allemands provenant d'autres localités ont également été transmis à la DGER, notamment par le biais de ses antennes locales (bureaux de documentation) implantées sur l'ensemble du territoire national. Une lettre de remerciements adressée par le commandant du bureau de documentation de Rennes à un particulier suite à l'envoi de documents allemands le confirme[11]. La DGER, rappelait d'ailleurs, dans une note de service que »tous documents des puissances de l'Axe, récupérés, doivent être envoyés au complet, par les postes, à la Direction«[12]. Plusieurs notes mentionnent la découverte d'archives allemandes à Limoges, Hendaye, Mulhouse ou Metz, mais ces informations demeurent lacunaires. Dans certains cas, il n'est pas possible d'affirmer que les documents de l'administration allemande en France, conservés aujourd'hui dans les fonds, sont les résultats des découvertes ou des saisies opérées à la Libération. Les Allemands préparaient en secret depuis l'automne 1943 l'évacuation éventuelle des archives et des consignes avaient été données aux différents services pour trier les documents.[13] Avant leur départ, les services avaient, la plupart du temps, réussi, soit à détruire leurs documents sur place, soit à les évacuer en Allemagne.

Ainsi, c'est après avoir été évacuées de France que certaines archives ont été saisies en Allemagne. La collecte s'est en effet poursuivie durant l'avancée des troupes alliées vers l'est. Elle s'inscrivait dans un cadre interallié sous l'autorité de l'état-major suprême des forces expéditionnaires alliées (SHAEF), qui prescrivait la marche à suivre dans le traitement des archives allemandes saisies pendant les opérations. Il était notamment prévu que les documents ennemis contenant des renseignements opérationnels devaient être examinés immédiatement par le commandement alors que les archives ne présentant pas un intérêt pour la conduite des opérations devaient être laissées sur place ou placée dans des dépôts afin d'assurer leur sécurité[14]. Il avait également été convenu que les Alliés partagent leurs informations sur la découverte d'archives allemandes et établissent des listes des documents. Des »centres de documentation« avaient été créés à cet effet, notamment le *Ministerial Collecting Center* (MCC) situé près de Cassel, en zone d'occupation américaine, où étaient conservés les documents provenant des différents ministères du Reich[15]. Les Français créèrent également un »Bureau central des archives allemandes« (Burcendaral) près de Baden-Baden.

S'il est avéré que certaines archives ont bien été saisies en Allemagne, nous avons très peu de renseignements quant à leur découverte. On apprend toutefois, à la lecture de certains documents, que les archives de l'Abwehr de Dijon conservées dans

11 Lettre du capitaine de Villemarque, commandant le bureau de documentation de la XIe région militaire, à M. Boyre, 26 janvier 1946, sans cote.

12 Note de service du 13 janvier 1947 adressée à l'ensemble des postes de la DGER, sans cote.

13 Cf. à ce sujet Stefan Martens, Le destin des documents allemands de l'Occupation après la Seconde Guerre mondiale, dans: La France et la Belgique sous l'occupation allemande. Les fonds allemands conservés au Centre historique des Archives nationales, Paris 2002, p. 41–63.

14 Rapport du SHAEF sur la manipulation des documents ennemis capturés daté du 30 janvier 1945 (SHD 10VE 2482, cote provisoire).

15 Quelques rares documents allemands conservés dans le fonds semblent avoir transité par le MCC. Le centre de Cassel était géré par les Américains et les Français eurent le plus grand mal à accéder aux fonds d'archives conservés dans ce centre. Voir sur le sujet Martens (voir n. 11), p. 53–55.

les fonds ont été saisies à Stuttgart, mais nous ne savons ni quand, ni comment. Nous ignorons aussi où ont été saisis les nombreux dossiers individuels de la Gestapo de Trèves. Seul un document, conservé à la DGSE, précise que ces dossiers ont été trouvés par l'armée française en 1945. Aucun compte rendu ou rapport ne mentionne non plus la saisie des archives de la commission allemande d'armistice de Wiesbaden. Nous sommes mieux documentés sur quelques documents de la Gestapo de Karlsruhe »découverts au cours d'une fouille dans les décombres de l'école de Untergrumbach, lieu où s'était replié un service de la Gestapo de Karlsruhe«[16]. Le chef de la mission de liaison de la sécurité militaire auprès de la 3e armée américaine rapporte également la découverte le 10 mars 1945 des archives de la prison de Wittlich[17] dont sont très certainement issus les dossiers de prisonniers que nous conservons aujourd'hui. Nous pouvons enfin retracer assez fidèlement le parcours des dossiers des tribunaux du commandement militaire allemand en France grâce à une note conservée aux Archives diplomatiques qui signale que le Burcendaral était entré en possession de »54 paquets d'archives, en provenance d'UFSET, d'un poids total d'environ 150 kg concernant l'activité des tribunaux militaires allemands en France«[18]. L'inventaire des dossiers fait par le Burcendaral, joint à cette note, nous a permis de confirmer que les archives des tribunaux militaires allemands que nous conservons sont les mêmes que celles mentionnées dans cette note. La question était alors de savoir comment les services spéciaux en avaient hérités. Or, le même document nous apprend que les dossiers ont été remis à la direction des services de documentation de Wildbad en février 1946.

La direction des services de documentation de Wildbad était le poste central de contre-espionnage français en Allemagne créé à la fin de la guerre, dirigé par le colonel Gerar-Dubot. Nous ne disposons que de très peu d'éléments sur le service lui-même mais il semblerait que la Section spéciale Allemagne de la DGER créée en décembre 1944 se soit installée en zone d'occupation française à Wildbad après la guerre. Connu alors sous l'appellation de BDOC 9000 (puis sous l'acronyme de DALO à partir de 1947), son action s'appuyait sur un réseau d'antennes implantées en Allemagne[19]. Le poste servait de centre d'interrogatoires et il est à peu près certain que les archives saisies en Allemagne intéressant le contre-espionnage étaient adressées à ce service pour y être exploitées. Certaines étaient acheminées rapidement en France, comme les dossiers individuels de la Gestapo de Trèves ou ceux des tribunaux militaires allemands. Beaucoup sont aussi restés à Wildbad pour être intégrés dans les dossiers constitués par ce service. L'ensemble de cette production a ensuite été versée au SDECE, sans doute à la fin des années 1940.

16 Fiche du 4 juillet 1945 adressée au bureau de documentation en Allemagne, SHD GR 28 P 7 39.
17 Rapport du 22 avril 1945 du chef de la mission de liaison auprès de la 3e armée américaine, SHD GR 28 P 7 252.
18 Note du BURCENDARAL du 5 mars 1946 au chef de la sous-direction des recherches de Berlin, AE, DFCQER, GFCC, 2085, p 3 (d. 2).
19 Chaque antenne était identifiée par des numéros à deux ou chiffres commençant par 9.

## Classement et mise en valeur

Il n'est pas aisé de savoir dans quelle mesure les archives allemandes saisies ont été versées au SHAT en 1999. Peut-être certaines ont été détruites au fil des années ou que d'autres sont toujours conservées à la DGSE. En 2013, au moment du lancement des opérations de classement, nous avions constaté que les documents allemands étaient complètement dispersés dans l'ensemble du fonds. Seules quelques collections de dossiers, comme ceux de la Gestapo de Trèves, étaient classées à part. Une partie avait été intégrée dans une série documentaire composée de plus de 500 000 pièces classées sans logique particulière, une autre avait été intégrée dans les dossiers constitués par les services de contre-espionnage et mélangés avec des documents français.

Pour plus de lisibilité, une sous-série spécifique[20] dans le cadre de classement des archives du SHD a été créée pour accueillir certaines archives allemandes identifiées dans les fonds. C'est le cas des dossiers de jugements rendus par les tribunaux militaires allemands en France (archives du MBF), jusqu'alors éparpillées dans plusieurs dizaines de boîtes, qui ont été rassemblés pour constituer un ensemble cohérent et sont aujourd'hui inventoriés et consultables par les chercheurs. Les nombreux dossiers de la Gestapo de Trèves sont également classés dans cette même sous-série, de même que des collections de dossiers individuels de prisonniers (Personalakten) et, prochainement, les dossiers de personnels de la Feldgendarmerie d'Alsace.

Ce système de classement n'est cependant pas envisageable pour les nombreuses pièces allemandes intégrées dans les dossiers constitués par les services français. Les cas de dossiers »mixtes«, associant archives françaises ou allemandes, sont relativement communs et ne sont pas décrits en tant que tels dans les inventaires. C'est le cas des archives du contre-espionnage français en Allemagne rapatriées de Wildbad[21]. Ces services avaient pour mission l'étude des services allemands et rédigeaient dans ce cadre des synthèses sur ces services à partir de sources variées: comptes rendus d'interrogatoires, notes d'informateurs, documentation alliée, archives saisies… Ainsi, pour chaque poste de l'Abwehr et du SIPO-SD, un dossier documentaire a été constitué dans lesquels des documents allemands ont parfois été intégrés. Le même travail a été réalisé pour les dossiers d'enquêtes[22] dans lesquels on peut trouver des pièces allemandes portant sur tel ou tel individu. Il est donc impossible d'avoir une vision exhaustive de ces archives tant elles ont été manipulées et reclassées lors de leur exploitation.

Malgré ce caractère disparate, et avant même de terminer le classement des fonds, il nous a semblé judicieux de faire connaître l'existence de ces archives allemandes. En effet, celles-ci présentent – comme d'ailleurs le reste des archives des services spéciaux – un caractère inédit touchant à une matière particulièrement recherchée par les historiens. Ni répertoriées, ni inventoriées, sans aucune visibilité, ces archives n'avaient jamais été exploitées. Si les premiers travaux de classement engagés dès 2013 ont déjà permis d'en mesurer l'importance, l'intérêt de ces documents pour la recherche historique nous a été confirmé par l'Institut historique allemand (IHA),

20 Sous-série GR 28 P 8 – Archives allemandes.
21 Les archives du poste de Wildbad sont classées dans la sous-série GR 28 P 7.
22 Sous-série GR 28 P 9 – Dossiers d'enquêtes de la DGER.

sollicité fin 2014. De fait, grâce à l'IHA, deux conventions de partenariats ont été passées avec des organismes de recherche pour inventorier et valoriser ces fonds. La première, signée avec le centre de recherche et d'histoire quantitative rattaché à l'université de Caen, a permis de constituer une base de données portant sur les dossiers des tribunaux militaires allemands en France. La seconde, avec le département histoire de l'université de Trèves, a permis d'inventorier et classer l'ensemble des dossiers individuels de la Gestapo de Trèves conservés dans les fonds.

## Conclusion

Si les archives allemandes conservées dans les fonds des services spéciaux sont aujourd'hui mieux connues, de nombreuses questions demeurent sans réponse, notamment sur les circonstances de leurs saisies. Le secret entourant l'organisation et l'activité des services de contre-espionnage français explique en grande partie l'absence d'information sur le sujet. Considérées avant tout comme une ressource documentaire, les archives allemandes ont souvent été extraites de leurs fonds d'origine pour alimenter des dossiers constitués par les Français. Il n'est donc pas possible aujourd'hui de travailler sur l'ensemble de ce corpus. Cependant, même éparpillées et isolées, ces archives apportent des informations de première importance sur l'organisation des services spéciaux allemands et l'activité répressive menée par ces services pendant la Seconde guerre mondiale.

# Annexe 1

*Exemples d'archives allemandes conservées dans les fonds*

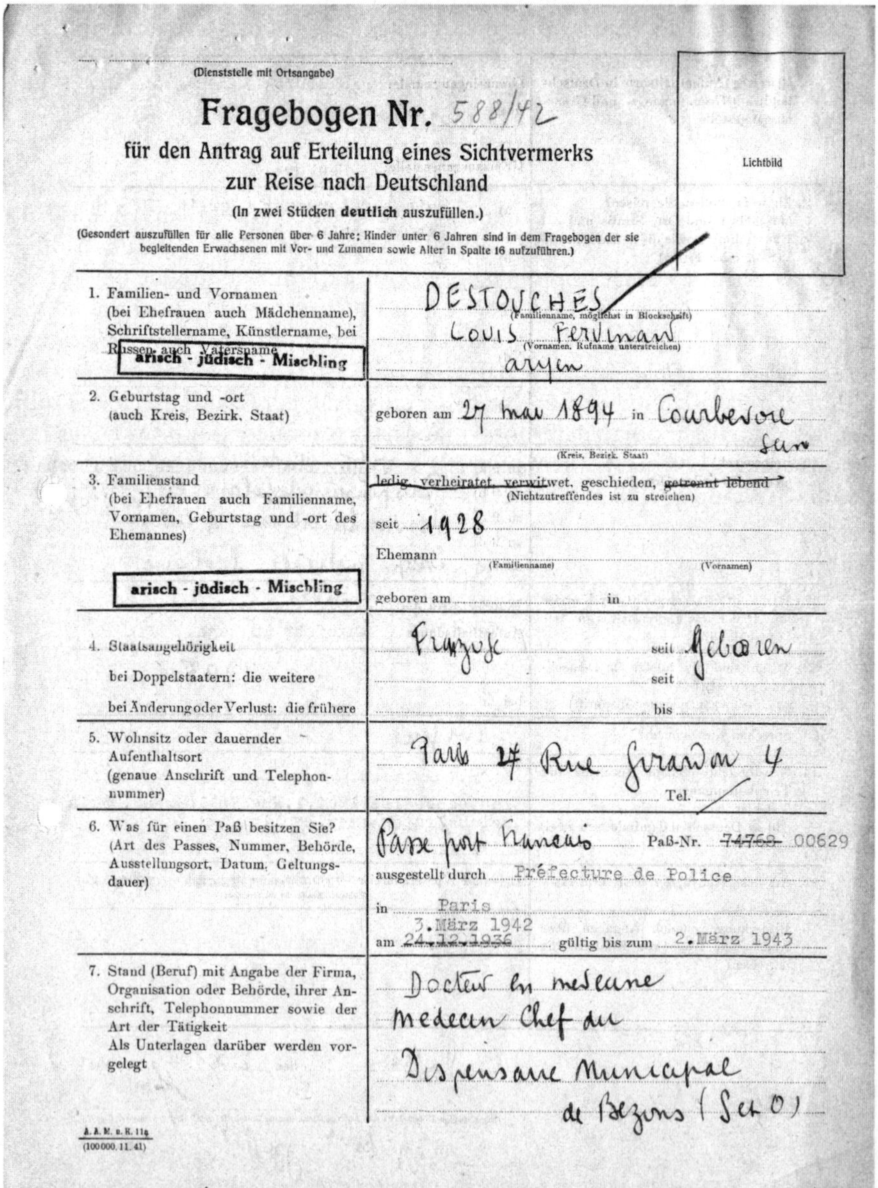

(Dienststelle mit Ortsangabe)

**Fragebogen Nr.** 588/42

**für den Antrag auf Erteilung eines Sichtvermerks zur Reise nach Deutschland**

(In zwei Stücken **deutlich** auszufüllen.)

(Gesondert auszufüllen für alle Personen über 6 Jahre; Kinder unter 6 Jahren sind in dem Fragebogen der sie begleitenden Erwachsenen mit Vor- und Zunamen sowie Alter in Spalte 16 aufzuführen.)

Lichtbild

| | |
|---|---|
| 1. Familien- und Vornamen (bei Ehefrauen auch Mädchenname), Schriftstellername, Künstlername, bei Russen auch Vatersname<br>arisch - jüdisch - Mischling | DESTOUCHES (Familienname, möglichst in Blockschrift)<br>Louis Ferdinand (Vornamen, Rufname unterstreichen)<br>aryen |
| 2. Geburtstag und -ort (auch Kreis, Bezirk, Staat) | geboren am 27 mai 1894 in Courbevoie Seine (Kreis, Bezirk, Staat) |
| 3. Familienstand (bei Ehefrauen auch Familienname, Vornamen, Geburtstag und -ort des Ehemannes)<br>arisch - jüdisch - Mischling | ~~ledig~~ ~~verheiratet~~ ~~verwitwet~~, geschieden, ~~getrennt lebend~~ (Nichtzutreffendes ist zu streichen)<br>seit 1928<br>Ehemann (Familienname) (Vornamen)<br>geboren am ... in ... |
| 4. Staatsangehörigkeit<br>bei Doppelstaatern: die weitere<br>bei Änderung oder Verlust: die frühere | Française seit Geboren<br>seit<br>bis |
| 5. Wohnsitz oder dauernder Aufenthaltsort (genaue Anschrift und Telephonnummer) | Paris 4 Rue Girardon 4<br>Tel. / |
| 6. Was für einen Paß besitzen Sie? (Art des Passes, Nummer, Behörde, Ausstellungsort, Datum, Geltungsdauer) | Passeport Français Paß-Nr. ~~74769~~ 00629<br>ausgestellt durch Préfecture de Police<br>in Paris<br>am ~~24.12.1936~~ 3.März 1942 gültig bis zum 2.März 1943 |
| 7. Stand (Beruf) mit Angabe der Firma, Organisation oder Behörde, ihrer Anschrift, Telephonnummer sowie der Art der Tätigkeit<br>Als Unterlagen darüber werden vorgelegt | Docteur en medecine<br>medecin Chef du<br>Dispensaire Municipal<br>de Bezons (S et O) |

A. A. M. v. K. 11a
(100000. 11. 41)

Fig. 1: Demande de visa pour l'Allemagne de l'écrivain français Louis-Ferdinand Destouches, dit Céline, 1942, SHD, P 271 434 (cote provisoire).

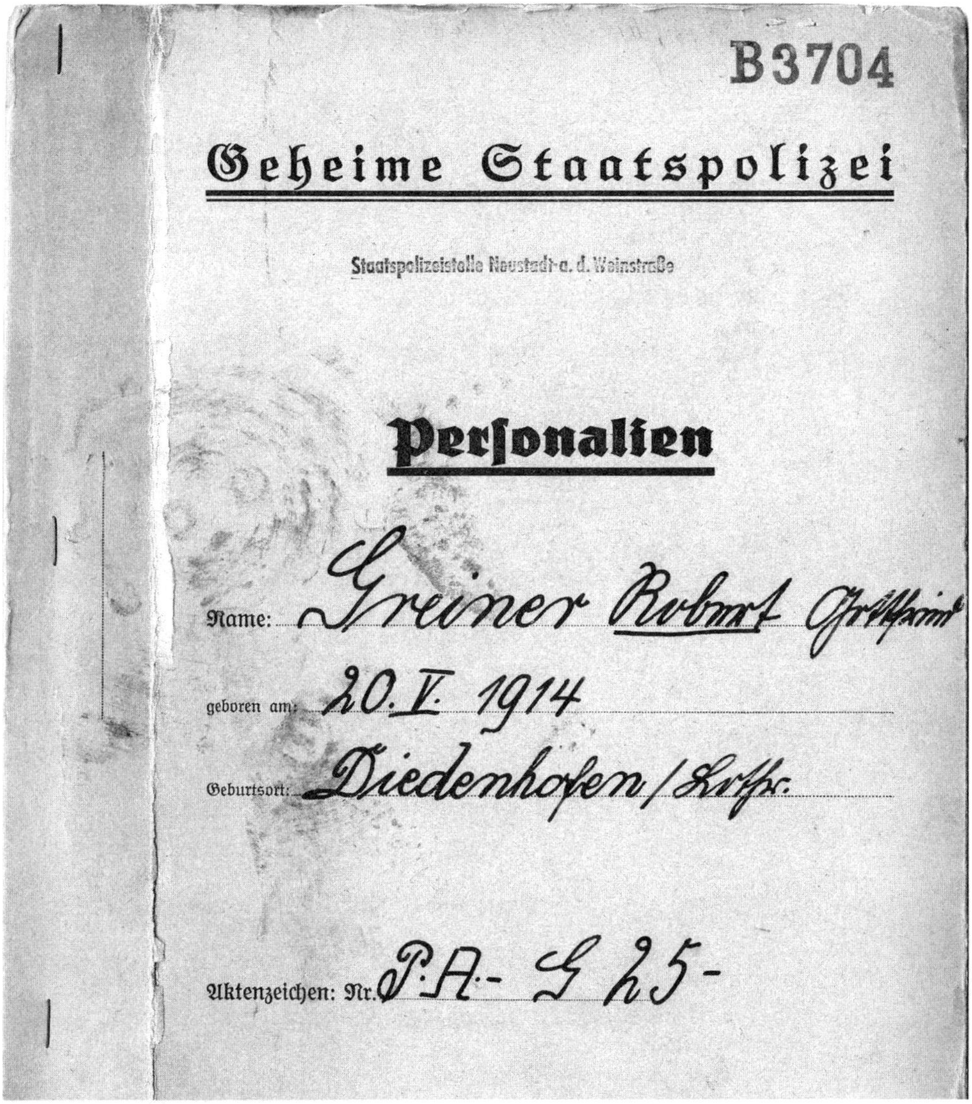


Fig. 2: Page de couverture d'un dossier constitué par la Gestapo de Neustadt, 19933–1938, SHD, P 425 228 (cote provisoire).

GEHEIME STAATSPOLIZEI ( 17 b) Strassburg, den 17. Juli 1944.
Einsatzkommando Strassburg
- A. 90 - Bd. V - IV 3 a (4)-g-

P 900119

1) An den
Kommandanten
des Sicherungslagers Vorbruck
in V o r b r u c k / b.Schirmeck.

18. Juli 1944

Betrifft : Einlieferung von französischen Häftlingen.
Vorgang : Dort bekannt.

Unterm 17.7.1944 wurden von der Dienststelle des Befehlshabers der Sicherheitspolizei und des SD. in Paris die nachfolgend aufgeführten Personen nach Strassburg überstellt und in das dortige Lager eingewiesen:

1) G i l l e t , Leon, geb. 28.9.1875 in Paris, festg.27.9.1943,

2) G i l l e t , Maurice, geb. 21.8.1914 in Monoai/Indochina, festg. 27.9.1943,

3) G u e z e n e c , Pierre, geb. 9.1.1899 in Brest, festg. 27.9.1943,

4) G u e z e n e c , Renne, geb. 25.6.1905 in St. Marc bei Brest, festg. 27.9.1943,

5) L e t u l l i e r , Pierre, geb. 26.7.1914 in Le Mans, festg. 27.9.1943,

6) M a i s t r e , Jean Therese Marie, Oberschwester des Roten Kreuzes, geb. 19.4.1895 in Papete/ frz.Kolonien, festg. 20.11.1943,

7) R é g e n t , Auguste, geb. 14.8.1909 in Redon, festg. 7.10.1943,

8) R o u d a u t , Georges, geb. 17.3.1906 in Lesneven, festg. 20.11.1943,

9) S t o s s k o p f , Jacques, geb. 27.11.1898 in Paris, festg. 21.2.1944,

10) Y v i n e c , Fernand, geb. 17.5.1920 in Landerneau, festg. 15.4.1944 und

11) H o a g , Emil, geb. 7.3.1891 in Sentheim.

Die unter Ziffer 1) bis 10) aufgeführten Personen gehören zum Spionage-Komplex " A l l i a n c e " und werden vom Referat - IV 3 a - bearbeitet. Bezüglich der Behandlung der Häftlinge verweise ich auf meine früheren Verfügungen.

./.

Fig. 3: Extrait d'un rapport de la Gestapo de Strasbourg sur l'organisation Alliance, 1944, SHD GR 28 P 3 71.

432

Eingetroffen Ers. Abt. Vilvoorde am: 18. SEPT. 1942

Fr.

# Freiwillige Verpflichtung zur Dienstleistung bei der NSKK.-Motorgruppe Luftwaffe

für den : S

Vor- und Zuname : Fernand GRANGIÉ

Geboren am : 19.10.02 in : Paris verh./led.

Wohnort : Paris (13) Strasse : avenue Stephen Pichon 19

1.) Ich erkläre, dass ich auf Grund meiner positiven politischen Einstellung zur Neuordnung Europas mich freiwillig zum Einsatz bei der NSKK.-Motorgruppe Luftwaffe melde.

2.) Ich verpflichte mich, für den entgültigen Sieg Deutschlands und seiner Verbündeten gegen alle Feinde der europäischen Neuordnung, wo immer es sei, mitzukämpfen.

3.) Ich verpflichte mich, zur Sicherung meiner Person und des mir anvertrauten Gutes mit der Waffe in der Hand zu kämpfen und die zum Umgang und Gebrauch der Waffe erforderliche Ausbildung durchzumachen.

4.) Als französischer Freiwilliger verpflichte ich mich, meinen NSKK.-Vorgesetzten ein gehorsamer, pflichtgetreuer und stets einsatzbereiter Untergebener zu sein und alle mir im NSKK.-Einsatz übertragenen Pflichten und alle Arbeiten treu und willig auszuführen.

5.) Ferner gebe ich die Versicherung ab, dass ich bisher zu keiner — zu folgenden — Freiheitsstrafen verurteilt bin :

//////////////////////

Gegen mich schwebt auch z. Zt. kein politisches oder gerichtliches Strafverfahren.
(Etwaige Freiheitsstrafen sind dem Grund, der Höhe und dem Tatort nach anzugeben.)

6.) Ich bin darüber belehrt worden, dass ich durch meinen Einsatz bei der NSKK.-Motorgruppe Luftwaffe zum Gefolge der Luftwaffe gehöre und deshalb auch den militärischen Strafvorschriften unterliege. Daneben gilt für mich ausserdem die Dienststraf- und Beschwerde-Ordnung des NSKK.

7.) Ich verpflichte mich, über meinen Dienst und meine Verwendung, sowie über alles, was ich über den Betrieb meiner Dienststelle und deren Gefolgschaft wahrnehme oder erfahre, unbedingtes Stillschweigen gegen jedermann zu bewahren. Diese Verpflichtung bezieht sich auch auf andere Wehrmachtsdienststellen und deren Gefolgschaften.

8.) Ich verpflichte mich weiterhin, jedes mir bekanntwerdende Anzeichen von Spionage oder Sabotage gegen jede Einrichtung der Wehrmacht unverzüglich dem Leiter meiner Dienststelle oder seinem Vertreter zu melden. Der gleichen Stelle habe ich zu melden, wenn ich von irgendeiner Seite zu Spionage- oder Sabotagehandlungen aufgefordert werde.

9.) Sollte ich einmal Grund zu einer Klage haben, so werde ich nicht murren oder gar noch andere Kameraden aufhetzen, sondern ich werde meine Beschwerde ordnungsgemäss auf dem Dienstwege, über den Verbindungsmann meiner Einheit, an meine NSKK.-Führer oder Unterführer heranbringen.

— S. R. —

E. D. 718

Fig. 4: Extrait d'un dossier d'engagement dans la NSKK, 1942, SHD P 23108 (cote *provisoire*).

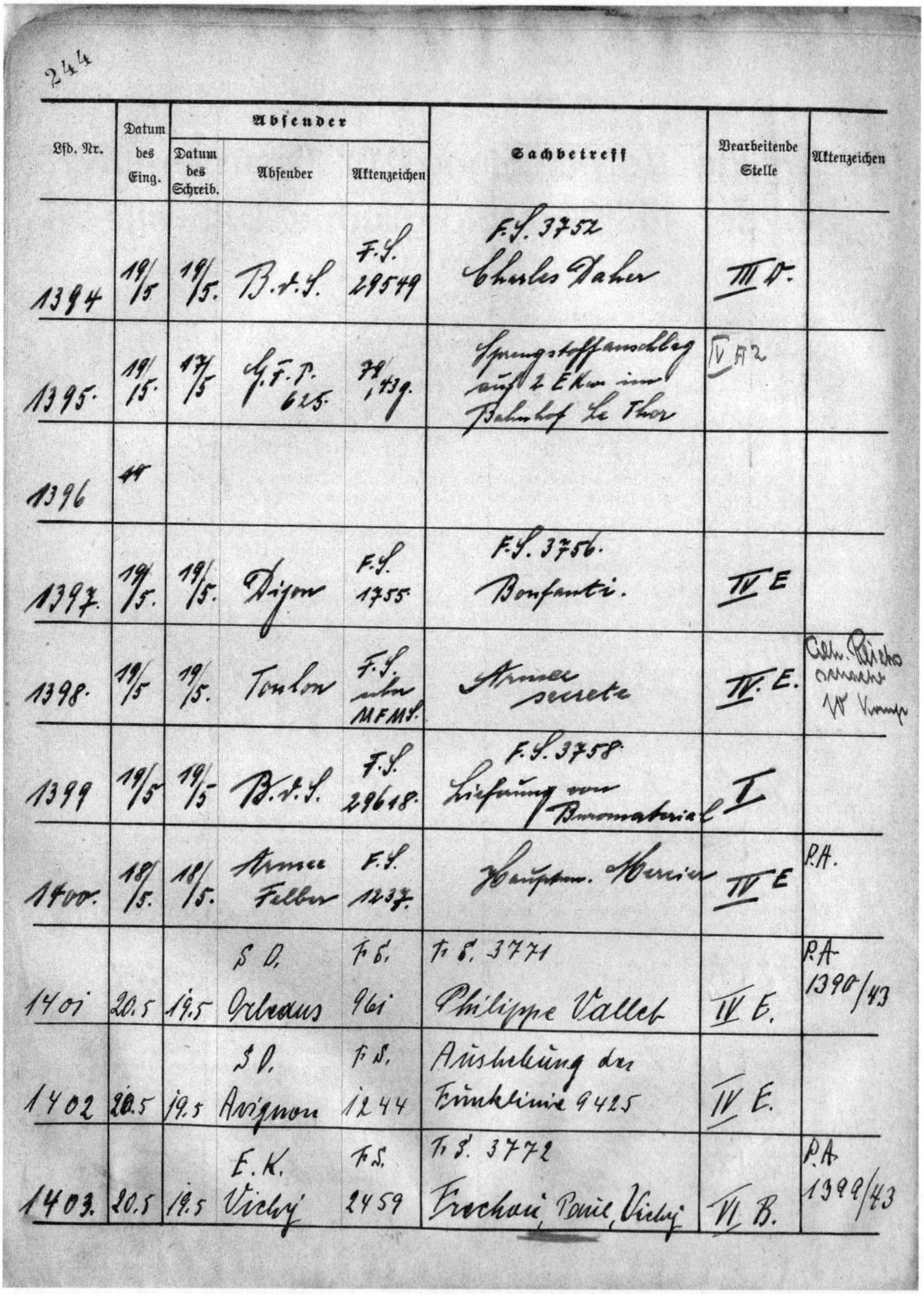

244

| Lfd. Nr. | Datum des Eing. | Absender: Datum des Schreib. | Absender: Absender | Absender: Aktenzeichen | Sachbetreff | Bearbeitende Stelle | Aktenzeichen |
|---|---|---|---|---|---|---|---|
| 1394 | 19/5 | 19/5. | B.d.S. | F.S. 29549 | F.S. 3752 Charles Daher | III D. | |
| 1395. | 19/5. | 17/5 | G.F.P. 625. | 78/439. | Sprengstoffanschlag auf 2 Ekw im Bahnhof Le Thor | IV A2 | |
| 1396 | 19 | | | | | | |
| 1397. | 19/5. | 19/5. | Dijon | F.S. 1755. | F.S. 3756. Bonfanti. | IV E | |
| 1398. | 19/5 | 19/5. | Toulon | F.S. [illegible] MFMS. | Armee secrete | IV. E. | [illegible] |
| 1399 | 19/5 | 19/5 | B.d.S. | F.S. 29618. | F.S. 3758 Lieferung von Büromaterial | I | |
| 1400. | 18/5. | 18/5. | Armee Felber | F.S. 1237. | Hauptm. Mercier | IV E | P.A. |
| 1401 | 20.5 | 19.5 | S.D. Orleans | F.S. 961 | F.S. 3771 Philippe Vallet | IV E. | P.A. 1390/43 |
| 1402 | 20.5 | 19.5 | S.D. Avignon | F.S. 1244 | Ausbildung der Funklinie 9425 | IV E. | |
| 1403. | 20.5 | 19.5 | E.K. Vichy | F.S. 2459 | F.S. 3772 Frechou Paul, Vichy | VI B. | P.A. 1399/43 |

Fig. 5: Extrait d'un registre de main courante de la Gestapo de Marseille, 1944, SHD GR 28 P 6 190.

## Annexe 2

*Tableau synthétique des principaux fonds d'archives allemands conservées au Centre historique des archives (Vincennes)*

| Producteur | Contenu | Observations |
|---|---|---|
| Gestapo de Trèves | 3519 dossiers individuels d'enquêtes datant des années 1930 et 1940. | Le fonds est classé sous les cotes GR 28 P 8 (100 à 3619). Des archives de la gestapo de Trèves sont aussi conservées sous la cote GR 28 P 7 56 (dossier Trèves) |
| Gestapo de Neustadt | Une dizaine de dossiers individuels d'enquêtes portant sur des agents travaillant pour le compte des services de renseignements français | Non inventorié |
| Gestapo de Düsseldorf | Quelques dossiers individuels d'enquêtes portant sur des agents travaillant pour le compte des services de renseignements français | Non inventorié |
| Commission d'armistice de Wiesbaden | Dossiers sur le rapatriement de légionnaires d'origine allemande | Conservés sous la cote GR 28 P 7 194 |
| Unités mobiles de l'Abwehr | Listes des soldats des Abwehrtruppen et des Abwehrkommandos | Conservés sous les cotes GR 28 P 7 191 à 192 |
| Militärbefehlshaber in Frankreich (MBF) | 1480 dossiers de correspondance des tribunaux militaires allemands avec le Militärbefehlshaber in Frankreich (MBF) | Fonds classé et inventorié dans la sous-série GR 28 P 8 1 à 70. Quelques documents du MBF sont aussi conservés sous la cote GR 28 P 9 13184 (dossier Stülpnagel) |
| Ambassade d'Allemagne à Paris | Demandes de visas, dossiers d'affaires, correspondance | Archives dispersées dans de nombreux dossiers individuels de la sous-série GR 28 P 9 (enquêtes du contre-espionnage français). |
| Ambassade d'Allemagne à Vichy | Ensemble disparate de documents | Non inventorié |
| Consulat allemand de Marseille | Rapports, correspondance, sollicitations et demandes d'interventions | Archives dispersées dans de nombreux dossiers individuels de la sous-série GR 28 P 9 (enquêtes du contre-espionnage français). |
| SIPO-SD de Paris | Contrats d'engagements du personnel auxiliaire engagé par la Gestapo (traducteurs, chauffeurs...) | Non inventorié |
| BdS de Strasbourg | Correspondance, rapports, dossiers d'enquêtes | Archives dispersées dans de nombreux dossiers. Voir, par exemple, les cotes GR 28 P 7 73 à 82 (BdS Strasbourg), GR 28 P 4 (réseau Alliance) et GR 28 P 9 (enquêtes du contre-espionnage français). |
| SIPO-SD de Marseille | Ordres de bataille, dossiers de renseignements, registres de main courante | Archives conservées en partie sous les cotes GR 28 P 6 187 à 191 ainsi que dans de nombreux dossiers individuels de la sous-série GR 28 P 9 (enquêtes du contre-espionnage français). |

| Producteur | Contenu | Observations |
|---|---|---|
| Abwehr de Paris | Environ 1000 dossiers d'informateurs de la section IIIF Paris | Archives conservées sous les cotes GR 28 P 9 11500 à 12360. Voir aussi les cotes GR 28 P 7 164-165 |
| Abwehr de Dijon | Dossiers d'enquêtes, dossiers d'informateurs | Archives conservées notamment sous les cotes GR 28 P 7 166-169. Un fichier de l'Abwehr de Dijon a été microfilmé après la guerre. Les microfilms conservés sous la cote GR 28 P 7 170 ont été numérisés en 2017 |
| Gau de Base-Alsace | 289 dossiers individuels de membres de la NSADP | Fonds classé et inventorié dans la sous-série GR 28 P 8 3620 à 3639 |
| Prisons de Wittlich, Flussbach et Hanau | 262 dossiers individuels de prisonniers allemands ou français détenus | Fonds classé et inventorié dans la sous-série GR 28 P 8 71 à 79 |
| Commandement de la Gendarmerie en Alsace | Environ 400 dossiers administratifs de gendarmes allemands actifs en Alsace entre 1940 et 1944 | Non inventorié |
| NSKK | 116 dossiers individuels de Français ayant souscrit un engagement dans la Nationalsozyalistiches kraftfahrkorps (NSKK) | Non inventorié |
| Inconnu | Environ 400 fiches individuelles d'appréciation portant sur des Allemands candidats à des postes d'officiers dans l'armée de Terre | Non inventorié |

Thomas Grotum – Lena Haase

# »Aller Dienst an der Grenze ist staatspolizeilicher Dienst«[1]

## Ein deutsch-französisches Kooperationsprojekt zur Erschließung der Personenakten der Gestapo Trier im Service historique de la Défense, Vincennes

Die Geheime Staatspolizei (Gestapo) nahm im nationalsozialistischen Machtgefüge eine zentrale Stellung ein. Entsprechend bewerteten die Alliierten sie im Nürnberger Prozess gegen die Hauptkriegsverbrecher als »verbrecherische Organisation«[2]. Die Gestapo selbst vermochte zu vermitteln, dass sie eine allmächtige, allgegenwärtige und allwissende Polizeibehörde gewesen sei, die mit modernsten Methoden und neuester Technik *[z]um Schutz des Staates und der deutschen Volksgemeinschaft*[3] beigetragen hätte. Dieses Bild wurde von der Forschung zunächst unkritisch übernommen und erst im Verlauf der 1990er Jahre durch die Etablierung einer »Sozialgeschichte des Terrors« als Mythos entlarvt. Die »neue« Gestapo-Forschung betonte die enge Verzahnung der Verfolgungsinstanz mit der Gesellschaft[4]. Zentrale Untersuchungsfelder waren Denunziantentum und der Einsatz von V-Leuten. In der Zwischenzeit konnte zudem die Bedeutung der aktiven Mitarbeit staatlicher und

1 Verordnung Reinhard Heydrichs (Chef der Sicherheitspolizei und des SD) vom 5. Mai 1942, zitiert nach: Gerhard Paul, Staatlicher Terror und gesellschaftlicher Verrohung. Die Gestapo in Schleswig-Holstein, Hamburg 1996 (IZRG Schriftenreihe, 1), S. 41.

2 Der Prozess gegen die Hauptkriegsverbrecher vor dem Internationalen Militärgerichtshof. Nürnberg, 14. November 1945 bis 1. Oktober 1946, Bd. XXII: Verhandlungsniederschriften, 27. August 1946–1. Oktober 1946, Nürnberg 1948, S. 575–582.

3 »Kölnische Illustrierte Zeitung« vom 23. März 1939, S. 305, Überschrift eines Beitrags über die Geheime Staatspolizei (S. 305–307). Eine effektive Arbeitsweise der Gestapo wird auch im Zusammenhang mit dem Bomben-Attentat durch Georg Elser auf Adolf Hitler im Münchner Bürgerbräukeller am 8. November 1939 öffentlich behauptet; vgl. »Illustrierter Beobachter« vom 30. November 1939, S. 1706–1707 (»Ein Meisterstück der Geheimen Staatspolizei«).

4 Einen Überblick zur Geschichte der Gestapo bieten Carsten Dams, Michael Stolle, Gestapo. Herrschaft und Terror im Dritten Reich, München [4]2017 (2008). Als Meilensteine der Gestapo-Forschung können die folgenden Studien bezeichnet werden: Reinhard Mann, Protest und Kontrolle im Dritten Reich. Nationalsozialistische Herrschaft im Alltag einer rheinischen Großstadt, Frankfurt a. M./New York 1987 (Studien zur historischen Sozialwissenschaft, 60); Robert Gallately, Die Gestapo und die deutsche Gesellschaft. Die Durchsetzung der Rassenpolitik 1933–1945, Paderborn u. a. 1993; Klaus-Michael Mallmann, Gerhard Paul, Herrschaft und Alltag. Ein Industrierevier im Dritten Reich, Bonn 1991 (Widerstand und Verweigerung im Saarland 1935–1945, 2); dies., Milieus und Widerstand. Eine Verhaltensgeschichte der Gesellschaft im Nationalsozialismus, Bonn 1995 (Widerstand und Verweigerung im Saarland 1935–1945, 3).

parteiamtlicher Stellen und Einrichtungen für die »staatspolizeiliche Praxis« herausgearbeitet werden[5].

Zu den Aufgaben der Gestapo gehörten zunächst die Überwachung der Bevölkerung, die Ausschaltung politischer und ideologischer Gegner sowie die Unterdrückung jeglichen abweichenden Verhaltens. Ab Mitte der 1930er Jahre wurde sie immer mehr zur »völkischen Polizei«, die nach rassenpolitischen Vorgaben gegen Personen und gesellschaftliche Gruppen vorging, die als »Gemeinschaftsfremde« aus der propagierten »Volksgemeinschaft« ausgeschlossen werden sollten[6]. Im Verlauf des Zweiten Weltkriegs dehnte sie nicht nur ihren Einflussbereich auf die von der Wehrmacht besetzten Gebiete aus[7], sondern weitere Gruppen wie Zwangsarbeiter[8] und andere »Fremdvölkische« im Deutschen Reich, aber auch die als widerständig angesehene Bevölkerung der eroberten Länder gerieten in den Fokus der Gestapo[9]. Darüber hinaus war sie entscheidend an der Erfassung, der Deportation und der Ermordung der europäischen Juden beteiligt[10].

Die Forschung zur Geschichte der Geheimen Staatspolizei, die eine ausgesprochen dynamische und flexible Institution war, deren Aufgabenbereiche und Organisationsstrukturen sich ständig erweiterten und wandelten, hat seit ihren Anfängen mit einer schwierigen Quellenlage zu kämpfen. Zahlreiche Akten und Karteien sind in der Endphase des NS-Regimes bewusst vernichtet worden, um die Spuren der Verbrechen zu verwischen. Hinzu kommen kriegsbedingte Verluste. Dies führte dazu, dass oft die Akten der Staatsanwaltschaften oder der Sondergerichte aus der NS-Zeit, aber auch Entnazifizierungsunterlagen, Spruchkammerakten oder Ermittlungsverfahren aus der Nachkriegszeit als eine Art Ersatzüberlieferung herangezogen worden sind[11]. In einigen wenigen Fällen sind Gestapo-Personenakten[12] in größerem Umfang überliefert. Dabei handelt es sich um die der Staatspolizei(leit)stelle

5 Michael Stolle, Die Geheime Staatspolizei in Baden, Personal, Organisation, Wirkung und Nachwirkung einer regionalen Verfolgungsbehörde im Dritten Reich, Konstanz 2001; Herbert Wagner, Die Gestapo war nicht allein… Politische Sozialkontrolle und Staatsterror im deutsch-niederländischen Grenzgebiet 1929–1945, Münster 2004.

6 Detlev Peukert, Volksgenossen und Gemeinschaftsfremde. Anpassung, Ausmerze und Aufbegehren unter dem Nationalsozialismus, Köln 1982.

7 Vgl. u.a. Patrice Arnaud, Fabien Théofilakis (Hg.), Gestapo et polices allemandes. France, Europe de l'Ouest, 1939–1945, Paris 2017.

8 Ulrich Herbert, Fremdarbeiter. Politik und Praxis des »Ausländer-Einsatzes« in der Kriegswirtschaft des Dritten Reiches, Bonn 1985.

9 Klaus-Michael Mallmann, Gerhard Paul (Hg.), Die Gestapo im Zweiten Weltkrieg. »Heimatfront« und besetztes Europa, Darmstadt 2000.

10 Vgl. u.a. Eric A. Johnson, Der nationalsozialistische Terror: Gestapo, Juden und gewöhnliche Deutsche, Berlin 2001.

11 Thomas Roth: Die Gestapo Köln – Ansätze weiterer Forschungen. Überlegungen zu einem Projekt des NS-Dokumentationszentrums der Stadt Köln, in: Geschichte in Köln 63 (2016), S. 245–258.

12 Die Dokumente wurden in der NS-Zeit als »Personalakten« bezeichnet, werden aber im Archivwesen – wegen der Verwechselungsgefahr mit den Akten des Personals der Gestapo – als »Gestapo-Personenakten« geführt; vgl. Julia Lederle, Gestapo-Personenakten, in: Jens Heckl (Hg.), Unbekannte Quellen. »Massenakten« des 20. Jahrhunderts. Untersuchungen seriellen Schriftguts aus normierten Verwaltungsverfahren, Bd. 2, Düsseldorf 2012 (Veröffentlichungen des Landesarchivs Nordrhein-Westfalen, 43), S. 85–96.

Düsseldorf mit mehr als 71 000 Akten[13], der Staatspolizeistelle Würzburg mit rund 25 000 Akten[14] und der Staatspolizeistelle Neustadt an der Weinstraße mit mehr als 12 000 Personenakten[15]. Der im weiteren Verlauf dieses Beitrags im Zentrum stehende Bestand der Staatspolizeistelle Trier umfasst dagegen etwas mehr als 3500 Personenakten[16], ist somit also deutlich kleiner als die anderen genannten, gehört aber nichtsdestotrotz zu den wenigen Beständen, die einen detaillierten Einblick in die Verfolgungspraxis einer Staatspolizeistelle gewähren[17]. Die Erschließung der Personenakten der Staatspolizeistelle Trier im Service historique de la Défense (SHD) Vincennes erfolgte zwischen 2015 und 2017 auf der Basis einer Kooperation der Universität Trier mit dem SHD und dem Deutschen Historischen Institut (DHI) Paris.

## Das universitäre Forschungsprojekt zur Geschichte der Gestapo Trier

Die Entstehungsgeschichte des universitären Forschungsprojektes zur Geschichte der Gestapo Trier ist geknüpft an einen Umzug der Staatsanwaltschaft Trier im Oktober 2011. Als neuen Sitz für die Strafverfolgungsbehörde hatte man zwei Etagen des ehemaligen Reichsbahndirektionsgebäudes in der Christophstraße 1 ausgewählt, in dem von 1935 bis 1944 auch der Sitz der Staatspolizeistelle untergebracht war. Der damalige leitende Oberstaatsanwalt, Dr. Jürgen Brauer, nahm im Sommer 2011 Kontakt zum Fach Geschichte der Universität Trier auf, um eine mögliche Aufarbeitung der Geschichte der Gestapo Trier zu klären. Ohne finanzielle und personelle Ressourcen erschien es allerdings zunächst unwahrscheinlich, neue Erkenntnisse über das konkrete Wirken der NS-Verfolgungsinstanz zutage zu fördern. Die Aufnahme der Arbeit an einer größeren Studie erschien nicht zuletzt aufgrund der fehlenden geschlossenen archivalischen Überlieferung wenig aussichtsreich zu sein. Deshalb nahm im Januar 2012 ein studentisches Forschungsprojekt seine Arbeit auf, in dem auf der Basis universitärer Abschlussarbeiten (Magister, Staatsexamen und Master) Einzelaspekte zur Geschichte der Gestapo in der Moselstadt erarbeitet werden sollten. Zur Bearbeitung der Einzelthemen wurden Gegenüberlieferungen heran-

13 Landesarchiv Nordrhein-Westfalen (LA-NRW), Abteilung Rheinland (Abt. Rheinl.), Bestand RW 58. Weitere Personenakten aus den Außendienststellen Duisburg und Krefeld befinden sich im Bestand RW 36.

14 Staatsarchiv Würzburg, Bestand Gestapo Würzburg.

15 Landesarchiv (LA) Speyer, Bestand H 91.

16 Service historique de la Défense Vincennes (SHD), GR 28 P 8.

17 Zu nennen sind hier auch die überlieferten Gestapo-Karteien aus Frankfurt am Main (ca. 183 000 Karten), Koblenz (100 000), Neustadt an der Weinstraße (60 000), Osnabrück (50 000), Hamburg (6600) und Nürnberg (1000); Sebastian Weitkamp, Die Kartei der Politischen Polizei/Gestapo-Stelle Osnabrück 1929–1945, in: Niedersächsisches Jahrbuch für Landesgeschichte 89 (2017), S. 107–128, hier S. 111. Auf den Karten ist im Idealfall – neben Angaben zur Person – ein kurzer Sachverhalt (Delikt/Vorwurf und Strafe/Konsequenzen) in Kombination mit einem Datum vermerkt, der allerdings keinesfalls auch nur annähernd die Aussagekraft einer Sach- oder Personenakte erreicht. Der eigentliche Wert der Gestapo-Karteien liegt in der Summe der in ihnen gespeicherten Einzelinformationen, mit deren Hilfe mögliche komplexe Muster der Wissensgenerierung, Überwachung und Repression herausgearbeitet werden können; siehe auch das aktuelle Forschungsprojekt »Überwachung, Macht, Ordnung: Personen- und Vorgangskarteien als Herrschaftsinstrument der Gestapo«, das unter der Leitung von Christoph Raß (Universität Osnabrück) die Gestapo-Kartei Osnabrück auswertet.

gezogen, die sich in den Beständen anderer Organisationen oder staatlicher bzw. kommunaler Instanzen erhalten haben. Im Verlauf von sechs Jahren konnten so zwanzig Studien abgeschlossen werden. Drei weitere Forschungsvorhaben sind in Arbeit. Sie behandeln folgende Themenfelder (chronologische Auflistung nach Abschlussdatum)[18]:

- Überwachung im Zeichen von Niederlage und Zusammenbruch: Die V-Leute der Gestapo in Trier 1943–1945 (Staatsexamensarbeit 2012 von Johanna Gouverneur),
- »Ganz Deutschland hört den Führer«? – »Rundfunkverbrecher« vor den Sondergerichten in Trier (Magisterarbeit 2012 von Matthias Klein),
- Das Trierer Paulinusblatt im Nationalsozialismus – Zwischen Resistenz und Systemkonformität (Magisterarbeit 2013 von Sebastian Heuft),
- Allgegenwärtig? Die Geheime Staatspolizei und das SS-Sonderlager/KZ Hinzert (Magisterarbeit 2013 von Katharina Müller)[19],
- »Die Wahrheit steht noch über dem Recht«? – Verlauf und Verteidigungsstrategien im Prozess gegen Gestapo-Beamte vor dem Gerichtshof für Kriegsverbrechen im Großherzogtum Luxemburg (Masterarbeit 2013 von Jill Steinmetz)[20],
- Karriere in der Gestapo. Biographische Studien zu einem Trierer Gestapo-Mitglied (Staatsexamensarbeit 2014 von Viktoria Bach),
- »Von der Jugend hängt die Zukunft des deutschen Volkes ab«. Katholische Jugendliche im Raum Trier zwischen Anpassung, Unterdrückung und Widerstand (1933–1939) (Masterarbeit 2014 von Anke Schwebach),
- Das »Wiedereindeutschungsverfahren« – »Eindeutschungs-Polen« im SS-Sonderlager/KZ Hinzert (Magisterarbeit 2014 von Felix Klormann),
- »Die KPD lebt«? Verbreitung und Bekämpfung kommunistischer Propaganda im Raum Trier, 1933–1939 (Masterarbeit 2014 von Maike Vaas),
- Gezeichnet vom NS-Regime. Biographische Studien zu Trierer Kommunisten der Zwischenkriegszeit (Staatsexamensarbeit 2014 von Gwendolyn Kloppenburg),
- Die Nationalsozialistische Erziehungsanstalt St. Wendel. Eine privilegierte oder eine instrumentalisierte Elite? (Masterarbeit 2014 von Viktoria Franz),
- Die Tagesrapporte der Gestapo Trier 1939 bis 1942 (Masterarbeit 2015 von Martin Spira),
- Landwirtschaft und ländliche Bevölkerung im Spiegel der Trierer Gestapo-Lageberichterstattung (1934–1936) (Masterarbeit 2015 von Frederik Rollié),
- Politische Gegner im Visier der Gestapo. Überwachung und Verfolgung der Kommunisten in Trier im Spiegel der Lageberichterstattung (1934–1936) (Masterarbeit 2015 von Max Heumüller),

18 Die Ergebnisse der Einzelstudien wurden in einem Sammelband publiziert; Thomas Grotum (Hg.), Die Gestapo Trier. Beiträge zur Geschichte einer regionalen Verfolgungsbehörde, Köln, Weimar, Wien 2018 (Gestapo – Herrschaft – Terror. Studien zum nationalsozialistischen Sicherheitsapparat, 1).

19 Katharina Klasen, Allgegenwärtig? Die Geheime Staatspolizei und das SS-Sonderlager/KZ Hinzert, Mainz, Hinzert 2015 (Gedenken in Rheinland-Pfalz, 13).

20 Jill Steinmetz, »Die Wahrheit steht noch über dem Recht«? Die Verteidigungsstrategie von Dr. Max Rau im Prozess gegen Gestapo-Beamte vor dem Gerichtshof für Kriegsverbrechen im Großherzogtum Luxemburg (1949–1951), in: Kurtrierisches Jahrbuch 54 (2014), S. 379–397.

- Die Entrechtung und Verfolgung der jüdischen Bürger Triers 1933 bis 1938 (Magisterarbeit 2016 von Hannes Brogmus),
- Abwehr. Die Abteilung III der Staatspolizeistelle Trier (Magisterarbeit 2016 von Justus Jochmann),
- »Todesstrafe für Ueberfall bei Verdunklung«. Der Fall »Josef Baumann« vor dem Sondergericht Trier (Masterarbeit 2017 von Felix Knecht),
- Die Schutzhaft als Instrument der Machtdurchsetzung im Bezirk Trier. Die Kooperation von kommunaler Verwaltung, Staatspolizeistelle und Justiz (Masterarbeit 2017 von Paul Vincent Benter),
- Gefährliche Rückkehrer? Der Umgang der Staatspolizeistelle Trier mit ehemaligen Fremdenlegionären (Masterarbeit 2018 von Ksenia Stähle),
- »Mit Judenangelegenheiten habe ich nie etwas zu tun gehabt.« Die Selbstdeutung von NS-Tätern in den Vorermittlungen wegen der Judendeportationen aus Luxemburg (1967–70) (Masterarbeit 2018 von Laura Bold).

Die Themen der Studien basieren auf dem zum Zeitpunkt der Abfassung aktuellen Stand der Quellenrecherche und spiegeln zudem die inhaltlichen Interessen der Autorinnen und Autoren wider[21]. Mit Voranschreiten des Projekts konnten über die Jahre immer wieder neue Akten entdeckt und erschlossen werden. Bisher wurden insgesamt mehr als 35 Archive weltweit konsultiert und die relevanten Quellen größtenteils in Kopie nach Trier geholt[22].

Erst mit der Entdeckung des Aktenbestandes der Gestapo Trier im SHD sind nun gezielte, auf die alltägliche Arbeitspraxis der Staatspolizeistelle fokussierte Untersuchungen möglich, die zuvor lediglich punktuell geleistet werden konnte[23]. Mit Abschluss der ersten Kooperationsphase Ende 2017 liegt der Bestand nicht nur voll erschlossen im SHD in Vincennes vor, sondern es konnten bereits erste Auswertungen vorgenommen werden, um im Folgenden die überlieferten Akten zu charakterisieren.

21 Darüber hinaus wurden durch das Projekt zwei Ausstellungen realisiert; Thomas GROTUM (Hg.), Die Gestapo Trier in der Christophstraße 1 – Eine Ausstellung, Trier ²2017 (2014); Musée national de la Résistance (Hg.), Gestapo-Terror in Luxemburg. Verwaltung, Überwachung, Unterdrückung/La terreur de la Gestapo au Luxembourg. Administration, surveillance, répression, Ausstellungskatalog, mit Texten von Paul DOSTERT, Thomas GROTUM, Katharina KLASEN, Roland LAICH, Katrin RAABE, Frank SCHROEDER, Jill STEINMETZ und Daniel THILMAN, Luxembourg 2015 (Musée national de la Résistance Esch-sur-Alzette, 5).

22 Lena HAASE, Die Gestapo in der Gesellschaft. Quellenlage und Forschungsfelder zur Geschichte der Staatspolizeistelle Trier, in: Grotum (Hg.): Die Gestapo Trier (wie Anm. 18), S. 23–61, hier S. 24f.

23 Dem Projekt lag vorher lediglich eine Personenakte der Gestapo Trier vor, die zuständigkeitshalber an die Staatspolizeistelle Neustadt an der Weinstraße abgegeben worden war, um dort in einem zweiten Band fortgeführt zu werden; LA Speyer, Best. H 91, Nr. 2842 und 2843.

## Geschichte der Gestapo Trier

Die Geschichte der Geheimen Staatspolizei in Trier beginnt faktisch mit ihrer Etablierung am 5. Mai 1933 und ihrem damit verbundenen Einzug ins Regierungsgebäude am Hauptmarkt[24]. Dies vermittelte nicht nur eine örtliche Kontinuität, sondern sorgte – durch die Einsetzung ausgebildeter Polizeibeamter der Landeskriminalpolizeistelle für die politische Polizei Köln – auch für die Herstellung personeller Kontinuität. Die Ortswahl des Regierungsgebäudes als ersten Dienstsitz der Trierer Staatspolizei erklärt sich auch aus der Forderung der engen Zusammenarbeit mit dem jeweils im Regierungsbezirk zuständigen Regierungspräsidenten[25]. Diese wurde vom Trierer Regierungspräsidenten Dr. Konrad Saassen direkt bestätigt und nach seinen Angaben auch nach dem ersten Umzug der Gestapo vom Hauptmarkt in das freigewordene Reichsbahndirektionsgebäude in der Christophstraße 1 am 1. Oktober 1935[26] unbeeinflusst fortgesetzt.

Von Beginn an war die staatspolizeiliche Arbeit in der Moselstadt von der Grenzlage nach Luxemburg, dem noch bis 1935 unter Völkerbundmandat verwalteten Saargebiet und Frankreich geprägt. In dieser Hinsicht ist für die Gestapo Trier vor allem die Kontrolle der Grenzpolizeikommissariate und -posten ab 1936 im Referat IV F des Geheimen Staatspolizeiamtes (Gestapa) von Bedeutung, was eine noch gezieltere Grenzüberwachung sicherstellen konnte.[27] Als besonders bedeutend für das Tagesgeschäft der Gestapo Trier erwies sich in den ersten beiden Jahren ihres Bestehens vor allem die Beobachtung und Überwachung des Saargebietes, das erst nach erfolgter Volksabstimmung am 13. Januar 1935 wieder ins Deutsche Reich eingegliedert werden sollte. Bis dahin diente es als Rückzugsgebiet für Kommunisten und Sozialdemokraten, nicht nur der Trierer Region[28], und wurde durch die Gestapo mittels eigens eingerichteter Sonderdienste überwacht[29]. Mit der erfolgreichen Rückgliederung des Saargebietes und der damit verbundenen Einrichtung der Staatspolizeistelle in Saarbrücken wurde Trier kurzzeitig am 17. April 1935 der neu eingerich-

24 Landeshauptarchiv Koblenz (LHA Ko), Best. 442, Nr. 15464, Bl. 7. Zur ausführlicheren Information und zur Vorgeschichte von Gestapo und Politischer Polizei vor 1933 vgl. Haase, Die Gestapo in der Gesellschaft (wie Anm. 22).

25 Anordnung des Oberpräsidenten der Rheinprovinz vom 23. Februar 1934, in: LHA Ko, Best. 442, Nr. 15464, Bl. 72 f. Vgl. dazu auch Peter Brommer, Zur Tätigkeit der Gestapo Trier in den Jahren 1944/45, in: Jahrbuch für westdeutsche Landesgeschichte 18 (1992), S. 325–368, hier S. 325 f. Erneute Anordnung zur Besserung der Zusammenarbeit am 10. Februar 1936 (Göring), in: LHA Ko, Best. 442, Nr. 15464, Bl. 209–215.

26 Geheimes Staatsarchiv Preußischer Kulturbesitz (GStA PK), I. HA Rep. 151 IV, Nr. 1560, Bl. 2 f.

27 Zur Bedeutung der mit der Grenzarbeit und der Überwachung des Auslandes betrauten Abteilung III der Gestapo Trier vgl. Justus Jochmann, Abwehr. Die nachrichtendienstliche Tätigkeit der Abteilung III der Staatspolizeistelle Trier am Beispiel Luxemburgs, in: Grotum (Hg.), Die Gestapo Trier (wie Anm. 18), S. 203–223.

28 Max Heumüller, Kommunisten im Visier der Gestapo Trier. Überwachung und Verfolgung 1934 bis 1936, in: Grotum (Hg.), Die Gestapo Trier (wie Anm. 18), S. 147–164 und Thomas Grotum, Biographische Studien, V-Leute, katholische Jugend und kommunistische Propaganda. Weitere Forschungen zur Geschichte der Staatspolizeistelle Trier, in: ders. (Hg.), Die Gestapo Trier (wie Anm. 18), S. 293–316, hier S. 296–302, 314–316.

29 LHA Ko, Best. 442, Nr. 15464, Bl. 147.

teten Saarbrücker Dienststelle als Außenstelle angeschlossen[30]. Sowohl der Gauleiter Gustav Simon als auch der Trierer Regierungspräsident äußerten jedoch herben Protest dagegen, weshalb die Unterstellung bereits am 3. Mai 1935 wieder rückgängig gemacht wurde.

Da mit dem Saargebiet die letzten Teile des Bistums Trier wieder dem Reich angegliedert werden konnten, fokussierte man sich in dem in einer durchweg katholisch geprägten Region liegenden Trier fortan auf das Vorgehen gegen die katholische Kirche und ihre geistlichen Würdenträger, die in der Bevölkerung hohe Achtung und Wertschätzung genossen. Das Vorgehen gegen katholische Priester und Ordensbrüder äußerte sich zum ersten Mal öffentlichkeitswirksam in den im Mai 1936 in Trier und Koblenz durchgeführten »Sittlichkeitsprozessen«[31]. Es folgten die Gleichschaltung der kirchlichen Jugendorganisationen mit Hitler-Jugend (HJ) und Bund Deutscher Mädel (BDM), die Schließung der Konfessionsschulen[32] und kirchlichen Vereine, sowie das Vorgehen gegen Sympathisanten der Deutschen Zentrumspartei in der Trierer Region. Während des Zweiten Weltkrieges kam außerdem ein gezieltes Vorgehen gegen Klöster, Priesterseminare und Abteien in Trier hinzu, sodass etwa die traditionsreiche Abtei St. Matthias am 6. Mai 1941 zunächst von der Gestapo wegen angeblicher staatsfeindlicher Betätigung durchsucht, besetzt und noch am gleichen Tag geschlossen wurde[33]. Wenig später schloss man auch das Priesterseminar Rudolfinum in Trier-Pallien[34].

Nach der »Verreichlichung« der Polizei konzentrierte man sich auch in Trier besonders auf die Kriegsvorbereitungen und die Mobilisierung der gesamten Bevölkerung. In Trier war dies einerseits mit einer verschärften Schürung des Rassenhasses verbunden, der im November 1938 in der Reichspogromnacht gipfelte und bereits im Vorfeld (unter Beteiligung von lokaler und regionaler Verwaltung) von antisemitischen Ausschreitungen, gesellschaftlicher Exklusion und der wirtschaftlichen Existenzvernichtung der jüdischen Bevölkerung der Trierer Gegend geprägt gewesen war[35]. Zudem war man in Trier – wie an der gesamten Westgrenze – mit dem Bau des

30 Ibid., Bl. 161, 163–167 (Dienstanweisungen zu dieser Unterstellung).

31 Hans Günter Hockerts, Die Sittlichkeitsprozesse gegen katholische Ordensangehörige und Priester 1936/37. Eine Studie zur nationalsozialistischen Herrschaftstechnik und zum Kirchenkampf, Mainz 1971 (Veröffentlichungen der Kommission für Zeitgeschichte, Reihe B: Forschungen, 6), S. 56. Zu den Prozessen in Trier vgl. auch: Bundesarchiv (BArch) Berlin, R 58/5054 und R 58/5415c. Wegen Sittlichkeitsvergehen gegen Ordensgeistliche wurde durch die Gestapo Trier unter anderem gegen den in Trier wirkenden Pfarrer Stein aktiv: SHD, GR 28 P 8, 3488.

32 LHA Ko, Best. 442, Nr. 26560. In diesem Zusammenhang ist auch die Entziehung der Erlaubnis zur Erteilung von schulplanmäßigem Religionsunterricht durch katholische Geistliche zu beachten. BArch Berlin, R 58/5620. Personenakten der Gestapo Trier, die unter anderem mit der Entziehung der Unterrichtserlaubnis enden: SHD, GR 28 P 8, 1101, 1868, 3513, 3582.

33 LHA Ko, Best. 442, Nr. 29421; BArch Berlin, R 43 II/1271a, Bl. 28: Brief des Heinrich Basilius Ebel, Abt von St. Mathias, an Reichsminister Lammers. Gleichzeitig wandte sich auch Bischof Bornewasser mit der Bitte um Rückgängigmachung der Aufhebung an Himmler; vgl. ibid., Bl. 30f. Zu Bornewasser siehe auch: Bernhard Schneider, Kein unbewegter Fels im Sturm, kein Fähnchen im Wind. Franz Rudolf Bornewasser 1866–1951. Bischof von Trier 1923–1951, in: Maria Anna Zumholz, Michael Hirschfeld (Hg.), Zwischen Seelsorge und Politik. Katholische Bischöfe in der NS-Zeit, Münster 2018, S. 245–316.

34 BArch Berlin, R 43 II/1271a, Bl. 42f.; LHA Ko, Best. 442, Nr. 29456.

35 Die Entwicklung des Antisemitismus und dessen öffentlichen Ausdrucksformen in der Trierer

Westwalls als Verteidigungslinie gegen den »Erzfeind« Frankreich beschäftigt. Im Verfügungsbereich der Staatspolizeistelle Trier, in dem das Aachen-Saar-Bauprogramm stattfand, war diese damit für einen nicht unerheblichen Teil der Arbeiter die sanktionierende und strafende Behörde im Falle eines Arbeitsvergehens[36]. Die zur Unterbringung der Arbeiter eingerichteten Westwall-Lager nutzte man auch noch nach der Einstellung der Arbeiten am Westwall im Sommer 1940. Das Lager in Hinzert, welches als Zentrale der Westlager fungiert hatte, wurde etwa am 1. Juli 1940 der Inspektion der Konzentrationslager (IKL) unterstellt und war fortan eigenständiges Konzentrationshauptlager. Die wirtschaftliche Zuständigkeit ging damit von der für den Westwallbau verantwortlichen Organisation Todt (OT) auf die Gestapo Trier über, die fortan unter anderem für die Mietzahlungen des Lagers verantwortlich war[37]. Allein anhand der Personenakten der Gestapo Trier können 91 von dieser Behörde verfügte Einlieferungen ins Lager nachvollzogen werden, die sich in einem Zehntel der Fälle auf die Zeit vor der Umwidmung zum einem Konzentrationslager[38] und in fast 90 % der Fälle nach der Kompetenzerweiterung[39] beziehen. In drei Fällen erfolgte eine zweimalige Einweisung jeweils vor und nach der Unterstellung Hinzerts unter die IKL[40].

Mit dem erfolgreich verlaufenen Westfeldzug und der darin inbegriffenen Besetzung des Großherzogtums Luxemburg erfolgte erstmals seit der Rückgliederung des Saargebietes eine geografische Zuständigkeitserweiterung der Gestapo Trier. Unmittelbar nach Einsetzung einer Zivilverwaltung unter Gustav Simon nahm auch die Geheime Staatspolizei ihre Tätigkeit dort auf[41]. Am 1. September 1940 etablierte man das »Einsatzkommando der Sicherheitspolizei und des Sicherheitsdienstes Luxemburg« (EKL) als Zusammenschluss aus Gestapo, Kriminalpolizei (Kripo) und Sicherheitsdienst (SD). Zwar war das EKL in Luxemburg-Stadt mit seinen Außenstellen in Esch/Alzig und Diekirch selbst (bis zur Auflösung des EKL am 25. Juli 1944 und der Übernahme des »Gebiets Luxemburg« durch Trier) keine formale Außendienststelle der Gestapo Trier, organisatorisch jedoch trotzdem eng mit der Gestapo der Moselstadt verbunden. Nicht nur ein Großteil der Trierer Beamten und Angestellten wurde im September 1940 nach Luxemburg versetzt, um dort – nicht zuletzt aufbauend auf bereits gesammelte Informationen aus gut funktionierenden Spitzelnetzwerken seit dem Beginn der 1930er Jahre – die nationalsozialistischen Maßnah-

Bevölkerung bis zur Reichspogromnacht wurde eingehend behandelt von: Hannes Brogmus, Vom Nachbarn zum Verfolgten. Die Diskriminierung und Verfolgung der jüdischen Bürger Triers zwischen 1933 und 1938, in: Grotum (Hg.), Die Gestapo Trier (wie Anm. 18), S. 225–242.

36 Vgl. dazu etwa: SHD, GR 28 P 8, 876, 889, 1595, 1788, 1844, 1961, 2176, 3245.

37 Vgl. dazu die Haushaltsbücher der Staatspolizeistelle Trier (LHA Ko, Best. 442 HK, Nr. 8, 9, 25, 83–103), die die laufenden Einnahmen und Ausgaben der Gestapo und ihrer Außenstellen lückenlos von 1933–1941 verzeichnen.

38 SHD, GR 28 P 8, 1788, 2945, 3245, 3257, 3267, 3435, 3525, 3578, 3597.

39 SHD, GR 28 P 8, 127, 273, 374, 428, 440, 468, 568, 653, 745 f., 931, 1037, 1159, 1182, 1247, 1490, 1619, 1925, 2036, 2048 (9 Personen), 2050, 2165, 2284, 2576, 2935, 3036 (35 Personen), 3051, 3101, 3171, 3265, 3277, 3325, 3337, 3379, 3461, 3500.

40 Ibid., 894, 1844, 1862.

41 Zur Gestapo in Luxemburg: Musée National de la Résistance (Hg.), Gestapo-Terror in Luxemburg (wie Anm. 21). Das Großherzogtum Luxemburg wurde am 24. Januar 1941 faktisch annektiert und zusammen mit den Regierungsbezirken Koblenz und Trier im Gau Moselland vereint.

men durchzusetzen, sondern die Leitungspositionen von EKL und Gestapo Trier wurden stets in Personalunion ausgeübt[42]. Gemeinsam stellten beide Dienststellen außerdem das Personal für das im Herbst 1941 in Hinzert eingerichtete Vernehmungskommando, das es zur Aufgabe hatte, Widerstandsbewegungen in Westeuropa (v. a. in Luxemburg) mittels verschärfter Verhöre aufzudecken.

Nach dem Ende des Westfeldzuges am 22. Juni 1940 wurde auf dem Trierer Petrisberg am 1. Juli des Jahres das Stalag XII D eröffnet, das in den folgenden Jahren größtenteils französische Kriegsgefangene aufnehmen sollte[43]. Obwohl das Kriegsgefangenenlager nicht in der Zuständigkeit der Gestapo Trier stand, war diese nicht selten für den Transport der Häftlinge, die Ergreifung flüchtiger und die Bestrafung straffällig gewordener Kriegsgefangener verantwortlich[44]. Im Zusammenhang mit der Möglichkeit zur Statustransformation vom Kriegsgefangenen zum Zivilarbeiter ab April 1943, von der auch Insassen des Stalag XII D Gebrauch machten, wurden diese im Zuge dessen nicht selten vor ihrer Einstellung insbesondere in öffentliche Einrichtungen auf Anweisung des Oberbürgermeisters und des Arbeitsamtes Trier von der Gestapo auf ihre Tauglichkeit und Zuverlässigkeit hin überprüft.

Die Endphase des Krieges zwang die Gestapo Trier aufgrund stetig zunehmender Bombardierung der Stadt durch alliierte Flieger ab Oktober 1944 zu mehreren Umzügen. Zunächst siedelte die Dienststelle nach Trier-Olewig über, bevor sie ab dem 18. Januar 1945 ihren Sitz ins Hotel »Zur Post« nach Zeltingen an der Mosel verlegte und sich schließlich während des weiteren Rückzuges Richtung Reichsinneres auflöste.

## Bestand

Bereits im Jahr 2013 begann man im Archiv des Service historique de la Défense mit der Inventarisierung eines umfangreichen Bestandes des französischen Geheimdienstes aus der Zeit des und unmittelbar nach dem Zweiten Weltkrieg. Dabei stellte man fest, dass sich in diesem 500 Regalmeter umfassenden Bestand auch originär deutsche Akten befanden, die demzufolge nicht vom französischen Geheimdienst selbst, sondern noch von den deutschen Besatzungsbehörden in Frankreich (Militärbefehlshaber in Frankreich, Befehlshaber der Sicherheitspolizei und des Sicherheitsdienstes) beziehungsweise deutschen Behörden der ab 1945 unter französischer

42 Leiter des EKL waren dementsprechend Oberregierungsrat und SS-Obersturmbannführer Wilhelm Nölle (August 1940-Februar 1941), Oberregierungsrat und SS-Obersturmbannführer Fritz Hartmann (März 1941-April 1943), Regierungsrat und SS-Sturmbannführer Walter Vollmer (April 1943-August 1943) sowie Kriminalrat und SS-Sturmbannführer Walter Runge (September 1943-August 1944); vgl. BArch Koblenz, AllProz 21/342, Bl. 11; BArch Ludwigsburg, B 162/6904, Bl. 235.

43 Adolf Welter: Trier-Petrisberg 1940–1945. Das Kriegsgefangenenlager Stalag XII D, Trier 2007. Über den Zustand im Lager berichten unter anderem französische Offiziere; vgl. SHD, 2 P, 69–3, 69–4. Diese bemängeln vor allem die streckenweise unzureichende Ernährung, die desaströsen hygienischen Verhältnisse sowie die mangelhafte Ausstattung der Baracken wie auch der Häftlingsbekleidung.

44 Dazu Einlieferungs- und Entlassungsscheine der Franzosen in das Gefängnis in Trier: Archives Nationales (AN) Paris, Best. AJ 40, Nr. 1570.

Besatzung stehenden Zone stammten[45]. Die Bestandsgeschichte vom Auffinden beziehungsweise der Mitnahme der deutschen Bestände durch die französische Armee unmittelbar nach der Besetzung ab März 1945 und der Abgabe der dann teils neu geordneten Konvolute an den Service historique de l'armée de terre (SHAT) im Jahr 1999 ist jedoch nur wenig bekannt.

Mindestens bis Oktober 1950 war man im Service de documentation extérieure et de contre-espionnage (SDECE) mit der Auswertung der »plusieurs milliers de dossiers individuels de la Gestapo de TREVES (!)«[46] beschäftigt. Bereits während dieser ersten Auswertung der Trierer Personenakten wurde der Bestand unterteilt, und zwar in einen Teil mit »affaires de répression susceptibles de recevois une suite judiciaire«[47], deren reguläre Abgabe an die »Archives Centrales«[48] versichert wurde, und einen weiteren Bestandteil, der provisorisch in eben jener Archivsammelstelle untergebracht werden sollte, jedoch von scheinbar geringerem oder keinem Interesse für die französischen Besatzungsbehörden war. Schenkt man der Einschätzung des *Chef du Service 23* Glauben, so umfasste der uninteressante Teil der Personenakten der Gestapo Trier ein Volumen von 2 m³. Wenn man davon ausgehen kann, dass die noch heute im SHD erhaltenen 3529 Akten den als erhaltenswürdig beschriebenen Teil des Konvoluts darstellen, so würde nahezu das Doppelte dessen (nach Berechnungen anhand des geschätzten Volumens des im SHD lagernden Bestandes der Gestapo Trier) 1950 als uninteressant klassifiziert worden sein. Ob diese Personenakten letztendlich der Kassierung im französischen Geheimdienst zum Opfer gefallen sind oder noch immer dort verwahrt werden – wie Frédéric Queguineur, der *Chef du pôle Défense du département des fonds d'archives*, vermutet –, ist zum jetzigen Zeitpunkt nicht nachzuvollziehen.

Nach den ersten Auswertungen der erfassten Personenakten beziehen sich diese zum Großteil auf spionageverdächtige Personen (für und gegen das Deutsche Reich) sowie Ausländer oder haben ein Grenzdelikt (Passvergehen, illegaler Grenzübertritt, Schmuggel, Aufenthalt im Grenzbereich o. ä.) zur Ermittlungsgrundlage. Dies liegt auch nahe, denn der genuine Auftrag des ursprünglichen Bureau Central de renseignements et d'action (BCRA), das zunächst in der Direction générale des services spéciaux (DGSS) und in der Direction générale des études et recherches (DGER) aufging und im Dezember 1945 durch das SDECE ersetzt wurde[49], war es, zunächst Informationen und – nach der Befreiung des französischen und der Besatzung des deutschen Territoriums – Akten bezüglich Spionageaktivitäten ausgehend vom Deutschen Reich zu sammeln. Dies geht auch aus der zweibändigen Zusam-

45 Vgl. zur Beschreibung des Gesamtbestandes den Beitrag von Frédéric Quéguineur in diesem Band. Siehe ferner: Ministère de la Défense (Hg.), Dans les Archives Secrètes de la Seconde Guerre mondiale, Paris 2015 (Les Chemins de la Mémoire, numéro spécial).

46 Internes Schreiben des *Chef du Service 23*, Verneuil, an den *Service 22* (beides Abteilungen des SDECE, deren Entsprechung, Zuständigkeit und geografische Verortung jedoch nicht aufgelöst werden konnte), in: SHD, GR 28 P 7, 56, Schreibweise wie im Original.

47 Ibid.

48 Ibid. Gemeint ist hier das in der französischen Besatzungszone eingerichtete *Bureau central des archives allemandes* (Burcendaral) in Elchesheim bei Baden-Baden.

49 Zur Transformationsgeschichte vgl. u. a. Direction générale de la sécurité extérieure (DGSE), Du BCRA à la DGSE, in: Ministère de la Défense (Hg.), Archives Secrètes de la Seconde Guerre mondiale (wie Anm. 45), S. 92–94 und den Beitrag von Frédéric Quéguineur in diesem Band.

menstellung »Exploitation des fiches de la Gestapo de Trèves«[50] hervor, die am 2. Dezember 1953 vom Service de la Sécurité im Haut Commissariat de la République Française en Allemagne (Regierungssitz in der französischen Zone) in Baden-Baden an den Oberbefehlshaber der französischen Truppen in Deutschland im Baden-Badener Stadtteil Oos abgesandt wurde. Diese Auswertung bezieht sich ausschließlich auf französische wie ausländische Agenten und (Unter-)Offiziere des französischen Geheimdienstes, auf Agenten weiterer ausländischer Geheimdienste[51] sowie auf Agenten der deutschen Geheimdienste.

Auch wenn das im SHD überlieferte Konvolut der Trierer Personenakten somit definitiv nicht dem vollen Umfang des ursprünglich vorhanden Bestandes entsprechen kann, so ist damit bereits ein Vielfaches mehr überliefert, als ursprünglich zu erwarten gewesen wäre. Aus einem Interrogation Report der 3. US Army vom 8. August 1945[52] war nämlich noch hervorgegangen, *that all the documents of Registratur TRIER together with the personnel files were destroyed at BETZDORF in March 1945.*[53] Die Unterlagen des »N[achrichten]-Referates« der Gestapo Trier, die die Namenskartei, eine Liste der Deckbezeichnungen und die Tätigkeitsberichte der V-Leute umfassten, sollen während des weiteren Rückzugs der Gestapo ins Hessische am 27. März 1945 bei Bad Nauheim verbrannt worden sein[54]. Neuestens ausgewertete Verfahrensunterlagen aus den späten 1940er und 1950er Jahren lassen jedoch hoffen, dass auch diese Vernichtungsaktion zumindest Reste hinterlassen hat. Im Verfahren gegen Hans Wienhusen[55], einen ehemaligen V-Mann der Gestapo Trier[56], 1949 und 1950 lagen dem Schwurgericht Düsseldorf und dem Obersten Gerichtshof für die Britische Zone Köln die von der Gestapo Trier geführte Personalakte[57] zu Wienhusen als Beweisstücke vor.

Auch die US-Streitkräfte hatten – nach Verhören ehemaliger Beamter und Angestellter der Gestapo Trier – bereits eine differenzierte Binnenstruktur des ursprünglich vorhanden gewesenen Archivs der Gestapo Trier vorgenommen, die im Wesentlichen derjenigen tatsächlich überlieferten gleicht. Nach deren Angaben führte man bei der Gestapo neben den Personenakten eine Namens- und eine Fahndungskartei. Nach Aussagen von Angestellten der Außendienststelle Betzdorf (wo die Vernichtung der Akten stattgefunden hat) wurden alle Unterlagen bereits im November/Dezember 1944 von Trier in die Räume der Außenstelle überführt, um später dort vernichtet zu werden. Dass diese Überführung der Akten zusammenfällt mit dem

50 SHD, GR 28 P 8, 3208.

51 Hierbei handelt es sich um folgende Staaten: Großbritannien, UdSSR, Polen, Tschechien, Belgien, Italien, Schweiz, Jugoslawien, Österreich und Türkei.

52 National Archives and Records Administration (NARA), M1270–0031, Interrogation Report No. 28 – Gestapo Trier.

53 Ibid., S. 11. Schreibweise wie im Original. In Betzdorf am Rande des Westerwalds (20 km südwestlich von Siegen) existierte eine Außendienstelle der Staatspolizeistelle Koblenz.

54 Ibid., S. 15.

55 Adelheid L. Rüter-Ehlermann, C[hristian] F. Rüter (Bearb.), Die vom 30.01.1949 bis zum 03.06.1949 ergangenen Strafurteile, Lfd. Nr. 114–118 (Justiz und NS-Verbrechen, Sammlung deutscher Strafurteile wegen nationalsozialistischer Tötungsverbrechen 1945–1966, IV), Amsterdam 1970, S. 431–443.

56 Vgl. dazu die Ausführungen weiter unten unter »Einzelfälle«.

57 Hier tatsächlich als Personalakte im Sinne einer Akte zum Personal der Gestapo zu verstehen.

ersten Umzug der Geheimen Staatspolizeistelle Trier am Jahresende 1944, ist wohl kein Zufall. Zunehmende Bombenangriffe der Alliierten auf Trier trafen auch die Christophstraße 1, wo die Gestapo seit Herbst 1935 ihren Hauptsitz hatte. Von dort musste sie im Oktober 1944 zunächst in die Villa Zeimet in Trier-Olewig umziehen, um schließlich zum Jahreswechsel die Stadt Trier Richtung Zeltingen zu verlassen.

Möglicherweise entschied man sich angesichts dieses zwingenden Ortswechsels und einer damit verbundenen räumlichen wie auch personellen Verkleinerung der Staatspolizeistelle dazu, lediglich noch die Akten aus laufenden Ermittlungen mit in den jeweils neuen Dienstsitz zu nehmen. Da die Gestapo Trier bereits im November 1943 ihre Eigenständigkeit eingebüßt und nunmehr – wie Betzdorf – als Außendienststelle der Gestapo Koblenz firmierte[58], erscheint es naheliegend, dass die laufenden Ermittlungsakten diejenigen waren, die man in Betzdorf kurz vor Kriegende zerstörte und das Archiv der ehemals eigenständigen Staatspolizeistelle Trier an anderer Stelle zwischengelagert wurde, wo es von der französischen Besatzungsarmee gefunden wurde. Dafür sprechen auch die über 3500 Personenakten, die sich stets nur auf bereits abgeschlossene Ermittlungen, nie jedoch auf eine noch laufende Sache beziehen. Bis zur Entdeckung des Bestandes im SHD Vincennes musste man jedoch davon ausgehen, dass die in Betzdorf zerstörten Akten möglicherweise den kompletten Aktenbestand der Gestapo Trier umfassten.

Im an den SHD übergebenen Bestand sind neben 1738 Karteikarten einer Lichtbildkartei der Gestapo Trier (3 Archivkartons) auch 20 laufende Meter sogenannter Personenakten der Staatspolizeistelle Trier enthält, deren Anzahl sich auf 3529 beläuft. Während die Lichtbildkartei lediglich sparsame Angaben zur verzeichneten Person (Name, Vorname, Geburtsdatum – jeweils soweit bekannt), sowie ein Lichtbild, das teils auch aus einer von der Polizei durchgeführten erkennungsdienstlichen Behandlung stammt, mit (geschätztem) Aufnahmejahr enthalten, sind meistens auch ein Aktenzeichen, sowie eine laufende Nummer der Karteikarte verzeichnet. Anhand dieser Angaben ist es möglich, Verbindungen zu einzelnen Personenakten der Gestapo Trier herzustellen, womit Anlegungsgrund der Kartei der Verdacht eines Vergehens gewesen sein sollte.

Im Falle der hier abgebildeten Lichtbildkarteikarte (Abb. 1, unten nach S. 310) kann etwa ein solcher Bezug zu einer von der Gestapo Trier angelegten Personenakte hergestellt werden[59], der gleichzeitig auch die Tücken des Quellenabgleichs eröffnet. Der tschechoslowakische Staatsangehörige Anton Zwetsche, beziehungsweise Zwetschke, wie er auf der Karteikarte genannt wird, wurde (so geht es aus der Personenakte hervor) im September 1936 mittels Sammeltransportes über die Grenze in sein Heimatland abgeschoben und soll unmittelbar nach Ankunft »über die grüne Grenze« zurück nach Deutschland geflohen sein. In der grenznahen Kleinstadt Senftenberg, nördlich von Dresden, wurde er schließlich wegen Betrugs am 13. August 1937 festgenommen. Einerseits erscheint der erfolgreiche Abgleich zwischen Personenakten und Lichtbildkartei als bereichernde Auswertungsmöglichkeit für die Forschungen zur Arbeit innerhalb der Behörde. Andererseits eröffnen sich Problematiken, wie abweichende Schreibweisen der Namen, beziehungsweise ungenaue

58 SHD, GR 28 P 7, 58; NARA, M1270- 0031, Interrogation Report No. 28 – Gestapo Trier.
59 SHD, GR 28 P 8, 2016.

Angaben des Geburtsdatums. Auch die nur spärlichen, auf den Karteikarten vermerkten Informationen zur Person und die vollständig fehlenden Angaben zum Ermittlungsgegenstand schränken die ausschließliche Nutzung der Kartei ohne Herstellung von Verbindungen zum Personenaktenkonvolut deutlich ein.

Die in diesem Konvolut überlieferten Karteikarten umfassen jedoch – ähnlich wie die Personenakten – bei weitem nicht den Gesamtbestand von durch die Geheime Staatspolizeistelle Trier angelegten Karteien. Ein vom Bureau de Documentation en Allemagne (Bdoc 9000) am 27. November 1945 verfasster Abteilungsplan der Gestapo und des SD Trier[60] enthält auch einen Abschnitt, der sich der »Organisation du Fichier« widmet. Daraus geht hervor, dass für alle Personen *suspectés d'espionnage ou d'être hostiles à l'État allemand* eine Karteikarte angelegt wurde, die je nach anlegender Abteilung anders koloriert war. Während die blauen Karten der Abteilungen IV A 1 bis IV E 2[61] nicht erhalten beziehungsweise bisher nicht gefunden worden sind, können die im SHD lagernden Karteikarten wohl den orangenen Karteikarten zugeordnet werden. Diese wurden von den Abteilungen IV E 3 bis IV E 6[62] angelegt und beziehen sich angesichts der Abteilungszuständigkeiten ausschließlich auf Spionageangelegenheiten. Dass man im französischen Nachrichtendienst unmittelbar nach Kriegsende ein gesteigertes Interesse an nachrichtendienstlicher Aktivität für und gegen das Deutsche Reich hatte, liegt auf der Hand.

60 SHD, GR 28 P 7, 56. Leider liegt bis heute kein Geschäftsverteilungsplan vor, der bereits während des Bestehens der Staatspolizeistelle Trier entstanden ist. Jegliche Darstellung wurde auf der Basis von Befragungen ehemaliger Beamter oder Angestellter der Gestapo Trier von den Alliierten (Amerikanern und Franzosen) in der Retrospektive erstellt. Diese Geschäftsverteilungspläne stellen jedoch lediglich Momentaufnahmen der Behördenstruktur während der Beschäftigungszeit des jeweils Befragten dar und sind als eine für Fehler und Ungenauigkeiten anfällige Quelle zu betrachten, da sie – teils nach mehreren Jahren – aus der Erinnerung entstanden sind. Ganz abgesehen davon konnten die befragten Gestapo-Mitarbeiter bewusst unvorteilhafte Details verschweigen oder belastende Zuordnungen auf im Krieg gefallenen Kollegen vornehmen.

61 Übersetzung nach der französischen Zusammenstellung des Abteilungsplanes: IV A 1 = Kommunismus und Marxismus, feindliche Propaganda, Rotspanier; IV A 2 = Gegenspionage, Abwehrbeauftragte, Wehrmacht; IV A 3 = Reaktion, Abwehr und Unterdrücken von Angriffen gegen den Staat und die Partei, Unterdrückung von Rundfunkvergehen; IV A 4 = Nachrichtendienstliche Ermittlungen, Abteilung z. b. V.; IV B 1 = Politischer Katholizismus; IV B 2 = Politischer Protestantismus, Sekten und konfessionelle Presse; IV B 3 = Freimaurer, Judensachen, Evakuierungen; IV B 4 = Erkennungsdienstliche Behandlung; IV C 1 = Auswertung; Hauptkartei; Akten von Verdächtigen; Ausländerabteilung; IV C 2 = Internierung, A-Kartei, Haftkontrolle, Häftlinge, Sozialhilfe für die Internierten des »Sonderlagers Hinzert«; IV C 3 = Presse, Postzensur und Postkontrolle an der Grenze; IV D 1–3 = Deutsche und ausländische Arbeitsvertragsbrüchige, Einbürgerung polnischer Staatsangehöriger, gegenüber dem Nationalsozialismus feindlich eingestellte Ausländer; IV D 4 = Kriegsgefangene, Verbotener Umgang mit Kriegsgefangenen; IV D 5 = Ostarbeiter; IV E 1 = Grenzpolizei, Grenzzone, Berichte der beiden Dienste, Fabriküberwachung; IV E 2 = Überwachung der Wirtschaft, der Landwirtschaft und des Weinbaus, Überwachung des Schwarzhandels, Wirtschaftsspionage. Vgl. SHD, GR 28 P 7, 56.

62 Übersetzung nach der französischen Zusammenstellung des Abteilungsplanes: IV E 3 = Spionageangelegenheiten, Vergehen gegen die Wehrmacht; Überwachung von militärischen Transporten und Manövern, Separatisten; IV E 4 = Englische und amerikanische Nachrichtendienste; IV E 5 = Polnische, russische, tschechische, ungarische, rumänische und türkische Nachrichtendienste; IV E 6 = Schweizer Nachrichtendienste. Vgl. SHD, GR 28 P 7, 56.

Nicht nur die Zusammensetzung der überlieferten Lichtbildkartei, sondern auch diejenige des Personenaktenbestandes verifiziert diese Vermutung. Mit über 80 % machen die Akten der Abteilung III der Gestapo Trier (Ausland/Abwehr) (Abb. 2b) den weitaus größten Teil aus. Auch diese Personenakten sind ähnlich wie die Karteien durch unterschiedliche Farbgebung ihren jeweils bearbeitenden Abteilungen zuzuordnen. Während die von der Abteilung II (Inland) (Abb. 2a) geführten Akten einen gelblichen Aktenumschlag hatten, waren diejenigen der Abteilung III grünlich eingefärbt.

Die für den Zuständigkeitsbereich der Gestapo Trier vorliegenden Personenakten beziehen sich im Wesentlichen auf die Ermittlungen zu einer Person (unbekannt oder bekannt), seltener auch zu einer Institution oder einem Sachverhalt. Betont sei an dieser Stelle, trotz des enormen Wertes, den der Bestand für die Forschungen zur Geschichte der Gestapo Trier hat, dass dieser keinen repräsentativen Querschnitt durch den ehemals vorhanden gewesenen Gesamtbestand an Personenakten darstellt. Die Selektion durch den französischen Geheimdienst verzerrte naturgemäß die überlieferten Akten.

## Arbeit/Erschließung

Über das DHIP und dessen stellvertretenden Direktor Stefan Martens wurde die Bereitschaft des SHD im März 2015 an das Forschungsprojekt zur Geschichte der Gestapo Trier herangetragen, bei der Erschließung der über 3500 Personenakten der Gestapo Trier unterstützend tätig zu werden. Im Sommer 2015 und im Herbst 2016 nahm diese Kooperation durch den Aufenthalt von Lena Haase im SHD Gestalt an. Neben einer Digitalisierung des Komplettbestandes wurde in diesen vier Monaten mit der inhaltlichen Erschließung und Verzeichnung der Akten für das Archiv begonnen. Mittels einer zuvor eingerichteten Datenbankstruktur sollte die Erschließung einerseits eine möglichst tiefgehende Erfassung für die anschließenden Forschungen in Trier, andererseits eine Basiserschließung nach Maßgaben des SHD entstehen. Realisiert wurde die Datenbank über Microsoft Access mit der Ausgabeoption einer Excel-Datei für die Datenbankstruktur des Archivs und beinhaltet folgende Erschließungsmerkmale:

(1) Zur Akte:
1. Aktentyp
2. Bestand alt
3. Akte (mit Zusatz) alt
4. Bestand neu
5. Akte neu
6. Laufzeit – Beginn
7. Laufzeit – Ende
8. Umfang (Blatt)

(2) Zur Person:
9. Geschlecht
10. Vorname
11. Name
12. Mädchenname / Deckname
13. Geburtsdatum
14. Geburtsort
15. Sterbeort und Sterbedatum
16. Konfession
17. Beruf
18. Nationalität
19. Staatsangehörigkeit
20. Wohnort
21. Straße (und Hausnummer)
22. Wohnland

(3) Zum Sachverhalt:
23. Bezeichnung / Delikt
24. Gesetz / Verordnung
25. Ort des Geschehens
26. Verhaftungsdatum
27. Verhaftungsort
28. Text (zur Verhaftung)
29. Anlegende Abteilung
30. Textfeld »Enthält«
31. Textfeld »Bemerkung«

(4) Zum Justizverfahren[63]:
32. Aktenzeichen
33. Gericht
34. Anklage
35. Anklagedatum
36. Urteil
37. Urteilsdatum

(5) Zu den Haftstätten[64]:
38. Bezeichnung
39. Einweisungsdatum
40. Haftgrund
41. Häftlingsnummer
42. Entlassungsdatum
43. Deportations- / Entlassungsziel

Während die ersten Verzeichnungseinheiten (Nr. 1–8) die wesentliche archivische Erschließung darstellen, bezeichnen die Folgenden die Akte und den in ihr dargestellten Fall genauer. Im zweiten Teil werden die Informationen zur Person dargestellt. Bei diesen Angaben muss bei der Unterscheidung zwischen »Nationalität« und »Staatsbürgerschaft« eine teils nicht unkritische Varianz berücksichtigt werden. Während die Nationalität hier als die durch Geburt erworbene Zugehörigkeit zu einem Staat verstanden wird, ist die Staatsangehörigkeit diejenige, die durch juristische, vertragliche oder nachträgliche eigenmächtige Annahme bzw. Zuweisung ermittelt wird. Als erklärendes Beispiel seien Staatenlose angeführt, die aus ihrem Geburtsland ausgebürgert wurden, oder jene, die sich in einem anderen Land haben naturalisieren lassen.

Die Bezeichnung beziehungsweise das Delikt des Sachverhaltes (3) beschreibt nicht in allen Fällen einen genuinen Straftatbestand, sondern bezieht sich nicht selten auch auf den allgemeinen Grund zur Anlegung einer Personalakte und zur Aufnahme der Ermittlungen gegen eine Person/Institution. Die jeweils federführende Abteilung lässt sich im Erfassungsfeld 29 ablesen. Unterscheidbar sind die Akten der Abteilungen II und III – wie bereits beschrieben – durch die Farbe der Aktenmappe. Diejenigen Akten, die allerdings vom französischen Geheimdienst als benutzende Behörde aus den beiden geschlossenen Konvoluten herausgelöst und in eigens neu zusammengestellte Dossiers und Dokumentenfolgen einsortiert wurden, hat man nicht selten dazu aus ihrer Mappe herausgelöst. Hier ist die führende Abteilung der jeweiligen Akte nicht einwandfrei nachzuweisen, weshalb an dieser Stelle auf eine Zuordnung verzichtet wurde.

63 Im Falle mehrerer genannter Gerichtsverfahren wird dasjenige eingetragen, in dem die erste rechtskräftige Verurteilung erfolgte.

64 Eingetragen wird jeweils die erste Haftstätte. Verlegungen – beispielsweise in ein Konzentrationslager – sind ggf. im Textfeld »Bemerkung« (31) erwähnt.

Besondere Aufmerksamkeit sei auf die beiden umfangreicheren Textfelder »Enthält« und »Bemerkungen« verwendet. Im »Enthält«-Feld werden, wie nicht anders zu erwarten, besondere Schriftstücke und Aktenzusätze aufgeführt, die für den regulären Archivbenutzer, aber insbesondere auch für die Forschung von gesteigertem Interesse sein könnten. Aufgeführt werden darin nicht nur wichtige, in der Personenakte enthaltene Schriftstücke und Formblätter, wie Haftbefehle, Schutzhaftbefehle, Festnahmeanzeigen, Anklage- und Urteilsschriften sowie Haftkarten aus Gefängnissen oder Konzentrationslagern, sondern auch beigefügte Dokumente (Briefe und Postkarten, Personalausweise, Reisepässe, Grenzpassierscheine und Legionärspässe), zur Akte gehörige Lichtbilder und sonstige Fotografien. Eine gezielte Recherche nach einzelnen Dokumenten und den diese enthaltenden Akten ist dadurch gewährleistet.

Das Bemerkungsfeld liefert als tiefste Erschließung eine Kurzbeschreibung des Akteninhalts und stellt nicht nur den zu den Ermittlungen führenden Vorfall, sondern ebenso den Gang der Ermittlungen, eventuelle Verhaftungen, Inhaftierungen, Deportationen und juristische Vorgehensweisen im verhandelten Fall dar. Gezielte Suchen in diesem Feld zu einzelnen Stichworten ermöglichen somit einen thematisch breiter gefassten Zugriff.

Die beiden zusätzlichen Erschließungskategorien beziehen sich auf die gerichtliche beziehungsweise staatsanwaltliche Anklagevorbereitung und Verurteilung des Beschuldigten sowie die Haftstätten, in denen der oder die jeweils als Inhaftierte/r untergebracht wurde. In beiden Fällen sind in der Datenbank jeweils lediglich die erste Haftstätte und/oder das erste gerichtliche Verfahren aufgenommen. Sollten Folgehaftstätten in der Akte genannt worden sein, so sind diese über das Bemerkungsfeld recherchierbar. Auch eventuelle weitere Gerichtsverfahren, Revisionen, zweitinstanzliche Strafsachen oder Vorermittlungsverfahren werden nicht primär in den einzelnen speziellen Feldern verzeichnet, sondern sind – wie auch die Folgehaftstätten – über das Bemerkungsfeld recherchierbar. Nichtsdestotrotz sind dort (wie auch in der oberen Erfassungsmaske) alle vorhandenen Informationen aufgenommen worden, sodass im Falle von Gerichts- und Vorermittlungsverfahren ebenfalls Aktenzeichen oder Geschäftszeichen und Anklage- und Urteilsdatum genannt wurden. Bei den Folgehaftstätten wurde insbesondere darauf geachtet, dass eventuell verzeichnete Häftlings- bzw. Gefängnisbuchnummern in die Erfassung (auch im Textfeld) mit integriert wurden.

Wenn auch die Zusammensetzung der einzelnen Personenakten eine sehr diverse ist, so sind einige Aktenstücke in einem Großteil der Akten enthalten. Zumeist als erstes Blatt ist in fast zwei Drittel der Akten ein Nachweisbogen eingelegt, der als Umlaufzettel in der eigenen, wie auch in anderen Dienststellen fungierte. In einem Teil dieser Akten ist dabei neben den auf die Akte zurückgreifenden bzw. an den in der Akte enthaltenen Ermittlungen beteiligten Abteilung auch der jeweilige Bearbeiter notiert, was für spätere Untersuchungen des Personals und ihrer Arbeitsgebiete von hohem empirischen Nutzen sein kann. Anschließend an den Nachweisbogen findet sich in nahezu allen Personenakten (ausgenommen sind dabei lediglich diejenigen, die die Gestapo in Trier aufgrund von Suchaufträgen eingehend aus anderen Polizei-, Staats- oder Verwaltungsstellen des Reichs anlegte) ein Personalbogen, der neben den Angaben zur Person in manchen Fällen auch Lichtbilder der verdächtigen Personen enthält.

Während die erste Seite des Personalbogens (siehe Abb. 3) in den meisten Fällen annähernd vollständig ausgefüllt war, so lassen die Eintragungen auf Seite zwei betreffend die Beschreibung von Physiognomie, besonderen Kennzeichen und auch der »Politischen Einstellung bzw. Funktionen« leider beträchtlich nach oder sind oft gar nicht verzeichnet.

Hervorzuheben seien an dieser Stelle auch die in mehr als 250 Personenakten zu ermittelnden Haft- bzw. Schutzhaftbefehle, die von den einzelnen Dienststellen der Gestapo Trier ausgestellt worden sind. Auch wenn diese Zahl angesichts des Umfangs des Gesamtbestandes als verhältnismäßig gering erscheint, so sei darauf hingewiesen, dass nicht in jeder Akte, die eine Verhaftung des vermeintlichen Delinquenten zur Folge hatte, ein solcher formaler (Schutz-)Haftbefehl enthalten ist. Zu betonen ist jedoch, dass in knapp der Hälfte der Fälle, in denen ein solcher schriftlicher Haftbefehl vorliegt, eine Anklage vor einem Gericht erhoben wurde, die entweder vor einem der ordentlichen Gerichtsbarkeit (Amts-, Land-, Oberlandes- oder Reichsgericht) oder der Sondergerichtsbarkeit und dem Volksgerichtshof vorgebracht und schließlich auch verhandelt wurde.

Nimmt man abschließend an dieser Stelle noch einmal die formalen Angaben der einzelnen Personenakten zur Kenntnis, so lassen sich insbesondere bezüglich des Umfangs und der Laufzeit der Akten nähere Aussagen treffen. Bei der Ermittlung des durchschnittlichen Aktenumfanges ergibt sich folgendes Bild:

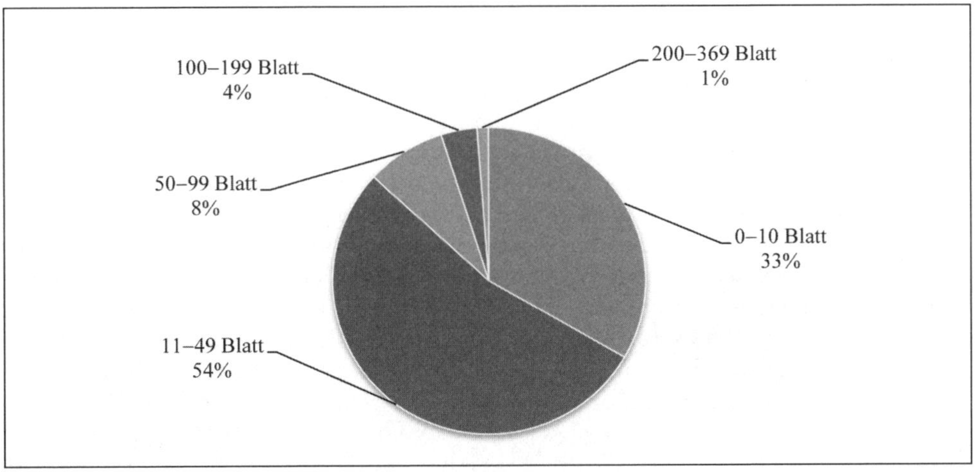


Grafik 1: Prozentuale Verteilung des Aktenumfangs. Quelle: Verfasser.

Während sich der Anteil der wirklich umfangreichen Personenakten damit auf einen nur verschwindend geringen Anteil reduziert, machen die Akten mit einem Umfang von 11 bis 49 Blatt den größten Teil des Bestandes aus. Bei der Betrachtung der durchschnittlichen Aktenlaufzeit, von der man annehmen könnte, sie sei zumindest ansatzweise an den Umfang einer Akte gekoppelt, ergibt sich hingegen ein anderes Bild. Während verhältnismäßig wenige Akten eine nur geringe Laufzeit von bis zu einer Woche (5 %) oder einem Monat (10 %) haben, bewegt sich die Ermittlungsdauer zu einer Person bzw. einem Sachverhalt in der Hälfte der Fälle zwischen einem Monat und einem Jahr. Nur über einen Zeitraum weniger Tage geführte Personenakten bestehen in den meisten Fällen auch nur aus einigen wenigen Fernmeldungen, wohingegen eine besonders lange Laufzeit jedoch nicht zwangsläufig auch auf einen großen materiellen Umfang hinweisen muss. Die beiden Personenakten mit der längsten nachweisbaren Laufzeit (18 Jahre und 8 Monate[65] bzw. 16 Jahre und 3 Monate[66]), die sich im Übrigen beide auf den Verdacht der Spionage und der separatistischen Betätigung des Überwachten beziehen, kommen immerhin auf einen Seitenumfang von je 110 Blatt und entwickeln ihrerseits sehr individuelle und interessante Einzelfälle. Die folgende Akte mit einer Laufzeit über 14 Jahren und 8 Monaten[67] besticht im Vergleich dazu durch ausgesprochene Informationsleere. Auf einem Umfang von nur 5 Blatt werden die Ermittlungen gegen Johann Neumann entwickelt. Aufgenommen wurden diese im März 1923 bei der Polizeiinspektion Trier aufgrund einer Anzeige, die der Betroffene selbst machte. Er habe sich von einem Arbeiter zur »Smeets-Bewegung«, der Rheinischen Volkspartei, anwerben lassen, weil man ihm dafür eine eigene Wohnung in Trier versprochen hätte. Da dies jedoch nicht seiner eigentlichen politischen Gesinnung entspreche und er vielmehr einer Familie mit »echte[r] deutsche[r] Gesinnung« entstamme, wolle er offiziell versuchen, sich von dieser Bewegung zu distanzieren. Man legte diese Anzeigenaufnahme Ende März 1923 »z. d. A.« und erfasste den Vorgang im Juli 1937 erneut »karteimässig«.

Im Vergleich dazu erscheint die sowohl dem Umfang von 15 Blatt als auch der Laufzeit von nur viereinhalb Monaten nach verhältnismäßig kurze Personenakte zum Franzosen André Breton[68] deutlich aussagekräftiger. Dieser wurde wegen unerlaubten Waffenbesitzes und der »Organisierung von Franktireurs« in seiner Heimatstadt Abbeville (Somme) verhaftet und als »Nacht-und-Nebel«-Häftling (»NN«-Häftling)[69] über die Gefängnisse in Amiens, Paris und Trier ins SS-Sonderlager/KZ Hinzert deportiert, wo er den »verschärften Verhörmethorden« des Vernehmungskommandos der Gestapo Trier[70] ausgesetzt war. Zwar bricht die Fortführung der Personenakte mit dem Abtransport Bretons aus Hinzert ab, nichtsdestotrotz geht seine persönliche Geschichte in den Gefängnissen in Wolfenbüttel, Breslau und Brieg weiter, bevor er schließlich über die Konzentrationslager Groß-Rosen und Mittelbau-Dora nach Buchenwald transportiert wird. Dort wird er am 21. April 1945 befreit und erhält im Mai 1958 schließlich das *Certificat de Validation des Services, Campagnes et Blessures des Déportés et Internés de la Résistance*, das ihn als Mitglied des Réseau HECTOR den FFC (*Forces Françaises Combattantes*) ehrt[71].

65 SHD, GR 28 P 8, 935.
66 Ibid., 2047.
67 Ibid., 1755.
68 Ibid., 127. Vgl. dazu auch: Thomas Grotum, Lena Haase, Ksenia Stähle: Une ville frontière à l'heure de la Gestapo, in: Historia. Numéro Spécial 33: Les archives secrètes de la Seconde Guerre mondiale, Janvier/Février 2017, S. 58–61, hier v. a. S. 60 f.
69 Zum »NN«-Erlass und der Häftlingskategorie: Lena Haase, Verurteilt um zu Verschwinden. »Nacht-und-Nebel«-Häftlinge in den Großregion Trier, in: Kurtrierisches Jahrbuch 56 (2016), S. 289–320.
70 Klasen, Allgegenwärtig? (wie Anm. 19), S. 74–83.
71 SHD, 16 P, 89735.

Abb. 1: Rückseite der Lichtbildkartei für Anton Zwetschke (Spitzname: Pflaume). Quelle: SHD, Fichier photographique de la Gestapo de Trèves (non coté).

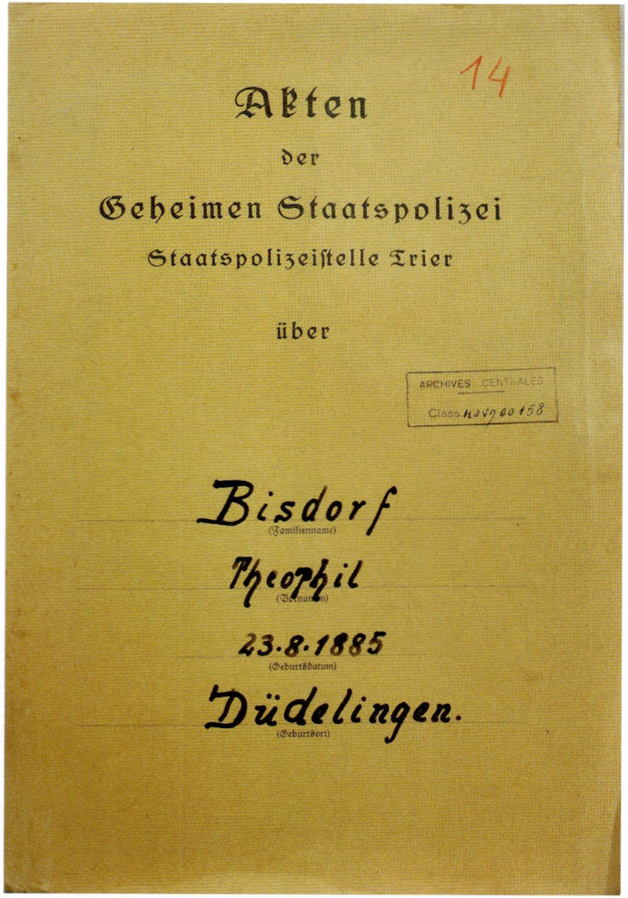


Abb. 2a: Aktendeckel der Personenakte von Abteilung II (gelb) aus dem Bestand des SHD Vincennes. Quelle: SHD, GR 28 P 8, 114.

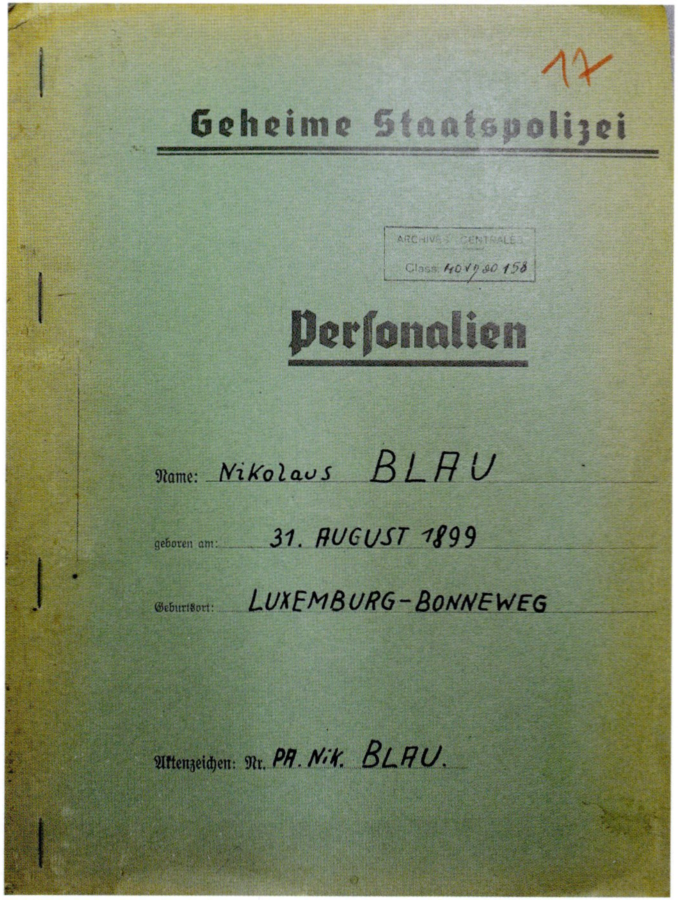


Abb. 2b: Aktendeckel der Personenakte von Abteilung III (grün) aus dem Bestand des SHD Vincennes. Quelle: SHD, GR 28 P 8, 117.

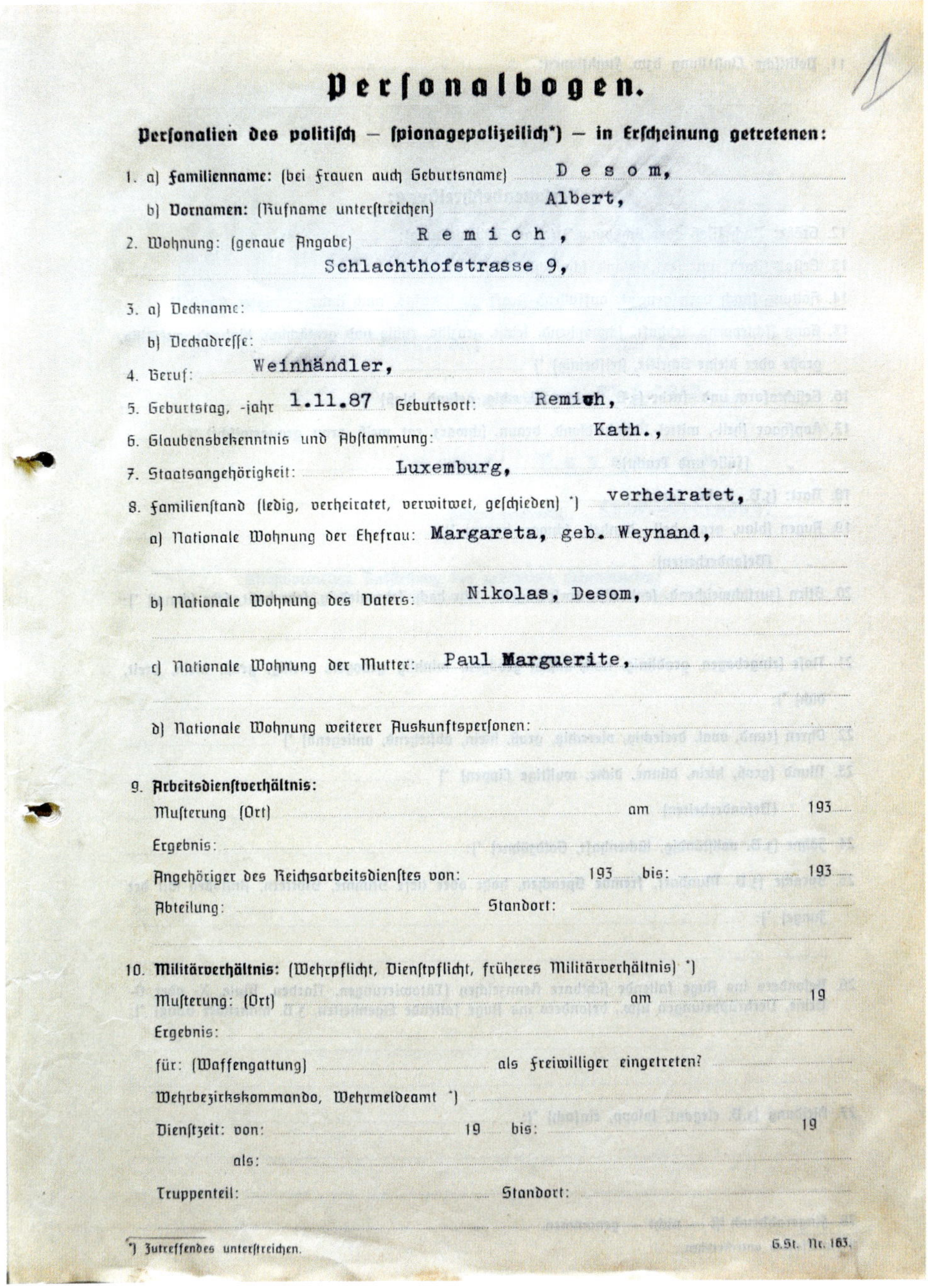

1

**Personalbogen.**

**Personalien des politisch – spionagepolizeilich*) – in Erscheinung getretenen:**

1. a) **Familienname:** (bei Frauen auch Geburtsname) D e s o m,
b) **Vornamen:** (Rufname unterstreichen) Albert,
2. Wohnung: (genaue Angabe) R e m i c h , Schlachthofstrasse 9,
3. a) Deckname:
b) Deckadresse:
4. Beruf: Weinhändler,
5. Geburtstag, -jahr 1.11.87 Geburtsort: Remich,
6. Glaubensbekenntnis und Abstammung: Kath.,
7. Staatsangehörigkeit: Luxemburg,
8. Familienstand (ledig, verheiratet, verwitwet, geschieden) *) verheiratet,
a) Nationale Wohnung der Ehefrau: Margareta, geb. Weynand,
b) Nationale Wohnung des Vaters: Nikolas, Desom,
c) Nationale Wohnung der Mutter: Paul Marguerite,
d) Nationale Wohnung weiterer Auskunftspersonen:

9. **Arbeitsdienstverhältnis:**
Musterung (Ort) am 193
Ergebnis:
Angehöriger des Reichsarbeitsdienstes von: 193 bis: 193
Abteilung: Standort:

10. **Militärverhältnis:** (Wehrpflicht, Dienstpflicht, früheres Militärverhältnis) *)
Musterung: (Ort) am 19
Ergebnis:
für: (Waffengattung) als Freiwilliger eingetreten?
Wehrbezirkskommando, Wehrmeldeamt *)
Dienstzeit: von: 19 bis: 19
als:
Truppenteil: Standort:

*) Zutreffendes unterstreichen. G.St. Nr. 163.

Abb. 3: Personalbogen des Luxemburgers Albert Desom, gegen den die Gestapo Trier wegen Spionageverdachts ermittelte. Er soll als Teil der französischen Nachrichtendienststelle *Poste d'alerte luxembourgeoise* (Polux) maßgeblich Spionage gegen das Deutsche Reich betrieben haben. Auch seine Ehefrau und sein Sohn galten als verdächtig. Quelle: SHD, GR 28 P 8, 158.

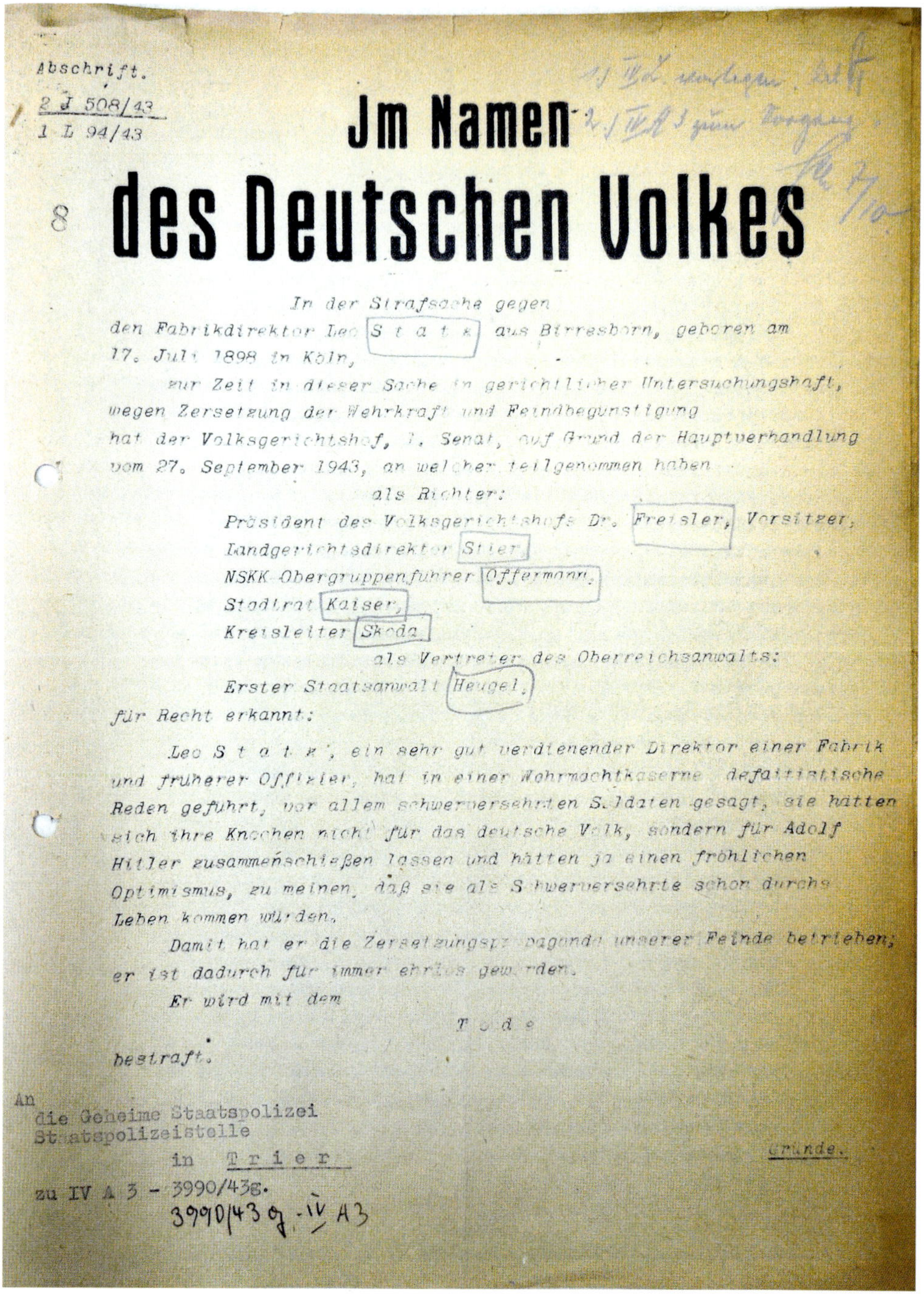
Abschrift.

2 J 508/43

1 L 94/43

8

# Jm Namen des Deutschen Volkes

In der Strafsache gegen

den Fabrikdirektor Leo S t a t z aus Birresborn, geboren am 17. Juli 1898 in Köln,

zur Zeit in dieser Sache in gerichtlicher Untersuchungshaft,

wegen Zersetzung der Wehrkraft und Feindbegünstigung

hat der Volksgerichtshof, 1. Senat, auf Grund der Hauptverhandlung vom 27. September 1943, an welcher teilgenommen haben

als Richter:

Präsident des Volksgerichtshofs Dr. Freisler, Vorsitzer,

Landgerichtsdirektor Stier,

NSKK-Obergruppenführer Offermann,

Stadtrat Kaiser,

Kreisleiter Skoda,

als Vertreter des Oberreichsanwalts:

Erster Staatsanwalt Heugel,

für Recht erkannt:

Leo S t a t z, ein sehr gut verdienender Direktor einer Fabrik und früherer Offizier, hat in einer Wehrmachtkaserne defaitistische Reden geführt, vor allem schwerversehrten Soldaten gesagt, sie hätten sich ihre Knochen nicht für das deutsche Volk, sondern für Adolf Hitler zusammenschießen lassen und hätten ja einen fröhlichen Optimismus, zu meinen, daß sie als Schwerversehrte schon durchs Leben kommen würden.

Damit hat er die Zersetzungspropaganda unserer Feinde betrieben; er ist dadurch für immer ehrlos geworden.

Er wird mit dem

T o d e

bestraft.

Gründe.

An
die Geheime Staatspolizei
Staatspolizeistelle
in T r i e r

zu IV A 3 - 3990/43g.

3990/43 g. - IV A3

Abb. 4: Urteilsschrift des Volksgerichtshofs vom 27. September 1943, die das Todesurteil über Leo Statz verkündet. Quelle: SHD, GR 28 P 8, 3278.

## Allgemeine Inhalte

Ein erster Blick auf die überlieferten Personenakten offenbart bereits die Schieflage im Hinblick auf die für die Anlage der Akten zuständigen Abteilungen. Geschuldet der Auswertungskriterien der französischen Nachrichtendienste nach 1945 überwiegen die aus Abteilung III (Ausland/Abwehr) stammenden Akten deutlich. Während die aus der Auslandsabteilung der Geheimen Staatspolizei im hiesigen Bestand überlieferten Akten mit über 80 Prozent den größten Anteil ausmachen, ist das Pendant, die Abteilung II, lediglich mit knapp sechs Prozent vertreten. Eine nicht zu vernachlässigende Anzahl an Personenakten, die im Zuge der Erstellung neuer *Dossiers individuels* in der Nachkriegszeit aus ihren ursprünglichen Umschlagsmappen entnommen worden sind, erweist sich damit als nicht mehr eindeutig zuordbar.

Eine ähnlich ungleiche Verteilung tritt auch bei der Auswertung des Geschlechts derjenigen zutage, deren vermeintliches Vergehen zur Ermittlungsgrundlage der Gestapo wurde. In über 90 Prozent der Fälle werden die Akten gegen einen Mann, nur in knapp neun Prozent gegen eine Frau geführt. Einige wenige Akten können darüber hinaus als Sachakten gekennzeichnet werden und beziehen sich entweder auf ein Unternehmen, einen fremdländischen Nachrichtendienst oder sind Sammelakten. Stellt man das Geschlecht der in der Personenakte behandelten Person dem Laufzeitbeginn gegenüber, lassen sich bereits interessante Aussagen für einen Wandel in der Ermittlungstätigkeit der Gestapo Trier treffen. Bis 1937 wurden noch verhältnismäßig mehr Akten gegen einen männlichen Verdächtigen angelegt, was sich ab dem Jahr 1938 ändert. Während der Kriegsvorbereitungen und insbesondere in der Kriegszeit selbst erweiterte sich mit der alltäglichen Arbeitspraxis auch der Kreis der unter Überwachung zu stellenden Personen. Während mit Kriegsbeginn zu den reichsdeutschen Personen auch Fremd- und Ostarbeiter sowie zur Arbeit ins Reich verschleppte Kriegsgefangene überwacht werden mussten, nahmen auch die deutschen Frauen einen wichtigeren Part innerhalb der »Volksgemeinschaft« ein. In Bezug auf die Kriegsgefangenen und Fremdarbeiter, gegen die vor allem wegen begangener Arbeitsvergehen ermittelt wurde, lassen sich im hier zugrundeliegenden Bestand nur wenige Akten finden, da diese Delikte federführend von Abteilung II bearbeitet wurden[72]. Die Präsenz der ausländischen Arbeiter und Kriegsgefangenen im Deutschen Reich führte im Gegenzug jedoch auch zu neuen Straftatbeständen, unter denen insbesondere derjenige des »Verbotenen Umgangs« hervorzuheben ist. Zwar konnten im Zuge dieses Gesetzes sowohl Männer als auch Frauen ins Visier einer nationalsozialistischen Verfolgungsbehörde geraten, jedoch waren Frauen im Falle einer intimen Beziehung zu einem ausländischen Mann der deutlich härteren Bestrafung ausgesetzt. Der hier vorliegende Personenaktenbestand weist alleine zehn Fälle »verbotenen Umgangs« von Frauen nach, die zwischen 1940 und 1944 ermittelt und mit bis zu einem Jahr und drei Monaten Zuchthaus bestraft wurden.

72 Vgl. dazu die Tagesrapporte der Gestapo Trier, die vom 27. September 1939 bis zum 10. März 1942 erhalten sind und in überdurchschnittlich hohem Maße Arbeitsvergehen, die in einer Verhaftung durch die Gestapo mündeten, dokumentieren. In: LHA Ko, Best. 442, Nr. 15792. Eine erstmalige Auswertung dieser seriellen Quelle, die in der Forschung leider bisher vernachlässigt wurde, erfolgte durch Martin Spira: Einblicke in die Verfolgungstätigkeit der Staatspolizeistelle Trier. Die Tagesrapporte 1939 bis 1942, in: Grotum (Hg.), Die Gestapo Trier (wie Anm. 18), S. 129–145.

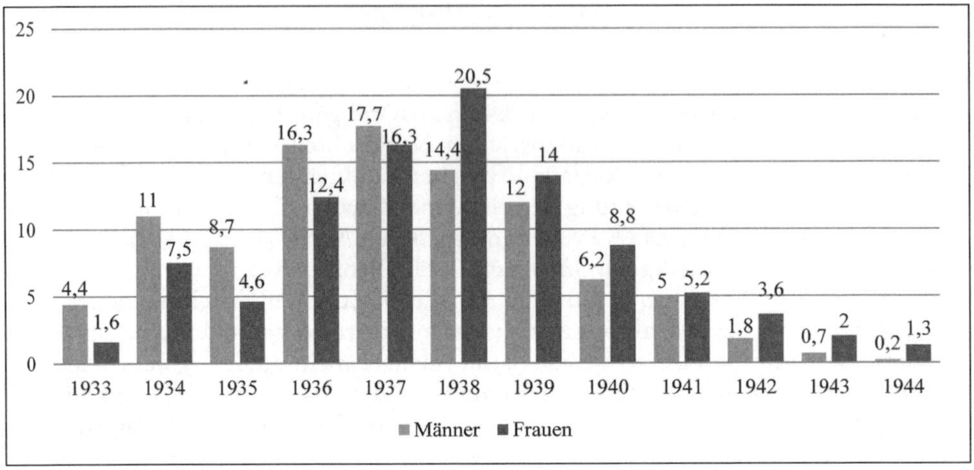


Grafik 2: Verteilung des Aktenbeginns in Jahren nach dem Geschlecht (Angaben in %). Neben den in dieser Grafik abgebildeten Akten, die sich lediglich auf diejenigen beziehen, die von der Gestapo selbst (ab 1933) angelegt wurden, existieren auch Personenakten, deren Laufzeit bereits seit 1908 begann, und die von der Gestapo lediglich fortgeführt wurden. Der Übersichtlichkeit halber wurde auf eine Darstellung dieser Fälle verzichtet. Die Häufigkeiten der Jahre vor 1933 belaufen sich für die Jahre 1908 bis1928 für Männer und Frauen auf unter 0,1 %, für die Jahre 1929 bis 1932 auf unter 1 %. Quelle: Verfasser.

Unter Bezugnahme auf den Kriegsbeginn vom 1. September 1939 wurden nicht nur viele Männer an die Front und damit zu einem nicht unerheblichen Teil aus dem Verfügungsrahmen der Geheimen Staatspolizei in Trier gezogen, sondern auch die Frauen gezwungen, sich in die zuvor als Männerdomänen geltenden Arbeitsbereiche einzufinden. Die einschneidende Wirkung des Kriegsbeginnes wirkte sich auch maßgeblich auf die alltägliche Arbeitspraxis der Geheimen Staatspolizei aus, die nun vermehrt auch Frauen ins Visier der Überwachung und Verfolgung treten ließ. Während mehr als ein Viertel aller gegen Frauen angestellten Ermittlungen durch die Gestapo Trier nach Kriegsbeginn aufgenommen worden sind, entfallen von den Ermittlungen gegen Männer weniger als ein Fünftel auf die Zeit nach dem deutschen Überfall auf Polen. Diese Verhältnisbestimmung definiert klar die Bedeutung des Kriegsbeginnes für die Ermittlungspraxis einer Staatspolizeistelle vor Ort.

Während die Geschlechterverteilung vor allem kriegsbedingt Änderungen unterworfen war, schlägt sich in der Verteilung der Delikte und Ermittlungsgrundlagen der Gestapo Trier vor allem die Grenzlage der Staatspolizeistelle nieder. Die in Grafik 3 dargestellten Häufigkeitsverteilungen stellen eine Auswahl der am stärksten vertretenen und der besonders zu erwähnenden Delikte dar.

Schon der ungemein hohe Anteil von Spionage- und Spionageverdachtsfällen, die Ermittlungen der Gestapo Trier erforderlich zu machen schienen, verdeutlicht einerseits die übermäßige Präsenz von Personenakten der Abteilung III, andererseits die Bedeutung der Grenze für die Arbeitspraxis der Gestapo vor Ort. Die vermeintliche Bedrohung des Deutschen Reiches durch Spione ausländischer Nachrichtendienste erscheint in vielen Fällen schon fast als Paranoia der Kontrollbehörden, die sich darin äußerte, nahezu jeden die Grenze ins Reich passierenden Ausländer unter den Generalverdacht der Spionage zu stellen. Den überwiegenden Teil der Spionageverdächtigen bezichtigte man der Tätigkeit für den französischen Nachrichtendienst – entweder für das *Deuxième Bureau* selbst oder eine seiner Außenstellen. Mit 104 Akten ist die vermeintliche und tatsächliche Mitgliedschaft bei »Polux«, dem *Poste luxembourgeoise* des französischen Nachrichtendienstes eine nicht zu vernachlässigende Größte von knapp zehn Prozent innerhalb des Spionagebestandes.

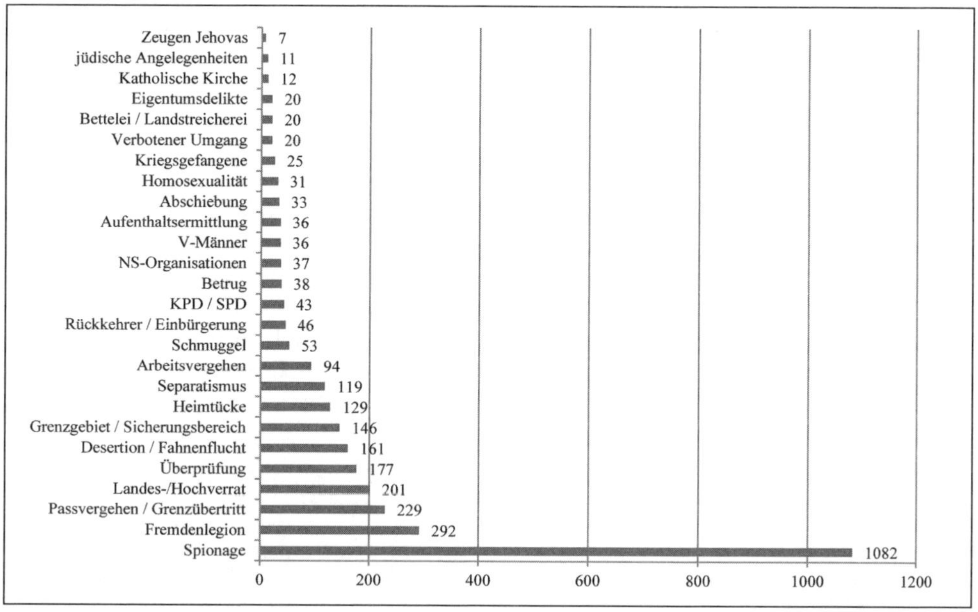


Grafik 3: Deliktkategorien nach Häufigkeit. Quelle: Verfasser.

Auch die in der Häufigkeit folgenden Ermittlungen zur Fremdenlegion bzw. zu zurückkehrenden Fremdenlegionären und zu regulären Grenzvergehen (Passvergehen, unerlaubter Grenzübertritt) resultieren aus der ungleichen Verteilung der Akten über die Abteilungen II und III. Deutlich wird dies insbesondere auch an der Kontrastierung dieser speziellen Grenzdelikte mit den allgemein unter politisch motivierten Delikten zu fassenden Landes- und Hochverratsfällen, »Heimtücke«-Angelegenheiten und Ermittlungen zu KPD- und SPD-Anhängern. Eigentlich müsste das Vorgehen gegen politisch Andersdenkende und auch gegen gesellschaftliche Minderheiten mit einem deutlich höheren Anteil innerhalb der Gestapo-Akten vertreten sein, die Vorsortierung nach Kriegsende lässt dies jedoch nicht zu.

So sind etwa aus den Ermittlungs-, Verfahrens-, Hand- und Gnadenakten der Generalstaatsanwaltschaft am Oberlandesgericht (OLG) Hamm, das für die Aburteilung von Hoch- und Landesverrats sowie Spionageangelegenheiten zuständig war, bereits 63 Verfahren mit insgesamt 137 Angeklagten aus dem Regierungsbezirk Trier bekannt[73], in deren polizeiliche Vorermittlungsarbeit und möglicherweise auch in

73 LA-NRW, Abteilung Westfalen (Abt. Westf.), Best. Q 211a, Nr. 845 f., 1073 f., 1346–1348, 1426–1428, 1484 f., 1488 f., 1565–1567, 1706, 2258–2261, 2620 f., 2716, 2723–2726, 2801–2803, 3319–

die Verhaftung die Gestapo Trier mindestens einbezogen war. In diesem Kontext fällt insbesondere der große »Kommunistenprozess« vom 21. Dezember 1936 in Trier ins Auge, der gegen 36 Trierer Kommunisten/innen geführt wurde. Dass die Gestapo Trier die Vorermittlungen und teils auch die Verhaftungen durchführte, geht aus den Justizakten hervor, die neben den Verhörprotokollen auch Festnahmeanzeigen und Haftbefehle enthalten, die das Vorgehen der Gestapo-Beamten gegen die Trierer Kommunisten in sieben Bänden dokumentieren. Des Weiteren existiert die Personenakte zu einem der V-Männer, mit denen das kommunistische Milieu der Region infiltriert wurde. Dieser, ein luxemburgischer Student, lieferte nicht nur verlässliche Aussagen zu den Geschwistern Aurelia, Friedrich und Wilhelm Torgau sowie dem führenden KPD-Funktionär Anton Faldey in Trier und der Zusammenarbeit mit der luxemburgischen KPL, sondern geriet wegen Erpressung selbst ins Visier der staatspolizeilichen Verfolgung. Aufgrund dessen wurde er selbst ein halbes Jahr nach Wilhelm Torgau am 10. September 1935 verhaftet und nach seiner Haftentlassung ein Jahr später als »lästiger Ausländer« aus dem Reichsgebiet ausgewiesen[74]. Die Personenakte zu besagtem V-Mann, die bedeutende Informationen zur Verfolgung der führenden Trierer Kommunisten liefert, hat sich mitunter nur zufällig erhalten, da dieser kurzzeitig sogar als »Nachrichtenbetrüger« in Trier in Verruf geraten war.

Nicht nur im Hinblick auf die übermittelten Deliktfälle ist die Diversität der Einzelakten nicht so groß, wie zu erwarten gewesen wäre.

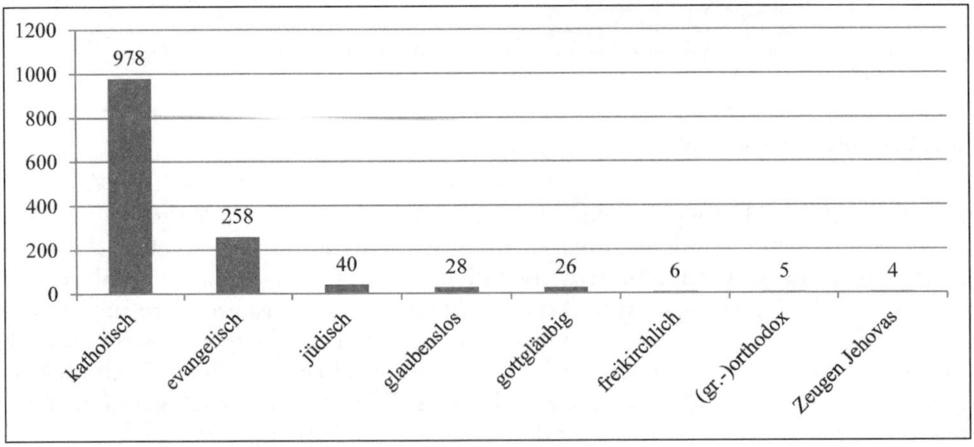


Grafik 4: Religionszugehörigkeit (soweit bekannt) in absoluten Zahlen. Unter »freikirchlich« wurden apostolische, neuapostolische und freidenkende Glaubensrichtungen zusammengefasst. Quelle: Verfasser.

3323, 3793 f., 4255 f., 5428–5431, 5895–5898, 6225 f., 6325 f., 6716 f., 8915 f., 9378–9381, 9431–9434, 9464–9467, 9662–9710, 9798 f., 9835, 9899–9904, 9921, 9978–9981, 10009 f., 10139–10142, 10145–10147, 10195, 10228, 10244–10246, 10260, 10263, 10324, 10331 f., 10361, 10392, 10598, 10809, 10899, 10974, 11019, 12365, 12950 f., 13303–13326, 13859–13863, 14539–14542, 14909 f., 14913 f., 14953 f., 14983–14985, 15383 f., 15445–15448, 15531–15533, 16375, 16385, 16388.

74 SHD, GR 28 P 8, 3238.

Die konfessionelle Struktur, die sich aus den überlieferten Personenakten ergibt, entspricht nicht der Religionszugehörigkeit in der Region. Das verwundert kaum. In der Stadt Trier waren im Jahr 1933 89,5 % der Einwohner katholischen und 9,1 % evangelischen Glaubens. 1,0 % der Einwohner, 796 Personen, wurde als Glaubensjuden gezählt. Das Verhältnis änderte sich bis zum Jahr 1939 geringfügig. Obwohl die absolute Zahl der Katholiken anstieg, verringerte sich ihr Anteil auf 85,6 %. Die Zahl der Anhänger des evangelischen Glaubens nahm zu (10,4 %), während die des mosaischen Glaubens sich auf 0,5 % halbierte (370 Einwohner)[75]. In den Landkreisen des Regierungsbezirks bewegte sich der Katholikenanteil sowohl 1933 als auch 1939 oft über 95 %. Im Landkreis Prüm waren beispielswiese zu Beginn des NS-Regimes 98,5 % der Einwohner katholischen Glaubens, im Landkreis Trier vor Ausbruch des Zweiten Weltkriegs 96,4 %[76].

Da ein wesentlicher Bestandteil der in den überlieferten Personenakten dokumentierten Delikte mit der Grenzüberwachung in Verbindung steht, und davon nicht nur Personen betroffen waren, die im Regierungsbezirk Trier lebten, fällt der Anteil an Katholiken mit knapp 73 % geringer sowie der Anteil der Protestanten mit etwas mehr als 19 % höher aus. Personen mit mosaischem Glaubensbekenntnis machten etwa 3 % aus[77].

Ähnliches ist für das Verhältnis der Staatsangehörigkeiten der betroffenen Personen festzustellen[78]. Die Überwachung der eigenen Bevölkerung stand im vorliegenden Personenaktenkonvolut deutlich im Zentrum, sodass nahezu ein Drittel der überlieferten Akten für Reichsdeutsche angelegt worden sind. Die verhältnismäßig größten ausländischen Personengruppen wurden von Luxemburgern und Franzosen gestellt. Auch dies überrascht nicht aufgrund der bereits mehrfach dargelegten Gründe. Nicht nur die direkte Grenzlage zu den beiden Staaten, sondern auch die Fokussierung der Spionageaufklärung, respektive Gegenspionage durch die Abteilung III der Gestapo Trier ließ insbesondere Grenzbewegungen und damit auch Grenzbevölkerung im luxemburgischen und französischen grenznahen Gebiet in den Fokus rücken. Die daran anschließend nur noch marginal ins Gewicht fallenden Staatsangehörigkeiten sind ebenso divers, wie es Urlaubs- und Geschäftsreisende im Europa der 1930er Jahre gab. Zahllose wenig umfangreiche und damit nicht selten auch wenig aussagekräftige Akten wurden zu ausländischen Reisenden angelegt, die im Falle ihres Grenzübertrittes angehalten und meist auch unter dem Vorwand einer Devisenkontrolle unter die Lupe genommen werden sollten. Dass dies nicht selten im Zuge regulärer Grenzkontrollen geschah, muss hier wohl kaum explizit ausge-

75 Heinz Monz, Die konfessionellen Verhältnisse der Trierer Bevölkerung, in: Kurtrierisches Jahrbuch 5 (1965), S. 104–116, hier S. 105.

76 Die Zahlen zur Konfessionsstruktur in den Jahren 1933 und 1939 befinden sich in: Statistik des Deutschen Reichs, Bd. 451: Volks-, Berufs- und Betriebszählung vom 16. Juni 1933, Heft 3: Die Bevölkerung des Deutschen Reichs nach der Religionszugehörigkeit, Berlin 1936; Statistik des Deutschen Reichs, Bd. 552: Die Bevölkerung des Deutschen Reichs nach den Ergebnissen der Volkszählung 1939, Heft 3: Die Bevölkerung des Deutschen Reichs nach der Religionszugehörigkeit. Tabellenteil, Berlin 1942; ibid., Heft 4: Die Juden und jüdische Mischlinge im Deutschen Reich, Berlin 1944.

77 Berechnungen auf Grundlage der Zahlen in Grafik 4.

78 Vgl. dazu Grafik 5.

führt werden, denn die Gestapo war ab 1936 für die Überwachung des gesamten Grenzverkehrs und für die personelle Besetzung der Grenzpolizeiposten und Grenzpolizeikommissariate zuständig, die naturgemäß entsprechende Ein- und Ausreisekontrollen durchzuführen hatten.

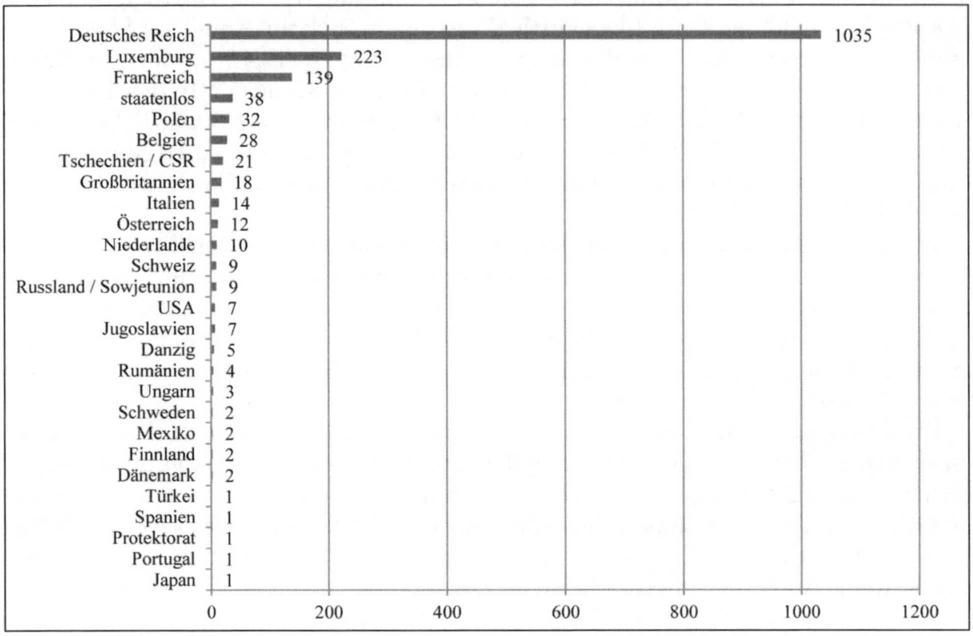


Grafik 5: Staatsangehörigkeit der überwachten Personen. In die Darstellung wurden nur jene Personenakten mit einbezogen, in deren Ermittlungsgang die Staatsangehörigkeit des vermeintlichen Delinquenten geklärt wurde. In 1901 Fällen blieb diese ungeklärt. Quelle: Verfasser.

## Einzelfälle

Um im Speziellen an dieser Stelle einige Forschungsfelder skizzieren zu können, sollen einige exemplarische Fälle, ausgehend von den Personenakten der Gestapo Trier, vorgestellt werden. Diese können aufgrund ihrer Ausschnitthaftigkeit selbstverständlich nicht die Bandbreite möglicher Forschungsansätze mittels des Personenaktenbestandes darstellen, vermitteln jedoch einen ersten Einblick in zum Teil bisher vernachlässigte Themenfelder der Gestapoforschung. Sie widmen sich im Folgenden einem Spionagefall, einem französischen Kriegsgefangenen bzw. Zivilarbeiter in Trier und einem V-Mann der Gestapo, gegen den nach 1945 aufgrund seiner Tätigkeit ein Verfahren wegen Verbrechens gegen die Menschlichkeit eingeleitet wurde.

Aufgrund der bereits schon mehrfach angesprochenen Konzentrierung des Bestandes auf die Personenakten der Abteilung III soll an dieser Stelle ein Spionagefall porträtiert werden, dessen Ermittlungsgegenstand eine der Hauptaufgaben jener Auslandsabteilung der Geheimen Staatspolizei darstellte. Von besonderer Bedeutung in Trier war neben der Fokussierung Frankreichs selbstverständlich das Großherzogtum Luxemburg, das schon in der Zwischenkriegszeit zu einem Operations- und Einsatzgebiet des französischen Nachrichtendienstes geworden war[79]. Dem kam vor allem auch die profranzösische Einstellung Luxemburgs zugute, die die Franzosen bereitwillig unterstützten und eine immer deutschfeindlichere Stimmung in Luxemburg entstehen ließ. Dies registrierte auch die Gestapo Trier, die bereits in ihrem Lagebericht für August 1934[80] erstmals einen separaten Abschnitt über Luxemburg ergänzte und darin unter anderem festhielt, dass »sich die seit der Machtübernahme festzustellende feindliche Stimmung gegen das neue Deutschland in der letzten Zeit weiter verschärft« habe und dass »[d]iese bedauerliche Entfremdung zwischen Deutschland und Luxemburg [...] durch die geschickt arbeitende französische Propaganda noch verstärkt«[81] werde. Diese frankophile Stimmung im Großherzogtum ermöglichte es dem französischen *Deuxième Bureau*, mit der *Poste d'Alerte Luxembourg* (Polux) dort am 10. Mai 1936 eine Nebenstelle des Metzer Nachrichtenbüros *Bureau Regionale d'Études à Metz* (BREM) einzurichten[82]. Wie viele Informanten und Nachrichtendienstler dort tatsächlich unter Leitung des Capitaine Jean Nicolas Fernand Archen[83] tätig waren, lässt sich nicht rekonstruieren. Der Wehrmacht war es beim Einmarsch im Großherzogtum jedoch möglich, das gesamte nachrichtendienstliche Material der Polux-Dienststelle im Hauptsitz in der 250, Rue Belair in Luxemburg-Stadt zu konfiszieren, sodass die Gestapo Trier, die mit den weiterführenden Ermittlungen beauftragt worden war, gegen mehr als 40 vermeintliche luxemburgische Agenten des französischen Nachrichtendienstes Ermittlungen aufnehmen konnte. Anhand der vergebenen Kürzel für die Agenten, die teils in den konfiszierten Unterlagen genannt und folglich in den Ermittlungen der Gestapo berücksichtigt wurden, kann man jedoch davon ausgehen, dass mindestens 130 Agenten zwischen 1936 und 1940 für die Polux gearbeitet haben müssen. Der im unmittelbar an der Grenze zum Deutschen Reich lebende luxemburgische Reichsbahnbetriebswirt Albert Thill (»L 124«) war einer dieser Agenten[84]. Seine Hauptaufgabe bestand seit Anwerbung im Juni 1938 darin, die deutschen Befestigungsanlagen des Westwalls beziehungsweise die im Bau befindlichen Anlagen zu beobachten, die er offenbar zur vollsten Zufriedenheit seines Auftraggebers Archen erfüllte. Am 7. November 1941 wurde Thill schließlich wegen Spionageverdachts festgenommen und *bis zur Klärung der Angelegenheit in Polizeihaft*[85] im Gefängnis Trier inhaftiert. Die Ermittlungen und Verhöre der Gestapo Trier brachten wohl das Geständnis Thills hervor, die Aufträge für Archen ausgeführt zu haben, die Unternehmung von »Ausspähungsreisen« ins Deutsche Reich stritt er jedoch vehement ab. Nach drei Wochen

79 Vgl. dazu, wie generell zur Gestapo als Dienststelle zur Spionageabwehr: Jochmann, Abwehr (wie Anm. 27), S. 211.

80 Lagebericht der Gestapo-Stelle Trier für August 1934, in: Anselm Faust, Bernd.-A. Rusinek, Burkard Dietz (Bearb.), Lageberichte rheinischer Gestapostellen, 3 Bde. in 4 Teilbänden, Düsseldorf 2012–2016 (Publikationen der Gesellschaft für rheinische Geschichtskunde 81), hier Band I: 1934, S. 338–351.

81 Ibid., S. 350f.

82 Jochmann, Abwehr (wie Anm. 27), S. 212.

83 Archen publizierte in den 1960er Jahren seine Memoiren: Lieutnant-Colonel Archen, Missions spéciales au Luxembourg, Paris 1969.

84 SHD, GR 28 P 8, 3600.

85 Ibid., Bl. 25 (Vermerk über Thills Festnahme mit Festnahme-Anzeige).

Schutzhaft erließ das Amtsgericht Trier schließlich offiziell Haftbefehl gegen ihn und betrachtete den Straftatbestand des Landesverrats nach § 89 RStGB als erfüllt. Obgleich Abs. 2 des Gesetzes für den Fall, dass der Täter ein Ausländer ist – was bei Thill zutrifft – von einer Todesstrafe absehen und auf lebenslangen Zuchthaus erkennen lässt, befürworteten das Reichssicherheitshauptamt (RSHA), das Oberkommando der Wehrmacht (OKW) und schließlich im März 1942 auch der Oberreichsanwalt am Volksgerichtshof (VGH) Berlin die Einstellung des Ermittlungsverfahrens gegen Thill, da es sich bei ihm um einen Ausländer handele, der seine Tat zwar zum Nachteile des Deutschen Reiches, jedoch ausschließlich im Ausland begangen habe, was dem deutschen Justizwesen keine Handlungsmöglichkeit ihm gegenüber zugestehe. Obwohl alle leitenden Instanzen somit eine Strafverfolgung nicht für möglich und nötig hielten, beantragte man im Mai 1942 seine Inschutzhaftnahme für die Dauer des Krieges, da *er auch künftig seine deutschfeindliche Haltung beibehalten wird.*[86] Am 9. Juli 1942, nach neun-monatiger Inhaftierung in Trier, erfolgte schließlich seine Überführung ins Konzentrationslager Sachsenhausen.

Nach einem Jahr Schutzhaft in Sachsenhausen wurde von Seiten der Gestapo Trier für Albert Thill und Emil Vanheege (den zweiten noch inhaftierten »POLUX-Schutzhäftling«[87]) ein Entlassungsantrag gestellt, der am 13. Dezember 1943 wiederholt wurde. Als Begründung führte man jedoch in beiden Fällen keine vermeintlich erfolgte Besserung der Häftlinge angesichts ihrer Haltung dem Deutschen Reich gegenüber an, sondern lediglich die Tatsache, dass andere Polux-Schutzhäftlinge *bereits vor langer Zeit entlassen worden*[88] seien. Trotz der mehrfachen Anmahnung einer Entlassung Thills wurde dieser letztlich erst am 6. Juni 1944 aus dem Konzentrationslager entlassen, woraufhin er sich beim Einsatzkommando Luxemburg (EKL) zu melden hatte. Scheinbar war man sich auch in der deutschen Dienststelle seinen Fähigkeiten als Nachrichtenagent bewusst, sodass man ihn nicht nur nach dreieinhalbjähriger Haft wieder regulär *in den Arbeitsprozess* eingliederte, sondern ihn als V-Person für das EKL verpflichtete[89]. Der Fall Albert Thills verdeutlicht dabei nicht nur die Tätigkeit der Staatspolizeistelle über die ursprünglichen Landesgrenzen des Deutschen Reiches hinweg, sondern beschreibt auch deren organisatorische Verflechtung in Staats- und Parteiinstitutionen, die teils im Widerstreit und teils auch in Übereinkunft die Verfolgung politischer Gegner sicherzustellen versuchte.

Die Überwachung und Verfolgung von Kriegsgefangenen und Zwangs-/Fremdarbeitern im Deutschen Reich durch die Geheime Staatspolizei ist zwar bereits seit einiger Zeit in den Fokus der Forschung getreten, die Konzentration auf den Umgang mit polnischen oder sowjetischen Männern bestimmt jedoch dabei maßgeblich den Trend. Aus den westlichen Nachbarländern stammende Kriegsgefangene, die natürlich vor allem im Westen des Reichsgebiets präsent waren, und deren unmittelbaren Konfrontationspunkte mit den deutschen Ordnungs- und Verfolgungsbehörden sind hingegen in den Hintergrund gerückt. Wenn auch die Personenakten der Gestapo Trier nur in begrenztem Umfang Rückschlüsse auf den tatsächlichen Um-

86 Ibid., Bl. 99.
87 Ibid., Bl. 120.
88 Ibid.
89 Ibid., Bl. 130.

fang des Anteils der Vorgänge vor allem französischer Kriegsgefangener in der täglichen Arbeitspraxis geben können, gewann dieser nicht zuletzt bedingt durch die direkte Grenzlage der Stadt Trier zunehmend an Bedeutung. Der Umgang mit französischen Zivilarbeitern, die mitunter in städtischen Betrieben zur Arbeit eingesetzt wurden, verschärfte sich insbesondere mit dem Fortschreiten des Krieges. Auf den französischen Straßenbahnfahrer Raoul Leroux, der bereits seit dem 8. März 1943 bei den Stadtwerken Trier angestellt war, traf dieses verschärfte Vorgehen der Gestapo besonders zu.

Gegen ihn sollte – so forderte es der Arbeitgeber Lerouxs am 17. Januar 1944 – *ein Exempel statuiert* werden[90]. Dieser soll ein NSDAP-Mitglied, das ihn beim Betätigen der Bremskurbel einige Male behinderte, weil er sich weigerte, in den hinteren Bereich der Straßenbahn durchzugehen, *in unerhört frecher Weise* angeschrien haben. Da dies jedoch am Verhalten des Deutschen nichts geändert habe, hat ihn Leroux schließlich kurz vor der Haltstelle Porta Nigra aus der Bahn geworfen. Betriebsführer Hammerschmidt der Stadtwerke forderte von der Staatspolizeistelle, Leroux *durch eine Ihnen geeignet erscheinende Erziehungsmassnahme beizubringen, wie ein ausländischer Arbeiter sich deutschen Volksgenossen gegenüber zu benehmen hat*. Als angemessen erachtete man es, den Franzosen nach einer Inhaftierung im Gefängnis »Windstraße«[91], am 27. Januar 1944 ins SS-Sonderlager/KZ Hinzert zu überstellen, wo er eine vierwöchige Erziehung genießen sollte.[92] Im Anschluss entließ man ihn wieder zu seiner alten Arbeitsstelle – eine gängige Praxis, um die Arbeitsmoral der anderen ausländischen Arbeiter zu steuern und gelegentlich vorkommendes widersetzliches Verhalten zu unterdrücken. Deutlich wird anhand dieses Einzelfalls nicht nur die Bedeutung der Zuträgerschaft aus der Gesellschaft, die erst zur Aufnahme von Ermittlungen durch die Geheime Staatspolizei führten, sondern auch die gängige Praxis der Statuierung von Exempeln als Präventivmaßnahme, die insbesondere zu Kriegsbeginn und in der Endphase des Krieges nachzuvollziehen sind.

Als abschließendes Beispiel soll der Fall des Kölner Karnevalsprinzen Leo Statz[93] vorgestellt werden, der einerseits die Auswirkungen einer Ermittlung in die Nachkriegszeit vor Augen führt und andererseits den ländlichen Eifelraum berührt. Gefeiert als »Märtyrer des Brauchtums«[94] war Statz schon vor der Machtübernahme der NSDAP durch bewusst antirassistische Karnevalsliedtexte aufgefallen und zog mit fortschreitender Herrschaftsdauer der Nationalsozialisten deren Überwachung und schließlich auch Verfolgung auf seine Person. Ausschlaggebend für nähere Ermittlungen der Gestapo in Trier zu Leo Statz waren die Mitteilungen, die dessen Filialleiter Hans Wienhusen, der als Vertrauensperson der Trierer Staatspolizei tätig war, gegenüber den Beamten äußerte. Am 22. August 1943 meldete dieser unter dem Kürzel »06« bzw. »70 06«[95] beim N-Referat, dass ihm schon *seit längerer Zeit* auffalle,

90 Personenakte des Raoul Leroux: SHD, GR 28 P 8, 3277. Folgende Zitate: ibid.
91 International Tracing Service (ITS) Bad Arolsen, Doc. No. 11371126#1 (Gefangenenbuch 1944).
92 SHD, GR 28 P 8, 3277.
93 Ibid., 3278.
94 Carl Dietmar, Marcus Leifeld, Alaaf und Heil Hitler. Karneval im Dritten Reich, München 2010, S. 179.
95 BArch Berlin, R 58/1134 (Personalbogen zu Wienhusen als V-/W-Mann der Gestapo Trier). Die beiden Kürzel »06« und »70 06« beziehen sich auf dieselbe Person, da alle V-Leute der Gestapo

*dass der Direktor Leo Statz vom Birresborner Mineralbrunnen [...] ein ausgesprochener Staatsfeind ist.*[96] Außerdem wies er darauf hin, sich mit Statz noch am gleichen Tag in der Trierer Göbenkaserne zu befinden, wo sich Beamte in Zivil am Nachbartisch platzieren sollten, wo sie *U. U. [...] mancherlei hören können.*[97] Man folgte der Aufforderung des als zuverlässig beschriebenen V-Mannes, fand sich in der Kantine der Göbenkaserne in Trier-Nord ein und konnte ein Gespräch zwischen Wienhusen, Statz, dem Kantinenbesitzer und dessen Ehefrau sowie drei Wehrmachtsoffizieren belauschen, das mit zunehmendem Alkoholkonsum des Statz die Verdachtsmomente, die Wienhusen geäußert hatte, bestätigen sollte.

Nach anschließenden Ermittlungen und Zeugenvernehmungen wurde Leo Statz am 1. September 1943 schließlich von der Gestapo Trier verhaftet, verhört und im Gefängnis in der Windstraße als *Pol[itischer] Häft[ling]*[98] eingeliefert. Er bestritt vehement, staatsfeindliche oder wehrkraftzersetzende Aussagen getätigt zu haben, beziehungsweise sich wegen übermäßigen Alkoholkonsums nicht mehr an die gesamte Unterhaltung erinnern zu können. Jedoch führte er seinen Angestellten Wienhusen als verlässlichen Zeugen an und bat um erneute Vernehmung desselben. Dieser gab am 8. September 1943 schließlich eine abgeschwächte Version seiner V-Mann-Meldung zu Protokoll und erklärte sich damit, seinen Chef nicht über die Maßen belasten zu wollen, um seine Anstellung nicht zu gefährden. Die Tatsache, dass die diese Vernehmung führenden Beamten keine Abweichung in seiner Schilderung feststellen konnten, beweist, dass die Identität der V-Leute selbst innerhalb der Dienststelle nicht allgemein bekannt war und deren Persönlichkeitsschutz auch während staatspolizeilicher Ermittlungen aufrechterhalten wurde. Letzten Endes befand man Statz' Fall nach abgeschlossener Ermittlungsarbeit der Überstellung an den Volksgerichtshof Berlin würdig, sodass er am 16. September von Trier nach Berlin-Moabit überführt wurde.[99] Für den Fall, dass ein Freispruch erfolgen sollte, sorgte man vor und versicherte sich in Berlin-Moabit rück, dass *Statz bei gerichtlicher Freilassung zur Verfügung des Reichssicherheitshauptamtes in Berlin*[100] und damit als Schutzhäftling weiterhin zu inhaftieren sei. Dazu musste er jedoch nicht kommen, da nach Anklageerhebung durch den Oberreichanwalt am 18. September 1943[101] bereits in der Hauptverhandlung am 27. September 1943 unter Vorsitz von Roland Freisler das Urteil gefällt wurde (Abb. 4).

Trotz zahlreicher Gnadengesuche wurde das von Freisler gefällte Todesurteil über Leo Statz am 1. November 1943 vollstreckt. Der als V-Mann agierende Wienhusen wurde wegen Denunziation seines Vorgesetzten und Verbrechens gegen die Menschlichkeit am 23. April 1949 vom Schwurgericht Düsseldorf zu lebenslänglichem Zucht-

Trier unter dem Vorzeichen »70« mit einer jeweils eigens zugeteilten Nummer geführt worden sind.

96 SHD, GR 28 P 8, 3278 (Meldung Wienhusens an das N-Referat der Gestapo Trier vom 2. August 1943).

97 Ibid.

98 ITS Bad Arolsen, Doc. No. 11370939#0#1 (Gefangenenbuch 1943).

99 Ibid.; SHD, GR 28 P 8, 3278 (Schreiben der Gestapo Trier an die Untersuchungshaftanstalt Berlin-Moabit vom 16. September 1943).

100 Ibid.

101 Anklageschrift in: SHD, GR 28 P 8, 3278.

haus und der Aberkennung der bürgerlichen Ehrenrechte auf Lebenszeit verurteilt[102]. Die auch im Revisionsverfahren vor dem Obersten Gerichtshof für die Britische Zone in Köln am 6. Februar 1950[103] bestätigte Strafzumessung begründete man damit, »dass der Angeklagte ohne jedes entschuldbare Motiv mit einem selten nachhaltigen Willen und unter Aufbietung aller ihm zur Verfügung stehenden Mittel Leo S[tatz] in den Tod getrieben hat.«[104]

## Wert des Bestandes für die Forschung zur Gestapo Trier

Die mehr als 3500 Personenakten der Gestapo Trier bilden den Kern der künftigen Forschung zur Geschichte der Staatspolizeistelle in der südlichen Rheinprovinz. Allerdings stehen sie nicht isoliert da, sondern können durch eine Vielzahl weiterer Quellenüberlieferungen ergänzt werden und eröffnen so neue Forschungsfelder. Die zahlreichen archivierten Justizakten – angefangen vom Volksgerichtshof[105] über das OLG Hamm[106] und die Sondergerichte Köln[107], Koblenz und Trier[108] bis hin zum Landgericht Trier[109] und den Amtsgerichten im Regierungsbezirk Trier[110] – fungieren dabei nun nicht mehr als »Ersatzüberlieferung«, sondern eröffnen unterschiedliche Perspektiven auf das Verhältnis von Gestapo und Justiz[111]. Die Vielfalt der in den letzten Jahren zusammengetragenen Quellen aus nunmehr fast vierzig Archiven bietet zudem einen detaillierten Einblick in die Organisationsstruktur und die »staatspolizeiliche Praxis«. Das gilt nicht nur für die vorhandenen Abteilungen mit unterschiedlichen Zuständigkeiten, die räumliche Gliederung in Außendienststellen, Grenzkommissariate und Grenzpolizeiposten[112] sowie das Berichts- und Kartei-

102 Dietmar, Leifeld, Alaaf (wie Anm. 95), S. 181; Urteilsabschrift in: Rüter-Ehlermann, Rüter (Bearb.), Strafurteile (wie Anm. 55).

103 Urteilsabschrift ibid., S. 444–447.

104 Ibid., S. 442.

105 Die Urteile des Volksgerichtshofes sind im Regelfall in den Akten enthalten. Zur Mikrofiche-Edition der überlieferten Anklage- und Urteilsschriften vgl. Widerstand als »Hochverrat« 1933–1945. Die Verfahren gegen deutsche Reichsangehörige vor dem Reichsgericht, dem Volksgerichtshof und dem Reichskriegsgericht. Erschließungsband zur Mikrofiche-Edition, bearbeitet von Jürgen Zarusky und Hartmut Mehringer, München 1998 (Texte und Materialien zur Zeitgeschichte, 7).

106 Siehe Anm. 71. Das Oberlandesgericht Hamm war von Beginn an eine Stütze des NS-Staates und verurteilte zwischen 1933 und 1945 mit Abstand die meisten Angeklagten in politischen Verfahren; vgl. auch Hans-Eckhard Niermann, Die Durchsetzung politischer und politisierter Strafjustiz im Dritten Reich. Ihre Entwicklung aufgezeigt am Beispiel des OLG-Bezirks Hamm, Düsseldorf 1995 (Juristische Zeitgeschichte, 3).

107 LA-NRW, Abt. Rheinl., Gerichte Rep. 0112 (Staatsanwaltschaft Köln - Sondergericht).

108 LHA Ko, Best. 584,001 (Staatsanwaltschaft Koblenz) und 584,002 (Staatsanwaltschaft Trier).

109 Ibid., Best. 583,002 (Landgericht Trier).

110 Ibid., Best. 602,001 ff. (Grundakten der Amtsgerichte).

111 Nikolaus Wachsmann, Zwischen Konflikt und Kooperation. Justiz, Polizei und Konzentrationslager im Dritten Reich, in: Jahrbuch der KZ-Gedenkstätte Mauthausen 9 (2015), S. 19–34.

112 Außendienststellen existierten zeitweise in Bitburg, Kyllburg, Prüm, Saarburg und Wittlich, Grenzkommissariate und Grenzpolizeiposten (1937) in Bleialf, Lützkampen, Neuerburg, Roth, Echternacherbrück, Wasserbilligerbrück, Igel, Nennig und Perl; Peter Brommer, Zur Tätigkeit der Gestapo Trier in den Jahren 1944/45, in Jahrbuch für westdeutsche Landesgeschichte 18 (1992), S. 325–368, hier S. 326; BArch Berlin, R 58/611.

wesen[113]. Das Personal der Staatspolizeistelle Trier sowie deren Selbstverständnis und Handlungsspielräume, die Zusammenarbeit mit diversen Akteuren in Polizei, Verwaltung und Partei, das Informanten-Netzwerk[114] sowie das Denunziantentum lassen sich im Rahmen einer »modernen« Institutionengeschichte in kulturhistorischer Erweiterung aus den Akten herausarbeiten.

Wie bereits häufiger angesprochen, handelt es sich bei den überlieferten Personenakten der Gestapo Trier nur um den Teil der ursprünglich angelegten Akten, der für den französischen Militärgeheimdienst von Interesse war, und bezieht sich überwiegend Quellen der Abteilung III (Abwehr). Sie behandeln insbesondere grenzpolizeiliche und nachrichtendienstliche Themen[115]. Somit bietet es sich an, die – bisher in der Gestapo-Forschung vernachlässigten – Themen »Grenze« und »Ausland« in den Mittelpunkt zu stellen. Der Aufgabenbereich des Grenzschutzes änderte sich infolge der politischen und militärischen Ereignisse dramatisch. Allein der Umfang der Reichsgrenze vergrößerte sich von etwa 8000 km (1937) auf ca. 27000 km (Herbst 1942)[116]. Die Bedeutung der Abteilung III innerhalb der Staatspolizeistellen nahm spätestens ab 1936 (Vierjahresplan) stets zu, was sich auch im Personalausbau niederschlug. Während die Abschnitte in den anderen Abteilungen ab Beginn des Zweiten Weltkriegs verkleinert oder gar aufgelöst wurden, nahm die Zahl der »Abwehr«-Mitarbeiter zu. Im Kontext der Staatspolizeistelle Trier bieten sich u. a. Detailstudien zum Saargebiet unter Völkerbundmandat (1933–1935)[117], zum Großherzogtum Luxemburg sowohl vor (1933–1940) als auch während der Besatzung (1940–1944)[118], aber auch zu den Ermittlungen gegen den *Poste d'Alerte Luxembourg* (POLUX)[119] oder der Überwachung ehemaliger Angehöriger der Fremdenlegion[120] an. Schließlich eröffnen die Akten einen Einblick in das Verhältnis von Gestapo und Gesellschaft, und zwar in einer ländlichen Region. Das bewusste Eindringen in den privaten

113 Neben der im Beitrag erwähnten Lichtbildkartei existiert eine weitere, 138 Karten umfassende Kartei; ITS Bad Arolsen, Doc. No. 12647484#1#2 bis 12647619#1#2 (Lichtbildkartei). Darüber hinaus sind die Lageberichte der Staatspolizeistelle Trier publiziert worden; FAUST, RUSINEK, DIETZ (Bearb.), Lageberichte rheinischer Gestapostellen (wie Anm. 81).

114 BArch Berlin, R 58/1134; LHA Ko, Best. 662,005, Nr. 5, 9–13, 33, 34; ibid., Best. 662,007, Nr. 88.

115 Zur Grenzpolizei als Bestandteil der Gestapo vgl. PAUL, Staatlicher Terror und gesellschaftliche Verrohung (wie ANm. 1), S. 40–55; WAGNER, Die Gestapo war nicht allein… (wie Anm. 5); Franz WEISZ, Die Nachrichtendienste von Gestapo, SD und Wehrmacht, in: Hans SCHAFRANEK, Johannes TUCHEL (Hg.), Krieg im Äther. Widerstand und Spionage im Zweiten Weltkrieg, Wien 2004, S. 215–246.

116 Thomas SANDKÜHLER, Von der »Gegnerabwehr« zum Judenmord. Grenzpolizei und Zollgrenzschutz im NS-Staat, in: Christian GERLACH (Hg.), Durchschnittstäter. Handeln und Motivation (Beiträge zur Geschichte des Nationalsozialismus, 16), Göttingen 2000, S. 95–154, hier S. 95.

117 MALLMANN, PAUL, Herrschaft und Alltag (wie Anm. 4); DIES., Milieus und Widerstand (wie Anm. 4).

118 Die monatlichen Lageberichte der Staatspolizeistelle Trier (1934–1936) enthalten oft auch einen Abschnitt über die Situation im Großherzogtum Luxemburg; FAUST, RUSINEK, DIETZ, Lageberichte rheinischer Gestapostellen (wie Anm. 81). Vgl. auch Paul DOSTERT, Luxemburg zwischen Selbstbehauptung und nationaler Selbstaufgabe. Die deutsche Besatzungspolitik und die Volksdeutsche Bewegung 1940–1945, Luxemburg 1985.

119 JOCHMANN, Abwehr (wie Anm. 27).

120 Ksenia STÄHLE, Gefährliche Rückkehrer? Fremdenlegionäre aus Sicht der Staatspolizeistelle Trier, in: GROTUM, Die Gestapo Trier (wie Anm. 18), S. 187–201.

Raum, wie dies anhand von Denunziationen im familiären oder nachbarschaftlichen Umfeld und dem Einsatz von V-Leuten in spezifischen Milieus nachvollzogen werden kann, spielt hierbei ebenso eine Rolle wie die Inklusionsangebote, die am Beispiel der sogenannten »Eindeutschungs-Polen«[121] und den zahlreich ausgesprochenen Verwarnungen herausgearbeitet werden können.

Die skizzierten Forschungsschwerpunkte werden im Rahmen eines von der Deutschen Forschungsgemeinschaft (DFG) geförderten Projekts bearbeitet, das unter dem Titel »Gestapo: NS-Terror vor Ort. Die Staatspolizeistelle Trier in der südlichen Rheinprovinz« an der Universität Trier angesiedelt ist[122].

121 Hierbei handelt es sich um eine Häftlingsgruppe im SS-Sonderlager/Konzentrationslager Hinzert. Die Betroffenen, meist polnische Zwangsarbeiter, waren wegen »verbotenen Umgangs« mit einer deutschen Frau verhaftet worden und wurden nicht – wie üblich – hingerichtet, sondern nach einer »rassischen Musterung« durch die zuständige Staatspolizeistelle einem »Wiedereindeutschungsverfahren« unterzogen. Dabei war vorgesehen, dass sie sich sechs Monate als Häftlinge in Hinzert »bewähren« sollten und parallel eine »Sippenüberprüfung« durch das Rasse- und Siedlungshauptamt der SS (RuSHA) überstehen mussten. Die praktische Umsetzung wich dabei oft von den normativen Vorgaben ab; Felix Klormann, »Eindeutschungs-Polen« im SS-Sonderlager/Konzentrationslager Hinzert. Zur Praxis des »Wiedereindeutschungsverfahrens«, in: Grotum, Die Gestapo Trier (wie Anm. 18), S. 115–128.

122 Das DFG-Projekt wird von Thomas Grotum und Lutz Raphael geleitet und von 2018 bis 2021 unter Mitarbeit von Andreas Borsch und Lena Haase durchgeführt.

Vincent Genin

# Pierre Renouvin et Jean-Baptiste Duroselle: une histoire des relations internationales »au deuxième degré«

Ces 7, 8 et 9 juin 2017, l'Institut historique allemand et l'Université Paris I Panthéon-Sorbonne, avec le concours du LabEx Écrire une histoire nouvelle de l'Europe (EHNE), ont accueilli les travaux du colloque international »Pierre Renouvin, Jean-Baptiste Duroselle (1917–2017). La construction d'une discipline, l'histoire des relations internationales«. Près de quarante-cinq intervenants issus d'une dizaine de pays étaient au rendez-vous, sous les auspices de Laurence Badel (Paris I Panthéon-Sorbonne). Ce fut un succès à la fois scientifique et épistémologique. Point d'ambiance d'autocélébration. Cette réflexion de la discipline sur elle-même laissera des traces durables. Elle devenait indispensable à la compréhension de la situation actuelle de l'histoire des relations internationales dans le champ intellectuel. Longtemps considérée comme »traditionnelle«, plate, assimilée par ses détracteurs à la vieille »histoire diplomatique« malgré les sauts qualitatifs opérés par Renouvin (*forces profondes*), par Duroselle (*processus décisionnel*) et par René Girault et ses continuateurs depuis les années 1980 (décloisonnement du cadre étatique et action des agents transnationaux), cette école historique figure rarement à l'agenda des sciences humaines et sociales. Robert Frank a entrepris cette re-situation mais il demeure une œuvre à écrire. Porté sur l'étude de son objet et peu enclin à pratiquer l'historiographie ou même l'ego-histoire, l'historien des relations internationales parle peu de lui-même. Historiciser l'histoire des relations internationales, ses concepts phares et ses promoteurs. Telle fut l'ambition de cette réunion[1].

Que s'en est-il dégagé? Des pistes très neuves ont émergé de la thématique articulée autour de la contestation épistémologique de l'histoire des relations internationales depuis les années 1920. Au-delà du cas italien, où l'histoire des relations internationales de Federico Chabod et Franco Valsecchi s'oppose à l'histoire diplomatique de Mario Toscano (Davide Burigana), de longs débats ont été consacrés au rapport complexe de cette école à celle des *Annales* (les »moutons noirs contre les apprentis stratèges«), qu'il s'agisse de leur concurrence dans la captation de fonds américains (Anne Kwaschik) ou de leurs mythes identitaires et leurs dettes mutuelles, à l'aune de leur rapport à l'espace belge – Henri Pirenne, Robert Demoulin, Frans Van Kalken – (Vincent Genin) ou des projets croisés de Renouvin et Braudel en vue de créer un diplôme en histoire au Brésil (Alexandre Moreli). Ensuite, le rapport de Renouvin et de Duroselle à leurs *stratégies de carrière* a été abordé. En remontant aux lendemains de la Grand Guerre, le colloque a traité de l'intégration de Renouvin,

1 Les présidents de séance: Stefan Martens, Georges-Henri Soutou, Antoine Prost, Antoine Fleury, Olivier Forcade, Antoine Marès, Peter Jackson et Martin Schulz; allocution de Thomas Maissen.

élève d'Aulard et entouré d'anciens dreyfusards (Valérie Tesnière, Emmanuel Naquet), aux intérêts étatiques de son époque (Anne Joly, Benjamin Gilles). Ses liens avec les fondations américaines avant 1940 et son activité de »diplomate scientifique« relativisent l'image exclusive d'un Duroselle atlantiste (Andrew Barros). Ce caractère permet l'émergence d'un aspect matriciel du parcours de ce dernier, à savoir ses réseaux catholiques (»Groupe Thalas«) qui le connectent à Arnold Wolfers et Hans Morgenthau (Florian Michel). Sa stratégie de carrière, mais aussi les récifs auxquels elle s'est heurtée, a été nourrie par son passage par l'Université de la Sarre (Rainer Hudemann), le CERI, la FNSP (Marie Scott, Sabine Jansen), Bologne (Frédéric Attal) et son difficile accès à la Sorbonne, dans le contexte d'une étude socialisée du Décanat de Renouvin (Christophe Charle). Une parenthèse: le »Journal de guerre« de Pierre Renouvin, celui d'un homme se résignant à Munich sans y adhérer, »maréchaliste de raison« jusque novembre 1942, anglophile, anticommuniste et voulant exclure le ton »sentimental« (Robert Frank).

Une troisième dimension s'est portée sur l'écriture de l'histoire. Au-delà du projet d'histoire mâtinée d'européisme entre Duroselle et Jean Monnet (Antonin Cohen), trois supports de diffusion sont traités. Le premier se fond dans les »Documents Diplomatiques Français«, arguments de légitimation politique du Quai d'Orsay de la »Revanche«, devenu scientifique sous l'impulsion de Renouvin et continué par Duroselle, s'affranchissant du »tabou« des origines de la guerre et s'attachant aux »petits groupes« de la politique étrangère (Maurice Vaïsse, John Keiger). Le deuxième s'attarde sur la matérialisation d'une revue *francophone* fondée en 1974 avec Jacques Freymond, »Relations internationales«, fruit d'un réseau franco-suisse et expression de distinction par rapport à l'héritage renouvinien (Antoine Fleury). Dans le même esprit que la réception de »La Décadence« de Jean-Baptiste Duroselle (Markus Bodler), le troisième support cerne le cas d'un ouvrage singulier de Pierre Renouvin, »La question d'Extrême-Orient. 1840–1940«, hors de son champ initial de compétence, présentant des choix géographiques parfois contestés et étudiant la question du »marché«, à l'heure où l'histoire des relations internationales économiques et bancaires n'a pas encore éclot (Hugues Tertrais). Renouvin contribue à lancer le difficile parcours des études asiatiques en marge du monopole »Langues-O'« (Pierre Journoud).

Après la tenue d'une table ronde (Laurence Badel, Éric Bussière, Élisabeth Du Reau, Wilfried Loth, Jean-Marc Delaunay), la quatrième dimension touche à la diffusion des conceptions des deux historiens français hors de leur sphère linguistique. En passant par l'accueil réservé par l'espace britannique incarné par D. C. Watt (Peter Jackson), par le monde des historiens espagnols emmené par José Maria Jover (Carlos Sanz Diaz), la traduction très prompte en arabe de l'»Histoire des relations internationales« (Mohieddine Hadhri), l'exemple erratique de la longue »crise américaine« face à cette discipline (William Keylor) ou les aléas inattendus du rapport de Duroselle à la Grèce (Elli Lemonidou), on retiendra aussi la stimulante réception, partiellement tronquée, des »forces profondes« dans la Pologne du Bloc: l'on y estime que Renouvin n'est pas un *si* grand opposant au marxisme, les »forces« faisant parfois penser aux »infrastructures« (Tomasz Schramm).

Les actes du colloque seront publiés dans un bref délai et témoignent d'une remise en question globale et inédite de l'histoire des relations internationales, resituée dans une réflexion à la faveur de laquelle, s'affranchissant un instant de son objet d'étude, elle fait le point et, pour paraphraser Lucien Febvre, puise la vitalité de se tenir »face au vent«. Par les champs très neufs que sont la contestation épistémologique et historiographique de la discipline, les stratégies de carrière de ses promoteurs et les représentations que suscitent ses choix et ses concepts hors de son biotope, l'écriture d'une histoire des relations internationales *au deuxième degré* est désormais – et enfin – possible.

# Miszellen

Patrick Corbet

## À PROPOS DU SCHISME DE 1159: LA PARENTÉ BLÉSO-CHAMPENOISE DE L'ANTIPAPE VICTOR IV[1]

Un aspect singulier de l'histoire du schisme de 1159 réside dans l'appui que le comte de Champagne Henri le Libéral (1152–1181) prêta à l'antipape Victor IV. Si les princes français confrontés à ce conflit eurent des phases d'hésitation entre les candidats au trône pontifical, aucun autre que le comte thibaudien ne resta aussi défavorable à Alexandre III[2]. L'ambigüité de son comportement est patente en septembre 1162 lors de l'entrevue de Saint-Jean de Losne, piège tendu par Frédéric Barberousse au cardinal Bandinelli qu'il entendait écarter[3]. Plus tard, même au cours d'un temps d'apaisement, le comte refusa de rencontrer Alexandre III résidant à Sens, aux portes même de sa principauté[4].

Comment expliquer cette attitude? Les sources fournissent une réponse: des liens de parenté unissaient Henri le Libéral et Victor IV. La »Chronique de Vézelay«, décrivant les événements de 1162, désigne, parmi un groupe d'envoyés de Frédéric Barberousse, le *comes Henricus, qui propter affinitatem cognationis partibus omnino favebat Victoris scismatici*[5]. Vers la même époque, l'antipape, s'adressant au roi de France Louis VII remarié avec la sœur du Libéral,

1 Ces pages doivent beaucoup à des discussions approfondies avec le Professeur Michel Bur, maître des études thibaudiennes, que je remercie vivement.

2 Sur le schisme, excellente présentation de Rolf Grosse, Du royaume franc aux origines de la France et de l'Allemagne, 800–1214, Lille 2014, p. 91–97 (et bibliographie très complète, p. 242–245). Voir spécialement Willibald Madertoner, Die zwiespältige Papstwahl des Jahres 1159, Diss. phil., Vienne 1978 et Johannes Laudage, Alexander III. und Friedrich Barbarossa, Vienne 1997. Christiane Laudage, Kampf um den Stuhl Petri. Die Geschichte der Gegenpäpste, Fribourg, Bâle, Vienne 2012, p. 114 et ss., a l'intérêt de mettre l'accent sur Victor IV et ses successeurs antipapes.

3 Mises au point de Walter Heinemeyer, Die Verhandlungen an der Saône im Jahre 1162, dans: Deutsches Archiv 20 (1964), p. 155–189 et Franz Josef Schmale, Friedrich I. und Ludwig VII. im Sommer des Jahres 1162, dans: Zeitschrift für bayerische Landesgeschichte 31 (1968), p. 315–368. Récit par Patrick Demouy, La guerre des deux Henri: Henri de France, archevêque de Reims, Henri le Libéral, comte de Champagne, dans: Mémoires de la Société Académique de l'Aube 140 (2016), p. 529–537 (p. 532–533: »Le jeu trouble du comte Henri«). Sur la position des ducs de Bourgogne, pro-alexandrins (de même que le comte de Flandre), Jean Richard, Les ducs de Bourgogne et la formation du duché du XI^e^ au XIV^e^ siècle, Paris 1954, p. 156, 159–160.

4 Indication d'Henri d'Arbois de Jubainville, Histoire des ducs et des comtes de Champagne, t. 3 (1152–1181), Paris 1861, p. 45.

5 Hugues le Poitevin, Historia Vizeliacensis, dans: Monumenta Vizeliacensia, éd. Robert B.C. Huygens, Turnhout 1976 (Corpus Christianorum. Continuatio Mediaevalis, 42), p. 526, lignes 559–560.

Adèle de Champagne, alléguait entre eux une consanguinité créée par cette union[6]. *Cognatio, consanguinitas*[7]: il y avait parenté entre Octavien-Victor IV et le Thibaudien. Mais selon quel cheminement et à quel degré? Jusqu'à présent, une hypothèse a prévalu: la relation passait par Mathilde de Carinthie, la mère du Libéral.

## Une parenté par Mathilde de Carinthie et les Frangipani?

Dès 1861, Henri d'Arbois de Jubainville s'arrêtait à cette possibilité[8]. Il fut largement suivi, souvent sur un mode plus affirmatif[9]. Pareille interprétation s'explique: la mère du comte Henri, épouse du comte Thibaud II, était née dans une grande famille germanique, les Spanheim, d'origine rhénane, mais devenus ducs de Carinthie vers 1120 et évidemment tournés, de par la localisation de leur zone de domination, vers l'Italie et ses milieux aristocratiques[10].

Aubri de Troisfontaines, dans sa »Chronique universelle«, renforce l'hypothèse. Il évoque par deux fois le mariage de Thibaud II de Champagne avec Mathilde. La première, relative à l'année 1126, concerne les circonstances de l'union: *Domnus Norbertus Premonstratensis ordinis institutor missus est ad partes Alemannorum a comite Campanie Theobaldo ad accipiendam et deducendam sibi uxorem, filiam cujusdam Ingelberti nobilis marchionis Foroiuliensis; et fratres eiusdem Ingelberti erant episcopus Ratisbonensis et archiepiscopus Coloniensis Fridericus.* Puis, abordant plus loin l'année 1150, il indique: *Nobilis comitissa Mathildis Campaniensis et uxor Renaldi comitis Nivernensis et comitissa Montis Veteris iuxta Coloniam et mater illorum Romanorum, qui Froiepain dicuntur, sorores fuerunt superioris archiepiscopi Coloniensis Frederici*[11].

Mathilde de Carinthie aurait donc eu trois soeurs: la comtesse de Nevers Ide, une comtesse de *Vetus Mons*, c'est-à-dire de Berg près de Cologne, et enfin une fille mariée dans la famille romaine des Frangipani. De toutes, Frédéric de Schwarzenburg, archevêque de Cologne de 1100 à 1131 serait l'oncle (*s. a.* 1126) ou le frère (*s. a.* 1150). C'est la mention des Frangipani qui semble décisive. Elle rend vraisemblable le passage par Mathilde de la relation de parenté: un rapport s'imagine aisément entre la famille italienne de Victor IV, les Monticelli, et le clan romain bien connu.

6 Lettre de Victor IV à Louis VII (11 février 1161), éd. BOUQUET, RHGF XVI, p. 25–26: il le salue *pro antiqua dilectione […] et pro consanguinitate, quae per dilectissimam nobis uxorem tuam inter nos […] nuper contracta feliciter exsistit.* Le remariage avait eu lieu le 13 novembre 1160.

7 Sur ce dernier terme, Klaus SCHREINER, »Consanguinitas«, »Verwandtschaft« als Strukturprinzip religiöser Gemeinschafts- und Verfassungsbildung in Kirche und Mönchtum des Mittelalters, dans: Irene CRUSIUS (dir.), Beiträge zu Geschichte und Struktur der mittelalterlichen Germania Sacra, Göttingen 1989, p. 176–305, ainsi que Franck ROUMY, El nacimiento de la nocion canonica de consanguinitas y su recepcion en el derecho civil, dans: Artificios pasados. Nociones del derecho medieval, p. 181–208, https://e-archivo.uc3m.es/bitstream/handle/10016/24514/artificios_hd51_2017.pdf (29/03/2018) et ID., la naissance de la notion canonique de »consanguinitas« et sa réception dans le droit civil, dans: Maaike VAN DER LUGT, Charles DE MIRAMON (dir.), L'hérédité entre Moyen Âge et époque moderne, Florence 2008, p. 41–66.

8 D'ARBOIS DE JUBAINVILLE, Histoire (voir n. 4), p. 47 n. 1. Citant la Chronique de Vézelay, il écrivait: »l'antipape Victor était sans doute parent d'Henri par Mathilde de Carinthie, mère de ce prince.« Déjà BOUQUET XVI, p. 26 n. 6.

9 Par exemple en dernier lieu: Theodor EVERGATES, Henry the Liberal, count of Champagne (1127–1181), Philadelphie 2016, p. 71: »[Henry] favored Victor, who was related to his mother, countess Mathilda.«

10 Sur les Spanheim: Johannes MÖTSCH, Genealogie der Grafen von Sponheim, dans: Jahrbuch für westdeutsche Landesgeschichte 13 (1987), p. 63–179.

11 Aubri de Trois-Fontaines, Chronique, éd. Paul SCHEFFER-BOICHORST, dans: MGH. SS XXIII, p. 826, 840.

Le témoignage du cistercien, qui écrit vers 1236–1239, offre, on l'a vu, une contradiction, relative à l'archevêque de Cologne présenté à des places différentes comme frère et oncle de Mathilde. Mais la plupart des autres données sont sûres: le rôle de saint Norbert dans le mariage de Thibaud II, la naissance de l'épousée dans la famille d'Engelbert de Spanheim et d'un évêque de Ratisbonne, l'existence des deux soeurs »françaises« Mathilde et Ide (celle-ci en fait épouse de Guillaume III de Nevers). Par là-même, les autres indications sont au moins crédibles, comme l'historiographie d'Outre-Rhin l'a admis[12].

Toutefois, la recherche récente ne plaide plus en faveur de leur véracité. Des travaux menés, sinon directement sur la question étudiée, du moins en lien avec celle-ci, fragilisent les affirmations. Ainsi a été contestée la parenté de l'archevêque de Cologne avec les Spanheim, parenté qui semble le pivot du système du chroniqueur[13]. D'autres points sèment le doute. Les spécialistes de la Carinthie du XIIe siècle ne repèrent aucun témoignage établissant l'existence de soeurs de Mathilde de Champagne et d'Ide de Nevers[14]. Par ailleurs, les Frangipani, dans les sources desquels une princesse allemande n'apparaît jamais[15], sont connus pour avoir été du camp d'Alexandre III dans le schisme pontifical[16]. Pourquoi le comte de Champagne aurait-il soutenu Victor IV si les cousins romains de celui-ci, également parents, avaient pris parti contre lui? En France même, en vertu de l'hypothèse carinthienne, une autre maison féodale aurait dû se retrouver au sein des Victorins: les comtes de Nevers, identiquement alliés par le sang aux Spanheim. Or, rien de tel, et le silence des sources ne peut être invoqué: les pires ennemis des comtes nivernais, les moines de Vézelay, étaient passionnément pro-alexandrins. Accabler les Nevers en les qualifiant de schismatiques leur aurait plus que convenu.

Voilà pourquoi une solution différente doit être envisagée. À portée des érudits étudiant cette question, elle semble avoir échappé en raison de l'origine géographique lointaine, en tout cas extérieure au triangle France capétienne-Germanie-Italie, de la documentation à utiliser et d'une prise de position trop péremptoire d'un éditeur de textes.

## Les textes anglo-normands

Un emboitement d'affirmations permet de dresser cette démonstration. Tout part des événements du schisme de 1159. Une lettre d'Arnoul de Lisieux, datable de mai à juillet 1160, signale que Victor IV bénéficiait en Angleterre de soutiens épiscopaux et que ces évêques étaient des

12 Cf. Gerd Wunder, Die Verwandtschaft des Erzbischofs Friedrich I. von Köln. Ein Beitrag zur abendländischen Verflechtung des Hochadels im Mittelalter, dans: Annalen des historischen Vereins für den Niederrhein 166 (1964), p. 25–54 (voir surtout p. 31–32 et 48 et ss.), dernière analyse précise du problème. L'historien admet la possibilité de la parenté entre Henri le Libéral et l'antipape par Mathilde en dépit des confusions possibles chez Aubri entre les générations.

13 Voir la notice »Fridericus (I)« du Nouveau Gams: Stefan Weinfurter, Colonia (Köln), dans: Series episcoporum ecclesiae catholicae occidentalis ab initio usque ad annum MCXCVIII, Series V: Germania, t. 1: Archiepiscopatus Coloniensis, éd. id., Odilo Engels, Stuttgart 1982, p. 29 n. 281a. S'appuyant sur les travaux de C. Mohr sur les archives de Oberaltaich, le rédacteur écrit: »Consanguinitatis quae asserebatur cum Spanheimensibus deest omne testimonium certum.«

14 Bibliographie dans Patrick Corbet, Henri de Carinthie, évêque de Troyes (1145–1169). Un Cistercien entre France et Empire, dans: Comptes rendus de l'Académie des Inscriptions et Belles-Lettres (2013), p. 469–488, ici p. 478 n. 30. Cet article entend notamment montrer que l'évêque Henri de Carinthie n'était pas un frère, mais un cousin de la comtesse Mathilde.

15 Cf. Wunder, Verwandtschaft (voir n. 12), p. 49.

16 Matthias Thumser, Die Frangipane. Abriss der Geschichte einer Adelsfamilie im hochmittelalterlichen Rom, dans: Quellen und Forschungen aus italienischen Archiven und Bibliotheken 71 (1991), p. 106–163, ici p. 133 et ss.; Jürgen Petersohn, Kaisertum und Rom im spätsalischer und staufischer Zeit, Hanovre 2010 (MGH. Schriften, 62), p. 188, 203–204.

parents de celui-ci: *qui se scismatico illi dicunt ob cognatione coniunctos*[17]. Or, une lettre contemporaine de Jean de Salisbury identifie Henri, évêque de Winchester (1129–1171), et son neveu Hugues du Puiset, évêque de Durham (1153–1195), comme des partisans de l'antipape[18]. Réunir ces deux informations est tentant: les deux prélats cités seraient, non seulement des sectateurs de Victor IV, mais aussi des apparentés à celui-ci.

L'»Historia pontificalis« du même Jean de Salisbury (*ca* 1163–1164) vient éliminer le doute en évoquant les antipapes successifs du schisme, cités sous leur nom d'origine[19]: *Eis tamen adversabantur quatenus audebant cardinales Octauianus et Guido Cremensis, gloriantes se cognatos esse regis Anglorum, eo quod auia eius Lumbarda fuerit.* Soit trois données: 1° Octavien/Victor IV est parent d'un roi d'Angleterre. 2° Gui de Crème/Pascal III (antipape, 1164–1168) l'est aussi. 3° ils partagent avec ce roi une aïeule dite *Lumbarda*.

Restons-en au cas d'Octavien-Victor IV. Le roi d'Angleterre cité ne peut être qu'Étienne de Blois (1135–1154), qui avait justement pour frère Henri de Winchester[20] et pour neveu Hugues de Durham[21]. La question est de savoir quelle est l'ancêtre commune indiquée? Le terme de *Lumbarda* enlève l'hésitation, car une grande dame de l'aristocratie européenne a très vraisemblablement été ainsi nommée: Gersende du Mans, la comtesse du Maine, fille du comte Herbert Eveille-Chien († avant 1034). Elle fut l'épouse de deux princes: le comte Thibaud I^er^ de Blois-Champagne († 1089), puis, après leur séparation vers 1049[22], le marquis Azzon II d'Este. Or, non seulement ce dernier, mais aussi sa descendance avec Gersende sont identifiés comme lombards et même ainsi qualifiés. Robert Latouche, auteur d'une monographie classique, a pu écrire, en référençant rigoureusement ses affirmations[23]: »Quelques documents donnent Azzon II d'Este comme vivant sous la loi des Lombards, ainsi que son fils Hugue, ce qui peut expliquer le nom de *Langobardus*, qui est donné à Hugue V dans quelques notices écrites au Mans.« *Langobardus/Lumbarda*: tel fils, telle mère. *Lumbarda* n'est pas un qualificatif d'origine géographique, mais une manière de nommer Gersende du Mans à la suite de son remariage italien.

17 The letters of Arnulf of Lisieux, ed. Frank Barlow, Londres1939 (Camden Society. Third series, 61), n° 28 (1161), p. 43. Sur cette source, Carolyn Poling Schriber, The dilemma of Arnulf of Lisieux. New ideas versus old ideals, Blomington (Indianapolis) e. a. 1990.

18 The letters of John of Salisbury, t. 1: The early letters (1153–1161), éd. W. J. Millor, Harold Edgeworth Butler, Christopher Nugent Lawrence Brooke, Oxford 1986 (Oxford medieval texts), n° 124, p. 215: *Wintoniensis et Dunelmensi, ut aiunt, si Octauiano palam auderent pro uoto suffragari, libenter cederent in partem eius.*

19 John of Salisbury's memoirs of the papal court, éd. Marjorie Chibnall, Londres e. a. 1956 (Nelson's medieval texts), c. XVIII, p. 45. Le chapitre en question concerne des événements de l'année 1148.

20 Lena Voss, Heinrich von Blois, Bischof von Winchester, 1129–1171, Berlin 1932 (qui n'aborde pas la question ici traitée). Voir aussi, récemment: Neil Stratford, Un grand clunisien, Henri de Blois, dans: id. (dir.), Cluny 910–2010. Onze siècles de rayonnement, Paris 2010, p. 238–245 et Christian Heck, Liturgie et récits des origines dans l'art roman: les plaques émaillées d'Henri de Blois, dans: Comptes rendus de l'Académie des Inscriptions et Belles-Lettres (2014), p. 257–285.

21 Fils d'Agnès de Blois et d'Hugues III du Puiset († 1132), évêque de Durham (1153–1195). Geoffrey V. Scammel, Hugh du Puiset, Bishop of Durham, Cambridge, New York 1956.

22 Pour cause de parenté. Cf. Michel Bur, La formation du comté de Champagne, v. 950-v. 1150, Nancy 1977, p. 199, 486. Sur le contexte canonique, Patrick Corbet, Autour de Burchard de Worms. L'Église allemande et les interdits de parenté, IX^e^-XII^e^ siècle, Francfort-sur-le-Main 2001, p. 263.

23 Robert Latouche, Histoire du comté du Maine pendant les X^e^ et XI^e^ siècles, Paris 1910, p. 115–116 n. 8.

## Les descendants de Thibaud Ier de Blois

Cette identification éclaire l'apparentement étudié. Étienne de Blois et les deux évêques anglais sont concernés du fait de l'union de Gersende avec leur grand-père (et arrière-grand-oncle) Thibaud Ier. Et cette parenté concerne aussi les comtes de Champagne du XIIe siècle, Thibaud II (1122–1152), frère aîné du roi Étienne, et son fils Henri le Libéral, neveu de ce dernier[24]. Le tout se résume à la filiation suivante, bien connue:

Gersende du Mans (ép. de Thibaud Ier)
|
Étienne-Henri († 1102)
|
Thibaud II, comte de Champagne († 1152), Étienne de Blois, roi d'Angleterre († 1154), Henri, évêque de Winchester († 1171), Agnès de Blois (mère d'Hugues du Puiset)
|
Henri le Libéral († 1181)

Cette démonstration fut à deux doigts d'être établie, il y a près d'un siècle, par Paul Kehr et Reginald Lane Poole, qui avaient identifié Gersende du Mans et donc ouvert la voie à l'évocation des comtes champenois[25]. De plus, qu'Étienne-Henri ait eu Gersende pour mère avait été spécialement prouvé depuis longtemps[26]. Mais les doutes infondés de Marjorie Chibnall méconnaissant les travaux français dans un appendice à son édition de l'»Historia« de Jean de Salisbury ont fait reculer les érudits des générations suivantes[27]. Qu'apporte cette rectification qui élimine la trop répandue hypothèse carinthienne et qui, soulignons-le sans attendre, implique une très proche parenté entre le prince champenois et le vaincu du schisme?

## La descendance italienne de Gersende du Mans

La remarque de Jean de Salisbury expliquant l'apparentement par la grand-mère du roi Étienne (*eo quod auia eius Lumbarda fuerit*) place Gersende dans l'ascendance du cardinal Octavien-Victor IV. Elle oblige à introduire dans celle-ci le marquis Azzon d'Este[28], car on ne peut imaginer dans ce paysage un enfant de Gersende né d'une autre union. L'utilisation du terme de lombard écarte le doute. Le plus vraisemblable est d'envisager que le couple Azzon-Gersende

24 Par exemple Bur, La formation (voir n. 22), tableau n° 30, p. 308. Cf. aussi Jean Gouget, Thierry Le Hête, Les comtes de Blois et de Champagne et leur descendance agnatique. Généalogie et histoire d'une dynastie féodale, X[e]–XVIIe siècle, Saint-Sébastien-de-Morsent 2004.

25 Paul F. Kehr, Zur Geschichte Victors IV. (Octavian von Monticelli), dans: Neues Archiv 46 (1926), p. 53–85, ici p. 56 n. 4; repris dans: id., Ausgewählte Schriften, t. 1, Göttingen 2005 (Abhandlungen der Akademie der Wissenschaften zu Göttingen. Philol.-Hist. Klasse, III/250), p. 321–354, ici p. 324 n. 4 (où est cité l'avis exact, sans doute oral, d'A. Hofmeister); Ioannis Saresberiensis Historiae pontificalis quae supersunt, éd. Reginald Lane Poole, London e.a. 1927, Appendix IV, p. 99–104. Je remercie ma collègue Frédérique Lachaud de m'avoir facilité la consultation de cette édition plus guère utilisée.

26 D'Arbois de Jubainville, Histoire (voir n. 4), t. 1 (Depuis le VIe siècle jusqu'à la fin du XIe), Paris 1859, p. 392–393 n. 5.

27 John of Salisbury's memoirs, éd. Chibnall (voir n. 19), p. 97–98 (Appendix IV: »Stephen's lombard grandmother«). Voir par exemple Petersohn, Kaisertum (voir n. 16), p. 190–191 n. 79.

28 Sur Azzon († 1097), notice du Lexikon des Mittelalters, t. 1, Munich, Zurich 1980, col. 1319, par Hagen Keller.

eut, à côté de ses deux fils identifiés Foulques et Hugues(-*Langobardus*), un autre enfant, sans doute une fille, et que celle-ci fut mariée à un Monticelli, la famille de l'antipape.

L'hypothèse est-elle compatible avec l'état de la recherche? Celle-ci est représentée par une contribution de Hansmartin Schwarzmaier[29], qui voit dans cette famille une branche par les femmes des Crescentii, installée anciennement en Sabine et possédant sans doute des racines lombardes[30]. L'ascendance paternelle de Victor IV y est identifiée: son père *Johannes Maledictus*, connu en 1119, son grand-père Otton, comte de Monticelli, signalé entre 1058 et 1109, et son arrière-grand-père Jean, comte en Sabine († 1058), époux de *Davinia*. L'historien allemand souligne qu'on ne connaît ni la mère, ni la grand-mère de l'antipape[31]. Si l'on duplique côté italien le chiffrage de parenté allant de Gersende à Henri le Libéral, soit un 3ᵉ degré, on pourrait placer cette fille envisagée d'Azzon et de Gersende comme épouse du comte Otton, le grand-père de Victor IV. Soit le schéma suivant, que nous proposons prudemment[32]:

Gersende du Mans

| | |
|---|---|
| Étienne-Henri († 1102) | N, épouse d'Otton, comte de Monticelli |
| Thibaud II, comte de Champagne († 1152) | *Johannes maledictus* |
| Henri le Libéral, comte de Champagne († 1181) | Octavien/Victor IV († 1164) |

Toutefois, comme la mère de l'antipape n'est pas connue, une autre hypothèse (numérotée II sur notre tableau généalogique) serait de faire de cette fille postulée d'Azzon et Gersende, non plus la grand-mère paternelle, mais la grand-mère maternelle de Victor IV.

Gersende du Mans

| | |
|---|---|
| Étienne-Henri († 1102) | N (mariage inconnu) |
| Thibaud II, comte de Champagne († 1152) | L'épouse de *Johannes maledictus* |
| Henri le Libéral, comte de Champagne († 1181) | Octavien/Victor IV († 1164) |

Quoi qu'il en soit, il se constate une parenté étroite, en 3/3. Les derniers personnages cités sont qualifiables de cousins issus de germains. Même une troisième hypothèse qui consisterait, versant italien (l'autre, français, étant incontestable), à ne pas exclure, vu la parcimonie des sources, un degré générationnel supplémentaire (ce qui aboutirait à un chiffrage en 3/4), ne modifierait pas la conclusion d'ensemble.

Celle-ci explique qu'après Victor IV, des membres ecclésiastiques de la famille Monticelli ont revendiqué une parenté avec les Capétiens, via les Thibaudiens, du fait du remariage du roi

29 Hansmartin SCHWARZMAIER, Zur Familie Viktors IV. in der Sabina, dans: Quellen und Forschungen aus italienischen Archiven und Bibliotheken 48 (1968), p. 64–79 (arbre généalogique p. 74). Contre KEHR, Zur Geschichte (voir n. 25), qui rattachait les Monticelli aux Tusculum, Schwarzmaier en fait des descendants des Crescentii (p. 75). Cf. PETERSOHN, Kaisertum (voir n. 16), p. 159 n. 63. Voir aussi Helene TILLMANN, Ricerche sull'origine dei membri del collegio cardinalizio nel XII secolo, dans: Rivista di storia della chiesa in Italia 26 (1972), p. 313–353 (sur Octavien/Victor IV, p. 337–343).

30 SCHWARZMAIER, Zur Familie (voir n. 29), p. 75 n. 38.

31 Ibid., p. 78.

32 La même prudence fait écarter de cette étude la position de Pascal III-Gui de Crème dans cette intrigue. Rappelons que, dans une lettre, celui-ci qualifie Louis VII de *consanguineus* (BOUQUET XVI, p. 118; JL 14486). Le fait vient à l'appui de l'indication de Jean de Salisbury, éd. CHIBNALL (voir n. 19), p. 97–98.

*La parenté bléso-champenoise de l'antipape Victor IV*

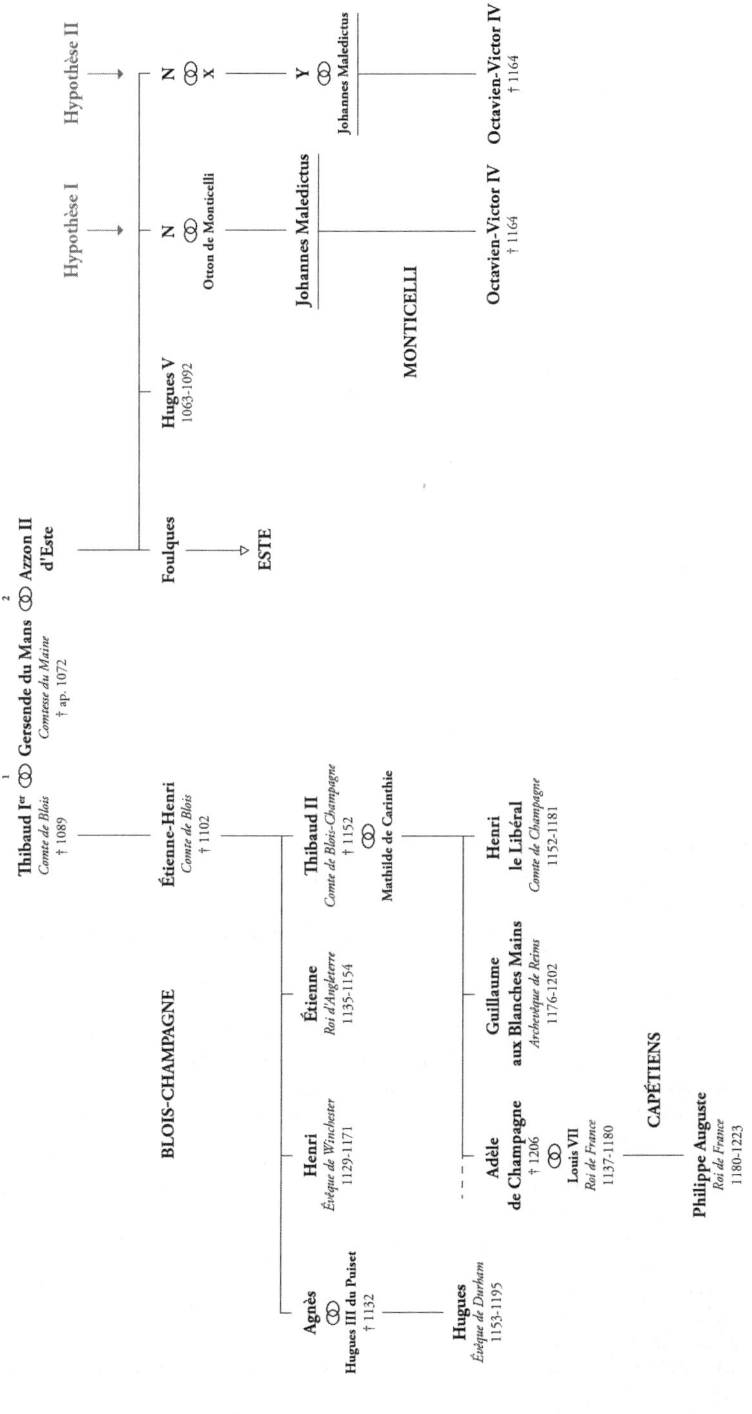

Louis VII avec Adèle de Champagne, sœur du Libéral[33]. Innocent III, lié par le sang aux Monticelli, qualifia un jour de parent Philippe Auguste, fils d'Adèle. Ils ont pu même en souffrir. Victor IV eut un neveu ou petit-neveu, dit aussi cardinal Octavien († 1206), qui se trouva récusé comme juge du mariage de Philippe Auguste avec Ingeborge de Danemark, car parent du souverain français. Loin de dériver d'un lien nébuleux, comme on l'a écrit, cette mise à l'écart du cardinal Octavien résulte d'une parenté vers les 4e, 5e ou 6e degrés, tout-à-fait identifiable (et identifiée) par les contemporains.

## Le schisme de 1159

Revenons aux événements de 1159–1164 et aux Champenois. La plus frappante des observations tient, répétons-le, à la proximité de la parenté entre les Thibaudiens et l'antipape[34]. Certes, celle-ci est affaiblie par le fait que tout procède d'un remariage et donc que des demi-parentés sont en cause: seule la mère, Gersende, fait le lien. Mais le peu de distance générationnelle demeure comme donnée principale.

Dans ces conditions, l'appui d'Henri le Libéral à Victor IV s'éclaire, même si d'autres raisons ont pu pousser le comte aux côtés de Frédéric Barberousse[35]. Les liens du sang obligeaient le thibaudien. En témoigne, par exemple, une lettre presque contemporaine (1146) du duc Welf III, un Este (lui aussi fils d'Azzon II par le premier mariage de ce dernier avec une Welf) à Louis VII: *linea consanguinitatis nodo inextrabilili caritativae dilectionis nos coniunxit*. Et leur parenté ne se situait qu'au 5e degré[36]! On soulignera aussi l'identité d'attitude de tous les Thibaudiens vivants lors du conflit de 1159: aussi bien ceux installés outre-Manche que ceux du continent réagirent en faveur d'Octavien. Fait d'autant plus notable qu'ils étaient en mauvais termes.

La force des liens de consanguinité dans la haute aristocratie conduit à penser que les chances de Victor IV auraient été autrement solides si le roi Étienne de Blois († 1154) avait vécu au moment de l'élection. Son successeur et rival Henri II Plantagenêt n'avait aucun lien discernable avec les Monticelli. Quant aux appuis épiscopaux anglais d'Octavien, ils se trouvaient amoindris en 1159. Henri de Winchester, souvent résident à Cluny, où il fut, comme l'on sait, conseiller financier de Pierre le Vénérable, était au moment du schisme en perte d'influence. En outre, la fracture familiale thibaudienne que l'on vient d'évoquer, née du fait que Thibaud II avait plus de légitimité que son frère cadet Étienne à la succession royale d'Henri Ier Beauclerc en 1135, n'était pas de pure apparence: l'évêque Henri semble continument absent de la cour de son frère Thibaud II, puis de son neveu le Libéral[37]. Tout cela a desservi l'antipape. Dans un article brillant, Werner Maleczek a souligné les coups de pouce du destin en faveur d'Alexandre III. Celui qui vient d'être cité s'y ajoute volontiers[38].

33 Sur ces aspects, Schwarzmaier, Zur Familie (voir n. 29), p. 78, avec les références aux sources.

34 La conclusion (et l'ensemble du dossier) suggère de considérer a priori comme exactes les affirmations de parenté contenues dans les sources médiévales. Certes, certaines relèvent de la diplomatie (par exemple dans les correspondances). Mais, hors de ce contexte, les indications ne doivent pas être écartées sans examen de détail.

35 L'on songe à des facteurs personnels et à d'autres, plus politiques. Mathilde de Carinthie a pu rendre son fils attentif aux réalités germaniques. Par ailleurs, la situation du comté de Champagne, aux possibilités d'extension orientées vers l'Est, nécessitait de bonnes relations avec l'empereur Hohenstaufen. La personnalité exceptionnelle de celui-ci suscitait peut-être l'admiration du prince français.

36 Jean Leclercq, Un document sur saint Bernard et le seconde Croisade, dans: Revue Mabillon 171 (1953), p. 1–4.

37 Cf. Bur, La formation (voir n. 22), p. 283–292.

38 Werner Maleczek, Das Schisma von 1159 bis 1177. Erfolgsstrategie und Misserfolgsgründe,

Au total se trouve confirmée l'image présente dans les évocations contemporaines de Victor IV: sa haute origine[39], sa parenté avec des princes du rang le plus élevé. Non seulement cousin de la reine de Castille Richilde, devenue comtesse de Provence (mais gardant son titre royal), et du coup lié à Barberousse[40], il pouvait aussi se targuer partager le sang d'un roi d'Angleterre, même défunt et sans postérité. Dans ce panorama flatteur (mais qui ne le conduisit pas au succès) intervenaient aussi la puissance et la richesse de son cousin Henri le Libéral et de sa principauté territoriale en plein développement[41]. Qu'une telle illustration ait été utilisée ne surprend pas[42].

dans: Harald MÜLLER, Brigitte HOTZ (dir.), Gegenpäpste. Ein unerwünschtes mittelalterliches Phänomen, Cologne 2012, p. 165–204.

39 Cf. les textes cités par KEHR, Zur Geschichte (voir n. 25), p. 57–59; repr. p. 325–327.

40 Ibid, p. 53–56; repr. p. 321–324. Peut-être par Berthe de Suse, épouse de l'empereur Henri IV.

41 Voir aussi l'affirmation du chanoine chalonnais Gui de Bazoches, Chronographia, éd. Georg WAITZ, dans: MGH. SS XXVI, p. 217: *Victor innitebatur titulo gloriae saecularis*. Sur l'auteur, chantre de la cathédrale, imbu des hiérarchies sociales, Michel BUR, Les silences de Guy de Bazoches. Mémoire des ancêtres et généalogie critique, dans: ID., La Champagne médiévale. Recueil d'articles, Langres 2005, p. 91–95 (et aussi les pages 74–89 du même volume).

42 À cette contribution au dossier italien de l'histoire thibaudienne, on ajoutera deux points relatifs, l'un au début, l'autre à la fin du XIIe siècle. 1° La lettre 109 d'Yves de Chartres (BOUQUET XV, p. 149), vers 1109, signale que le comte Hugues de Champagne souhaita faire épouser au jeune roi Louis VI une fille du marquis Boniface Ier de Montferrat († 1127), indiquée comme sa cousine (*consobrina*). Si le fond de l'affaire semble éclairci (la jeune fille ne pouvait être acceptée, car issue des premières noces, jugées incestueuses, de Boniface del Vasto avec la veuve de son frère Anselme), la parenté avec le comte demeure non éclaircie. 2° La présence dans l'entourage de l'archevêque de Reims Guillaume aux Blanches-Mains (1176–1202), frère d'Henri le Libéral, d'un vidame et archidiacre Boniface et de son frère Guillaume, indiqués comme ses *consanguinei*. Le nom de Boniface oriente vers l'Italie. Le prélat pratiquait le népotisme à grande échelle. Cf. Patrick DEMOUY, Genèse d'une cathédrale. Les archevêques de Reims et leur Église aux XIe et XIIe siècles, Langres 2005, p. 517, 662.

Jeffrey Merrick

# THE NOTORIOUS MADAME DE LANGEAC

We have come a long way from nineteenth-century *petite histoire* in which noble women played a decorative role and twentieth-century Marxist history in which working women played a negligible role. Women of all classes – in markets, convents, and salons, as consumers, litigants, and protesters – and gender as a construct now figure conspicuously in research on the political culture of pre-Revolutionary France[1]. According to apologists of the Ancien Régime, inferiors (wives, children, servants, workers, subjects) obeyed superiors (husbands, fathers, masters, rulers and their agents), and superiors, in turn, ensured the welfare of inferiors. This patriarchal model organized »natural« differences in sex, age, and rank into a harmonious network of reciprocal obligations that allegedly preserved order in the household and the kingdom. Unruly females from all walks of life threatened private as well as public order when they mismanaged their limited agency inside and outside the home[2]. Eighteenth-century nouvellistes and libellistes criticized lower-class wives who defied their husbands and upper-class wives who betrayed their spouses. They vilified Louis XV's mistress Madame du Barry and Louis XVI's consort Marie-Antoinette, who reportedly governed the men they were supposed to obey. We know much more about the queen, her favorites, the duchesse de Polignac and the princesse de Lamballe, and other members of her circle, most notably her »minister of fashion« Rose Bertin and her portraitist Élisabeth Vigée-Lebrun, than we do about many other transgressive women, such as the subject of this article[3].

1 Women have played a larger role in work on political culture since the publication of Arlette Farge, La Vie fragile: Violence, pouvoir, et solidarités à Paris au XVIII^e^ siècle, Paris 1986, and Joan Landes, Women and the Public Sphere in the Age of the French Revolution, Ithaca 1988. See for example Cynthia Bouton, The Flour War: Gender, Class, and Community in Late Ancien Régime France, University Park 1993; Lynn Hunt, The Family Romance of the French Revolution, Berkeley 1993; Dena Goodman, Republic of Letters: A Cultural History of the French Enlightenment, Ithaca 1994; Sarah Maza, Private Lives and Public Affairs: The Causes Célèbres of Prerevolutionary France, Berkeley 1995; Mita Choudhury, Convents and Nuns in Eighteenth-Century French Politics and Culture, Ithaca 2004, and The Wanton Jesuit and the Wayward Saint: A Tale of Sex, Politics, and Religion in Eighteenth-Century France, University Park 2015. The most useful synthesis of research on women under the Ancien Régime is Dominique Godineau, Les Femmes dans la France moderne, XVI^e^–XVIII^e^ siècle, Paris 2015.

2 Jeffrey Merrick, Gender in Pre-Revolutionary Political Culture, in: Thomas Kaiser, Dale van Kley (ed.), Deficit to Deluge: Essays on the Origins of the French Revolution, Stanford 2011, p. 198–219.

3 The vast literature includes Maza, The Diampond Necklace Affair Revisited (1785–1786): The Case of the Missing Queen, and Hunt, The Many Bodies of Marie-Antoinette: Political Pornography and the Problem of the Feminine in the French Revolution, in: Hunt (ed.), Eroticism and the Body Politic, Baltimore 1990, p. 63–89, 10–30, both reprinted in Dena Goodman (ed.), Writings on the Body of a Queen, New York 2003; Caroline Weber, Queen of Fashion: What Marie-Antoinette Wore to the Revolution, New York 2006. On Bertin and Vigée-Lebrun see Michelle Sapori, Rose Bertin: Ministre des modes de Marie Antoinette, Paris 2003; Mary Sheriff, The Exceptional Woman: Elisabeth Vigée-Lebrun and the Cultural Politics of Art, Chicago

Someone cleverly but unkindly described Louis Phélypeaux, comte de Saint-Florentin, duc de La Vrillière, as a man who had borne three names but left none behind, or at least none worthy of notice and respect[4]. Contemporaries might have said the same of his longtime mistress, born Cusack, known to Parisians first as Madame Sabbatin and then as Madame de Langeac[5]. They mocked her parents, husbands, and children and scorned her turpitude, influence, and avarice. News, jokes, and lies about Langeac are scattered in many sources, from police reports to caustic pamphlets, so it was and is difficult to reconstruct her history. As the prolific newsmonger and journalist Pidansat de Mairobert noted, the life of this woman, »who made so much noise and did so much harm« is »shrouded in too many tales and contradictions«[6]. For example, one text identified her father as a clerk named Boupillon in Charleville, and another identified her mother as a laundress for the galleys in Marseille[7]. This article is intended to collect and digest the evidence about Langeac and her children and to analyze her notoriety in the context of political and polemical culture under Louis XV and Louis XVI. Her tangled story includes connections and privilege, patronage and servility, protection and corruption, venality and adultery, scandal and slander. It involves questions about hierarchy and mobility, authority and publicity, masculinity and femininity that loom large in current research. It illustrates the ways in which an attractive and ambitious woman could make her way inside the Ancien Régime and the ways in which critics vilified unruly females to expose and denounce its decay.

Inspectors Jean-Baptiste Meunier and Louis Marais, who compiled reports about hundreds of Parisian prostitutes, produced the most detailed accounts of Langeac's progress from obscurity to notoriety[8]. The two accounts, composed in 1753 and 1760, include outright mistakes as well as significant discrepancies, but they complement each other and may be combined into the unified narrative that follows. Our subject was the illegitimate daughter, born in 1732 or 1733, of an Irish officer »whose name is forgotten«, governor of Pont-à-Mousson in Lorraine. In 1743 or 1744 her mother, a sutler married to a sergeant in a Swiss regiment in the service of the duke of Modena, accompanied him to Savoy[9]. His colonel, named Bavois, placed the pretty young girl in a convent in Chambéry for her own protection and removed her two years later to make her his mistress. At the age of fourteen or fifteen she gave birth to his son, who was raised in Dauphiné and subsequently legitimized by his father. According to Marais the colonel ended up in prison in Nice in 1748, and his mistress secured his release by »yielding to the de-

1996; Gita May, Elisabeth Vigée-Lebrun: The Odyssey of an Artist in an Age of Revolution, New Haven 2005.

4 Mémoires secrets pour servir à l'histoire de la république des lettres en France depuis 1762 jusqu'à nos jours, 36 vols., London 1780–1789) (hereafter MS), vol. 5, p. 235 (10 December 1770).

5 »Langeac« means Madame de Langeac throughout this article. No biographer has tackled her or, for that matter, Saint-Florentin. For useful sketches see Georges Paul, »Les Derniers seigneurs de Langeac et Aglaé, marquise de Lespinasse-Langeac«, Almanach de Brioude et de son arrondissement 13 (1932), p. 135–147; Marcel Baudot, Un Ministre champenois méconnu, Actes du 95^e^ congrès national des sociétés savantes, Reims, 1970, Paris 1974, p. 45–65.

6 Mathieu-François Pidansat de Mairobert, L'Observateur anglois, 4 vols., London 1777–1778), vol. 2, p. 7 (20 July 1775).

7 Nicolas Baudeau, Chronique secrète sur le règne de Louis XVI, in: Revue retrospective 3 (1834), p. 40 (15 May 1774); Charles Théveneau de Morande, La Gazette noire par un homme qui n'est pas blanc (s.l. 1784), p. 5.

8 Memo addressed to lieutenant general of police Nicolas-René Berryer, 16 July 1753, in: François-Nicolas-Napoléon Ravaisson-Mollien (ed.) Archives de la Bastille, 19 vols., Paris 1866–1904), vol 12, p. 405–406; report dated 25 July 1760, Bibliothèque nationale de France (hereafter BN), Fonds français 11358, ff. 163–165, published in Camille Piton, Paris sous Louis XV, 2 vols., Paris 1905–1914), vol. 1, p. 182–184.

9 Francesco III d'Este, duke of Modena and Reggio as of 1737.

sires« of count Sabbatini, the duke's minister, who attended a conference there about the implementation of the treaty that ended the War of the Austrian Succession[10]. After the self-styled countess Sabbatini from Naples accompanied Bavois to Paris in 1749, he left for Switzerland and left her in a boarding house in the faubourg Saint-Germain run by Madame Poupard. According to Meunier, who did not mention Sabbatini, Bavois brought her to Paris, disguised as a man, in 1745 and lodged her in the hôtel d'Entragues, managed by Madame Poupart, on rue de Condé. He left Paris but returned to the city and his mistress in 1748, by which time she had given birth to Saint-Florentin's son, the comte de Vitry, whom he legitimized five or six years later.

Marais reported that Bavois left his mistress some money in the care of a Swiss banker, who introduced her to a German banker, who offered to maintain her. She accepted his money but rejected his attentions because of his bad breath. She was attracted to a police operative named Mondion but realized that she could not make much money off him. In dire straits, she accepted the terms proposed by an officer in the rural constabulary named Berthelin, who procured women for Saint-Florentin. Meunier linked her with a German baron, rather than banker, and with the tax farmer Lallement de Betz's steward Girard[11], who ended up in prison because of the schemes he hatched in order to support her. Berthelin met Mademoiselle Bavois chez Madame Poupart, his former mistress, and installed her more comfortably in the couvent de la Miséricorde, where she spent four years and received »whom she pleased« in her apartment[12]. In 1752 Saint-Florentin provided her with a city house with a porte-cochère on rue du Faubourg Saint-Honoré and a country house with dependencies near Villeneuve-Saint-Georges[13]. When one of her urban neighbors, son of the tax farmer Dumetz, slighted her, he avenged her by having the rude man exposed as a parvenu[14]. When he asked her not to see the chevalier d'Audigny any more, she »obeyed«, but they continued to meet secretly[15]. Marais reported that she shared her favors with the chevalier d'Arcq[16], who enriched himself by charging plaintiffs to have Saint-Florentin bring their cases before the royal council for adjudication. According to both inspectors she was driven by lust and greed and satisfied both passions as long as she could get away with it. She was exploited by men, and she exploited them in turn.

Other documents clarify Langeac's Irish ancestry or at least the official version of her noble parentage. Richard Edmond Cusack (1687–1768), governor not of Pont-à-Mousson in Lorraine but of Croisic, Guérande, and Saint-Nazaire in Brittany, reached the rank of marshal by the time of his retirement from military service in 1759[17]. In 1762 he claimed that he had married

10 Count Alessandro Sabbatini, minister of war as of 1742.

11 Michel Joseph Hiacinthe Lallement de Betz, tax farmer, 1716–1760.

12 The convent was located at 6-8 rue du Vieux-Colombier.

13 Meunier to Berryer, 17 April and 2 July 1752, in: Archives de la Bastille (as in n. 8), vol. 12, p. 380–381. The city house was located just before the barrière du Roule at 154 rue du Faubourg-Saint-Honoré. Villeneuve-Saint-Georges is located in the southeastern suburbs of Paris.

14 Meunier to Berryer, 2 July 1752, in: Archives de la Bastille (as in n. 8), vol. 12, p. 382. The Almanach royal lists no tax farmer named Dumetz in 1730, 1735, 1740, 1745, or 1750.

15 More than a few members of the Andigny family could fill the bill, for example the chevalier d'Andigny captured during the siege of Cassel. Gazette de France, 9 July 1762, second supplement.

16 Philippe de Saint-Foy, chevalier d'Arcq as of 1736, illegitimate son of Louis Alexandre de Bourbon, legitimized son of Louis XIV.

17 For more on his service and honors see Jean-Baptiste-Pierre-Julien DE COURCELLES, Histoire généalogique et héraldique des pairs de France, 12 vols., Paris 1822–1823, vol. 5/De Cusack, p. 14–15; P. Louis LAINÉ, Archives généalogiques et historiques de la noblesse de France, 11 vols., Paris 1828–1850, vol. 1/De Cusack, p. 15–18; Nicolas Viton DE SAINT-ALLAIS, Nobiliaire universel de France, 21 vols., Paris 1872–1877), vol. 12, p. 135–136.

Marie Anne Isabelle Brigitte Fitzgerald (?–1735) in Langemarck, Belgium on 7 January 1727[18]. The priest did not record the details in the parish register, but he gave the groom a certificate of marriage. This document was stolen twenty years later, but Cusack defied anyone to suggest that his wife, given her birth, »lived in concubinage until her death« or that he, given his reputation, »was involved in an illicit relationship for several years«. Their daughter Marie-Madeleine-Josèphe-Aglaé Cusack was born in Lille on 25 October 1727. The father was out of town and the mother was indisposed on that day, so a woman who did not know them or trust them delivered their child to the parish church of la Madeleine. The priest mangled the names of the parents and recorded the baptism in the register of illegitimate births. When Cusack discovered the mistake, many years later, he expressed surprise and dismay. He petitioned to have it corrected, if only to protect his daughter's marriage. With the support of Saint-Florentin and numerous character witnesses, including the chevalier d'Arcq, he succeeded. The Châtelet ordered the correction in 1763[19]. Ten years later the royal genealogist certified that Cusack's daughter had sixteen quarters of nobility[20].

There is no such documentation about her relationships with Bavois, Sabbatini, Girard, and other lovers who supposedly preceded Saint-Florentin. One nouvelliste claimed that she married a cobbler named Sabathin in Marseille[21], and another matched her with Giorgio Sabbatini, envoy of Modena[22]. This elusive diplomat presumably belonged to the distinguished family that included Giuliano Sabbatini, ambassador to France and then bishop of Modena, and his nephew Alessandro, minister and confidant of the duke. In any case, Saint-Florentin reportedly had the husband imprisoned in Bicêtre or deported to the colonies and subsequently declared dead[23]. After the count secured her father's consent, Mademoiselle de Cusack married Étienne-Joseph de Lespinasse, marquis de Langeac, comte d'Arlet, baron de Saint-Ilpize (1727–1809), in the parish church of Sainte-Marie-Madeleine, on 19 October 1756[24]. He accepted paternity of her four children and also recognized her control of her own property. According to Pidansat de Mairobert, this gentleman »of ancient nobility« gave his name to »a minister's concubine and bastards« in return for military advancement[25]. According to the comte de Neuilly, the »old« marquis »had been extracted from the mountains of the Auvergne, where he was dying of hunger and saw his wife only at the altar.« After the service, he left for Pont-Saint-Esprit in Languedoc, »of which he was given the governorship as a reward for his cooperation«, along with a pension and orders not to leave his post[26]. In reality the marquis, born in the same year as his wife, had a successful military career before and after his marriage. He received

18 François-Joseph-Marie DU SART, lieutenant général civil et criminel de la gouvernance et du bailliage de Lille, judgment dated 16 October 1762, »Appendice III«, in: J. B. BELMONT, La Belle journée, in: Tablettes historiques du Velay 2 (1872), p. 419–423.
19 Marginal note dated 18 March 1763, in »Appendice II« in BELMONT, La Belle journée (as in n. 18), p. 418.
20 Bernard CHÉRIN, Preuve testimoniale du côté maternel, dated 28 April 1773, in: SAINT-ALLAIS, Nobiliaire universel (as in n. 17), vol. 12, p. 310–312.
21 Mathieu-François PIDANSAT DE MAIROBERT, Lettres originales de Madame la comtesse Dubarry, London 1779, p. 136.
22 PIDANSAT DE MAIROBERT, Observateur anglois (as in n. 6), vol. 2, p. 7 (20 July 1775); Correspondance secrète, politique, et littéraire, 18 vols., London 1787–1790 (hereafter CS), vol. 1, p. 265 (15 March 1775).
23 PIDANSAT DE MAIROBERT, Lettres originales (as in n. 21), p. 136.
24 Marriage record, dated 19 Octover 1756, Appendice II, in : Belmont, La Belle journée (as in n. 18), p. 417–418.
25 PIDANSAT DE MAIROBERT, Observateur anglois (as in n. 6), vol. 1, p. 227 (15 November 1773).
26 Ange-Achille-Charles de Brunet, comte de Neuilly, Dix années d'émigration: Souvenirs et Correspondance, ed. by Maurice BAILLY DE BARBEREY, Paris 1865, p. 31.

the title of governor of Pont-Saint-Esprit in 1765 and the baton of marshal in 1790[27]. He was hardly confined to his estates, but he and his wife did lead separate lives. They »never consummated the marriage«[28]. Thus the phrase »mariage à la Langeac«[29].

Meunier, who did not mention her marriage, dated her relationship with Saint-Florentin back to 1746. Given the differences in age and, more importantly, size and mien, they made an odd couple. Langeac, born in 1727, was »one of the most lovely women one might see«, tall, with a »majestic carriage« and »harsh look, which she doubtless softened for the lover she desired to entrap«[30]. Saint-Florentin, born in 1705, was genial, short and plump, ordinary, at least until Louis XV replaced his left hand, amputated after a hunting accident, with a silver prosthesis[31]. The count married Amalie Ernestine von Platen-Hallermund in 1724 but had no children with her. After her death and his acquisition of the ducal title, he supposedly contemplated marriage with the »handsome« Polignac's daughter in order to have legitimate descendants. This prospect supposedly infuriated »Sabbatin«, who threatened to follow the example of Medea by strangling her children, the »Philippotins«, the »so-called Langeacs«[32]. Saint-Florentin, nicknamed »little saint« because of his stature, was not handsome and did not give his children his own name, but he did not marry again. He gave his mistress what she wanted, opulence and influence, as well as sinecures for their children. In 1765 the count bought her the seigneury of Langeac in Auvergne, from which she extracted as much income as she could through exercise of her »feudal« rights[33]. In 1768 he built her a house on rue des Champs-Elysées at rue de Berri, designed by the fashionable architect Jean-François-Thérèse Chalgrin and later rented by the American diplomat Thomas Jefferson.[34]

The »little saint« had not only money but also power at his disposal, in the form of influence over appointments and access to *lettres de cachet*. As a member of a family with a long record of service to the crown, he succeeded his father as secretary of state for Protestant affairs in 1725 and added the royal household (including the royal academies) and the department of Paris to his portfolio in 1749 and 1757. Langeac exploited his extensive patronage for her own gain. In 1769 she extorted 200,000 livres from one man to secure his nomination as a tax farmer but did not repay him when she had the position given to another man[35]. In 1771 La Vrillière

27 For more on his service and honors see COURCELLES, Histoire généalogique (as in n. 17), vol. 2/ De Lespinasse: 23–24; LAINÉ, Archives généalogiques (as in n. 17), vol. 1/De Lespinasse, p. 9–10; SAINT-ALLAIS, Nobiliaire universel(as in n. 17), vol. 12, p. 115–117.

28 Mathieu François PIDANSAT DE MAIROBERT, Anecdotes sur M^e^ la comtesse Du Barri, London 1775, p. 198.

29 Correspondance d'Eulalie, 2 vols., London 1785, vol. 2, p. 110 (3 June 1783).

30 PIDANSAT DE MAIROBERT, Observateur anglois (as in n. 6), vol. 2, p. 7 (20 July 1775). According to unspecified »police reports«, she was »tall, brown-haired, blue-eyed, pretty«, also witty but »scheming, deceiving, calculating, haughty and capricious, greedy or prodigal, depending on circumstances«. Quoted in Emmanuel, duc de Croy, Journal inédit, ed. by Emmanuel Henri DE GROUCHY, Paul COTTIN, 4 vols., Paris 1906–1907), vol. 3, p. 122, n. 1.

31 Simeon Prosper HARDY recorded the accident in Pascal BASTIEN, Daniel ROCHE (ed.), Mes Loisirs, 6 vols. thusfar Paris 2012), vol. 1, p. 98 (7 September 1765).

32 MS 5, p. 200–201 (7 October 1770). François-Camille, the »handsome« comte de Polignac and Marie-Louise de La Garde had two daughters, Élisabeth-Augustine-Aimée and Henriette-Zephirine, born in 1746 and 1753.

33 Enumerated during the assembly of residents on 26 October 1766, as certified by the notary Reboul on 29 June 1767, Appendice IV, in: BELMONT, La Belle journée (as in n. 18), p. 426–435. Langeac left the seigneury to her second son, who sold it to the marquis de Lafayette in 1786.

34 Located at 2 rue de Berri, at the grille de Chaillot, acquired by the comte d'Artois and then returned to Langeac's first son, demolished in 1842.

35 Armand-Louis de Gontaut de Biron, duc de Lauzun, Mémoires 1744–1783, ed. by Georges HEYLLI, Paris 1880, p. 63.

complained to Madame du Barry, who complained to Louis XV, about his sister Sophie's interference in the staffing of the household of their grandson the comte d'Artois. Madame Sophie reponded by reprimanding the duke for the »scandalous traffic« in favors in his ministry, »and Madame de Langeac was not spared«. He was so distressed when he reported the conversation to Du Barry that he vomited and passed out in her presence[36]. In 1774 Langeac and Du Barry clashed over the selection of the chancelor of the comte de Provence, the dauphin's other brother. Langeac charged the baron de Fontette 60 000 livres for the post but planned to sell it to someone else37. Du Barry supported Fontette, and Langeac backed down. She urged La Vrillière, in tears, not to fall out with the king's powerful mistress and even returned Fontette's money[38].

The duke was surrounded by individuals, his mistress, her friends, and his clerks, »who sold everything and could be called brigands«[39]. Comptroller general Terray eventually repudiated his mistress, the baronne de La Garde[40], because she followed the example of »Madame de Langeac, who engaged in brigandage with impunity for thirty years under the duc de La Vrillière«[41]. The day after the baronne's disgrace, a day when Langeac was not at home, jokesters called on her and signed the names of »the whole court«, as it was customary when circumstances dictated condolences, as if to suggest that her own days were numbered[42]. The insult enraged her, but she and the chevalier d'Arcq, her »back-up lover«[43], continued to sell *lettres de cachet* »openly«[44]. Langeac sold one to a pretty flower-seller named Jeanneton who wanted to have her brutal husband locked up but also sold him another one, on the same day, for the same price, with the result that both spouses ended up in prison[45]. When a disappointed office-seeker named Maupassant attempted to recover the bribe he had paid d'Arcq, Langeac planned to have him arrested by lettre de cachet, but Maupassant reached Madame du Barry in time for her to consult the king and and secure the chevalier's exile. Thanks to the sovereign's weakness of character, the duke and his favorite »were spared the disgrace they deserved«[46]. He repaid Maupassant, and she took a voyage to take the waters »to distract herself from her sadness and avoid

36 Mathieu-François PIDANSAT DE MAIROBERT, Journal historique de la révolution opérée dans la constitution de la monarchie française par M. de Maupeou, chancelier de la France, 7 vols., London 1774–1776, vol. 2, p. 292 (8 December 1771).
37 François-Jean Orceau, baron de Fontette, intendant of Caen from 1752 to 1775.
38 Jacob-Nicolas Moreau, Mes Souvenirs, ed. by Camille HERMELIN, 2 vols., Paris 1898–1901, vol. 2, p. 374–376. The same volume, p. 309, recounts Moreau's own fight to have his brother Moreau de Vormes, rather than Langeac's lawyer Godescart de Lille, appointed avocat de la ville de Marseille.
39 Joseph Alphonse de Véri, Journal, ed. by Jéhan DE WITTE, Paris 1928–1930, p. 99.
40 Anne-Thérèse d'Armeval, widow of baron Joubert de la Garde.
41 Mémoires de l'abbé Terrai, controlleur-général des finances, London 1776, p. 83.
42 MS, vol. 21, p. 187 (3 October 1771) and vol. 6, p. 8 (11 October 1771).
43 Charles THÉVENEAU DE MORANDE, Le Gazetier cuirassé, s.l. 1771, p. 48.
44 BAUDEAU, Chronique secrète (as in n. 7), p. 40 (15 May 1774).
45 Louis-Philippe, comte DE SÉGUR, Mémoires, souvenirs, et anecdotes, 3 vols., Paris 1824–1826), vol. 1, p. 344–345.
46 PIDANSAT DE MAIROBERT, Journal historique (as in n. 36), vol. 4, p. 215–216 (11 June 1773). On d'Arcq's exile see also HARDY, Mes Loisirs (as in n. 31), vol. 3, p. 164 (10 June 1773), PIDANSAT DE MAIROBERT, Anecdotes (as in n. 28), p. 271–272 ; Observateur anglois (as in n. 6), vol. 1, p. 104–105, and Lettres originales (as in n. 21), p. 150–151, and especially Jean-Claude DAVID, Intrigues et cabales ministérielles du regne de Louis XV: L'Exil du chevalier d'Arcq, in: Studies on Voltaire and the Eighteenth Century 267 (1989), p. 321–351. This article includes the text of d'Arcq's restrospective explanation for his exile and vindication of his conduct. He implicated Langeac and exculpated himself.

the deadly vapors that such a cruel separation« from her intimate companion »might cause her«[47].

Langeac relied on d'Arcq for entertainment in more than one way. He organized the celebrations for her name day (Mary Magdelen's day, 22 July) in 1767 and the ducal title in 1770. The festivities in 1767 included a prologue of his own composition, performed by her children, an old opéra-ballet and a new opéra-comique, performed by dancers and singers from the opera companies[48], and an »obscene« and »filthy« show called *The Ogre*, by the playwright Antoine-Alexandre-Henri Poinsinet, who also penned an »Epistle to Madame la marquise de Langeac«[49]. The festivities in 1770 included a village of happy vassals who praised their lord in song and dance, all scripted by the versatile Nicolas Bricaire de La Dixmerie[50]. Like Poinsinet and then Baculard d'Arnaud, recommended by Langeac's second son, he owed his pension on the *Mercure de France* to Saint-Florentin[51]. Another literary protégé, the poet Gabriel Charles de Lattaignant composed a »Portrait of Madame la Comtesse Sabatini« and servile verses, preserved in printed format, for the name days of both his patrons[52]. He praised the count as »the father of his king's subjects« and his »friend« not only as a tender mother but also as »the queen of pleasure and love«. »Everyone adores her«, so those who »wear her chains« and »live under her laws« counted themselves happy. Happy or not, members of the Academy of Sciences paid her court to increase their pensions[53]. The publisher of the projected supplement to the *Encyclopedie* and entrepreneurs with rival designs for the renovation of the Comédie-Française paid her cash to secure her support[54].

Langeac's dependents and satellites portrayed her as a patron of the arts, letters, and sciences, but others disclosed and denounced her corruption, as illustrated by two injurious publications pursued by the police in 1765 and 1767. Louis-Antoine de la Porte, who played a role in the financial management of conquered German territory during the Seven Years War, bribed Langeac more than once, to the tune of tens of thousands of livres, and, under pressure, signed an acknowledgment that he owed her more money. Jailed for his debts, he appealed to the royal council and secured a letter of rescision, dated 7 September 1765, that canceled the acknowledgment he had signed two years before. Still in the For-l'Evêque prison, frustrated and resentful, he contacted a barrister named Dubois and a solicitor named Allonneau, who composed a six-page memoir that exposed Langeac's venality and vindictiveness[55]. He also contacted Jacques Rainville, a journeyman printer with a history of clandestine operations, to produce 200 copies

47 Pidansat de Mairobert, Journal historique (as in n. 36), vol. 4, p. 218 (19 June 1773).

48 The act *Vertumne et Pomone* from *Les Eléments*, libretto by Pierre Charles Roy and music by André Cardinal Destouches, included in the *Fragmens lyriques* performed by the Opéra in November and December 1767, and *Le Bouquet*, by Nicolas Médard Audinot, including music by various composers, premiered on this occasion.

49 MS, vol. 3, p. 110–112 (3 May 1767).

50 MS, vol. 5, p. 139–140 (24 July 1770).

51 MS, vol. 17, p. 349–350 (1 July 1768) and, on François-Thomas-Marie Baculard d'Arnauld, vol. 19, p. 113 (2 September 1769).

52 Portrait de Madame la comtesse Sabatini, Italienne, in: Poêsies de M. l'abbê de l'Attaignant, 4 vols., London, 1756, vol. 2, p. 82–83; Bouquet en pot-pourri à Madame la marquise de Langeac pour le jour de Sainte-Magdeleine, sa patrone, and Bouquet en pot-pourri à M. le comte de St.-Florentin, pour le jour de Saint-Louis, son patron, in: Chansons et autres poésies posthumes de M. l'abbé de l'Attaignant, London 1780, p. 210–217 and 218–223.

53 MS, vol. 6, p. 283 (15 December 1775).

54 MS, vol. 6, p. 137 (27 March 1772) and p. 190 (7 July 1772).

55 The 1765 Almanach royal does not include any avocat au parlement named Dubois but does list Alloneau, procureur au parlement since 1745. The mémoire concludes with the words »en l'annulant ce sera rendre toute justice aux parties« and the name de La Porte.

of the letter and the memoir[56]. Rainville recruited Jacques Milet, another journeyman, as well as his own son and wife, to work on the project[57]. When the police searched La Porte's cell on 7 October, they found nothing, but they encountered his business agent Guinet there. When they searched Guinet's room in the hôtel Grammont on rue Saint-Germain-l'Auxerrois, they found 199 copies of the letter, stored, unbeknownst to him, according to him, in a locked trunk[58]. They arrested Rainville and Milet on 29 and 30 December[59]. A week later they arrested La Porte's valet Michel Provost[60], who promised to help them track down the memoir. Judging from the papers of inspector Joseph d'Hémery, who was responsible for police surveillance of the book trade, and the Archives de la Bastille, they did not locate a trunk full of memoirs. Saint-Florentin heard that some people had read printed copies and asked the lieutenant general of police to prevent »publicity«, circulation, of »this libelle«[61]. D'Hémery »took all possible measures« to avoid such »publicity« and did not think many copies were distributed[62]. He was right, or at least there is no discussion of the memoir in contemporary sources.

Milet, who inisted that he just did what he was told to do, was released on 17 January 1766, but Rainville languished in the Bastille until 9 May. In a series of sixteen letters to the authorities he complained about cold and damp, vermin and boredom, not to mention injustice. He suggested that his first »crime« was his indigence. With a wife and five children to support, he took La Porte's job only for the money. He noted that he did not print anything against state or church and wondered why he was punished more severly than those who did. Surprised to learn that Saint-Florentin knew and cared anything about Langeac's affairs, Rainville asked, »Am I supposed to know all the people the ministers take an interest in?« It never occurred to him that a »respectable minister« would protect »this lady«, whom La Porte had described as a crook and thief[63].

At the end of January 1767, the printer Hardy recorded the arrest of Pierre Guy, associate of the widow Duchesne, bookseller on rue Saint-Jacques, for attempting to smugggle a wagonload of »bad books«, covered with a rug decorated with the arms of a »great lord«. into the city during the night[64]. According to Hardy, the contraband included a work critical of Saint-Florentin, entitled *Les Sabathines*, by the comte de Lauraguais. Louis-Léon-Félicité de Brancas, comte (and later duc) de Lauraguais, infantry officer turned amateur dramatist and scientist, had a reputation for rakish and reckless conduct. He had three sons with his mistress, the libertine soprano Sophie Arnould, and a daughter with his wife, the Flemish princess Elisabeth-Pauline de Gand d'Isenghien, who sought and won a separation of property from him in 1765. The count spent time in royal custody, once in Metz in 1763 for printing a memoir in favor of

56 Rainville, 40, worked for the printer Sébastien Jorry on rue de la Comédie-Française. Some of the documents are published in Archives de la Bastille (as in n. 8), vol. 19, p. 7–11.
57 Millot, 45, worked for the printer Nicolas-François Moreau on rue Galande.
58 Bibliothèque de l'Arsenal, Archives de la Bastille (hereafter AB) 12255, ff. 15–16.
59 Commissaire Miche de Rochebrune conducted the interrogations, in AB 12255, ff. 39–42 and 54–55, as well as BN, Fonds français 22097, #148.
60 Michel Provost, 35, arrested on 8 January 1766 and released just five days later. His interrogation is located in AB 12291, ff. 78–79.
61 Saint-Florentin's head clerk Ménard to Antoine-Raymond-Juan-Gualbert-Gabriel de Sartine, 19 January 1766, AB, 12255, f. 109.
62 D'Hémery to Sartine, 21 January 1766, AB 12255, f. 111.
63 AB 12255, f. 120.
64 Hardy, Mes Loisirs (as in n. 31), vol. 1, p. 202 (27 January 1767). After the death of Nicolas-Bonaventure Duchesne, his wife Marie-Antoinette Cailleau and his foreman Pierre Guy continued his business. Guy entered the Bastille on 25 January and was released on 19 July.

inoculation for smallpox[65] and next in the Bastille and then in Dijon in 1766 for squabbling with the marquis de Villette over a wager at a horse race[66]. He escaped from the château de Dijon on the night of 18–19–November and made his way across the Channel. He would have had to compose *Les Sabathines* before or during his detention or after his arrival in London. It is not clear why Hardy named Lauraguais as its author, but it is clear that the count did not think much of Saint-Florentin, who, he claimed, »did not know that two and two make four«[67].

Commissaire Chénon, who inspected the books seized in January, listed the mix of philosophic and pornographic titles that Robert Darnton's research has led us to expect: Helvétius, La Mettrie, Rousseau, Toussaint, and Voltaire, along with *L'Art de bien baiser*, *L'Ecole de la volupté*, *La Religieuse en chemise*, *Thérèse philosophe*, and *Vénus dans le cloître*[68]. Chénon followed the trail to several locations and interrogated Guy, as well as the binder Nicolas Yard and shopboy Antoine Renault, but he never mentioned *Les Sabathines*[69]. The *Mémoires secrets* reported in February that many people wondered if *La Sabbatine* actually existed and in July that several copies of *Les Sabbatines et les Florentines* had escaped the police »and persons with an interest in proscribing it and preventing any distribution of it«[70]. Written in the form of a »memoir or novel«, with »as much vigor as nobility«, the 150 pages supposedly included not only »amorous intrigues« but also »political anecdotes«, in which the minister and his mistress played disreputable parts. The same source reported that the police searched the residence of a man of letters named Samarie, a former associate of Saint-Florentin, who presumably had inside knowledge about his household, and found nothing there. Samarie has eluded identification, and the search is not documented in the papers of inspector d'Hémery or commissaire Chénon[71]. More than a year later the parlement punished colporteurs for distributing this libelle, which the magistrates »feared to name«, along with books contrary to morality and religion[72].

Assuming that some Parisian actually wrote the text and other Parisians actually read the text, we can only regret that no copies of the text have survived, in Paris or elsewhere, but we can imagine how it depicted Langeac, as an unscrupulous opportunist who sexed her way into a tyrannical minister's bed and manipulated him to enrich herself and their bastard children. Ferdinand Adrien de la Viefville, marquis d'Orvillé, condemned the couple in the unpublished »Discours au roi sur la réformation de l'état« he submitted to Étienne-François, duc de Choiseul, the king's principal minister, in 1769[73]. The marquis did not mince words in his comments

65 MS, vol. 1, p. 247–248 (16 July 1763), p. 248–250 (18 July 1763), p. 258 (28 July 1763), p. 260–262 (6 August 1763), p. 302 (24 November 1763). Lauraguais sent a copy of his Mémoire sur l'inoculation lu à l'Académie des Sciences, dont il est membre, le 6 juillet 1763, Paris 1763, to Saint-Florentin.

66 MS, vol. 18, p. 254–255 (21 August 1766) and vol 3, p. 68 (22 August 1766), p. 80 (23 September 1766), p. 101 (23 November 1766), p. 154 (9 March 1767).

67 Lettres de L. B. Lauraguais à Madame ***, Paris 1802, p. 100. Hardy and others named Lauraguais as the author of a satire about the Compagnie des Indes that circulated two years later.

68 BN, Fonds français 22098, #72 (25 January 1767).

69 Yard, 24, and Renaud, 34, were released on 22 February and 23 March. The dossiers of Guy, Renault, and Yard in AB 12309 and 12316, include nothing about »Les Sabbatines«.

70 MS, vol. 3, p. 144 (20 February 1767) and p. 243 (20 July 1767).

71 This Samarie or Samary is not listed in the standard bibliographical sources (Cioranescu, Desessarts, Ersch, La Porte and Hébrail, Quérard).

72 MS, vol. 4, p. 115 (8 October 1768). According to this source »foreign gazettes« announced publication of the libelle in 1767, but I have not managed to locate any such announcements. On the books, vendors, and punishment see Robert DARNTON, The Forbidden Best-Sellers of Pre-Revolutionary France, New York 1996, p. 393.

73 La Viefville, 57, was arrested on rue Saint-Antoine and imprisoned in the Bastille on 18 November 1769, then transferred to Saint-Lazare a week later. His dossier in AB 12372, unfortunately, contains nothing of substance.

about the fanatical archbishop of Paris, predatory lawyers, villainous bureaucrats, parasitical monks and lackeys, and Saint-Florentin himself.

> *This abominable man has done more harm to your state, and Madame de Langeac has committed more crimes, than any person I know. Avenge this accumulation of monstrous crimes by sending Monsieur de Saint-Florentin far from you and putting this new Athaliah to death*[74].

Disgrace and exile for the minister, execration and execution for the mistress, like the sanguinary and idolatrous queen of Judah killed by her own subjects. Orvillé's suggestions and rhetoric convinced the ministry, as well as the family, that he was deranged, even though he expressed himself more lucidly than other self-appointed political commentators who ended up in custody on such grounds. He spent a week in the Bastille and, apparently, the next and last three years of his life in the prison of Saint-Lazare, in the company of other naughty nobles.

According to their critics, La Vrillière and Langeac, like Louis XV and Du Barry, embodied sexual and political disorder that disgraced the court and oppressed the realm, especially after chancellor Maupeou suppressed the parlements, the royal appeals courts that led the opposition to royal and ministerial despotism. After Louis XV died, on 10 May 1774, nouvellistes wondered what would become of the duke and his mistress under the regime of justice and virtue. Before the end of the month one reported that Louis XVI had »la Sabbatin, dite de Langeac« confined in a convent or at least expelled from Paris[75]. Others suggested that La Vrillière had repudiated Langeac »in order to comply with the decency of morals of the new court« and insisted that this move would not make the new king forget his »negative opinion« about their liaison[76]. Over the next few months newsmongers dismissed these rumors and noted that Langeac brazenly strolled the boulevards in order »to be seen as much as she could«, endorsed the reports of her exile and announced »the resurrection of her first husband, who was dead only by lettre de cachet«, and explained that she had absented herself from the capital only because one of her children had smallpox[77]. Her selfish »love for her own person prevailed over maternal tenderness in this case«[78].

After months of speculation La Vrillière finally resigned in July 1775[79]. He received a royal pension of 60,000 livres, which he needed because he had been »continually squeezed« for many years by his »vile, greedy, and insolent« mistress[80]. »Plaything of his blind passion for a haughty woman devoured by the thirst for gold, he was nothing but the object of the nation's scorn, and all the execration fell upon his abominable mistress«. In retirement this man »without energy, without intelligence, without spirit [...] cries continually« and »vegetates chez la marquise de Langeac. But since he no longer has favors to dispense, no *lettres de cachet* that she

74 Jean Louis CARRA, Mémoires historiques et authentiques sur la Bastille, 3 vols., Paris 1789, vol. 3, p. 192.

75 BAUDEAU, Chronique secrète (as in n. 7), p. 39 (14 May 1774) and p. 66 (31 May 1774).

76 MS, vol. 27, p. 276 (5 June 1774); PIDANSAT DE MAIROBERT, Journal historique (as in n. 36), vol. 6, p. 18 (20 May 1774). Moreau reported that the duke sent his mistress to Picardy, where she would be near d'Arcq. Mes Souvenirs (as in n. 38), vol. 1, p. 376 (2 June 1774).

77 MS, vol. 27, p. 276–277 (5 June 1774); CS, vol. 1, p. 7 (10 June 1774); MS, vol. 27, p. 285 (17 June 1774).

78 PIDANSAT DE MAIROBERT, Journal historique (as in n. 36), vol. 6, p. 128 (1 August 1774).

79 HARDY, Mes Loisirs (as in n. 31), vol. 3, p. 475 (7 June 1774) and vol. 4, p. 193 (6 May 1775), p. 222 (1 June 1775), p. 230 (12 June 1775), p. 257 (11 July 1775), p. 263 (16 July 1775), as well as CROY, Journal inédit (as in n. 30), vol. 3, p. 122.

80 MS, 6: 111 (9 July 1775); VÉRI, Journal (as in n. 39), p. 310.

can sell, he has become a great burden to her, and she endures him impatiently«[81]. When the duke fell sick in 1776 his confessor urged him to expel »all the Langeacs in the world« from his house[82]. The duke died on 27 February 1777. One contemporary insisted that he was »born for good« and »incapable of evil,« but another concluded that he »did no great harm but he did not bring about anything good«[83]. Hardy, on the other hand, recalled »a multitude of abuses of authority of which he made himself guilty and the large number of injustices to which he had the misfortune to lend himself.« He supposedly left 182 blank *lettres de cachet* among his papers and left »la dame Sabathin, later la dame de Langeac« with an income of 130 000 livres on investments[84]. Given his subservience to his nephew the duc d'Aiguillon, protege of Du Barry, Maupeou, and Terray, and »especially to the fatal Sabathin, currently Langeac«, one nouvelliste insisted that La Vrillière died »with the reputation of a tyrant and monster«[85].

Langeac followed the duke in May[86], but it was not until September that any of the nouvelles reported the death of this woman who covered herself with »shame« through »scandal« and »the atrocity of the vexations she committed in abusing her influence over her feeble lover«[87]. After his resignation she sold some of her assets. Marie-Antoinette herself expressed indignation when the comte d'Artois purchased a forest that La Vrillière had »snared« from Louis XV for her with the help of Du Barry[88]. After her protector's death, Langaec sold Artois her extensive property in the Champs-Elysées for 100 000 livres plus 36 000 livres in a perpetual annuity[89]. Unless she collected the first year's income in advance, she did not live long enough to receive or expend it. Her children auctioned many of her possessions, but they could not shed her name or her notoriety[90]. She reportedly fired the tutor who told them the truth about their parentage and her history[91], but of course she, and they as well, wanted to have their cake and eat it too. They wanted the stamp of legitimacy and the spoils of illegitimacy. Four of the sons

81 Pidansat de Mairobert, Observateur anglois (as in n. 6), vol. 2, p. 4, 6 (20 July 1775).

82 Journal de nouvelles formé pour le marquis d'Albertas, BN, Nouvelles Acquisitions Françaises 4390, f. 2391 (3 February 1776)

83 Louis Dupuy, Eloge in M. le duc de La Vrillière, in: Histoire de l'Académie royale des inscriptions et belles-lettres, 42 (1786), p. 162–169; Pierre-Étienne Regnaud, Histoire des événements arrivés en France depuis le mois de novembre 1770 concernant les parlements et les changements dans l'administration de la justice et dans les lois du royaume, BN, Fonds Français 13734, f. 218.

84 Hardy, Mes Loisirs (as in n. 31), vol. 5, p. 81 (27 February 1777).

85 Correspondance secrète inédite sur Louis XVI, Marie-Antoinette, la cour et la ville, de 1777 à 1792, ed. Mathurin-François-Alphonse de Lescure, 2 vols., Paris 1866 (hereafter CSI), vol. 1, p. 28–29 (4 March 1777). Emmanuel Armand de Richelieu, duc d'Aiguillon, minister of foreign affairs, 1771–1774. According to Moreau, Langeac despised him. Mes Souvenirs (as in n. 38), vol. 1, p. 373 (2 May 1774).

86 Commissaire Bernard-Louis-Philippe Fontaine drafted the scellé in the presence of her husband on 25 May 1777. Archives nationales, Y13129A.

87 CSI, vol. 1, p. 99 (19 September 1777).

88 Marie-Antoinette to Maria Theresa, 12 November 1775, in: Marie-Antoinette, Correspondance secrète avec Marie-Thérèse et le Cte de Mercy-Argenteau, avec les lettres de Marie-Thérèse et de Marie-Antoinette, ed. by Alfred Arneth and M. A. Geoffrey, 3 vols., Paris 1874–1875), vol. 2, p. 393.

89 Gazette de Berne, 5 March 1777.

90 Catalogue de tableaux [...] provenans de la succession de feu madame la marquise de Langeac, Paris 1778.

91 Nouvelles à la main de la fin du règne de Louis XV, ed. by Emmanuel Henri, vicomte de Grouchy, Paris 1898, p. 13 (16 June 1763). »Madame Sabatin, now Madame de l'Espinasse Langeac,« secured an order from Saint-Florentin to have the tutor, named Lengè, 27 or 28, ex-Jesuit, locked up in Bicêtre.

left few traces[92]. La Vrillière himself delivered Alexandre-Joseph-Onézime-Louis-Gustave, chevalier de Saint-Ilpize, born in 1754, to the Bastille in order to teach him a lesson about debts and had him released two weeks later[93]. Antoine-Charles-Joseph-Caliste-Pamphile, born in 1758, was known as the comte de Lespinasse, and Auguste-Louis-César-Hyppolite-Théodore, born in 1759, was known as the comte d'Arlet.[94] Last but not least, Jacques-Victor-Charles-Joseph-Auguste, born in 1765, had distinguished godparents: James Francis Edward Stuart, the Old Pretender to the English throne, who lived in Rome and was therefore represented by Charles de Saint-Albin, illegitimate son of the Regent Philippe d'Orléans and archbishop of Cambrai, and Victoire Marie Anne de Savoie, legitimized daughter of Victor Amadeus II, duke of of Savoy. This youngest of the six sons reportedly provoked the »convulsion« that killed La Vrillière by berating him for selling the former royal nursery to Artois for less than he should have. The duke had time to change his will and exclude his »natural children«[95].

The second son, Égide-Louis-Edme-Joseph de Lespinasse (1752–1842), chevalier de Langeac, also known as abbé de Langeac, made his name in 1768 by winning the annual poetry competition sponsored by the Académie française. The *Mémoires secrets* identified him as »one of the children of madame la marquise de Langeac, formerly madame Sabatin, the famous patron of the arts and sciences,« who showered some of the academicians with favors[96]. The same source reported that the selection of the teenager's »Lettre d'un fils parvenu à son père laboureur« provoked »great unrest among literary people«[97]. Everyone knew that Saint-Florentin took a »lively interest« in Langeac's children, so someone suggested that he dictated the academy's decision, as if by lettre de cachet:

> *By order of the king, these verses will be found to be fine.*
> (Signed Louis and, below, Phélypeaux[98])

Égide published in several genres for several decades, and nouvelles and journals followed his literary trajectory. Pidansat de Mairobert suspected that he would have ended up in the Académie Française if his father had not resigned from the ministry[99]. The chevalier also had military and diplomatic careers. Marie-Antoinette informed her mother that this »bastard son of la Sabatin«, »a most disreputable subject«, had accompanied the French ambassador to Vienna. The dauphine noted that Terray's mistress had been dismissed for selling positions and desired

92 The children are listed in Courcelles, Histoire généalogique (as in n. 17), 2/De Lespinasse, p. 25–26; Lainé, Archives généalogiques (as in n. 17), 1/De Lespinasse, p. 11–12; Saint-Allais, Nobiliaire universel (as in n. 17), vol. 12, p. 117–118.

93 Frantz Funck-Brentano, Les Lettres de cachet à Paris, Paris 1903, p. 395 (4 October 1774).

94 He inherited his mother's good taste, as indicated by the catalogue of Tableaux […] composant la collection de feu M.A.L.C.H.T. de l'Espinasse de Langeac, comte d'Arlet, Paris 1814.

95 CSI, vol. 1, p. 28 (4 March 1777) and CS, vol. 4, p. 191 (4 March 1777), as well as Hardy, Mes Loisirs (as in n. 31), vol. 4, p. 81 (27 February 1777).

96 MS, vol. 4, p. 87–88 (21 August 1767).

97 MS, vol. 4, p. 100 (4 September 1768). His poem was published in the Mercure de France, Octobre 1768, p. 5–10. This issue includes some congratulatory verses addressed to the abbé de Langeac by M. le M. de V., perhaps Monsieur le marquis de Villette, and an »Epitre a Madame la M. de L.,« clearly Langeac, by Jean François Dieudonné Maucomble. Hardy and others attributed the prize poem to Jean François Marmontel, who composed verses for Mademoiselle de Langeac to recite on her mother's name day. Marmontel to Mademoiselle de Corsaille, June 1767, in: Correspondance, ed. John Rewick, 2 vols., Clermont-Ferrand 1974, vol. 1, p. 174–176.

98 For another epigram, see MS, vol. 4, p. 111 (27 September 1768).

99 Pidansat de Mairobert, Observateur anglois (as in n. 6), vol. 2, p. 9 (20 July 1775).

that »all the others« would be dismissed as well[100]. The second of the »Sabatins« managed to humiliate himself by brawling in the street with one of Emperor Joseph II's coachmen. Hardy suspected that this adventure might dash the young man's hopes of »invading the finest benefices in the kingdom« through his father's influence. He prudently left Vienna and probably intended to avoid »similar blunders« elsewhere[101]. Fifteen months later he and the attaché Dominique Vivant, baron Denon were expelled from Russia for rescuing a French actress imprisoned in Saint Petersburg[102].

The oldest son, Auguste-Louis-Joseph-Fidèle-Armand de Lespinasse (1748–1816), comte de Langeac, reached the rank of colonel by 1770, but he was more »famous for several adventures that made some noise«[103]. Not long after he received the cross of Saint-Louis on 13 March 1771, without the requisite twenty years of military service, the *Mémoires secrets* reported that he threatened a man who stared at his mistress »indecently« at the opera[104]. The man in question, Georges-Maurice Guérin, surgeon to the prince de Conti, supposedly dragged him before a commissaire, who dismissed the case[105]. The prince wrote the indignant count an insulting note that ended with these words: »I have had bastards, but I have always taken care that they are not insolent«[106]. Three years later Auguste was involved in another scuffle that entertained »the court and the city«. He wished to marry the widowed sister-in-law of Nicolas-Aloph-Félicité Rouault, marquis de Gamaches, who did not like the match, and insulted him at the dinner table[107]. When the two men left the house to fight, they were arrested by guards who seemed to have been posted there, presumably by Langeac. The tribunal of marshals sentenced the aggressor to six months in prison[108]. Enraged by this sentence, which might have been averted or overruled under Louis XV, Langeac wrote an »extravagant letter« to the marshals and challenged Rouault to a duel with pistols. Louis XVI expelled »this wicked woman, despised by the nation as much as Du Barry was«, from Paris[109]. One nouvelliste lamented that »it is not her

100 Marie-Antoinette to Maria Theresa, 13 October 1771, in Marie-Antoinette, Correspondance secrète (as in n. 88), vol. 1, p. 223.

101 Hardy, Mes Loisirs (as in n. 31), vol. 3, p. 82–83 (18 February 1773). Pidansat de Mairobert also reported the incident in: Journal historique (as in n. 36), vol. 4, p. 69 (16 February 1773).

102 On this escapade see Alexandre Stroev, Vivant Denon en Russie, in: Francis Claudon, Bernard Bailly (ed.) Vivant Denon: Colloque de Chalon-sur-Saône, le 24 mai 2003, Chalon-sur-Saône 2003, p. 17–46.

103 Pidansat de Mairobert, Observateur anglois (as in n. 6), vol. 2, p. 366 (20 July 1775). For his service and honors see Courcelles, Histoire généalogique (as in n. 17), vol. 2/De Lespinasse, p. 26–29; Lainé, Archives généalogiques (as in n. 17), vol. 1/De Lespinasse, p. 12–15; Saint-Allais, Nobiliaire universel (as in n. 17), vol. 12, p 118–125.

104 According to Gazette noire (as in n. 7), p. 143, he received the cross only because he was the »bastard of the minister.«

105 Not documented in the papers of any of the three commissaires for the quartier du Palais Royal: Sirebeau, Thierion, and Trudon.

106 MS, vol. 5, p. 234 (23 March 1771).

107 Anne-Jean-Baptiste-Émile Rouault married Marie-Catherine-Ferdinande de Maugiron in 1766 and died after a duel with a jealous husband. Hardy, Mes Loisirs (as in n. 31), vol. 3, p. 281 (15 December 1773).

108 MS, vol. 27, p. 272–273 (30 May 1774). According to Moreau, »the little Langeac« not only provoked Rouhault but also pulled his chair out from underneath him. Mes Souvenirs (as in n. 38), vol. 1, p. 376 (26 May 1774).

109 Lettres de M. R** à M. N** concernant ce qui s'est passé d'intéressant à la cour depuis la maladie et la mort de Louis XV jusqu'au rétablissement du parlement de Paris, in: Mélanges publiés par la Société des bibliophiles français 5 (1825), p. 27 (2 June 1774). CS, vol. 1, p. 12–13 (25 June 1774) includes the text of the challenge, in which Langeac calls him effeminate and herself respectable.

prostitutions, or her two living husbands, or her exactions, or the public sale of positions and *lettres de cachet*, or her audacious bankruptcies that got her exiled,« just an »absurdly insolent« message to the man who humiliated her »little fool« of a son[110].

The »little fool« had amorous as well as bellicose adventures. We do not know the name of his companion who attracted the unwanted attention at the opera, but we do know that he had relationships with two of Louis XV's former mistresses in the 1770s: Louise Jeanne de Tiercelin de La Colleterie, whom La Vrillière expelled from Paris in 1773, though ostensibly not because of her liaison with his son, and Marie-Josèphe d'Armeval, illegitimate daughter of Terray, who gave birth to the count's child and died a few days later, on 2 June 1777[111]. Some suspected poison, and, »because of the hatred people have for everything related to the duc de La Vrillière,« the magistrates had the body exhumed and examined[112]. The doctors found no evidence of foul play, but Hardy was not surprised that the count resigned his position as captain in the comte de Provence's guards, since he no longer had »his father and protector« around to help him resolve his problems[113]. The next incident, in 1779, involved characters from the world of the stage rather than the court. The jealous Jean-Henri Gourgaud, dit Dugazon, reproached his wife, the singer, actress, and dancer Louise-Rosalie Lefebvre for »giving herself to a Langeac«[114]. The lover slapped the husband, who responded in kind. It was said that »M. de Langeac will count these slaps with the kicks and punches« he had received in 1771 and that this colonel with the cross of Saint-Louis »is no match for a histrion«. The comte de Neuilly, who resented the count's intimacy with his mother from the mid 1780s on, claimed that he lacked a quality that every gentleman possessed, courage. Many years after the fact Neuilly recalled with relish the day the count interrupted him while he was studying Caesar's *Commentaries*. He told the unwelcome visitor to go to the devil and chased him out of the room with a fireplace poker[115].

The chevalier de Langeac and the comte de Langeac did not marry, but their »charming«, graceful, witty, clever sister did[116]. Aglaé-Joséphine-Amélie-Louise-Edme de Lespinasse-Langeac (1756–1788) wed Victor-Scipion-Louis-Joseph de la Garde, marquis de Chambonas, on 5 May 1774, just days before the death of Louis XV. Contemporaries assumed that he gave her his hand, just as the marquis de Langeac gave Mademoiselle du Cusack his hand, for the sake of material advantages[117]. Eight months later the bride initiated a lawsuit for a marital separation from her husband. She charged him with »cruelty and mistreatment«, and he claimed that »she, too quick to follow in the footsteps of her mother, begins to set a scandalous example herself«.

110 Baudeau, Chronique secrète (as in n. 7), p. 66 (31 May 1774).

111 La Vrillière to Tiercelin, 30 November 1773, in: Archives de la Bastille (as in n. 8), vol. 19, p. 98.

112 CSI, vol. 1, p. 63 (13 June 1777) and CS, vol. 4, p. 425 (13 June 1777). See also Hardy, Mes Loisirs (as in n. 31), vol. 5, p. 165–166 (7 June 1777).

113 Hardy, Mes Loisirs (as in n. 31), vol. 5, p. 171 (15 June 1777).

114 MS, vol. 14, p. 50 (13 May 1779).

115 The comte de Neuilly admitted that he had »an instinctive hatred for M. de Langeac«. Neuilly, Dix années (as in n. 26), p. 31–33. His cousin Adélaïde-Millo de Campestre reported that the count »lived in the greatest intimacy« with her aunt for 34 years. A. de Campestre, Mémoires, 2 vols., Paris 1827, vol. 2, p. 139–142.

116 Pidansat de Mairobert, Observateur anglois (as in n. 6), vol. 2, p. 9–10 (20 July 1775). For an example of the »very young, very pretty, and very clever« Mademoiselle de Langeac's frivolous behavior see Pidansat de Mairobert, Journal historique (as in n. 36), vol. 3, p. 326–327 (18 November 1772).

117 Madame du Deffand wondered which was more honorable, or rather dishonorable, »to marry a Du Barry, and transmit his name to posterity, or for a man of rank to marry Mademoiselle Langeac?« Mary Anne de Vichy-Chamrond, marquise Du Deffand to the duchesse de Choiseul, 14 June 1773, Correspondance complète avec la duchesse de Choiseul, l'abbé Barthélemy, et M. Craufurt, ed. by François-Joseph de Beaupoil, marquis de Sainte-Aulaire, 3 vols., Paris 1866–1877, vol. 1, p. 435–436.

This case, which has been throughly analyzed elsewhere, did not produce any published judicial memoirs. Nouvellistes did not have access to the one hundred pages of depositions given by the witnesses listed by both parties, but they reported the accusations of brutality and adultery, not to mention the outcome[118]. The magistrates ruled against the wife, on 7 September 1775[119], and »the public« rejoiced, out of hatred for her parents. The marquis and marquise had a son, Alophe-Aime-Charles de la Garde, born on 21 July 1778, but some at the time and since wrongly assumed that they were actually separated, since they led largely separate lives[120].

Objections on the part of some of the groom's relatives led Louis XV to wonder if »the poor duc de La Vrillière cannot succeed in marrying off his daughter?« The nouvelliste who quoted the question acknowledged that his readers might be astonished »to hear a king speak this way about the indecent conduct of a minister in whom he had placed his confidence for fifty years«[121]. Pidansat de Mairobert predicted that the duke would »soon fall into the oblivion he deserves« and that his mistress and children would »return to the obscurity they should not have left,« but libellistes remembered and vilified them throughout the 1780s, as examples of the corruption of the Ancien Régime embodied by Louis XV.[122] One recalled that Saint-Florentin was »subjugated« by »Madame Sabattin« to such an extent that »he saw only through her eyes« and even had the »indecency« to celebrate their daughter's marriage despite the late king's illness[123]. Another remembered that he could hardly produce enough *lettres de cachet* to satisfy his mistress, that »hussy« and »trollop« Sabbatin, and her other lover, the chevalier d'Arcq[124]. The author of a collection of dialogues of the dead, who copied passages from texts published during the 1770s, had the prince de Conti denounce La Vrillière as an »odious and infamous« character. »Ah, Sire, you do not know about all the vile deeds he committed or allowed his frivolous chatterbox to commit. What rapine! What secretive and sinister and extortions!« Another character added that this »abominable whore« should have been sent to the Salpêtrière, which housed wayward women[125].

After the fall of the Bastille Jean Louis Carra published some of the documents about Rainville and Milet, arrested in 1765, with added comments about »the turpitudes of this woman and her schemes with all her proteges to make money« on *lettres de cachet*. »What a government is that in which women without modesty dispose of all posts and positions!«[126] Pierre Manuel published an abridged and enhanced version of the police report about Langeac com-

118 Jeffrey Merrick, Marital Conflict in Political Context: Langeac vs. Chambonas, 1775, in: Suzanne Desan, Jeffrey Merrick (ed.), Family, Gender, Law, and State in Early Modern France, University Park 2009, p. 137–182. For international dissemination of news see for example: Correspondance politique secrète sur la cour de France, 18 janvier, 21 and 28 mars, Fonds de Meldeman 37, Archives de l'État, Namur, Belgium.

119 Additional references include Horace Walpole to Lady Ossory, 9 September 1775, in: Correspondance, ed. by W. S. Lewis, 48 vols., New Haven 1937–1983, vol. 32, p. 258; Journal de politique et de littérature, 15 September 1775, vol. 3, p. 75; Journal politique, ou Gazette des gazettes, October 1775, première quinzaine, p. 47.

120 Marc Gauer, Histoire et genealogie de la famille La Garde de Chambonas et de ses alliances, s.l. 2012, p. 19.

121 CS, vol. 1, p. 7–8 (10 June 1774).

122 Pidansat de Mairobert, Observateur anglois (as in n. 6), vol. 2, p. 368 (20 July 1775).

123 Barthélemy-François-Joseph Mouffle d'Angerville, Vie privée de Louis XV, 4 vols., London 1781, vol. 2, p. 298–299 and vol. 3, p. 261.

124 Bouffonidor (?), Les Fastes de Louis XV, 2 vols., paginated continuously, Villefranche 1782, vol. 2, p. 641–642.

125 S.n., Les Entretiens de l'autre monde sur ce qui se passe dans celui-ci, London 1784, p. 237.

126 Carra, Mémoires historiques (as in n. 74), vol. 3, p. 105. For an example of radical recycling of material about the children, see: Le porte-feuille du patriote (s.l. 1792), p. 30–31. The author copied the account of the comte de Langeac's encounter with the surgeon Guérin from MS, vol. 5,

posed by Marais in 1760. He stated not that the colonel of her father's regiment took advantage of the girl but that »she let him pick a fruit that was not ripe«. She later entranced and ensnared Saint-Florentin, and »it was soon by her that France was governed«. Since she »revolted the people«, Manuel thanked »madame la comtesse de Sabatini« for her contribution to the Revolution[127]. Many other writers condemned the minister and his mistress, »the infamous adventuress who ruled him«[128]. La Vrillière, »whose name became an insult«, and Madame Sabbatin, »whose memory will be detestable forever«, had »virtuous husbands« arrested to satisfy their wives and the courtiers who desired them[129]. She sold *lettres de cachet* not only to wives who denounced their husbands as brutes but also to husbands who denounced their wives as flirts, as well as parents, children, and siblings who wished to have troublesome relatives locked up for their own advantage[130].

The notorious Madame de Langeac lived on in less polemical and more historical, anecdotal, and literary accounts of the Ancien Régime. According to a narrrative of the reigns of Louis XV and XVI published under the Directory, Saint-Florentin/La Vrillière lasted as long as he did because of »the analogy between his domestic behavior and that of the king«. His mistress, known for »the shameful traffic she conducted, almost publicly, in favors, rewards, and even arbitrary punishments,« encouraged his »blind servility to the will of the king's mistress«[131]. A dictionary of historical anecdotes published under Napoleon devoted several pages to Langeac and her husbands, her oldest son's encounters with Guérin and Dugazon, and her daughter's marriage.[132] One could track representations and misrepresentations of Langeac throughout the nineteenth century, in memoirs (including apocryphal memoires, like those of the Madame du Barry), popular histories (such as those by Alexandre Dumas père), and fiction. One journal printed a story about the chevalier de Langeac, who wooed a woman with a parrot named Coco and died in the attack on the Tuileries 10 August 1792![133] Another journal printed a series about La Vrillière, who lived with an »old woman« named Langeac, formerly »Subretin«, who »contributed a good deal to the sourness of his character and the wickedness of his decisions«[134]. In our time, Jean-François Parot has included the minister and his mistress in the cast of characters in his popular Nicolas Le Floch mysteries. In *Le Crime de l'hôtel Saint-Florentin* he turned the prosthetic left hand into a murder weapon and mentioned both Langeac and Chambonas[135].

After tracking Langeac in many milieux, high and low, and sources, published and unpublished, we are left with some facts and more fictions about her life, including her thirty years

p. 234 (23 March 1771), and noted that the count »conducted himself like a man who had the honor to be known as the bastard of a minister«.

127 Pierre MANUEL, La Police de Paris dévoilée, 3 vols., Paris 1793, vol. 2, p. 103–104. Guillaume Imbert de Boudeaux reprinted this passsage in: La Chronique scandaleuse 5 (1791), p. 52–53.

128 Le Parc aux cerfs, Paris 1790, p. 69.

129 Mémoires du maréchal duc de Richelieu, pour servir à l'histoire des cours de Louis XIV, de la minorité et du Règne de Louis XV, etc., 9 vols., Paris 1793, vol. 9, p. 360.

130 Théophile-Imarigeon DU VERNET, Vie de Voltaire, suivie d'anecdotes qui composent sa vie privée, Paris 1797, p. 457.

131 Antoine-Étienne-Nicolas FANTIN-DESODARDS, Louis Quinze et Louis Seize, 5 vols., Paris 1797–1798, vol. 2, p. 145.

132 MOUCHET, Dictionnaire contenant les anecdotes historiques de l'amour depuis le commencement du monde jusqu'à ce jour, 2nd ed., 5 vols., Troyes 1811, vol. 3, p. 452–455. The first edition in 2 vols. (Paris, 1788) does not include any of the Langeacs.

133 LÉLIO, Histoire d'un crime échappé à la Gazette des tribunaux, originally published in the Journal des enfants et de la mode des demoiselles (reprinted in Le Compilateur, 10 February 1843, p. 120–123), and Laure SURVILLE, Le Compagnon du foyer, Paris 1854, p. 1–26.

134 Journal du dimanche: Littérature, histoire, voyages, musique, 28 August 1864, p. 294–295.

135 Published in 2004, translated in 2010, and filmed in 2013.

with the count and duke. Like more than a few pretty females from the provinces in eighteenth-century novels, as well as police records, she made her way to the city and up the ladder through her looks and wits. Nouvellistes and libellistes gave her little credit for her natural endowments or for her protective motherhood and cultural patronage. Troubled by the connections between and prevalence of private and public disorders in their time, they emphasized her sexual and financial corruption as well as her domination of the weak man who enabled her malfeasance on behalf of her children (including two undisciplined sons and an intractable daughter) and clients. They portrayed the villainous, unmanly minister and his rapacious, unwomanly companion as models of despotism and debauchery in the style of Louis XV and as victims of regime change under the fatherly and virtuous Louis XVI. They scorned women who used their charms and wiles to master men, but they also mocked men who allowed themselves to be mastered by women through seduction and deception. In recounting Langeac's story, her critics suggested that masculinity was as malleable and problematic as femininity in their time. Historians have neglected her, but her transgressions of conventional expectations about women's conduct earned her a prominent position in the ranks of the avaricious mistresses, promiscuous actresses, and adulterous countesses who haunted the vulnerable male imagination in the last decades of the Ancien Régime.

Jörg Ulbert

# Sicherungsmassnahmen in französischen Diplomaten- und Konsularkorrespondenzen (1650–1730)

In der Frühen Neuzeit unterhielt Frankreich zwei große Netzwerke von Außenvertretungen. Zum einen waren dies die ständigen diplomatischen Vertretungen in Hauptstädten. Zum anderen verfügte die Krone über eine stetig steigende Zahl von Konsulaten, die fast ausschließlich in Hafenstädten angesiedelt waren. Ursprünglich wurden beide Netzwerke vom Außenministerium betreut. Mit der Gründung des Marineministeriums 1669 wurde das Konsularwesen aus dem Kompetenzbereich des Außenministeriums herausgelöst und dem neugegründeten Marineministerium zugeschlagen[1]. Zu den diplomatischen Vertretungen und Konsulaten kamen noch die im Ausland tätigen Informanten des Kriegsministeriums, die Frankreich jedoch nicht offiziell nach außen hin vertraten.

Eine der wichtigsten, wenn nicht die bedeutendste aller Aufgaben der französischen Außenvertreter war das Übermitteln von vor Ort gesammelten Informationen. Dies geschah fast ausnahmslos auf schriftlichem Wege. Auch ihre Anweisungen und Instruktionen erhielten Diplomaten und Konsuln auf dem Postweg. Alle Außenvertreter waren gehalten, zu jeder sich ihnen bietenden Gelegenheit an ihre übergeordneten Ministerien zu schreiben[2]. Sie taten dies immer dann, wenn eine Postkutsche oder ein Schiff in Richtung Frankreich abfuhr. In den französischen Nachbarstaaten geschah dies in aller Regel einmal, an manchen Posten (etwa in Den Haag, London oder Mainz) aber auch zweimal pro Woche. Jene Diplomaten oder Konsuln, die ihre Post nicht über Land, sondern auf dem Seeweg nach Frankreich schickten, schrieben unregelmäßiger an ihre Minister, waren sie doch auf die keinem Fahrplan folgende Abfahrt eines französischen Schiffes in Richtung Heimat angewiesen.

Bevor die Depeschen französisches Territorium erreichten, waren sie einer Reihe von Risiken ausgesetzt. So bestand vor allem für die über den Seeweg transportierten Schreiben die Gefahr, durch Wetter- oder Feindeinwirkung unwiederbringlich verloren zu gehen. Den über Land laufenden Korrespondenzen drohte hingegen, kurzzeitig von der gegnerischen Seite abgefangen, geöffnet, kopiert und wieder verschlossen zu werden, um dann erneut in den Postlauf gegeben zu werden.

Als Ludwig XIV. 1661 sein persönliches Regiment antrat und sein Land zügig auf einen agressiven außenpolitischen Kurs brachte, intensivisierte sich auch Frankreichs diplomatische Aktivität. Das Netz der französischen Außenvertretungen verdichtete sich dabei rasch. Je zahlreicher die Posten im Ausland und je bedeutsamer mit ihnen unterhaltenen Korrespondenzen für die Durchsetzung der außenpolitischen Ziele, desto dringender wurde die Sicherung des

1 Zur Entwicklung der administrativen Anbindung der französischen Konsulate siehe: Jörg Ulbert, L'administration des consulats au sein du secrétariat d'État de la Marine (1669–1715), in: ders., Sylviane Llinares (Hg.), La Liasse et la plume. Les bureaux du secrétariat d'État de la Marine sous l'Ancien Régime (1669–1792), Rennes 2017, S. 73–86.

2 Diplomaten und Konsuln schrieben nicht nur an die ihnen übergeordnete Ministerien, sondern unterhielten auch regelmäßige Korrespondenzen mit einer ganzen Reihe anderer staatlicher Stellen. Eine Analyse dieser Briefwechsel: Jörg Ulbert, La dépêche consulaire française et son acheminement en Méditerranée sous Louis XIV (1661–1715), in: Silvia Marzagalli (Hg.), Les Consuls en Méditerranée, agents d'information, XVI$^{e}$–XX$^{e}$ siècle, Paris 2015 (Les Méditerranées, 7), S. 31–57.

Postverkehrs. Zur Verminderung der zwei Hauptrisiken, denen die Korrespondenzen ausgesetzt waren, das heißt dem Totalverlust und dem Ausspionieren von Depeschen, entwickelten die französischen Behörden im Laufe der Zeit eine Reihe von neuen Gegenmaßnahmen und verbesserten gleichzeitig die bereits existenten. Doch immer wenn die Verfahren zur Abwehr der Bedrohung verfeinert wurden, etwa durch die Komplexifizierung der Verschlüsselung, gelang es den Postspionen zügig, sich an die Veränderungen anzupassen. Diese Entwicklung, also das Zusammenwirken von Risiken und Gegenmaßnahmen, soll in der Abfolge für die Zeit von 1650 bis 1730 kurz dargestellt werden.

## 1. Risiko: Totalverlust einer Depesche

In Friedenszeiten ging auf dem Landweg beförderte Post nur sehr selten verloren[3]. Das Risiko des Totalverlusts einer Depesche war jedoch weit beträchtlicher, wenn diese per Schiff transportiert wurde. Hier drohten nicht nur Stürme, sondern vor allem das Aufgebrachtwerden durch Piraten, Korsaren oder feindliche Kriegsschiffe. Für diesen Fall waren die französischen Kapitäne angewiesen, die ihnen anvertraute Post sofort über Bord zu werfen[4]. Dem Verlust vorbeugen konnte der Absender nicht. Doch verfügte er über Mittel, den dadurch entstehenden Schaden zu begrenzen.

Zunächst einmal war es für den Adressaten und Absender wichtig zu wissen, ob alle Schreiben auch ihr Ziel erreicht hatten. Zu diesem Zwecke wurde am Anfang einer jeden Depesche in aller Regel erst einmal das Datum der letzten eigenen Sendung in Erinnerung gerufen und hernach der Empfang der seitdem eingegangenen Schreiben bestätigt. Aus diesen Informationen konnten beide Seiten eine Liste der vom Korrespondenten auf den Weg gegebenen Briefe erstellen und etwaig verloren gegangene Sendungen identifizieren. Um ihrem Ministerium ein genaues Bild über die Anzahl der von ihnen übersandten Briefe zu geben und die Überprüfung zu vereinfachen, begannen die französischen Diplomaten in der zweiten Hälfte des 17. Jahrhunderts ihre Depeschen zu nummerieren. Zu Beginn des 18. Jahrhunderts war diese Vorsichtsmaßnahme im diplomatischen Dienst dann gängige Praxis geworden. Anders bei den Konsuln: Hier lässt sich ein Nummerieren von Depeschen erst Jahrzehnte später, nämlich ab 1714, nachweisen[5] und das, obwohl ein guter Teil der französischen Konsuln Depeschen per Schiff nach Frankreich schickte und die Gefahr eines Verlustes dadurch besonders groß war.

3 Eines der seltenen Gegenbeispiele: *La dernière lettre que j'ai receue de vous, Monsieur, est dattée du 28e janver. Elle contient une suite du mémoire des protestans en reponse au decret de l'empr, mais je n'ai pas receu le commencement de ce mémoire qui etoit sans doute contenu dans les deux precedens ordes qui ne m'ont pas esté remises jusqu'à present, et je vous prie de vouloir m'envoyer le duplicata de ce que vous m'aviés adressé par ces deux ordes.* Dubois an Groffey, o. O., 14. Februar 1721, Archives du ministère des Affaires étrangères (MAE), Correpondance politique (CP) Allemagne 366, fol. 193r–193v. Als Antwort darauf schrieb Groffey Folgendes: *Ce qui me donne, à présent de l'inquiétude, c'est que je vois que mes lettres se perdent. J'ay découvert, pour ainsy dire, la piste de ceux qui y font la greve, et j'espere d'avoir bientost là-dessus des eclaircissemens entiers.* Groffey an Dubois, Regensburg, o. D. [Frühjahr 1721], MAE, CP Allemagne 366, fol. 213r. Der holländische Reichstagsgesandte verriet Groffey einige Tage später, dass er seine Briefe in den Händen des Wolfenbütteler Gesandten gesehen hatte (Groffey an Dubois, Regensburg, o. D. [Frühjahr 1721], MAE, CP Allemagne 366, fol. 217r).

4 *Si les patrons des tartannes venoient a estre pris dans leur route par les ennemis, ils [devaient jeter] en ce cas les pacquets de Sa Majesté dans la mer.* Colbert de Croissy an die Handelskammer von Marseille, Versailles, 26. Juli 1690, Archives de la Chambre de Commerce de Marseille (ACCM), D 62, nicht foliiert (siehe auch ähnlich lautende Anweisungen in den Depeschen vom 9. März 1691, 10. August 1692, 3. September 1692, 13. Juni 1693, 20. Oktober 1693 und 2. April 1694, ibid.).

5 Der erste französische Konsul, der seine Depeschen nummeriert, war Pierre Paget. Gleich nach seinem Dienstantritt in Cagliari im Dezember 1714, begann er damit, seine Depeschen mit

Wollte man sicherstellen, dass die in einer Depesche enthaltenen Informationen auf jeden Fall ihren Adressaten erreichten, dann wurde der gleiche Text über verschiedene Routen zweimal verschickt (sogenannte »duplicata«[6]). Kreuzten feindliche Schiffe in der Nähe des Absenderhafens, dann konnten sogar drei (»triplicata«[7]) getrennte Übermittlungsversuche unternommen werden. Dies geschah aber nur dann, wenn der Inhalt der Depesche einen solchen Aufwand auch rechtfertigte, denn durch diese Maßnahmen verdoppelten oder verdreifachten sich auch die Portokosten.

## 2. Risiko: Ausspionieren einer Depesche

Doch es gab Schlimmeres als den Verlust einer Depesche. Größte Gefahr für die eigenen Interessen drohte, wenn Schreiben einer gegnerischen Macht in die Hände fielen. Postspionage ist so alt wie der Briefverkehr selbst[8]. Bis zum Ende des 16. Jahrhunderts bedeutete dies vor allem, gegnerische Briefe abzufangen, sie zu lesen und dann zu vernichten. Der Nachteil dieser Brachialmethode bestand darin, dass die Gegenseite sich dabei über den Verlust gewahr wurde, sich darauf einstellen und Gegenmaßnahmen ergreifen konnte. Im Zeitalter Karls V. galt der Postdiebstahl noch als akzeptables Mittel der Kriegsführung. Doch im Laufe des 17. Jahrhundert setzte sich dann ganz allgemein die Vorstellung durch, dass Post als unantastbar anzusehen sei[9]. Dies erklärt auch, weshalb ein Krieg nicht zur Unterbrechung der Postlinien führte[10].

Um diesen veränderten Wertvorstellungen Rechnung zu tragen, entwickelte sich eine neue, subtilere Form der Spionage. Sie bestand darin, alle Post durch ein sogenanntes Schwarzes Kabinett laufen zu lassen[11]. Hier wurden interessant anmutende Briefe zunächst einmal aussortiert. Danach öffneten Spezialisten die Umschläge, immer bedacht, dabei die Siegel nicht zu beschädigen. Der nächste Schritt bestand darin, den Inhalt des Briefes zu lesen und, wenn er

durchlaufenden Nummern zu versehen. Aus unerfindlichen Gründen brach die Zählung nach elf Depeschen jedoch ab. Das Marineministerium mahnte die Wiederaufnahme der Zählung jedoch mitnichten an. Siehe dazu: Archives Nationales (Paris), AN/AE/B/I/302, nicht foliiert.

6 Zum Beispiel: *Je charge un capitaine venitien qui part pour Livourne des duplicata de ma premiere lettre et de la presente que je remets a un autre cap$^{ne}$ de la même nation qui va a Venise*. Gaspard de Fontenu an Pontchartrain, Smyrna, Postscriptum vom 15. Juli 1708 zum Duplicata der Depesche vom 3. Juli 1708, AN/AE/B/I/1043, nicht foliiert. Als Beispiel für die Anweisung an einen auf dem Kontinent befindlichen Diplomaten, alle seine Post in zwei Ausführungen nach Versailles zu schicken, um sicher zu stellen, dass die Information auch wirklich übermittelt wurde: Pecquet an Groffey, Versailles, 16. Juni 1722, Bibliothèque nationale de France, ms 10680, fol. 227r–228r. Zur Gefahr des Aufgebrachtwerdens und den Auswirkungen auf den Postbetrieb siehe auch: Donald E. Pusch, Kerlérec's Cipher: The Code Book of Louisiana's Last French Governor, in: Louisiana History. The Journal of the Louisiana Historical Association 49 (2008), S. 463–480, hier: S. 463–464.

7 Zum Beispiel: Isaac Royer an Pontchartrain, Smyrna, 16. Juni 1708, AN/AE/B/I/1043, nicht foliiert.

8 Eine Zusammenfassung der Geschichte der Postspionage vom Altertum bis in die Renaissance bei: Eugène Vaillé, Le Cabinet noir, Paris 1950, S. 7–45.

9 Reynald Abad, Préface, in: Alexandre Tessier (Hg.), La Poste, servante et actrice des relations internationales (XVI$^{e}$–XIX$^{e}$ siècle), Brüssel 2016 (Histoire de la Poste et des communications. Échanges et territoires, 7), S. 13–20, hier: S. 17.

10 Vaillé, Le Cabinet noir (wie Anm. 8), S. 65, 74.

11 Ein Ansatz zur Geschichte der Schwarzen Kabinette bei: Karl de Leeuw, Books, Science, and the Rise oft he Black Chambers in Early Modern Europe, in: Anne-Simone Rous, Martin Mulsow (Hg.), Geheime Post. Kryptologie und Steganographie der diplomatischen Korrespondenz europäischer Höfe während der frühen Neuzeit, Berlin 2015 (Historische Forschungen, 106), S. 88–99. Dort auch weiterführende Literatur.

Interessantes enthielt, zu kopieren. Danach wurde der Umschlag wieder verschlossen und zurück in den Postverkehr gegeben. Misslang die fachgerechte Öffnung der Depesche, wurde sie, um die Spuren zu verwischen, mit dem gesamten Inhalt der Posttasche vernichtet[12].

Frankreich scheint das erste Land gewesen zu sein, in dem der Staat zu einer institutionellen Postüberwachung überging. Hier hatte schon Richelieu ein erstes *cabinet noir* einrichten lassen[13]. In der zweiten Hälfte des 17. Jahrhundert begannen dann auch die Vereinigten Niederlande, England und Spanien, den über ihr Gebiet laufenden Briefverkehr mehr oder minder systematisch zu überwachen. Die Reichspost galt in dieser Zeit noch als vertrauenswürdig[14]. Der erste Reichsstand, der ein *cabinet noir* einrichtete, war Braunschweig-Lüneburg, wo 1694 in Celle ein solches die Arbeit aufnahm, um die Regierungen in London, Den Haag und Wien mit Informationen über die französischen Positionen zu versorgen[15]. Im Spanischen Erbfolgekrieg (1701–1714) gingen dann alle Beteiligten des Konflikts dazu über, Schwarze Kabinette zu betreiben. Auch Kaiser Karl VI., der „die Effizienz der Einrichtung in Spanien" kennengelernt hatte, entdeckte nun die Möglichkeiten, die sich daraus eröffneten. Hier ist wohl auch der Grund für die bald darauf erfolgte Verstaatlichung der österreichischen Post zu suchen[16].

Bereits wenige Jahre nach dem Beginn der kaiserlichen Postspionage galt das gesamte Reichsgebiet im Kreise der französischen Diplomatie als unsicher. So machte sich etwa der Botschafter beim Kaiser, Vintimille du Luc, bezüglich der Sicherheit seiner Korrespondenzen nur wenig Illusionen[17]. Alle Ausländer in Wien, Diplomaten wie Privatleute, so schreibt du Luc 1716, seien davon überzeugt, dass ihre Post geöffnet werde[18]. Die Deutschen seien von Natur aus neugierig und schämten sich nicht, fremde Briefe zu öffnen[19]. Dass es sich dabei nicht zwangsläufig um Übertreibungen handelte, lässt sich an der Tätigkeit des bereits erwähnten Schwarzen Kabinetts in Celle ablesen. Hier ließ Georg Wilhem von Braunschweig-Lüneburg während des Pfälzischen und im Vorfeld des Spanischen Erbfolgekriegs die Briefwechsel zwischen den französischen, dänischen und schwedischen Diplomaten sowie ihren Ministerien abfangen. Die Abschriften der Depeschen wurden umgehend nach Österreich, England und in die Vereinigten Niederlande weitergeleitet. Dies hatte zur Folge, dass die Regierungen in London und Den Haag schneller über die Versailler Entscheidungen und Planungen informiert wurden als Frankreichs Diplomaten in Kopenhagen und Stockholm, für die sie eigentlich bestimmt waren[20].

12 Ibid., S. 53.

13 Zur Arbeit der französischen Schwarzen Kabinette siehe: Vaillé, Le Cabinet noir (wie Anm. 8).

14 Zur Entwicklung dieser Richtzustellzeiten siehe: Wolfgang Behringer, Thurn und Taxis. Die Geschichte ihrer Post und ihrer Unternehmen, München/Zürich 1990, S. 118.

15 Zur Arbeit des Schwarzen Kabinetts in Celle siehe die wegweisende Studie von: S. P. Oakley, The Interception of Posts in Celle, 1694–1700, in: Ragnhild Hatton, J. S. Bromley (Hg.), William III and Louis XIV. Essays 1680–1720 by and for Mark A. Thomson, Liverpool 1968, S. 95–116.

16 Behringer, Thurn und Taxis (wie Anm. 14), S. 118.

17 *Nostre commerce [épistolaire] avec M. le c^te^ de Croissy est tout a fait impraticable, et je n'ai receu que deux de ses lettres depuis que je suis en ce païs. Je ne scai quel sort auront eües celles que je luy ay escittes.* Du Luc an Châteauneuf, Wien, 17. August 1715, MAE, CP Autriche 106, fol. 22r.

18 *Au reste je ne puis plus doutter de l'infidélité des postes de ce pays. Tous les ministres estrangers, et mesme les particuliers sont persuadez que nos lettres sont ouvertes.* Du Luc an Ludwig XV., Wien, 1. Januar 1716, MAE, CP Autriche 110, fol. 11v–12r. *Je connois le peu d'exactitude des postes d'Allemagne.* Du Luc an Gergy, Wien, 18. Juli 1716, MAE, CP Autriche 109, fol. 114r.

19 *Vous sçavez sans doute, Monseigneur, que les lettres passent par 200 lieues de pays avant que d'arriver à Strasbourg. Les Allemands sont très curieux de leur naturel, et ne se font point de difficultés d'ouvrir les lettres.* Du Luc an Ludwig XV., Wien, 25. Dezember 1716, MAE, CP Autriche 108, fol. 199r.

20 Oakley, The Interception (wie Anm. 15). Zu anderen Beispielen für die Arbeit der Schwarzen Kabinette siehe: Bengt Peterson, »The Correspondent in Paris«: en engelsk informationskämma under 1700-talet, in: Scandia 27/2 (1961), S. 387–399; Helle Stiegung, Den engelska

Der Umgehung und Täuschung dieser Schwarzen Kabinette galten die anderen französischen Vorsichtsmaßnahmen.

### *2.1 Sonderkurier*

Die sicherste Methode, Korrespondenzen vor Spionage zu bewahren, war es, sie gar nicht erst von den gängigen Postdiensten – im Reich also von der Firma Thurn und Taxis – befördern zu lassen. Was nicht von der Post, also von offiziellen Postreitern oder Postkutschen transportiert wurde, konnte auch nicht durch ein Schwarzes Kabinett geschleust und dort geöffnet und kopiert werden. Wenn man Briefe aber nicht den gängigen Postdiensten anvertrauen wollte, so musste man sie durch eigens abgestellte Boten überbringen lassen. In Kriegszeiten bestand zwar die Möglichkeit, dass diese dem Gegner in die Hände fielen, im Frieden war dies aber weitgehend ausgeschlossen, denn das Abfangen eines Kuriers hätte zu schweren Spannungen geführt oder hätte gar als Vorwand zur Kriegserklärung herhalten können[21].

Doch die Übermittlung von Briefen durch Sonderkuriere hatte einen ganz entscheidenen Nachteil: sie war extrem teuer. Zwar gab es am französischen Hof seit dem ausgehenden Mittelalter einen institutionellen Kurierdienst (die aus den »chevaucheurs du roi« entstandenen »courriers du cabinet«), doch war dieser nur für den Bedarf einiger hochgestellter Persönlichkeiten bestimmt. Unter Ludwig XIV. waren dies neben dem König, der Königin, der Königinmutter, der Grand écuyer (der in seiner Funktion als Herr über die königlichen Ställe auch den Kurierdienst zu verwalten hatte), die Marine-, Finanz-, Kriegs-, Innen- und Außenminister, sowie die französischen Botschafter in London, Madrid[22] und Rom[23]. Alle anderen Diplomaten und Konsuln konnten im Bedarfsfall auf keinen eigens vom Staat zur Verfügung gestellten Boten zurückgreifen. Sie mussten auf eigene Faust einen ihrer Bediensteten auf die lange Reise nach Versailles schicken[24].

Angesichts der hohen Kosten, die dadurch entstanden, wurde vor allem bei einschneidenden Anlässen auf Kuriere zurückgegriffen, etwa bei einem Kriegsausbruch oder einem Thronwechsel[25]. Nur während besonders wichtiger Verhandlungen oder an strategischen Posten

underrätelseverksamheten rörande Sverige under 1700-talet. En studie i Londonkabinettets politiska spionage med särskild hänsyn tagen till åren 1770–1772, Stockholm 1961; Karl de Leeuw, The Black Chamber in the Dutch Republic during the War of the Spanish Succession and its Aftermath, 1707–1715, in: The Historical Journal 42 (1999), S. 133–156; Karl de Leeuw, The Black Chamber in the Dutch Republic and the Seven Years' War, 1751–1763, in: Diplomacy & Statecraft 10 (1999), S. 1–30.

21 Siehe ein diesbezügliches Beispiel bei: Vaillé, Le cabinet noir (wie Anm. 8), S. 71–72.

22 Siehe dazu im Detail: Eugène Vaillé, Histoire générale des postes françaises, t. 3: De la réforme de Louis XIII à la nomination de Louvois à la surintendance générale des postes (1630–1668), Paris 1950, S. 179–211 und ganz besonders S. 181. Zur Geschichte der *chevaucheurs du roi* sowie der *courriers du cabinet*, siehe ebenfalls: Nicolas de La Mare, Continuation du Traité de la police, contenant l'histoire de son établissement, les fonctions & les prérogatives de ses magistrats; toutes les loix & les réglemens qui la concernent. Avec un recueil de tous les reglements et statuts des six corps des marchands & de toutes les communautez des arts & métiers, Bd. 4: De la voirie, Paris 1738, S. 574–580.

23 Albane Pialoux, Chemins, contrôle et circulation de la dépêche diplomatique entre Paris et Rome au XVII<sup>e</sup> siècle, in: Alexandre Tessier (Hg.), La Poste, servante et actrice des relations internationales (XVI<sup>e</sup>–XIX<sup>e</sup> siècle), Brüssel 2016 (Histoire de la Poste et des communications. Échanges et territoires, 7), S. 45–60, hier 46–51.

24 So bediente sich etwa der französische Botschafter in Rom, Kardinal Polignac, zwischen 1724 und 1732 nicht nur eines *courrier de cabinet*, sondern auch immer wieder seiner Bediensteten, um Depeschen schnell und sicher nach Paris zu befördern (ibid., S. 46–51).

25 So entsendete etwa der französische Botschafter Pierre-Antoine de Castagnères marquis de Châteauneuf, in den zehn Jahren, die er in Konstantinopel Dienst tat, nur zu zwei Gelegenhei-

wurden auch außerhalb solcher Ereignisse Boten geschickt. So bekam etwa der französische Botschafter in Wien, Graf Vintimille du Luc, 1716 die Erlaubnis, im Bedarfsfall seine Post von einem Reiter nach Frankreich transportieren zu lassen:

> *Comme vous estes persuadé, Monsieur, de l'infidélité des postes d'Allemagne, il peut se trouver des cas, où la prudence demande que vous ne vous en teniez pas à la seureté de vos chiffres, quoyque bons, et dans ces occasions vous pouvez envoyer des exprez à Strasbourg pour y mettre vos lettres à la poste, à moins que vous ne jugiez qu'il fût nécessaire de les envoyer jusqu'icy pour vous porter les ordres du roy avec plus de diligence et de sécurité*[26].

Du Luc zeigte sich erleichtert über dieses Angebot:

> *Je ne puis comprendre pourquoy celle du 1er janvier a passé par la Lombardie. Ce doit estre un équivoque du bureau de Vienne, car les ouvreurs de lettres sont en Allemagne comme en Italie. Et la chose est si publique qu'il y a des gens dans les bureaux qui n'ont autre chose à faire. S'il arrive quelque cas qui mérite précaution, j'exécuteray vos ordres, Monsieur, en envoyant par un de mes gens les pacquets jusques à Strasbourg, et plus loin, si le cas le requéroit*[27].

Kaum zwei Wochen später machte du Luc zum ersten Mal von dieser Möglichkeit Gebrauch: *J'envoye cette dépesche à Strasbourg par un de mes gens, ne croyant pas qu'il convint de la livrer aux caprices des bureaux des postes d'Allemagne*[28].

Doch blieben Genehmigungen, Sonderkuriere zu schicken, die Ausnahme. Im Normalfall blieb den französischen Diplomaten und Konsuln sowie ihren Fachministerien also letztlich nicht anderes übrig, als ihre Depeschen den örtlichen Postunternehmen anzuvertrauen[29].

### *2.2 Überwachen der Postzustellzeiten*

Wenn eine Depesche von einem Schwarzen Kabinett abgefangen wurde, so konnte deren Behandlung ein bis zwei Tage dauern. Doch so lange konnte die Postkutsche nicht zurückgehalten werden. Ausspionierte Depeschen wurden also erst dem nächsten durchgehenden Postsack wieder beigegeben. Dadurch ergab sich für den Empfänger eine Verzögerung von einigen Tagen. Bei Briefen, die aus der europäischen Peripherie, etwa aus Konstantinopel, Moskau, Warschau, oder Stockholm nach Paris geschickt wurden, fiel dies nicht weiter auf. Denn die Postlaufzeiten waren lang und großen Schwankungen unterworfen. Sendungen aus Nachbarstaaten, etwa aus Italien, Spanien, England, den Niederlanden, der Schweiz oder aus dem Reich folgten jedoch festen Fahrplänen und waren deshalb gut vorhersehbar. Verzögerungen auf diesen Stre-

ten einen Sonderkurier nach Paris: einen am 2. Juli 1691, um das Ableben Sultan Süleymans II. zu melden, und einen anderen einen Monat später, am 8. August 1691, anlässlich der Thronbesteigung seines Nachfolgers Ahmed II. Siehe Einzelheiten bei: Jörg Ulbert, L'acheminement des correspondances diplomatiques à Constantinople pendant la Guerre de la Ligue d'Augsbourg (1688–1697), in: Revue d'histoire diplomatique 130 (2016), S. 241–255.

26 Huxelles an du Luc, Paris, 14. Februar 1716, MAE, CP Autriche 112, fol. 75r–75v.

27 Du Luc an Huxelles, Wien, 4. März 1716, MAE, CP Autriche 113, fol. 14r–14v.

28 Du Luc an Ludwig XV., Wien, 16. März 1716, MAE, CP Autriche 113, fol. 69r. Eine Aufstellung aller Kuriere, die du Luc in den Jahren 1715 bis 1717 von Wien nach Straßburg oder Paris schickte, siehe hier: MAE, CP Autriche 126, fol. 361r–361v.

29 Zu diesem Schluss kommt auch E. John B. Allen in seiner Studie zum Post- und Kurierwesen in der frühneuzeitlichen Diplomatie (Post and Courier Service in the Diplomacy of Early Modern Europe, Den Haag 1972, S. 38, 87).

cken, vor allem wenn sich diese häuften, wurden von den französischen Außenvertretern und ihren Ministerien mit Sorge und als ein möglicher Hinweis auf Postspionage betrachtet.

> *Il arrive souvent que les lettres que je reçois de Monsieur de Campredon sont retardées de trois ou quatre jours de plus que celles du public de même datte. Je suis persuadé que ce retardement ne vient pas de votre part, mais cela peut estre d'une si grande importance que j'ai cru que je devois vous en avertir, affin que vous examinié* [sic], *s'il vous plaît, ce qui peut donner lieu à cet abus, et ce que vous croirés que l'on peut faire pour y remédier*[30].

Aus diesem Grunde beobachteten Absender und Adressaten genau die effektiven Postlaufzeiten[31].

### *2.3 Wechselnde Postzustellwege und Benutzung von Deckadressen*

Stellte der Empfänger eines Schreibens eine verdächtige Verspätung bei der Postzustellung fest, so setzte er zunächst einmal den Absender darüber in Kenntnis. Häuften sich die Verspätungen, bestand die erste Gegenmaßnahme darin, die Post beim nächsten Mal über eine andere Route laufen zu lassen, um dadurch das hypothetische Schwarze Kabinett zu umgehen.

> *Je n'ay reçu qu'hier la lettre dont vous m'avez honoré le 4^e^ de ce mois. Ce paquet qui renfermoit deux autres lettres pour Monsieur de Bezenval et Monsieur de Campredon m'est venu par la route de Francfort sur le Mein, et a été retardé de treise jours. Je juge par les cachests qu'il a été ouvert en chemin. Lorsque vous aurés, Monseigneur, quelques paquets importants à m'adresser, je crois que la voye de Holande sera la plus seure, mais les lettres retardent de trois jours*[32].

Die Angst vor dem Postweg über Reichsgebiet ging während des Spanischen Erbfolgekriegs soweit, dass französische Korrespondenten im Ausland bereit waren, große Umwege und damit enorme Verzögerungen in Kauf zu nehmen, um Schwarze Kabinette zu umgehen. So galt etwa der Postknotenpunkt Basel als Spionagenest. Das zwang den französischen Gesandten am Regensburger Reichstag, Groffey, seine Post zeitweilig über Holland nach Antwerpen zu schicken, von wo aus sie dann nach Paris weiterversandt wurde[33]. Pierre Puchot, Marquis des Alleurs, der französische Vertreter bei den ungarischen Aufständischen, und sein ungarischer Kollege in Versailles, ließen ihre Depeschen während des Spanischen Erbfolgekriegs über Konstantinopel oder Danzig laufen. Von dort wurden sie dann an ihre Adressaten in Ungarn oder Frankreich weitergeleitet[34].

30 Dubois an Poussin, Versailles, 29. Januar 1723, MAE, CP Hambourg 51, fol. 28r.

31 Hier hätte man sich zur Überprüfung der Sicherheit einer Postlinie das gleichzeitige Senden von unverfänglicher Privatpost und getarnten diplomatischen Sendungen vorstellen können. Für eine solche Sicherungsmaßnahme gibt es in den erhaltenen Quellen jedoch keine Anhaltspunkte.

32 Poussin an Dubois, Hamburg, 21. Oktober 1720, MAE, CP Hambourg 48, fol. 297r–297v.

33 *Quoyque dans les addresses qui me furent envoyées au commencement de 1721 par M^rs^ Thuliston et Comp^ie^ pour le passage de mes lettres, il y en ait une qui les porte par la Hollande et de là par Anvers ou Cologne en France, et qui par consequent leur fait eviter Basle. Je ne laisseray pas d'envoyer les duplicata par l'une ou l'autre des deux voyes qui m'ont esté indiquées en dernier lieu.* Groffey an Dubois, Regensburg, 15. Juli 1722, MAE, CP Allemagne 368, fol. 46v.

34 Einzelheiten dazu siehe bei: Olivier MAURIN, Transmettre la correspondance du baron de Wettes et du marquis des Alleurs au-delà du Saint-Empire. Le réseau postal européen et la diplomatie française, in: Alexandre TESSIER (Hg.), La Poste, servante et actrice des relations internationales

Eng mit dem Ausweichen auf andere Postwege verbunden war die Verwendung von Deckadressen. Damit sollte einem mutmaßlichen Schwarzen Kabinett nicht mehr zwingend aus dem Weg gegangen werden. Es wurde vielmehr der Versuch unternommen, unbemerkt durch die dort vorgenommenen Kontrollen zu kommen. Im 17. Jahrhundert war das Postaufkommen in Mitteleuropa bereits so umfangreich, dass die Schwarzen Kabinette nicht mehr systematisch alle durchgehenden Sendungen öffnen konnten. Es war also Aufgabe der dortigen Angestellten, vielversprechende Schreiben aus der Post herauszufiltern. Als wichtigstes Auswahlkriterium diente dabei selbstredend die Adresse. Depeschen an Diplomaten und Konsuln wurden eigentlich mit dem Namen und der Funktion des Adressaten versehen. Auch die Außenvertreter adressierten ihre Schreiben direkt an den König, den Außen- oder Marineminister oder die jeweiligen Bürochefs (*premiers commis*). Doch solch explizites Adressieren kam geradezu einer Einladung zur Postspionage gleich. So ging man bereits in der ersten Hälfte des 17. Jahrhundert dazu über, sich gegenseitig mit Deckadressen zu versorgen. Dabei handelte es sich in aller Regel um Namen und Adressen von der französischen Krone ergebenen Bankiers oder Handelshäusern. Deren internationales Korrespondenzaufkommen war geschäftsbedingt groß, sodass an sie gerichtete Briefe unverfänglich waren. Zunächst wurden Pariser Deckadressen vergeben.

> *Vos lettres ne me viennent pas régulièrement, plusieurs ayant esté retardées, et paroissant manifestement que toutes ont été ouvertes, ce qui mérite la précaution de ne me les point adresser directement, mais de me les envoyer sous l'adresse de quelque banquier. En attendant que nous ayons pris d'autres mesures, vous les adresserés alternativement à Monsieur Guibert, banquier, rue neuve des Bons enfans, et à Monsieur d'Olivier, trésorier des secrétaires du roi, rue du Grand chantier. Mandés-moi à qui j'adresserai celle que je vous écrirai*[35].

Um den Verdacht noch weiter abzulenken, wurden in Abfolge vermehrt Adressen benutzt, die nicht in der französischen Hauptstadt lagen. So wurden den französischen Generalbevollmächtigten auf dem Friedenskongress von Rijswijk (1696–1697) insgesamt 25 Deckadressen zugewiesen, 13 in Paris und zwölf in der französischen Provinz (in Bayonne, Beaucaire, Bordeaux, La Rochelle und Nantes)[36]. Es wurde den Gesandten aber auch nahegelegt, ihre Post zuweilen sogar bis nach Madrid oder Cadix zu schicken, um jeglichen Verdacht zu zerstreuen[37]. Zudem sollten sie ihre Post nicht in ihrem Delfter Quartier aufgeben. Das Aufkommen des dortigen Postamtes war so gering, dass Spione die diplomatische Korrespondenz ohne Schwierigkeiten hätten aussortieren können. Stattdessen wurden die französischen Unterhändler angewiesen, ihre Depeschen von Reitern nach Rotterdam oder Den Haag bringen zu lassen, um sie dort in einen Postkasten zu werfen[38].

(XVI$^{e}$–XIX$^{e}$ siècle), Brüssel 2016 (Histoire de la Poste et des communications. Échanges et territoires, 7), S. 35–44.

35 Dubois an du Bourg, o. O., 2. Oktober 1719, MAE, CP Autriche 143, fol. 189r–189v.

36 Memorandum für die französischen Generalbevollmächtigten auf dem Friedenskongress von Rijswijk, o. O. o. D. (1696), MAE, Acquisitions extraordinaires 8, fol. 144r.

37 *Il ne seroit pas aussy inutile que les lettres secrettes fussent adressées a quelques adresses des noms cy-dessus a Madrid ou Cadiz, et ensuite mettre une envelope et en faire l'adresse ausdits et villes de France.* Memorandum für die französischen Generalbevollmächtigten auf dem Friedenskongress von Rijswijk, o. O. o. D. (1696), MAE, Acquisitions extraordinaires 8, fol. 144v.

38 *Comme il n'y a que tres peu de lettres dans le paquet qui vient de Delft pour France* [sic], *il seroit a propos que l'on envoyast les lettres aux adresses cy-dessus par des exprès a La Haye et a Rotterdam les jetter dans les boestes de ces bureaux ce qui donneroit encore moins de soubçon. Il est encore necessaire que les lettres des Messieurs les plenipotentiaires soient jettées au bureau de Delft a l'ordinaire pour ne point donner de mefiance.* Memorandum für die französischen Generalbe-

Auch Diplomaten im Süden des Reiches, etwa in München, in Wien oder am Reichstag in Regensburg, wurden angehalten, nicht an eine Pariser Deckadresse zu schreiben, sondern an eine solche in Straßburg[39]. Die dortigen Korrespondenten konnten die Schreiben dann von der französischen Post an das Ministerium weiterbefördern lassen[40]. So entstanden regelrechte Deckadressstaffetten, bei denen die eigentlichen Depeschen mehrmals überverpackt wurden und erst der unterste Umschlag mit dem Namen des eigentlichen Adressaten versehen war (»sous le pli de«)[41].

Doch in den gegnerischen Schwarzen Kabinetten wusste man natürlich um das Spiel mit falschen Adressen[42]. So konnte diese Gegenmaßnahme nur greifen, wenn die Deckadressen regelmäßig gewechselt wurden. Hatte man den Verdacht geschöpft, die Gegenseite könnte eigene Depeschen trotz aller Vorsicht als diplomatische Korrespondenz identifiziert haben, wurden die alten Deckadressen umgehend durch neue ersetzt. Anhaltspunkte für einen solchen Verdacht konnten verzögerte Postzustellzeiten aber auch beschädigte Siegel sein:

> *La* [sic] *cachet de celle que j'ay receu de vous le dernier ordinaire m'a paru fort altéré. Je vous prie d'observer ceux des lettres que je vous escriray, et si il y a de l'infidélité dans les bureaux où elles passent, il faudroit reprendre d'autres adresses*[43].

Um sicherzugehen, dass die verdächtigen Siegel auch wirklich erbrochen und danach gefälscht und nicht nur vom Absender nachlässig aufgetragen worden waren, wurden sie im Zweifelsfalle an den Besitzer zurückgeschickt: *Je luy en renvoye le cachet affin qu'elle* [d. i. Son Éminence, d. h. der Außenminister Dubois] *juge si elle n'a point esté ouverte, comme il y a lieu de croire*[44].

Nicht nur die Ministerien, sondern auch die Diplomaten erhielten im Zweifelsfalle ihre Post über Deckadressen. So bat der französische Resident in Hamburg, Jean-Baptiste Poussin, seine Vorgesetzten bereits drei Tage nach seiner Ankunft im Juni 1714, ihm seine Post nicht unter seinem eigenen Namen, sondern ohne Nennung des Absenders und ohne sichtbares Siegel an die Herren Gilles und Leers in Hamburg zu schicken. Als sich Poussin im März 1715 erneut der Verdacht aufdrängte, dass seine Briefe geöffnet worden waren, ließ er sich fürderhin seine Post

vollmächtigten auf dem Friedenskongress von Rijswijk, o. O. o. D. (1696), MAE, Acquisitions extraordinaires 8, fol. 144v.

39 Dem französischen Geschäftsträger in Wien, Dubourg, wurden zum Beispiel folgende Adressen in Straßburg zugewiesen: *À M. Brincke à Strasbourg; à M. Lietau à Strasbourg; à M. Gefferri à Strasbourg; à M. Loster à Strasbourg*. Dubois an Dubourg, Paris, 2. Januar 1722, MAE, CP Autriche 138, fol. 240r.

40 *Cette lettre est la troisième d'affaires que j'ay l'honneur d'écrire à Vostre Altesse depuis mon arrivée icy. J'ay addressé les deux premières, comme j'addresse celle-cy au s^r^ Helistant, mais il me paroist que pour la seureté de mes lettres, il me faudroit des adresses a Strasbourg et a Augsbourg que je ne puis pas me procurer, faute de connoissances directes ou indirectes dans ces endroits.* Groffey an Dubois, Regensburg, 15. Oktober 1720, MAE, CP Allemagne 366, fol. 138r.

41 Siehe dazu: VAILLÉ, Le Cabinet noir (wie Anm. 8), S. 72. Das Überverpacken der Briefe erklärt auch weshalb nur wenige dieser mit Deckadressen versehenen Umschläge erhalten sind. Denn bei Eingang eines solchen Pakets entfernte der Inhaber der Deckadresse ganz einfach den ersten Umschlag. Unter diesem befand sich der nächste fertig verpackte Brief, der nur noch auf das nächste Postbüro gebracht werden musste. Als Beispiel für einen erhaltenen Umschlag (vom französischen Gesandten d'Avaux aus Stockholm an *M. de La Lande, bougeois et marchand a Bayonne* gerichtet): D'Avaux an Pontchartrain, Stockholm, 1. Juli 1693, AN/AE/B/I/1070, fol. 97v.

42 Siehe als Beweis dafür die Liste von zu überwachenden Deckadressen bei: VAILLÉ, Le Cabinet noir (wie. Anm. 6), S. 64.

43 Torcy an Poussin, Marly, 3. Mai 1714, MAE, CP Hambourg 34, fol. 102r.

44 Du Bourg an Dubois, Wien, 13. April 1718, MAE, CP Autriche suppl. 8, fol. 161r.

unter dem Namen seines Nachbarn Pierre Bove zustellen. Poussin schickte seine Depeschen seinerseits an Jean Euffroy, Strumpfwarenhändler, rue de l'arbresec in Paris oder aber an Guillaume Mignan, rue du four in Paris[45].

Da die Post bei der Benutzung von Deckadressen für die Schwarzen Kabinette wie gewöhnliche Handelskorrespondenz wirken sollte, durften die Diplomaten und Konsuln natürlich nicht die eigentlich für sie geltenden Höflichkeitsregeln beachten. Die offiziellen Briefwechsel im frühmodernen Frankreich folgten ungeschriebenen, aber allgemein beachteten Normen. Je höher der Adressat in der sozialen Rangordnung stand, desto größer musste das Briefpapier sein und desto breiter waren die Freilassungen an den Rändern und desto mehr Platz wurde zwischen der Anrede und der ersten Textzeile gelassen[46]. Händler und Bankiers – die Inhaber der Deckadressen – waren bei ihren Briefwechseln aber vor allem auf niedrige Kosten bedacht. Sie beschrieben billiges Papier und Bögen, die im Vergleich zu denen in der Diplomatie gebräuchlichen allenfalls die Hälfte der Fläche boten. Zudem nutzen sie beim Beschreiben den ihnen dort zur Verfügung stehenden Platz weitestgehend aus. Nach dem Falten und Versiegeln entstanden also kleinformatigere Briefe, als das bei Diplomatenschreiben der Fall war. Um den Handelskorrespondenzen möglichst ähnlich zu sehen, wurden die Außenvertreter angehalten, ihre Depeschen ebenfalls auf kleineren Bögen und ohne Randfreilassungen zu schreiben. Zudem wuden ihnen angeraten, ihre Briefe »nach der Art Händler« zu falten[47].

### *2.4 Verschlüsselung des Inhalts*

Die wichtigste Vorsichtsmaßnahme gegen feindliche Postspionage war naturgemäß die Verschlüsslung der sensibelen Inhalte einer Depesche.

Die im Untersuchungszeitraum in Frankreich gebräuchliche Verschlüsselungstechnik wurde als *Grand chiffre* bezeichnet. Sie hielt spätestens ab den 1660er in den Korrespondenzen des Kriegs-, Marine- und Außenministeriums ihren Einzug und war bis zur Französischen Revolution in Gebrauch. Als ihr Erfinder gilt der französische Mathematiker und Kryptograf Antoine Rossignol (1600–1682)[48].

45 Jörg Ulbert, Frankreichs Deutschlandpolitik im zweiten und dritten Jahrzehnt des 18. Jahrhunderts. Zur Reichsperzeption französischer Diplomaten während der Regentschaft Philipps von Orléans (1715–1723), Berlin 2004 (Historische Forschungen, 79), S. 91. Ausführliche Belege in den Fußnoten 269 und 270.

46 Einzelheiten dazu bei: Ulbert, La dépêche consulaire française (wie Anm. 2).

47 In Instruktionen für den designierten französischen Handelsagenten in Madrid, Pierre-Nicolas Partyet, wurde diesem Folgendes aufgetragen: *Il fera ces lettres sans marge, sur du petit papier, et il les ploira de la manière que le sont celles de marchands*. Zitiert nach: Didier Ozanam, Anne Mézin (Hg.), Économie et négoce des Français dans l'Espagne de l'époque moderne. Instructions et mémoires officiels relatifs au commerce en Espagne de la gestion de Colbert (1669) au Pacte de famille (1767), Paris 2011, S. 109. Siehe auch: *Et plier et cacheter les lettres comme font ordinairem[t] les marchands et faire escrire les dessus par une main inconnue*. Memorandum für die französischen Generalbevollmächtigten auf dem Friedenskongress von Rijswijk, o. O. o. D. (1696), MAE, Acquisitions extraordinaires 8, fol. 144v.

48 Rossignols Leben und Arbeit ist weitgehend unbekannt. Einen ersten Ansatz zu ihrer Erforschung bietet der kurze Aufsatz von: Hubert Arvergas, Antoine Rossignol et le Grand Chiffre de Louis XIV, in: Bulletin de la Société des Sciences, Arts et Belles Lettres du Tarn 15 (1954), S. 511–516. Zu seinem Sohn, Bonaventure-Charles Rossignol, und seinem Enkelsohn, Antoine-Bonaventure Rossignol, die seine Arbeit bis zur Mitte des 18. Jahrhunderts weiterführten, ist so gut wie nichts bekannt. Siehe auch: Jörg Ulbert, Zur Verschlüsselung französischer Ministerialkorrespondenzen (1650–1730), in: Anne-Simone Rous, Martin Mulsow (Hg.), Geheime Post. Kryptologie und Steganographie der diplomatischen Korrespondenz europäischer Höfe während der frühen Neuzeit, Berlin 2015 (Historische Forschungen, 106), S. 269–280.

Über die Entstehungsgeschichte des *Grand chiffre* ist wenig bekannt. Sicher ist jedoch, dass sich das System über Jahrzehnte entwickelte, ohne dass dabei das ihm zugrunde liegende Prinzip angetastet wurde. Dessen Funktionsweise ist denkbar einfach. Grundsätzlich wurde bei diesem Verfahren Schrift in Zahlen und Symbole umgewandelt.

In seiner Urform bestand der Code wohl aus mehreren Sorten von Chiffren. Das ist jedenfalls aus dem ältesten erhaltenen Nomenklator[49] zu schließen, der Rossignol zugeordnet werden kann. Er diente dem französischen Botschafter in Holland, Jacques-Auguste de Thou (1657–1661), um seine Briefe an Kardinal Mazarin zu verschlüsseln[50]. Dieser Chiffrensatz enthält vor allem Zahlen. Es scheinen nur jene von 1 bis 100 (oder ein bisschen darüber hinaus) benutzt worden zu sein. Jede Zahl wurde nicht nur einmal, sondern mehrfach vergeben: bei der ersten Verwendung als blanke Zahl, bei der zweiten mit zwei umlautähnlichen Punkten, bei der dritten mit einem darüber gesetzten, von rechts unten nach links oben gehenden Strichchen und bei der vierten mit einem waagerecht darüber gesetzten Strich versehen (6 = P, 17 = do, 19 = dont, 26 mit Umlaut = Leyden, 75 mit darübergesetzten Querstrich = l'Espagne). Zuzüglich zu den Zahlen wurden noch Buchstaben, Symbole oder Glyphen benutzt (z. B.: f = L, uu = E, ծ = F, θ = A). Um das Entschlüsseln zu erschweren, enthält dieser Nomenklator – wie übrigens auch alle folgenden – eine Reihe von Blendern (hier etwa ein dreimal gestrichenes »q«). Diese wurden in den verschlüsselten Text eingestreut, hatten aber keine Bedeutung. Zudem gab es Chiffren, die die unmittelbar vorhergehenden annulierten: die sogenannten *annulants*, in der deutschen Fachliteratur als »Nullifizierer« bezeichnet (hier die mit einem waagerechten Strich versehenen Zahlen 100 bis 106). Andere verdoppelten die unmittelbar vorhergehenden Chiffren (hier z. B. 91, 95 und die mit einem waagerechten Strich versehenen 92, 94 und 96).

Vergleicht man nun diesen Nomenklator aus dem Jahre 1661 mit einem, der 35 Jahre später vergeben wurde – nämlich mit dem Schlüssel, der den französischen Unterhändlern auf dem Friedenskongress von Rijswijk 1696 zur Verfügung gestellt wurde –, dann lassen sich einige ganz entscheidende Verbesserungen feststellen. Der 1661er-Schlüssel krankte vor allem an seiner komplizierten Anwendungsweise. Die Vergabe von nicht gängigen Symbolen und Glyphen verlangte sowohl beim Verschlüsseln als auch beim Entschlüsseln große Präzision und hohe Konzentration von den damit betrauten Sekretären. Schon kleine Ungenauigkeiten beim Chiffrieren, mussten zu erheblichen Verzögerungen beim Dechiffrieren führen. Diesen Schwierigkeiten hatte man nun vorgebeugt. So enthält der 1696er-Schlüssel keine Symbole und Glyphen mehr. Er besteht vollständig aus Zahlen zwischen 1 und 378. Auch die Handhabung der Nomenklatoren war zwischenzeitlich verbessert worden. Sender und Empfänger erhielten nun eine doppelseitige Tafel. Auf der einen Seite befindet sich der Chiffrierschlüssel (*clef à chiffrer*), der numerisch geordnet ist (hier z. B.: 1 = pan, 2 = ag, 3 = fle, 4 = par, 5 = al usw.). Auf der anderen Seite steht der Dechiffrierschlüssel (*clef à déchiffrer*), der die gleichen Paarungen nochmals alphabetisch geordnet aufführt (also z. B.: a = 365, ab = 368, ac = 371, ad = 374, af = 377, ag = 2 usw.).

49 »Nomenklatoren sind eine Weiterentwicklung der Buchstabenersetzung. Ein Nomenklator sieht für jeden Buchstaben des Alphabets sowie für gängige Wörter oder Silben jeweils ein Geheimzeichen vor. Als Geheimzeichen werden hierbei häufig mehrstellige Zahlen oder Fantasiewörter verwendet. […] Von einem Nomenklator spricht man, wenn es maximal etwa Tausend Geheimzeichen gibt.« Klaus Schmeh, Dechiffrierung verschlüsselter Texte der frühen Neuzeit – Methoden, Probleme, Forschungsbedarf, in: Anne-Simone Rous, Martin Mulsow (Hg.), Geheime Post. Kryptologie und Steganographie der diplomatischen Korrespondenz europäischer Höfe während der frühen Neuzeit, Berlin 2015 (Historische Forschungen, 106), S. 25–40, hier S. 33–34.

50 MAE, MD Hollande 154, fol. 149r–v.

Auch bei den Abwehrmaßnahmen gegen einen möglichen Entschlüsselungsversuch hatte man zwischenzeitlich Fortschritte gemacht. So enthält der Nomenklator aus dem Jahre 1696 nun auch Homophone, d. h. dass einfache Buchstaben nun mit mehreren Chiffren verschlüsselt werden konnten (z. B.: a = 353, a = 356, a = 359, a = 362, a = 365). Am Ende des Spanischen Erbfolgekriegs wurde die einfachen *annulants* durch doppelte ergänzt, die eine längere Chiffrenfolge eingrenzten und somit eine ganze Gruppe von Chiffren als nichtig markieren konnten[51].

Auch die Menge der in den Nomenklatoren verwendeten Zahlenkombinationen nahm mit den Jahren zu. Der 1661er-Satz enthält 308 Chiffren, der 1696er-Satz 378, ein Nomenklator aus dem Jahre 1711 oder 1712 389[52] und ein anderer aus dem Jahre 1752, der nachträglich rekonstruiert wurde, bereits rund 700 Chiffren[53].

Die französischen Diplomaten und ein guter Teil der Konsuln verfügten über mindestens zwei Chiffrensätze. Der erste diente der offiziellen Korrespondenz mit dem jeweiligen Fachministerium. Jedem Außenvertreter wurde dabei ein spezifischer Nomenklator zugewiesen (*chiffre particulier*)[54]. Zudem erhielten alle in einem geografischen Raum agierenden Außenvertreter noch einen gemeinsamen Nomenklator. Dieser war dazu gedacht, es den Diplomaten und Konsul zu erlauben, untereinander verschlüsselt zu korrespondieren (*chiffre commun*)[55]. Für besonders geheime Vorgänge verfügten einige Diplomaten zudem noch über einen zusätzlichen Nomenklator[56]. Dieser diente zur Verschlüsselung von Inhalten, die nicht einmal den sonst mit der Entschlüssung betrauten subalternen Mitarbeitern der jeweiligen Ministerien bekannt werden sollten. Das Auflösen der Chiffren übernahm in diesem Fall der *premier commis*, ein einem heutigen Staatssekretär vergleichbaren Amtsvorsteher, der in der Regel in alle Staatsgeheimnisse eingeweiht war.

In besonders spionageträchtigen Situationen erhielten die Diplomaten zwei Nomenklatoren, die innerhalb ein und derselben Depesche alternierend zum Einsatz kamen:

> *Pour prevenir les accidents qui pouroient arriver en cas que les lettres en chiffre vinssent a estre interceptées, l'on a jugé a propos de faire deux clefs dont celuy qui chifrera prendra la peine de se servir alternativement dans la mesme depesche, c'est-à-dire qu'il chifrera toujours cinq lignes avec l'une desdites clefs, la sixiesme ligne sera de l'autre chiffre, et ainsy alternativement.*
>
> *Et afin que celuy qui aura a dechifrer sçache avec quelle clef les depesches qu'il aura a deschifrer seront chifrées, on a cotté lesdites clefs, l'une (379) et l'autre (720), si bien que*

51 *Ce qui est entre ces chiffres est nul: 408, 419, 420, 409, 410, 423*. BNF, Ms. Fr. 23227, fol. 6r. Dieser Nomenklator diente Zacharie Roslet, dem Agenten des Kardinas Noailles in Rom, zur Verschlüsselung seiner Berichte an seinen Vorgesetzten. Mein Dank geht an Frau Stephanie Bode, die mich freundlicherweise auf diesen Nomenklator hingewiesen hat und mir die Fotos der Aktenstücke überlassen hat.

52 Ibid., fol. 5v–6r. Bei der Aufnahme seiner Tätigkeit im Jahre 1711 war Roslet ein erster Nomenklator zur Verfügung gestellt worden, der nur 169 Chiffren enthielt (ibid., nicht foliiert).

53 Pusch, Kerlérec's Cipher (wie Anm. 6), S. 468.

54 Viele Diplomaten verfügten zudem noch über gesonderte Chiffrensätze, um nicht nur mit dem ihnen übergeordneten Außenministerium, sondern, unabhängig davon, auch mit dem Kriegs- und dem Marineministerium verschlüsselt korrespondieren zu können.

55 *Je ne suis point encore en commerce de lettres avec M^r^ le comte de Rottembourg, ny avec M^r^ d'Iberville. J'attends pour leur écrire qu'ils ayent reçu la copie du chifre* [sic] *commun qui doit, Monseigneur, leur être envoyé de votre part*. Poussin an Torcy, Hamburg, 12. November 1714, MAE, CP Hambourg 35, fol. 153r.

56 Dazu u. a.: Rottembourg an Dubois, Berlin, 16. August 79, MAE, CP Prusse 622, fol. 392r–v.

> *lorsqu'on commencera a chifrer une depesche, si c'est avec la clef cottée (379), il faudra mettre ledit caractere (379) pour le premier caractere de la depesche, ce qui fera connoistre que les cinq premieres lignes seront chifrées avec la clef cottée (379); a la sixiesme ligne il sera inutile de mettre le caractere (720) pour marquer la variation du chifre, parce que l'on suppose comme une chose inviolable que lorsqu'on aura chifré cinq avec une clef l'on se servira de l'autre clef aux cinq lignes suivantes, et ainsy alternativement jusqu'à la fin de la depesche*[57].

Eine zusätzliche Vorsichtmaßnahme zur Verschleierung des Inhalts war die Vergabe von Decknamen, welche dann noch zusätzlich chiffriert wurden. Pseudonyme wurden vor allem dann gebraucht, wenn es darum ging, die Identität angeworbener Informanten der Gegenseite geheimzuhalten. Quellen darüber, wann und wie Tarnnamen vereinbart wurden, sind nicht erhalten. Es ist jedoch anzunehmen, dass über deren Gebrauch in persönlichen Gesprächen übereingekommen wurde. War dies nicht möglich, so wurden sie wohl von Boten überbracht, denn eine postalische Übermittlung hätte die Maßnahme von vornherein gefährdet[58].

Dem breiten Publikum galt der königliche Kryptologe Antoine Rossignol als Entschlüsselungsgenie[59]. Dementsprechend überzeugt war man auch von seinen Verschlüsselungskünsten. Noch Ende des 17. Jahrhunderts hatte die französische Diplomatie größtes Vertrauen in die Sicherheit der eigenen Chiffriertechnik[60]. Zwanzig Jahre später war dieser Glaube in den *Grand chiffre* jedoch geschwunden:

> *Nos chiffres se lisent tout courant quand on y est un peu pratiqué [...]. J'aurois bien des choses à mettre dans ma lettre au Roy ou dans celle-cy, mais certain comme je le suis que vous ne serez pas le premier à les lire, je ranguaigne. La seule utilité que j'y trouve, c'est que je suis des premiers avertis, et que mon secrétaire est à l'escole pour apprendre l'escamotage, affin de le mettre en pratique, si nous sommes jamais subordonnez au Rouillé et au Pajot*[61].

57 Memorandum für die französischen Generalbevollmächtigten auf dem Friedenskongress von Rijswijk, o. O. o. D. (1696), MAE, Acquisitions extraordinaires 8, fol. 146r–v.

58 Beispiele für Decknamen in: Vaillé, Cabinet noir (wie Anm. 9), S. 50–51; Andreas Affolter, Geheimhaltungspraktiken in den Korrespondenzen des französischen Ambassadors in der Eidgenossenschaft Claude-Théophile de Bésiade, Marquis d'Avaray (1716–1726), in: Anne-Simone Rous, Martin Mulsow (Hg.), Geheime Post. Kryptologie und Steganographie der diplomatischen Korrespondenz europäischer Höfe während der frühen Neuzeit, Berlin 2015 (Historische Forschungen, 106), S. 281–291, hier: S. 289. Siehe auch eine Liste aller französischen Agenten am Kaiserhof mit Klar- und Tarnnamen aus den Jahren 1715/1716 in: *Estat des depenses extraordinaires faittes par le comte du Luc depuis son arrivée a Vienne, a commencer au p^er^ juillet 1715 jusques au p^er^ may 1716*, MAE, CP Autriche 114, fol. 120r–121r.

59 Siehe dazu: Alain Hugon, Au service du roi catholique, »honorables ambassadeurs« et »divins espions«, représentation diplomatique et service secret dans les relations hispano-françaises de 1598 à 1635, Madrid 2004, S. 372.

60 Memorandum für die französischen Generalbevollmächtigten auf dem Friedenskongress von Rijswijk, o. O. o. D. (1696), MAE, Acquisitions extraordinaires 8, fol. 146r.

61 Du Luc an Huxelles, Wien, 1. Januar 1716, MAE, CP Autriche 110, fol. 19v–20v. Siehe auch: *Il est vraysemblable que j'auray a rendre compte a V. Mté de bien des choses qui demanderont le secret. Je ne puis croire que le chiffre soit suffisant pour empescher qu'en ne sache ce que j'auray l'honneur d'escrire à Vostre Majesté.* Du Luc an Ludwig XV., Wien, 1. Januar 1716, MAE, CP Autriche 110, fol. 11v.

Aus den Korrespondenzen wird jedoch nie ganz klar, ob man fürchtete, der Gegner könne den Code mit Hilfe kryptografisch-mathematischer Mittel oder durch die Beschaffung der Schlüssel mittels Bestechung oder Diebstahl entziffern. Sicher ist, dass es durchaus vorkommen konnte, dass Nomenklatoren verraten wurden[62].

Dass verschlüsselte Depeschen durchaus vom Gegner entziffert worden sind, ist anhand der Arbeit des Schwarzen Kabinetts in Celle ausführlich belegt worden. Doch auch hier ist nicht klar, ob der französische Code von den braunschweig-lüneburger Spezialisten eigenständig aufgelöst wurde, oder ob es ihnen gelungen war, sich die Nomenklatoren anderweitig zu beschaffen.

Da man sich in Versailles fraglos darüber im Klaren war, dass Nomenklatoren verraten oder entschlüsselt werden konnten, mussten sie, um Geheimhaltung zu gewährleisten, regelmäßig durch neue ersetzt werden. Denn Chiffren konnten nur entschlüsselt werden, wenn die Schwarzen Kabinette über eine ausreichende Menge von chiffriertem Text verfügten. Erst dann konnte das Brechen des Codes mithilfe einer Frequenzanalyse und Kombinationsgeschicks gelingen. Das wussten die französischen Spezialisten aus ihrer eigener Spionagetätigkeit. Wechselten die Nomenklatoren jedoch häufig, wurde diese Arbeit erheblich erschwert, wenn nicht unmöglich gemacht.

In den 1670er Jahren scheint dies noch recht häufig geschehen zu sein[63]. Nach dem Tode Ludwigs XIV. wurden die Nomenklatoren dann schon nicht mehr prophylaktisch und auf Initiative des Ministeriums ausgetauscht, sondern man wartete darauf, dass ein Diplomat einen neuen anforderte[64]. Unter der Regentschaft Philipps von Orléans geschah selbst das nicht mehr – zumindest was die Diplomaten im Reich betraf. Als etwa der französische Resident in Hamburg, Jean-Baptiste Poussin, den Verdacht äußerte, seine Briefe würden geöffnet, sah sich das Außenministerium nicht genötigt, ihn mit einem neuen Nomenklator auszustatten[65].

In aller Regel wurden in einer Depesche nur besonders verfängliche Passagen verschlüsselt. Der Rest blieb in Klarschrift. Nur in Ausnahmesituationen – wie etwa während der bereits erwähnten Friedensverhandlungen von Rijswijk – finden sich auch gänzlich chiffrierte Schreiben. Das Ziel dabei war erklärtermaßen, dem Gegner keinerlei Anhaltspunkte über den Inhalt zu geben und die Dechiffrierung durch ein Schwarzes Kabinett noch zu erschweren: *Il sera a propos que celuy qui aura a chifrer avec le present chifre, observe de ne mesler dans ses depesches aucuns mots ni aucunes lignes en clair parmy ledit chifre*[66].

Dass nicht grundsätzlich alle Depeschen vollständig verschlüsselt wurden, sondern dies in Sondersituationen erst angemahnt werden musste, lag an der Mühsal, die mit dem Chiffrieren und Dechiffrieren verbunden war. In den Versailler Ministerien gab es dafür ausreichend Personal, doch die Außenvertreter, vor allem, wenn sie sich im unteren Teil der diplomatischen Rangordnung ansiedelten, verfügten oft noch nicht einmal über einen Sekretär, der ihnen bei dieser Arbeit hätte zur Hand gehen können. So wurde der verschlüsselte Text oft auf ein Mindestmaß reduziert[67].

Wie wichtig die Arbeit der Sekretäre für das Chiffrieren und Dechiffrieren war, aber auch welche Blüten dies Treiben konnte, beschreibt Jean-Jacques Rousseau, der dem französischen Botschafter in Venedig, Graf Pierre-François Montaigu, von 1743 bis 1744 unterstellt war, in seinen *Confessions*:

62 Ein diesbezügliches Beispiel bei Vaillé, Le Cabinet noir (s. Anm. 8), S. 67.
63 Vaillé, Le Cabinet noir (wie Anm. 8), S. 72–74.
64 Ulbert, Frankreichs Deutschlandpolitik (wie Anm. 45), S. 96.
65 Ibid.
66 Ibid., fol. 146r.
67 Siehe beispielsweise: Affolter, Geheimhaltungspraktiken (wie Anm. 59), S. 288.

*Il vouloit absolument* [...] *que la plus grande partie de sa dépêche au roi et de celle au ministre fût en chiffres, quoique l'une et l'autre ne contînt absolument rien qui demandât cette précaution. Je lui représentai qu'entre le vendredi qu'arrivoient les dépêches de la cour et le samedi que partoient les nôtres, il n'y avoit pas assez de temps pour l'employer à tant de chiffres, et à la forte correspondance dont j'étois chargé pour le même courrier. Il trouva à cela un expédient admirable: ce fut de faire dès le jeudi la réponse aux dépêches qui devoient arriver le lendemain. Cette idée lui parut même si heureusement trouvée, quoi que je pusse lui dire sur l'impossibilité, sur l'absurdité de son exécution, qu'il en fallut passer par là; et, tout le temps que j'ai demeuré chez lui, après avoir tenu note de quelques mots qu'il me disoit dans la semaine à la volée, et de quelques nouvelles triviales que j'allois écumant par-ci par-là, muni de ces uniques matériaux, je ne manquois jamais le jeudi matin de lui porter le brouillon des dépêches qui dévoient partir le samedi, sauf quelques additions ou corrections que je faisois à la hâte sur celles qui devoient venir le vendredi, et auxquelles les nôtres servoient de réponse*[68].

So konnte man es mit den Vorsichtmaßnahmen auch übertreiben. Montaigu betrachtete das Verschlüsseln seiner Depeschen als probates Mittel, die Bedeutung der von ihm gelieferten Informationen aufzuwerten. Nicht nur, dass die chiffrierten Passagen der eingehenden Post nichts enthielten, dass die mühselige Arbeit des Entschlüsselns gerechtfertigt hätte[69], der Botschafter verlangte von seinem Sekretär zudem, auch seine eigenen, ebenso nichtssagenden Depeschen vollständig zu chiffrieren.

Gefahr drohte aber nicht nur durch ungenügende Verschlüsselung, sondern auch durch unsachgemäße Benutzung der Nomenklatoren. So kam es vor, dass das Außenministerium anmahnen musste, die sich aus der Verwendung von Homophonen ergebenden Möglichkeiten voll auszuschöpfen und nicht immer dieselbe Chiffre für einen Buchstaben zu benutzen[70]. Welche Missverständnisse durch diese Mehrfachvergabe entstehen konnte, zeigt die Korrespondenz des französischen Gouverneurs von Louisiana, dem Chevalier de Kerlérec, dessen Sekretär bei der Verschlüsselung nicht etwa eine der beiden Möglichkeiten, einen Buchstaben zu kodieren, sondern gleich beide nutzte, indem er sie übereinander schrieb[71]. Einem Entschlüsselungsversuch konnte dies nur Vorschub leisten.

Im gleichen Zuge wie sich die französischen Behörden darüber gewahr wurden, dass feindliche Mächte sich Zugriff auf ihre Korrespondenzen mit Außenvertretern verschafften und damit annehmen mussten, dass sich die Fertigkeiten der Schwarzen Kabinette verbessert hatten, wurde es zwingend notwendig, die eigenen Abwehrmaßnahmen zu vervollkommnen. Nummerierung der Depeschen, Mehrfachsendungen, Umleitung auf andere Poststrecken, Deckadressen, Chiffrierung und Tarnnamen legen davon ein beredtes Zeugnis ab.

Die Verfeinerung der Abwehrmaßnahmen im Laufe der Regierungszeit Ludwigs XIV. ist zweifelsohne mit der Ausweitung und vor allem mit der Professionalisierung der Postspionage in Europa in Verbindung zu setzen. Je größer die Bedrohung durch Schwarze Kabinette empfunden wurde, desto mehr Mittel war man bereit, in die Sicherheit der eigenen Kommunika-

68 Jean-Jacques Rousseau, Œuvres complètes de J. J. Rousseau, avec des notes historiques, Bd. 1: Confessions – Discours – Politique, Paris 1835, S. 154.

69 *Je trouvai des tas de dépêches, tant de la cour que des autres ambassadeurs, dont il* [Montaigu] *n'avoit pu lire ce qui étoit chiffré, quoiqu'il eût tous les chiffres nécessaires pour cela. N'ayant jamais travaillé dans aucun bureau ni vu de ma vie un chiffre de ministre, je craignis d'abord être embarrassé; mais je trouvai que rien n'étoit plus simple, et en moins de huit jours j'eus déchiffré le tout, qui assurément n'en valoit pas la peine.* Ibid., S. 153.

70 Ibid., S. 74.

71 Pusch, Kerlérec's Cipher (wie Anm. 6), S. 465, 470.

tionsflüsse zu investieren. Dies war vor allem in Kriegszeiten und noch ausgeprägter während der anschließenden Friedensverhandlungen greifbar. So waren im Laufe des Pfälzischen Erbfolgekriegs und des Spanischen Erbfolgekriegs regelrechte Innovationsschübe zu verzeichnen. Sobald Frieden einkehrte, sank auch das Sicherheitsbedürfnis der Ministerialbürokratie wieder. Mit den zuvor eingeführten Vorsichtsmaßnahmen nahm man es dann nicht mehr so genau.

# Atelier

## QUÊTE DE VÉRITÉ, RÉPARATION, TRAVAIL DE MÉMOIRE: L'INTERNATIONALISATION DES USAGES POLITIQUES DU PASSÉ APRÈS 1989

Colloque en l'honneur du Président fédéral Joachim Gauck, organisé par l'Institut historique allemand le 23 janvier 2017

### Introduction

Le 26 janvier 2017, l'université Paris-Sorbonne accorda un doctorat h.c. à Joachim Gauck, alors président de la République fédérale d'Allemagne. Pour cette occasion, Paris-Sorbonne organisa pour la première fois une »Semaine allemande« afin de présenter au public les liens étroits qu'elle nourrit depuis longtemps avec les institutions allemandes scientifiques et culturelles à Paris. L'IHA y participa avec une journée d'étude consacrée au sujet »Quête de vérité, réparation, travail de mémoire. L'internationalisation des usages politiques du passé après 1989«. Cela permit de présenter et discuter le travail de Joachim Gauck dans un contexte qui intéresse notamment les historiens, à savoir celui des archives et plus précisément celles de la Stasi, le service de sécurité d'État de l'ancienne RDA. Car Joachim Gauck fut le premier *Bundesbeauftragter für die Unterlagen des Staatssicherheitsdienstes der ehemaligen Deutschen Demokratischen Republik*, c'est-à-dire mandataire fédéral pour la documentation du service de sécurité de l'État de l'ex-République démocratique allemande. Il paraissait pourtant important d'élargir la perspective allemande pour intégrer notamment celle de la France et le contexte international des années 1990, lorsque Gauck présidait ce qui du langage familier s'appella bientôt »Administration Gauck« (*Gauckbehörde*). Les articles suivants documentent la journée d'étude du 23 janvier 2017.

Thomas Maissen

Thomas Maissen

# LA SECONDE GUERRE MONDIALE DANS LA MÉMOIRE COLLECTIVE

## Le rôle des excuses officielles depuis 1989[1]

### Des formes différentes de la mémoire

Le terme de mémoire collective est utilisé ici dans la lignée d'Aleida et de Jan Assmann (et par conséquent de Maurice Halbwachs), qui en ont défini des catégories différentes[2]. La *mémoire collective* ne s'oppose pas seulement à la mémoire individuelle, mais a tendance à être stable, durable et sans équivoque. Elle se distingue, par cela, de la *mémoire sociale*, éphémère car transmise surtout par voie orale et qui lie les générations des contemporains. Le sentiment d'affinité et les échanges entre les êtres humains qui se rencontrent et se connaissent personnellement constituent ainsi une *mémoire communicative* commune à, par exemple, la famille, les amis, le village, le lieu de travail. On peut y opposer la *mémoire culturelle* qui repose sur des symboles, des rites et des médias matériels, qui, de manière illimitée, par-delà les générations, présuppose et crée un sentiment d'affinité entre des personnes qui ne se connaissent pas personnellement et ne peuvent pas se connaître. La mémoire culturelle s'appuie sur des *mémoire-archives* qui constituent le potentiel de contenus non spécifiques, transmis et conservés, mais souvent aussi oubliés. À cette collection dont le caractère est d'être tendanciellement universel, on peut opposer la *mémoire fonctionnelle* qui en forme une sélection et actualisation chaque fois consciente permettant de produire collectivement du sens et donc aussi des projets pour l'avenir, donc la mémoire collective et durable. La *mémoire politique* peut être perçue comme un cas spécial de cette mémoire collective de par sa fonction identitaire pour un collectif politique. Elle est également transmise symboliquement et a pour fonction particulière d'uniformiser un collectif et de clarifier sa destination; but qui est »atteint par la réduction radicale, la haute intensité symbolique, les rituels collectifs et l'obligation normative«[3].

1 Je remercie Isabelle Deflers pour la traduction d'une première version de ce texte et Hélène Miard-Delacroix et Olivier Lamon de la relecture soigneuse de la deuxième version que Tobias Ertl a standardisée. L'article est issu d'une réflexion en allemand sur Zweifeln, Gedenken, Vertrauen. Nationale Selbstprüfungen beim Übergang ins 21. Jahrhundert, dans: Christine Abbt, Oliver Diggelmann (dir.), Zweifelsfälle. Das Uneindeutige in Recht, Politik und Philosophie, Berne 2007, p. 115–135.

2 Voir les œuvres fondamentales des auteurs qui ont développé les catégories brièvement citées ici à travers des années et d'une façon pas toujours cohérente: Jan Assmann, La mémoire culturelle. Ecriture, souvenir et imaginaire politique dans les civilisations antiques, Paris 2010; Aleida Assmann, Erinnerungsräume. Formen und Wandlungen des kulturellen Gedächtnisses, Munich 1999 = Cultural Memory and Western Civilization: Functions, Media, Archives, Cambridge 2012; également Harald Welzer (dir.), Das soziale Gedächtnis. Geschichte, Erinnerung, Tradierung, Hambourg 2001, et id., Das kommunikative Gedächtnis. Eine Theorie der Erinnerung, Munich 2002.

3 Aleida Assmann, Der lange Schatten der Vergangenheit. Erinnerungskultur und Geschichtspolitik, Munich 2006, p. 58.

La base sur laquelle peut reposer l'unité politique et qui constitue la mémoire fonctionnelle correspondante est, historiquement parlant, très variable. Cependant, depuis la fin du XVIII$^{e}$ siècle, tous les autres sentiments d'affinité, d'appartenance et de loyauté, et finalement même la solidarité confessionnelle ainsi que celle des classes, ont été de plus en plus relégués à l'arrière-plan par le concept de nation. Les Bavarois et les Prussiens devinrent Allemands, de même que les Bretons et les Alsaciens devinrent Français, en ce que le sentiment d'appartenance nationale ne devint pas le seul, mais le plus important –»l'ultime valeur et la plus haute source de légitimité pour toutes sortes de revendications«[4]. Pour l'époque contemporaine, on peut donc considérer la mémoire *nationale* comme synonyme de la mémoire politique quant à sa »sélectivité radicale de souvenirs opportuns«[5].

C'est déjà Ernest Renan qui, dans sa célèbre conférence »Qu'est-ce qu'une nation« de 1880, a défini la nation comme une communauté de souvenirs qui se fonde sur le »culte des ancêtres«, mais aussi sur le refoulement de connaissances historiques solides: »L'oubli, et je dirai même l'erreur historique, sont un facteur essentiel de la création d'une nation«. Dans cette perspective, reprise plus récemment par Pierre Nora, la science historiographique constitue un danger pour la nation en ce qu'elle confronte l'histoire à la mémoire[6]. Car seulement cette dernière, »la possession en commun d'un riche legs de souvenirs«, conduit à la volonté de vivre ensemble au présent et dans l'avenir, afin de transmettre ce legs tous ensemble: »la volonté de continuer à faire valoir l'héritage qu'on a reçu indivis«[7].

Renan soulignait que l'héritage du passé embrasse aussi bien le glorieux que le regrettable, que la »souffrance en commun« liait plus les membres d'une communauté que les vieux triomphes parce qu'elle imposait des devoirs et des efforts communs pour l'avenir. La célèbre définition de la nation par Renan en tant que »plébiscite de tous les jours« est en fait beaucoup moins impliquée dans le présent qu'il ne le semble au premier abord. Elle suppose un passé compris en tant que commun, que les citoyens veulent poursuivre dans l'avenir: »Une nation est donc une grande solidarité, constituée par le sentiment des sacrifices qu'on a faits et de ceux qu'on est disposé à faire encore«[8].

La nation en tant que communauté imaginée (*imagined community*, selon Benedict Anderson), surtout à travers un passé partagé, offre à la société industrielle moderne, dans sa segmentation étatique, les facteurs d'identification dont elle a besoin[9]. Ainsi elle détermine les limites concordantes, voire justement »nationales«, pour chacune des sphères, allant de l'ordre étatique à l'échange économico-social: les droits du citoyen et la participation démocratique; la langue (populaire) commune et les traditions culturelles; le patriotisme et les clichés de l'ennemi; le sentiment de sécurité dans un État social; l'éducation nationale populaire et par conséquent l'intégration par le biais d'une mémoire culturelle commune. Le XX$^{e}$ siècle a expérimenté de façon intense et immodérée tout ce que le sentiment national pouvait supporter: par l'abnégation militaire et civile lors des guerres totales, par les expulsions sur une base ethnique et par l'accueil des expulsés, par les impôts massifs ou par les redistributions sociales et régio-

4 Dieter LANGEWIESCHE, Nation, Nationalismus, Nationalstaat in Deutschland und Europa, Munich 2000, p. 16.
5 ASSMANN, Der lange Schatten der Vergangenheit (voir n. 3), p. 37, 263.
6 Ernest RENAN, Qu'est-ce qu'une nation? et autres essais politiques, éd. Joël ROMAN, Paris 1992, p. 41; pour les réflexions influentes de Pierre NORA, Entre mémoire et histoire, dans: ID. (dir.), Les lieux de mémoire, t. 1: La République, Paris 1984, p. XV–XLII.
7 RENAN, Qu'est-ce qu'une nation? (voir n. 6), p. 54.
8 Ibid., p. 55.
9 Pour ce qui suit voir les œuvres désormais classiques de Benedict ANDERSON, L'imaginaire national: réflexions sur l'origine et l'essor du nationalisme, Paris 1996; Ernest GELLNER, Nations et nationalisme, Paris 1989; Eric HOBSBAWM, Nations et nationalismes depuis 1780: programmes, mythe et réalité, Paris 1992.

nales et ainsi de suite. La nation s'est révélée, dans toutes ces situations, être une communauté de victoire, de souffrance et de solidarité, regardée par ses membres comme une institution naturelle et hors du changement temporel. Ce sont surtout la culture et la langue commune enseignées toutes les deux dans l'école publique et obligatoire qui ont veillé à ce que la nation paraisse être le degré auquel l'intégration des grands groupes devait aboutir. Pour la grande majorité des citoyens et citoyennes, c'est ainsi que s'instaurèrent des frontières à l'intérieur desquelles ils devaient former leur intersubjectivité: en maîtrisant la langue nationale et en renonçant aux dialectes, en s'appropriant les biens culturels et le capital symbolique correspondant, en participant aux malheurs et aux succès dans l'espace national.

Pour résumer ces réflexions introductives, on peut dire que la mémoire nationale en tant que mémoire politique a formé la base de l'État-nation en créant la loyauté, la solidarité et la confiance dans les larges sociétés anonymes de la modernité. Cette mémoire n'est pas seulement issue d'un processus sélectif dans les différents pays, mais dans une concurrence aiguë des différentes mémoires nationales entre elles, dans la mesure où elles adoptent souvent des positions contraires quant à la description et la valeur accordée aux triomphes et aux défaites historiques. Tel que Pascal l'avait déjà observé, de chaque côté des Pyrénées valent des vérités différentes[10]. De même que dans la société des États, il n'existe aucune instance compétente pour juger les États souverains, il n'existe pas non plus d'institution qui puisse juger les mémoires nationales. Celles-ci se conditionnent les unes les autres dans la mesure où elles obéissent aux mêmes règles d'élaboration formelles et que la confirmation de l'une se fonde sur le refus de l'autre.

## Une mémoire politique transcendant la nation

Cependant, face à ces confrontations nationales et chauvinistes, un mouvement contraire a évolué depuis les années 1980 environ[11]. Même si les motifs peuvent être discutés et ne doivent pas toujours être idéalistes, certains chefs d'État demandent pardon aux membres de minorités dans leur propre pays ou à d'autres peuples pour les crimes contre l'humanité qui ont été commis parfois dans un passé soit lointain, soit plus proche[12]. Bill Clinton, qui fut un acteur important de ce mouvement de repentance, a déclaré le 11 septembre 2000:

> »In forcing the world to face up to an ugly past, we help shape a more honorable future. I am honored to have been part of this endeavor, and I have tried to learn its lesson. Within our country, I have been to Native American reservations and acknowledged that the treaties we signed were neither fair nor honorably kept in many cases. I went to Africa [...] and acknowledged the responsibility of the United States in buying people into slavery. This is a hard business, struggling to find our core of humanity[13].«

10 Blaise PASCAL, Pensées, chap. IV, 69–294, dans: Œuvres complètes, éd. Fortunat STROWSKI, vol. 3, Paris 1931, p. 142.

11 Pour le phénomène, on peut consulter la thèse malheureusement non publiée d'Oliver ZIHLMANN, Politik der Demut. Öffentliche Entschuldigungen für historisches Unrecht. Die Entstehung einer globalen Entschuldigungsbewegung zur Jahrtausendwende, Bâle 2008; cf. aussi Roy BROOKS (dir.), When Sorry Isn't Enough: The Controversy Over Apologies and Reparations for Human Injustice, New York 1999; Mark GIBNEY et al. (dir.), The Age of Apology. Facing Up to the Past, Philadelphia 2009, et Thomas U. BERGER, War, Guilt, and World Politics after World War II, Cambridge 2012.

12 Voir la position critique de Hermann LÜBBE, »Ich entschuldige mich«. Das neue politische Bußritual, Berlin 2001; cf. aussi Melissa NOBLES, The Politics of Official Apologies, New York 2008.

13 *Remarks by the President during Bronfman Gala*, 11 septembre 2000, URL: http://clinton6.nara.gov/2000/09/2000-09-11-remarks-by-the-president-at-bronfman-gala.html, site consulté le 24 mars 2004.

Pour ces gestes de repentance, il existe plusieurs précédents, dont le plus connu est la génuflexion de Willy Brandt en 1970 devant le mémorial du Ghetto de Varsovie. Ce geste aussi a une préhistoire: en 1965, les évêques polonais s'adressaient à leurs homologues allemands et déclaraient: »Dans cet esprit très chrétien et en même temps très humain, nous vous tendons la main, dans les bancs du Concile qui s'achève, nous vous accordons le pardon et nous vous demandons pardon.«[14] Un partisan éminent de cette formule, très contestée en en Pologne et en Allemagne, était l'évêque de Cracovie, Karol Wojtyla. En tant que pape Jean Paul II, il fut sûrement l'acteur qui contribua le plus à l'inflation d'excuses. Cela put concerner des évènements très lointains: ainsi, en 1992 par exemple, 500 ans après Christophe Colomb, l'Église catholique a formulé des excuses pour l'extermination des peuples indiens d'Amérique. Mais Jean-Paul II visa aussi des évènements plus récents, tel que la Shoah. En l'an 2000, le pape – qui avait lui-même commis plusieurs graves maladresses sur ce sujet – demanda pardon pour les manquements de l'Église dans le génocide[15].

Étant donné le rôle d'instigateur du pape dans ces rituels pénitentiels, ils font penser à l'importance de la confession chez les catholiques. Celui qui s'excuse ne demande pas seulement pardon aux autres, mais purifie aussi sa propre conscience, en ce qu'il avoue publiquement un crime et exprime ainsi son repentir. Dans un cadre plutôt protestant, mais sur un principe similaire, furent fondées les commissions de vérité en Afrique du Sud après la fin de l'apartheid. Elles n'avaient pas pour finalité de condamner judiciairement, mais d'amener bourreaux et victimes à clarifier leur relation en s'expliquant publiquement afin de pouvoir vivre de nouveau ensemble. L'administration confiée au pasteur protestant Joachim Gauck suivait une logique différente: la vérité qu'on voulait établir devait en effet sanctionner un groupe de personnes en les excluant de fonctions publiques, à savoir celles qui avaient travaillé pour la Stasi, le ministère de la Sécurité d'État.

On ne peut cependant pas réduire le phénomène de la repentance ni à une simple confession, ni à la seule religion, chrétienne de surcroît. Le rôle moteur joué par l'Église catholique peut s'expliquer plutôt par le fait que depuis toujours sa mémoire culturelle s'est trouvée dans une relation de tension très marquée, voire en concurrence avec la mémoire nationale étatique, ce dont témoignent tous les *Kulturkämpfe*, les combats entre laïques et cléricaux du XIXe et XXe siècle. Le message du pape se veut, dans le sens du mot »catholique«, universel et s'adresse dans un sens plus strict aux croyants, aux catholiques – indépendamment de leur appartenance nationale. Les rituels d'excuse font partie, comme des stades préliminaires, d'une mémoire culturelle supranationale et c'est pourquoi ce n'est pas un hasard si une très grande partie des excuses ont été adressées à un collectif transnational: le peuple juif.

Les Polonais, les Lituaniens et les Lettons, les Hongrois et les Croates, les Néerlandais, les Belges et les Anglais, les Suédois, Finlandais et les Norvégiens, évidemment les Allemands et aussi les Autrichiens – et ce n'est pas la liste exhaustive des peuples au nom desquels des excuses concernant la Shoah ont été prononcées depuis 1989, et on pourrait y ajouter des institutions comme le Comité international de la Croix rouge[16]. Jacques Chirac l'a fait le 16 juillet 1995, assez rapidement après avoir pris ses fonctions présidentielles et dans le but déclaré de se démarquer de François Mitterrand. En contribuant à l'organisation de razzias et de déportations, la France, affirma Chirac, s'est rendue complice de la »folie criminelle« des occupants; il y aurait donc une »faute collective« même si le régime de Vichy ne régissait pas toute la France:

14 Cité en allemand par ZIHLMANN, Politik der Demut (voir n. 11), p. 112.

15 Luigi ACCATTOLI, Quand le pape demande pardon, Paris 1997; Delphine DUSSERT, Jean-Paul II et la question de la Shoah, à temps et contretemps, dans: Revue d'Histoire de la Shoah 192/1 (2010), p. 121–156.

16 Voir la liste des excuses publiques de 1987 à 2006 chez ZIHLMANN, Politik der Demut (voir n. 11), p. 223–285.

> »Ces heures noires souillent à jamais notre histoire, et sont une injure à notre passé et à nos traditions. [...] La France, patrie des Lumières et des Droits de l'Homme, terre d'accueil et d'asile, la France, ce jour-là, accomplissait l'irréparable. Manquant à sa parole, elle livrait ses protégés à leurs bourreaux[17].«

C'est de cette culpabilité que naît l'obligation de lutter contre toutes les formes de racisme et d'antisémitisme:

> »Transmettre la mémoire du peuple juif, des souffrances et des camps, témoigner encore et encore, reconnaître les fautes du passé et les fautes commises par l'État, ne rien occulter des heures sombres de notre histoire, c'est tout simplement défendre une idée de l'homme, de sa liberté et de sa dignité.«

Chirac déduisait du souvenir de la complicité de son propre pays ainsi que des valeurs de la vraie France (liberté, justice, tolérance) non seulement, de façon générale, des devoirs pour l'avenir, mais aussi, au présent, sur le fond de la guerre et des »épurations ethniques« en Yougoslavie et du génocide des Tutsi au Rwanda, il se donnait pour mission concrète de ne plus tolérer aucune épuration ethnique – une mission que l'Europe et l'Amérique devaient réaliser ensemble[18].

On remarque ainsi que les rituels du pardon et, de manière générale, la nouvelle culture du souvenir relative à la Shoah depuis 1989, furent, à l'heure de la globalisation, très clairement mis en rapport avec l'actualité. Sur ce point, on peut relever cinq éléments[19].

1. Avec la chute du mur, la question de la réparation pour les crimes et les spoliations devint tout d'un coup d'actualité, qu'elles se soient passées sous le communisme ou bien sous le national-socialisme. De même que d'autres institutions européennes et américaines l'avaient fait avant elle, l'Organisation pour la sécurité et la coopération en Europe (OSCE) réaffirma que tous ses États membres étaient obligés de garantir par voie législative la restitution et le remboursement de la propriété des victimes du nazisme – indépendamment de leur nationalité présente ou de celle de leurs héritiers. Cette déclaration était un signal très clairement lancé en particulier aux pays de l'Est et aux États issus de l'ex-URSS, qui cherchaient à entrer dans l'Union Européenne et à l'OTAN. La restitution des biens juifs devint une condition préalable, un véritable test pour juger si les pays répondaient de manière satisfaisante aux critères occidentaux, dans le domaine de la protection des minorités ainsi qu'en ce qui concerne les droits de propriété comme base de l'ordre économique libéral capitaliste.
2. Ceux qui étaient alors à la recherche de titres de propriété dans leurs propres documents ou dans les archives, trouvèrent également bien d'autres choses: des lettres, des photos, des souvenirs des victimes assassinées, notamment s'ils étaient des juifs. Ces découvertes s'intégraient dans l'intérêt croissant pour la Shoah depuis 1978, si on prend l'émission de la série américaine »Holocauste« comme point de départ, un intérêt qui provoqua de nombreuses publications, des autobiographies ainsi que des livres spécialisés. Déjà les titres de deux livres de Saul Friedländer en disent beaucoup: »Quand vient le souvenir« (1978) et »Où mène le souvenir« (2016). Ce souvenir du génocide n'était plus individuel ou exclusivement juif, mais

17 Jacques CHIRAC, Allocution, 16 juillet 1995, URL: http://www.lhistoire.fr/discours-de-jacques-chirac-du-16-juillet-1995, site consulté le 19 novembre 2017.

18 Ibid.

19 Pour ce qui suit voir Thomas MAISSEN, Verweigerte Erinnerung. Nachrichtenlose Vermögen und die Schweizer Weltkriegsdebatte 1989–2004, Zurich 2005, surtout p. 58–96, mais aussi Berthold UNFRIED, Vergangenes Unrecht. Entschädigung und Restitution in einer globalen Perspektive, Göttingen 2014.

fut ainsi intégré dans les historiographies nationales qui s'étaient longtemps concentrées sur les souffrances et sur la résistance du peuple respectif.

3. En même temps, la Shoah devint de plus en plus importante dans le souvenir culturel des juifs, d'autant plus que leur identité devait faire face à de nouveaux défis: la religion ne constituait plus qu'un lien très mince pour les nombreux juifs sécularisés et l'orientation en direction d'Israël ne cessait de diminuer au sein de la diaspora. Dans la communauté juive mondiale, qui était devenue énormément diversifiée et divisée par de nombreux conflits, la Shoah devint en quelque sorte un facteur intégrateur en tant que modèle de référence négatif. La Shoah n'était donc plus désormais un crime commis seulement par des nazis sadiques ou par les Allemands tout court; dans le cas de »La Liste de Schindler«, un nazi allemand pouvait même devenir un héros parce qu'il avait résisté à la Shoah. Par contre on considéra le génocide comme le paroxysme dramatique dans la chaîne millénaire d'extermination des juifs partout en Europe. Les Allemands avaient donné les ordres, mais les autres peuples participèrent à l'assassinat et l'aryanisation. La Shoah devint ainsi une entreprise européenne générale.
4. Pourtant, la Shoah se vit attribuer une fonction d'exemple allant bien au-delà du destin du seul peuple juif. Face au génocide, la Seconde Guerre mondiale se réduisit de plus en plus, surtout aux États-Unis, à un combat entre ceux qui avaient commis des crimes contre l'humanité et leurs adversaires[20]. On peut rappeler de nouveau Oskar Schindler et l'opposer aux nombreux films antérieurs dans lesquels les Américains héroïques luttaient contre des Allemands (ou Japonais) scélérats. Par conséquent, la Shoah fut en quelque sorte »deshistorisée«, universalisée et, en tant que »Holocaust«, même enlevée au peuple juif. »Holocaust« devint le nom de code pour la menace qui pèse à tout moment sur les minorités du monde dès que les »good guys« négligent le combat pour la liberté et l'État de droit qui sont menacés par les »bad guys«. Par conséquent, la protection des minorités a été un problème inhérent au processus de démocratisation, surtout dans les États pluriethniques tels que l'Union soviétique et la Yougoslavie. Ce n'est donc pas un hasard si, lors de l'inauguration du musée du mémorial de l'Holocauste à Washington en 1993, le prix Nobel de la paix Elie Wiesel fit référence au génocide et exigea que les États-Unis interviennent militairement en Bosnie afin d'éviter une nouvelle catastrophe contre les droits de l'homme. Au Kosovo, les leçons tirées d'Auschwitz devinrent une justification principale de l'intervention des alliés – le président Clinton déclara en mai 1999 que la Shoah aussi aurait été évitable, si on avait agi à temps. En tant qu'éléments relevant du droit international public, les droits de l'homme obtinrent ainsi la priorité face à la souveraineté des États nationaux, elle-même aussi garantie par ce même droit international public.
5. Le même message acquit une signification européenne particulière lors du Forum International de Stockholm sur la Shoah fin janvier 2000[21]. La déclaration de Stockholm déduisit du souvenir commun envers les victimes du passé un devoir de compréhension et de justice réciproques: »Our commitment must be to remember the victims who perished, respect the survivors still with us, and reaffirm humanity's common aspiration for mutual understan-

20 Peter Novick, L'holocauste dans la vie américaine, Paris 2001.

21 Pour ce qui suit voir Daniel Levy, Natan Sznaider, Erinnerung im globalen Zeitalter: Der Holocaust (Edition Zweite Moderne), Francfort/M. 2001, et Assmann, Der lange Schatten der Vergangenheit (voir n. 3), p. 255–261, mais aussi les réflexions critiques de Michael Jeismann, Auf Wiedersehen Gestern. Die deutsche Vergangenheit und die Politik von morgen, Munich 2001; id., Die Holocaust-Erinnerung als Passepartout. Geschichte ohne Erfahrung – Erfahrungen ohne Geschichte: wie das kollektive Gedächtnis der Gegenwart eine Prognose stellt, dans: Joachim Landkammer et al. (dir.), Erinnerungsmanagement. Systemtransformation und Vergangenheitspolitik im internationalen Vergleich, Paderborn 2006, p. 257–264.

ding and justice.«[22] Le Forum de Stockholm fut un symbole fort porteur d'avenir pour l'intégration européenne. Dans les États nationaux, l'identité, le souvenir commun s'étaient jusque-là formés pour une partie considérable à travers un imaginaire d'ennemis historiques: Allemands contre Français, Italiens contre Autrichiens, Polonais contre Russes, etc. Mais l'identité collective européenne, quant à elle, ne pouvait et ne devait pas se construire d'après un passé commun héroïque, de glorieuses victoires et de tragiques défaites. Celles-ci n'avaient pas existé en tant qu'expérience européenne partagée – comment intégrer Austerlitz et Waterloo dans un récit commun à toutes les nations[23]? L'intégration européenne ne devait pas non plus se fonder sur des repoussoirs: la Turquie, l'Islam, la Russie, voire les États-Unis. Au contraire, et suivant le modèle allemand, le passé négatif commun fut individué comme facteur qui devait engendrer la loyauté et la solidarité parmi les peuples européens, et cela jusque dans les livres scolaires et lors des journées commémoratives officielles. Le dénominateur commun à tous les Européens est que dans tous les pays la minorité juive a été victime de poursuites et fut souvent exterminée. Norvégiens, Grecs, Lituaniens et Français partagent cette expérience; et à part cela, ils ne partagent pas grand-chose d'autre. La leçon historique de la Shoah, l'aveu que toutes les nations – et une grande partie de leurs citoyens – ont été antisémites, devrait constituer la base normative sur laquelle devait s'élever une Europe démocratique, dans laquelle tous les peuples seraient des minorités, leur permettant alors de se départir enfin de leurs peurs historiques envers leurs voisins. Avec la restitution matérielle, la reconnaissance symbolique de l'implication commune dans la Shoah devint ainsi, pour le dire avec Tony Judt, *the European entry ticket* et la base de *politics of regret* (Jeffrey Olick), une politique qui se déclarait prête à rendre les comptes[24].

Ce principe fut immédiatement mis en pratique à Stockholm car en 2000, la Communauté Européenne prit des sanctions exemplaires contre un de ses membres: en effet, en Autriche venait d'entrer au gouvernement le parti de la liberté (FPÖ) nationaliste, dont les représentants, autour du président du parti Jörg Haider, avaient minimisé et transfiguré l'héritage national-socialiste du pays. Le programme gouvernemental autrichien réagit à l'isolement croissant du pays par un préambule se voulant rassurant: »Le caractère unique et incomparable du crime de la Shoah est l'avertissement appelant à la vigilance face à toutes les formes de dictature et de totalitarisme.«[25] Pour la première fois, la Shoah servait de point de référence au programme gouvernemental – et cela précisément sous ce gouvernement, qui comprenait des extrémistes de droite.

Pour quelle raison Jörg Haider signa-t-il cette déclaration autrichienne le 3 février 2000? Et à quoi servait la vague d'excuses faites depuis les années 1980? Le souvenir de la Shoah et des crimes contre l'humanité en général faisaient partie d'un processus d'ampleur mondiale de rapprochement réalisé dans le but de définir des règles du jeu applicables dans un monde globalisé. De même, du côté institutionnel, ce processus impliquait que des crimes commis dans le passé contre l'humanité étaient rendus justiciables, soumis à des tribunaux internationaux et monétari-

22 URL: http://www.holocaustforum.gov.se/pdfandforms/deklarat.pdf, site consulté le 22 février 2017.

23 Pour la Première Guerre mondiale, la commémoration officielle, notamment en France, a essayé de créer un récit commun à travers les souffrances comparables des soldats dans les tranchées. Il est pourtant significatif que cette commémoration visait presqu'exclusivement l'Allemagne et ne voulait ni pouvait inclure les autres pays combattant des deux côtés; cf. URL: http://centenaire.org/fr/la-mission/la-mission-du-centenaire, site consulté le 12 novembre 2017.

24 Tony Judt, Postwar: A History of Europe since 1945, New York 2005, p. 803; Jeffrey Keith Olick, The Politics of Regret: On Collective Memory and Historical Responsibility, New York 2013.

25 URL: http://www.osze.at/od/deklaration_de.html, site consulté le 22 février 2007.

sés dans le sens que des États et des institutions payaient des réparations à des collectivités et des individus. Dans le droit de la guerre classique, les réparations avaient encore été limitées aux dédommagements des États entre eux; c'est ce qui fut le cas par exemple après la Seconde Guerre mondiale.

L'exemple révélateur de ce processus est la création de la Cour pénale internationale de la Haye en 2002, qui se considère compétente, à titre subsidiaire par rapport aux juridictions nationales, pour connaître des »crimes les plus graves qui touchent l'ensemble de la communauté internationale«[26]. En même temps, les législations nationales et les tribunaux nationaux se chargèrent de plus en plus souvent des atteintes actuelles ou historiques faites aux droits de l'homme. Des lois qui criminalisent le négationnisme par exemple, conduisirent à ce que les tribunaux devaient décider de certaines interprétations historiques, mais en rapport avec des questions actuelles parfois tout à fait brûlantes: est-ce qu'un historien turc vivant en Suisse avait le droit d'affirmer qu'il n'y a jamais eu de génocide contre les Arméniens[27]?

De même, le mandat d'arrêt que le juge espagnol Baltasar Garzón lança en 1998 contre le général chilien Augusto Pinochet, alors en visite à Londres, montra qu'il ne suffisait plus pour les anciens dictateurs de trouver un arrangement avec la justice nationale, mais que des tribunaux étrangers pouvaient aussi les poursuivre pour des crimes contre l'humanité. Aux États-Unis, le *Alien Tort Claims Act* de 1789 fut actualisé et permit à des étrangers de porter plainte devant des tribunaux de circonscription américaine en cas d'atteinte grave au droit international public ou à un contrat conclu par les États-Unis. Ce fut une condition préalable pour repousser le principe du *forum conveniens*, c'est-à-dire du tribunal compétent territorialement, qui était entendu en Europe dans un sens beaucoup plus étroit[28]. De même, l'action en justice collective (*class action*) est une institution typiquement américaine. Elle permet de former de grands groupes de plaignants et de leur obtenir le versement d'importants dommages et intérêts – souvent par le biais de la conciliation. Dans les cas d'atteintes faites aux droits de l'homme, cette solution entraîne leur monétarisation suivie d'importants problèmes juridiques et moraux (quant aux catégories et aux »prix« des différents délits).

Cependant, pour des raisons de *Realpolitik*, dans les cas d'atteintes aux droits de l'homme commises à l'étranger, la juridiction internationale ainsi que la justice nationale n'ont cessé de se heurter régulièrement aux limites de la souveraineté nationale. Dans un monde de plus en plus interconnecté, les excuses citées plus haut remplissent une fonction d'*Ersatz*, revêtues d'une haute signification symbolique malgré leurs faibles suites matérielles, pouvant par conséquent être tolérées. Les *nostra-culpa* transmettent le sentiment que les acteurs politiques et les nations qu'ils représentent partagent les mêmes convictions fondamentales que les anciennes victimes et des règles morales permettant de cohabiter dans la même maison, sur le même continent, sur le même globe et de construire un avenir commun en confiance et avec des responsabilités partagées. À la place de structures juridiques supranationales s'est substituée ainsi cette reconnaissance de normes communes, de la même façon que ce que les excuses rendent possible dans le domaine privé. La disposition à s'excuser devait créer ainsi une intersubjectivité même là où il n'y avait pas de langue commune et où il n'existait aucune institution commune.

Parallèlement à cela, l'orientation mémorielle historiographique concentrée essentiellement sur la perspective de la victime et sur une vision »d'en bas« servit aussi à restituer leur histoire à

26 Statut de Rome de la Cour pénale internationale, URL: https://childrenandarmedconflict.un.org/keydocuments/french/romestatuteofthe7.html, site consulté le 12 novembre 2017.

27 Voir pour l'affaire Dogu Perinçek, URL: https://en.wikipedia.org/wiki/Perin%C3%A7ek_v._Switzerland et http://echrblog.blogspot.fr/2014/01/perincek-judgment-on-genocide-denial.html, sites consultés le 12 juillet 2017.

28 Pour le rôle des tribunaux américains Michael J. Bazyler, Holocaust Justice. The Battle for Restitution in America's Court, New York/London 2003.

ces individus et à ces groupes qui l'avaient perdue lors du processus d'élaboration de la nation. Surtout les collectivités privées d'un État national propre réclamèrent, à travers une glorification souvent concurrentielle des victimes, le droit aux ressources culturelles qui symbolisaient leur émancipation d'un passé indigne et leur reconnaissance officielle comme sujets historiques et politiques[29]. La culture mémorielle et même l'historiographie professionnelle du temps présent obtinrent ainsi une fonction de réparation symbolique et thérapeutique en restituant aux victimes un passé d'acteurs historiques et en leur rendant justice. Cela pouvait leur permettre de dépasser des traumatismes collectifs qui empêchaient que pour eux, le passé récent et atroce ne devienne histoire accomplie[30].

La revalorisation des victimes de l'histoire nationale a eu comme effet également de rendre pensables certaines alternatives à l'élaboration des nations et des États nationaux. C'est pour cette raison que les nationalistes perçurent les demandes de pardon comme une perte d'honneur insupportable pour leur propre nation, puisqu'elles démontraient que la nation comme »valeur et la plus haute source de légitimité« séculière avaient pu être déficiente dans des situations historiques de grande importance. Les pardons rappelaient également que la formation et l'existence de l'État-nation n'étaient pas inéluctables et inévitables, mais qu'il pourrait éventuellement être remplacé par d'autres formes de structures politiques, peut-être plus humaines et plus justes que celles de l'État national. Ce fut donc un signe clair de démarcation face à son prédécesseur Chirac quand Nicolas Sarkozy, à peine élu président de la République, s'exclama en 2007: »Je veux remettre à l'honneur la nation et l'identité nationale. Je veux rendre aux Français la fierté d'être Français. Je veux en finir avec la repentance qui est une forme de haine de soi.«[31] Il n'ignorait pas qu'il réunirait derrière lui non seulement la droite nationaliste, mais aussi la gauche jacobine et en effet non moins nationaliste. Cette réticence n'est, évidemment, pas seulement un phénomène français. Il suffit de penser dans ce contexte à des États tels que le Japon et la Turquie qui ont des difficultés notoires à intégrer leurs victimes historiques dans l'image qu'ils ont d'eux-mêmes.

Même la Suisse, malgré son registre de péchés relativement faible, fut un exemple parlant, quand elle a été au centre des débats internationaux, entre 1996 et 1998, au sujet de l'or des nazis et des fonds en déshérence d'origine juive, mais aussi des refoulements de fugitifs juifs à la frontière. Derrière ces ombres du passé se cachaient des problèmes très actuels. Il s'agissait de la question de savoir si et comment on pouvait continuer le *Sonderweg*, la voie particulière neutre choisie non seulement pendant la Seconde Guerre mondiale, qui ne correspondait pourtant plus vraiment à un monde ne consistant plus, après 1989, en deux blocs hostiles[32]. Fallait-il garder la neutralité entre le Liechtenstein et l'Autriche? Les débats féroces des années 1990 ne tournèrent pourtant pas autour du présent, mais du passé, et ils opposèrent la Suisse à des critiques très sévères. Les adversaires les plus prononcés de la Suisse étaient des organisations juives aux États-Unis qui étaient soutenues plus ou moins discrètement par l'administration Clinton; et l'opinion publique du monde entier se déclarait inévitablement du côté de ceux qui défendaient la cause des survivants de la Shoah face aux banques suisses. Ces dernières se retrouvaient entre le marteau et l'enclume: de par leurs importants engagements aux États-Unis, elles devaient et voulaient négocier avec leurs critiques. Mais cela leur était presque impossible parce qu'une

29 Jean-Michel Chaumont, La concurrence des victimes: génocide, identité, reconnaissance, Paris 1997; Elazar Barkan, The Guilt of Nations. Restitution and Negotiating Historical Injustices, New York 2000.

30 Henry Rousso, La dernière catastrophe. L'histoire, le présent, le contemporain, Paris 2012.

31 Pour le discours du 6 mai 2007, URL: http://www.liberation.fr/france/2007/05/06/le-discours-de-nicolas-sarkozy_9889, site consulté le 7 novembre 2017.

32 Maissen, Verweigerte Erinnerung (voir n. 19), surtout p. 602–662; Stefan Schürer, Die Verfassung im Zeichen historischer Gerechtigkeit: schweizerische Vergangenheitsbewältigung zwischen später Wiedergutmachung und Politik mit der Geschichte, Zurich 2009.

majorité des Suisses, la plupart du gouvernement inclus, s'opposa à la combinaison de »rançon et chantage«, pour utiliser les mots du conseiller fédéral de l'époque Jean Pascal Delamuraz qui ajoutait: »Parfois, en entendant certains, je me demande si Auschwitz est en Suisse[33].«

Pourquoi la mémoire nationale helvétique se heurta-t-elle alors de façon si brutale non seulement contre celle des juifs et des Américains, mais aussi contre celle des européens? La différence fondamentale était le fait que la Suisse n'avait pas été belligérante au XXe siècle. En effet, depuis 1815, depuis les guerres napoléoniennes, la Confédération était épargnée par les guerres extérieures ainsi que par les guerres civiles à partir de 1847; et même dans les trois siècles précédents, depuis la défaite contre François Ier à Marignan en 1515, elle avait connu une histoire relativement pacifique. Les Suisses l'interprétèrent dans un sens qui remontait jusqu'à Guillaume Tell, en opposant le propre *Sonderfall* à l'histoire sanglante du reste de l'Europe. D'après cette mémoire, les Suisses en nation multiculturelle et polyglotte avaient survécu sans être touchés par les conflits extérieurs, telle une île dans la mer agitée – et cela grâce à des vertus propres, la neutralité armée, la démocratie directe, l'irénisme et le fédéralisme. Cette histoire à succès atteint son apogée lors de la Seconde Guerre mondiale qui fut pour toute l'Europe continentale une série de catastrophes: défaites, asservissements, exterminations, collaborations. Pour la Suisse, la Seconde Guerre mondiale fut une épreuve réussie, un sommet de l'histoire nationale, dans sa variation du mythe de la résistance qui était courant ailleurs, mais plus fragile.

Auschwitz n'était pas en Suisse, comme le disait Delamuraz, cela voulait dire: l'île suisse n'avait pas été concernée par les atrocités de la guerre et, par conséquent, n'avait pas pu se rendre coupable. Delamuraz faisait partie du même Conseil fédéral qui avait commémoré en 1989, 50 ans après le début de la guerre, lors de grandes fêtes nationales, les performances réalisées par la génération dite »de la mob«, donc mobilisée en centaines de milliers pour garder la frontière face au IIIe Reich. Ce n'est donc pas la fin de la guerre qui fut le point fixe de la commémoration héroïque suisse, mais le début de la guerre; pas la victoire contre les nazis, mais la disposition de leur résister seuls, si nécessaire, et de faire confiance, sinon, à une neutralité qui éventuellement fut respectée par Hitler parce qu'il ne voyait pas de profit à ne pas la respecter[34].

Cette interprétation positive de la Seconde Guerre mondiale fut insupportable pour ce qui restait de ses victimes principales: les survivants juifs de la Shoah et leurs représentants. Pour eux la neutralité rimait avec regarder ailleurs et laisser faire, avec indifférence face au mal surtout lorsque, et ce fut le cas en Suisse, des fugitifs juifs furent repoussés pendant la guerre et tombèrent ainsi aux mains des nazis. La neutralité, qui reste aujourd'hui encore le facteur d'identité nationale le plus important pour les Suisses, devint pour le prix Nobel de la paix Elie Wiesel un péché face aux victimes du génocide: »When human dignity is at stake, neutrality is a sin, not a virtue; […] neutrality, which used to be, at one time, a high ideal or ideal of nations is wrong. Reject it! You must side with the victim, even if you both lose.«[35] De façon encore plus claire, l'historien israélien Yehuda Bauer formula ses trois leçons tirées du passé, lorsqu'il s'adressa au public présent à la conférence susnommée de Stockholm, en janvier 2000: »Ne sois pas un coupable! Ne sois pas une victime! Mais surtout: ne sois pas ou ne reste pas un spectateur[36]!«

Le conflit dans la presse internationale dura plusieurs années et aboutit finalement à la somme de 1,2 milliard de dollars que les banques suisses versèrent aux organisations juives représen-

33 Maissen, Verweigerte Erinnerung (voir n. 19), p. 272–273.

34 Marc Perrenoud, La Suisse, les Suisses, la neutralité et le IIIe Reich (1941–1945), dans: Revue d'histoire de la Shoah 203 (octobre 2015) (Numéro spécial sur »Les neutres d'Europe face au génocide, 1941–1945«), p. 51–86.

35 David Johnston, Elie Wiesel, The Raoul Wallenberg Forum on Human Rights, dans: Irwin Cotler (dir.), Nuremberg Forty Years Later: The Struggle against Injustice in Our Time, Montreal 1995, p. 20.

36 URL: http://www.fasena.de/archiv/presse.htm, site consulté le 2 mars 2007.

tant les survivants. C'était le prix pour une leçon particulière, enseignant qu'au XXIe siècle, on ne pouvait pas agir économiquement de manière globale et avec succès et en même temps rester un spectateur indifférent et impartial au niveau politique, surtout quand la dignité humaine est mise en cause.

Dans l'argumentation ci-dessus, nous avons expliqué les excuses et les rituels de commémoration collective qui les accompagnent non pas de manière morale mais de façon évolutionnaire. Le moteur le plus important de l'unification européenne est, de même que le moteur de la globalisation, surtout économique et non politique ou éthique. Mais les échanges économiques reposent nécessairement sur la fiabilité des partenaires, sur la confiance, surtout là où aucune institution (supra-)nationale ne peut fixer un cadre légal applicable à tous. Les acteurs économiques sont dépendants de règles communes intersubjectives, surtout s'ils se trouvent »sans défense«, loin de leur forteresse nationale lorsqu'ils vaquent à leurs affaires. Ils ont besoin d'un réservoir commun de valeurs, de mots et de symboles pour comprendre leurs partenaires économiques et leurs employés à l'étranger, pour communiquer avec eux non seulement sur des questions techniques mais sur des sentiments les liant les uns les autres. La Shoah en tant qu'évènement historique fondamental a créé une base pour ce langage symbolique, important notamment pour les Européens. Chaque pays du continent fut un lieu de poursuite, de fuite, d'extermination, de trahison, mais aussi de sauvetage, et ils doivent tous – par-delà des différences significatives – répondre par la négative si on leur pose la question s'ils en ont fait suffisamment autrefois pour soutenir les victimes innocentes. Autour de l'an 2000, l'espoir a été que cette réponse négative pourrait créer des liens supranationaux en ce qu'elle n'épargnait aucun État national, mais au contraire les obligeait tous à réaliser leur autocritique.

En 2015, l'espoir s'est révélé vain que le »non« historique derrière cette réponse négative se soit transformé en un »oui« européen quand il s'agissait d'accueillir en commun des réfugiés. En ce moment, les tentatives pour établir une culture politique internationale basée sur la reconnaissance des propres crimes et omissions du passé n'ont certainement pas pu s'imposer contre le besoin des nationalistes de tous les pays de fonder l'égoïsme national dans une histoire orgueilleuse. Les demandes de pardon qui purent paraître une tendance générale il y a dix ans, marquèrent peut-être seulement une phase transitoire de la normalisation des rapports internationaux dans un monde globalisé. Donald Trump et ses pairs montrent que les excuses et les discours des années 1990 et 2000 ont eu leur temps et qu'il s'agit déjà de les historiciser. Une rhétorique crue de l'intérêt propre, individuel et national, a remplacé la conviction que justement les acteurs économiques dépendent de règles internationales communes. À la recherche d'une confiance réglée, qui tire les leçons des expériences historiques cruelles, s'est substituée la normalisation de l'état d'urgence se légitimant par une méfiance qui anticipe des futures luttes pour la répartition des ressources.

Annette Wieviorka

# LA COMMISSION MATTÉOLI

Le 25 mars 1997, le Premier ministre (alors Alain Juppé) chargeait par arrêté Jean Mattéoli d'une »mission d'étude sur les conditions dans lesquelles des biens immobiliers et mobiliers appartenant aux juifs résidant en France ont été confisqués, ou, d'une manière générale, acquis par fraude, violence ou dol, tant par l'occupant que par les autorités de Vichy entre 1940 et 1944. Dans le cadre de cette mission, il recherchera la destination que ces biens ont reçue depuis la fin de la guerre et déterminera, dans la mesure du possible, leur localisation et leur situation juridiques actuelles. Il établira en outre un inventaire des biens accaparés sur le territoire français qui sont encore détenus par les autorités publiques«[1].

Cette décision du Premier ministre venait dans un contexte bien particulier de scandales médiatiques à répétition qui avaient pour objet la question des oeuvres d'art[2], de l'or non monétaire, des avoirs déposés dans les banques, en particulier les banques suisses. Ces scandales étaient internationaux, rendus possibles par la »chute du mur« et l'amorce d'un nouvel ordre international. La disparition des régimes communistes laissait apparaître les restes des communautés juives détruites de l'Europe de l'Est vivant dans une grande misère matérielle, spirituelle et culturelle.

La France s'est trouvé prise dans ce mouvement, avec les particularités de son histoire:

- un régime, l'État français, qui collabora avec l'occupant nazi, et mit, comme le voulait la convention d'armistice, son administration au service de l'occupant;
- une communauté juive qui avait en partie (les quatre cinquièmes) survécu;
- une communauté juive désormais la plus nombreuse d'Europe, qui n'avait pas l'intention de laisser ses affaires être réglées de New York par le Congrès juif mondial;
- un climat de polémiques récurrentes depuis la fin des années soixante-dix portant sur la question des responsabilités propres de la France dans la mise en place des mesures antisémites et la déportation des juifs. Ces polémiques prennent un tour particulièrement vif en 1992 quand un groupe exige que le président de la République, François Mitterrand, reconnaisse solennellement la responsabilité de la France dans le génocide. Ce à quoi il se refuse obstinément.

La question internationale des spoliations émerge donc dans une atmosphère de polémiques franco-françaises[3].

1 Le texte de la lettre de mission, comme les mesures nominatives, sont reproduites dans le rapport général, Documentation française, 2000.

2 La question des œuvres d'art a été médiatisée par l'ouvrage de Hector Feliciano, Le musée disparu. Enquête sur le pillage des oeuvres d'art en France par les nazis, Paris 1995. La même année paraissait en français, traduit de l'américain, l'ouvrage de Lynn H. Nicolas, Le pillage de l'Europe. Les oeuvres d'art volées par les nazis, Paris 1995. Cette question des œuvres n'a dès lors plus quitté l'actualité.

3 Nous renvoyons pour ces questions à nos travaux, notamment Annette Wieviorka, L'Ère du témoin, Paris 1998 et à Beate Klarsfeld, Serge Klarsfeld, Mémoires, Paris 2015. Tous deux ont été les acteurs principaux de ces polémiques.

Jacques Chirac, à peine élu à la présidence de la République, procède à cette reconnaissance dans un discours d'une belle tenue prononcé lors de la commémoration du 53e anniversaire de la rafle du Vel d'Hiv, le 16 juillet 1995. C'est d'abord un constat:

> »Il est, dans la vie d'une nation, des moments qui blessent la mémoire, et l'idée que l'on se fait de son pays [...]. Il est difficile de les évoquer aussi, parce que ces heures noires souillent à jamais notre histoire, et sont injure à notre passé et à nos traditions. Oui, la folie criminelle de l'occupant a été secondée par des Français, par l'État français.«

Le »Oui« montre qu'il répond aux polémiques, prend parti. Chirac condamne fortement les actes de collaboration. Le président de la République décrit ensuite la rafle: des policiers et des gendarmes qui, »sous l'autorité de leurs chefs répondaient aux exigences nazies« en arrêtant au petit matin hommes, femmes, enfants. »La France, partie des lumières et des droits de l'homme, terre d'accueil et d'asile, la France, ce jour-là, accomplissait l'irréparable«. L'anniversaire de la rafle permet au chef de l'État d'évoquer non seulement ceux qui furent arrêtés les 16 et 17 juillet, mais l'ensemble des 76 000 Juifs de France qui ne sont pas rentrés. Il préconise un regard lucide sur le passé et conclut: »Nous conservons à leur égard une dette imprescriptible«[4].

Une »dette«. C'est sur cette notion de »dette«, que rebondit Serge Klarsfeld, rabattant le mot sur son sens littéral de somme d'argent qui est due. Le 15 juillet, le journal »Libération« rend public les informations contenues dans le rapport du commis caissier de la préfecture de police concernant les biens des internés du camp de Drancy dont il a »liquidé« les comptes le 31 juillet 1944. Le rapport de Maurice Kiffer précise notamment les sommes restant à cette date dans la caisse du camp et versées à la Caisse des dépôts et consignations. Il fait aussi état d'objets appartenant aux déportés se trouvant dans un coffre que la préfecture de police louait à la Banque de France. Ainsi, comme le martèle Serge Klarsfeld, l'argent des déportés est toujours dans les caisses de l'État et leurs enfants orphelins n'ont rien eu.

C'est donc à la fois le contexte international et l'intervention de Serge Klarsfeld montrant qu'il y eut bien de l'argent des déportés conservé par la CDC, jamais restitué, qui est la »cause événementielle« de la création de la Mission.

La Mission constituée par Alain Juppé est composée d'un président, Jean Mattéoli, ancien résistant, déporté, président du Conseil économique et social, d'un vice-président Ady Steg qui assuma largement la réalité de sa direction, et de six membres: Jean Favier, directeur à la retraite des Archives de France, Jean Kahn alors président du Consistoire Central, Alain Pierret ancien ambassadeur en Israël, Serge Klarsfeld. Outre ce dernier, les deux seuls historiens universitaires sont François Furet et moi-même. Ce choix est curieux: François Furet, éminent spécialiste de la Révolution française et, avec le »Passé d'une illusion« (1995), du communisme, est un historien des idées, peu familier des archives. Il n'est pas un spécialiste des années noires, ni des questions occupant la mission. Tout en étant plus proche de ces sujets, je n'en suis pas moi-même spécialiste. François Furet décède le 12 juillet 1997, très vite après l'installation de la mission. Nous ne saurons jamais ce qu'elle aurait été s'il avait été parmi nous.

J'ose émettre une hypothèse: nous avons été choisis par défaut, après un refus de René Rémond motivé par les difficultés et la divergence qui avaient suivi la remise du rapport sur le »fichier juif«. Les conclusions de ce rapport contredisaient certaines affirmations de Serge Klarsfeld. De plus, le Premier ministre n'avait pas suivi les recommandations de la mission, mais celle du seul Jean Kahn, préconisant le dépôt du fichier (restant propriété des Archives nationales) au mémorial de la Shoah[5].

4 Les discours de Jacques Chirac peuvent être consultés sur URL: http://www.jacqueschirac-asso.fr/les-grands-discours-de-jacques-chirac/ (17.3.2018).

5 Sur le fichier, voir Le »fichier juif«, rapport de la commission présidée par René Rémond au Premier ministre, Paris 1996 et, entre autres, l'article de Catherine Nicault, Anne Grynberg, Annette Wieviorka, L'Erreur de Serge Klarsfeld, dans: Le Monde, 12 juillet 1996.

Aucun des historiens membres de cette mission, parmi les meilleurs spécialistes de l'Occupation, ne fut choisi.

Cette composition montre bien que si les objectifs sont fixés par la lettre de mission, aucune réflexion préalable n'a été menée sur les moyens de les atteindre. La mission ainsi constituée est très loin d'être une mission d'historiens.

C'est petit à petit, grâce notamment à la rapporteure générale Eliane Chemla, venue du Conseil d'État, et à la présence immédiate de Caroline Piketty, archiviste mise à la disposition de la Mission par la direction des Archives et qui en fit partie intégrante, grâce à l'intelligence d'Ady Steg, que fut élaboré ce qui a fait l'originalité de la Mission et assuré son succès: l'idée que son travail devait être un rigoureux travail historique. Dans ce sens, le travail sur le camp de Drancy – par qui le scandale était arrivé – a servi de »pilote« comme on dit dans l'audiovisuel[6].

En quoi a-t-il consisté? Il a fallu d'abord réfléchir aux procédures de dépôt des biens des internés lors de leur entrée dans le camp; au travail, et même à la personnalité, du commis caissier Kiffer; aux procédures de versement à la CDC. À partir de cette réflexion, il a été possible d'imaginer les endroits où pouvaient se trouver les archives qui témoignaient de cet ensemble de procédures. C'est ainsi qu'avec l'aide de Claude Charlot, j'ai retrouvé dans les caves des archives de la préfecture de police toute la comptabilité de Kiffer. Ce fut un grand moment. Avec l'aide de la CDC, qui a constitué sa propre mission en quelque sorte auxiliaire de la nôtre[7] – nous avons pu analyser toutes les irrégularités dont avaient été l'objet les »consignations« de l'argent des internés.

Cette première année, nous avons aussi réfléchi aux modalités de l'étude de l'aryanisation. Nous ne partions pas de rien. Nous avons beaucoup lu la grande histoire pionnière du Commissariat général aux questions juives (CGQJ) de Joseph Billig[8]. Nous avons effectué une plongée dans les archives de »l'aryanisation économique« et du service des restitutions. Nous avons compris que, si nous voulions terminer nos travaux dans un temps raisonnable, il serait impossible de traiter de façon exhaustive *tous* les dossiers: environ 50000 dossiers d'aryanisation ont été ouverts par les fonctionnaires du Commissariat général aux questions juives, même si une partie des procédures n'est pas arrivée à son terme. Nous avons donc décidé de procéder par tirage d'un échantillon. Pour ce travail, nous avons eu l'idée de nous adresser à un statisticien de grande compétence, en sollicitant, sur les conseils de mon fils qui en avait été élève, un professeur à l'ENSAE, Jean-Marie Grosbras.

Avant de rendre notre premier rapport à Lionel Jospin – la dissolution de la chambre et de nouvelles élections ayant entraîné un changement de gouvernement – nous avons procédé à une analyse des quelque deux cents lettres que nous avions reçues à la Mission. (je voudrais préciser que contrairement à ce que certains ont écrit, il n'y eut aucun frein apporté par Alain Juppé qui apporta à notre travail tout son soutien). À notre grande surprise, elles ne concernaient qu'à la marge les biens »aryanisés«, ceux laissés derrière eux par les déportés au camp de Drancy, les

6 C'est l'histoire des comptes de détenus à Drancy qui a constitué l'essentiel du premier rapport remis à Lionel Jospin. Il a été publié en 2000 (Annette Wieviorka, Les biens des internés des camps de Drancy, Pithiviers, Beaune-la-Rolande, Paris 2000) comme l'ensemble des rapports, et est disponible sur le site de la Documentation française: URL: http://www.ladocumentation francaise.fr/rapports-publics/004001395/index.shtml (13.3.2018).

7 Certes, la Caisse des dépôts et consignations avait envisagé avant la création de la Mission un travail de recherche, puisqu'elle était un des acteurs de la spoliation dont le rôle commençait a être mis en lumière, et amorcé des recherches dans ses archives, mais c'est avec la création de la mission Mattéoli qu'elle mit sur pied sa propre mission, que René Rémond accepta de présider.

8 Joseph Billig, Le Commissariat général aux questions juives (1941–1944), 3 vols, Paris 1955, 1957 et 1960. Une bibliographie des travaux concernant la spoliation des juifs de France figure en annexe du rapport général. Elle date, rappelons-le, de 2000. Depuis, les publications se sont multipliées et cette bibliographie est désormais dépassée.

comptes en banque, les oeuvres d'art. Presque toutes évoquaient le pillage des appartements que nous n'avions pas considéré comme entrant dans le champ de la Mission. Ce pillage n'était pas une affaire française, mais une affaire allemande, comme celui des oeuvres d'art. Une affaire allemande puisque ces derniers avaient procédé seuls au pillage de ces biens qui étaient destinés à partir en Allemagne.

Nous savions désormais de quels types de biens nous recherchions les circuits de spoliation; nous savions aussi que ce travail devait être un travail historique, fondé sur une recherche des archives et sur leur exploitation.

Nous savions aussi que nos maigres forces (pour l'essentiel celles de Caroline Piketty et les miennes) n'y suffiraient pas. Nous avons donc recherché trois historiens capables de diriger trois chantiers: celui de l'aryanisation; celui des banques; celui des oeuvres d'art. Pour l'aryanisation, Caroline Piketty et moi-même avons proposé le nom d'Antoine Prost. Nous savions qu'il prenait sa retraite, et qu'il pourrait disposer d'un peu de temps; mais surtout, historien d'histoire sociale, il était probablement le meilleur pour travailler sur les grands nombres. Nous ne nous sommes pas trompés. Nous avons songé à Claire Andrieu, dont la thèse portait sur la Banque sous l'occupation pour diriger le chantier sur les banques. Nous avons en revanche essuyé un refus de la direction de la Mission quand nous avons proposé un historien spécialisé dans les questions de l'art sous l'Occupation. Je crois que ce refus tenait au souci de ne pas changer les équilibres au sein de la Mission en la lestant d'un trop grand nombre d'historiens. En effet – et c'est là l'ambiguïté de ce type de mission –, la lettre de mission réclamait une expertise – ce en quoi les historiens étaient seuls compétents – mais elle réclamait aussi des »recommandations«, certes fondées sur la »vérité historique«, mais dont la teneur était d'ordre politique et pour laquelle notre légitimité n'était pas évidente[9]. Le travail sur les œuvres d'art a donc été effectué sous la direction de conservateurs de musée, en lien, bien évidemment avec la Mission.

Nous avons aussi ouvert le dossier des pillages des appartements auquel nous n'avions pas pensé, et dont l'importance – je le rappelle – nous avait été suggérée par les courriers. Il constituait un cas particulier: si selon les termes de la lettre de Mission nous devions déterminer si des biens »étaient encore détenus par les autorités publiques«, cette recherche ne pouvait s'appliquer à ces objets que si les nazis n'avaient pas eu le temps de les transférer ou s'ils avaient été rapatriés d'Allemagne la guerre finie.

Le travail, qui s'est poursuivi pendant deux années, s'est fondé sur une distinction majeure, celle entre la spoliation et le pillage, ou (le pillage-spoliation), avec constamment, le souci de comprendre si et comment il y avait eu restitution ou indemnisation.

La spoliation peut être définie comme un »vol légal«[10]. C'est-à-dire un »vol« fondé sur des dispositions de type législatif. De »type« car il convient de rappeler que dans l'État français, il n'y a ni parlement ni élections, et que les lois émanent directement d'un exécutif dans légitimité dans le peuple.

L'histoire de la spoliation, en France, est complexe car elle met en jeu de multiples acteurs dont les stratégies tout à la fois se complètent, se croisent et parfois entrent en conflit; elle concerne des biens de nature et de valeur très diverses. Elle fut engagée par l'occupant, qui bénéficiait d'une expérience en matière d'exclusion des juifs de la société et de l'économie, celle mise en oeuvre en Allemagne, puis dans les territoires qui lui furent annexés. Mais Vichy y prit

9 Cette remarque devrait être approfondie. Elle touche à la question, controversée, du rôle social de l'historien, abordée généralement pas le seul biais de leur participation comme témoin dans les procès ayant trait à des épisodes appartenant à l'histoire.

10 Cette expression, nous l'avons empruntée au grand juriste Gérard Lyon-Caen, auteur d'une thèse soutenue dès dès le 1er décembre 1945, Les spoliations, Université de Paris, Faculté de droit, 1945.

une part essentielle, en l'assumant et en l'étendant à la partie du territoire qui n'était pas occupée. Si toutes les mesures prises en Allemagne ne furent pas adoptées en France, chaque mesure prise en France a un précédent allemand: de l'exclusion de la fonction publique à l' »aryanisation«; des commerces et industries, en passant par l'amende d'un milliard dont furent frappés les juifs de France constitués en »communauté« comme celle d'un milliard de marks avait été imposée à la communauté allemande après le pogrome de la nuit de Cristal. Le terme même »d'aryanisation«, auquel il convient de ne jamais s'habituer, est un affreux néologisme qui appartient à la LTI, »Lingua tertii imperii«[11], qu'a si bien analysée le philologue Victor Klemperer.

L'»aryanisation« est donc un vol légal. Elle s'appuie, je l'ai déjà dit, sur des »lois« et est mise en oeuvre par une institution inédite, le Commissariat aux Questions juives, c'est-à-dire un ministère à l'antisémitisme, son administration, sa bureaucratie. Comme toute bureaucratie, il produit des papiers. Grâce aux archivistes en poste dans l'après guerre aux Archives nationales, ses »papiers« ont été conservés, permettant aux historiens de reconstituer les procédures et, dans une large mesure, les résultats de ces procédures.

En revanche, il n'y eut pas, en ce qui concerne les biens laissés derrière eux par les internés des camps français, à Drancy, Pithiviers, Beaune-la-Rolande, de volonté spoliatrice de la part de l'État français. La spoliation a été ce que nous avons appelé une spoliation de fait: les biens sont restés aux mains de diverses administrations après la déportation des internés.

La spoliation fut pour l'essentiel mise en oeuvre par l'État français. Le pillage est une affaire allemande. L'occupant s'est très vite intéressé à l'or, à certaines valeurs contenues dans les coffres des banques – que leur propriétaire soit juif ou pas; en revanche, le pillage organisé des « biens culturels – oeuvres et objets d'art, archives, bibliothèques… – vise spécifiquement ceux que les nazis ont définis comme juifs.

Les pillages perpétrés par les Allemands n'ont jamais reçu l'aval de l'État français, y compris celui du CGQJ, même si certains Français – membres des partis collaborationnistes, miliciens, voyous ou indélicats en tout genre – les ont facilités ou en ont personnellement profité. Citons Léon Poliakov évoquant dans »Bréviaire de la Haine« les œuvres d'art: »Soucieux de protéger le patrimoine national, Vichy protestait sans cesse et dans ces protestations, les hommes du Maréchal surent trouver des accents qu'aucune exécution ou déportation n'avait pu susciter«[12]. Quand Bichelonne, alors ministre de la Production industrielle, proteste en 1942 auprès des autorités d'occupation contre le pillage des appartements laissés vacants par les juifs, il use d'une formule saisissante en évoquant ces »biens français constitués par les mobiliers juifs«[13].

Je n'évoquerai pas ici le pillage des »biens culturels«, un pillage idéologique, préparé de longue date, dont les acteurs furent multiples, même si le principal fut l'*Einsatzstab Reichsleiter Rosenberg für die Besetzten Gebiete* (ERR). D'autres contributeurs à ce cahier sont plus compétents. Je dirai simplement qu'il a laissé des traces dans les archives – notamment les notes prises par Rose Valland. Nous pouvons seulement déplorer que dans ce domaine, et malgré les recommandations de la Mission Mattéoli, le ministère des Affaires étrangères n'ait pas fait, au moment de la Mission comme aujourd'hui, le même effort de confection d'inventaire, et de mise au jour de toutes les archives, et de communication au public, notamment à celui des chercheurs, de toutes ses archives, à la différence de la préfecture de police ou des Archives de France.

11 Victor Klemperer, LTI. La langue du Troisième Reich, Paris 2003.

12 Léon Poliakov, Bréviaire de la Haine. Le III^e^ Reich et les Juifs, préface de François Mauriac, Paris 1951, p. 81. Cet ouvrage a constamment été réédité. La dernière réédition est celle de 2017, aux Belles Lettres.

13 Le ministre d'État à la Production industrielle et aux Communications à monsieur le commissaire général aux questions juives, 19 décembre 1942, SAEF, B 47 361.

La »Möbel Aktion«, d'où proviennent certains MNR (Musées nationaux récupération), est un pillage différent de celui des »biens culturels«. L'opinion publique n'a cessé de vibrer – et elle vibre encore- au rythme des pérégrinations des grandes oeuvres pillées. Les victimes survivantes, elles, dans leur grande masse, gardent le souvenir d'un pillage d'une ampleur et d'une signification particulière: celui de leur domicile.

La valeur symbolique de ce pillage singulier est considérable en raison de sa nature même. Le pillage systématique des appartements est sans précédent. Il frappe par sa radicalité et sa sauvagerie: les logements, ceux des beaux quartiers comme ceux comme des quartiers populaires, sont entièrement vidés: mobiliers, oeuvres d'art, instruments de musique (les pianos notamment)[14], linge de maison, literie, vaisselle, vêtements, fournitures pour tailleur et cordonnier, papiers de famille (dont les polices d'assurance), photos, jusqu'aux prises de courant et aux garnitures de cheminées; cette radicalité est l'expression de la volonté d'extirper – *Ausrottung* – les juifs d'Europe. Elle exprime l'»antisémitisme rédempteur« suivant l'expression de Saul Friedlander. Ces pillages furent organisés par la *Dienststelle Westen*, dépendant elle aussi tout en étant distincte de l'ERR, de Rosenberg dans le cadre de ses fonctions de ministre du Reich pour les territoires occupés. Leur produit devait être distribué aux victimes allemandes des bombardements alliés, surnommés par les nazis »bombardements juifs« car la responsabilité, selon eux, incombait aux juifs.

La prégnance du souvenir de ces pillages s'explique encore par la mémoire des victimes. L'art de la mémoire, inventé en Grèce, transmis à Rome, intégré à la tradition de l'occident, montre que toute mnémotechnique passe par une technique de lieux et d'images. Le souvenir n'existe que lié aux lieux et aux objets. Le souvenir des morts en déportation ne peut être convoqué, par ceux qui ont survécu, que dans les lieux et parmi les choses où ils ont vécu.

Par le nombre de personnes concernées, l'ampleur de ce pillage s'apparente à l'aryanisation des entreprises. S'apparente seulement. Comme nous l'avons déjà dit, l'aryanisation s'est appuyée sur tout un arsenal juridique et s'est effectuée dans un cadre administratif, ce qui a donné lieu à une grande quantité d'archives. Le pillage des appartements se joue de toute légalité, et ses traces archivistiques sont très lacunaires.

Quand, avec Caroline Piketty, nous avons commencé à réfléchir à ce pillage, nous avons constaté, par des conversations et quelques documents épars, qu'il avait existé à Paris, au sein du Fonds social juif unifié, dans les années soixante et soixante-dix, un bureau chargé de l'indemnisation que dirigeait Adam Loss. Nous sommes allées voir Adam Loss. Et nous avons découvert ce que la mémoire collective avait mis entre parenthèses et entouré d'un silence total: une indemnisation très large dans le cadre d'une loi allemande, la loi BRüG (*Bundesrückerstattungsgesetz*)[15], du pillage des mobiliers, comme d'ailleurs des œuvres d'art qui n'avaient pas été récupérées, avait été mise en oeuvre dans les années soixante. Quand en 1976 le bureau des spoliations eut fini d'indemniser des dizaines de milliers de famille juives, il fut question de pilonner, faute de place, ses archives. L'historien Simon Schwarzfuchs proposa alors de les sauver en les transférant à Jérusalem, aux Archives centrales de l'histoire du peuple juif. Ce qui fut fait.

Caroline Piketty et moi partîmes donc à Jérusalem, pour évaluer ce fonds. C'est à Roissy, au moment d'embarquer, que j'eus l'illumination: les fonds de Jérusalem n'étaient que des fonds intermédiaires. Les »vraies« archives, les plus utiles devaient se trouver à Berlin, dans l'organisme, le WGA (*Wiedergutmachungsämter von Berlin* – nous ne savions pas à l'époque ce que signifiait ce sigle) qui avait instruit les dossiers et procédé à l'indemnisation. Les archives de Jérusalem n'en sont pas moins de formidables archives, comportant les dossiers de demandes d'indemnisation, et qui pourraient être exploitées par des chercheurs – un peu comme le sont

14 Caroline Piketty a consacré aux pianos un DEA.

15 *Bundesgesetz zur Regelung der rückerstattungsrechtlichen Geldverbindlichkeiten des Deutschen Reichs und gleichgestellter Rechtsträger* du 19 juillet 1957.

celles du minutier des notaires- pour toutes sortes de recherches relevant de l'histoire sociale ou culturelle des juifs de France[16].

Au retour de Jérusalem, je me suis rendue à Berlin où j'ai travaillé avec une chercheuse exceptionnelle qui y terminait sa thèse, Floriane Azoulay. En trois jours, nous avons retrouvé tous les fonds d'archives et compris les circuits d'indemnisation de la loi BRüG. Les dossiers de Berlin ont été d'une grande utilité pour la question des oeuvres d'art pillées[17].

Nous avons travaillé avec une haute conscience de ce que nous devions aux victimes. La présence chaleureuse et efficace d'Ady Steg était là pour nous le rappeler. Aussi avons-nous toujours poursuivi deux objectifs conjoints. Le premier était de répondre à la lettre de mission du Premier ministre. Le second était de répondre à une demande sociale que nous sentions grandir autour de nous et qu'illustre le livre de Caroline Piketty, »Je cherche les traces de ma mère: chronique des archives«[18], celle émanant d'un survivant, enfant de survivants désireux de retrouver les bribes de ce qu'avait été la persécution des siens, de reconstituer un peu de son histoire trouée. Nous ne pensions pas alors à la reprise des indemnisations individuelles. Nous avons donc, grâce aux moyens importants mis à notre disposition par le gouvernement, et sous le contrôle de la CNIL (Commission nationale de l'informatique et des libertés), confectionné des fichiers individuels permettant d'avoir très simplement accès à tous les documents concernant une famille dans les principaux fonds d'archives (Commissariat aux questions juives; fonds de Jérusalem; comptabilité des biens des internés de Drancy...). Chacun peut très simplement, en se rendant aux Archives nationales ou à la préfecture de police, consulter »ses« documents.

Les résultats de notre travail sont consignés dans nos rapports, synthétisés dans le rapport général. Nous avons proposé un comptage global de la valeur des biens spoliés non restitués et émis 19 recommandations.

Les quatre premières touchaient aux archives: c'était dire d'emblée leur importance. Sans elles, nous n'aurions abouti à rien. Elles n'ont pas toutes été suivies d'effet. Mais aussi, trois mesures majeures sont nées du travail de la Mission et de ses recommandations.

1. Le versement aux orphelins de la déportation d'une rente ou d'un capital; cette revendication était portée par le seul Serge Klarsfeld. Nous nous y sommes ralliés.
2. La réouverture, à certaines conditions, des indemnisations individuelles. C'est la CIVS[19].
3. La création d'une fondation dont le capital était abondé par diverses institutions ayant été des rouages de la spoliation: l'État, la Caisse des dépôts et consignations, les banques... C'est la FMS[20].

J'ai la faiblesse de trouver que notre travail a été exemplaire, parce que nous avons pris l'option de l'appuyer sur la recherche de la vérité historique. Nous avons aussi bénéficié d'une conjoncture favorable, notamment économique. Il serait aujourd'hui impensable que l'État dispose des moyens pour une telle mission, ni qu'il puisse assumer financièrement le coût de la mise en oeuvre des recommandations de la Mission.

16 Je suis retournée aux Archives centrales de l'histoire du peuple juif à Jérusalem en octobre 2017. Leur richesse est considérable. Outre ces dossiers (pratiquement pas consultés, selon la responsable des archives Sharon Kangisser), elles conservent d'importants fonds, dont celui du FSJU, URL: http://cahjp.nli.org.il/ (17.3.2018).

17 Sur toutes ces questions, voir le rapport de Floriane Azoulay, Annette Wieviorka, Le pillage des appartements et son indemnisation, Paris 2000.

18 Caroline Piketty, Je cherche les traces de ma mère: chronique des archives, Paris 2006.

19 Commission pour l'indemnisation des victimes de spoliations, URL: http://www.civs.gouv.fr/ (17.3.2018). Sur ce site, il est possible de consulter l'ensemble de ses rapports. Le comité d'histoire au sein de la CIVS n'a pas encore publié ses rapports.

20 Fondation pour la mémoire de la Shoah, URL: http://www.fondationshoah.org/ (17.3.2018).

Corinne Bouchoux

# LES TABLEAUX SPOLIÉS AU PRISME DES RELATIONS FRANCO-ALLEMANDES DE 1990 À NOS JOURS

Les pillages et spoliations artistiques commis par les nazis sont désormais fortement documentés, de même que les politiques publiques mises en place après-guerre pour les récupérations, les restitutions et les indemnisations. Trois générations d'historiens y ont travaillé à la fois du côté allemand et français[1].

Pour ma part, j'ai rencontré cette question de manière fortuite, en préparant pour la résistante Lucie Aubrac une conférence sur Rose Valland[2] (1898–1980), juste avant que la mission Mattéoli[3] ne commence ses travaux[4]. Les archives »dites« Rose Valland à Paris, au ministère des Affaires étrangères, étant inaccessibles, j'ai travaillé autrement, notamment à partir des souvenirs d'un magistrat à la retraite très prolixe qui avait suivi ce dossier après-guerre[5]. J'ai aussi travaillé au Centre des archives diplomatiques à Nantes, dans d'excellentes conditions, sur divers fonds: ceux de l'Office des biens et intérêts privés (OBIP), de la Commission de récupération artistique (CRA) et des ambassades rendues accessibles par une décision exceptionnelle (Berlin, Bonn, Washington, Moscou…). Le résultat de ces recherches fut dans un premier temps une biographie de Rose Valland, puis une thèse, soutenue en 2011 et publiée en 2013[6]. Alors que j'étais devenue parlementaire, la présidente de la commission de la culture du Sénat, la sénatrice écologiste Marie-Christine Blandin, me proposa d'être rapporteure d'une mission d'information sur la politique mise en place par les musées français[7]. Un an plus tard, un colloque au Sénat revint sur le »bilan des actions publiques en France et perspectives suite aux conclusions de la mission parlementaire sur les œuvres d'art spoliées«. Je suis donc passée du statut d'historienne à celui d'actrice.

Alors que l'histoire des spoliations et des premières récupérations et restitutions puis indemnisations (Lois BRüG) semble désormais connue, il nous a semblé pertinent de jeter un regard sur les années post-réunification allemande. C'est en effet à travers et grâce à la chute du mur de

1 Martin Dean, Constantin Goschler, Philipp Ther, Robbery and Restitution, The Conflict over Jewish Property in Europe, New York 2007; Martin Jungius, Un vol organisé. L'État français et la spoliation des biens juifs, 1940–1944, Paris 2012; Claire Andrieu (dir.), Spoliations et restitution des biens juifs, Europe, XX^e siècle, Paris 2007, p. 186–215; Claire Andrieu, Écrire l'histoire des spoliations antisémites (France 1940–1944), Histoire@politique. Politique culture et société 9/3 (2009), p. 94; http://www.cairn.info/revue-histoire-politique-2009-3-page-94.htm.

2 Corinne Bouchoux, Rose Valland, La résistance au musée (Archives de vie), La Crèche 2006.

3 La conférence d'Annette Wieviorka en précise le contexte et les actions.

4 Je remercie vivement Hélène Bieri, Zahra Aitzegag, Christian Gründig et Christine Bard pour leurs relectures attentives ainsi que Emmy pour tout ce temps pris à d'autres activités.

5 Roger Humbert qui donna en 1999 une conférence ainsi que Lucie Aubrac en hommage à Rose Valland à St. Étienne de Saint Geoirs.

6 Corinne Bouchoux, »Si les tableaux pouvaient parler…«. Le traitement politique et médiatique des retours d'œuvre d'art pillée et spoliées par les nazis (France, 1945–2008), Rennes 2013.

7 Mission d'information sur les œuvres d'art spoliées par les nazis: œuvres culturelles spoliées ou au passé flou et musées publics: bilan et perspectives, janvier 2013, URL: http://www.senat.fr/espace_presse/actualites/201302/le_senat_se_penche_sur_le_sort_des_uvres_dart_spoliees_pendant_la_guerre.html (20 décembre 2016).

Berlin, puis la réunification allemande, qu'a émergé, à nouveau, une »nouvelle phase« de cette histoire que tous croyaient totalement achevée. Hormis quelques héritiers ou descendants qui cherchaient encore des œuvres perdues, hormis la mention »MNR« (Musées nationaux récupérations) qui parfois figurait au bas d'un cartel signalant ainsi de manière très cryptée une provenance particulière, ce sujet n'en était plus un. Rares sont les professionnels des musées à qui cette histoire parlait. C'était en quelque sorte un »non sujet«. La réunification va rouvrir un pan entier de problèmes que l'on croyait résolus, en France et en Allemagne. Comment les deux pays ont-ils alors interagi et coopéré?

Entre 1990 et 1998, le sujet politique des tableaux émerge progressivement, mais pas à l'initiative des États, et aboutit à l'acceptation des »principes de Washington«. Plus de 44 pays dont la France et l'Allemagne, sous l'amicale pression des États-Unis et de la Russie réunis sur ce dossier, acceptent, fin novembre et début décembre 1998, de mener une nouvelle politique publique qui porte sur les suites de la Shoah. Dans le cas précis qui nous intéresse, celle-ci promeut l'accès aux archives, la mise en place d'une solution équitable et non judiciaire et doit déboucher, s'il y a lieu, sur des restitutions ou indemnisations de tableaux volés à leurs propriétaires. De 1998 à nos jours, la plupart des pays ont progressivement mis en place des politiques publiques. En 2013, l'affaire Gurlitt montrera la fascination du grand public pour ce sujet, sur lequel les films vont d'ailleurs se multiplier[8].

## 1989–1998: les tableaux ressortent du »réfrigérateur« de l'histoire …

Avant la chute du mur, le sujet des tableaux existe déjà dans les relations franco-allemandes. Dans les années soixante-dix, quatre-vingt, des tableaux spoliés ou volés durant la guerre »apparaissent« ponctuellement lors de ventes aux enchères, à l'Ouest, et sont soupçonnés de venir de RDA, et de nourrir un trafic permettant d'approvisionner des magasins où les dignitaires du régime est-allemand[9] peuvent s'approvisionner. En France, on sait qu'il reste en RDA des tableaux qui ont échappés aux récupérations et qui furent transférés en zone soviétique la future RDA. Il y a donc des œuvres dans les collections publiques en RDA mais aussi celles restées »dans des greniers« ou chez des particuliers. Des négociations secrètes occupent ainsi les diplomates entre 1974 et 1988 mais échouent. Il faudra attendre 1994 pour que le chancelier Kohl rende, après la réunification, au Président Mitterrand, les tableaux *dits* de l'Archevêque de Magdebourg (qui avait de fait récupéré les tableaux en vue de les rendre …). Ces tableaux deviennent en France alors des MNR (Musées nationaux récupérations); des tableaux gardiennés par les musées en attente de leurs propriétaires. On sait donc avant la chute du mur (en France, en RFA et en RDA) que le sujet tableau n'est pas complètement résolu. La chute du mur va réactiver soudainement ce dossier en lui donnant actualité et visibilité.

Les premiers à saisir la nature du sujet à la chute du mur sont les Américains. La plupart des musées datent d'après 1945, et les collections se sont enrichies notablement après-guerre. Sécuriser les collections devient alors un enjeu stratégique. Mais il convient de noter que les collections et institutions privées sont aux États-Unis beaucoup plus nombreuses que les publiques, à la différence de l'Europe.

Les États-Unis déclassifient très massivement leurs archives liées à la guerre et l'après-guerre. Ils font alors travailler policiers et historiens pour mieux comprendre cette histoire et ce que sont devenus après-guerre l'or, les comptes bancaires … et les tableaux. Des sénateurs américains investissent ce domaine et voient bien comment, dès le milieu des années quatre-vingt-dix, faire de ces données des éléments de négociation au plan international dans le cadre d'une

8 »Monument's Men« (2013), »La femme au tableau« (2016), »L'antiquaire« (2016).
9 Michel Meyer, Histoire secrète de la chute du mur de Berlin, Paris 2009.

politique visant à régler d'un point de vue politique le sujet (Mission Eizenstat[10] sous la présidence Clinton).

En France, la prise en compte du passé de Vichy n'est pas toujours simple, pour la classe politique, et il faut attendre Jacques Chirac qui, en juillet 1995, en lien étroit avec Serge Klarsfeld, va dans un discours poignant, en hommage aux victimes de la Rafle du Vel d'hiv, signaler la part non négligeable que l'État a pu jouer dans cet irréparable. Et puisqu'il parle de coresponsabilité il ouvre la porte à une nouvelle ère. La mission débutée par Jean Mattéoli[11] mandatée par Alain Juppé comme premier ministre se poursuit sous Lionel Jospin (1997–2002)[12].

Cette mission de hauts fonctionnaires et historiens est totalement pilotée depuis l'exécutif. La cohabitation (Jacques Chirac, Président de droite et Lionel Jospin, Premier ministre de gauche) permet, dans une atmosphère consensuelle sur ce dossier, de mettre en place une politique publique totalement évacuée du débat parlementaire et de l'opinion. Le Parlement va seulement octroyer les crédits aux services du Premier ministre pour piloter le dossier et valider les accords diplomatiques.

En Allemagne, la culture est une compétence du Land et se met aussi en place à ce moment l'idée que ce sujet se pilote au niveau national du Bund, ne serait-ce que pour faciliter les négociations diplomatiques. Au moment de la mission Mattéoli, le secteur des tableaux est le seul qui échappe totalement aux historiens et sera »sous-traité« aux archives et musées de France qui seront, en quelque sorte, juge et partie sur ce dossier. Pour autant, un excellent rapport sur l'opération Möbel, piloté par Annette Wieviorka, va mobiliser une intense coopération germano-française[13]. Les archives allemandes ont trace de ces opérations et surtout des indemnisations après-guerre.

La presse va, en Allemagne et en France, se passionner pour ce sujet, entraînée par plusieurs ouvrages: Lynn Nicholas Hunt[14] et Jonathan Petropoulos[15]. En France, l'historienne Laurence Bertrand Dorléac avait bien planté le décor avec »L'art de la défaite«. Les archives allemandes sont beaucoup plus coopératives et ouvertes pour les chercheurs et rendent ainsi accessible les archives de la Treuhand, qui a, pour l'Allemagne, pris en compte les restitutions artistiques à Munich. En France, Marie Hamon bloque tout accès aux documents si on n'est pas une famille d'ayant-droit. La recherche reste au point mort hormis une excellente thèse effectuée avec les archives de Colmar[16] par Claude Lorentz.

On y découvre pourtant une excellente coopération franco-allemande (1945–1953) avec la reconstruction des musées allemands, la remise en place des collections et des échanges précoces en vue de relancer la coopération culturelle. Dans les années quatre-vingt-dix, celle qui »verrouille« les archives est aussi celle qui participe aux rencontres internationales[17]. La France a un principe assez clair: appliquer Washington *a minima.* Les allemands ouvrent les archives

10 Stuart Eizenstat, Une justice tardive, Spoliations et travail forcé, un bilan de la Seconde Guerre mondiale, Paris 2004.

11 Grand résistant, ancien président du Conseil économique et social, Jean Mattéoli jouit d'une grande notoriété. Il a aussi témoigné au procès Papon.

12 Comme l'a parfaitement exposé Annette Wieviorka, historienne et membre de la mission.

13 Annette Wieviorka, Floriane Azoulay, Le pillage des appartements et son indemnisation (Mission d'étude sur la spoliation des Juifs de France), Paris 2000. URL: http://www.culture.gouv.fr/documentation/mnr/Matteoli/RM-pillage.pdf (27 février 2018).

14 Lynn H. Nicholas, Le pillage de l'Europe. Les œuvres d'art volées par les nazis, Paris 1995.

15 Jonathan Petropoulos, Art as Politics in the Third Reich, London/Chapel Hill 1996; id., The Faustian Bargain. The art World in Nazi Germany, Oxford 2000.

16 Claude Lorentz, La France et les restitutions allemandes: au lendemain de la Seconde Guerre mondiale, 1943–1954 (Diplomatie et histoire), Paris 1998.

17 Marie Hamon, The working group of cultural property, Brême, URL: http://www.dh-3.de/Bremen/treasures/France.html, le 8 juillet 2004 (30 mai 2010).

au même moment et permettent à la France de mettre en place cette politique publique minimaliste pour les tableaux. Pour Serge Klarsfeld les tableaux ne sont absolument pas une priorité. Il veut assurer les vieux jours de ceux qui ont perdu leurs parents et n'ont pas vu la déportation d'un parent prise en compte côté Français.

Des expositions sont organisées en France (dès 1996 et 1997) et on réédite les mémoires de Rose Valland[18]. La politique française est surtout une politique de »communication« et en aucun cas une quête de provenance systématique. On semble penser en France que cela peut et va suffire.

Quels sont les points de convergence et les différences entre les politiques française et allemande au sujet des tableaux spoliés depuis trente ans?

Pour les convergences: coopération pour les archives, coopération pour la consultation des dossiers (et pas seulement d'indemnisation) dans les archives allemandes, participation commune à des colloques et réunions de travail dans les deux pays et en Europe et organisations d'expositions parfois communes ou sur des modèles similaires où l'on »échange« les experts, pour la France (Marie Hamon[19], Isabelle Le Masne de Chermont et Didier Schulmann[20]).

Quelles différences? Tout d'abord le poids du passé, bien sûr, mais aussi la notion de »quête de provenance«. Le concept est absent en France, où on parle de *traçabilité,* à regret, et où l'on insiste surtout sur l'inventaire des musées qui se met en place et ne sera pas achevé dans le délai de dix ans annoncé en 2000. À l'inverse, en RFA, la quête de provenance se constitue en une nouvelle discipline pour les universités et les musées; elle allie histoire de l'art et histoire, en vue de retrouvent les différents propriétaires d'un tableau à travers le temps.

La France obtient des États-Unis une solution originale sur l'ensemble du dossier. L'ambassadeur américain Stuart Eizenstat[21] parle »d'exception française« avec une commission spéciale, la Commission pour l'indemnisation des victimes de spoliations (CIVS), qui va traiter toutes les demandes d'indemnisation liées à la Shoah. En parallèle, juste avant l'élection américaine, est mise en place en France la Fondation pour la mémoire de la Shoah présidée par Simone Veil, femme politique très estimée et ancienne déportée. La France reste totalement souveraine sur le dossier. Les tableaux échappent – de fait – aux dispositions prises et sont renvoyés à des bonnes pratiques volontaires pour les collections publiques seulement via les principes de Washington.

Le diplomate américain en charge de ce dossier conclut ainsi: »Nous avions finalement réussi à ménager l'honneur de la France et à respecter ses tardifs efforts pour assumer son passé vichyste, tout en greffant une justice à l'américaine sur des institutions françaises«[22]. En évitant la »judiciarisation« via un système de fondation et de commission indépendante (la CIVS), chacun pensait le sujet définitivement réglé et donnait satisfaction aux descendants des familles persécutées par l'antisémitisme. Une justice »tardive« comme l'indique la traduction française de l'ouvrage d'Eizenstadt…

En théorie, les musées allemands et français doivent désormais éclaircir la provenance des œuvres acquises après 1933, signaler les doutes et surtout favoriser le travail des requérants en les aidant. Pour les Français, l'exercice porte donc sur les tableaux MNR et uniquement eux.

18 En y notant dans la quatrième de couverture que Rose Valland ne serait jamais allée en zone soviétique alors que les archives comportent de nombreux rapports sur de telles missions.

19 Marie Hamon-Jugnet, Collection Schloss: œuvres spoliées pendant la Deuxième guerre mondiale non restituées, 1943–1998, Paris 1998.

20 Isabelle le Masne de Chermont, Didier Schulmann, Le pillage de l'art en France pendant l'occupation et la situation des 2000 œuvres confiées aux musées nationaux, Paris 2000.

21 Eizenstat, Une justice tardive (voir n. 11), p. 338–360.

22 Ibid., p. 360.

En France et en Allemagne, la coopération est ainsi forte sur ce dossier, et peu de discorde sont perceptibles dans la presse[23]. Des recherches, quelques restitutions rares et bien scénarisées, et parfois des indemnisations.

Depuis décembre 1998 et la déclaration de Washington, 44 pays se sont engagés à respecter onze principes, à rechercher et à restituer les œuvres d'art confisquées par les nazis. La décennie suivante va être marquée par quelques affaires très médiatisées dans divers pays et qui vont émouvoir les opinions publiques et placer ce sujet dans l'agenda des politiques.

## 2001–2017: de la méthode, mais des résultats modestes

Si la première phase est celle de la sortie du sommeil du sujet, la seconde période sera celle d'une nouvelle phase nommée en France »pro-active«[24]. La coopération franco-allemande devient un axe majeur de la communication côté français: ainsi la CIVS n'hésite pas à écrire: »en novembre, le groupe de travail sur les recherches de provenance d'œuvres récupérées après la Seconde Guerre mondiale a remis son rapport à la ministre de la Culture et de la Communication; en Allemagne aussi, l'attention de l'opinion publique pour la question des œuvres d'art spoliées par le régime nazi a été attirée par les développements de l'affaire Gurlitt«[25]. En 2009, une importante conférence internationale à Terezin réaffirme ces principes et modalités de prise en charge de victimes et de requérants.

En 15 ans, la France a donc un peu bougé sous la pression des médias, de quelques héritiers qui réclament justice, et via des rapports parlementaires[26]. Le terme de »quête de provenance« rentre lentement dans le vocable des professionnels du secteur.

Quel est le bilan de l'action de la CIVS, la Commission d'indemnisation des victimes des spoliations antisémites, en matière de tableaux[27]? »Mais surtout, ses ressources et son expertise ont été mobilisées dans le cadre du groupe de travail précédemment mentionné et pour des travaux d'investigation menés par la ›taskforce‹ instituée pour déterminer la provenance des œuvres de la collection Gurlitt. Enfin la CIVS a participé à plusieurs rencontres internationales qui lui ont permis de mieux faire connaître – et reconnaître – le dispositif d'indemnisation et de restitution mis en œuvre par la France et la mission spécifique de la commission«.

La coopération franco-allemande dépasse désormais les archives, les expositions et s'avance vers la quête de provenance où les Allemands ont plus d'universitaires formés et une réelle antériorité liée aussi à la réunification allemande.

Le bilan en France reste cependant modeste: sur 3213 dossiers examinés jusqu'en 2014 par la CIVS, 270 mentionnaient une ou plusieurs œuvres d'art *stricto sensu*, et au final 4 restitutions et 127 rejets. Le montant des indemnisations est de 33 201 707 euros soit 6,2% du montant global des indemnisations, avec un maximum de 5 millions d'euros pour une collection de tableaux. Dans cette seconde phase depuis 2001, seulement dix tableaux ont été restitués suite aux recommandations de la CIVS. Deux en 2001, un en 2003 (»Tête de femme« de Pablo Picasso), six en 2013, un en 2015, et un en 2016 …

23 Une seule fois, l'Allemagne menace de demander le »retour« d'une œuvre qui est en France et dont elle se pense propriétaire. C'est le seul cas de désaccord public dont j'ai trouvé trace.

24 Terme utilisé par l'ex-ministre française de la Culture et de la Communication (2012–2014) Aurélie Filipetti.

25 Rapport public d'activité de la CIVS, 2014, p. 31.

26 Isabelle Attard, qui a rédigé un rapport à l'Assemblée nationale en 2014 avec trois autres députés, préconise la recherche de provenance pour les œuvres au passé flou (Rapport n°2474).

27 Ibid., p. 31.

Même si la France a précisé le statut des fameux MNR depuis 1949[28] et que le Conseil d'État en a précisé le régime exact[29] récemment, preuve que ce sujet est pris en compte, ces œuvres ne sont pas intégrées aux collections publiques, et sont provisoirement déposés dans les musées nationaux ou territoriaux. Le Conseil d'État a qualifié leur sort comme dépendant du »service public de la conservation et de la restitution«. La loi Culture et Patrimoine[30] de 2016 prévoit qu'un rapport doit se prononcer sur les spoliés (qui restent avec ce statut de MNR) et sur les non-spoliés pouvant à terme se retrouver intégrées *de facto* dans les collections publiques »sauf si un ayant droit prouve qu'il est à lui«. Alors, les principes de Washington et la CIVS pourront fonctionner. Des ayants droit peuvent aussi choisir la justice et le contentieux mais leurs chances seront alors minimes sans preuves très tangibles. En France les cadres du ministère de la Culture considèrent qu'à leur niveau, le problème des œuvres spoliées ou au passé flou est désormais résolu par la loi CAP. Les MNR sont en effet placés sous la responsabilité administrative du directeur des archives du ministère des Affaires étrangères, lui-même responsable au nom de l'État.

Le rapport du groupe de travail *ad hoc* constitué sur les tableaux remis à la ministre de la Culture et de la Communication (2014–2016) suivante, Fleur Pellerin, sous la houlette de France Legueltel, ancienne magistrate[31], témoigne de quelques avancées. Ce rapport plaide pour la formation des professionnels, la mise au point d'un guide des sources[32], souhaite la création de nouveaux outils informatiques, la mise en ligne des bases de données et insiste sur la nécessité de procéder rapidement à la recherche des ayants-droits dont l'identité a été établie par le groupe de travail: une vingtaine de cas. Enfin, le comité interministériel du 29 janvier 2015 a actualisé le guide de recherche dans les archives des spoliations et des restitutions[33].

L'avancée est indéniable en dix ans même si le rythme des restitutions reste modeste. Sur les quinze pages de bilan de la CIVS (p. 31–46), si un tiers est consacré à la France, le reste est consacré à »l'affaire Gurlitt«, soit cinq pages. L'Allemagne est à l'honneur, comme pour montrer que le problème n'est pas seulement français.

L'affaire est résumée à travers la découverte au printemps 2012 de 1280 œuvres d'art chez Cornelius Gurlitt, puis de 238 œuvres dans une maison de Salzbourg en Autriche. En novembre 2013, sa médiatisation est intense en Allemagne et dans le monde entier. Ce personnage solitaire intrigue et l'on se demande s'il n'y a pas, dans sa collection, pour partie héritée de son père Hildebrand Gurlitt, des œuvres spoliées.

Le 3 avril 2014, un accord est signé en Allemagne entre Gurlitt et les autorités bavaroises et fédérales. La »taskforce« va examiner la provenance des œuvres mais Gurlitt décède le 6 mai 2014. Il lègue ses biens au musée des beaux-arts de Berne en Suisse, et sauf celles qui seraient spoliées, la plupart partent en Suisse. Ce musée a mis sur son site internet les listes d'œuvres des deux collections Gurlitt. La CIVS française diffuse sur trois pages.

Fruit d'une coopération franco-allemande, la »taskforce« a pu prouver qu'un Pissaro pourrait correspondre à un des tableaux – indemnisé par la CIVS en France! Fort signal adressé – à tous – sur les solidarités des instances qui travaillent sur le sujet.

28 Décret n°49-1344 du 30 septembre 1949.
29 Arrêt du 30 juillet 2014.
30 La loi du 7 juillet 2016 relative à la liberté de création, à l'architecture et au patrimoine comporte 110 articles dont 57 sont entrés en vigueur le lendemain de sa publication. Sur 33 décrets prévus avant fin 2016, un seul était paru en février 2017 en raison de la faiblesse des moyens juridiques de ce ministère.
31 Rapport définitif du groupe de travail sur les provenances d'œuvres récupérées après la Seconde Guerre mondiale, paru le 27 novembre 2014, URL: http://www.culturecommunication.gouv.fr/ressources/Rapports/Rapport-definitif-du-groupe-de-travail-sur les provenances-d'-oeuvres-recuperees-apres-la-seconde-guerre-mondiale (27 février 2018).
32 Ce guide des sources existe depuis dix ans en Allemagne.
33 Assez curieusement, cette référence de 2015 figure dans le bilan de la CIVS de 2014, p. 38.

La CIVS se réjouit dans son bilan de l'excellente coopération franco-allemande: »L'antenne berlinoise [de la CIVS] a également joué un rôle de relais: de nombreuses rencontres ont été organisées avec des autorités françaises – l'Ambassadeur de France en Allemagne ainsi que les services du MCC – et allemandes –; des liens avec les délégués du gouvernement fédéral allemand à la culture et aux médias ont été établis«[34].

La France se réjouit donc de la parfaite coopération franco-allemande sur ce dossier; en omettant, en revanche, de signaler que »la quête de provenance« existe depuis plus de dix ans en Allemagne[35]. Et que selon le hebdomadaire Der Spiegel les musées allemands auraient 50000 œuvres au passé »flou« à vérifier[36]. En France, on ne parle que de 2000 pièces.

Enfin, dernière différence notable entre la France et l'Allemagne sur ce dossier des tableaux, outre la place de chacun différente à la fin de la guerre, les restituions concernent potentiellement en Allemagne un nombre de pièces artistiques plus important. Par ailleurs, la réunification allemande va aboutir à »d'autres restitutions«, celles faites en lien avec la période de la RDA pour des biens que le régime communiste aura gardé après la partition en deux du pays et la naissance de la RFA et RDA. Ainsi, le SPD va récupérer 13,5 millions d'euros, des usines et des publications[37]. En Allemagne, la question des tableaux, si elle connaît le même succès médiatique qu'en France, se situe dans un ensemble beaucoup plus complexe et plus vaste qu'en France.

Depuis 2015, le bilan des restitutions reste encore très modeste. Le récit mêle de nouveau, dans le bilan de la CIVS, Français et Allemands, pas toujours du côté de l'État: le MNR 801, »Portrait d'homme«, est »retrouvé dans les réserves du Louvre, où il était conservé depuis 1951«[38]. Au dos, le nom et l'adresse du propriétaire. Sa restitution est recommandée en février 2014 par la CIVS à la fille de la victime spoliée. »Cette restitution s'est faite [...] au sein du département des services financiers de l'État avec les avocats américain et allemand de la requérante et les efforts conjugués du bureau spécialisé »Holocaust claims processing office«, au sein du département des services financiers de l'État de New York. La CIVS a décidé de financer l'acheminement du tableau aux États-Unis [...]. »Il a été restitué le 5 mai 2015, lors d'une cérémonie organisée au Museum of Jewish Heritage de New York«[39].

Un partenariat en bonne et due forme est signé entre la CIVS et la Taskforce »Schwabinger Kunstfund« en juillet 2015 qui va acter la bonne coopération franco-allemande entre des acteurs qui se connaissent et travaillent ensemble. Une chercheuse de ce groupe de travail peut accéder aux données de la CIVS. Depuis 2016, cette équipe a été intégrée en Allemagne au sein du Deutsches Zentrum Kulturgutverluste, à Magdebourg.

Le temps de l'histoire des travaux de la CIVS est arrivé après vingt ans de travail. Pour les œuvres d'art, le bilan est modeste en nombre d'œuvres restituées mais un accord avec les généalogistes et les promesses de la ministre Aurélie Filipetti donnent espoir: »On va joindre des ayant-droits« a laissé un temps l'impression poindre d'une recherche plus active et systématique de provenance pour les MNR spoliés de façon certaine.

Avec une antenne berlinoise, depuis 1999, la CIVS française consulte les fonds d'archives de la direction des finances du Land de Berlin, des archives de la restitution ou d'autres archives en région. Ses bureaux sont dans les locaux de l'ambassade de France à Berlin. Même si ces recherches

34 Rapport public d'activité de la CIVS, 2014, p. 45.
35 Gunnar Schnabel, Monika Tatzkow, Nazi looted art, Handbuch Kunstrestitution weltweit, Berlin 2007.
36 Titre de fin janvier 2013.
37 Sven Röbel, Andreas Wassermann, Restitution: Diskretes Vermögen, dans: Der Spiegel, n. 32 (4 août 2008), p. 28–29.
38 Rapport public d'activité de la CIVS, 2015, p. 35–36.
39 Holocaust claims processing office, voir: URL: http://www.dfs.ny.gov/consumer/holocaust/hcpoindex.htm (28 février 2018); Rapport public d'activité de la CIVS, 2015, p. 36.

se sont longtemps faites pièce à pièce et à la main, une base de données est maintenant accessible avec 440 000 fiches[40].

La CIVS a proposé à l'Allemagne, aux archives du Land de Berlin, de numériser le fichier »France« pour faciliter les consultations. 17 000 fiches sont concernées. Si cela avance bien côté archives allemandes, c'est plus poussif en France. En effet, au niveau des Archives diplomatiques françaises, malgré un site neuf et magnifique à Pierrefitte, cela coince. L'excellente conservatrice qui connaissait les fonds et le dossier est partie, la CIVS se doit de reconnaître: »Le travail important de dépouillement de ces fonds conjugué à la nécessité de mobiliser les compétences suffisantes pour leur exploitation, ne permet pas aux archives diplomatiques de répondre dans les délais compatibles avec l'exigence de réparation rapide de préjudice subi par les victimes«[41]. Une convention est signée au printemps 2016 entre la CIVS et les Archives diplomatiques. En bref, cela avance mieux pour les archives situées en Allemagne que celles du MAE en France!

Les archives de la CIVS deviennent objet de travail pour des chercheurs, alors que l'on est loin d'avoir résolu l'énigme de la provenance de nombreux MNR spoliés malgré des archives qui existent. La recherche académique française ignore, hormis Emmanuelle Pollack, ce domaine. Internet, la numérisation des archives, le travail sur les »big data« et les bonnes relations franco-allemandes permettent désormais, au plan politique et technique, des recherches intensives qui pourtant tardent à se mettre en œuvre. Le sujet est désormais »désenclavé«. Les jeunes conservateurs sont vigilants et suivent ce dossier.[42] Le grand public se passionne pour ce thème.

On ne compte plus les films et documentaires sur cette thématique. Pourtant le travail progresse très lentement dans les faits. En Allemagne, le nombre d'œuvres concerné par cette clarification peut expliquer la difficulté. En France, on parle de 200 œuvres à vérifier activement. Mais ceci a un coût en temps et en argent. Les musées publics, livrés à une concurrence très farouche, ne peuvent consacrer à la recherche de provenance que des moyens dérisoires. Des tandems franco-allemands dans la formation des conservateurs pourraient donner lieu à des »exercices« et chaque jeune conservateur devrait pouvoir tracer la provenance d'une œuvre MNR spoliée de façon certaine?

En deux ou trois ans le stock des MNR spoliés serait ainsi étudié. L'histoire des œuvres serait faite. Peut-être peu de propriétaires seraient retrouvés mais ceci aurait une vertu pédagogique et mémorielle. Entre 1955 et 1995, on oublia dans le monde des musées totalement l'ampleur de la spoliation et son sens.

Thème de coopération, parfois de fâcheries, mais souvent de co-construction, les tableaux spoliés ont connu après-guerre des politiques publiques assez voisines en France et en Allemagne[43]. Faites de succès, de bilans documentés et minutieux, qui furent totalement oubliés dès les années 1960 dans les deux pays, par un processus voisin d'amnésie collective.

Toute cette histoire est très richement documentée aux États-Unis, avec les archives de l'Office of Special Investigations (OSI) du ministère de la Justice. En 1999, le Président Bill Clinton mandate la mission de l'ambassadeur Eizenstat où Mark Masurovsky officie, parmi d'autres, en tant qu'historien. Ses recherches montrent l'imbrication entre toutes ces dimensions, et il ex-

40 URL: http://wga-datenbank.de/ (27 février 2018).

41 Rapport public d'activité de la CIVS, 2015, p. 57.

42 À Angers, en 2015, la conservatrice du musée des Beaux-Arts Ariane James Sarrazin a organisé un parcours pédagogique remarquable autour des MNR.

43 Voir le »Tätigkeitsbericht der Treuhandverwaltung von Kulturgut München«, 145 pages consultables au Bundesarchiv. Marie-Bénédicte Vincent lui a consacré un article, voir Marie-Bénédicte Vincent, Une administration ouest-allemande en charge des œuvres d'art à restituer après le nazisme: la Treuhandverwaltung für Kulturgut (1952–1962), dans: Revue de l'IFHA 6 (2014), mise en ligne le 31 décembre 2014, URL: http://ifha.revues.org/8072 (20 avril 2017).

plique bien la dimension et le rôle symbolique des tableaux[44]. Il considère que la communication l'emporte sur une politique publique de réelle recherche des héritiers[45] et organise des ateliers de quête de provenance, notamment dans les anciens pays de l'Est. Pendant ce temps, Jonathan Petropoulos, son compatriote, enseignant dans une université en Californie, se consacre à une biographie du sulfureux Bruno Lohse (trafiquant durant la guerre et marchand d'art après-guerre, décédé en laissant des tableaux spoliés dans un coffre en Suisse). Il promet avoir trouvé des faits inédits dans les archives françaises.

La bonne entente franco-allemande rend possible des coopérations scientifiques. Les progrès techniques avec Internet et la numérisation des données permettent des recherches qui étaient totalement impossibles il y a encore dix ans. Jusqu'où les États en France et en Allemagne souhaitent-ils avancer sur ce dossier? Comment éviter que ce sujet ne revienne sur la table, y compris lors de négociations commerciales très éloignées du sujet? Comment concilier devoir de mémoire, respect aux victimes et sécurisation des collections publiques?

Ce qui est certain est qu'il est difficile de promouvoir le tourisme comme nouvel eldorado sans avoir des musées vertueux et transparents sur la provenance des œuvres exposées. Le sujet est en théorie réglé, mais la France a tout de même désigné un ambassadeur en charge de ces questions, ce qui montre que les accords et les principes ne suffisent à résoudre une question aussi complexe[46].

Comme l'écrit l'historien Jean-Marc Dreyfus, ancien membre de la mission Mattéoli: »La description des négociations des suites de la déportation participe de l'histoire diplomatique rénovée, en particulier celle qui a étendu aux relations économiques et culturelles l'étude des rapports entre États [...]. Les diplomates français et allemands ont négocié *sans cesse de 1949 à 2001*, avec peut-être une période de ralentissement seulement dans les années 1960«[47]. Comme le démontre fort bien Jean-Marc Dreyfus, la »construction européenne s'est faite sur un silence masquant les crimes nazis et la Shoah, et ce malgré le discours officiel sur l'unification comme condition de la paix et de la prospérité, nécessaires au »plus jamais ça«[48].

Les tableaux constituent donc des témoins et des traces de ce passé, avec en France, longtemps, peu d'empressement de se saisir de ce dossier. La résurgence après-guerre, en France, au Quai d'Orsay, d'un certain antisémitisme, fort bien documenté par Jean-Marc Dreyfus, dont les tableaux sont aussi le symptôme ...

En revanche, en Allemagne, comme l'indique l'ouvrage »Raub und Restitution«, le lien est bien établi entre les pillages et leur mobile, un antisémitisme viscéral, et la difficulté des restitutions – certes à une bien plus grande échelle qu'en France – est reconnue[49].

La restitution est une obligation morale et légale, son périmètre et son rythme sont un indice de bonne volonté. C'est à l'aune du temps long que l'on pourra vérifier si la dynamique permise pour les tableaux (principes de Washington) après 2001 (accords de Washington) tient ou non. Le déficit de la coopération franco-allemande ne pourra en tout cas pas être invoqué comme un frein; cette coopération diplomatique et culturelle aura été assez exemplaire[50].

44 Fabrizio Calvi, Marc J. Masurovky, Le festin du Reich, le pillage de la France occupée, 1940–1945, Paris 2006.
45 Voir son intervention au Sénat lors du colloque du 30 janvier 2014.
46 François Croquette actuellement.
47 Jean-Marc Dreyfus, L'impossible réparation: déportés, bien spoliés, or nazi, comptes bloqués, criminels de guerre, Paris 2015, p. 288.
48 Ibid.
49 Raub und Restitution. Kulturgut aus Jüdischem Besitz von 1933 bis heute, sous la dir. d'Inka Bertz et de Michael Dorrmann, au nom du Jüdisches Museum Berlin et du Jüdisches Museum Francfort-sur-le-Main, Göttingen 2008.
50 Je remercie très vivement les organisateurs de ce colloque de m'avoir invitée à intervenir sur un sujet qui m'a occupée pendant de longues années de recherche, et ce lors d'un colloque-franco-allemand, en l'honneur du Président Joachim Gauck.

Julian Krüper

# Charisme de la mise en lumière

## Joachim Gauck, dirigeant de l'administration en charge des dossiers de la Stasi

### Facettes d'une fonction et d'une personne

La dichotomie existante entre les notions de »fonction« et de »personne« revêt de multiples facettes, car elle est observable dans de nombreux contextes[1]. Parmi ceux-ci, la doctrine juridique constitue le domaine qui lui est certainement le plus étranger. Certes, le droit administratif alimente un certain nombre de notions liées à la notion de fonction. Mais de manière symptomatique, aucune d'entre elles ne cultivent de relation substantielle avec la notion de personne. Naturellement, ici et là, on rencontre des acteurs tels que les *Amtswalter* et les *Amtsträger*, mais le droit se garde bien de se frayer un chemin jusqu'à la personne qui leur est associée. Il vit de l'idée fictive que tous ces acteurs sont au service de l'intérêt général, de l'ensemble de la collectivité, d'une *Gesamtheit*, telle que décrite dans l'article 130, al.1 de la Constitution de la République de Weimar. Ils ne servent aucun parti, aucun agenda qui leur serait propre, encore moins leurs intérêts personnels. Si une personne apparaît dans l'ombre d'une fonction, le droit considère qu'il s'agit alors d'une aberration et, de manière typique, requalifie cette situation en un conflit constitutionnel. Dans ce cas de figure, la doctrine de l'État et le droit administratif, dégagés des entraves doctrinales, mais encore placés dans la limite de la vision du droit, peuvent plus facilement s'accommoder de l'association des deux termes[2]. Leurs perspectives s'appuient alors sur la théorie et la sociologie de la domination[3], qui, à l'inverse, témoignent de liens avec les débats théologiques relatifs à la notion de fonction[4]. Mais hormis dans le domaine de la doctrine juridique, on constate une tendance plus systématique à détacher la fonction de la personne

1 Version abrégée de notre article Charisma der Aufklärung. Amt, Person und Institution am Beispiel von Joachim Gauck als Leiter der Stasi-Unterlagenbehörde, dans: Jahrbuch des Öffentlichen Rechts der Gegenwart, Neue Folge 64 (2016), p. 183–217. Texte traduit de l'allemand par Peggy Rolland et Corentin Marion.

2 Herbert Krüger, Allgemeine Staatslehre, Stuttgart 1964, p. 263 et s.; Roman Herzog, Allgemeine Staatslehre, Frankfurt/M. 1971, p. 195, mais avec un appel »à se distancier de la personne individuelle«; Hans Peters, Lehrbuch der Verwaltung, Berlin 1949, p. 117 et s.; Jörg Bogumil, Werner Jann, Verwaltung und Verwaltungswissenschaft in Deutschland, Wiesbaden ²2009, p. 111, 186; Hans-Ulrich Derlien, Doris Böhme, Markus Heindl, Bürokratietheorie: Einführung in eine Theorie und Verwaltung, Wiesbaden 2011, p. 67, 151.

3 Classiquement Max Weber, Max Weber-Studienausgabe. Wirtschaft und Gesellschaft. Soziologie. Unvollendet. 1919–1920, publ. par Knut Borchard, Edith Hanke, Wolfgang Schluchter, Tübingen 2014, p. 157; mais également Niklas Luhmann, Organisation und Entscheidung, Wiesbaden ²2006, p. 279.

4 Aperçu chez Hans-Werner Gensichen, Amt, dans: Hans D. Betz, Don S. Browning, Bernd Janowski, Eberhard Jüngel (dir.), Religion in Geschichte und Gegenwart. Handwörterbuch für Theologie und Religionswissenschaft, Tübingen ⁴1998, p. 421; Johannes Neumann, Amt, dans: Roman Herzog (dir.) Evangelisches Staatslexikon, Stuttgart ²1975, p. 34.

qu'à les faire coïncider entre elles. Cela vaut également pour la théorie systémique qui fournit aux sciences sociales un cadre de référence depuis longtemps éprouvé, puisque celui fait disparaître la personne derrière son rôle[5].

Dans ce contexte très lâche, une étude se doit de prendre position. Il est établi que les perspectives proposées par la doctrine du droit et le droit en vigueur ne permettent pas d'avancée significative. En effet, pour eux, une explicitation étayée du rapport qu'entretiennent fonction et personne est un non-sujet, et, faute de mieux, ils cherchent à séparer ces deux domaines dans le sillon d'une fiction juridique. Pour autant, cela ne signifie pas que des prescriptions ayant force d'application n'exercent aucune influence sur la relation qu'entretiennent fonction et personne. Elles ne jouent cependant qu'un rôle parmi d'autres.

Le présent article choisit pour cette raison une autre voie et place l'étude de cas dans un champ interdisciplinaire. Cette démarche s'impose d'autant plus que Joachim Gauck et l'administration qui jusqu'à aujourd'hui est souvent associée à son nom, celle du *Beauftragter für die Unterlagen des Staatssicherheitdienstes der ehemaligen DDR* (BStU)[6] – possède des points communs avec l'ensemble des domaines abordés. Le rapport de domination induit par le mandat donné au BStU pour traiter le passé de la Stasi est évident, qu'il s'agisse d'un point de vue *prospectif* ou *rétrospectif*[7]. La création d'une administration d'exception dotée de prérogatives à la fois très spécialisées et atypiques pour des administrations étatiques – »une telle fonction, personne n'en a jamais assumé de telles«[8]. S'ajoutent enfin, à l'instar de la personne et de la biographie de Joachim Gauck, des interrogations relatives à l'influence des circonstances historiques, aux traits de caractère personnels et aux traditions qu'il est possible d'affiner en posant la question de savoir si le pouvoir d'influence culturel de la »paroisse protestante«[9] est susceptible d'atteindre la tête d'une administration fédérale[10]. Ce panorama sera étoffé par des éléments issus de la théorie sociologique de la domination. Celle-ci permet de prendre en considération une interprétation de l'interaction entre l'institutionnalisation d'une organisation et la fonction personnifiée.

5 Mark Eisenegger, Eine Phänomenologie der Personalisierung, dans: id., Stefan Wehmeier (dir.), Personalisierung der Organisationskommunikation: Theoretische Zugänge, Empirie und Praxis. Wiesbaden 2012, p. 11.

6 Werner Mittenzwei, Die Intellektuellen: Literatur und Politik in Ostdeutschland 1945 bis 2000, Leipzig 2001, p. 445: »Joachim Gauck gab der Behörde seinen Namen« (globalement accompagnée d'un jugement extrêmement critique sur l'administration); on citera comme exemple d'évidence anecdotique l'édition spéciale du »Bild-Zeitung« à l'occasion des 25 ans de la réunification allemande qui consacre un gros titre (assurément fictif) à la *Gauck-Behörde*.

7 Voir au sujet de la problématique de la prévalence de l'interprétation sur les actes du MfS: Julian Krüper, Mit Recht erinnern, dans: id., Heiko Sauer, Staat und Recht in Teilung und Einheit, Tübingen 2012, p. 221.

8 Johann Legner, Joachim Gauck. Träume vom Paradies – Biografie, Munich 2014, p. 186.

9 À propos d'une histoire de la culture et des institutions, se référer à Cord Aschenbrenner, Das evangelische Pfarrhaus. 300 Jahre Glaube, Recht und Macht: Eine Familiengeschichte, Munich 2015; également à Thomas A. Seidel, Christopher Spehr (dir.), Das evangelische Pfarrhaus. Mythos und Wirklichkeit, Leipzig 2014; Deutsches Historisches Museum (dir.), Leben nach Luther, 2013; Christine Eichel, Das deutsche Pfarrhaus. Hort des Geistes und der Macht, Cologne 2012; Martin Greiffenhagen (dir.), Das evangelische Pfarrhaus. Eine Kultur- und Sozialgeschichte, Stuttgart 1991.

10 À propos d'une pespective parallèle, voir Oliver Lepsius, Anselm Doering-Manteuffel, Die Richterpersönlichkeiten und ihre protestantische Sozialisation, dans: id., Bernd Greiner (dir.), Der Brokdorf-Beschluss, Tübingen 2015, p. 167.

## Brève histoire d'une improbable administration

On attribue à Lénine l'aphorisme selon lequel les Allemands, lorsqu'ils désirent lancer une révolution, compostent au préalable leur billet de chemin de fer. Tous ceux qui travaillent sur l'histoire de l'analyse de la période post-réunification sont susceptibles de souscrire à cette boutade sur la fusion du légalisme et de l'état d'urgence[11]. Afin de traiter les incommensurables torts et crimes commis par l'ancien ministère de la Sécurité d'État (*Ministerium für Staatssicherheit*, MfS), les Allemands ont justement tôt fait d'instituer une *administration*, elle-même composée de plusieurs milliers de collaborateurs. L'observateur y verra certainement des analogies avec *Léviathan* et *Béhémoth*: la domination bureaucratique[12] est contrée par la domination bureaucratique. Les moyens auxquels ont recours l'État de droit et l'État de non-droit ne sont donc pas si dissemblables qu'ils semblent l'être a priori[13]. Et pourtant: l'histoire du BStU est celle d'une réussite, son concept est devenu un succès d'export, non seulement dans les États de l'ancien bloc de l'Est, mais également au-delà[14]. L'Allemagne est passée maître dans l'analyse critique de son passé, du moins en apparence. Il est également juste que son travail s'accompagne d'une critique de l'action de l'administration en question[15], à l'image de celle qui porte par exemple sur sa propre activité scientifique[16] ou bien sur son rapport aux dossiers qui concernent certaines personnalités[17] et à la présence dans ses rangs[18] d'anciens collaborateurs du MfS.

La critique du travail réalisé par l'administration a toujours été et demeure en partie véhémente, qu'elle soit portée par ceux qui défendent et ceux qui s'opposent à l'analyse critique des injustices causées par le MfS, par les bénéficiaires du régime de la RDA ou par les victimes de

11 Dans le prolongement de ce sujet, voir Christian Hillgruber, Deutsche Revolutionen – »Legale Revolutionen«?, dans: Der Staat 49 (2010), p. 167–209.

12 Sur ce point spécifique, se rapporter à Wolfgang-Uwe Friedrich, Bürokratischer Totalitarismus. Zur Typologie des SED-Regimes, dans: German Studies Review 17 (1994), p. 1–21.

13 Voir à propos de la structure et de la pratique parallèle des administrations du BStU et de le MfS Inga Markovits, Selective Memory: How the Law Affects What We Remember and Forget About the Past: The Case of East Germany, dans: Law & Society Review 35 (2001), p. 513–563, ici p. 553; à propos du recrutement des anciens cadres dans le personnel du BStU Legner, Joachim Gauck (voir n. 8), p. 187: »Die Alt-Kader der SED sahen nicht so aus, dass sich der westdeutsche Oberamtsrat vor ihnen zu fürchten brauchte – sie glichen ihm sogar in vielem«; pour sa motivation d'éviter cette »Infizierung des Siegers durch das Leichengift des Besiegten« voir aussi son entretien avec Günter Gaus, dans: Neue Portraits in Frage und Antwort. Günther Gaus im Gespräch, Berlin 1992, p. 191–214, ici p. 191.

14 C'est ainsi qu'en 2008, sous l'impulsion décisive de Marianne Birthler du BStU, qu'a été fondé le »Europäische Netzwerk der für die Geheimpolizeiakten zuständigen Behörden«.

15 Au sujet des élites de l'ancienne RDA, voir par exemple Mittenzwei, Die Intellektuellen (voir n. 6), p. 443, et le commentaire d'Ulrich Schacht, Ein Fall von Murti-Bing. Zu Werner Mittenzweis Versuch, eine DDR zu rekonstruieren, die es nie gegeben hat, dans: Die Politische Meinung 422 (2005), p. 69–75.

16 Présentation de la controverse chez Manuel Becker, Geschichtspolitik in der »Berliner Republik«, Wiesbaden 2013, p. 329. Voir également Markovits, Selective Memory (voir n. 13), p. 538.

17 On citera par exemple les cas de Helmut Kohl et de Gregor Gysi. Voir à ce sujet Jeannine Drohla, Aufarbeitung vs. Allgemeines Persönlichkeitsrecht, Berlin 2012, p. 234 et passim; Jörg Pietrkiewicz, Stasi-Akten im Spannungsfeld zwischen Öffentlichkeit und Datenschutz, dans: Siegfried Suckut, Jürgen Weber (dir.), Stasi-Akten zwischen Politik und Zeitgeschichte, Munich 2003, p. 140.

18 D'un point de vue juridique, voir Natascha Pietrkiewicz, Jörg Pietrkiewicz, Beendigung der Beschäftigung von ehemaligen Mitarbeitern des Staatssicherheitsdienstes in der Stasi-Unterlagen-Behörde. Eine kritische Würdigung des 2011 eingeführten § 37a Stasi-Unterlagen-Gesetz (StUG), dans: Neue Justiz 68 (2014), p. 183; d'un point de vue de la pratique, voir la décision du Landesarbeitsgericht Berlin-Brandenburg, 14 SA 2300/14 du 23 avril 2015.

celui-ci, par les Allemands de l'ouest ou de l'est. En faire le relevé dépasserait le cadre du présent article. Pour ces raisons, les développements à suivre, *cum grano salis*, ne sauraient être compris comme une évaluation de la pratique administrative au sein du BStU ou de son fondement juridique. Il s'agit bien plus d'un examen des conditions spécifiques qui ont contribué à la réussite du travail du BStU.

Mais en tout état de cause, le BStU a trouvé sa place dans le tissu institutionnel de la culture mémorielle de la République fédérale d'Allemagne[19]. Les directions successives de l'administration y ont apporté leur propre contribution.

L'existence même du BStU résulte de l'intervention véhémente de militants issus du mouvement des droits civiques est-allemand. En effet, du départ il n'y a aucune certitude que ce processus aboutisse à la divulgation des dossiers du MfS[20]. Les représentants de la République fédérale, mais aussi de la RDA plaident bien plus en faveur d'une destruction des dossiers, par peur de représailles, »Meurtre et homicide volontaire« (*Mord und Totschlag*, Lothar de Maizière), par crainte également de révélations politiques sur les compromissions ouest-allemandes avec la dictature du SED. Pour ces raisons, un règlement de »destruction différenciée«[21] (Eckhart Werthebach), est souhaité.

En août 1990, après le vote par la Volkskammer d'une loi relative à l'établissement d'une administration dédiée à l'analyse du régime, le processus menace d'être abandonné lors des négociations et la loi menace de ne pas entrer en vigueur après la réunification. De manière quasi unanime, la Volkskammer s'y oppose, l'adoption du traité de réunification semble compromise[22]. En fin de compte, les membres de la commission MfS de la Volkskammer, dont fait partie Joachim Gauck, renforcés par l'occupation des locaux du MfS (*MfS-Liegenschaften*) par des civils et par la grève de la faim de certains militants du mouvement des droits civiques[23], imposent un protocole complémentaire au traité de réunification. Suite à cela, le nouveau Bundestag de l'Allemagne réunifiée est tenu par le traité de réunification d'adopter une loi comparable à celle adoptée par la Volkskammer[24]. Le gouvernement fédéral nomme alors Joachim Gauck en tant que *Sonderbeauftragter für die MfS-Akten*. Il entre en fonction le 3 octobre 1990. Il faudra, suite à la réunification, plus d'un an au Bundestag pour adopter, conformément à son engagement, une nouvelle loi. Celle-ci sera adoptée en décembre 1991[25].

19 À ce sujet, voir Becker, Geschichtspolitik (voir n. 16), p. 305 à propos de l'histoire du BStU; également Jens Gieseke, Die Stasi. 1945–1990, Munich ³2011, p. 282.

20 Becker, ibid, p. 308: »Der Weg dorthin [zur Gründung des BStU, JK] war jedoch keineswegs vorgezeichnet«.

21 Joachim Gauck, Winter im Sommer – Frühling im Herbst: Erinnerungen, Munich 2009, p. 242.

22 Tout cela se passe en l'espace de quelques jours, voire de quelques semaines. Le 24 août 1990, la Volkskammer vote la »Gesetz über die Sicherung und Nutzung der personenbezogenen Akten des MfS/AfNS« (Gesetzblatt I Nr. 58, 7 septembre 1990, p. 1419). La déclaration de protestation de la Volkskammer qui s'insurge contre l'abandon de la loi est adoptée le 30 août 1990. Celle-ci entraîne, dès le lendemain, de rares amendements au traité de réunification. Cette situation génère une importante protestation, portée surtout par le mouvement des droits civils. Elle conduit le 18 septembre 1990 à la conclusion d'un accord complémentaire entre les partenaires de la négociation. Deux jours plus tard, le traité de réunification est adopté par la Volkskammer et le Bundestag.

23 À ce sujet, voir David Gill, Von den Bürgerkomitees zur *Gauck*-Behörde, dans: Suckut, Weber (dir.), Stasi-Akten (voir n. 17), p. 67.

24 Silke Schumann, Vernichten oder Offenlegen? Zur Entstehung des Stasi-Unterlagen-Gesetzes. Eine Dokumentation der öffentlichen Debatte 1990/91, Berlin 1995 (Dokumente, publ. par BStU, – Reihe A), p. 23.

25 Gesetz über die Unterlagen des Staatsicherheitsdienstes der ehemaligen Deutschen Demokratischen Republik (StUG) du 20 décembre 1991 (Bundesgesetzblatt I, p. 2272).

À la tête d'une ›*Behörde-to-be*‹, le *Sonderbeauftragte* est aussitôt confronté à l'ambition des enjeux pratiques de la mise en place de l'administration. Fin 1990, environ 50 personnes travaillent au sein de l'administration en devenir. Fin 1991 le chiffre atteint déjà 600 personnes. Jusqu'en 1993, l'administration croît jusqu'à atteindre un effectif de 3300 postes budgétés[26]. Au cours des cent premiers jours, l'administration reçoit plus de 400 000 demandes d'accès aux dossiers, en plus d'environ 130 000 demandes de surveillance de personnes actives dans le service public. Leur prise en compte met l'administration face à des difficultés considérables[27].

Il est nécessaire de repérer les différentes continuités personnelles qui ont prévalu à la naissance du BStU. Joachim Gauck, qui, à diverses reprises, au cours de l'époque de la *Wende* a plaidé en faveur d'une ouverture des dossiers du MfS à des fins de mise en lumière[28], a été élu par la Volkskammer président de la commission en charge du contrôle de la dissolution du MfS/AfNS. Il a été ensuite nommé par le gouvernement fédéral au poste de *Sonderbeauftragter* et finalement élu par le Bundestag conformément au StUG à la fonction de *Bundesbeauftragter*. Le secrétaire de la commission de la Volkskammer est David Gill qui deviendra par la suite le premier porte-parole du BStU[29]. Avant cela, Gill est un des acteurs principaux de l'occupation des bureaux centraux du MfS à Berlin-Lichtenberg. Avec le comité local de citoyens, il contribue à la restitution ordonnée des locaux et des dossiers qui y sont conservés. Outre Gauck et Gill, d'autres membres des comités de citoyens et de la commission spéciale de la Volkskammer rejoignent la nouvelle administration[30].

Sans conteste, c'est surtout Hansjörg Geiger qui joue le rôle le plus important dans la création et la mise en place de l'administration. En 1990, il est chef de bureau auprès du *Bayrischer Landesbeauftragter für den Datenschutz*. Gauck en fait son adjoint sur la proposition du *Berliner Datenschutzbeauftragten*, Garstka. Partant d'une feuille blanche, »ein unbeschriebenes Blatt«[31], Geiger joue un rôle décisif dans le positionnement *juridique* du BStU, notamment parce qu'il s'oppose aux convoitises des services de renseignement ouest-allemands. Un système très étroit de répartition des tâches entre lui et Gauck relie les deux hommes: »lui avec sa présence, son message, moi comme juriste spécialisé, qui était entraîné à convaincre les autres avec des arguments juridiques«[32].

26 Selon le premier rapport d'activité du BStU, Bundestag-Drucksache 12/5100, p. 6: Plusieurs centaines de collaborateurs étaient affectés à la surveillance des bâtiments, ce qui témoigne du caractère à la fois précaire et fragile de l'administration et de ses activités au cours de la période de transformation.

27 Les difficultés de la recherche de dossiers, leur création et leur traitement, liées à ce sujet, justifiées notamment d'un point de vue juridique par la défense du droit de la personne des concernés, ne peut faire l'objet ici d'un examen détaillé. Se référer pour cela par exemple au premier rapport d'activité du BStU, Bundestag-Drucksache 12/5100, p. 23 et l'ensemble des rapports d'activité publiés par la suite.

28 Voir par exemple Joachim Gauck, Die Stasi-Akten, Berlin 1991; id., Erst erinnern, dann vergeben, dans: Die Zeit, n. 16, du 13 avril 1990, p. 7.

29 De 2012 à 2017, David Gill a dirigé le Cabinet de la Présidence fédérale, le Bundespräsidialamt.

30 Gill, Bürgerkomitees (voir n. 23), p. 80.

31 En 1995, Geiger devient président de l'Office fédéral de la protection de la constitution (Bundesamt für Verfassungschutz). En 1996, président des services de renseignement fédéraux (Bundesnachrichtendienst) et en 1998 secrétaire d'État au ministère fédéral de la Justice; Geiger est à la fois l'auteur et l'éditeur du commentaire le plus complet sur le StUG.

32 Voir Gauck, Winter im Sommer (voir n. 21), p. 262. La thèse de répartition des tâches est présente chez Legner, Joachim Gauck (voir n. 8), p. 190; on retrouve le motif également chez Eichel, Das deutsche Pfarrhaus (voir. n. 9), p. 331, rapporté cette fois au travail entre Joachim Gauck et Angela Merkel.

## La fonction à cheval entre politique et force d'application du droit

### *I. Congruences de la fonction institutionnelle et individuelle*

Tous ceux passés par l'école du droit et de l'administration connaissent bien le dualisme inhérent à ce terme. Le mot *Amt* désigne d'une part l'unité d'organisation d'une administration étatique, »das *Amt*« est alors synonyme d'une institution concrète[33]. D'autre part, le terme désigne la position occupée par une personne physique et tient compte de son inscription dans la construction de la fonction étatique et des tâches concrètes associées à cette position. Le droit administratif désigne cette dimension individuelle du terme administration comme abstraite-fonctionnelle[34].

La tension induite par la dichotomie reliant la fonction et la personne se rapporte avant tout à la conception individuelle du terme. L'agent administratif, tenu par le droit, voire par le droit fondamental, est conçu comme le simple exécutant d'une norme, on le présume donc dénué d'intérêt personnel. La personne de l'agent administratif est alors neutralisée par deux filtres: son rattachement à un droit objectif et son devoir d'impartialité. L'agent et la personne sont donc séparés par un voile d'ignorance de l'un vis-à-vis de l'autre. Premièrement, cette vision de l'activité administrative cible les agents subalternes. Deuxièmement, elle est résolument apolitique. De fait, ses limites sont évidentes. En effet, plus la fonction individuelle a de signification au sein d'une administration, ce qui se traduit habituellement de la manière suivante: plus la position est hiérarchiquement élevée, plus la dimension institutionnelle de la fonction entre en ligne de compte, car les obligations institutionnelles liées à la fonction se reflètent alors sur les obligations qui doivent être individuellement prises en compte. Les tâches dévolues à la direction d'une administration, par exemple celle du BStU, sont toutefois par nature souvent bien plus fortement politisées que d'autres tâches situées à un autre niveau de travail de l'administration. Pour cette raison, si l'on considère la fonction et la personne du responsable d'une administration, on ne saurait négliger les services dont il a la charge, leurs tâches et structures, leurs procédures et processus de décision. Dès lors qu'elle se rapporte au responsable d'une administration, les notions de fonction individuelle et institutionnelle entretiennent un rapport d'interaction, voire coïncident en partie.

Ce résultat est également confirmé par la perspective de la théorie de la personnification: selon celle-ci, une personnification du sujet »Subjekt-Personalisierung«[35], à savoir la personnification de celui qui parle au nom d'une organisation (mais également au nom d'une idée), n'intervient souvent qu'à partir du moment où cette personne se distingue, d'une manière durable ou délimitée dans le temps, d'autres porte-paroles par des caractéristiques stratifiées. Dans le cas des directeurs d'administration, c'est visiblement le cas. Élu pour une durée déterminée par le Bundestag, responsable devant lui et pourvu d'une représentativité pratiquement illimitée malgré le contrôle juridique exercé par le ministère fédéral de l'Intérieur, le BStU, en charge de l'administration, parle d'un point de vue exclusif qui rend d'emblée la personnification du sujet vraisemblable. On ne peut en aucun cas exclure que des personnes possédant ces qualités puissent devenir également objet d'une personnification. Cela se traduit par exemple lorsque dans la communication médiatique on parle *d'eux* d'une certaine manière. Au contraire,

33 Voir dans le sens d'une fonction publique par exemple Karl KROESCHELL, Amt, dans: Wolfgang STAMMLER, Adalbert ERLER, Ekkehard KAUFMANN (dir.), Handwörterbuch zur deutschen Rechtsgeschichte, Bd. 1, Berlin 1971, col. 153; à partir de l'exemple de la EKD, Heinz BRUNOTTE, Amt (evangelisch-lutherisch), dans: Hermann KUNST, ID. (dir.), Evangelisches Staatslexikon, Stuttgart 1966, col. 35.

34 Ullrich BATTIS, BBG, Munich [4]2009, § 10 Rn. 10.

35 EISENEGGER, Phänomenologie der Personalisierung (voir n. 5), p. 15

plus la personnification du sujet et celle de l'objet vont se compléter, plus la personnification sera efficiente.

Ce rapport communiquant entre fonction individuelle et institutionnelle est présumé d'autant plus étroit que la structure de l'administration est encore faiblement consolidée et ne peut s'orienter que selon des modèles préexistants. C'est ouvertement le cas à l'époque de la création du BStU et lors de la promulgation législative du StUG. Cependant, plus l'activité individuelle menée par l'agent administratif coïncide avec celle de la fonction institutionnelle, plus les dispositions relatives au but et à la fonction de l'institution seront importantes pour lui. Cela étant, l'activité de l'agent administratif ne suit naturellement pas à la lettre l'exécution d'objectifs administratifs abstraits. Ceux-ci programment certes ses actions, mais ne les déterminent pas entièrement. Bien plus, il demeure des espaces politiques nécessaires de concrétisation et de formation de l'action administrative dans son ensemble. Ce qui permet d'introduire le point suivant.

### *II. Pratique et objectifs de l'organisation*

L'acte juridique fondateur de l'administration, dans le cas présent donc la nomination de Joachim Gauck comme *Sonderbeauftragter*, ou d'un point de vue formel la promulgation du StUG en 1991, constituent la fonction institutionnelle du BStU. Comme pour n'importe quelle organisation, une organisation étatique se doit d'abord de construire une manière précise de diriger ses affaires et son administration. Sa véritable constitution, la réalité de son activité, se révèlent et se transforment au fil du temps. La recherche en sociologie de l'organisation thématise ces questions à l'aide de différents mots-clés, comme par exemple l'informalité organisationnelle et la culture de l'organisation[36], et plus particulièrement l'importance d'un sens spirituel et symbolique (*meanings*)[37]. Ce faisant, le style d'organisation est concomitamment influencé par le type d'organisation: le grade de consolidation institutionnelle qui comprend également le façonnement juridique de l'organisation joue alors un rôle au même titre que la taille, la fonction et les modèles habituels des membres de l'organisation. Une agence de communication aura donc un autre style d'organisation qu'un tribunal administratif ou qu'une administration.

Le droit est susceptible de jouer un rôle dans l'expression de certaines spécificités organisationnelles. Des institutions principalement étatiques font l'expérience d'objectifs spécifiques dictés par un programme juridique et qui influent leur action de manière formelle ou informelle[38]. Le BStU tire son objectif administratif[39] du StUG qui offre cette formulation programmatique dans le § 1, alinéa 1:

> »Cette loi règle l'enregistrement, la mise en valeur, l'administration et l'utilisation des documents du Ministère de la Sécurité de l'État de l'ancienne République démocratique allemande et des organisations lui précédant et lui succédant (Staatsicherheitsdienst) afin de:

36 Veronika Tacke, Organisationssoziologie, dans: Georg Kneer, Markus Schroer (dir.), Handbuch Spezielle Soziologien, Wiesbaden 2010, p. 352.

37 Tammer B. Zilber, The Work of Meanings in Institutional Processes and Thinking, dans: Roysten Greenwood, Christine Oliver, Roy Suddaby, Kerstin Sahlin-Andersson (éd.), Organizational Institutionalism, Los Angeles 2013, p. 151 et s.

38 Essentiellement Niklas Luhmann, Zweckbegriff und Systemrationalität, Francfort/M. [6]1999.

39 Par la suite, l'article utilisera indifféremment les termes d'objectif et de finalité (*Zweck und Ziel*).

1. rendre possible l'accès unique aux informations enregistrées par le Staatsischerheitsdienst sur sa personne, afin qu'il puisse s'instruire de l'ingérence du Staatssicherheitsdienst sur sa destinée personnelle,
2. protéger chacun d'une entrave de son droit personnel dans l'accès aux informations enregistrées par le Staatssicherheitsdienst sur sa personne,
3. garantir et de promouvoir le travail de mémoire (*Aufarbeitung*) historique, politique et juridique sur les activités du Staatssicherheitsdienst,
4. mettre à disposition des postes publics et non publics les informations nécessaires en vue des buts cités dans la présente loi.«

Par ce texte, le BStU est confronté à l'exigence fondamentale d'une soumission aux objectifs et finalités contenus dans le StUG. Ceux-ci peuvent être décrits comme »pratico-factuels« d'une part (principalement les points 1, 2 et 4), d'autre part également comme »qualitatifs et sociaux« (surtout le point 3). Dans ce dernier cas, ces objectifs s'inscrivent dans les processus socio-historiques complexes du travail de mémoire, auxquels l'administration contribue sans pour autant les mener seule.

Si l'on considère l'alinéa 1 du § 1 du point de vue de la théorie de l'organisation, celui-ci révèle la combinaison d'une programmation conditionnelle de l'organisation et une programmation ciblée de l'administration comme système de traitement de l'information, derrière lesquelles apparaissent des fonctions systémiques distinctes[40]. Tandis que les programmes conditionnels exposent l'administration aux causes susceptibles de déclencher des décisions (par exemple: les demandes d'accès aux dossiers), le programme ciblé règle quant à lui l'impact du système[41], dans ce cas précis son rôle dans le processus de travail de mémoire. Afin d'atteindre ces objectifs, le BStU se voit conférer par les alinéas 1, 2 et 4 du § 1 du StUG des fonctions de coordination, d'administration ainsi que des fonctions de facilitation, dictées par la nécessité d'un traitement des dossiers particulièrement ardu en vue de leur consultation. Pourtant, dès le premier point de l'alinéa 1 du § 1, la référence au ›destin personnel‹ résonne pour une disposition de droit administratif comme un ›surplus normatif atypique‹ qui, dans sa disposition relative à des éléments biographiques et individuels, ne se rattache pas d'emblée à des modes d'attribution traditionnels des tâches juridiques. Bien plus, le fait que le 3$^{e}$ point du même § 1, alinéa 1 du StUG pose une norme sur une finalité particulièrement atypique du point de vue d'une administration étatique, va de soi. Cela devient pratiquement explicite si l'on considère qu'aucun des commentaires ou des monographies se rapportant au StUG, même les plus récents, ne sont parvenus à *décrypter d'un point de vue juridique* le concept de travail de mémoire. Ce n'est pas un hasard: le travail de mise en lumière est un processus politique et sociétal contestable par les moyens du droit, mais qui, intrinsèquement, n'est pas juridique. Néanmoins, le StUG fixe pour objectif de l'activité administrative ce travail autour du passé et fixe ainsi un cadre que la direction et les collaborateurs de l'administration sont sensés remplir.

Les paramètres éprouvés par l'État de droit et qui permettent à une organisation d'atteindre des objectifs sont, de manière symptomatique, de nature quantitative. En ce qui concerne le BStU, le nombre de demandes d'accès aux dossiers déposées compte parmi ces paramètres comme la justification de l'existence de l'administration, le nombre de demandes instruites valent pour preuve de l'efficacité de l'administration, de même qu'un certain nombre d'autres données quantitatives, comme par exemple le degré d'exploitation des dossiers, la quantité de dossiers reconstitués et ainsi de suite. Les paramètres qui permettent de juger dans quelle mesure l'objectif social et qualitatif, plus ambitieux, du travail de mémoire a été atteint, existent à

40 On retrouve la distinction chez LUHMANN, Zweckbegriff (voir n. 38), p. 101 et s.
41 Ibid., p. 101 et s., également à propos du nécessaire flou à propos de cette distinction.

peine[42]. Pour cette raison, il est aisé de comprendre que les organisations soumises à des objectifs de cette nature, cherchent des voies susceptibles d'assurer l'atteinte de ces objectifs et de les traduire: c'est ainsi que naît l'administration en tant qu'acteur politique. Ce faisant, le fait que la pratique de l'organisation ne soit pas seulement conditionnée par des objectifs fixés (juridiquement), mais également déterminée par la situation, joue un rôle certain. L'approche d'une théorie de la contingence adoptée par la recherche des organisations prend bien en compte ce rapport et examine plus particulièrement les relations entre structure et situation au sein des organisations[43]. Selon celle-ci, les aspects internes de la situation de l'organisation de même que la perception externe de la situation de l'organisation ont une influence sur la structure même de celle-ci, même si la situation externe pour sa part englobe des aspects de l'environnement spécifique des missions et l'environnement global de l'organisation[44]. Cela étant, on peut également partir du principe que l'indépendance de ces facteurs situationnels est d'autant plus importante que la structure de l'organisation est encore faiblement consolidée.

En ce qui concerne la réalité du BStU dans les années de construction qui suivent la réunification, les deux aspects sont importants. Johann Legner, biographe de Gauck, le résume en ces termes: »L'équipe Geiger-Gauck a réalisé en tout cas quelque chose d'extraordinaire pendant les premiers mois. Elle a construit une administration qui de l'extérieur semblait bien ordonnée alors qu'à l'intérieur régnait parfois le chaos.«[45] Hansjörg Geiger lui-même tire le bilan suivant: »Il y avait beaucoup de bonne volonté dans les premières semaines, mais aucune structure.«[46]

Au cours de la phase de construction de l'administration – une construction sans plan[47] – on se tient devant l'enjeu historiquement inédit de devenir opérationnel, de sécuriser des archives aussi immenses que dispersées, de concrétiser et de développer la mission et la stratégie de divulgation, de trouver le positionnement de l'administration dans un discours *politique* autour de la divulgation, tout en se heurtant justement aux résistances internes de l'organisation. Ainsi, le premier mandat de Joachim Gauck est particulièrement soumis à la vive critique des représentants des mouvements des droits civiques qui se plaignent déjà des concessions trop importantes faites par le StUG au profit des intérêts des services secrets ouest-allemands ainsi que du manque d'autonomie des victimes du MfS vis-à-vis de leurs dossiers: »Mes archives sont à moi« (*Meine Akten gehören mir*). Là où certains membres du mouvement des droits civique deviennent à leur tour membres de l'administration, on observe l'apparition de conflits, justement lors de la phase de création. À l'occasion de ces conflits, Gauck est contraint, en tant que nouveau chef de l'institution, de prendre position contre certaines revendications du mouvement des droits civiques, voire licencier de manière isolée certains collaborateurs[48].

Dans la perspective de ses attributions spécifiques, la relation du BStU à l'environnement de sa propre organisation joue un rôle d'une importance qu'il faudrait à peine surestimer. Comme déjà évoqué précédemment, ni la mise en place de l'administration ni son profil de tâches précis ne sont précisément établis[49], l'ouverture et l'utilisation des dossiers est une conséquence directe de la révolution pacifique imposée par les mouvements civiques. La situation précaire de l'administration, dans sa relation par exemple avec les administrations en charge des poursuites

42 À propos de la problématique du système d'objectif et du contrôle de la réussite, voir Peter Preisendörfer, Organisationssoziologie: Grundlagen, Theorien und Problemstellungen, ²2008, p. 63 et s.
43 Ibid., p. 79 et s.
44 Alfred Kieser, Der situative Ansatz, dans: id. (dir.), Organisationstheorien, Stuttgart ⁷2014, p. 175 et s.
45 Legner, Joachim Gauck (voir n. 8), p. 194.
46 Voir Gauck, Winter im Sommer (voir n. 21), p. 258.
47 Ibid., p. 249.
48 Ibid., p. 267 et s.; classement chez Becker, Geschichtspolitik (voir n. 16), p. 311.
49 Becker, ibid., p. 308.

pénales, les services de renseignement de la ›vieille‹ République fédérale et des États amis[50], a longtemps déterminé sa réalité politique[51]. Le conflit à propos des dossiers du MfS sur Helmut Kohl s'étire par exemple jusqu'à une époque avancée du mandat de BStU de Marianne Birthler. Au cours de la phase d'intérim qui court du 3 octobre 1990 jusqu'à l'entrée en vigueur du StUG le 29 décembre 1991, l'administration et son responsable ne se situent pas du tout sur un terrain politique stable. Certes, le gouvernement fédéral reste en retrait des interventions contre Gauck et l'administration. Cela étant, sa position relève moins d'une conviction que d'une stratégie politique consistant à respecter la volonté ouvertement exprimée de la Volkskammer et de soutenir une institution centrale chargée du travail de mémoire autour de la RDA[52]. Par conséquent, la mise au point du StUG revêt une dimension importante, car la loi va durablement influencer le profil du BStU. Ce n'est pas un hasard si Gauck et Geiger se sont intensément impliqués dans le processus législatif qui aboutit à »un succès extraordinaire de l'équipe Gauck-Geiger«[53]. Jusqu'à la fin 1991, fin de la période d'intérim, mais également longtemps après, la direction du BStU relève d'un devoir politique particulièrement intense. Bien plus que l'application d'un droit bureaucratique et exécutif, ce sont les considérations stratégiques, la politique et le marketing institutionnel qui régissent les rationalités de l'action quotidienne, ce qui commence par l'élaboration d'un règlement provisoire et aboutit au positionnement de l'administration au cœur du débat de la *Wende* et du travail de mémoire, particulièrement vif au cours de ces années. À cette époque, le monde intérieur du BStU est étroitement mêlé au monde extérieur et à ses missions spécifiques, notamment en ce qui concerne la controverse sur la nature et la portée de la mise en lumière. Cela explique également les difficultés et les conflits rencontrés dans le recrutement, qui, parfois par nécessité, parfois par hasard, conduit d'anciens cadres de la Stasi ou de la SED à occuper de nouvelles positions[54]. La question ressurgit, cette fois avec une plus grande distance historique, à travers les efforts déployés par Roland Jahn, le troisième BStU, afin d'obtenir la mutation d'anciens collaborateurs du MfS, encore actifs vers d'autres administrations fédérales; le § 37a du StUG crée à cette fin spécifique un nouveau cadre juridique.

S'il est difficile d'appréhender juridiquement la mission de divulgation en se fondant sur le troisième point du § 1, alinéa 1 du StUG, celui-ci joue à l'inverse un rôle déterminant dans la compréhension du lien qu'entretiennent la fonction, l'institution et la personne à l'époque où Gauck dirige le BStU. En effet, le profil de la mission politique de divulgation par l'administration, son institution comme l'une des instances centrales de mise en lumière des crimes commis par la RDA, font partie des apports essentiels de Gauck à cette époque. Comment expliquer ce succès?

Il est nécessaire d'en rapporter une grande part à la situation historique hautement spécifique dans laquelle s'inscrit son action. La révolution pacifique, la *Wende* et la réunification déterminent le paysage politique dans l'intervalle de dix-huit mois qui séparent les élections municipales en RDA du mois de mai 1989 de la réunification en octobre 1990; la mise en lumière et le travail de mémoire caractérisent la période qui suit. Une telle période de transformations aussi étendues que profondes, rend l'improbable plus probable et crée des espaces libres permettant

50 À propos du transfert des dossiers du BStU à la NSA se rapporter à la réponse du gouvernement fédéral en 2017.

51 À propos des attaques contre l'administration et des tentatives de prise d'influence au cours de la période qui suit la promulgation du StUG, voir Becker, Geschichtspolitik (voir n. 16), p. 322 et s.

52 Legner, Joachim Gauck (voir n. 8), p. 191 et s.

53 Ibid., p. 192.

54 Gauck, Winter im Sommer (voir n. 21), p. 266 avec une auto-citation (face à un responsable du personnel en charge du recrutement: »Wieviele SED-Mitglieder haben Sie mir denn heute wieder reingedrückt?«

l'apparition de formes et d'instruments politiques peu conventionnels[55]. Ce faisant, Gauck dans son rôle de BStU a rapidement nié exercer un quelconque pouvoir politique: »Voir l'ensemble comme l'exercice d'un pouvoir m'est réellement étranger.«[56] Pourtant, on peut à peine douter que la direction du BStU soit en réalité une fonction politique puissante, même si les logiques qui sous-tendent l'exercice de son pouvoir sont peu conventionnelles. Car, de toute évidence, la gestion, le traitement, la mise à disposition, la recherche et l'évaluation de l'héritage légué par le service secret d'une dictature sous la forme de dossiers, constituent une forme d'exercice du pouvoir, non seulement si l'on considère chaque cas particulier, mais également d'un point de vue institutionnel. L'encadrement législatif de l'activité de l'administration n'y change rien. Le monopole des dossiers détenu par l'administration justifie un espace de conception politique au sein duquel le pouvoir et la revendication de pouvoir du MfS continuent d'agir, même si celui-ci est modifié d'un point de vue juridique.

L'encadrement par la théorie du pouvoir et celle de la domination révèle des angles d'approche susceptibles d'éclairer la relation qu'entretiennent la fonction et la personne de Joachim Gauck dans son rôle de dirigeant du BStU. Pour mieux comprendre le travail (et le succès) de Gauck, il est essentiel de prendre d'abord en considération les fondements de l'histoire des idées sur lesquels repose le projet de mise en lumière que Gauck représente en tant que responsable du BStU. Il s'avère que le message et le messager se correspondent d'un point de vue historiquement rare et se renforcent à tour de rôle.

## Domination et Habitus

### *I. Le travail de mémoire (Aufarbeitung) dans l'esprit d'une mise en lumière (Aufklärung)*

Le travail du BStU est placé sous le signe d'une mise en lumière, *Aufklärung*. Si le StUG et le discours historique privilégient plutôt le terme de travail de mémoire, *Aufarbeitung*, c'est justement dans l'intention d'une mise en lumière. À ce titre, il est nécessaire d'associer à l'acceptation dominante du terme de *Aufarbeitung* sa source étymologique, à savoir l'élément d'investissement en travail, plus ou moins laborieux, d'un certain effort, couplé tantôt avec l'objectif de se débarrasser d'un poids ou d'une obligation, tantôt avec celui d'atteindre l'amélioration d'une chose, d'une personne ou d'un état[57]. Dans le contexte sociopolitique de son emploi, le terme de *Aufarbeitung* combine plusieurs de ces éléments et qualifie à la fois le processus de révision (*Bearbeitung*) et de transformation (*Verarbeitung*) d'expériences historiques, et pose entre autre objectif celui de se les approprier par leur transformation[58]; le travail de mémoire fonctionne comme une catharsis. Cette interprétation trouve un écho chez Karl Jaspers qui formule les choses de la manière suivante: »Le nettoyage est un procédé interne, qui n'est jamais fini, mais qui est continuellement un accomplissement de soi«[59] et »pour ce qui est de la responsabilité, la considération des pensées exposées [sur la responsabilité collective, JK] est *un* chemin [...] elles doivent être remémorées, appropriées et proscrites avec l'être propre. Cet accomplissement et ce qui en résulte est un nettoyage«[60].

55 Klaus Kraemer, Charismatischer Habitus. Zur sozialen Konstruktion symbolischer Macht, dans: Berliner Journal für Soziologie 12/2 (2002), p. 173–187, ici p. 174.
56 Gaus, Neue Portraits (voir n. 13), p. 195.
57 Jakob Grimm, Wilhelm Grimm, Deutsches Wörterbuch, 16 vols, Leipzig 1854–1961, version en ligne du 17 octobre 2015, vol. 1, col. 617.
58 À propos de la pensée d'appropriation en tant que noyau de la *Aufarbeitung*, voir Theodor W. Adorno, Was bedeutet: Aufarbeitung der Vergangenheit?, dans: id., Gesammelte Schriften, vol. 10/II, Francfort/M. 2003, p. 555.
59 Karl Jaspers, Die Schuldfrage (1946), Heidelberg 1974, p. 90.
60 Ibid., p. 91.

C'est seulement la transformation active et utile du passé qui ouvre donc la possibilité de laisser derrière soi les expériences historiques dans l'objectif d'atteindre un ordre sociétal et politique meilleur. C'est ce que Theodor Adorno exprime à ce sujet: »le passé sera traité uniquement lorsque les causes du passé seront éliminées. Seulement parce que les causes persistent, son ban ne fut pas rompu jusqu'à aujourd'hui«[61]. L'acceptation qui se dégage ici du terme de travail de mémoire repose sur les principes de l'histoire des idées de l'*Aufklärung* qui, si l'on ignore l'imprécision historique souvent associée au concept[62], a pour but une »émancipation de l'homme du monde de la généalogie historique, c'est-à-dire sa libération de toute autorité, idéologie, ordre, attache, institution et convention« et »qui n'est pas capable de résister à la vérification critique par la raison humaine autonome. [...] Les lumières [aspirent] à l'éducation de l'homme au statut de créature rationnelle consciente d'elle-même et à un mode de vie moral autonome«[63].

Selon Tobias Cohn, l'*Aufklärung* cherche à éliminer »la minorité..., la croyance en l'autorité et pour cela de délier la langue à l'esprit propre, l'esprit du temps«[64]. Sans cesse, un élément pédagogique résonne dans la notion d'*Aufklärung*, et ce non seulement dans une perspective individuelle correspondant au renouveau de l'individu qui s'extrait d'un statut de mineur politique dont il est le seul responsable, mais aussi dans une perspective collective[65].

La proximité du rapport entre le travail de mémoire historique sur les torts engendrés par un système et l'idée de l'*Aufklärung* va de soi: le regain d'autonomie personnelle sur son propre destin est indéniable, la connaissance d'une possible (dé-)formation par un appareil de pouvoir d'État correspond à une exigence de mise en lumière, non seulement d'un point de vue individuel, si l'on considère les conséquences psychologiques à long terme de la terreur exercée par le MfS[66], mais aussi d'un point de vue sociétal[67]. L'individu est affranchi de son état de minorité, il récupère la jouissance d'un droit grâce à la libre disposition des données qui le concernent et rétablit son droit vis-à-vis de l'ordre institutionnel passé de la RDA[68]. Pour cette raison, Gauck parle d'expérience de la recherche de soi, »Experiment der Selbstfindung«[69], le défenseur des droits civiques Gerd Poppe parle quant à lui d'un regain des années qu'on croyait perdues, »Rückgewinnung verloren geglaubter Jahre«[70]. Ce n'est donc pas un hasard si le droit commun

61 ADORNO, Aufarbeitung (voir n. 58), p. 572.

62 Horst STUKE, Aufklärung, dans: Otto BRUNNER, Werner CONZE, Reinhart KOSELLECK (dir.), Geschichtliche Grundbegriffe, vol. 1, Stuttgart 1972, p. 243 (245 et s.)

63 Ibid., p. 245.

64 Tobias COHN, Die Aufklärungs-Periode, Potsdam 1873, p. 4.

65 Lorenz VON WESTENRIEDER, Aufklärung in Bayern (1780), 1832, p. 1.

66 Marianne BIRTHLER, Freiheit ist Einsicht in die Akten, in: SUCKUT, WEBER (dir.), Stasi-Akten (voir n. 17), p. 34: »Die Operationen des MfS haben Schäden bewirkt, die verschiedentlich bis heute nachwirken«; voir aussi Stefan TROBISCH-LÜTGE, Karl-Heinz BOMBERG (dir.), Verborgene Wunden, Gießen 2015; Martin AHRENS (dir.), Verführung, Kontrolle, Verrat: Das MfS und die Familie. Zeitzeugen berichten, Berlin 2015 (Schriftenreihe der Beauftragten zur Aufarbeitung der Folgen der kommunistischen Diktatur, 6); Ruth HOFFMANN, Stasi-Kinder: Aufwachsen im Überwachungsstaat, Berlin 2013; Christoph SEIDLER, Michael J. FROESE, Traumatisierungen in (Ost-)Deutschland, 2006; Thomas PLÄNKERS, Ulrich BAHRKE, Monika BALTZER u.a., Seele und totalitärer Staat: Zur psychischen Erbschaft der DDR (Psyche und Erbe), Gießen 2005.

67 BIRTHLER, ibid., p. 44: »Der Satz [Freiheit für meine Akte] blieb im Gedächtnis und stand als Metapher dafür, dass die Einsicht in die Akten befreiende Wirkung haben kann. Das gilt für Individuen ebenso wie für die Gesellschaft insgesamt.«

68 Ibid., p. 27, Birthler parle de »den Opfern der Diktatur Genugtuung zu verschaffen«.

69 Hans.-Joachim NOACK, Vergeben ist ganz einfach, dans: Der Spiegel 1/1991, p. 24 et s.

70 Gerd POPPE, Deutscher Bundestag, Plenarprotokoll 12/57, p. 4699, à propos du StUG: »Nicht die vielbeschworenen Rachegelüste werden letzendlich die Folge der Lektüre sein, sondern die Wiederaufnahme des Gesprächs, die Neuentdeckung verloren geglaubter Jahre«.

de la personne constitue le noyau matériel juridique aux débats sur le StUG, et plus particulièrement le droit des victimes de la terreur exercée par le MfS[71]. Le fondement du point de vue de l'histoire des idées du discours sur le travail de mémoire, qui trouve sa source dans l'*Aufklärung*, rencontre ainsi un puissant espace de résonance dans les structures constitutives du droit commun de la personne: la garantie de l'autonomie personnelle et de la protection de l'intégrité personnelle constituent le centre de gravité de celui-ci[72]. Mais l'épanouissement personnel manquera nécessairement son but chez celui dont une image de soi autonome, la possibilité d'être »plastes et fictor« (*Pico della Mirandola*) a été durablement limitée, voire rendue impossible du fait de l'espionnage et de la surveillance[73]. Dans le travail de mise en lumière (*Aufklärung*) de la terreur exercée par le MfS, il s'agit donc d'établir la vérité à la place des mensonges et des légendes, »Wahrheit an [der] Stelle von Lügen und Legenden«[74], ou bien, selon les termes de Ludwig Wieland, d'établir une connaissance telle qu'il est possible de distinguer à n'importe quel moment et n'importe où le vrai du faux, »so viel Erkenntnis, als nötig ist, um das Wahre und das Falsche immer und Überall unterscheiden zu können«[75].

Le fait que les torts infligés par le MfS constituent un point d'ancrage tout désigné à un travail de mémoire motivé par un souci de mise en lumière au sens propre, découle également d'une autre réflexion. En effet, l'impulsion initiée par la pensée de l'*Aufklärung* est motivée par une critique de la religion. Si on le formule de manière plus générale, il s'agit d'émanciper l'homme de contraintes et structures aliénantes[76]. Si on considère la perspective des conditions pré-rationnelles de validité de la domination totalitaire, c'est en ce point que se recoupent l'exigence moderne et l'objet du travail de mémoire autour des torts causés par le MfS[77]: le recours symptomatique des régimes totalitaires à des pratiques d'exercice des plein-pouvoirs politiques fonde son action d'une manière à la fois mythologique et mystique. On aime à comprendre la domination de la SED et la terreur exercée par le MfS comme un fait typiquement bureaucratique et temporel. Ce faisant, et cela vaut pour le MfS, l'on ne décrit que la perspective intérieure de son mode organisationnel. Cependant, vers l'extérieur, cette domination n'a pas été efficace – et au sens wébérien encore moins légitime. Bien au contraire: l'expérience de l'individu face au MfS et plus généralement face à la dictature de la SED, telle qu'elle est décrite dans de nombreux témoignages, est une expérience de soumission, d'arbitraire et d'impuissance[78]. Selon les termes de Ulrike Poppe: »un citoyen peut défendre ses droits face à l'État. En RDA l'administration ne devait aucune justification au citoyen. Tout était décidé arbitrairement, par l'autorité de l'État, la direction de l'entreprise, la direction du parti. Que l'on obtienne un téléphone, une voiture, que l'on apprenne un certain métier ou que l'on puisse étudier, l'individu était livré à un pouvoir décisionnel opaque. Beaucoup dépendait du bon comportement. C'est un fort

71 À propos des questions de protection du droit de la personne, voir Kai Bonitz, Persönlichkeitsrechtsschutz im Stasi-Unterlagen-Gesetz, Berlin 2009; Drohla, Aufarbeitung (voir n. 17).

72 Horst Dreier, dans: id. (dir.), Grundgesetz, vol. 1, Tübingen $^{3}$2013, article 2, paragraphe 1 Rn. 69.

73 À propos de l'épanouissement personnel et de l'image de soi en tant qu'objets du droit commun de la personne, ibid., Rn. 70.

74 Birthler, Freiheit (voir n. 66), p. 29.

75 Christoph Martin Wieland, Sechs Antworten auf sechs Fragen (1798), Leipzig 1857, p. 372.

76 Klaus Scholder, Aufklärung, dans: Hermann Kunst, Siegfried Grundmann (dir.), Evangelisches Staatslexikon, Stuttgart 1966, col. 82: »Kampf gegen alle ›Vorurteile‹ als Ausdruck eines dogmatisch gebundenen, supranatural bestimmten Weltbildes«.

77 Thomas Petersen, Allmacht und totale Herrschaft, dans: Günther Bonheim, Thomas Regehly (dir.), Mystik und Totalitarismus. Böhmen Studien. Beiträge zur Philosophie und Philologie, Berlin 2003, p. 51.

78 Gieseke, Die Stasi (voir n. 19), p. 163 et s.

instrument de disciplination. On était constamment sommé de prendre une position politique et on ne savait pas quels inconvénients cela pouvait avoir si l'on s'y refusait[79].

À ces expériences ouvertement vécues comme arbitraires par de nombreux citoyens de la RDA s'ajoute également la réalité d'une surveillance personnelle intensive par le MfS, la surveillance du courrier et des télécommunications ainsi que la surveillance effectuée par les collaborateurs informels, dont les services d'informateurs jouent un rôle important dans les stratégies de surveillance et de déstabilisation menées par le MfS[80]. Dans le contexte du présent article, la question, intensivement discutée au cours des dernières années, relative à la taille réelle du contingent d'informateurs officieux (IM) du MfS, n'est pas pertinente[81]. En cultivant sa volonté de toute puissance et son omniprésence, voire en les simulant partiellement[82], le MfS, soutenu également par la surveillance effective, est parvenu à s'établir comme une entité structurante du quotidien de la RDA[83] dont les parallèles avec le »Ministry of Love« de Orwell s'imposent[84]. Que les possibilités d'influence et de surveillance n'aient en réalité pas du tout été aussi puissantes qu'on le présume, convenait parfaitement au MfS. Celui-ci s'était façonné le statut d'un véritable mythe social et psychologique[85]. Il en découle une situation globale confuse dans laquelle le MfS, institution inquiétante[86], cultive tantôt l'absence, tantôt la présence, tantôt l'arcane, tantôt le public. Il se révèle comme un *deus ex machina* totalitaire, dont la présence et l'intervention relèvent du hasard et de l'arbitraire et sont potentiellement toujours possibles. Cette potentialité de la menace a eu pour effet de produire une »mentalité de sujétion, notamment dans les domaines (politique et dans la stratification sociale) centraux de la population de RDA, qui agissait souvent dans de telles situations d'implication [induis par le MfS, JK]«[87].

À ce titre, le travail du BStU sous sa houlette se caractérise par le fait que Gauck utilise une rhétorique particulière[88] afin de désigner cette forme de servilité »a métaphorique d'une maladie et d'une attente de guérison qui en est dérivée«. À cette rhétorique correspond la critique de l'administration lorsque l'auteur reconnaît dans l'action de celle-ci un trouble obsessionnel compulsif de purification de l'État, »Waschzwang des Staates«[89].

En fin de compte, il est nécessaire de comprendre le travail de mémoire autour de la terreur exercée par le MfS comme un projet social et psychologique de mise en lumière, en vue de briser la puissance du secret et du savoir de domination, »Macht des Geheimen und des Herrschafts-

79 Entretien avec Ulrike Poppe, défenseur des droits civiques, Alles weg, alles neu, Chrismon 10/2014 (téléchargeables sur www.chrismon.de)

80 Au sujet d'un aperçu du recrutement et des champs d'action des IM, voir récemment Bernd Florath, Die inoffiziellen Mitarbeiter, dans: Daniela Münkel (dir.), Staatssicherheit. Eine Lesebuch zur DDR-Geheimpolizei, Berlin 2015, p. 40 et s.

81 À propos des estimations allant jusqu'à 190 000 IM, voir le point de vue critique de Ilko-Sascha Kowalczuk, Stasi konkret, Munich 2013, p. 209 et s.

82 Ilko-Sascha Kowalczuk, DDR-Alltag und MfS, dans: Münkel (dir.), Staatssicherheit (voir n. 80), p. 69: »Denn es gehörte zu den Absichten des MfS bis zur Auflösung, seine Tätigkeit selbst zu dämonisieren und zu mythisieren. Dahinter stand ein Herrschaftsprinzip, das darauf aufbaute, Angst zu erzeugen, einzuschüchtern und Individualität zurückzudrängen.«

83 Giesecke, Die Stasi (voir n. 19), p. 163 et s., toutefois avec une considération et un jugement différenciés sur le MfS comme »Big Brother?«.

84 Kowalczuk, Stasi konkret (voir n. 81), p. 212: »Die in der DDR vermutete Allgegenwart des MfS hing ganz wesentlich mit der Annahme zusammen, dass es mit einem riesigen Heer an Spitzeln arbeitete, die überall herumschnüffelten.«

85 Giesecke, Die Stasi (voir n. 19), p. 166.

86 Gauck, Die Stasi-Akten (voir n. 28) parle dans son sous-titre de »unheimlichen Erbe« du MfS.

87 Giesecke, Die Stasi (voir n. 19), p. 168.

88 Ibid.

89 Daniela Dahn, Der Waschzwang des Staates oder wem gehört die Gauck-Behörde?, dans: Jochen Zimmer (dir.), Das Gauck-Lesebuch, Eichborn 1998, p. 17 et s.

wissens«[90], et par conséquent comme un projet de raison. Dans la manière où son individualisme constitutif est érigé contre l'institution toujours active du MfS, ce projet s'inscrit dans une tradition d'évolution des droits de l'homme que Hans Joa a conceptualisé par la sacralisation de la personne, »Sakralisierung der Person«[91]. De par l'absence de modèles préexistants et de par son incommensurabilité[92], il s'agit également d'un projet improbable, de même que l'est la réalisation de celui-ci par l'administration. Qu'il soit toutefois parvenu à s'établir et qu'il soit entre-temps prolongé jusqu'à 2019, alimente pourtant la recherche des conditions qui ont contribué à son succès.

### *II. Domination charismatique et personnalisation*

Qu'aujourd'hui encore, l'on associe au BStU le nom de Gauck (même si l'administration a ensuite été désignée par la Birthler-Behörde et l'est aujourd'hui sous le nom de Jahn-Behörde), justifie avec emphase à quel point la fonction individuelle et institutionnelle se confondent dans la personne de Gauck et s'influencent mutuellement.

Il est possible que cette fusion ait été alimentée par le fait que la désignation, plutôt rare dans la culture de l'administration allemande, de l'administration en tant que »Der Bundesbeauftragte« porte en elle le germe d'une personnification porteuse d'identification. Ainsi visible, la désignation adaptée de l'administration reprend le terme de »Sonderbeauftragte«, fonction que Gauck occupe dans la période intérimaire qui s'étend entre la réunification et l'entrée en vigueur du StUG. Juste avant cela, il est le président de la commission spéciale (Sonderausschuss) de la Volkskammer, chargée du contrôle de la liquidation du MfS/AfNS.

C'est moins dans les évaluations affirmatives de son travail que dans la critique de celui-ci que transparait à quel point cette relation est aussi à interpréter comme l'association d'un charisme personnel et d'un charisme idéologique susceptibles de mutuellement se renforcer. Aujourd'hui encore, son action en tant que BStU fait l'objet de vives critiques, surtout de la part d'anciens représentants des élites de la RDA et de représentants de l'aile politique gauche[93]. Les seuls éléments de langage de cette critique, dans le choix du vocabulaire, rendent compte de la constitution *ex negativo* du profil charismatique de Gauck, notamment lorsqu'il est question de l'»Inquisitor«[94] ou de »Großinquisitor«[95]. Ulrich Schacht a rendu compte des descriptions de Gauck données par Werner Mittenzwei, un influent chercheur en littérature et fonctionnaire scientifique de la RDA comme »figure grotesque d'un Polit-curé qui agit sataniquement, face auquel l'auteur trouve même à Ulbricht et Mielke des traits fortement humains«[96].

90 Birthler, Freiheit (voir n. 66), p. 27.

91 Hans Joas, Die Sakralität der Person, Berlin 2011/2015, p. 23 et s., à propos de la naissance des droits de l'homme, issue du »Charisma der Vernunft«.

92 Les fonds archivés du BStU sont énormes: 111 km linéaires de dossiers, plus de 1,7 millions de photos et de microfiches, plus de 30 000 filmes, vidéos et enregistrements sonores, environ 4500 fichiers avec 41 millions de fiches et plus de 10 000 disquettes, disques dures etc. plus plusieurs milliers de copies de dossiers.

93 Il est nécessaire de distinguer la critique du travail de l'administration mise en place du débat de fond sur la légitimité ou non d'ouvrir les dossiers du MfS. Ce débat fait également l'objet de réponses diverses chez les représentants des mouvements civiques pendant toute la période de la *Wende*. À ce sujet, se référer à Becker, Geschichtspolitik (voir n. 16), p. 318.

94 Klaus Huhn, Die Gauck-Behörde: Der Inquisitor zieht ins Schloß, Berlin 2012 (Huhn est le chef des sports du »Neues Deutschland«, fonctionnaire sportif de la RDA et selon des articles de presse IM du MfS).

95 Voir par exemple chez Horst Winterstein, Für die Stasi ein Staatsfeind – für Gauck auch! dans: Zimmer (dir.), Das Gauck-Lesebuch (voir n. 89), p. 220 et s.

96 Schacht, Ein Fall von Murti-Bing (voir n. 15), p. 74.

On peut certes ignorer la virulente critique exprimée contre Gauck en la considérant comme un mal nécessaire qui accompagne la transformation d'un système qui n'a lieu qu'une fois dans l'histoire et à la suite de laquelle les élites politiques et culturelles du système déchu sont par définition soumis à une importante pression. Les images langagières utilisées puisent également leur force rhétorique dans la référence à l'origine de pasteur de Gauck et dans la tentative de discréditer celle-ci. L'intensité de la critique qui atteint son point culminant dans la personne de Gauck trahit cependant dans le même temps quelque chose sur le degré de personnification lié au charisme, incarné par la personne de Gauck au cours de la mission historique de travail de mémoire qui débute après la *Wende*.

Le concept de personnification, complexe, doit cependant être compris comme le phénomène suivant lequel la personne se transforme en un modèle d'interprétation: dans la présentation qu'il fait de son organisation, par la représentation de l'organisation qu'il fait dans les médias ou encore dans la perception de l'organisation par le grand public[97]. La personne accède à un tel modèle dès lors qu'elle se montre particulièrement destinée à incarner à la fois la culture et l'éthique de l'organisation, ce qui est présentement le cas. Pour cette raison, on considère très souvent les phénomènes de personnification comme des phénomènes réduisant la part de rationalité[98], de même que le rapport avec les faits et celui avec la personne seront opposés, comme dans la communication médiatique par exemple[99]. Au fond de ces estimations se cache la crainte qu'à terme les stratégies de personnification (politique) remettent en question les hypothèses fondamentales d'un ordre démocratique opérant sur une base délibérative et rationnelle, selon lesquelles »la narration simplifiante [gagnerait] face à l'argumentation mesurée«[100].

En résumé, l'image l'emporte sur les mots. La question de savoir si et dans quelle mesure il est nécessaire de souscrire à la thèse d'une réduction de la part de rationalité à travers la personnification, en tout cas dans le domaine central occupé par la politique, elle doit cependant rester ouverte. En ce qui concerne la situation des affaires politiques courantes placées sous la pression d'un processus décisionnel placé sous l'observation des médias, l'estimation selon laquelle une personnification plus efficace de positions politiques aplanit les argumentations, voire les rend superflues et par conséquent leur ôte leur rationalité, peut paraître tout à fait pertinente. Il est cependant nécessaire de douter que ce soit à ce point le cas dans le contexte du travail de mémoire entamé par le BStU sur les torts causés par le MfS et de la concentration autour de Joachim Gauck en tant que dirigeant de l'institution. Ces doutes se nourrissent principalement des tâches dévolues au BStU, et plus particulièrement de la mission de travail de mémoire, hautement généralisé, présente dans le § 1, alinéa 1, n° 3 du StUG[101]. Non pas qu'il s'agisse d'une mission totalement atypique pour une administration d'État, mais pour le reste, il est difficile de comparer l'activité de l'administration avec des prérogatives administratives convention-

97 EISENEGGER, Phänomenologie (voir n. 5), p. 13, qui appuie sa définition à la structure de la définition de la personnification dans le domaine politique présentes chez Christina, HOLTZ-BACHA, Eva-Maria LESSINGER, Merle HETTESHEIMER, Personalisierung als Strategie der Wahlwerbung, dans: Kurt IMHOF, Peter SCHULZ (dir.), Die Veröffentlichung des Privaten – Die Privatisierung des Öffentlichen, Opladen 1998, p. 240 (241 et s.).

98 Aperçu chez Jochen HOFFMANN, Juliana RAUPP, Politische Personalisierung: Disziplinäre Zugänge und theoretische Folgerungen, dans: Publizistik 51 (2006), p. 456–478.

99 HOLTZ-BACHA, LESSINGER, HETTESHEIMER, Personalisierung (voir n. 97), p. 242 et s.

100 EISENEGGER, Phänomenologie (voir n. 5), p.12.

101 Dans la même perspective, voir GIESEKE, Die Stasi (voir n. 19), p. 282: »Das personalisierende Namenskürzel ist nicht nur dem komplizierten offiziellen Titel geschuldet, sondern auch indirekter Ausdruck der Tatsache, dass hier unter einem Dach eine ganze Reihe von Funktionen gebündelt werden, die sprachlich und inhaltlich nicht auf einen Nenner zu bringen sind: Archiv, Überprüfungsbehörde, Museum, politische Bildungseinrichtung«.

nelles. Plus précisément, le BStU n'a jamais constitué une archive au sens classique du terme[102], ce que la discussion tantôt latente, tantôt actuelle sur l'assimilation de ses fonds à la Bundesarchiv à Coblence ne saurait dissimuler. La mission de travail de mémoire confiée au BStU est dans la perspective d'une finalité administrative et juridique insaisissable, mais elle demeure un objectif sociétal auquel l'administration ne peut que contribuer. Mais là encore, dans cette perspective sociétale, le travail de mémoire reste quelque chose de diffus, car il n'existe pas de paramètres préexistants qui permettraient de mesurer si et dans quelle mesure l'objectif a été ou non atteint. Il est nécessaire ici de nommer deux raisons à cela, à savoir d'abord l'objet même du travail de mémoire, et ensuite, la genèse de l'idée même de travail de mémoire.

Sur le premier point: le travail de mémoire constitue une catégorie relationnelle qui, dans l'intérêt d'un ordre futur de la société, allie le présent à des faits historiques. La mise en relation est, aussi normative que systématique, le travail de mémoire s'effectue alors autour des questions d'ordre et de caractérisation des torts. L'objet de référence du travail de mémoire est intrinsèquement un objet incommensurable, il est à peine possible de mesurer entièrement les torts commis par le MfS, tant d'un point de vue quantitatif que qualitatif. Certes, on peut penser qu'à un point futur donné, qu'il reste cependant à déterminer, l'ensemble des dossiers a été clôturé et aura fait l'objet d'une analyse et d'une évaluation à l'échelle individuelle et institutionnelle. Mais, eu égard à la quantité immense de pièces de dossiers qui ne constituent que le substrat matériel des torts commis, et qui à ce titre *représentent*, sans pour autant *rendre totalement compte*, ce ne sont donc à terme que des fragments de ces torts qui sont reconnaissables sans que ces derniers puissent être quantifiés ou qualifiés dans leur totalité. À terme, il faut escompter des zones d'ombre, des perceptions déformées, des approximations. De plus, plus les torts commis par le MfS ne seront vus que sous leur angle historique, détachés du témoignage de leurs auteurs et de leurs victimes, le travail de mémoire change durablement de mode en passant d'une appropriation réfléchie du savoir reconstitué par le travail de mémoire à une mise à disposition compilée. Le caractère insaisissable des torts commis par le MfS se prolonge donc également dans le caractère insaisissable du travail de mémoire à leur sujet. Parler de travail de mémoire sous-entend donc de parler sur un mode des plus hautement symboliques d'un état qu'il est théoriquement souhaitable d'atteindre, mais qui, d'un point de vue pratique, demeure inaccessible. Les soixante-dix ans de travail autour des torts commis par les nazis offre une preuve éloquente de l'impossibilité structurelle à achever un processus de travail de mémoire.

Sur le second point: l'aperçu sur la naissance du BStU et du StUG a montré que l'un comme l'autre sont issus d'un état d'urgence de crise historique et de transformation[103]. Le mouvement des droits civiques, puis les grévistes de la faim présents dans la centrale du MfS et enfin la délégation de la Volkskammer conférée à la commission extraordinaire ont garanti un travail de mémoire reposant sur une structure, organisée sous la forme d'une administration, au-delà également d'un arsenal juridique (et pénal) bien rôdé, en forçant l'intégration du protocole complémentaire à l'accord de réunification ainsi que l'institutionnalisation d'une administration dédiée. Le travail de mémoire autour des torts commis par le MfS, mené par le BStU, peut se percevoir comme un paradoxe qui s'exprimerait sous la forme d'une révolution administrativement institutionnalisée, comme une sorte d'état d'urgence pérennisé[104]. Cette analyse ne s'épuise pas dans un jeu de mots institutionnel, mais se reporte également sur l'activité de

102 Voir Thomas LINDENBERGER, *Affirmative action* – zur politischen Philosophie des Stasiunterlagengesetzes und ihren Folgen für die wissenschaftliche Erforschung der DDR-Geschichte, dans: Schweizerische Zeitschrift für Geschichte 53 (2003), p. 338–345, ici p. 339.

103 Voir à ce sujet Erhart NEUBERT, Arbeitsweise der »Gauck-Behörde« im gesellschaftlichen Kontext, dans: Ralf K. WÜSTENBERG (dir.), Wahrheit, Recht und Versöhnung, Francfort/M. 1998, p. 65.

104 Pensée développée par NEUBERT, ibid. mais également par Konrad SCHULLER, dans: Frankfurter Allgemeine Zeitung, 30 septembre 2000, p. 4; reprise par BECKER, Geschichtspolitik (voir n. 16), p. 384.

l'administration et de ses dirigeants. En effet, l'exigence historique de divulgation des dossiers, de la publication des listes de collaborateurs, officiels ou non, du MfS, le souhait d'une catharsis révolutionnaire s'est toujours heurté et se heurte encore aux limites fixées par l'État de droit, limites qui érigent des droits à la défense, des obligations de protection et des réflexions mesurées. Le souci de divulgation révolutionnaire est quant à lui absolu et ne reconnaît aucune échelle de droit normative garantissant la justesse, la nécessité et la tempérance. Face aux torts catégoriques du MfS, il oppose un remède tout aussi catégorique qui refuse de se diluer dans les nuances de gris imposées par l'État de droit[105]. Cette tension inhérente n'a pas été sans conséquence sur la culture et le travail internes de l'administration[106], néanmoins elle a entre-temps acquis une forme de quotidienneté qui n'est plus que sporadiquement brisée que par des découvertes plus importantes et médiatisées, comme par exemple le cas du policier de Berlin-Ouest, Karl-Heinz Kurras, qui a tiré mortellement sur l'étudiant Benno Ohnesorg, révélé en 2009 comme étant un IM du MfS[107].

D'une manière générale, il s'avère que la mission de travail de mémoire confiée au BStU, qui ne constitue pourtant qu'un pan, même s'il est conséquent, du travail de mémoire global sur l'histoire de la RDA, se distingue par son objet mais aussi par sa genèse de la conception traditionnelle de l'activité administrative. Cette tâche est souvent insaisissable ou plus exactement elle ne peut être que partiellement saisie, mais elle a toujours fait parallèlement l'objet, en tout cas dans le contexte de l'époque de la *Wende*, d'une importante attention publique et politique. Dans ces conditions, il est donc peu surprenant que des phénomènes de personnification charismatique ait eu prise sur le directeur de l'administration, Gauck. Dans ce cas, la personnification doit être également et surtout comprise comme une réduction de la complexité qui permet d'articuler ou de délibérer des concepts de travail de mémoire sociétal, exigeants et abstraits. On est en droit de douter du fait que, dans ce processus, la personnification ait conduit à un affaiblissement de la rationalité du discours. Au contraire domine l'impression que la personnification du travail de mémoire, incarnée par la personne de Gauck, puis ensuite par l'inflexible Marianne Birthler, »unbeugsame Marianne«[108], est une réponse hautement plausible et conséquente à la terreur exercée par le MfS. Tandis que cette terreur est souvent ressentie comme latente, impersonnelle, bureaucratique, technocratique, comme une disparition de la personne agissante au profit de l'institution du MfS – Hannah Arendt parle de responsabilité irresponsable des régimes totalitaires technocratiques[109], les efforts de travail de mémoire qui suivent la *Wende* introduisent ainsi une antithèse importante. L'administration chargée du travail de mémoire, mise en place par l'État de droit ›vainqueur‹ revêt son caractère charismatique. Elle oppose à l'effroi anonyme suscité par le MfS un sauveur personnifié, à la complexité opaque et mystique un rhéteur de la raison. Des motifs religieux aux traditions très anciennes se fraient un chemin, celui d'un Messie apportant le salut, celui d'une figure de lumière céleste incarnée par le Séraphin vengeur, mais assurément aussi les images d'un homme au service du bien, sans crainte devant le mal. Il est nécessaire de considérer comme un hasard historique le fait que la personne de Gauck, de par son origine, sa personnalité et son art rhétorique fût désignée pour une stratégie de la personnification, sans pour autant prendre nécessairement position dans la controverse qui touche le travail du BStU. Mais il est également nécessaire de souligner que cette personnification a été le point de départ d'une critique sévère, comme celle d'Inga Markovits: »Led by a man who, as a pastor, had a professional stake, and as a former dissident, a per-

105 Voir à ce sujet Schuller, ibid.
106 Ibid.
107 Becker, Geschichtspolitik (voir n. 16), p. 366 et s.
108 Citation accompagnée d'autres éléments et du contexte (le cas Kohl) chez Becker, ibid., p. 324.
109 Hannah Arendt, Organisierte Schuld, dans: ead., Die verborgene Tradition (1976), Francfort-sur-le-Main 2000, p. 41.

sonal stake, in *seeing the world divided into light and darkness* and in classifying its inhabitants as either *righteous or sinners*, the Agency has done its best to keep these distinctions clean by sheltering the victims and by exposing the perpetrators to public shame«[110].

Une interprétation alternative s'impose également: on peut très bien comprendre comme un tour ironique de l'Histoire le fait que l'incarnation de la domination (de la terreur) bureaucratique soit contrée, à des fins de mise en lumière, par la mise en place d'une administration puissante à la fois politiquement, juridiquement et par l'importance de son personnel[111], administration qui, dans de nombreuses procédures internes révèle d'étonnants parallèles avec le *MfS*. À ce sujet encore, Markovits:

> »Maybe it is not surprising that the *Gauck* Authority, as the sole keeper and administrator of the Stasi files, also shares some of the attributes and habits of the organization whose corrupt estate it has inherited. Maybe the Stasi poison is still strong enough to affect those who touch it, even years after the collapse of Socialism [...] Both deal with secrets and with skeletons: the one, exploiting their existence in people's closets, the other bringing them out into the light. Both process and pass on highly dubious information: lies, innuendos, exaggerations, defamations, hearsay (in fact, courts in the Federal Republic repeatedly have declared Stasi information to be too unreliable to count as evidence [...]). Both had or have a highly personal working style: the Stasi through personal surveillance and betrayal, the *Gauck* Authority through its pastoral solicitude for Stasi victims, whose confrontation with their past the Agency carefully manages and controls. [...] As the Stasi was, the *Gauck* Authority is not bound by the rules of ordinary data protection [...] It seems no accident that the *Gauck* Authority is the only post-Socialist federal agency that in its work still makes use of the infamous GDR »personal identification number« (*Personenkennzahl*, or PKZ). The idea of a personal UID number for every citizen has always been anathema to German data protection, and the Unification Treaty, accordingly, called for the abolition of the PKZ. The *Gauck* Authority, by special legislation, was allowed to continue its use through the year 2005 [...], supposedly to facilitate the deciphering of Stasi cover names. And, like the Stasi, the *Gauck* Authority perceives the world in Manichaen terms of light and darkness, replacing the Stasi's dichotomy of friend and foe with that of victim and perpetrator[112].«

Dans cette perspective qui établit une analogie entre le MfS et le BStU, il est également possible de comprendre la charismatisation comme le corrélat du culte de la personnalité, caractéristique des états socialistes, qui est établi en tant que façade des dictatures bureaucratiques et technocratiques. Si le culte de la personnalité a ›aidé‹ à dépasser le décalage existant entre l'ambition de domination utopique et la réalité, crue, de la domination, la personnification poussée de la direction de l'administration dans les conditions données de l'État de droit démocratique rend tout juste supportables la survivance des dossiers du MfS, substrat matériel des préjudices commis, leur signification durable et leur force de déflagration sociale.

Cette logique suit une loi du talion. Les charismatisations sont également désignées pour dissimuler les déficits latents que révèlent presque nécessairement le travail de mémoire, fondé sur l'État de droit, autour des préjudices, face aux besoins de justice éprouvés par les anciennes vic-

110 Voir par exemple Markovits, Selective Memory (voir n. 13), p. 540 [les mises en exergue ne sont pas dans leur version originale].
111 Avec plus de 3300 collaborateurs au plus fort de son activité, l'administration possédait trois à quatre fois plus de collaborateurs que les plus petits ministères fédéraux.
112 Markovits, Selective Memory (voir n. 13), p. 553 (dans la note de bas de page 60).

times du régime. Cette thèse se trouve renforcée par le fait que Marianne Birthler et Roland Jahn, dans des circonstances personnelles et politiques différentes, ont également occupé une position personnifiée à part dans le paysage des responsables d'administrations fédérales. Le parcours de Jahn en particulier, symbole des victimes du régime de la RDA a pris un tour déterminant dans la perception de celui-ci – et dans son action!

Si l'on essaie de formaliser cette pensée d'un point de vue plus juridique, il est nécessaire d'examiner les problèmes structurels constitutionnels relatifs à l'activité du BStU. Il est évident que l'ouverture des dossiers entretient le danger de perpétuer les offenses aux droits individuels commises par le MfS. Mais la distinction, historiquement floue, entre bourreaux et victimes des agissements du MfS, voire la concomitance de la qualité de bourreau et de victime, font surgir des problèmes constitutionnels dans l'application pratique du StUG. Dans un dernier temps, la perception conforme aux principes du droit de la dimension collective des offenses aux droits individuels faites par le MfS place l'État constitutionnel devant de grandes difficultés. Le StUG tente – même dans les 8 amendements subis depuis 1991 – de résoudre avec les outils de l'État de droit ces situations de tension. On peut, aujourd'hui encore, contester le fait que le texte y parvienne. Dans cette situation qui pose des problèmes de légitimation constitutionnelle de l'action administrative, on peut attribuer à la direction de l'administration la fonction d'une compensation de la légitimation. Celle-ci prend en considération les limites, inévitablement floues dans le contexte de l'État de droit, du travail de mémoire mené par l'administration. Ce faisant, le gain de légitimité ne peut naturellement pas, dans un sens juridiquement appréhensible, résoudre les problèmes posés par le dogme constitutionnel. Cependant il est susceptible de rendre leur survenue acceptable, voire de les représenter et de les consolider comme une conséquence à la fois globale et inévitable du projet de travail de mémoire.

Dès lors qu'on continue de tisser le lien de gémellité existant entre le BStU et le MfS, il est possible de reconnaître des correspondances dans les représentations individualistes, contenues à la fois dans le socialisme scientifique, du marxisme qui défend une représentation de l'homme en tant qu'individu libéré, ainsi que dans l'approche reposant sur la raison adoptée par l'*Aufklärung* dans sa définition de la personne autonome[113]. De plus, la critique précédemment exposée de l'action de Gauck en tant que BStU repose, pour une grande part, sur une idéologie qui s'épuise dans le cas du BStU par le fait que Gauck lui-même a justifié son activité d'un point de vue éminemment idéologique. Dans cette perspective, il se révèle comme l'un des représentants typiques de ces virtuoses idéologiques de la politique[114], qui se distinguent par leur absolutisme moral qui lui-même se tourne contre l'autorité du système politique (dans le cas présent contre le régime déchu)[115]. L'inscription de l'activité de l'administration dans une tradition idéaliste de mise en lumière n'indique toutefois que son orientation idéologique. La manière dont la rhétorique de Gauck et le travail concret de l'administration établissent son profil renforcent de manière spécifique le *conflit idéologique* qui existe entre la mission de travail de mémoire du BStU et l'activité du MfS. Par la suite, il ne subsiste bien évidemment *aucun parallèle matériel* dans l'établissement de ce profil idéologique, mais un parallèle modal dans la signification du recours idéologique pour l'identité de chacune des deux organisations.

113 Voir dans une perspective de généalogie des droits de l'homme Joas, Die Sakralität (voir n. 91), p. 53 et s., qui parle de la prétention scientifique, »Prätention«, du marxisme en tant que socialisme scientifique.

114 Günther Roth, Politische Herrschaft und Freiheit, Francfort-sur-le-Main 1987, p. 142.

115 Ibid., p.144.

### *III. Charismatisation à travers l'institution et l'institutionnalisation*

Les facteurs favorables à la charismatisation du BStU reposent sur son institution individuelle et son institutionnalisation sous la forme d'une administration. Le *Bundesbeauftragte* est une autorité supérieure fédérale, placée (depuis) sous le giron du ministère fédéral de la Culture et des Médias, conformément au § 35, alinéa 1, p. 1 du StUG (jusque 2006 le BStU est encore placé sous la tutelle du ministère fédéral de l'Intérieur, selon le § 35, alinéa 1 p. 1 du StUG dans sa version de 1991). Selon le § 35, alinéa 2 du StUG, le directeur de l'administration est élu par le Bundestag et nommé par le Bundespräsident. Le règlement est adossé au § 22 du BDSG, qui encadre l'élection du Bundesdatenschutzbeauftragte.

Dans cette mesure, la direction du BStU se distingue de la direction d'autres autorités supérieures fédérales qui habituellement sont nommées par des ministères chargés de leur contrôle. Déviant de l'article 42, alinéa 2, p. 1 du *Grundgesetz* (constitution allemande), une majorité qualifiée est nécessaire à l'élection du BStU. Cette disposition confère aux responsables de l'administration une légitimité parlementaire (qu'il faut comprendre d'un point de vue rationnel) et par conséquent démocratique. La légitimité démocratique résultant du vote parlementaire, mais aussi la légitimité symbolique découlant de la nomination par le Président de la République fédérale soulignent d'abord la dimension politique puis la dimension sociétale du BStU. La mission de mise en lumière conférée à la fonction institutionnelle est donc renforcée par la valorisation démocratique et symbolique de la fonction individuelle et se révèle pertinente d'un point de vue politique. Ce principe est également poursuivi en vertu de l'obligation de rapport du BStU devant le Bundestag, contenue dans le § 37, alinéa 3 du StUG. Tandis que le droit constitutionnel reconstruit par conséquent le mode électoral d'une manière rationnelle, fondée sur un dogme démocratique, ce mode électoral est susceptible lui-même d'être interprété dans le même temps, du point de vue de la sociologie de la domination, comme un moyen moderne de charismatisation. À ce titre, Max Weber parle de »herrschaftsfremden Umdeutung des Charismas«. L'absence de domination se caractérise par le fait que le caractère fondamentalement autoritaire du charisme est remanié de manière anti-autoritaire par l'élection d'un dirigeant librement élu, eines »frei gewählten Führers«[116]. Dans l'effort déployé afin d'obtenir un consensus démocratique large en élisant le BStU, se révèle par conséquent le besoin de conférer à la fonction un centre de gravité politique particulier et par extension l'ouverture d'un champ d'action politique pour les titulaires de la charge, justement légitimé par un large accord parlementaire.

La position particulière conférée au *Bundesbeauftragte* à travers son élection et sa nomination se prolonge également par le mode d'institutionnalisation de l'administration dans son rapport au gouvernement fédéral. Tout d'abord, le BStU lui-même n'est pas un fonctionnaire, mais titulaire d'une fonction (*Amtsträger*)[117]. Le ministère d'État de la Culture et des Médias, (désormais) ministère tutélaire, conduit seul la surveillance juridique du BStU. Il est difficile de surestimer la reprise de l'intensité de la surveillance exercée sur le BStU, alors qu'aujourd'hui, près d'un quart de siècle après la mise en place de l'administration, ce fait ne possède plus la même signification qu'en 1991. Ce sont justement les instruments d'une surveillance spécialisée qui auraient, notamment dans la phase de fondation, pu permettre au ministre de l'Intérieur d'exercer une influence massive sur les pratiques de l'organisation. Or, le fait que cette possibilité lui ait été dès le départ refusée, a ouvert au BStU une possibilité d'action politique par un lien de domination très structuré, à la fois d'un point de vue bureaucratique et légal, et incarné d'une manière spécifiquement charismatique par Joachim Gauck.

116 Weber (voir n. 3), p. 190 et s.

117 Hansjörg Geiger, Heinz Klinghardt (fortgeführt von Martin Budsinowski, Josephine Burth, Jörg Pietrkiewicz, Juliane Rapp-Lücke), Stasi-Unterlagengesetz. Kommentar, Stuttgart ²2006, § 35 Rn. 9.

## La langue légitime de l'*Aufklärung*

### *I. Le capital culturel de Gauck*

Le capital spécifique culturel amené par Joachim Gauck dans sa fonction de BStU découle de sa socialisation professionnelle en tant que théologien protestant *et* pasteur. La force d'influence culturelle de la ›paroisse protestante‹ a fait l'objet au cours des dernières années de débats intenses dans le domaine de la sociologie culturelle qui la considèrent comme le havre de l'esprit et du pouvoir[118], mais aussi comme un mythe[119],un lieu de nostalgie[120], comme un lieu de croyance, de spiritualité et de pouvoir[121]. Le symbole de la paroisse vaut pour une certaine lecture du protestantisme comme force éducative[122], comme instance structurante non seulement de l'individu protestant, mais plus généralement d'une bourgeoisie cultivée (*Bildungsbürgertum*). Une signification particulière est attribuée aux éléments de culture formelle, perçus par Bourdieu comme des caractéristiques distinctives du capital culturel et de (re-)présentation de la culture, produits et reproduits par la langue légitime des élites culturelles. Dans ce cas précis, le rapport étroit qu'entretiennent culture et savoir posent les conditions préalables à la liberté individuelle[123], la fondation de l'individu autonome, sur lequel se reflètent immédiatement les objectifs précédemment esquissés du travail de mémoire autour des torts commis par le MfS. Ces positions de fond sont traditionnellement associées dans le protestantisme à une sémantique particulière, un pathos de l'objectivité[124] qu'incarne Joachim Gauck comme peu d'autres représentants de l'espace politique. L'imprégnation de sa pensée relative au travail de mémoire par la philosophie de l'*Aufklärung* correspond à cette tradition théologique favorisant la constitution autonome de l'individu en une personnalité[125], dans l'esprit d'une rupture avec la tradition, d'une critique, d'une innovation, d'une rationalisation et d'une recherche de vérité individuelle[126]. Dans l'application politique de cette mission de mise en lumière, on ne saurait pour autant sous-estimer la circonstance dans laquelle Gauck semble non seulement avoir rendu ces contenus habituels, mais également su les transmettre. Il est à la fois théologien *et* pasteur, le contenu et son annonce vont de pair chez lui car il parvient régulièrement à transformer les contenus spécifiques en une forme linguistique efficace. Le message et le messager se recouvrent alors en partie, le charisme individuel et celui lié aux idées se renforcent mutuellement.

La puissance linguistique théologique s'accompagne d'un crédit de confiance souvent accordé aux ecclésiastiques et qui confère à leur action, même coupée du contexte théologique, une dimension morale qui valorise leur puissance symbolique. La valorisation est, par nature, particulièrement efficace dans les domaines où les fondements et les problèmes moraux relèvent de l'évidence, ce qui est le cas manifestement dans celui du travail de mémoire autour des torts commis par le MfS. Tout particulièrement dans les conflits juridiques autour des revendications en légalité et du ressenti moral de justice – »Nous voulions la justice et nous reçûmes l'État de droit« (Bärbel Bohley) – le surplus moral de capital culturel peut se révéler utile pour résoudre ces conflits au profit d'une légitimité juridique dont le caractère acceptable est justement garanti par celui qui dispose d'un capital culturel accru. Dans cette perspective, le théologien protestant de l'ancienne RDA joue un rôle particulier, car l'église protestante est à la fois havre et source de la résistance de l'opposition et abrite le mouvement de droits civiques qui se renforce

118 Eichel, Das deutsche Pfarrhaus (voir n. 9)
119 Seidel, Spehr (dir.), Das evangelische Pfarrhaus (voir n. 9).
120 Eichel, Das deutsche Pfarrhaus (voir n. 9), p. 21 et s.
121 Aschenbrenner, Das evangelische Pfarrhaus (voir n. 9).
122 Friedrich Wilhelm Graf, Protestantismus, Munich 2006, p. 97 et s.
123 Ibid., p. 98.
124 Ibid.
125 Ibid., p. 99.
126 Ibid., p. 100.

dans le courant des années 80. Enclave d'une contre-culture au sein de l'État de la RDA athée[127], son personnel se voit conférer, pas dans chaque cas individuel, mais plutôt en vertu d'une appartenance institutionnelle l'indéniable présomption de probité et de résistance face aux conditions imposées par la dictature. Dans le même temps, se superposent à la figure du pasteur des traditions culturelles par lesquelles le personnel religieux est perçu comme instruit. Son gain moral est donc complété par un crédit cognitif, la personnalité du pasteur étant idéalisée en une figure d'érudit[128], ce qui renforce d'autant son capital culturel. Le tout s'inscrit de manière transparente dans le modèle d'interprétation bourdieusien, selon lequel, dans la tradition intellectuelle allemande, les érudits, qui tirent leur essence du sérieux, de la vérité et de la profondeur, se sont rapidement coupés de l'univers mondain représenté par les cours princières et s'en sont donc distingués[129]. Ils incarnent donc une tradition dans laquelle l'érudition accroît le capital culturel.

Force est donc de constater le haut crédit en capital culturel qui revient à Joachim Gauck dès sa prise de fonction en tant que BStU. Savoir comment il a fait ensuite usage de ce capital conduit aux autres aspects du modèle de Bourdieu. Dans l'interprétation qu'il fait du champ politique, Bourdieu attribue des rôles importants à la *langue légitime* d'une part, qu'il assimile à une méthode précise d'application de schémas de pensée, d'une tendance donnée du public d'autre part à recourir à ces *motifs de la langue légitime* et à les reproduire.

### *II. La »langue légitime« de l'est – et de l'ouest*

Bourdieu rapproche langue et domination, »la langue officielle est soumise aux mêmes intérêts que l'État«[130], et souligne de cette manière le fort normativisme associé à la langue et aux règles d'utilisation de celles-ci. Il rattache cela d'abord à des détails linguistiques (en traçant une limite entre le langage soutenu des dialectes, idiomes et autre idiosyncrasies linguistiques locales), il s'appuie cependant explicitement, en référence à l'espace politique, sur un nouveau vocabulaire politique, de nouveaux systèmes de signifiants et signifiés[131], donc sur l'aspect rhétorique de la langue qu'il est nécessaire de mettre en valeur. Pour Bourdieu, il s'agit essentiellement de savoir de quelle manière on parle de quelque chose, ou selon Michel Foucault de l'ordre du discours. La légitimité spécifique de la parole de Gauck dès lors qu'elle s'attache au travail de mémoire et à la mise en lumière se nourrit à présent de deux sources. Dans la perspective du bouleversement révolutionnaire à l'œuvre en RDA puis à la phase de transformation consécutive, la rhétorique de Gauck fait usage du pathos révolutionnaire présent dans le mouvement des droits civiques – »Meine Akte gehört mir« –, et dans lequel se manifestent essentiellement le rejet de l'ancien système de la RDA et un contre-modèle idéologique. Dépassant la critique qui émane du mouvement des droits civiques et porte notamment sur son style de direction de l'administration, Gauck peut également se présenter comme l'administrateur d'un héritage politique révolutionnaire, auquel il a conféré une forme de légitimité linguistique à l'aide de sa rhétorique puisant dans la tradition de l'*Aufklärung*.

Mais un autre aspect entre encore en compte. Celui-ci rend plausible la raison pour laquelle, malgré toutes les réticences de la part du gouvernement fédéral et de la classe politique dirigeante de l'ancienne République fédérale, l'exigence révolutionnaire d'un travail de mémoire s'est imposée pour l'essentiel. En effet, dans la rhétorique de mise en lumière se reflètent les valeurs an-

127 Eichel, Das deutsche Pfarrhaus (voir n. 9), p. 269.
128 Ibid., p. 135.
129 Pierre Bourdieu, Die feinen Unterschiede. Kritik der gesellschaftlichen Urteilskraft, Francfort-sur-le-Main 1982, p. 132.
130 Pierre Bourdieu, Was heißt sprechen?: zur Ökonomie des sprachlichen Tausches, Wien ²2005, p. 50.
131 Ibid., p. 53; à propos de la langue politique voir également Bourdieu, Die feinen Unterschiede (voir n. 129), p. 707 et s.

ciennes et fondamentales de la vision la plus pure de l'État constitutionnel qui repose sur la démocratie et l'État de droit, est orienté vers l'individu, peu importe d'ailleurs le concept langagier qui résume chacune de ces valeurs dans le détail: liberté, autonomie, responsabilité, de même que le recours à l'échec du travail de mémoire autour des crimes nazis dans les années qui suivent la fin de la Seconde Guerre mondiale et l'avertissement d'une possible répétition de cet échec, qui constitue également le noyau dur de l'identité de la République fédérale. Sur le fond comme sur la forme, les représentants de l'élite politique ne peuvent s'opposer à ces exigences dont les fondements idéologiques, déjà aux temps de la partition allemande, n'ont eu de cesse d'affirmer et de renforcer d'un point de vue rhétorique la supériorité de la République fédérale face à la RDA. Aussi, les prises de position de Bonn à l'encontre du travail de mémoire, en tout cas celles dont on trouve des traces écrites, paraissent aussi techniques qu'impuissantes. Cela vient du fait qu'il leur manque un fondement linguistique de légitimité, ce qu'on peut lire, aujourd'hui encore, dans les revendications de l'époque, absurdes, de tourner la page le plus rapidement possible[132].

En fin de compte, l'ensemble de la situation historique a joué en faveur du succès de l'action de Gauck. Max Weber déjà soulignait l'affinité des périodes de crises et de transformation pour la domination charismatique. Elles contiennent à la fois le besoin et la possibilité de formes et de modes de domination politique peu conventionnels, ou extra-quotidiens dans le sens employé par Weber. La situation de réunification en général de même que celle du travail de mémoire autour des torts commis par le MfS et qui doivent être surmontée, étaient à l'époque et demeurent aujourd'hui sans précédent. À partir d'un certain point, elles sont également devenues inévitables. C'est ainsi que s'est ouvert, en ce qui concerne la question du travail de mémoire, un espace d'histoire politique à l'intérieur duquel des conceptions diverses sur le rapport nécessaire au passé ont lutté les unes contre les autres dans l'espoir d'occuper une place hégémonique dans l'histoire politique. On peut considérer comme relevant du hasard le fait que soit confié à un pasteur protestant, en charge des questions éternelles, la tâche de remplir cet espace avec un discours sur le devoir de mémoire et sur la mise en lumière, sur la réconciliation et le pardon. Mais il s'agit de tout sauf d'un hasard si l'entreprise a abouti avec tant de succès, ce que les considérations précédentes ont démontré.

### *III. Esthétique et authenticité*

Dans ses recherches sur la paroisse allemande, Christine Eichel pose le diagnostic d'une renaissance du prêche[133], qu'elle illustre à l'aide de la rhétorique employée par Joachim Gauck dans sa fonction de Président de la République. Contrairement à l'élite intellectuelle, critique[134] face aux ébauches positives du monde et au jargon émotif de l'authenticité, l'opinion publique est friande du discours de prêche pastoral que tient Gauck[135], chargé d'utopie. Et même au cours de son mandat de BStU, les discours et les interventions de Gauck se caractérisent par un dualisme qui allie le sérieux, dénué d'émotions, et la raison qui tend à la mise en lumière, donc par une éthique politique du devoir, une ébauche positive de la réussite, à savoir concrètement la réconciliation entre les acteurs et les victimes du MfS[136]. Le but final étant d'éclipser l'esquisse sombre de l'histoire afin de révéler de manière plus éclatante l'objectif souhaitable et accessible de la promesse de salut par un travail de mémoire réussi (et montrer par extension que l'activité du BStU est incontournable).

132 Ainsi, le ministre fédéral de l'Intérieur de l'époque, Wolfgang Schäuble, plaide en faveur d'une destruction complète et immédiate des dossiers. Assurément, il a, de même que Helmut Kohl, relativisé ce procédé par un plus grand recul historique.

133 Eichel, Das deutsche Pfarrhaus (voir n. 9), p. 331.

134 Non sans piquant, Theodor W. Adorno, Der Jargon der Eigentlichkeit, Gesammelte Schriften, vol. 6, Francfort-sur-le-Main 1997, p. 417 parle de »Prätention tiefen menschlichen Angerührtseins«.

135 Eichel, Das deutsche Pfarrhaus (voir n. 9), p. 332.

136 Giesecke, Die Stasi (voir n. 19), p. 163.

Dans la thèse accréditant l'utilisation de contrastes rhétoriques conscients, voire peut-être une certaine exagération de l'injustice et du travail de mémoire, on évoque d'un point de vue positif un élément de l'esthétique, d'un point de vue négatif un élément de calcul. En effet, il est difficile de considérer le profil de Gauck comme le fruit d'un hasard ou d'une pure banalisation. Sa langue empreinte d'émotions soudaines et qui nourrit sans crainte son ambition de pertinence politique par les moyens issus du fonds rhétorique théologique et pastoral, est également le résultat naturel d'une décision consciente en faveur d'un programme politique et de l'esthétisation de celui-ci.

Eichel attribue à l'origine pastorale de l'orateur la résonance positive à cette forme de langage. Elle attribue à cette origine une fonction morale d'authentification[137]. Assurément, c'est sous la forme du crédit moral accordé à l'ecclésiaste protestant de la RDA que se réalise le capital culturel de Gauck. Ainsi, l'orateur et son style se superposent dans leur perception extérieure. Ils sont perçus comme authentiques[138]. L'esthétique spécifique de la langue employée se distingue de la rhétorique politique conventionnelle et coïncide avec la situation politique et historique exceptionnelle et la mission spécifique de travail de mémoire confiée au BStU. Dans le même temps, cette esthétique – une récurrence chez Bourdieu – fait figure de carte d'identité d'une stratégie précise de distinction sociale, propre à la société bourgeoise, car toute manifestation esthétique unit et divise de manière concomitante[139]. La langue de mise en lumière des torts commis par le MfS, richement alimentée d'emprunts théologiques a autorisé d'un côté une distinction clivante, de l'autre une intégration unifiante portant sur son esthétique spécifique. La population et la politique des anciens *Bundesländer* a été capable de perpétuer la distanciation de la RDA, répétée avec application, par rapport aux contenus idéalistes de la rhétorique de mise en lumière, et par conséquent de se positionner favorablement en faveur de l'objectif de mise en lumière du BStU. De leur côté, les citoyens de RDA, activement ou passivement engagés dans la révolution pacifique, ont été capables de reconnaître dans cette rhétorique de mise en lumière l'héritage politique de leurs efforts révolutionnaires, administrés depuis par le BStU dans la perspective des torts commis par le MfS.

## Conclusion

Dans l'activité menée par Joachim Gauck en tant que *Bundesbeauftragter* en charge des dossiers de la Stasi de l'ancienne RDA, divers motifs et situations s'agrègent en un complexe global qui rend plausible à la fois son succès dans cette fonction mais aussi l'intensité de la critique dont il a fait l'objet.

La situation de réunification, sans aucun précédent historique, de même que le nécessaire travail de mémoire autour des torts commis par le MfS ont favorisé le développement d'instruments de domination politique peu conventionnels, parmi lesquels l'administration du *Bundesbeauftragte* et la mission de travail de mémoire conférée à celui-ci par le § 1, al. 1, n°°3 du StUG.

Le fait de confier la responsabilité sociétale du travail autour des torts commis à cette administration a aussitôt instituée celle-ci comme un acteur politique qu'elle est encore aujourd'hui. La nature politique de la fonction institutionnelle a eu des répercussions sur la fonction de direction de l'administration dans sa dimension *individuelle*, en extrayant celle-ci d'une logique

137 Eichel, Das deutsche Pfarrhaus (voir n. 9), p. 334.
138 À propos des dimensions du concept d'authenticité, se reporter à Aleida Assmann, Authentizität – Signatur des abendländischen Sonderwegs, dans: Michel Rössner, Heidemarie Uhl (dir.), Renaissance der Authentizität?: Über die neue Sehnsucht nach dem Ursprünglichen, Bielefeld 2012, p. 27 et s.
139 Bourdieu, Die feinen Unterschiede (voir n. 129), p. 104.

exécutive d'accomplissement et de planification et en l'inscrivant dans un espace hautement controversé de débats historico-politiques.

Gauck a rempli cet espace en adoptant un mode de domination charismatique. Au cœur de celle-ci se situe une perception du travail de mémoire comme étant le fruit de la pensée de l'*Aufklärung*. Il est nécessaire de constater parallèlement, au sens de Max Weber, l'étroit lien entre le charisme personnel et un charisme, plus institutionnel, de l'*Aufklärung*, lié à ce courant de pensée. L'un et l'autre entretiennent un rapport où ils se renforcent mutuellement. À l'origine du charisme personnel se situe, au sens de la pensée de l'*habitus* chez Bourdieu, un capital culturel propre à Gauck et qui trouve sa source dans sa formation de théologien et son métier de pasteur de confession protestante au sein de l'ancienne RDA. De fait, une tradition spécifique de »culture protestante«, tournée autour de l'individualisme et du rationalisme, orientée vers la reconnaissance de la vérité et de la construction de soi a été mise en valeur politiquement. Elle a offert une base au travail de mémoire du BStU, à la fois culturelle, politique et enfin rhétorique.

Les ›portes d'entrée‹ à la charismatisation de la direction du BStU ont été nombreuses: la situation politique transitoire de la révolution pacifique et de la réunification de même que le mode d'élection parlementaire du BStU en font partie; on y ajoutera également l'appropriation par le BStU et sa pratique vis-à-vis du MfS et des logiques de fonction de celui-ci, ce que l'on pourrait assimiler à une forme de syndrome de Stockholm administratif[140], renforcé dans le fonctionnement des institutions par la parenté des représentations individualistes du marxisme et de l'*Aufklärung*. On mentionnera enfin le rôle, à l'époque et toujours actuel, de l'incommensurabilité cognitive et politique de l'ambition du travail de mémoire. Elle a favorisé la charismatisation de la direction de l'administration, la personnification du sujet comme un mode de réduction de la complexité. Cette réalité bigarrée a conduit à ce que, dans la situation de transition de réunification, politiquement sous-déterminée, Joachim Gauck, au sens de Bourdieu, a été en mesure de déterminer la langue légitime du programme de mise en lumière politique. Celle-ci a également trouvé un espace de résonance parmi les valeurs fondamentales de l'ouest d'un État constitutionnel libéral, de même qu'elle a offert une demeure rhétorique à l'héritage politique du mouvement des droits civiques, malgré toutes les critiques que celui-ci a pu formuler à l'encontre de Joachim Gauck.

140 Cette dimension du terme est à attribuer à Christoph Schönberger.

Corine Defrance

# FAIRE FACE AU PASSÉ

## Gestes et discours officiels en RFA depuis les années 1970

Le 7 décembre 1970, Willy Brandt, chancelier de la République fédérale d'Allemagne, s'agenouille devant le monument commémoratif des victimes et de la résistance du ghetto de Varsovie. Ce geste est un lieu de mémoire du XXe *siècle*[1]. Pour la première fois, un chancelier expie au nom du peuple allemand. Ce geste fulgurant, aujourd'hui incontesté et même commémoré[2], a suscité à l'époque une émotion considérable et bien des polémiques. Certains ont admiré le courage du chancelier, la justesse et la puissance du geste; d'autres ont ressenti de la colère devant ce qu'ils ont considéré comme une humiliation: un chancelier peut-il se mettre à genoux au nom de son peuple[3]?

Certes, ce n'était pas le premier geste symbolique d'une personnalité officielle ouest-allemande. Rappelons celui du premier président fédéral Theodor Heuss, membre du parti libéral (FDP), se rendant le 30 novembre 1952 au camp de concentration de Bergen-Belsen avec Nahum Goldman, le président du Congrès juif mondial. Il y tint un discours à l'occasion de l'inauguration du mémorial, où il reconnut la culpabilité allemande dans la Shoah, et où il affirma que les Allemands savaient (*Wir haben von den Dingen gewußt*)[4]. Il s'agissait d'un geste attendu par Israël et

1 Adam Krzemiński, Der Kniefall, dans: Deutsche Erinnerungsorte. Eine Auswahl, édité par Étienne François et Hagen Schulze, Munich 2005, p. 431–446; Christoph Schneider, Der Kniefall von Warschau. Spontane Geste – bewusste Inszenierung?, dans: Gerhard Paul (éd.), Das Jahrhundert der Bilder, vol. II: 1949 bis heute, Göttingen 2008, p. 410–417; id., Der Warschauer Kniefall. Ritual, Ereignis und Erzählung, Constance 2006; Andreas Wilkens, Kniefall vor der Geschichte. Willy Brandt in Warschau 1970, dans: Corine Defrance, Ulrich Pfeil (éd.), Verständigung und Versöhnung nach dem »Zivilisationsbruch«? Deutschland in Europa nach 1945, Bruxelles 2016, p. 83–102.

2 En 2000, à l'occasion du 30e anniversaire du geste de Willy Brandt, l'artiste Wiktoria Czechowska Antoniewska a produit une plaque de bronze représentant Willy Brandt à genoux devant le mémorial. Elle est depuis lors exposée près du Mémorial, sur une place désormais appellée »Skwer Willy'ego Brandta« / Place Willy Brandt.

3 D'après une enquête d'opinion menée par le magazine Der Spiegel, 48 % des Allemands ont trouvé le geste exagéré, 41 % adapté et 11 % étaient sans opinion. La génération des 30–59 ans – c'est-à-dire la génération de la guerre – a très majoritairement critiqué ce geste (par 54 % contre 37 % d'opinions positives). Voir »Kniefall angemessen oder übertrieben?«, dans: Der Spiegel 51/14.12.1970, p. 27; voir également Wilkens, Kniefall (voir n. 1), p. 87–88.

4 Theodor Heuss, Das Mahnmal. Rede bei der Einweihung eines Mahnmals für die Opfer des ehemaligen Konzentrationslagers Bergen-Belsen, 30. November 1952, dans: Karl-Josef Kuschel, Theodor Heuss. Die Schoah, das Judentum, Israel. Ein Versuch, Tübingen 2013, p. 392. Au sujet de l'accueil plus que réservé fait par la haute administration de la RFA aux propos du président Heuss (reconnaissance des crimes et repentance), voir Frank Trommler, Bilanzierende Betrachtungen eines Lernprozesses. Blicke von außen auf Deutschlands Umgang mit der Vergangenheit, dans: Defrance, Pfeil (éd.), Verständigung und Versöhnung (voir n. 1), p. 793–810, ici p. 806; voir encore Peter Merseburger, Theodor Heuss, Der Bürger als Präsident. Biographie, Munich 2012.

la communauté juive mondiale au moment de la signature du traité du Luxembourg (1952) relatifs aux réparations allemandes à Israël[5]. Par cet accord, la RFA réintégrait la communauté internationale après la mise au ban qui avait suivi la chute du Troisième Reich[6].

Ces gestes et discours, accomplis et prononcés par le chancelier ou le président fédéral, permettent de saisir les rapports entre la politique internationale et les évolutions de la société allemande, entre l'image de soi que l'Allemagne entend projeter à l'extérieur comme la nouvelle identité allemande qu'elle veut contribuer à forger[7]. Depuis 1949, et encore davantage depuis l'orée des années 1970, se sont succédé nombre de discours et gestes liant ensemble passé, présent et futur. Ils sont généralement au cœur des cérémonies de commémoration, dont il faut rappeler l'ancrage principal dans le présent. Celles-ci sont l'occasion de faire un usage symbolique du passé, dans une situation donnée en vue d'objectifs à atteindre dans l'avenir[8]. Après avoir examiné comment la confrontation au passé est devenue un déterminant de la nouvelle identité allemande, il s'agira de s'interroger sur les formes, mais aussi les limites du travail sur les traumatismes historiques, et de donner un aperçu des évolutions récentes en développant l'exemple de la visite du président Joachim Gauck à Oradour-sur-Glane à l'automne 2013.

## Faire face au passé: Une mission politique au cœur de l'identité allemande

À l'occasion du 70e anniversaire de la libération du camp d'Auschwitz, le 27 janvier 2015, le président fédéral Joachim Gauck a déclaré au Bundestag: »Il n'y a pas d'identité allemande sans Auschwitz. La mémoire de l'Holocauste reste l'affaire de tous les citoyens qui vivent en Allemagne.«[9] Le crime passé est donc élevé en quintessence identitaire et condition sine qua non du vivre ensemble dans l'Allemagne d'aujourd'hui.

C'est l'occasion de mesurer le chemin parcouru en soixante-dix ans par les Allemands quand on se souvient de l'identité victimaire – en tant que »victime« d'Hitler et des Alliés: bombardements, viols, expulsions etc. – dont la société ouest-allemande s'est longtemps parée dans les années 1950 et 1960 encore[10]. Ainsi, au cours des premières décennies de l'après-guerre, la majeure partie des célébrations et des mémoriaux officiels ont été dédiés à la souffrance des Allemands, comme le monument érigé à l'ancien camp de Friedland – par où transitaient les anciens prisonniers de guerre allemands à leur retour d'Union Soviétique. Le mémorial, commandé par le *Verband der Heimkehrer* – Association des anciens prisonniers de guerre – a été inauguré en 1967 après que la première pierre eut été posée en 1966 par le chancelier Adenauer lui-même[11].

5 Dominique Trimbur, De la Shoah à la réconciliation? La question des relations RFA-Israël (1949–1956), Paris 2000.
6 Frank Trommler, Kulturmacht ohne Kompass. Deutsche auswärtige Kulturbeziehungen im 20. Jahrhundert, Cologne, Weimar, Vienne 2014, p. 656.
7 Voir ibid.; Johannes Paulmann (éd.), Auswärtige Repräsentationen. Deutsche Kulturdiplomatie nach 1945, Cologne 2005.
8 Philippe Braud, L'émotion en politique. Problèmes d'analyse, Paris 1996, p. 108–139.
9 »Es gibt keine deutsche Identität ohne Auschwitz. Die Erinnerung an den Holocaust bleibt eine Sache aller Bürger, die in Deutschland leben«, Tag des Gedenkens an die Opfer des Nationalsozialismus, Berlin, 27 janvier 2015; http://www.bundespraesident.de/SharedDocs/Downloads/DE/Reden/2015/01/150127-Gedenken-Holocaust.pdf;jsessionid=B1858C574BE0CC7B3632C4D9257F15D0.2_cid387?__blob=publicationFile (25.8.2017).
10 Jörg Echternkamp, Von Opfern, Helden und Verbrechern. Anmerkungen zur Bedeutung des Zweiten Weltkrieges in der Erinnerungskultur der Deutschen, dans: Jörg Hillmann, John Zimmermann (éd.), Kriegsende 1945 in Deutschland, Munich 2002, p. 301–316. Voir aussi Martin Sabrow, Den Zweiten Weltkrieg erinnern, Aus Politik und Zeitgeschichte (APUZ 36-37/2009), http://www.bpb.de/apuz/31767/den-zweiten-weltkrieg-erinnern.
11 Birgit Schwelling, Gedenken im Nachkrieg. Die »Friedland-Gedächtnisstätte«, dans: Zeithistorische Forschungen/Studies in Contemporary History, Online-Ausgabe, 5 (2008), H. 2,

Le geste accompli par Willy Brandt à Varsovie est en rupture avec cette ligne de pensée. Un chef de gouvernement, ayant lui-même combattu le régime nazi dès la première heure, exprime le fait que la RFA dans son ensemble et chaque Allemand en particulier, indépendamment de son éventuelle responsabilité voire culpabilité individuelle, portent une part de la responsabilité collective et doivent assumer le passé criminel de l'Allemagne. Pour Willy Brandt, il ne s'agit pas d'une éthique développée une fois à la chancellerie, mais d'une conviction morale énoncée dès l'après-guerre. Dans un discours prononcé le 19 juillet 1955 au mémorial de Berlin-Plötzensee – prison dans laquelle les nazis avaient exécuté de nombreux opposants au régime et notamment des »conjurés du 20 juillet 1944« (attentat manqué contre Hitler), il avait affirmé: »Nous sommes dans le présent, mais nous n'existerons demain que si nous avons accepté et assimilé les leçons d'hier et d'avant-hier. Et pour cela, nous ne pouvons et ne devons oublier ni les bourreaux ni les victimes, ni ce qui a été commis de honteux au nom du peuple allemand, ni ce qui a permis de se relever de la honte[12]«! Lors de cette commémoration, Brandt s'exprimait en tant que président de la Maison des Députés de Berlin-Ouest. Depuis son accession à la chancellerie, il parle désormais au nom du peuple allemand. Dès sa déclaration gouvernementale d'octobre 1969, il avait indiqué le chemin qu'il entendait suivre et qui, selon lui, serait désormais un élément constitutif de l'identité allemande: »Nous voulons être un peuple de bons voisins, à l'intérieur comme à l'extérieur«[13].

Bien sûr, ce geste s'inscrit dans le contexte de l'*Ostpolitik* – le jour de la signature du traité entre la République fédérale d'Allemagne et la Pologne –, mais il est loin d'être seulement la condition de l'*Ostpolitik*: au-delà de la Pologne, il s'adresse à l'ensemble de la communauté juive. Doté d'une forte connotation religieuse, il permet de dire ce que les mots ne peuvent exprimer[14]. Ce geste est possible à ce moment-là parce qu'il reflète, et encourage aussi, l'évolution progressive de la société ouest-allemande. Il faut garder en mémoire qu'il a été précédé par l'échange de lettres des évêques polonais et allemands fin 1965[15], ainsi que par l'engagement de l'Église protestante d'Allemagne (le *Ostdenkschrift* du 1er octobre 1965) et par de multiples initiatives sociétales[16]. Il s'inscrit aussi dans un contexte marqué par les exigences de la nouvelle

URL: http://www.zeithistorische-forschungen.de/2-2008/id=4701 (21.3.2018), Druckausgabe: p. 189–210; Voir encore Sascha SCHIESSL, »Das Tor zur Freiheit«. Kriegsfolgen, Erinnerungspolitik und humanitärer Anspruch im Lager Friedland (1945–1970), Göttingen 2016.

12 Discours du 19 juillet 1955 à la Gedenkstätte Berlin-Plötzensee, à l'occasion de l'anniversaire de l'attentat contre Hitler du 20 juillet 1944 (doc. 19), dans: Willy BRANDT, Im Zweifel für die Freiheit. Reden zur sozialdemokratischen und deutschen Geschichte, édité et commenté par Klaus SCHÖNHOVEN, Bonn 2012, p. 337–344, ici p. 339.

13 »Wir wollen ein Volk der guten Nachbarn werden im Innern und nach außen«, Die großen Regierungserklärungen der deutschen Bundeskanzler von Adenauer bis Schmidt. Eingeleitet und kommentiert von Klaus von BEYME, Munich, Vienne 1979, p. 251–281.

14 Frédéric ROGNON, Expiation, repentance, pardon et réconciliation: concepts religieux et valeurs des sociétés européennes contemporaines, dans: Cahiers Sirice 15 (2016), p. 15–23 [http://www.cairn.info/revue-les-cahiers-sirice-2016-1.htm]

15 La lettre des évêques polonais se terminait ainsi: »Nous pardonnons et demandons le pardon« [Wir gewähren Vergebung und bitten um Vergebung], mais la réponse des évêques allemands, embarrassée et timorée, fut fortement critiquée. Edith HELLER, Macht, Kirche, Politik. Der Briefwechsel zwischen den polnischen und deutschen Bischöfen im Jahre 1965, Cologne 1992, p. 203–210. Voir aussi Ulrike SCHRÖBER, Zeichen der Versöhnung. Der Beitrag der Kirchen zur Völkerverständigung nach dem Zweiten Weltkrieg, dans: DEFRANCE, PFEIL (éd.), Verständigung und Versöhnung (voir n. 1), p. 569–584.

16 Message des évêques polonais aux évêques allemands du 18 novembre 1965, dans: Hermann PFISTER (éd.), Polen und Deutsche. Der lange Weg zu Frieden und Versöhnung, Waldkirch 1972, p. 48. Voir aussi Robert ZUREK, Der Briefwechsel der katholischen Bischöfe von 1965, dans: Friedhelm BOLL, Wieslaw WYSOCKI, Klaus ZIEMER (éd.), Versöhnung und Politik. Polnisch-

génération demandant de prendre le passé à bras le corps. En raison de ce changement générationnel, de l'advenue de ces jeunes n'ayant pas fait l'expérience directe du national-socialisme et de la guerre, le rapport au passé devient plus abstrait et aussi plus symbolique[17]. Le *Kniefall* ou « agenouillement » marque le moment où la RFA, au niveau officiel, reprend cette exigence à son compte et s'engage plus avant dans un processus de « réconciliation » avec ses voisins de l'Est. Mais c'est seulement *a posteriori* que ce geste a pris toute sa force, dans la réception à laquelle il a donné lieu sur le long terme[18].

Du temps de son successeur Helmut Schmidt (1974–1982), il n'y a pas eu de gestes symboliques comparables. Le nouveau chancelier n'avait pas la fibre commémorative. Même si son expérience de la guerre sur le front de l'Est a été à la base de sa relation de confiance avec Leonid Brejnev, même s'il a été particulièrement ému par sa visite au camp d'Auschwitz en novembre 1977[19], son passé d'ancien soldat de la *Wehrmacht* rendait plus délicat ce retour réflexif. Schmidt symbolise le parcours de la majorité des Allemands: il a été un soldat parmi dix-neuf millions d'autres. Trente ans après la fin de la guerre, il ressentait toujours un certain malaise face à la question des crimes de la *Wehrmacht* et peinait à admettre que les Allemands auraient pu et dû savoir…[20] Si Brandt a été la bonne conscience de la République fédérale, rassurant les pays anciennement victimes de l'Allemagne, Schmidt a sans doute facilité la réconciliation des Allemands avec eux-mêmes.

Le tournant mémoriel majeur s'est produit au milieu des années 1980 avec le discours au Bundestag du président Richard von Weizsäcker le 8 mai 1985. La capitulation sans condition de l'Allemagne nazie est moins pensée comme une défaite que comme la libération de la barbarie nazie et une chance de rédemption. Le président invite alors ses compatriotes à repenser « le début d'une tyrannie qui avait conduit à la guerre ». Il plaide l'acceptation de l'héritage du passé et dit la responsabilité qui en découle pour tous les Allemands. Une autre grande nouveauté de ce discours est de mettre en lumière les victimes plutôt que de thématiser la question des »bourreaux« [21]. Ce discours était bien loin de la »grâce de la naissance tardive« [*Gnade der*

deutsche Versöhnungsinitiativen der 1960er Jahre und die Entspannungspolitik, Bonn 2009, p. 67–76; Martin GRESCHAT, Der Protestantismus in der Bundesrepublik Deutschland 1945–2000, Leipzig 2011, p. 80–85; ID., Vom Tübinger Memorandum (1961) zur Ratifizierung der Ostverträge (1972). Protestantische Beiträge zur Aussöhnung mit Polen, dans: BOLL, WYSOCKI, ZIEMER (éd.), ibid, p. 29–51; Jerzy HOLZER, La réconciliation germano-polonaise, dans: Revue d'études comparatives Est-Ouest 31 (2000), p. 67–80.

17 Kristina MEYER, Die SPD und die NS-Vergangenheit 1945–1990, Göttingen 2015, p. 12–13; Voir aussi Christiane WIENAND, Jeunesse d'Europe. Réflexions conceptuelles pour une histoire de la »jeune génération« dans les discours et la pratique de compréhension transnationale après la Seconde Guerre mondiale, dans: Les Cahiers Sirice 15 (2016), p. 53–65. URL: http://www.cairn.info/revue-les-cahiers-sirice-2016-1-page-53.htm (21.3.2018).

18 Voir les références de la note 1.

19 Gunter HOFMANN, Helmut Schmidt, Soldat, Kanzler, Ikone, Munich 2015, p. 179, 267, 407. Voir aussi Christiane WIENAND, Auschwitz. Vom Ort der Vernichtung zum Ort der Versöhnung?, dans: DEFRANCE, PFEIL (éd.), Verständigung und Versöhnung (voir n. 1), p. 207–225, ici p. 219–220.

20 Voir HOFMANN, ibid., p. 49–55.

21 Richard von WEIZSÄCKER, Von Deutschland aus. Reden des Bundespräsidenten, Berlin 1985, p. 13–35; Jan-Holger KIRSCH, »Wir haben aus der Geschichte gelernt«. Der 8. Mai als politischer Gedenktag in Deutschland, Cologne, Weimar, Vienne 1999; Der 8. Mai in Reden deutscher Bundespräsidenten, Ein Längsschnitt, 2012; Jörg ECHTERNKAMP, Défaites victorieuses? Donner sens à l'effondrement du III$^{e}$ Reich en Allemagne, de la Seconde Guerre mondiale à la chute du mur, dans: Corine DEFRANCE, Catherine HOREL, François-Xavier NÉRARD (éd.), Vaincus! Histoires de défaites. Europe, XIX$^{e}$–XX$^{e}$ siècles, Paris 2016, p. 149–168; MEYER, Die SPD und die NS-Vergangenheit (voir n. 17), p. 468.

*späten Geburt*] malencontreusement invoquée en Israël par le chancelier Kohl lors d'un discours à la Knesset le 28 janvier 1984[22]. Incontestablement, le discours du président Weizsäcker a marqué le moment où les Allemands ont commencé à s'approprier la mémoire du passé et la responsabilité citoyenne en tant qu'éléments de leur propre identité.

La confrontation au passé a pris une nouvelle dimension dans la constellation internationale issue des bouleversements de 1989/91. Au lendemain immédiat de la chute du Mur de Berlin, alors que la Pologne avait déjà largement ébranlé le rideau de fer, un geste symbolique germano-polonais a été orchestré: le baiser de paix entre le chancelier Helmut Kohl et le président Tadeusz Mazowiecki lors d'une messe commune à Krzyżowa (Kreisau) en Pologne, le 12 novembre 1989[23]. Ce nouveau rapport au passé qui s'est établi à la fin de la guerre froide a permis la conclusion de nouveaux accords de réparation de l'Allemagne réunifiée avec la Pologne, la Russie, la Biélorussie et l'Ukraine[24]. Globalement, la sensibilité aux questions mémorielles, tant à l'échelle européenne qu'internationale, s'est accrue depuis les années 1990: d'une part, la confrontation au passé est au cœur des processus de justice transitionnelle (on pense ici aux Commissions Vérité et Réconciliation en Amérique latine ou en Afrique, mais aussi à l'Allemagne réunifiée face au passé de la dictature est-allemande et de la Stasi en particulier)[25]; d'autre part la question de l'héritage mémoriel a donné lieu à d'importants débats en Europe: la reconnaissance de la Shoah comme dernier »critère de Copenhague«[26] pour entrer dans l'Union Européenne (UE) ou bien encore le vote par le Parlement européen le 2 avril 2009 d'une résolution »sur la conscience européenne et le totalitarisme« soulignant »qu'il importe d'entretenir le souvenir du passé, parce qu'il ne peut y avoir de réconciliation sans vérité ni œuvre de mémoire«[27]. En 2012, l'Union Européenne a reçu le prix Nobel de la paix pour sa contribution »à la paix et à la réconciliation sur le continent«, avec un hommage appuyé au travail mené par la France et l'Allemagne, qualifié de »most dramatic example in history to show that war and conflict can be turned so rapidly into peace and cooperation«[28]. Les plus hauts représentants de l'Union Européenne ont reçu le prix, mais l'auditoire a aussi applaudi spécialement le président français

22 Au sujet du chancelier Kohl en Israël et à Bitburg, voir Hans-Peter Schwarz, Helmut Kohl. Eine politische Biografie, Munich 2012. Voir aussi Dominique Trimbur, Yad Vashem. Die Shoah und die historische Verantwortung Deutschlands, dans: Defrance, Pfeil (éd.), Verständigung und Versöhnung (voir n. 1), p. 227–244, ici p. 234.

23 Waldemar Czachur, Annemarie Franke (éd.), Kreisau/Krzyżowa – ein Ort des deutsch-polnischen Dialogs. Herausforderungen für ein europäisches Narrativ, Krzyżowa 2013, http://www.krzyzowa.org.pl/downloads/ Materialy/Publikacje/Krzyzowa_DE_FIN.pdf. Voir aussi Annemarie Franke, Dominik Kretschmann, Der Friedensgruß von Kreisau 1989. Eine Geste als Versprechen, dans: Defrance, Pfeil (éd.), Verständigung und Versöhnung (voir n. 1), p. 137–155.

24 Trommler, Bilanzierende Betrachtungen, (voir n. 4), p. 797.

25 Anne K. Krüger, From Truth to Reconciliation. The global diffusion of Truth Commissions, dans: Birgit Schwelling (éd.), Reconciliation, Civil Society, and the politics of Memory. Transnational initiatives in the 20th and 21. Century, Bielefeld 2012, p. 339–367; id., Transitional Justice, Version: 1.0, in: Docupedia-Zeitgeschichte, 25.1.2013; id., Wahrheitskommissionen. Die globale Verbreitung eines kulturellen Modells. Frankfurt a. M., New York 2014; Barbara Cassin, Olivier Cayla, Philippe-Joseph Salazar (éd.), Vérité, réconciliation, réparation, Paris 2004.

26 Emmanuel Droit, Le Goulag contre la shoah, Mémoires officielles et cultures mémorielles dans l'Europe élargie, Vingtième Siècle 94 (2007), p. 101–120; Claus Leggewie, Der Kampf um die europäische Erinnerung, Munich 2011.

27 Résolution »sur la conscience européenne et le totalitarisme«, URL: http://www.europarl.europa.eu/sides/getDoc.do?pubRef=-//EP//TEXT+TA+P6-TA-2009-0213+0+DOC+XML+V0//FR (21.3.2018).

28 Discours du président du Comité Nobel, Thorbjørn Jagland, 10 décembre 2012, URL: http://www.nobelprize.org/nobel_prizes/peace/laureates/2012/presentation-speech.html (21.3.2018).

François Hollande et la chancelière allemande Angela Merkel, qui se sont levés et pris la main. Jusqu'à présent, ce prix Nobel a été le geste symbolique et aussi le discours le plus explicite, liant mémoire européenne et franco-allemande autour de la thématique de la paix et de la réconciliation[29]. Depuis lors, l'Allemagne, en particulier par la personne de son président fédéral, Joachim Gauck, a multiplié les gestes symboliques de repentance en République tchèque (Lidice, 10 octobre 2012), en Italie (Sant'Anna di Stazzema, 24 mars 2013), en France (Oradour-sur-Glane, 4 septembre 2013), en Grèce (Lingiades, 7 mars 2014)[30] …

## Formes et limites du travail sur le passé

Avant d'en venir plus précisément aux gestes et discours du président Gauck, arrêtons-nous un instant sur les formes et limites du travail sur le passé. Il n'est pas l'apanage des États. Les individus et les sociétés ont leur rôle à jouer. Et c'est souvent la complémentarité des différents types d'actions entre les différents acteurs qui permet la progression du processus[31].

Certaines formes d'action sont pourtant spécifiquement et exclusivement du ressort des États comme les accords de réparations, la signature des traités ou la reconnaissance des frontières[32]. Ce sont souvent des processus très techniques (notamment dans le cas des réparations) auquel il est possible de donner une valeur symbolique et émotionnelle plus ou moins grande Ils ont aussi le mérite de créer un cadre propice au déploiement des initiatives sociétales. Ce sont souvent ce type de mesures officielles qui sont prises dans les premiers temps du processus de rapprochement. Le plus souvent les gestes symboliques forts, ayant une dimension mémorielle explicite par les lieux et les moments choisis ainsi que par les discours prononcés, sont bien souvent accomplis ultérieurement. Dans le cas des relations de la République fédérale avec la France, les accords de réparation et le traité de coopération ont été signés en 1960 et 1963, mais c'est en 1984 seulement que le chancelier Helmut Kohl et le président François Mitterrand se sont pris la main à Verdun face à l'ossuaire de Douaumont. Il a fallu attendre juin 2004 pour que le chancelier Gerhard Schröder et le président Jacques Chirac se donnent une accolade appuyée à l'occasion du 60e anniversaire du débarquement en Normandie et septembre 2013 pour que le président fédéral Joachim Gauck se rende avec le président François Hollande dans les ruines du village martyr d'Oradour-sur-Glane.

29 Corine Defrance, La »réconciliation« après les conflits: un »savoir-faire« européen? Éléments d'introduction, dans: Cahiers Sirice 15 (2016), p. 5–14, ici p. 5–6, URL: http://www.cairn.info/revue-les-cahiers-sirice-2016-1.htm (21.3.2018).

30 Le 3 septembre 2013, Gerd Appenzeller écrivait dans le Tagesspiegel: »Joachim Gauck ist der erste Bundespräsident, der bei Besuchen in früher von Deutschland überfallenen Ländern Orte der Schande besucht. Damit setzt er ein Zeichen«, Gauck in Frankreich. Der etwas andere Präsident, dans: Der Tagespiegel, 3. septembre 2013, URL: http://www.tagesspiegel.de/meinung/joachim-gauck-in-frankreich-der-etwas-andere-praesident/8735960.html (21.3.2018). Voir aussi les contributions suivantes: Jiří Pešek, Lidice. Weltweites Symbol der Vernichtung – weltweites Symbol der Versöhnung? (p. 245–260); Christoph Cornelissen, Sant'Anna di Stazzema. »Versöhnung heißt nicht vergessen« (p. 281–293); Andrea Erkenbrecher, Oradour-sur-Glane. Ort einer späten Versöhnung (p. 329–347), dans: Defrance, Pfeil (*éd.*), Verständigung und Versöhnung (voir n. 1). Pour le discours de Lingiades du président Gauck du 7 mars 2014 voir: http://www.bundespraesident.de/SharedDocs/Reden/DE/Joachim-Gauck/Reden/2014/03/140307-Gedenkort-Lingiades.html (1.9.2015).

31 Anne Bazin, Les acteurs publics de la réconciliation en Europe depuis la fin de la Seconde Guerre mondiale, dans: Les Cahiers Sirice 15 (2016), p. 41–51.

32 Henning Türk, Versöhnung durch Verträge? (p. 639–658); Claudia Moisel, »Weiter leben«: Zur Erfahrungsgeschichte der Wiedergutmachung seit 1945, (p. 659–679), dans: Defrance, Pfeil (*éd.*), Verständigung und Versöhnung (voir n. 1); Dieter Bingen, Versöhnung, Aussöhnung, Normalisierung – Perspektiven der Entspannungspolitik in den 1960er und 1970er Jahren aus deutscher und polnischer Sicht, dans: Boll et al.(*éd.*), Versöhnung und Politik (voir n. 16), p. 245–268.

Avec Israël, la demande de pardon de la RFA a été formulée des décennies après l'accord sur les réparations (1952) et l'établissement des relations diplomatiques (1965)[33], lors de la visite officielle du président fédéral Johannes Rau et son discours à la Knesset le 16 février 2000: »Face au peuple d'Israël je m'incline avec humilité devant les assassinés qui n'ont pas de tombes, au pied desquelles je pourrais leur demander pardon. Je demande pardon pour tout ce que les Allemands ont fait, en mon nom et en celui de ma génération, au nom de nos enfants et des enfants de nos enfants, dont j'espère l'avenir au côté des enfants d'Israël«[34].

Il convient ici de souligner que les gestes de réconciliation ne sont pas sans risques. Certaines »mises en scène« officielles peuvent déraper. L'exemple le plus connu est sans doute la visite conjointe du chancelier Kohl et du président Reagan au cimetière de Bitburg, le 5 mai 1985. En pleine crise des euromissiles, ils entendaient manifester leur solidarité et la »réconciliation« germano-américaine. Le scandale, en RFA comme aux États-Unis, a résulté de la présence de tombes de soldats de la Waffen-SS dans le cimetière où les deux chefs d'État et de gouvernement se recueillaient, brouillant les frontières entre bourreaux et victimes[35]. Cet »incident« se produisait alors que Kohl s'était lancé par ailleurs dans une très vaste campagne de »normalisation du passé«, conduisant à relativiser les crimes du Troisième Reich[36]. Les archives des services protocolaires ont montré que les deux chefs d'État et de gouvernement ont voulu réappliquer le geste de »réconciliation« par-dessus les tombes, accompli par Kohl et Mitterrand à Verdun quelques mois plus tôt[37]. Mais un geste ne déploie son sens que dans son rapport au lieu et au contexte, et il n'est pas possible de reproduire à l'identique des »mises en scène«. Les transferts s'opèrent par adaptation et non par adoption. Le célèbre discours du président fédéral Richard von Weizsäcker trois jours plus tard (8 mai 1985) est aussi une réponse à ce ratage et un rattrapage au niveau présidentiel d'une erreur de la chancellerie.

Si l'on pousse l'analyse encore un peu plus loin, il s'avère que même dans le cas d'un geste aujourd'hui considéré comme emblématique et réussi – celui de Helmut Kohl et François Mitterrand le 22 septembre 1984 à Verdun, devant l'ossuaire de Douaumont[38], – il y a un risque potentiel de dérive interprétative. On assiste par ce *mano a mano* à la fabrication d'une mémoire commune franco-allemande de la Grande Guerre. »Un souvenir négatif des rapports entre la France et l'Allemagne (le sang de Verdun) est transformé en héritage mémoriel commun et positif, devant marquer la solidarité du couple dans la construction européenne«[39]. Ce proces-

33 Jenny Hestermann, Inszenierte Versöhnung. Reisediplomatie und die deutsch-israelischen Beziehungen von 1957 bis 1984, Francfort/M. 2016.

34 »Im Angesicht des Volkes Israel verneige ich mich in Demut vor den Ermordeten, die keine Gräber haben, an denen ich sie um Vergebung bitten könnte. Ich bitte um Vergebung für das, was Deutsche getan haben, für mich und meine Generation, um unserer Kinder und Kindeskinder willen, deren Zukunft ich an der Seite der Kinder Israels sehen möchte«. URL: http://www.bundespraesident.de/SharedDocs/Reden/DE/Johannes-Rau/Reden/2000/02/20000216_Rede.html (21.3.2018).

35 Pia Nordblom, Bitburg – (k)eine Geste der Versöhnung. Zur Ambivalenz von Versöhnen und Erinnern beim Staatsbesuch Ronald Reagans in der Bundesrepublik 1985, dans: Defrance, Pfeil (éd.), Verständigung und Versöhnung (voir n. 1), p. 117–136.

36 Meyer, Die SPD und die NS-Vergangenheit (voir n. 17); Ulrich Herbert, Geschichte Deutschlands im 20. Jahrhundert, Munich 2014, p. 1015.

37 Nordblom, Bitburg (voir n. 35), p. 120–122.

38 Ulrich Pfeil, Der Händedruck von Verdun. Pathosformel der deutsch-französischen Versöhnung, dans: Gerhard Paul (éd.), Das Jahrhundert der Bilder, vol. 2: 1949 bis heute, Bonn 2008, p. 498–505; Reiner Marcowitz, »Hand in Hand«. François Mitterrand und Helmut Kohl in Verdun 1984, dans: Defrance, Pfeil (éd.), Verständigung und Versöhnung (voir n. 1), p. 103–116.

39 Robert Frank, Le traité de l'Élysée: un lieu de mémoire franco-allemand? dans: Corine Defrance, Ulrich Pfeil (éd.), La France, l'Allemagne et le traité de l'Élysée, 1963–2013, Paris [2]2012, p. 213–221.

sus de retournement mémoriel induit un risque de confusion entre la prise en compte du passé au niveau officiel et la mise en exergue du *destin commun de victimes*, qui ouvrirait la possibilité de tirer un trait sur le passé en passant sous silence ce qui gêne. Il faut à cet égard être très vigilant face à l'emploi du terme de »catastrophe«, auquel on recourt souvent pour insister sur la communauté de souffrance par-delà la diversité des situations[40]. On peut se demander si la construction du récit selon lequel Français et Allemands ont partagé une »communauté de destin« pendant la Première Guerre mondiale n'a pas entravé un certain temps le travail de mémoire commun abordant la Seconde Guerre mondiale, où les responsabilités ont été infiniment plus dissymétriques[41] …

Il a fallu attendre 2004 pour qu'un chancelier allemand, Gerhard Schröder, assiste à la commémoration du 60e anniversaire du débarquement allié en Normandie à Caen. La Seconde Guerre mondiale, et ses crimes fondamentalement asymétriques, avait été jusque-là très absente des gestes de commémoration franco-allemands au plus haut niveau. À Caen, on commença par les pages les moins douloureuses du conflit: au débarquement allié sont en effet liées la mémoire de la libération du pays en France et, désormais, dans la nouvelle conscience politique allemande, celle de la libération de l'Allemagne du national-socialisme.

Après Caen, presque une décennie s'est écoulée avant qu'un aspect très traumatique de la Seconde Guerre mondiale – en dehors de la Shoah – fasse l'objet d'une commémoration. En France, comme dans les autres pays d'Europe occupée par les nazis, les gestes de repentir et d'expiation, ayant pour principal objet de reconnaître la souffrance des victimes dans les lieux où ont été commis les massacres, marquent une nouvelle étape – urgente étant donné la disparition inéluctable des survivants. Pour la France la venue du président fédéral Joachim Gauck à Oradour-sur-Glane en est le symbole. La petite ville limousine incarne en effet depuis l'automne 1944 »le« martyr de la France[42].

## Le président Joachim Gauck à Oradour-sur-Glane

Lors de la visite des deux présidents à Oradour-sur-Glane, »Le Monde« a qualifié Joachim Gauck de »bon pasteur« de l'Allemagne[43] et, dans son discours, François Hollande a dit du président allemand qu'il incarnait la »dignité de l'Allemagne d'aujourd'hui«[44].

Dans le choix de procéder à cette série de visites (Lidice, Sant'Anna, Oradour-sur-Glane, Lingiades…), il y a bien sûr la détermination personnelle d'un président qui a été et reste un théologien et un pasteur, et qui a toujours mis la question du rapport au passé et la reconnaissance des victimes au cœur de son action: un président qui a choisi des lieux difficiles, extrême-

40 Corine Defrance, Catherine Horel, Réalités, perceptions et usages de la défaite en Europe, dans: Defrance et al. (éd.), Vaincus! (voir n. 21), p. 9–25.

41 Nicolas Moll, Effacer le passé au nom de l'amitié? La gestion des mémoires de la Seconde Guerre mondiale au sein du processus de réconciliation franco-allemande, dans: Allemagne d'Aujourd'hui 201 (2012), p. 28–39; id., Vergangenheitsaufarbeitung, dans: Nicole Colin, Corine Defrance, Ulrich Pfeil, Joachim Umlauf (éd.), Lexikon der deutsch-französischen Kulturbeziehungen nach 1945, Tübingen [2]2015, p. 470–472.

42 Sarah Farmer, 10 juin 1944. Oradour. Arrêt sur mémoire, Paris 2007; Jean-Jacques Fouché, Oradour, Paris 2001.

43 Frédéric Lemaître, Joachim Gauck, le bon pasteur de la République allemande, 3 septembre 2013, URL: http://www.lemonde.fr/a-la-une/article/2013/09/03/joachim-gauck-le-bon-pasteur-de-la-republique-allemande_3470636_3208.html#v18hY7ICyx84Jzhj.99 (21.3.2018).

44 Déclaration de M. François Hollande, Président de la République, en hommage aux victimes du massacre d'Oradour-sur-Glane en juin 1944, à Oradour-sur-Glane le 4 septembre 2013, URL: http://discours.vie-publique.fr/notices/137002016.html (21.3.2018).

ment symboliques, des lieux de massacres passant pour incarner l'irréconciabilité et la limite indépassable des processus de rapprochement[45].

Symboliquement, la visite à Oradour, le 4 septembre 2013, est venue clore »l'année franco-allemande« ouverte le 8 juillet 2012 (François Hollande et Angela Merkel ont commémoré à Reims le 50e anniversaire de la rencontre Adenauer/De Gaulle) pour célébrer l'anniversaire de la signature du traité de l'Élysée. Celui-ci est présenté a posteriori comme »le« traité de la réconciliation. En l'espace de quelques mois, en 2012/2013, la France et l'Allemagne ont commémoré leur propre »réconciliation« (le traité) et affronté la mémoire d'un des moments les plus dramatiques de la Seconde Guerre mondiale. Une troisième personnalité a été placée au cœur de la cérémonie d'Oradour: Robert Hébras survivant du massacre. Seul un témoin-survivant pouvait donner le sens à la cérémonie, en incarnant l'ensemble des victimes et de leurs familles. Or l'association nationale des familles des martyrs d'Oradour-sur-Glane a longtemps refusé toute commémoration officielle dans un contexte de lourds conflits mémoriels non seulement franco-allemands, mais aussi franco-français (en raison de la présence de malgré nous alsaciens, finalement amnistiés, parmi les »bourreaux d'Oradour«)[46].

Il convient ici de rappeler que cette visite n'a été possible que suite au travail mené en amont par l'ancien maire d'Oradour, Raymond Frugier. Pendant trente ans, il a œuvré localement à une politique de rapprochement malgré de nombreuses réticences locales. Et rien n'aurait été possible sans l'engagement personnel de Robert Hébras, qui a dû faire face aux réticences d'une partie des familles des victimes[47].

Le 4 septembre, le président Gauck prononce à neuf reprises le terme de réconciliation (*Versöhnung*)[48]. Le président exprime l'effroi, la culpabilité, le refus de l'oubli. Cependant, ce discours n'est pas une demande de pardon, car le président a voulu éviter de faire pression sur les victimes et leurs descendants pour leur »arracher« un pardon ou les contraindre à le refuser[49]. Ne pas demander le pardon quand on le sait impossible – tout en expiant et faisant acte de repentance – permet toutefois la reconnaissance des victimes en tant que telles. Le discours d'Oradour-sur-Glane du président fédéral, joint aux gestes d'empathie à l'égard de Robert Hébras, montre qu'il peut y avoir entre les États et les sociétés un processus de réconciliation sans formulation explicite du pardon.

45 Andrea Erkenbrecher, A Right to Irreconcilability? Oradour-sur-Glane, German-French Relations and the Limits of Reconciliation after World War II, dans: Birgit Schwelling (éd.), Reconciliation, Civil Society, and the Politics of Memory. Transnational Initiatives in the 20th and 21st Century, Bielefeld 2012, p. 167–199. Voir aussi la thèse de doctorat d'Andrea Erkenbrecher, soutenue à la LMU de Munich en juillet 2017: Oradour et les Allemands – Der deutsche Umgang mit dem village martyr Frankreichs: Strafrechtliche Ahndung, Entschädigungszahlungen, Revisionismus und Versöhnungsgestik 1949–2004.

46 Jean-Laurent Vonau, Le procès de Bordeaux. Les Malgré-nous et le drame d'Oradour, Strasbourg 2003.

47 Erkenbrecher, A Right to Irreconcilability? (voir n. 45).

48 Discours du président Gauck du 4 septembre 2003, consultable sur le site URL: http://www.bundespraesident.de/SharedDocs/Reden/DE/Joachim-Gauck/Reden/2013/09/130904-Oradour-sur-Glane-Frankreich.html (avec traduction officielle en français) (21.3.2018).

49 Dans un entretien avec le journal La Croix, Robert Hébras déclara: »Je n'attends pas qu'on demande pardon« et précisa: »Pardon, c'est un grand mot, il faut savoir d'où on le dit et comment on le dit. Ceux qui peuvent le demander sont ceux qui ont exécuté les habitants. De toute façon, ce n'est pas quelque chose d'important pour moi. Ce qui est plus important, c'est que Joachim Gauck honore la mémoire des victimes et qu'il y ait une reconnaissance de la part du peuple allemand de ce qui s'est passé là«, dans: Oradour attend la reconnaissance de son martyre par l'Allemagne, La Croix, 4 septembre 2013, URL: http://www.la-croix.com/Actualite/France/Oradour-attend-la-reconnaissance-de-son-martyre-par-l-Allemagne-2013-09-04-1006778 (21.3.2018).

Les gestes et discours des personnalités officielles ne peuvent être interprétés en dehors de leur contexte politique, culturel et social. Le geste ne peut être dissocié du lieu et du moment ni non plus de la personnalité de celui qui le commet. Cela nous conduit à interroger le rôle respectif des présidents et chanceliers de la RFA dans l'accomplissement des gestes et discours. Il y a bien sûr le partage constitutionnel des tâches. Le président est la première personnalité dans l'ordre protocolaire. Il doit incarner l'autorité morale. Pourtant, dans l'histoire de la République fédérale, ce n'est pas systématiquement le président qui a accompli les gestes symboliques et prononcé les discours majeurs quand il s'est agi de faire face au passé. Le parcours personnel de ces personnalités a été un facteur déterminant. Il y a eu des présidents de la République et des chanceliers qu'une certaine compromission avec le national-socialisme ne qualifiait pas pour l'accomplissement de tels actes. Il y en a eu d'autres, en revanche, dont la légitimité s'ancrait tout spécialement dans leur parcours: qu'on pense à la résistance au nazisme du chancelier Willy Brandt et à l'opposition à la dictature de la SED et de la Stasi du président Joachim Gauck. La répartition des rôles reflète aussi les époques: au cours des premières décennies de la RFA, il y a eu bien peu de gestes majeurs de confrontation au passé. Bien qu'ils aient alors explicitement parlé de »réconciliation«, le chancelier Konrad Adenauer et le président Charles de Gaulle, en assistant à la messe à la cathédrale de Reims le 8 juillet 1962[50], ont accompli en réalité un acte symbolique de »rapprochement«, parce qu'ils n'ont pas abordé directement le passé conflictuel. Celui-ci a seulement été évoqué symboliquement par le choix de Reims, ville-martyre de la Première Guerre mondiale et lieu de la signature de la capitulation de l'Allemagne nazie le 7 mai 1945. On peut en effet établir une distinction entre le rapprochement – tourné vers le présent et l'avenir après un conflit – et le processus de réconciliation qui requiert d'affronter ensemble la mémoire du passé douloureux. De surcroît, il convient de rappeler, comme le président Gauck l'a fait lui-même dans son discours de Sant'Anna di Stazzema, que »la réconciliation ne signifie jamais et en aucun cas l'oubli«[51]. Dans l'histoire de la RFA, l'arrivée de Willy Brandt à la chancellerie marque un tournant majeur non seulement politique, mais aussi mémoriel, la confrontation au passé, notamment en politique extérieure, devenant le pivot de son action. Le chancelier Brandt en a fait un élément déterminant de l'identité allemande – ce qui, alors, n'a pas été accepté par tous. Étant donné que la responsabilité allemande, issue du passé, est devenue un élément politique majeur et pas seulement un accompagnement symbolique, elle devait être l'affaire du chancelier. Désormais, le président fédéral, se référant aux travaux de Ralph Giordano[52], met en garde contre la »zweite Schuld / la deuxième culpabilité«[53]. Celle-ci n'est plus la culpabilité primaire pour les crimes commis, mais celle, ultérieure, du silence et de l'insuffisante prise en compte du passé, qui fait de la victime un proscrit de la mémoire. Enfin, aujourd'hui, on peut dire que la position de »neutralité« du chef de l'État, surplombant les partis, peut constituer un atout – en particulier dans les relations internationales –, par rapport à un ou une chancelière dont les rapports avec l'étranger sont nécessairement affectés par des décisions ou prises de position politiques. On pense ici au contexte des relations germano-grecques ou franco-allemandes entre 2012 et 2014. Neutralité, autorité morale, conviction personnelle et savoir-faire d'un pasteur se conjuguent pour expliquer le rôle tout à fait particulier et fondamental du président Joachim Gauck pour saisir le passé douloureux et en faire un patrimoine sur lequel bâtir l'avenir.

50 Andreas Linsenmann, Das »Te Deum«: Konrad Adenauer und Charles de Gaulle in Reims 1962, dans: Defrance, Pfeil (éd.), Verständigung und Versöhnung (voir n. 1), p. 65–81.
51 Versöhnung meint nie und auf keinen Fall vergessen, 20 mars 2013.
52 Ralph Giordano, Die zweite Schuld oder von der Last Deutscher zu sein, Hambourg 1987.
53 Discours du président Gauck à Lingiades, 7 mars 2014 (voir n. 30): »Es sind die nicht gesagten Sätze und die nicht vorhandenen Kenntnisse, die eine zweite Schuld begründen, da sie die Opfer sogar noch aus der Erinnerung verbannen.«

Aleida Assmann

# Les fondements de la culture mémorielle en Allemagne

## Des procès de Nuremberg à »l'administration Gauck«[1]

### Introduction: peut-on tirer des leçons de l'histoire?

Des réponses très variées ont été données à cette question. L'historien Reinhart Koselleck lui a opposé un »non« catégorique, en se fondant sur le fait que la modernisation et l'innovation régissent les sociétés occidentales depuis l'Époque moderne, propulsant le monde dans un processus constant de transformations. Ce changement a dissocié l'›espace d'expérience‹ du passé et l'›horizon d'attente‹ du futur à un point tel que les expériences d'hier sont inaptes à résoudre les problèmes de demain. Ingeborg Bachmann voyait les choses un peu différemment lorsqu'elle écrivit: »L'histoire donne des leçons, mais elle n'a pas d'élèves«.

Paul Valéry faisait aussi partie de ceux qui n'imaginaient pas apprendre quoi que ce soit de l'histoire. Entre les deux guerres, en 1931, il a pu observer comment les nations européennes équipaient leur histoire pour en faire une arme nationaliste dangereuse.

> »L'histoire est le produit le plus dangereux que la chimie de l'intellect ait élaboré. Ses propriétés sont bien connues. Il fait rêver, il enivre les peuples, leur engendre de faux souvenirs, exagère leurs réflexes, entretient leurs vieilles plaies, les tourmente dans leur repos, les conduit aux délires des grandeurs ou à celui de la persécution, et rend les nations amères, superbes, insupportables et vaines. L'histoire justifie ce que l'on veut. Elle n'enseigne rigoureusement rien, car elle contient tout, et donne des exemples de tout[2].«

Des mots qui, aujourd'hui, nous semblent de nouveau aussi admirables qu'actuels! Dans cet article, je souhaite toutefois défendre l'idée que les ravages de l'histoire après la Seconde Guerre mondiale ont bien eu des élèves et que l'Europe en a tiré des leçons qui font partie de nos fondements juridiques jusqu'à ce jour. Je n'affirme pas, ce faisant, que ces enseignements sont toujours clairs et repris par tous. Mais nous ne devons pas oublier qu'apprendre de l'histoire est un processus qui a rendu possible l'unification de l'Europe, a accompagné son développement et détermine aujourd'hui son avenir ouvert.

1 Traduit de l'allemand par Valentine Meunier.

2 Paul Valéry, Regards sur le monde actuel, Paris 1931, édition en ligne: http://classiques.uqac.ca/classiques/Valery_paul/regards_monde_actuel_autres_essais/regards_monde_actuel__et_autres_avant_propos.html (dernière consultation le 24 juillet 2017).

## Réponses à la catastrophe de la Seconde Guerre mondiale

Les procès de Nuremberg constituent un exemple important de ce que l'histoire peut nous enseigner. Pour la première fois, les vainqueurs traduisaient les vaincus d'un État devant un tribunal. Ce procès a servi de modèle à la Cour pénale internationale (CPI) créée en 1998. Elle siège à La Haye et poursuit depuis 2002 les crimes que les juridictions nationales ne peuvent ou ne veulent juger[3]. Dans sa déclaration à l'ouverture des débats du procès de Nuremberg, Robert H. Jackson, procureur en chef, a clairement souligné cette innovation, lorsqu'il a affirmé que »le fait que quatre grandes nations n'exercent point de vengeance, mais livrent volontairement leurs ennemis prisonniers au verdict de la loi, est un des tributs les plus importants qu'une puissance ait jamais payés à la raison.« Pour Jackson, la raison de cette novation résidait dans la menace qui pesait non pas sur les nations agressées, mais sur la civilisation elle-même. »Les méfaits que nous avons à condamner et à punir font preuve d'une telle vilenie et ont été si nuisibles que la civilisation ne pouvait se permettre de passer outre, parce qu'elle ne pourrait continuer à exister si jamais ils devaient se répéter[4].« Les procès de Nuremberg ont clairement réagi à la Seconde Guerre mondiale et au siècle de violence en élevant les principes juridiques d'un niveau national à un échelon universaliste. Parmi les catégories juridiques qui ont été versées à cette époque au fonds juridique international, citons:

- les crimes contre la paix (guerres d'agression)
- les crimes de guerre (à l'encontre des prisonniers de guerre et des civils)
- les crimes contre l'humanité (à l'encontre des Juifs).

Étaient désormais répréhensibles des actes que ne pénalisait pas le régime dans lequel ils avaient été commis. Ces procès ont révisé la dimension morale du droit, ont rehaussé son statut et l'ont ancré comme norme internationale. L'État-nation n'était ainsi plus l'instance suprême de la définition du bien et du mal, toutes les nations devaient désormais rendre des comptes devant ces normes supérieures.

Dès le début, l'Allemagne a conduit la Seconde Guerre mondiale comme une guerre de conquête et d'extermination, au cours de laquelle trois formes différentes de violence ont été exercées:

- une violence contre des »ennemis« c'est-à-dire la guerre sur le front de l'Ouest
- une violence contre des »sous-hommes« (*Untermenschen*) – c'est-à-dire la guerre menée sur le front de l'Est pour des motifs racistes contre les »sous-hommes slaves«, dans le cadre d'un darwinisme social effréné et
- une violence contre les »non humains« (*Nichtmenschen*) – c'est-à-dire les Juifs, fantasmés comme l'ennemi de l'intérieur, à qui le statut d'être humain était dénié (tout comme aux Tsiganes).

La réponse à la Shoah a été en premier lieu d'instituer la nouvelle norme juridique des »crimes contre l'humanité«, très rapidement consolidée après les procès de Nuremberg par deux autres

3 Elle a compétence pour juger le génocide, les crimes de guerre et les crimes contre l'humanité. Le Statut de Rome a été ratifié par tous les États de l'UE; les grandes puissances n'ont toutefois pas reconnu cette cour, ce qui limite clairement l'internationalité de son action.

4 Gundula Hörr, Die Naziverbrecher in Nürnberg, mise en ligne le 20 novembre 2015, URL: http://www.n-tv.de/politik/Als-Goering-vor-Gericht-stand-article16034336.html. Citation française reprise en grande partie de: http://perspective.usherbrooke.ca/bilan/servlet/BMDictionnaire?iddictionnaire=1657 (dernière consultation le 24 juillet 2017).

déclarations de principes transnationales. D'une part, la »Déclaration universelle des droits de l'homme«, signée en 1948 et dont le principe énoncé en préambule est passé dans l'article 1er (1) de la Loi fondamentale allemande: »La dignité de l'être humain est intangible«. D'autre part, la »Convention pour la prévention et la répression du crime de génocide« de Raphael Lemkin, également adoptée en 1948 en complément de la Déclaration universelle des droits de l'homme. Toutes ces mesures constituaient des réponses concrètes à la conviction que la guerre qui venait de s'achever n'était pas une guerre normale. Après un conflit, vainqueurs et battus se font face et scellent sa fin dans un traité. Après un génocide, il n'y a pas de traité final, mais un traumatisme durable qui met en jeu trois groupes: les criminels, les victimes et les spectateurs, qui peuvent devenir complices des criminels ou témoins des victimes.

## Droit et mémoire – la question du témoignage

Les théoriciens de l'après-guerre ne disposaient pas encore de notions telles que »traumatisme« et »témoignage«. C'est pourquoi les procès de Nuremberg n'ont pas innové sur un point, à savoir sur le traitement accordé aux victimes de la Shoah, qui, tout comme les criminels nazis, ont été contraintes de documenter les crimes à l'aide de preuves de tout ordre (y compris un film). Aux procès de Nuremberg, où la question de »l'extermination des Juifs d'Europe« ne jouait pas encore un rôle central, les victimes étaient des témoins parmi d'autres. Près de deux décennies plus tard, lors du procès d'Eichmann en 1961 à Jérusalem, la situation s'est inversée. Il n'y avait plus qu'un seul criminel et d'autant plus de témoins, qui, pour la première fois, ont pu raconter leur calvaire en public. Ils s'adressaient simultanément à une arène mondiale, puisque le procès a été retransmis sur des chaînes de télévision du monde entier. La nouvelle figure historique de la ›victime-témoin‹ a également été importante dans les procès d'Auschwitz qui se sont déroulés à Francfort entre 1963 et 1965. 211 survivants d'Auschwitz originaires de 18 pays ont été invités à témoigner lors du plus grand procès de l'histoire de la justice fédérale intenté contre les nazis, instruit par Fritz Bauer, procureur général de la République. »Alors que la Guerre froide atteignait son acmé, les victimes témoins ont formé un groupe international, et pratiqué une première forme de témoignage transnational en qualité d'acteurs politiques de l'histoire.«[5]

Il existe manifestement une corrélation étroite entre histoire, droit et mémoire. À Jérusalem comme à Francfort, les témoignages des survivants ont été d'une grande puissance symbolique. La notion de témoin a été dotée de deux connotations qui excèdent de loin son rôle juridique durant un procès. Ces témoins sont devenus les piliers d'une culture mémorielle, qui n'a toutefois été forgée et étayée par des concepts, des discours et des institutions que deux décennies plus tard. Les termes de ›témoin‹ et ›témoignage‹ ont depuis longtemps quitté les salles d'audience. Ils renvoient aujourd'hui aux voix des rescapés de la Shoah ou d'autres génocides et crimes contre l'humanité qui se sont gravés durant les vingt dernières années du XXe siècle dans notre conscience historique. Au tribunal, les auditions de témoins ont pour fonction de produire des critères d'évaluation juridique pertinents et pour unique fin de permettre de rendre un jugement. Les récits personnels des rescapés, en revanche, inscrivent leurs propos dans un cadre bien plus vaste et attestent de crimes historiques contre l'humanité, en particulier quand ils n'ont pas été documentés par des historiens, parce qu'ils n'étaient pas considérés comme un ›événement‹, encore moins comme un crime, au moment où ils se sont produits.

5 Fritz Bauer Institut (dir.), Opfer als Akteure. Interventionen ehemaliger NS-Verfolgter in der Nachkriegszeit, une commande du Fritz Bauer Institut publiée sous la direction de Katharina Stengel, Francfort-sur-le-Main, New York 2008, p. 11. Citation: Daggi Knellessen.

## Deux dictatures allemandes: similitudes et différences

Deux dictatures successives ont marqué l'histoire allemande au XX^e siècle, une nazie, une communiste. Parler des ›deux dictatures allemandes‹ est délicat; utiliser cette expression, c'est – affirment ses pourfendeurs – vouloir faire œuvre de minimisation et de relativisme. Ils craignent que la formule occulte les différences historiques en matière d'idéologie et d'exercice de la violence.

»La simple comparaison du Troisième Reich et de la RDA est une minimisation épouvantable«, commente Margherita von Brentano. »Le Troisième Reich a laissé derrière lui des montagnes de cadavres; la RDA des montagnes de fiches.«[6]

Bernd Faulenbach, historien qui a collaboré à la commission d'enquête parlementaire sur »L'histoire et les conséquences de la dictature du SED en Allemagne« a trouvé une issue à ces controverses en proposant une règle pratique qui apporte une clarification par une hiérarchisation des deux dictatures: »La dictature du SED ne doit pas relativiser la dictature nazie; la dictature nazie ne doit pas banaliser la dictature du SED.«

Il existe des différences aussi profondes que claires entre les deux régimes autoritaires, qu'il est également aisé de résumer. Le fondement de l'idéologie nazie était un antisémitisme à visée éliminatoire, qui a conduit à exclure systématiquement les Juifs et d'autres minorités, puis, pendant la guerre, à les déporter et à les exterminer. L'autre facette de cette marginalisation a été de mettre fortement en avant le collectif homogène d'une communauté ethnique (*Volksgemeinschaft*) allemande dans laquelle la volonté individuelle était promue et permise tant qu'elle soutenait le collectif et les desseins du Führer. Il était donc facile de prévoir qui serait frappé par la terreur étatique de cette dictature et qui serait épargné. Les résistants et dissidents ont vécu dangereusement, le reste de la population a vécu sans être inquiété et a profité de nombreux bienfaits et prestations sociales. Il en est allé tout autrement en RDA. Il y avait certes des gardes-frontière qui tiraient à vue, l'arbitraire de la justice et de nombreuses représailles, mais pas de crimes historiques contre l'humanité comparables à ceux de la Shoah. Alors que le régime nazi comprenait des criminels, des victimes (les Juifs) et des profiteurs (les Allemands), la société de l'État SED était traversée par une ligne de fracture invisible entre acteurs et victimes de la répression. La terreur étatique, mue par un souci paranoïaque de ne pas voir les citoyennes et citoyens dévier du cap idéologique que l'État s'était fixé, se retournait ici contre son propre peuple. Au lieu de s'attacher la population et de l'intégrer, l'État est-allemand a mis sur pied un gigantesque système de surveillance secrète avec lequel il est parvenu au résultat exactement inverse: il a creusé le fossé entre les loyaux au régime et les dissidents, ou encore la fracture de la société entre persécuteurs et persécutés, entre indicateurs et victimes.

6 Margherita von BRENTANO, dans: Die Zeit, 16 mai 1991. Wolfgang SCHULLER, Deutscher Diktaturenvergleich. dans: Heiner TIMMERMANN (dir.), Die DDR – Analysen eines aufgegebenen Staates, Berlin 2001, p. 849–857. Pour Jürgen Habermas, »lorsque la droite penche pour le rapprochement, la gauche voit avant tout des différences. La gauche ne doit pas se leurrer sur les points communs spécifiques aux régimes totalitaires et doit appliquer les mêmes critères pour les deux camps. La droite, à l'inverse, ne doit pas aplanir les différences ou les minimiser.« Deutscher Bundestag (dir.), Materialien der Enquete-Kommission »Aufarbeitung von Geschichte und Folgen der SED-Diktatur in Deutschland, vol. IX: Formen und Ziele der Auseinandersetzung mit den beiden Diktaturen in Deutschland, Baden-Baden, Francfort-sur-le-Main 1995, p. 686–694, ici p. 689.

## Deux fins différentes de la dictature: 1945 et 1989

Une autre différence importante entre les deux dictatures apparaît lorsqu'on compare leurs fins. En 1945, ce sont les Alliés qui ont aidé les Allemands à prendre un nouveau départ avec la capitulation signée les 8 et 9 mai. ›Libérés de nous-mêmes‹ a écrit Götz Aly, que je cite: »Au cours de ces mois-là, avec une violence militaire inouïe et en faisant de nombreuses victimes, les armées alliées ont libéré non seulement les millions de prisonniers, d'êtres humains asservis et réduits à l'esclavage par la terreur allemande, mais aussi ceux qui avaient déclenché et provoqué cette guerre: les Allemands. Il fallait les libérer d'eux-mêmes, et beaucoup ne l'ont compris que bien plus tard[7].«

1945 n'a pas été une défaite analogue à celle de 1918, mais le gouffre de l'histoire allemande: un moment de honte et de culpabilité à la vue des photos des camps de concentration libérés qui ont circulé dans le monde entier. Les procès de Nuremberg ont restauré une justice de l'État de droit en Allemagne, dans le but de pouvoir condamner des hauts fonctionnaires nazis. Comme il n'existait pas encore d'État de droit, les Alliés ont dû prendre le relais et assumer cette tâche. Le ›Troisième Reich‹ a donc été clos par deux fois: sur le plan politique avec la capitulation à Reims et à Berlin-Karlshorst, sur le plan moral dans les procès de Nuremberg.

Libérés de nous-mêmes – ce n'était toutefois pas la perspective de la toute jeune RDA. En vue de soutenir l'ordre établi, la RDA a privilégié le récit héroïque d'une résistance antifasciste, plutôt que cette formule humiliante. Le régime s'est ainsi, dès le départ, donné une légitimation morale et s'est placé du côté des vainqueurs. C'est pourquoi la légende de la libération du camp de Buchenwald par ses détenus communistes a fait partie des grands mythes de la République démocratique allemande[8]. Cette pensée a également laissé son empreinte sur le récit héroïque du mémorial monumental que l'État a érigé en 1958 près du site historique de ce même camp de concentration.

En Allemagne de l'Ouest, le procureur général Fritz Bauer a tenté de rattraper l'acte manqué d'une libération par ses propres moyens avec les procès d'Auschwitz. Il souhaitait ardemment que l'État ouest-allemand »se traduise lui-même en justice«. Réémigrant juif, il ne se faisait toutefois guère d'illusion sur un revirement de l'opinion publique à la suite de ces procès. Il était un combattant trop solitaire dans cette République fédérale de Konrad Adenauer où l'ancienne élite nazie avait conservé ses postes et se serrait les coudes. Fritz Bauer a exprimé ce sentiment lorsqu'il a déclaré: »Quand je quitte mon bureau, j'entre en territoire étranger et ennemi.« Il a expliqué dans une lettre privée pourquoi il se heurtait à des réticences et attaques personnelles: »parce que Madame Tout-le-monde et sa famille, parce que ces messieurs de l'industrie, de la justice, etc., savent que les 22 accusés au procès d'Auschwitz partagent en réalité leur banc avec 22 millions [d'Allemands]«[9].

La fin de la RDA s'est déroulée d'une façon totalement différente: la libération par ses propres moyens, qui n'avait pas été possible en 1945, l'a été en 1989 sous forme d'une révolution pacifique portée dans les rues de Plauen, Leipzig, Magdebourg et d'autres villes du pays.

7 Götz Aly, Discours sur l'euthanasie du 27.1.2016, http://www.lvpe-rlp.de/sites/default/files/pdf/Euthanasie-Vortrag_Goetz_Aly.pdf.

8 Bruno Apitz a popularisé le mythe est-allemand de la libération par ses propres forces dans son roman sur Buchenwald, id., Nackt unter Wölfen, Halle/Saale 1958, traduit en français par Y.-P. Loreilhe sous le titre Nus parmi les loups, Paris 1961, puis par Pierre Malherbet L'Enfant à la valise Paris 2014.

9 Fritz Bauer dans une lettre privée écrite en 1962, citée par Alexandra Senfft, Der lange Schatten der Täter. Nachkommen stellen sich ihrer NS-Familiengeschichte, Munich 2016 p. 19. Cf. sur la récente réception de Fritz Bauer: Nicolas Berg, Selbstansprachen der Gegenwart: Die Spielfilme Fritz Bauers im Kontext seiner Rezeptions- und Wirkungsgeschichte, dans: Bulletin des Fritz Bauer Instituts, Einsicht 16 (automne 2016), p. 38–47.

Des gens de toutes les couches sociales et professions, des citoyennes et citoyens fréquentant les Églises, des artistes et autres dissidents se sont rassemblés pour protester. La révolution s'explique certes aussi par un contexte général favorable, à l'exemple de certains assouplissements des tensions de la Guerre froide, du dégel qui s'est produit pendant le mandat de Gorbatchev, d'une »évaporation de l'idéologie du communisme« et par des érosions du système politique de la RDA. Mais il n'en existait pas moins un mouvement citoyen résolu et vaillant, qui s'est mobilisé dans cette phase historique et a fait chuter le régime répressif. Wolfgang Schuller a établi que cette résistance avait dépassé le cadre des grands centres urbains – Berlin, Leipzig, Dresde – et déployé une forte dynamique en province, mais aussi qu'elle s'était nourrie de nombreuses initiatives individuelles[10]. Dans un pays où les associations qui émettaient des revendications politiques étaient aussitôt qualifiées d'ennemis de l'État et poursuivies, la résistance ne pouvait naître qu'au sein de la société civile, par l'intermédiaire d'activités ecclésiastiques ou de mouvements en faveur de l'environnement, de la paix, etc., ou d'autres mouvements citoyens sans structure ni consistance claire. Le slogan »Nous sommes le peuple« est très éloquent à cet égard: il n'y avait pas de leader charismatique ou héros, parce que le peuple se représentait lui-même. Au demeurant, les manifestants ne poursuivaient pas tous les mêmes objectifs, certains voulaient réformer le socialisme, quand d'autres souhaitaient se rapprocher de l'Ouest ou procéder à la réunification des deux Allemagnes. L'élément fédérateur de ce mouvement a été avant tout l'envie irrépressible de liberté et le courage collectif des manifestantes et manifestants. Lorsque Wolfgang Schuller évoque ici de façon laconique la »révolution allemande«, il laisse entendre que 1989 a rattrapé la première révolution démocratique allemande de 1848 en en faisant un succès historique. Cette révolution n'a sans doute pas offert d'événement triomphal comme la prise de la Bastille, mais a fait date sur le mode d'une fête joyeuse. Or l'histoire allemande n'en compte pas tant que cela.

## Mutisme communicatif et sensibilisation démocratique

Les débuts de la démocratie allemande – après 1945 et en 1990 – se distinguent tout autant que les fins des deux dictatures. La première démocratie est née du silence, la seconde de la sensibilisation et de la création de l'espace public. Après 1945, régnait en Allemagne de l'Ouest ce qu'Hermann Lübbe qualifiera plus tard de »mutisme communicatif«. Il a désigné par cette expression le désir unanime de ne plus aborder publiquement les biographies des anciens grands nazis et responsables du parti dans l'espace public de la société ouest-allemande. D'autres auteurs avaient précédemment parlé à ce propos de »politique tirant un trait«, de »refoulement collectif« ou encore »d'incapacité à faire le deuil«. Avec son concept neutre, Lübbe s'est distancié de ces interprétations et en a proposé une autre. Le silence, argumente-t-il, a fonctionné comme une sorte de refuge ou de cocon dans la société de la République fédérale, au sein duquel la société nazie a pu se métamorphoser en une démocratie occidentale moderne. Dans ce microclimat de non-discussion des biographies »brunes«, la démocratisation des citoyens et de leurs institutions a pu se réaliser bien plus rapidement et efficacement que dans un climat de suspicion mutuelle, de dénonciations et d'accusations. Lübbe conclut: »Ce mutisme a été le vecteur sociopsychologique et politique nécessaire pour que notre population d'après-guerre donne naissance à la société civile de la République fédérale d'Allemagne.«[11]

10 Wolfgang SCHULLER, Die deutsche Revolution, Berlin 2009.

11 Hermann LÜBBE, Der Nationalsozialismus im politischen Bewusstsein der Gegenwart, dans: Martin BROSZAT et al. (dir.), Deutschlands Weg in die Diktatur, Berlin 1983, p. 334. Cf. également Hermann LÜBBE, Vom Parteigenossen zum Bundesbürger, Munich 2008. Pour une approche sociologique et empirique de ce phénomène, cf. Elisabeth NOELLE-NEUMANN, Die Schweigespirale. Öffentliche Meinung – unsere soziale Haut. Zurich, Munich 1980.

C'est précisément cela qu'il faut se remémorer pour apprécier le second départ de la démocratie allemande à sa juste valeur. L'ampleur de ce système répressif n'a été connue qu'après la *Wende*, lorsque les structures de l'appareil de répression ont été mises au jour, en l'occurrence le 15 janvier 1990 avec l'»assaut« (il y a donc eu assaut!) du siège de la Stasi[12] à Berlin-Est. Le Centre fédéral pour l'éducation politique (Bundeszentrale für Politische Bildung) a décrit *a posteriori* les circonstances qui ont entouré la naissance de l'administration Gauck en ces termes:

»En décembre 1989 et janvier 1990, les citoyennes et citoyens de RDA ont accompli un événement d'une importance mondiale en occupant les sièges de la police secrète et en contraignant le gouvernement à dissoudre, sans contrepartie, cet appareil tout puissant. Jamais encore une opinion publique démocratique n'avait pu disposer du savoir secret réparti dans des millions de dossiers.«[13]

Les premiers comités de citoyens qui se sont constitués en assemblées ou tables rondes ont dû assumer une mission importante: s'opposer à la destruction immédiate des dossiers dans les locaux de la Sécurité d'État (précisons, entre parenthèses, qu'on a pu sauver une quantité considérable de lamelles de dossiers passés au broyeur dans le dessein d'en effacer toute trace. Elles font aujourd'hui l'objet d'une reconstitution assistée par ordinateur au Frauenhofer Institut de Munich, où a été conçu un logiciel qui effectue en un temps limité ce qui prendrait des siècles à des humains. L'équipe de Bertram Nickolay, l'ingénieur de l'institut Frauenhofer, a réalisé un travail pionnier à l'échelle mondiale et son expertise est demandée dans d'autres pays où des dossiers ont été détruits et où il faut sortir des informations de l'oubli. En ce sens, les dossiers de la Stasi sont donc aussi un monument du changement médiatique – constitués au royaume de la machine à écrire, ils pénètrent dans la technologie de pointe de l'ère numérique).

Le chemin a été long jusqu'à l'adoption d'une législation sur la gestion des dossiers secrets. La première étape a été de fonder l'administration Gauck, ainsi que l'on a surnommé la »Commission parlementaire spéciale de contrôle et de dissolution du ministère de la Sécurité d'État«. La chambre du peuple (*Volkskammer*), démocratiquement élue, a voté une loi sur le sort des dossiers, qui n'a pas été intégrée au traité d'unification dans un premier temps. Il a fallu que les défenseurs des droits civiques continuent à faire pression en occupant les archives, en organisant des manifestations médiatiques et, pour part, en entamant des grèves de la faim, pour qu'une loi sur les dossiers de la Stasi soit codifiée dans le traité d'unification, et que Joachim Gauck soit nommé mandataire spécial du gouvernement fédéral le 3 octobre 1990. La loi sur la réglementation des documents de la Stasi est entrée en vigueur en novembre 1991. L'institution a pris ses fonctions en janvier 1992 et a employé jusqu'à 3000 collaborateurs. En près de 25 ans, elle a traité plus de trois millions de demandes et aidé les citoyens de RDA à accéder à leurs données.

## Les indics sont parmi nous

La transparence qui découle de l'étude des dossiers a donné un visage aux victimes, mais a aussi dévoilé le nom et l'adresse de ceux qui les avaient espionnés. On a assisté à des histoires bouleversantes entre victimes naïves et indics dont la couverture est tombée, à des histoires perverses qui pénètrent dans la sphère privée et intime des gens et montrent combien la confiance au sein

12 Stasi: abréviation de Staatssicherheit qui désigne la police politique de RDA, placée sous la direction du Ministerium für Staatssicherheit, ministère de la Sécurité d'État (NDT).

13 Voir URL: http://www.bpb.de/geschichte/deutsche-geschichte/kontraste/42487/eroeffnung-der-gauckbehoerde (2005) (dernière consultation 25 juillet 2017). Norbert Frei compare lui aussi la situation post-1945 et post-1989: »Le débat public intense sur le passé de la RDA, qui s'est rapidement emparé de la société au-delà du cercle des défenseurs des droits civiques, doit également s'analyser comme un réflexe critique vis-à-vis de la manière dont l'Allemagne fédérale a géré le passé nazi.« dans: Die Zeit, 26.3.2009, p. 15.

de la famille et entre amis a été empoisonnée et comment le ciment social de la société a été méthodiquement désagrégé. Ces dossiers ne documentent pas seulement la destruction ciblée de biographies individuelles, mais sont aussi des sources importantes pour mettre au jour le fonctionnement de la microstructure dictatoriale.

L'élucidation des actes des collaborateurs de la Stasi n'était pas automatiquement suivie d'une poursuite pénale. Néanmoins, consulter son dossier et se confronter à ces histoires a été une entreprise psychologique importante pour ceux qui en ont fait la démarche. Pour reprendre les mots de l'un d'entre eux, c'était »revenir dans le moi qui était autrefois sous l'emprise de la Stasi«[14]. Au fil des années, la police politique a enregistré plus de 200 000 indics à son service. Eux aussi ont été forcés par l'État de dissocier leur identité, en étant astreints à une double vie méprisable, assortie de nombreux noms d'emprunt. Mis sous pression par le système bureaucratique répressif, ils ont fait preuve de zèle et livré leurs rapports à l'heure. Le but de leur travail était de »désagréger« la vie et les cercles de ceux qui se ménageaient une certaine latitude à l'égard du régime. Par ce biais, les indics ont efficacement contribué à pérenniser le système politique déjà déliquescent. Il a fallu offrir un soutien psychologique rétrospectif à ce groupe d'acteurs, non condamnés après la *Wende*, pour empêcher qu'ils s'identifient à leurs anciens supérieurs hiérarchiques après l'effondrement du régime.

Les étagères de dossiers à perte de vue et les innombrables tiroirs à fiches sont un monument impressionnant de l'empiétement paranoïde de l'État de surveillance dans le quotidien de ses citoyens et de la systématique méticuleuse et dispendieuse qu'il y a investie. Il y a loin de la bureaucratie de l'extermination de la Shoah à la bureaucratie de la surveillance exercée par le SED, mais on ne peut nier une certaine similarité structurelle entre ces appareils bureaucratiques dictatoriaux obsessionnellement hypertrophiés.

Roland Jahn, le directeur actuel de l'Office fédéral chargé des dossiers de la Stasi, mentionne que les anciens collaborateurs de la police politique vivent parmi nous, à Berlin particulièrement, mais aussi dans d'autres villes d'Allemagne. »Et c'est une bonne chose, ajoute-t-il, car, avec la révolution pacifique, nous nous sommes non seulement libérés, mais nous avons aussi libéré nos bourreaux. Eux aussi doivent faire valoir l'État de droit – avec sa liberté de réunion, d'opinion et de voyager. Bien évidemment, il existe comparativement beaucoup d'anciens collaborateurs de la Stasi à Berlin, puisque la partie orientale de la ville a été la capitale de la RDA pendant des décennies. Bien évidemment aussi, certains d'entre eux répandent des fausses vérités dans des livres. Mais ces gens peuvent bien nous asséner dix fois que tout était mieux avant – la pratique de la démocratie leur permet précisément de faire ce pour quoi ils incarcéraient autrefois leurs concitoyens.«[15]

La thèse du mutisme et du silence comme constitution de la démocratie proposée par Hermann Lübbe ne constitue assurément qu'une partie de la vérité. Le silence qui a protégé les bourreaux a en effet nui aux victimes, ce dont ont profondément souffert Jean Amery et d'autres survivants de la Shoah. La culture mémorielle allemande débute dans les années 1980 avec la rupture de ce mutisme communicatif et un rattrapage de l'empathie pour les persécutés, dont les histoires sont enfin massivement étudiées, collectées et écoutées. L'expiration de ce »mutisme communicatif« que s'était auto-prescrit la génération des pères et des bourreaux en République fédérale a entraîné une réévaluation des crimes nazis. Après différents débats parlementaires en 1979, le délai de prescription pour la poursuite pénale des crimes commis à cette époque est suspendu.

14 Propos extrait d'un documentaire sur les toutes premières consultations des dossiers par les défenseurs des droits civiques.

15 Interview de Roland JAHN, Akten müssen immer zugänglich sein, dans: Der Tagesspiegel, 14.1.2013.

## Le service central de Ludwigsburg et le siège de la Stasi

L'histoire de la première et de la seconde dictature allemande s'exprime dans deux institutions qui poursuivent encore leur mission à ce jour. Tant qu'existent des droits pouvant être acquittés, le passé reste en effet une composante du présent. Le pendant nazi de l'Office fédéral chargé des dossiers de la Stasi est le »Service central d'enquêtes sur les crimes nationaux-socialistes« de Ludwigsburg. Ce centre de documentation a été fondé en 1958 dans le sillage spatio-temporel des procès d'Ulm de 1957–1958 intentés contre les commandos mobiles de la mort (*Einsatzgruppen*). C'est cette fondation qui crée les prémisses de la documentation et de la répression systématique des crimes nazis. Les enquêtes judiciaires impliquant des nazis y sont depuis menées et regroupées. Dans sa phase la plus active, entre 1967 et 1971, le Service central employait 121 collaborateurs; ils sont 19 aujourd'hui. Il pouvait mener ses propres investigations et transmettre des informations, mais n'avait aucune autorité juridique. Le Service a connu quelques succès dans ses recherches[16]. Cependant, le bilan de la traduction de ces informations en procès et condamnations reste honteusement maigre. Sur les 6500 SS qui ont travaillé à Auschwitz, la RFA en a condamné 29 et la RDA 20. Pour sa part, Fritz Bauer a remarquablement coopéré avec cette institution. Mais il n'existait pas de véritable pression pour poursuivre les crimes nazis, que ce soit de la part de l'État ou de la population. Nonobstant, les continuités de personnel au sein de la justice et de la police ont certainement constitué l'obstacle majeur. Le maire de Ludwigsburg, par exemple, a immédiatement considéré que le Service central nuisait à la réputation de sa ville.

En 1973, Gustav Heinemann, alors Président fédéral, a tenté d'initier un revirement d'opinion, en lançant un concours scolaire annuel d'histoire sur la question de la »quête des traces« et en proposant Ludwigsburg comme »lieu d'enseignement de l'histoire«. Des décennies durant, le Service central a également été un lieu informel de sensibilisation des familles sur leur propre histoire. Beaucoup de filles, fils et, aujourd'hui, de petits-enfants ont feuilleté, le cœur battant, les quelque 1,7 million de fiches pour découvrir ce qu'avaient fait leurs parents et familles pendant la guerre. Plus de 70 ans se sont écoulés et il n'y aura plus beaucoup de procédures judiciaires engagées à l'avenir. Toutefois, personne ne doute que Ludwigburg »doit être préservé comme lieu de commémoration, d'exhortation, de sensibilisation et de recherche, sous la forme d'un centre de documentation, de recherche et d'information«[17].

Au bout de 25 ans, le siège de la Stasi enregistre également une baisse des demandes. En 2014 encore, Roland Jahn a noté une augmentation, émanant de façon plus prononcée des 2e et 3e générations. Des enfants et petits-enfants ont entrepris des recherches sur l'histoire de leur famille et ont souhaité en savoir davantage sur ses membres décédés qui ne pouvaient plus les renseigner.

16 Au titre des succès, on peut compter la longue procédure contre Josef Schwammberger, commandant de différents camps de travail forcé dans la Pologne occupée. Schwammberger, qui s'était réfugié en Argentine, a pu être traduit devant la cour de Stuttgart en 1991–1992 grâce aux investigations du directeur du Service central, Kurt Schrimm, soutenu par Simon Wiesenthal. À l'époque, le magazine »Der Spiegel« a critiqué ce procès à deux égards: 1. »Les procès tardifs, désespérément retardés, contre les nazis n'enseignent plus rien.« 2. »Seuls les seconds couteaux sont traduits devant le tribunal, ceux qui ont reçu l'ordre de tuer et non pas les chefs idéologues dont les actes ne sont pas justiciables.« Gerhard MAUZ, Stellvertretend für das System, dans: Der Spiegel, 13.4.1992.

17 Voir URL: http://www.zentrale-stelle.de/pb/,Lde/Startseite/Einrichtung/Ausblick. (dernière consultation le 25 juillet 2017) Aujourd'hui, le Service central abrite aussi une partie des Archives fédérales; il est complété par le Centre de recherche de l'université de Stuttgart auprès de Ludwigsburg et par une association de promotion du travail avec les établissements scolaires. Tout cela confirme l'importance du Service central comme lieu de documentation, de recherche et d'éducation.

Ces demandes ont conduit à élargir le cercle des personnes autorisées à déposer une requête. Il semble aujourd'hui que le pic des demandes soit dépassé. Ici aussi se pose la question de la dissolution, de la pérennisation ou de la transformation de ces archives. Dans les deux cas, les centres d'information pourraient se transformer en musée d'histoire. Une partie du bâtiment qui abrite le siège du ministère de la Sécurité d'État a déjà été convertie en musée de la Stasi. Il abrite depuis 2015 une exposition permanente baptisée »La Sécurité d'État dans la dictature du SED«. Le musée a une devise qui survivra à l'existence de l'administration des archives de la Stasi et qui pourrait parfaitement s'appliquer au Service central de Ludwigsburg: »Plus nous comprenons la dictature, plus nous pouvons forger la démocratie.« (Roland Jahn)

## Les leçons de l'histoire

Revenons à Paul Valéry et à la question: peut-on tirer des leçons de l'histoire? Sa description de 1931 n'a rien perdu de son actualité aujourd'hui, car nous pouvons observer partout que les nations deviennent amères, superbes, insupportables et vaines. Il faut donc donner raison à Paul Valéry, l'histoire n'enseigne rien, parce qu'elle justifie ce que l'on veut. Elle est devenue une proie politique. Dans certains États, pensons à la Russie ou à la Pologne, elle n'est plus définie par des historiens, mais par les gouvernants actuels, qui font raser les musées critiques pour les remplacer par ceux qui portent un message univoque et soutenant le pouvoir en place. Pourtant, nous ne pouvons pas accepter tout bonnement la synthèse de Valéry. Nous nous sommes en effet dotés entre-temps de termes, concepts et normes qui n'existaient pas de son temps: génocides, crimes contre l'humanité, respect des droits de l'homme. De plus, l'histoire de l'UE après la Seconde Guerre mondiale, que Valéry n'a pas connue, peut s'analyser comme une leçon de l'histoire. En réalité, l'histoire violente du XX$^{e}$ siècle nous a enseigné deux leçons:

1. la guerre peut conduire à la paix: d'anciens ennemis mortels peuvent coexister pacifiquement et coopérer en voisins et
2. la contrainte peut conduire à la liberté: les dictatures peuvent se transformer en démocraties.

Sur les 27 États de l'Union européenne en effet, 17 ont connu la dictature. Il est indéniable que l'importance croissante de la mémoire en Europe depuis les années 1990 est étroitement liée au fardeau historique de ces États. La reconversion des dictatures en démocratie n'est possible qu'en tirant des leçons de l'histoire, un enseignement qui doit être ancré dans des institutions d'un État de droit, homologué et entretenu par une culture mémorielle réflexive et critique, placée sous le signe des droits humains. Histoire, droit, sensibilisation et mémoire sont intimement corrélés quand on examine les crimes commis sous des dictatures après un changement de système politique. En Allemagne, l'examen de la seconde dictature s'est déroulé sur la toile de fond de la première, ainsi que Norbert Frei l'a souligné: »Les dysfonctionnements irréparables dans la répression pénale des crimes nazis qui ont suivi la fin de la ›première dictature‹ ne devaient pas se reproduire lors de ›l'investigation de la seconde dictature‹«.[18] Les deux dictatures présentent certaines similitudes concernant la manière dont le pouvoir s'est immiscé dans la sphère privée des citoyens, les a tenus sous sa coupe et manipulés par le biais de sa surveillance. Les lois raciales antisémites ont accablé et empoisonné les relations intimes; il n'existait plus de refuge; les dénonciations ont détruit les liens amicaux et familiaux.

Mais leurs voies pour sortir de ces régimes se différencient radicalement: la première dictature a débouché (en Allemagne de l'Ouest) sur une démocratie offerte par les Alliés, la seconde, tardivement, dans une démocratie conquise par ses propres forces.

18 Frei, Die Zeit (voir n. 13), 26.3.2009.

De façon générale, on peut établir que sept facteurs doivent converger pour que le processus de transition de la dictature à la démocratie ne se traduise pas par un simple tournant politique, mais aussi par un changement durable des mentalités et identités dans la société:

1. L'État doit poser le cadre général (jours fériés, éducation scolaire, traité sur les sites commémoratifs).
2. Le tribunal doit poursuivre et condamner les injustices.
3. Des (commissions d')historiens doivent mener des recherches et expliquer les injustices.
4. Les victimes doivent pouvoir s'exprimer dans ce processus.
5. Les artistes doivent stimuler le climat culturel en donnant de nouvelles impulsions en toute indépendance.
6. Les médias doivent s'emparer de ces thèmes, les discuter et les porter dans la société.
7. La société civile doit débattre de ce processus de transformation dans l'espace public et le soutenir par une culture mémorielle[19].

Dans ce contexte, la ›culture mémorielle‹ n'est qu'une expression alternative pour parler d'une éducation politique qui mène une réflexion critique sur sa propre histoire dans des institutions telles que des musées, des archives et des sites commémoratifs. Son objectif est de maintenir en alerte la sensibilisation sur la violence et les injustices au sein de la société, pour ne pas céder de nouveau à la terreur étatique ni ne retomber à un niveau de l'État de droit inférieur à celui qui a été atteint.

19 L'historien Norbert Frei juge que cette convergence est inepte, car il n'y voit qu'une mise sur la touche de l'historien comme seule profession compétente sur le passé. Raison pour laquelle il polémique violemment contre l'État et la société civile, dans lesquels il voit de dangereux rivaux de l'historien. Il lutte contre le traité sur les sites commémoratifs, qu'il considère comme une forme illégitime d'»usurpation étatique de l'histoire« et déverse ses railleries mordantes sur le terme barbare de »mémoire«: »De larges pans de la classe politique semblent avoir enseveli toute idée des atouts d'une historiographie qui se déploie à l'écart des tentatives politiques identitaires et de considérations utilitaires sous le commandement vertueux de la mémoire.« Frei, Die Zeit (voir n. 13), 26.3.2009.

# Nekrologe

## FRANÇOIS ROTH

## (1936–2016)

François Roth hat stets die Verantwortung der Wissenschaft für Leben und Fortentwicklung der Gesellschaft betont. Das setzte er selbst in vielfältigen Formen praktisch um. Presse, Rundfunk und Fernsehen nutzten mit seiner Beratertätigkeit und in einer Fülle eigener Sendungen, Filme und Artikel über Jahrzehnte auf regionaler wie nationaler Ebene sein schier unerschöpfliches Wissen. Bei Wahlen gab er im Fernsehstudio regelmäßig politische und historische Hintergrundinformationen zu den einlaufenden Ergebnissen. Politische und gesellschaftliche Institutionen auf lokaler, regionaler und nationaler Ebene schätzten und nutzten seine unabhängigen, kompetenten und nuancierten Ratschläge. Seine große Begabung, auch komplizierteste Zusammenhänge in klarer Form und zugleich hoher Differenzierung spannend darzulegen, sowie der elegante und zugleich präzise Stil des exzellenten Schriftstellers erschlossen ihm eine große internationale Leserschaft. Vielfältig hat François Roth einem breiten Publikum damit die große Spannbreite wissenschaftlicher Ergebnisse zugänglich gemacht. Dass dies zu den zentralen Aufgaben eines Hochschullehrers gehört, hat er auch gegenüber Jüngeren immer wieder fordernd festgestellt. Seine fast zwei Dutzend eigenen Bücher, zahlreichen Kolloquiumsbände und um die 200 Aufsätze und Miszellen stellen daher nur Teile seines Lebenswerkes dar.

Geboren wurde François Roth am 16. Februar 1936 in Gien (Loiret), sein aus dem Departement Moselle stammender Vater war Instituteur. Das Studium absolvierte Roth 1954–1959 an der Sorbonne, vor allem unter der Betreuung von Pierre Renouvin. Entsprechend französischer Tradition wurde er nach CAPES und Agrégation zunächst Gymnasiallehrer. Seine hohe pädagogische Begabung, die seine Lehre und seine Publikationen kennzeichnet, erhielt hier ihre professionelle Grundlage. Seit 1964 war er Assistant und seit 1970 Maître de conférences an der Universität Nancy, an der er sich 1973 habilitierte und den Professoren-Titel erhielt. Von 1978 bis 2002 hatte er den Lehrstuhl für Histoire contemporaine an dieser Universität inne. 1967 heiratete er Maire-Josèphe Piquard; Madame Roth, ebenfalls Historikerin, hat auch dem Autor dieser Zeilen dankenswerter Weise mit vielen Informationen geholfen.

Die 1976 im Druck erschienene 764 Seiten starke Habilitationsschrift »La Lorraine annexée (1870–1918)« hat auch nach vier Jahrzehnten nichts von ihrer Unentbehrlichkeit für alle Forschungen zu der komplizierten Thematik und ihren zahlreichen Kontexten eingebüßt. 2007 und nochmals 2011 hat Roth sie überarbeitet und aktualisiert. Hier entfaltete er ebenso minutiös wie souverän seinen multimethodischen Zugriff auf die Geschichte. Das Buch steht in der französischen Tradition allumfassender Regional-Monografien, denen kaum etwas aus Wirtschaft, Politik, Kultur und Gesellschaft entgeht. Hier handelt es sich aber um weit mehr: um ein halbes Jahrhundert Fremdherrschaft unter vielfältigen Konflikt- und Vernetzungsbedingungen im Rahmen der binationalen und internationalen Politik. Diese Vernetzungen haben Roths Lebenswerk in unterschiedlichsten Formen geprägt. Für das Buch hat er eine Fülle von französischen und – vorwiegend – deutschsprachigen Archiven zahlreicher lokaler, regionaler und nationaler Provenienzen ausgewertet. Da große Bestände damals in der DDR verwahrt wurden, erfuhr er früh die unmittelbare Aktualität beider deutscher Staaten. Die Dynamik der Entwicklungen im Reichsland Elsass-Lothringen und seit 1919 Alsace-Moselle wird dem Leser hier in all ihren retardierenden, weil alte Vernetzungen zerstörenden Faktoren und in dem rasanten Aufschwung vor allem von Industrie und Urbanisierung lebendig. Zu den gesellschaftlich-kulturellen Leitlinien gehört das eng mit den deutsch-französischen Spannungsfeldern verwobene Verhältnis von Kirche und Staat, die 1905 und bis heute nur im damaligen Inner-Frankreich getrennt wurden.

Seine breite Themenstellung vertiefte Roth in viele Richtungen. So präsentierte »Le temps des journaux. Presse et cultures nationales en Lorraine mosellane 1860–1940« (1983) die französisch- und deutschsprachige Presse aller politischen Tendenzen in den tiefen Umbrüchen dieser acht Jahrzehnte. Inhalte und Auseinandersetzungen fügte er in die jeweiligen politischen, wirtschaftlichen und gesellschaftlichen Zusammenhänge ein.

Mit »La Guerre de 70« setzte 1990 die Reihe seiner bei Fayard publizierten großen Bücher ein. Auch dieses Werk bleibt bald drei Jahrzehnte später eine Referenz aufgrund der Fülle der Informationen, der Ausgewogenheit der Analyse und der exakten Kenntnis der Akteure und ihrer vielfältigen Kontexte auf beiden Seiten dieses Krieges, welcher so vielschichtige und gegensätzliche Perspektiven für die folgenden Jahrzehnte eröffnete. Die Académie des sciences morales et politiques ehrte ihn 1990 mit dem Prix Maurice Baumont.

Die internationale Politik vernetzte sich mit seiner Heimatregion in den beiden bedeutenden Biografien. Mit »Raymond Poincaré. Un homme d'État républicain« (2000) untersuchte Roth auf über 700 enggesetzten Seiten minutiös und erneut auf sehr breiter Archivbasis eine der sowohl innerfranzösisch wie im deutsch-französischen Feld besonders umstrittenen Persönlichkeiten. Rigorose Quellenkritik ging zusammen mit ständiger sorgfältiger Abwägung dessen, was er als Historiker klar beurteilen konnte und wo Quellenmangel zur Vorsicht zwang. Eine Fülle von Legenden, zur Julikrise 1914 wie zu vielen anderen Situationen, erfährt hier ihren Ursprung und ihre wissenschaftliche Beurteilung. Demgegenüber entfaltete »Robert Schuman. Du Lorrain des frontières au père de l'Europe« (2008) auf ebenso breiter Forschungsgrundlage die konstruktiven Konsequenzen aus den großen Konflikten. Unter Roths großen Büchern ist dies das einzige ohne Anmerkungen. Grund war, dass er nicht nur die angegebenen Archive benutzt, sondern zusätzlich einen breiten Zugang zu den Vatikan-Archiven erhalten hatte; er durfte diese jedoch nicht zitieren und konnte sie gleichwohl vielfältig in seine Analysen einarbeiten. Daher zog er es vor, auf Anmerkungen gänzlich zu verzichten in diesem Buch, das er selbst in einer hinterlassenen Notiz als eines seiner drei wichtigsten einstufte, zusammen mit »La Lorraine annexée« und »L'Alsace-Lorraine de 1870 à nos jours«. Als seine beiden wichtigsten Artikel erachtete er »Saint-Vallier, un diplomate français devant les mutations du monde germanique«[1] sowie »Robert Schuman et les évacués lorrains de la ligne Maginot, 1939–1940«[2].

Für eine breite Leserschaft prachtvoll ausgestattet sind die beiden Abschlussbände »L'époque contemporaine« der »Histoire de la Lorraine« im Rahmen der »Encyclopédie illustrée de la Lorraine: De la Révolution à la Grande Guerre« (1992) und »Le vingtième siècle, 1914–1994« (1994). Sie boten in überreicher Illustrierung und begleitet von prägnanten Quellen eine Zusammenfassung der wechselvollen Entwicklungen auf allen Gebieten, von den politischen Kräften und der Sozialgeschichte über Wirtschaft und Gesellschaft, Kirchen, Bildungswesen und Urbanisierung bis zu den Kriegen, ihren komplizierten Verläufen und ihren mannigfachen Auswirkungen. Die kollektive Erinnerung und die Herausbildung deutsch-französischer und europäischer Kooperationsformen unter oft gegensätzlichen Rahmenbedingungen verwiesen

1 François Roth, Saint-Vallier, un diplomate français devant les mutations du monde germanique, in: Jean-Marc Delaunay, Aux vents des puissances. Hommage à Jean-Claude Allain, Paris 2008, S. 15–30.

2 Id., Robert Schuman et les évacués lorrains de la ligne Maginot, 1939–1940, in: Cahiers Lorrains 1/2 (2011), S. 48–61.

zugleich auf die konstruktiven Perspektiven. Seine profunde Kenntnis der Kriege bewies Roth einmal mehr in »Six mois qui incendièrent le monde. Juillet–décembre 1914 – La guerre qu'on croyait courte« (2014). Bereits in »Le dernier siège de Metz 20 août 1870–27 octobre 1870« (2013) hatte er in einer Synthese die grauenhaften Schicksale der Soldaten beider Seiten und der belagerten Bevölkerung mit vielfältig in die Darstellung integrierten Quellentexten und Illustrationen lebendig werden lassen. Stets wusste Roth auch absurde Situationen mit leisem Humor einzubeziehen.

Zu seinem Verantwortungs-Konzept gehörten Synthesen, die gerade bei kleinerem Umfang besonders schwierig sein können. Für eine erneut reich illustrierte »Histoire de la Lorraine et des Lorrains« (2006) erhielt er den Prix Auguste Prost de l'Académie des inscriptions et des belles-lettres. Die »Petite Histoire de l'Allemagne au XX$^{e}$ siècle« ($^{2}$2004) und »L'Allemagne de 1815 à 1918« (1998) führten in das Verständnis des Nachbarn ein. »L'Invention de l'Europe. De Jean Monnet à l'Union européenne« (2005) präsentierte Institutionen, Ideen und Akteure, Industrie, Finanzen und Landwirtschaft, Kultur sowie das Spannungsfeld von Integration und Nationen. Immer von neuem reflektierte Roth die Komplexität des Verhältnisses zwischen Deutschland und Frankreich, beispielsweise interregional vergleichend in seinem »Alsace – Histoire d'un ›pays perdu‹. Lorraine – de 1870 à nos jours« (2010 und 2016). Zu den Themen der Filme zählten Robert Schuman, der Krieg 1870 und die Stadt Bitche.

Zahlreiche Bilanzen und Netzwerke der Forschung hat François Roth initiiert oder maßgeblich mit geprägt – obwohl er einem Kollegen schrieb: »Je ne me suis guère investi dans les articles, ce sont les livres qui ont retenu toute mon attention et toute mon énergie.« Den Erinnerungs-Debatten gab er weit gespannte und innovative Impulse gemeinsam mit Philippe Martin mit der transnationalen Tagung »Mémoire & Lieux de Mémoire en Lorraine« (2003). In Nancy vereinte er maßgebende Autorinnen und Autoren zu einer methodisch breit gefächerten Bilanz »Les modérés dans la vie politique française (1870–1965)« (2000), die Publikation betreuten dann seine Wegbegleiter Gilles Le Béguec und Jean El Gammal. René Rémond, mit dem ihn ebenso wie mit Pierre Barral eine jahrzehntelange enge Zusammenarbeit verband, konstatierte in seinem Tagungs-Fazit »le caractère par trop réducteur de la dichotomie droite-gauche« und »la permanence sur un siècle entier d'une famille modérée qui a résisté à l'usure du temps et à l'érosion des idéologies, ainsi qu'à l'attraction symétrique des deux polarités antagonistes«[3] – Worte, die 2016/17 prophetisch erscheinen können. Ein solches Fazit entsprach Roths eigenem abwägendem Temperament.

Im Rahmen des Comité d'histoire régionale gab Roth weitere vielfältige Impulse. Die Vernetzungen der ostfranzösischen Regionen brachten beispielsweise die Tagungen »Lorraine, Bourgogne et Franche-Comté, mille ans d'histoire« (2011) sowie »La Lorraine, le Luxembourg et les Pays wallons du Moyen Âge à nos jours« (2008) auf den Punkt. In der grenzüberschreitenden Arbeit förderte er zugleich neue Forschungsprojekte der Nachbaruniversitäten und damit wiederum NachwuchswissenschaftlerInnen, etwa 2011 mit »La Lorraine et les pays de la rive gauche du Rhin (Sarre, Palatinat, pays de Trèves)«. »Lorraine, terre d'accueil et de brassage des populations« (2001) zog eine vielfältige Bilanz der Migrationen aus vielen Himmelsrichtungen, vor allem Italien, Polen, Maghreb, Spanien, Portugal, Jugoslawien und aus dem osteuropäischen Judentum. Ablehnung und Ängste, kulturelle Überlagerungen und Blockaden, Hoffnungen und Enttäuschungen, Aufnahme und Ausweisungen, Studierende und ArbeiterInnen, Zukunftschancen und Krisen über Generationen hinweg strukturieren die großen Problemstellungen dieses wichtigen Werkes – Situationen, welche ihre Aktualität behalten in einer Zeit, in der viele dieser Migrantinnen und Migranten die Region nach dem Niedergang der Industrie wieder verlassen, zahlreiche andere hier aber eine neue Heimat gefunden haben.

3 Les modérés dans la vie politique française (1870–1965): colloque organisé par l'université Nancy 2, 18–19–20 novembre 1998, sous la dir. de François ROTH et al., Nancy 2000, hier S. 511.

Zahlreiche Führungspositionen hat Roth in der akademischen Selbstverwaltung, in Studienreformkommissionen und in geschichtswissenschaftlichen Organisationen bekleidet, an sie kann hier nicht im Einzelnen erinnert werden. 1996–2002 gehörte er dem Vorstand des Deutsch-französischen Historikerkomitees an und war 1998–2000 der Präsident dieser ersten auch juristisch integrierten deutsch-französischen Wissenschaftlervereinigung. Als Präsident der Association lag die Chefredaktion der »Annales de l'Est« von 1984 an für zehn Jahre in seinen Händen. Er war ordentliches Mitglied der Académie nationale de Metz, in deren Rahmen viele seiner Aufsätze erschienen, und der Académie de Stanislas in Nancy. Seit 2002 präsidierte er den Conseil scientifique für den Aufbau des 2012 eröffneten Musée de la Guerre de 70 in Gravelotte: auch im Ausstellungs- und Museumsbereich war sein Engagement groß.

Der Autor dieser Zeilen weiß aus eigener Erfahrung, wie nachhaltig Roth sich für die folgenden Generationen einsetzte, wie er sie ermunterte und unterstützte, wenn sie begannen, selbst Tagungen zu organisieren und Forschergruppen aufzubauen. Sein unverwüstlicher Humor und seine herzliche Großzügigkeit haben seine Ermutigungen umso wirkungsvoller werden lassen. Vielleicht war sein Weg vom Historiker der so konfliktreichen französischen Ost-Regionen und ihrer Leiden zu einem Garanten vielfältiger deutsch-französischer Zusammenarbeitsformen nicht immer einfach. Wenn dem so war, so ließ er es die Partner nicht merken. Er ermutigte gerade auch andere wissenschaftliche Ansätze: er akzeptierte Positionen, wenn man ihn zu überzeugen vermochte, und warnte in scharfsinniger Analyse, wenn Argumente ihm nicht hinreichend begründet erschienen. Die fortgeschrittenen Studierenden und Doktoranden der Universitäten Nancy, Metz mit Alfred Wahl und nachfolgend Sylvain Schirmann, Luxemburg mit Jean-Paul Lehners sowie der Universität des Saarlandes erfuhren in regelmäßigen trinationalen Seminaren seit den ausgehenden 1980er Jahren über lange Zeiten hinweg eine ständige deutsch-französische Sozialisation in ihrem Studienalltag.

François Roth ist buchstäblich mitten aus der weit vorangeschrittenen Arbeit an seiner dritten großen Biografie gerissen worden, deren Erscheinungstermin Tallandier bereits fest eingeplant hatte: »Maurice Barrès«. Ein vergleichsweise kleiner Verkehrsunfall bei einem kurzen Weg vor sein Haus verursachte Komplikationen, an denen er eine Woche später, am 5. Mai 2016, verstorben ist. Die große Zahl sofortiger Meldungen in Presse, Rundfunk und Fernsehen bestätigten schon während dieser Tage eindrucksvoll erneut, welch große Dienste dieser immer bescheidene Wissenschaftler seinem Fach, dem Land, der internationalen Zusammenarbeit und der allgemeinen Position der Universitäten in der Gesellschaft geleistet hat.

Rainer Hudemann

# JEAN DELMAS

## (1925–2018)

Étudiant à la Sorbonne, Jean Delmas, à la nouvelle du débarquement allié le 6 juin 1944, décide le 12 juin avec son condisciple, Pierre Lesouef dont la famille possède une ferme près de Saint-Lô, de rejoindre la Normandie. La fiancée de Pierre, Hélène mise dans la confidence, a été chargée de préparer leurs familles respectives. La progression des Américains ayant pris du retard, les deux amis décident d'aller au devant eux. C'est le début d'une aventure épique. Du côté de Saint-Jean-de-Daye, la traversée du canal de la Taute bien envasé par les deux compères se termine le nez face à trois fusils identifiés comme allemands jusqu'au moment où l'un des soldats sort de sa poche un paquet de cigarettes Camel. Alors Jean sort son brassard Free French mais la fraternisation avec le GI est de courte durée. Les deux étudiants sont suspectés par l'état-major américain d'être des espions car d'après leurs propres renseignements ils auraient traversé les lignes allemandes. Enfermés dans les caves de la mairie d'Isigny avec d'autres suspects, ils sont interrogés à tour de rôle pendant une semaine. L'aventure des deux étudiants a le mérite de révéler aux Américains les véritables positions de l'ennemi[1]. Libérés cinq jours après, grâce à l'intervention d'un officier FFI, ils se retrouvent à Cherbourg où ils signent le 11 juillet 1944 leur engagement volontaire pour la durée de la guerre.

Récupérés par les Britanniques pour en faire des sapeurs démineurs, ils sont parmi les premiers éléments du futur 3e bataillon du Génie chargé de déminer la Côte fleurie autour de Deauville entre l'automne 1944 et le printemps 1945. L'instruction est rapide: huit jours de théorie à la School Mines de Bayeux et quinze jours sur le terrain sous la direction d'une section du Royal Engineers. Trois cents hommes au total, une majorité de Normands mènent cette mission périlleuse. Les mines anti-char, les mines anti-personnel, les pièges sont disséminés partout, aussi bien sur les plages que dans les rues, les jardins, l'hippodrome. Ce sont des mines en bois, indétectables à la fameuse »poêle à frire« et qu'il faut aller chercher en sondant à la baïonnette le sable ou le sol. Dix huit soldats y périssent mais 60000 mines sont neutralisées. Une plaque commémorative à Houlgate rappelle le souvenir des sapeurs tués en déminant.

En avril 1945, caporal-chef, Jean Delmas est admis au peloton préparatoire à l'École militaire interarmes (EMIA) puis intègre en juillet 1945 Coëtquidan. Il est de la promotion Victoire dont il sort maintenu dans le Génie. Un repos forcé en sanatorium le fait renouer avec l'histoire; il termine sa licence et prépare un diplôme d'études supérieures sur la colonisation! Faute de partager le sort de ses camarades en Indochine, il étudie sous la direction de Charles-André Julien, la politique très assimilatrice en Algérie à la fin du XIXe siècle. Préparera-t-il l'agrégation? Non! Il demande à partir en Indochine pour y rejoindre ses camarades, servir avec eux comme eux. Il vit le début des guerres de décolonisation, la fin d'un Empire et les épreuves d'une population fuyant la domination d'un vainqueur dont l'idéologie est le corollaire d'un nationalisme fort et triomphant.

Après deux séjours au Maroc, en Indochine, en Algérie, en Allemagne coupés par un an de scolarité à l'état-major (19e promotion en 1957), il repart en Algérie (1960–1962) à la tête de la 59e compagnie autonome du Génie affectée à la construction de routes dans la région d'Orléansville. Le putsch des généraux en Algérie provoque une réorganisation immédiate de l'armée de

1 Devenu chef du Service historique de l'Armée de Terre, Jean Delmas a pu se procurer les procès verbaux d'interrogatoire auprès de son collègue des national archives à Washington.

terre et, notamment de la formation des officiers: sont ainsi créés l'année suivante les brevets techniques dont celui d'histoire. Il était accordé aux officiers qui au bout de deux ans de scolarité avaient obtenu le diplôme de l'Institut d'études politiques de Paris (section internationale) et au minimum une licence d'histoire[2]. Jean Delmas et son frère d'armes Pierre Lesouef sont les pionniers titulaires. C'est l'équivalent du brevet d'état-major délivré par l'École supérieure de guerre. La carrière pourrait ainsi se développer dans l'arme d'origine – en l'occurrence le génie – et dans la spécialisation: cours d'histoire à Saint-Cyr-Coëtquidan, École supérieure de guerre et Service historique. Jean Delmas dit lui-même, »le choix c'est l'intérêt de la fonction«[3]. Diplômé de l'École des sciences politiques de Paris, il fait en 1965 un doctorat de 3e cycle sous la direction de Pierre Renouvin sur »L'état-major français et le front oriental en 1917–1918«.

En vingt ans de carrière depuis la fin de son recyclage universitaire, c'est-à-dire entre 1965 et 1985, il a accompli cinq ans de troupe et de commandement dans le génie (13e régiment du génie à Trèves (1969–1972) puis à la tête du 3e régiment de génie à Charleville Mézières (1974–1976). Durant six ans (en deux temps), il enseigne comme professeur puis en tant que chef du cours d'histoire à l'École supérieure de guerre pendant six ans. Il y brille par son éclectisme faisant venir comme grands témoins aussi bien Henri Frenay, chef du mouvement Combat que le colonel Rol-Tanguy, commandant des FFI d'Île-de-France durant l'insurrection parisienne qui plus est communiste. Enfin de 1976 à 1986, il est d'abord directeur des études puis chef du Service historique de l'armée de terre et soutient son habilitation à diriger des recherches à l'université Paul Valéry de Montpellier.

Enseignant-chercheur, officier-historien, Jean Delmas est toujours en quête de réflexion, soucieux de transmettre un savoir. »Qu'est-ce que la recherche, sinon la remise en cause des acquis, soit pour les compléter soit pour les réinterpréter, soit pour les contester? Le refus en quelque sorte du principe d'autorité, quel que soit le respect porté aux maîtres. [...] Jean ne cesse de réfléchir à deux questions fondamentales qui découlent de cette confrontation. Peut-on exercer le métier d'officier, qui suppose l'absolu, tout en étant formé à la relativité critique qu'induit la recherche historique? Comment enseigner l'Histoire, et quelle histoire à des officiers supérieurs?«[4] Cette réflexion sous-tend ses activités d'historien tant à la présidence de la Commission française d'histoire militaire de 1989 à 1999 à laquelle il a succédé au général Gambiez que comme vice-président de la commission internationale de 1991 à 1999.

Esprit éclairé, Jean Delmas est de tous les conseils scientifiques des musées qui se mettent en place: l'historial de la Grande Guerre à Péronne, le mémorial de Caen, le musée du Général-Leclerc et de la Libération de Paris et du musée Jean-Moulin de la Ville de Paris de 1991 à 2010, des salles de la Seconde Guerre mondiale et du chef de la France libre au musée de l'Armée (1998–2001).

Dans le cadre de cette publication, retenons plus spécifiquement l'historien novateur élément dynamique du rapprochement franco-allemand à travers ce qui lui est le plus délicat, l'histoire des relations conflictuelles des deux pays. Une amitié le liait avec Klaus-Jürgen Müller, professeur à l'université de Hambourg et professeur associé à l'université Paris-Sorbonne, et il a travaillé pendant de longues années en étroite collaboration avec ses homologues allemands, Manfred Messerschmidt, directeur de l'Institut d'histoire militaire (*Militärgeschichtliches Forschungsamt*), et Manfred Kehrig, directeur du département militaire des archives fédérales à Fribourg (*Bundesarchiv Abteilung Militärarchiv*) en Brisgau. C'est à la suite de cette collabora-

2 Jean Delmas, Le développement de l'enseignement militaire supérieur en France, dans: id., Officier et historien, études, articles et cours, Paris 2001, p. 638.
3 Ibid.
4 André Martel, allocution lors de la réception au Service historique de l'armée de terre (SHAT) à l'occasion de la sortie de l'ouvrage Jean Delmas, Officier et historien, Études, articles et cours, Paris 2001.

tion qu'il a décidé de remettre à ses collègues allemands une partie des archives que les Français avaient saisie à la fin de la guerre dans les différents locaux occupés à Paris par l'administration militaire allemande en France. En signe de remerciement, l'ambassadeur d'Allemagne à l'occasion d'une réception solennelle à l'hôtel de Beauharnais de la rue de Lille lui a remis l'ordre du Mérite, 1re classe de la République fédérale d'Allemagne.

Une autre des démarches de Jean Delmas consistait à la mise en œuvre de colloques internationaux d'histoire militaire, notamment celui du 7 au 10 mai 1985 à l'École nationale supérieure des techniques à Paris sur »Les Armées françaises pendant la Seconde Guerre mondiale«.[5] Si ses multiples fonctions le lui permettaient, il participait aux échanges soit en tant que intervenant, soit en tant que président de séances comme par exemple à l'occasion des colloques, organisé par l'Institut historique allemand de Paris, notamment celui de 1988 à Wiesbaden sur »La France et l'Allemagne en guerre 1940–1942«. Et il a été à nouveau au rendez-vous lorsque Stefan Martens pour l'IHA et Maurice Vaïsse pour le Centre d'études d'histoire de la défense (CEHD) en 1999, ont organisé la suite sur la fin de la guerre et la Libération de la France.

Comment effectuer une synthèse objective de sa grande œuvre au service de l'histoire militaire? L'exercice est difficile: retenons avec Pierre Lesouef »Napoléon Chef de guerre«, 3 tomes (1975); il a apporté une forte contribution au »Dictionnaire d'Histoire de la Seconde Guerre mondiale« en deux tomes (1977), mais aussi plus récemment au »Dictionnaire historique de la Résistance«, sous la direction de François Marcot avec la collaboration de Bruno Leroux et Christine Levisse-Touzé (2006). Il a aussi dirigé et corédigé le tome 2 de l'»Histoire militaire de la France (1715–1871)«, collection dirigée par André Corvisier (1992) et il est l'auteur de nombreux ouvrages historiques, dont »La bataille d'Alger«, publié en 2007.

Reste l'homme aux qualités attachantes et rares: écoute, hauteur de vue, humanisme, fidélité.

Christine LEVISSE-TOUZÉ et Stefan MARTENS

5 Pour les actes du colloque voir le site internet: https://www.iwm.org.uk/collections/item/object/1500005512 (18.3.2018).

# Resümees/Résumés/Abstracts

Martin Gabathuler, Maria Wittmer-Butsch, Die Karolinger und das Kanonikerstift am Großmünster in Zürich, S. 1–26.

Gemäß der Eingangspassage der ältesten erhaltenen Handschrift des Großmünsterstifts in Zürich, des sogenannten Zürcher Rotulus aus der ersten Hälfte des 10. Jahrhunderts, soll die Zürcher Kirche einst von Kaiser Karl dem Großen als königliches Chorherrenstift gegründet worden sein. Ausgestattet wurde sie mit Grundstücken im Fiskus Zürich, im benachbarten Höngg und mit der Siedlung Albisrieden sowie mit Zehntrechten in Zürich und an mehreren anderen Orten. Auf Befehl Kaiser Karls des Großen sollen im Jahre 810 in Zürich ein König Karl diese Einrichtung bestätigt und sein Bischof Theodor die inzwischen an der Grabstätte der Märtyrer Felix und Regula errichtete Kirche geweiht haben. Die beiden Autoren haben 2004 in einem Aufsatz die These aufgestellt, dass es sich bei den letztgenannten Akteuren um König Karl den Jüngeren, also den ältesten legitimen Sohn des ersten Frankenkaisers, sowie um Bischof Theodulf von Orléans handeln muss, die Zürich auf ihrem Reiseweg nach Italien aufsuchten. Ziel des Aufsatzes ist, diese These mit einer Neubewertung des Quellentexts und mit Argumenten zur Benutzung der Bündnerpässe durch die Karolinger erneut zur Diskussion zu stellen. Es kann gezeigt werden, dass die in der bisherigen Forschung umstrittenen Kernaussagen des Dokuments in sich kohärent sind, gut zur politischen Entwicklung zu Beginn des 9. Jahrhunderts passen und deshalb die damaligen Vorgänge in Zürich glaubhaft abzubilden vermögen.

Selon le passage introductif du plus ancien manuscrit conservé de la collégiale du Großmünster à Zurich, communément appelé le »Rotulus de Zurich« et datant de la première moitié du Xe siècle, l'église de Zurich serait l'une de celles fondées par Charlemagne en tant qu'église royale. Elle fut dotée de biens situés dans le domaine royal de Zurich et dans son village voisin de Höngg, et dans le village d'Albisrieden ainsi que du droit de dîmes à Zurich et en plusieurs autres endroits. Sur ordre de l'empereur Charlemagne, la fondation aurait été confirmée par un roi dénommé Charles tandis que l'évêque Théodore aurait consacré l'église construite entre temps sur le tombeau des martyrs Félix et Regula. Dans un article paru en 2004, les deux auteurs ont émis l'hypothèse selon laquelle il serait en fait question du roi Charles le Jeune, fils légitime aîné du premier empereur franc, ainsi que de l'évêque Théodulf d'Orléans qui, sur leur chemin vers l'Italie, se seraient arrêtés à Zurich. Le présent article se fixe pour objectif d'ouvrir à nouveau le débat sur cette thèse, par une réévaluation du passage introductif du »Rotulus de Zurich« et par des arguments relatif à l'utilisation par les Carolingiens des cols des Grisons vers l'Italie. Il pourra ainsi être démontré que les messages centraux du texte, controversés jusqu'ici par la recherche, sont en soi cohérents, conviennent bien au contexte politique du début du IXe siècle et arrivent ainsi à illustrer de manière crédible les événements zurichois de l'époque.

According to the introductory passage in the oldest surviving manuscript of the Großmünster monastery in Zurich, the so-called »Zurich Rotulus«, which dates from the first half of the 10th century, the church is said to have been founded by Charlemagne as a royal chapter of canons. It was invested with properties in the fiscal territory of Zurich and in neighbouring Höngg and also with the settlement of Albisrieden and was granted the right to levy tithes from Zurich and several other places. By order of Emperor Charlemagne, a certain King Charles is thought to have confirmed the foundation in AD 810, and his Bishop Theodor is believed to have consecrated the church, which had by then been built near the graves of the martyrs Felix and Regula. The authors of this contribution published a paper in 2004, proposing the thesis that the king was in fact Charles the Younger, the oldest legitimate son of the first Frankish emperor, and that the bishop could be identified as Bishop Theodulf of Orléans, both of whom would have passed through Zurich on their way to Italy. This paper aims to revisit the thesis by providing a re-evaluation of the source material and by bringing forward arguments concerning the use of the Grisons mountain passes by the Carolingians. The authors show that the core statements in the original document, previously contested within research circles, do in fact stand up to scrutiny, are consistent with the political environment of the early 9th century and are therefore a credible portrayal of what was occurring in Zurich at the time.

## Erik Goosmann, Aristocratic Exploitation of Ecclesiastical Property in the Ninth Century. The Case of the *villa* Gendt, S. 27–59.

Um den Reichtum der karolingischen Welt zu erklären, argumentierten Wirtschaftshistoriker gemeinhin mit dem Anstieg (landwirtschaftlicher) Produktion und kommerziellen Güterhandels, der sich in wirtschaftlichem Wachstum niedergeschlagen habe. Große kirchliche Institutionen wie auch der Königshof werden dabei als treibende Kräfte hinter Produktion und Handel gesehen. Ein Grund dafür ist, dass sie den Großteil an bestellbarem Land besaßen. Normative Texte wie das *Capitulare de villis* oder Polyptichen trugen ebenfalls dazu bei, die Idee zu verfestigen, dass Könige, Bischöfe und Äbte Produktion und Vertrieb in ihren Domänen genau überblickten. Der Beitrag möchte diese Vorstellung nuancieren, indem er den Fokus auf die *villa* Gendt richtet, eine Grundherrschaft in der Betuwe, die im Lauf der Zeit in den Besitz des Klosters Lorsch kam. Die Fallstudie unterstreicht die Notwendigkeit, zwischen rechtmäßigem Besitz und tatsächlicher Nutzung einer Grundherrschaft sauber zu unterscheiden. Da es in den überlieferten Urkunden vornehmlich um den ersten Aspekt geht, erfahren wir selten etwas über den zweiten. Karolingische Klöster mögen über ausgedehnte Ländereien verfügt haben, aber sie besaßen weder das Vermögen noch den Willen, sie alle selbst zu nutzen. Diese Aufgabe übernahmen vielmehr lokale Eliten, deren soziales Kapital vom Zugriff auf Landbesitz abhing, auf den sie ihren Wohlstand gründeten.

Afin d'expliquer l'éclat du monde carolingien, les historiens de l'économie défendent généralement l'idée que la croissance économique résulte d'une augmentation de la production (agraire) et des échanges commerciaux. Les grandes institutions ecclésiastiques, au même titre que la cour royale, sont communément identifiées comme les principaux promoteurs de production et d'échange. Cela s'explique par le fait que la majeure partie des terres cultivables étaient possédées par ces institutions. Par ailleurs, de nombreux documents normatifs, tels que le *capitulare de villis* et divers polyptyques, permettent de renforcer l'idée selon laquelle les rois, les évêques et les abbés surveillaient de près la production et la distribution sur leurs domaines. L'article souhaite nuancer cette vision en se concentrant sur le cas de la *villa* Gendt, un domaine dans la Betuwe, qui entra au fil du temps en possession du monastère de Lorsch. Cette étude de cas montre la nécessité de faire une distinction entre les propriétaires légaux et les pratiques de l'exploitation des biens fonciers. Alors que la documentation diplomatique met notamment l'accent sur le premier aspect, elle reste souvent silencieuse sur le second. Les monastères carolingiens peuvent avoir possédé de domaines très vastes, mais ils n'avaient ni la capacité, ni la mentalité pour gérer eux-mêmes tous leurs biens. La gestion revenait plutôt aux membres de l'élite locale ambitieuse, dont le rang social dépendait de leur accès aux ressources foncières sur lesquelles ils fondaient leur prospérité.

To explain the splendours of the Carolingian world, economic historians have generally argued for an increase in (agricultural) production and commercial exchange, resulting in economic growth. Great ecclesiastical institutions, as well as the royal court, are commonly identified as the primary organizers of production and exchange. One reason for this is that these institutions owned the bulk of the arable land. Also, various programmatic documents, like the *capitulare de villis* and various polyptychs, help strengthen the idea that kings, bishops and abbots closely oversaw the processes of production and distribution on their domains. The present article intends to nuance this view, by focussing on the exploitation of the *villa* Gendt, an estate in the Betuwe that, over time, came into the possession of the monastery of Lorsch. This case study illustrates the need to sharply distinguish between the legal ownership and the practical exploitation of landed property. While the extant charter material primarily deals with the former aspect, it is often silent about the latter. Carolingian monasteries may have owned vast tracts of land, but they neither had the capacity nor the mentality to manage all of their estates directly. Instead, this fell to ambitious local elites, whose social standing depended on their access to landed resources from which they derived their wealth.

## Jean-Baptiste Renault, La rédaction de cartulaires et la réception des actes pontificaux en Provence (fin XI^e^–début XII^e^ siècle): quelles interactions?, S. 61–84.

Im Zeitalter der Kirchenreform konnte das Bemühen, genaue Informationen über den Besitz der Kirchen zu gewinnen, um ihn besser zu verwalten, zur Anlage von Chartularen führen wie auch zu häufigeren Kontakten mit der Kurie; sie schlugen sich in einer größeren Zahl an Urkunden nieder. So lässt sich beobachten, dass zwischen 1079 und den 30er Jahren des 12. Jahrhunderts die Zahl der Chartulare anstieg, zunächst in den Klöstern, dann in den Domstiften, während gleichzeitig die Nachfrage nach Papsturkunden wuchs. Während der zeitliche Rahmen, in dem Chartulare angelegt wurden, sich mit der allmählichen Verbreitung einer Praxis namentlich unter Domstiften erklären lässt, scheint der Austausch von Informationen zwischen einzelnen Institutionen nur selten in Zusammenhang mit der Hinwendung zur apostolischen Autorität gestanden zu haben. In Saint-Victor in Marseille ging die Anlage eines Chartulars einher mit der Vorbereitung einer Güterliste, die dazu diente, vom Papst bestätigt zu werden; aber dies blieb eine Ausnahme. Die päpstlichen Privilegien und Litterae wurden nicht immer in die ältesten Chartulare der Provence kopiert. Es scheint fast, dass man sehr früh den besonderen Wert der Papsturkunden erkannte und sie deshalb häufig anders behandelte. Die Frage nach dem Umgang mit Papsturkunden in den Chartularen liefert ein facettenreiches Ergebnis, das zuweilen Aufschluss über Art und Weise der Auswahl der kopierten Urkunden gewährt.

Dans un mouvement général de réforme de l'Église, un même souci de mettre en ordre les informations relatives au patrimoine des églises en vue d'une bonne gestion a pu conduire à la rédaction de cartulaires et à des contacts plus fréquents avec la curie romaine, se matérialisant par des actes plus nombreux. Entre 1079 et les années 1130, la Provence voit ainsi se répandre les projets rédactionnels de cartulaires, chez les moines puis dans le monde cathédral, et parallèlement s'accroître la demande d'actes pontificaux. Si la chronologie de la mise en cartulaire peut être interprétée, en particulier entre les églises cathédrales, comme la diffusion progressive d'une pratique, les échanges d'informations entre institutions semble avoir bien plus rarement concerné leur recours à l'autorité apostolique. À Saint-Victor de Marseille, le projet de rédaction d'un cartulaire est intervenu parallèlement à la préparation d'une liste de biens destinée à être confirmée par le pape, mais c'est un cas unique. Les privilèges et lettres n'ont pas toujours été transcrits au sein des premiers cartulaires provençaux. Il semblerait qu'une précoce reconnaissance de la valeur spécifique des actes pontificaux ait bien souvent justifié un traitement à part. L'examen de la réception de l'écrit pontifical à travers les cartulaires livre un tableau très contrasté, dans lequel il est parfois possible d'interpréter les choix en matière de sélection.

In an effort to gather precise information regarding church assets in the course of church reform and with the aim of managing these assets more efficiently, many cartularies were compiled. There were also more frequent contacts with the Curia, which resulted in a larger number of documents being prepared. As a consequence, an increasing number of cartularies were compiled between 1079 and the 1130s, first in monasteries and then in cathedral chapters; at the same time there was also a growing demand for papal letters. Whilst the chronological period within which cartularies were compiled corresponds with a gradual spread of this practice, particularly amongst cathedral chapters, the exchange of information between individual institutions only rarely appears to have been linked with an appeal to the apostolic authority. One particular cartulary at Saint-Victor in Marseille was linked with the preparation of a list of assets, which could then be confirmed by the Pope; this, however, was an exception. The earliest cartularies of the Provence region did not always contain copies of papal privileges and letters. It seems as if the special value of papal documents was recognised from an early stage and they were therefore often treated differently. The question as to how papal letters were dealt with in relation to cartularies has provided various answers and has given an insight into how documents were selected for inclusion.

## Volker Rödel, Kaiser Maximilians Westreich und der Quaternionen-Reichsadler, S. 85–116.

Der 1510 von Hans Burgkmair dem Älteren in Augsburg geschaffene Holzschnitt des Quaternionen-Reichsadlers darf als eine Hervorbringung des von Maximilian I. beauftragten humanistisch gebildeten Gelehrtenkreises gelten, vermittelt durch Konrad Peutinger. Da er in der neu in das Quaternionenschema eingeführten Gruppe von Vikaren auch ein mit »Westreich« bezeichnetes Wappen zeigt, fügt er sich offenkundig ein in die Legitimationsstrategie dieses Herrschers zur Behauptung des burgundischen Erbes und zu dessen Erhebung auf die Ebene der europäischen Königshäuser. Nach vielen Rückschlägen vermochte Maximilian 1493 die burgundischen Niederlande und die Freigrafschaft für seinen Sohn Philipp den Schönen zu sichern. Nach einem kurzen Blick auf die Ereignisgeschichte werden als Voraussetzung für das Westreich-Projekt zunächst drei Bereiche der propagandistischen Vorbereitung untersucht: in der Heraldik die Verankerung des burgundischen Erbes durch Zufügung des schräg geteilten (alt-)burgundischen Wappens zu den österreichischen Farben im gespaltenen Schild, weiterhin durch Anknüpfung an brabantische Abstammungstheorien mit dem Ziel der dynastischen Rangerhöhung, schließlich auch durch Einbeziehung in die gerade aufblühende Kartographie, die den Leitbegriff »Austrasien« als Wirkungsraum der als Vorgängerdynastie postulierten burgundischen des Frühmittelalters wieder aufleben ließ, sich aber auch des gängigen Begriffs *Westrich* bediente. Demgegenüber erweisen sich Quellenzeugnisse von 1508 und 1510, aus denen nur schemenhaft Pläne zur Schaffung einer Königswürde für ein »Westreich« ableitbar sind, als so unscheinbar, dass an der Absicht ihrer Realisierung zu zweifeln ist.

La gravure sur bois représentant l'aigle impérial quaternion réalisée en 1510 par Hans Burgkmair l'Ancien peut être considérée comme une création du cercle d'intellectuels humanistes mandaté par Maximilien I$^{er}$ et développé par Konrad Peutinger. En introduisant dans le groupe des vicaires, lui-même ajouté au schéma des quaternions, un blason du *Westreich*, elle s'inscrit explicitement dans la stratégie de légitimation du souverain visant à affirmer le patrimoine bourguignon et à élever ce dernier au rang des maisons royales européennes. Après avoir essuyé plusieurs échecs, Maximilien réussit en 1493 à garantir les Pays-Bas bourguignons et la Franche-Comté à son fils Philippe le Beau. Après un rapide survol de l'histoire événementielle, trois axes principaux de la préparation propagandiste sont analysés comme conditions préalables au projet du *Westreich*: l'ancrage du patrimoine bourguignon, dans le domaine de l'héraldique grâce à l'ajout aux couleurs autrichiennes du blason bourguignon à bandes d'azur et d'or sur le blason parti, le rattachement à des théories de lignage brabançon dans le but d'élever le rang de la dynastie, et enfin l'intégration dans la cartographie florissante, qui ravive le concept central d'»Austrasie« en tant qu'espace d'influence de la dynastie bourguignonne du haut Moyen Âge, présentée comme dynastie précédente, mais qui utilise également le terme plus courant de *Westrich*. Les sources de 1508 et 1510, dont on ne peut déduire que schématiquement des projets de création d'une dignité royale pour un *Westreich*, se révèlent en revanche tellement insignifiantes qu'une réelle volonté de réaliser ces projets est peu probable.

A woodcut of the so-called Imperial Quaternion Eagle created in 1510 by Hans Burgkmair the Elder at Augsburg can be identified as the brainchild of a circle of humanist scholars commissioned by Maximilian I through the agency of Konrad Peutinger. Because its group of vicars, newly introduced to the quaternion pattern, also includes a *Westreich* coat of arms, the eagle was obviously an integral part of the Emperor's strategy of legitimisation which aimed to assert his claim to the Burgundian inheritance and to elevate it to the level of a European royal dynasty. After many setbacks, Maximilian had managed to secure the Burgundian Netherlands and the Franche-Comté for his son, Philip the Handsome, in 1493. Following a brief outline of the history of events, three areas of propaganda are explored as a means of preparing the *Westreich* project: the heraldic consolidation of the Burgundian inheritance by combining the (old) Burgundian shield bendy of eight with the Austrian arms party per pale; the elevation of the dynastic ranking by utilising existing theories of Brabantian ancestry; and finally the use of the then flourishing field of cartography to revive the early medieval key concept of »Austrasia« as the domain of the alleged predecessor dynasty on one hand whilst at the same time using the common term *Westrich*. Source documents dating from 1508 and 1510, from which it is only possible to derive the merest outline of potential plan to create a royal role for the *Westreich*, are so nondescript that one may even doubt if there was ever any intention to put them into practice.

## Jonas Bechtold, Die Elsassverhandlungen in den Zeitungsberichten zum Westfälischen Friedenskongress zwischen Information und Interpretation, S. 117–136.

Die Zeitungsberichte zum Westfälischen Friedenskongress gelten in der Forschung als sachliche, zuverlässige Berichte. Jedoch fehlte es an inhaltlicher Auseinandersetzung mit anderen Quellen. Am Beispiel der Berichterstattung über die Verhandlungen zur kaiserlich-französischen

Territorialsatisfaktion (»Elsassverhandlungen«) lässt sich zeigen, dass das Urteil über die Berichtsqualität zu differenzieren ist. Die Analyse der Berichtsinhalte zu den Elsassverhandlungen zeigt, dass Zeitungen die Verhandlungen kontinuierlich beobachteten, in der Regel jedoch weniger informativ waren als vermutet; auch Falschmeldungen kamen entgegen bisherigen Darstellungen dabei häufiger vor. Als eine wichtige Begleiterscheinung dieser informationsarmen Berichte können kommentierende Elemente identifiziert werden. Zudem ermöglicht der Abgleich zwischen diplomatie- und pressegeschichtlichen Quellentypen Rückschlüsse auf die Genese der Zeitungsberichte etwa aus akzidentieller Publikation von Verhandlungsakten oder aus der reichsständischen Kongressöffentlichkeit.

Les articles des journaux relatifs aux traités de paix de Westphalie sont considérés comme factuels et fiables par les historiens. Cependant une comparaison avec les autres sources disponibles aurait été nécessaire: l'exemple des rapports sur les négociations entre l'Empereur et la France autour de la *Territorialsatisfaktion* (négociations sur l'Alsace) montre en effet qu'il est nécessaire de différencier la qualité des articles. Une analyse des contenus des articles traitant des négociations autour de l'Alsace permet de montrer que la presse a continuellement suivi les négociations, en principe cependant d'une manière bien moins informative que ce que l'on aurait pu penser; il n'est pas rare que des informations erronées furent donnés. Une conséquence importante de ces articles pauvres en information est que des éléments de commentaire peuvent être identifiés. De surcroît, une comparaison entre les sources diplomatiques et journalistiques permet de faire des déductions sur la genèse des articles. À leur origine est parfois la publication dispersée de certains protocoles de négociation, parfois le public du congrès même qui lance des informations.

The newspaper reports on the Westphalian Peace Congress are generally considered by researchers to be factual and trustworthy. However, there has been a lack of exploration of other sources. Using newspaper coverage of the French-Imperial negotiations about the *Territorialsatisfaktion* (the so-called Alsace negotiations) as an example, it can be shown that the verdict on the quality of the reporting may have to be revised. An analysis of the content of the reports with regard to the Alsace negotiations reveals that whilst the newspapers kept a constant watch on the negotiations, they actually provided rather less information than previously assumed. Moreover, contrary to what was believed before, false reporting was quite a frequent occurrence. Annotations can be identified as one of the important by-products of these unilluminating reports. The comparison between diplomatic and media sources also allows us to draw conclusions with regard to where the newspaper reports came from, for instance from the accidental publication of negotiation documents or from sources amongst the imperial observers at the conference.

## Ulrich Niggemann, »Une affaire la plus innocente«? Französische Wahrnehmungen und Deutungen der *Glorious Revolution* von 1688/89, S. 137–161.

Die *Glorious Revolution* von 1688/89 führte nicht nur in England zu einer intensiven medialen Debatte. Auch in Frankreich spielte das Ereignis eine wichtige Rolle, wobei sich die Debatte hier vor dem Hintergrund der konfessionellen Auseinandersetzungen in der Folge der Aufhebung des Edikts von Nantes abspielte. Während freilich in England vor allem konkurrierende Deutungen innerhalb des Lagers der Revolutionsbefürworter verhandelt wurden, polarisierte sich die französische Debatte entschieden in Gegner und Anhänger der Revolution. Bei den Revolutionsgegnern erschien Wilhelm III. dezidiert als Usurpator und Tyrann und als eigentlich Schuldiger an der Revolution. Daneben gab es aber auch Stimmen, die die englische Nation in ihrer Gesamtheit als rebellisch diffamierten. Zugleich wurde der antikatholische Charakter der Revolution hervorgehoben und der Protestantismus mit Rebellion in Verbindung gebracht. Die Gegenseite, die sich in weiten Teilen mit den Exilhugenotten gleichsetzen lässt, übersetzte und vermittelte die divergierenden englischen Positionen, wenn auch mit einer deutlichen Präferenz für moderate Whigpositionen und die in England etablierten Konsensnarrativen. Im Mittelpunkt stand der restaurative Charakter der Revolution, weniger ihre radikalen Implikationen. Zudem wurden die in England verbreiteten providentialistischen Deutungen reproduziert. Trotz erheblicher Unterschiede im Detail etablierten sich insgesamt einige Grundbausteine und Episoden der Revolutionserzählung, die wesentlichen Einfluss darauf hatten, wie im Europa vor 1789 über Revolution gesprochen wurde, wobei der im Englischen eindeutig positiv besetzte Revolutionsbegriff im Französischen ambivalenter blieb.

Les débats autour de la *Glorious Revolution* de 1688/89 n'ont pas seulement animés les débats dans les médias anglais, mais également français. Les événements anglais jouent effectivement un rôle important en France, où les débats se déroulent sur fond d'affrontement confessionnel, à la suite de la révocation de l'édit de Nantes. Alors qu'en Angleterre des interprétations divergentes restent confinées au sein du groupe des partisans de la Révolution, en France les discussions se polarisent entre opposants et défenseurs de la révolution. Guillaume III y est considéré par les opposants comme un usurpateur et tyran ainsi que comme réel responsable de cette révolution. Il y a également des voix qui diffament la nation anglaise dans son intégralité en la désignant comme rebelle. Par ailleurs, le caractère anticatholique de la révolution est mis en avant, et le protestantisme est assimilé à la rébellion. Les partisans, qui se confondent en grande partie avec les huguenots exilés, traduisent et transmettent les positions anglaises divergentes, avec une préférence toutefois notable pour les positions modérés Whig et les récits établis en Angleterre qui font consensus. Au centre des débats revient la question du caractère restaurateur de la révolution plus que ses implications radicales. En outre, les interprétations providentielles répandues en Angleterre sont reproduites. Malgré les différences considérables dans les détails, s'établissent dans l'ensemble quelques éléments fondamentaux ainsi que des chapitres du récit de la révolution, qui influencent la manière de parler de révolution en Europe avant 1789. En Angleterre cependant, le concept de révolution est investi de manière positive alors qu'il reste ambivalent en français.

The *Glorious Revolution* of 1688/89 was extensively written about, not just in the English media. The event also played an important role in France, though the debate there took place mainly against the background of the religious conflict in the wake of the revocation of the Edict of Nantes. Whilst in England conflicting views were, of course, largely discussed within the camp of the supporters of the revolution, the French debate clearly raged between those who opposed the revolution and those who supported it. Opponents of the revolution decidedly saw William III as a usurper and tyrant and actually blamed him for its outbreak. There were also voices, however, which vilified the English nation as a whole and accused it of sedition. At the same time, the anti-Catholic character of the revolution was emphasised and the Protestant faith equated with rebelliousness. Their opponents, who can largely be identified as Huguenots in exile, translated and conveyed the divergent English views, albeit with a clear preference for the moderate opinions of the Whigs and the narratives of consensus, which were quite established in England. The restorative character of the revolution, rather than its radical implications, was at the centre of the debate. The providential view, widespread in England, was also reproduced. Despite the considerable differences in the details, there were certain basic elements and episodes in the overall revolutionary narrative, which had a major influence on how revolution was discussed in pre-1789 Europe; the term, however, which had a clearly positive connotation in the English language, remained more ambivalent in French.

## Kaori YASUKATA, L'investiture de l'évêque de Strasbourg à la cour de Vienne en 1723, S. 163–176.

Dieser Artikel ist ein Beitrag zur Erforschung der Geschichte der Außenbeziehungen in der Frühen Neuzeit. Er beschäftigt sich mit den Reichsständen des Elsass nach dem Westfälischen Friedensvertrag (1648). Insbesondere wird hierbei die Investitur des Bistums von Straßburg im Jahre 1723 analysiert wobei auch die verschiedenen Akteure berücksichtigt werden, die in die Verhandlungen am kaiserlichen Hof in Wien eingriffen. Zu diesem Zeitpunkt erstreckte sich das Straßburger Bistum auf beiden Seiten des Rheins: ein Teil lag im Königreich Frankreich, der andere im Heiligen Römischen Reich Deutscher Nation. Letzterer war 1674 während der Herrschaft des Bischofs Franz Egon von Fürstenberg vom Kaiser beschlagnahmt worden. Trotz des Friedens von Rijswijk (1697), der dessen Rückgabe festlegte, vermochte sein jüngerer Bruder, der Bischof Wilhelm Egon, es nicht, diese durchzusetzen. Erst der nachfolgende französischstämmige Bischof Armand Gaston de Rohan konnte dies erreichen. Nach dem Frieden von Baden (1714) erbat Rohan von Kaiser Karl VI. die Investitur und sandte zu diesem Zweck Johann Moritz von Manderscheid nach Wien. In diesem Artikel werden sowohl die Verhandlungen über die Kosten der Investitur, die Naturalisation Rohans und seine Rückkehr zum Reichstag, als auch das persönliche Netzwerk und die informelle Rolle Manderscheids sowie die rituelle und politische Bedeutung der Investiturzeremonie untersucht. Auf diese Weise werden verschiedene Aspekte der Außenbeziehungen zu dieser Zeit aufgezeigt, die von der Geschichte der internationalen Politik bislang nicht berücksichtigt worden sind.

Cet article fait partie des études consacrées à l'histoire des relations extérieures à l'époque moderne. Il se focalise sur les états impériaux de l'Alsace après les traités de Westphalie (1648). On analysera tout particulièrement l'investiture de l'évêché de Strasbourg de 1723, en tenant compte des différents acteurs qui sont intervenus dans les négociations à la cour impériale de Vienne. À cette époque, l'évêché de Strasbourg s'étendait des deux côtés du Rhin: une partie se situait dans le royaume de France, l'autre dans le Saint Empire romain germanique. Cette dernière a été confisquée par l'empereur en 1674, lors du règne de l'évêque François-Egon de Furstenberg. En dépit du traité de Ryswick (1697), qui en fixe le rétablissement, son frère cadet, l'évêque Guillaume-Egon, ne put voir s'accomplir celui-ci. C'est l'évêque d'origine française lui succédant, Armand-Gaston de Rohan, qui le réalisa. Après le traité de Baden (1714), Rohan sollicite l'empereur Charles VI de l'investir de son évêché en envoyant Jean-Maurice de Manderscheid à Vienne. Dans cet article, on examinera non seulement les négociations qui portent sur les frais de l'investiture, la naturalisation de Rohan et le retour à la diète du Saint Empire, mais également le réseau personnel et le rôle informel de cet envoyé ainsi que la signification rituelle et politique de la cérémonie de l'investiture. De cette manière, on montrera différents aspects des relations extérieures à cette époque qui échappaient à l'histoire internationale et diplomatique des États.

This paper is a contribution to the study of the history of external relations in the early modern period. It deals with the Imperial Estates of the Alsace after the Peace of Westphalia (1648).

With particular focus on the analysis of the investiture of the Diocese of Strasbourg in 1723, it explores the various stakeholders who intervened in the negotiations at the imperial court in Vienna. At that time, the Diocese of Strasbourg covered both sides of the River Rhine, with one part in the Kingdom of France and the other in the Holy Roman Empire. The latter had been confiscated by the Emperor in 1674 during the reign of Bishop Franz Egon of Fürstenberg. Despite the fact that one of the points agreed by the Treaty of Ryswick (1697) had been its restoration, Franz Egon's younger brother, Bishop Wilhelm Egon, had not succeeded in enforcing it. Bishop Armand Gaston de Rohan, who was of French extraction, was later able to achieve the restoration by sending Johann Moritz von Manderscheid to Vienna to petition Emperor Charles VI following the Treaty of Baden (1714). The paper explores the negotiations over the costs of the investiture, Rohan's naturalisation and his return to the Imperial Diet, the personal network of and informal role played by Manderscheid and, finally, the ritual and political significance of the investiture ceremony. In this way various aspects of external relations at the time, which have never before been examined by researchers studying the history of international politics, are highlighted.

## Hélène Miard-Delacroix, L'impensable convergence. La France et l'Allemagne face au monde depuis 1945, S. 177–191.

Im Vergleich zur Entwicklung der Gesellschaft diesseits und jenseits des Rheins und zu zahlreichen politischen Entscheidungen, gibt es einen Bereich, in dem eine zunehmende Ähnlichkeit zwischen Frankreich und Deutschland für die Jahrzehnte von 1945 bis heute als unvorstellbar gilt: die Präsenz der beiden Länder auf der internationalen Bühne, ihre Stellung und die Mittel, mit denen sie in der Welt Einfluss auszuüben suchen. Frankreich und Deutschland zeichnen sich hier durch zwei scheinbar unverträgliche Herangehensweisen aus: während der eine sich den Ehrgeiz und den Anspruch bewahrt, seine globale Stellung mit Attributen der Macht zu erhalten, bevorzugt der andere seine Interessen mit einer zurückhaltenden Politik diskret zu verfolgen. Diese offenkundige Diskrepanz hat vor allem historische Gründe. Wenn man die großen Entwicklungslinien seit dem Ende des Zweiten Weltkriegs nachzeichnet, so ist auf dem Gebiet der Außenpolitik zum einen das Zusammenspiel von Mittel und Wirkung zu bedenken, zum anderen aber auch die Wirkung dieses Auftretens nach Außen im Hinblick auf das eigene Selbstverständnis. Dank seiner unterschiedlichen Bedeutungen bietet sich hier als Beschreibung der Begriff der Konvergenz geradezu idealtypisch an: im unmittelbaren Sinne, da er Analogien oder sogar Gemeinsamkeiten darstellt; mittelbar etwa beim Versuch, ein gleiches Ziel oder Resultat anzustreben oder den Anstrengungen, die unternommen werden, um dieses Ziel zu erreichen; und schließlich umfassend, im geometrischen Sinne von zwei Linien, die sich zu einer einzigen vereinen. Auf diese Weise ist es in einer Gegenüberstellung möglich, die Positionen Frankreichs und Deutschlands zu bewerten, die seit 1945 gegenüber der Welt einen ständigen Wandel erlebt haben.

En comparaison avec l'évolution des sociétés et avec maints choix politiques, il y a un domaine où une similitude croissante entre France et Allemagne est perçue comme impensable pour les décennies de 1945 à nos jours: c'est la présence des deux pays sur la scène internationale, leur place et les moyens d'exercer une influence dans le monde. France et Allemagne ont deux approches apparemment inconciliables de l'influence: la première a conservé l'ambition, ou la prétention, de tenir un rang mondial avec les attributs de la puissance, tandis que la seconde a préféré la poursuite discrète d'intérêts dans une politique de retenue. Ce décalage est dû en grande partie à des raisons historiques. En traçant les grands traits de l'évolution depuis le lendemain de la Seconde Guerre mondiale, il faut penser le jeu entre les moyens matériels et les représentations de l'action extérieure, mais également l'impact de l'injonction extérieure sur l'image de soi. La notion de convergence est utile avec ses différentes acceptions: minimale au sens de présenter des analogies, voire des points communs; intermédiaire pour tendre vers un même but ou un même résultat, ainsi que les efforts déployés dans cette entreprise; maximale au sens géométrique de deux lignes concourant à se rejoindre en une seule ligne commune. Ainsi peut être évaluée, en confrontation, la position respective de la France et de l'Allemagne face au monde, en mutation depuis 1945.

As opposed to the development of society on both sides of the River Rhine and numerous political decisions, there is one area where increasing similarity between France and Germany in the decades since 1945 would still be considered unthinkable: the presence of both countries on the international stage, their position and the means by which they attempt to influence global events. France and Germany in this respect are characterised by two seemingly incompatible lines of approach. Whilst the former has retained an ambition and claim to maintain its global position using attributes of power, the latter prefers to promote its interests discretely and with a restrained type of politics. This obvious discrepancy is largely for historical reasons. Tracing the overall trajectories of both France and Germany since the end of the Second World War in relation to foreign affairs, one must take into account the interplay between cause and effect on one hand, and the impact of a country's demeanour on the outside world in view of its self-image on the other. Thanks to its different meanings, the term convergence is ideally suited to describe this. In a direct sense because it captures analogies and even commonalities; in an indirect sense when it describes seeking to achieve the same goal or result or when denoting the efforts that are made to achieve that goal; and finally, in a maximum and geometric sense, when describing two lines that converge to become one. In this way it is possible by means of a comparison to assess the French and German attitudes towards the outside world, which have undergone constant changes since 1945.

# Im Jahr 2017 eingegangene Rezensionsexemplare
# Livres reçus pour recension en 2017

Die Rezensionen werden online veröffentlicht.
Les comptes rendus seront publiés en ligne.
www.francia-online.net
www.recensio.net

## Mittelalter/Moyen Âge

– Jenny ADAMS, Nancy MASON BRADBURY (Hg.), Medieval Women and Their Objects, Ann Arbor, MI (University of Michigan Press) 2017, X–294 S., 19 Abb., ISBN 978-0-472-13014-6, USD 70,00.
– Esperanza ALFONSO, Jonathan DECTER (Hg.), Patronage, Production, and Transmission of Texts in Medieval and Early Modern Jewish Cultures, Turnhout (Brepols) 2014, X–360 S., 35 s/w Abb. (Medieval Church Studies, 34), ISBN 978-2-503-54290-4, EUR 90,00.
– Claire ANGOTTI, Gilbert FOURNIER, Donatella NEBBIAI (Hg.), Les livres des maîtres de Sorbonne. Histoire et rayonnement du collège et de ses bibliothèques du XIII^e siècle à la Renaissance, Paris (Publications de la Sorbonne) 2017, 376 S., zahlr. s/w Abb. (Histoire ancienne et médiévale, 145), ISBN 978-2-85944-993-3, EUR 30,00.
– Gabriele ANNAS, Jessika NOWAK (Hg.), Et l'homme dans tout cela? Von Menschen, Mächten und Motiven. Festschrift für Heribert Müller zum 70. Geburtstag, Stuttgart (Franz Steiner Verlag) 2017, 789 S., 8 s/w Abb. (Frankfurter Historische Abhandlungen, 48), ISBN 978-3-515-11469-1, EUR 99,00.
– Martin AURELL, Yves SASSIER (Hg.), Autour de Philippe Auguste, Paris (Classiques Garnier) 2017, 220 S. (Rencontres, 285. Histoire, 2), ISBN 978-2-406-06738-2, EUR 32,00.
– Brian AYERS, The German Ocean. Medieval Europe Around the North Sea, Sheffield (Equinox Publishing) 2016, XXII–268 S., 4 Kt., 93 farb. u. s/w Abb. (Studies in the Archaeology of Medieval Europe), ISBN 978-1-904768-49-4, GBP 85,00.
– Robert Gary BABCOCK, The Psychomachia Codex from St. Lawrence (Bruxellensis 10066–77) and the Schools of Liège in the Tenth and Eleventh Centuries, Turnhout (Brepols) 2017, 328 S., 12 s/w Abb. (Bibliologia. Elementa ad librorum studia pertinentia, 42), ISBN 978-2-503-56871-3, EUR 75,00.
– Michel BALARD, Christian BUCHET (Hg.), The Sea in History. The Medieval World, Woodbridge (The Boydell Press) 2017, XXX–1056 S., zahlr. Abb. u. Tab., ISBN 978-1-783271597, GBP 125,00.
– Sébastien BARRET, Dominique STUTZMANN, Georg VOGELER (Hg.), Ruling the Script in the Middle Ages. Formal Aspects of Written Communication (Books, Charters, and Inscriptions), Turnhout (Brepols) 2017, VIII–545 S., 100 s/w, 18 farb. Abb. (Utrecht Studies in Medieval Literacy, 35), ISBN 978-2-503-56743-3, EUR 125,00.
– Agnès BASTIT, Joseph VERHEYDEN (Hg.), Irénée de Lyon et le début de la Bible chrétienne. Actes de la journée du 1.VII.2014 à Lyon, Turnhout (Brepols) 2017, 502 S. (Instrumenta Patristica et Mediaevalia. Research on the Inheritance of Early Medieval Christianity, 77), ISBN 978-2-503-57544-5, EUR 110,00.

– Arnaud BAUDIN, Alexis FRÉLOIS (Hg.), Le temps long de Clairvaux. Nouvelles recherches, nouvelles perspectives (XII^e^–XXI^e^ siècle), Paris (Éditions d'art Somogy) 2017, 408 S., zahlr. farb. Abb., ISBN 978-2-7572-1083-3, EUR 30,00.
– Arnaud BAUDIN, Laurent MORELLE (Hg.), Les pratiques de l'écrit dans les abbayes cisterciennes (XII^e^–milieu du XVI^e^ siècle). Produire, échanger, contrôler, conserver, Paris (Éditions d'art Somogy) 2016, 376 S., zahlr. Abb., ISBN 978-2-7572-1136-6, EUR 28,00.
– Matthew BENNETT, Katherine WEIKERT (Hg.), Medieval Hostageship c. 700–c. 1500. Hostage, Captive, Prisoner of War, Guarantee, Peacemaker, London, New York (Routledge) 2016, XVI–221 S., 5 s/w Abb. (Routledge Research in Medieval Studies, 9), ISBN 978-1-138-69004-2, GBP 110,90.
– Nora BEREND, Youna HAMEAU-MASSET, Capucine NEMO-PEKELMAN, John TOLAN (Hg.), Religious Minorities in Christian, Jewish and Muslim Law (5th–15th Centuries), Turnhout (Brepols) 2016, 454 S., 7 Abb. (Religion and Law in Medieval Christian and Muslim Societies, 8), ISBN 978-2-503-56571-2, EUR 85,00.
– Rainer BERNDT, José Luis NARVAJA (ed.), Hugonis de Sancto Victore operum Editio auspiciis Gilduini abbatis procurata et IV voluminibus digessa. Novissime vero a Rainero Berndt restituta, Münster (Aschendorff) 2017, 829 S. (Corpus Victorinum. Textus historici, 3), ISBN 978-3-402-10432-3, EUR 139,00.
– Gisèle BESSON, Jean-Claude SCHMITT (Hg.), Rêver de soi. Les songes autobiographiques au Moyen Âge, Toulouse (Anarchasis) 2017, 473 S., ISBN 978-2-914777-34-6, EUR 24,00.
– Hartmut BEYER, Gabriela SIGNORI, Sita STECKEL (Hg.), Bruno the Carthusian and his Mortuary Roll. Studies, Text, and Translation, Turnhout (Brepols) 2014, X–296 S., 3 s/w, 2 farb. Abb. (Europa Sacra, 16), ISBN 978-2-503-55009-1, EUR 80,00.
– Ludwig BIEWER, Eckart HENNING (Bearb.), Wappen. Handbuch der Heraldik. Als »Wappenfibel« begründet von Adolf Matthias HILDEBRANDT, zuletzt weitergeführt von Jürgen ARNDT. 20., aktualisierte und neugestaltete Aufl., Köln, Weimar, Wien (Böhlau) 2017, 382 S., 84 farb. und s/w Abb., ISBN 978-3-412-50372-7, EUR 39,99.
– Bettina BILDHAUER, Chris JONES (Hg.), The Middle Ages in the Modern World. Twenty-first Century Perspectives, Oxford (Oxford University Press) 2017, XX–346 S., 73 s/w, 20 farb. Abb., ISBN 978-0-19-726614-4, GBP 90,00.
– Joël BLANCHARD (ed.), Procès politiques au temps de Louis XI. Armagnac et Bourgogne, Genf (Librairie Droz) 2016, XVI–393 S. (Travaux d'Humanisme et de Renaissance, 564), ISBN 978-2-600-04733-3, EUR 59,00.
– Joël BLANCHARD, Renate BLUMENFELD-KOSINSKI (Hg.), Philippe de Mézières et l'Europe. Nouvelle histoire, nouveaux espaces, nouveaux langages, Genf (Librairie Droz) 2017, 327 S. (Cahiers d'Humanisme et de Renaissance, 140), ISBN 978-2-600-05785-1, EUR 42,11.
– Victoria BLUD, The Unspeakable. Gender and Sexuality in Medieval Literature, 1000–1400, Rochester, NY (Camden House) 2017, 212 S. (Gender in the Middle Ages, 12), ISBN 978-1-84384-468-6, GBP 60,00.
– J. F. BÖHMER, Regesta Imperii. III. Salisches Haus: 1024–1125. Zweiter Teil: 1056–1125. Dritte Abteilung: Die Regesten des Kaiserreiches unter Heinrich IV. 1056 (1050)-1106. 3. Lieferung: 1076–1085. Nach Vorarbeiten von Tilman STRUVE † neubearbeitet von Gerhard LUBICH, unter Mitarbeit von Dirk JÄCKEL, Köln, Weimar, Wien (Böhlau) 2017, VIII–308 S., ISBN 978-3-412-50597-4, EUR 62,00.
– J. F. BÖHMER, Regesta Imperii. III. Salisches Haus: 1024–1125. Zweiter Teil: 1056–1125. Dritte Abteilung: Die Regesten des Kaiserreiches unter Heinrich IV. 1056 (1050)–1106. 4. Lieferung: 1086–1105/06. Neubearbeitet von Gerhard LUBICH nach Vorarbeiten von Daniel BRAUCH, unter Mitarbeit von Matthias WEBER, Köln, Weimar, Wien (Böhlau) 2017, VIII–191 S., ISBN 978-3-412-50598-1, EUR 57,00.

– Jörg Bölling, Zwischen Regnum und Sacerdotium. Historiographie, Hagiographie und Liturgie der Petrus-Patrozinien im Sachsen der Salierzeit (1024–1125), Ostfildern (Jan Thorbecke Verlag) 2017, 453 S. (Mittelalter-Forschungen, 52), ISBN 978-3-7995-4372-9, EUR 52,00.
– Timothy Bolton, Cnut the Great, New Haven, London (Yale University Press) 2017, XVI–244 S., 9 s/w Abb., 2 Kt. (Yale English Monarchs Series), ISBN 978-0-300-20833-7, GBP 30,00.
– Michael Borgolte, Nikolas Jaspert (Hg.), Maritimes Mittelalter. Meere als Kommunikationsräume, Ostfildern (Jan Thorbecke Verlag) 2016, 333 S. (Vorträge und Forschungen, 83), ISBN 978-3-7995-6883-8, EUR 49,00.
– Jean-Louis Bosc, Montpellier et la médecine andalouse au Moyen Âge. Transfert des textes et des savoirs. Préface de Lluís Cifuentes i Comamala, Montpellier (Presses universitaires de la Méditerranée) 2016, 510 S. (Histoires et sociétés), ISBN 978-2-36781-193-2, EUR 44,00.
– Yves Bottineau-Fuchs, L'abbaye Notre-Dame d'Aiguebelle. L'art cistercien réinventé, Paris (Éditions A. et J. Picard) 2017, 264 S., 206 farb. Abb., ISBN 978-2-7084-1021-3, EUR 39,00.
– Nathalie Bouloux, Anca Dan, Georges Tolias (Hg.), Orbis Disciplinae. Hommages en l'honneur de Patrick Gautier Dalché, Turnhout (Brepols) 2017, 841 S., 46 s/w Abb., 82 farb. Abb., ISBN 978-2-503-56705-1, EUR 127,36.
– Urs Brachthäuser, Der Kreuzzug gegen Mahdiya 1390. Konstruktionen eines Ereignisses im spätmittelalterlichen Mediterraneum, Paderborn (Wilhelm Fink Verlag/Ferdinand Schöningh) 2017, 822 S. (Mittelmeerstudien, 14), ISBN 978-3-7705-6104-9/978-3-506-78551-0, EUR 99,00.
– Sebastian Brather, Jürgen Dendorfer (Hg.), Grenzen, Räume und Identitäten. Der Oberrhein und seine Nachbarregionen von der Antike bis zum Hochmittelalter, Ostfildern (Jan Thorbecke Verlag) 2017, 587 S., 124 Abb. (Archäologie und Geschichte, 22), ISBN 978-3-7995-7372-6, EUR 73,00.
– Paul Bretel, Michel Adroher, Aymat Catafau (Hg.), La Vierge dans les arts et les littératures du Moyen Âge. Actes du colloque de Perpignan du 17 au 19 octobre 2013, Paris (Honoré Champion) 2017, 410 S. (Nouvelle Bibliothèque du Moyen Âge, 120), ISBN 978-2-7453-3604-0, EUR 58,00.
– Ghislain Brunel, Romain Tardy (Hg.), Documents médiévaux des archives de Paris (1112–1519). Paris, l'Église et le roi. Un siècle d'acquisitions de documents médiévaux (1892–1992). Préface de Philippe Contamine, membre de l'Institut. Avec la collaboration des Archives nationales, Paris (Archives de Paris) 2016, 559 S., 113 farb. Abb., 1 Kt., ISBN 978-2-86075-026-4, EUR 25,00.
– Pierre Chambert-Protat, Franz Dolveck, Camille Gerzaguet (Hg.), Les douze compilations pauliennes de Florus de Lyon. Un carrefour des traditions patristiques au IXe siècle, Rom (École française de Rome) 2017, 224 S. (Collection de l'École française de Rome, 524), ISBN 978-2-7283-1218-4, EUR 27,00.
– Gaël Chenard, L'Administration d'Alphonse de Poitiers (1241–1271), Paris (Classiques Garnier) 2017, 584 S. (Bibliothèque d'histoire médiévale, 18), ISBN 978-2-406-06016-1, EUR 58,00.
– William Chester Jordan, Jenna Rebecca Phillips (Hg.), The Capetian Century. 1214–1314, Turnhout (Brepols) 2017, XVI–359 S., 25 s/w Abb., 4 farb. Abb., 1 Kt., 2 s/w Tab. (Cultural Encounters in Late Antiquity and the Middle Ages, 22), ISBN 978-2-503-56718-1, EUR 95,00.
– The Chivalric Biography of Boucicaut, Jean II le Meingre. Translated with notes and introduction by Craig Taylor and Jane H. M. Taylor, Woodbridge (The Boydell Press) 2016, XII–232 S., ISBN 978-1-78327-166-5, GBP 60,00.
– Philippe Contamine, Charles VII. Une vie, une politique, Paris (Perrin) 2017, 570 S., 2 Kt., 8 S. Farbtaf., ISBN 978-2-262-03975-2, EUR 26,00.
– Falko Daim (Hg.), Die byzantinischen Häfen Konstantinopels. Byzanz zwischen Orient und Okzident, Mainz (Verlag des Römisch-Germanischen Zentralmuseums) 2017, 203 S., ISBN 978-3-88467-275-4, EUR 42,00.

– Béatrice DANSETTE, Marie-Adélaïde NIELEN (Hg.), Le récit des voyages et pèlerinages de Jean de Tournai 1488–1489, Paris (CNRS Éditions) 2017, 386 S. (Sources d'histoire médiévale), ISBN 978-2-271-11624-6, EUR 60,00.
– Pieter DE LEEMANS, Michèle GOYENS (Hg.), Translation and Authority – Authorities in Translation, Turnhout (Brepols) 2016, 391 S., 7 s/w Abb. (The Medieval Translator. Traduire au Moyen Âge, 16), ISBN 978-2-503-56676-4, EUR 85,00.
– Paul DELSALLE, Gilles DOCQUIER, Alain MARCHANDISSE, Bertrand SCHNERB (Hg.), Pour la singuliere affection qu'avons a luy. Études bourguignonnes offertes à Jean-Marie Cauchies, Turnhout (Brepols) 2016, 600 S., zahlr. s/w und farb. Abb. (Burgundica, 24), ISBN 978-2-503-56483-8, EUR 95,00.
– Greti DINKOVA-BRUUN, Tristan MAJOR (Hg.), Teaching and Learning in Medieval Europe. Essays in Honour of Gernot R. Wieland on his 67th Birthday, Turnhout (Brepols) 2017, XX–249 S., 3 Abb. (Puplications of the Journal of Medieval Latin, 11), ISBN 978-2-503-56843-0, EUR 90,00.
– Linda DOHMEN, Die Ursache allen Übels. Untersuchungen zu den Unzuchtsvorwürfen gegen die Gemahlinnen der Karolinger, Ostfildern (Jan Thorbecke Verlag) 2017, 624 (Mittelalter-Forschungen, 53), ISBN 978-3-7995-4373-6, EUR 75,00.
– Cornel DORA, Arznei für die Seele. Mit der Stiftsbibliothek St. Gallen durch die Jahrhunderte. Sommerausstellung 14. März bis 12. November 2017, St. Gallen (Verlag am Klosterhof, St. Gallen) 2017, 140 S., zahlr. Abb., ISBN 978-3-905906-21-9, CHF 25,00.
– William O. DUBA, The Forge of Doctrine. The Academic Year 1330–31 and the Rise of Scotism at the University of Paris, Turnhout (Brepols) 2017, XII–444 S., 13 s/w Abb., 20 s/w Tab. (Studia Sententiarum, 2), ISBN 978-2-503-57327-4, EUR 85,00.
– Sebastian DÜMLING, Träume der Einfachheit. Gesellschaftsbeobachtungen in den Reformschriften des 15. Jahrhunderts, Husum (Matthiesen) 2017, 250 S. (Historische Studien, 511), ISBN 978-3-7868-15112, EUR 39,00.
– Marsha L. DUTTON (Hg.), A Companion to Aelred of Rievaulx (1110–1167), Leiden (Brill Academic Publishers) 2017, XII–364 S. (Brill's Companions to the Christian Tradition, 76), ISBN 978-90-04-18355-1, EUR 179,00.
– K. Patrick FAZIOLI, The Mirror of the Medieval. An Anthropology of the Western Historical Imagination, New York, Oxford (Berghahn) 2017, X–195 S., 2 Kt., 6 Abb. (Making Sense of History. Studies in Metahistory, Historiography, Historical Culture, and Intercultural Communication, 29), ISBN 978-1-78533-544-0, GBP 78,00.
– Thelma FENSTER, Carolyn P. COLLETTE (Hg.), The French of Medieval England. Essays in Honour of Jocelyn Wogan-Browne, Woodbridge (The Boydell Press) 2017, 360 S., 5 Abb., 1 Kt., ISBN 978-1-84384-459-4, USD 60,00.
– Alberto FERREIRO, The Visigoths in Gaul and Iberia (Update). A Supplemental Bibliography, 2013–2015, Leiden (Brill Academic Publishers) 2017, XXXIV–303 S. (The Medieval and Early Modern Iberian World, 63), ISBN 978-90-04-34113-5, EUR 109,00.
– Stephan FREUND, Klaus KRÜGER (Hg.), Kaisertum, Papsttum und Volkssouveränität im hohen und späten Mittelalter. Studien zu Ehren von Helmut G. Walther, Frankfurt am Main (Peter Lang Edition) 2017, 166 S., 17 s/w Abb. (Jenaer Beiträge zur Geschichte, 12), ISBN 978-3-631-71505-5, EUR 37,40.
– Stephan FREUND, Thomas LABUSIAK (Hg.), redaktionelle Bearbeitung von Michael BELITZ, Alena REEB, Oliver SCHLIEPHACKE, Das dritte Stift. Forschungen zum Quedlinburger Frauenstift, Essen (Klartext) 2017, 218 S. (Essener Forschungen zum Frauenstift, 14), ISBN 978-3-8375-1798-9, EUR 29,95.
– Lucie GALANO, Lucie LAUMONIER (Hg.), Montpellier au Moyen Âge. Bilan et approches nouvelles, Turnhout (Brepols) 2017, 258 S., 18 Farbtaf. (Studies in European Urban History [1100–1800], 40), ISBN 978-2-503-56852-2, EUR 75,00.

– Alain GALONNIER (ed.), Le »De scientiis Alfarabii« de Gérard de Crémone. Contribution aux problèmes de l'acculturation au XII<sup>e</sup> siècle (édition et traduction du texte). Préface de Jean JOLIVET. Postface de Max LEJBOWICZ, Turnhout (Brepols) 2015, 374 S. (Nutrix. Studies in Late Antique Medieval and Renaissance Thought/Studi su pensiero tardoantico medievale e umanistico, 9), ISBN 978-2-503-52860-1, EUR 90,00.
– David GANZ, Cornel DORA (Hg.), Tuotilo. Archäologie eines frühmittelalterlichen Künstlers, Basel (Schwabe Verlag) 2017, 370 S., 12 farb. Bildtafeln, 78 farb. Abb. (Monasterium Sancti Galli, 8), ISBN 978-3-906819-19-8, EUR 98,00.
– Ildar GARIPZANOV, Caroline GOODSON, Henry MAGUIRE (Hg.), Graphic Signs of Identity, Faith, and Power in Late Antiquity and the Early Middle Ages, Turnhout (Brepols) 2017, XVIII–392 S., 140 s/w Abb. (Cursor Mundi, 27), ISBN 978-2-503-56724-2, EUR 100,00.
– Antonella GHIGNOLI, Wolfgang HUSCHNER, Marie Ulrike JAROS (Hg.), Sebastian ROEBERT, Marie Ulrike JAROS, Karine VIEHMANN † (wiss. Red.), Europäische Herrscher und die Toskana im Spiegel der urkundlichen Überlieferung (800–1100)/I sovrani europei e la Toscana nel riflesso della tradizione documentaria (800–1100), Leipzig (Eudora-Verlag) 2016, 270 S., 4 Beilagen, 81 Abb., 17 Tab., 8 Kt., 6 Diagr. (Italia Regia – Fonti e ricerche per la storia medievale, 1), ISBN 978-3-938533-33-8, EUR 89,00.
– Matthew Bryan GILLIS, Heresy and Dissent in the Carolingian Empire. The Case of Gottschalk of Orbais, Oxford (Oxford University Press) 2017, VIII–280 S., ISBN 978-0-19-879758-6, GBP 65,00.
– Cédric GIRAUD, Dominique POIREL (Hg.), La rigueur et la passion. Mélanges en l'honneur de Pascale Bourgain, Turnhout (Brepols) 2016, 1024 S., 40 s/w Abb. (Instrumenta Patristica et Mediaevalia. Research on the Inheritance of Early and Medieval Christianity, 71), ISBN 978-2-503-56887-4, EUR 140,00.
– Elisabet GÖRANSSON, Gunilla IVERSEN, Barbara CROSTINI et al. (Hg.), The Arts of Editing Medieval Greek and Latin. A Casebook, Turnhout (Brepols) 2016, XX–452 S., 10 s/w, 10 farb. Abb., (Studies and Texts, 203), ISBN 978-0-88844-203-1, EUR 65,00.
– Alexandre GROSJEAN, Toison d'or et sa plume. La »chronique« de Jean Lefèvre de Saint-Rémy (1408–1436), Turnhout (Brepols) 2017, 390 S., 11 s/w Abb., 4 Kt. (Burgundica, 25), ISBN 978-2-503-56910-9, EUR 84,00.
– Simon GROTH, In regnum successit. »Karolinger« und »Ottonen« oder das »Ostfränkische Reich«?, Frankfurt am Main (Vittorio Klostermann) 2017, XIV–696 S. (Studien zur europäischen Rechtsgeschichte. Veröffentlichungen des Max-Planck-Instituts für europäische Rechtsgeschichte Frankfurt am Main, 304. Rechtsräume, 1), ISBN 978-3-465-04309-6, EUR 119,00.
– Timothy GUARD, Chivalry, Kingship and Crusade. The English Experience in the Fourteenth Century, Woodbridge (The Boydell Press) 2013, X–280 S., 4 Karten (Warfare in History, 38), ISBN 978-1-84383-824-1, GBP 60,00.
– Pierre-Henri GUITTONNEAU, Dans l'ombre de la capitale. Les petites villes sur l'eau et Paris au XV<sup>e</sup> siècle, Paris (Classiques Garnier) 2016, 829 S. (Bibliothèque d'histoire médiévale, 17), ISBN 978-2-406-05894-6, EUR 64,00.
– Isabelle GUYOT-BACHY, La Flandre et les Flamands au miroir des historiens du royaume (X<sup>e</sup>–XV<sup>e</sup> siècle), Villeneuve-d'Ascq (Presses universitaires du Septentrion) 2017, 381 S. (Histoire et civilisations), ISBN 978-2-7574-1489-7, EUR 35,00.
– Mark HAGGER, Norman Rule in Normandy 911–1144, Woodbridge (The Boydell Press) 2017, XXVI–798 S., 8 s/w Abb., 6 Zeichn., ISBN 978-1-78327-214-3, GBP 60,00.
– Philippa HARDMAN, Marianne AILES, The Legend of Charlemagne in Medieval England. The Matter of France in Middle English and Anglo-Norman Literature, Rochester, NY (Camden House) 2017, XIV–476 S., 5 s/w Abb. (Bristol Studies in Medieval Cultures), ISBN 978-1-84384-472-3, GBP 60,00.

– Florian Hartmann, Tina B. Orth-Müller (Hg.), Codex epistolaris Carolinus. Frühmittelalterliche Papstbriefe an die Karolingerherrscher, Darmstadt (Wissenschaftliche Buchgesellschaft) 2017, 448 S. (Ausgewählte Quellen zur deutschen Geschichte des Mittelalters. Freiherr vom Stein-Gedächtnisausgabe, 49), ISBN 978-3-534-26806-1, EUR 79,95.
– Nicolas Hatot, Marie Jacob (Hg.), Trésors enluminés de Normandie. Une (re)découverte, Rennes (Presses universitaires de Rennes) 2016, 294 S., zahlr. farb. u. s/w Abb., ISBN 978-2-7535-5177-0, EUR 28,00.
– Klaus Herbers, Harald Müller (Hg.), Lotharingien und das Papsttum im Früh- und Hochmittelalter. Wechselwirkungen im Grenzraum zwischen Germania und Gallia, Berlin, Boston, MA (De Gruyter) 2017, VIII–268 S. (Abhandlungen der Akademie der Wissenschaften zu Göttingen. Neue Folge, 45. Studien zu Papstgeschichte und Papsturkunden), ISBN 978-3-11-055051-1, EUR 99,95.
– Cordelia Hess, The Absent Jews. Kurt Forstreuter and the Historiography of Medieval Prussia, New York, Oxford (Berghahn) 2017, X–323 S., 2 Kt., 1 Tab., ISBN 978-1-78533-492-4, GBP 85,00.
– Christian Høgel, Elisabetta Bartoli (Hg.), Medieval Letters. Between Fiction and Document. Preface by Francesco Stella and Lars Boje Mortensen, Turnhout (Brepols) 2015, X–471 S., 22 s/w Abb. Turnhout (Brepols) 2015, X–471 S., 22 s/w Abb. (Utrecht Studies in Medieval Literacy, 33), ISBN 978-2-503-55520-1, EUR 110,00.
– Ulrike Hohensee, Mathias Lawo, Michael Lindner, Olaf B. Rader (ed.), Dokumente zur Geschichte des Deutschen Reiches und seiner Verfassung 1360–1361. Teil 1: 1360 (Nr. 1–463), Wiesbaden (Harrassowitz Verlag) 2016, L–414 S. (Monumenta Germaniae Historica. Constitutiones et acta publica imperatorum et regum, 13,1), ISBN 978-3-447-10748-8, EUR 120,00.
– Norman Housley (Hg.), The Crusade in the Fifteenth Century. Converging and Competing Cultures, London, New York (Routledge) 2017, XVIII–219 S., 5 Kt., 2 Tab., 3 Abb. (Crusades – Subsidia, 8), ISBN 978-0-8153-6682-9, GBP 34,95.
– Gerlinde Huber-Rebenich, Christian Rohr, Michael Stolz (Hg.), Wasser in der mittelalterlichen Kultur/Water in the Medieval Culture. Gebrauch – Wahrnehmung – Symbolik/Uses, Perceptions, and Symbolism, Berlin, Boston, MA (De Gruyter) 2017, IX 619 S., 50 Abb. (Das Mittelalter. Perspektiven mediävistischer Forschung. Beihefte, 4), ISBN 978-3-11-044286-1, EUR 119,95.
– Peter Jackson, The Mongols and the Islamic World. From Conquest to Conversion, New Haven, London (Yale University Press) 2017, XXII–614 S., 10 s/w Abb., 8 Kt., 6 Tab., ISBN 978-0-300-12533-7, GBP 30,00.
– Philippus Jaffé (ed.), Regesta pontificum Romanorum ab condita ecclesia ad annum post Christum natum MCXCVIII. Editionis tertiae emendatae et auctae iubente Academia Gottingensi sub auspiciis Nicolai Herbers tomum secundum (ab a. DCIV ad a. DCCCXLIV) curaverunt Waldemarus Könighaus, Thorstanus Schlauwitz cooperantibus Cornelia Scherer, Marco Schütz, Gottingae (Vandenhoeck & Ruprecht) 2017, XVI–406 S., ISBN 978-3-525-31035-9, EUR 150,00.
– Philippus Jaffé (ed.), Regesta pontificum Romanorum ab condita ecclesia ad annum post Christum natum MCXCVIII. Editionis tertiae emendatae et auctae iubente Academia Gottingensi sub auspiciis Nicolai Herbers tomum tertium (ab a. DCCCXLIV usque ad a. MXXIV) curavit Iudith Werner cooperante Waldemaro Könighaus, Gottingae (Vandenhoeck & Ruprecht) 2017, XVI–708 S., ISBN 978-3-525-31036-6, EUR 175,00.
– Cristopher A. Jones, Scott G. Bruce (ed.), The *Relatio metrica de duobus ducibus*. A Twelfth-Century Cluniac Poem on Prayer for the Dead, Turnhout (Brepols) 2016, XII–216 S. (Publications of the Journal of Medieval Latin, 10), ISBN 978-2-503-56827-0, EUR 85,00.
– Michael Jones, Philippe Charon (ed.), Comptes du duché de Bretagne. Les comptes, inventaires et exécution des testaments ducaux, 1262–1352, Rennes (Presses universitaires de Rennes)

2017, 501 S., 30 Abb. (Sources médiévales de l'histoire de Bretagne), ISBN 978-2-7535-5138-1, EUR 39,00.
– Philippe JOSSERAND, Jerzy PYSIAK (Hg.), À la rencontre de l'Autre au Moyen Âge. In memoriam Jacques Le Goff. Actes des premières Assises franco-polonaises d'histoire médiévale, Rennes (Presses universitaires de Rennes) 2017, 246 S. (enquêtes & documents, 58), ISBN 978-2-7535-5679-9, EUR 23,00.
– Eva JULLIEN, Michel PAULY (Hg.), Craftsmen and Guilds in the Medieval and Early Modern Periods, Stuttgart (Franz Steiner Verlag) 2016, 316 S., 5 s/w, 5 farb. Abb., 20 s/w Tab. (Vierteljahrschrift für Sozial- und Wirtschaftsgeschichte. Beihefte, 235), ISBN 978-3-515-11235-2, EUR 54,00.
– Christian KIENING, Fülle und Mangel. Medialität im Mittelalter, Zürich (Chronos) 2016, 468 S., 40 Abb., ISBN 978-3-0340-1354-3, EUR 26,00.
– Racha KIRAKOSIAN, Die Vita der Christina von Hane. Untersuchung und Edition, Berlin, Boston, MA (De Gruyter) 2017, XII–397 S. (Hermaea. Neue Folge, 144), ISBN 978-3-11-053632-4, EUR 99,95.
– Dorothea KLEIN (Hg.), in Verbindung mit Horst BRUNNER und Freimut LÖSER, Überlieferungsgeschichte transdisziplinär. Neue Perspektiven auf ein germanistisches Forschungsparadigma, Wiesbaden (Dr. Ludwig Reichert Verlag) 2016, 464 S. (Wissensliteratur im Mittelalter, 52), ISBN 978-3-95401401, EUR 98,00.
– Wilhelm KURSAWA, Healing not Punishment. Historical and Pastoral Networking of the Penitentials Between the Sixth and the Eighth Centuries, Turnhout (Brepols) 2017, XIV–358 S. (Studia Traditionis Theologiae. Explorations in Early and Medieval Theology, 25), ISBN 978-2-503-57589-6, EUR 75,00.
– Thomas LABBÉ, Les catastrophes naturelles au Moyen Âge. XII$^{e}$–XV$^{e}$ siècle, Paris (CNRS Éditions) 2017, 349 S., ISBN 978-2-271-08947-2, EUR 26,00.
– Michael LAPIDGE (ed.), Hilduin of Saint-Denis. The »Passio S. Dionysii« in Prose and Verse, Leiden (Brill Academic Publishers) 2017, XIV–897 S. (Mittellateinische Studien und Texte, 51), ISBN 978-90-04-34165-4, EUR 173,00.
– G. E. M. LIPPIATT, Simon V of Montfort and Baronial Government, 1195–1218, Oxford (Oxford University Press) 2017, XVIII–238 S., 6 Abb., 8 Kt. (Oxford Historical Monographs), ISBN 978-0-19-880513-7, GBP 60,00.
– Anette LÖFFLER, Rainer BERNDT (ed.), Iohannis Tolosani Commentaria rerum pene omnium in domo nostra Victorina, Münster (Aschendorff) 2017, 368 S. (Corpus Victorinum. Textus historici, 4), ISBN 978-3-402-100443-9, EUR 52,00.
– Jozef VAN LOON, Lo, Donk, Horst. Taalkunde als sleutel tot de vroege middeleeuwen, Leuven (Leuven University Press) 2017, XVIII–364 S. (Studies op het gebied van de Nederlandse taalkunde, 4), ISBN 978-90-7247-497-1, EUR 59,50.
– Vito LORÉ, Geneviève BÜHRER-THIERRY, Régine LE JAN (Hg.), Acquérir, prélever, contrôler. Les ressources en compétition (400–1100), Turnhout (Brepols) 2017, 366 S., 2 s/w, 1 farb. Abb. (Haut Moyen Âge, 25), ISBN 978-2-503-56959-8, EUR 75,00.
– Graham A. LOUD, Martial STAUB (Hg.), The Making of Medieval History, Woodbridge (The Boydell Press) 2017, XVI–240 S., 20 s/w Abb., ISBN 978-1-903153-70-3, GBP 25,00.
– Élisabeth LUSSET, Crime, châtiment et grâce dans les monastères au Moyen Âge (XII$^{e}$–XV$^{e}$ siècle), Turnhout (Brepols) 2017, 406 S. (Disciplina Monastica, 12), ISBN 978-2-503-56765-5, EUR 110,00.
– LVR-LandesMuseum Bonn (Hg.), Die Zisterzienser. Das Europa der Klöster. Begleitbuch zur Ausstellung »Die Zisterzienser – Das Europa der Klöster«. LVR-LandesMuseum Bonn 29. Juni 2017 bis 28. Januar 2018, Stuttgart (Konrad Theiss Verlag) 2017, 368 S., 380 Abb., ISBN 978-3-8062-3492-3, EUR 29,95.
– Simon MACLEAN, Ottonian Queenship, Oxford (Oxford University Press) 2017, XXIV–247 S., 2 Kt., 8 Stammtaf., ISBN 978-0-19-880010-1, GBP 65,00.

– Jacques Madignier, avec la collaboration de Jean-Michel Matz, Fasti Ecclesiae Gallicanae. Répertoire prosopographique des évêques, dignitaires et chanoines des diocèses de France de 1200 à 1500. T. 15: Diocèse de Chalon-sur-Saône, Turnhout (Brepols) 2016, X–417 S., zahlr. s/w Abb., ISBN 978-2-503-56677-1, EUR 65,00.
– Armand Maillard (Hg.), Bourges, Strasbourg, Paris (La Nuée bleue) 2017, 432 S., 460 Abb. (La grâce d'une cathédrale), ISBN 978-2-8099-1455-9, EUR 85,00.
– Lucie Malbos, Les ports des mers nordiques à l'époque viking (VII$^{e}$–X$^{e}$ siècle), Turnhout (Brepols) 2017, 453 S., 31 Abb., 5 Taf. (Haut Moyen Âge, 27), ISBN 978-2-503-57580-3, EUR 85,00.
– Benedikt Marxreiter, Bern von Reichenau: De nigromantia seu divinatione daemonum contemnenda. Edition und Untersuchung, Wiesbaden (Harrassowitz Verlag) 2016, XVIII–174 S. (Monumenta Germaniae Historica. Studien und Texte, 61), ISBN 978-3-447-10747-1, EUR 35,00.
– Alastair Matthews, The Medieval German Lohengrin. Narrative Poetics in the Story of the Swan Knight, Rochester, NY (Camden House) 2016, VIII–236 S., 4 farb. Abb. (Studies in German Literature, Linguistics, and Culture), ISBN 978-1-57113-971-9, GBP 80,00.
– Jean-Michel Matz, Noël-Yves Tonnerre, L'Anjou des princes, fin IX$^{e}$–XV$^{e}$ siècle, Paris (Éditions A. et J. Picard) 2017, 360 S., 67 s/w Abb., 21 Farbtaf. (Histoire de l'Anjou, 2), ISBN 978-2-7084-1023-7, EUR 34,50.
– Julia McClure, The Franciscan Invention of the New World, Basingstoke, Hampshire (Palgrave Macmillan) 2017, XIV–229 S. (The New Middle Ages), ISBN 978-3-319-43022-5, EUR 96,29.
– Sara McDougall, Royal Bastards. The Birth of Illegitamacy, 800–1230, Oxford (Oxford University Press) 2017, 310 S., ISBN 978-0-19-878582-8, GBP 65,00.
– Anna Maria Migdal, Regina Cœli. Les images mariales et le culte des reliques. Entre Orient et Occident au Moyen Âge, Turnhout (Brepols) 2017, 438 S., 26 Taf., 136 Abb. (Hagiologia. Études sur la Sainteté en Occident – Studies on Western Sainthood, 12), ISBN 978-2-503-56858-4, EUR 95,00.
– Jean-Marie Moeglin, Stéphane Péquignot (Hg.), Diplomatie et »relations internationales« au Moyen Âge (IX$^{e}$–XV$^{e}$ siècle), Paris (Presses universitaires de France) 2017, 1106 S. (Nouvelle Clio), ISBN 978-2-13-052787-9, EUR 42,00.
– Georg Mölich, Norbert Nussbaum, Harald Wolter-von dem Knesebeck (Hg.), Die Zisterzienser im Mittelalter, Köln, Weimar, Wien (Böhlau) 2017, 393 S., 135 Abb., ISBN 978-3-412-50718-3, EUR 50,00.
– Stefan Morent, Silke Leopold, Joachim Steinheuer (Hg.), Europäische Musikkultur im Kontext des Konstanzer Konzils, Ostfildern (Jan Thorbecke Verlag) 2017, 265 S., 30 Abb. (Konstanzer Geschichts- und Rechtsquellen, 47), ISBN 978-3-7995-6847-0, EUR 45,00.
– Joseph Morsel, Noblesse, parenté et reproduction sociale à la fin du Moyen Âge, Paris (Éditions A. et J. Picard) 2017, 160 S. (Les médiévistes français … et d'ailleurs, 14), ISBN 978-2-7084-1024-4, EUR 29,00.
– Marc Moyon, La géométrie de la mesure dans les traductions arabo-latines médiévales. Préface de Charles Burnett, Turnhout (Brepols) 2017, 652 S., 225 s/w, 1 farb. Abb. (De Diversis Artibus, 100), ISBN 978-2-503-56831-7, EUR 90,00.
– Jean-Claude Mühlethaler, Delphine Burghgraeve (Hg.), Un territoire à géographie variable. La communication littéraire au temps de Charles VI, Paris (Classiques Garnier) 2017, 335 S. (Rencontres, 271/Civilisation médiévale, 20), ISBN 978-2-406-05962-2, EUR 38,00.
– Aude Musin, Sociabilité urbaine et criminalisation étatique. La justice namuroise face à la violence de 1360 à 1555, Turnhout (Brepols) 2017, 204 S., 30 s/w Abb. (Studies in European Urban History [1100–1800], 39), ISBN 978-2-503-53439-8, EUR 65,00.
– E. J. Mylod, Guy J. M. Perry, Thomas W. Smith, Jan Vandeburie (Hg.), The Fifth Crusade in Context. The Crusading Movement in the Early Thirteenth Century, London, New York (Routledge) 2017, XXIV–240 S. (Crusade – Subsidia, 9), ISBN 978-1-4724-4857-6, GBP 95,00.

– Émilie NADAL, Le Pontifical de Pierre de la Jugie. Le Miroir d'un Archevêque, Turnhout (Brepols) 2017, 600 S., 199 Abb., 39 Taf. (Manuscripta Illuminata, 3), ISBN 978-2-503-57468-4, EUR 125,00.
– Craig M. NAKASHIAN, Warrior Churchmen of Medieval England, 1000–1250. Theory and Reality, Woodbridge (The Boydell Press) 2016, X–294 S., ISBN 978-1-78327-162-7, GBP 60,00.
– Torben K. NIELSEN, Iben FONNESBERG-SCHMIDT (Hg.), Ideas and Practice of Crusading in Iberia and the Baltic Region, 1100–1500, Turnhout (Brepols) 2016, XVI–409 S., 25 Abb. (Outremer. Studies in the Crusades and the Latin East, 4), ISBN 978-2-503-54881-4, EUR 94,00.
– Notker Balbulus, Sequenzen. Ausgabe für die Praxis. Eingerichtet von Stefan MORENT, übersetzt von Franziska SCHNOOR und Clemens MÜLLER, hg. von der Stiftsbibliothek St. Gallen, St. Gallen (Verlag am Klosterhof St. Gallen) 2017, 174 S., zahlr. farb. Abb., ISBN 978-3-905906-25-7, CHF 24,00.
– Les obituaires de chapitre cathédral Saint-Étienne de Limoges. Publié sous la direction de Jacques VERGER par Jean-Loup LEMAITRE, Paris (Académie des inscriptions et belles-lettres) 2017, 512 S. (Recueil des historiens de la France. Obituaires, 16), ISBN 978-2-87754-350-7, EUR 50,00.
– Lynette OLSON (Hg.), St Samson of Dol and the Earliest History of Brittany, Cornwall and Wales, Woodbridge (The Boydell Press) 2017, VIII–219 S., 5 Taf. (Studies in Celtic History, 37), ISBN 978-1-78327-218-1, GBP 60,00.
– Patron Saints of Early Medieval Italy. AD c. 350–800. History and Hagiography in Ten Biographies. Translated with an Introduction and Commentary by Nicholas EVERETT, Turnhout (Brepols) 2017, XII–276 S., 2 Farbtaf. (Durham Medieval and Renaissance Texts and Translations, 5), ISBN 978-0-88844-565-0, EUR 30,00.
– Pierre PÉGEOT, Mathias BOUYER, avec la collaboration de Philippe MASSON, Jean-Michel MATZ, Laurent VALLIÈRE, Fasti Ecclesiae Gallicanae. Répertoire prosopographique des évêques, dignitaires et chanoines des diocèses de France de 1200 à 1500. T. 17: Diocèse de Toul, Turnhout (Brepols) 2017, 442 S., ISBN 978-2-503-57595-7, EUR 65,00.
– Guilhem PÉPIN, Anglo-Gascon Aquitaine. Problems and Perspectives, Woodbridge (The Boydell Press) 2017, VIII–206 S., 2 Abb., 4 Kt., 16 Taf., ISBN 978-1-78327-197-9, GBP 60,00.
– Warren PEZÉ, Le virus de l'erreur. La controverse carolingienne sur la double prédestination: essai d'histoire sociale, Turnhout (Brepols) 2017, 565 S., 2 farb., 18 s/w Abb. (Haut Moyen Âge, 26), ISBN 978-2-503-57015-0, EUR 90,00.
– Andrew RABIN, Liam FELSEN (ed.), The Disputatio Puerorum. A Ninth-Century Monastic Instructional Text, Toronto (Pontifical Institute of Mediaeval Studies) 2017, VIII–102 S. (Toronto Medieval Latin Texts, 34), ISBN 978-0-88844-484-4, EUR 17,50.
– Éric M. RAMÍREZ-WEAVER, A Saving Science. Capturing the Heavens in Carolingian Manuscripts, Pennsylvania, PA (Pennsylvania State University Press) 2017, XIV–298 S., 17 Farbtaf., 82 Abb., ISBN 978-0-271-07126-8, GBP 63,95.
– Jean-Baptiste RENAULT (Hg.), Originaux et cartulaires dans la Lorraine médiévale (XII$^{e}$–XVI$^{e}$ siècles). Recueil d'études, Turnhout (Brepols) 2016, 245 S., 32 Abb. (ARTEM. Atelier de recherches sur les textes médiévaux, 24), ISBN 978-2-503-56756-3, EUR 75,00.
– Bertram RESMINI (Bearb.), Die Benediktinerabtei St. Maximin vor Trier. Teilband 1–2, Berlin, Boston, MA (De Gruyter) 2016, XVII–700; X–1461 S., 20 Abb., 3 Kt. (Germania Sacra. Die Kirche des Alten Reiches und ihre Institutionen. Dritte Folge, 11,1–2. Die Bistümer der Kirchenprovinz Trier. Das Erzbistum Trier, 13), ISBN 978-3-11-040944-4, EUR 239,95.
– Josef RIEDMANN (ed.), Die Innsbrucker Briefsammlung. Eine neue Quelle zur Geschichte Kaiser Friedrichs II. und König Konrads IV., Wiesbaden (Harrassowitz Verlag) 2017, VIII–334 S. (Monumenta Germaniae Historica. Briefe des späteren Mittelalters, 3), ISBN 978-3-447-10749-5, EUR 80,00.

– Alice Rio, Slavery After Rome (500–1100), Oxford (Oxford University Press) 2017, 285 S. (Oxford Studies in Medieval European History), ISBN 978-0-19-870405-8, GBP 65,00.
– Trevor Rowley, An Archaeological Study of the Bayeux Tapestry. The Landscapes, Buildings and Places, Barnsley, South Yorkshire (Pen & Sword Books) 2016, XII–209 S., zahlr. farb. u. s/w Abb., ISBN 978-1-7819-380-6, GBP 25,00.
– Kathryn E. Salzer, Vaucelles Abbey. Social, Political, and Ecclesiastical Relationships in the Borderland Region of the Cambrésis, 1131–1300, Turnhout (Brepols) 2017, XVIII–366 S., 5 Abb., 3 Kt., 7 Taf. (Medieval Monastic Studies, 2), ISBN 978-2-503-55524-9, EUR 90,00.
– Robert Schindler, Die bebilderte Enea Silvio Piccolomini Handschrift des Charles de France. Ein Beitrag zur Buchmalerei in Bourges und zum Humanismus in Frankreich, Turnhout (Brepols) 2016, 280 S., 138 s/w, 29 farb. Abb. (Ars Nova. Studies in Late Medieval and Renaissance Northern Painting and Illumination, 17), ISBN 978-2-503-54612-4, USD 125,00.
– Dagmar Schmengler, Die Masken von Reims. Zur Genese negativer Ausdrucksformen zwischen Tradition und Innovation, Berlin, München (Deutscher Kunstverlag) 2016, 302 S., 117 Abb., 263 Taf., ISBN 978-3-422-07358-6, EUR 48,00.
– Alois Schmid (Hg.), Handbuch der bayerischen Geschichte. Band 1: Das alte Bayern. Erster Teil: Von der Vorgeschichte bis zum Hochmittelalter, München (C. H. Beck) 2017, XXII–726 S., ISBN 978-3-406-68325-1, EUR 49,95.
– Anti Selart, Livonia, Rus' and the Baltic Crusades in the Thirteenth Century, Leiden (Brill Academic Publishers) 2015, XII–385 S. (East Central and Eastern Europe in the Middle Ages, 450-1450, 29), ISBN 978-90-04-28474-6, EUR 146,00.
– Bénédicte Sère, Les débats d'opinion à l'heure du Grand Schisme. Ecclésiologie et politique, Turnhout (Brepols) 2016, 509 S., 5 s/w Abb. (Ecclesia militans, 6), ISBN 978-2-503-56850-8, EUR 90,00.
– Ephraim Shoham-Steiner (Hg.), Intricate Interfaith Networks in the Middle Ages. Quotidian Jewish-Christian Contacts, Turnhout (Brepols) 2016, XII–347 S., 21 s/w Abb., 6 Farbtaf. (Studies in the History of Daily Life [800–1600], 5), ISBN 978-2-503-54429-8, EUR 95,00.
– Thomas W. Smith, Curia and Crusade. Pope Honorius III and the Recovery of the Holy Land. 1216–1227, Turnhout (Brepols) 2017, 393 S., 23 Abb., 4 Kt., 1 Taf. (Outremer. Studies in the Crusades and the Latin East, 6), ISBN 978-2-503-55297-2, EUR 80,00.
– Jesús Ángel Solórzano Telechea, Beatriz Arízaga Bolumburu, Michel Bochaca (Hg.), Las sociedades portuarias de la Europa Atlántica en la Edad Media, Logroño (Instituto de Estudios Riojanos) 2016, 400 S. (Ciencias Históricas, 35), ISBN 978-84-9960-100-7, EUR 10,00.
– Rodney M. Thomson, Emily Dolmans, Emily A. Winkler (Hg.), Discovering William of Malmesbury, Woodbridge (The Boydell Press) 2017, XII–232 S., ISBN 978-1-78327-136-8, GBP 70,00.
– Giacomo Todeschini, Les Marchands et le Temple. La société chrétienne et le cercle vertueux de la richesse du Moyen Âge à l'Époque moderne. Préface de Thomas Piketty. Traduction de l'italien par Ida Giordano, avec la collaboration de Mathieu Arnoux, Paris (Albin Michel) 2017, 464 S., 8 S. farb. Abb. (L'Évolution de l'humanité), ISBN 978-2-226-32419-1, EUR 27,00.
– Karl Ubl, Sinnstiftungen eines Rechtsbuchs. Die Lex Salica im Frankenreich, Ostfildern (Jan Thorbecke Verlag) 2016, 313 S. (Quellen und Forschungen zum Recht im Mittelalter, 9), ISBN 978-3-7995-6089-4, EUR 39,00.
– Bas Van Bavel, Manors and Markets. Economy and Society in the Low Countries, 500–600, Oxford (Oxford University Press) 2016, XIV–492 S., 12 Taf., 4 Kt., ISBN 978-0-19-878375-6, GBP 28,99.
– Eline Van Onacker, Village Elites and Social Structures in the Late Medieval Campine Region, Turnhout (Brepols) 2017, XLI–320 S., 7 s/w Abb., 4 Kt., 57 Graf., 68 s/w Taf. (The Medieval Countryside, 17), ISBN 978-2-503-55459-4, EUR 100,00.

– André Vauchez (Hg.), Sainte Élisabeth de Hongrie. Princesse, servante, sainte. Vies et documents, Paris (Éditions franciscaines) 2017, 600 S. (Sources franciscaines), ISBN 978-2-850-20651-1, EUR 25,00.
– Christiane Veyrard-Cosme, La Vita beati Alcuini (IXe s.). Les inflexions d'un discours de sainteté. Introduction, édition et traduction annotée du texte d'après Reims, BM 1395 (K 784), Turnhout (Brepols) 2017, 361 S., 3 s/w., 1 farb. Abb. (Collection des Études augustiniennes. Série Moyen Âge et Temps modernes, 54), ISBN 978-2-85121-287-0, EUR 52,00.
– Konrad Weidemann, Margarete Weidemann, Römische Staatskalender aus der Spätantike. Die von Furius Dionisius Filocalus und Polemius Silvius überlieferten römischen Staatskalender und deren historische Einordnung, Mainz (Verlag des Römisch-Germanischen Zentralmuseums) 2016, XII–289 S., zahlr. s/w Abb. (Monographien des Römisch-Germanischen Zentralmuseums, 130), ISBN 978-3-88467-257-0, EUR 48,00.
– Judith Werner, Papsturkunden vom 9. bis ins 11. Jahrhundert. Untersuchungen zum Empfängereinfluss auf die äußere Urkundengestalt, Berlin, Boston, MA (De Gruyter) 2017, 548 S. (Abhandlungen der Akademie der Wissenschaften zu Göttingen. Neue Folge, 43. Studien zu Papstgeschichte und Papsturkunden), ISBN 978-3-11-051666-1, EUR 99,95.
– Christian Wilsdorf (ed.), Le Terrier du comté de Ferrette (vers 1324–vers 1340). Un complément inédit au Habsburgisches Urbar. Présentation, édition du texte allemand et traduction par Christian Wilsdorf avec la collaboration de Philippe Nuss, Riedisheim (Société d'histoire du Sundgau) 2016, 96 S., zahlr. s/w Abb., ISBN 2-908498-29-4, EUR 20,00.
– Claudia Zey, Der Investiturstreit, München (C. H. Beck) 2017, 128 S. (C. H. Beck Wissen, 2852), ISBN 978-3-406-70655-4, EUR 8,95.
– Michel Zink, L'humiliation, le Moyen Âge et nous, Paris (Albin Michel) 2017, 264 S., ISBN 978-2-226-31903-6, EUR 20,00.
– Christian Zschieschang, Das Hersfelder Zehntverzeichnis und die frühmittelalterliche Grenzsituation an der mittleren Saale. Eine namenkundliche Studie, Köln, Weimar, Wien (Böhlau) 2017, 240 S., 3 s/w u. 24 farb. Abb. (Forschungen zur Geschichte und Kultur des östlichen Mitteleuropa, 52), ISBN 978-3-412-50721-3, EUR 40,00.

## Frühe Neuzeit/Histoire moderne, Révolution, Empire (1500–1815)

– Andreas Affolter, Verhandeln mit Republiken. Die französisch-eidgenössischen Beziehungen im frühen 18. Jahrhundert, Köln, Weimar, Wien (Böhlau) 2017, 455 S. (Externa: Geschichte der Außenbeziehungen in neuen Perspektiven, 11), ISBN 978-3-412-50717-6, EUR 70,00.
– Maria Ågren (Hg.), Making a Living, Making a Difference. Gender and Work in Early Modern European Society, New York, NY (Oxford University Press) 2017, XI–258 S., s/w. Abb. & Tab., ISBN 978-0-19-024062-2, USD 26,49.
– Cátia Antunes, Amélia Polónia (Hg.), Beyond Empires. Global, Self-Organizing, Cross-Imperial Networks, 1500–1800, Leiden, Boston (Brill Academic Publishers) 2016, XIV–313 S., 19 Abb., 5 Tab. (European Expansion and Indigenous Response, 21), ISBN 978-90-04-30414-7, EUR 109,00.
– Tina Asmussen, Scientia Kircheriana. Die Fabrikation von Wissen bei Athanasius Kircher, Affalterbach (Didymos-Verlag) 2016, 220 S., 24 Abb. (Kulturgeschichten. Studien zur Frühen Neuzeit, 2), ISBN 978-3-939020-43-1, EUR 39,00.
– Jean Balsamo, Anna Kathrin Bleuler (Hg.), Les cours comme lieux de rencontre et d'élaboration des langues vernaculaires à la Renaissance (1480–1620)/Höfe als Laboratorien der Volkssprachigkeit zur Zeit der Renaissance (1480–1620), Genf (Librairie Droz) 2016, 467 S., 7 Abb. (Travaux d'Humanisme et Renaissance, 565), ISBN 978-2-600-01901-9, EUR 31,65.
– David Banks, The Birth of the Academic Article. Le Journal des Scavancs and the Philosophical Transactions, 1665–1700, Sheffield (Equinox Publishing) 2017, 208 S., ISBN 978-1-78179-232-2, GBP 75,00.

– Gilles Barroux, La médecine de l'Encyclopédie. Entre tradition et modernité, Paris (CNRS Éditions) 2017, 280 S., ISBN 978-2-271-08253-4, EUR 25,00.
– Anette Baumann, Joachim Kemper (Hg.), Speyer als Hauptstadt des Reiches. Politik und Justiz zwischen Reich und Territorium im 16. und 17. Jahrhundert, Berlin, Boston, MA (De Gruyter) 2017, VIII–249 S., zahlr. Abb. (bibliothek altes Reich, 20), ISBN 978-3-11-049981-0, EUR 59,95.
– Gilles Bertrand, Anne Cayuela, Christian Del Vento, Raphaële Mouren (Hg.), Bibliothèques et lecteurs dans l'Europe moderne (XVII$^{e}$–XVIII$^{e}$ siècles), Genf (Librairie Droz) 2016, 532 S. (Bibliothèque des Lumières, 88), ISBN 978-2-600-04703-6, EUR 58,00.
– Andrew Scott Bibby, Montesquieu's Political Economy, Basingstoke, Hampshire (Palgrave Macmillan) 2016, XIV–229 S. (Recovering Political Philosophy), ISBN 978-1-137-47646-3, USD 110,00.
– Dagmar Blaha, Christopher Spehr (Hg.), Reformation vor Ort. Zum Quellenwert von Visitationsprotokollen. Beiträge der Tagung des Projektes »Digitales Archiv der Reformation« und des Lehrstuhls für Kirchengeschichte der Friedrich-Schiller-Universität Jena am 26. und 27. November 2014 in Jena, Leipzig (Evangelische Verlagsanstalt) 2016, 286 S., zahlr. s/w Abb. (Schriften des Thüringischen Hauptstaatsarchivs Weimar, 7), ISBN 978-3-374-4162-6, EUR 48,00.
– Renate Blickle, Politische Streitkultur in Altbayern. Beiträge zur Geschichte der Grundrechte in der frühen Neuzeit, hg. von Claudia Ulbrich, Michaela Hohkamp und Andrea Griesebner, Berlin, Boston, MA (De Gruyter) 2017, XII–226 S. (Quellen und Forschungen zur Agrargeschichte, 58), ISBN 978-3-11-053910-3, EUR 69,95.
– Jacques-Olivier Boudon, L'Empire des polices. Comment Napoléon faisait régner l'ordre, Paris (La Librairie Vuibert) 2017, 331 S., ISBN 978-2-311-10119-5, EUR 21,90.
– Marion Boudon-Machuel, Pascale Charron (Hg.), Art et société à Tours au début de la Renaissance. Actes du colloque »Tours 1500, art et société au début de la Renaissance« organisé au CESR du 10 au 12 mai 2012, Turnhout (Brepols) 2016, 256 S., zahlr. farb. u. s/w Abb. (Études renaissantes), ISBN 978-2-503-56930-7, EUR 75,00.
– Marie Bouhaik-Gironès, Tatiana Debbagi Baranova, Nathalie Szczech (Hg.), Usages et stratégies polémiques en Europe (XIV$^{e}$–premier XVII$^{e}$ siècles), Brüssel, Bern, Berlin et al. (Peter Lang) 2016, 395 S., 11 Abb. (Pour une histoire nouvelle de l'Europe, 2), ISBN 978-2-8076-0071-3, EUR 49,00.
– Éric Bournazel, Mutations. Recueil d'articles d'histoire du droit, Paris (Éditions Panthéon-Assas) 2017, 530 S., 1 Abb., ISBN 979-10-90429-96-3, EUR 35,00.
– Siegfried Bräuer, Günter Vogler, Thomas Müntzer. Neu Ordnung machen in der Welt. Eine Biographie, Gütersloh (Gütersloher Verlagshaus) 2016, 542 S., 60 s/w, 15 farb. Abb., ISBN 978-3-579-8229-5, EUR 58,00.
– Serge Brunet (Hg.), avec la collaboration de José Javier Ruiz Ibánez, La Sainte Union des catholiques de France et la fin des guerres de Religion (1585–1629), Paris (Classiques Garnier) 2016, 525 S. (Rencontres, 276), ISBN 978-2-406-06411-4, EUR 93,00.
– Gérard Buttoud, Il s'appelait Poivre. Un chasseur d'épices dans la mer des Indes (1750–1772), Paris (L'Harmattan) 2016, 189 S., ISBN 978-2-343-10499-7, EUR 18,50.
– Susanna Caviglia (Hg.), Body Narratives. Motion and Emotion in the French Enlightenment, Turnhout (Brepols) 2017, 291 S., 33 farb., 95 s/w Abb. (The Body in Art, 1), ISBN 978-2-503-57474-5, EUR 90,00.
– Carolyn Chappell Lougee, Facing the Revocation. Huguenot Families, Faith, and the King's Will, Oxford (Oxford University Press) 2016, XVIII–466 S., 50 s/w Abb., ISBN 978-0-19-024131-5, GBP 21,99.
– Mathilde Chollet, Être et savoir. Une ambition de femme au siècle des Lumières, Rennes (Presses universitaires de Rennes) 2016, 302 S. (Histoire), ISBN 978-2-7535-5125-1, EUR 22,00.

– Olivier Christin, Yves Krumenacker (Hg.), Les protestants à l'époque moderne. Une approche anthropologique, Rennes (Presses universitaires de Rennes) 2017, 610 S., 7 Tafels. (Histoire), ISBN 978-2-7535-5465-8, EUR 28,00.
– Kathleen M. Comerford, Jesuit Foundations and Medici Power, 1532–1621, Leiden (Brill Academic Publishers) 2017, XVI–316 S., 4 Abb., 11 Tab. (Jesuit Studies. Modernity Through the Prism of Jesuit Studies, 7), ISBN 978-90-04-28451-7, EUR 142,00.
– Christoph Cornelissen, Paolo Pombeni (Hg.), Spazi politici, società e individuo: le tensioni del moderno, Bologna (Società editrice il Mulino) 2016, 405 S. (Annali dell'Istituto storico italo-germanicano in Trento. Quaderni, 98), ISBN 978-88-15-26661-3, EUR 32,00.
– Fanny Cosandey, Le rang. Préséances et hiérarchies dans la France d'Ancien Régime, Paris (Éditions Gallimard) 2016, 491 S. (Bibliothèque des histoires), ISBN 978-2-07-010556-4, EUR 28,00.
– Adelaïde Cron, Mémoires féminins de la fin du XVIIe siècle à la période révolutionnaire. Enquête sur la constitution d'un genre et d'une identité, Paris (Presses Sorbonne Nouvelle) 2016, 286 S., ISBN 978-2-87854-686-6, EUR 16,50.
– Christian Danz, Jan-Heiner Tück (Hg.), Martin Luther im Widerstreit der Konfessionen. Historische und theologische Perspektiven, Freiburg i. Br. (Herder) 2017, 531 S., ISBN 978-3-451-37652-8, EUR 24,99.
– Catherine II de Russie, Friedrich Melchior Grimm, Une correspondance privée, artistique et politique au siècle des Lumières. Tome I: 1764–1778. Édition critique par Sergueï Karp, avec la collaboration de Georges Dulac, Christoph Frank, Sergueï Iskioul et al., Ferney-Voltaire (Centre international d'étude du XVIIIe siècle) 2016, LXXXIV–344 S., 26 Abb., ISBN 978-2-84559-104-2, EUR 221,00.
– Udo Di Fabio, Johannes Schilling (Hg.), Die Weltwirkung der Reformation. Wie der Protestantismus unsere Welt verändert hat, München (C. H. Beck) 2017, 213 S., 9 Abb., 2 Kt. (C. H. Beck Paperback, 6261), ISBN 978-3-406-70078-0, EUR 16,95.
– Sonja Domröse, Frauen der Reformationszeit. Gelehrt, mutig und glaubensfest, 4. erweiterte Auflage, Göttingen (Vandenhoeck & Ruprecht) 2017, 216 S., 15 Abb., ISBN 978-3-525-55286-5, EUR 25,00.
– Paul M. Dover (Hg.), Secretaries and Statecraft in the Early Modern World, Edinburgh (Edinburgh University Press) 2016, IX–310 S., 1 farb., 2 s/w Abb., ISBN 978-1-4744-2844-6, GBP 80,00.
– Robert Edelman, Wayne Wilson (Hg.), The Oxford Handbook of Sports History, Oxford (Oxford University Press) 2017, XIV–561 S., ISBN 978-0-19-985891-0, GBP 97,00.
– Mathias Eichhorn, Protestantismus und Neutralisierung. Die Begründung der Republik aus dem Geist der Reformation unter Verweis aus Martin Bucer, Berlin (Duncker & Humblot) 2017, 254 S. (Beiträge zur Politischen Wissenschaft, S. 189), ISBN 978-3-428-15076-2, EUR 89,90.
– Michele C. Ferrari, Beat Kümin (Hg.), Pfarreien in der Vormoderne. Identität und Kultur im Niederkirchenwesen Europas, Wiesbaden (Harrassowitz Verlag) 2017, 280 S., 20 Abb., 2 Tab. (Wolfenbütteler Forschungen, 146), ISBN 978-3-447-10488-3, EUR 62,00.
– Alison Forrestal, Vincent de Paul, the Lazarist Mission, and French Catholic Reform, Oxford (Oxford University Press) 2017, X–312 S., 1 s/w Kt., ISBN 978-0-19-878576-7, GBP 70,00.
– Anna Maria Forssberg, The Story of War. Church and Propaganda in France and Sweden 1610-1710, Lund (Nordic Academic Press) 2016, 287 S., ISBN 978-91-88168-66-5, Skr 239,00.
– Marie-Nelly Fouligny, Marie Roig Miranda (Hg.), Sénèque dans l'Europe des XVIe et XVIIe siècles: transmissions et ruptures, Nancy (Université de Lorraine – Groupe Europe aux XVIe et XVIIe siècles) 2016, 292 S., zahlr. s/w Abb. (Europe XVI–XVII, 23), ISBN 978-2-917030-12-7, EUR 17,00.
– Antoine Franzini, Un siècle de révolutions corses. Naissance d'un sujet politique. 1729–1802, Paris (Vendémiaire) 2017, 591 S. (Révolutions), ISBN 978-3-36358-280-5, EUR 26,00.

– Joseph S. Freedman (Hg.), Die Zeit um 1670. Eine Wende in der europäischen Geschichte und Kultur?, Wiesbaden (Harrassowitz Verlag) 2016, 239 S., 23 s/w Abb. (Wolfenbütteler Forschungen, 142), ISBN 978-3-447-10389-3, EUR 72,00.
– Werner Freitag, Die Reformation in Westfalen. Regionale Vielfalt, Bekenntniskonflikt und Koexistenz. 2. durchgesehene Auflage, Münster (Aschendorff) 2016, 383 S., ISBN 978-3-402-13167-1, EUR 29,80.
– Ewald Frie, Ute Planert (Hg.), Revolution, Krieg und die Geburt von Staat und Nation. Staatsbildung in Europa und den Amerikas 1770–1930, Tübingen (Mohr Siebeck) 2016, X–286 S. (Bedrohte Ordnungen, 3), ISBN 978-3-16-153597-0, EUR 59,00.
– Daniel Fulda, Jörn Steigerwald (Hg.), Um 1700: Die Formierung der europäischen Aufklärung. Zwischen Öffnung und neuerlicher Schließung, Berlin, Boston, MA (De Gruyter) 2016, VI–301 S., zahlr. s/w Abb. (Hallesche Beiträge zur europäischen Aufklärung, 55), ISBN 978-3-11-047890-7, EUR 89,95.
– Guillaume Garner (Hg.), Die Ökonomie des Privilegs, Westeuropa 16.–19. Jahrhundert/ L'économie du privilège, Europe occidentale XVI$^{e}$–XIX$^{e}$ siècles, Frankfurt a. M. (Vittorio Klostermann) 2016, 523 S. (Studien zu Policey, Kriminalitätsgeschichte und Konfliktregulierung), ISBN 978-3-465-04219-8, EUR 79,00.
– Gareth Glover, The Forgotten War Against Napoleon. Conflict in the Mediterranean, 1793–1815, Barnsley, South Yorkshire (Pen & Sword Books) 2017, XVIII–265 S., 16 Taf., 33 Kt., ISBN 978-1-47383-395-1, USD 50,00.
– Axel Gotthard, Der Dreißigjährige Krieg. Eine Einführung, Köln, Weimar, Wien (Böhlau) 2016, 390 S., 3 Abb., 4 Kt. (UTB, 4555), ISBN 978-3-8252-4555-9, EUR 24,99.
– Jannis Götze, Martin Meiske (Hg.), Jean Henri Samuel Formey. Wissensmultiplikator der Berliner Aufklärung, Hannover (Wehrhahn Verlag) 2016, 188 S. (Aufklärung und Moderne, 36), ISBN 978-3-86525-547-1, EUR 22,80.
– Werner Greiling, Holger Böning, Uwe Schirmer (Hg.), Luther als Vorkämpfer? Reformation, Volksaufklärung und Erinnerungskultur um 1800, Köln, Weimar, Wien (Böhlau) 2016, 362 S., 8 s/w Abb. (Quellen und Forschungen zu Thüringen im Zeitalter der Reformation, 5), ISBN 978-3-412-50556-1, EUR 50,00.
– Heinrich Theodor Grütter, Magdalena Drexl, Axel Heimsoth, Reinhild Stephan-Maaser (Hg.), Der geteilte Himmel. Reformation und religiöse Vielfalt an Rhein und Ruhr, Essen (Klartext) 2017, 430 S., zahlr. Abb. (Katalog zur Ausstellung im Ruhr Museum 3. April–31. Oktober 2017), ISBN 978-3-8375-1751-4, EUR 24,95.
– Mark Häberlein, Aufbruch ins globale Zeitalter. Die Handelswelt der Fugger und Welser, Stuttgart (Konrad Theiss Verlag) 2016, 256 S., zahlr. Abb., ISBN 978-3-8062-3342-1, EUR 24,95.
– Mark Häberlein, Magdalena Bayreuther (Hg.), Agent und Ambassador. Der Kaufmann Anton Meuting als Vermittler zwischen Bayern und Spanien im Zeitalter Philipps II., Augsburg (Wißner-Verlag) 2013, 256 S. (Documenta Augustana, 23), ISBN 978-3-89639921-2, EUR 20,00.
– Tom Hamilton, Pierre de L'Estoile and his World in the Wars of Religion, Oxford (Oxford University Press) 2017, XVIII–238 S., 35 s/w Abb., Tab. u. Ill., ISBN 978-0-19-880009-5, GBP 65,90.
– Görge K. Hasselhoff, David von Mayenburg (Hg.), Die Zwölf Artikel von 1525 und das »Göttliche Recht« der Bauern. Rechtshistorische und theologische Dimensionen, Würzburg (Ergon) 2012, 265 S. (Studien des Bonner Zentrums für Religion und Gesellschaft, 8), ISBN 978-3-89913-914-3, EUR 45,00.
– Tilman Haug, Ungleiche Außenbeziehungen und grenzüberschreitende Patronage. Die französische Krone und die geistlichen Kurfürsten (1648–1679), Köln, Weimar, Wien (Böhlau) 2015, 540 S. (Externa. Geschichte der Außenbeziehungen in neuen Perspektiven, 6), ISBN 978-3-412-22360-1, EUR 79,90.

– Bridget HEAL, A Magnificent Faith. Art and Identity in Lutheran Germany, Oxford (Oxford University Press) 2017, XVIII–305 S., zahlr. Abb., 15 Taf., ISBN 978-0-19-873757-5, GBP 70,00.
– Nicola HUMPHREYS, Der fränkische Kreistag 1650–1740 in kommunikationsgeschichtlicher Perspektive, Würzburg (Gesellschaft für Fränkische Geschichte e. V.) 2011, 579 S. (Veröffentlichungen der Gesellschaft für fränkische Geschichte, Reihe 2: Geschichte des fränkischen Kreises, 3), ISBN 978-3-86652-203-9, EUR 69,00.
– Matthias Emil ILG, Constantia et Fortitudo. Der Kult des kapuzinischen Blutzeugen Fidelis von Sigmaringen zwischen »Pietas Austriaca«– und »Ecclesia Triumphans«, 2 Bde. Münster (Aschendorff) 2016, 1485 S., zahlr. s/w Abb., ISBN 978-3-402-13164-0, EUR 88,00.
– Herbert JAUMANN, Gideon STIENING (Hg.), Neue Diskurse der Gelehrtenkultur in der Frühen Neuzeit. Ein Handbuch, Berlin, Boston, MA (De Gruyter) 2016, XXIV–877 S., 15 Abb. (De Gruyter Reference), ISBN 978-3-11-028976-3, EUR 219,00.
– Albert JAUZE, Vivre à l'île Bourbon au XVIIIe siècle. Usages, mœurs et coutumes d'une colonie française sur la route des Indes de 1715 à 1789. Préface de Daniel Roche, Paris (Riveneuve éditions) 2017, 376-XIV S., zahlr. farb. Abb., ISBN 978-2-36013-402-1, EUR 34,00.
– Fabrice JESNÉ (Hg.), Les consuls, agents de la présence française dans le monde (XVIIIe–XIXe siècles), Rennes (Presses universitaires de Rennes) 2017, 186 S. (enquêtes & documents, 57), ISBN 978-2-7535-5353-8, EUR 19,00.
– Andreas JOHANNES, Das Feld der Großmächte im 18. Jahrhundert. Eine soziologische Analyse am Beispiel des Aufstiegs Preußens zur Großmacht (1740–1763), Baden-Baden (Nomos) 2017, 373 S. (Nomos Universitätsschriften Soziologie, 18), ISBN 978-3-8487-3194-7, EUR 69,00.
– Carina L. JOHNSON, David M. LUEBKE, Marjorie E. PLUMMER, Jesse SPOHNHOLZ (Hg.), Archeologies of Confession. Writing the German Reformation, 1517–2017, New York, Oxford (Berghahn) 2017, VI–345 S. (Spektrum. Publications of the German Studies Association, 16), ISBN 978-1-78533-540-2, USD 130,00.
– Journal des campagnes du duc Charles V de Lorraine. Texte présenté et annoté par Ferenc TÓTH, Paris (Honoré Champion) 2017, 622 S. (Bibliothèque d'études de l'Europe centrale, 20), ISBN 9782745346476, EUR 85,00.
– Franz W. KAISER, Michael NORTH (Ausstellung und Katalog.), Die Geburt des Kunstmarktes. Rembrandt, Ruisdael, Van Goyen und die Künstler des Goldenen Zeitalters. Ausstellung und Katalog, München (Hirmer Verlag) 2017, 207 S., zahlr. Abb. (Publikationen des Bucerius Kunst Forums), ISBN 978-3-7774-2907-6, EUR 39,90.
– Louise NYHOLM KALLESTRUP, Raisa Maria TOIVO (Hg.), Contesting Orthodoxy in Medieval and Early Modern Europe. Heresy, Magic and Witchcraft, Basingstoke, Hampshire Springer International Publishing – Palgrave Macmillan) 2017, XVIII–349 S., 14 col. Abb. (Palgrave Historical Studies in Witchcraft and Magic), ISBN 978-3-319-32384-8, EUR 96,29.
– Andreas KAPPELMAYER, Johann Casimir von Pfalz-Zweibrücken-Kleeburg (1589–1652). Standeswahrung und Fremdheitserfahrung im Schweden Gustavs II. Adolf und Christinas, Münster (Aschendorff) 2017, 704 S., 17 farb. Abb., 9 geneal. Taf., ISBN 978-3-402-13234-0, EUR 59,00.
– Thomas KAUFMANN, Elmar MITTLER (Hg.), Reformation und Buch. Akteure und Strategien frühreformatorischer Druckerzeugnisse, Wiesbaden (Harrassowitz Verlag) 2016, VI–313 S. (Bibliothek und Wissenschaft, 49), ISBN 978-3-447-10544-6, EUR 99,00.
– Michel KERAUTRET, Un crime d'État sous l'Empire. L'affaire Palm, Paris (Vendémiaire) 2015, 228 S., ISBN 978-3-36358-240-9, EUR 18,00.
– Christian KLEINSCHMIDT, Wirtschaftsgeschichte der Neuzeit. Die Weltwirtschaft 1500–1850, München (C. H. Beck) 2017, 128 S., zahlr. Abb. (C. H. Beck Wissen, 2869), ISBN 978-3-406-70800-8, EUR 8,95.
– Florian KNOTHE, The Manufacture des meubles de la couronne aux Gobelins under Louis XIV. A Social, Political, and Cultural History, Turnhout (Brepols) 2016, 290 S., 150 s/w, 32 farb. Abb. (Studies in Western Tapestry, 8), ISBN 978-2-503-55320-7, EUR 150,00.

– Hartmut KÜHNE, Enno BÜNZ, Peter WIEGAND (Hg.), Johann Tetzel und der Ablass. Begleitband zur Ausstellung »Tetzel – Ablass – Fegefeuer« in Mönchenkloster und Nikolaikirche Jüterbog vom 8. September bis 26. November 2017, Berlin (Lukas Verlag) 2017, 427 S., zahlr. farb. Abb., ISBN 978-3-86732-262-1, EUR 29,80.
– Erika KUIJPERS, Cornelis VAN DER HAVEN (Hg.), Battlefield Emotions 1500–1800. Practices, Experience, Imagination, Basingstoke, Hampshire (Palgrave Macmillan) 2016, XIV–303 S., 2 s/w, 19 farb. Abb. (Palgrave Studies in the History of Emotions), ISBN 978-1-137-56489-4, USD 109,00.
– Thomas LAU, Helge WITTMANN, Gérald CHAIX (Hg.), Reichsstadt im Religionskonflikt. 4. Tagung des Mühlhäuser Arbeitskreises für Reichsstadtgeschichte. Mühlhausen 8. bis 10. Februar 2016, Petersberg (Michael Imhof Verlag) 2017, 400 S., zahlr. Abb. (Studien zur Reichsstadtgeschichte, 4), ISBN 978-3-7319-0457-1, EUR 29,95.
– Nicholas LE ROUX, Martin WREDE (Hg.), Noblesse oblige. Identités et engagements aristocratiques à l'époque moderne, Rennes (Presses universitaires de Rennes) 2017, 198 S. (Histoire), ISBN 978-2-7535-5259-3, EUR 20,00.
– Ulrich L. LEHNER, The Catholic Enlightenment. The Forgotten History of a Global Movement, New York (Oxford University Press) 2016, 257 S., ISBN 978-0-19-023291-7, USD 29,95.
– Mathis LEIBETSEDER (Hg.), Kreuzwege. Die Hohenzollern und die Konfessionen, 1517–1740, Berlin (Selbstverlag des Geheimen Staatsarchivs Preußischer Kulturbesitz) 2017, 480 S., zahlr. farb. Abb., ISBN 978-3-923579-30-3, EUR 28,00.
– Thierry LENTZ, Les ministres de Napoléon. Refonder l'État, servir l'empereur, Paris (Perrin) 2016, 303 S. (Collection Tempus, 659), ISBN 978-2-262-04375-9, EUR 9,00.
– Yann LIGNEREUX, Les rois imaginaires. Une histoire visuelle de la monarchie de Charles VIII à Louis XIV, Rennes (Presses universitaires de Rennes) 2016, 372 S., 95 s/w Abb., 24 farb. Tafels. (Histoire), ISBN 978-2-7535-5141-1, EUR 24,00.
– Howell A. LLOYD, Jean Bodin. »This Pre-eminent Man of France«. An Intellectual Biography, Oxford (Oxford University Press) 2017, XIV–311 S., ISBN 978-0-19-880014-9, GBP 75,00.
– Richard MABER (Hg.), La France et l'Europe du Nord au XVII^e^ siècle: de l'Irlande à la Russie. XII^e^ colloque du Centre international de rencontres sur le XVII^e^ siècle. Université de Durham, 26–29 mars 2012, Tübingen (narr/francke/attempto) 2017, 241 S. (Biblio 17. Suppléments aux »Papers on French Seventeenth Century Literature«, 214), ISBN 978-3-8233-8054-2, EUR 68,00.
– Florence MAGNOT-OGILVY (Hg.), »Gagnons sans savoir comment«. Représentations du Système de Law du XVIII^e^ siècle à nos jours, Rennes (Presses universitaires de Rennes) 2017, 384 S., zahlr. farb. u. s/w Abb. (Interférences), ISBN 978-2-7535-5214-2, EUR 24,00.
– Wolfgang MÄHRLE (Hg.), Aufgeklärte Herrschaft im Konflikt. Herzog Carl Eugen von Württemberg 1728–1793. Tagung des Arbeitskreises für Landes- und Ortsgeschichte im Verband der württembergischen Geschichts- und Altertumsvereine am 4. und 5. Dezember 2014 im Hauptstaatsarchiv Stuttgart, Stuttgart (Kohlhammer) 2017, 355 S. (Geschichte Württembergs. Impulse der Forschung, 1), ISBN 978-3-17-032434-3, EUR 25,00.
– Valerie MAINZ, Days of Glory? Imaging Military Recruitment and the French Revolution, Basingstoke, Hampshire (Palgrave Macmillan) 2016, XVII–298 S., 38 s/w, 8 farb. Abb. (War, Culture and Society, 1750–1850), ISBN 978-1-137-54293-9, EUR 82,38.
– Alistair MALCOLM, Royal Favouritism and the Governing Elite of the Spanish Monarchy, 1640–1665, Oxford (Oxford University Press) 2017, XIV–305 S., 9 Abb., 4 Tab. (Oxford Historical Monographs), ISBN 978-0-19-879190-4, GBP 65,00.
– Scott MANDELBROTE, Joanna WEINBERG (Hg.), Jewish Books and their Readers. Aspects of the Intellectual Life of Christians and Jews in Early Modern Europe, Leiden (Brill's Series in Church History and Religious Culture, 75), ISBN 978-90-04-317888, EUR 140,00.

– Antoine MARÈS (Hg.), La France et l'Europe centrale. Médiateurs et médiations, Paris (Institut d'études slaves) 2015, 368 S. (Collection historique de l'Institut d'études slaves, 53), ISBN 978-2-7204-0538-9, EUR 26,00.
– Jean-Clément MARTIN, La Terreur. Vérités et légendes, Paris (Perrin) 2017, 240 S. (Vérités et légendes), ISBN 978-2-262-06773-1, EUR 13,00.
– Nadia MATRINGE, La Banque en Renaissance. Les Salviati et la place de Lyon au milieu du XVIe siècle. Préface de Jacques Bottin, Rennes (Presses universitaires de Rennes) 2016, 416 S., zahlr. farb. Abb. (Histoire), ISBN 978-2-7535-4956-2, EUR 24,00.
– John MCALEER, Nigel RIGBY, Captain Cook and the Pacific. Art, Exploration and Empire, New Haven, London (Yale University Press) 2017, 256 S., 200 farb., 20 s/w Abb., ISBN 978-0-300-20724-8, USD 45,00.
– John MCCALLUM (Hg.), Scotland's Long Reformation. New Perspectives on Scottish Religion, c. 1500–c. 1660, Leiden (Brill Academic Publishers) 2016, XII–230 S., 4 Abb. (St Andrews Studies in Reformation History), ISBN 978-90-04-32393-3, EUR 110,00.
– Peter MCPHEE, Liberty or Death. The French Revolution, New Haven, London (Yale University Press) 2017, XII–468 S., 40 farb. Abb, ISBN 978-0-300-22869-4, GBP 14,99.
– Robert MEIER, Julius ECHTER. 1545–1617, Würzburg (echter) 2017, 168 S., ISBN 978-3-429-03997-4, EUR 14,90.
– Gregor M. METZIG, Kommunikation und Konfrontation. Diplomatie und Gesandtschaftswesen Kaiser Maximilians I. (1486–1519), Berlin, Boston (De Gruyter) 2016, X–451 S., 13 Abb. (Bibliothek des Deutschen Historischen Instituts in Rom, 130), ISBN 978-3-11-044789-7, EUR 109,95.
– Véronique MEYER, Pour la plus grande gloire du roi. Louis XIV en thèses, Rennes (Presses universitaires de Rennes) 2017, 370 S., 99 Abb. (Histoire), ISBN 978-2-7535-5464-1, EUR 23,00.
– Michael MEYER, Zwischen Kanon und Geschichte. Josquin im Deutschland des 16. Jahrhunderts, Turnhout (Brepols) 2016, 388 S., 15 s/w, 1 farb. Abb., ISBN 978-2-503-56915-4, EUR 75,00.
– Bernd MONATH, Versailles der Meere. Die barocken Segelschiffe Ludwigs XIV. im Kontext ihrer Zeit. Mit einem Vorwort von Burkhard Spinnen, Berlin (Frank & Timme) 2016, 328 S., ISBN 978-3-7329-0267-5, EUR 68,00.
– Bernard DE MONTFERRAND, Vergennes. La gloire de Louis XVI, Paris (Tallandier) 2017, 448 S., 3 Kt., ISBN 979-10-210-0691-1, EUR 24,90.
– Pascale MORMICHE, Stanis PEREZ (Hg.), Naissance et petite enfance à la cour de France. Moyen-Âge-XIXe siècle, Villeneuve-d'Ascq (Presses universitaires du Septentrion) 2016, 234 S. (Histoire et civilisations), ISBN 978-2-7574-1379-1, EUR 23,00.
– Fritz NIES, Sozialgeschichte – interkulturell. Übersetzen ins Französische, Tübingen (narr/francke/attempto) 2016, 117 S. (TRANSFER. Literatur – Übersetzung – Kultur, 23), ISBN 978-3-8233-8090-0, EUR 36,80.
– Ulrich NIGGEMANN, Revolutionserinnerung in der Frühen Neuzeit. Refigurationen der »Glorious Revolution« in Großbritannien (1688–1760), München (De Gruyter Oldenbourg) 2017, XIV–653 S., 30 s/w Abb. (Veröffentlichungen des Deutschen Historischen Instituts London, 79), ISBN 978-3-11-054054-3, EUR 64,65.
– Asli NIYAZIOGLU, Dreams and Lives in Ottoman Istanbul. A Seventeenth-Century Biographer's Perspective, London, New York (Routledge) 2017, XII–147 S. (Birmingham Byzantine and Ottoman Studies, 1), ISBN 978-1-472-47229-8, GBP 110,00.
– Wolfgang PALAVER, Harriet RUDOLPH, Dietmar REGENSBURGER (Hg.), The European Wars of Religion. An Interdisciplinary Reassessment of Sources, Interpretations, and Myths, London, New York (Routledge) 2016, 269 S., ISBN 978-1472427113, GBP 110,00.
– Jennifer L. PALMER, Intimate Bonds. Family and Slavery in the French Atlantic, Philadelphia (University of Pennsylvania Press) 2016, XII–268 S., 6 Abb. (Early Modern Americas), ISBN 978-0-8122-4840-1, USD 45,00.

– Andreas PEČAR, Damien TRICOIRE, Falsche Freunde. War die Aufklärung wirklich die Geburtsstunde der Moderne?, Frankfurt a. M. (Campus Verlag) 2015, 231 S., ISBN 978-3-593-5074-2, EUR 24,90.
– Larry H. PEER, Christopher R. CLASON (Hg.), Romantic Rapports. New Essays on the Romanticism across the Disciplines, Rochester, NY (Camden House) 2017, X–180 S., ISBN 978-1-57113-940-5, GBP 75,00.
– Guillaume POISSON, 18 novembre 1663. Louis XIV et les cantons suisses, Lausanne (Presses polytechniques et universitaires romandes) 2016, 139 S. (Le savoir suisse, 114), ISBN 978-2-88915-163-9, EUR 14,20.
– Michel POUSSE, Le marquis de Bussy. L'Inde offerte à la France, Paris (L'Harmattan) 2017, 259 S. (Biographies. Série XVIII$^{e}$ siècle), ISBN 978-2-343-10895-7, EUR 27,50.
– Dries RAEYMAEKERS, Sebastiaan DERKS, The Key to Power? The Culture of Access in Princely Courts, 1400–1750, Leiden (Brill Academic Publishers) 2016, 369 S., 11 Abb., ISBN 978-90-04-274839, EUR 135,00.
– Mike RAPPORT, The Unruly City. Paris, London and New York in the Age of Revolution, New York (Basic Books) 2017, XXXIV–364 S., 16 S. Abb., ISBN 978-0-465-02228-1, USD 32,00.
– Rolf REICHARDT (Hg.), unter Mitarbeit von Wolfgang Cillessen, Jasmin Hähn, Moritz F. Jäger, Martin Miersch, Fabian Stein, Lexikon der Revolutions-Ikonographie in der europäischen Druckgraphik (1789–1889), 3 Teilbände, Münster (Rhema) 2017, 2204 S., 475 farb., 1576 s/w Abb., ISBN 978-3-86887-041-1, EUR 220,00.
– Helmut REINALTER, Aufklärung, Humanität und Toleranz. Die Geschichte der österreichischen Freimaurerei im 18. Jahrhundert, Innsbruck (StudienVerlag) 2017, 383 S. (Quellen und Darstellungen zur europäischen Freimaurerei, 18), ISBN 978-3-7065-1508-5, EUR 59,90.
– Susan RICHTER, Angela SIEBOLD, Urte WEEBER, Was ist Freiheit? Eine historische Perspektive, Frankfurt a. M. (Campus Verlag) 2016, 337 S., 1 Abb., ISBN 978-3-593-50621-0, EUR 29,95.
– Susan RICHTER, Armin KOHNLE (Hg.), Herrschaft und Glaubenswechsel. Die Fürstenreformation im Reich und in Europa in 28 Biographien, Heidelberg (Universitätsverlag Winter) 2016, 493 S., ISBN 978-3-8253-6656-8, EUR 78,00.
– Lyndal ROPER, Martin Luther. Renegade and Prophet, London (Allen Lane) 2016, 592 S., 75 s/w Abb., 10 farb. Abb., ISBN 978-78470-344-8, GBP 14,99.
– Corey ROSS, Ecology and Power in the Age of Empire. Europe and the Transformation of the Tropical World, Oxford (Oxford University Press) 2017, X–477 S., ISBN 978-0-19-959041-4, GBP 45,00.
– François ROUGET, François I$^{er}$ et la vie littéraire de son temps: (1515–1547), Paris (Classiques Garnier) 2017, 412 S., 2 Abb. (Rencontres, 308), ISBN 978-2-406-06344-5, EUR 32,00.
– Gérard SABATIER, Versailles ou la disgrâce d'Apollon, Rennes (Presses universitaires de Rennes) 2016, 360 S., 66 s/w Abb., 17 Farbtaf. (Histoire. Aulica. L'Univers de la cour), ISBN 978-2-7535-5195-4, EUR 24,00.
– Peter SAHLINS, 1668. The Year of the Animal in France, New York (The MIT Press) 2017, 491 S., 56 s/w u. farb Abb., ISBN 978-1-93540899-4, USD 34,95.
– Jacques SANTROT, Les doubles funérailles d'Anne de Bretagne. Le corps et le cœur (janvier–mars 1514), Genève (Librairie Droz) 2017, 725 S., 27 Abb., 35 Tafels. (Travaux d'Humanisme et Renaissance, 572), ISBN 978-2-600-04749-4, EUR 49,00.
– Anne Charlotte SCHERER, The role of diplomacy in Swedish foreign policy under Gustav II Adolph from 1617 to 1630, Marburg (Tectum Verlag) 2017, 226 S., ISBN 978-3-8288-3872-7, EUR 24,95.
– Christina SCHLAG, Wolf-Friedrich SCHÄUFELE, Christoph OTTERBECK (Hg.), Bildungsereignis Reformation. Ideen – Krisen – Wirkungen, Marburg (Jonas Verlag) 2017, 190 S., 141 farb. Abb., ISBN 978-3-89445-542-2, EUR 19,80.

– Christian Schlöder, Bonn im 18. Jahrhundert. Die Bevölkerung einer geistlichen Residenzstadt, Köln, Weimar, Wien (Böhlau) 2014, X–339 S. (Stadt und Gesellschaft. Studien zum Rheinischen Städteatlas, 5), ISBN 978-3-412-22246-8, EUR 44,90.
– Dorothee Schmidt, Reisen in das Orientalische Indien. Wissen über fremde Welten um 1600, Köln, Weimar, Wien (Böhlau) 2016, 288 S., 94 farb. u. s/w Abb., ISBN 978-3-412-22512-4, EUR 45,00.
– Inken Schmidt-Voges, Mikropolitiken des Friedens. Semantiken und Praktiken des Hausfriedens im 18. Jahrhundert, Berlin, Boston, MA (De Gruyter) 2015, XII–370 S. (bibliothek altes Reich, 18), ISBN 978-3-11-040216-2, EUR 72,95.
– Florian Schönfuss, Mars im hohen Haus. Zum Verhältnis von Familienpolitik und Militärkarriere beim rheinischen Adel 1770–1830, Göttingen (V&R unipress) 2017, 478 S., 5 Stammtaf., ISBN 978-3-8471-0575-6, EUR 65,00.
– Louise Schorn-Schütte, Die Reformation. Vorgeschichte – Verlauf – Wirkung, 7. durchgesehene Auflage, München (C. H. Beck) 2017, 128 S., 1 Abb. (Beck Wissen, 2054), ISBN 978-3-406-71539-6, EUR 9,95.
– Friedrich Schweitzer, Das Bildungserbe der Reformation. Bleibender Gehalt, Herausforderung, Zukunftsperspektiven, Gütersloh (Gütersloher Verlagshaus) 2016, 304 S., ISBN 978-3-579-05443-8, EUR 22,99.
– Tom Scott, The Swiss and Their Neighbours, 1460–1560. Between Accommodation and Aggression, Oxford (Oxford University Press) 2017, XV–219 S., ISBN 978-0-19-872527-5, GBP 55,00.
– Idan Sherer, Warriors for a Living. The Experience of the Spanish Infantry in the Italian Wars, 1494-1559, Leiden (Brill Academic Publishers) 2017, XIV–289 S., 5 Kt., 4 Tab., 12 Abb. (History of Warfare, 114), ISBN 978-90-04-33771-8, EUR 120,00.
– Heinz Sieburg, Rita Voltmer, Britta Weimann (Hg.), Hexenwissen. Zum Transfer von Magie- und Zauberei-Imaginationen in interdisziplinärer Perspektive, Trier (Spee Buchverlag) 2017, VIII–288 S., 30 s/w Abb. (Trierer Hexenprozesse, 9), ISBN 978-3-87760-131-0, EUR 34,80.
– Céline Spector, Rousseau et la critique de l'économie politique, Bordeaux (Presses universitaires de Bordeaux) 2017, 160 S. (Histoire des Pensées), ISBN 979-10-300-0114-3, EUR 14,00.
– Marina Stalljohann-Schemme, Stadt und Stadtbild in der Frühen Neuzeit. Frankfurt am Main als kulturelles Zentrum im publizistischen Diskurs, Berlin, Boston, MA (De Gruyter) 2017, X–493 S. (Bibliothek Altes Reich, 21), ISBN 978-3-11-050145-2, EUR 89,95.
– Johannes Staudenmaier, Gute Policey in Hochstift und Stadt Bamberg. Normgebung, Herrschaftspraxis und Machtbeziehungen vor dem Dreißigjährigen Krieg, Frankfurt a. M. (Vittorio Klostermann) 2012, X–426 S. (Studien zu Policey und Policeywissenschaft), ISBN 978-3-465-04143-6, EUR 59,00.
– Philip Steiner, Die Landstände in Steiermark, Kärnten und Krain und die josephinischen Reformen. Bedrohungskommunikation angesichts konkurrierender Ordnungsvorstellungen (1789–1792), Münster (Aschendorff) 2017, 608 S., 9 Abb., ISBN 978-3-402-13221-0, EUR 59,00.
– Christina Strunck, Christiane von Lothringen am Hof der Medici. Geschlechterdiskurs und Kulturtransfer zwischen Florenz, Frankreich und Lothringen (1589–1636), Petersberg (Michael Imhof Verlag) 2017, 735 S., 162 farb., 219 s/w Abb. (Studien zur internationalen Architektur- und Kunstgeschichte, 149), ISBN 978-3-7319-0126-6, EUR 99,00.
– Sanjay Subrahmanyam, Europe's India. Words, People, Empires, 1500–1800, London (Harvard University Press) 2017, XVII–394 S., 25 Abb., ISBN 978-0-674-97226-1, USD 39,95.
– Simon Surreaux, Servir le roi. Vie et mort des maréchaux de France au XVIIIe siècle, Paris (Vendémiaire) 2017, 221 S. (Chroniques), ISBN 978-2-36358-284-3, EUR 20,00.
– Julian Swann, Exile, Imprisonment, or Death. The Politics of Disgrace in Bourbon France, 1610–1789, Oxford (Oxford University Press) 2017, XXIV–522 S., 18 s/w Abb., ISBN 978-0-19-878869-0, GBP 85,00.

– Marianne TAATZ-JACOBI, Erwünschte Harmonie. Die Gründung der Friedrichs-Universität Halle als Instrument brandenburg-preußischer Konfessionspolitik. Motive, Verfahren, Mythos (1680–1713), Berlin, Boston, MA (De Gruyter) 2014, 341 S. (Hallische Beiträge zur Geschichte des Mittelalters und der Frühen Neuzeit, 13), ISBN 978-3-05-006509-0, EUR 109,95.
– Manfred Josef THALER, Die Domkapitel der Reichskirche vom Wiener Konkordat bis zur Säkularisation (1448–1803). Grundzüge ihrer Verfassung im Vergleich, Frankfurt a. M. (Peter Lang Edition) 2017, 618 S. (Rechtshistorische Reihe, 468), ISBN 978-3-631-71954-1, EUR 116,95.
– Anuschka TISCHER, Ludwig XIV., Stuttgart (Kohlhammer) 2017, 243 S., 26 Abb. (Kohlhammer, Kenntnis und Können), ISBN 978-3-17-021892-5, EUR 29,00.
– Damien TRICOIRE, La Vierge et le Roi. Politique princière et imaginaire catholique dans l'Europe du XVIII$^{e}$ siècle, Paris (PUPS) 2017, 454 S., ISBN 978-2-84050-969-1, EUR 26,00.
– Jörg ULBERT, Sylviane LLINARES (Hg.), La Liasse et la plume. Les bureaux du secrétariat d'État de la Marine (1669–1792), Rennes (Presses universitaires de Rennes) 2017, 184 S., ISBN 978-2-7535-5188-6, EUR 18,00.
– Luc VAILLANCOURT (Hg.), »Des bruits courent«: rumeurs et propagande au temps des Valois, Paris (Hermann) 2017, 265 S. (Les collections de la république des lettres), ISBN 978-2-7056-9408-1, EUR 28,00.
– Michel VERGÉ-FRANCESCHI, Pozzo di Borgo. L'ennemi juré de Napoléon, Paris (Éditions Payot) 2016, 413 S., ISBN 978-2-228-91651-6, EUR 24,00.
– Paul VO-HA, Rendre les armes. Le sort des vaincus XVI$^{e}$–XVII$^{e}$ siècles. Préface de Nicolas Le Roux/Postface d'Hervé Drévillon, Seyssel (Champ Vallon) 2017, 432 S. (Époques), ISBN 979-10-267-0496-6, EUR 28,00.
– Les voyages de Seyfried Rybisch, étudiant silésien. Itinéraire (1548–1554), édition, traduction et commentaire par Jean HIERNARD, Pessac (Ausonius Éditions) 2017, 503 S., 16 Abb. (Scripta Receptoria, 9), ISBN 978-2-35613-191-1, EUR 25,00.
– Nadir WEBER, Lokale Interessen und große Strategie. Das Fürstentum Neuchâtel und die politischen Beziehungen der Könige von Preußen (1707–1806), Köln, Weimar, Wien (Böhlau) 2015, 656 S (EXTERNA. Geschichte der Außenbeziehungen in neuen Perspektiven, 7), ISBN 978-3-412-22451-6, EUR 90,00.
– Susanne WEGMANN, Der sichtbare Glaube. Das Bild in den lutherischen Kirchen des 16. Jahrhunderts, Tübingen (Mohr Siebeck) 2016, X–370 S. (Spätmittelalter, Humanismus, Reformation. Studies in the Late Middle Ages, Humanism and the Reformation, 93), ISBN 978-3-16-154665-5, EUR 99,00.
– Gesa WILANGOWSKI, Frieden schreiben im Spätmittelalter. Vertragsdiplomatie zwischen Maximilian I., dem römisch-deutschen Reich und Frankreich, Berlin, Boston (De Gruyter Oldenbourg) 2017, X–288 S. (Ancien Régime, Aufklärung und Revolution, 44), ISBN 978-3-11-049057-2, EUR 69,95.
– Margaret WILLES, The Curious World of Samuel Pepys and John Evelyn, New Haven, London (Yale University Press) 2017, 304 S., 47 farb., 18 s/w Abb., ISBN 978-0-300-22139-8, USD 27,50.
– Johannes WILLMS, Mirabeau oder Die Morgenröte der Revolution. Eine Biographie, München (C. H. Beck) 2017, 397 S., ISBN 978-3-406-70498-7, EUR 26,95.
– Thomas WÜRTENBERGER, Symbole der Freiheit. Zu den Wurzeln westlicher politischer Kultur, Köln, Weimar, Wien (Böhlau) 2017, 576 S., 330 Abb., ISBN 978-3-412-50753-4, EUR 60,00.
– Wolfgang WÜST (Hg.), unter Mitarbeit von Marina Heller, Historische Kriminalitätsforschung in landesgeschichtlicher Perspektive. Fallstudien aus Bayern und seinen Nachbarländern 1500–1800. Referate der Tagung vom 14. bis 16. Oktober 2015 in Wildbad Kreuth, Stegaurach (Wissenschaftlicher Kommissionsverlag) 2017, XXII–360 S., div. Abb. (Franconia, 9), ISBN 978-3-940049-23-0, EUR 29,80.

– Wolfgang Wüst (Hg.), Mitregieren und Herrschaftsteilung in der Frühen Neuzeit. Beiträge zur Machtfrage im Alten Reich und in Bayern. Referate der Tagung vom 11. bis 13. Februar 2015 im Bildungszentrum Kloster Banz, Stegaurach (Wissenschaftlicher Kommissionsverlag) 2016, XXVI–243 S., 13 Abb. (Franconia. Beihefte zum Jahrbuch für Fränkische Landesforschung, 8), ISBN 978-3-940049-21-6, EUR 29,80.

## 19.–21. Jahrhundert/Époque contemporaine

– Marion Aballéa, Un exercice de diplomatie chez l'ennemi. L'ambassade de France à Berlin, 1871–1933, Villeneuve-d'Ascq (Presses universitaires du Septentrion) 2017, 422 S. (Histoire et civilisations), ISBN 978-2-7574-1801-7, EUR 29,00.
– Ralf Ahrens, Boris Gehlen, Alfred Reckendrees (Hg.), Die »Deutschland AG«. Historische Annäherungen an den bundesdeutschen Kapitalismus, Essen (Klartext) 2013, 377 S. (Bochumer Schriften zur Unternehmens- und Industriegeschichte, 20), (Bochumer Schriften zur Unternehmens- und Industriegeschichte, 20), ISBN 978-3-8375-0986-1, EUR 39,95.
– Rüdiger Ahrens, Bündische Jugend. Eine neue Geschichte 1918–1933, Göttingen (Wallstein) 2015, 477 S., 13 Abb. (Moderne Zeit. Neue Forschungen zur Gesellschafts- und Kulturgeschichte des 19. und 20. Jahrhunderts, 26), ISBN 978-3-8353-1758-1, EUR 46,00.
– Ángel Alcalde, War Veterans and Fascism in Interwar Europe, Cambridge (Cambridge University Press) 2017, XIV–314 S., 12 Abb., 1 Tab., ISBN 978-1-107-19842-5, GBP 75,00.
– Buket Altinoba, Die Istanbuler Kunstakademie von ihrer Gründung bis heute. Moderne Kunst, Nationsbildung und Kulturtransfer in der Türkei, Berlin (Gebr. Mann Verlag) 2016, 446 S., 217 s/w Abb., 17 Farbtaf., 39 Tab. u. Graf., ISBN 978-3-7861-2731-4, EUR 69,00.
– Knud Andresen, Bart van der Steen (Hg.), A European Youth Revolt. European Perspectives on Youth Protest and Social Movements in the 1980s, Basingstoke, Hampshire (Palgrave Macmillan) 2016, XVIII–277 S. (Palgrave Studies in the History of Social Movements), ISBN 978-1-137-56569-3, USD 100,00.
– Patrice Arnaud, Fabien Théofilakis (Hg.), Gestapo et polices allemandes. France, Europe de l'Ouest, 1939–1945, Paris (CNRS Éditions) 2017, 277 S. (Seconde Guerre mondiale), ISBN 978-2-271-08945-8, EUR 25,00.
– Irene Aue-Ben-David, Deutsch-jüdische Geschichtsschreibung im 20. Jahrhundert. Zu Werk und Rezeption von Selma Stern, Göttingen (Vandenhoeck & Ruprecht) 2017, 315 S. (Schriften des Simon-Dubnow-Instituts, 28), ISBN 978-3-525-37051-3, EUR 55,00.
– Jean Baechler, Georges-Henri Soutou (Hg.), Guerre, Économie et Fiscalité, Paris (Hermann) 2016, 164 S. (L'Homme et la Guerre), ISBN 978-2-7056-9284-1, EUR 28,00.
– Olivier Baisez, Architectes de Sion. La conception par les sionistes allemands de la colonisation juive en Palestine (1896–1919), Paris (Hermann) 2015, 450 S., ISBN 978-2-7056-9087-8, EUR 38,00.
– Boris Barth, Europa nach dem Großen Krieg. Die Krise der Demokratie in der Zwischenkriegszeit 1918–1938, Frankfurt a. M. (Campus Verlag) 2016, 361 S., ISBN 978-3-593-50521-3, EUR 34,95.
– Arnd Bauerkämper, Grzegorz Rossolinski-Liebe (Hg.), Fascism without Borders. Transnational Connections and Cooperation between Movements and Regimes in Europe from 1918 to 1945, New York, Oxford (Berghahn) 2017, X–373 S., ISBN 978-1-78533-468-9, GBP 92,00.
– Martin Baumeister, Bruno Bonomo, Dieter Schott (Hg.), Cities Contest. Urban Politics, Heritage, and Social Movements in Italy and West Germany in the 1970s, Frankfurt a. M. (Campus Verlag) 2017, 382 S., 35 Abb., ISBN 978-3-593-50697-5, EUR 49,95.
– Alain Beltran, Éric Bussière, Giuliano Garavini (Hg.), L'Europe et la question énergétique. Les années 1960/1980, Frankfurt a. M. (Peter Lang Edition) 2016, 333 S., 19 Tab., 17 Graf. (Enjeux internationaux, 41), ISBN 978-2-8076-0030-0, EUR 47,95.

– Yves Bertho, Ich war Pierre, Peter, Pjotr. Aus dem Französischen von Rolf Sawala. Herausgegeben von Helga Bories-Sawala u. Johann-Günther König, Bremen, Boston (Kellner Verlag) 2016, 519 S., ISBN 978-3-95651-079-3, EUR 18,90.
– Bertrand Blandin, 1914. La France responsable?, Paris (Éditions de l'Artilleur) 2016, 361 S. (Enquête & Histoire), ISBN 978-2-81000-759-2, EUR 22,00.
– Matthias Bode, Traumsommer und Kriegsgewitter. Die politische Bedeutung des schönen Sommers 1914, Frankfurt a. M. (Peter Lang Edition) 2016, 343 S., 15 s/w Abb., 7 Tab. (Geschichtsdidaktik diskursiv – Public History und Historisches Denken, 2), ISBN 978-3-631-67702-5, EUR 69,95.
– Moritz Julius Bonn, Zur Krise der Demokratie. Politische Schriften in der Weimarer Republik 1919–1923, Berlin, Boston, MA (De Gruyter) 2015, VIII–305 S., 1 Abb. (Schriften zur europäischen Ideengeschichte, 9), ISBN 978-3-05-006259-4, EUR 99,95.
– Sebastian Brünger, Geschichte und Gewinn. Der Umgang deutscher Konzerne mit ihrer NS-Vergangenheit, Göttingen (Wallstein) 2017, 452 S. (Geschichte der Gegenwart, 15), ISBN 978-3-8353-3010-8, EUR 39,00.
– Hélène Camarade, Le tract, média du pouvoir et des contre-pouvoirs. L'exemple de l'espace germanique (XVe–XXe siècles), Latresne (Le Bord de l'eau éditions) 2017, 158 S. (Documents), ISBN 978-2-35687-528-0, EUR 18,00.
– Johann Chapoutot, La révolution culturelle nazie, Paris (Éditions Gallimard) 2017, 282 S. (Bibliothèque des histoires), ISBN 978-2-07-011769-7, EUR 21,00.
– Michel-Pierre Chélini, Philippe Roger (Hg.), Reconstruire le Nord-Pas-de-Calais après la Seconde Guerre mondiale (1944–1958), Villeneuve-d'Ascq (Presses universitaires du Septentrion) 2017, 374 S. (Architecture et urbanisme), ISBN 978-2-7574-1589-4, EUR 28,00.
– Charles des Cognets, Les francs-tireurs de l'Armée oubliée, Rennes (Presses universitaires de Rennes) 2017, 276 S. (Hors collection), ISBN 978-2-7535-5254-8, EUR 22,00.
– Tristan Coignard, Une histoire d'avenir. L'Allemagne et la France face au défi cosmopolitique (1789–1925), Heidelberg (Universitätsverlag Winter) 2017, 513 S. (Beihefte zum Euphorion. Zeitschrift für Literaturgeschichte, 96), ISBN 978-3-8253-6667-4, EUR 88,00.
– Jean-Paul Cointet, Les hommes de Vichy. L'illusion du pouvoir, Paris (Perrin) 2017, 375 S., ISBN 978-2-262-04929-4, EUR 23,90.
– Nicole Colin, Corine Defrance, Ulrich Pfeil, Joachim Umlauf (Hg.), Le mur de Berlin. Histoire, mémoires, représentations, Bruxelles (Peter Lang Edition) 2016, 323 S. (L'Allemagne dans les relations internationales/Deutschland in den internationalen Beziehungen, 10), ISBN 978-2-8076-0141-3, EUR 38,00.
– Alain Corbin, Histoire du silence. De la Renaissance à nos jours, Paris (Albin Michel) 2016, 207 S., ISBN 978-2-226-32378-1, EUR 16,50.
– Anne-Marie Corbin, Marc Lacheny (Hg.), Le travail de retour sur le passé à l'époque de la Seconde République autrichienne, Mont-Saint-Aignan (Presses universitaires de Rouen et du Havre) 2016, 200 S. (Austriaca. Cahiers universitaires d'information sur l'Autriche, 82), ISBN 979-10-240-0683-3, EUR 25,00.
– Alain Croix, Didier Guyvarc'h, Timbres en guerre. Les mémoires des deux conflits mondiaux, Rennes (Presses universitaires de Rennes) 2016, 214 S. (Histoire), ISBN 978-2-7535-5135-0, EUR 29,00.
– Alexander Denzler, Stefan Grüner, Markus Raasch (Hg.), Kinder und Krieg. Von der Antike bis zur Gegenwart, Berlin, Boston, MA (De Gruyter) 2016, 414 S., 2 s/w Abb. (Historische Zeitschrift. Beihefte [Neue Folge], 68), ISBN 978-3-11-046681-2, EUR 84,95.
– Gabriele D'Ottavio, L'Europa dei tedeschi. La Repubblica Federale di Germania e l'integrazione europea, 1949–1966, Bologna (Società editrice il Mulino) 2012, 282 S. (Fondazione Bruno Kessler. Annali dell'Istituto storico-italo germanico in Treno. Monografie, 61), ISBN 978-88-15-24195-5, EUR 22,00.

– Sébastien DURAND, Les vins de Bordeaux à l'épreuve de la Seconde Guerre mondiale, 1938–1950. Une filière et une société face à la guerre, l'Occupation et l'épuration, Bordeaux (Memoring Éditions) 2017, 423 S., zahlr. s/w Abb. (Histoire économique), ISBN 979-10-93661-05-6, EUR 25,00.
– Jean EL GAMMAL (Hg.), La France, l'Allemagne, l'Europe. Mélanges en l'honneur de Chantal Metzger, Bern, Berlin, Bruxelles et al. (Peter Lang) 2017, 357 S., 6 Tab., 2 s/w Abb. (Convergences, 89), ISBN 978-2-8076-0196-3, CHF 59,00.
– Ulf ENGEL, Frank HADLER, Matthias MIDDELL (Hg.), 1989 in a Global Perspective, Leipzig (Leipziger Universitätsverlag) 2015, 462 S. (Global History and International Studies, 11), ISBN 978-3-86583-437-9, EUR 36,00.
– Lutz FIEDLER, Matzpen. Eine andere israelische Geschichte, Göttingen (Vandenhoeck & Ruprecht) 2017, 408 S., 15 Abb. (Schriften des Simon-Dubnow-Instituts, 25), ISBN 978-3-525-37041-4, EUR 70,00.
– Conan FISCHER, A Vision of Europe. Franco-German Relations during the Great Depression, 1929–1932, Oxford (Oxford University Press) 2017, XIV–206 S., ISBN 978-0-19-967629-3, GBP 60,00.
– Bernd FLORATH (Hg.), Annäherungen an Robert Havemann. Biographische Studien und Dokumente, Göttingen (Vandenhoeck & Ruprecht) 2016, 668 S., 67 Abb. (Analysen und Dokumente, 43), ISBN 978-3-525-35117-8, EUR 50,00.
– Frédéric FOGACCI (Hg.), De Gaulle et la défense de la France, d'hier à aujourd'hui, Paris (nouveau monde éditions) 2017, 222 S., ISBN 978-2-36942-537-3, EUR 9,90.
– Josef FOSCHEPOTH, Verfassungswidrig! Das KPD-Verbot im Kalten Bürgerkrieg, Göttingen (Vandenhoeck & Ruprecht) 2017, 492 S., 38 Abb., 14 Graf., 1 Tab., ISBN 978-3-525-30181-4, EUR 40,00.
– Saul FRIEDLÄNDER, Wohin die Erinnerung führt. Mein Leben. Aus dem Englischen übersetzt von Ruth KEEN und Erhard STÖLTING, München (C. H. Beck) 2016, 329 S., 26 Abb., ISBN 978-3-406-69770-8, EUR 26,95.
– Michael GEHLER, Europa. Ideen – Institutionen – Vereinigung – Zusammenhalt, 3. komplett überarbeitete und erheblich erweiterte Auflage, (Lau-Verlag) 2017, 1318 S., zahlr. s/w Abb., ISBN 978-3-95768-188-1, EUR 48,00.
– Michael GEHLER, Maximilian GRAF (Hg.), unter Mitarbeit von Sophie BITTER-SMIRNOV. In Zusammenarbeit mit der Bundesstiftung zur Aufarbeitung der SED-Kultur, Europa und die deutsche Einheit. Beobachtungen, Entscheidungen und Folgen, Göttingen (Vandenhoeck & Ruprecht) 2017, 848 S., 1 Schaubild , ISBN 978-3-525-30186-9, EUR 60,00.
– Markus GERSTMEIER, Anton SCHINDLING (Hg.), Ernst Walter Zeeden (1916–2011) als Historiker der Reformation, Konfessionsbildung und »deutschen Kultur«. Relektüren eines geschichtswissenschaftlichen Vordenkers, Münster (Aschendorff) 2016, 250 S., 15 Abb. (Katholisches Leben und Kirchenreform im Zeitalter der Glaubensspaltung, 76), ISBN 978-3-402-11095-9, EUR 24,80.
– Robert GERWARTH, Les vaincus. Violences et guerres civiles sur les décombres des empires, 1917–1923, Paris (Éditions du Seuil) 2017, 480 S. (L'Univers historique), ISBN 978-2-02-112170-4, EUR 25,00.
– Andreas GESTRICH, Hartmut POGGE VON STRANDMANN (Hg.), Bid for World Power? New Research on the Outbreak of the First World War, Oxford (Oxford University Press) 2017, XII–444 S., ISBN 978-0-19-879241-3, GBP 85,00.
– Robert GILDEA, Comment sont-ils devenus Résistants? Une nouvelle histoire de la Résistance (1940–1945). Traduit de l'anglais (Royaume-Uni) par Marie-Anne de BÉRU, Paris (Arènes) 2017, 550 S., 2 Kt., ISBN 978-2-35204-598-4, EUR 27,00.
– Manfred GÖRTEMAKER, Christoph SAFFERLING, Die Akte Rosenburg. Das Bundesministerium der Justiz und die NS-Zeit, München (C. H. Beck) 2016, 588 S., 19 Abb., ISBN 978-3-406-69768-5, EUR 29,95.

– Agnès GRACEFFA, Une femme face à l'Histoire. Itinéraire de Raissa Bloch, Saint-Pétersbourg-Auschwitz, 1989–1943, Paris (Belin) 2017, 416 S., 16 farb. Abb. (Collection Histoire), ISBN 978-2-410-01122-7, EUR 24,00.
– Emilio GRANDÍO SEOANE, A Balancing Act. British Intelligence in Spain During the Second World War, Brighton (Sussex Academic Press) 2017, XIV–182 S., 11 Abb. (Sussex Studies in Spanish History), ISBN 978-1-84-519-884-8, GBP 65,00.
– Horst GRÜNDER, Hermann HIERY (Hg.), Die Deutschen und ihre Kolonien. Ein Überblick, Berlin (be.bra verlag) 2017, 352 S., zahlr. s/w Abb, 1 farb. Kt., ISBN 978-3-89809-137-4, EUR 24,00.
– Jean-Pierre GUÉREND, Franz Stock. Wegbereiter der Versöhnung. Tagebücher und Schriften. Mit einer Einleitung von Étienne FRANÇOIS. Aus dem Französischen von Andreas FÖRSTER, Freiburg i. Br. (Herder) 2017, 286 S., ISBN 978-3-451-37893-5, EUR 25,80.
– Pertti HAAPALA, Marja JALAVA, Simon LARSSON (Hg.), Making Nordic Historiography. Connections, Tensions and Methodology, 1850–1970, New York, Oxford (Berghahn) 2017, VIII–321 S., 1 Tab. (Studies in Historical Cultures), ISBN 978-1-78533-626-3, GBP 92,00.
– Rebekka HABERMAS, Skandal in Togo. Ein Kapitel deutscher Kolonialherrschaft, Frankfurt a. M. (S. Fischer) 2016, 391 S., ISBN 978-3-10-397229-0, EUR 25,00.
– Jasmin HAIN, Frank-Lothar KROLL, Martin MUNKE (Hg.), Der Erste Weltkrieg in der deutschen und britischen Erinnerungskultur/The First World War in British and German Commemorative Culture, Berlin (Duncker & Humblot) 2017, 198 S., 1 Abb. (Prinz-Albert-Studien/Prince Albert Studies, 33), ISBN 978-3-428-15203-2, EUR 79,90.
– Dominique HERBET, Hélène MIARD-DELACROIX, Hans STARK (Hg.), L'Allemagne entre rayonnement et retenue. Préface Alfred GROSSER, postface Jérôme VAILLANT, Villeneuve-d'Ascq (Presses universitaires du Septentrion) 2016, 292 S. (Histoire et civilisations), ISBN 978-1-4422-6113-6, EUR 25,00.
– Holger H. HERWIG, The Demon of Geopolitics. How Karl Haushofer »Educated« Hitler and Hess, Lanham, MD (Rowman & Littlefield) 2016, XVIII–273 S., ISBN 978-1-4422-6113-3, GBP 54,95.
– Mark HEWITSON, Absolute War. Violence and Mass Warfare in the German Lands, 1792–1820, Oxford (Oxford University Press) 2017, 297 S., ISBN 978-0-19-878745-7, GBP 65,00.
– Veronika HEYDE, Frankreich im KSZE-Prozess. Diplomatie im Namen der europäischen Sicherheit 1969–1983, Berlin, Boston, MA (De Gruyter) 2016, VIII–473 S. (Quellen und Darstellungen zur Zeitgeschichte, 113), ISBN 978-3-11-051470-4, EUR 59,95.
– Michael HEYMEL (Hg.), Martin NIEMÖLLER. Vom Marineoffizier zum Friedenskämpfer, Darmstadt (Lambert Schneider Verlag) 2017, 320 S., ISBN 978-3-650-40196-0, EUR 29,95.
– Gitta HO, George Grosz und Frankreich, Berlin (Reimer) 2016, 280 S., 10 Farbtaf., 65 s/w Abb., ISBN 978-3-496-015529, EUR 49,00.
– Rüdiger HOHLS, Hartmut KAELBLE (Hg.), Geschichte der europäischen Integration bis 1989, Stuttgart (Franz Steiner Verlag) 2016, 264 S., 2 s/w Abb. (Europäische Geschichte in Quellen und Essays, 1), ISBN 978-3-515-11303-8, EUR 29,00.
– Peter HUBER, Fluchtpunkt Fremdenlegion. Schweizer im Indochina- und im Algerienkrieg, 1945–1962, Zürich (Chronos) 2016, 317 S., 57 s/w Abb., ISBN 978-3-0340-1352-9, CHF 48,00.
– Rob JOHNSON, True to their Salt. Indigenous Personnel in Western Armed Forces, London (Hurst Publishers) 2017, 532 S., ISBN 978-1-84904-425-7, GBP 25,00.
– Laurent JOLY, Dénoncer les juifs sous l'Occupation, Paris (CNRS Éditions) 2017, 230 S., 8 Tafels., ISBN 978-2-271-09432-2, EUR 22,00.
– Laurent JOLY, Naissance de l'Action française. Maurice Barrès, Charles Maurras et l'extrême droite nationaliste au tournant du XX^e^ siècle, Paris (Grasset) 2015, 377 S., ISBN 978-2-246-81160-2, EUR 23,00.

– Anna Joss, Anhäufen, Forschen, Erhalten. Die Sammlungsgeschichte des Schweizerischen Nationalmuseums 1899 bis 2007, Baden (Hier und Jetzt) 2016, 310 S., 50 s/w Abb., ISBN 978-3-03919-377-6, CHF 59,00.
– Bertrand Jost, Un instituteur alsacien dans la tourmente (1939–1945). Mémoires de guerre de Marius Meyer. Commentées et complétées de documents inédits par son petit-fils. Vicissitudes militaires, cinquième époque. Sept générations de conscrits d'une famille alsacienne aux armées de cinq empires (1809–1959), Barr (écitions Calleva) 2016, 432 S., 7 Kt., 22 s/w Abb., ISBN 978-2-917-582-28-2, EUR 20,00.
– David Jünger, Jahre der Ungewissheit. Emigrationspläne deutscher Juden 1933–1938, Göttingen (Vandenhoeck & Ruprecht) 2016, 440 S., 1 Abb. (Schriften des Simon-Dubnow-Instituts, 24), ISBN 978-3-525-37039-1, EUR 70,00.
– Hartmut Kaelble, Mehr Reichtum, mehr Armut. Soziale Ungleichheit in Europa vom 20. Jahrhundert bis zur Gegenwart, Frankfurt a. M., New York (Campus Verlag) 2017, 211 S., ISBN 978-3-593-50679-1, EUR 19,95.
– Steffen Kailitz (Hg.), Nach dem »Großen Krieg«. Vom Triumph zum Desaster der Demokratie 1918/19 bis 1939, Göttingen (Vandenhoeck & Ruprecht) 2017, 441 S., 25 Tab., 7 Abb. (Schriften des Hannah-Arendt-Instituts für Totalitarismusforschung, 62), ISBN 978-3-525-36974-6, EUR 75,00.
– Gerhard R. Kaiser (Hg.), Deutsche Berichte aus Paris 1789–1933. Zeiterfahrung in der Stadt der Städte, Göttingen (Wallstein) 2017, 550 S., 7 Abb., ISBN 978-3-8353-3018-4, EUR 29,90.
– Wolfram Kaiser, Johan Schot, Writing the Rules for Europe. Experts, Cartels, and International Organizations, Basingstoke, Hampshire (Palgrave Macmillan) 2014, XX–396 S., zahlr. s/w Abb. (Making Europe: Technology and Transformations, 1850–2000), ISBN 978-0-230-30807-7, USD 100,00.
– Valentin Katzer, »L'Algérie, c'est la France«. Die französische Nordafrikapolitik zwischen Anspruch und Realität (1946–1962), Stuttgart (Franz Steiner Verlag) 2016, 429 S., 2 s/w Abb. (Studien zur modernen Geschichte, 61), ISBN 978-3-515-11353-3, EUR 66,00.
– Ian Kershaw, Höllensturz. Europa 1914 bis 1949. Aus dem Englischen von Klaus Binder, Bernd Leineweber und Britta Schröder, München (DVA) 2016, 764 S., 14 Abb., 1 Kt., ISBN 978-3-421-04722-9, EUR 34,99.
– Martin Klimke, Reinhild Kreis, Christian F. Ostermann (Hg.), Trust, but Verify. The Politics of Uncertainty and the Transformation of the Cold War Order, 1969–1991, Stanford, CA (Stanford University Press) 2016, XII–313 S. (Cold War International History Project Series), ISBN 978-0-8047-9809-9, USD 60,00.
– Jürgen Kocka, Histoire du capitalisme. Traduit de l'allemand par Isabelle Kalinowski, Genf (éditions markus haller) 2017, 196 S., ISBN 978-2-940427-31-4, EUR 23,00.
– Svea Koischwitz, Der Bund Freiheit der Wissenschaft in den Jahren 1970–1976. Ein Interessenverband zwischen Studentenbewegung und Hochschulreform, Köln, Weimar, Wien (Böhlau) 2017, 541 S., 2 s/w Abb. (Kölner Historische Abhandlungen, 52), ISBN 978-3-412-50554-7, EUR 70,00.
– Malte König, Der Staat als Zuhälter. Die Abschaffung der reglementierten Prostitution in Deutschland, Frankreich und Italien im 20. Jahrhundert, Berlin, Boston, MA (De Gruyter) 2016, VIII–488 S., 13 Abb. (Bibliothek des Deutschen Historischen Instituts in Rom, 131), ISBN 978-3-11-046021-6, EUR 119,95.
– Volker Koop, Martin Bormann. Hitlers Vollstrecker, Köln, Weimar, Wien (Böhlau) 2012, 373 S., 23 Abb., ISBN 978-3-412-20942-1, EUR 29,90.
– Christina Kott, Bénédicte Savoy (Hg.), Mars & Museum. Europäische Museen im Ersten Weltkrieg, Köln, Weimar, Wien (Böhlau) 2016, 317 S., 60 s/w Abb., ISBN 978-3-412-50390-1, EUR 35,00.
– Stéphanie Krapoth, Claire Aslangul-Rallo (Hg.), Les relations franco-allemandes en perspective. Sources, méthodes et temporalités pour une approche des représentations depuis

1870, Besançon (Presses universitaires de Franche-Comté) 2017, 458 S. (Annales littéraires de l'université de Franche-Comté. Historiques, 41), ISBN 978-2-84867-562-6, EUR 26,00.
– Ulrich Lappenküper (Hg.), Otto von Bismarck und das »lange 19. Jahrhundert«. Lebendige Vergangenheit im Spiegel der »Friedrichsruher Beiträge« 1996–2016, Paderborn, München, Wien, Zürich (Ferdinand Schöningh) 2017, 1187 S., 10 s/w Graf., 17 s/w Abb., ISBN 978-3-506-78697-5, EUR 49,90.
– Jochen Lehnhardt, Die Waffen-SS: Geburt einer Legende. Himmlers Krieger in der NS-Propaganda, Paderborn, München, Wien, Zürich (Ferdinand Schöningh) 2017, 629 S., 18 Abb. (Krieg in der Geschichte, 100), ISBN 978-3-506-78688-3, EUR 68,00.
– Stephan Lehnstaedt, Der Kern des Holocaust. Belzec, Sobibór, Treblinka und die Aktion Reinhardt, München (C. H. Beck) 2017, 207 S., 10 s/w Abb. (C. H. Beck Paperback, 6271), ISBN 978-3-406-70702-5, EUR 14,95.
– Mark Lewis, The Birth of the New Justice. The Internationalization of Crime and Punishment, 1919–1950, Oxford (Oxford University Press) 2016, XII–346 S. (Oxford Studies in Modern European History), ISBN 978-0-19-878325-1, GBP 26,99.
– Neil MacGregor, Deutschland. Erinnerungen einer Nation, Aus dem Englischen von Klaus Binder, München (C. H. Beck) 2015, 640 S., 335 Abb., 8 Kt., ISBN 978-3-406-71232-6, EUR 25,00.
– Julie Maeck, Matthias Steinle (Hg.), L'image d'archives. Une image en devenir, Rennes (Presses universitaires de Rennes) 2016, 340 S., zahlr. s/w Abb., Diagr., Kt. (Histoire), ISBN 978-2-7535-5169-5, EUR 24,00.
– Rasim Marz, Ali Pascha. Europas vergessener Staatsmann, Berlin (Frank & Timme) 2016, 260 S., 18 Abb. (Geschichtswissenschaft, 26), ISBN 978-3-7329-0247-7, EUR 34,80.
– Franka Maubach, Christina Morina (Hg.), Das 20. Jahrhundert erzählen. Zeiterfahrung und Zeiterforschung im geteilten Deutschland, Göttingen (Wallstein) 2016, 508 S. (Beiträge zur Geschichte des 20. Jahrhunderts, 21), ISBN 978-3-8353-1707-9, EUR 42,00.
– Martin Mauthner, Otto Abetz and His Paris Acolytes. French Writers Who Flirted with Fascism, 1930–1945, Brighton (Sussex Academic Press) 2016, 360 S., zahlr. s/w Abb., ISBN 978-1-84519-799-5, GBP 27,50.
– James McDougall, A History of Algeria, Cambridge (Cambridge University Press) 2017, XVIII–432 S., 3 Kt., 32 s/w Abb., ISBN 978-0-521-61730-7, GBP 59,99.
– Horst Möller, Aleksandr O. Cubarj'an (Hg.), Der Erste Weltkrieg. Deutschland und Russland im europäischen Kontext, Berlin, Boston, MA (De Gruyter) 2017, VIII–176; VIII–182 S., 4 Abb. (Mitteilungen der Gemeinsamen Kommission für die Erforschung der jüngeren Geschichte der deutsch-russischen Beziehungen, 7), ISBN 978-3-11-048223-2, EUR 59,95.
– Johann Nicolai, »Seid mutig und aufrecht!«. Das Ende des Centralvereins deutscher Staatsbürger jüdischen Glaubens 1933–1938, Berlin (be.bra verlag) 2016, 314 S. (Potsdamer Jüdische Studien, 1), ISBN 978-3-95410-072-9, EUR 34,00.
– Jochen Oltmer, Migration. Geschichte und Zukunft der Gegenwart, Darmstadt (Wissenschaftliche Buchgesellschaft) 2017, 288 S., 13 s/w Abb. (Schriftenreihe/Bundeszentrale für Politische Bildung, 10060), ISBN 978-3-8062-2818-2, EUR 24,95.
– Andrew Orr, Women and the French Army during the World Wars, 1914–1940, Bloomington, IN (Indiana University Press) 2017, XXVI–192 S., ISBN 978-0-253-02678-1, USD 30,00.
– Hans Ottomeyer, Hans-Jörg Czech (Hg.), Deutsche Geschichte in Bildern und Zeugnissen, Darmstadt (Konrad Theiss Verlag) 2016, 384 S., 450 Abb. (Deutsches Historisches Museum), ISBN 978-38062-3302-5, EUR 29,95.
– Wilhelm H. Pantenius, Alfred Graf von Schlieffen. Stratege zwischen Befreiungskriegen und Stahlgewittern, Leipzig (Eudora-Verlag) 2016, 1054 S., 225 Abb., ISBN 978-3-938533-57-4, EUR 49,00.

– Kiran Klaus PATEL, The New Deal. A Global History, Princeton (Princeton University Press) 2016, XII–435 S., ISBN 978-0-691-14912-7, USD 35,00.
– Guillaume PINSON, La culture médiatique francophone en Europe et en Amérique du Nord. De 1760 à la veille de la Seconde Guerre mondiale, Québec (Presses de l'université Laval) 2016, XII–359 S. (Cultures québécoises), ISBN 978-2-7637-2742-4, USD 42,95.
– Werner PLUMPE, Carl Duisberg. 1861–1935. Anatomie eines Industriellen, München (C. H. Beck) 2016, 992 S., 39 Abb. (Historische Bibliothek der Gerda Henkel Stiftung), ISBN 978-3-406-69637-4, EUR 39,95.
– Wolfgang REINHARD, Die Unterwerfung der Welt. Globalgeschichte der europäischen Expansion 1415–2015, 3.Aufl., München (C. H. Beck) 2016, 1648 S., 122 Abb. (Historische Bibliothek der Gerda Henkel Stiftung), ISBN 978-3-406-68718-1, EUR 58,00.
– Felix RÖMER, Die narzisstische Volksgemeinschaft. Theodor Habichts Kampf 1914 bis 1944, Frankfurt a. M. (S. Fischer) 2017, 398 S., 13 s/w Abb. u. Kt. (Die Zeit des Nationalsozialismus), ISBN 978-3-10-397284-9, EUR 26,00.
– Baijayanti ROY, The Making of a Gentleman Nazi. Albert Speer's Politics of History in the Federal Republic of Germany, Frankfurt a. M. (Peter Lang Edition) 2016, 432 S. (Beiträge zur Aufarbeitung der NS-Herrschaft, 5), ISBN 978-3-631-65890-1, EUR 89,95.
– Sabine RUDISCHHAUSER, Geregelte Verhältnisse. Eine Geschichte des Tarifvertragsrechts in Deutschland und Frankreich (1890–1918/19), Köln, Weimar, Wien (Böhlau) 2017, 887 S., 4 Kt., 6 Graf. (Industrielle Welt. Schriftenreihe des Arbeitskreises für moderne Sozialgeschichte, 92), ISBN 978-3-412-50536-3, EUR 120,00.
– Benedikt SALLECK, Strafverteidigung in den Nürnberger Prozessen. Prozessabläufe und Verteidigungsstrategien dargestellt am Wirken des Verteidigers Dr. Friedrich Bergold, Berlin (Duncker & Humblot) 2016, 383 S. (Beiträge zum Internationalen und Europäischen Strafrecht, 25), ISBN 978-3-428-14801-1, EUR 89,90.
– Frédéric SALLÉE, Sur les chemins de terre brune. Voyages dans l'Allemagne nazie 1933–1939, Paris (Fayard) 2017, 510 S., 4 Abb. (fayard histoire), ISBN 978-2-213-70066-3, EUR 25,00.
– Martin Jörg SCHÄFER, Das Theater der Erziehung. Goethes »pädagogische Provinz« und die Vorgeschichten der Theatralisierung von Bildung, Bielefeld (transcript) 2016, 303 S., ISBN 978-3-8376-3488-5, EUR 37,99.
– Luise SCHORN-SCHÜTTE, Mircea OGRIN (Hg.), Maria Elisabeth GRÜTER, Charlotte BEISSWINGERT, Geneviève WARLAND (Bearb.), »Über das eigentliche Arbeitsgebiet der Geschichte«. Der Briefwechsel zwischen Karl Lamprecht und Ernst Bernheim sowie zwischen Karl Lamprecht und Henri Pirenne 1878–1915, Köln, Weimar, Wien (Böhlau) 2016, 349 S. (Beihefte zum Archiv für Kulturgeschichte, 46), ISBN 978-3-412-02198-6, EUR 50,00.
– Ulrike SCHRÖBER, Auf dem Weg zur europäischen Völkerverständigung – Die deutsch-französische Annäherung nach dem Zweiten Weltkrieg. Marcel Sturm und Robert Picard de la Vacquerie als oberste französische Militärgeistliche in Deutschland, Hamburg (Verlag Dr. Kovac) 2017, 290 S. (Studien zur Zeitgeschichte, 101), ISBN 978-3-8300-9385-5, EUR 98,80.
– Jan SCHUBERT, Willem Adolph Visser't Hooft (1900–1985). Ökumene und Europa, Göttingen (Vandenhoeck & Ruprecht) 2017, 263 S. (Veröffentlichungen des Instituts für Europäische Geschichte Mainz, 243), ISBN 978-3-525-10151-3, EUR 65,00.
– Katrin SCHWARZ, Bauen für die Weltgemeinschaft. Die CIAM und das UNESCO-Gebäude in Paris, Berlin, Boston, MA (De Gruyter) 2016, 418 S. (Reflexe der immateriellen und materiellen Kultur, 2), ISBN 978-3-11040-347-3, EUR 69,95.
– Hans-Peter SCHWARZ, Die neue Völkerwanderung nach Europa. Über den Verlust politischer Kontrolle und moralischer Gewissheiten, München (Deutsche Verlags-Anstalt) 2017, 256 S., ISBN 978-3-421-04774-8, EUR 19,99.
– Yvonne SCHYMURA, Käthe Kollwitz. Die Liebe, der Krieg und die Kunst. Eine Biographie, München (C. H. Beck) 2016, 315 S., 38 Abb., ISBN 978-3-406-69871-2, EUR 24,95.

– Rudolf SEITERS, Vertrauensverhältnisse. Autobiografie, Freiburg i. Br. (Herder) 2016, 265 S., ISBN 978-3-451-34968-3, EUR 24,99.
– Daniel SIEMENS, Stormtroopers. A New History of Hitler's Brownshirts, New Haven, London (Yale University Press) 2017, 459 S., 33 s/w Abb., ISBN 978-0-300-19681-8, GBP 25,00.
– Olivier SIERRA, L'Ouest occupé. 1940–1944. Photographies privées inédites. Préface de Rémy DESQUESNES, Bayeux (OREP Éditions) 2017, 432 S., zahlr. farb. u. s/w Abb., ISBN 978-2-8151-0341-1, EUR 45,00.
– Mark SPOERER, C&A. Ein Familienunternehmen in Deutschland, den Niederlanden und Großbritannien 1911–1961, München (C. H. Beck) 2016, 480 S., zahlr. Abb., ISBN 978-3-406-69824-8, EUR 34,95.
– Gunter SPRAUL, Der Franktireurkrieg 1914. Untersuchungen zum Verfall einer Wissenschaft und zum Umgang mit nationalen Mythen, Berlin (Frank & Timme) 2016, 679 S. (Geschichtswissenschaft, 23), ISBN 978-3-7329-0242-2, EUR 68,00.
– Martin STALLMANN, Die Erfindung von »1968«. Der studentische Protest im bundesdeutschen Fernsehen 1977–1998, Göttingen (Wallstein) 2017, 412 S., 51 Abb. (Medien und Gesellschaftswandel im 20. Jahrhundert, 8), ISBN 978-3-8353-3099-3, EUR 39,90.
– Janosch STEUWER, »Ein Drittes Reich, wie ich es auffasse«. Politik, Gesellschaft und privates Leben in Tagebüchern 1933–1939, Göttingen (Wallstein) 2017, 611 S., ISBN 978-3-8353-3003-0, EUR 49,90.
– Frédéric STROH, Peter M. QUADFLIEG (Hg.), L'incorporation de force dans les territoires annexés par le III$^{e}$ Reich 1939–1945 – Die Zwangsrekrutierung in den vom Dritten Reich annektierten Gebieten, Strasbourg (Presses universitaires de Strasbourg) 2016, 228 S. (Les mondes germaniques), ISBN 978-2-86820-536-0, EUR 24,00.
– Dirk THOMASCHKE, Abseits der Geschichte. Nationalsozialismus und Zweiter Weltkrieg in Ortschroniken, Göttingen (Vandenhoeck & Ruprecht) 2016, 356 S., 4 Abb. (Formen der Erinnerung, 60), ISBN 978-3-8471-0536-7, EUR 50,00.
– Heiner TIMMERMANN (Hg.), Dem Gedächtnis eine Erinnerung. Der Mauerfall von 1989 und seine Relevanz für kommende Generationen, Münster (LIT-Verlag) 2015, 266 S. (Politik und Moderne Geschichte, 22), ISBN 978-3-643-13054-9, EUR 34,90.
– Henning TÜRK, Ludwig Andreas Jordan und das Pfälzer Weinbürgertum. Bürgerliche Lebenswelt und liberale Politik im 19. Jahrhundert, Göttingen (Vandenhoeck & Ruprecht) 2016, 424 S. (Bürgertum Neue Folge. Studien zur Zivilgesellschaft, 12), ISBN 978-3-525-36851-0, EUR 60,00.
– Thomas WEBER, Becoming Hitler. The Making of a Nazi, New York (Basic Books) 2017, XIV–423 S., ISBN 978-0-465-03268-6, USD 35,00.
– Sarah WILLNER, Georg KOCH, Stefanie SAMIDA (Hg.), Doing History. Performative Praktiken in der Geschichtskultur, Münster, New York (Waxmann Verlag) 2016, X–258 S. (Edition Historische Kulturwissenschaften [EHK], 1), ISBN 978-3-8309-3269-7, EUR 29,90.
– Edgar WOLFRUM, Welt im Zwiespalt. Eine andere Geschichte des 20. Jahrhunderts, Stuttgart (Klett-Cotta) 2017, 447 S., 32 Abb., ISBN 978-3-608-94306-1, EUR 25,00.
– Claire ZALC, Tal BRUTTMANN (Hg.), Microhistories of the Holocaust, New York, Oxford (Berghahn) 2016, X–326 S., 4 Abb. (War and Genocide, 24), ISBN 978-1-78533-366-8, GBP 85,00.
– Barbara ZEHNPFENNIG (Hg.), Politischer Widerstand. Allgemeine theoretische Grundlagen und praktische Erscheinungsformen in Nationalsozialismus und Kommunismus, Baden-Baden (Nomos) 2017, 364 S., ISBN 978-3-8487-3355-2, EUR 74,00.
– Jakob ZOLLMANN, Naulila 1914. World War I in Angola and International Law. A Study in (Post-)Colonial Border Regimes and Interstate Arbitration, Baden-Baden (Nomos) 2016, 516 S. (Studien zur Geschichte des Völkerrechts, 35), ISBN 978-3-8487-2547-2, EUR 98,00.